L'exception en droit

Mélanges en l'honneur de Joseph Owona

Collection « Études africaines »

dirigée par Denis Pryen et son équipe

Forte de plus de mille titres publiés à ce jour, la collection « Études africaines » fait peau neuve. Elle présentera toujours les essais généraux qui ont fait son succès, mais se déclinera désormais également par séries thématiques : droit, économie, politique, sociologie, etc.

Dernières parutions

Saliou dit Baba DIALLO, *Wolofs et Français en pays soninké. Bakel (Sénégal) à l'épreuve des intrusions étrangères (XVIe-XXe siècles)*, 2021.
Florent Kambasu Kasula, *Développement solidaire et accompagnement des groupements paysans. Capitalisation de 20 ans d'expérience du CEFADES en RDC*, 2021.
Dodo Boukari Abdou Karimou, *La coopération franco-nigérienne de Diori Hamani A Issoufou Mahamadou. Du clientélisme au partenariat ?* 2021.
Hygin Didace AMBOULOU, *Code fiscal OHADA, 1e édition*, 2021.
Hygin Didace AMBOULOU, *OHADA. Le cadre juridique des investissements agricoles et la problématique de l'incohérence des politiques économiques*, 2021.
Jose DO NASCIMENTO, *La pensée politique de Cheikh Anta Diop,* 2021.
Ignace NDONGALA MADUKU et Job MWANA-KITATA, *Mots sur les Maux du Congo*, 2021.
Serge DEWEL, *Éthiopie, une histoire. Vingt siècles de construction nationale*, 2021.
Charles WOLA BANGALA, *Sommes-nous tous des descendants de Kimpa Vita ?*, 2021.
Jonas KOUAMBLA, Raymond K. KRA, *L'information foncière urbaine et la question de sa gouvernance en Côte d'Ivoire*, 2021.
Alphonse KISITO BOUH MA SITNA, *Techniques d'employabilité et de création d'entreprise au Cameroun*, 2021.

Sous la direction de

Magloire ONDOA
et Patrick Edgard ABANE ENGOLO

L'exception en droit

Mélanges en l'honneur de Joseph Owona

L'Harmattan

5-7, rue de l'Ecole-Polytechnique, 75005 Paris

http://www.editions-harmattan.fr

ISBN : 978-2-343-23329-1
EAN : 9782343233291

Comité scientifique

- **Pr Alain-Franklin ONDOUA**, Agrégé des Facultés de droit, Professeur, Université de Yaoundé II, Doyen de la Faculté des Sciences Juridiques et Politiques
- **Pr Bernard-Raymond GUIMDO DONGMO**, Agrégé des Facultés de droit, Professeur, Université de Yaoundé II
- **Pr DANDI GNAMOU,** Agrégé des Facultés de droit, Professeur, Université Abomey-Calavi/Bénin / Secrétaire général de la Cour suprême
- **Pr Delphine Édith EMMANUEL née ADOUKI**, Maitre de Conférences, Agrégée des Facultés de droit, Université Marien N'Gouabi, Membre de la Cour constitutionnelle
- **Pr Marcelin NGUELE ABADA**, Agrégé des Facultés de droit, Professeur, Université de Yaoundé II, Chargé de Mission dans les Services du Premier ministre
- **Pr Étienne Charles LEKENE DONFACK**, Agrégé des Facultés de droit, Professeur, Université de Yaoundé II, Membre du Conseil constitutionnel
- **Pr Gérard PEKASSA NDAM,** Agrégé des Facultés de droit, Professeur, Université de Yaoundé II, Conseiller technique dans les services du Premier ministre.
- **Pr Joseph-Marie BIPOUN-WOUM**, Maitre de Conférences, Université de Yaoundé II, Membre du Conseil constitutionnel
- **Pr Magloire ONDOA**, Agrégé des Facultés de droit, Professeur, Recteur de l'Université de Douala
- **Pr Narey OUMAROU**, Agrégé des Facultés de droit, Professeur, Université Abdou-Moumouni/ Niger, Premier Président de la Cour des comptes
- **Pr Patrick E. ABANE ENGOLO**, Agrégé des Facultés de droit, Professeur, Université de Yaoundé II, Directeur du CERCAF
- **Pr Jean-Claude TCHEUWA**, Agrégé des Facultés de droit, Professeur, Université de Yaoundé II, Inspecteur général du MINDEVDEL
- **Pr Robert MBALLA OWONA**, Agrégé des Facultés de Droit, Professeur, Coordonnateur de l'Annexe de la Faculté des Sciences Juridiques et Politiques de l'Université de Yaoundé II à Bertoua

Comité de relecture

- Dr BETI ETOA Christophe (Chargé de Cours/ Université de Yaoundé II)
- Dr NGUECHE Sylvie (Chargée de Cours/ Université de Yaoundé II)
- Dr AMYE ELOUMA Lazare II (Chargé de Cours/ Université de Douala)
- Dr ESSIMI Francis Olivier (Assistant/ Université de Ngaoundéré)
- Dr BATIA EKASSI Sandrine (Assistante/ Université de Yaoundé II)
- Dr BOUMENI TCHOUMBO Francine (Assistante/ Université de Douala)
- Dr EBEDE Hervé (assistant/ Université de Yaoundé II)
- Dr NYEBE TSANGA Dorothée (Assistante/ Université de Maroua)
- Dr NDZANA NTIGA Roland Athanase (Assistant/ Université de Bamenda)
- Dr NDZINA NOAH Jean-Marie (Assistant/ Université de Bamenda)
- Dr NZALI Serges (Assistant/ Université de Bamenda)
- Dr NYAMA ALANG Irène Cécile (Assistante/ Université de Douala)
- Dr TEMTIA NOUMEMBE Suzie Esther (Assistante/ Université de Douala)
- M. KOUAM Yannick (Assistant/ Université de Yaoundé II)
- Dr ATANGANA Éric Polycarpe (Chercheur au CERCAF/ Université de Yaoundé II)
- Dr ATIPO OKO Jordelin (Chercheur au CERCAF/ Université de Maroua)
- Dr SEBILO AMEGAS (Magistrat, Université Marien N'Gouabi)
- Dr SIEWE TEKENDO Gaétan (Chercheur au CERCAF, Université de Yaoundé II)
- Dr TSAPI NEMKENANG Blondel (Chercheur au CERCAF/ Université de Yaoundé II)
- M. ASONGANYA ANANG (Doctorant/ Université de Maroua)

- M. DICKA John Éric (Doctorant Université de Douala/ Université Versailles Saint-Quentin)
- Mme EYENGA NKOA Antoinette Yolande (Doctorante/ Université de Maroua)
- M. EKELLE NGONDI Michard (Doctorant/ Université de Douala)
- Mme INENELIM OMBANG Sandrine Florence (Doctorante/ Université de Yaoundé II)
- M. NKAYA Magrel Junior (Doctorant/ Université Marien N'Gouabi)

Curriculum vitae

Professeur Joseph OWONA

****

Né le 23 janvier 1945 à AKOM, Cameroun (Arrondissement de MVENGUE - Département de l'Océan – Province du Sud)

A. Liste des travaux et publications

1. J. OWONA, « La nouvelle organisation des pouvoirs publics en République populaire du Congo : l'acte du 30 mars 1979 », *Penant 770*, oct-déc. 1980, pp. 441-448.

2. J. OWONA, *La République populaire démocratique de Corée*, Paris, Berger-Levrault, 1987, 102 p.

3. J. OWONA, « L'institutionnalisation de la légalité d'exception dans le droit public camerounais », *Revue juridique et politique : indépendance et coopération,* Vol 29, 1975, pp. 3-48.

4. J. OWONA, *Droit administratif spécial de la République du Cameroun*, Edicef, Paris, 1985, 256p.

5. J. Owona, « L'essor du constitutionnalisme rédhibitoire en Afrique noire. Étude de quelques "constitutions Janus" », in *Mélanges en l'honneur de P.-F. Gonidec. État moderne : horizon 2000 : aspects interne et externe*, Paris, LGDJ, 1985, p. 235.

6. J. OWONA, *La décentralisation camerounaise*, L'Harmattan, Paris, 2011, coll. Droits africains et malgaches, 172p.

7. J. OWONA « La nouvelle constitution de la République populaire du Bénin : un présidentialisme monopartisan d'assemblée » - *R.J.P.I.C.* – n° 1 avril-juin 1980 – pp. 564-577.

8. J. OWONA, «La constitution de la IIIe République togolaise : l'institutionnalisation du Rassemblement du Peuple Togolais », *Revue juridique et politique : indépendance et coopération,* Vol 34, 1980, pp. 716-729.

9. J. OWONA, *Cameroon's public service law*, Paris, L'Harmattan, 2012, coll. Droits africains et malgaches, 256p.

10. J. OWONA, *La nouvelle voie chinoise ou l'Air pur du soir*, Paris, Berger-Levrault, 1986, coll. Mondes en devenir.

11. J. OWONA, *Droit de la fonction publique camerounaise*, Paris, L'Harmattan, 2011, coll. Droits africains et malgaches, 258p

12. J. OWONA, «La constitution de la IIIe Republique Voltaique du 21 octobre 1977 : retour au parlementarisme rationalisé et au multipartisme limité », *Penant : revue de droit des pays d'Afrique,* Vol 89, 1979, pp. 309-328.

13. J. OWONA, «Un droit administratif de transition vers le socialisme : l'exemple de la République populaire du Congo », *Penant : Revue de droit des pays d'Afrique,* Vol 87, 1978, pp. 155-174.

14. J. OWONA, «Le Processus de retour des civils au pouvoir au Nigéria : le projet de constitution de l'Assemblée constituante », *Revue Française d'Études Politiques Africaines,* Vol 14, 1979, pp. 39-54.

15. J. OWONA, *Decentralization in Cameroon*, Paris, l'Harmattan, 2012, coll. Droits africains et malgaches, 166p.

16. J. OWONA, *Droit international humanitaire*, Paris, L'Harmattan, 2012, 210 p.

17. J. OWONA, *Droit constitutionnel et régimes politiques africains*, Paris, Berger-Levrault, 1985, coll. Mondes en devenir, 410 p.

18. J. OWONA, « La nouvelle constitution camerounaise du 20 mai 1972 - De l'État fédéral à l'État unitaire », *R.J.P.I.C*, n° 1, 1973, pp. 30-40

19. J. OWONA, *Les systèmes politiques précoloniaux au Cameroun*, Paris, L'Harmattan 2015, 114 p.

20. J. OWONA, *Le contentieux administratif de la République du Cameroun*, Paris, L'Harmattan, 2011, coll. Droits africains et malgaches, 232 p.

21. J. OWONA, *Droits constitutionnels et institutions politiques du monde contemporain*, Paris, L'Harmattan, 2010, coll. Droits africains et malgaches, 730 p.

22. J. OWONA, « La Réforme politique et constitutionnelle de la République unie du Cameroun », *Revue juridique et politique, indépendance et coopération*, n° 4, décembre 1975, pp. 486-510

23. J. OWONA, *Les marchés des entreprises publiques au Cameroun*, Yaoundé, Les éditions le Kilimandjaro, juin 2020, 130 pages.

24. J. OWONA, *Le droit public congolais et la Révolution : l'exemple d'un droit africain francophone de transition vers le socialisme*, 1977.

25. J. OWONA, *Les systèmes politiques précoloniaux au Cameroun*, Paris : L'Harmattan, DL 2015.

26. J. OWONA, *Premier séminaire africain sur le droit international humanitaire, le droit international humanitaire et la condition du mercenaire en Afrique.*

27. J. OWONA, *Problèmes d'application du droit international humanitaire en Afrique*, Strasbourg : Institut international des droits de l'homme, 1979.

28. J. OWONA, *Droit international public* T. 1, Les Principes nouveaux, Yaoundé : Université de Yaoundé [s.d.].

Préfacier

1. F-K OWONA MFEGUE, *Les ressources naturelles dans les conflits armés en République Démocratique du Congo,* Paris, L'Harmattan, 2012, 246p

2. M. ONDOA, *L'administration publique camerounaise à l'heure des réformes,* L'Harmattan, 2010, 318 p.

Directeur de publication

1. Encyclopédie juridique de l'Afrique 2, Droit international et relations internationales / [dir. scientifique Pierre-François-Gonidec, Secrétaire général de la rédaction Albert Bourgi, ...] / sous la dir. de Sikhe Camara, ... et Joseph Owona, / Abidjan : Les Nouv. Éd. Africaines, 1982

2. Encyclopédie juridique de l'Afrique 2, Droit international et relations internationales / sous la dir. de Sikhe Camara, ... et Joseph Owona, ... / Abidjan : les Nouvelles éditions africaines, 1982

B. Parcours Universitaire

1. Baccalauréat ès Sciences Expérimentales / Mention AB. Collège F.X. Vogt de Yaoundé, 1965.
2. Licence en Droit et Sciences économiques, Option Droit Public / 1er prix de Licence. Université de Yaoundé, 1968 ;
3. D.E.S. de Droit Public. Université de Paris I Panthéon, 1969 ;
4. D.E.S. de Sciences Politique / Mention AB. Université de Paris I Panthéon, 1970 ;
5. Doctorat d'État en Droit / Mention très bien. Université de Paris II, 1972 ;
6. Agrégé de Droit Public et de Sciences Politiques / Concours français. Journal Officiel de la République Française, N° 36 NC, page 2262 NC, 22 avril 1977.
7. Assistant à l'Université de Paris I. UER N° 12 – Centre d'études politiques et Juridiques du Tiers Monde, 1969-1972 ;
8. Chargé de Cours à l'Université de Yaoundé, 1972
9. Chargé d'enseignements associé à l'École Nationale d'Administration du Cameroun et à l'École Nationale Supérieure de Police de Yaoundé, 1972 ;
10. Chef de Département de Droit Public à la Faculté de Droit et de Sciences économiques de l'Université de Yaoundé, 1973 - 1976 ;
11. Professeur visiteur à l'Université de Bordeaux, 1981-1982 ; Professeur visiteur à l'Institut à l'Université Marien NGOUABI de Brazzaville et Professeur visiteur à l'Institut d'Afrique de l'Académie des Sciences de Moscou, 1983 ;
12. Professeur émérite à l'Université de Yaoundé II, Soa.
13. Chancelier honoraire.

C. Carriere Administrative

1. Chef Service des Enseignements et de la Recherche à l'Université de Yaoundé, 1973-1976 ;
2. Directeur de l'Institut des Relations Internationales du Cameroun (IRIC) / Centre de formation des Diplomates africains, 1976 -1983 ;
3. Chancelier de l'Université de Yaoundé avec rang de Vice-Ministre, 1983-985 ;

4. Ministre Secrétaire Général Adjoint de la Présidence de la République, 1985-1987 ;
5. Secrétaire Général Adjoint du gouvernement à la Présidence de la République avec rang de ministre, 1987-1988 ;
6. Ministre de la Fonction Publique et du Contrôle de l'État, 1988 – 1990 ;
7. Ministre de l'Enseignement Supérieur, de l'Informatique et de la Recherche Scientifique, 1990- 1992 ;
8. Secrétaire Général à la présidence de la République avec rang de ministre, 1992-1994
9. Président du conseil d'Administration de la Société Nationale des Hydrocarbures (S.N.H.), 1992-1994 ;
10. Chargé de la gestion intérimaire de la Direction Générale de la S.N.H. et du Projet Pipeline Tchad-Cameroun, 1995 ;
11. Ministre de la Santé Publique, 1994-1996 ;
12. Ministre Délégué à la présidence de la République Chargé du Contrôle Supérieur de l'État, 1996-1997 ;
13. Ministre de la Jeunesse et des Sports, 1997-2000 ;
14. Ministre de l'Éducation Nationale, 2000-2004 ;
15. Président du conseil d'Administration de la Société de Recouvrement des Créances du Cameroun (S.R.C), depuis 2006 ;
16. Fondateur et Président du Cabinet J.O. International Consulting Sarl / B.P. : 11 777- Yaoundé, depuis 2006
17. Membre du Conseil constitutionnel du Cameroun, depuis le 15 avril 2020

D. DIVERS

1) Consultations

- Élaboration de l'instruction générale portant organisation du travail gouvernemental en République centrafricaine. Paris, OIF, (Organisation Internationale de la Francophonie), 2018.
- Chef de Mission et Porte-parole de la Mission internationale d'Observation Electorale de la CEEAC pour le triple scrutin du 23 décembre 2018 en RDC, Kinshasa, décembre 2018

- Président du Comité de Normalisation de la Fédération Camerounaise de Football, juillet 2013 – septembre 2015
- Actualisation avec la Banque Mondiale à travers l'Unité de Coordination du Programme d'Appui au Système Educatif (PASE), du Plan d'Action Prioritaire triennal 2009-2011 de la Stratégie Sectorielle de l'Éducation ; 2011
- Travaux sur l'analyse des problèmes liés à la passation des Marchés au Ministère des Travaux publics ; 2008
- Coordination à la finalisation des rapports sous-sectoriels (MINESUP, MINEFOP, MINSEC, MINEDUB) de la stratégie sectorielle de l'éducation et l'appui technique aux travaux de finalisation de la revue sectorielle du 17 mars au 24 avril 2009. UNESCO 2009
- Évaluation avec la Banque Mondiale à travers l'Unité de Coordination du Programme d'Appui au Système Educatif (PASE), de la Stratégie Sectorielle de l'Éducation ; 2008
- Travaux sur l'analyse des problèmes liés à la passation des Marchés au Ministère des Travaux publics ; 2008
- Évaluation du CERDAS à Kinshasa, Unesco 1981 ;
- Les obstacles au désarmement et les moyens de les surmonter, Unesco 1981 ;
- Consultation sur l'enseignement du droit International en Afrique, Unesco 1983 ;
- Conseiller spécial de la partie camerounaise dans le conflit frontalier ayant opposé le Cameroun au Nigeria à la CIJ (HAYE) ;
- Consultant principal, Gérant du Cabinet J.O. International Consulting, Yaoundé ;

2) Participations aux comités

- Membre du Comité Unesco pour le NEPAD ;
- Président du comité technique constitutionnel camerounais pour l'élaboration de la Constitution du Cameroun de 1996 ;
- Président du Bureau Exécutif de l'Organisation africaine des institutions Supérieures de contrôle (AFROSAI) ;
- Président du Bureau Exécutif de la Conférence des Ministres de la Jeunesse et Sport de la Francophonie (CONFEJES) ;
- Membre de » la Société Française pour le droit International ;

- Membre Fondateur de la société Africaine de Science Politique-Dar Es salam, 1976 ;
- Chancelier honoraire de l'Université de Yaoundé II-Soa ;
- Président des 1er, 2e et 3e Séminaires Africain de Droit International Humanitaire, IRIC/Yaoundé-Institut Henri Dunant/Genève ;
- Membre du comité des sages de l'équipe de football Canon Sportif de Yaoundé ;
- Membre du comité Unesco pour le NEPAD ;
- Président du Comité des Sages de la Société des Agrégés.

3) Distinctions honorifiques

- Chevalier de l'ordre de la Valeur,
- Officier de l'ordre de la Valeur,
- Officier de l'ordre de la Pléiade,
- Commandeur de l'ordre de la Pléiade,
- Commandeur de l'ordre de la Valeur.

Liste des contributeurs

1) **Adama KPODAR,** *Agrégé de Droit Public et de Science Politique, Professeur Titulaire, Université de Kara- TOGO*
2) **Agnès MAKOUGOUM,** *Docteur en droit Public, Assistante à la Faculté des Sciences Juridiques et Politiques, Université de Yaoundé II- Cameroun*
3) **Alain Didier OLINGA,** *Professeur de Droit Public, Institut des Relations Internationales du Cameroun (IRIC), Université de Yaoundé II-Cameroun*
4) **Alain Franklin ONDOUA,** *Agrégé des Facultés de Droit, Professeur titulaire, Université de Yaoundé II-Cameroun*
5) **Allah-Adoumbeye DJIMADOUMGAR,** *Maitre-Assistant de droit public, Faculté de Sciences Juridiques et Politiques, Université de N'Djamena/Tchad*
6) **Anatole Collinet MAKOSSO,** *Docteur en droit international pénal, Assistant-chercheur, Université Marien Ngouabi- Congo-Brazzaville*
7) **Bernard-Raymond GUIMDO DONGMO,** *Agrégé de droit public et de science politique, Professeur Titulaire, Université de Yaoundé II*
8) **Brice WOAMBE,** *Docteur en droit public*
9) **Cyrille MONEMBOU, Agrégé** *des Facultés de Droit, Maître de Conférences, Université de Yaoundé II-Cameroun*
10) **Dominique Junior ZAMBO ZAMBO,** *Agrégé des Facultés de Droit, Maître de Conférences, Université de Yaoundé II- Cameroun*
11) **Emmanuel MOUBITANG,** *Docteur en droit public, Chargé de Cours, Centre d'Études et de Recherches en Droit International et Communautaire (CEDIC), Université de Yaoundé II*
12) **Gérard Martin PEKASSA NDAM,** *Agrégé des Facultés de Droit, Professeur Titulaire, Université de Yaoundé II- Cameroun*
13) **Hilaire AKEREKORO,** *Maître de conférences, Agrégé de droit public (CAMES), Directeur du Centre du Droit de l'Etat et des Droits des Personnes en Afrique (CeDEP), Université d'Abomey-Calavi (Bénin)*
14) **Jacques BIAKAN,** *Professeur Titulaire des Universités, Université de Yaoundé II- Cameroun*

15) **Jean Claude TCHEUWA,** *Agrégé des Facultés de Droit, Professeur titulaire des Universités,* Université de Yaoundé II- Cameroun

16) **Jean Baptiste CHOUAMO,** *Docteur en droit public, Assistant à la Faculté des Sciences Juridiques et Politiques,* Université de Yaoundé II- Cameroun

17) **Jean Marie ONDOUA EKOBENA,** *Docteur en Droit, Chargé d'Etudes à la Direction Générale des Impôts*

18) **Kourra Félicité OWONA MFEGUE,** *Maître de Conférences, Institut des Relations Internationales du Cameroun (IRIC), Université de Yaoundé II-Cameroun*

19) **Marcelin NGUÉLÉ ABADA,** *Agrégé des Facultés de Droit, Professeur Titulaire, Université de Yaoundé- Cameroun*

20) **Magloire ONDOA,** *Agrégé de Droit et de Science Politique, Professeur Titulaire, Recteur Université de Douala - Cameroun*

21) **Mathias Éric OWONA NGUINI,** *Vice-Recteur à l'Université de Yaoundé I, Maître de Conférences en science politique à l'Université de Yaoundé*

22) **Neneo KALDAYA,** *Docteur en Droit Public, Chargé de Cours au Département de Droit Public et Sciences politiques, Faculté des Sciences Juridiques et Politiques, Université de Maroua- Cameroun*

23) **Paterne MAMBO,** *Maître de Conférences, Agrégé, Université Félix Houphouët-Boigny d'Abidjan (République de Côte d'Ivoire)*

24) **Patrick Edgard ABANE ENGOLO,** *Agrégé des Facultés de droit, Professeur Titulaire, Directeur du Centre d'Études et de Recherches Constitutionnelles, Administratives et Financières (CERCAF),* Université de Yaoundé II- Cameroun

25) **Pierre Lionel GUESSELE ISSEME,** *Agrégé de droit public, Maître de Conférences, Université de Yaoundé 2-FSJP (Cameroun)*

26) **Robert MBALLA OWONA,** *Agrégé de Droit public, Professeur, Coordonnateur de l'Annexe de la Faculté des Sciences Juridiques et Politiques de Bertoua, Université de Yaoundé II*

27) **Sedena AKONO ONGBA,** *Agrégé de droit public, Maître de Conférences, Université de Yaoundé II*

28) **Serge François SOBZE,** *Docteur en Droit Public, Maître-assistant, Université de Douala- Cameroun*

29) **Timothée FOMEGANG,** *Ph.D en droit public, Assistant à la Faculté des Sciences Juridiques et Politiques, Chercheur au Centre d'Études et de Recherche en Droit International et Communautaire (CEDIC) de l'Université de Yaoundé II*

30) **Victor-Emmanuel BOKALLI,** *Agrégé des Facultés de Droit, Professeur Titulaire, Doyen Honoraire, Université de Ngaoundéré*

31) **Wilson TAMFUH Y.N,** *Associate Professor of Public and International Law, Vice Dean, Faculty of Law and Political Sciences, University of Bamenda*

SOMMAIRE

PRÉFACE

Pour étrange que cela puisse paraitre aux juristes reconnus comme serviteurs de la loi, le droit se trouve davantage dans l'exception que dans la règle. En effet, la finalité assignée à la règle par son auteur ne peut empêcher que se manifestent d'autres finalités souhaitables ou indésirables dans son existence. Aussi est-il justifié que le perfecteur de la règle l'écarte en vue de parvenir à un plus grand bien ou d'éviter un mal lorsque l'application de la règle peut causer préjudice. Dès lors, émerge comme alternative, à côté de la règle, hors de prise de la règle, un droit qui en constitue l'exception, passerelle légitime pour ladite règle de parvenir à son entier perfectionnement. C'est en cette logique de couronnement que la figure de l'exception est représentative pour un hommage appuyé à l'éminent penseur et praticien du droit qu'est le Professeur Joseph OWONA, tant dans sa trajectoire universitaire que dans son œuvre scientifique.

Sans vouloir s'attarder sur sa trajectoire universitaire, qu'il suffit de relever le fait exceptionnel que le tout premier agrégé de droit public camerounais a été séparé de son biotope académique à la fleur de son magistère pour servir au Gouvernement de la République pendant une vingtaine d'années. Contre toute espérance, il a pu le réintégrer après cette longue absence aussitôt que la possibilité lui en a été laissée. Revenu à cette seconde vie universitaire pétrie d'une riche expérience de la pratique institutionnelle, il va gratifier les étudiants de son style pédagogique toujours simple et clair, saupoudré d'une orientation empirique. À la doctrine, il va fournir sa plus abondante production scientifique en un temps record : sept ouvrages en six ans, dans cinq disciplines ! Si une telle capacité de travail est digne d'admiration, l'œuvre qui en résulte est monumentale.

À bien revisiter les contributions dédiées au Professeur Joseph OWONA, on est renseigné sur la hauteur de vues qui explique l'éclectisme du Maître et la profondeur de sa pensée.

Éclectique est assurément celui-là même qui arpente sans ambages toutes les disciplines du droit public à l'exception, quoique relative, du droit financier, puis franchit les frontières de ce droit pour enjamber la science politique, le droit privé, l'histoire et l'anthropologie constitutionnelles dans les pays occidentaux, dans les pays africains d'expression française (Congo, Togo…), d'expression anglaise (Nigeria, Ghana…) et dans les pays asiatiques (Chine, Corée…). La forte propension de ce positiviste institutionnaliste à la transversalité, l'interdisciplinarité et l'historicité procède d'une option méthodologique dont il est convaincu de la fécondité grâce aux éclairages de son illustre devancier Raymond CARRE de MALBERG. Pour le Maître de Strasbourg en effet, la science moderne ne se contente plus, pour apprécier les institutions juridiques, de les envisager dans leur dernière expression. Elle emprunte une méthode qui ne se borne pas simplement à assigner une date aux phénomènes juridiques et à établir l'ordre chronologique dans lequel ils se sont succédé. Elle consiste surtout à déterminer la cause, la raison d'être des transformations et des vicissitudes par lesquelles est passée toute la législation. Remontant aux traditions primitives, elle s'efforce de rendre compte des origines de chaque institution juridique, elle recherche dans quelles circonstances ces institutions ont vu le jour, sous l'empire de quelles nécessités elles se sont transformées, et comment elles se sont façonnées peu à peu jusqu'à arriver à leur point de perfection. Lorsqu'on a ainsi parcouru une à une les diverses étapes de l'évolution accomplie par une législation, et qu'on parvient enfin à l'époque où les systèmes juridiques ont reçu leur entier développement, il devient facile de pénétrer tous les détails de ces systèmes (*Histoire de l'exception en droit romain et dans l'ancienne procédure française*, Paris, LNDG, 1887, pp. 5-6.)

Bien fertilisée par cette approche des phénomènes juridiques, la pensée du Professeur Joseph OWONA a suscité de nombreuses problématiques dont les contributeurs se font aujourd'hui de fervents continuateurs. Pour les publicistes, la tâche a consisté tantôt à prolonger et actualiser ses écrits en droit constitutionnel (majorité des contributions), en droit de la décentralisation (détachement des fonctionnaires des collectivités territoriales décentralisées) et en droit international humanitaire (épreuve des nouvelles technologies dans les conflits armés), tantôt à systématiser ses paroles à l'occasion de manifestations scientifiques (fondement du principe de séparation des autorités administratives et judiciaires dans le Code pénal), tantôt encore à scientifier son apport institutionnel (Rencontre tripartite, comité de normalisation, technologie politique de sortie de crise). Quant aux privatistes (de droit francophone et english law), il s'est agi soit d'étudier quelques déclinaisons de l'exception de fond ou de procédure dans leurs champs respectifs (juridictions d'exception et jugements des civils, concept of exception in law in common law and civil law jurisdictions), soit de rapprocher du Maître constitutionnaliste diverses questions de droit privé. Aux politistes, il est revenu de faire une lecture politologique de sa doctrine (Constitution Janus).

Le nombre de contributions, les multiples nationalités et la stature des auteurs attestent bien du rayonnement que l'œuvre du Professeur Joseph OWONA continue d'avoir au sein de la communauté scientifique et auprès des citoyens ordinaires. Celle-ci autant que ceux-là attendent désormais sa touche dans la jurisprudence du Conseil constitutionnel camerounais où il a fait son entrée, non moins exceptionnelle en ce début d'année 2020. Tout porte donc à croire que la trajectoire et l'œuvre passées, présentes et futures du Professeur Joseph OWONA réserveront toujours une exception aux juristes ; de quoi exalter les présentes miscellanées comme un véritable cantique en l'honneur d'un Maître éclectique, selon le crédo des Romains « *hymnus in honorem magister eclectus* ».

Pr Magloire ONDOA

Agrégé de Droit et de Science Politique
Professeur Titulaire
Recteur de l'Université de Douala

CONSTITUER EN DROIT CONSTITUTIONNEL[1]

Adama KPODAR

Agrégé de Droit Public et de Science Politique
Professeur Titulaire
Université de Kara (TOGO)

« Tabernacle du corps mystique qu'elle institue, en même temps que dépositaire du caractère sacré qu'elle délègue aux organes qui incarnent celui-ci, transparente et énigmatique simultanément dans son objectivité offerte d'inscriptions vénérées, bientôt confiée à la dévotion hiérocratique de professionnels de l'exégèse, la constitution devient, au terme de sa routinisation, l'instrument de conservation des principes et des règles réputés acquis par accord passé et fondateurs de la légitimité du régime... ».

Bernard Lacroix, « Les fonctions symboliques des constitutions, bilans et perspectives », in Seurin (J.-L.) (dir.), *Le constitutionnalisme aujourd'hui*, Paris, Economica, 1984, p. 199.

INTRODUCTION

Sans doute convient-il de s'inscrire dans les arcanes de la perspective aristotélicienne de la constitution, conçue comme une œuvre d'art, inspirée, et non -simplement- un produit de la technique juridique. En admettant que *« la vérité d'un texte constitutionnel ne saurait être dévoilée indépendamment du contexte qui a entouré sa naissance »*[2], il convient d'écrire le récit de la création de la constitution en ces termes : au commencement étaient la pratique, l'idée politique et les concepts. Ils ont pris corps et bien que n'ayant pas été reconnus pour ce qu'ils étaient, ils prirent forme et leur formalisme s'imposa aux hommes politiques (gouvernants et gouvernés), comme étant la seule modalité d'institutionnalisation du pouvoir politique dans l'État.

[1] Il s'agit de la version améliorée d'une communication au colloque international de l'Association Nigérienne de Droit Constitutionnel sur la Constitution, Niamey, 2018.

[2] GLENARD (G.), « Pour une analyse contextualisée du droit constitutionnel. L'exemple de la Constitution de 1791 », *Droits*, n° 32, 2000, pp. 69 et ss.

« Constituer », à la différence de *« constitué ou institué »* est un concept *a priori* non identifié en droit constitutionnel. Cependant, puisque *« le droit constitutionnel est le droit de la constitution »*[3], on le lie au droit constitutionnel par l'intermédiaire de la constitution. Ainsi, constituer en droit constitutionnel revient à s'interroger sur l'établissement, la création et la composition de la constitution. C'est dans ce sens que l'indiquait le publiciste suisse Jean-Jacques Burlama qui dans une des têtes de chapitre de son ouvrage des *Principes du droit politique*[4] qui s'intitulait : *« De la constitution essentielle des États ou de la manière dont ils se forment »*. À la même époque, son compatriote Emerich de Vattel dans son ouvrage *Droit des gens ou principes de la loi naturelle, appliqués à la conduite et aux affaires des Nations et des Souverains*[5], écrit que le concours des lois fondamentales forme la constitution de l'État.

D'ailleurs, le concept constitution lui-même épouse cette signification. Étymologiquement, elle vient du latin *« contitutio »,* dérivé de *« constituere »*, c'est-à-dire *« cum statuo »*, établir, placer ou constituer. Dans la brève histoire sémantique de la constitution au XVIIIe siècle que dresse Olivier Beaud dans son étude[6], on remarquera que le mot *« contitutio »* renvoie aussi bien à la médecine, où il désigne l'idée de l'État, de l'ordre ou de l'organisation d'un tout, qu'au droit, notamment au regard des textes pontificaux monastiques, voire un acte de procédure ou d'établissement d'un acte authentique. Mais, en dehors de cette polysémie, il désigne *« la manière dont une chose est faite, la composition d'une chose »*[7].

Il importe ici de saisir le droit constitutionnel, comme l'ensemble des normes dont la suprématie s'impose à tous, y compris au législateur, ou le droit de la constitution sanctionné par le juge, ou encore *« l'ensemble des institutions grâce auxquelles le pouvoir s'établit, s'exerce ou se transmet dans l'État »*[8]. Cette définition est intéressante,[9] car elle nous permet de cibler l'objet du droit constitutionnel, qui sera au cœur de cette étude.

---

[3] GICQUEL (J)/ GICQUEL (J.-E.), *Droit constitutionnel et institutions politiques*, Paris, LGDJ, 2014, p. 29.

[4] Publisher, Chatelain, 1751.

[5] Londres, 1758.

[6] BEAUD (O.), « L'histoire du concept de constitution en France. De la constitution politique à la constitution comme statut juridique de l'Etat », *Jus Politicum, Autour de la notion de Constitution*, n° 3-2009, pp. 1-2.

[7] Idem.

[8] PRELOT (M.) / BOULOUIS (J.), *Institutions politiques et droit constitutionnel*, Paris, Dalloz, 1987, p. 79.

[9] Le droit constitutionnel peut également être défini comme une discipline ou comme une connaissance spécifique. Voir LAGHMANI (S.), « Droit constitutionnel et science politique essentiellement à partir du cas français », in TROPER (M.) /CHAGNOLLAUD (D.), (dir.,), *Traité international de droit constitutionnel, Théorie de la Constitution*, Paris, Dalloz, 2012, pp. 146-155.

Ainsi est-il utile de comprendre que, pour constituer en droit constitutionnel, il est indispensable de saisir les différents éléments qui composent la constitution, le processus de sa naissance, ses faits générateurs, en un mot, la constitution de la Constitution.

Une partie de la doctrine constitutionnaliste, même celle de l'école de la sociologie juridique de Léon Duguit[10], pour situer la création de la constitution, a pris l'option du positivisme juridique, notamment celle du normativisme juridique. Elle identifie deux éléments essentiels : *l'œuvre constituante* et *la production normative*. En effet, presque tous les manuels de droit constitutionnel traitent exclusivement des mécanismes juridiques d'apparition et de la production de la norme constitutionnelle, ou de son interprétation. Pour constituer en droit constitutionnel, il faut un organe, le pouvoir constituant et une norme, la constitution, adoptée ou révisée selon une procédure solennelle, ou même un droit jurisprudentiel constitutionnel. Louis Favoreu par exemple, a nettement établi la distinction entre le concept politique et le concept juridique de la constitution, en admettant que : *« la notion de constitution se trouve ainsi chargée de connotations hétérogènes : politiques, historiques, juridiques »*[11]. Et pourtant, ils considèrent que *« ces aspects doivent être soigneusement distingués. Pour les besoins de cette présentation, nous n'allons étudier, sauf exception, que les seules constitutions démocratiques modernes au sens juridique »*[12]. Ceci correspond au modèle axiologique de la constitution comme norme, à la différence du modèle descriptif de la constitution comme ordre.

Cette attitude de la doctrine qui n'est plus ni moins que l'application de la spécificité et de la spécialité du droit, véhiculée par la théorie pure du droit[13], est-elle réellement concevable pour constituer en droit constitutionnel ? Constituer en droit constitutionnel, ne serait-il qu'une donnée purement juridique ou exclusivement formelle ? L'existence de la constitution

---

[10] Voir les développements sur l'établissement et la révision des lois constitutionnelles de 1875 en France, *Manuel de droit constitutionnel*, éd. Panthéon Assas, Col. Les introuvables, Paris, LGDJ, 2007, pp. 568-579.

[11] FAVOREU (L.) et autres, *Droit constitutionnel*, Paris, Dalloz, 2014, p. 61.

[12] Ibidem. p. 65.

[13] KELSEN (H.), *Théorie pure du droit*, Paris, Dalloz, 1962, 2e éd. Trad. Ch. Eisenmann (rééd., LGDJ-Bruylant, 1999). Alexandre Viala écrivait que *« Nul ne saurait traiter du positivisme juridique sans évoquer la figure emblématique de Hans Kelsen. Considéré comme le pape du positivisme juridique depuis la théorie pure du droit, le maître viennois incarne ce courant majeur de la pensée juridique tant en raison de sa conception du droit qu'eu égard à son épistémologie juridique : en considérant qu'il n'est pas d'autre droit que le droit positif et en assignant au juriste le devoir de se tenir à l'écart de son objet en se contentant de le décrire de lege lata, Kelsen adoptait, dans sa plus parfaite expression, une posture que d'autres juristes avant lui avaient observée de façon moins radicale, à l'instar de Carré de Malberg, de Jellinek, de Laband ou de Bergbohm »*, in « Le positivisme juridique : Kelsen et l'héritage kantien », *Revue interdisciplinaire d'études juridiques*, vol. 67, n° 2, 2011, pp. 97-117

coutumière peut être en cela un premier élément qui pourra aiguiller la réponse.

La théorie du droit, surtout celle de Hart[14]nous enseigne l'importance de la forme et de la procédure dans l'apparition et la hiérarchie des normes ainsi que sa correspondance avec le fond. Toutefois, ces considérations dont la fécondité n'a d'importance que de rappeler la vanité des prétentions de la supériorité de la forme sur le fond, n'empêchent pas de se souvenir de ce que disait monsieur de Saint-Simon : *« La forme du gouvernement n'est qu'une forme, la constitution de la propriété est le fond... »*.

Aussi, constate-t-on que, si la constitution est formellement première, car matériellement primordiale, les rapports entre les définitions matérielle et formelle de la constitution ne sont pas toujours automatiques[15]. C'est dire qu'il faut se méfier du pur formalisme, et s'appesantir sur la substance, ou tout au moins ne pas la négliger.

Précisons que nous sommes à la lisière de la recherche des sources de la constitution, puisqu'une source du droit présuppose que *« le droit existait avant d'apparaitre aux hommes, et que ceux qui paraissent produire la règle ne font que les découvrir et les exprimer, mais ne les créent pas »*[16]. De même, pour Dominique Rousseau, *« toute norme, relève du domaine de l'ordre social... est, au départ, une aspiration, un souhait, une demande, une revendication sociale »*.

C'est notamment sur cette voie que se sont engagés certains auteurs qui remarquent que constituer en droit constitutionnel est un processus bivalent. Parmi une ancienne doctrine publiciste, on peut évoquer la distinction préconisée par le Doyen Maurice Hauriou qui oppose la constitution au sens formel décrivant la constitution politique et les déclarations des droits qui exprimeraient la constitution sociale[17]. Il ne peut en être autrement, car dans son Précis de droit constitutionnel, le Maître de l'École de Toulouse construit toute une théorie politique de l'État à travers le concept d'institution[18].

---

[14] GERARD (Ph.) et VAN DE KERCHOVE (M), « La réception de l'œuvre de HLA Hart dans la pensée juridique francophone », *Revue interdisciplinaire d'études juridiques*, vol. 59, n° 2, 2007, pp. 131-171.

[15] En témoigne par exemple les règles électorales pourtant essentielles à une démocratie qui sont régies par une loi, alors qu'en Pataouchnie, la constitution contient des dispositions relatives à la protection du lièvre blanc.

[16] HAMON (F.) et TROPER (M.), *Droit constitutionnel*, Paris, LGDJ, 2014, p. 43.

[17] HAURIOU (M.), *Précis de droit constitutionnel*, Paris, 2e éd. 1929, p. 626.

[18] FOULQUIER (N.), « Maurice Hauriou, constitutionnaliste (1856-1929) », *Jus Politicum*, n° 2, http://juspoliticum.com/article/Maurice-Hauriou-constitutionnaliste-1856-1929-75, consulté le 13 février 2018.

Très influencé par ce Maître, Joseph Barthélémy[19] et Paul Duez, dans leur *Traité de droit constitutionnel*[20] prirent soin d'analyser *« l'histoire externe de la constitution de 1875 »*, avant de s'appesantir sur la question formelle de la *« suprématie de la constitution »*. Cette doctrine n'est pas nécrologique, car aujourd'hui encore, elle se recrute sous la plume d'autres théoriciens. Il en est ainsi de Olivier Beaud, qui a montré clairement, comment l'histoire permet de clarifier le processus de constituer en droit constitutionnel, en saisissant la constitution politique et la constitution juridique comme statut de l'État. On pourra y ajouter Michel Troper qui se situe dans le modèle descriptif de la constitution comme ordre dans une perspective de la déconstruction[21]. Il écrit : *« Si l'on reprend la distinction classique de la constitution au sens formel et au sens matériel, on est conduit à lui donner une signification différente de la signification traditionnelle... Mais ni au sens formel ni au sens matériel, la constitution n'apparait comme un ensemble de normes. Elle n'appartient pas au domaine du Sollen, mais bien à celui du Sein »*[22]. Il semble donc évident que pour les publicistes constitutionnalistes, constituer en droit constitutionnel n'est pas simplement ou uniquement une opération normative, juridique ou formelle. On évoque ainsi l'idée d'un *« droit constitutionnel avant le droit constitutionnel »*[23], ou d'un droit constitutionnel en dehors de la constitution.

Cette option trouve plus son ancrage dans la science politique qui distingue aussi la constitution sociale de la constitution politique. À la différence du Doyen Hauriou qui les oppose et qui réduit la constitution sociale à la Déclaration des droits, il existe une relation intime entre les deux types de constitutions. En effet, si la constitution politique est le statut juridique du pouvoir, on ne saurait oublier que ce dernier vaut pour une société, qui s'est dotée de principes et des objectifs sociaux à atteindre. Les institutions politiques n'étant pas une fin en soi, elles n'ont de raison d'être que par rapport à certaines fins sociales. On écrit à juste titre que *« La constitution politique d'un pays ne se limite pas à la matière de l'organisation de l'État, au sens de gouvernement ; elle embrasse également la matière des rapports de la société-État avec la société, tout court. Ainsi, la constitution est et ne peut être que politique, alors même qu'elle a trait aux rapports des individus et des groupes entre eux dans l'État et aux rapports des individus et des groupes avec*

---

[19] BEAUD (O.), « Joseph Barthélémy ou la fin de la doctrine constitutionnaliste classique », *Droit* 2001, n° 32, pp. 88-108.

[20] BARTHELEMY (J.) et DUEZ (P.), *Traité de droit constitutionnel*, éd. Panthéon Assas, col. Les introuvables, Paris, LGDJ, 2004.

[21] Voir sur la notion de déconstruction QUIVIGER (P-Y), « Derrida : de la philosophie au droit », *Cités,* vol. 30 n° 2, 2007, pp. 41-52.

[22] TROPER (M.), - « Le problème de l'interprétation et la théorie de la supralégalité constitutionnelles », in *Recueil d'études en hommage à Charles Eisenmann*, Paris, Cujas, 1975, pp. 133-155 ; - *La théorie du droit, L'État*, Paris, PUF, 2001.

[23] SAINT BONNET (F.), « Un droit constitutionnel avant le droit constitutionnel ? », *Droits*, 32, 2000, p. 7-20

l'État »[24]. Rendant compte de cette réalité, notamment par rapport à la théorie des freins et contrepoids aux États-Unis, le Président Woodrow Wilson pense que la difficulté c'est *« qu'un système de gouvernement n'est pas une machine, mais un être vivant. La théorie dont il relève n'est pas celle de la gravitation universelle, mais celle de la vie organique. Il s'explique par Darwin et non par Newton »*[25].

Dans cette perspective, Jacques Chevallier, convoquant bien la distinction nécessaire entre science du droit constitutionnel, droit constitutionnel et théorie constitutionnelle, milite en faveur d'une sociologie du droit constitutionnel[26], aux côtés de la sociologie politique, arcane de la science politique[27]. Cette sociologie du droit constitutionnel aura pour objet de transposer la méthodologie de la sociologie juridique dans l'appréhension de la norme constitutionnelle (notion de constitution, genèse des constitutions, dynamique des normes), à travers une sociologie des acteurs (la sociologie de la justice et de la doctrine constitutionnelle) et la nécessaire sociologie des usages.

L'intérêt de cette étude c'est de faire sortir le processus de l'apparition, la genèse de la constitution du pur formalisme dans lequel une partie de la doctrine semble l'avoir enfermée et de montrer que le normativisme constitutionnel tire sa source et sa vitalité de l'idée politique qui en est la substance, et qui lui survit. Il convient de rétablir ou du moins, de réajuster les paradigmes systémiques dans leur équilibre au risque de se prendre au piège du tout formalisme constitutionnel, afin de réintroduire dans l'État de droit constitutionnel, l'État politique, comme le suggérait le Professeur Slobodan Milacic, à propos du phénomène constitutionnel dans le paradigme de la post-modernité libérale[28]. Ce faisant, on comprendrait mieux ce pour quoi une constitution est faite.

---

[24] DABIN (J.), *Doctrine générale de l'État*, 1939, p. 152. On notera que Karl Max ira loin en prophétisant la disparition de la constitution politique au profit de la constitution sociale : *« Je distingue, en toute société deux espèces de constitutions : l'une que j'appelle la constitution sociale, l'autre qui est la constitution politique ; la première, intime à l'humanité, libérale, nécessaire... et dont le développement consiste surtout à affaiblir et à écarter peu à peu la seconde, essentiellement factice, mécanique, restrictive, transitoire... »*, *Confessions d'un révolutionnaire*, Œuvres, éd. Flammarion, IX, pp. 117 et ss.

[25] WILSON (W.), *Constitutional Government in the United States*, New York, Columbia University Press, 1908.

[26] CHEVALLIER (J.), « Pour une sociologie du droit constitutionnel », in *L'architecture du droit. Mélanges en l'honneur de Michel Troper*, Paris, Economica, 2006, pp. 281-297.

[27] Pour l'auteur, alors que la sociologie du droit constitutionnel s'attache à l'étude du dispositif normatif, la science politique elle, vise l'analyse des phénomènes du pouvoir, Idem. p. 283 et ss.

[28] SLOBODAN (M.), « Peut-on se passer de Constitution ? » - La réponse est non, mais quelle est la question ? *Constitution*, Paris, Dalloz, 2017.

Il est donc clair pour les États d'ici ou d'ailleurs, moulus dans la tradition du constitutionnalisme comme principal parangon de la modernité constitutionnelle, que constituer en droit constitutionnel étant d'abord une œuvre d'inspiration, aboutit à la conception de **l'âme politique (I)**, avant d'être ensuite le produit d'une technique juridique qui l'enserre dans **le corps juridique (II)**.

I. « L'ÂME » POLITIQUE

Il n'y a pas de constitution sans organisation de la société politique. Ainsi, l'opération de l'établissement de la constitution relève de la sphère du pré-normatif qui, au demeurant, constitue les fondations principielles de cet instrument. Constituer l'âme de la constitution, ou le pacte politique (A) est ainsi une véritable œuvre constituante (B).

A. Les éléments du pacte politique

Il ne s'agit pas ici d'aborder la question de la nature du pacte politique ou du contrat social qui lie la société politique, mais plutôt les éléments qui le constituent, de les situer dans l'histoire puis d'analyser et déterminer les idées politiques et doctrines qu'elles engendrent[29]. Le Professeur Georges Dmitri Lavroff montre bien qu'en parcourant les écrits de Platon, d'Aristote, de Montesquieu et de Karl Marx, il est possible d'affirmer que le rapport entre la nature du pouvoir et les conditions économiques, culturelles et les relations qui existent dans la société considérée relève du bon sens[30]. Si depuis longtemps leurs études sont rejetées dans la sociologie, considérée comme la fille incestueuse de l'histoire et du droit[31], la philosophie ou la science politique, il est aujourd'hui admis que c'est à l'histoire constitutionnelle et à la science du droit constitutionnel de contribuer à identifier les vrais ingrédients qui permettent de constituer l'acte fondamental de l'État.

À travers une contribution saisissante, le Professeur Denis Baranger pense qu'à notre époque *« on trouve d'un côté, un droit constitutionnel appréhendé en dehors de l'histoire, et l'autre une histoire dite constitutionnelle, déplacée dans le périmètre de l'histoire politique, et considérée, pour l'essentiel, comme sans pertinence pour comprendre le droit constitutionnel »*[32]. Ce rejet

---

[29] Lire avec intérêt, TROPER (M.), « Histoire constitutionnelle et théorie constitutionnelle », *Cahiers du conseil constitutionnel*, n° 28, juillet 2010, pp. 1-8.
[30]DMITRI LAVROFF (G.), « Réflexions sur la notion de gouvernement modéré », *Constitutions et pouvoir, Mélanges en l'honneur de Jean Gicquel*, Paris, Montchrestien, 2008 pp. 315-316.
[31] COT (J.-P) et MOUNIER (J.-P.), *Pour une sociologie politique*, T. l, Paris, Le Seuil, 1974, p. 1.
[32]BARANGER (D), « Le piège du droit constitutionnel », *Autour de la notion de Constitution, Jus Politicum*, n° 3-2009, pp. 1 et ss.

regrettable de Dieu, pour embrasser le « diable », permet d'observer que l'histoire constitutionnelle *« est une discipline historique très spécialisée si on la conçoit sub specie juris, dont l'objet est la genèse et le développement de la constitution propre à l'État libéral et libéral-démocratique, indépendamment de la forme prise par cette constitution et de sa place dans l'ordonnancement juridique-même si,... cette forme et cette place sont riches de sens pour l'histoire constitutionnelle »*[33].

Joaquín Varela Suanzes-Carpegna distingue du point de vue de la méthode entre la perspective normative-institutionnelle et celle doctrinale. La première (histoire constitutionnelle) est relative aux normes qui, dans le passé, ont réglé les bases ou les fondements de l'organisation et du fonctionnement de l'État libéral et libéral-démocratique, mais aussi aux institutions que ces normes organisent, la seconde (histoire du constitutionnalisme) s'attachant quant à elle à la réflexion théorique qui est née autour de l'État libéral et libéral-démocratique, et dont sont issus non seulement une doctrine constitutionnelle, mais aussi un répertoire de concepts[34]. C'est bien ce dernier ancrage qui est intéressant, car le droit constitutionnel a été bâti dans une ambiance de faits historiques autour du pouvoir qui en est l'objet principal, et qui par la suite est traduite dans des concepts.

On a de ce point de vue décrit le *« constitutionnalisme ancien »*, c'est-à-dire les droits publics des monarchies européennes d'ancien régime comme constitué d'un ensemble d'idées relatives au pouvoir politique, dont les fondements sont à rechercher dans la philosophie du droit et dans les pensées politiques. *« Ce constitutionnalisme ancien »* est donc qualifié de constitutionnalisme sans constitution[35] au sens formel du terme. La mise en pratique de ces idées nous ramène bien à la constitution coutumière.

Si de nos jours, les constitutions sont écrites, il n'en demeure pas moins que cette affirmation se vérifie. En effet, dans toute constitution rigide, il y a des idées politiques et ce sont les éléments de ces dernières qui appellent des précisions.

À la question de savoir quelles sont les pierres qui permettent de constituer, de construire une constitution, on répondra qu'on en dénombre deux essentiellement. **Les premières** comprennent les représentations issues des faits. L'histoire constitutionnelle nous enseigne effectivement que l'exigence d'un texte suprême dans l'État est née de considérations, de faits liés à la

---

[33] JOAQUIN VARELA SUANZES-CARPEGNA, « L'histoire constitutionnelle : quelques réflexions de méthode », *RFDC* 2006/4 (n°68), p. 675.

[34] Ibid. P.676.

[35] Voir la thèse de MARTIN (F.F.), *Justice et législation sous le règne de Louis XI. La norme juridique royale à la veille des temps modernes*, Paris II, 2008 ; Vergne (A.), *La notion de Constitution d'après les Cours et assemblées à la fin de l'Ancien Régime (1750-1789)*, Paris, De Boccard, 2007.

condition humaine, à la situation des individus face au détenteur du pouvoir politique dans la dialectique de gouvernants gouvernés, proposée par Georges Burdeau. Sans remonter très loin, nous partirons du XVIIe siècle pour montrer que l'idée de la limitation du pouvoir du Roi en Grande-Bretagne et qui a conduit au gouvernement modéré ou mixte est fondée sur les problèmes fiscaux, le consentement à l'impôt. La révolution américaine s'est faite sur le même fondement, la Révolution française pour réclamer le pain et la liberté. De la même manière, les revendications démocratiques des années 90 ou les printemps arabes qui suivirent en Afrique avaient pour fondement le marasme économique et la perversion des droits et libertés.

On ne peut donc pas comprendre la constitution dans l'ignorance de ces faits sociaux qui lui donnent naissance et dont la thérapeutique sera recherchée dans des constructions d'idées politiques, ou des préceptes d'art politique et économique. C'est d'ailleurs le sens qu'on donnait à la constitution en Angleterre où l'on commence à l'utiliser dans le sens politique : *« Par constitution, nous attendons, si nous parlons précisément et correctement, cet assemblage de lois, d'institutions et de coutumes, qui découlent de certains principes immuables de la raison, et tendent à certains éléments immuables du bien public, et composent le système général, selon lequel la communauté est convenue d'être gouvernée »*[36].

C'est tout le sens et l'importance **des secondes pierres**, qui se composent d'une *« galaxie de concepts qui constituent l'arrière-plan indispensable de l'idée de constitution »*[37]. La constitutionnalisation du pouvoir n'est donc pas une condition suffisante ; encore faudra-t-il que le texte exprime une sorte de pacte social qui unisse les gouvernants et les gouvernés sur les grandes idées, les grands principes, la nature de la société politique, ses objectifs et ses moyens.

Comme on le souligne à juste titre, l'histoire constitutionnelle a débuté avec *« l'apparition de dénominations qui se sont implantées avant les constitutions écrites et qui ont constitué le lexique avec lequel on a pu les rédiger, tout autant que le vecteur linguistique des concepts permettant de les penser »*[38]. En nous situant par exemple dans l'option politique de la société de confier la gestion de l'État au peuple (démocratie) et la préservation de la liberté et des droits de l'homme, on élaborera plusieurs théories. S'agissant d'abord de la préservation des libertés, on élaborera le concept de la séparation des pouvoirs. C'est justement cette idée de Montesquieu qui est avancée par la disposition de l'article 16 de la Déclaration des droits de l'homme et du citoyen de 1789 : *« Toute société, dans laquelle la garantie des droits n'est*

---

[36] BOLINGBROKE, « À Dissertation On Parties (1733-1734) », in *Works of Bolingbroke*, éd. 1809, t. 3, p. 157 (Trad. fr.).

[37] BARANGER (D), « Le piège du droit constitutionnel », op. cit., p. 5.

[38] BARANGER (D.), « Le piège du droit constitutionnel », op. cit. p. 18.

pas assurée ni la séparation des pouvoirs déterminée n'a point de constitution ». Elle sera poursuivie par l'idée du constitutionnalisme libéral, de l'État de droit, de l'État de droit démocratique, constitutionnel, en tout cas de toutes ces notions développées dans la doctrine pour fixer la nature de l'institution étatique, qui sera traduite dans la norme constitutionnelle. Ensuite, on va déterminer la puissance étatique en faisant référence à l'idée de souveraineté (Jean Bodin), sa nature (souveraineté nationale, souveraineté populaire)[39], à ses modalités d'exercice (démocratie représentative, démocratie directe), aux modalités de délégation de la souveraineté (les modes de scrutin), aux sanctions liées à son exécution (la responsabilité).

Aujourd'hui par exemple, le constitutionnalisme ne se résume pas seulement à ces idées, mais à bien d'autres : l'opposition, l'alternance, la bonne gouvernance, la moralisation de la vie publique, la démocratie participative, la démocratie en réseaux, etc.[40] On comprend ainsi toute l'importance de la Théorie générale de l'État, qui bassine l'étudiant en premier semestre de droit constitutionnel, car pour comprendre la constitution, il faut maîtriser cette pensée qui, au-delà de tout, vise un objectif constituant.

B. La portée constituante des éléments du pacte politique

Après avoir déterminé les éléments qui permettent de constituer le pacte, il convient ici de répondre à la question suivante : comment participent-ils d'une œuvre constituante. Nous prendrons seulement la doctrine, qui conceptualise les faits politiques. Gardons-nous aussi de considérer cette doctrine comme disposant d'un pouvoir constituant ou d'exercer la puissance constituante formelle. L'idée est de montrer tout simplement *« la part de la doctrine*[41] *dans la création du droit constitutionnel »* pour reprendre le bel intitulé de la contribution de Pierre Brunet[42]. En d'autres termes, en conceptualisant des idées politiques, des mécanismes politiques de fonctionnement de l'État, qui seront par la suite formalisés dans la constitution, la doctrine participe indirectement à une œuvre constituante de fond[43]. C'est la doctrine, qui est stigmatisée, dans une certaine mesure, comme

---

[39] BACOT (G.), *Carré de Malberg et l'origine de la distinction entre souveraineté du peuple et souveraineté nationale*, Paris, CNRS, 1985.

[40] Lire avec intérêt MILACIC (S.), « L'État de droit, pour quoi faire ? L'État de droit comme logistique d'une bonne gouvernance démocratique », *Mélanges en l'honneur de Jean Gicquel*, préc. pp. 375-390.

[41] BATIFFOL (H.), « La responsabilité de la doctrine dans la création du droit », *Revue de la Recherche juridique*, 1981, p. 175 et ss.

[42] BRUNET (P.), « La part de la doctrine dans la création du droit constitutionnel », *Revue du droit d'Assas*, 2011, pp. 39-45.

[43] Jacques Chevallier décrit le rôle de la doctrine comme *« contribuant à clôturer le système sur lui-même et à empêcher toute dérive possible des significations. Il s'agit non seulement d'établir les chaînons nécessaires entre les productions juridiques singulières et de ramener à*

une source du droit[44] (on pourra ajouter) de nature substantielle. La doctrine étant entendue dans son sens large, nous envisageons aussi bien les théories politiques qui mettent l'accent plus sur le contexte ou le milieu politique ambiant que juridiques, c'est-à-dire des constructions scientifiques et intellectuelles.

Dans ce domaine, on a remarqué qu'en Grande-Bretagne, les doctrines constitutionnelles étaient dans la majorité des cas descriptives, puisqu'elles visaient plus à théoriser les normes et les institutions déjà existantes, contrairement au prototype français du XVIIIe siècle qui fit le contraire, en modelant les normes et les institutions constitutionnelles à l'aune des doctrines conçues *ex novo* et en faisant *tabula rasa* du droit et des institutions en vigueur.

Ainsi, la théorie de la séparation des pouvoirs de Montesquieu par exemple a permis de constituer dans la norme constitutionnelle la distinction des organes de l'État (Exécutif, Législatif, Juridictionnel), ainsi que l'aménagement des relations qu'ils entretiennent entre eux. De la même manière, il est difficile de comprendre la règle constitutionnelle du pouvoir constituant (le référendum constituant originaire ou dérivé), du double corps du peuple, de la suprématie de la constitution et de la nation comme entité exprimant la souveraineté, sans la théorie politique de Emmanuel-Joseph Sieyès[45] ; au point où, Mignet écrit dans une notice nécrologique en décembre 1836, que *« beaucoup de ses pensées sont devenues des institutions »*[46]. Sur le principe constitutionnel de la nation comme source de tous les pouvoirs, Élisabeth Zoller écrira que *« le principe de la souveraineté nationale tel qu'il a été conçu par Sieyès a permis à la France de sortir de l'Ancien Régime et de la société par ordres héritée de la société féodale. En affirmant que la nation existe avant tout, elle est à l'origine de tous les pouvoirs, Sieyès ouvre la voie de la France moderne par la création du pouvoir constituant, le plus haut des pouvoirs, le pouvoir suprême, celui qui donne au pays sa constitution, sociale et politique »*[47]. Faut-il le rappeler, c'est en s'appuyant

---

certains principes communs, mais encore de construire les grands systèmes donnant à l'ordre juridique son unité et le plaçant sous l'empire de la rationalité », préc. p. 11.

[44] ROUSSEAU (D.), « Au commencement du droit : la doctrine » ? *Le Pouvoir, mythes et réalité, Mélanges en hommage à Henry Roussillon*, Tome II, *Presses de l'Université de Toulouse 1 Capitole*, 2014, pp. 1093-1099 ; RIVERO (J.), « Apologie pour les « faiseurs de systèmes » », *Dalloz*, 1951, Chr. XXIII ; CHEVALLIER (J.), « Doctrine juridique et science juridique », *Droit et Société* 50-2002, p. 103 et ss.

[45] QUIVIGER (P.-Y.) /Vincent (D.) /Salem (J.), *Les figures de Sieyès,* Actes du Colloque des 5 et 6 mars 2004 organisé à la Sorbonne par le Centre d'histoire des systèmes de pensée moderne et l'Institut d'histoire de la Révolution française, Université Paris 1, Publications de la Sorbonne, 2008.

[46] MIGNET (F.-A.), « Sieyès, sa vie et ses travaux », notice lue le 28 décembre 1836 à l'Académie des Sciences morales et politiques, *Revue des Deux Mondes*, 1er janvier 1837.

[47] ZOLLER (E.), *Introduction au droit public*, Paris, Dalloz, 2013, p. 206.

sur le pouvoir constituant que l'Assemblée nationale a pu changer la société en affirmant dans la Déclaration des droits de l'homme et du citoyen de 1789, le principe de l'égalité entre tous les hommes, inhérente à la nature.

On voit donc déjà naitre des théories politiques dont l'objectif n'est pas de constater, de commenter l'ordre constitutionnel ou politique existant, mais bien de constituer le nouvel ordre ou l'ordre en construction ou encore l'ordre en devenir. Il y a là une volonté d'être à l'origine de la création, comme le pouvoir constituant originaire est à l'origine de la nouvelle norme constitutionnelle. On admet souvent qu'une nouvelle constitution peut naitre de la révolution, c'est-à-dire d'une nouvelle idée politique, en rupture totale ou en perfectionnement de l'ancienne et qui sera juridicisée. La valeur constituante de ces idées apparait à la lumière et on comprend facilement que les révolutions américaines et françaises ont été menées sur la base de ces nouvelles donnes qui ont par la suite été traduites parfois imparfaitement dans les constitutions.

Ces idées politiques vont largement influencer les publicistes français de la IIIe République, comme Ademar Esmein, Léon Duguit, Maurice Hauriou et Raymond Carré de Malberg. Ces auteurs français auxquels on pourra ajouter d'autres venus de la tradition germanique comme Gerber, Laband, Goerg Jellinek, Carl Scmitt, Hans Kelsen, ou de tradition anglo-saxonne comme Dicey, ou encore de tradition hispanophone comme Orlando, que l'on qualifie de pères fondateurs du droit constitutionnel, ont conçu des œuvres juridiques dans l'objectif d'influencer ou de déterminer le travail constituant lui-même. Que ce soit dans sa fonction nominale ou normative, la constitution contient des principes qui sont posés par la doctrine. Dans le domaine de la protection des libertés par exemple, il est important d'avancer que c'est chez Coke, en France, dans les anciens parlements, dans l'argumentaire du Juge Marshall sur l'affaire Marbury V. Madison, dans la doctrine de Hans Kelsen, dans le raisonnement du juge Barak de la Cour suprême d'Israël[48] et même dans la pensée de certains auteurs contemporains de la IIIe République pourtant réservés à l'égard de l'introduction du contrôle en France[49], qui ont construit, constitué et consolidé le principe constitutionnel du contrôle de constitutionnalité de la loi, et donc de la naissance et du développement du contentieux constitutionnel. Aujourd'hui encore, ce contentieux est fortement

---

[48]TROPER (M.), « Marshall, Kelsen, Barak et le sophisme constitutionnel », in ZOLLER (E.) (dir.), *Marbury v. Madison* 1803-2003, Paris, Dalloz, 2003, p. 215 et s. ; PFERSMAN (O.), « La production des normes : production normative et hiérarchie des normes », in TROPER (M.) et CHAGNOLLAUD (D.). (dir.), *Traité international de droit constitutionnel*, Paris, Dalloz, 3 vol.

[49]BARTHELEMY (J.) /Duez (P.), *Traité de droit constitutionnel*, Paris, réédit. Edit. Panthéon-Asssas, 2004.

nourri par les commentaires de la doctrine[50], dans la droite ligne de ce que le Doyen Vedel observait naguère : *« le dialogue entre la doctrine et la jurisprudence est nécessaire et bienfaisant »*[51], même si parfois il est incomplet, voire antagonique.

Aujourd'hui, de nouvelles théories comme le(s) réalisme(s) scandinave(s), le réalisme de Nanterre, le normativisme, les réalismes américains, le courant *sociological jurisprudence*, le néo-institutionnalisme et des écoles comme celle aixoise, montpelliéraine, de *Jus politicum* et d'autres encore, tracent la route du droit constitutionnel. La doctrine en tant que moyen de détermination de la constitution n'est donc plus de nos jours une curiosité comme l'attestent les travaux du colloque de Toulouse sur le thème : *« Quelles doctrines constitutionnelles aujourd'hui pour quel(s) droit(s) constitutionnel(s) demain ? »*[52].

Mais, il faut admettre que si cette œuvre d'art est nécessaire, il faut que la constitution prenne corps à travers une procédure de technique juridique.

II. LE « CORPS » JURIDIQUE

Une constitution pensée et conçue dans l'esprit, et parfois même dans la lettre à travers l'invention des concepts et des discours ou des mécanismes institutionnels, ne saurait exister en tant que norme juridique qu'en passant l'épreuve de la technique juridique, sans laquelle elle serait comparable à l'allégorie Platonicienne du mythe de la caverne. Cette procédure qui sécurise juridiquement la constitution nous fait en même temps découvrir ses deux « corps », à savoir l'invisible **(A)** et le visible **(B)**.

A. L'invisible

La constitution comme produit d'une technique juridique peut ramener à la problématique générale de la source du droit[53]. En nous fondant sur la

---

[50] SEVERINO CATERINA, « L'influence de la doctrine sur la jurisprudence du Conseil constitutionnel », RFDC, vol. 105, n° 1, 2016, pp. 77-100 ; STEFANINI (M.F.-R.), « Juges constitutionnels et doctrine (rapport français) », *Annuaire International de Justice Constitutionnelle*, PUAM, 2015, XXX, pp. 345-380 ; SCHNAPPER (D.), *Une sociologue au Conseil constitutionnel*, Paris, Gallimard, 2010 ; BELLET (P.), « Rapport de synthèse » in *La réaction de la doctrine à la création du droit par le juge*, Paris, Economica, 1982, tome XXXI, p. 11 et ss.

[51] Cité par BRAIBANT (G.), « Introduction aux travaux de la matinée », intervention présentée dans le cadre de la *Journée d'études dédiée au deuxième centenaire du Conseil d'État*, *RA*, n° spécial, 1997, p. 6. ; VEDEL (G.), - « Jurisprudence et Doctrine : deux discours », *RA*, n° spécial, 1997, p. 7, - « Doctrine et Jurisprudence constitutionnelles », *RDP*, n° 1, 1989, p. 11.

[52] Institut Maurice Hauriou, Université Toulouse Capitole, 29-30 septembre 2016.

[53] On observe que « toute théorie des sources du droit, qui veut être autre chose qu'un bouquet d'aphorismes, ne peut être développée que dans un rapport étroit avec une théorie générale de la nature et de la notion de droit. En d'autres termes, la théorie des sources du droit doit être

méthodologie positiviste des sources du droit, qui ne se préoccupent pas de leur légitimité ou de leur fonction, on citera l'Allemand Rudolf von Ihering (1818-1892) qui considérait que la loi était la source principale du droit, le Français Henri Lévy-Bruhl (1884-1964) qui donnait la primeur à la coutume, l'Autrichien devenu Britannique Friedrich von Hayek (1899-1992) qui lui, accordait plus d'importance à la jurisprudence.

Mais, ici, on doit aller plus en profondeur, en s'interrogeant sur la principale question de savoir comment et pourquoi, par quelles procédures la constitution apparait comme une norme juridique, une source du droit constitutionnel. En d'autres termes, comment se constitue juridiquement la constitution ? Nous nous situons ici dans la conception kelsénienne de la source du droit, c'est-à-dire la *« création du droit »*[54].

Le premier corps, le plus ancien est invisible. On a enseigné qu'en Grande-Bretagne et dans la monarchie française du XVIIe siècle, on rencontre la constitution coutumière ou les lois fondamentales du royaume d'inspiration coutumière. Elles se fondent sur des pratiques, des comportements, des usages, que le temps et la volonté des hommes ont transformés en règles juridiques. Dire par exemple que le pouvoir constituant n'existe pas dans cette catégorie de constitution est une véritable erreur, car le pouvoir constituant se résume, dans ce cas, dans la volonté créatrice du droit de l'opinion, de l'esprit public, des mœurs, des traditions. Qu'elle ne soit pas spontanée, qu'elle soit le produit de l'histoire, comme *« un dépôt lent et indéfini au fond d'une liqueur terne »*[55], elle comporte une signification juridique et est douée d'une autorité de règles de droit. D'ailleurs, c'est la raison pour laquelle la constitution coutumière est matériellement constitutionnelle. Emile Boutmy écrivait à propos des Anglais qu'ils *« ont demandé leurs garanties à un système qui est exactement le contre-pied du nôtre. Au lieu de faire masse de leur constitution, ils ont cherché à lui donner le moins de corps possible, attendu que tout corps est, par essence vulnérable. Voilà pourquoi ils ne l'écrivent qu'en partie et pourquoi, lorsqu'ils l'écrivent, bien loin de rehausser et de différencier leurs textes constitutionnels, ils les sèment et les perdent pour ainsi dire parmi les textes de législation ordinaire »*. Cette constitution est incorporée à la nation, qui vit avec elle et elle coule en quelque sorte dans ses veines avec son sang.

L'âme politique de la constitution, à travers le processus technique des traditions, des usages, c'est-à-dire du processus coutumier, va donc s'incarner

incorporée dans une théorie générale du droit », ROOS (A.), « Le problème des sources du droit positif », Annuaire de l'Institut international de philosophie du droit et de sociologie juridique, 1934, p. 167.

[54] BOBBIO (N.), « Kelsen et les sources du droit », *Archives de philosophie du droit*, T. 27, 1982, pp. 137 et ss.

[55] BOUTMY (E.), *Études de droit constitutionnel*, 3e Éd., Paris, A. Colin, 1899, p. 79.

dans un corps invisible, mais qui n'en existe pas moins, par lequel il assure à la matière son existence en tant que norme constitutionnelle. Ainsi, la distinction constitution coutumière/constitution écrite, n'affecte nullement leur identité de nature, de même que la constitution coutumière n'est pas exclusive des règles écrites. Il en va autrement pour le corps visible, faisant intervenir une véritable armature juridique.

B. Le visible

Juridiquement, la constitution nait de l'exercice du pouvoir constituant, qui se définit comme la puissance créatrice de l'ordre juridique constitutionnel, qui en fixe les principes et en établit les instruments. On distingue le pouvoir constituant originaire, qui, initial et inconditionné, vise la création d'une nouvelle constitution, le pouvoir constituant dérivé ou institué, qui, limité, vise la révision ou la modification de la constitution. L'exercice du pouvoir constituant et l'œuvre créatrice issue de l'interprétation du texte constitutionnel par le juge permettent d'identifier clairement le corps visible de la constitution considérée alors comme le produit d'une technique juridique.

Il s'agit de la constitution écrite, entendue dans un sens large, c'est-à-dire émanant de l'exercice du pouvoir constituant de la jurisprudence du juge dans la création du bloc de constitutionnalité. Ce sont les révolutions américaine et française du XVIIIe siècle qui ont conduit à la création d'une constitution visible, inscrite dans du marbre. Il fallait inscrire l'idée constitutionnelle dans un texte écrit, par une procédure solennelle, pour limiter clairement l'absolutisme des gouvernants, proclamer les droits et les libertés et assurer la séparation des pouvoirs.

Le processus de métamorphose de l'incarnation de l'âme politique est plus formalisé et nécessite selon les cas l'intervention d'une assemblée constituante ou du peuple sur un projet ou sur une proposition de texte écrit. En adoptant le texte selon une procédure solennelle, l'organe titulaire du pouvoir constituant, marque ainsi sa volonté de se doter d'un texte dont la suprématie doit être assurée sur les autres normes. La manifestation de cette volonté s'effectue sur les principes ou les idées qui se sont formés dans la constitution politique de l'État.

On se situe là dans la conception normativiste Kelsénienne de la constitution selon laquelle la constitution est matériellement importante, car formellement supérieure. La constitution qui n'était qu'une idée se métamorphose en une véritable norme juridique, car obligatoire, et dont la violation est juridiquement sanctionnée, comme le démontrait le Doyen Louis

Favoreu[56]. C'est ce qui justifie la mutation théorique de la conception descriptive à la conception normative de la constitution dans le sens d'un virage que prend le droit constitutionnel institutionnel au droit constitutionnel normatif. En tant que norme fondamentale dans l'ordonnancement juridique interne, sa suprématie est assurée par la juridiction constitutionnelle, inaugurant ainsi l'apparition du contentieux constitutionnel. Ce dernier, lui aussi, visible dans les décisions, arrêts, avis, n'est pas comparable aux autres contentieux, ordinaires, par sa spécialité et sa solennité.

CONCLUSION

La constitution est une matière et une manière. Mais la question est aussi de savoir l'importance de la seconde par rapport à la première. En d'autres termes, la sécurité juridique du formalisme d'une constitution substantiellement de revanches, de clairs-obscurs, de malentendus, donc d'une constitution d'âme polluée, assure-t-il réellement une stabilité constitutionnelle ? L'ordre constitutionnel actuel en Afrique ou ailleurs, faisant apparaitre un désordre constitutionnel en apporte la réponse.

Il nous semble que, contrairement à ce que nous enseignons sur la clarté, la sécurité du formalisme juridique, dont l'adoubement de la constitution écrite, la constitution coutumière fondée sur les traditions, les vécues, sur une âme constitutionnelle, sur l'*« affectio constitutionnem »* est la vraie et la meilleure constitution. Emile Boutmy l'exprimait en ces termes : *« Faire parader la constitution en grand costume devant le bataillon des statuts, ce costume fut-il une armure, ce serait la désigner à l'attention et aux attaques. Le plus sûr est de la tenir à l'écart et au loin »*. Les positions de Georges Burdeau[57] et de Carl Schmitt[58] clarifient que la constitution reste la résultante d'une lutte sociale, et demeure le fruit d'une décision politique. Nous pouvons donc suggérer que c'est l'âme qui constitue la constitution, la forme pourrait, dans certaines conditions la pervertir.

---

[56] FAVOREU (L), « Le droit constitutionnel, droit de la constitution et constitution du droit », *RFDC* 1990, n° 1, pp. 71 et ss.

[57] BURDEAU (G.), *La démocratie*, Paris, Seuil, 1956.

[58] SCHMITT (C.), *Théorie de la Constitution*, Paris, PUF, 1989.

LA RÉSISTANCE ENTÊTÉE D'UNE « EXCEPTION » CONDAMNÉE : LE JUGEMENT DES CIVILS PAR LES TRIBUNAUX MILITAIRES EN DROIT CAMEROUNAIS

Alain Didier OLINGA

Professeur de Droit Public
Institut des relations internationales du Cameroun (IRIC)
Université de Yaoundé II (Cameroun)

INTRODUCTION

Lorsque, en 1975, le jeune docteur OWONA est frappé par ce qu'il appelle, non sans quelque équivoque,[1] "l'institutionnalisation de la légalité d'exception", son analyse s'appuie, entre autres, en ce qui concerne le droit public non constitutionnel, sur les « *institutions exceptionnelles de crise* » que sont les tribunaux militaires. Au regard des développements considérables qu'a connus la justice militaire, le maître a, comme presque toujours, eu une intuition juste quant à l'impact de l'extension des compétences des juridictions militaires sur la garantie des libertés individuelles[2]. Il était loin, malgré tout, de soupçonner que l'on évoluerait vers un « *mouvement de militarisation de la justice pénale visant les civils* »[3], du fait de la « *propension croissante et inquiétante du législateur camerounais à attraire les civils devant les tribunaux militaires* »[4].

---

[1] L'idée même d'institutionnalisation de l'exception, d'inscription de l'exceptionnel dans la permanence, ne manque pas, en effet, de dérouter. Ce qui est rendu permanent peut-il encore, et sur quelle base, être considéré comme exceptionnel, sauf à soutenir qu'il y a ou qu'il devrait avoir des choses qui par nature, relèvent du domaine de l'exception ou de l'exceptionnel et non de l'ordinaire ? L'institutionnalisation de l'exception peut apparaitre comme un oxymore, mais un oxymore si heureusement fécond sous la plume du maître, qu'il n'a cessé depuis lors de nourrir la réflexion sur les dynamiques du droit public camerounais en rapport avec la garantie des droits et libertés.

[2] OWONA (J), « L'institutionnalisation de la légalité d'exception dans le droit public camerounais » *Revue Juridique et Politique Indépendance et Coopération,* n°2, 1975, p. 36.

[3] KEM CHEKEM (B.M), « La répression des infractions relevant des tribunaux militaires dans le nouveau code de justice militaire au Cameroun ». *Juridis Périodique,* n°115, 2018, p. 124.

[4] Ibid, p. 115.

De fait, les civils sont aujourd'hui, même sur la base d'un regard distrait et panoramique de leurs rôles respectifs, les principaux justiciables des tribunaux militaires au Cameroun. Ce seul constat laisse perplexe et interroge sur l'attraction toujours plus grande vers la justice militaire de questions relevant jusque -là des tribunaux ordinaires, ou plutôt de la militarisation rampante de questions relevant jusque-là de la justice pénale classique, une évolution à l'opposé de la dynamique normative et jurisprudentielle en cours au plan international. Le champ matériel et personnel de la compétence des tribunaux militaires a connu un engraissement impressionnant, au point où il n'est pas interdit d'y voir l'un des meilleurs témoins, soit d'un raidissement sécuritaire de l'État, soit d'un « *état d'effervescence sécuritaire* »[5], soit d'une société inquiète et vacillante par rapport à certains aspects de la convivialité socio-politique. De toute manière, la justice qui devait être circonscrite aux militaires et à des faits de nature militaire, fait désormais partie de l'organisation judiciaire générale de l'État[6] et se trouve pratiquement en concurrence fonctionnelle avec la justice ordinaire. Cette concurrence est nette en ce qui concerne les justiciables partagés entre la justice ordinaire et la justice militaire, à savoir les civils. Au regard de la place que ces derniers occupent dans l'activité de la justice militaire, l'on peut se demander si ces tribunaux sont encore des tribunaux militaires par nature ou par vocation. La réalité de l'engorgement du prétoire militaire camerounais par le justiciable civil, réalité rendue difficilement évitable par l'extension déterminée par le législateur de la soumission des civils à la juridiction militaire (I) tranche cependant net avec la condamnation toujours plus fermement affichée d'une telle évolution par les instances internationales, de droits de l'homme notamment (II).

I. L'EXTENSION DÉTERMINÉE DE LA SOUMISSION DES CIVILS A LA COMPÉTENCE DES JURIDICTIONS MILITAIRES.

Les juridictions militaires sont, comme leur nom l'indique, des juridictions mises en place pour connaître, par des magistrats militaires généralement, mais pas exclusivement, des infractions de nature militaire commises par les personnels militaires. C'est en tout cas l'approche stricte et intégriste de la Commission de Banjul, pour laquelle la mission des tribunaux militaires *« est de connaître des infractions de nature purement militaire commises par un personnel strictement militaire »*[7]. La justice militaire au Cameroun se caractérise par une soumission toujours plus importante des civils à son

---

[5] ASSIRA (C) « Le journaliste camerounais et la non dénonciation ». *Juridis Périodique*, n°112, 2017, p. 169.
[6] Voir loi n°2016/015 du 29 décembre 2006 portant organisation judiciaire, modifiée et complétée par la loi n°2011/027 du 14 décembre 2011, article 3.
[7] Aff. Law office of Ghazi Suleiman C. Sudan, 2003, paragraphes 62-66.

prétoire. Cette extension se déploie, *grosso modo*, de deux manières. D'une part, par la capture de certains actes susceptibles d'être posés par les civils ; d'autre part, par l'assimilation de certains civils aux militaires. Il convient d'examiner tour à tour la manifestation de l'extension, puis les enjeux de ladite extension.

A. La manifestation de l'extension

L'extension opère d'abord par l'élargissement de la compétence *rationae materiae* de la juridiction militaire. Avec la disparition, dans le vocabulaire du Code de justice militaire du Cameroun, de la notion d'« *infractions purement militaires* », la voie a été ouverte pour aspirer dans le domaine de compétence des tribunaux militaires, une vaste catégorie d'actes et, par ricochet, leurs auteurs fussent- ils civils.

Ainsi, le civil peut être poursuivi devant les juridictions militaires pour des actes n'ayant pas nécessairement la nature d'infractions militaires. Il en est ainsi :

- des crimes contre l'humanité et du crime de génocide, dont l'attribution de la juridiction exclusive au tribunal militaire reste énigmatique ;
- des infractions de piraterie et actes illicites contre la sûreté de la navigation maritime et des plates-formes, actes qui d'ordinaire de par le monde relèvent de la compétence des juridictions pénales ordinaires ;
- des infractions relatives aux actes de terrorisme et à la sûreté de l'État. De fait, de par la loi n° 2014/028 du 23 décembre 2014 portant répression des actes de terrorisme, la déclinaison des infractions qui y est contenue montre que les civils sont inévitablement concernés, au regard de la nature des actes incriminés, notamment, le financement des actes de terrorisme, le blanchiment des produits des actes de terrorisme, le recrutement et la formation des personnes en vue de leur participation aux actes de terrorisme, l'apologie des actes de terrorisme ;
- des infractions à la législation sur les armes de 1re, 2e, 3e et 4e catégories telles que spécifiées dans la loi portant régime général des armes et munitions au Cameroun. Par cette compétence ainsi attribuée, laquelle n'était nullement prévue initialement dans la loi pertinente n° 2018/015 du 14 décembre 2018, les tribunaux pénaux ordinaires s'en trouvent apparemment[8] dessaisis, le champ de compétence des tribunaux

[8] Il est vrai que le Code de justice militaire ne dit pas qu'il s'agit là, comme le fait la loi spécifique concernée pour les actes de terrorisme, d'une compétence « **exclusive** » des tribunaux militaires. Que faut-il retenir ? Là où la loi n'a pas affirmé l'exclusivité de la compétence, doit-on déduire que cette compétence ne l'est pas, et qu'elle est partagée ? Si tel est le cas, quelles sont les modalités de cette concurrence, et les règles de gestion des éventuels conflits de compétence entre juridictions ou ordres de juridiction ?

militaires connaissant subitement un impressionnant élargissement. Peuvent être saisis en effet outre l'usage, la fabrication, la production, le transport, l'importation, la transformation, l'entreposage, l'acquisition, la cession, la vente, le courtage, sans autorisation, des armes et munitions, toutes autres activités n'ayant pas nécessairement de lien avec une entreprise militaire stricto sensu, la plupart ayant même une dimension principalement commerciale.

Il en est ainsi des infractions commises à l'aide des armes de 1re, 2e, 3e et 4e catégories, du vol avec port d'arme à feu, des infractions commises par des personnes civiles dans un établissement militaire, et ayant porté atteinte soit aux équipements ou installations militaires, soit à l'intégrité physique d'un militaire, ou ayant troublé le fonctionnement du service ; des infractions relatives à l'achat, l'importation, la vente, la confection, la distribution, le port ou la détention d'effets ou d'insignes militaires ; des infractions connexes aux précédentes infractions.

Ces différents actes sont listés à l'article 8 de la loi 2017/012 du 12 juillet 2017 portant Code de justice militaire. Leur seule énumération atteste de la banalisation de la justice militaire, voire de son *ordinarisation*. Il faut signaler que les infractions sus-énumérées ne sont pas justiciables devant la juridiction militaire s'ils sont imputables, d'une manière ou d'une autre, aux mineurs de 18 ans, ou s'ils sont commis par des étrangers bénéficiant de par les conventions internationales de privilèges de juridiction ou d'immunités diplomatiques.

Le civil peut aussi être poursuivi devant les juridictions militaires pour des infractions militaires, au sens du titre II du Code de justice militaire. Cela ne manque pas de laisser perplexe, dès lors que l'article 30 (1) dudit Code définit l'infraction militaire comme « *tout acte de manquement grave au devoir et à la discipline militaire* ». Si les mots ont un sens, les devoirs et la discipline militaires ne peuvent s'appliquer qu'aux membres des forces armées, aux militaires *stricto sensu*. Et pourtant, force est de constater que de nombreuses dispositions du Code de justice militaire relevant du titre relatif aux infractions militaires s'appliquent au- delà du cercle des militaires *stricto sensu*. Il en est ainsi de l'incitation à la désertion (article 35), de l'outrage au drapeau national (article 43 -1), de l'outrage à un militaire malade ou blessé (article 44 -2), de la soustraction frauduleuse en zone d'opération (article 51-1)), du recel d'effets militaires (article 56(1), de l'espionnage (article 63), de l'embauchage (article 64). Dans ces diverses dispositions, l'on retrouve la formule « *toute personne* » ou « *quiconque* ». S'il est constant que le militaire est une personne, et que la formule doit pouvoir le concerner, il n'en reste pas moins qu'elle le déborde, comme le montre clairement l'article 43 du Code traitant de l'outrage au drapeau national : le premier alinéa traite de *« toute personne »,* la seconde traite de « *tout militaire* », avec un régime répressif différent d'un cas à l'autre.

L'extension de la soumission des civils aux tribunaux militaires opère également par l'assimilation de certains civils aux militaires. Suivant l'article 30 (2) du Code de justice militaire, « *est assimilé aux militaires, pour les infractions commises dans une enceinte militaire ou dans l'exercice de leurs fonctions, le personnel civil en service au ministère chargé de la défense* ». L'intérêt de cette disposition, pour la répression des infractions visées, est difficile à percevoir. De manière générale, le fait d'être « *en service* » au Ministère de la Défense ne fait pas du civil un « *personnel des forces de défense »* soumis au Règlement de discipline générale dans les forces de défense. La discipline militaire n'est pas applicable, en tant que telle, aux civils en service au Ministère de la Défense. D'un autre côté, dès lors que l'article 8(e) du Code de justice militaire punit les « *infractions de toutes natures commises par des militaires ou par le personnel civil en service dans les Forces de Défense, avec ou sans coauteurs ou complices civils, soit à l'intérieur d'un établissement militaire, soit dans l'exercice de leurs fonctions* », sans que l'on ait besoin d'assimiler ce personnel civil aux militaires, l'on comprend mal quel est l'intérêt de l'assimilation effectuée à l'article 30(2) de la loi. En tout état de cause, la compétence attribuée au tribunal militaire n'est pas directement en cause ; c'est le fait d'assimiler aux militaires les « *civils en service au Ministère de la Défense* », dont il faut du reste se demander s'ils correspondent exactement aux *« civils en service dans les Forces de Défense* », qui est questionnable[9].

B. Les enjeux de l'extension

L'extension manifeste de la soumission des civils à la juridiction militaire comporte des justifications, significations et enjeux. La décennie 2010, avec la recrudescence à un niveau important des défis sécuritaires, liés au phénomène Boko Haram, à la crise socio-sécuritaire dans le Nord-Ouest et le Sud-Ouest, est le moment où cette extension a été massive. Cela traduit le primat accordé à l'outil militaire dans son ensemble pour la gestion de ces crises : le Chef des Armées, le ministre de la Défense et le Haut Commandement militaire à la manœuvre stratégico- tactique, les soldats à la manœuvre opérative sur le terrain, la justice militaire pour connaître des infractions liées à ces crises sécuritaires. La boucle militaire de la gestion de ce moment fortement insécurisé est ainsi, en quelque sorte bouclée, pour le meilleur et pour le pire.

---

[9] Il semble logique de soumettre à la discipline militaire les civils en service dans les forces de défense, du fait de leur proximité opérationnelle avec les militaires. En revanche, les civils en service au Ministère de la défense, d'origine professionnelle hétéroclite, de statuts diversifiés, ne peuvent y être soumis qu'au cas par cas.

Le choix de politique répressive porté sur la justice militaire s'inscrit également dans l'engouement du politique pour les traitements judiciaires spéciaux, à l'instar du traitement des détournements des fonds publics confiés au Tribunal Criminel Spécial par la loi n° 2011 /028 du 1er décembre 2011 complétée par la loi n° 2012/011 du 16 juillet 2012. Sur ce point précis, l'on peut se demander pourquoi la juridiction militaire devrait connaitre des détournements commis par des militaires ou assimilés civils en service au ministère de la Défense ou dans les Forces de Défense, dès lors qu'ils sont d'un montant inférieur à 50 000 000, et non la juridiction pénale ordinaire. L'article 53 du Code de la justice militaire peut être interprété comme une dangereuse démarche d'exportation d'une partie du contentieux des détournements de fonds publics vers les tribunaux militaires, sous le vocable habile et euphémique de « *détournement d'effets militaires* ». L'impression qui peut en découler est celle du besoin de disposer d'une justice, sinon aux ordres, en tout cas relativement contrôlée par l'exécutif et la chaine hiérarchique militaire. Cela peut également traduire une méfiance vis-à-vis de la justice pénale classique, un certain raidissement sécuritaire des institutions politiques, une logique de la mobilisation de l'outil judiciaire militaire dans une logique de régulation de la contexture politique.

Si l'on devait procéder à une sociologie serrée de la figure du justiciable cité à comparaître par devant la juridiction militaire depuis le début de la décennie 2010, l'évidence s'impose d'elle-même : les personnes civiles, sans être pour cela des personnes innocentes de ce qui leur est reproché ou imputé, occupent l'essentiel du travail qui y est abattu. On y trouve, en parcourant même rapidement les décisions rendues, des commerçants[10], des chauffeurs et des conducteurs de moto- taxis[11], des bijoutiers[12], des journalistes[13], et animateurs de radio[14], des hommes politiques (leaders du MRC notamment), des cultivateurs[15], des consultants[16], piroguiers[17], etc. Bref, des justiciables au

---

[10] Tribunal militaire de Yaoundé, jugement n° 007/crim/16 du 18 Janvier 2016, Affaire Ministère Public c/Mahmoudou Ousmanou ; Jugement n°015/crim/2017 du 16 Janvier 2017, affaire MP c/ Djibrine Alhadji Ousmane.

[11] Tribunal militaire de Yaoundé, jugement n° 39/crim/18 du 21 Février 2018 MP c/ Fum Kalembah Ntuh.

[12] Tribunal militaire de Yaoundé, jugement n° 044/crim/17 du 13 février 2017, MP c/ Ibrahim Abdul Karim.

[13] Tribunal militaire de Yaoundé, jugement n° 109/crim/17 du 24 avril 2017, MP c/ Ahmed Abba.

[14] Tribunal militaire de Yaoundé, jugement n° 152/crim/018 du 25 Mai 2018 MPc/ Tsi Conrad, Mancho Bibixy alias BBC et autres.

[15] Tribunal militaire de Douala, jugement n° 238/18 du 12 décembre 2018 MP c/ Bisseme Ekani.

[16] Tribunal militaire de Yaoundé, jugement n° 126/B15/crim/18 du 16 avril 2018, MP c/ Mbu René Nsuh.

[17] Tribunal militaire de Douala, jugement n° 235/18 du 14 décembre 2018 MP c/ Ngang Frédérick Nchumbo, Ngwa Elvis, Kometa Ruben, Kombone Joseph.

profil hétéroclite renvoyant à tout, sauf à l'élément militaire *stricto sensu*. Il y a là, manifestement, un effet du déplacement du curseur dans la répartition des tâches répressives entre les juridictions pénales ordinaires et les juridictions militaires, au profit de ces dernières.

De manière plus générale, le ministre de la Défense, souvent pudiquement appelé « *ministre chargé de la justice militaire* » (article 53 (8) du Code de Justice militaire) se trouve de plus en plus, du fait de l'extension du champ de compétence de la justice militaire, en situation de concurrence et de rivalité avec « *le ministre chargé de la justice* » tout court. Cette situation a connu un moment d'étalement public lors des mutineries de juillet 2019 à la Prison Centrale de Yaoundé, orchestrées par les personnes détenues dans le cadre des procédures pendantes devant les tribunaux militaires. Ces personnes, pour certains esprits, devraient par cohérence des choses être détenues dans des prisons militaires relevant de l'autorité du Ministère chargé de la justice militaire. Au-delà de ces polémiques dans lesquelles les considérations de politique politicienne ne sont pas absentes, il y a probablement une interrogation diffuse sur l'expansion de la justice militaire en tant que telle, expansion vers les civils pourtant fortement contestée et même prohibée par les instances internationales des droits de l'homme.

II. LA CONDAMNATION PAR LES INSTANCES INTERNATIONALES, DES DROITS DE L'HOMME, DU JUGEMENT DES CIVILS PAR LES JURIDICTIONS MILITAIRES

Si le principe même de l'existence des tribunaux militaires n'est pas exclu par le Droit international des droits de l'homme, leur compétence à juger les civils fait l'objet d'une approche restrictive, voire hostile, des mécanismes internationaux des droits de l'homme. Cette posture globalement hostile est largement antérieure aux évolutions législatives récentes au Cameroun, lesquelles évolutions ont ainsi été décidées en parfaite connaissance de l'état du droit international en la matière, et spécifiquement de la jurisprudence internationale des droits de l'homme ciblant directement le Cameroun. Il est utile de présenter la position actuelle des instances internationales, et envisager les conséquences juridiques qui découlent pour le Cameroun de son entêtement à ne pas s'y conformer.

A. La réalité de la condamnation internationale

Sans qu'il soit besoin de procéder à un examen exhaustif de l'état du droit international en matière de jugement des civils par les militaires et en s'en tenant au contentieux camerounais devant les instances internationales, l'on peut mettre en évidence deux approches : une réception conditionnelle ou une condamnation souple du jugement des civils par les tribunaux militaires de la part du Comité des droits de l'homme ; une condamnation absolue d'un tel jugement par la Commission Africaine des Droits de l'Homme et des Peuples.

Le Comité des droits de l'homme a déjà eu à se prononcer à deux reprises au sujet du jugement des civils par les tribunaux militaires au Cameroun, à plus d'une décennie d'intervalle, intervalle pendant lequel il a formulé ce que l'on peut considérer comme sa directive générale en la matière. Dans ses observations finales formulées au terme du troisième rapport périodique du Cameroun, le Comité a exprimé sa préoccupation par rapport à la compétence des tribunaux militaires de juger les civils et à l'extension de ladite compétence « *aux infractions qui ne sont pas des infractions militaires proprement dites, par exemple toutes les infractions relatives à l'utilisation d'armes à feu* ». Le Comité a par conséquent recommandé que « *l'État-partie devrait veiller à ce que la compétence des tribunaux militaires soit limitée aux infractions militaires commises par des militaires* »[18]. Cette posture de fermeté sera assouplie dans les constatations du Comité sur la communication 1813/2008/ Ebenezer Derek Mbongo Akwanga c/ Cameroun, rendues le 22 mars 2011. Dans cette espèce, le Comité a, entre autres, statué sur le jugement du requérant par un tribunal militaire, conformément à la législation camerounaise.

Au paragraphe 7.5 de ses constatations, il se prononce ainsi : « (…) *l'État-partie doit démontrer, relativement à la catégorie spécifique des personnes en cause, que les tribunaux civils ordinaires ne sont pas en mesure de mener les procès, qu'aucun autre tribunal civil spécial ou de haute sécurité ne convient en l'espèce et que le recours à un tribunal militaire ne peut être évité. L'État-partie doit en outre démontrer que les tribunaux militaires garantissent intégralement la protection des droits de l'accusé conformément à l'article 14.* »

Il poursuit en disant : « *Dans l'affaire à l'examen, l'État-partie n'a pas montré pourquoi le recours à un tribunal militaire était nécessaire (...) ; il n'a pas indiqué pourquoi les tribunaux civils ordinaires ou d'autres types de juridictions civiles ne convenaient pas pour le juger. Le simple fait d'affirmer que le procès militaire s'est déroulé conformément aux dispositions législatives internes ne constitue pas non plus un argument valable au regard du Pacte à l'appui du recours à ces tribunaux.* »

De ce fait, *« L'incapacité de l'État partie à démontrer la nécessité d'avoir recours à un tribunal militaire en l'espèce signifie que le Comité n'a pas besoin d'examiner si le tribunal militaire a, dans les faits, apporté toutes les garanties énoncées à l'article 14 ».*

---

[18] Voir document CCPR/C/79/Ad.116, 4 novembre 1999, par. 21, p. 4.

En conséquence, le Cameroun a été convaincu de violation de droit du requérant à un procès équitable[19]. Cette posture d'acceptation conditionnelle ou de souplesse mesurée vis-à-vis du jugement des civils par les tribunaux militaires, s'inscrit en droite ligne de la directive générale énoncée par le Comité dans son Observation générale n° 32 adoptée en juillet 2007 au sujet de l'article 14, intitulée *Droit à l'égalité devant les tribunaux et les cours de justice et à un procès équitable*[20]. En effet, au paragraphe 22 de ladite Observation, le Comité à énoncé la ligne générale suivante : « *bien que le Pacte n'interdise pas le jugement des civils par des tribunaux militaires ou d'exception, il exige que de tels procès respectent intégralement les prescriptions de l'article 14 et que les garanties prévues dans cet article ne soient ni limitées ni modifiées par le caractère militaire ou exceptionnel du tribunal en question.* »

Il note par ailleurs que « *le jugement des civils par des tribunaux militaires ou d'exception peut soulever de graves problèmes s'agissant du caractère équitable, impartial et indépendant de l'administration de la justice. C'est pourquoi il importe de prendre toutes les mesures nécessaires pour assurer que de tels procès se déroulent dans des conditions garantissant véritablement les pleines garanties prévues à l'article 14.* »

Ainsi, « *le jugement des civils par les tribunaux militaires ou d'exception devrait être exceptionnel, c'est-à-dire limité aux cas où l'État-partie peut démontrer que le recours à de tels tribunaux est nécessaire et justifié par des raisons objectives et sérieuses et où, relativement à la catégorie spécifique des personnes et des infractions en question, les tribunaux civils ordinaires ne sont pas en mesure d'entreprendre ces procès* ».

Il découle de cet énoncé général, au moins trois éléments essentiels devant guider la conduite des États et orienter l'appréciation de ladite conduite.

D'abord, le fait de faire juger les civils par les tribunaux militaires n'est pas, en soi, une violation du droit des civils à un procès équitable, mais cette éventualité doit être l'exception et non la règle. Au regard de cet élément, il est clair qu'une dynamique d'élargissement des possibilités de soumission des civils à la compétence des juridictions militaires va à l'opposé du caractère exceptionnel d'une telle éventualité.

Ensuite, le recours aux tribunaux militaires pour juger les civils doit répondre à une nécessité, laquelle revêt deux dimensions : des raisons objectives et sérieuses de soumettre les infractions imputées aux civils à ces tribunaux ; la preuve de l'incapacité des juridictions ordinaires de connaître de telles infractions.

---

[19] Voir document CCPR/C/101/D/1813/2008, 19 mai 2011, p. 13.
[20] Voir document CCPR/C/GC/32, 23 août 2007.

Enfin, dans l'administration de la justice, les tribunaux militaires doivent respecter intégralement les prescriptions de l'article 14 du Pacte, et pas seulement les prescriptions légales internes.

En somme, si le Comité n'exprime pas une hostilité de principe vis-à-vis du jugement des civils par les tribunaux militaires, son ouverture est tellement conditionnée et la marge des Etats si étroite qu'elle n'est pas tellement différente d'une fermeture.

La Commision africaine des droits de l'homme et des peuples ne s'est pas embarrassée de nuances dans son attitude sur la question. Elle a énoncé purement et simplement le droit des civils à ne pas être jugés par un tribunal militaire. Dans les *Directives et Principes sur le Droit à un Procès Equitable et à l'Assistance Judiciaire en Afrique* adoptés en 2003, il est énoncé au point L, en substance, ce qui suit : « *a) les tribunaux militaires ont pour seul objet de connaître les infractions d'une nature purement militaire commises par le personnel militaire. (...). Les tribunaux militaires ne peuvent, en aucune circonstance juger des civils (...)* ». La Commission africaine n'admet aucune hypothèse dans laquelle des civils pourraient être jugés par des tribunaux militaires, à la différence du Comité des droits de l'homme. Dans sa décision de mars 2014 sur la communication 287/04 Titanji Duga Ernest (pour le compte de Chéonumu Martin et autres) c/Cameroun, la Commission procède à un examen comparé de la pratique du Comité des droits de l'homme, de la Cour européenne des droits de l'homme, de la Cour interaméricaine des droits de l'homme, et affirme : « *61. (...) en ce qui concerne particulièrement la compétence aussi bien personnelle que matérielle des tribunaux militaires, la Commission estime qu'il s'agit d'une question de principe dont la résolution renvoie nécessairement à un examen méthodique des fonctions et buts originels desdites juridictions.* »

Elle poursuit : « *Tant la doctrine que la pratique judiciaire s'accordent sur ce que les tribunaux militaires sont des mécanismes disciplinaires créés pour connaître des infractions de type militaires, prévues par une législation militaire, commises par des membres du personnel militaire et lorsque ceux-ci sont sous l'emprise de la législation militaire.* »

En conclusion, « *et même au risque d'une tautologie, la compétence des juridictions militaires est strictement militaire fût elle rationae personae ou rationae loci.62. De l'avis de la Commission, il résulte de cette restriction une prescription péremptoire : les juridictions militaires ne peuvent juger des personnes civiles* ». Même si l'on peut s'interroger sur la légitimité d'une position aussi tranchée, à laquelle se heurte la pratique nettement contraire de nombreux États sur le continent africain, il reste qu'elle exprime l'État du droit africain des droits de l'homme, tel qu'interprété par la Commission de Banjul. Face à l'État du droit ainsi rappelé, l'on peut s'étonner de la démarche camerounaise. Il y a lieu, en tout état de cause, d'en envisager les enjeux.

B. Les enjeux de la condamnation internationale pour le Cameroun.

Qu'elle soit faussement souple ou ouvertement péremptoire, la condamnation par des instances internationales assurant le contrôle du respect d'instruments juridiques auxquels le Cameroun fait partie, ne peut être sans effet sur ce pays, en particulier lorsqu'il estime devoir maintenir le jugement des civils par les tribunaux militaires, à propos d'une panoplie toujours plus large d'infractions.

Le premier enjeu, complexe, est celui de la conciliation par le Cameroun, des positions, certes proches, mais pas du tout identiques, du Comité des droits de l'homme et de la Commission de Banjul aujourd'hui, peut - être la Cour d'Arusha demain. De fait, si le principe même du jugement des civils par les tribunaux militaires est rejeté par la Commission africaine, telle n'est pas la position du Comité des droits de l'homme. Or, le Pacte international relatif aux droits civils et politiques, les observations générales et les constatations dudit Comité sont des éléments dont s'inspire la Commission africaine dans son travail d'interprétation de la Charte africaine[21]. Tout comme le Pacte de 1966, la Charte africaine ne contient aucune condamnation textuelle du jugement des civils par un certain type de tribunaux, y compris militaires. L'on voit mal sur quelle base, relativement à la question, l'interprétation du droit à un procès équitable par la Commission de Banjul devrait l'emporter devant le juge camerounais sur celle du Comité des droits de l'homme. Ce qui est clair, en revanche, c'est l'orientation globalement restrictive et hostile de la jurisprudence internationale dans son ensemble. Cette orientation doit impliquer une réorientation forte de la démarche camerounaise.

Le deuxième enjeu est celui de l'attitude que doivent avoir les tribunaux militaires lorsque des justiciables civils contestent leur compétence à les juger. Au regard des énoncés restrictifs ou hostiles des instances internationales, ces tribunaux peuvent-ils, de leur propre chef, renoncer à exercer la compétence que leur attribue la loi, souvent de manière exclusive, dès lors que sont concernés des civils ? À cet égard, la réponse doit être négative. Il appartient, non pas au juge militaire agissant *proprio motu*, mais aux autorités investies du pouvoir de fabriquer la loi, y compris la législation qui institue des tribunaux et leur octroie tel type de compétence, de tirer les conséquences qui découlent, pour l'État, des engagements internationaux de celui-ci, y compris les interprétations jurisprudentielles émises par les instances compétentes, lesquelles interprétations ne sont pas en principe d'applicabilité directe en

---

[21] OLINGA (A.D), « Remarques introductives sur l'interprétation de la Charte africaine des droits de l'homme et des peuples par la Commission de Banjul ». *In* OLINGA (A.D) (Dir.) *La protection internationale des droits de l'homme en Afrique. Dynamique, enjeux et perspectives trente ans après l'adoption de la Charte africaine des droits de l'homme et des peuples*. Yaoundé, Editions CLE, septembre 2012, pp. 219-248.

droit interne, même si elles sont revêtues de l'autorité de la chose interprétée. S'il y a un conflit entre la loi et la convention internationale ratifiée, tel qu'interprété par l'organe international mis en place à cet effet, ce conflit n'est pas en l'état actuel du droit camerounais (encore moins en l'état du droit international relatif au procès équitable) susceptible d'être tranché par le juge attributaire d'une compétence. Il y a, entre le juge et l'ordre conventionnel, la muraille de la loi.

Si les autorités nationales compétentes ne prennent pas des mesures législatives nécessaires pour se conformer aux interprétations internationales faisant autorité, et c'est le troisième enjeu, l'État du Cameroun prend le risque de condamnations à répétition devant le prétoire international des droits de l'homme. Au regard de la densification quantitative des affaires mettant en cause des civils devant les juridictions militaires, il est à parier que des procédures vont se multiplier à l'international contre le Cameroun, lequel ne pourra se borner à invoquer le respect de ses lois nationales pour se tirer d'affaire.

CONCLUSION

C'est dire, en somme, que l'exception n'est pas en soi une incongruité, mais elle peut coûter cher à celui qui s'en prévaut sans scrupule ou respect de la règle. Le moment est sans doute venu, pour le législateur camerounais, en dépit des enjeux sécuritaires, de libérer la justice militaire du trop-plein de compétences dont elle a été encombrée depuis le début de la décennie 2010, en les rapatriant dans le giron de la justice ordinaire. De cette entreprise de dégraissement du champ matériel et personnel de compétence de la juridiction militaire, il est espéré que l'apparition des civils devant son prétoire deviendra exceptionnelle. L'exception directement encadrée par le Comité des droits de l'homme et récusée totalement par la Commission de Banjul sortira ainsi de la dynamique entêtée d'institutionnalisation dans laquelle le Cameroun semble s'être engagé depuis plusieurs années.

LA NÉCESSITÉ EN DROIT CONSTITUTIONNEL. ÉTUDE À PARTIR DE QUELQUES EXPÉRIENCES AFRICAINES

Alain Franklin ONDOUA

Agrégé des Facultés de Droit
Professeur Titulaire
Université de Yaoundé II (Cameroun)

INTRODUCTION

S'il y a deux siècles la nécessité et son champ lexical constituaient une donnée nouvelle dans le langage juridique[1], force est de relever son ancrage progressif au jargon spécifique du droit. Ce concept a fait l'objet d'une mobilisation graduelle tant en droit privé[2] qu'en droit public[3] et, à ce jour, il serait incongru de l'exclure de la réflexion en droit constitutionnel[4]. Il ne saurait finalement en être autrement, car nonobstant le caractère réversible de cette maxime, il peut être prétendu que « *c'est le hasard qui engendre les Constitutions, mais c'est la nécessité qui les fait vivre* »[5]. Dans cette mesure, la nécessité semble alors être prise en compte dans le cadre de l'édiction du droit constitutionnel et de sa mise en œuvre. S'il est malaisé d'être dubitatif quant à cet état de choses en occident[6], il reste vrai que l'observateur de la dynamique constitutionnelle africaine peut à bien des égards être perplexe. La récurrence et la persistance des crises[7] pourraient laisser entendre que les constituants de ce continent ont peu fait cas de la nécessité[8]. L'anathème

---

[1] MORIAUD (P.), *Du délit nécessaire et de l'état de nécessité*, Paris, L. Larose et Forcel, 1889, p. 49.

[2] KIRMAN (F.), *Le principe de nécessité en droit pénal des affaires*, Thèse pour l'obtention du doctorat en droit, Université de Lorraine, 11 mai 2018, 410p.

[3] CAPITOLIN (J.-L.), *La nécessité en droit*, Thèse pour l'obtention du doctorat en droit public, Université des Antilles et de la Guyane, 1997, 473p ; SFDI, *La nécessité en droit international : colloque de Grenoble*, Paris, éd. Pedone, 2007, 384p.

[4] MEDHAT El-NAHRY (M), *Contribution à la théorie de la nécessité en droit constitutionnel : étude comparée de la théorie de la nécessité dans les régimes occidentaux et en Egypte*, Thèse de doctorat d'État en droit, Université de Clermont-Ferrand 1, 1983, 559p ; WAFEU TOKO (Patrick), *Le hasard et la nécessité en droit constitutionnel*, Paris, L'Harmattan, coll. Études africaines, 2018, p. 16.

[5] VEDEL (G.), « Le hasard et la nécessité », *Pouvoirs* n°50, septembre 1989, p. 15.

[6] GICQUEL (J.), « Les états de nécessité », in *Droit constitutionnel et droits de l'homme : rapports français au IIe congrès mondial de l'Association internationale de droit constitutionnel,* Paris-Economica, Aix-en-Provence-PUAM, coll. Droit public positif, 1987, p. 173.

[7] LATH (Y.S.), « La production constitutionnelle en période de crise dans les États d'Afrique : crise du constitutionnalisme ou constitutionnalisme de crise », in *La fabrique du droit en Afrique*, Actes du premier symposium juridique de Libreville, 21-22 nov. 2013, *Palabres actuelles* n° 6, 2013, p. 136.

[8] Porter un regard sur la nécessité en droit constitutionnel est, pour nous, un prétexte scientifique visant à rendre hommage à l'auteur, notamment de « L'institutionnalisation de la légalité

pourrait dès lors être jeté sur le droit constitutionnel africain dans la mesure où celui-ci ne serait pas réaliste et n'aurait pas, contrairement aux préceptes de Maurice HAURIOU, envisagé les accidents et les maladies susceptibles d'assaillir le régime d'État[9]. Le besoin de clarté invite alors à placer la focale sur la nécessité dans le cadre du droit constitutionnel africain. Cela dit, préalablement à tout développement substantiel, du fait des arcanes du vocabulaire constitutionnel[10], il apparait impérieux d'opérer des spécifications conceptuelles.

A cet effet, mentionnons d'emblée que le substantif « nécessité » est emprunté au latin *necessitas* et son premier sens est celui de pauvreté, misère[11]. Il fait aussi référence dans le langage courant à ce qui est indispensable ou encore à un besoin impérieux[12]. Dans la sphère juridique, si certaines acceptions afférentes à ce concept le présentent également comme le caractère de ce dont on a absolument besoin[13], d'autres mettent bien souvent en avant une notion qui en est dérivée à savoir, l'« état de nécessité »[14]. Celle-ci est appréhendée comme « *une situation critique justifiant une solution inhabituelle* »[15]. Il s'agit alors, selon le propos de Geneviève CAMUS, d'un ensemble de « *circonstances urgentes et imprévues qui rendent indispensable pour la sauvegarde de l'État* [la prise de mesures particulières] »[16]. Ces dernières ne sont pas prises *ex nihilo* et impliquent notamment un recours au droit constitutionnel.

Classiquement, sous le prisme institutionnaliste, le droit constitutionnel a été défini comme « *l'ensemble des institutions grâce auxquelles le pouvoir s'établit, s'exerce ou se transmet dans l'État* »[17]. De manière contemporaine

---

d'exception dans le droit public camerounais », *Revue camerounaise de droit*, n° 8, 1975, pp. 104-123.

[9] HAURIOU (M.), *Principes de droit public à l'usage des étudiants en licence (3e année) et en doctorat es science politique*, 2e éd., Paris, Sirey, 1916, p. 773.

[10] AVRIL (P.) et GICQUEL (J.), *Lexique de droit constitutionnel*, Paris, PUF, Collection Que sais-je ? 4e éd., 2013, p. 3.

[11] REY (A.) et alli., *Dictionnaire historique de la langue française*, 4e éd., Paris, Les dictionnaires le Robert, 2010, p. 1782.

[12] *Le Petit Robert de la langue française*, les dictionnaires Le Robert, 2013, p. 912.

[13] GUINCHARD (S.) et DEBARD (T.), *Lexique des termes juridiques*, 25e éd., Paris, Dalloz, 2017, p. 1543.

[14] Cf. notamment, FLASAQUIER (A.), *L'état de nécessité en droit pénal : contribution à la théorie générale des faits justificatifs*, Thèse de doctorat en droit privé, Université de Montpellier 1, 2003, 510p. ; CASSELLA (S.), *L'état de nécessité en droit international : de l'état de nécessité aux situations de nécessité*, Leiden, Nijhoff Publishers, 2011, 577p.

[15] GUINCHARD (S.) et DEBARD (T.), *op. cit, p. 1543.*

[16] CAMUS (G.), « L'état de nécessité en démocratie », *RIDC*, vol. 18, n° 4, octobre-décembre 1966, p. 958. Egalement, sa thèse publiée : *L'état de nécessité en démocratie*, Paris, LGDJ, coll. Bibliothèque constitutionnelle et de science politique, tome 18, 1965, 428p.

[17] PRELOT (M.) et BOULOUIS (J.), *Institutions politiques et Droit constitutionnel*, 6e éd., Paris, Dalloz, 1975, p. 32.

et à titre de rappel, d'autres approches définitionnelles ont été mises en avant. Elles mettent l'emphase sur les objets du droit constitutionnel à savoir, les normes, les institutions ainsi que les droits et libertés fondamentaux[18]. Dans le cadre de cette étude, relativement à son objet[19], le droit constitutionnel pourra être appréhendé comme l'ensemble des règles relatives à l'organisation de l'État[20]. Formellement, il s'agira de manière synthétique d'« *un ensemble de normes dont la valeur est supérieure à celle de toutes les autres normes et qui constitue le fondement ultime de leur validité* »[21]. C'est de fait dans le cadre de ces normes que le curseur sera mis sur la nécessité ou plus exactement, sur l'état de nécessité.

Du reste, le droit constitutionnel qui sera mobilisé ici n'est pas dénué de spécificités et de nuances. En effet, nonobstant l'existence postulée d'un patrimoine constitutionnel commun aux sociétés démocratiques[22], il est possible d'arguer de la réalité d'un droit constitutionnel africain. Cette réalité remet sensiblement en cause l'image d'un corpus de règles sans originalité et exclusivement fait de décalque. Dans le cycle constitutionnel actuel[23], la théorie du mimétisme constitutionnel[24] est pour ainsi dire en porte-à-faux en regard de la matérialité du droit constitutionnel africain. Les marqueurs et la quintessence dudit droit ont d'ailleurs été mis en relief par la doctrine.

La fracture[25] est symbolisée tant par les dispositions textuelles que par les innovations jurisprudentielles. Les premières sont dans certains contextes atypiques et à de nombreux égards protectrices et réalistes[26]. Elles s'attèlent

---

[18] FAVOREU et al., *Droit constitutionnel*, Paris, Dalloz, 6e éd., 2015, p. 629.
[19] VEDEL (G.), *Manuel élémentaire de droit constitutionnel,* Paris, Dalloz, 2002, p. 112.
[20] HAMON (F.) et TROPER (M.), *Droit constitutionnel*, Paris, LGDJ, 34e éd., 2013, p. 18.
[21] Ibid., p. 23.
[22] SINDJOUN (L.), *La formation du patrimoine constitutionnel commun des sociétés politiques. Eléments pour une théorie de la civilisation politique internationale*, Série des monographies, Codesria, Dakar, 1998, 72p.
[23] Le premier cycle constitutionnel va de 1960 à 1964. Il s'agit d'une période où le constitutionnalisme africain est d'inspiration libérale et caractérisé par un mimétisme vis-à-vis de l'Occident. Le deuxième cycle constitutionnel débute entre 1964 et 1965 et il prend fin en 1990. Ce cycle constitutionnel est caractérisé par l'apparition de gouvernements autoritaires. Le troisième cycle constitutionnel qui débute en 1990 correspond au retour du constitutionnalisme libéral. Lire pour une appréhension de la quintessence des différents cycles constitutionnels africains MVAEBEME (E.S), *La République en droit public camerounais*, Thèse de Doctorat/PhD en Droit Public, Université de Yaoundé II, année académique 2015-2016, pp. 11-12.
[24] DJOLI ESENG EKELI (J.), *Droit constitutionnel. L'expérience congolaise*, Paris, L'Harmattan, 2013, p. 39.
[25] AÏVO (F.-J.), « La fracture constitutionnelle. Critique pure du procès en mimétisme », in Frédéric Joël AÏVO (dir.), *La Constitution béninoise du 11 décembre 1990 : un modèle pour l'Afrique ? Mélanges en l'honneur de Maurice Ahanhanzo Glèlè*, Paris, L'Harmattan, 2014, p. 34.
[26] SY (D.), « De quelques dispositions atypiques dans les Constitutions africaines ». In Frédéric Joël AÏVO (dir.*), La Constitution béninoise du 11 décembre 1990 : un modèle pour l'Afrique ? Mélanges en l'honneur à Maurice Ahanhanzo Glélé*, Paris, L'Harmattan, 2014, pp. 273-274.

d'une part à protéger la démocratie, l'ordre constitutionnel et la bonne gouvernance. D'autre part, elles prennent en compte les singularités d'ordre démotique des sociétés africaines notamment les minorités, la diversité ethnique, voire religieuse. Les innovations jurisprudentielles sont quant à elles perceptibles à travers les offices des juges constitutionnels béninois et nigérien qui se font les hérauts de concepts inédits tels que « le consensus national »[27] et « le serment supra constitutionnel »[28]. Du fait de ces éléments, il peut sembler difficile d'être sceptique quant à l'existence d'un droit constitutionnel africain.

C'est dans cette conjoncture empreinte d'innovations que va s'opérer la réflexion. En partant du pragmatisme qui a accompagné le renouveau du droit constitutionnel africain dès 1990, l'on peut subodorer de la prise en compte de la nécessité par celui-ci. Il nous semble judicieux dans cette mesure de questionner la lecture qu'appelle la nécessité en droit constitutionnel africain.

La réponse à ce questionnement pourra indéniablement dévoiler d'autres spécificités du constitutionnalisme africain. La gestion des constitutions[29] et de la nécessité ne saurait assurément être le résultat de générations spontanées. La nécessité transparait alors non pas comme une inconnue, mais davantage comme une donnée méconnue du droit constitutionnel africain. Ceci dit, le réalisme nous impose de mentionner que l'analyse ne saurait couvrir l'ensemble des systèmes constitutionnels africains. L'accent sera principalement, mais non exclusivement mis sur les pays d'Afrique noire francophone. Le caractère partiel des données mobilisées sera toutefois compensé dans le fond par l'évidente convergence des modèles constitutionnels africains[30]. Une transposition des conclusions de l'analyse à d'autres toponymes que ceux d'Afrique francophone sera dès lors, moyennant l'introduction d'un modalisateur[31], possible.

Cela étant admis, par le truchement d'une mobilisation des lois fondamentales et de la jurisprudence constitutionnelle, il apparait qu'en droit constitutionnel africain, la nécessité peut faire l'objet d'une lecture duale. Les corpus de règles perçues tant formellement que matériellement permettent de constater la duplication des hypothèses de nécessité constitutionnelle (I) et la

---

[27] DCC 06-074 du 8 juillet 2006 de la juridiction constitutionnelle béninoise.

[28] Avis n°02/CC du 25 mai 2009 de la juridiction constitutionnelle nigérienne.

[29] REMOND (R.), « La gestion des Constitutions », *Pouvoirs*, n°50, 1989, pp. 43-51.

[30] BALDE (S.), *La convergence des modèles constitutionnels. Études de cas en Afrique subsaharienne*, Publibook, 2011, 538p.

[31] Un modalisateur est un adverbe ou un groupe de mots qu'on introduit dans un argumentaire afin de nuancer ou de rendre moins catégoriques les conclusions auxquelles on parvient. Il permet l'insertion d'une restriction. Voir PLANTIN (C.), *L'argumentation. Histoire, théories et perspectives*, Paris, PUF, coll. Que sais-je ?, 2005, p. 21.

spécialisation des solutions constitutionnelles appliquées en cas de nécessité (II).

I. LA DUPLICATION CONSTATÉE DES HYPOTHÈSES DE NÉCESSITÉ CONSTITUTIONNELLE

Une analyse des constitutions africaines permet de relever l'existence de cas de figure dans lesquels la nécessité est prise en compte. En effet, les constituants se sont montrés prévenants en envisageant des hypothèses de nécessité constitutionnelle. À l'observation, malgré la pluralité des imprévus et des dangers[32] susceptibles d'altérer la dynamique sociale, par le truchement d'une systématisation centrée sur l'ambivalence du temps, il apparait qu'il y a une identification des états de nécessité dans le fonctionnement régulier des pouvoirs publics (A) ainsi qu'une détermination des états de nécessité en temps de crise (B).

A. L'identification des états de nécessité dans le fonctionnement régulier des pouvoirs publics

Les pouvoirs publics désignent globalement l'ensemble des autorités publiques constitutionnelles[33]. Il est largement admis qu'aboutir à leur pérennisation constitue l'un des buts du processus d'institutionnalisation du pouvoir au sein de l'État[34]. Les constituants s'attèlent, dès lors, à assurer leur fonctionnement ininterrompu afin ne pas suspendre ou freiner l'accomplissement des missions impérieuses à eux dévolues ; d'où la perspective de l'identification des états de nécessité dans le fonctionnement régulier des pouvoirs publics. Conscients de ce que les institutions restent assujetties aux contingences de la vie du fait de leur appartenance aux choses du monde[35], l'ingénierie constitutionnelle africaine prend en compte les cas de nécessité visant la garantie de la continuité des pouvoirs publics (1) ainsi que les hypothèses de nécessité provoquant l'accélération des procédures (2).

1. Les cas de nécessité participant de la garantie de la continuité des pouvoirs publics

Trois cas de nécessité visant la garantie de la continuité des pouvoirs publics sont identifiables en droit constitutionnel africain. Il s'agit de la vacance, de la suppléance et de la dissolution ou de l'abrègement du mandat parlementaire.

---

[32] FRIEDRICH (C.J.), *La démocratie constitutionnelle*, Paris, PUF, coll. Bibliothèque de la science politique, 1958, p. 387.

[33]AVRIL (P.) et GICQUEL (J.), *Lexique de droit constitutionnel*, *op.cit.*, p. 81.

[34]BURDEAU (G.), *L'État*, Paris, Editions du Seuil, 1970, pp. 48-49.

[35]BARANGER (D.), *Le droit constitutionnel*, 6e éd., Paris, PUF, coll. Que sais-je ?, 2013, p. 12.

In concreto, la vacance désigne l'« *absence du titulaire d'une fonction publique par suite de son décès, de sa démission, d'une annulation ou de sa condamnation définitive* »[36]. Dans la mesure où « *la volonté du pouvoir est exprimée par une personne physique* »[37], il va sans dire que la vacance au sein d'un pouvoir public constitutionnel n'est pas qu'une vue de l'esprit. La permanence du pouvoir dépend fortement de la condition de la personne appelée à la symboliser[38]. À cet égard, du fait de leur importance au sein de l'État, la vacance d'un pouvoir institué pour exercer le pouvoir politique équivaut à un cas de nécessité. Le droit constitutionnel africain s'est saisi de cette situation avec acuité et l'emphase a particulièrement été mise sur la vacance de la présidence de la République[39]. Il s'agit d'une posture logique dès lors que le président de la République est dans de nombreux contextes la clé de voûte du système institutionnel[40]. Sachant à la lecture des constitutions que la vacance résulte somme toute d'une cessation volontaire ou involontaire du mandat[41], il apparait que celles-ci indiquent la mesure à prendre dans cette situation. Ladite mesure équivaut bien souvent à un intérim[42] assuré soit par le président de l'une des chambres parlementaires, soit par le chef du Gouvernement.

Ainsi, la constitution béninoise du 11 décembre 1990 dispose-t-elle qu'*« en cas de vacance de la présidence de la République par décès, démission ou empêchement définitif... les fonctions de président de la République, à l'exception de celles mentionnées aux articles 54 alinéa 3, 58,*

---

[36]AVRIL (P.) et GICQUEL (J.), *Lexique de droit constitutionnel*, *op.cit.*, p. 109.

[37] MBODJ (E.H.), *La succession du chef d'État en droit constitutionnel africain (Analyse juridique et impact politique)*, Thèse pour le doctorat d'État en droit, Université Cheikh Anta DIOP de Dakar, Faculté des sciences juridiques et économiques, 29 juin 1991, p. 232.

[38] *Idem.*

[39] Il convient toutefois de noter que la vacance au niveau du Parlement est prise en compte par certaines lois fondamentales en Afrique. Ainsi, l'article 83 de la constitution béninoise de 1990, l'article 63 de la constitution sénégalaise de 2001, l'article 119 de la constitution tchadienne de 2018 et l'article 54 de la constitution togolaise de 1992 s'attardent sur la vacance de différents organes de l'Assemblée nationale.

[40] MONEMBOU (C.), *La séparation des pouvoirs dans le constitutionnalisme camerounais : contribution à l'étude de l'évolution constitutionnelle*, Thèse de doctorat Ph.D en droit public, Université de Yaoundé II, 2011, p. 60.

[41] L'hypothèse de cessation volontaire du mandat est la démission. Les hypothèses correspondant à la cessation involontaire du mandat sont le décès et l'empêchement définitif.

[42] L'intérim peut être entendu comme « *le temps pendant lequel une fonction est remplie par un autre que son titulaire* ». Cette modalité est présentée par M. TAMA AYINDA comme une « parade » courante contre le vide institutionnel causé par la vacance de la Présidence de la République dans les États africains. Voir TAMA AYINDA (T-O), *Les constitutions et les crises en Afrique : réflexion sur l'encadrement constitutionnel des crises dans les États d'Afrique noire francophone*, Thèse de Doctorat Ph.D. en droit public, Université de Yaoundé II, Année académique 2017-2018, p. 106. Cf. par ailleurs, TUEKAM TATCHUM (C.), *L'intérim du Président de la République dans le nouveau constitutionnalisme des États d'Afrique d'expression française*, Thèse de doctorat en droit public, Université de Dschang, 2017, 513p.

60, 101 et 154 sont provisoirement exercées par le président de l'Assemblée nationale ». Les constitutions burkinabé, malienne, nigérienne, sénégalaise et tchadienne font également du président de l'Assemblée nationale, avec quelques nuances dans la formulation[43], l'autorité responsable de l'intérim en cas de vacance de la présidence de la République. D'autres lois fondamentales optent pour le président de la seconde chambre parlementaire[44] en tant qu'autorité intérimaire à la tête de l'État. C'est le cas du Cameroun où l'article 6(4) de la loi constitutionnelle du 18 janvier 1996 dispose qu'« *en cas de vacance de présidence de la République pour cause de décès, de démission ou d'empêchement définitif constatée par le Conseil constitutionnel... l'intérim du président de la République est exercé de plein droit, jusqu'à l'élection du nouveau président de la République, par le président du Sénat, et si ce dernier est, à son tour, empêché, par son suppléant, suivant l'ordre de préséance du Sénat* ». Les lois fondamentales algérienne, gabonaise et rwandaise s'inscrivent également dans cette perspective[45]. Au demeurant, il convient de relever que dans la majorité des systèmes constitutionnels, les autorités intérimaires n'exercent pas la totalité des attributions des autorités originelles. Elles sont dans de nombreux cas cantonnées à la gestion des affaires courantes et à l'organisation des opérations électorales devant aboutir à la désignation d'un nouveau président de la République[46]. Ceci confirme la vision de Pierre PACTET et Ferdinand MELIN SOUCRAMANIEN, pour lesquels « *l'intérim n'est destiné qu'à permettre une gestion provisoire de l'État, la solution des grands problèmes et les décisions sur les grandes options étant naturellement reportées à plus tard* »[47].

Cela étant, à côté de la vacance comme hypothèse de nécessité liée à la continuité des pouvoirs publics, l'on retrouve la suppléance. Celle-ci ne s'applique qu'aux courtes absences[48] et en droit constitutionnel africain, elle concerne dans une large mesure le président de la République. Il convient de noter que contrairement à ce qui est perceptible en matière d'intérim, le président de la République participe à l'aménagement de la suppléance par le

---

[43] Article 43 (2) de la constitution burkinabé de 1997 ; article 36 de la constitution malienne de 1992 ; article 53 de la constitution nigérienne ; article 38 de la constitution sénégalaise de 2001 ; article 81 de la constitution tchadienne de 2018.

[44] Ce patronyme est bien souvent celui de « Sénat ». KUAKUVI (K.A.A), *Les secondes chambres du parlement dans les États francophones : le cas du Burundi, de la France, du Gabon et du Sénégal*, Thèse de doctorat en droit public, Université de Gand (Belgique) et Université de Lomé (Togo), 2011, note p. 13. En Algérie, il s'agit du Conseil de la Nation.

[45] Article 88 de la constitution algérienne de 1996 modifiée en 2002 puis en 2008 ; article 13 de la constitution gabonaise de 1996 révisée en 2003 ; article 107 de la constitution rwandaise de 2003.

[46] TAMA AYINDA (T-O), *Les constitutions et les crises en Afrique : réflexion sur l'encadrement constitutionnel des crises dans les États d'Afrique noire francophone*, *op.cit.*, p. 107

[47] PACTET (P) et MELIN SOUCRAMANIEN (F), *Droit constitutionnel*, 32e éd., Paris, Sirey, coll. Sirey université. Droit public, 2013, p. 418.

[48] *Idem*

truchement d'une délégation de pouvoir au profit d'une autorité de l'exécutif. Ainsi, comme l'indique à titre illustratif la loi constitutionnelle camerounaise du 18 janvier 1996 en son article 10, « e*n cas d'empêchement temporaire, le président de la République charge le Premier ministre ou, en cas d'empêchement de celui-ci, un autre membre du Gouvernement, d'assurer certaines de ses fonctions, dans le cadre d'une délégation expresse* ». La loi fondamentale béninoise organise dans le même sens une suppléance, nonobstant la mobilisation de la notion d'« intérim » par la disposition constitutionnelle y afférente. Ainsi, l'article 50(4) de cette loi fondamentale dispose qu'« *en cas d'absence du territoire, de maladie et de congé du président de la République, son intérim est assuré par un membre du Gouvernement qu'il aura désigné et dans la limite des pouvoirs qu'il lui aura délégués* ». Si l'état de nécessité justifiant la mise en branle de la suppléance par le président de la République peut sembler d'une ampleur moindre que celle débouchant sur la mobilisation de l'intérim, il n'en demeure pas moins que cela s'inscrit dans la logique de la garantie de la continuité des pouvoirs publics.

Enfin, la dissolution ou l'abrègement du mandat parlementaire représente le dernier cas de nécessité pris en compte dans le cadre du fonctionnement régulier des pouvoirs publics. Ces éléments correspondent dans l'ensemble à une interruption du mandat des députés par le président de la République. Ladite interruption est bien souvent consécutive à un conflit constitutionnel. Aussi, comme le relève Carl SCHMITT, « *la dissolution* [ou l'abrègement du mandat parlementaire] *résulte alors d'un véritable conflit et repose sur une opposition sans ambiguïté entre deux opinions différentes... »*[49] La nécessité prise comme situation critique motive ainsi le recours à ces mécanismes.

Afin d'éviter toute confusion du fait de la proximité finaliste entre la dissolution et l'abrègement du mandat, il sied de relever que la dissolution d'une Assemblée désigne « *l'acte par lequel les pouvoirs de cette Assemblée prennent fin ; elle est volontaire lorsqu'une Assemblée souveraine fixe elle-même le terme de ses travaux ; elle est naturelle lors qu'une Assemblée, non souveraine, a exercé en entier le mandat qu'elle tient de la loi et des électeurs ; elle est anticipée, lorsque le Chef du pouvoir exécutif a le droit de dissoudre une Chambre avant l'expiration légale de son mandat, et qu'il use de son droit »*[50]. Cette dernière variante est l'option que l'on retrouve depuis des décennies au sein des États africains ayant un régime présidentialiste ou

[49] SCHMITT (C), *Théorie de la constitution*, Paris, PUF, Collection Léviathan, 1993, p. 502. Le constituant tchadien met bien en avant la nature prégnante de la crise. L'article 95 de la constitution de cet État dispose que « *lorsque le fonctionnement régulier des pouvoirs publics est menacé par des crises persistantes entre le pouvoir exécutif et le pouvoir législatif, le Président de la République peut prononcer la dissolution de l'Assemblée nationale* ».

[50] PIERRE (J) et POUDRA (J), *Traité pratique de droit parlementaire,* Versailles, Cerf et fils, 1878, p. 215.

parlementaire[51]. Les constitutions algérienne, burkinabé, camerounaise, gabonaise, malienne, nigérienne, tchadienne ou encore togolaise accordent au président de la République cette prérogative[52].

L'abrègement du mandat équivaut pour sa part à l'acte solennel par lequel le président de la République écourte de manière individuelle la durée de la procuration reçue par les députés pour représenter la nation. La loi constitutionnelle camerounaise illustre bien la conjoncture qui doit prévaloir lorsque cette technique est usitée. L'article 15 (4) de ce texte dispose qu'« *en cas de crise grave, le président de la République peut, après consultation du président du Conseil constitutionnel et des bureaux de l'Assemblée nationale et du Sénat, demander à l'Assemblée nationale de décider par une loi de proroger ou d'abréger son mandat* ». Cela étant, au-delà d'une prescription de la dissolution ou de l'abrègement du mandat parlementaire comme mesure à prendre en cas de prégnance de l'état de nécessité, les différentes lois fondamentales font également mention des modalités de reconstitution des assemblées[53]. Tout ceci achève de démontrer l'appréhension de la nécessité par le droit constitutionnel africain. L'accélération de procédures consécutives à un état de nécessité est aussi liée à cette perspective.

2. Les cas de nécessité provoquant l'accélération des procédures

En droit constitutionnel africain, les cas de nécessité entrainant célérité et promptitude dans le fonctionnement des institutions peuvent être cristallisés autour de l'urgence. Pour rappel, « *l'urgence est le caractère d'un état de fait susceptible d'entrainer, s'il n'y est porté remède à bref délai, un préjudice irréparable, sans cependant qu'il y ait toujours nécessairement péril imminent* »[54]. Lorsque l'on se remémore la définition de la « nécessité » qui a été retenue plus haut, il apparait que celle-ci et l'urgence sont fortement imbriquées. L'urgence peut d'ailleurs être considérée comme étant consubstantielle à l'état de nécessité qui lui, a un caractère plus englobant. Cela dit, il est un truisme que le triomphe de l'État vis-à-vis d'un état de nécessité requiert une certaine diligence. Il est alors question de procéder à une réduction des délais relatifs à la prise d'un certain nombre de décisions.

---

[51] MAMADI KOUROUMA, *Etude du présidentialisme en Afrique noire francophone à partir des exemples guinéen et ivoirien*, Thèse pour l'obtention du doctorat en droit, université de droit d'économie et de sciences sociales de Paris (Paris 2), 21 mars 1978, p. 34.

[52] Article 129 de la constitution algérienne ; article 50 de la constitution burkinabé ; article 8 (12) de la loi constitutionnelle camerounaise ; article 19 de la constitution gabonaise ; article 42 de la constitution malienne ; article 59 de la constitution nigérienne ; article 68 de la constitution togolaise ; article 95 de la constitution tchadienne.

[53] TAMA AYINDA (T-O), *Les constitutions et les crises en Afrique : réflexion sur l'encadrement constitutionnel des crises dans les États d'Afrique noire francophone*, *op.cit.*, p. 121.

[54] ROBERT (J), « Les situations d'urgence en droit constitutionnel », *RIDC*, vol. 42, n° 2, avril-juin 1990, p. 751.

Les constituants africains en ont eu conscience et à l'analyse, il en ressort que l'urgence a été aménagée dans le cadre de la procédure législative ainsi que dans l'office du juge constitutionnel.

Dans le cadre de la procédure législative, c'est par l'entremise d'une demande que le gouvernement ou une assemblée requiert l'accélération des procédures des chambres pour la discussion et le vote d'un texte[55]. Ainsi, comme le souligne Jacques ROBERT, « *des circonstances pressantes peuvent quelquefois être invoquées par un gouvernement pour accélérer certaines procédures dont la longueur du déroulement normal pourrait nuire à la bonne marche des services publics et à la continuité de l'État* »[56]. Dans le cadre du bicamérisme, il va sans dire que cela réduit substantiellement la durée d'un long processus enclenché par les cabinets ministériels de l'État[57]. Plusieurs constitutions africaines comportent quoi qu'il en soit des dispositions relatives à l'urgence dans le cadre de la procédure législative. Elles concernent tant la durée du processus au sein des chambres que le délai de promulgation dont dispose le président de la République. Dans le premier cas, l'on peut à titre illustratif citer les constitutions burkinabé, camerounaise, centrafricaine ou encore togolaise[58]. Au Rwanda, « *dans tous les cas où l'urgence est accordée, l'examen de la loi ou de la question qui en est l'objet a priorité sur l'ordre du jour* »[59]. Pour ce qui est du second cas, il peut être fait mention de la constitution tchadienne qui dispose substantiellement qu'en cas d'urgence, le délai de promulgation des lois définitivement adoptées est ramené à huit jours au lieu de quinze[60]. Les lois fondamentales ivoirienne et nigérienne comportent elles aussi des dispositions de cet acabit, dans la mesure où elles ramènent le délai de promulgation à cinq jours en cas d'urgence déclarée[61].

Relativement à l'office du juge constitutionnel, la réduction des délais résultant d'une déclaration de l'urgence est également perceptible. Aussi, l'article 120 de la constitution béninoise dispose-t-il que « *la Cour constitutionnelle doit statuer dans le délai de quinze jours après qu'elle a été saisie d'un texte de loi ou d'une plainte en violation des droits de la personne humaine et des libertés publiques. Toutefois, à la demande du Gouvernement, s'il y a urgence, ce délai est ramené à huit jours* ». Les lois fondamentales centrafricaine, gabonaise, nigérienne et togolaise comportent elles aussi des

---

[55] FUCHS (O), « La procédure législative d'urgence », *RD publ.*, 2009, n° 3, p. 767.

[56] ROBERT (J), « Les situations d'urgence en droit constitutionnel », *op.cit.*, p. 755.

[57] NGUELE ABADA (M), « La fabrique de la pensée juridique de l'État par les cabinets ministériels : L'exemple camerounais », *Palabres actuelle n°6 : « La fabrique du droit en Afrique », Revue de la Fondation Raponda-Walker*, 2013, p. 193.

[58] Article 119 de la constitution burkinabé ; article 30(2) de la loi constitutionnelle camerounaise ; article 85 de la constitution centrafricaine ; article 81 de la constitution togolaise.

[59] Article 94 de la constitution rwandaise.

[60] Article 87 de la constitution tchadienne.

[61] Article 42 de la constitution ivoirienne et article 58 de la constitution nigérienne.

dispositions de cette nature, car elles font mention d'une réduction des délais concernant le contrôle de constitutionnalité lorsque l'urgence a été déclarée[62]. De fait, en cas d'urgence, la haute juridiction a l'obligation d'œuvrer de manière rapide. Ceci démontre que tous les pouvoirs constitués doivent faire preuve de célérité lorsque des circonstances propres à un état de nécessité sont prégnantes. Les constituants ne se sont au demeurant pas limités à ces cas de figure, car, ils ont déterminé les états de nécessité en temps de crise.

B. La détermination des états de nécessité en temps de crise

D'une manière générale, une crise désigne « *une situation troublée (souvent conflictuelle) qui, en raison de sa gravité, justifie des mesures d'exception* »[63]. Il s'agit alors d'une situation sociale, juridique, politique et même de catastrophe naturelle grave qui affecte l'État et ses institutions et motive la prise de décisions spécifiques. En d'autres termes, la crise représente sous bien des aspects, un état de nécessité constitutionnelle. D'ailleurs, une analyse du droit constitutionnel africain révèle que celui-ci envisage la nécessité au prisme des crises. Cette appréhension des crises par ce corpus de règles est assez large, car l'on décèle des situations de crise en dehors du cadre constitutionnel (1) ainsi que des situations de crise dans le cadre constitutionnel (2).

1. Les situations de crise en dehors du cadre constitutionnel

En dehors du cadre formellement maillé par la constitution, l'on retrouve une détermination des situations de crise. Si une telle occurrence peut surprendre, il convient de rappeler qu'en Afrique, il existe « un droit constitutionnel en dehors du droit constitutionnel »[64]. En effet, il est donné de constater la présence d'un constitutionnalisme alternatif se développant à l'extérieur du cadre officiellement délimité par la constitution. Le professeur HOURQUEBIE affirme d'ailleurs à cet effet que « *c'est peut-être cette distorsion de la notion même de constitution qui devient le marqueur profond du constitutionnalisme africain francophone* »[65]. C'est à la faveur des crises politiques et des coups d'État que se développe cette paralégalité constitutionnelle. Il n'est pas besoin de souligner ici qu'à la suite de ces évènements, l'on assiste bien souvent à la suspension ou à l'abrogation de la constitution[66]. Les accords politiques, les constitutions octroyées et les chartes

---

[62] Article 85 de la constitution gabonaise ; article 98 de la constitution centrafricaine ; article 131 de la constitution nigérienne ; article 104 de la constitution togolaise.

[63] CORNU (G), *Vocabulaire Juridique*, 8e éd., Paris, PUF, 2000, p. 288.

[64] EKELLE NGONDI (M.B), « Le droit constitutionnel en dehors du droit constitutionnel : réflexion sur le constitutionnalisme en Afrique noire », *RADP*, vol. VII, n°14, 26p.

[65] HOURQUEBIE (F), « Le sens d'une constitution vu de l'Afrique », *Les cahiers du Conseil constitutionnel,* Autour du monde, n° 1 - septembre 2018, p. 5.

[66] MVONDO MVONDO (C.A.B), *La Constitution et les crises en Afrique noire francophone*, Mémoire de Master recherche, Université de Yaoundé II, 2017, p. 57.

de transition qui remplacent à ces occasions la loi fondamentale représentent dès lors le corpus juridique en vigueur et de fait, le droit constitutionnel auquel il faut se référer. Les rédacteurs de ces textes tiennent compte, à certains égards, des situations de crises susceptibles d'être rencontrées par l'État. Ils prennent alors en compte, par ricochet, les états de nécessité constitutionnelle.

À ce dernier propos, il peut être fait mention de l'Accord d'Arusha pour la paix et la réconciliation au Burundi du 28 août 2000. Ce texte qui a fait office de constitution matérielle s'appesantit principalement sur la crise qui a motivé son édiction et les mesures qui doivent être prises pour l'enrayer et la surmonter. Les incidences de la crise en matière politique et institutionnelle, sociale et économique sont mises en relief[67]. Les dispositions à implémenter le sont également. Ainsi, par le truchement de ce texte, il a été mesuré « *la gravité des effets négatifs de la crise politico-ethnique qui déchire le Burundi depuis son accession à l'indépendance* »[68].

L'on peut, au même titre, citer la Charte de transition du Burkina Faso de 2015. Ce texte qui a été édicté afin de surmonter une crise comporte des dispositions afférentes à celles-ci. Son article 7 dispose que la désignation du président de la transition se fait sur la base d'un certain nombre de critères au nombre desquels l'on retrouve « *la capacité à conduire une nation et à gérer les situations de crise* ». L'aptitude du potentiel président à transcender la nécessité apparait alors comme un paramètre déterminant pour son choix. Cela démontre que, malgré la gestion de l'État en dehors du cadre formellement constitutionnel, il y a une prise en compte des crises. Cet état de choses est davantage accentué dans le cadre constitutionnel.

2. Les situations de crise dans le cadre constitutionnel

Les situations de crise n'ont pas été ignorées par les constituants africains. En effet, l'analyse de plusieurs systèmes constitutionnels fait état de la prévention et de la résolution des crises par les lois fondamentales. Sachant que les scénarii constitutifs de crises sont aisément envisageables[69], les pouvoirs institués se sont vu attribuer des compétences pouvant leur permettre de faire face à des circonstances délétères. Il apparait alors que « *les constituants africains ont institué dans les textes constitutionnels des mécanismes juridiques d'action et de réaction permettant aux pouvoirs publics, soit d'endiguer l'apparition de ces faits anormaux dans l'ordre juridique, soit alors de les anéantir purement et simplement* »[70]. Lesdits mécanismes sont regroupés par la doctrine sous le patronyme de pouvoirs de

---

[67] Voir notamment le protocole IV de l'Accord.

[68] Conclusion générale de l'annexe IV du Protocole.

[69] Les crises sociopolitiques et les crises institutionnelles forment la palette des crises pouvant survenir au sein de l'État.

[70] TAMA AYINDA (T-O), *Les constitutions et les crises en Afrique : réflexion sur l'encadrement constitutionnel des crises dans les États d'Afrique noire francophone*, *op.cit.*, p. 64.

crise[71]. Il s'agit de « *prérogatives de la puissance publique destinées à faire face à une situation anormale* »[72]. Ils sont somme toute relatifs à la législation d'exception[73]. L'on retrouve au nombre de ceux-ci l'état de siège, l'état d'urgence, l'état d'exception ainsi que la déclaration de guerre.

Dans le détail, le plus ancien des régimes d'exception[74] à savoir, l'état de siège est « *un régime de temps de crise résultant d'une déclaration officielle qui se caractérise par la mise en application d'une législation exceptionnelle de prévoyance soumettant les libertés individuelles à diverses restrictions et à une emprise renforcée de l'autorité publique* »[75]. Dans le cas de cet état de crise constitutionnalisé susceptible d'être proclamé sur tout ou partie du territoire, l'administration militaire se substitue de plein droit à celle civile afin de remédier aux faits anormaux survenus au sein d'un ordre juridique de l'État[76] ; avec un accroissement des pouvoirs de police initiaux de l'armée. À titre d'exemple, l'on retrouve ce mécanisme dans les constitutions ivoirienne[77], nigérienne[78] et togolaise.[79]

L'état d'urgence est pour sa part « *une situation dans laquelle les pouvoirs de police administrative se trouvent renforcés et élargis pour faire face soit à un péril imminent résultant d'atteintes graves à l'ordre public, soit à des évènements présentant par leur nature et leur gravité le caractère de calamité publique ; situation pouvant ou non résulter des circonstances exceptionnelles et dont l'existence justifie que l'Administration, sous réserve de l'appréciation du juge, passe outre certains délais ou exigences de forme ou de procédure.* »[80] Les constitutions camerounaise, malienne et tchadienne font, à titre d'illustration, référence à ce mécanisme[81]. Dans le cas camerounais, la loi fondamentale dispose que « *le président de la République peut, lorsque les circonstances l'exigent, proclamer par décret, l'état d'urgence qui lui confère des pouvoirs spéciaux dans les conditions fixées par la loi* ». Les circonstances mentionnées sont indubitablement celles relatives à l'état de nécessité.

L'état d'exception est « *une situation dans laquelle, en invoquant l'existence de circonstances exceptionnelles particulièrement dramatiques et*

---

[71] GICQUEL (J) et GICQUEL (J.E), *Droit constitutionnel et Institutions politiques*, 30e éd., Paris, Montchrestien, 2017, p. 630 ; Le POURHIET (A-M), *Droit constitutionnel*, 2e éd., Paris, Economica, 2008, p. 349.
[72] AVRIL (P) et GICQUEL (J), *Lexique de droit constitutionnel*, *op.cit.*, p. 80.
[73] *Idem*
[74] RIVERO (J), *Les libertés publiques*, 7e éd., Paris, PUF, 1995, p. 307.
[75] CORNU (G), *Vocabulaire juridique*, *op, cit*, p. 419.
[76] ROBERT (J), « Les situations d'urgence en droit constitutionnel », *op.cit.*, p.756.
[77] Article 74 de la Constitution ivoirienne.
[78] Article 105 de la Constitution nigérienne.
[79] Article 94 de la constitution togolaise.
[80] CORNU (G), *Vocabulaire juridique*, *op. cit.*, p. 1053.
[81] Article 9(1) de la loi constitutionnelle camerounaise ; article 49 de la constitution malienne ; article 130 de la constitution tchadienne.

la nécessité d'y faire face... on suspend provisoirement l'application des règles qui régissent ordinairement l'organisation et le fonctionnement des pouvoirs et l'on en applique d'autres, évidemment moins libérales, qui conduisent à une plus grande concentration du pouvoir et à des restrictions aux droits fondamentaux »[82]. Jacques ROBERT associe sa mise en place à « *la proclamation de la patrie en danger* »[83]. Pour le professeur SAINT-BONNET, *« l'état d'exception parait comme la formulation* [la] *plus générale et* [la] *plus abstraite de la notion des circonstances exceptionnelles »*[84]. L'analyse du droit constitutionnel africain révèle que la loi fondamentale du Cameroun et celle de Guinée Équatoriale sont porteuses de dispositions liées à l'état d'exception[85].

Du reste, la déclaration de guerre correspond d'une manière générale à l'acte unilatéral étatique formalisant le passage de l'état de paix à l'état de guerre[86]. Cette déclaration n'est pas le fruit d'une génération spontanée. Elle repose dans de nombreux contextes sur l'agression préalable de l'État par des forces hostiles. L'agression et les conséquences qu'elle engendre représentent en soi un état de nécessité. Cela étant, dans la mesure où la constitution représente le socle du système juridique relatif à la défense nationale[87], l'on y retrouve des dispositions relatives à la déclaration de guerre. À l'analyse, dans de nombreux États, la marge de manœuvre du président de la République pour cette question assez lourde de conséquences est assez importante[88]. Si dans certains cas il est astreint à la consultation d'autres pouvoirs constitués, c'est *in fine* à lui que revient la prérogative de la déclaration de guerre. C'est à titre illustratif le cas en Algérie, au Bénin, au Burundi, au Maroc et au Rwanda[89]. Dans d'autres États, l'autorisation du Parlement est nécessaire. C'est notamment le cas au Gabon et au Tchad. À l'observation, « *seuls le Cameroun*

---

[82] TROPER (M) cité par DOUI WAWAYE (A.J), *La sécurité, la fondation de l'État centrafricain. Contribution à la recherche de l'État de droit,* Thèse, Université de Bourgogne, 2012, p. 162.

[83] ROBERT (J), « Les situations d'urgence en droit constitutionnelle », *op. cit*, p. 758.

[84] SAINT-BONNET cité par NGUYEN (Thi Hong), *La notion d'exception en droit constitutionnel français,* Thèse de doctorat en droit public, Université Paris I-Panthéon Sorbonne, 2013, p.22. Egalement, SAINT-BONNET (F), « L'état d'exception et la qualification juridique », *CRDF*, n° 6, 2007, pp. 29-38.

[85] Loi constitutionnelle du 18 janvier 1996 au Cameroun article 9(2) ; Constitution équato-guinéenne en son article 42.

[86] Voir sur la notion HAMANN (A), « Le statut juridique de la déclaration de guerre », *Jus Politicum* n° 15, janvier 2016, 39p.

[87] BAUDE (F) et VALLÉE (F), *Droit de la défense*, Paris, Ellipses, 2012, p. 22.

[88] CABANIS (A) et MARTIN (M.L), *Le constitutionnalisme de la troisième vague en Afrique francophone,* Louvain-La-Neuve, Académia-Bruylant, 2010, p. 128.

[89] Article 95 de la constitution algérienne ; article 101 de la constitution béninoise ; article 110 de la constitution burundaise ; article 66 de la constitution marocaine (déclaration faite par le roi) ; article 136 de la constitution rwandaise.

et les Comores n'évoquent pas la question des modalités d'une éventuelle déclaration de guerre »[90].

Il ressort de ces précédents développements que le droit constitutionnel africain aménage un régime juridique propre aux situations de crise dans le cadre constitutionnel. La prévention et la résolution des crises sont des données qui ne sont aucunement négligées par celui-ci. Sachant que d'un point de vue matériel ledit droit s'attèle aussi à prendre en compte les situations de crises en dehors du cadre constitutionnel, il apparait que la nécessité fait l'objet d'une appréhension globale par le droit constitutionnel africain. La spécialisation des solutions constitutionnelles appliquées en cas de nécessité le démontre tout autant.

II. LA SPÉCIALISATION DES SOLUTIONS CONSTITUTIONNELLES APPLIQUÉES EN CAS DE NÉCESSITÉ

En Afrique, l'ensemble des décisions et actes qui sont mis en œuvre dans l'optique de surmonter des états de nécessité disposent de caractéristiques peu habituelles en droit constitutionnel. L'action des pouvoirs constitués n'est, à l'observation, pas toujours celle attendue. Aussi, loin des lieux communs, il est possible de décliner d'une part une diversification des normes appliquées (A) et, d'autre part, une variation des solutions jurisprudentielles (B).

A. La diversification des normes appliquées

Dans la mesure où les constitutions procèdent à l'identification des hypothèses de nécessité constitutionnelle, il serait convenu que les solutions appliquées afin de les transcender ressortissent des lois fondamentales. L'application de la norme constitutionnelle devrait alors être une constante en la matière. Cependant, l'analyse du constitutionnalisme africain met en relief une autre perspective. Ainsi, au sein de celui-ci, lorsqu'il est question de surmonter, voire de résorber une crise, s'il y a une mobilisation de la norme constitutionnelle typique (1), il est donné de constater un recours aux normes atypiques (2).

1. La mobilisation de la norme constitutionnelle typique

La norme[91] constitutionnelle typique correspond à celle qui est symbolique, idéale, remarquable et spécifique dans l'ordonnancement juridique étatique. Il ne s'agit ni plus ni moins que de la constitution ou de la

---

[90] CABANIS (A) et MARTIN (M.L), *Le constitutionnalisme de la troisième vague en Afrique francophone, op. cit.*, p. 128.

[91] Selon le professeur Xavier MAGNON, « *la norme peut être définie comme la signification d'un énoncé prescriptif ayant pour objet de rendre pour autrui obligatoire, interdit, permis ou habilité un certain comportement* » ; MAGNON (X), *Théorie(s) du droit*, Paris, Ellipses, 2008, p. 33.

loi fondamentale. Selon le professeur AHANHANZO GLELE, « *la constitution est dite loi fondamentale parce qu'elle est l'acte qui crée, fonde et structure l'État* »[92]. Représentant une superstructure dans la vie nationale[93], ce document normatif situé au sommet du système juridique[94] représente l'âme de l'État[95]. La constitution apparait alors comme la norme ayant les réponses aux multiples questions susceptibles d'être rencontrées dans la sphère juridique[96]. C'est dans ce sens-là qu'elle offre aux pouvoirs institués les ressources utiles à la prise en charge d'éventuels états de nécessité. Si la dynamique constitutionnelle africaine donne à voir des situations d'érosion des constitutions par les crises[97], il reste que dans de nombreux cas de nécessité, la norme constitutionnelle typique a été mobilisée. Elle a été mise en œuvre dans des cas de nécessité visant la garantie de la continuité des pouvoirs publics, des cas provoquant l'accélération des procédures et s'agissant des états de nécessité dans le cadre constitutionnel.

Ainsi, dans le premier cas, la norme constitutionnelle a été employée au Gabon suite au décès du président de la République Omar BONGO ONDIMBA le 8 juin 2009. En effet, après son décès, l'ingénierie constitutionnelle a été mise en mouvement. Conformément aux dispositions de la Constitution, le Conseil des ministres a saisi la Cour constitutionnelle afin qu'elle puisse constater la vacance du pouvoir. Par la suite, dans le cadre du respect de la loi fondamentale, madame Rose Francine ROGOMBE, présidente du Sénat, assure l'intérim et gère la transition au sommet de l'État, et cela, jusqu'à l'élection de M. Ali BONGO ONDIMBA comme président de la République.

Dans le même sens, des exemples d'accélération des procédures dans le cadre du processus législatif ont été relevés au Bénin et au Burkina Faso. Lorsque l'on se réfère à l'analyse du Parlement en Afrique par M. Kossi SOMALI[98], il en ressort que le Gouvernement a eu à déclarer l'urgence dans ces États. Ainsi, en 1993, sous la pression de l'Association des journalistes du

92 AHANHANZO GLELE (M), « La Constitution ou loi fondamentale », in *Encyclopédie Juridique de l'Afrique, Tome I, L'État et le droit*, les nouvelles éditions africaines, 1982, p. 21.
93 BASTID (P), *L'idée de Constitution*, Paris, Economica, coll. Classiques. Série politique et constitutionnelle, 1985, p. 186.
94 MANERO (J.R), « Typologie des normes constitutionnelles », in TROPER (M) et CHAGNOLLAUD (D) (dir.), *Traité international de droit constitutionnel*, Tome 1, Paris, Dalloz, 2012, p. 298.
95 SCHMITT (C), *Théorie de la Constitution*, *op.cit.*, p. 132.
96 ROUSSEAU (D), « Questions de constitution », *Politique et Sociétés*, vol. 19, 2000, p. 13.
97 BIKORO (J.M), *Le temps en droit constitutionnel africain : le cas des États de l'Afrique noire francophone*, Thèse de Doctorat/Ph.D. en droit public, Université de Yaoundé II, Année académique 2016-2017, p. 346.
98 SOMALI (K), *Le parlement dans le nouveau constitutionnalisme en Afrique. Essai d'analyse comparée à partir des exemples du Bénin, du Burkina-Faso et du Togo*, Thèse de doctorat en droit public, Université Lille 2, 2008, 494p.

Burkina Faso, de la société civile et de certaines organisations internationales se plaignant du caractère liberticide du Code la presse, le Gouvernement burkinabé a dû parer au plus pressé en déposant en urgence un texte sur le bureau de l'Assemblée nationale[99]. Au Bénin, sur la base de la Constitution du 11 décembre 1990, entre 1991 et 1996, « *tous les gouvernements qui se sont succédé ont pris la fâcheuse habitude de déclarer l'urgence sur nombre de textes législatifs ce qui permet une accélération de la procédure législative par la suppression d'une éventuelle seconde lecture ou d'inscrire prioritairement à l'ordre du jour ses propres lois aux fins de retarder l'examen des propositions embarrassantes* »[100].

Enfin, relativement aux situations de crises ayant débouché sur une mobilisation de la norme constitutionnelle, la focale peut être mise sur l'état d'urgence. Dans de nombreux États africains, en s'appuyant sur la Constitution, le président de la République a eu recours à ce pouvoir de crise. L'on peut en guise d'exemples citer le cas algérien où pendant dix-neuf ans, l'état d'urgence a été en vigueur. Promulgué en 1992 pour lutter contre la guérilla islamiste, c'est le 24 février 2011 qu'il a été levé. Au Mali, sur la base de l'article 49 de la Constitution, l'état d'urgence a été déclaré par le truchement du décret n° 2013-033/P-PM du 11 janvier 2013 afin de faire face aux offensives des groupes islamistes au nord de l'État. De même, en 2016, par l'intermédiaire du décret n° 2016-0217/P-RM du 4 avril 2016, le président de la République malienne a déclaré l'état d'urgence sur l'ensemble du territoire national. Enfin, au Burkina Faso, l'état d'urgence a été déclaré le 31 décembre 2018 dans plusieurs provinces en proie aux attaques djihadistes.

Ces exemples mettent en avant la mobilisation de la norme constitutionnelle typique pour faire face aux cas de nécessité. Seulement, dans de nombreuses situations de crise, l'on relève bien souvent une négation de la Constitution. Cela a notamment été le cas en Guinée Conakry où, « *le 23 décembre 2008, la radio nationale annonce la mort du Président Lansana CONTE, au pouvoir depuis 1984. Le vide institutionnel susmentionné favorisera la reprise du pouvoir par l'armée, avec à sa tête le capitaine Moussa Dadis CAMARA* »[101]. Ainsi, les mécanismes relatifs à la vacance ont été mis de côté par l'armée. C'est une norme atypique[102] qui, comme dans plusieurs États en situation de crise, a été édictée et mobilisée.

2. Le recours aux normes atypiques

La constitution formelle n'est pas la seule norme usitée lorsqu'il est question de pallier des cas de nécessité en Afrique. En effet, la crise du

[99] *Idem*
[100] *Ibid.*, p. 260.
[101] HADY DEME (M), *L'armée dans la démocratisation tardive en Guinée Conakry*, Thèse pour l'obtention du doctorat en Science Politique, Université de Bordeaux, 2016, p. 22.
[102] Il s'agissait en l'occurrence de l'« Accord politique global » de 2010.

constitutionnalisme aboutit bien souvent à une neutralisation des solutions constitutionnelles classiques. La loi fondamentale est dans de nombreux cas suspendue[103] ou abrogée[104] lorsque survient un cas de nécessité constitutionnelle. De là, dans l'optique de surmonter les états de nécessité, il apparait que « *les processus de sortie de crise dans certains États africains ont mis en évidence des procédés para-constitutionnels de production de la normativité constitutionnelle* »[105]. Des substituts que l'on peut considérer comme des normes atypiques sont dès lors issus de ces processus et ils sont appliqués par les acteurs politiques. Le professeur Paterne MAMBO a ainsi beau jeu de relever que « *l'originalité des systèmes politico-juridiques africains réside dans une ingénierie constitutionnelle inédite* »[106]. Si les normes atypiques évoquées ici sont plurielles, l'accent peut particulièrement être mis sur les accords politiques et les para-constitutions.

Pour rappel, « *un accord politique est un compromis signé entre les protagonistes à un conflit, sous la supervision d'un médiateur ou d'un facilitateur* »[107]. Il s'agit, pour paraphraser le doyen ATANGANA AMOUGOU, d'une convention conclue entre les protagonistes d'une crise interne dans le but de la résorber[108]. Du fait de son contenu pacificateur, l'accord politique se positionne comme une solution aux cas de nécessité constitutionnelle.

Cet instrument a été privilégié dans de nombreux États africains en temps de crise. Cela a notamment été perceptible au Burundi, en Côte d'Ivoire et au Mali. Au Burundi, tel que cela a été mentionné plus haut, l'Accord d'Arusha a constitué la voie de sortie pour une crise qui a fortement ébranlé le pays. Dans le cas ivoirien, « *les multiples crises ayant secoué la Côte d'Ivoire*

---

[103] La suspension de la Constitution désigne la mise hors de vigueur provisoire d'une ou plusieurs dispositions constitutionnelles. Voir pour une appréhension plus large SCHMITT (C), *Théorie de la constitution, op.cit.*, p. 239. Par ailleurs, cf. TUEKAM TATCHUM (C), « La normativité des actes de suspension de la Constitution dans les États d'Afrique francophone : les cas de la Tunisie, du Burkina Faso, de la Côte d'Ivoire et de la République centrafricaine », *RD publ.*, 2018, n° 2, p. 573.

[104] L'abrogation de la constitution est perçue en droit constitutionnel comme « *une sortie de vigueur non rétroactive de l'ancienne constitution* ». Voir FERRARI (Sébastien), « De l'art du trompe-l'œil : l'abrogation implicite de la loi par la constitution au service d'un continuum constitutionnel ». *RFDC*, n°83, 2010, p. 497.

[105] LATH (Y.S), « La production constitutionnelle en période de crise dans les États d'Afrique : crise du constitutionnalisme ou constitutionnalisme de crise », *op. cit.*, p. 159.

[106] MAMBO (P), « Les rapports entre la Constitution et les accords politiques dans les États africains : réflexions sur la légalité constitutionnelle en période de crise », *Revue de droit de McGill,* vol. 57, n°4, 2012, p. 950.

[107] EHUENI MANZANI (I), *Les accords politiques dans la résolution des conflits armés interne en Afrique*, Thèse de doctorat en droit public. Université La Rochelle et Université de Cocody-Abidjan, 2011, p. 35.

[108] ATANGANA AMOUGOU (J-L), « Les accords de paix dans l'ordre juridique interne en Afrique », *RRJ,* 2008, pp. 1724-1725.

pendant plus d'une décennie ont toujours trouvé une fin heureuse avec la signature des accords politiques »[109]. Les accords politiques de Linas-Marcoussis signé le 24 janvier 2003, de Pretoria signé le 6 avril 2005 et de Ouagadougou signé le 4 mars 2007 ont permis de juguler une crise qui perdurait depuis le début des années 2000. Au Mali, c'est par le truchement des accords politiques du 18 juin 2013 de Ouagadougou et du 3 janvier 2015 d'Alger que la crise liée aux attaques des rebelles touaregs a connu un début de solution. Il sied de noter que si ces accords contribuent à régler des situations conflictogènes, ils entrainent à de nombreuses occurrences un déclassement de la Constitution âprement dénoncé par la doctrine[110].

Ceci dit, à côté des accords politiques comme solution alternative aux cas de nécessité, l'on retrouve ce qu'il est convenu de qualifier de para-constitutions. Cette expression mise en avant par le professeur Luc SINDJOUN[111] désignera ici les textes édictés par des acteurs politiques et qui, d'un point de vue matériel, font office de Constitution dans les États en crise. Ces textes peuvent avoir des dénominations variables et au nombre des plus courantes, l'on retrouve celles de petite constitution, charte de transition, charte constitutionnelle de transition ou encore charte nationale provisoire. Ces textes procèdent à une organisation provisoire de l'État en créant des institutions ou organes, comme des mécanismes destinés à faciliter le dénouement de la crise au sein de l'État et d'assurer le passage d'un ordre constitutionnel à un autre. Si la dynamique constitutionnelle africaine est clairsemée de textes de cette nature, parmi les cas les plus topiques, l'on peut citer ceux de la République centrafricaine et du Burkina Faso.

La loi n° 13.001 portant Charte constitutionnelle de transition du 18 juillet 2013 en République centrafricaine a notamment été édictée suite à la suspension de la Constitution et la dissolution des institutions de la République du fait de la prise du pouvoir par les rebelles de la Seleka. Cet acte a de fait été adopté afin de surmonter la crise qui a suivi ce processus de suspension-dissolution. La charte posait notamment les jalons de la sortie de la crise. Ainsi, le pouvoir exécutif institué par ce texte était composé d'un chef d'État de transition et d'un gouvernement de transition. L'on retrouvait au sein de ce dernier un Premier ministre qui, en concertation avec le Chef d'État,

---

[109] TAMA AYINDA (T-O), *Les constitutions et les crises en Afrique : réflexion sur l'encadrement constitutionnel des crises dans les États d'Afrique noire francophone*, *op.cit.*, p. 322.

[110] MAMBO (P), « Les rapports entre la Constitution et les accords politiques dans les États africains : réflexions sur la légalité constitutionnelle en période de crise », *op.cit.*, p. 933 ; BIKORO (J.M), *Le temps en droit constitutionnel africain : le cas des États de l'Afrique noire francophone*, *op.cit.*, p. 366.

[111] SINDJOUN (L), « Les pratiques sociales dans les régimes politiques africaines en voie de démocratisation : hypothèses théoriques et empiriques sur la paraconstitution », *Revue canadienne de science politique*, juin 2007, vol. 40, n°2, p. 467.

était responsable de l'implémentation de la feuille de route de transition[112]. Le Conseil national de transition qui incarnait le pouvoir législatif s'engageait de bonne foi d'après la charte, au même titre que le pouvoir exécutif, « *à tout mettre en œuvre pour faire aboutir et préserver la réconciliation nationale* »[113]. Par ailleurs, la charte prescrivait l'abstention du recours à la force en cas de litige entre les institutions responsables de la transition[114]. Ceci révèle que les dispositions de ce texte étaient orientées vers la pacification de la société et la transcendance de l'état de nécessité qui prévalait[115].

On peut en dire de même du Burkina Faso avec la Charte de transition du 13 novembre 2014. Ce texte signé par les représentants des principales structures que l'on retrouvait au sein de la société[116] avait pour objectif de réduire la confusion qui régnait au sein de l'État burkinabé après la prise du pouvoir par l'armée et la fuite de Blaise COMPAORE, alors président de la République. En prescrivant la tolérance et le dialogue ainsi que le consensus comme valeur de référence[117], la charte de transition posait les bases d'une transition apaisée et inclusive au sein de l'État. Dans le même sens, le président de la transition se devait de tout mettre en œuvre pour respecter la charte et garantir la justice aux populations burkinabé[118]. Les modalités de résolution des conflits pouvant survenir dans le cadre de la transition ont été définies par la charte et il revenait notamment au Conseil constitutionnel de trancher ceux-ci[119]. Du reste, si la charte est en contrariété avec la quintessence de la Constitution burkinabé du 2 juin 1991[120], il n'en demeure pas moins que de manière générale, elle s'est présentée comme un instrument pertinent de transcendance d'un état de nécessité. Nonobstant la variation qui les caractérise, certaines solutions jurisprudentielles remplissent un office similaire.

---

[112] Article 37 de Charte constitutionnelle de transition.

[113] Article 103 de la Charte constitutionnelle de transition.

[114] *Idem*

[115] Il faut cela étant rappeler que du fait de la persistance des troubles postérieurement à l'édiction de ce texte, le Chef de l'État de transition et le premier ministre ont été contraints de démissionner afin d'apaiser la société. C'est dire que les effets escomptés au moment de l'édiction de la charte n'ont pas immédiatement été perçus.

[116] Le préambule de la Charte fait mention de ce que les partis politiques, les organisations de la société civile, les forces de défense et de sécurité, les autorités religieuses et coutumières du Burkina Faso sont les signataires de ce texte.

[117] Article 1er de la charte de transition burkinabé du 13 novembre 2014.

[118] Article 10 de la Charte.

[119] Article 25 de la Charte.

[120] SOMA (A), « Réflexion sur le changement insurrectionnel au Burkina Faso », *Revue Cames*, Vol1, 2015.

B. La variation des solutions jurisprudentielles

L'émergence de la juridiction constitutionnelle a contribué de manière significative au renouveau du constitutionnalisme en Afrique[121]. Du fait de son positionnement souhaité comme un régulateur social[122], la juridiction constitutionnelle est à ce jour perçue comme une institution dont le rôle dans les situations de nécessité est indéniable[123]. Le professeur Adama KPODAR affirme à ce propos qu'« *une promenade historiciste dans les méandres du constitutionnalisme africain rendra compte de l'image des juridictions constitutionnelles dans leur rôle de résolution des crises* »[124]. Son œuvre dans de telles circonstances n'est cependant pas linéaire. Rétrospectivement, si la juridiction constitutionnelle s'est parfois illustrée par l'émission de solutions jurisprudentielles audacieuses dans les hypothèses de nécessité de constitutionnelle (1), des cas de déni de justice constitutionnelle restent identifiables dans son office (2).

1. Les solutions jurisprudentielles audacieuses

De nombreuses constitutions africaines font du juge constitutionnel un organe de résolution des conflits au sein de l'ordre constitutionnel. D'une manière générale, il est fait mention de ce que la juridiction constitutionnelle est l'organe régulateur du fonctionnement des institutions et qu'elle statue sur les conflits d'attribution entre les institutions de l'État[125]. C'est par rapport à cette compétence qu'à certaines occurrences, la haute instance a formulé des solutions audacieuses afin de surmonter des cas de nécessité liés à des conflits entre les pouvoirs constitués. Dans l'ordre, les prises de position des juridictions constitutionnelles malgache et nigérienne sont des exemples saisissants en la matière.

En 1996, malgré l'hostilité du Parlement par rapport à sa prétention, le président malgache souhaitait procéder à une extension de ses prérogatives par le biais d'un référendum[126]. Il était demandé aux Malgaches que la désignation et les attributions du Premier ministre soient confiées au chef de l'État et non plus au Parlement. Le peuple se prononça en faveur de la

---

[121] HOLO (T), « Emergence de la justice constitutionnelle », *Pouvoirs* n°129, 2009, p. 101.

[122] NDIAYE (M), « La stabilité constitutionnelle, nouveau défi démocratique du juge africain », *Annuaire international de justice constitutionnelle, XXXIII-2017*, p. 687.

[123] Le rôle des juridictions constitutionnelles dans le cadre des crises a d'ailleurs fait l'objet du 5e Congrès de l'Association des Cours et Conseils constitutionnels (ACCPUF) du 22 au 28 juin 2009 à Cotonou au Bénin.

[124] KPODAR (A), « Les juridictions constitutionnelles et les crises en Afrique noire francophone ». Paris, *ACCPUF*, 2012, p. 45.

[125] Article 114 de la constitution béninoise ; article 88 de la constitution ivoirienne ; article 83 de la constitution gabonaise ; article 85 de la constitution malienne ; article 99 de la constitution togolaise.

[126] KPODAR (A), « Les juridictions constitutionnelles et les crises en Afrique noire francophone », *5e Congrès de l'ACCPUF,* 22 au 28 juin 2009, p. 49.

concrétisation de l'ambition du président de la République. Il s'en suivit une crise politico-juridique entre les deux pouvoirs institués et l'Assemblée nationale et, sur une demande de cette dernière, la Haute cour constitutionnelle prononça l'empêchement définitif du président de la République « pour violation répétée de la constitution »[127]. La décision de la juridiction constitutionnelle fait montre de l'intrépidité de ses membres, car le contexte était à ce moment-là marqué par la prééminence institutionnelle du président de la République. Par ailleurs, par sa décision, la haute juridiction invalidait de manière indirecte la volonté émise par le peuple dans le cadre d'un référendum. Elle rationalisait ainsi l'expression référendaire[128]. À l'analyse, l'on peut subodorer qu'il s'agissait d'un référendum « manipulatif »[129] et par son action, la Haute cour a fait montre de hardiesse contrairement à ce qui a pu être observé plus tard sous d'autres cieux[130].

Au Niger, en 2009, la Cour constitutionnelle nigérienne a annulé le décret présidentiel convoquant le corps électoral pour une consultation référendaire visant une révision de la constitution. Cette dernière aurait permis au président de la République de lever la clause limitative du mandat et de postuler à un troisième mandat. Sachant que l'hostilité du Parlement à cette entreprise lui avait valu la dissolution, sur la base d'une requête déposée par des partis d'opposition, la Cour constitutionnelle a annulé le décret du 5 juin 2009 portant convocation du corps électoral. Par cette décision, la Cour a fait montre de bravoure, car, dans de nombreux États africains, la clause de limitation des mandats avait déjà été levée sous l'instigation des présidents de la République en exercice[131]. La juridiction constitutionnelle a de fait voulu stopper le dessein anti démocratique du président de la République nigérien. Cette décision lui a valu d'être dissoute par le président de la République qui s'était octroyé les pouvoirs exceptionnels au titre de l'article 53 de la constitution.

Au demeurant, il sied de relever que par l'entremise de compétences qui ne sont pas directement liées à la régulation des conflits institutionnels, la

---

[127] *Idem*

[128] TAILLON (Patrick), *Le référendum expression directe de la volonté du peuple ? Essai critique sur la rationalisation de l'expression référendaire en droit comparé,* Tome 1, Thèse de doctorat en Droit Public, Université Laval et Université de Paris 1 Panthéon-Sorbonne, 2011, pp. 30-31.

[129] L'expression est de Marthe FATIN-ROUGE STEFANINI. Elle met en avant l'idée des référendums manipulatifs. Lire FATIN-ROUGE STEFANINI (M), « Contrôler les référendums : quels enjeux dans les démocraties aujourd'hui ? », article disponible sur halshs.archive-ouvertes.fr/halshs-01961120/document, consulté le 16 août 2019 à 19h02.

[130] À titre d'exemple, par la décision n°62-20 DC du 6 novembre 1962, le Conseil constitutionnel français s'est déclaré incompétent pour contrôler une loi référendaire au motif qu'elle constitue l'expression directe de la souveraineté nationale.

[131] BIKORO (J.M), *Le temps en droit constitutionnel africain : le cas des États de l'Afrique noire francophone, op.cit.*, p. 15.

haute instance a désamorcé des situations de crise. De ce point de vue, les décisions émises dans le cadre du contrôle de constitutionnalité des lois ainsi que celui de la régularité des consultations électorales ont permis de dénouer des cas de nécessité en Afrique. Cela est en fin de compte compréhensible quand l'on sait que l'adoption d'une loi peut cristalliser des oppositions[132] et que la consultation électorale est « *par excellence* [un moment] *de tension et de déclassement des passions politiques* »[133]. De fait, au Bénin[134] et au Togo[135], le juge constitutionnel a, par le contrôle de constitutionnalité et par le contrôle de la régularité du processus électoral, apaisé des tensions. Cela étant, la forte activité de certaines juridictions débordant parfois le cadre de la compétence relative à la gestion des crises ne voile pas l'existence de cas de déni de justice constitutionnelle en Afrique.

2. L'identification des cas de déni de justice constitutionnelle

Dans les contextes empreints de nécessité, la juridiction constitutionnelle ne brille pas toujours par son action salutaire. Il est malheureusement des situations où, à contre-courant de ce qui est attendu, certaines hautes instances s'inscrivent dans une logique assimilable à celle du déni de justice constitutionnelle. De fait, à titre comparé, si pour le professeur LIET-VAUX, « *le déni de justice n'existe pas en France* »[136], en Afrique, il semble possible de le déceler avec acuité en situation de nécessité.

C'est alors le lieu de mentionner que si les dictionnaires et lexiques de droit constitutionnel n'en font pas mention, l'appréhension de cette notion reste réalisable lorsque l'on se réfère à d'autres branches du droit. Ainsi, en droit privé, « *il y a déni de justice lorsque les juges refusent de répondre aux requêtes ou négligent de juger les affaires en état et en cours d'être jugées* »[137]. Dans la sphère du droit public, sous l'angle internationaliste, le déni de justice correspond à « *un fait internationalement illicite constitué par un jugement interne définitif faisant une mauvaise application manifeste du droit interne* »[138]. En partant de ces définitions et en se remémorant les missions généralement assignées à la juridiction constitutionnelle, le déni de

---

[132] AIVO (F-J), « Les juridictions constitutionnelles africaines et les crises : le Cas du Bénin », *ACCPUF*, Paris, 2012, p. 59.
[133] *Ibid.*, p. 55.
[134] Par la décision DCC 06-074 du 8 juillet 2006, la cour constitutionnelle béninoise a déclaré contraire à la constitution les dispositions de la loi 2006-13, portant révision de l'article 80. Cette loi ciblait une prorogation du mandat des parlementaires. Cette loi fera naitre des tensions dans la société et par son action, la haute instance apaisera la situation.
[135] En période électorale, par sa décision du 23 mars 1998, la Cour constitutionnelle togolaise a lénifié l'atmosphère tendue du fait de débats autour des sigles des partis politiques.
[136] LIET-VAUX (G) cité par Louis FAVOREU, *Du déni de justice en droit public français*, Paris, LGDJ, coll. Bibliothèque de droit public, tome 61, 1964, p. 1.
[137] GUINCHARD (S) et DEBARD (T), *Lexique des termes juridiques, op.cit.*, p. 803.
[138] HONG-ROCCA (L-M), *Le déni de justice substantiel en Droit international public*, Thèse de doctorat en droit, Université Paris 2 Panthéon-Assas, 2012, p. 19.

justice constitutionnelle pourra être appréhendé comme le fait pour la juridiction constitutionnelle de décliner sa compétence lorsqu'il est question de remplir les missions à elle, assignées par la Constitution et notamment, celle de réguler le fonctionnement des institutions étatiques et statuer sur les conflits d'attributions entre les pouvoirs constitués. Il pourra en outre consister en une application critiquable et évidente du droit constitutionnel par la haute juridiction. L'on pourrait y voir une forme d'injustice constitutionnelle[139]. L'apathie de la juridiction constitutionnelle dans les situations de nécessité et sa contribution manifeste à l'enlisement de situations délétères peuvent alors être considérées comme des cas de déni de justice constitutionnelle. L'inertie de la juridiction constitutionnelle togolaise et le dédain de celle du Burkina Faso pour le droit constitutionnel sont des illustrations assez édifiantes de la présence de ce phénomène en Afrique.

En 2005 au Togo, dans le cadre de l'état de nécessité lié à la succession du Président EYADEMA, la Haute instance a été indolente face à la concrétisation d'une fraude à la Constitution ciblant l'installation au pouvoir du fils du chef de l'État décédé. En effet, après le décès du général EYADEMA, l'armée avec la complicité d'une majorité de parlementaires a œuvré pour assurer l'accession à la magistrature suprême à Faure GNASSINGBE[140]. La machination qui avait été ainsi mise en mouvement devait connaître son terme par l'élection de celui-ci et la réception de son serment par la Cour constitutionnelle[141]. Cette manœuvre fut à l'origine d'une crise et contrairement à ce qui eût été normal, la Cour constitutionnelle a cautionné « le montage juridique »[142] qui a été réalisé. Elle a reçu le serment de Faure GNASSINGBE au terme de l'élection du 24 avril 2005. Ainsi, en ne manifestant pas son opposition tout au long de ce processus, la Cour constitutionnelle a fait preuve de déni de justice constitutionnelle.

Au Burkina Faso, le Conseil constitutionnel a entériné le changement anticonstitutionnel de gouvernement d'octobre 2014. En effet, « *le coup d'État est confirmé par le Conseil constitutionnel dans sa décision n° 2014-001/CC du 16 novembre 2014 Transition, portant constatation de la vacance officielle de la Présidence du Faso* »[143]. Le Conseil s'implique par ailleurs dans le processus de transition en validant des actes dont la conformité à la

---

139 Le POURHIET (A-M), « ''L'injustice constitutionnelle'' », *Renouveau du droit constitutionnel. Mélanges en l'honneur de Louis FAVOREU*, Paris, Dalloz, 2007, pp. 223-231.

140 BIKORO (J.M), *Le temps en droit constitutionnel africain : le cas des États de l'Afrique noire francophone, op. cit.*, p. 250.

141 OUEDRAOGO (S.M), *La lutte contre la fraude à la Constitution en Afrique noire francophone*. Thèse de doctorat en droit public, Université Montesquieu-Bordeaux IV, 2011, p. 122.

142 *Idem*

143 OUEDRAOGO (S.M) et OUEDRAOGO (D), « Libres propos sur la transition au Burkina-Faso : du contexte au texte de la Charte de la transition », *Afrilex*, 2015, pp. 10-11.

Constitution est sur bien des points discutable[144]. La haute juridiction burkinabé perpétue par là un déni de justice constitutionnelle dans le cadre d'un état de nécessité. Par conséquent, contrairement à des juridictions qui ont pu faire montre de courage en prenant des décisions audacieuses, la juridiction burkinabé a fait montre d'un office retenu. Ceci finit de démontrer la variabilité des solutions jurisprudentielles qui sont prises en droit constitutionnel africain lorsque des cas de nécessité surviennent.

En définitive, les solutions constitutionnelles appliquées en cas de nécessité en Afrique sont fortement marquées par leur caractère diversifié. De fait, l'existence d'occurrences de déni de justice constitutionnelle n'oblitère pas l'appréhension de la nécessité par le droit constitutionnel africain. Il apparait du reste que l'originalité des normes mobilisées et l'intrépidité de certaines juridictions constitutionnelles contribuent à affermir l'idée d'une friabilité de la théorie du mimétisme constitutionnel. On incline de ce point de vue à constater que sous le prisme de la nécessité, le droit constitutionnel africain tend à se singulariser.

[144] *Idem*

LES RAPPORTS ENTRE LES POUVOIRS DANS LE RÉGIME POLITIQUE CAMEROUNAIS

Bernard-Raymond GUIMDO DONGMO

Agrégé de droit public et de science politique
Professeur Titulaire
Université de Yaoundé II (Cameroun)

INTRODUCTION

« En l'honneur du premier agrégé camerounais de Droit public, qui, par son succès, a ouvert la porte de l'agrégation à bien d'autres compatriotes ».

Il peut sembler curieux de parler *des pouvoirs* au pluriel dans un seul État tant il est vrai que ce dernier est la personnification de la souveraineté. Alors doit-on dire *le pouvoir* ou *les pouvoirs* dans le cadre d'un régime politique ?

Il résulte de ce qui précède une autre interrogation : la formulation du thème *« Les rapports entre les pouvoirs dans le régime politique »* est-elle correcte ?

À bien y regarder, on peut voir dans l'agencement moderne des pouvoirs au sein d'un État l'image de la *« Sainte Trinité »* : un Dieu, mais en trois personnes ; plus clairement un pouvoir, mais en trois organes et fonctions.

Cette présentation des choses n'a pas une finalité d'ordre théologique ou linguistique. Elle renferme une véritable nécessité d'ordre social, notamment la gestion du pouvoir politique au sein d'un État, car par la division du pouvoir, l'on assure un système de freins efficaces à l'action gouvernementale[1].

La problématique est tout aussi vieille que la société des hommes. Une des réponses ayant été imaginée, et dont la longévité traduit la valeur, est la théorie de la séparation des pouvoirs.

---

[1] KPODAR (A), « Bilan sur un demi-siècle de constitutionnalisme en Afrique noire francophone », *in La Constitution béninoise du 11 décembre 1990 : un modèle pour l'Afrique, Mélanges en l'honneur de Maurice Ahanhanzo-Glélé*, Paris, L'Harmattan, 2014, p. 125.

Cette dernière est esquissée par Aristote qui distinguait en la puissance trois opérations principales : la délibération, le commandement et la justice[2].

Ensuite, John Locke qui va poser les prémisses de la théorie en distinguant le pouvoir législatif, le pouvoir exécutif et le pouvoir fédératif ou droit de faire la paix ou la guerre et les traités[3].

Enfin, Charles Louis De SECONDAT, Baron de la Brède et de MONTESQUIEU, président du Parlement de Bordeaux[4] va en théoriser l'essence. Ainsi, comme le relève si bien Saint GIRON « *d'un embryon, il a tiré un être arrivé à son développement et pourvu de tous ses membres* »[5].

Partant de l'idée suivant laquelle *« c'est une expérience éternelle que tout homme qui a du pouvoir est porté à en abuser, il va jusqu'à ce qu'il trouve des limites (...) ; pour qu'on ne puisse abuser du pouvoir, il faut que par la disposition des choses, le pouvoir arrête le pouvoir »*[6], Montesquieu propose une séparation.

Il affirme qu'« *il y a dans chaque État trois sortes de pouvoirs : la puissance législative, la puissance exécutrice des choses qui dépendent du droit des gens et la puissance exécutrice de celles qui dépendent du droit civil. Par la première, le prince ou le magistrat fait des lois pour un temps ou pour toujours, et corrige ou abroge celles qui sont faites. Par la seconde, il fait la paix ou la guerre, envoie ou reçoit des ambassadeurs, établit la sécurité, prévient les invasions. Par la troisième, il punit les crimes ou juge les différends des particuliers* »[7].

Il est à noter que la théorie esquissée par Montesquieu ne postule nullement une isolation des pouvoirs.

Analysant cette théorie, le Maître de Toulouse, le Doyen Maurice Hauriou affirme que *« sans doute, au premier abord, il pourrait supposer que les pouvoirs séparés ne participeraient aux mêmes fonctions que pour s'empêcher et non pour collaborer, il n'a pas employé le mot collaboration que nous considérons aujourd'hui comme étant le mot propre pour caractériser la séparation souple. Mais il arrive tout de même à l'idée de collaboration par le terme concert »*[8].

---

[2] CARRE DE MALBERG (R), *Contribution à la théorie générale de l'État*, Paris, Dalloz, Tome 2, 2004, p. 2.

[3] ESMEIN (A), *Eléments de droit constitutionnel français et comparé*, Paris, L.G.D.J., Edition, Panthéon Assas, 2001, p. 453.

[4] COHENDET (M-A), *Droit constitutionnel,* Paris, Montchrestien, 4e éd., 2008, p. 406.

[5] SAINT-GIRON, *Essai sur la séparation des pouvoirs dans l'ordre politique et administratif,* Cité par ESMEIN (A), *Eléments de droit constitutionnel*, *op. cit.*, p. 455.

[6] MONTESQUIEU, *De l'esprit des lois*, Ed GF, Flammarion, p. 293.

[7] *Ibid.*, p. 294.

[8] HAURIOU (M), *Précis de droit constitutionnel*, Sirey, Paris, 1929, p. 354.

Les termes de cette théorie « occidentale » ont irradié tous les continents, dont l'Afrique[9]. Ils y ont été introduits avec la colonisation au point de faire apparaitre les régimes politiques générés par les Constitutions africaines comme des *« petites sœurs »* du régime politique français[10].

Sans vouloir souscrire au débat sur le mimétisme constitutionnel, celui-ci étant devenu désuet par la force des choses[11], force est de constater que la technique de la séparation des pouvoirs a été introduite dans les constitutions africaines en général[12] et camerounaises en particulier dès l'Indépendance et y a connu une évolution particulière[13].

On peut ainsi distinguer la période d'avant et celle d'après la Constitution du 18 janvier 1996. Si avant on pouvait noter une application totalement « *rédhibitoire* »[14] de cette théorie, la tendance actuelle est plutôt une tentative de retour à son orthodoxie[15]. En effet, la Constitution en vigueur donne une présentation nouvelle des pouvoirs au sein du régime politique camerounais en reconfigurant les rapports entre les différents pouvoirs.

Pour en saisir la substance, il sied de procéder de prime abord à la clarification des concepts. Trois d'entre eux méritent une attention particulière.

D'abord, *la notion de « rapports » ;* elle peut désigner les liens ou les relations entre deux entités. Elle peut avoir un aspect statique en termes *de position d'une chose par rapport à l'autre*, ou un aspect dynamique en termes d'*influence réciproque*[16].

---

[9] FALL (I.M), « La construction des régimes politiques en Afrique : insuccès et succès », *in La Constitution béninoise du 11 décembre 1990 : un modèle pour l'Afrique*, *op.cit.*, pp. 127-179.

[10] POLLET-PANOUSSIS (D) « La constitution congolaise de 2006 : petite sœur africaine de la constitution française », *R.F.D.C*, n°75, 2008, pp 451-498. On lira utilement NGUELE ABADA (M) « Du constitutionnalisme de transitoire en Afrique : Réflexion sur l'évolution constitutionnelle en République Démocratique du Congo » *R.R.J.*, n°121. 2008, pp. 409-536.

[11] Lire PIERRE-CAPS (S), « Le droit constitutionnel entre universalisme et particularisme », *in Démocratie et liberté : tension, dialogue, confrontation. Mélanges en l'honneur de Slobodan MILACIC*, Bruxelles, Bruylant, 2008, pp. 205-218.

[12] AHADZI-NONOU (K), « Constitution, démocratie et pouvoir en Afrique », *in La Constitution béninoise du 11 décembre 1990 : un modèle pour l'Afrique*, *Mélanges en l'honneur de Maurice Ahanhanzo-Glélé*, *op.cit.*, p. 64 et s.

[13] MONENBOU (C), *La séparation des pouvoirs dans le constitutionnalisme camerounais : contribution à l'étude de l'évolution constitutionnelle,* Thèse de Doctorat Ph.D, Université de Yaoundé II-Soa, année académique 2010-2011, 503p.

[14] OWONA (J), « L'essor du constitutionalisme rédhibitoire en Afrique Noire : étude de quelques constitutions Janus », in Mélanges offert à P-F GONIDEC, Paris, L.G.D.J., 1985, pp. 235-243

[15] OWONA (J), *Droits constitutionnels et institutions politiques du monde contemporain. Etude comparative*, Paris, L'Harmattan, 2010, p. 642.

[16] MELIN-SOUCRAMANIEN (F) et PACTET (P), *Droit constitutionnel*, Paris, Sirey, 37e édition, 2017, p. 493.

Le concept de *pouvoir* quant à lui désigne la *capacité à imposer et à s'imposer*. Il désigne également *l'organe qui le détient*. Dans le cadre de cette étude, il s'agit des pouvoirs politiques de l'État notamment ceux issus de la séparation des pouvoirs « de » et « dans » l'État, c'est-à-dire des pouvoirs législatif, exécutif et judiciaire (juridictionnel). Il s'agit de ceux dont les rapports seront analysés.

Enfin, la notion de *régime politique* qui renvoie à un *ensemble de règles constitutionnelles relatives la nature politique d'un État*. Son évocation emporte une orientation méthodologique claire. Elle suppose qu'on ne doive pas faire recours à des sources autres que normatives.

L'étude du *régime politique* juridiquement parlant se distingue en effet de celle du *système politique*. Ce dernier intègre à la fois les règles juridiques et *le système de variables déterminantes*[17] ou de pratiques politiques.

La notion de régime politique confine donc cette étude à *l'analyse des dispositions constitutionnelles.*

Cette clarification terminologique et méthodologique était nécessaire pour mieux comprendre la question centrale et l'orientation de cette étude. Elle aurait pu être réduite à la simple identification et à la classification des rapports.

Mais cette question de surface ne permet pas de toucher la substantifique moelle du sujet. À cet égard, l'on peut se poser la question de savoir ***comment peuvent être saisis ou s'articulent les rapports entre les pouvoirs dans le régime politique camerounais ?***

Sur le plan théorique, l'étude des rapports entre les différents pouvoirs dans le régime politique camerounais permet d'en déterminer la nature et le caractère démocratique ou non. Sur le plan pratique, elle permet de saisir et de comprendre l'agencement desdits pouvoirs et d'en apprécier la valeur, la portée et le degré d'effectuation.

Au regard de ce qui précède, il convient de saisir à l'aide des textes et d'une approche comparatiste[18], toute la substance des rapports entre les pouvoirs dans le régime politique camerounais, autrement dit son ***essence*** juridique à travers d'une part leurs ***rapports organiques*** déséquilibrés (I), et d'autre part, leurs ***rapports fonctionnels*** ambivalents (II).

---

[17] COHENDET (M-A), *Droit constitutionnel,* Paris, Montchrestien, 3e édition, 2008, p. 334.

[18] PONTHOREAU (M-C), « Cultures constitutionnelles et comparaison en droit constitutionnel », *in Démocratie et liberté : tension, dialogue, confrontation. Mélanges en l'honneur de Slobodan MILACIC, op.cit.*, 2008, pp. 219-237.

I. LE DÉSÉQUILIBRE DES RAPPORTS ORGANIQUES

Les rapports organiques sont ceux qui concernent les organes indépendamment des fonctions qu'ils exercent. C'est ainsi qu'il faut, d'une part présenter les rapports entre le pouvoir exécutif et le pouvoir législatif et, d'autre part, les rapports entre le pouvoir exécutif et le pouvoir judiciaire.

A. La domination du législatif par l'exécutif

Il ressort de la lecture de la loi constitutionnelle du 18 janvier 1996 que l'exécutif peut intervenir dans la constitution du Parlement, tandis que l'implication de ce dernier dans la constitution de l'exécutif est limitée.

1. L'intervention de l'exécutif dans la constitution du Parlement

L'intervention de l'exécutif dans la constitution du législatif se fait au moins à trois niveaux.

- ***D'abord***, l'intervention concerne la désignation de 30 sénateurs parmi les 100 que la chambre haute doit contenir. En effet, conformément à l'article 20 (1) de la Constitution, trois sénateurs sont nommés par le Président de la République dans chaque région. Au total, le président de la République est habilité à nommer trente (30) sénateurs parmi les cent (100) que compte le Sénat. Il faut tout de même indiquer que le droit constitutionnel camerounais n'a pas l'apanage de ce mode de recrutement des membres de la seconde chambre du Parlement dans le constitutionnalisme africain. Il s'agit en réalité d'une reprise d'une technique expérimentée en France avant l'avènement de la cinquième République[19].

Avant la suppression du Sénat au Sénégal, le président de la République était en droit de nommer soixante-cinq sénateurs parmi les cent (100), soit les 2/3 des membres[20]. En Algérie, le président de la République doit nommer quarante-huit (48) sur les cent quarante-quatre (144) que compte le Conseil de la Nation Algérien. La Constitution malgache autorise également le président de la République à nommer le 1/3 des membres du Sénat, soit, 30 sur un total de 90 sénateurs. Le même principe est également dans la constitution rwandaise selon laquelle huit (8) sénateurs sont nommés par le président de la République parmi les vingt-six (26) que compte le Sénat[21]. La nouvelle constitution ivoirienne du 8 novembre 2016 elle aussi s'inscrit dans cet ordre

---

[19] ARDANT (Ph) et MATHIEU (B), *Droit constitutionnel et institutions politiques*, LGDJ, Lextenso, 28e édition, 2016, p. 367.

[20] Cf. Article 188 (1) de l'ancienne loi organique relative au Sénat. Sur la question, lire DIOP (M), *Réflexions sur la place et le rôle du Sénat dans le système politique sénégalais*, Dakar, Les Presses de l'imprimerie Saint-Paul, 2012, p. 56.

[21] Sur cette question précise, lire SOMALI (K), *Le Parlement dans le nouveau constitutionnalisme en Afrique : Essai d'analyse comparée à partir des exemples du Bénin, du Burkina Faso et du Togo*, Thèse de Doctorat en Droit public, Université de Lille 2, 2008, p. 211 et s.

d'idées. Elle dispose en effet à l'article 87 que le président de la République nomme un tiers des sénateurs[22].

Il faut tout de même souligner que cette désignation *autoritaire* des sénateurs n'est pas en contradiction avec le texte constitutionnel camerounais qui, à l'article 2 (2), dispose que « *les autorités chargées de diriger l'État tiennent leurs pouvoirs du peuple par voie d'élections au suffrage universel direct ou indirect, sauf dispositions contraires de la présente Constitution* ». C'est donc en application de la Constitution que la nomination présidentielle des sénateurs s'effectue.

- ***Ensuite***, le président de la République influence le mandat des parlementaires à travers la prorogation et l'abrègement de leur mandat. L'article 15 (4) dispose à cet effet qu'*« en cas de crise grave, le président de la République peut, après consultation du président du Conseil constitutionnel et des bureaux de l'Assemblée nationale et du Sénat, demander à l'Assemblée nationale de décider par une loi de proroger ou d'abréger son mandat. Dans ce cas, l'élection d'une nouvelle Assemblée a lieu quarante (40) jours au moins et soixante (60) jours au plus après l'expiration du délai de prorogation ou d'abrègement de mandat »*.

À la vérité, cette énonciation constitutionnelle subordonne donc la stabilité du mandat des députés à la seule volonté du président de la République, qui, seul est habilité à constater la « gravité de la crise » à l'origine de la prorogation ou l'abrègement du mandat des députés. La disposition constitutionnelle de l'article 15 (4) revêt dès lors une portée ambivalente dans la marche institutionnelle de l'État. *A priori*, elle peut être regardée comme un mécanisme présidentiel de chantage et de punition des députés. Pour ce faire, il suffira que le président de la République estime qu'une situation est constitutive de crise grave pour inviter les députés à saborder leur mandat. En revanche, cette prescription constitutionnelle peut s'avérer vertueuse au regard de certaines situations délicates susceptibles d'entraver le fonctionnement régulier des pouvoirs publics. L'on se souvient en effet qu'une tentative de prorogation du mandat des députés béninois a, hélas, échoué alors même que sa nécessité était indéniable. En 2006, les députés béninois tentent d'appliquer à leur mandat, en cours, une révision constitutionnelle qui porte de 4 à 5 ans la durée de leur mandat, révision constitutionnelle motivée par une situation objective à savoir la nécessité de faire coïncider les élections législatives et les élections locales, dans le but de réaliser des économies de grande importance à l'État. Cette tentative a été stoppée et neutralisée par la Cour constitutionnelle qui a estimé en l'espèce que la modification constitutionnelle intervenue portait atteinte à une valeur

[22] Article 87 de la loi n° 2016-886 du 8 novembre 2016 portant Constitution de la République de Côte d'Ivoire, disponible au Journal Officiel du mercredi 9 novembre 2016, Cinquante-huitième Année, Numéro spécial.

constitutionnelle sacrée à savoir le « consensus national »[23]. Or, si la Constitution béninoise avait prévu dans son corpus une disposition semblable à celle de l'article 15 (4) de la Constitution camerounaise, le mandat des députés allait être prorogé sans grande difficulté.

- ***Enfin***, le président de la République peut initier la réunion du Parlement en congrès. C'est dans ce sens que l'article 14 (4) dispose : *« Les deux chambres du Parlement peuvent se réunir en congrès, à la demande du président de la République : pour entendre une communication ou recevoir un message du président de la République ; pour recevoir le serment des membres du Conseil Constitutionnel ; pour se prononcer sur un projet ou une proposition de révision constitutionnelle »*.

Il se dégage de cette prescription constitutionnelle que seul le président de la République est habilité à convoquer et à obtenir la réunion des deux chambres du Parlement en congrès. Il s'agit d'une nouveauté dans l'ordre constitutionnel camerounais. Avant la loi constitutionnelle du 18 janvier 1998, l'on ne pouvait guère envisager une telle possibilité. La seule envisageable était la faculté reconnue au président de la République de convoquer l'Assemblée nationale en session extraordinaire. L'innovation ainsi révélée condamne dès lors les deux chambres du Parlement à se réunir en congrès dès lors que le président de la République en fait la demande[24]. À l'analyse, la constitution du Parlement camerounais n'est plus uniquement tributaire des sessions ordinaires et extraordinaires. Désormais, celle-ci procèdera également de la volonté présidentielle de voir les deux chambres du Parlement réunies en congrès.

La réunion des deux chambres du parlement en congrès n'est cependant pas une exclusivité ni une invention camerounaise. Inscrite dans la constitution française du 4 octobre 1958, la possibilité reconnue au président de la République de demander la réunion du parlement en congrès a été remodelée à la faveur de la révision constitutionnelle du 23 juillet 2008. Désormais, le président de la République peut, au regard de l'article 18 (nouveau), prononcer une communication devant les deux chambres du Parlement réunies en congrès au palais de Versailles. Dans le nouveau constitutionnalisme africain, l'on note également une relative généralisation de la prescription constitutionnelle selon laquelle les chambres du Parlement peuvent se réunir en congrès, à la demande du président de la République. Il en va ainsi de la nouvelle constitution ivoirienne du 8 novembre 2016. Cette dernière prévoit en effet à son article 98 (1) la règle selon laquelle « *l'Assemblée nationale et le Sénat se réunissent en Congrès à la demande de*

---

[23] Décision DCC 06-074 du 8 juillet 2006.

[24] On lira avec intérêt TETANG (F. de P), « Le congrès du parlement : son histoire, sa nature juridique », *RFDC*, N° 113, 2018/1, pp. 151-172 ; ABANE ENGOLO (P. E), « Le Président au parlement », *RASJ*, N° 2/2016, L'Harmattan, pp. 195-209.

président de la République ». Cette idée est également consacrée à l'article 65 (1) de la nouvelle constitution centrafricaine du 30 mars 2016. Aux termes de cet article, les deux chambres du Parlement peuvent bel et bien se réunir en congrès à la demande du président de la République.

De toute évidence, cette intervention assez importante du président de la République dans la constitution du Parlement contraste avec l'implication limitée du second dans la constitution de l'exécutif.

2. L'implication limitée du législatif dans la constitution de l'exécutif

L'implication du Parlement dans la constitution de l'exécutif est limitée dans la mesure où il ne joue pas sur la formation du Gouvernement. Cependant, il peut en cas de vacance de la Présidence s'incorporer temporairement à celle-ci.

- ***Relativement à l'absence d'intervention dans la constitution du Gouvernement,*** il faut dire que les membres du Gouvernement sont tous nommés par décret du président de la République[25]. Pourtant, dans les régimes parlementaires classiques, le gouvernement est intimement lié au Parlement à travers son investiture à la fin d'une élection législative. Certaines constitutions africaines se sont alignées sur ce schéma institutionnel, en consacrant *prima facie* l'investiture parlementaire du Premier ministre. La règle ainsi établie est que le Parlement doit intervenir dans le processus d'investiture de la personne nommée au poste de Premier ministre. Cependant, l'intervention parlementaire dont il est question se résume en deux modalités à savoir l'intervention-autorisation d'une part et l'autorisation-approbation d'autre part[26].

C'est à l'histoire constitutionnelle malgache que l'on doit la première modalité d'intervention du Parlement dans le processus de constitution du Premier ministre. Dans sa mouture primitive, comme le souligne le professeur Ismaila Madior FALL, « *la Constitution malgache du 18 septembre 1992 avait fait du Parlement plus précisément de l'Assemblée nationale le maître de la procédure de désignation du Premier ministre* »[27]. L'article 90 de la Constitution alors en vigueur contenait un alinéa 2 fort édifiant en ce qu'il précisait que « *le président de la République nomme le Premier ministre investi par l'Assemblée nationale. Si la nomination n'intervenait pas dans le délai de 10 jours, l'investiture par l'Assemblée nationale prend immédiatement effet* ».

---

[25] Article 10 de la loi constitutionnelle du 18 janvier 1996.

[26] FALL (I.M), *Le pouvoir exécutif dans le constitutionnalisme des États d'Afrique*, Paris, L'Harmattan, 2008, p. 116 et s.

[27] FALL (I.M), *op.cit*, p. 116.

La seconde modalité d'intervention parlementaire à savoir l'intervention-approbation a elle aussi prospéré dans certains États comme le Gabon. Avant la modification intervenue en 1994, la constitution gabonaise de 1991 soulignait à l'article 15 que « *le président de la République nomme le Premier ministre qui doit obtenir l'investiture de l'Assemblée nationale après la constitution du gouvernement et la présentation de son programme de politique générale* ». De nos jours, le contenu de cet article a considérablement évolué. L'obligation d'investiture n'y figure plus[28].

La nouvelle constitution centrafricaine du 30 mars 2016 semble consacrer un rôle indirect au Parlement dans la constitution du Gouvernement. L'article 54 de cette constitution précise qu'après la nomination des membres du Gouvernement, le Premier ministre se présente dans un délai maximum de 60 jours devant l'Assemblée nationale et expose son programme de politique générale. A cette occasion, précise le même article, le Premier ministre, Chef du gouvernement doit demander un vote de confiance. Il va de soi que la confiance ainsi demandée s'apparente à une sorte d'investiture parlementaire de l'équipe gouvernementale. Quoi qu'il en soit, la confiance est accordée ou refusée au Premier ministre à la majorité absolue des députés.

- ***Relativement à l'incorporation temporaire du pouvoir législatif au pouvoir exécutif***, elle intervient en cas d'intérim. En effet, l'article 6 (4) dispose qu'*« en cas de vacance de la présidence de la République pour cause de décès, de démission ou d'empêchement définitif constatée par le Conseil constitutionnel (...), l'intérim du président de la République est exercé de plein droit, jusqu'à l'élection du nouveau président de la République, par le président du Sénat, et si ce dernier est, à son tour, empêché, par son suppléant, suivant l'ordre de préséance du Sénat. »*

Dans le cadre de cet intérim, *« Le président de la République par intérim - le président du Sénat ou son suppléant - ne peut modifier ni la Constitution ni la composition du gouvernement. Il ne peut recourir au référendum. Il ne peut être candidat à l'élection organisée pour la présidence de la République »*. À n'en point douter, cette disposition constitutionnelle règle le problème de la vacance de la fonction présidentielle dans l'ordre juridique camerounais. Elle est donc révolue, la période pendant laquelle le Premier ministre, membre du pouvoir exécutif, était assuré de succéder à son Chef[29].

---

[28] La version actuelle souligne que « *Le président de la République nomme le Premier ministre. Il met fin à ses fonctions, de sa propre initiative, ou sur la présentation par le Premier ministre de la démission du gouvernement, ou à la suite d'un vote de défiance ou de l'adoption d'une motion de censure par l'Assemblée nationale. Sur proposition du premier ministre, il nomme les autres membres du Gouvernement et met fin à leurs fonctions* ».

[29] KAMTO (M), « Le dauphin constitutionnel dans les régimes politiques africains (les cas du Cameroun et du Sénégal), *Revue Penant*, 1983, pp. 257-282.

Le choix porté sur le président du Sénat et non sur le président de l'Assemblée nationale témoigne de l'importance de la chambre des collectivités territoriales décentralisées dans la vie de l'État[30]. La Constitution française de la Ve République s'inscrit-elle aussi dans la même logique en portant son choix sur le président du Sénat, à l'effet d'assurer la vacance de la présidence de la République. C'est plus précisément à l'article 7 de cette Constitution qu'il est précisé qu'en cas de vacance à la présidence de la République, les fonctions de président de la République sont provisoirement exercées par le président du Sénat.

La proximité ainsi établie entre la fonction présidentielle et le président du Sénat apparait également dans d'autres Constitutions africaines. Au Gabon, l'article 13 (2) de la Constitution en vigueur prévoit qu'en cas de vacance de la présidence de la République pour quelque cause que ce soit, les fonctions du président de la République sont provisoirement exercées par le président du Sénat. Il faut cependant souligner que l'institutionnalisation du bicamérisme ne confère pas automatiquement la qualité de « dauphin constitutionnel » au président du Sénat. C'est du moins l'idée qui ressort de la nouvelle Constitution ivoirienne du 8 novembre 2016. À l'article 62 (1) de ce texte, il est clairement énoncé qu'« *en cas de vacance de la présidence par décès, démission ou empêchement absolu du président de la République, le Vice-président de la République devient, de plein droit, président de la République* ». La nouvelle Constitution centrafricaine du 30 mars 2016 elle aussi disqualifie le président du Sénat de la succession présidentielle. À ce sujet, l'article 47 (7) dispose qu'« *en cas de démission, de destitution, d'empêchement définitif ou de décès, le président de la République est suppléé par le président de l'Assemblée nationale* ».

Outre les rapports entre l'exécutif et le législatif, l'on a également les rapports entre l'exécutif et le juridictionnel.

B. L'ascendance de l'exécutif sur le juridictionnel

Le professeur Cyrille Monembou considère que *« l'érection de l'autorité judiciaire en pouvoir judiciaire, œuvre du titre V de la réforme constitutionnelle du 18 janvier 1996, a d'abord une valeur psychologique. Cela tient au fait que les acteurs de la justice ne peuvent plus se sentir comme des subordonnés de l'exécutif, mais plutôt comme des acteurs d'une institution ayant reçu l'onction suprême de la norme suprême »*[31].

---

[30] Soulignons qu'avant la loi constitutionnelle du 18 janvier 1996, ce choix était porté sur le Président de l'Assemblée nationale.

[31] MONEMBOU (C), *La séparation des pouvoirs dans le constitutionnalisme camerounais. Contribution à l'étude de l'évolution constitutionnelle*, *op. cit.*, p. 310.

Pourtant les transformations énoncées dans le texte constitutionnel quant à la nature de l'institution judiciaire n'empêchent pas fondamentalement son assujettissement au pouvoir exécutif.

Les rapports organiques entre l'exécutif et le judiciaire sont univoques. En effet, le président de la République d'une part préside le Conseil Supérieur de la Magistrature et d'autre part intervient dans la carrière des magistrats.

1. La présidence du Conseil supérieur de la magistrature

Tel qu'énoncé dans la loi constitutionnelle de 1996, *« le pouvoir judiciaire est exercé par la Cour suprême, les cours d'appel, les tribunaux. Il est indépendant du pouvoir exécutif et du pouvoir législatif »*[32].

Par ailleurs, au regard de l'article 37 al. 3 Paragraphe 1 « *le président de la République est garant de l'indépendance du pouvoir judiciaire* ». Face à cet état de choses, une partie de la doctrine y voit le fondement de la mise sous tutelle exécutive du pouvoir judiciaire.

Le professeur Maurice Kamto se pose, en effet, la question suivante : *« pourquoi l'exécutif garantirait-il seulement l'indépendance du pouvoir judiciaire et pas celle du pouvoir législatif ? »*[33] Pour lui, *« il n'y a aucune raison pour que l'un ou l'autre pouvoir ait une autre garantie que celle qui provient de la puissance souveraine du peuple »*[34].

En tout état de cause, le pouvoir judiciaire ne peut être mis sous les ailes de l'exécutif dès lors que *« l'indépendance du pouvoir judiciaire comme celle de l'exécutif et du législatif lui viennent de sa source populaire même si les magistrats sont nommés par un autre pouvoir dont la légitimité vient également de la source populaire de ce pouvoir »*[35].

Le professeur Alain Didier Olinga, s'inscrivant dans la même logique, estime qu'*« il est difficilement compréhensible en effet qu'un pouvoir indépendant des deux autres voit son indépendance garantie par l'un de ces derniers »*[36]. Il s'agit d'« une intrusion du pouvoir exécutif dans l'activité juridictionnelle »[37].

Au regard de ces positions, il faut dire que l'indépendance organique doit soustraire le Judiciaire de toute pression extérieure et doit le conduire à se

---

[32] Article 37 al. 2 para. 1 de la loi constitutionnelle du 18 janvier 1996.

[33] KAMTO (M), « Les mutations de la justice camerounaise à la lumière à la lumière des développements constitutionnels de 1996 », *RASJ,* Vol. 1, 2000, p. 15.

[34] *Ibid.* p. 15.

[35] KAMTO (M), *op.cit*, p. 15.

[36] OLINGA (A. D), *La constitution de la République du Cameroun*, Yaoundé, P.U.C.A.C, 2ème édition, 2013, p. 147.

[37] OND – TONYE (J.C) « L'émergence d'un pouvoir judiciaire dans l'ordre constitutionnel camerounais », in ONDOUA (A) (dir). *La constitution camerounaise du 18 janvier 1996 Bilan et perspectives,* Afrédit, Avril 2007, p. 41.

gérer lui-même[38]. Mais tel n'est pas le cas, dans la mesure où le président de la République préside le Conseil supérieur de la magistrature. Appartenant au pouvoir exécutif, le président de la République est en quelque sorte une composante essentielle de ce conseil. De ce point de vue, le constituant camerounais reste en quelque sorte attaché à une tradition judiciaire longtemps expérimentée en France[39] et aujourd'hui abandonnée à la faveur du développement constitutionnel du 23 juillet 2008.

En 2008, le constituant français n'a pas hésité à retirer au président de la République, la présidence du Conseil supérieur de la magistrature, pour la confier aux deux plus hauts magistrats de l'ordre judiciaire[40]. S'il est vrai que le président de la République continue de garantir l'indépendance du pouvoir judiciaire[41], on note cependant que celui-ci n'est plus expressément habilité à présider le Conseil supérieur de la magistrature[42]. Cette nouvelle tendance française est d'ailleurs suivie par bon nombre d'États qui expriment le désir *de-présidentialiser* le Conseil supérieur de la magistrature. La nouvelle Constitution ivoirienne est sans ambiguïté sur ce point : le Conseil supérieur de la magistrature « *est présidé par une personnalité nommée par le président de la République parmi les Hauts magistrats en fonction ou à la retraite* »[43]. La nouvelle Constitution centrafricaine ne mentionne plus explicitement la règle selon laquelle le Conseil supérieur de la magistrature est présidé par le président de la République. L'article 109 de cette Constitution précise seulement que l'organisation et le fonctionnement de ce Conseil sont fixés par une loi. Au Togo, la présidence du Conseil supérieur de la magistrature est confiée au président de la Cour suprême[44].

Dans le régime politique camerounais, l'interférence organique du président de la République ne se limite pas à la présidence du Conseil Supérieur de la Magistrature. Il intervient par ailleurs dans la gestion de la carrière des magistrats.

---

[38] MONEMBOU (C), *op.cit.*, p. 336.
[39] MERLEY (N), « Le chef de l'État et l'autorité judiciaire sous la Ve République », *RDP*, N°3, 1997, pp. 701-739 ; MARTIN (A), « Le Conseil supérieur de la magistrature et l'indépendance des juges », *RDP*, N° 3, 1997, pp. 741-781.
[40] HAMON (F) et TROPER (M), *Droit constitutionnel*, 38e édition, LGDJ, Lextenso éditions, 2017, Paris, p. 849.
[41] DJOGBENOU (J), « L'ambiguïté statutaire du pouvoir judiciaire dans les constitutions des États africains de tradition juridique française », *in La Constitution béninoise du 11 décembre 1990 : un modèle pour l'Afrique ?, Mélanges en l'honneur de Maurice Ahanhanzo-Glélé*, *op.cit*, p. 487.
[42] Seules quelques Constitutions africaines continuent de confier au président de la République la présidence du Conseil supérieur de la magistrature. On peut citer quelques cas marginaux comme au Gabon, au Tchad et au Cameroun.
[43] Cf. Article 145 de la Constitution du 8 novembre 2016.
[44] Cf. Article 116 (2) de la Constitution actuellement en vigueur.

2. L'intervention du président de la République dans la carrière des magistrats

D'après l'article 37 de la loi constitutionnelle du 18 janvier 1996, *« le président de la République est garant de l'indépendance du pouvoir judiciaire. Il nomme les magistrats. Il est assisté dans cette mission par le Conseil Supérieur de la Magistrature qui lui donne son avis sur les propositions de nomination et sur les sanctions disciplinaires concernant les magistrats du siège »*. Il faut tout de même souligner que la Constitution camerounaise n'est pas la seule à octroyer des pouvoirs aussi importants au président de la République s'agissant de l'aménagement de la carrière des magistrats. La nouvelle Constitution tchadienne de mai 2018 consacre-t-elle aussi la domination du Judiciaire par le président de la République. En effet, l'article 153 révèle explicitement que « *les magistrats sont nommés par décret du président de la République après avis conforme du Conseil Supérieur de la Magistrature. Ils sont révoqués dans les mêmes conditions* ». L'avis obligatoire qui subordonne le décret présidentiel ici ne doit pas être en soi survalorisé puisque le Conseil supérieur de la magistrature visé ici est présidé par le président de la République. Il faut tout de même relever l'exception apportée par ladite Constitution s'agissant de la présidence du Conseil lorsqu'il s'agit des questions d'ordre disciplinaire. L'article 154 précise à ce sujet qu'en matière disciplinaire, la présidence du Conseil supérieur de la magistrature est assurée par le président de la Cour suprême.

Quoi qu'il en soit, la prescription constitutionnelle de l'article 37 est reprise dans l'alinéa 2 de l'article 6 du statut de la magistrature de 1995 (décret n° 95/048 du 8 mars 1995 portant statut de la magistrature). Il en ressort que *« les nominations, mutations, promotions (...) sont décidées par décret. Les décrets de nomination, de mutation et de promotion dans les fonctions judiciaires concernant soit un magistrat du siège, soit la mutation au siège d'un magistrat du parquet, soit la mutation au parquet d'un magistrat du siège, sont soumis à l'avis préalable du Conseil supérieur de la magistrature »*.

Au regard de cette disposition réglementaire, la nomination des magistrats par le président de la République sur avis du Conseil supérieur de la magistrature n'apparait pas comme un élément de renforcement de l'indépendance des juges[45]. Le décret n° 95/048 du 08 mars 1995 portant statut de la magistrature a purement et simplement supprimé l'inamovibilité des magistrats du siège.

Par ailleurs, l'organisation du statut de la magistrature par un règlement plutôt que par une loi, eu égard à son investiture constitutionnelle, apparait comme un élément fragilisant l'indépendance des juges. La nomination et la

[45] MONEMBOU (C), *op.cit.*, p. 337.

gestion de la carrière du magistrat du siège doivent être confiées à un organe collégial et ses résolutions seront simplement entérinées ou constatées par le président de la République[46].

Les rapports organiques entre les pouvoirs sont couplés de rapports fonctionnels ambivalents.

II. L'AMBIVALENCE DES RAPPORTS FONCTIONNELS

Il convient de limiter l'analyse des rapports fonctionnels entre les pouvoirs à ceux existant entre le Législatif et l'Exécutif. Le pouvoir judiciaire étant généralement considéré comme un pouvoir neutre[47].

Ainsi les rapports entre ces deux pouvoirs sont ambivalents en ce sens qu'ils sont ou peuvent être tantôt positifs ou harmonieux, tantôt négatifs ou conflictuels.

A. La prégnance des rapports harmonieux

Les rapports positifs ou harmonieux sont relatifs à la consultation réciproque, l'information du Parlement et la collaboration dans la production des normes.

1. La consultation réciproque

Chacun des deux pouvoirs peut dans l'exercice de ses fonctions avoir recours à l'avis de l'autre. En effet, tout comme le Parlement peut être consulté par le pouvoir exécutif, ce dernier peut aussi l'être par le premier. Par ailleurs, la loi constitutionnelle du 18 janvier 1996 institue un mécanisme de consultation sui generis dont l'opérationnalité dépend de la volonté propre du président de la République.

a)- En ce qui concerne la consultation du Parlement par le président de la République l'article 36 (1) de la constitution dispose que *« le président de la République, après consultation du président du Conseil constitutionnel, du président de l'Assemblée nationale et du président du Sénat, peut soumettre au Référendum tout projet de réforme qui, bien que relevant du domaine de la loi, serait susceptible d'avoir des répercussions profondes sur l'avenir de la nation et les institutions nationales. Il en sera ainsi notamment : 1. des projets de loi portant sur l'organisation des pouvoirs publics ou sur la révision de la constitution (...) »*.

---

[46] Le professeur Maurice KAMTO propose la création du Conseil national des institutions judiciaires. Voir KAMTO (M), « Les mutations de la justice camerounaise... *op. cit*, p. 17.

[47] LAUVAUX (Ph) et LE DIVELLEC (A), *Les grandes démocraties contemporaines*, PUF, 4e édition, 2015, p. 185.

b)- En ce qui concerne la consultation du président de la République par le Parlement, l'article 14(3) de la constitution prévoit également la consultation du président de la République par le Parlement. Ainsi, *« les chambres du Parlement se réunissent aux mêmes dates : a- en sessions ordinaires, chaque année au mois de juin, au mois de novembre et au mois de mars sur convocation des bureaux de l'Assemblée nationale et du Sénat, après consultation du président de la République ; b- en sessions extraordinaires, à la demande du président de la République ou du tiers des membres composant l'une et l'autre chambres ».* C'est dire qu'à des moments particuliers de la vie de l'État, la consultation du président de la République par le Parlement se présente comme une formalité à laquelle le second ne peut s'affranchir au risque de voir sa décision entachée d'irrégularité. D'autres dispositions constitutionnelles prévoient également la nécessité pour le président de la République de consulter le président et le Bureau des Assemblées parlementaires.

c)- L'existence d'un mécanisme de consultation *sui generis* activé par le président de la République dans ses relations avec le Parlement. Surprenant en soi, ce mécanisme est consacré à l'article 32 de la loi constitutionnelle du 18 janvier 1996. Il y est consacré le principe selon lequel « *le président de la République peut, sur sa demande, être entendu par l'Assemblée nationale, le Sénat, ou les deux chambres réunies en congrès. Il peut également leur adresser des messages. Ces communications ne donnent lieu à aucun débat en sa présence* ». La particularité de cette prescription constitutionnelle par rapport à celle de l'article 14 (4) réside dans le fait que le président de la République a en réalité trois choix à effectuer. Premièrement, il peut choisir de s'adresser uniquement à l'Assemblée nationale. Deuxièmement, il peut décider de s'adresser exclusivement au Sénat. Enfin, il peut décider de s'adresser simultanément aux deux chambres, réunies cette fois en Congrès.

Les rapports positifs ou harmonieux entre les pouvoirs législatif et exécutif se traduisent aussi par l'information du Parlement par le Gouvernement.

2. L'information du Parlement par le Gouvernement

L'ouverture démocratique a amené le constituant à mettre sur pied, voire consolider les moyens d'information des parlementaires. À cet effet, deux articles de la Constitution servent de base à ce processus d'information. Premièrement, il s'agit de l'article 32 qui dispose clairement : « *Le Premier ministre et les autres membres du Gouvernement ont accès au Parlement et peuvent participer aux débats* ». Par ce truchement, il est évident que la participation gouvernementale aux débats entretenus au Parlement peut résulter sur des échanges d'informations nécessaires au bon fonctionnement de l'État. Secondement, il s'agit de l'article 35 (1) de la Constitution. Celui-ci dispose : *« le Parlement contrôle l'action gouvernementale par voie de questions orales ou écrites et par la constitution des commissions d'enquête sur des objets déterminés. (2) Le Gouvernement, sous réserve des impératifs de la défense nationale, de la sécurité de l'État, ou du secret de l'information judiciaire, fournit des renseignements au Parlement »*[48].

À n'en point douter, cette prescription constitutionnelle met en exergue deux types d'informations parlementaires systématisés par la doctrine. Il s'agit de l'information individuelle du parlementaire d'une part et de l'information collective des parlementaires d'autre part[49]. L'information individuelle s'opère par le truchement des questions orales et écrites, tandis que l'information collective quant à elle se réalise par la technique des commissions d'enquête parlementaires. Assujetties à des régimes juridiques distincts[50], les questions orales et écrites participent en effet du dialogue entre les institutions gouvernementale et parlementaire. En revanche, la constitution des commissions d'enquête parlementaires est assujettie à un régime juridique unitaire pouvant déboucher sur la mise en cause de la responsabilité du ministre visé par la commission d'enquête.

Dans le même sens, la loi portant nouveau régime financier de l'État précise, en son article 35.2 que le Gouvernement doit fournir par écrit au Parlement (par le biais de la commission des finances) les informations sur l'exécution à mi-parcours du budget.

Cette information permet au Parlement de mieux suivre l'exécution du budget qu'il a autorisé et contribue de façon évidente à l'émancipation du pouvoir législatif dans ses rapports avec l'Exécutif.

Pour G. BURDEAU, *« la question avec la réponse qu'elle implique constitue les données élémentaires du dialogue entre les responsables de la politique du pays et les représentants du peuple mandatés pour les contrôler »*[51].

Les questions écrites ou orales sont pour un membre du Parlement un moyen de se renseigner directement auprès du ministre sur un objet de gouvernement ou d'administration. Leur objectif est de permettre un dialogue direct entre le parlementaire et le membre du Gouvernement[52].

---

[48] Cette prescription constitutionnelle est reprise et aménagée dans les articles 75 et suivants de la loi n°2014/016 du 9 septembre 2014 portant Règlement intérieur de l'Assemblée nationale. Voir aussi les articles 90 et suivants loi n°2013/006 du 30 juin 2013 portant règlement intérieur du Sénat, modifiée et complétée par la loi n° 2016/016 du 27 octobre 2016.
[49] DEBBASCH (Ch.) et al., *Droit constitutionnel et institutions politiques*, 2e édition, Economica, Paris, 1986, p. 782 et s.
[50] NGAYAP (P.F), *Le droit parlementaire au Cameroun*, Paris, L'Harmattan, 2017, p. 176 et s.
[51] Cité par AMELLER (M) « L'heure des questions au Palais Bourbon », in *Le Pouvoir, Mélanges offert à Georges BURDEAU*, L.G.D.J., 1977, p. 376.
[52] MONEMBOU (C), *op. cit.*, p. 281.

Plus important, dans l'exercice de sa fonction principielle, le Parlement est tenu de collaborer avec le pouvoir exécutif.

3. La collaboration dans la production des normes

La collaboration entre le Parlement et l'Exécutif intervient tant dans la *production des lois* que dans la *production des ordonnances*.

a)- S'agissant de la production des lois, l'article 18 de la loi constitutionnelle dispose, s'agissant de l'Assemblée nationale, qu'*« un membre du Gouvernement participe aux travaux de la conférence des présidents »*[53]. Il en est de même en ce qui concerne les travaux de la Conférence des présidents du Sénat aux termes de l'article 23 de la même loi constitutionnelle.

Par ailleurs, d'après l'article 25 de la constitution, *« l'initiative des lois appartient concurremment au président de la République et aux membres du Parlement »*.

L'article 8 (5) précise que le président de la République promulgue les lois dans les conditions prévues à l'article 31. En effet, selon cet article 31(1) *« le président de la République promulgue les lois adoptées par le Parlement dans un délai de quinze (15) jours à compter de leur transmission, s'il ne formule aucune demande de seconde lecture ou s'il n'en saisit le Conseil constitutionnel. (2) À l'issue de ce délai, et après avoir constaté sa carence, le président de l'Assemblée nationale peut se substituer au président de la République »*.

b)- S'agissant de la production des ordonnances, l'article 28 de la constitution énonce que *« dans les matières énumérées à l'article 26 alinéa 2(...), le Parlement peut autoriser le président de la République, pendant un délai limité et sur des objets déterminés, à prendre des ordonnances. Ces ordonnances entrent en vigueur dès leur publication. Elles sont déposées sur le bureau de l'Assemblée nationale et sur celui du Sénat aux fins de ratification dans le délai fixé par la loi d'habitation. Elles ont un caractère réglementaire tant qu'elles n'ont pas été ratifiées. Elles demeurent en vigueur tant que le Parlement n'a pas refusé de les ratifier »*. Il faut tout de même souligner que cette prescription constitutionnelle varie d'une Constitution à une autre dans l'espace africain francophone. On la retrouve effectivement dans certaines Constitutions à savoir la Constitution ivoirienne du 8 novembre 2016[54], la Constitution tchadienne de 2018[55], la Constitution sénégalaise du 22 janvier 2001[56]. Dans d'autres Constitutions par contre, c'est

---

[53] Les présidents des groupes parlementaires, les présidents des commissions et les membres du bureau du Sénat.
[54] Cf. Article 106.
[55] Cf. Article 132.
[56] Cf. Article 77.

au Gouvernement que revient la charge de prendre des ordonnances. Cette idée est ainsi consacrée dans les Constitutions gabonaise[57] et congolaise[58] pour ne citer que celles-là.

Les rapports positifs ou harmonieux sont contrebalancés par les rapports négatifs ou conflictuels entre lesdits pouvoirs.

B. La latence des rapports conflictuels

Les rapports négatifs ou conflictuels entre l'exécutif et le législatif se traduisent par la possibilité de dissolution du Parlement par le président de la République, par le choix fait par le Parlement de déclencher la procédure d'accusation du président de la République, et par l'éventualité du renversement du Gouvernement par le Parlement.

1. La dissolution du Parlement par le président de la République

D'après l'article 8 (12) de la Constitution, « *le président de la République peut, en cas de nécessité et après consultation du Gouvernement, des bureaux de l'Assemblée nationale et du Sénat, prononcer la dissolution de l'Assemblée nationale* ». L'élection d'une nouvelle Assemblée a lieu conformément aux dispositions de l'article 15 (4) de ladite constitution. Ce pouvoir de dissolution reconnu au président de la République dans le cadre de cette prescription constitutionnelle peut être une réaction au renversement par le Parlement du Gouvernement qu'il a formé. De ce point de vue, la dissolution en question revêt un caractère réactionnaire et discrétionnaire[59].

Bon nombre de constitutions dans le monde consacrent elles aussi la dissolution du Parlement par le président de la République. En France, la Constitution en vigueur la prévoit à l'article 12 (2) en ces termes : « *Le président de la République peut, après consultation du Premier ministre et des présidents des Assemblées, prononcer la dissolution de l'Assemblée nationale* ». Tout en prenant le soin de limiter temporellement la pratique de la dissolution, le constituant gabonais lui aussi, confie au président de la République le droit de dissoudre l'Assemblée nationale. C'est en effet à l'article 19 de la Constitution que cette règle est énoncée ainsi qu'il suit : « *Le président de la République peut, après consultation du Premier ministre et des présidents des deux chambres du Parlement, prononcer la dissolution de l'Assemblée nationale* ».

Dans le même ordre d'idées, la Constitution centrafricaine du 30 mars 2016 précise, en son l'article 46, que « *le président de la République peut,*

[57] Cf. Article 52.
[58] Cf. Article 158.
[59] COHENDET (M-A), *Droit constitutionnel*, LGDJ, Lextenso éditions, Collection Cours, 2015, p. 528.

après consultation du Conseil des ministres, du Bureau de l'Assemblée nationale, du Bureau du Sénat et du président de la Cour constitutionnelle, prononcer la dissolution de l'Assemblée nationale (...) ». La Constitution congolaise de 2015 prévoit-elle aussi, en son article 162, que « *le président de la République, après avoir constaté les changements intervenus à l'Assemblée nationale et après consultation des présidents des chambres du Parlement et du Premier ministre, peut prononcer la dissolution de l'Assemblée nationale* ». Celle-ci consacre également le droit présidentiel de dissolution de l'Assemblée nationale à l'article 139 aux termes duquel il est énoncé la formule selon laquelle « *le président de la République peut dissoudre l'Assemblée nationale* ». Au Sénégal, c'est à l'article 87 de la Constitution qu'est consacrée la formule selon laquelle le président peut dissoudre l'Assemblée nationale. Toutefois, la dissolution en question ne peut intervenir durant les deux premières années de la législature.

Il faut par ailleurs relever que la Constitution camerounaise prévoit une catégorie particulière de « *dissolution ou d'auto-dissolution* » du Parlement avec l'accord du Parlement lui-même. C'est en réalité l'idée qui se dégage de l'article 15 (4) de la constitution en vigueur aux termes duquel « *En cas de crise grave ou lorsque les circonstances l'exigent, le président de la République peut, après consultation du président du Conseil constitutionnel et des bureaux de l'Assemblée nationale et du Sénat, demander à l'Assemblée nationale de décider, par une loi, de proroger ou d'abréger son mandat. Dans ce cas, l'élection d'une nouvelle Assemblée nationale a lieu quarante (40) jours au moins et cent vingt (120) jours au plus après l'expiration du délai de prorogation ou d'abrègement du mandat* ».

À l'analyse, cette prescription constitutionnelle met en exergue la toute-puissance du président de la République qui, de son propre gré, peut obtenir l'auto-dissolution de l'Assemblée nationale. De ce point de vue, on serait en présence d'une dissolution provoquée ou suscitée par le président de la République.

Fort heureusement, le Parlement n'est pas totalement à la merci du président de la République. En guise de compensation, le constituant du 18 janvier 1996 habilite le Parlement à déclencher à sa façon, la procédure de mise en accusation du président de la République devant la Haute cour de justice.

2. Le choix de la mise en accusation du président de la République par le Parlement

D'après l'article 53 (2) de la constitution, la stabilité de l'institution présidentielle peut être compromise par le choix effectué par le Parlement de déclencher la procédure d'accusation du Président de la République pour haute trahison. Pour ce faire, le principe est connu : « *le président de la*

République ne peut être mis en accusation que par l'Assemblée nationale et le Sénat statuant par un vote identique au scrutin public et à la majorité des quatre cinquièmes des membres ». Cette prescription constitutionnelle ne fait donc pas de mystère sur l'aptitude du Parlement à déclencher les hostilités à l'encontre du Président de la République. Le Parlement est donc juge de l'opportunité des poursuites à l'encontre du Chef de l'Exécutif.

On retrouve cette armature constitutionnelle dans bien d'autres États. C'est notamment le cas en France, au regard de l'article 68 de la Constitution. Celui-ci précise, en effet, que la destitution du président de la République est prononcée par le Parlement constitué en Haute cour. En Côte d'Ivoire, le constituant précise, en son article 161 que, « *la mise en accusation du président de la République (...) est votée au scrutin secret par le Parlement, à la majorité des deux tiers pour le président de la République (...)* ». Le constituant gabonais n'est pas en reste. Ce dernier énonce lui aussi à l'article 78 (3) que « *le président de la République est mis en accusation par le Parlement statuant à la majorité des deux tiers de ses membres, au scrutin public* ». Au Congo Brazzaville, le constituant consacre lui aussi le principe de la mise en accusation du président de la République par le Parlement à l'article 95 (3). Il découle de cet article que le président de la République « *est mis en accusation par le Parlement réuni en congrès statuant à la majorité des trois quarts (3/4) de ses membres* ».

En consacrant le principe de la mise en accusation du président de la République par le Parlement, le constituant camerounais donne au Parlement la possibilité de sanctionner les débordements de la fonction présidentielle. Dès lors, le Parlement se hisse en censeur de l'action de l'exécutif puisqu'il est également habilité à renverser le Gouvernement.

3. Le renversement du Gouvernement par le parlement

Le Parlement peut renverser le Gouvernement en cas de mise en œuvre de la responsabilité politique de ce dernier[60].

La responsabilité politique est l'obligation d'assumer les conséquences politiques des actes accomplis dans le cadre d'une activité politique et pour des motifs politiques[61]. Elle implique l'obligation pour les gouvernants de répondre devant la volonté nationale et selon une procédure spéciale des actes posés dans l'exercice de leurs fonctions[62].

L'introduction de la responsabilité politique dans le nouveau constitutionnalisme camerounais traduit la volonté du constituant de

---

[60] Sur la question, lire GUIMDO DONGMO (B-R), « La responsabilité politique du gouvernement dans la constitution camerounaise », *Revue de la Recherche Juridique/Droit Prospectif*-2007-4, 2007, pp. 2099-2119.

[61] COHENDET (M-A), *Droit constitutionnel*, *op. cit.*, p. 387.

[62] SEGUR (P), « Qu'est-ce que la responsabilité politique ? », *RDP*, n° 6, 1999, p. 1616.

rééquilibrer les rapports entre l'Exécutif et le Législatif et d'éviter incidemment la concentration des pouvoirs, nocive à la démocratie et à l'État de droit[63].

Le processus de renversement du Gouvernement est organisé par l'article 34.1 de la constitution.

En effet, lors de la session au cours de laquelle le projet de loi de finances est examiné, le Premier ministre présente à l'Assemblée nationale le programme économique, financier, social et culturel du Gouvernement. Il peut, après délibération du conseil ministériel, engager devant ladite chambre, la responsabilité du Gouvernement sur un programme ou, le cas échéant, sur une déclaration de politique générale.

Le vote ne peut intervenir moins de quarante-huit (48) heures après la question de confiance. La confiance est refusée à la majorité absolue des membres de l'Assemblée nationale. Seuls sont recensés les votes défavorables à la question de confiance.

Par ailleurs, l'Assemblée nationale peut mettre en cause la responsabilité du Gouvernement par le vote d'une motion de censure. Pour être recevable, la motion de censure doit être signée par au moins un tiers des membres de l'Assemblée nationale. Le vote ne peut intervenir moins de quarante-huit (48) heures après le dépôt de motion de censure.

La motion de censure est adoptée à la majorité des deux tiers des membres composants l'Assemblée nationale. Seuls sont recensés les votes favorables à la motion de censure.

En cas de rejet de la motion de censure, les signataires ne peuvent en déposer une nouvelle avant le délai d'un an, sauf dans le cas prévu à l'alinéa 4.

Le Premier ministre peut, après délibération du conseil ministériel, engager devant l'Assemblée nationale, la responsabilité du Gouvernement sur le vote d'un texte. Dans ce cas, ce texte est considéré comme adopté sauf si une motion de censure déposée dans les vingt- quatre (24) heures qui suivent est votée dans les conditions prévues à l'alinéa précédent.

Lorsque l'Assemblée nationale adopte une motion de censure ou refuse la confiance du Gouvernement, *le Premier ministre doit remettre au président de la République la démission du Gouvernement*. Le président de la République peut reconduire le Premier ministre dans ses fonctions et lui demander de former un nouveau gouvernement.

À l'instar de la Loi fondamentale camerounaise, d'autres lois fondamentales prennent elles aussi le soin d'aménager la responsabilité

[63] MONEMBOU (C), *op. cit.*, p. 281.

politique du Gouvernement devant le Parlement et plus particulièrement devant l'Assemblée nationale[64]. Mais il faut noter le caractère suffisamment élaboré de cette responsabilité dans la loi fondamentale française du 4 octobre 1958. L'article 49 de ce texte consacre en effet trois hypothèses qui révèlent la capacité de l'Assemblée nationale à mettre un terme à l'existence de l'institution gouvernementale[65]. D'après l'article 49 (1) : « *Le Premier ministre, après délibération du Conseil des ministres, engage la responsabilité du Gouvernement sur son programme ou sur une déclaration de politique générale* ». Il s'agit là d'une hypothèse offensive dans laquelle c'est le Gouvernement qui, de son propre gré, met en jeu sa responsabilité devant le Parlement. D'après l'article 49 (2), « *L'Assemblée nationale met en cause la responsabilité du gouvernement par le vote d'une motion de censure. Une telle motion n'est recevable que si elle est signée par un dixième au moins des membres de l'Assemblée nationale* ».

Selon la doctrine, cette disposition constitutionnelle consacre ce qu'il convient d'appeler la motion de censure ordinaire[66]. Cette dernière se distingue ainsi de la motion de censure que l'on pourrait qualifier d'extraordinaire au regard de son mode d'effectuation. C'est à l'article 49 (3) que celle-ci se trouve articulée en ces termes : « *Le Premier ministre peut, après délibération du Conseil des ministres, engager la responsabilité du Gouvernement devant l'Assemblée nationale sur le vote d'un projet de loi de finances ou de financement de la sécurité sociale. Dans ce cas, ce projet est considéré comme adopté sauf si une motion de censure, déposée dans les vingt-quatre heures qui suivent, est votée dans les conditions prévues à l'alinéa précédent. Le Premier ministre peut, en outre, recourir à cette procédure pour un autre projet ou une autre proposition de loi par session* ».

Dans son articulation, la loi fondamentale centrafricaine actuellement en vigueur se rapproche du modèle français de responsabilité du Gouvernement devant l'Assemblée nationale. On retrouve en effet à l'article 88 de ce texte, les trois cas de figure de responsabilité énoncés à l'article 49 de la Constitution française. La Constitution congolaise de 2015 s'inscrit dans le même ordre d'idées dans ses articles 159, 160 et 161.

CONCLUSION

De ce qui précède, on déduit clairement de la configuration des rapports entre les pouvoirs constitutionnels au Cameroun que cet État se rattache à la catégorie de *séparation souple des pouvoirs*, dans le même temps où elle induit une certaine *primauté du président de la République*. Dans cette

---

[64] Lire par exemple l'article 86 de la Constitution sénégalaise du 22 janvier 2001.
[65] HAMON (F) et TROPER (M), *op.cit*, p. 689.
[66] *Ibid.*, p. 690.

dynamique, le constituant de 1996 se rapproche de celui de 1960. Ce dernier avait en son temps consacré un agencement constitutionnel marqué du sceau de la collaboration des pouvoirs et de la prééminence de l'institution présidentielle. Peut-on déduire qu'il s'agit là d'un trait caractéristique du constitutionnalisme camerounais ?

À la vérité, le constituant camerounais ne cache pas sa préférence pour le modèle constitutionnel qui consacre la suprématie de l'institution présidentielle, lequel ne doit nullement être assimilé au prétendu régime présidentialiste et encore moins au régime présidentiel. De toute évidence, en attendant que de développements constitutionnels futurs changent la donne actuelle, le régime politique camerounais reste imprégné des traits caractéristiques du régime parlementaire dualiste. C'est dans la Constitution que cette vérité se trouve. Il serait vain d'aller la chercher ailleurs.

En effet, la séparation des pouvoirs telle que consacrée dans la Constitution camerounaise donne une configuration particulière aux rapports entre les pouvoirs. Ces rapports révèlent un régime parlementaire et une prépondérance de l'exécutif. Assurément, il s'agit d'un régime parlementaire orléaniste, car la branche présidentielle de l'Exécutif et le Parlement sont dotés d'importantes attributions. L'institution gouvernementale est doublement responsable. Elle l'est devant le président de la République et devant l'Assemblée nationale. Le président de la République est en effet habilité à faire, défaire et refaire le Gouvernement comme bon lui semble dès lors qu'aucune contrainte constitutionnelle ne s'impose à lui. Quant au Parlement, celui-ci pourrait contraindre le Gouvernement à la démission à partir du moment où le constituant lui confère le pouvoir de mettre spontanément en branle la motion de censure. Ces considérations à elles seules rendent donc inutile le fameux débat sur la nature du régime politique camerounais.

En somme, telle doit être comprise ou appréhendée l'essence ou la substance des rapports entre les pouvoirs dans le régime politique camerounais. La nature de ces rapports n'est aucunement neutre et l'analyse du système pourrait aboutir à des résultats moins évidents.

De toute évidence, la bonne foi constitutionnelle amène à reconnaître que le régime politique camerounais actuel se distingue des options prises récemment au Sénégal, au Tchad et en Côte d'Ivoire. L'orientation moniste de l'Exécutif ainsi ressuscitée dans ces différents pays procède-t-elle du hasard ou de la nécessité ? Le Cameroun pourrait-il lui aussi faire ce retour en arrière ? Seul l'avenir nous le dira. En attendant, vive le régime parlementaire !

DU CONSTITUTIONNALISME RÉDHIBITOIRE AU CONSTITUTIONNALISME LIBÉRAL. RÉFLEXIONS SUR LE RENOUVEAU CONSTITUTIONNEL EN AFRIQUE NOIRE FRANCOPHONE

Cyrille MONEMBOU

Agrégé des Facultés de Droit
Maître de Conférences
Université de Yaoundé II (Cameroun)

INTRODUCTION

« *Les constitutions Janus existent en Afrique noire* »[1]. C'est par cette assertion que le Professeur Joseph OWONA ponctuait un propos ayant dressé avec acuité et doigté l'état des lieux du constitutionnalisme africain dans les années 80. À cette époque, l'éminent juriste avait mis en relief la caractéristique essentielle de la dynamique constitutionnelle de cette région du monde à savoir, « le rédhibitionnisme constitutionnel ». Le constitutionnalisme rédhibitoire, symbolisé par les constitutions *Janus*, a alors fortement émaillé durant plusieurs décennies, le droit constitutionnel africain.

La situation n'est toutefois pas restée figée et à ce jour, lorsque la focale est mise sur les nouvelles tendances du constitutionnalisme africain[2], de nombreux analystes font mention de son caractère libéral[3]. D'ailleurs, en écho aux propos du professeur Joseph OWONA, d'aucuns ont affirmé que « *les Constitutions Janus n'existent plus en Afrique* »[4]. Cette affirmation sans être péremptoire invite à n'en point douter à s'attarder sur les lignes de force de la

---

[1] OWONA (J), « L'essor du constitutionnalisme rédhibitoire en Afrique noire : Etude de quelques « Constitution Janus », in *Mélanges offerts à P.F. Gonidec. L'État moderne : Horizon2000. Aspects internes et externes*. Paris, Librairie Générale de Droit et de Jurisprudence, 1985, p. 243.

[2] AHADZI NONOU (K), « Les nouvelles tendances du constitutionnalisme africain : le cas des États d'Afrique noire francophone », *Afrique Juridique et Politique Revue du CERDIP*, n°2, juillet-décembre, 2002, pp. 35-86.

[3] *Ibid*, pp. 35-86.

[4] DOSSO (K), « Le Premier ministre dans la crise ivoirienne », *Revue Juridique et Politique des États francophones*, 2007, pp. 447-469.

mutation qui semble être actée par le passage du constitutionnalisme rédhibitoire au constitutionnalisme libéral.

À ce niveau, il sied de rappeler que le constitutionnalisme rédhibitoire désigne la situation où « *certaines dispositions d'une loi fondamentale réduisent à néant d'autres dispositions explicitement ou implicitement* »[5]. La philosophie qui sous-tend cette idéologie[6] est celle qui, en toile de fond de paradoxes constitutionnels, fait prévaloir les techniques d'autorité sur la liberté des citoyens. Le constitutionnalisme rédhibitoire était ainsi l'apanage des nombreux régimes non démocratiques ayant constellé les deux premiers cycles constitutionnels africains[7]. La rétention de la souveraineté, la prévalence du parti unique, l'amoindrissement du pouvoir législatif, le musellement du pouvoir judiciaire, la faible effectivité des droits et libertés et la confiscation du pouvoir constituant représentaient les principaux marqueurs de cette organisation de la société[8]. Cette période semble avoir connu son âge d'or jusqu'« *au début des années quatre-vingt-dix* [où] *l'Afrique* [a] *connu des ruptures brutales, des changements fondamentaux, des transformations aussi rapides que profondes* »[9]. C'est à la faveur desdites transformations que l'avènement du constitutionnalisme libéral a été possible.

Ceci amène à préciser que de manière synthétique, le constitutionnalisme libéral fait référence au mouvement qui vise à implémenter l'idéal de mise en œuvre et de préservation de la liberté par des moyens constitutionnels[10] au nombre desquels figure en bonne place le juge constitutionnel. Il est bien souvent admis que ses composantes essentielles sont la démocratie et l'État de droit[11]. De là, il apparait que le constitutionnalisme rédhibitoire et celui libéral se présentent comme deux philosophies antinomiques. La première, au mépris des droits et libertés, est en porte-à-faux avec la norme suprême tandis que le second fait du respect de ceux-ci une exigence fondamentale.

Cela étant, bien que le saut vers le constitutionnalisme libéral ait été entamé de l'avis de tous en 1990, la criminologie constitutionnelle grandissante en

---

[5] OWONA (J), « L'essor du constitutionnalisme rédhibitoire en Afrique noire : Etude de quelques « Constitution Janus », *op. cit.*, p 235.

[6] BORELLA (F), *Eléments de droit constitutionnel*, Paris, Presses de Sciences Po, 2008, p. 88.

[7] ARDANT (P) et MATHIEU (B), *Institutions politiques et Droit constitutionnel*. 22 éd. Paris, LGDJ, 2010, p. 341.

[8] OWONA (J), « L'essor du constitutionnalisme rédhibitoire en Afrique noire : Etude de quelques « Constitution Janus », *op. cit*, pp. 235-243.

[9] SY (D.), « Sur la renaissance du droit constitutionnel en Afrique. Question de méthode », *Politéia*, n°6, 2004, p. 456.

[10] DENQUIN (J-M), « Situation présente du constitutionnalisme. Quelques réflexions sur l'idée de démocratie par le droit », *Jus Politicum*, n°1, 2009, pp. 1-6

[11] BIKORO (J.M)), *Le temps en droit constitutionnel africain : le cas des États de l'Afrique noire francophone*, Thèse de Doctorat, Ph.D. en Droit Public, Université de Yaoundé II-SOA, Année académique 2016-2017.

Afrique noire francophone[12] laisse à la vérité perplexe quant à la pérennité de cette idéologie. La récurrence des fraudes à la constitution, des abus de droit constitutionnel et des violations de la constitution n'est pas sans fragiliser les acquis du constitutionnalisme libéral et ouvrir la voie à une régression de ce modèle organisationnel. Certains actes posés par les pouvoirs institués ont vraisemblablement une connotation rédhibitoire. Aussi, lorsque l'appréhension que l'on peut avoir du passage du constitutionnalisme rédhibitoire vers le constitutionnalisme libéral est questionnée, la réponse la plus plausible est celle d'une évolution vraisemblablement mitigée.

Dans une Afrique qui a longtemps cherché sa voie[13], une réflexion dans ce sens sur le renouveau du droit constitutionnel africain et l'inscription de la philosophie qui la sous-tend dans la durée n'est pas inopportune. L'analyse effectuée ici, à l'instar de celle du professeur Joseph Owona, permettra de faire un état des lieux du constitutionnalisme africain. Elle permettra par ailleurs de mettre l'emphase sur les principaux indicateurs de l'évolution enregistrée d'une philosophie constitutionnelle à une autre.

De là, en mettant la focale sur l'Afrique noire francophone qui reste marquée par une convergence des modèles constitutionnels[14] et en s'appuyant sur le positivisme factualiste prenant en compte tant les textes que les faits[15], il semble indiqué de mentionner que, bien que la mutation du constitutionnalisme rédhibitoire vers le constitutionnalisme libéral soit perceptible (I), elle est à de nombreux égards réversible (II).

I. UNE MUTATION PERCEPTIBLE

Dans les États d'Afrique noire francophone, l'évolution du constitutionnalisme rédhibitoire vers le constitutionnalisme libéral n'est pas une simple vue de l'esprit. En effet, à côté de la mutation des sources[16], des éléments tangibles attestent du changement de philosophie caractérisant la dynamique constitutionnelle dans cette région. Si des pans de ce renouveau du droit constitutionnel ont pu être abordés[17], les éléments les plus saillants de

---

[12] ANDZOKA (S), « L'insurrection populaire, un patriotisme constitutionnel de défiance des pouvoirs publics en Afrique francophone », Lille, 10e Congrès français de droit constitutionnel, 22, 23 et 24 juin 2017, Atelier C : *Constitution, pouvoirs et contre-pouvoirs.*

[13] AHANHANZO-GLELE (M), « La constitution ou la loi fondamentale », *Encyclopédie juridique africaine,* T. 1, Dakar-Abidjan, *NEA*, 1982, p. 33.

[14] BALDE (S), *La Convergence des modèles constitutionnels : Etude de cas en Afrique subsaharienne*, E-book, 2011, 536p.

[15] OPPETIT (B.), *Philosophie du droit*, Paris, Dalloz, 1999, p. 57.

[16] ZOLLER (E), « La mutation des sources du droit constitutionnel », *Articles by Maurer Faculty*, 2012, pp. 33-46.

[17] Voir notamment NGANDO SANDJE (R), « Le renouveau du droit constitutionnel et la question des classifications en Afrique : quel sort pour le régime présidentialiste ? », *RFDC*, 2013/1 n°93, pp. 1-26.

cette transfiguration du monde constitutionnel[18] ont indéniablement à voir avec la revitalisation de la loi fondamentale (A) et la sanctuarisation de la protection de celle-ci (B).

A. La revitalisation de la Constitution

Dès le début des années 1990, « la sénescence de la constitution »[19] a laissé place à sa renaissance. Comme le relève fort opportunément le professeur Fabrice Hourquebie, « *c'est bien* [cette] *période marquée par notamment de nombreuses crises politiques et sociales liées à l'effondrement du parti unique, qui a vu le déploiement du constitutionnalisme* [libéral] *dans ces États* »[20]. De fait, les constitutions « janus » jadis identifiées par le professeur Joseph OWONA ont, dans une proportion large, été abrogées[21] ou révisées[22]. Dès lors, l'on peut considérer que les lois fondamentales antérieurement caractérisées par une rétention relative à l'organisation des pouvoirs et l'application des normes [23]ont été revitalisées. Sachant que la vitalité d'une constitution est susceptible d'être ramenée à celle des pouvoirs constitués et à l'effectivité de ses dispositions, il semble plausible d'arguer que la revitalisation de la Constitution actée avec le constitutionnalisme libéral est liée à la dynamisation des pouvoirs constitués (1) et à la délimitation temporelle du droit constitutionnel transitoire (2). C'est, à la vérité, le cumul de ces éléments qui débouche sur l'existence de constitutions vivantes[24] dans les États d'Afrique noire francophone.

1. La dynamisation des pouvoirs constitués

Les pouvoirs constitués ou institués peuvent être appréhendés comme ceux dont l'organisation et le fonctionnement sont définis par la loi fondamentale[25]. Si avant 1990 ces institutions étaient largement muselées ou amorphes du fait d'une part de la délégation intérimaire des pouvoirs dont elles faisaient l'objet et d'autre part de l'existence de règles rédhibitoires inhibant leur

---

[18] DELPEREE (F), « Le renouveau du droit constitutionnel », *RFDC,* 2008/2 (n°74), pp. 227-237.

[19] *Idem*

[20] HOURQUEBIE (F), « Le sens d'une constitution vu de l'Afrique », *Les cahiers du Conseil constitutionnel,* Autour du monde, n°1 - septembre 2018, p. 6

[21] L'abrogation de la constitution désigne « *une sortie de vigueur non rétroactive de l'ancienne constitution* ».

[22] La révision de la constitution désigne la « *modification apportée à une constitution. Formellement, elle est l'œuvre du pouvoir constituant dérivé* ». AVRIL (P) et GICQUEL (J), *Lexique de droit constitutionnel*, Paris, PUF, 2013, p. 95.

[23] OWONA (J), « L'essor du constitutionnalisme rédhibitoire en Afrique noire : Etude de quelques « Constitution Janus », *op. cit.*, p. 236.

[24] POLIDORI (M), « La notion de Constitution vivante sous l'angle du constitutionnalisme italien contemporain » *Civitas Europa 2014/1 (N° 32),* pages 213 à 223.

[25] KEMAL (G), *Le pouvoir de révision constitutionnelle,* Thèse pour le doctorat en droit, Université Montesquieu- Bordeaux IV, Faculté de droit, des sciences sociales et politiques, 1995, p. 11.

fonctionnement[26], il n'en est plus largement ainsi. Bien que la démonstration du changement enregistré puisse être faite en se référant à la situation actuelle de chacun des pouvoirs constitués, l'accent peut particulièrement être mis sur l'émancipation du pouvoir législatif et la vivification de la juridiction constitutionnelle. *In concreto*, « *l'émancipation du pouvoir législatif ne tient, pour l'essentiel qu'à l'exercice par ce dernier de façon effective et efficace, de la mission à lui confiée par les constituants, à savoir légiférer et contrôler l'action du gouvernement* »[27]. En partant de cette acception, il apparait que la conjoncture est différente de celle propre au constitutionnalisme rédhibitoire, car « *bien souvent, alors même que la loi fondamentale* [créait] *un organe législatif, il* [était] *prévu l'exercice intérimaire du pouvoir législatif* »[28]. Quand bien même l'institution parlementaire était fonctionnelle, elle était considérée comme une chambre d'enregistrement à la solde du pouvoir exécutif[29]. Avec le renouveau du droit constitutionnel, la situation a somme toute évolué dans de nombreux États. Les progrès relevés à ce propos par la doctrine au Bénin, le Burkina Faso[30] ou encore le Cameroun attestent de cet état des choses. Les multiples rapports d'activités produits par ces institutions[31] dénotent également de cette évolution. Les chambres parlementaires remplissent alors des missions constitutionnelles qui n'avaient jusqu'ici qu'une existence formelle. C'est bien là le marqueur d'une revitalisation de la Constitution.

La vivification de la juridiction constitutionnelle s'inscrit également dans cette perspective. Le professeur Nguele Abada ne s'y trompe pas lorsqu'il affirme que « *le passage d'un constitutionnalisme de figuration, lui-même marqué par un présidentialisme autoritaire et une absence de contrôle de constitutionnalité de lois, vers un constitutionnalisme de confirmation ne pouvait prospérer qu'à la faveur des interventions du juge constitutionnel* »[32].

---

[26] Synthétiser au travers de l'article de Jospeh Owona.

[27] MONEMBOU (C), *La séparation des pouvoirs dans le constitutionnalisme camerounais. Contribution à l'évolution constitutionnelle*. Thèse de doctorat Ph.D en droit public, Université de Yaoundé II, 2011.

[28] OWONA (J), « L'essor du constitutionnalisme rédhibitoire en Afrique noire : Etude de quelques « Constitution Janus », *op. cit.*, p. 238.

[29] KOMBILA (J-P), *La problématique constitutionnelle dans les régimes politiques des États d'Afrique francophone*, Thèse de doctorat en droit public, Université de droit, d'économie et des Sciences sociales de Paris, Paris 2 Panthéon-Assas, 1982, p. 125.

[30] KOSSI SOMALI, *Le Parlement dans le nouveau constitutionnalisme en Afrique : essai d'analyse comparée à partir des exemples du Benin, du Burkina Faso et du Togo*, Thèse de doctorat nouveau régime, Université de Lille 2, 2008.

[31] Consulter notamment la page http://archive.ipu.org/french/parlweb.htm de l'Union Interparlementaire afin d'accéder aux pages des différents parlements africains et aux rapports par eux produits.

[32] NGUELE ABADA (M), « L'indépendance des juridictions constitutionnelles dans le constitutionnalisme des États Francophones d'Afrique Noire post-guerre froide : l'exemple du Conseil constitutionnel camerounais », *Palabres actuelle n°4 : « la justice »*, *Revue de la Fondation Raponda-Walker*, 2010, p. 23.

Lorsque l'on sait que « *le juge constitutionnel fut pendant des décennies relégué dans le simple décorum institutionnel sans effectivité véritable* »[33], sa dynamisation dès 1990 représente l'un des leviers de la revitalisation de la Constitution. C'est à cet égard que l'émergence de la juridiction constitutionnelle a fortement été saluée par la doctrine[34]. L'on se doute bien que si la juridiction constitutionnelle avait fonctionné de manière efficiente dans les cycles constitutionnels antérieurs, l'ancrage du constitutionnalisme rédhibitoire aurait été moindre. À ce jour, cette institution prévue par tous les corpus constitutionnels d'Afrique noire francophone est présentée comme le garant du respect de la loi fondamentale et la pierre angulaire du constitutionnalisme libéral[35].

2. La délimitation temporelle du droit transitoire constitutionnel

Le droit transitoire constitutionnel fait référence « *non pas au droit constitutionnel transitoire – c'est-à-dire le droit de la transition des Constitutions entre elles, les « petites constitutions » –, mais bien un droit transitoire de rang constitutionnel, autrement dit les règles contenues dans* [la] *Constitution qui gouvernent la succession temporelle des normes et* [des institutions] »[36]. Les dispositions de cette nature émaillaient fortement les constitutions antérieures à 1990 et elles participaient de l'implémentation d'une logique rédhibitoire dans la mesure où elles différaient de manière indéterminée la mise en place effective de certains pouvoirs constitués. Un large pan du droit constitutionnel institutionnel restait pour ainsi dire *« lettre morte. »*

Dans le cadre du cycle constitutionnel actuel, des spécifications ont été apportées sur l'intervalle temporel concernant l'applicabilité de ces dispositions. À titre d'exemple, il peut être fait mention de la constitution congolaise du 06 novembre 2015 qui dispose que « *les institutions issues de la Constitution du 20 janvier 2002 fonctionnent jusqu'à la mise en place des nouvelles institutions sans pouvoir dépasser, pour les institutions pourvues par voie élective, l'expiration de leur mandat* ». Dans le même ordre d'idées, la constitution tchadienne du 4 mai 2018 dispose que « *les Institutions de la République prévues par la présente Constitution sont mises en place dans un délai maximum de trente-six (36) mois à compter de l'installation de l'Assemblée nationale* ». Des dispositions constitutionnelles précisant bien

---

[33] AIVO (F-J), *le juge constitutionnel et l'état de droit en Afrique,* Paris, L'Harmattan, 2006, 88p. Voir notamment la préface de Pascal Chaigneau.

[34] HOLO (T), « Emergence de la justice constitutionnelle », *Pouvoirs*, 2009, n°129, pp.101-114 ; BOURGI (A), « L'évolution du constitutionnalisme en Afrique. Du formalisme à l'effectivité », *RFDC.*, n°52, 2002, pp. 721-748.

[35] TUORI (K), « L'État de droit », in TROPER (M) et CHAGNOLLAUD (D), *Traité international de droit Constitutionnel, Paris*, Dalloz, 2012. Tome 1.

[36] GAHDOUN (P-Y), « L'émergence d'un droit transitoire constitutionnel », *RDP*, n°1, 2016, p. 149.

dans quel intervalle temporel elles doivent être mises en place des pouvoirs institués sont également présentes dans la constitution djiboutienne[37].

Aussi, si les constitutions camerounaise, togolaise et burundaise font alors figurent d'exception[38], ceci n'oblitère pas le fait que d'une manière générale, avec le constitutionnalisme libéral, les États d'Afrique noire francophone font l'expérience de constitutions vivantes et effectives d'un point de vue institutionnel.

B. La sanctuarisation de la protection de la Constitution

La norme fondamentale fait désormais l'objet d'une protection d'envergure en Afrique noire francophone. En effet, la protection juridictionnelle de la loi fondamentale est dorénavant empreinte d'audace (1) tout comme celle a-juridictionnelle qui se veut plus offensive (2).

1. Une protection juridictionnelle plus audacieuse

La protection juridictionnelle de la norme suprême est bien plus hardie que par le passé en Afrique noire francophone. Ceci résulte de l'attribution de compétences importantes et assez originales à l'instance juridictionnelle chargée de la garantie de la loi fondamentale à savoir, la juridiction constitutionnelle. Au nombre desdites compétences, l'on retrouve celle classique de la sanction des normes et celle plus atypique de la sanction des personnes[39]. De fait, à côté du contrôle de constitutionnalité des lois, l'on retrouve une compétence pénale des juridictions constitutionnelles. L'analyse permet de constater que lesdites compétences sont mises en branle de manière très offensive.

Le contrôle de constitutionnalité désigne l'ensemble des moyens juridiques ou politiques mis en place en vue d'assurer la régularité interne et externe des normes juridiques par rapport à la Constitution dans la mesure où cette compétence dévolue aux juridictions constitutionnelles a d'ores et déjà fait l'objet de nombreuses analyses[40], il n'est pas question de s'y attarder avec insistance. L'on peut toutefois mettre la focale sur le fait que certaines hautes

[37] Article 90 à 93 de la Constitution de Djibouti du 04 septembre 1992 modifiée et articles 104 à 108 105, 106, de la Constitution de 2001 modifiée.

[38] Article 67 de la loi constitutionnelle du 18 janvier 1996 au Cameroun ; article 304 de la Constitution burundaise du 18 mars 2005 et article 122 de la constitution togolaise du 27 février 1992.

[39] Le POURHIET (A.M), *Droit constitutionnel*, Paris, Economica, 2008, p. 40.

[40] Lire notamment Sindjoun (L), *Les grandes décisions des juridictions constitutionnelles africaines. Droit constitutionnel jurisprudentiel et politiques constitutionnelles au prisme des systèmes juridiques africains*, Bruylant, Bruxelles, 2009, 598p. ; Dans le même ordre d'idées, lire l'*Annuaire béninois de justice constitutionnelle*, Association béninoise de droit constitutionnel, Centre de droit constitutionnel, Dossier spécial 21 ans de jurisprudence de la Cour constitutionnelle du Bénin (1991-2012), 737p.

cours s'illustrent par leur hardiesse lorsqu'elles exercent cette compétence. Leur politique jurisprudentielle s'inscrit alors de prime abord en faux contre le constitutionnalisme rédhibitoire. C'est notamment le cas des juridictions constitutionnelles béninoise et gabonaise qui, usant d'un pouvoir normatif[41], n'ont pas hésité à censurer des textes qui, s'ils avaient intégré l'ordre juridique, auraient ouvert la voie à un retour au rédhibitionnisme constitutionnel. Ainsi, au Bénin, le juge constitutionnel a invoqué le principe non écrit du consensus national pour neutraliser le Parlement constituant en censurant un texte portant révision de la constitution[42]. Au Gabon, le juge s'est appuyé sur le principe novateur de la légalité républicaine[43] pour brider les velléités rédhibitoires des pouvoirs publics. Les deux juridictions constitutionnelles évoquées ici n'ont du reste pas hésité à adresser, au travers de décisions, des injonctions aux pouvoirs publics[44].

La compétence pénale des juridictions constitutionnelles renvoie ici non pas à l'implication des hautes instances à la constitutionnalisation du droit pénal,[45] mais à la sanction d'auteurs d'infractions par celles-ci. Il ne s'agit alors ni plus ni moins que de l'attribution ou de l'exercice d'une compétence répressive par les juridictions constitutionnelles participant de la judiciarisation de la vie politique[46].

Ainsi certaines constitutions n'ont pas hésité à attribuer de manière expresse une compétence pénale à la haute instance. C'est notamment le cas de la Constitution congolaise qui dispose en son article 163 que « *la Cour constitutionnelle est la juridiction pénale du Chef de l'État et du Premier ministre dans les cas et conditions prévus par la Constitution* ». D'autres intègrent les membres des juridictions constitutionnelles à la Haute Cour de Justice. Il s'agit entre autres des constitutions béninoise[47], burundaise[48], guinéenne[49] et tchadienne[50].

---

[41] ROSSATANGA-RIGNAULT (G), « Quand le juge fait la loi. A propos du pouvoir normatif du juge constitutionnel au Gabon », *Palabres Actuelles, Revue de la Fondation Raponda-Walker*, n°6, 2013, p. 167.
[42] Décision 06-074 du 8 juillet 2006 une décision confirmée par la décision DCC 10-049 du 5 avril 2010.
[43] Décision n°002-CC du 28 janvier 1993.
[44] Décision DCC 96-017 du 5 avril 1996 au Bénin et décision n°008/CC du 23 février 2006 au Gabon. Dans la première décision, le juge a enjoint le président de la République à prêter serment. Au Gabon, l'injonction évoquée ici a été adressée au Parlement dans l'optique de l'organisation d'une élection partielle.
[45] BENESSIANO (W), « Le Conseil constitutionnel et l'élaboration de la norme pénale », *AIJC*, 2009-2010, p. 443.
[46] COMMAILLE (J), « Les magistratures sociales », *Droit et Société*, Année 2000, p. 9.
[47] Article 135 de la Constitution béninoise du 11 décembre 1990.
[48] Article 239 de la Constitution du Burundi du 7 juin 2018.
[49] Article 117 de la Constitution de guinée Conakry.
[50] Article 3 de la constitution tchadienne de 2018.

Au demeurant, en dehors de toute habilitation expresse, certaines juridictions constitutionnelles ont sanctionné des gouvernants. C'est notamment le cas des Hautes Cours gabonaise et malgache. Cette dernière a notamment destitué le président de la République[51]. Dans le second cas, celui-ci a rendu une décision entrainant la démission du Gouvernement et la dissolution de l'Assemblée nationale[52]. Ceci démontre bien que les juridictions constitutionnelles africaines veillent sous divers angles à la garantie de la suprématie de la constitution. Elles ne sont du reste pas les seules institutions à le faire.

2. Une protection a-juridictionnelle plus offensive

En Afrique noire francophone, la protection de la loi fondamentale face au « rédhibitionnisme constitutionnel » n'est pas exclusivement d'ordre juridictionnel. En effet, à côté de l'œuvre du juge dans ce domaine, l'on relève l'émergence d'une dynamique de protection citoyenne de la norme suprême ainsi qu'une surveillance de celle-ci au-delà de l'État.

Il est en effet donné de constater que le renouveau du droit constitutionnel africain est marqué par une tendance des citoyens à protéger la constitution. Cet état de fait est loin d'être le résultat d'une génération spontanée. À l'analyse, si « ce progrès constitutionnel »[53] peut être perçu comme la résultante de la consolidation de la culture constitutionnelle du peuple et la manifestation de son patriotisme constitutionnel[54], celui-ci est véritablement lié à la constitutionnalisation et la mobilisation citoyenne du droit de résistance à l'oppression. M. BIKORO Jean Mermoz estime d'ailleurs à cet égard que le droit de désobéissance à l'oppression a trouvé une terre d'élection en Afrique[55]. C'est dire que les textes constitutionnels de nombreux États africains consacrent ce « droit » fondamental[56] et cela, de manière explicite et implicite.

La consécration explicite du droit de résistance à l'oppression est notamment perceptible dans les constitutions guinéenne et tchadienne. Dans le premier État, l'article 21 du texte constitutionnel du 7 mai 2010 dispose que « *le peuple... a le droit de résister à l'oppression* ». Dans le second État, la consécration est faite en ces termes au niveau du préambule de la constitution du 4 mai 2018 : « ... *Nous, Peuple tchadien, (...) proclamons solennellement notre droit et notre devoir de résister et de désobéir à tout individu ou groupe*

[51] Décision n°17-HCC/D3 28 novembre 2019.
[52] Décision n°022/CC du 30 avril 2018.
[53] MOUZET (P), « La prévalence », *RDP*, 2014, p. 5.
[54] ANDZOKA (S), « L'insurrection populaire, un patriotisme constitutionnel de défiance des pouvoirs publics en Afrique francophone », *op.cit,* p. 2.
[55] BIKORO (J.M), « Le droit de résistance à l'oppression dans le nouveau constitutionnalisme africain », *RCC*, 2020, p. 81.
[56] ZARKA (C), « Les droits fondamentaux », in *Difficile tolérance*, 2004, p. 124.

d'individus, à tout corps d'Etat qui prendrait le pouvoir par la force ou l'exercerait en violation de la présente constitution ». Ces dispositions mettent sans équivoque en relief la reconnaissance du droit de résistance aux citoyens, la mobilisation de ce droit étant susceptible d'ériger le peuple en contre-pouvoir[57].

Sous le prisme de l'internationalisation du droit constitutionnel[58], la consécration implicite a quant à elle à voir avec l'adhésion des constituants africains à des textes internationaux ayant pris en compte le droit de résistance à l'oppression. Ainsi, en partant de ce que la Déclaration universelle des droits de l'homme de 1948 ainsi que la Charte africaine des droits de l'homme et des peuples de 1981 consacrent le droit susmentionné et qu'il s'agit là de textes auxquels de nombreux constituants adhèrent[59], il semble plausible de considérer qu'il y a là une reconnaissance implicite.

Les citoyens ont indéniablement pris la mesure de la reconnaissance de ce droit en leur faveur. C'est ainsi qu'en investissant la rue[60], ils ont à de multiples occurrences contribué à la protection de la constitution. Si les exemples sont légion dans la région du Maghreb[61], en Afrique noire francophone, « *la manifestation la plus illustrative du droit de résistance à l'oppression* »[62] vient du Burkina Faso. En 2014, le président Blaise Compaoré avait entrepris de lever la clause de limitation des mandats contenue dans la constitution afin de se maintenir au pouvoir et ceci, contrairement au principe de l'alternance démocratique qui constitue l'un des marqueurs essentiels du constitutionnalisme libéral[63]. Face à cette entreprise s'inscrivant à la vérité dans la perspective de « la criminologie constitutionnelle », le peuple s'est soulevé et une contestation massive du dessein du chef de l'État a été enregistrée. *In fine*, le peuple a par son déploiement interrompu la réforme envisagée et a protégé la loi fondamentale. Le succès du mouvement lui a d'ailleurs valu le titre « d'Africains de l'année »[64]. Les citoyens burkinabés n'ont pas hésité à récidiver lorsqu'en 2015, des membres de l'armée ont essayé de perpétrer un coup d'État. La

---

[57] SOMA (A), « Le peuple comme contre-pouvoir en Afrique », *RDP*, 2014, p. 1022.
[58] Lire sur ce sujet *L'internationalisation du droit constitutionnel en Afrique Tome I*, Éditions universitaires européennes, Collection OMN.UNIV. EUROP., 2019, 384 p.
[59] Préambule de la Déclaration universelle des droits de l'homme et article 20 de la Charte africaine des droits de l'homme et des peuples.
[60] HAYAT (S), « La République, la rue et l'urne », *Pouvoirs*, n°116, 2006, p. 32.
[61] Il peut ici être fait mention de ce qui avait été considéré comme le printemps arabe avec la chute des régimes des présidents Ben Ali en Tunisie et Hosni Moubarak en Egypte en 2011.
[62] BIKORO (J.M), « Le droit de résistance à l'oppression dans le nouveau constitutionnalisme africain », *op. cit.*, p. 127.
[63] ETEKOU BEDI (Y.S), *L'alternance démocratique dans les États d'Afrique francophone,* Thèse de doctorat en droit public, Université Paris- Est et Université de Cocody-Abidjan, 2013.
[64] SOMA (A), Réflexion sur le changement insurrectionnel au Burkina Faso, Revue Cames, Vol. 1, N°1, 2015, p. 1.

mobilisation populaire a d'ailleurs eu à cette occasion le soutien d'organisations internationales.

Ceci permet d'ailleurs de relever l'existence d'une surveillance de la constitution au-delà de l'État. Celle-ci est l'œuvre d'organisations internationales et communautaires telles que l'Union africaine (UA) et la Communauté Economique des États de l'Afrique de l'Ouest (CEDEAO). L'action de l'instance continentale dans ce domaine est basée sur son acte constitutif. Ce texte qui procède à une promotion des valeurs propres au constitutionnalisme libéral, cristallise en son article 4(p), les ambitions des textes antérieurs à l'Union africaine en matière de préservation de la stabilité de l'ordre constitutionnel et du respect du principe électif[65] propre au constitutionnalisme libéral. Celui-ci condamne en effet le marqueur le plus prégnant de l'atteinte à l'ordre constitutionnel sur le continent à savoir, les changements anticonstitutionnels de gouvernement[66]. Les articles 23 et 30 de ce texte confortent cette option en mettant en relief les sanctions encourues par les gouvernements a-constitutionnels. Il convient de relever que son déploiement dans ce domaine se fait bien souvent par le biais de la Conférence, de la Commission ou encore du Conseil de paix et de sécurité (*CPS*).

L'activité de la CEDEAO lorsqu'il est question de garantir la constitution s'appuie quant à elle sur le protocole a/sp1/12/01 additionnel au protocole relatif au mécanisme de prévention, de gestion, de règlement des conflits, de maintien de la paix et de la sécurité[67] sur la démocratie et la bonne gouvernance additionnel. Il est prévu à ce niveau, un ensemble de sanctions politiques à l'encontre des États ou des personnes mettant à mal les principes

---

[65] Il s'agit, sous les auspices de l'Organisation de l'Unité africaine, de la décision AHG/Dec.142 (XXXV) prise lors de sa 35e session en 1999 à Alger et de la *Déclaration sur le cadre pour une réaction de l'OUA face aux changements anticonstitutionnels de gouvernement* de 2000 à Lomé.

[66] Les articles 23 et 30 de ce texte confortent cette option en mettant en relief les sanctions encourues par les gouvernements issus de tels procédés. Du reste, le protocole relatif à la création du Conseil de Paix et de sécurité de l'Union africaine s'inscrit dans la logique de l'Acte Constitutif de l'Union africaine et affermit celle-ci, car « *les attributions de l'organe principal du Mécanisme de l'OUA chargé de la prévention, de la gestion et du règlement des conflits ont été incorporées et développées dans ledit protocole* ». Ces orientations connaissent un prolongement avec la Charte africaine de la démocratie, des élections et de la gouvernance qui précise dans quelles situations le vocable de changement anticonstitutionnel de gouvernement s'enchâsse. Elle fait notamment référence en son article 23 « *aux amendements ou toute révision des constitutions ou des instruments juridiques qui portent atteinte aux principes de l'alternance démocratique* ».

[67] DIOMPY (A.H), *Le paradoxe de l'internationalisation du droit constitutionnel en Afrique. Réflexions sur les interactions normatives, institutionnelles et politiques dans l'espace CEDEAO*, Thèse présentée en vue de l'obtention du Doctorat en Droit Public, Université de Bordeaux, 19 janvier 2017.

de convergence constitutionnelle auxquels adhèrent les membres de la CEDEAO.

À titre illustratif, bien que les exemples de suspension par l'UA des Etats dans lesquels sont perpétrés des changements anticonstitutionnels de gouvernement soient multiples[68], la mise en relief de son implication dans le cadre de la succession inconstitutionnelle au Togo en 2005 est un cas saillant. En effet, la succession à la tête de l'État a induit « *une conception extensive de la qualification des changements inconstitutionnels de gouvernement dans la pratique de l'UA lorsqu'elle condamne non seulement la décision initiale des forces armées togolaises, mais aussi tous les actes subséquents posés par l'Assemblée nationale dans l'ordre juridique interne pour justifier l'accession de Faure Essozimna Gnassingbé au pouvoir* ». C'est dire qu'en l'espèce, l'instance continentale s'est montrée très offensive.

La CEDEAO n'est au demeurant pas en reste et à de nombreuses occurrences, en réaction à des violations de la constitution, des sanctions à l'encontre de l'État concerné ont été enregistrées. Cela a été le cas au Mali en 2012 où, après le putsch renversant le Président Amadou Toumani Touré, la suspension de l'État, la menace de l'emploi de la force, la fermeture des frontières des États membres de l'organisation, l'interdiction de voyager dans l'espace régional et l'annonce du gel des avoirs des putschistes ont entre autres été annoncées. Cela a également été le cas dans l'exemple togolais susévoqué. Tout ceci dénote à n'en point douter d'une surveillance de la constitution au-delà de l'État.

Cependant, si la sanctuarisation de la protection de la constitution représente l'un des piliers du constitutionnalisme libéral, la mutation actée vis-à-vis du constitutionnalisme rédhibitoire n'est pas irréversible.

II. UNE MUTATION RÉVERSIBLE

Bien qu'il soit perceptible, le passage allègrement salué du constitutionnalisme rédhibitoire vers le constitutionnalisme libéral[69] n'est pas irréversible. En tenant compte du mouvement constant du droit[70], dans la mesure où « *l'immutabilité* [du droit constitutionnel] *est infirmée par les faits, absurde du point de vue juridique et du point de vue politique* »[71], il semble

---

[68] TCHEUWA (J- C), « L'Union africaine et les changements anticonstitutionnels de gouvernement », *R.R.J.*, 2009-2, *P.U.A.M.*, pp. 995-1022.

[69] AHADZI (K.), « Les nouvelles tendances du constitutionnalisme africain : le cas des États d'Afrique noire francophone », *Afrique Juridique et Politique*, vol. 1, n°1, juil-déc, 2002, pp. 34-85.

[70] DIEBOLT (S), *Le droit en mouvement. Eléments pour une compréhension constructiviste des transformations complexes des systèmes juridiques,* Thèse pour l'obtention du doctorat en Droit public, Université de Paris X – Nanterre, 28 septembre 2000, p. 17.

[71] BARTHELEMY (J) et DUEZ (P), *Traité de droit constitutionnel*, Paris, Economica, 1985, p. 227.

permis d'être réservé quant à un immobilisme de la philosophie constitutionnelle qui prévaut actuellement en Afrique noire francophone. D'ailleurs, des éléments tangibles autorisent, avec plus d'emphase, à douter du caractère définitif de la transition opérée. En d'autres termes, nonobstant l'existence de clauses irréformables dans les lois fondamentales[72], il est tout à fait possible que l'odyssée du constitutionnalisme[73] soit ultérieurement marquée par une réapparition du constitutionnalisme rédhibitoire concomitamment à une régression du constitutionnalisme libéral. La réapparition graduelle d'actes et de pratiques rédhibitoires (B) couplée à la protection incertaine du constitutionnalisme libéral (A) atteste de la réversibilité imaginable de l'évolution enregistrée.

A. La protection incertaine du constitutionnalisme libéral

La pérennité du constitutionnalisme libéral en tant qu'idée de droit est faiblement assurée. En effet, les mécanismes mis en place afin de garantir la fixité de cette profession de foi s'avèrent être déficients. Il suffit pour s'en rendre compte de se référer à la rigidité relative des constitutions (1) ainsi qu'à la fragilité manifeste des garants du constitutionnalisme libéral (2).

1. La rigidité relative des constitutions

Les grandes lignes de l'idéologie qu'est le constitutionnalisme libéral ont été inscrites dans des lois fondamentales que les constituants ont voulues rigides. Parce que l'Afrique a longtemps cherché sa voie[74], la rigidité a été perçue comme un moyen garantissant l'inscription de la nouvelle philosophie constitutionnelle dans la durée. Il convient d'indiquer qu'« *on dit qu'une constitution est rigide lorsque la procédure prévue pour sa révision est plus complexe que la procédure législative ordinaire* »[75]. Les constitutions rigides nécessiteraient une procédure de révision spécifique différente de celle en usage pour les lois ordinaires contrairement aux constitutions souples, pour qui, aucune procédure spéciale n'est requise. L'érection d'une institution spécifique, à savoir le parlement réuni en congrès, et l'institution d'une majorité qualifiée pour l'adoption du projet ou de la proposition de révision par les parlementaires, à défaut d'être soumis au référendum, représentent bien

---

[72] L'*on entend par là les dispositions constitutionnelles qui ne peuvent pas être révisées par la procédure de révision constitutionnelle*. Voir GÖZLER (K.), *Le pouvoir de révision constitutionnelle*, Thèse de doctorat en droit public. Université Montesquieu Bordeaux IV, 1995, p. 118.

[73] TAMA (J-N), *L'Odyssée du constitutionnalisme en Afrique*, Paris, L'Harmattan, 2015, 454p.

[74] Il a pu être relevé que l'Afrique décolonisée « *adopte, remet en cause, suspend, abroge, puis renouvelle la Constitution, elle cherche sa voie* ». AHANHANZO GLELE (M), « La constitution ou loi fondamentale », *Encyclopédie juridique de l'Afrique*, N.E.A, 1982, p. 32.

[75] MODERNE (F.), *Réviser la Constitution. Analyse comparative d'un concept indéterminé*, Paris, Dalloz, 2006, p. 25.

souvent les marqueurs de la rigidité constitutionnelle[76]. En admettant cela, il sied de préciser qu'« *il n'est pas question d'opposer ici les conceptions dont la doctrine s'est rendue maîtresse en distinguant les constitutions rigides des constitutions souples* »[77]. Il est en revanche question de mettre en relief la relativité de la rigidité postulée[78] des constitutions africaines. Si d'un point de vue théorique cette relativité a d'ores et déjà été illustrée, c'est sous un angle plus pratique qu'elle sera dépeinte ici. La relativité entrevue à ce niveau découle de la dilution de la complexité de la procédure de révision par le fait majoritaire.

À y regarder de près, malgré la complexité prescrite par les lois fondamentales en matière révisionnelle, il est aisé de procéder à des modifications de la constitution dans des contextes marqués par le fait majoritaire. C'est ici le lieu d'indiquer que le fait majoritaire désigne l'appartenance du président de la République et de la plupart des parlementaires au même parti politique ou à une coalition de partis ainsi que le soutien quasi inconditionnel de ces derniers à l'action du premier[79]. Le fait majoritaire a alors à voir avec l'ordre et la discipline juridique partisane[80]. Sachant que dans de nombreux États d'Afrique noire francophone, l'initiative de la révision est bien souvent le fait du président de la République et que celui-ci privilégie somme toute la voie parlementaire dans ce domaine[81], il apparait que sous le prisme du fait majoritaire, la modification de la Constitution se fera sans grandes difficultés. Ceci est lié au fait que les mécanismes destinés à complexifier la révision de la constitution ne peuvent véritablement être efficaces que lorsqu'il existe des clivages au sein de la classe politique parlementaire. À défaut, toute initiative révisionnelle connaît une concrétisation facile. Le professeur Magloire ONDOA résume de fort belle manière cette situation. En effet, il souligne « *l'impuissance de la lourdeur des procédures devant la volonté d'un parti concentrant entre ses*

---

[76] ATANGANA AMOUGOU (J-L), « Les Révisions constitutionnelles dans le nouveau constitutionnalisme africain », *Politéïa*, 2007, p. 2 et s.

[77] NGUELE ABADA (M), *État de droit et démocratisation. Contribution à l'étude de l'évolution politique et constitutionnelle au Cameroun*, Thèse de doctorat en droit public, Université de Paris 1-Panthéon Sorbonne, 1995.

[78] ONDOA (M), « La distinction entre Constitution souple et Constitution rigide en droit français », *A.F.S.J.P/UD*, n°1, Janvier-juin 2002, p. 100.

[79] Pour une perception de la prégnance du phénomène en Afrique, Ondo (T), *La responsabilité introuvable du chef d'État africain : analyse comparée de la contestation du pouvoir présidentiel en Afrique noire francophone : les cas camerounais, gabonais, tchadiens et togolais*, pp. 282-284.

[80] De La VARDE (E), *L'ordre juridique partisan*, Thèse pour le doctorat en droit public, Université de Paris 2 Panthéon-Assas, École doctorale de droit public, science administrative et science politique, 18 février 2013, 675p.

[81] ATANGANA (E-J-L), *La révision des constitutions en droit camerounais*, Thèse pour le Doctorat/Ph.D en Droit Public, Université de Douala, Faculté des Sciences Juridiques et Politiques, École doctorale de droit et de sciences politiques, 17 décembre 2012.

mains les pouvoirs exécutif et législatif, de modifier la constitution en vigueur. La réunion du Parlement en Congrès ou le vote à la majorité qualifiée ne constituent alors que des obstacles symboliques, insusceptibles en tout état de cause, d'opposer une résistance sérieuse à la réalisation de la révision »[82].

À titre illustratif, la plupart des révisions constitutionnelles altérant l'une des options fondamentales du constitutionnalisme libéral, à savoir l'alternance au pouvoir[83], ont aisément pu être réalisées sous l'effet du fait majoritaire. Lesdites révisions se cristallisent notamment autour de la personne du président de la République et elles concernent de manière spécifique son mandat.

Il ressort alors de ces exemples que si les constitutions des États d'Afrique noire francophone sont formellement rigides, elles sont matériellement flexibles pour ne pas dire souples[84]. La première ligne de défense du constitutionnalisme libéral peut ainsi être ébréchée sans grande peine. La pérennité de la philosophie constitutionnelle choisie dans les années 90 est de fait sujette à caution. Elle l'est d'autant plus que les garants désignés du constitutionnalisme libéral sont assez fragiles.

2. La fragilité manifeste des garants du constitutionnalisme libéral

Plusieurs lois fondamentales désignent de manière explicite ou implicite les gardiens de la constitution[85]. Ils peuvent être considérés comme les institutions-organes responsables de la protection de la loi fondamentale et de la sanction des violations de celle-ci. En partant de ce que la constitution traduit les principales idées du constitutionnalisme libéral, il est possible d'assimiler, par métonymie, les gardiens des constitutions aux garants du constitutionnalisme. Cela étant admis, à l'analyse de la réalité qui prévaut en Afrique noire francophone, il apparait que le président de la République et la Haute juridiction constitutionnelle sont des gardiens fragiles. Ceci découle du fait que la légitimité du premier est quelques fois discutable et l'indépendance du second contestable.

---

[82] ONDOA (M), « La distinction entre Constitution souple et Constitution rigide en droit français », *op.cit.*, p. 100

[83] ETEKOU BEDI (Y.S), *L'alternance démocratique dans les États d'Afrique francophone.* Thèse de doctorat en droit public, Université Paris-Est Créteil et Université de Cocody-Abidjan, 2013.

[84] ROUSSILLON (Henri), « Rigidité des constitutions et justice constitutionnelle : Réflexions sur un paradoxe » in *Mélanges Philippe ARDANT. Droit et politique à la Croisée des cultures,* L.G.D.J., 1999, pp. 251-264.

[85] L'expression « Gardien de la constitution » est empruntée à Carl Schmitt et à Hans Kelsen. Voir BEAUD (O), *La puissance de l'État*, Paris, P.U.F., coll. « Léviathan », 1994, p. 387.

À titre de rappel, la considération du président de la République comme « protecteur de constitution »[86] s'appuie théoriquement sur la légitimité démocratique dont celui-ci jouit du fait de son élection au suffrage universel. Cette légitimité est toutefois discutable lorsque son élection est entachée de fraudes et marquée par de vives contestations dégénérant en violences. Il faut relever que « *la fraude électorale constitue une atteinte, une entorse grave à l'exigence de transparence des élections en ce qu'elle a pour caractéristique fondamentale sinon de substituer l'expression de la souveraineté du peuple du moins d'en déformer la portée* »[87]. Elle est constitutive d'une tricherie visant un dévoiement de la volonté du corps électoral[88]. À titre illustratif, il peut ici être fait mention de l'inscription d'électeurs fictifs en Guinée Conakry lors de l'élection de 2010[89] et de l'augmentation irrégulière du nombre d'électeurs au Gabon en 2009 et 2016[90]. Dans la même veine, des falsifications de procès-verbaux ont été mises en avant lors des élections présidentielles de décembre 2001 à Madagascar[91].

Les violences sont quant à elles la résultante de la dénonciation des fraudes électorales. À titre d'exemple, la Côte d'Ivoire en 2000, le Togo en 2005, le Tchad en 2006, la République démocratique du Congo en 2006, le Kenya en 2007, le Zimbabwe en 2008 et la Zambie au cours de la même année ont été le théâtre de contestations violentes[92]. À l'analyse, les fraudes ont pour conséquences d'entamer de manière certaine la légitimité du Chef de l'État et de fragiliser sa position dans l'ordre constitutionnel. Il pourra difficilement protéger le prolongement du contrat social si sa position n'est pas une émanation de la volonté du corps social ou si elle est vivement et violemment contestée par ce dernier. Au demeurant, afin de conforter une position fortement ébranlée, le président de la République met bien souvent en œuvre des actes propres au constitutionnalisme rédhibitoire et contraires à la dynamique libérale[93].

---

[86] BIKORO (J.M), « Le président le République Chef de l'État au Cameroun », in ABANE ENGOLO (P.E) Dir, *La fonction présidentielle au Cameroun*, Paris, L'Harmattan, 2019, p. 17.
[87] AFO SABI (K), *La transparence des élections en Droit public africain, à partir des cas béninois, sénégalais et togolais*, Thèse de doctorat en Droit public, Université Montesquieu-Bordeaux IV et Université de Lomé (Togo), 2013, p. 369.
[88] ETEKOU BEDI (Y.S), *L'alternance démocratique dans les États d'Afrique francophone.*, *op.cit.* p. 156.
[89] *Ibid.*, p. 155.
[90] ATERIANUS-OWANGA (A) et DEBAIN (M), « Demain, un jour nouveau ? » un renversement électoral confisqué au Gabon », *Politique africaine*, 2016/4 n°144, pp. 157,158 et 173.
[91] RAZAFINDRAKOTO (M) et ROUBAUD (F), « Le scrutin présidentiel du 16 décembre 2001. Les enjeux d'une élection contestée », *Politique africaine*, 2002/2 n°86, p. 22.
[92] DARRACQ (V) et MAGNANI (V), « Les élections en Afrique : un mirage démocratique ? », Politique *étrangère*, Vol. 76, No. 4 (hiver 2011), p. 840. À cette liste, on peut ajouter le cas du Gabon en 2009 et 2016.
[93] La légalité d'exception.

Cela étant, si l'on a bien souvent épilogué sur la légitimité des juridictions constitutionnelles en tant que gardiens des lois fondamentales[94], au-delà des justifications organiques et fonctionnelles énoncées, les constituants ont voulu consolider la situation discutée des hautes cours par l'établissement de leur autonomie. Seulement, bien que la démarche soit louable, l'analyse de leurs conditions ou statuts révèle que l'autonomie des hautes cours est incertaine. En effet, organiquement et financièrement, celles-ci sont dépendantes des autres pouvoirs constitués. En effet, ces derniers désignent les membres des juridictions constitutionnelles dans les États d'Afrique noire francophone. En outre, les Secrétaires généraux de ces institutions sont, à quelques occurrences, nommés par le président de la République.

Du reste, le budget des juridictions constitutionnelles est voté par le Parlement. À titre de comparaison, contrairement à la Belgique et la France où les textes la jurisprudence mettent en relief l'impossible modification dudit budget par les représentants du peuple, en Afrique, un silence constitutionnel[95] existe en la matière. Aussi, rien n'empêche formellement les chambres parlementaires d'altérer les budgets prévisionnels des juridictions constitutionnelles. L'autonomie de ces dernières est alors compromise et cela a pour conséquence de les fragiliser dans l'exercice de leur mission de garant du constitutionnalisme libéral. L'émergence occasionnelle de nouveaux gardiens de l'ordre constitutionnel en la personne des militaires[96] illustre d'ailleurs fort bien la fébrilité des hautes instances.

En fin de compte, la dépendance des juridictions constitutionnelles vis-à-vis des autres pouvoirs constitués laisse subodorer l'existence d'une influence de ceux-ci sur les gardiens de la constitution lorsqu'il est notamment question de procéder au contrôle de constitutionnalité des lois ou au règlement de conflits constitutionnels. Des lois inconstitutionnelles porteuses d'une logique rédhibitoire peuvent alors intégrer l'ordre constitutionnel et la partialité possible des juridictions constitutionnelles peut enrayer la philosophie du constitutionnalisme libéral. D'ailleurs, la réapparition d'actes et de pratiques rédhibitoires altère considérablement cette dynamique et fait montre du caractère réversible de la transition enregistrée vers le constitutionnalisme libéral.

---

[94] CAPPELLETTI (M), « Nécessité et légitimité de la justice constitutionnelle », *RIDC*, vol. 33, n°2, 1981, pp. 625-657.

[95] Le silence désigne « *l'absence de réglementation peut résulter d'une option législative, voire constitutionnelle* ». Voir MONEMBOU (C), « Le silence et le droit public », In Hilaire AKEREKORO (Dir.) *Les silences de la constitution béninoise du 11 décembre 1990*, Abomey-Calavi, Les Editions CeDEP, 2018, p. 8.

[96] EDOUA BILONGO (B), *Les changements constitutionnels au Cameroun et au Sénégal Etude comparative*, Thèse présentée et soutenue publiquement en vue de l'obtention du Doctorat Ph.D en Droit Public, Université de Yaoundé II, Année Académique 2014-2015.

B. La réapparition graduelle d'actes et de pratiques rédhibitoires

Dans le cycle constitutionnel actuel, il n'est pas rare d'observer la résurgence d'actes et de pratiques à consonance rédhibitoire. À l'analyse, certaines manifestations de volonté produisant des effets de droit ainsi que des manières d'agir s'inscrivant en faux contre le constitutionnalisme libéral marquent un retour de la logique ayant antérieurement prévalu. Si ces actes et pratiques ne sont pas spécifiquement énoncés dans la loi fondamentale, ils concernent directement son application et réduisent à néant des dispositions formellement constitutionnelles. Parce que leur multiplication pourrait entériner un nouvel essor du constitutionnalisme rédhibitoire, il sied de mettre la focale sur la réalité rédhibitoire des accords politiques (1) et la portée pareillement rédhibitoire du déni de justice constitutionnelle (2).

1. La réalité rédhibitoire des accords politiques

De manière récurrente, les accords politiques rendent nulles et sans valeur les dispositions de nombreuses lois fondamentales. Considérés comme des indicateurs de la crise de la normativité de la constitution en Afrique[97], il faut indiquer que globalement un accord politique est une convention conclue entre les acteurs majeurs ou protagonistes d'une crise dans l'optique de la dénouer[98]. Élaborés dans le cadre des conflits et maladies du régime d'État, il s'agit de normes alternatives[99] complétant la palette déjà étendue du constitutionnalisme de crise. Du fait de leur para-légalité plurielle[100], les accords politiques sont par ailleurs considérés comme des éléments formant un constitutionnalisme alternatif[101]. En effet, à défaut d'en prendre le contre-pied[102], « *certains Accords politiques imposent l'élaboration d'une nouvelle Constitution ou la révision de la Constitution existante ou (...) entrainent des changements constitutionnels informels* »[103]. Aussi, ces arrangements

---

[97] AÏVO (F-J), « La crise de normativité de la Constitution en Afrique », *RDP*, n°1, 2012, p. 141 et s.

[98] ATANGANA AMOUGOU (J-L), « Les Accords de paix dans l'ordre juridique interne en Afrique », *RASJ*, vol. 4, n°1, 2007, p. 244 et s.

[99] TAMA AYINDA (T-O), *Les constitutions et les crises en Afrique : réflexion sur l'encadrement constitutionnel des crises dans les Etats d'Afrique noire francophone*, Thèse de Doctorat Ph.D en droit public, Université de Yaoundé II, Année académique 2017-2018 ; MVONDO MVONDO (C. A. B), *La Constitution et les crises en Afrique noire francophone*, Mémoire de Master II, Université de Yaoundé II, 2017.

[100] MOUMOUNI (I), Les accords de paix en Afrique : de l'illégalité juridique à la para légalité plurielle, *RDP*, 2018, n°1, pp. 233 et s.

[101] DOSSO (K), Les pratiques constitutionnelles dans les États d'Afrique noire francophone : cohérences et incohérences », *RFDC*, n°90, 2012.

[102] BIKORO (J. M), *Le temps en droit constitutionnel africain : le cas des États de l'Afrique noire francophone*, Thèse de Doctorat, PhD en droit public, Université de Yaoundé II-Soa, Année académique 2016-2017, p. 374.

[103] Ibid., p. 369.

politiques sont, à de nombreux égards, porteurs de dispositions remettant en cause celles qui doivent principiellement être appliquées. De nombreux auteurs, à l'instar de Paterne Mambo ou encore Frédéric-Joël Aivo, ont alors eu beau jeu d'identifier la relation conflictuelle entre la constitution et les accords politiques ainsi que le primat des seconds sur le premier[104]. Lorsque l'on se remémore la quintessence du constitutionnalisme rédhibitoire, il est clair que les changements constitutionnels provoqués et la prééminence du conventionnalisme sur la constitution[105] apparaissent comme des éléments revitalisant concrètement le constitutionnalisme rédhibitoire.

À l'analyse, la rédhibition dont il est question concerne régulièrement le droit constitutionnel institutionnel c'est-à-dire, les règles liées à l'organisation et au fonctionnement des pouvoirs constitués au sein de l'État. Par rapport à cela, une organisation des pouvoirs et une définition des compétences sensiblement différentes de celles lisibles dans la loi fondamentale sont couramment énoncées pour ce qui est des pouvoirs exécutif et législatif par les accords politiques.

À titre d'exemple, « *au sein de l'exécutif, les Accords de paix mettent en place les gouvernements d'union nationale au détriment des Institutions prévues par la Constitution* »[106] puisqu'il s'agit d'arrangements en marge de la Constitution[107]. Sous le prisme de la dyarchie, contrairement à la situation observable à l'accoutumée, lesdits gouvernements disposent de pouvoirs plus importants que ceux du président de la République. Cela a notamment été le cas au Burundi et au Congo. Dans ces États, respectivement, l'Accord d'Arusha[108] a institué des gouvernements de transition en lieu et place de ceux institués par les lois fondamentales. De même, dans le contexte centrafricain, l'Accord politique de Libreville stipule qu'« *il est institué un Gouvernement d'union nationale inclusif d'une durée de 12 mois, éventuellement renouvelable* »[109]. Ces gouvernements n'implémentent pas la politique conçue par le président de la République comme c'est bien souvent le cas en Afrique noire francophone, mais celle définie par les accords politiques. Dans la même veine, il y a, du point de vue des prérogatives traditionnelles, un déclassement du président de la République au profit du Premier ministre. À l'image de ce

---

[104] MAMBO (P), « Les rapports entre la Constitution et les accords politiques dans les États africains : réflexions sur la légalité constitutionnelle en période de crise », *Revue de droit de McGill,* vol. 57, n°4, 2012, pp. 921-952 ; AÏVO (F.J), « La crise de normativité de la Constitution en Afrique », *op.cit.* pp. 244 et ss.

[105] MAMBO (P), « Les rapports entre la Constitution et les accords politiques dans les États africains : réflexions sur la légalité constitutionnelle en période de crise », *op. cit.*, pp. 921-952.

[106] Ce fût le cas avec l'accord de Linas Marcoussis. De GAUDUSSON (J.B), « L'accord de Marcoussis entre droit et politique », *Afrique contemporaine*, n°2/2003, pp. 41-55.

[107] ENVENI MANZANI, *Les accords politiques dans la résolution des conflits, armés interne en Afrique*, Thèse, Université La Rochelle et Université de Cocodi Abidjan, 2011, p. 258.

[108] L'accord d'Arusha est signé le 28 août 2000.

[109] L'accord de Libreville du 11 janvier 2013.

qui est dépeint pour le Chef de l'État dans la constitution en période normale, sous l'empire des accords politiques, le Premier ministre devient la clé de voûte des institutions. Il devient, en lieu et en place du président de la République, le Chef des armées tel que cela a à titre illustratif été énoncé par l'Accord de Libreville pour la Centrafrique[110]. L'Accord de Marcoussis s'inscrit également dans cette perspective en étendant les pouvoirs du Premier ministre dans la sphère du pouvoir exécutif[111].

Le pouvoir législatif connaît pour sa part, sous l'effet des accords politiques, des transformations structurelle et fonctionnelle. Le bicamérisme est bien souvent privilégié dans le cadre des politiques. Telle a été l'option des arrangements concernant le Burundi[112] et la Centrafrique[113].

Les chambres se muent en outre en chambre d'enregistrement des lois nécessaires à l'accomplissement des missions assignées au gouvernement de transition[114]. Les parlements émancipés à la faveur des transitions opérées en 1990 voient ainsi leur marge de manœuvre rognée.

In fine, la nature conflictogène du droit constitutionnel africain[115] et la récurrence des crises entrainent une multiplication des accords politiques. De là, en l'absence d'une action de l'ingénierie constitutionnelle dans le sens d'une pacification du droit constitutionnel et d'un meilleur encadrement des crises, il va sans dire que le constitutionnalisme rédhibitoire va regagner du terrain en Afrique noire francophone. Ce retour au premier plan semble d'autant plus possible du fait de la portée rédhibitoire du déni de justice constitutionnelle qui tend à être fréquent dans le contexte africain.

2. La portée rédhibitoire du déni de justice constitutionnelle

Lorsque la posture méthodologique adoptée est le positivisme sociologique, le déni de justice constitutionnel[116] apparait comme l'un des canaux de résurgence du constitutionnalisme rédhibitoire. Assimilable à une injustice constitutionnelle, du point de vue conceptuel, le déni de justice constitutionnelle[117] désigne l'attitude de la Haute juridiction qui consiste en

---

[110] *Idem*

[111] De GAUDUSSON (J.B), « L'accord de Marcoussis entre droit et politique », *Afriquecontemporaine*, n°2/2003, pp. 41-55.

[112] L'accord d'Arusha est signé le 28 août 2000.

[113] L'accord du 11 janvier 2013 Libreville.

[114] NGUELE ABADA (M), « Du constitutionnalisme de transition en Afrique : Réflexion sur l'évolution constitutionnelle en République Démocratique du Congo », *R.R.J.*, 2008-1, N°XXXIII-121, P.U.A.M., pp. 499-536.

[115] Voir KEUTCHA TCHAPNGA (C.), « Droit constitutionnel et conflits politiques dans les États francophones d'Afrique noire », *RFDC*, n°63, Juillet 2005, pp. 448- 491.

[116] FAVOREAU (L), *Du déni de justice en droit public français*, Paris, LGDJ, 1964, 583p.

[117] EWANE BITEG (A.G), *Le Déni de Justice constitutionnelle. Réflexion sur la juridisation du droit constitutionnel dans les États d'Afrique noire francophone,* Thèse de doctorat Ph.D, Université de Yaoundé II, 1999, 532p.

une mise en œuvre absente ou insuffisante de la réponse/sanction prévue par l'ordre juridique aux violations de la loi fondamentale ou à l'endroit des auteurs desdites violations. Le déni de justice constitutionnelle s'apprécie alors par une mise en parallèle d'une part des compétences reconnues à la juridiction constitutionnelle et d'autre part, de l'emploi que celles-ci en font lorsque « des forfaitures anticonstitutionnelles » sont enregistrées et devraient en principe être sanctionnées. Le déni de justice constitutionnelle prive ainsi la sanction constitutionnelle[118] de toute portée pratique.

Le lien entre le constitutionnalisme rédhibitoire et le déni de justice constitutionnelle devient alors perceptible. En effet, si l'on part du fait que dans son expression la plus simple le constitutionnalisme rédhibitoire traduit une néantisation des dispositions constitutionnelles[119], et du bloc de constitutionnalité[120]. Il représente une démission de la juridiction constitutionnelle lorsqu'il est question d'appliquer lesdites dispositions, il semble plausible de considérer que celui-ci a une portée rédhibitoire.

La juridiction constitutionnelle béninoise a commis un déni de justice constitutionnelle dans le cadre de la protection des droits fondamentaux. Sachant que la protection desdits droits constitue l'une des missions consacrées des juridictions constitutionnelles, en 2003, elle a affirmé être incompétente pour déclarer arbitraire la détention de Yedohounsounou Adjola. Saisie par ce dernier, elle a mentionné que « *considérant que... la Cour constitutionnelle a une compétence d'attribution ; qu'elle est juge de la constitutionnalité et non de la légalité, elle ne saurait donner des injonctions aux autorités judiciaires pour la libération des intéressés et la restitution de leurs biens ; qu'en conséquence elle doit se déclarer incompétente* »[121]. La décision de la juridiction constitutionnelle bride à n'en point douter l'effectivité des dispositions constitutionnelles relatives à la protection des droits de l'homme tout comme celles relatives au fonctionnement de la haute cour.

Au final, le déni de justice constitutionnelle effectue un jeu à somme nulle dans lequel certains éléments jurisprudentiels en viennent à réduire à néant des dispositions textuelles. Dans un contexte où la jurisprudence constitutionnelle représente désormais un pan essentiel du droit constitutionnel[122], force est de relever que le constitutionnalisme rédhibitoire peut trouver un terreau fertile dans ce domaine. Tant que l'indépendance des

---

[118] BOTTINI (E), *La sanction constitutionnelle. Etude d'un argument doctrinal*, Paris, Dalloz, 2016, 700p.

[119] OWONA (J), « L'essor du constitutionnalisme rédhibitoire en Afrique noire : Etude de quelques « Constitution Janus », *op. cit.*, p. 238

[120] DENIZEAU (C.), *Existe-t-il un bloc de constitutionnalité*, Paris, LGDJ, 1997, 152p.

[121] Cour constitutionnelle du Bénin, Décision 2003.

[122] FAVOREU (L.), *La politique saisie par le droit, Alternances, cohabitation et conseil constitutionnel*, Paris, Economica, 1980, 153p.

juridictions constitutionnelles ne sera pas un acquis et que « le devoir d'ingratitude » à l'égard du pouvoir exécutif ne sera pas le crédo des juges constitutionnels, par le truchement du déni de justice constitutionnelle, la transition du constitutionnalisme rédhibitoire vers le constitutionnalisme libéral restera réversible. C'est dire que la dynamique constitutionnelle des États d'Afrique noire francophone n'est pas linéaire et que la philosophie qui la sous-tend reste sujette à de potentielles variations.

"L'INEXCEPTION" DU DROIT COMMUNAUTAIRE AU CAMEROUN

(Libres propos sur la recherche d'une différenciation entre le droit international ordinaire et le droit communautaire dans l'ordre juridique camerounais)

Dominique Junior ZAMBO ZAMBO

Agrégé des Facultés de Droit
Maître de Conférences
Université de Yaoundé II (Cameroun)

RÉSUMÉ

Le débat doctrinal sur la spécificité du droit communautaire et l'autonomie de l'ordre juridique qu'il constituerait, par rapport à l'ordre juridique international et à son droit, à la suite des proclamations du juge de l'Union européenne, ne pouvait pas manquer de s'emparer de la doctrine dans les États africains, à l'instar du Cameroun, également aux prises avec des espaces normatifs qui, s'ils n'en remplissent pas toujours rigoureusement les critères dominants, n'en revendiquent pas moins le statut de droit communautaire. À l'analyse, il semble bien que le dernier mot dans ce débat revienne généralement aux États membres des organisations communautaires. L'étude de cette question révèle, par exemple, qu'en droit de l'Union européenne, les États, à quelques nuances près, se sont inclinés face aux revendications des instances européennes en consacrant, chacun à son rythme, les principes de singularité du droit de l'Union et d'autonomie de son ordre juridique. Ce principe de la compétence des États pour répondre aux sollicitations du droit communautaire semble aussi être celui auquel le Cameroun a souscrit. En effet, l'analyse des dispositions constitutionnelles pertinentes et des solutions jurisprudentielles en rapport avec cette question montre que, récusant l'idée de l'altérité de sa nature, le droit positif considère bien que le droit communautaire est une "espèce" qui appartient au "genre" droit international. En conséquence, il soumet à tous égards celui-là au régime juridique mis en place pour celui-ci. Finalement, il apparait que cette compétence étatique pour situer le droit communautaire en droit interne camerounais procède d'une autre, plus générale, qui lui sert de fondement. Il s'agit de la compétence de l'ordre juridique de cet État en matière d'organisation des rapports de systèmes, pour laquelle il parait avoir opté pour une solution hybride, qui combine les traits du monisme et ceux du dualisme.

Mots clés : nature du droit communautaire – droit international – ordre juridique – singularité – autonomie – identité des solutions – rapports de systèmes.

ABSTRACT

The doctrinal debate on the specificity of Community law and the autonomy of the legal order that it would constitute, in relation to the international legal order and its law, following the proclamations of the European Community judge, could not fail to influence the doctrine in African States, such as Cameroon, which is also struggling with normative spaces which, although they do not always rigorously meet the dominant criteria, nevertheless claim the status of Union law. The study of this question reveals, for example, that in European Union law, States, with the exception of a few nuances, have bowed to the demands of the Union authorities by enshrining, each at its own pace, principles of the singularity of Union law and the autonomy of its legal system. This principle of the competence of States to respond to the demands of Community law also seems to be the principle to which Cameroon has subscribed. Indeed, an analysis of the relevant constitutional provisions and case law solutions in relation to this question shows that, rejecting the idea of the otherness of its nature, positive law does indeed consider that Community law is part of international law, and therefore subjects it in all respects to the legal regime established for it. Finally, it appears that this State competence to situate Community law in Cameroonian domestic law is based on another, more general, competence which serves as its foundation. This is the competence of the legal system of this State in terms of the organization of relations between systems, for which it seems to have opted for a hybrid solution, which combines the features of monism and dualism.

Keywords: *nature of community law - international law - legal order - singularity - autonomy - identity of solutions - relations between systems.*

INTRODUCTION

Évoquer l'idée d'"inexception"[1] pour parler de l'exception en droit, fil conducteur de l'édification de la couronne collective de reconnaissance scientifique offerte au monumental et emblématique juriste qu'est et que restera, *ad vitam eternam*, le Professeur Joseph Owona, constitue un attelage qui fait sans doute désordre. Cet attelage désordonné rend cependant parfaitement compte de notre commune petite histoire, si l'on peut considérer qu'il en existe une, avec le destinataire de ces lignes. En effet, ajouter notre contribution à la mosaïque de réflexions produites dans le cadre de cette œuvre qui lui est consacrée, sous la tunique "*L'exception en droit*"[2] est assurément

---

[1] Néologisme de notre cru.

[2] Le concept d'exception est l'un de plus féconds en droit et le plus généreux au regard de ses nombreuses applications. Selon le *Vocabulaire juridique de l'Association Henri Capitant*, on peut, en général, dénombrer au moins trois sens à ce concept. En premier lieu, l'exception est comprise comme l'action d'excepter et le résultat de cette action. Sous ce rapport, l'exception désigne d'abord un cas soustrait à l'application normale de la règle par l'effet d'une mesure individuelle (exorbitante) de dérogation. En ce sens, l'exception qui a pour synonyme le concept de dérogation s'oppose à la règle et lui fait échec. L'exception, toujours dans cette première approche, désigne ensuite un cas soumis à un régime particulier par l'effet d'une disposition spéciale dérogeant à la règle générale. Elle est alors une règle ayant vocation à régir tous les cas compris en son domaine à l'exemple de la capacité qui est la règle et l'incapacité

une opportunité exceptionnelle, parce qu'elle fait véritablement exception, au regard de la trajectoire que le destin a offerte au Professeur Joseph Owona et à l'encodeur de cette dédicace. Cette trajectoire, à bien la regarder, de ce qui est exceptionnel, n'a ni l'air ni la chanson. Un petit détour en vaut la peine.

Notre premier contact académique, en réalité, un contact médiat avec le prestigieux dédicataire de la présente contribution est l'exemple même de la banalité[3]. En effet, c'est en examinant notre attestation de réussite au baccalauréat en 1998, que nous découvrîmes qu'elle portait, comme d'ailleurs celles de tous les autres lauréats de cette époque, entre autres, l'estampille de monsieur Joseph Owona, l'alors ministre de l'Éducation nationale. Cette distanciation initiale, qui du reste était dans l'ordre normal des choses, ne s'est à aucun moment effritée, malgré notre inscription puis notre parcours académique à la Faculté des sciences juridiques et politiques de l'Université de Yaoundé II, où nous n'eûmes, ni le bonheur de l'avoir comme enseignant, puisqu'en ces temps-là, il honorait déjà, depuis longtemps, autrement la « Princesse » ; ni le privilège de l'avoir directement comme Maître dans les cycles de recherche, lui le vénérable et accompli Professeur de droit public, aimanté que nous fûmes par les spécialisations de droit privé. Et même la couronne agrégatiale ne pût nous autoriser à rechercher un rapprochement physique ou tout autre : c'eut été simplement prétentieux et même, pourquoi pas, irrévérencieux ; ça l'est toujours, pour ceux de ma génération, fussent-ils devenus Professeurs, de prétendre ou de considérer que nous sommes désormais collègues avec les "Pères-fondateurs" ou les "Pères-consolidateurs" de l'Université camerounaise en général et dans le domaine des sciences juridiques en particulier !

Ces *Mélanges*, en son honneur, nous offrent donc l'occasion d'un véritable premier "contact" qui, à défaut d'être humain, est chaleureusement scientifique et épistémologiquement stimulant. Nous n'en demandions pas autant.

Cependant, le conditionnement imposé par les lignes directrices de notre trajectoire commune, tantôt rappelée comme empreinte de distanciation, nous

---

l'exception. En second lieu, l'exception renvoie à l'action d'exciper et constitue, sous cette acception, un moyen de défense, c'est-à-dire, *stricto sensu*, tout moyen de défense qui tend, avant tout examen au fond ou contestation du droit d'action, soit à faire déclarer la procédure irrégulière ou éteinte (exemple : exception d'incompétence ou de nullité), soit à en suspendre le cours. En troisième lieu enfin, l'exception peut désigner, en fait, un cas hors-série, une situation atypique, rare, extraordinaire. C'est par exemple à ce titre que la Constitution parle de l'état d'exception ou que l'on évoque retentissant « L'institutionnalisation de la légalité d'exception dans le droit public camerounais » du Professeur Joseph Owona, in *R.C.D*, n°6, Juillet-Décembre 1974. Sur l'ensemble, v. *Vocabulaire juridique*, Paris, PUF, 7e éd., 2005, pp. 423-424.

[3] L'adjectif « banal » que l'on rend par : extrêmement commun, sans originalité, ordinaire, etc, a sa place dans le champ sémantique des antonymes d'exceptionnel et permet de comprendre l'idée d'attelage désordonné tantôt mentionnée.

a incliné, presque subconsciemment[4], à rentrer dans *ses Mélanges* sous le prisme de l'envers de leur thématique axiale. Autrement dit, nous avons choisi, peut-être par dadaïsme juridique, de centrer notre contribution sous l'angle de la non-exception, de l'absence d'exception, bref de l'"inexception", appliquée singulièrement à la situation du droit communautaire par rapport au droit international ordinaire.

En effet, le nez sur la figure de cette étude, c'est-à-dire l'idée centrale qui en incarne la trame est que, contrairement à ce que l'on a pour l'essentiel observé dans les États membres de l'Union européenne, l'ordre juridique camerounais n'a pas (encore) consacré la coupure *« cordon ombilical »*[5] qui relie le droit communautaire au droit international général, ordinaire ou non communautaire, en dépit de l'existence d'exigences plus ou moins fortes des autorités communautaires et de la doctrine "communautariste" en ce sens.

À l'évidence, l'opportunité et la pertinence d'examiner une telle préoccupation sont tributaires de la certitude que les termes du problème qui lui est sous-jacent se retrouvent réunis dans le contexte camerounais. Particulièrement, il s'agit de s'assurer que l'ordre juridique de ce pays est aux prises à la fois avec le droit international ordinaire ou général[6] et avec ce l'on appelle le droit communautaire. Ce préalable méthodologique nous astreint donc à un incontournable exercice de définition des concepts fondamentaux du thème de cette étude. Sous ce bénéfice, les concepts à cerner sont ceux de droit international et de droit communautaire, qui ne peuvent néanmoins être bien compris que sous l'éclairage de celui d'ordre juridique qui leur sert, comme il apparaitra, de socle.

S'agissant d'abord de la notion d'ordre juridique, véritable lieu commun dans le discours juridique dont on ne dessine que très rarement les contours[7], on peut retenir de lui qu'il est *« un ensemble organisé et structuré de normes*

---

[4] On a défini le subconscient comme *« le magasin aux souvenirs où sont classées et ordonnées par association, toutes les pensées et idées, venues du conscient. Le subconscient c'est la mémoire normale et de ce fait il fournit au conscient tous les matériaux propres à la construction des idées. Par ailleurs, toute pensée subconsciente a auparavant été consciente, comme toute pensée consciente doit fatalement devenir subconsciente »*, cf. (X), *Suprême pouvoir. Technique psychologique d'influence personnelle et de suggestion para-hypnotique*.

[5] SIMON (D), "Entrée : Droit Communautaire", in ALLAND (D) et RIALS (S) (dir.), *Dictionnaire de la Culture juridique*, Paris, PUF, 2003, pp. 448-453, spéc. p. 449.

[6] Ou non communautaire, que nous désignerons pour la suite par l'expression « droit international ».

[7] V. cep. SCELLE (G), "La notion d'ordre juridique", *R.D.P.*, 1944, pp. 85 *et sq* ; LEBEN (Ch), "De quelques doctrines de l'ordre juridique", *Droits*, 33, 2001, pp. 19-39 ; TIMSIT (G), "L'ordre juridique comme métaphore, *Droits*, 33, 2001, pp. 3-18 ; ALLAND (D), "De l'ordre juridique international", *Droits*, 35, 2002, pp. 79-101 ; GRZEGORCZYK (Ch.), "L'ordre juridique comme réalité, *Droits*, 35, 2002, pp. 103-118 ; BULYGIN (E), "Système juridique et ordre juridique", in TROPER (M), *L'architecture du droit (Études à)*, Paris, Economica, 2006, pp. 223 *et sq*.

juridiques possédant ses propres sources, doté d'organes et de procédures aptes à les émettre, à les interpréter ainsi qu'à en faire constater et sanctionner, le cas échéant, les violations »[8]. À partir de ces précisions conceptuelles, les juristes, eu égard à leur attachement aux classifications et aux qualifications, ont édifié une *summa divisio* binaire sur fond de distribution spatiale, à la manière de deux cercles concentriques dont les normes juridiques et leurs adressataires (sujets de droit) préfigurent le centre. C'est ainsi que pendant longtemps, la distinction entre l'ordre juridique interne et l'ordre juridique international à laquelle on s'est accommodé, pour finalement s'en satisfaire, a fait de cette question le royaume de la quiétude[9].

---

[8] ISSAC (G), *Droit communautaire général*, Paris/ Milan/Barcelone, Masson, 4e éd., 1994, p. 115. Cette définition mérite d'être rapprochée de celle donnée par Jean-Louis Bergel. Pour lui, *« un ordre juridique complet est un ensemble de règles régissant la vie en société qui disposent de ses sources du droit originaires dans lesquelles il puise sa propre validité et de ses appareils de contrôle et d'exécution forcée si bien qu'il n'est tributaire d'aucun autre pour la création ni pour l'application des normes qui le composent »,* cf. BERGEL (J.-L), *Théorie générale du droit*, Paris, Dalloz, 4e éd. 2003, n°124. Précisons toutefois que pour des auteurs tels que Hans Kelsen, Noberto Bobbio, Santi Romano ou Michel Troper, l'expression ordre juridique est synonyme de celle de système juridique, bien que cette dernière mette plutôt l'accent sur l'idée que *« le droit est non une collection de normes, mais un ensemble coordonné de normes, qu'une norme ne se trouve jamais seule, mais liée à d'autres normes, avec lesquelles elle forment un système normatif »,* cf. M. Troper, *Pour une théorie juridique de l'État*, Paris, PUF, 1994, p. 162 ; KELSEN (H), *Théorie pure du droit*, Paris, Dalloz, 2e éd., 1962 (Traduction Eisenmann), p. 257 ; adde : BULYGIN (E), "Système juridique et ordre juridique", in TROPER (M), *L'architecture du droit (Études à)*, Paris, Economica, 2006, pp. 223 *et sq.*, VAN De KERCHOVE (M) et OST (F)., *Le système juridique entre ordre et désordre*, Paris, PUF, coll. « Les voies du Droit », 1988, pp. 23-24..

[9] Seule la délicate question des rapports de systèmes, c'est-à-dire de l'articulation des deux ordres qui, après avoir occupé le haut du pavé dans les discussions théoriques, demeure en état d'endormissement et fait de temps en temps du bruit. On s'accorde d'ailleurs à dire que la question est appréhendée de manière différente, en fonction de l'ordre juridique où elle se pose. Et il n'y a pas pour la doctrine de *« bonne »* réponse à apporter à cette question, qui demeure un *« cas difficile »* MICHAUT (F), "La « bonne réponse » n'est-elle qu'une illusion ?", *Droits*, 9, 1989, pp. 68-78 ; R. Dworking " Y a-t-il une bonne réponse en matière d'interprétation juridique ?", in AMSELEK (P) (dir.), *Interprétation et droit*, Bruylant, P.U.A.M., 1995, pp. 227-233. Dans les rapports entre le droit international et le droit communautaire, on sait par exemple que les deux juges européens n'ont pas la même attitude à son égard. C'est ainsi que dans les décisions du 02 mai 2007 dans les *affaires Behrami c/ France (requête n°71412/01) et Saramati c/ France, Allemagne et Norvège (requête n°78166/01)*, la Cour de Strasbourg va décider d'abdiquer son pouvoir d'assurer le respect de la CEDH à propos des mesures prises sous l'égide du Chapitre VII de la charte des Nations unies, motif pris de ce que son intervention *« s'analyserait en une ingérence dans l'accomplissement d'une mission essentielle de l'ONU dans ce domaine »*. Autrement dit, la CEDH ne peut pas faire obstacle à l'application pleine et entière du droit onusien, c'est-à-dire du droit international. Confrontée à la même question, la Cour de Luxembourg va quant à elle suivre une trajectoire différente dans *l'arrêt Kadi, CJCE, arrêt de la Cour (Grande Chambre), 3 septembre 2008, aff. Jointes C-402/05 P et C-415/05 P, Yassin Abdullah Kadi et Al Barakaat International Foundation c/ Conseil et Commission, JO C 285 di 08.11.2008, p.2)*, en décidant que : *« un éventuel arrêt d'une juridiction communautaire par lequel il serait décidé qu'un acte communautaire visant à mettre en œuvre une telle résolution [du Conseil de sécurité] est contraire à une norme supérieure relevant de*

On sait du reste que l'ordre juridique interne ou national est celui qui est en vigueur à l'intérieur d'une collectivité étatique. Il a essentiellement pour sources les règles émanant des pouvoirs publics nationaux, mises en œuvre par les organes gouvernementaux et sanctionnées par les juridictions nationales. L'ordre juridique international quant à lui régit essentiellement les relations entre États ou, plus généralement, les sujets du droit international. Contrairement à l'ordre interne, il se caractérise par une décentralisation très poussée des fonctions qui laisse aux États le contrôle direct sur ses sources (traités, coutumes internationales…), sur sa mise en œuvre (exécution par les États eux-mêmes), comme sur sa sanction (pas de recours au juge sans le consentement préalable des parties).

S'agissant ensuite du concept de droit international que l'on oppose donc à celui de droit interne ou droit issu de l'ordre interne d'un État donné, il n'est rien d'autre que l'ensemble cohérent et complet de règles ayant pour vocation spécifique de régir la communauté ou la société internationale[10]. À côté de ce droit international "ordinaire", semble s'être développé un autre, élaboré par un type particulier d'organisations internationales[11] qui ont pour objet essentiellement l'intégration (économique) des États qui les constituent et que l'on qualifie de *droit communautaire*. Ce droit communautaire, défini par référence au droit de l'Union européenne, est rendu *par « l'ensemble des règles matérielles uniformes applicables dans les États membres de l'Union dont la source primaire est constituée par les traités d'institution et la partie dérivée par les règles établies par les institutions communautaires en application des traités »*[12]. Il ressort de cette définition que le droit

---

l'ordre communautaire n'impliquerait pas une remise en cause de la primauté de cette résolution sur le plan du droit international », pt. 488 de l'arrêt. Autrement dit, et comme conséquence du postulat d'autonomie implicitement affirmé, au sein de l'ordre communautaire et seulement en son sein, le droit international est primé par les normes communautaires supérieures.

[10] Sur ce concept ayant aujourd'hui pour synonyme l'expression *« droit des gens »*, deux précisions, méritent d'être faites. D'abord, l'expression *« droit international »* continue d'être préférée malgré la reconnaissance internationale de l'individu et la création puis la multiplication des organisations internationales, phénomènes qui ont reconfiguré la société internationale et qui font que ce droit n'est plus exclusivement interétatique. Ensuite, il est devenu classique, depuis le XIXe siècle (1802) avec la traduction française de *An Introduction to the Principles of Moral and Legislation* de J. Bentham (1780) dans lequel on trouve l'origine de l'expression *« droit international »*, d'ajouter à ce droit qui régit la société internationale l'adjectif « public », pour bien marquer le départ avec le concept voisin de droit international privé. Sur l'ensemble, v. par exemple : NGUYEN QUOC DINH et (Autres), *Droit international public*, Paris, L.G.D.J., 7e éd., 2002, nos 1 *et sq*., ALLAND (D) et RIALS (S), *Dictionnaire de la culture juridique*, Paris, PUF, 2003, pp. 463 *et sq*.

[11] Mais organisations internationales au demeurant ! Cf. PELLET (A), "Les fondements juridiques internationaux du droit communautaire", in *Collected Courses of the Academy of European Law*, Academy of European Law (ed.), Vol V, Book 2, pp. 193-271.

[12] Cf. *Vocabulaire juridique*, *Ass. H. Capitant* Paris, PUF, 9e éd., 2011, p. 204. Cette définition doit nécessairement être mise en miroir avec celle de l'Union européenne qui renvoie à un

communautaire émanerait d'organisations internationales dont la vocation est d'aboutir à une intégration économique des États qui les composent. Le droit communautaire ainsi défini se caractériserait par deux critères qui sont cumulativement essentiels. Le premier critère peut être qualifié d'organique ou d'institutionnel, parce qu'il prend en compte l'organe ou l'institution qui est à la source du droit qui aspire à la qualification de communautaire. Il s'agirait alors d'un droit émanant d'une organisation d'intégration économique, si bien que le droit élaboré par une organisation poursuivant une intégration qui ne soit pas directement économique ne mériterait pas d'être qualifié de communautaire[13]. Le second critère, qui complète en affinant le précédent, est un critère finaliste, en ce sens qu'il identifie le but ou l'objectif ultime poursuivi par l'organisation d'intégration économique source du droit communautaire. En effet, on considère que les objectifs finaux recherchés par les organisations d'intégration de type communautaire sont prioritairement : la création d'un marché commun, d'une monnaie unique et d'une coordination politique favorisant l'élaboration de stratégies communes axées sur les mêmes objectifs dans des secteurs d'activités déterminés[14]. Le droit communautaire serait donc avant tout le droit d'une organisation d'intégration économique, qui suppose une organisation cohérente des relations politiques des États membres. Aussi, si au détour de la réalisation de ces objectifs économiques sur fond de cohérence politique communément construite, on aboutit à une

« groupement des peuples et Etats d'Europe (ces derniers déjà intégrés dans la Communauté européenne) ayant pour mission d'organiser de façon cohérente et solidaire l'ensemble de leurs relations [notamment] politiques, économiques, monétaires et culturelles », *ibid.*, p. 1043.

[13] Il est d'ailleurs significatif de noter que le critère organique ressortait clairement de la définition que la 7e édition du *Vocabulaire Juridique H. Capitant* donnait au droit communautaire : *« L'ensemble des règles matérielles uniformes applicables dans les États membres d'une organisation d'intégration économique dont la source primaire est constituée par les traités d'institution et la partie dérivée par les règles établies par les institutions communautaires en application des traités »*. Cf. *Vocabulaire juridique*, Paris, PUF, 7e éd., 2005, p. 204.

[14] Il semble en effet que le Marché commun, qui implique une union douanière et une liberté de circulation des facteurs de production, bien qu'il en constitue déjà un repère crédible, n'est pas l'aboutissement du processus d'intégration économique. Précédé, dans l'ordre décroissant, d'une union douanière (zone de libre-échange et tarif extérieur commun), d'une zone de libre-échange (élimination des barrières tarifaires et non tarifaires) et d'une zone d'échanges préférentiels (réduction des barrières tarifaires et non tarifaires), il est suivi, dans l'ordre croissant, d'une union économique à la suite de l'harmonisation des politiques économiques et enfin d'une union économique complète, lorsque l'union économique s'accompagne d'une uniformisation des politiques économiques et sectorielles. Sur l'ensemble, on consultera avec profit, BIAO (B), "*Intégration régionale en Afrique Centrale : bilan et perspectives*", in HAKIM Ben HAMMOUDA, BEKOLO EBE (B) et TOUNA MAMA (dir.), *L'intégration régionale en Afrique Centrale. Bilan et perspectives*, Paris, Karthala, 2003, pp. 29 *et sq*.

harmonisation ou même à une unification législative, celle-ci reste un moyen et ne constitue pas le but de l'organisation[15].

À s'en tenir aux organisations d'intégration auxquelles le Cameroun appartient, si la définition du droit communautaire qui vient d'être rappelée et ses critères identificatoires semblent bien s'appliquer à la Communauté Économique des États de l'Afrique Centrale (CEMAC)[16], la question demeure en revanche âprement discutée pour ce qui est de l'Organisation pour l'Harmonisation en Afrique du droit des Affaires (OHADA)[17], qui ne serait pas une organisation communautaire, cumulativement au double point de vue de sa nature et de sa destination. En effet, outre que cette entité, résume la doctrine autorisée, nominalement[18]*« n'est ni une union politique ni une communauté économique »*[19], elle ne serait qu'une organisation interétatique ayant pour seule mission d'élaborer des règles simples, modernes et adaptées

[15] V. par exemple : LEVOA AWONO (S.-P), "Retour sur la nature du droit OHADA", *Revue Trimestrielle de Droit Economique (LE NEMRO)*, Juillet/septembre 2019, pp. 61 *et sq*, spéc. pp. 62-64 ; DOUMBE-BILE (S), "A propos de la nature de l'OHADA", in *Madjid Benchikh (Mélanges à)*, Paris, Pedone, 2011, pp. 423 *et sq* ; POUGOUE (P.-G), "Doctrine OHADA et théorie juridique", *Revue de l'ERSUMA*, n° spécial, 2011, pp. 9 *et sq*, "Notion de droit OHADA", in (POUGOUE P.-G) (dir.), *Encyclopédie du droit OHADA,* éd. Lamy, 2011, pp. 1203 *et sq*, spéc. p. 1209, "Organisation pour l'Harmonisation en Afrique du Droit des Affaires", in POUGOUE (P.-G) (dir.), *Encyclopédie du droit OHADA,* éd. Lamy, 2011, pp. 1316 *et sq*, spéc. pp. 1327-1328 ; MONEBOULOU MINKADA (H. M), "Les composantes de l'OHADA à l'épreuve de la systématicité en droit", *Revue de l'ERSUMA*, N°7, déc. 2017, pp. 9-51, spéc. pp. 24 *et sq* ; VIGNON (E), "Peut-on qualifier le droit de l'OHADA de droit communautaire ? ", Ohada.com, Ohadata D-10-51 ; BADJI (P), "Réflexion sur l'attractivité du droit OHADA", *Bulletin de Droit Economique*, 2014, p. 53.

[16] L'article 2 du traité qui l'institue, tel que révisé le 30 janvier 2009, dispose clairement que : *« La mission essentielle de la Communauté est de promouvoir la paix et le développement harmonieux des États membres, dans le cadre de l'institution de deux Unions : Une Union Economique et une Union Monétaire. Dans chacun de ces domaines, les États membres entendent passer d'une situation de coopération, qui existe déjà entre eux, à une situation d'Union susceptible de parachever le processus d'intégration économique et monétaire ».*

[17] DOUMBE-BILE (S), "A propos de la nature de l'OHADA", in *Madjid Benchikh (Mélanges à)*, Paris, Pédone, 2011, pp. 423 *et sq* ; POUGOUE (P.-G), "Doctrine OHADA et théorie juridique", *Revue de l'ERSUMA*, n° spécial, 2011, pp. 9 *et sq*, "Notion de droit OHADA", op. cit., p. 1209, POUGOUE (P.-G), "Organisation pour l'Harmonisation en Afrique du Droit des Affaires", op.cit., pp. 1327-1328 ; MONEBOULOU MINKADA (H. M), "Les composantes de l'OHADA à l'épreuve de la systématicité en droit", *Revue de l'ERSUMA*, N°7, déc. 2017, pp. 9-51, spéc. pp. 24 *et sq* ; VIGNON (E), "Peut-on qualifier le droit de l'OHADA de droit communautaire ? ", Ohada.com, Ohadata D-10-51 ; BADJI (P) "Réflexion sur l'attractivité du droit OHADA", *Bulletin de Droit Economique*, 2014, p. 53.

[18] Cf. VIGNON (E), "Peut-on qualifier le droit de l'OHADA de droit communautaire ? ", Ohada.com, Ohadata D-10-51.

[19] Cf. POUGOUE (P.-G), "Organisation pour l'Harmonisation en Afrique du Droit des Affaires", in POUGOUE (P.-G) (dir.), *Encyclopédie du droit OHADA,* éd. Lamy, 2011, pp. 1316 *et sq*, spéc. pp. 1327-1328.

à la situation économique de ses États membres[20]. En cela, elle ne constituerait qu'un simple *« outil technique »*[21] dont le droit se rapprocherait plutôt de celui produit par des organismes tels que l'Organisation africaine de la propriété intellectuelle (OAPI) et la Conférence interafricaine des marchés d'assurance (CIMA) aux champs d'intervention bien circonscrits, mais se distinguerait nettement de la CEMAC ou de l'Union Économique et Monétaire Ouest-Africaine (UEMOA) qui sont des espaces économiques et monétaires intégrés, sans que le caractère harmonisé ou uniforme des règles sécrétées çà et là soit décisif. Les défenseurs irréductibles de la thèse communautariste du droit OHADA réfutent cependant le point de vue du courant contraire à l'appui d'arguments dotés de la pertinence qui est la leur[22].

En tout état de cause, il apparait que le droit OHADA a du mal à satisfaire avec rigueur les critères identificatoires d'un véritable droit communautaire pour autant que ceux-ci, comme semble le recommander la doctrine dominante, soient admis. Ce droit OHADA sera cependant considéré comme tel dans le cadre de la présente étude. La raison tient au fait que le système OHADA a entendu, sans assumer les contraintes, organiques ou

---

[20] L'Organisation pour l'harmonisation en Afrique du droit des affaires (en abrégé OHADA) est une organisation intergouvernementale d'intégration juridique. Instituée par le traité du 17 octobre 1993 signé à Port-Louis (île Maurice), tel que révisé le 17 octobre 2008 à Québec (Canada), elle regroupe à ce jour 17 pays africains. Elle a été créée dans un contexte de crise économique aigüe et de chute drastique du niveau des investissements en Afrique, en raison de l'insécurité juridique et judiciaire ambiante. Afin d'y remédier, l'OHADA a reçu pour mission de rationaliser l'environnement juridique des entreprises afin de garantir la sécurité juridique et judiciaire des activités économiques, dans la perspective de stimuler l'investissement et de créer un nouveau pôle de développement en Afrique. Pour y parvenir, l'OHADA a opté pour deux axes d'intervention. D'une part, il s'attèle à élaborer, pour ses États membres, un droit des affaires simple, moderne, harmonisé et adapté, afin de faciliter l'activité des entreprises ; ce droit commun est contenu dans des Actes uniformes qui, une fois adoptés, s'appliquent de façon identique dans l'ensemble des États membres. D'autre part, elle veille à garantir que ce droit soit appliqué avec diligence, dans des conditions propres à garantir la sécurité juridique des activités économiques. Cf. www.ohada.org.

[21] POUGOUÉ (P.-G), "Notion de droit OHADA", op. cit., p. 1209, et "Organisation pour l'Harmonisation en Afrique du Droit des Affaires", op. cit., p. 1327.

[22] V. par exemple LEVOA AWONO (S.-P), "Retour sur la nature du droit OHADA", *Revue Trimestrielle de Droit Economique (LE NEMRO)*, Juillet/septembre 2019, pp. 61 *et sq*, spéc. pp. 62-64. Cet auteur objecte, par exemple, à l'argument tiré de la non-satisfaction du critère organique ou institutionnel qui voit plutôt en l'OHADA un outil technique, la considération que l'outil peut servir n'importe quelle cause, y compris la cause *« intégration juridique »* du droit des affaires poursuivie par l'OHADA. Mais cette réponse laisserait le problème entier dans la mesure où c'est la fin (intégration politico-économique des organisations communautaires que ne recherche pas l'OHADA) qui justifie le moyen (uniformisation du droit) et non l'inverse. De même que le critère finaliste mobilisé pour écarter l'OHADA de la sphère du droit communautaire est récusé au motif que les préoccupations d'ordre économique constituent bien un des centres d'intérêt en termes de finalité de cette organisation. Ce à quoi on peut répondre que la destination économique dont il est question ici est une destination de résultat, autrement dit qui poursuit un résultat déterminé dont le seuil acceptable (résultat atténué) est le marché commun, comme précédemment démontré.

institutionnelles et finalistes de référence, procéder à un emprunt sélectif des traits caractéristiques d'un droit dit communautaire pour en investir les règles juridiques qu'il se proposait d'élaborer. Ce sont ces traits caractéristiques, que l'on englobe souvent dans le concept d'*« immédiateté du droit communautaire »*[23], qui, en lui imprimant une *« force juridique exceptionnelle »*, conduisent à la supranationalité et à la transnationalité du droit communautaire, que les pères fondateurs de l'OHADA ont souhaité conférer à ce droit[24]. Ils font que, de ce point de vue et de lui seulement, le droit OHADA pourrait être qualifié de communautaire. À son sujet, on pourrait en quelque sorte parler d'un "droit communautaire fonctionnel"[25], à défaut d'être "naturel"[26].

Ce sont ces droits, que sont par exemple les droits CEMAC, OHADA, UEMOA ou de l'Union européenne (UE), pourtant issus des œuvres des sujets du droit international[27], qui affirmeraient désormais, en raison de leur singularité tantôt évoquée, constituer un ordre juridique autonome et distinct, par rapport à l'ordre interne et surtout à l'ordre international. En conséquence de quoi, ils exigent que les ordres juridiques internes des États membres leur réservent un traitement dont ils définissent les contours et qui s'avère différent de celui habituellement appliqué au droit international ordinaire.

La suite à donner à une telle exigence dépendrait de l'appréciation que les ordres juridiques internes des États-parties des organisations communautaires en font, étant entendu que sa destinée du point de vue de l'ordre juridique international n'est pas abordée ici. L'ambition de la présente étude est d'examiner le devenir de cette revendication au sein de l'ordre juridique camerounais qui signifie que cet ordre juridique est invité à réserver au droit communautaire un traitement différencié de celui qu'il applique habituellement au droit international ordinaire. La question essentielle à laquelle l'étude entend répondre est donc de savoir si, du point de vue de l'ordre juridique camerounais, la manière dont est appréhendé et traité le droit communautaire déroge ou fait exception au traitement qui est d'ordinaire

---

23 On sait avec M. Robert Kovar que l'immédiateté du droit communautaire désigne en les englobant l'ensemble des effets produits par ce droit en droit interne : pénétration sans interposition des normes étatiques en droit interne (applicabilité directe) ; appartenance à la légalité applicable avec rang supérieure aux normes internes et création des droits et obligations pour les particuliers (effet direct) ; invocabilité devant les instances nationales. Cf. KOVAR (R), "Immédiateté du droit communautaire", *Juri-classeur, Droit International*, 1991, Fasc. 432.

24 POUGOUE (P.-G), "Organisation pour l'Harmonisation en Afrique du Droit des Affaires", op.cit., p. 1327 et "Notion de droit OHADA", op. cit., p. 1210.

25 Parce qu'il se comporte comme tel.

26 C'est-à-dire un droit communautaire par nature en référence aux critères dominants.

27 PELLET (A), "Les fondements juridiques internationaux du droit communautaire", in *Collected Courses of the Academy of European Law*, Academy of European Law (ed.), Vol V, Book 2, pp. 193-271.

réservé au droit international ordinaire ou non communautaire. On peut le dire autrement : existe-t-il une différenciation, dans l'ordre juridique camerounais, entre droit communautaire et droit international non communautaire ?

L'intérêt d'une telle interrogation est politique, économique et théorique. Au plan politique d'abord, on sait que l'émergence de tout droit communautaire avec satisfaction de ses prétentions est porteuse de limitation ou d'abandon de pans de la souveraineté nationale de chacun des États qui joint sa voix à l'exécution du chant communautaire, et donc de restrictions plus ou moins accentuées applicables au pouvoir politique. Comme on l'a en effet montré, la trajectoire de l'intégration communautaire procède nécessairement de la limitation du *« modèle souverainiste au profit d'un modèle non pas fédéral, mais pluraliste et néanmoins ordonné, car il combine les compétences nationales et européennes* [communautaires] *»*[28] selon les deux principes complémentaires que sont le principe d'attribution et le principe de subsidiarité. Il en résulte incontestablement que la manière dont est traité le droit communautaire pourrait constituer un indicateur digne de foi d'une certaine maturité politique et que révélerait, au-delà des proclamations solennelles, le sacrifice effectif et sans rétractation[29], par les autorités politiques des États membres des entités productrices du droit communautaire, d'une portion de leur souveraineté nationale au profit de centres d'intérêt identifiés comme pertinents et prioritaires pour les peuples formant une

---

[28] DELMAS-MARTY (M), "L'intégration européenne entre pluralisme, souverainisme et universalisme", RSC, 2016, p. 447.

[29] Rien n'est moins sûr. À cet égard, le Professeur Mireille Delmas-Marty fait remarquer que même dans la construction communautaire de référence qu'est le modèle européen, pourtant porté par les "vieilles" démocraties, après la phase initiale du pluralisme ordonné précédemment évoquée, on observe une tendance au retour en force des États, autrement dit du modèle souverainiste adossé au principe de l'identité nationale (Traité de Lisbonne, art. 4, para 2 TUE) qui conduit à la limitation des compétences communautaires et la restitution de certaines tâches aux États, qu'illustre de façon saisissante la Déclaration de Leaken du 15 décembre 2001. Ce besoin de relâchement de l'étau communautaire au profit d'un surcroit de souveraineté nationale n'est pas seulement le fait du bon vouloir des institutions européennes, mais peut également procéder d'une prise de position de certains États membres qui n'hésitent pas à remettre en cause certains principes qui servent de supports irremplaçables à la construction communautaire européenne. Dans cette perspective, il y a lieu d'évoquer l'arrêt de la Cour Constitutionnelle allemande du 5 mai 2020 qui, non seulement a critiqué la politique d'aide de la Banque centrale européenne à la zone euro, en considérant qu'elle était contraire au droit européen, mais également contesté un jugement de la CJUE validant l'action de l'institut monétaire européen. Et bien que cette position audacieuse des juges de Karlsruhe expose l'Allemagne à une procédure d'infraction sérieusement envisagée du côté de Bruxelles, l'enseignement dont elle est porteuse n'a échappé à personne : à la manière d'un coup de théâtre, les juges allemands se sont attaqués à l'indépendance d'une institution européenne et ont contesté la supériorité et la primauté de l'ordre juridique européen sur l'ordre national (allemand). V. par exemple WIEDER (Th) et MALINGRE (V), "Après l'ultimatum de sa justice à la BCE, l'Allemagne face aux institutions européennes" in : www.lemonde.fr, publié le 11 mai 2020 à 10h 59.

communauté[30]. Au plan économique ensuite, le succès d'une intégration économique complète et empreinte d'homogénéité, dont le droit communautaire est l'instrument ou l'outil technique, étant largement tributaire de l'effectivité de ce droit sur fond du particularisme qu'il revendique, le mode opératoire des États membres des organisations qui le sécrètent sur le terrain de son application mérite nécessairement une attention soutenue, en rapport avec l'objectif économique escompté. Sur le plan de la théorie du droit enfin, la question soulevée par cette étude enrichit incontestablement la problématique générale des rapports de systèmes. On sait qu'elle est longtemps restée appréhendée en référence à la distinction entre ordre juridique international et ordre juridique interne. L'admission, ou non, de l'ordre communautaire imposerait certainement de revisiter certaines constructions théoriques ou, au contraire, de les maintenir en les adaptant le cas échéant. Dans le même ordre d'idées, bien que nous n'y ferons que quelques allusions, l'attitude de l'ordre juridique communautaire (à supposer que son existence soit admise), à l'égard de l'ordre juridique international sur ce point précis des rapports de systèmes, permettrait des comparaisons nécessairement riches d'enseignement.

En tout état de cause, l'exigence à la base du problème étant posée par le droit communautaire en des termes tranchés, il est difficile aux ordres juridiques internes d'adopter une position intermédiaire empreinte de souplesse et de flexibilité avec pour conséquence que la réponse à apporter ne peut être que positive ou négative. De ce point de vue, l'étude du droit positif camerounais montre de manière incontestable qu'il oppose une fin de non-recevoir à la requête communautariste et penche pour une absence totale de différenciation entre le droit communautaire et le droit international ordinaire, celui-là étant simplement assimilé à celui-ci. Ce constat signifie d'abord qu'en droit camerounais, le droit communautaire n'a pas une nature autre que celle du droit international. Il signifie ensuite, conséquemment, que le droit communautaire y est soumis, à tous égards et pareillement, au régime du droit international. Aussi, au "faux" problème que constitue la question de l'altérité de la nature du droit communautaire par référence au droit international ordinaire (I), fait écho la "vraie" solution qui révèle l'identité du régime applicable aux deux droits (II).

[30] À ce titre, il est déjà par exemple très significatif de souligner l'absence dans le traité CEMAC révisé le 30 janvier 2009 d'une disposition consacrant la primauté du droit communautaire de cette organisation, qui pourrait s'analyser en une hésitation si ce n'est un refus des autorités politiques des États concernés d'approuver une érosion de leur souveraineté échappant à leur contrôle. Il en résulte que le droit communautaire CEMAC ne bénéficie que d'une immédiateté atténuée ou incomplète (comprenant l'application immédiate et l'effet direct), amputé qu'il est de l'élément décisif qu'est le principe de primauté. C'est pour cette raison que la démonstration puisera abondamment dans le système OHADA.

I. L'ALTÉRITÉ DE LA NATURE : LE "FAUX" PROBLÈME

L'une des questions les plus controversées dans la littérature juridique internationaliste au cours de la seconde moitié du XXe siècle est assurément celle de l'altérité de la nature du droit communautaire[31]. Elle vise à répondre à la question de savoir si, par rapport au droit international ordinaire, classique, le droit communautaire est doté d'une spécificité qui lui confère une nature propre, une nature caractéristique de ce qui est autre, de ce qui est extérieur au *« soi »* que constitue le droit international ordinaire. Et surtout si cette extériorité à la réalité de référence qu'est le droit international non communautaire est justificative, comme le scande *« péremptoirement »*[32] le juge communautaire, d'un traitement autonome, différencié ou qui constitue une exception au traitement jusque-là réservé au droit international non communautaire. Le débat qu'elle a suscité était d'autant plus légitime que personne ne niait l'origine internationale du très singulier droit communautaire, qui ne répugnait pas, quand cela lui semblait nécessaire, à recourir aux techniques et procédés du droit international classique. Au regard de ce qui précède, il apparait nécessaire de rappeler les circonstances et le contenu du débat théorique qui a divisé la doctrine en général et en particulier dans le contexte européen qui a eu à pousser la logique communautariste vers un horizon jusque-là inconnu et à bien regarder, difficilement dépassable. Ce rappel montrera que la discussion, dont l'amplitude n'a que faiblement atteint le contexte africain qui intéresse le Cameroun, est née de l'option prise par certains auteurs de *« dés-internationaliser »*[33] le droit communautaire, c'est-à-dire de contester son internationalité, dont il faudra également évoquer les suites (A). Après quoi, il sera possible de souligner que l'insuffisante réalisation, dans le contexte africain en général et camerounais en particulier,

---

[31] Le concept d'« altérité », qui a pour antonyme celui d'identité, provient du bas-latin *alteritas*, qui signifie différence. L'altérité est alors appréhendée comme le « caractère de ce qui est autre, ou un autre » Cf. COMPTE-SPONVILLE (A), *Dictionnaire philosophique*, Paris, PUF, « Quadrige », 4e éd., 2013, entrée « Altérité ». On y voit également la *« caractéristique de ce qui est autre, de ce qui est extérieur à un "soi", à une réalité de référence (...) Elle s'impose par l'expérience et est la condition de l'autre par rapport à soi »*. Cf. www.wikipedia.org, consulté le 14 février 2020. Cette dernière précision apportée à la définition est importante, car bien que mené dans le cadre de l'ordre juridique interne et non de l'ordre juridique international classique qui fait office ici de réalité de référence, le débat est surtout animé par les internationalistes qui affrontent les communautaristes en récusant l'idée d'exception du droit communautaire. Par ailleurs, elle souligne, à trait renforcé, l'idée que la reconnaissance de l'altérité ne procède pas de la présomption ou de la proclamation, mais s'impose bien par l'accumulation des données de l'expérience.

[32] Selon le mot du Professeur Forteau ("La CJCE et la Cour européenne des droits de l'homme face à la question de l'articulation du droit européen et du droit des Nations-Unies (Quelques remarques iconoclastes)", op.cit., p. 399).

[33] Selon la formule du Professeur Alain Pellet ("Les fondements juridiques internationaux du droit communautaire", in *Collected Courses of the Academy of European Law*, Academy of European Law (ed.), Vol V, Book 2, pp. 193-271).

des conditions qui ont alimenté le débat en droit européen, ne lui a assuré ni la même intensité ni le même retentissement. En réalité, on a surtout le sentiment qu'ici les dés semblaient jetés à l'avance, car la position constante du droit positif camerounais, qui n'a tenu aucun compte de la discussion théorique et des vœux communautaristes, a toujours consisté à ignorer l'altérité ou l'exception communautariste et à reconnaître, par contrecoup, l'internationalité du droit communautaire (B).

A. L'internationalité théoriquement discutée du droit communautaire et ses suites

Cette discussion, convient-il de le rappeler, est née dans le contexte européen[34] où elle a opposé comme on pouvait le prévoir, deux principales thèses (1) dont une seule semble avoir triomphé (2).

1. Les thèses opposées

Elles ont mis face à face, d'une part ceux qui, communautaristes dans l'âme, soutiennent que le droit communautaire est un droit autonome et, d'autre part, ceux qui pensent que cette prétendue autonomie est à banaliser, parce qu'illusoire.

En premier lieu, il convient de relever que les tenants de la thèse de l'autonomie du droit communautaire ont élaboré leur construction à partir d'un emblématique arrêt de la Cour de Justice des Communautés Européennes (CJCE). En effet, le 15 juillet 1964, dans un arrêt resté fondamental et à tous égards fondateur dans la logique communautariste[35], la CJCE affirmait que : *« en instituant une communauté à durée illimitée, dotée d'attributions propres, de la personnalité, de la capacité juridique... et plus précisément de pouvoirs réels issus d'une limitation de compétence ou d'un transfert d'attributions des États à la Communauté, ceux-ci ont limité, bien que dans les domaines restreints, leurs droits souverains et créent ainsi un corps de règles applicables à leurs ressortissants et à eux-mêmes (...)* [qu'] *à la différence des traités internationaux ordinaires, le traité de la C.E.E. a institué un ordre juridique propre*[36] *intégré au système juridique des États... »*

[34] Nous raisonnons sur la base du droit européen à titre principal parce que le développement du droit communautaire, avec toutes ses prétentions est, sauf erreur, au stade le plus avancé, par rapport à d'autres constructions d'objet similaire.

[35] CJCE, 15 juillet 1964, *Costa c/ENEL, 6/64 Rec.* de jurisprudence de la CJCE, 1141.

[36] C'est nous qui soulignons.

C'est à partir de cet arrêt[37] dont la substance a eu à être réaffirmée par la Cour de Luxembourg[38] que les "communautaristes" ont affirmé la spécificité du droit communautaire qui, en tant que produit d'un ordre juridique propre, doit être considéré comme un droit autonome, c'est-à-dire distinct du droit international ordinaire. Le professeur Denys SIMON[39] a admirablement présenté les arguments invoqués à l'appui de la thèse de l'autonomie du droit communautaire. Ainsi, en privilégiant une conception souple de l'autonomie[40], il estime qu'appliquée au droit communautaire, elle procède de deux séries de fondements. Les bases essentielles se combinent en effet avec les bases existentielles pour rendre compte de cette idée d'autonomie proclamée par le juge communautaire.

Les premières qui révèlent une autonomie théorisée soulignent, d'une part, l'idée de la proclamation et de la justification[41] de l'autonomie et d'autre part celle de sa confirmation. Cette confirmation signifie que le droit communautaire s'est considérablement émancipé de ses racines internationales. En d'autres termes, s'il est admis que la créature a incontestablement le droit international pour auteur, il reste et demeure constant que la créature a échappé à celui-ci. Les secondes, les bases existentielles, qui concrétisent l'autonomie, induisent deux principales idées. Alors que la première idée fait référence à la notion d'immédiateté du droit communautaire, la seconde est relative à l'encadrement communautaire de l'office du juge national. En clair, le droit communautaire est distinct du droit international ordinaire de par son objet[42], l'organisation et le fonctionnement

---

[37] Cet arrêt ne constitue que le parachèvent de la construction d'un édifice entamé en 1963. En effet, le 5 février 1963, dans l'arrêt dit « *Van Gend en Loos* », la CJCE instituait le principe selon lequel le droit communautaire [devenu droit de l'Union], indépendant des législations des États membres, engendre des droits au profit des ressortissants qui entrent dans leur patrimoine juridique. On instituait ainsi une voie de droit à l'initiative des particuliers qui peuvent agir devant leurs juges nationaux. Une telle possibilité peut, indirectement, avoir pour effet de faire sanctionner les manquements des États. Cf. CJCE, 5 févr. 1963, *NV Algemene Transport – en Expedite Onderneming Van Gend en Loos c/ Administration fiscale néerlandaise, aff. 26/62, Rec.*, p. 3. Sur l'ensemble, v. par exemple : CLERGERIE (J.-L), GRUBER (A) et RAMBAUD (P), *L'Union européenne*, Paris, Dalloz, 9e éd., coll. « Précis », 2012, nos 321 *et sq.*

[38] Par exemple CJCE, 9 mars 1978, *Simmenthal, aff. 106/77*, Rec. 629.

[39] SIMON (D), "Les fondements de l'autonomie du droit communautaire", in GAUTRON (J.-L) et GRARD (L) (dir.), *Droit international et droit communautaire – perspectives actuelles* (S.F.D.I., Colloque de Bordeaux), Paris, Pedone, 2000, 448 p., pp. 207-249.

[40] La souplesse de l'autonomie signifie pour cet auteur que les règles de droit communautaire relevant des traités constitutifs ont le même objet : l'organisation et le fonctionnement de la communauté. Cf. SIMON (D), "Les fondements de l'autonomie du droit communautaire", op. cit., p. 213.

[41] Notamment par le juge communautaire.

[42] Permettre une intégration toujours plus poussée (union douanière, marché commun, marché unique et enfin union économique et monétaire) qui fait que les organisations d'intégration sont différentes des organisations de coordination. Cf. GREWE (C) et RUIZ FABRI (H) "La situation respective du droit international et du droit communautaire dans le droit

de son système institutionnel[43], ainsi que la spectaculaire originalité de son droit[44]. Les différences sont ainsi trop grandes pour n'être que quantitatives si on les analyse avec plus d'objectivité. Elles seraient au contraire qualitatives ou de nature[45]. C'est cette thèse que le courant opposé a cherché à déconstruire en recourant au registre de la banalisation.

En second lieu en effet, les défenseurs de la thèse de la *"banalisation"* de l'autonomie, les "internationalistes" orthodoxes, ne pouvaient que réagir à la précédente thèse et ceux qui en font la promotion, promus au rang d'"ennemis"[46] du droit international. Pour eux, il fallait nécessairement dénoncer *« le terrorisme intellectuel que font régner certains communautaristes parmi les juristes »*[47]. La thèse de la banalisation part de l'idée que le droit communautaire n'a jamais coupé le cordon ombilical qui le rattache au droit international ordinaire. Les internationalistes "traditionalistes" font particulièrement observer que la dimension interétatique du droit communautaire demeure incontestable. Plusieurs arguments sont alors mis à contribution pour soutenir ce point de vue qui leur parait, sauf mauvaise foi, difficilement réfutable. Ils commencent par rappeler la nature conventionnelle des traités de base qui fondent le soi-disant ordre communautaire propre. L'État faisant toujours figure de sujet de droit international par excellence, la place prépondérante des organes interétatiques dans le fonctionnement des institutions et instances communautaires est ensuite évoquée comme pour traduire l'idée de l'attachement du droit communautaire à des procédés bien rodés en droit international classique. La

---

constitutionnel des États", in GAUTRON (J.-L) et GRARD (L) (dir.), *Droit international et droit communautaire – perspectives actuelles*, op. cit., p. 254.

[43] On peut citer : l'existence d'un appareil institutionnel sophistiqué différent du droit international ordinaire, une légitimité plus accrue (car à la fois interétatique et parlementaire), un mécanisme de décision particulier (place prépondérante de la règle majoritaire), un contrôle juridictionnel obligatoire, exclusif, accessible aux individus et contraignant.

[44] Procédant d'un système de sources et d'une hiérarchie des normes sans commune mesure avec le dispositif primitif du droit international général, doté d'une immédiateté sans précédent, *« procédé le plus énergique »* POUGOUE (P.-G) "OHADA, instrument..." op. cit., p. 23) qui fait que le droit communautaire s'applique *« dans, aux, par »* les États selon le mot de Louis Cartou. V. *L'Union européenne*, Paris, Dalloz, 1994, n° 177 ; adde : ONDOUA (A), *Etude des rapports entre le droit communautaire et la Constitution en France. L'ordre juridique constitutionnel comme guide au renforcement de l'intégration européenne* (Thèse), Paris, L'Harmattan, Coll. « Logiques Juridiques », 2001, 480 p., spéc. pp. 125 *et sq.*, TJOUEN (A.-F), *Les rapports entre les juridictions suprêmes nationales et la cour commune de justice et d'arbitrage de l'Organisation pour l'Harmonisation en Afrique du Droit des Affaires (OHADA)*, thèse, Paris II, 2006, 420p., spéc. n°s 14 *et sq.*

[45] Sur cette question, outre les références d'ordre général, on consultera utilement, GAUTRON (J.-L) et GRARD (L) (dir.), *Droit international et droit communautaire – perspectives actuelles*, *op. cit.*, p. 254

[46] Pour faire allusion à la théorie du droit pénal de l'ennemi chère à l'Allemand Günther Jakobs.

[47] La formule, un brin excessive, est du Professeur Alain Pellet, cité par SIMON (D), "Les fondements de l'autonomie du droit communautaire", op. cit., p. 209.

même idée se trouve prolongée dans la remarque, toute spéciale, de la rémanence de l'exigence d'unanimité dans les modes de votation. Sont en outre mis en scène des arguments tirés du régime classique gouvernant la vie des traités tels que l'interprétation des traités de base selon des modes inspirés du droit des traités, notamment les articles 31 et 32 de la Convention de Vienne sur le droit des traités ou encore leur révision interétatique. Les internationalistes orthodoxes pensent porter le coup décisif en affaiblissant ce qui passe pour l'un des plus séduisants arguments du courant autonomiste du droit communautaire, à savoir son immédiateté qui est, pour les besoins de la cause, présentée comme quelque chose d'essentiellement relatif[48].

Une idée maîtresse s'en dégage : le droit communautaire est fondé *par* et *sur* le droit international qui continue plus ou moins de le nourrir. Aussi, si l'on peut admettre quelque différence avec le droit international ordinaire, elle est nécessairement de degré et non pas de nature. Le droit communautaire demeure *« dans l'orbite du droit international »*[49]. L'analyse des relations entre les deux droits en termes d'ordres juridiques apparait finalement comme un facteur de complication dont on aurait bien pu se passer. Ces relations auraient pu ou dû, soutient le professeur Denis Alland, *« être décrites de façon satisfaisante comme celles du droit général et du droit spécial »*[50]. Il n'en fut pas ainsi, la sophistication et l'unification toujours plus poussées de la construction européenne semblent avoir eu raison de la résistance des internationalistes orthodoxes et ont fini par faire admettre, par les droits positifs restés à la traîne, la nécessité de reconnaître une nature propre au droit communautaire. Le droit français illustre parfaitement cet arbitrage au profit de la spécificité autonomisante du droit communautaire, solution qui, si elle n'est pas absolue en termes de conséquences prévisibles[51], n'en demeure pas moins indéniable.

2. Le triomphe de la thèse de l'autonomie du droit communautaire européen (illustration à partir du droit français)

Deux précisions liminaires sont nécessaires à ce stade du propos. Premièrement, le droit communautaire de référence dont il est question ici, c'est le droit communautaire européen au sens de droit de l'Union européenne,

[48] Sur l'ensemble, cf. SIMON (D), "Les fondements de l'autonomie du droit communautaire", op. cit., p. 212.

[49] Idem

[50] V. ALLAND (D), "De l'ordre juridique international", *Droits*, 35, 2002, p. 99.

[51] Par exemple, la question de la prééminence hiérarchique dans les rapports entre droit communautaire et normes internes de nature constitutionnelle à propos de laquelle l'autonomie et la spécificité du droit communautaire sont écartées, la solution de la prééminence de la Constitution retenue étant la même à l'égard du droit communautaire et du droit international non communautaire.

considéré comme tel pour des raisons déjà évoquées[52], qu'il faut toutefois se garder de confondre avec ce que l'on appelle d'ordinaire *« droit européen »*[53]. Deuxièmement, rendre compte de la manière dont a été tranchée la controverse portant sur l'autonomie du droit communautaire européen par rapport au droit international ordinaire qui vient d'être rappelé, à partir de l'exemple du droit français, pour ensuite nourrir une démonstration applicable au cas camerounais, n'a pas seulement l'air d'un choix arbitraire, il en a également la chanson ! Deux raisons peuvent cependant permettre d'atténuer la rigueur du reproche que l'on encourt de ce point de vue. D'abord, on peut indiquer qu'avant 1992[54], il était patent de noter une parfaite concordance substantielle entre les dispositions constitutionnelles françaises traitant de la question de l'articulation du droit interne et du droit international et celles camerounaises axées sur le même objet[55]. Ensuite, le choix du droit positif français participe en réalité d'une illustration accentuée, tant la France, demeurée arc-boutée sur le principe de la *« banalisation du droit international et du droit européen pendant plus de trente ans »*[56], est apparue, au sein de l'Union européenne, comme l'un des États les plus enclins à la résistance face

---

[52] V. supra, note 31. Rappr. BORCHARDT (K.-D), *L'ABC du droit communautaire*, Bruxelles, Commission européenne, 2000, 124 p. ; SOMA (A), "Les caractères généraux du droit communautaire", *Revue de CAMES/SJP*, N°001, 2017, p.1 ; MONEBOULOU MINKADA (H. M), "Les composantes de l'OHADA à l'épreuve de la systématicité en droit", *Revue de l'ERSUMA*, N°7, déc. 2017, pp. 9-51, spéc. pp. 24 *et sq*

[53] L'expression *« droit européen »* est généralement utilisée pour désigner le droit du Conseil de l'Europe et de la protection européenne des droits de l'homme, ou plus largement le droit des organisations européennes non communautaires. Cf. SIMON (D), "Entrée : Droit communautaire", in ALLAND (D) et RIALS (S) (dir.), *Dictionnaire de la culture juridique*, Paris, PUF, 2003, pp. 448-453, spéc. p. 448.

[54] L'année 1992 marque en effet le point de départ de l'évolution du droit constitutionnel français vers une position qui conduit à la reconnaissance de la spécificité emprunte d'autonomie (certes avec une certaine retenue) du droit communautaire devenu droit de l'Union européenne, par la consécration du principe d'une différenciation des solutions définies pour le droit communautaire européen et pour le droit international (ordinaire ou non communautaire). Cette évolution s'est traduite par l'introduction dans la loi fondamentale de dispositions propres au droit communautaire européen, à la faveur de la loi constitutionnelle n°92-554 du 25 juin 1992 ajoutant à la Constitution un titre XV : « Des Communautés européennes et de l'Union européenne ». Avant cette date, il n'était question que droit international ou des traités internationaux. Sur l'ensemble, v. par exemple : BERGE (J.-S), *L'application du droit national, international et européen*, Paris, Dalloz, 1re éd., 2013, Coll. « Méthodes du droit », n° s185 *et sq* ; MALAURIE (Ph.) et AYNES (L) (par Ph. Malaurie et P. Morvan), *Introduction au droit*, Paris, L.G.D.J., 6e éd., 2016, n° s344 *et sq*.

[55] On peut s'en convaincre à la lecture des articles 55 de la Constitution française et 45 de la Constitution camerounaise.

[56] V. BERGE (J.-S), *L'application du droit national, international et européen*, op. cit., n°187, p. 212.

aux ambitions d'autonomie du droit communautaire ou, comme on dit aujourd'hui, du droit de l'Union européenne[57].

En raisonnant donc à partir du droit français et en supposant ce choix légitimé, il convient de relever que la thèse de la spécificité « autonomisante » du droit communautaire européen s'est imposée de façon progressive en doctrine d'abord, avant de recevoir un prolongement de la part du législateur et de la jurisprudence.

Profitant de la quasi-unanimité au sein de la doctrine tant communautariste qu'internationaliste orthodoxe qui admet que le droit communautaire est incontestablement un droit au moins *« hybride »*[58], la doctrine communautariste, soucieuse de remporter la mise va jouer sur le registre du conditionnement des esprits en faveur de la thèse de l'autonomie du droit communautaire. Dans cette perspective, ainsi que le note un auteur, les travaux de la doctrine hexagonale vont mettre en scène *« de manière systématique et récurrente, la distinction "droit international – droit européen" »*[59].

Le législateur français, constitutionnel notamment (la matière étant de son ressort) semble aussi avoir accordé ses suffrages à la thèse de la spécificité « autonomisante » du droit communautaire européen. On sait déjà qu'il a consacré depuis 1992 un titre autonome à ce droit européen qui se veut

---

[57] Sans doute n'était-elle pas le seul porte-étendard dans cette procession des "assimilationnistes" des deux types de droit. En effet, la doctrine relevait encore au début des années 2000 que le nombre de Constitutions assimilant les deux droits est sensiblement égal à celui des Constitutions qui les traitent différemment dans le contexte européen. Cf. par exemple : GREWE (C) et RUIZ FABRI (H), op. cit., p. 253. Pour les dispositions constitutionnelles relatives à l'autonomie du droit international et du droit de l'Union européenne dans les ordres juridiques internes, cf. BARRAMDANE (A), *La hiérarchie des droits. Droits internes et droits européen et international*, Paris, L'Harmattan, coll. « Logiques Juridiques », 2002, 272 p., spéc. pp. 241-260.

[58] SIMON (D) op. cit., p. 211 ; GREWE (C) et RUIZ FABRI (H), "La situation respective du droit international et du droit communautaire dans le droit constitutionnel des États", op. cit., p. 252 ; POILLOT-PERUZZETTO (S), op. cit. pp. 31-40. Le point de vue de ce dernier auteur mérite d'être signalé. Pour elle, la démarche du droit communautaire a été double. D'abord, il a, lorsqu'il lui a fallu régler la question de *« "l'autre" »* rejeté la notion d'internationalité, tout en acceptant les fonctions. Ensuite pour régler la question de *« "l'entre" »*, le droit communautaire a accepté de retrouver la notion d'internationalité, tout en cherchant à en dépasser la fonctionnalité.

[59] Cf. par exemple : GAUTRON (J.-L) et GRARD (L) (dir.) *Droit International et droit communautaire – perspectives actuelles* (S.F.D.I., Colloque de Bordeaux), Paris, Pedone, 2000, 448 p., qui donna en France le coup d'envoi de la stratégie de la doctrine intéressée ; L. Bougorgue –Larsen, E. Dubout, A. Maitrot de la Motte et TOUZE (S) (dir.), *Les interactions normatives : droit de l'UE et droit international*, Paris, Pedone, 2012 ; BENLOLO-CARABOT (M), CUJO (E) et CANDAS (U) (dir.), *Union européenne et droit international*, Paris, Pedone, Coll. « CEDIN », 2012, adde : la chronique annuelle sur les "Les interactions du droit international et européen", au n°3 du *JDI* de chaque année, de 2009 à 2018.

autonome dans le texte de la Constitution, titre qui renferme les articles 88-1 à 88-7.

La jurisprudence française enfin semble avoir fait sienne la thèse de la spécificité « autonomisante » du droit communautaire européen, du moins sous un certain point de vue. Ce changement de perspective de la jurisprudence apparait comme l'élément qui donne le plus de crédit à l'idée de triomphe de la thèse de la singularité du droit communautaire par comparaison au droit international résultant des traités non communautaires. En effet, après avoir, comme la plupart des acteurs institutionnels pendant la longue période de la banalisation, joué la carte *« d'un alignement des solutions appliquées au droit européen et au droit international »*[60] sur fond de logique assimilationniste[61], la jurisprudence semble se faire désormais le chantre de la différenciation. C'est ainsi qu'après avoir reconnu dans sa décision n° 2004-505 DC, 19 nov. 2004 relative au Traité de Rome, l'existence d'un principe hiérarchique de primauté du droit européen directement rattaché à l'article 88-1 de la Constitution, le Conseil constitutionnel va reconnaître, en 2007, la distinction entre le droit communautaire et le droit international ordinaire. En effet, dans le 7e Considérant de sa décision relative à la compatibilité de la Constitution française avec le Traité de Lisbonne de 2007[62], le Conseil constitutionnel affirme que de par l'article 88-1 de la Constitution[63], « *le constituant a ainsi consacré l'existence d'un ordre juridique communautaire intégré à l'ordre juridique interne et distinct*[64] *de l'ordre juridique international* ». Pour la doctrine, la conséquence de cette singularité du droit communautaire européen est double[65]. D'une part, la prééminence du droit de l'Union européenne ne découle plus de l'article 55 de la Constitution française. Elle résulte, plus directement, du principe de la primauté du droit

---

[60] BERGE (J.-S), *L'application du droit national, international et européen*, op. cit, n° s185.

[61] Précisons que dans les jurisprudences Jacques Vabre (Cass. Ch. Mixte, 24 mai 1975, D. 1975, 497, conclusions Touffait) et Nicolo (CE, 20 octobre 1989, D. 1990, 135, note Sabourin), souvent sollicitées à l'appui de la thèse de la primauté du droit international sur les lois internes antérieures ou postérieures et qui ont évoqué l'article 55 de la constitution française (équivalent de l'article 45 de celle du Cameroun), ce sont les traités communautaires qui étaient concernés. M. Kovar a alors pu affirmer que *« tant la primauté du droit international ou communautaire que le titre du juge à en assurer l'efficacité ne peuvent provenir que du seul art. 55 de la constitution. Les règles constitutionnelles interdisaient au juge de consacrer un particularisme – celui du droit communautaire – qui ne trouverait pas sa justification dans une disposition de la constitution »*. La même idée est soutenue par Ronny Abraham qui pense que *« l'existence d'un fondement constitutionnel dispense en réalité le juge de rechercher un autre fondement juridique »*. Cf. ABRAHAM (R), "Les normes du droit communautaire et du droit international devant le juge administratif français", in GAUTRON (J.-L) et GRARD (L) (dir.) *Droit international et droit communautaire – perspectives actuelles*, op. cit., p. 286.

[62] Décision n°2007-560 DC du 20 déc. 2007 : Traité de Lisbonne.

[63] Selon lequel « *la République participe à l'Union européenne* ».

[64] C'est nous qui soulignons.

[65] V. par exemple, MALAURIE (Ph) et AYNES (L) (par Ph. Malaurie et P. Morvan), *Introduction au droit*, op. cit., n° s345.

communautaire affirmé depuis 1964 par la Cour de Luxembourg, mais reconnu par le Conseil constitutionnel, on l'a vu, depuis 2004[66]. D'autre part, à l'instant même où le traité de Rome est entré dans le champ de l'article 55 de la Constitution, le droit communautaire (dérivé en particulier) a acquis une primauté non seulement indifférenciée, mais aussi inconditionnelle[67]. Il en résulte principalement que, en pratique, la supériorité des normes européennes n'est pas subordonnée à la réciprocité imposée par l'article 55. Ces conclusions sont-elles transposables en droit camerounais ? L'analyse semble conduire à une réponse négative, tant le droit que l'on peut qualifier ici de communautaire a du mal à s'émanciper du droit international ordinaire du point de vue de sa construction théorique. Bien plus, ceci expliquant peut-être cela, le droit positif le considère de manière visible comme du droit international.

B. L'internationalité manifestement consacrée du droit communautaire en droit camerounais

Cette affirmation qui semble être un avis tranché est loin d'être une simple vue de l'esprit. Bien au contraire, elle repose sur deux solides arguments. D'une part, il est difficilement contestable que les droits des Communautés d'intégration auxquelles le Cameroun est partie ne satisfont

[66] Cette primauté du droit communautaire ne concerne cependant pas les dispositions de nature constitutionnelle, la Décision n°2007-560 (préc.) ayant confirmé la place de la Constitution au sommet de l'ordre juridique interne français. Les jurisprudences « Sarran » et « Levacher » du Conseil d'État (Ass. 30 octobre 1998, *Sarran et Levacher, GAJA*, n°113, p. 818, *D.* 2000, Jur.152, note E. Aubin) et « Fraisse » de la Cour de cassation (Ass. Plén. 2 juin 2000, *arrêt Fraisse, Bull.* ass. Plén. n°4, D.2000, 865, note B. Mathieu et M. Verpeaux) étant ainsi maintenues.

[67] S'agissant particulièrement du droit dérivé, la jurisprudence des juges ordinaires a connu des évolutions significatives, notamment sur le terrain de la hiérarchie des normes. Il est systématiquement rappelé le principe de la primauté spécifique du droit dérivé, tout le droit dérivé, c'est-à-dire les règlements, les directives, les décisions et la jurisprudence rattachables au droit de l'Union européenne dont le traitement est aligné sur celui des traités institutifs. Le juge administratif (qu'il s'agisse des arrêts *Boisdet*, CE 24 sept. 1990, req. n°58657 ; *Philip Morris* et *Rothmans*, CE, Ass., 28 fév. 1992, req. n°87753 et n°56776 – 56777 ; *Perreux*, CE, Ass. 30 oct. 2009, req. n°298348) et le juge judiciaire (voir par exemple le panorama de décisions recensées par B. Thellier de Poncheville dans sa Chronique de jurisprudence judiciaire française intéressant le droit de l'Union européenne à la *RTD eur*, 2012.519) se sont, en respect de la primauté du droit dérivé, engagés dans un mouvement de contrôle des actes législatifs ou réglementaires à la lumière du droit dérivé européen aux fins de neutralisation des dispositions internes (sous réserve de celles constitutionnelles) en porte-à-faux avec les normes élaborées par les instances européennes. Dans cette évolution jurisprudentielle, il y a particulièrement lieu de signaler l'arrêt *Syndicat national de l'industrie pharmaceutique*, CE 3 déc. 2001, req. n°226514, qui accentue plus encore la spécificité du droit communautaire européen puisque par cette décision et contrairement à son attitude vis-à-vis du droit international coutumier pour lequel il n'existerait pas de décision équivalente (v. n°29), le Conseil d'État reconnait aux principes généraux du droit communautaire la même valeur que le traité européen, c'est-à-dire une supériorité sur la loi interne.

qu'imparfaitement, si ce n'est insuffisamment au faisceau de critères qui avaient été décisifs pour le triomphe de la thèse de la spécificité « autonomisante » en droit communautaire européen (1). En conséquence de quoi, les traits qui continuent de caractériser les droits communautaires africains n'offrent à voir des exceptions caractéristiques que de manière résiduelle, l'essentiel autorisant le Constituant camerounais à les considérer comme du droit international (2).

1. La sous-validation des critères de l'autonomie par les droits des organisations communautaires liant le Cameroun

Le droit communautaire du point de vue de l'ordre juridique camerounais est-il ou non un droit suffisamment singulier, par rapport au droit international pour se voir reconnaître une nature propre et autonome ?

Comme dans le contexte français, cette question a également intéressé la doctrine spécialisée et autorisée. En considérant les droits communautaires qui concernent le Cameroun, il semble que le débat a peu porté sur le droit de la CEMAC qui, tel qu'on l'a vu, est formellement considéré comme communautaire, c'est-à-dire qu'il est un droit communautaire par nature, malgré la modestie de ses prétentions[68]. Sous ce rapport, il était logiquement prévisible que les règles de droit communautaire susceptibles de servir d'objet d'étude soient celles issues de l'organisation pour l'harmonisation en Afrique du droit des affaires (le droit OHADA)[69]. La thèse, sinon de l'autonomie de son ordre juridique, du moins de la spécificité[70] du droit communautaire OHADA, a été soutenue par M. le professeur Paul-Gérard POUGOUÉ[71]. Les arguments de l'auteur ne vont pas sans rappeler ceux des communautaristes dans le contexte européen.

Trois principales raisons sont mises à contribution. D'abord, l'objectif de l'OHADA qui vise à imprimer une autre dynamique à l'intégration[72]. L'auteur

---

[68] La seule chose qu'il affirme formellement est l'applicabilité directe ou immédiate et l'invocabilité puisque le caractère obligatoire est mentionné, auxquelles on peut implicitement ajouter l'effet direct. Mais il est prudemment resté muet sur la délicate question de la primauté, s'en remettant, sur ce point, aux droits internes des États parties. Cf. articles 41 *et sq* du traité CEMAC du 30 janvier 2009.

[69] Qui, contrairement à la CEMAC, parait le plus faire preuve d'ambition et d'audace en matière de construction d'un ordre juridique communautaire, si l'on passe sous silence les réserves qui lui dénient le statut de droit communautaire (v. supra, n°s 5-6).

[70] C'est-à-dire celle qui affirme la nécessité d'un traitement spécifique.

[71] Cf. POUGOUE (P.-G), "OHADA, "Instrument d'intégration juridique", *R.A.S.J.*, vol. 2, N° 2, 2001, pp. 11-30 ; POUGOUE (P.-G), "Doctrine OHADA et théorie juridique", *Revue de l'ERSUMA*, n° spécial, 2011, pp. 9 *et sq*, "Notion de droit OHADA", in POUGOUE (P.-G) (dir.), *Encyclopédie du droit OHADA,* éd. Lamy, 2011, pp. 1203 *et sq*, spéc. p.1209, "Organisation pour l'Harmonisation en Afrique du Droit des Affaires", in POUGOUE (P.-G) (dir.), *Encyclopédie du droit OHADA,* éd. Lamy, 2011, pp. 1316 *et sq*.

[72] POUGOUE (P.-G), "OHADA, "Instrument d'intégration juridique", op.cit., p. 11 ; adde : POUGOUE (P.-G), "OHADA, "Instrument d'intégration juridique", *R.A.S.J.*, vol. 2, N° 2,

invoque ensuite, comme en droit européen, la spécificité du droit communautaire, notamment son immédiateté[73] qu'il exprime par les mots clés que sont la supranationalité[74], la transnationalité et la primauté. Enfin, l'auteur relève l'originalité du système par la place centrale conférée à la Cour Commune de Justice et d'Arbitrage (CCJA) qui, en véritable *« Cour Suprême Fédérale »*[75], coordonne l'application uniforme du droit OHADA et fait émerger un *« ordre juridique supranational »*[76].

Fort de ces raisons, l'auteur commence par se demander si, au regard du caractère bouleversant du nouveau droit commun uniformisateur, les rapports entre ce dernier et les droits internes se réduisent à la supra-légalité et à l'infra-constitutionnalité[77]. Sa réponse est d'abord prudente puisqu'il parle, s'agissant de l'OHADA, des *« germes d'une supra-constitutionnalité »*[78]. Puis il affirme, plus nettement, la primauté matérielle des normes OHADA sur les normes constitutionnelles qui jouiraient d'une primauté simplement formelle[79], comme pour souligner par-là l'autonomie de cet ordre[80], en tout cas sa différence avec le droit international ordinaire dont les normes n'ont jamais bénéficié d'une telle analyse aussi de faveur.

2001, pp 11-30 ; POUGOUE (P.-G), "Doctrine OHADA et théorie juridique", *Revue de l'ERSUMA*, n° spécial, 2011, pp. 9 *et sq*, "Notion de droit OHADA", op. cit., "Organisation pour l'Harmonisation en Afrique du Droit des Affaires", op. cit.

73 Sur cette notion, v. supra, n°6.

74 On sait que pour le Professeur Jacques Robert une organisation supranationale présente quatre caractéristiques : un organe exécutif qui peut édicter des normes et des décisions dans le domaine de ses compétences déterminé par l'acte conventionnel initial ; un pouvoir exécutif exercé soit à l'unanimité, soit, de plus en plus fréquemment, à la majorité qualifiée ou simple ; l'édiction des mesures s'imposant aux États membres sans formalités de réception particulières ; les normes et décisions qui priment celles des États sur leur territoire. Cf. ROBERT (J), "Perspectives pour demain" in *La constitution face à l'Europe, (Actes de Colloque)*, Paris, La Documentation française, coll. « Droit et Démocratie », 2000, p. 66.

75 POUGOUE (P.-G), "OHADA, "Instrument d'intégration juridique", op. cit., p. 20.

76 POUGOUE (P.-G), "OHADA, "Instrument d'intégration juridique", op. cit., p.12.

77 POUGOUE (P.-G), "OHADA, "Instrument d'intégration juridique", op. cit., p. 25, sous-entendu comme avec le droit international ordinaire ; "Organisation pour l'Harmonisation en Afrique du Droit des Affaires", op. cit., p. 1330.

78 POUGOUE (P.-G), "OHADA, "Instrument d'intégration juridique", op.cit., p. 27, "Organisation pour l'Harmonisation en Afrique du Droit des Affaires", op. cit., p. 1330.

79 Cette primauté matérielle résulterait de ce qu'en cas de contradiction (et l'hypothèse n'est pas que théorique au regard des possibilités d'élargissement du bloc de constitutionnalité camerounais, cf. notre thèse, préc., n°s 479 *et sq*) entre les deux catégories de normes, c'est la norme constitutionnelle que l'on réviserait. Ce à quoi on peut objecter qu'au moment où intervient la révision de la Constitution, concevable seulement pour le droit primaire et non le droit dérivé, la norme communautaire, au simple stade de projet, n'en est pas encore une pour l'ordre interne et l'opération de révision est en conséquence non parlante en ce qui concerne la hiérarchie des normes. Aussi la distinction primauté formelle/primauté matérielle apparait-elle quelque peu artificielle et laisse la question prétendue réglée.

80 POUGOUE (P.-G), "OHADA, "Instrument d'intégration juridique", op.cit., p. 27, "Organisation pour l'Harmonisation en Afrique du Droit des Affaires", op. cit., p. 1330.

Aux arguments du professeur POUGOUE, on peut valablement opposer ceux invoqués par les défenseurs de la thèse de la banalisation. Ce qui nous replongera, on le sait déjà, dans un débat théoriquement non épuisé, même s'il est par ailleurs tranché par certains droits positifs. À la vérité, on aurait pu se passer d'un tel débat auquel des perceptions subjectives du droit ne sont pas étrangères dans le cas du Cameroun. Une série de deux arguments conduit à le penser.

D'abord, certains éléments de la construction communautaire européenne militant contre l'assimilation n'existent pas au sein des communautés dont le Cameroun est partie, qu'il s'agisse de ce que le professeur Denys Simon a qualifié de bases essentielles ou de bases existentielles du droit communautaire. Ensuite, la compétence du droit interne en matière de rapports de systèmes[81] atténue considérablement certains traits sur lesquels certains veulent fonder l'autonomie du droit communautaire. Sur le premier point, certains auteurs cherchent à fonder l'autonomie du droit communautaire sur son système institutionnel sophistiqué et sur la volonté affirmée de pousser l'intégration le plus loin possible. C'est à ce titre qu'on a pu écrire que le droit communautaire *« peut jouer sur son origine internationale et sur sa destination fédérale pour affirmer sa spécificité »*[82]. Il est clair qu'il est difficile de soutenir que l'OHADA et même la CEMAC ont une destination fédérale[83]. Leurs systèmes institutionnels ne sauraient, ni dans leur organisation, ni dans leur fonctionnement et moins encore dans leur légitimité, être comparés avec les institutions de l'Union européenne. La conséquence en est que l'intégration économique sous régionale (CEMAC) et juridique régionale (OHADA) demeure au stade embryonnaire et ne se réduit, pour le cas de l'OHADA, qu'à une intégration sectorielle circonscrite au seul droit des affaires, limitée à une simple uniformisation du droit, du reste non poussée à l'absolu puisque le recours à la technique du renvoi aux dispositions internes des États maintient la divergence des solutions dans certains domaines. À titre simplement illustratif, l'encadrement communautaire de l'activité des juges

---

[81] Cf. KELSEN (H), "Les rapports de système entre le droit international et le droit international public", *R.C.A.D.I.*, 1926, IV, vol. 14, pp. 231 – 331 ; D. Simon, "Les fondements de l'autonomie du droit communautaire", op. cit., pp. 240 *et sq*.

[82] GREWE (C) et RUIZ-FABRI, "La situation respective du droit international et du droit communautaire dans le droit constitutionnel des États", op. cit., p. 252 ; comp. ROBERT (J), "Perspectives pour demain", in *La constitution face à l'Europe, (Actes de Colloque)*, Paris, La Documentation française, coll. « Droit et Démocratie », 2000, qui estime que l'Europe a dépassé le stade de la confédération sans toutefois avoir atteint celui de la fédération, pp. 66-67.

[83] On ne peut pas, comme on l'a fait dans le contexte européen, parler à leur égard d'organisation à *« objet politique non identifié »,* selon l'expression attribuée à J. Delors, cité par Alain Ondoua.. V. ONDOUA (A), *Etude des rapports entre le droit communautaire et la Constitution en France. L'ordre juridique constitutionnel comme guide au renforcement de l'intégration européenne* (Thèse), op. cit., pp. 30-31.

nationaux semble être une pétition de principe. Deux raisons au moins conduisent à le soutenir.

D'une part, il n'est pas certain que, dans le contexte africain, lorsque les juges internes appliquent le droit communautaire, ils ont conscience qu'ils sont devenus, par on ne sait quelle mutation psychologique, des juges communautaires. En effet, écrit un auteur, *« la loi scellienne du dédoublement fonctionnel selon laquelle les agents de l'État agissent comme agents internes*[84] *et comme agents internationaux*[85] *»* [86]semble bien plus un vœu qu'une réalité. Et il est permis de croire que les juridictions nationales appliquent le droit communautaire en tant qu'un droit international "internisé". Cette manière de voir ne doit pas surprendre outre mesure, tant il est vrai que certains auteurs poussent même à l'extrême la nature *« interne »* du droit communautaire. À ce titre, le Professeur Alain Pellet n'hésite par exemple pas à écrire que : *« vis-à-vis du droit international, le droit communautaire est "un droit interne" ; c'est-à-dire qu'indépendamment de ses caractères spécifiques, il se "comporte" à l'égard du droit international de la même manière que le droit national de n'importe quel État »*[87]. Ceci expliquerait par exemple que l'effectivité relative de celui-ci est aussi constatée pour celui-là[88]. L'immédiateté tant exaltée du droit communautaire mérite donc d'être sérieusement reconsidérée.

D'autre part, et l'argument vaut son pesant d'or, la sanction de l'inapplication du droit communautaire est pour une grande part inexistante. La CCJA, la véritable *« Cour Suprême Fédérale »*, a du mal à jouer son rôle : les juridictions inférieures qui se sentent moins communautaires que

[84] Ici les juges nationaux.

[85] Ici comme juges communautaires.

[86] FORTEAU (M), "La CJCE et la Cour européenne des droits de l'homme face à la question de l'articulation du droit européen et du droit des Nations-Unies (Quelques remarques iconoclastes)", op.cit., p. 401.

[87] PELLET (A), "Constitutionnalisation du droit des Nations-Unies ou triomphe du dualisme ?", *Revue du Marché commun et de l'Union européenne*, n°529, juin 2009, p. 416 ; comp. s'agissant du droit OHADA, POUGOUE (P.-G), "Organisation pour l'Harmonisation en Afrique du Droit des Affaires", in POUGOUE (P.-G) (dir.), *Encyclopédie du droit OHADA,* éd. Lamy, 2011, pp. 1316 *et sq*, spéc. p. 1329.

[88] Cf. par exemple, EYIKE-VIEUX, "Le droit international devant le juge camerounais : regards d'un magistrat", *Juridis périodique*, n° 63, 2005, (éd. spéciale) pp. 100 *et sq.* ; NGUEFACK (M.R), "Le droit international, instrument pour la défense devant le juge camerounais : regards d'un Avocat", *Juridis Périodique*, n° 63, 2005, (éd. Spécial), pp. 107-113. M. Eyike-vieux a, à ce propos, souligné que le système bi-juridique camerounais fait que les textes internationaux d'origine ou d'inspiration française comme l'OHADA soient appliqués avec hésitation dans la zone anglophone, la traduction étant jugée inexacte et la tradition de Common Law laissée pour compte. Cf. EYIKE-VIEUX, "Le droit international devant le juge camerounais : regards d'un magistrat", *Juridis périodique*, n° 63, 2005, (éd. Spéciale) pp. 100 *et sq*, spéc. p. 103.

nationales seraient rétives à la collaboration[89] et son éloignement,[90] avec les lourdeurs que cela entraine, dissuadent ou persuadent les justiciables camerounais à ne pas très souvent la saisir[91]. En tout état de cause, la faiblesse décisive est l'inexistence, à l'inverse du contexte européen, d'un recours en manquement contre l'État qui ne s'acquitte pas de ses obligations communautaires[92]. La défaillance de l'élément sanction dont l'importance a déjà été soulignée pour qualifier l'ordre juridique peut donc sérieusement faire douter sinon de l'existence, du moins de l'autonomie de l'ordre juridique OHADA. En tout cas, les normes qui en découlent sont rattachables au droit international par le Constituant camerounais.

2. Le rattachement des normes communautaires au droit international par la Constitution

L'intérêt de mettre en évidence ce rattachement procède du principe constitutionnel d'accueil sélectif des normes du droit international par le droit interne camerounais qui postule que toutes les sources du droit international ne sont pas susceptibles de l'alimenter.

On sait que c'est l'article 38 du statut de la Cour Internationale de Justice qui détermine les sources formelles du droit international. Il en distingue quatre : les conventions internationales générales ou spéciales ; la coutume internationale ; les principes généraux du droit reconnus par les nations civilisées et les décisions judiciaires, ainsi que la doctrine des publicistes les plus qualifiés *« comme moyen auxiliaire de détermination de la règle de droit »*[93].

Il est incontestable que les articles 43, 44 et 45 de la Constitution qui traitent du régime des normes internationales en droit camerounais n'ont pas entendu viser l'ensemble des sources du droit international puisqu'ils ne parlent que des *« traités ou accords internationaux »*. Seules les conventions internationales, selon la terminologie de l'article 38 du statut de la Cour, forment donc en principe l'assiette des normes internationales applicables en droit interne camerounais. S'il arrive que d'autres sources du droit international y soient appliquées, elles ne bénéficient pas du régime réservé aux sources conventionnelles.

---

[89] La faiblesse des pourvois émanant du Cameroun est à souligner.

[90] La CCJA est située à Abidjan.

[91] Cf. ANOUKAHA (F), "L'OHADA en marche", *Annales de la FSJP*/UN de Dschang, Tome 6, 2002, pp. 7-21. Le constat ne vaut d'ailleurs pas que pour les justiciables camerounais. Pour le justiciable béninois par exemple, cf. ZINZINDOHOUE (A), "Les juges nationaux et la loi aux prises avec le droit harmonisé", *Rev. de Droit. des Affaires Internationales*, 2001, pp. 227-237.

[92] Cf. ISSA-SAYEGH (J), "Quelques aspects techniques de l'intégration juridique : l'exemple des actes uniformes de l'OHADA" disponible sur www.unidroit.org, n° 39.

[93] Cf. NGUYEN QUOC DINH et (Autres), *Droit international public*, Paris, L.G.D.J., 7e éd., 2002, n° 59.

Mais en réalité, le débat est ailleurs. Il invite à répondre à la question de savoir si les différents droits issus des processus d'intégration communautaire qui intéressent le Cameroun entrent dans la catégorie des normes juridiques visées par les dispositions constitutionnelles pertinentes. Il convient en réalité de distinguer la situation des traités institutifs des Communautés qui forment le droit primaire et les droits élaborés par les institutions mises en place et dans les conditions fixées par ces traités qu'on qualifie de droits dérivés.

S'agissant d'abord du droit primaire composé des traités communautaires, la doctrine admet unanimement qu'ils constituent du droit international conventionnel par nature. Ils entrent donc dans la sphère des normes de droit international que la Constitution est disposée à accueillir dans l'ordre interne. Cette lecture résulte de ce que le texte constitutionnel n'a pas fait de distinction fondée sur l'objet particulier poursuivi par le traité ou l'accord international. Elle procède donc de l'application de la règle d'interprétation selon laquelle *ubi lex non distinguit, nec nos distinguere debemus* et justifie le point de vue qui soutient la vacuité en droit interne camerounais de la controverse sur la spécificité « autonomisante » du droit communautaire qui a cours en droit européen[94].

S'agissant ensuite du droit communautaire dérivé, même si l'accord existe sur le fait qu'il ne constitue pas, en lui-même, des *« traités et accords »* au sens de l'article 38 du statut de la Cour internationale de justice, la doctrine approuve l'idée qu'il a le caractère d'internationalité par assimilation ou par ricochet[95]. Cette assimilation signifie que les règles formant le droit dérivé tiennent leur internationalité du droit communautaire originaire ou primaire qui s'enracine dans les traités instituant les communautés qui, eux, relèvent bien du droit commun des normes internationales conventionnelles. En d'autres termes, l'internationalité du droit communautaire dérivé procède en droit camerounais d'une double assimilation dont l'une est simplement apparente et l'autre réelle. L'assimilation apparente est celle qui aligne la nature du droit communautaire originaire ou primaire sur celle du droit international conventionnel ordinaire ou, si l'on veut, non communautaire. Cette assimilation ne se justifie que parce que la Constitution ignore la notion de droit communautaire. Cette assimilation mérite d'être considérée comme purement putative, puisque le silence de la Constitution sur ce point signifie

---

[94] Cf. par exemple GAUTRON (J.-L) et GRARD (L) (dir.), *Droit international et droit communautaire – perspectives actuelles, op.cit.*, p. 254 ; POILLOT-PERUZZETTO (S), "L'internationalité du point de vue de l'ordre communautaire", *Revue Lamy Droit des Affaires*, Février 2002, n° 46, pp. 31-40.

[95] Dans ce sens, cf. par exemple, RIDEAU (J), "Droit communautaire et droit administratif, la hiérarchie des normes", op. cit., p.10 ; ABRAHAM (R), "Les normes du droit communautaire et du droit international devant le juge administratif français", op. cit, p. 286 ; TERRE (F), *Introduction générale au droit*, op. cit., n°s 187 *et sq* ; BERGE (J.-S), *L'application du droit national, international et européen*, op. cit., n°191, p. 216.

justement qu'elle n'en fait pas une catégorie à part. Et ce que l'on désigne sous la dénomination de droit communautaire primaire ou originaire constitue bien un traité ou un ensemble de traités au sens du droit international et du droit constitutionnel camerounais. L'assimilation réelle quant à elle est celle qui conduit à conférer la nature de droit international conventionnel au droit dérivé produit par les institutions communautaires. C'est une véritable assimilation dans la mesure où l'on s'accorde pour reconnaître que ce droit ne satisfait pas techniquement le critère décisif de toute convention que constitue la notion d'accord ou de concours de volontés[96]. Comme on peut donc le constater, du point de vue du droit camerounais, la nature du droit communautaire épouse celle du droit international [97]et la question de l'altérité de celui-là par rapport à celui-ci, pour pertinente qu'elle a pu paraitre et être confirmée par ailleurs, conserve encore les qualités d'un problème qui n'existe que dans l'esprit de celui qui veut le voir. Nul doute que l'étude du régime juridique qui leur est applicable et qui brille par la concordance des règles ne pourrait que conduire à la dissolution des doutes persistants.

II. L'IDENTITÉ DU RÉGIME : LA "VRAIE" SOLUTION

Cette identité de régime, conséquence logique du principe de l'assimilation du droit communautaire au droit international ordinaire auquel est attaché l'ordre juridique camerounais, signifie d'abord que ce sont les règles, constitutionnelles, qui régissent les rapports entre le droit interne et le droit international que l'on applique au droit dit communautaire (A). L'application d'un régime identique signifierait au moins que l'ordre juridique camerounais ne tient pas compte des prescriptions de l'ordre communautaire, ou plus justement qu'il en fait, sur son appréciation, une application sélective, en tous points similaire à celle faite au sujet du droit international. Cette posture, empreinte de liberté, qui conduit à l'application d'un régime commun au droit international et au droit communautaire combinant le respect de leur volonté et celle de l'État est, sur un plan fondamentalement théorique, révélatrice d'une organisation des rapports de systèmes sur fond d'hybridisme (B).

---

[96] Par exemple, pour cette notion dans les conventions en droit international, Cf. NGUYEN QUOC DINH et (autres), *Droit international public*, op. cit., n°s 62 *et sq*.

[97] Rappr. MONEBOULOU MINKADA, (H. M) "Les composantes de l'OHADA à l'épreuve de la systématicité en droit", *Revue de l'ERSUMA*, N°7, déc. 2017, pp. 9-51. Cet auteur considère que le droit communautaire forme avec le droit international public le système (ou l'ordre) juridique international duquel il exclut cependant, ce qui peut être discuté, le droit OHADA, pp. 21 *et sq*.

A. La soumission du droit communautaire au régime du droit international

Comme il est vrai, ainsi qu'on l'a écrit, « [qu'] *au plan interne, c'est le droit constitutionnel qui détermine le statut juridique tant du droit communautaire que du droit international* »[98], le Constituant camerounais ne pouvait manquer de se saisir de cette question susceptible de nombreux enseignements. Et en examinant avec une attention soutenue les dispositions pertinentes de la loi fondamentale, une constance est mise en évidence : l'existence d'un régime commun pour les deux droits. Constitutionnellement en effet, le droit dit communautaire est simplement et purement assimilé au droit international, droit international qu'il est en réalité dans le contexte camerounais (1). La jurisprudence ne pouvait que suivre l'orientation d'origine constitutionnelle en appliquant le principe de l'assimilation (2).

1. La définition constitutionnelle du régime commun

Elle procède de ce que le constituant camerounais, en réglant les conditions et le niveau d'introduction du droit international en droit interne, n'a pas fait de distinction entre les deux sortes de droit international, puisqu'il ignore totalement la notion de droit communautaire. Il ne s'est préoccupé de régler que le sort de la catégorie particulière de norme internationale qu'il admet au sein de son ordre juridique. Il s'est donc intéressé, génériquement, au genre normatif conventionnel, dont le droit communautaire ne constitue qu'une espèce, puisqu'il procède à titre initial, de la logique volontariste du droit international. Pour le constituant camerounais, *« le droit résultant du processus d'intégration ne se distingue guère, du point de vue interne, du droit international »*.

S'agissant d'abord des conditions d'introduction des normes internationales constitutionnellement recevables en droit interne et qui s'appliquent également à celles dites communautaires, les exigences procédurales en la matière sont prévues par les articles 43 et 44 de la loi constitutionnelle du 18 janvier 1996.

Le premier de ces textes dispose que : *« Le Président de la République négocie et ratifie les traités et accords internationaux. Les traités et accords internationaux qui concernent le domaine de la loi (...) sont soumis, avant ratification, à l'approbation en forme législative par le parlement »*. Le second texte quant à lui énonce que : *« Si le Conseil Constitutionnel a déclaré qu'un traité ou accord international comporte une clause contraire à la Constitution, l'approbation en forme législative ou la ratification de ce traité ou de cet accord ne peut intervenir qu'après la révision de la Constitution »*.

---

[98] GREWE (C) et RUIZ-FABRI (H), "La situation respective du droit international et du droit communautaire dans le droit constitutionnel des Etats", op. cit., p. 273.

Comme on peut le remarquer, la Constitution vise génériquement les traités et accords internationaux et intègre donc nécessairement les traités internationaux qui instituent les organisations d'intégration communautaire. La véritable question est de savoir comment articuler ces dispositions constitutionnelles avec les conditions spécifiques de pénétration en droit interne, applicables au droit dérivé, qui ne font pas nécessairement primer la logique volontariste[99]. La doctrine n'est pas restée insensible à cette question et considère globalement que le régime du droit dérivé procède bien de la volonté des États. C'est en effet au travers de la ratification du traité instituant la Communauté que ce régime a été accepté par les États. Par voie de conséquence, le droit dérivé, accessoire du principal que constituent le traité fondateur et ceux subséquents, tient son internationalité de ces derniers, parce qu'il est conforme à la logique juridique que l'accessoire suive le principal. On parle en doctrine d'internationalité par ricochet. En tout état de cause, il apparait que les conditions d'introduction du droit international conventionnel, qu'il soit non communautaire ou communautaire, sont identiques du point de vue du droit constitutionnel camerounais[100]. Elles ont été envisagées génériquement par la Constitution pour s'appliquer au genre droit international conventionnel dans son ensemble, et donc y compris au droit communautaire appréhendé, en raison du mutisme du texte constitutionnel en ce qui le concerne, comme une simple espèce de ce genre.

Quant au niveau d'introduction des normes internationales, le constituant a procédé par la même démarche qui postule l'absence de distinction et la compréhension large de la notion de traité international. L'article 45 qui règle cette question dispose clairement que : *« les traités ou accords internationaux régulièrement approuvés ou ratifiés ont, dès leur publication, une autorité supérieure à celle des lois, sous réserve pour chaque accord ou traité, de son application par l'autre partie »*. Il s'agit de comprendre que, par ce texte, toutes les normes internationales susceptibles de recevoir la qualification de traité, directement ou par ricochet, ont le même rang en droit camerounais au niveau de la hiérarchie des normes : un rang infraconstitutionnel, mais

[99] Le vote majoritaire suffisant dans bien des cas, si bien que les normes concernées peuvent intégrer le corpus normatif des États parties alors qu'ils ont manifesté une volonté contraire à travers un vote négatif.

[100] Il n'est pas de l'ordre du propos de s'appesantir sur ces conditions. Sur cette question, on pourrait utilement consulter OLINGA (A.D), "Considérations sur les traités dans l'ordre juridique camerounais", *R.A.D.I.C.*, tome 8, n° 2, 1996, pp. 283 *et sq*, "Réflexions sur le droit international, la hiérarchie des normes et l'office du juge au Cameroun", *Juridis Périodique*, n°63 (Juillet-Août- septembre 2005), n° spécial : le droit international devant le juge camerounais : bilan et perspectives (Actes de la journée d'études du 18 juin 2004 à l'ENAM), pp. 3-19 ; ZAMBO ZAMBO (D.J), *Le droit applicable au Cameroun*, op. cit., n°s 517 *et sq*.

supralégislatif[101]. Cette solution est acquise[102] de manière irréversible[103] depuis la réforme constitutionnelle du 18 janvier 1996 et qui n'opère aucune distinction tenant à l'objet spécifique d'une espèce de droit international[104], a l'avantage d'indiquer clairement comment sont organisés les rapports de systèmes "dans" et "par" l'ordre juridique camerounais. Décodant ce modèle d'organisation des rapports de systèmes applicable au droit international dans son ensemble, la doctrine y a vu la consécration du monisme avec primauté du droit international sur le droit interne[105]. Mais on verra que les choses sont

---

[101] C'est en ce sens que la CCJA s'est prononcée dans l'avis du 30 avril 2001 sur le sens à donner à l'article du traité OHADA, siège de la primauté des règles communautaires : *« sauf dérogations prévues par les Actes uniformes eux-mêmes, l'effet abrogatoire de l'article 10 du Traité concerne (...) l'interdiction de l'adoption d'un texte législatif ou réglementaire de droit interne présent ou à venir ayant le même objet que les dispositions des Actes uniformes et étant contraires à celles-ci »* (CCJA, avis n° 001/2001/EP du 30 avril 2001). Autrement dit, la primauté des actes uniformes est limitée aux textes internes de rang législatif ou, *a fortiori*, réglementaire. On en conclut, par un raisonnement *a contrario*, que la CCJA a, ce faisant, récusé la thèse doctrinale de la supra constitutionnalité du droit OHADA en s'abstenant par exemple d'aller aussi loin que le juge de la Cour de justice de l'UEMOA qui, dans son avis n°001/2003 du 18 mars 2003, estime sans ambiguïté que « *La primauté bénéficie à toutes les normes communautaires, primaires comme dérivées, immédiatement applicables ou non, et s'exerce à l'encontre de toutes les normes nationales administratives, législatives, juridictionnelles et, même constitutionnelles parce que l'ordre juridique communautaire l'emporte dans son intégralité sur les ordres juridiques nationaux »*.

[102] Sur les incertitudes antérieures quant au niveau hiérarchique des normes internationales en droit camerounais, on lira ZAMBO ZAMBO (D.J), *Le droit applicable au Cameroun. Essai sur les conflits de lois dans le temps et dans l'espace*, thèse de doctorat Ph.D, Université de Yaoundé II, 2009, 620 p., spéc., n°s 444 *et sq* ; MINKOA SHE (A), *Droits de l'Homme et droit pénal au Cameroun*, Paris, Economica, 1999, coll. « La vie du Droit en Afrique », n°s 56 *et sq.*

[103] L'irréversibilité en question V. ZAMBO ZAMBO (D.J), *Le droit applicable au Cameroun*, op. cit., n°s 459 et 464 *et sq.* concerne la consécration du principe de la supra légalité des instruments juridiques internationaux, et non leur supra constitutionnalité, même si l'hypothèse se conçoit davantage en théorie eu égard à l'attachement viscéral des États africains à leur souveraineté dont ils ne se sont pas encore suffisamment enivrés pour accepter de lâcher du lest à son sujet en raison de la jeunesse de leurs États et qui est symboliquement incarnée par la Constitution, sorte de version moderne bien que non chargée de la même dose de sacralité *« de la norme fondamentale transcendante »* dont parle le Professeur Maurice Kamto. Cf. *Pouvoir et droit en Afrique Noire. Essai sur les fondements du Constitutionalisme dans les Etats d'Afrique Noire francophone* (Thèse), Paris, L.G.D.J., coll. Bibliothèque africaine et Malgache 1987, pp. 112 *et sq.*

[104] Elle a donc pour effet de ne pas valider le point de vue qui soutient par exemple la supra constitutionnalité du droit OHADA fondée sur l'affirmation ou le vœu d'une *« primauté matérielle »* cf. POUGOUE (P.-G), "OHADA, "Instrument d'intégration juridique", op.cit., p. 27, "Organisation pour l'Harmonisation en Afrique du Droit des Affaires", op. cit., p. 1330. On l'a vu, désincarnée parce que vulnérable à la critique, et au demeurant non positivement prolongée ni par le juge OHADA lui-même, ni par le juge interne (v. infra, n°s 39-42).

[105] Par exemple : MINKOA SHE (A), *Droits de l'homme et droit pénal...*, op.cit., p. 31 ; MOUELLE KOMBI (N), "La loi constitutionnelle du janvier 1996 et le droit international", in MELONE (S), MINKOA SHE (A) et SINDJOUN (L) (dir.), *La réforme constitutionnelle du 18 janvier 1996 au Cameroun. Aspects juridiques et politiques*, Yaoundé, Friedrich – Ebert –

en réalité plus nuancées[106], la position de la jurisprudence pouvant faire office de prémonition.

2. L'application jurisprudentielle du régime commun

Non exposé à la même pression de la doctrine communautariste que celle à laquelle ses homologues européens ont dû faire face, ne trouvant pas dans l'arsenal normatif communautaire une prescription impérative tendant à la reconnaissance de la spécificité « autonomisante » du droit communautaire, et prenant acte d'une certaine pusillanimité dont fait preuve le juge communautaire, notamment la CCJA, qui n'a pas osé franchir le Rubicon à la manière de son homologue européen dans l'arrêt *Costa c/ Enel* et aurait même consacré, implicitement, la thèse de l'"inexception" du droit communautaire[107], les juges nationaux africains, en tout cas le juge ordinaire camerounais, ne pouvaient que suivre la voie toute tracée par le constituant et appliquer au droit communautaire la thèse assimilationniste. Cette application couvre trois principaux éléments : l'identité du titre d'application ; l'identité de la condition d'application – et non d'applicabilité – ou d'invocabilité devant le juge ; et enfin l'identité du régime de protection qui est fonction du rang hiérarchique attribué au droit international par la Constitution.

S'agissant d'abord du fondement de leur application, le droit communautaire et le droit international s'appliquent en droit interne sur la base d'un même titre, d'essence constitutionnelle. Il s'agit de l'article 45 de la Constitution du 18 janvier 1996. Aussi, si l'une des conditions directement visées par cet article ou approuvées pour ce qui est du droit dérivé lors de la ratification du traité institutif n'est pas réalisée, cela prive le traité ou le droit qui en dérive d'effets dans l'ordre interne. Aussi, en admettant que le droit

---

GRAP, 1996, p. 135 ; adde : J.-F. Flauss, "Le rang du droit international dans la hiérarchie des normes en droit français", *Les Petites Affiches*, 10 Juillet 1992, n°83, p. 16.

[106] V. infra, n°s 51 *et sq*

[107] C'est du moins l'interprétation qu'il se dégage de l'arrêt de la CCJA n°040/2013 du 16 mai 2013, *Aff. Jean Samvi Souza contre GTA-C2A IART, JURIDATA*, N° j040-5/2013. Le juge de céans décide que les dispositions de l'emblématique article 10 du traité OHADA qui consacre la primauté du droit communautaire OHADA, ne sont pas applicables lorsqu'il s'agit de deux normes internationales : *« (...) Mais attendu que cette disposition* [l'article 10] *n'est pas applicable lorsqu'il s'agit de deux normes internationales, comme dans le cas d'espèce ; que le Code CIMA ayant été institué par un traité entré en vigueur janvier 1995 ; qu'il échet donc de rejeter cette deuxième branche... »*. De cette solution cohérente au regard de l'avis du 30 avril 2001 et des conséquences qu'on en a tirées (v. supra, note 98), on retient que les dispositions du droit OHADA ne prévalent pas automatiquement en présence de normes résultant d'un autre traité international, parce que les unes et les autres sont pareillement et également des normes internationales. En d'autres termes, le droit OHADA est un droit de même nature que tout autre droit, à l'instar du Code CIMA, institué par un traité, c'est-à-dire un droit international. Seules les règles de résolution des conflits de normes dans le temps ou dans l'espace pourront permettre de déterminer *in fine* la norme applicable. Sur l'ensemble, v. ZAMBO ZAMBO (D.J), *Le droit applicable au Cameroun. Essai sur les conflits de lois dans le temps et dans l'espace*, 620 p.

dérivé ne constitue pas en lui-même des *« traités ou accords... »,* son applicabilité est rendue nécessaire par le traité communautaire qui, lui-même, est un traité au sens constitutionnel du terme. Une telle assimilation n'est pas une simple construction intellectuelle. Au contraire, elle est le crédo de la jurisprudence[108]. Ainsi, à titre illustratif, le Tribunal de Première Instance de Yaoundé souligne s'agissant de la primauté du droit communautaire OHADA *« qu'il ne saurait en être autrement dès lors que l'article 45 de la Constitution épouse l'article 10 du traité OHADA pour affirmer la suprématie du droit communautaire sur le droit national exprimé par les lois nationales et les pratiques prétoriennes »*[109]. Il convient d'en déduire que pour le juge, même si le droit communautaire OHADA avait été muet sur la question, un tel mutisme n'aurait jamais valu incertitude sur la primauté du droit OHADA, pour deux raisons qui se tiennent. D'une part, ce droit a peut-être des particularités, il n'en demeure pas moins du droit international. D'autre part, la Constitution renferme déjà, et c'est suffisant, des dispositions qui fixent clairement le rang du droit international en droit camerounais. Ces dispositions constitutionnelles constituent le régime général en la matière et, en leur présence du point de vue de l'ordre juridique interne, une affirmation identique issue d'une norme venue d'ailleurs, ou même d'une norme interne autre que la Constitution serait nécessairement superfétatoire[110].

Pour ce qui est ensuite de la condition d'application par le juge, le droit international conventionnel produit d'abord des effets entre les parties qui l'ont fait naitre, c'est-à-dire les sujets du droit international dont les États constituent la figure dominante[111]. Mais on admet également que les individus puissent s'en prévaloir que ce soit dans leurs rapports horizontaux ou dans leurs rapports verticaux, mais à une condition essentielle requise pour le droit international non communautaire et pour le droit international communautaire. En effet, les deux corps de règles ne sont invoqués devant le

---

[108] Pour une vue complète de la position des juges camerounais, Cf. KENFACK (J), "Le juge camerounais à l'épreuve du droit communautaire et de l'intégration économique", *Juridis périodique*, n° 63, (éd. Spéciale) 2005, pp. 64-75.

[109] TPI, Yaoundé, 30 novembre 2000, Ordonnance de référé n° 200/c cité par KENFACK (J), "Le juge camerounais à l'épreuve du droit communautaire et de l'intégration économique", op.cit., p. 72 ; adde : C.A. Douala, arrêt n° 1006/P du 20 juillet 1982, MP et Administration des Douanes C/ Kamté Honoré et autres ; comp. C.S. Arrêt n°21/Civ du 15 juillet 2010, *Affaire Michel Zouhair Fadoul c/Omais Kassim/Societé Omais Kassim Sarl* (inédit).

[110] C'est par exemple pour cette raison que l'absence de disposition affirmant la primauté du droit CEMAC dans le traité instituant cette organisation ne devrait pas s'analyser comme constituant un vide, puisque par application du principe assimilationniste, il suffit de le soumettre au régime général et autosuffisant prévu par la Constitution pour le droit international.

[111] V. par exemple : MALAURIE (Ph.) et AYNES (L) (par Ph. Malaurie et P. Morvan), *Introduction au droit*, op. cit., n° s341 *et sq.*

juge national que si elles sont dotées d'un effet direct[112] même si on sait qu'un tel effet est le principe pour le droit communautaire et l'exception pour le droit international ordinaire[113].

Concernant enfin le régime de protection, il est également le même pour les deux corps de règles et découle de leur niveau commun d'introduction hiérarchique qui les place en dessous de la Constitution et au-dessus des lois. Le mécanisme qui permet d'assurer la protection de cette position privilégiée est le contrôle de conventionnalité. C'est du reste ce qui résulte de la jurisprudence de la Cour Suprême du Cameroun. Ainsi, dans un arrêt en date du 15 juillet 2010[114], le juge de céans a affirmé que *: « selon l'article 45 de la Constitution : « les traités ou accords internationaux régulièrement approuvés ou ratifiés ont, dès leur publication, une autorité supérieure à celle des lois, sous réserve pour chaque accord ou traité, de son application par l'autre partie » (...) Que le juge national en tire son investiture à exercer le contrôle de la conventionnalité des dispositions de la loi interne pour faire prévaloir le traité sur celles-ci au cas où elles lui sont contraires... »* Autrement dit, pour assurer le respect du rang hiérarchique des normes

---

[112] Bien qu'en pratiquele juge ne fasse pas la différence entre « effet direct » et « invocabilité » d'une norme, la distinction est devenue classique dans la doctrine communautariste, car une règle peut être dotée d'effet direct, mais ne pas pour autant être invocable ou applicable à un litige affectant les particuliers parce que non suffisamment claire, précise et inconditionnelle MALAURIE (Ph.) et AYNES (L) (par Ph. Malaurie et P. Morvan), *Introduction au droit*, op. cit., n°341). L'effet direct, synonyme de *« self-executing »*, d'*« effet immédiat »* ou d'*« applicabilité directe »* (v. BERGE (J.-S), *L'application du droit national, international et européen*, op. cit, n° [s]109 *et sq* ; ISAAC (G), "Effet direct du droit communautaire », Répertoire communautaire Dalloz, tome 2, 1977 (mise à jour 2003), n° 9, *Droit communautaire général*, op. cit., p. 165 et s ; KOVAR (R), "Immédiateté...", op. cit., n°s 1 *et sq*), *« c'est à la fois la capacité du droit communautaire à créer, le cas échéant, des droits et des obligations pour toutes les personnes juridiques, le droit pour celles-ci d'invoquer le droit communautaire dans leurs rapports juridiques avec d'autres personnes, au besoin devant leurs juges et, enfin, l'obligation pour ces juges de l'appliquer pour la solution des litiges dont ils sont saisis, c'est-à-dire, en résumé, tout simplement – mais rien de moins que la capacité à être une source de légalité en vigueur dans l'ordre juridique national »*, v. G. Isaac, "Effet direct du droit communautaire », op. cit., n° 9. Alors qu'en réalité la notion d'effet direct permet d'identifier les destinataires de la norme, la notion d'invocabilité met davantage l'accent sur le résultat escompté par le destinataire de la norme et permet ainsi de rendre compte de l'hétérogénéité des solutions en graduant l'effet direct, car il peut s'agir d'une invocabilité d'exclusion ; d'une invocabilité de substitution ; d'une invocabilité d'interprétation conforme et d'une invocabilité de réparation. .

[113] Depuis qu'un avis de la Cour Permanente de Justice Internationale a affirmé qu'*a priori* un *« Accord international ne peut, comme tel créer directement des droits et des obligations pour des particuliers »* ; *« Mais on ne saurait contester que l'objet même d'un accord international, dans l'intention des parties contractantes, puisse être l'adoption par les parties de règles déterminées, créant des droits et obligations pour les individus, et susceptibles d'être appliquées par les tribunaux nationaux... L'intention des parties est décisive »* Avis, 3 fév. 1928, Compétence des Tribunaux de Dantzig, série B, n° 15, p. 17.

[114] Cf. C.S. Arrêt n°21/Civ du 15 juillet 2010, *Affaire Michel Zouhair Fadoul c/Omais Kassim/Societé Omais Kassim Sarl* (inédit).

internationales, la Constitution habilite les juges ordinaires à opérer un contrôle de conventionnalité des lois et, *a fortiori*, des textes réglementaires[115].

En définitive, au Cameroun, le régime du droit communautaire est exactement le même que celui des traités ordinaires. *« Le parricide prémédité »* [116]par ce droit n'a pas encore eu lieu dans le contexte qui est celui de ce pays. La Constitution a voulu qu'il en soit ainsi. La jurisprudence a approuvé la solution d'assimilation. Cette démarche impose, si l'on pousse la logique au bout, que l'on reconsidère la thèse, en apparence dominante en doctrine, qui rattache l'ordre juridique camerounais à la conception moniste, au détriment de la conception dualiste, alors qu'il semble puiser dans l'une et dans l'autre.

B. L'hybridation par l'ordre juridique camerounais des rapports de systèmes

Il existe incontestablement une connexité entre le sort réservé aux prétentions du droit communautaire et la façon dont les États membres des organisations d'intégration économique et juridique organisent l'articulation du droit interne et du droit international[117]. Sous ce rapport, la démonstration du principe de l'"inexception" du droit communautaire en droit camerounais, corollaire de son adhésion à la thèse de la banalisation de l'autonomie que la doctrine communautariste cherche, avec plus ou moins de succès à imposer, signifie au moins que "Charbonnier est toujours maître chez lui". S'il est donc admis que c'est l'ordre interne qui décide que le droit communautaire n'est rien d'autre qu'une espèce de droit international et mérite à ce titre un traitement conséquent, force est d'admettre la nécessité d'un réexamen[118] de l'idée qui consiste à rattacher, au regard de la *summa divisio*

---

[115] Sur ce contrôle en général en droit camerounais, V. MINKOA SHE (A), *Droits de l'homme et droit pénal*, op.cit., n°s 185 *et sq* ; ZAMBO ZAMBO (D.J), *Le droit applicable au Cameroun. Essai sur les conflits de lois dans le temps et dans l'espace*, thèse, op. cit., n°s 933 *et sq*, "Constitution et droit transitoire au Cameroun. Contribution à l'étude de la constitutionnalisation du droit camerounais", RIDC, n°3, 2016, pp. *775 et sq*, "Le législateur camerounais et la hiérarchie des normes. Réflexions à partir de la loi du 19 avril 2007 fixant le juge de l'exécution", R.A.S.J., Vol. 8, n° 2, 2011, pp. 63-90, "Protection des droits fondamentaux et droit à la *jurisdictio* constitutionnelle au Cameroun : continuité et ruptures", *RDH*, 15-2019.

[116] SIMON (D), "Les fondements...", op. cit., p. 210.

[117] Ce lien est clairement mis en évidence par le Professeur P.-G. Pougoué qui fonde par exemple la primauté *« matérielle »* du droit OHADA sur le monisme juridique dans lequel s'inscrivent les Constitutions des pays membres de l'OHADA. Cf. POUGOUE (P.-G), "Organisation pour l'Harmonisation en Afrique du Droit des Affaires", in POUGOUE (P.-G) (dir.), *Encyclopédie du droit OHADA*, éd. Lamy, 2011, pp. 1316 *et sq*, spéc. p.1330.

[118] L'examen de cette question avait déjà été amorcé dans le cadre de notre thèse de doctorat ZAMBO ZAMBO (D.J), *Le droit applicable au Cameroun. Essai sur les conflits de lois dans le temps et dans l'espace*, op. cit., n°s 960-961). Il a vu son intérêt se renouveler à la faveur de certaines évolutions postérieures dans la jurisprudence de la CCJA et de la Cour Suprême.

monisme/dualisme, l'ordre juridique camerounais à la conception moniste. Après avoir rappelé le contenu de cette importante distinction (1), on verra que le droit camerounais ne se plie pas ou se plie mal à la distinction. Ce qui signifie en réalité que dans l'absolu, il n'opte pour aucune des deux conceptions et parait plutôt les combiner (2).

1. La distinction entre monisme et dualisme

Il est devenu classique de soutenir que les ordres juridiques sont soit monistes, soit dualistes. On sait que cette *summa divisio* binaire repose sur la manière dont sont conçus les rapports de systèmes entre le droit interne et le droit international[119].

La conception moniste de l'ordre juridique affirme "*l'unité du droit international et du droit étatique »*[120]. Autrement dit, le droit international et le droit interne n'ont qu'une différence de degré et non de nature : le droit est *« un »*[121]. Ainsi, les monistes embrassent dans le même champ formel, la totalité des normes juridiques internes et internationales, les unes entretenant des liens de subordination avec les autres dans un ordre fondamentalement hiérarchique[122].

La théorie moniste repose donc sur un certain nombre de postulats. D'abord, il y a une application directe du droit international dans l'ordre juridique des États, justifiée qu'elle est par l'admission d'une interpénétration

---

[119] Sur cette question, cf. par exemple : TRIEPEL (P), "Les rapports entre le droit international et le droit interne", *R.C.A.D.I*, 1923, vol.1, pp.73-121 ; Kelsen (H.), " Les rapports de système entre le droit interne et le droit international public ", R.C.A.D.I. 1926, IV, vol. 14. pp. 231-331 et *Théorie pure du droit*, Paris, Dalloz, 2e éd., 1962, traduction EISENMANN, pp. 430-449 ; NGUYEN QUOC DINH et (autres), *Droit International Public*, Paris, L.G.D.J., 7e éd, 2002, pp. 93 *et sq.* ; VIRALLY (M), "Sur un pont aux ânes : les rapports entre droit international et droits internes" in *Le droit international en devenir. Essais écrits au fil des ans*, Paris, PUF, Coll. PIUHEI - Genève, 1990, pp. 103-117 et, aussi : in *Rolin (Mélanges à)*, 1964, pp. 486 *et sq.* ; MINKOA SHE (A), *Droits de l'homme et droit...*, op. cit., nos 52-53 ; MOUELLE KOMBI (N), "La loi constitutionnelle du janvier 1996 et le droit international", in MELONE (A), MINKOA SHE (A) et SINDJOUN (L) (dir.), *La réforme constitutionnelle du 18 janvier 1996 au Cameroun. Aspects juridiques et politiques*, op. cit. ; BERRAMDANE (A), *La hiérarchie des droits. Droits internes et droits européen et international*, Paris, L'Harmattan, coll. « Logiques Juridiques », 2002, 272 p., spéc. pp. 17 *et sq.* ; LAGHMANI (S), "Suprématie de la constitution et transfert de souveraineté", *R.C.A.I.D.C.*, n°8 : *Constitution et Droit international*, 2000, pp. 81-84 ; PELLET (A), "Vous avez dit monisme ? —Quelques banalités de bon sens sur l'impossibilité d'un monisme constitutionnel à la française", in TROPER (M), *L'architecture du droit (Mélanges à)*, Paris Economica, 2006, pp.827-857 ; Cf. POUGOUE (P.-G), "Organisation pour l'Harmonisation en Afrique du Droit des Affaires", in POUGOUE (P.-G) (dir.), *Encyclopédie du droit OHADA,* éd. Lamy, 2011, pp. 1316 *et sq*, spéc. p. 1329.

[120] KELSEN (H), *Théorie pure du droit*, Paris, Dalloz, 2e éd., 1962, traduction EISENMANN, pp. 430 *et sq.*

[121] NGUYEN QUOC DINH et (Autres), *Droit International Public*, op. cit., n°93.

[122] Cf. MOUELLE KOMBI (N), "La loi constitutionnelle du janvier 1996 et le droit international", op. cit. p.127.

entre les deux ordres. Ensuite, les deux ordres forment en réalité un système juridique unique. Enfin et en corrélation avec le précédent postulat, il y a une identité de sujets et une identité de sources pour les deux ordres[123]. Il s'en suit inévitablement que le droit international peut régir les rapports des individus. De même, la réception formelle des normes internationales dans l'ordre interne est inutile du fait de l'unité du système[124]. Finalement, les conflits entre les normes du système sont tranchés sur la base de principes uniques[125].

Les monistes ont parlé d'une seule et même voix jusqu'au moment où il a fallu, pour la cohérence du système nécessairement unitaire, régler le problème de la hiérarchie entre les normes internes et internationales. Deux tendances quantitativement déséquilibrées se sont fait jour. La première, minoritaire, donne la primauté au droit interne, au motif que le droit international dérive du droit interne. Cette thèse a été « *spectaculairement* »[126] développée par Jellinek et l'école de Bonn dont il était le maître[127]. La seconde, largement majoritaire et affirmant la primauté du droit international sur le droit interne, a été défendue par des noms aussi célèbres que Kelsen, Scelle, Verdross[128] ou, plus proches de nous, Michel Virally[129]. Cette seconde, à laquelle il est devenu classique en doctrine de rattacher l'ordre juridique

---

[123] Cf. NGUYEN QUOC DINH et (autres), *Droit International Public*, op. cit., n°48.

[124] Il faut bien noter qu'une confusion terminologique est observée en doctrine qui assimile l'un à l'autre les mots *"réception"* et "*transformation*". C'est en réalité celle-ci, et non celle-là qui est inutile. Cf. LAGHMANI (S), *"Suprématie de la constitution et transfert de souveraineté"* *R.C.A.I.D.C.*, n°8 : Constitution et Droit international, 2000, p. 83. V. infra, n°54.

[125] Cf. *Nguyen Quoc Dinh* et (autres), *Droit International Public*, op. cit., n°48.

[126] La formule est celle du doyen Minkoa She. Cf. MINKOA SHE (A), *Droits de l'homme et droit...*, op. cit., n°52.

[127] Le point de départ de cette thèse, d'abord esquissée par des auteurs tels que Decencière-Ferrandière et à un moment par Verdross, est la souveraineté des États comme dogme absolu. Cf. BARRAMDANE (A), *La hiérarchie des droits*, op. cit., p. 19. C'est cette idée qui a amené Jellinek à affirmer que *« le droit international existe pour les États, et non les États pour le droit international »,* cité par BERRAMDANE (A), p. 20. Adde : MOUELLE KOMBI (N), "La loi constitutionnelle du janvier 1996 et le droit international", op. cit., p.127.

[128] Cf. BARRAMDANE (A), *La hiérarchie des droits*, op. cit., p.19, MOUELLE KOMBI (N), "La loi constitutionnelle du janvier 1996 et le droit international", op. cit., p.127, adde : MINKOA SHE (A), *Droits de l'homme et droit...*, op. cit., n°52.

[129] Cf. VIRALLY (M), "Sur un pont aux ânes : les rapports entre droit international et droits internes".

camerounais[130], soutient que le droit interne dérive du droit international et non l'inverse[131]. Celui-ci fondant celui-là[132].

En supposant admise la thèse du monisme avec primauté du droit international, le Professeur Denys Simon estime que cela équivaut à en dégager trois critères d'application, sans aucun doute cumulatifs. D'abord, l'introduction directe de la norme internationale dans l'ordre juridique interne, c'est-à-dire l'absence de « transformisme », voire de réception lors de la pénétration en droit interne. Ensuite, l'invocabilité et la capacité des justiciables à se prévaloir de la norme internationale devant les tribunaux nationaux. Enfin, la primauté des normes internationales sur toute norme interne[133]. C'est une lecture diamétralement opposée des rapports de systèmes que nous propose la conception dualiste.

Le paradigme dualiste se fonde sur les différences importantes entre les droits interne et international et se propose de défendre l'idée que les deux ordres juridiques sont *« indifférents l'un à l'autre »*[134]. Ils n'ont pour seul point de contact que la responsabilité internationale, qui est un élément du droit international et qui n'entame en rien, selon le droit interne, la validité de normes internes[135]. Le dualisme repose ainsi sur *« une conception séparatiste des deux ordres juridiques, considérés comme égaux, mais distincts, indépendants et autonomes, entretenant tout au plus des liens de coordination »*[136].

---

[130] Cf. par exemple : MOUELLE KOMBI (N), "La loi constitutionnelle du janvier 1996 et le droit international", in MELONE (S), MINKOA SHE (A) et SINDJOUN (L) (dir.), *La réforme constitutionnelle du 18 janvier 1996 au Cameroun. Aspects juridiques et politiques.* ; MINKOA SHE(A), *Droits de l'homme et droit...*, op. cit., n°s 52-53 ; POUGOUE (P.-G), "Organisation pour l'Harmonisation en Afrique du Droit des Affaires", in POUGOUE (P.-G) (dir.), *Encyclopédie du droit OHADA,* éd. Lamy, 2011, p. 1329.

[131] Un peu comme les droits "fédérés" dérivent du droit fédéral dans le cas d'un État Fédéral.

[132] Même si l'on sait que le fondement de la primauté du droit international ne fait pas l'unanimité entre les défenseurs de cette thèse. Il s'agit par exemple pour Kelsen de la norme fondamentale hypothétique (cf. *Théorie pure du droit*, Paris, Dalloz, 2e éd., 1962, traduction EISENMANN, pp. 430 *et sq.*) alors que Michel Virally la fonde sur un syllogisme qui part du théorème suivant lequel *« tout ordre juridique s'affirme supérieur à ses sujets, ou bien il ne l'est pas »*. Cf. VIRALLY (M), "Sur un pont aux ânes : les rapports entre droit international et droits internes", op.cit. p.10.

[133] V. le point de vue de Denys Simon exprimé au cours des débats présidés par Jean-Pierre Puissochet lors du Colloque de Bordeaux organisé par la S.F.D.I., cf. GAUTRON (J.-L) et GRARD (L) (dir.), *Droit international et droit communautaire – perspectives actuelles, op. cit.,* p. 296.

[134] NGUYEN QUOC DINH et (autres), *Droit International Public*, op. cit., n°48.

[135] Idem

[136] MOUELLE KOMBI (N), "La loi constitutionnelle du janvier 1996 et le droit international", op. cit., p. 127.

Cette approche qui a pris corps sous la plume d'auteurs comme Triepel[137] ou Anzilotti[138], repose comme la précédente, sur trois postulats[139]. Premièrement, parce que les deux types de normes n'ont pas le même objet et ne réglementent pas les mêmes rapports sociaux, le conflit entre elles n'est pas possible. En effet, la norme interne, exclusivement étatique, ne pénètre pas dans l'ordre international comme norme. Si elle est *« "internationalement contraire"*, [elle] *n'est pas "illégale", elle ne peut être qu'un fait dommageable »*[140]. Deuxièmement, les communications entre les deux ordres ne peuvent se faire qu'en vertu de leurs procédures propres, notamment la transformation d'une norme interne en une norme internationale ou celle d'une norme internationale en une norme interne. L'emprunt peut être réciproque, mais l'autonomie reste affirmée. Troisièmement enfin, il existe une nette différence quant aux sujets des deux types de normes en ce sens que les normes internationales réglementent les rapports interétatiques, alors que les normes internes visent les rapports interindividuels[141]. Où ranger l'ordre camerounais dans ces logiques qui s'excluent mutuellement ? Peut-être nulle part, si l'on regarde attentivement.

2. La négation de l'option et la théorie de l'hybridisme de l'ordre juridique camerounais

Il se dégage de ce qui précède, que la *summa divisio* monisme/dualisme en matière de rapports de systèmes semble ne ménager aucune place pour une troisième approche. La question qui vient à l'esprit, on peut s'en douter, est celle de savoir dans quelle logique s'est inscrit l'ordre juridique camerounais. La pertinence de cette interrogation ne se prête aucunement au débat. En effet, constate un auteur parlant de la question des rapports de systèmes, *« [les] approches théoriques sont loin d'être inutiles, car elles éclairent les options et les dynamiques (...), mais le droit positif, si l'on peut synthétiser ses tendances générales, est plus complexe. Il ne consacre ni la pure juxtaposition des ordres [juridiques] ni leur unification au profit du droit international »*[142]. Les relations entre les ordres juridiques se caractérisent par un mélange d'*« autonomie »* et d'*« interdépendance »*[143]. Il en résulte que l'évidence de la

---

[137] Cf. par exemple TRIEPEL (P.), "Les rapports entre le droit international et le droit interne", *R.C.A.D.I*, 1923, vol.1, pp. 73-121.

[138] Cf. par exemple ANZILOTTI (D), *Cours de droit international*, traduit par Gidel, Paris, Sirey, 1929, p. 4965. Dans le même sens, MOUELLE KOMBI (N), "La loi constitutionnelle du janvier 1996 et le droit international", *op. cit.*, p. 127

[139] Nous nous référons à NGUYEN QUOC DINH et (autres), *Droit International Public*, op. cit., n°48.

[140] Cf. NGUYEN QUOC DINH et (autres), *Droit International Public*, loc. cit.

[141] Il est vrai que ce troisième postulat semble le plus discutable tant il est indéniable que l'on assiste à l'émergence de l'individu comme sujet du droit international. Et que présenter le droit interne comme régulant uniquement les rapports interindividuels peut apparaitre réducteur.

[142] COMBACAU (J) et SUR (S), *Droit international public*, Paris, Montchrestien, 2008, p. 185.

[143] Idem

réponse, que la doctrine camerounaise[144] déduit spontanément des modalités de son introduction et de l'affirmation constitutionnelle de la supériorité du droit international sur le droit interne, peut très bien n'être qu'une illusion. Comme un auteur l'a relevé : *« dans l'ordre interne, la distinction entre monisme et dualisme a trouvé un succès immérité et, comme souvent dans ce cas, elle a subi une dénaturation certaine. En effet, lorsque les constitutions se réfèrent à ces concepts ou qu'elles sont interprétées conformément à ceux-ci, elles se prononcent beaucoup plus souvent sur certaines modalités d'introduction en droit interne que sur l'articulation des ordres juridiques »*[145]. Et de fait, une observation attentive de l'ordre juridique camerounais laisse indiscutablement voir qu'aux traits apparemment prépondérants du monisme répond en réalité une persistance, peut-être naturelle, d'une certaine logique dualiste. Si bien qu'il pourrait se situer ni ici ni là-bas ; ni dans l'un, ni dans l'autre, mais dans *« l'"entre" »*, pour parler comme un auteur[146]. Ce qui en ferait un ordre hybride ou *sui generis*.

Sur la prédominance des traits monistes d'abord. Nous avons exposé précédemment que l'unité du système entre droit international et droit interne devait, dans la conception majoritaire du monisme, déboucher sur trois principales conséquences : la pénétration sans transformation du droit international en droit interne ; son applicabilité immédiate et son invocabilité par les justiciables devant les juridictions nationales ; et enfin sa supériorité hiérarchique sur toutes les normes internes.

À s'en tenir aux deux premières conséquences, il serait possible de soutenir que l'ordre juridique camerounais est moniste. La première exigence est certainement satisfaite dans le contexte camerounais, la Constitution du 18 janvier 1996 ayant *a priori* consacré *« l'intégration non réceptive du droit international dans l'ordre juridique camerounais »*[147]. Cela signifie deux choses, d'une part « *l'inexistence d'une formalité spéciale de réception du traité dans l'ordre interne*[148] » et, d'autre part, *« le caractère auto-suffisant de la ratification »*[149]. La seconde exigence le serait tout autant, car il a déjà été soutenu que le traité, une fois introduit dans l'ordre interne, fait partie de la légalité applicable par le juge. De même, lorsqu'il crée pour eux des droits et des obligations, autrement dit, lorsqu'il est doté d'un effet direct, le traité est

---

[144] V. supra, note 127.
[145] GREWE (C) et Ruiz-Fabri (H), "La situation respective du droit international et du droit communautaire dans le droit constitutionnel des États", op. cit., p. 273.
[146] Cf. POILLOT-PERUZZETTO (S), "L'internationalité du point de vue de l'ordre communautaire".
[147] MOUELLE KOMBI (N), "La loi constitutionnelle du janvier 1996 et le droit international", op. cit., p. 136.
[148]Ibid. p. 137. Contra : LAGHMANI (S), Pour cet auteur, la réception, postulat dualiste par excellence, est le principe en droit interne. Op. cit., p. 83.
[149] MOUELLE KOMBI (N), "La loi constitutionnelle du janvier 1996 et le droit international", op. cit., p. 139.

invocable par le justiciable. Or, cette caractéristique, exceptionnelle pour les traités ordinaires, est le principe dans les traités communautaires et les droits qui en dérivent. Mais ces deux critères sont malheureusement insuffisants pour permettre de conclure à une totale nature moniste de l'ordre camerounais. La supériorité tous azimuts du droit international sur le droit interne fait défaut. Le rang de celui-là est fixé par celui-ci. Ce qui ne va pas sans rappeler la conception dualiste de l'ordre juridique.

Sur la persistance des traits dualistes ensuite. Deux traits de la conception dualiste des rapports de systèmes sont inscrits en lettres de feu au fronton de l'ordre juridique camerounais. En premier lieu, contrairement à ce que les apparences peuvent laisser croire, une *réception* du droit international existe bel et bien dans l'ordre juridique camerounais. Un rapide affinement des concepts de réception et de transformation que l'on assimile souvent, quoiqu'à tort, permet d'asseoir ce point de vue. Pour le Professeur Slim Laghmani[150], les deux techniques ne coïncident pas. La *réception* est l'acte par lequel le droit interne accueille en son sein la norme internationale et lui confère par là même une validité nouvelle, interne. Et c'est la Constitution, ou une norme de valeur constitutionnelle qui en dernière analyse, organise la réception des règles internationales[151]. La *transformation* est une technique de mise en œuvre de la norme internationale reçue. Elle procède de la conviction que la norme internationale ne peut être appliquée en droit interne que si elle se transforme en loi ou, de manière plus générale, en règle interne. Or, s'il est vrai que dans l'ordre interne camerounais, la transformation n'est qu'exceptionnelle[152], la réception apparait pourtant être le principe eu égard aux formalités d'introduction des normes internationales dans l'ordre interne prévues par la Constitution[153].

Si l'on admet alors que « *le dualisme implique nécessairement la réception, mais n'implique pas nécessairement la transformation* »[154], reconnaissons que ce postulat dualiste est loin d'être une vue de l'esprit dans

[150] Cf. LAGHMANI (S), "Suprématie de la constitution et transfert de souveraineté" *R.C.A.I.D.C., n°8 : Constitution et Droit international*, 2000, pp. 83-85.

[151] V. ZAMBO ZAMBO (D.J), *Le droit applicable au Cameroun. Essai sur les conflits de lois dans le temps et dans l'espace*, op. cit., n°s 517 *et sq.*

[152] Puisqu'il semble qu'elle n'est admise qu'en matière pénale où, sur le fondement du très sacro-saint principe de la légalité des délits et des peines, les conventions internationales créant des infractions pénales ont besoin, pour être efficaces, d'être reprises par une loi nationale. Il en fut ainsi s'agissant de la convention de l'ONU du 10 décembre 1984 contre la torture qui a dû être reprise par la loi n°97/009 du 10 janvier 1997 qui a introduit dans le code pénal l'article 132 (bis), devenu article 277-3 à la faveur de la réforme du code pénal issue de la loi n°2016/007 du 12 juillet 2016 portant Code pénal.

[153] V. supra, n°36. Ces formalités ne concerneraient pas uniquement les règles de *jus cogens*. Sur ces normes en général, v. par exemple, TOUONANG TEKENDO (T), *Les obligations objectives en droit international*, Thèse de doctorat Ph.D, Université de Yaoundé II, 2013, 547 p.

[154] LAGHMANI (S), "Suprématie de la constitution et transfert de souveraineté" *R.C.A.I.D.C., n° 8 : Constitution et Droit international*, 2000, p. 83.

l'ordre juridique camerounais. Celui-ci porte sur son fronton constitutionnel, à l'image de l'Académie de Platon, cette mise en garde à l'adresse du droit international : *"nul n'entre ici s'il n'y est invité ! "*[155]. Comment ne pas alors convenir avec l'auteur qui affirme que *« c'est d'avoir confondu réception et transformation qu'une part non négligeable de la doctrine a conclu à la victoire du monisme... »*[156] ?

En second lieu, l'argument nous parait décisif, c'est en se fondant sur la nature des rapports hiérarchiques entre les deux ordres dans notre contexte que le trait moniste de l'ordre juridique camerounais mérite d'être sérieusement nuancé, sinon réexaminé. En effet, la circonstance selon laquelle il revient au droit interne de fixer le rang des normes internationales dans son ordre est de nature à renforcer les idées d'autonomie, d'indépendance, d'égalité et de coordination, notions qui, on l'a vu, constituent le socle de la conception dualiste de l'ordre juridique.

Ainsi, comme on l'a souligné, les rapports de systèmes sont dominés par le dualisme, car *« tout ordre juridique forme un ensemble autarcique (...) ce qui vient d'un autre ordre juridique est a priori un simple fait »*[157]. Il faut bien admettre cette évidence même s'il faut assumer, à l'image du Professeur Alain Pellet, d'être taxé de *« bulliste »* ou de *« perspectiviste »*, en considérant que *« lorsque l'on se place à l'intérieur d'un système donné, les normes existant dans un autre système n'ont jamais valeur juridique par elle-même (sic) dans le premier »*[158]. La distinction entre monisme et dualisme a donc bien souvent été dénaturée. Et c'est à tort que l'on se fonde souvent uniquement sur l'immédiateté du droit international affirmée par certaines Constitutions, pour en déduire que l'ordre est moniste[159]. Ce faisant, on couvre d'ambiguïté les concepts de monisme et de dualisme, en ne considérant pas leurs différents points d'application[160].

Le constat est clair, dans l'ordre interne, le régime du droit international est fixé par le droit interne. Dans le contexte camerounais, celui-ci donne un rang supralégislatif, mais infraconstitutionnel à celui-là dans son ensemble, contrairement à la thèse, désapprouvée, de la supra constitutionnalité

---

[155] Puisque l'article 45 de la Constitution prévoit bien une procédure de réception du droit international qui est la ratification sans laquelle ce droit ne peut pénétrer au sein de l'ordre juridique interne.

[156] *Idem.*

[157] (C) GREWE et RUIZ FABRI (H), "La situation respective du droit international et du droit communautaire dans le droit constitutionnel des États", op. cit., p. 274.

[158] PELLET (A), "Constitutionnalisation du droit des Nations-Unies ou triomphe du dualisme ?", *Revue du Marché commun et de l'Union européenne*, n°529, juin 2009, p. 416.

[159] Pour le cas du Cameroun et des pays de l'OHADA par exemple, cf. POUGOUE (P.-G), "OHADA, "Instrument d'intégration juridique", op.cit., p. 27, "Organisation pour l'Harmonisation en Afrique du Droit des Affaires", op. cit., p. 1330.

[160] Cf. le point de vue de Denys Simon, préc. p. 296.

matérielle du droit communautaire, notamment OHADA fondé sur sa supranationalité et sa transnationalité[161]. L'unité du système, on s'en aperçoit, vole en éclats. En effet, le maintien du postulat moniste de la primauté du droit international sur le droit interne prend souvent appui sur la distinction entre primauté *internationale* de la norme internationale et sa primauté *interne*. Ainsi, *« le droit international affirme sa propre primauté, mais laisse à chaque ordre juridique interne la responsabilité de fixer les conditions d'introduction et la place hiérarchique dans le droit interne des normes issues de l'ordre juridique international »*[162]. Cette idée mérite d'autant plus une attention particulière que c'est elle qui a servi de boussole au juge communautaire européen dans l'arrêt Kadi du 3 septembre 2008[163] et qui avait conduit la doctrine à entrevoir le triomphe du dualisme[164], car le même raisonnement est, *mutatis mutandis*, transposable aux relations entre droits internes et droit international.

Au regard des rappels qui précèdent, et si l'on tient pour acquis le principe assimilationniste, relevons que la distinction primauté internationale ou communautaire[165] et primauté interne [166]dessert la thèse de l'adhésion au monisme et corrobore la théorie de l'hybridisme. Elle semble, dans l'ordre

---

[161] Thèse défendue principalement par le doyen POUGOUÉ, v. supra, n°24. La seule forme de primauté susceptible de bénéficier au droit international en général et au droit communautaire dérivé en particulier parait être une "primauté juridictionnelle" dans la mesure où, en cas de conflit avec la norme constitutionnelle, le modèle de contrôle de constitutionnalité mis en place joue en faveur de la norme inconstitutionnelle qui risque d'être concrètement appliquée, même si nous avons déjà eu à montrer que les choses sont en réalité plus nuancées et connaissent une évolution ZAMBO ZAMBO (D.J), "Protection des droits fondamentaux et droit à la *jurisdictio* constitutionnelle au Cameroun : continuité et ruptures", *RDH*, 15-2019). C'est cette idée de "primauté juridictionnelle" et ses conséquences et dont on a affirmé qu'elle confère une véritable « *immunité constitutionnelle* » au droit dérivé en particulier (PUIG (P), "Hiérarchie des normes : du système au principe", *R.T.D.Civ.* (4), Oct-Déc 2001, p.774.) qui pourrait justifier la notion de primauté matérielle dont parle le doyen Pougoué. Mais il est évident que leurs fondements sont distincts. La primauté matérielle dont parle le doyen Pougoué s'enracine dans le concept d'immédiateté du droit auquel les communautaristes sont viscéralement attachés, alors que la primauté juridictionnelle n'est que la conséquence d'une situation conjoncturelle liée à l'absence d'exception d'inconstitutionnalité en droit camerounais. Ce qui ne traduit absolument rien en termes de hiérarchie puisque, d'une part, cette situation peut évoluer et est en train d'évoluer, en ce sens que l'on note aujourd'hui en droit camerounais l'existence de dispositions spécifiques susceptibles de fonder l'exception d'inconstitutionnalité devant le juge administratif notamment (v. notre contribution à la RDH, ci-dessus citée) et, d'autre part, elle bénéficie également, *mutatis mutandis*, à la loi inconstitutionnelle sans que personne n'en conclut, ce serait hérétique, que loi est supérieure à la Constitution.

[162] SIMON (D), "Les fondements de l'autonomie du droit communautaire", op. cit., p. 240.

[163] Précité.

[164] PELLET (A), "Constitutionnalisation du droit des Nations-Unies ou triomphe du dualisme ?", *Revue du Marché commun et de l'Union européenne*, n°529, juin 2009, pp. 415-418

[165] Au sens de primauté par et dans l'ordre juridique international ou son espèce particulière qu'est l'ordre juridique communautaire.

[166] Entendue comme primauté par et dans l'ordre juridique interne.

juridique camerounais, donner du crédit à la thèse du dualisme et à l'autonomie qui la sous-tend. En effet, comme le note avec justesse le Professeur Charles Leben (parlant du droit communautaire), s'il est vrai que le dualisme est banni dans l'ordre communautaire, il n'en demeure pas moins qu'il s'agit avant tout d'une interdiction communautaire, c'est-à-dire de l'ordre juridique ou juridictionnel communautaire[167]. Mais « *il n'est pas du tout interdit dans les ordres juridiques internes* »[168]. D'autant plus que « *l'option entre les aménagements moniste ou dualiste des effets du droit international en droit interne relève finalement du seul droit interne* »[169]. Or, affirme Joël Rideau, *« il n'existe aucune Constitution poussant jusqu'au bout les conséquences du monisme »*[170]. Et on peut le comprendre, car en réalité, ainsi que l'écrit le professeur Denis Alland, *« la Constitution et les organes chargés de son interprétation ne sont pas en mesure de la placer au-dessous du droit international. Affirmer une subordination suppose la supériorité de ce à quoi on se soumet, laquelle ne saurait dépendre de ce qui est subordonné. Or toute l'ingéniosité du monde ne permettrait pas de trouver le moyen pour une Constitution ou un de ses organes constitués de placer le droit international au-dessus d'elle-même. D'où leur viendrait la puissance de lévitation permettant de hisser la valeur de quelque norme que ce soit hors de leur propre portée ? »*[171]

Il faut donc l'admettre, la suprématie de la Constitution sur les normes internationales dans un ordre juridique interne donné rapproche celui-ci du dualisme de la même manière que l'immédiateté du droit international le rapproche du monisme. Le professeur Leben est donc conduit à constater qu'il est impossible d'avoir *« un monisme total dans un système d'inspiration internationale, et c'est vrai pour le droit communautaire, car jamais un juge national ou un juge Constitutionnel interne ne pourrait crever le plafond de son ordre constitutionnel. Ce serait détruire son ordre juridique propre. Cela lui est interdit. Et cela signifierait la perte de la souveraineté de l'État* [172]*»*.

---

[167]Cf. GAUTRON (J.-L) et GRARD (L) (dir.), *Droit International et droit communautaire – perspectives actuelles* (S.F.D.I., Colloque de Bordeaux), op. cit., p. 298.

[168]*Idem.*

[169] SIMON (D), "Les fondements de l'autonomie du droit communautaire", op. cit., p. 240 ; Rappr. LAGHMANI (S), "Suprématie de la constitution et transfert de souveraineté", *R.C.A.I.D.C., n°8 : Constitution et Droit international*, 2000, loc. cit.

[170] Cité par DUBOUIS (L), "Le juge français et le conflit entre norme constitutionnelle et norme communautaire", *Mélanges Jean Boulouis*, Paris, Dalloz, 1991, p.213 ; par exemple PUIG (P), "Hiérarchie des normes : du système au principe", *R.T.D.Civ.* (4), Oct-Déc 2001, pp. 768 *et sq* ; PELLET (A), "Vous avez dit « monisme » ? Quelques banalités de bon sens sur l'impossibilité du prétendu monisme constitutionnel à la française", ", in TROPER (M), *L'Architecture du droit (Études à)*, Paris, Economica, 2006, pp. 827 *et sq*

[171] V. ALLAND (D), "Consécration d'un paradoxe : la primauté du droit interne sur le droit international...", *op. cit.*, p. 1101.

[172] Cf. GAUTRON (J.-L) et GRARD (L) (dir.), *Droit International et droit communautaire – perspectives actuelles* (S.F.D.I., Colloque de Bordeaux), op. cit., p. 274. Allant plus loin, le

Ainsi, même la particularité du droit communautaire ne change rien. On le perçoit nettement, l'idée dominante ici est que pour le juge interne *« l'investiture constitutionnelle ne disparaît pas même lorsque la norme (...) est d'applicabilité directe* [173]*»*. Le juge interne français (comme d'ailleurs son homologue camerounais[174]) *« ne peut faire jouer la primauté et la spécificité de la règle* [communautaire] *que dans les limites autorisées par la Constitution »*[175]. Constitution qui n'a pas consacré un monisme absolu. Il ne pouvait en être autrement, car « *le seul système qui soit un système moniste, c'est le système fédéral étatique dans lequel l'ordre juridique fédéral brise le droit des États fédérés »*[176].

La distinction primauté interne et primauté internationale n'est donc d'aucun secours. Son seul intérêt est de mettre en relief la notion de responsabilité internationale qui, on l'a souligné, est le seul point de contact que les dualistes admettent entre les deux ordres. La distinction produirait donc un effet boomerang : évoquer en effet la responsabilité internationale en matière de rapports de systèmes signifie selon Pierre Pescatore que *«* [c]*'est donc le "dualisme" à l'état pur...parce que tout le monde sait que la responsabilité internationale de l'État est une notion purement théorique »*[177].

Une chose semble donc claire, les considérations objectives qui viennent d'être relevées n'autorisent pas à rattacher sans réserve l'ordre juridique camerounais à la conception moniste quelle que soit sa variante envisagée. Il apparait en effet que l'ordre juridique camerounais se plie mal ou refuse de se plier à la *summa divisio* monisme/dualisme. Sans être *« un contenant sans contenu »*[178], il parait, par la volonté du Constituant, se situer entre les deux,

---

Professeur Denis Alland pense même qu'il est impossible *« pour une Constitution quelle qu'elle soitet quoi qu'elle prévoie (...) d'être moniste »*. V. ALLAND (D), "De l'ordre juridique international", *Droits*, 35, 2002, p. 97 ; adde : PELLET (A), "Vous avez dit « monisme » ? Quelques banalités de bon sens sur l'impossibilité du prétendu monisme constitutionnel à la française", ", in TROPER (M), *L'architecture du droit (Études à)*, op. cit., pp. 827 *et sq.*

[173] DUBOUIS (L), "Le juge français et le conflit entre norme constitutionnelle et norme communautaire", in *Mélanges Jean Boulouis*, Paris, Dalloz, 1991, p. 214.

[174] Les deux étant dans la même situation en présence d'une norme internationale ordinaire ou communautaire.

[175] DUBOUIS (L), « Le juge français et le conflit entre norme constitutionnelle et norme communautaire », op. cit., p. 214.

[176] Cf. GAUTRON (J.-L) et GRARD (L) (dir.), *Droit International et droit communautaire – perspectives actuelles*, S.F.D.I., Colloque de Bordeaux, *op. cit.,* p. 298.

[177] V. PESCATORE (P), in GAUTRON (J.-L) et GRARD (L) (dir.), *Droit International et droit communautaire – perspectives actuelles* (S.F.D.I., Colloque de Bordeaux), op. cit., p. 299 ; PELLET (A), "Vous avez dit « monisme » ? Quelques banalités de bon sens sur l'impossibilité du prétendu monisme constitutionnel à la française", ", op. cit., pp. 827 *et sq.*

[178]À l'image du Parlement camerounais, selon l'expression d'un auteur. Cf. MANASSE ABOYA ENDONG, "Parlement et parlementaires au Cameroun : compte rendu de l'histoire d'un contenant sans contenu ?" *Revue africaine de Parlementarisme et de Démocratie (Solon)*, Vol.1, N°1, 2[d] semestre 1999, pp. 23-45.

en donnant à la fois l'image d'un monisme avec la primauté du droit international à moitié vide et celle d'un dualisme à moitié plein[179]. C'est sans doute consciente de cet hybridisme, que la doctrine prend toujours le soin de préciser que le Cameroun a opté pour un monisme avec primauté du droit international sur la loi[180], alors qu'on se passerait bien d'une telle précision dans un monisme à *« l'état pur »*[181]. Et puisque, *in fine*, c'est la Constitution, c'est-à-dire l'ordre juridique camerounais lui-même, qui distribue les cartes en ce domaine, sans formellement se préoccuper de ce qu'en dit l'ordre international dans son acception classique ou sous sa déclinaison communautariste[182], on peut estimer que cet hybridisme exhale plutôt un fort encens de dualisme. Il semble dans tous les cas s'analyser en un adjuvant significatif pour la démonstration de l'absence de différenciation entre le droit international ordinaire et le droit communautaire. En effet, c'est cet hybridisme de l'ordre juridique camerounais qui justifie, *in fine*, l'absence de différenciation à travers un filtrage à double détente des prétentions internationalistes et communautaristes sur fond de monisme avec primauté du droit international *lato sensu*. D'une part, cet ordre ne valide pas l'idée de nature propre du droit communautaire par rapport au droit international et procède à une assimilation des deux droits. D'autre part, il apprécie les prétentions monistes du droit communautaire comme il le fit en son temps pour le droit international ordinaire, et décide, en toute autonomie, de soumettre celui-là au régime juridique qu'il avait mis en place pour celui-ci.

Finalement, le principal enseignement que l'on peut tirer de cette réflexion est que l'ordre juridique camerounais apparait comme un espace normatif qui n'est pas aux ordres. Il fait en effet montre, au plan juridique, d'une véritable souveraineté pour régler ses rapports avec le droit international. Premièrement, sans s'embarrasser de la singularité proclamée du droit et de

---

[179] Nous écrivions la formule inverse il y a un peu plus de dix ans. Ce qui est révélateur d'une certaine évolution dans notre compréhension de cette question. Cf. ZAMBO ZAMBO (D. J), *Le droit applicable au Cameroun. Essai sur les conflits de lois dans le temps et dans l'espace*, op. cit., n° 981.

[180] Cf. par exemple MINKOA SHE (A), *Droits de l'homme et droit…*, op. cit., n° 63 ; MOUELLE KOMBI (N), "La loi constitutionnelle du janvier 1996 et le droit international", op.cit., p. 132.

[181] Selon l'expression de Pierre Pescatore, précité.

[182] Par exemple, on a démontré que le juge camerounais fait prévaloir le droit communautaire, et d'une manière générale le droit international, pas parce que cette primauté est affirmée au sein de l'ordre dont ces normes relèvent, mais bien plus parce que cette primauté résulte d'une affirmation constitutionnelle. La meilleure preuve est que, en l'absence d'une telle affirmation constitutionnelle de primauté, l'incertitude apparait immédiatement sur le rang hiérarchique des normes internationales comme ce fut le cas au Cameroun entre 1961 et 1996 (période au cours de laquelle les seuls points de certitudes concernaient le domaine pénal et celui de la nationalité qui faisaient l'objet d'affirmations spéciales par des lois particulières), alors que durant cette même période, la position du droit international n'avait pas varié sur cette question. Sur l'ensemble, V. ZAMBO ZAMBO (D.J), *Le droit applicable au Cameroun. Essai sur les conflits de lois dans le temps et dans l'espace*, op. cit., n°s 444 *et sq*.

l'autonomie réclamée de l'ordre communautaire par ses propres instances, il a une conception unitaire de ce droit, en ce sens qu'il considère, en partant de la théorie de ses sources et sans prise en compte de la destination particulière de certaines de ces normes, qu'il n'y a qu'un seul droit international, qui intègre bien en son sein le droit communautaire, soumis qu'il est par la Constitution au régime de droit commun du droit des gens. Ce point de vue est d'autant plus à prendre en considération que les traités instituant les principales organisations d'intégration communautaire auxquelles le Cameroun est partie, ont été signés et ratifiés par le Cameroun avant la substantielle réforme constitutionnelle du 18 janvier 1996. L'État aurait donc pu, si sa volonté souveraine avait été d'adhérer au discours communautariste exaltant les idées de spécificité et d'autonomie, lui donner un prolongement dans cette réforme. Deuxièmement et en conséquence de ce qui précède, au regard de la *summa divisio* monisme/dualisme, il parait évident que le droit camerounais a opté pour une troisième voie plus compatible avec l'idée de souveraineté, en refusant tout rattachement absolu à l'une ou à l'autre théorie, mais en combinant, à des proportions variables, certains de leurs traits distinctifs. Cette posture, non seulement lui assure une marge de manœuvre certaine, mais encore et surtout sert de fil conducteur aux solutions qu'il consacre, leur conférant ainsi unité et cohérence. C'est cette démarche *« bulliste »* assumée, qui lui a permis de considérer que le droit communautaire n'est qu'une espèce particulière de droit international. Elle peut sans doute valoir quelques désapprobations par certains déçus par cette sorte de désobéissance caractéristique dont fait montre le droit camerounais en ne prêtant qu'une oreille sélective aux revendications communautaristes. Mais elle a au moins le mérite de rappeler que l'étude des ordres juridiques, imprégnés qu'ils sont de l'esprit souverainiste, s'accommode bien, c'est raisonnable, de la loi pascalienne qui ne trouve pas aberrant d'énoncer que ce qui est vrai en deçà des Pyrénées peut ne pas l'être au-delà. Coulant de source, le pastiche est tout trouvé : ce qui est accepté ou vrai ailleurs pourrait ne pas l'être au Cameroun !

Assurément, ce sont des points de vue qui font exception, au regard de la position dominante en doctrine. Et en attendant qu'on leur accorde l'attention qu'ils méritent de notre regard, nous pourrons nous réjouir du zeste de satisfaction que le fait de les avoir mis en évidence aura pu apporter au dédicataire de cette réflexion qui, simple supposition, ne devrait pas l'avoir laissé indifférent. La raison, on en conviendra, relève du registre de monsieur Lapalisse : c'est que parmi les différents bassins remplis d'eau juridique dans lesquels il a plongé au cours de son exceptionnelle carrière universitaire, il a certainement pris un plaisir particulier à nager dans celui de "l'exception" ! La preuve…

LE FINANCEMENT ÉTATIQUE DES ASSOCIATIONS SPORTIVES EN DROIT POSITIF CAMEROUNAIS

Gérard Martin PEKASSA NDAM

Agrégé des Facultés de Droit
Professeur Titulaire
Université de Yaoundé II (Cameroun)

INTRODUCTION

Les Jeux olympiques (JO) de Tokyo, initialement prévus du 24 juillet au 9 août 2020, ont été reportés finalement à l'été 2021 par le Comité International Olympique (CIO) pour cause de pandémie de la Covid-19. En 2019, le budget officiel prévisionnel de cette compétition sportive planétaire estimait que le coût total de l'organisation s'élèverait à environ 11,5 milliards d'euros[1], soit 7 544 milliards FCFA. Cette enveloppe astronomique est répartie entre trois acteurs : la métropole de Tokyo pour 44,5 % (4,975 milliards d'euros), le Comité d'Organisation pour 44,5 % également et le Gouvernement japonais à hauteur de 11 % (1,265 milliards d'euros, soit 829,84 milliards FCFA). Cette illustration chiffrée nous démontre, s'il en était encore besoin, que le sport moderne n'est plus seulement un jeu, il est devenu davantage un enjeu diplomatique[2], politique[3], géopolitique[4], mais surtout économique[5] à travers l'outil du financement du sport pour lequel l'État participe. Il est donc important dans cette mondialisation du sport postmoderne non seulement d'interroger les effets globaux du financement du sport, lesquels peuvent être

---

[1] Cf. Ministère de l'Economie et des finances, Direction générale du Trésor, *2020, l'année des Jeux Olympiques et Paralympiques de Tokyo : quel impact économique en attendre ?*, www.tresor.economie.gouv.fr, Publié le 13 janvier 2020, consulté le 30 juin 2020 à 11h45.

[2] Pierre COLLOMB (dir.), *Sport, droit et relations internationales,* Paris, Economica, 1988, 302 p.

[3] Aron N. WISE and Bruce S. MEYER, *International Sports Law and Business*, 3 vol., Kluwer law international, Boston, 1997, 2185.

[4] Pascal BONIFACE, *La Terre est ronde comme un ballon. Géopolitique du football,* Paris, Seuil, 2002, 202 p.

[5] Wladimir ANDREFF, Jean-François BOURG, Bénédicte HALBA et Jean-François NYS, *Les enjeux économiques du sport en Europe : financement et impact économique*, Paris, Dalloz, 1995, 196 p.

pervers[6] ou bénéfiques[7] pour le sport, mais aussi de questionner la pertinence des différentes formes de financement du sport, surtout par les États des pays en voie développement, à l'instar du Cameroun, dont les contraintes budgétaires sont incontestables.

Il faut dissocier *ab initio,* l'investissement dans le sport permettant d'auto-générer les fonds avec l'évènement sportif qui prend la forme d'un produit commercial à travers le marketing sportif et le sponsorisme[8], d'avec le financement permettant au sport de recevoir des allocations d'une entité donnée (public ou privé) afin d'assurer le service public du sport ou de favoriser le développement du sport. Le financement du sport peut donc être *privé*, dans ce cas il prend la forme d'investissement dans le sport, car l'investisseur privé attend un retour sur investissement. Il peut aussi être public, *et* dans ce cas il prend la forme soit d'une subvention, soit d'une incitation fiscale[9] en faveur du développement du sport accordée aux entités diverses soutenant le sport. Le choix d'analyser uniquement le financement étatique des associations sportives dans cette réflexion ne signifie pas que l'analyse du financement privé du sport au Cameroun manque de pertinence ; notre choix rentre dans la logique de compréhension de l'efficacité juridique des dispositions légales permettant la mise à disposition desdits financements face au constat de problèmes polymorphes posés par leur application. Il s'agira de vérifier que l'efficacité juridique envisagée par le législateur en consacrant une philosophie juridique du financement des activités sportives est définitivement atteinte.

La présente réflexion intervient pendant que la communauté sportive internationale et même les communautés sportives nationales au sein des États sont innervées par un vent de Financements occultes ayant justifié le recours à des pratiques de contrôle[10] comme le *fair-play* financier[11], de corruption avec le *Fifagate*[12], au niveau international et avec des affaires de scandales

---

[6] Wladimir ANDREFF, « Dérives financières : une remise en cause de l'organisation du sport », *Finance & Bien Commun*, 2007/1 (n°26), pp. 27-35.

[7] Madalina DIACONU, *Droit économique et sport. Aspects suisses et internationaux*, Basel, Helbing Lichtenhahn Verlag, Coll. Neuchâteloise Les Abrégés, 2015, 256 p.

[8] Englobe la publicité, le *naming rights*, les droits télévisuels sur les évènements sportifs, etc…

[9] Sur les avantages fiscaux octroyés aux entreprises pour le financement des associations sportives, se reporter à la loi n°2003/13 du 22 décembre 2003 relative au mécénat et au parrainage.

[10] Claude BEKOMBO JABEA, « L'éthique dans la construction du mouvement sportif et les règles du sport mondial dans la pensée de Kéba Mbaye : contribution à la construction de la *lex sportiva* », *in* Mamadou BADJI et El Hadji Omar DIOP (dir.), *Administrer la justice, transcender les frontières du droit. Mélanges en l'honneur du juge Kéba MBAYE*, Toulouse, Presse de l'Université de Toulouse I Capitole, 2018, pp. 479-505.

[11] Wladimir ANDREFF, « Les finances du sport et l'éthique sportive », *Revue d'économie financière*, n°55, 1999, pp. 135-175.

[12] La gouvernance de la Fédération Internationale de Football Association (FIFA) observée en mondovision en 2016, à la faveur du duel électoral à la présidence de cette institution entre

retentissants dans la gestion du sport national, dont le Cameroun[13] n'est pas malheureusement épargné dans toutes ses disciplines sportives[14]. Discourir sur le contenu juridique du financement étatique des associations sportives, c'est indéniablement, d'une part, contribuer au développement du sport, car le sport moderne induit l'injection des sommes colossales, et d'autre part, rendre accessible pour les acteurs du sport les possibilités prévues par les textes de financement que l'État peut mettre à leur disposition.

Il y a lieu de rappeler que le Cameroun connaît un tissu associatif important depuis son accession à la souveraineté internationale en 1960. Ce tissu connaît une densification soutenue avec le vent de démocratisation, de libéralisation politique et de restauration du multipartisme qui balaie l'ensemble du continent africain à partir de 1990. À la faveur d'une évolution législative audacieuse[15], l'on assiste à la création à un rythme effréné des partis politiques, des associations et autres organisations non gouvernementales. Celles-ci se prévalent généralement du prestigieux label d'organisations de la société civile dont le champ d'intervention s'étend à une diversité de domaines. La prolifération récente de telles organisations rejoint la dynamique ancienne des associations sportives dans notre pays. En effet, le Cameroun ayant obtenu son indépendance a aussitôt adhéré aux organisations sportives internationales (FIFA et CIO) et organisé juridiquement les sports dont la pratique est autorisée sur l'ensemble du territoire[16]. Cette posture de l'Etat camerounais nouvellement indépendant démontre la prise en compte du sport comme élément important de l'unité nationale et du rayonnement international. C'est donc à l'aune de cette évolution législative de 1990 liée à la liberté d'association ayant impacté la structure associative sportive que l'analyse de ce financement étatique sera effectuée. Selon le législateur sportif de 2018, l'organisation de la pratique des activités physiques et sportives dans le but social, éducatif ou culturel est réservée à des groupements constitués sous forme d'associations sportives[17] ou de sociétés sportives[18] et autres

---

Michel PLATINI et Joseph S. BLATTER sur fond d'accusations de corruption pour l'attribution des Coupes du monde en Russie (2018) et au Qatar (2022). La suspension des deux protagonistes a finalement permis à Giani INFANTINO d'être élu.

[13] Oumarou TADO, *Le sport camerounais, malade de sa gestion : programme pour une refondation*, Yaoundé, Terroirs, coll. documents et recherches, 2009, 109 p.

[14] Jean-Lambert NANG, *Desperate Football House : six mois dans l'enfer de la FECAFOOT*, Yaoundé, Editions Inter Press, 2009, 425 p.

[15] Voir les lois du 19 décembre 1990 (n°90/053 relative à la liberté d'association et n°90/056 relative aux partis politiques) et la loi n°99/014 du 22 décembre 1999 régissant les organisations non gouvernementales.

[16] Arrêté n°139 du 30 août 1962 désignant les sports dont la pratique est autorisée sur l'ensemble du Territoire de la République Fédérale du Cameroun.

[17] Club sportif, ligue sportive, fédération sportive, comité olympique ou paralympique.

[18] Société d'économie mixte, Société à responsabilité limitée, ou Société anonyme, dans la loi n°2018/014 du 11 juillet 2018 sur portant organisation et promotion des activités physiques et sportives au Cameroun (ci-après loi n°2018/014 du 11 juillet 2018). Voir Chimène F.

structures. Il poursuit en précisant que des fédérations spécifiques ou des associations peuvent être constituées en vue de la pratique et de la promotion des activités physiques et sportives[19].

La question du financement est l'un des aspects délicats de leur fonctionnement ; un bref regard rétrospectif sur le cadre législatif camerounais applicable aux associations permettrait de mieux cerner cette problématique de nos jours. En effet, une analyse synoptique de la loi relative à la liberté d'association de 1990, croisée à la loi n° 99/011 du 20 juillet 1999 modifiant et complétant la loi n° 90/053 du 19 décembre 1990 relative à la liberté d'association, permet d'identifier le principe du non-financement par l'État de tout type d'association à l'exception de celle reconnue d'utilité publique[20], mais avec la modification de 1999, l'association sportive fait partie des typologies d'association dont l'accès aux financements[21] est encadré par un texte spécifique. L'intérêt de la présente recherche serait d'avoir le tableau qui se dessine de l'exploitation des normes juridiques en vigueur relativement au financement étatique, du reste exceptionnel.

La question qu'on peut se poser est la suivante : ***qu'est-ce qui caractérise le financement par l'État des associations sportives en droit positif camerounais ?*** À l'analyse, l'absence d'un texte spécifique encadrant l'accès au financement étatique des associations sportives est une réalité au Cameroun ; d'où l'hypothèse d'une multiplicité de textes applicables. Aussi, à partir des dispositifs identifiables et identifiés, il nous sera loisible de peindre une fresque de l'aménagement normatif du financement étatique au bénéfice tant des fédérations sportives (**I**) que des organisations olympiques (**II**).

I. LE FINANCEMENT DES FÉDÉRATIONS SPORTIVES

Si le droit camerounais permet à l'État d'apporter un financement aux fédérations sportives nationales, une précision s'impose. Le législateur de 2018 définit la fédération sportive comme un « *regroupement à l'échelle nationale ou internationale de plusieurs associations sportives, sociétés sportives et licenciés d'une ou plusieurs disciplines sportives* »[22]. Autrement

---

GUIODEM, *La transformation des associations sportives en sociétés commerciales au Cameroun*, Mémoire de Master en Droit privé, Université de Yaoundé II, 2018-2019, 114 p.

[19] Article 37 de loi n°2018/014 du 11 juillet 2018.

[20] La loi n°90/053 du 19 décembre 1990 précitée dispose en son article 11 : « *Hormis les associations reconnues d'utilité publique, aucune association déclarée ne peut recevoir ni subventions des personnes publiques, ni dons ni legs des personnes privées* ».

[21] L'article 5 al 4 nouveau de la loi n°99/011 du 20 juillet 1999 (modifiant et complétant la loi n°90/053 suscitée) dispose : « *Les partis politiques, les syndicats, les associations sportives et organisations non gouvernementales sont régis par des textes particuliers* ».

[22] Article 10 de la loi n°2018/014 du 11 juillet 2018.

dit, une fédération sportive est une association qui agrège à l'échelle nationale d'autres associations sportives[23].

Dès lors, le bénéfice du financement étatique pourrait se limiter aux fédérations sportives elles-mêmes ou s'étendre aux associations qui leur sont affiliées ; il s'agira d'un financement fédéral dans la première hypothèse (**A**) et infra-fédéral dans la seconde (**B**).

A. Le financement au niveau fédéral

La préparation et la tenue d'un évènement sportif concernant une seule discipline ne sont point une sinécure. La tâche est encore plus ardue lorsque celui-ci a une dimension internationale, c'est-à-dire regroupe des athlètes, des équipes ou des sélections venant de plusieurs pays. Aussi, l'État apporte-t-il fréquemment un soutien financier substantiel aux fédérations *stricto sensu* pour organiser des compétitions sportives (**1**), ou pour assurer la participation des sélections nationales auxdites compétitions (**2**).

1. Le soutien à l'organisation des compétitions sportives

Les 49 fédérations civiles que compte le mouvement sportif camerounais organisent régulièrement des manifestations ou compétitions sportives à l'issue desquelles sont délivrés les titres[24]. De par la législation sportive camerounaise en vigueur, l'organisation de ces évènements n'est pas de la responsabilité de l'État ; agissant pour ce dernier, le ministre chargé des sports

---

[23] Le Dr Salomon BILONG a écrit à ce propos : « *De prime abord, la Fédération peut être considérée comme une association. Mais au fond, sa nature juridique aujourd'hui controversée, participe beaucoup plus de celle d'un groupement* », in « Le droit des fédérations sportives au Cameroun : le cas de la Fédération Camerounaise de Football (FECAFOOT). A propos des sources juridiques récentes », *Juridis Périodique*, n°35, 1998, p. 73.

[24] Sur les six dernières années, on peut citer à titre d'illustration non-exhaustive :

- Championnat d'Afrique de Basket-ball féminin (dit « Afrobasket Dames »), organisé en 2015 à Yaoundé par la Fédération Camerounaise de Basket-ball, sous l'égide de la Fédération Internationale de Basket-ball ; cette compétition était qualificative pour Jeux Olympiques de 2016 au Brésil ;
- Coupe d'Afrique des Nations de football féminin 2016, organisée par la Fédération Camerounaise de Football, sous l'égide de la Confédération africaine de Football (CAF) ;
- Coupe d'Afrique des Nations de Volley-ball féminin, organisée par la Fédération Camerounaise de Volley-ball en 2017, sous l'égide de la Confédération africaine de Volley-ball ;
- Tour Cycliste du Cameroun et Grand Prix Cycliste International Chantal Biya, organisés chaque année par la Fédération Camerounaise de Cyclisme ;
- Ascension du Mont Cameroun (baptisée « Course de l'Espoir » ou « Mount Cameroon Race of Hope »), organisée chaque année par la Fédération Camerounaise d'Athlétisme.
- Championnat d'Afrique des nations de football (CHAN) organisé par la Fédération Camerounaise de Football, sous l'égide de la Confédération africaine de Football (CAF). Initialement prévue pour se tenir en avril 2020 en Éthiopie, cette compétition aura finalement lieu, après des reports liés à la pandémie de la Covid-19, au Cameroun du 16 janvier au 7 février 2021.

la délègue aux fédérations sportives nationales[25]. Surtout, ces délégataires ont l'obligation, d'une part, d'obtenir l'approbation de l'autorité délégante préalablement à l'organisation des compétitions ou manifestations sportives internationales au Cameroun et, d'autre part, d'informer ladite autorité des modalités d'organisation des compétitions ou manifestations sportives nationales[26]. L'aménagement des relations entre l'État et les fédérations sportives comporte une dimension financière.

En effet, le législateur camerounais a consacré récemment la participation de l'État à l'organisation des compétitions sportives[27]. Sur cette base, le soutien financier étatique est décidé, selon le cas, au niveau soit ministériel, soit primo-ministériel.

Au niveau ministériel, le financement est supporté par le chapitre budgétaire[28] correspondant au ministère responsable des Sports. En sa double qualité de chef de département ministériel et d'ordonnateur principal du budget dudit département en matière de dépenses[29], le ministre chargé des sports reçoit les projets de budgets des compétitions préparés et transmis par les présidents des fédérations ou, le cas échéant, par les présidents des comités d'organisation[30]. Le nombre, le volume et la complexité des compétitions, et par conséquent des demandes de financement, rendent indispensable le recours à une instance *ad hoc* de travail[31]. On peut regretter l'absence, aussi

---

[25] Article 51 al 1 de la loi n°2018/014 du 11 juillet 2018.

[26] Voir respectivement les alinéas 3 et 2 de l'article 51 de la loi n°2018/014 du 11 juillet 2018.

[27] L'article 72 de la même loi dispose : « *L'État, les Collectivités Territoriales Décentralisées et les organismes publics et privés participent au financement des activités suivantes : (...) l'organisation des compétitions sportives ; (...)* ». C'est une reprise *in extenso* de l'article 71 al 1 de la loi n°2011/018 du 15 juillet 2011 relative à l'organisation et à la promotion des activités physiques et sportives (ci-après loi du 15 juillet 2011).

[28] Dans la nomenclature budgétaire actuelle, il s'agit du Chapitre 16 (cf. article cinquante-quatrième de la loi n°2019/023 du 24 décembre 2019 portant loi de finances de la République du Cameroun pour l'exercice 2020).

[29] Cf. articles 65 et 66 de la loi n°2018/012 du 11 juillet 2018 portant régime financier de l'État et des autres entités publiques (ci-après loi de 2018 portant régime financier).

[30] Le comité d'organisation est obligatoire pour toute compétition sportive internationale, laquelle est subordonnée à l'autorisation expresse de la Présidence de la République. Cf. Circulaire n°02/Cab/PR du 28 février 1996 relative à la tenue des conférences et des séminaires internationaux au Cameroun.

[31] Les concertations regroupent des responsables du Ministère des Sports (ci-après MINSEP) et quelques représentants du Ministère des Finances (ci-après MINFI), sans préjudice d'une participation possible des représentants des fédérations concernées comme invités. Consulter utilement :

- Décision n°030/MINSEP/CAB du 26 février 2016 portant création, composition et fonctionnement du Comité *ad hoc* chargé de l'examen et de la validation des projets de budget des compétitions sportives internationales de l'année 2016 ;
- Décision n°254/MINSEP/CAB du 03 octobre 2018 portant création, composition et fonctionnement du Comité *ad hoc* chargé d'examiner et de valider les projets de budget des compétitions sportives internationales ;

bien dans la loi que dans ses prolongements réglementaires, de toute disposition relative aux conditions et modalités applicables aux demandes de financement[32]. Cela étant, l'examen approfondi des projets de budget aboutit généralement à la révision des rubriques ou des montants sollicités. L'instance *ad hoc* peut donc soumettre à la validation du ministre des Sports les résultats de ses travaux. Si le ministre des Sports est compétent pour décider du soutien dédié à l'organisation de compétitions nationales[33] ou internationales[34] par les fédérations sportives, son pouvoir n'est pas totalement autonome. En réalité, l'octroi d'un financement est subordonné à l'inscription de la compétition sur la liste des compétitions sportives éligibles au financement de l'État[35]. De même, la décision du ministre des Sports est contingentée par le montant et le caractère limitatif des crédits budgétaires inscrits par la loi de finances de l'année pour un tel emploi[36]. Toutefois, l'épuisement ou l'insuffisance desdits crédits ne signifient point l'impossibilité du financement étatique, dans la mesure où la décision peut revenir au Premier ministre.

Le magistère primo-ministériel est un relais non négligeable de l'action du ministre chargé des Sports dans l'appui financier des fédérations sportives à l'organisation des compétitions. Lorsque les crédits budgétaires de son département ministériel dédiés au soutien de cette dernière sont épuisés ou insuffisants, le ministre chargé des Sports n'est plus qu'une force de proposition ; il se borne à pré-valider les projets de budget avant de les transmettre à sa hiérarchie gouvernementale pour appréciation et sanction.

- Décision n°005/MINSEP/CAB du 29 janvier 2019 portant création, organisation, fonctionnement et constatant la composition du Groupe de travail ministériel chargé d'examiner et de valider les projets de budget relatifs à la préparation et à la participation du Cameroun aux compétitions sportives internationales au titre du premier semestre 2019.

[32] Pour trouver les éléments d'information, il faut se reporter au *Manuel de Procédures Administratives du Ministère des Sports et de l'Éducation Physique* (édition 2016, p. 18). Ainsi, les demandes doivent remplir deux conditions : être agréées et déposer le dossier au plus tard le 30 septembre de l'année précédant celle de la compétition. Quant à la composition du dossier, 3 pièces sont à fournir : la liste des compétitions pressenties par chaque fédération, le cahier de charges et le projet de budget pour chaque compétition pressentie.

[33] Voir par exemple la Décision n°2020/068/MINSEP/DAG/SDBM/BB du 12 mai 2020 autorisant le déblocage et le mandatement en régularisation de la somme de CFA 246 045 000 représentant le budget relatif à l'organisation de la 25e édition de la Course de l'Espoir « Mount Cameroon Race of Hope » qui s'est déroulée du 22 au 23 février 2020 à Buea au Cameroun.

[34] Voir par exemple la Décision n°2019/091/MINSEP/DAG/SDBM/SBM du 23 juillet 2019 autorisant le déblocage et le virement de la somme de FCFA 10 000 000 représentant l'appui alloué à l'organisation du Tournoi International de Badminton « Cameroun 2019 » du 30 juillet au 3 août 2019.

[35] Cette liste est arrêtée par le Premier ministre sur proposition du ministre chargé des sports.

[36] En matière de dépenses de fonctionnement, le montant des autorisations d'engagement ouvertes est égal à celui des crédits de paiement ouverts (sont limitatifs) : cf. art. 34 et 35 de la loi de 2018 portant régime financier.

Dans le cadre de réunions interministérielles[37], l'appareil technocratique primo-ministériel procède à la revue, voire à la révision des projets de budget à soumettre à la sanction du Chef du Gouvernement. Cependant, l'insuffisance des crédits budgétaires du MINSEP relève d'une quasi-certitude, en ce qui concerne l'organisation de certaines compétitions internationales de disciplines sportives majeures pour lesquelles la présidence du comité d'organisation échoit d'ailleurs au chef dudit département ministériel[38]. Ce dernier soumet au Chef du Gouvernement le projet de budget dont l'examen minutieux peut, en raison de l'ampleur et de l'importance de la manifestation sportive, commander la mise en place d'une instance *ad hoc*[39]. Aux termes des concertations interministérielles, le projet de budget réexaminé est porté à la décision du Premier ministre. En cas de sanction positive, ce dernier ordonne au ministre des Finances le déblocage de la somme arrêtée au bénéfice du responsable de l'organisation de la compétition ; le financement est assuré par le budget de l'État[40].

Cela dit, outre l'organisation des compétitions, les sélections nationales appelées à participer aux compétitions peuvent bénéficier du soutien financier de l'État.

2. Le soutien à la participation aux compétitions sportives internationales

Au titre de leur participation à l'exécution d'une mission de service public, la législation camerounaise prévoit que les fédérations sportives civiles contribuent notamment à la préparation et la gestion des équipes nationales pour représenter le Cameroun aux compétitions internationales[41]. L'activité

---

[37] L'examen interministériel est prescrit par le Président de la République : cf. Instruction générale n°002 du 1er octobre 2002 sur relative à l'organisation du travail gouvernemental.

[38] V. art. 7 du Décret n°2016/081 du 17 février 2016 portant création, organisation et fonctionnement du Comité d'Organisation Local du Championnat d'Afrique de Football Féminin « Cameroun 2016 » ; art. 3 du Décret N°2019/295 du 4 juin 2019 portant création, organisation et fonctionnement du Comité d'Organisation Local du Championnat d'Afrique des Nations de Football « CHAN TOTAL 2020 » et de la Coupe d'Afrique des Nations de Football « CAN TOTAL 2021 ».

[39] À titre d'illustration, la Décision n°034/SG/PM du 28 avril 2018 a institué dans les Services du Premier ministre un Groupe de travail dédié à l'examen du projet de budget soumis par le ministre des Sports pour l'organisation de la « CAN TOTAL Cameroun 2019 » (volet événementiel). Ce groupe était chargé d'examiner la conformité dudit projet aux exigences de la CAF, d'apprécier la pertinence et l'opportunité des rubriques, de le restructurer et le soumettre au haut arbitrage du Premier ministre, Chef du Gouvernement.

[40] Chapitre 65, Dépenses communes. Il s'agit précisément des crédits destinés à couvrir les charges non réparties de l'État en fonctionnement (Programme 685 : Dépenses communes de fonctionnement). Cf. article cinquante-quatrième de la loi de finances de la République du Cameroun pour l'exercice 2020.

[41] Article 46 al 1 de la loi n°2018/014 du 11 juillet 2018. La contribution est faite en relation avec le MINSEP, le Comité National Olympique et Sportif du Cameroun et le Comité National Paralympique Camerounais.

de préparation et de gestion ainsi visée génère d'importantes dépenses dont la couverture par les seules fédérations sportives civiles pourrait s'avérer problématique. En dehors des subventions que l'État pourrait accorder aux associations sportives sur la base d'un programme pluriannuel couvrant une olympiade et en fonction des prévisions et disponibilités budgétaires du Gouvernement[42], le législateur camerounais ne consacre expressément aucune contribution financière étatique à la participation des sélections ou des équipes nationales aux compétitions sportives. Il faut se reporter au niveau infra-législatif pour accéder à quelques clés de compréhension.

L'autorité réglementaire a établi des règles explicites en ce qui concerne la discipline footballistique. La FECAFOOT est actuellement la seule fédération sportive civile dont les performances de haut niveau et les besoins financiers élevés ont conduit l'État à concevoir un encadrement réglementaire[43] et conventionnel[44], sous l'empire de la loi du 15 juillet 2011[45]. Ce double encadrement est globalement appréciable certes, mais parfois discutable.

L'acte réglementaire pose un principe majeur, celui de la cogestion financière : « *La gestion financière des sélections nationales de football est assurée conjointement par l'État et la FECAFOOT sur la base de conventions et textes particuliers* »[46]. En toute logique, ce texte poursuit sur la prise en charge des membres des sélections nationales : « *Les joueurs et les membres des structures d'encadrement des sélections nationales de football sont pris en charge pendant les périodes de stages et/ou de compétitions auxquels ils sont convoqués, selon des modalités définies par un texte signé par le ministre responsable des sports et la FECAFOOT* »[47]. Malgré l'usage récurrent de la technique de renvoi *in fine* à propos des modalités, il serait erroné d'ignorer le décret présidentiel dans l'appréhension des précisions substantielles relativement aux bénéficiaires, au cadre temporel et à la consistance de la prise en charge offerte par l'État.

---

[42] Article 67 al 1 et 2 de la loi n°2018/014 du 11 juillet 2018.

[43] Décret n°2014/384 du 26 septembre 2014 portant organisation et fonctionnement des sélections nationales de football (ci-après décret du 26 septembre 2014 ou décret de 2014).

[44] Convention du 5 février 2015 entre le Ministère des sports et la FECAFOOT relative à la gestion des sélections nationales de football (ci-après Convention MINSEP-FECAFOOT ou Convention de 2015) et l'Additif n°001/2016 du 4 mai 2016 modifiant et complétant les articles 2, 5 et 9 de ladite Convention (ci-après Additif à la Convention ou Additif de 2016).

[45] L'article 47 de cette loi disposait : « *Une fédération sportive peut bénéficier de subventions, aides et contributions de l'État (...) sur des bases contractuelles précisant les objectifs annuels et pluriannuels à atteindre* ». L'article 48 (1), pour sa part, disposait : « *La base contractuelle des relations entre l'État (...) et la fédération est une convention qui précise (...) la gestion managériale et financière (...)* ».

[46] Article 3 al 2 du Décret du 26 septembre 2014. La gestion financière conjointe est réaffirmée par l'article 2 al 1 de la Convention MINSEP-FECAFOOT.

[47] Article 13 al 1 du Décret de 2014.

La détermination des bénéficiaires connaît plus ou moins des difficultés selon qu'il s'agit des joueurs ou des encadreurs. Il peut paraitre simple d'admettre les joueurs régulièrement convoqués. La procédure prévoit que la liste des joueurs sélectionnés soit dûment signée par l'entraineur-sélectionneur et adressée à la fédération 20 jours au moins avant la date prévue pour le match, à charge pour la fédération de procéder à la publication de la liste et d'en transmettre copie au ministre des Sports[48]. En revanche, l'évidence s'évapore lorsqu'il faut établir la qualité d'encadreur des sélections nationales de football. Cette qualité doit être reconnue aux membres des structures d'encadrement[49], voire aux éducateurs civiques[50]. Dès lors, l'identification des bénéficiaires n'est pas anodine, car la prise en charge étatique vise « *exclusivement les joueurs et les membres des structures d'encadrement de l'équipe nationale concernée* »[51]. La restriction sera accentuée par la Convention de 2015 qui dédie la prise en charge exclusivement aux joueurs et aux membres des équipes technique et médicale, la première étant circonscrite à l'Entraineur principal et ses adjoints[52]. Mais l'Additif de 2016 retient une conception non discriminatoire et étend la prise en charge aux « *membres de toutes les structures d'encadrement des sélections nationales de football* »[53].

Par ailleurs, on constate la même tendance à l'élargissement par voie conventionnelle s'agissant du cadre temporel du financement étatique. Les dispositions de l'article 13 alinéa 1 du décret de 2014 et de l'article 5 alinéa 1 de la Convention MINSEP-FECAFOOT assujettissent, en termes identiques, la prise en charge étatique aux périodes de stage ou de compétitions auxquelles les joueurs et les membres des structures d'encadrement des sélections nationales sont convoqués. À l'analyse, le cadre temporel ainsi retenu exclut toute préparation qui se situerait en amont. C'est pour donner un spectre plus

---

[48] Cf. articles 9 et 10 du même Décret.

[49] Aux termes de l'article 5 al 1 du Décret de 2014, il y en a six : une équipe technique, une équipe médicale, une équipe chargée de la logistique, une équipe chargée des équipements et matériels sportifs, une équipe chargée de la communication, une équipe chargée de la sécurité. Sur la question de la sécurité, on relève une certaine insistance dans les dispositions du décret. Outre le fait que les aspects liés à la sécurité des joueurs et encadreurs des sélections nationales incombent à l'État, en collaboration avec la fédération (article 3 al 4), l'État met des agents et/ou personnels de sécurité à la disposition des sélections nationales engagées dans les compétitions internationales, nonobstant l'organisation de la sécurité par les instances internes de la fédération (article 6).

[50] Cf. article 5 al 2 du Décret de 2014. Il s'agirait ici des conseillers psychologiques capables de stimuler considérablement le moral des joueurs lors des compétitions. C'est dans ce registre que le tennisman Yannick NOAH a été préparateur psychologique des Lions Indomptables en 2005 dans la double perspective de la Coupe d'Afrique des Nations de Football (Egypte 2006) et de la Coupe du Monde de Football (Allemagne 2006).

[51] Article 13 al 3 du Décret de 2014.

[52] Article 5 al 3 et 4.

[53] Article 5 (nouveau) al 1.

large audit cadre que l'Additif à la Convention comporte une clause supplémentaire tant il est vrai que désormais « *la prise en charge des matches de préparation des compétitions sportives préalablement arrêtés est supportée par les fonds publics* »[54]. On peut regretter l'imprécision de cet avenant quant au rattachement institutionnel des fonds publics, eu égard à l'existence d'une pluralité d'acteurs institutionnels publics potentiels pourvoyeurs desdits fonds.

En ce qui concerne la consistance de la prise en charge, elle comprend d'abord des prestations logistiques *lato sensu.* Il y a lieu de relever une uniformité normative entre le décret de 2014, la Convention de 2015 et son Additif de 2016 : ces trois instruments instituent un périmètre unique et identique des prestations logistiques pour les joueurs et leurs encadreurs[55]. Alors que la logistique s'inscrit dans la gestion administrative relevant de la compétence de la FECAFOOT[56], les primes[57] illustrent mieux la cogestion financière : le Président de la FECAFOOT assure le paiement des primes aux concernés après avoir décidé du montant[58] en concertation avec le ministre responsable des sports. Si les joueurs et membres des structures d'encadrement ont droit aux mêmes types de primes[59], le montant de celles-ci semble connaître une subtile différenciation. En effet, le décret ayant prévu qu'« *une prime d'égale valeur est servie à tous les joueurs et ne peut faire l'objet d'aucune négociation ni d'aucun recours* »[60], on est enclin à penser que les encadreurs bénéficieraient d'une prime de valeur supérieure à celle des joueurs, voire à des primes de valeur graduelle en fonction de l'appartenance à telle ou telle équipe des structures d'encadrement. Toujours est-il que les ressources destinées au paiement des primes sont préalablement allouées par l'État à la susdite fédération sous la forme d'une subvention, selon des

---

[54] Article 2 bis (nouveau).

[55] Hébergement, frais de transport international et local, frais de visa, restauration, police d'assurance et soins médicaux. Cf. article 13 al 2 et 5 du Décret de 2014, articles de la Convention de 2015 et article 5 nouveau al 2 de l'Additif de 2016.

[56] Article 3 al 1 du Décret de 2014. Il en est de même de la gestion sportive et technique.

[57] Prime de présence, primes olympiques, primes de matches, et primes de qualification. Ces différentes primes ne sont pas obligatoirement, mais sont servies « *s'il y a lieu* » : article 13 al 2 du Décret de 2014 et article 5 nouveau al 2 de l'Additif de 2016.

[58] Art. 14 et 15 al 1 du même décret. Selon la Convention (art. 6), le montant de la prime de présence est de 500 000 FCFA et celui de la prime olympique est 5 000 FCFA par jour de stage ou de compétition. Implicitement, le montant des primes de matches officiels ou amicaux et celui des primes de qualification lors des compétitions officielles est variable. La modicité des primes de présence et olympiques contraste avec la substantialité des primes de matches officiels, amicaux et de qualification, subordonnées à la performance.

[59] Soulignons que la Convention de 2015 stipulait une éligibilité totale des joueurs et membres des équipes technique et médicale aux primes, tandis que les membres des autres équipes des structures d'encadrement ne pouvaient prétendre qu'à la prime de présence et aux primes de qualification (article 5 al 5).

[60] Article 14 al 4 du décret de 2014.

modalités fixées par un texte particulier[61]. Ladite subvention n'est pas octroyée *ex nihilo* ; le versement est basé sur une évaluation annuelle des engagements internationaux des sélections nationales présentée par la FECAFOOT[62] et, selon l'ajout de l'instrument conventionnel, validée par le ministre chargé des Sports[63]. Fort de ce qui précède, il importe de noter que le financement des primes versées par cette instance faîtière aux membres des équipes nationales de football[64] relève de la compétence de l'État, même si cela s'avère parfois difficile[65].

En tout état de cause, l'État du Cameroun accorde une subvention substantielle à la préparation et à la participation de nos sélections de football aux compétitions internationales[66]. La singularité de la FECAFOOT découle probablement du fait que le football est considéré comme la plus populaire des disciplines sportives dans notre pays, avec un brin de politisation[67]. Le

---

[61] Article 15 al 2.

[62] Article 15 al 3. Cette disposition était en cohérence avec celles de l'article 49 al 1 de la loi du 15 juillet 2011 prescrivant que « (…) *les fédérations sportives nationales peuvent bénéficier des aides et subventions de l'État (...) sur la base d'un programme annuel ou pluriannuel (...)* ».

[63] Convention MINSEP-FECAFOOT (art. 2 al 4). L'exigence de validation prévue par cet article est en lien avec celle d'approbation des prévisions budgétaires par les autorités concernées (art. 49 al 1 loi du 15 juil. 2011).

[64] Exemple, Décision n°000113/FECAFOOT/PDT/CGSNF autorisant le mandatement de la somme de FCFA 21 910 083 représentant le montant des primes de présence aux joueurs et encadreurs de la sélection nationale Fanion pour la période allant du 6 au 9 novembre 2017. L'article 2 indique bien que « *Cette somme sera imputée sur le budget du match retour Zambie # Cameroun* », lequel budget a été couvert par l'État.

[65] En raison de contraintes budgétaires, il arrive que l'État éprouve des difficultés à honorer ses engagements. À la veille de la Coupe du Monde de football de 1994 (*USA World Cup 94*), le Gouvernement camerounais fait face une sévère crise économique. Ne pouvant prendre en charge tous les frais liés à la participation de l'équipe nationale de football à cette compétition, il initie une opération baptisée « *Coup de cœur* » et les populations sont appelées à y apporter leur contribution, notamment pour le paiement des primes des joueurs. L'argent récolté est remis à une délégation ministérielle conduite par le ministre Augustin KONTCHOU KOUOMEGNI. Interrogé à son retour au Cameroun sur la destination prise par cet argent, il a déclaré à la télévision nationale que « la mallette d'argent est dans l'avion entre Paris et New York »... Sur la mal gouvernance des primes, lire J. L. NANG, *Desperate Football House : six mois dans l'enfer de la FECAFOOT*.

[66] À titre illustratif : Décision n°19/3288/D/MINFI/SG/DGB/DPB/CSE du 26 septembre 2019 autorisant le mandatement de la somme TTC de FCFA 323 885 761 au profit du Président de la Fédération Camerounaise de Football. L'article 1er précise que la somme débloquée représente « *les frais de prise en charge de la préparation et la participation du Cameroun au troisième tour des éliminatoires de la CAN U-23 de Football Messieurs et du second tour des éliminatoires des JO Tokyo 2020 de la sélection nationale féminine de Football 'A'* ».

[67] Lire Japhet ANAFAK, « L'équipe nationale de football du Cameroun (les Lions indomptables) en compétition internationale : entre passions et récupérations ? », *in* Jean-Michel de WAELE et Frédéric LOUAULT (dir.) *Soutenir l'équipe nationale de football : enjeux politiques et identitaires*, Bruxelles, Éditions de l'Université de Bruxelles, 2016, pp. 141-154.

dispositif régissant le financement du football semble inspirer les autres disciplines sportives[68], quoique celles-ci soient exposées à la mise à disposition quelquefois tardive des fonds publics[69].

Au demeurant, les associations membres des fédérations sportives sont également éligibles au financement de l'État, s'agissant du football.

B. Le financement au niveau infra-fédéral

À l'instar d'autres organisations sociales structurées par niveaux[70], les fédérations sportives civiles agrègent à l'échelle nationale d'autres associations sportives. De la revue panoramique de ces fédérations, on constate la singularité de la FECAFOOT relativement au financement étatique. L'examen attentif du droit positif camerounais renseigne à suffisance sur le soutien financier de l'Etat aux associations sportives affiliées à cette instance faîtière de notre football : ce soutien vise les Clubs (**1**) et Ligues (**2**), avec des modalités variables.

1. L'appui aux Clubs de football

Le décret de 2014 permet d'entrevoir la prise en charge étatique aux associations sportives engagées dans des compétitions internationales en disposant en son article 21 que « *Toute association ou société sportive affiliée à la FECAFOOT et engagée dans une compétition officielle internationale peut bénéficier des droits et avantages d'une sélection nationale de football*

[68] À titre d'exemple, pour le Karaté : Décision n°19/2659/D/MINFI/SG/DGB/DPB/CSE du 29 juillet 2019 autorisant le mandatement de la somme TTC de FCFA 73 834 400 (soixante-treize millions huit cent trente-quatre mille quatre cent) au profit du ministre des sports et de l'éducation physique. Elle représente les frais de prise en charge de la préparation et la participation du Cameroun aux Championnats d'Afrique de Karaté Dames et Messieurs « Botswana 2019 ». Pour le Tennis : Décision n°19/2769/D/MINFI/SG/DGB/DPB/CSE/CEA3 du 1er août 2019 portant mandatement de la somme TTC de FCFA 25 000 000 (vingt-cinq millions) au profit du Président de la Fédération Camerounaise de Tennis. Elle sert au financement de la bourse de préparation des JO de Tokyo 2020 au profit deux internationales (jumelles Eloundou), déclinée en complément de bourse et en participation aux compétitions internationales.

[69] Il arrive que la compétition précède l'appui financier, le déblocage se faisant en procédure de régularisation. Pour la Fédération Camerounaise de Judo : Décision n°20/063/MINSEP/DAG/SDBMM/SBM du 7 mai 2020 autorisant le déblocage et le mandatement en régularisation de la somme de FCFA 24 246 200 représentant le budget relatif à la préparation et à la participation du Cameroun au Grand Prix de Judo (Qualificatif pour les JO Tokyo 2020) tenu du 6 au 8 mars 2020 à Rabat au Maroc).

[70] Notamment le cas de l'État composé qui a deux principales formes d'organisation : l'État confédéral et l'État fédéral. L'État confédéral peut être entendu comme une Association d'États au sein de laquelle ceux-ci décident de coopérer dans certains domaines tout en conservant leur souveraineté. L'État fédéral peut être défini comme un État composé d'un certain nombre d'entités (États fédérés) auxquelles sont reconnues certaines compétences, mais qui ne disposent pas de tous les attributs de l'État.

selon les modalités fixées par un texte particulier »[71]. Le texte particulier évoqué, à savoir la Convention MINSEP-FECAFOOT prolonge cette extension du bénéfice de la prise en charge étatique.

On sait que la Confédération Africaine de Football (CAF) organise annuellement deux compétitions opposant les meilleurs clubs africains de football masculin et auxquelles peuvent donc participer les clubs camerounais. Il s'agit, d'une part, de la CAF Champions League, ou simplement la Ligue des champions de la CAF, ouverte principalement aux clubs champions de la première division nationale des fédérations affiliées[72] et, d'autre part, de la Coupe de la Confédération de la CAF disputée principalement par les clubs vainqueurs des coupes nationales dans les pays membres[73]. De son côté, la Fédération Internationale de Football Association (FIFA) organise la Coupe du Monde des Clubs, compétition intercontinentale dédiée aux meilleurs clubs de football masculin des six Confédérations[74].

Sur cette base, le nombre de clubs[75] camerounais engagés dans les compétitions au niveau continental est généralement élevé, le Cameroun étant classé parmi les meilleures nations au classement des clubs dans les compétitions de la CAF. Sa division d'élite, dénommée « MTN Elite One » et composée de 18 clubs, voit à la fin de chaque saison sportive le club champion

---

[71] Ce règlement abroge le décret n°72/600 du 31 octobre 1972 portant organisation de l'Équipe nationale de Football dont l'article 25 disposait : « *Les clubs nationaux de Football qualifiés et engagés aux compétitions internationales bénéficieront en tant que de besoin des avantages prévus par le présent texte* ».

[72] Règlements de la *CAF Champions League* révisés le 17 juillet 2019, article 1 al 1. Il y a lieu de noter que cette disposition confère aux 12 premiers pays au classement des clubs dans les compétitions de la CAF des 5 dernières années le droit d'engager, en plus de leur club champion, l'équipe classée 2e dans leur championnat de première division nationale.

[73] Règlements de la Coupe de la Confédération de la CAF révisés le 17 Juillet 2019, Dispositions générales, point 1. Non seulement le vainqueur de cette compétition est qualifié d'office pour l'édition suivante, mais en plus les 12 premiers pays au classement des clubs dans les compétitions de la CAF des 5 dernières années ont le droit d'engager à la fois leur club vainqueur de la coupe nationale et l'équipe classée 3e dans leur championnat de première division nationale (point 2).

[74] Cette compétition oppose depuis 2006, outre le club champion en titre du pays hôte, les clubs champions continentaux : vainqueurs de la Ligue de Champions de l'UEFA (Europe), de la Copa Libertadores de América (Amérique du Sud), de la Ligue des Champions de la CAF (Afrique), de la Ligue des champions de l'AFC (Asie), de la Ligue des Champions de la CONCACAF (Amérique du Nord, Centrale et Caraïbes) et de la Ligue des champions de l'OFC (Océanie).
Sur le plan historique, la Coupe du Monde des Clubs de la FIFA remplace le Championnat du Monde des Clubs de la FIFA initiée en l'an 2000, lui-même ayant pris le relai de la Coupe Intercontinentale qui opposait depuis 1960 les clubs champions d'Europe et d'Amérique du Sud.

[75] Dénomination donnée à toute association sportive civile par l'article 14 des Statuts de la FECAFOOT. Cependant, dans le cadre de la professionnalisation du football, la législation sportive camerounaise a consacré un statut à la fois associatif et sociétal des clubs. Sur ce double statut juridique, voir Aimé C. SOUMELONG, *Le statut juridique des clubs de football au Cameroun*, Mémoire INJS, 2011-2012, 105 pages ; Chimène Flore GUIODEM, *La transformation des associations sportives en sociétés commerciales au Cameroun.*

et le vice-champion qualifiés à la Ligue des champions de la CAF et celui classé 3e participer à la Coupe de la Confédération de la CAF. Étant une sorte d'« ambassadeurs » du football camerounais, les meilleurs clubs de notre championnat national d'élite peuvent bénéficier des droits et avantages d'une sélection nationale[76].

À l'observation, l'extension conventionnelle du périmètre de la prise en charge étatique n'est pas entière. Les clubs sportifs ne sauraient prétendre ni aux soins médicaux ni aux primes ; ils bénéficient d'une prise en charge des frais de déplacement, de séjour et de formalités administratives[77]. En outre, le droit positif camerounais n'envisage l'effectivité des prestations étatiques que sous une double réserve. La première se situe dans la logique de la hiérarchie des normes[78] ; la mise en œuvre du dispositif national de financement doit être en conformité avec la *lex sportiva,* ce « *droit transnational que se donne le mouvement sportif* » ou *« droit transnational du sport »* selon Franck Latty[79], en l'espèce les règlements CAF ou FIFA applicables à la compétition concernée, afin d'éviter l'interaction normative conflictuelle[80]. En d'autres termes, l'État du Cameroun tout en apportant un soutien financier aux associations sportives nationales, sans préjudice du respect des règles édictées par le milieu du sport, notamment les organisations sportives internationales. Il faut le souligner avec force, « *Les règles sportives transnationales ont (...) vocation à s'appliquer à leurs destinataires sans endossement ni même appui des pouvoirs publics, voire dans certains cas au détriment des droits étatiques* »[81]. La seconde réserve relève purement du droit interne : le financement de l'État doit tenir compte des charges incombant à la FECAFOOT et aux associations sportives concernées. L'idée d'un co-financement transparait clairement ici, quoique le montant de l'appui financier

[76] Les onze catégories de sélections nationales de football du Cameroun sont énumérées par l'article 2 al 1 du décret 2014 et ont pour dénomination les « Lions Indomptables ».

[77] Les droits et avantages concernent les frais de transport international et local, les frais de visa, la police d'assurance et, s'il y a lieu la restauration ainsi que l'hébergement. Cf. article 11 de la Convention de 2015.

[78] Hans KELSEN, *Théorie pure du droit*, traduit par Charles EISENMANN, Paris, LGDJ, 1962, 496 p. ; Santi ROMANO, *L'ordre juridique*, Paris, Dalloz, coll. Philosophie du droit, vol. 15, 1975, 174 p.

[79] Franck LATTY, *La lex sportiva. Recherche sur le droit transnational*, Leiden/Boston, Martinus Nijhoff Publishers, coll. Études de droit international, 2007, 849 p.

[80] A. DUVAL, *La Lex sportiva face au droit de l'Union Européenne : guerre et paix dans l'espace juridique transnational*, Thèse de doctorat en droit, European University Institute, 2015, 529 p.

[81] Franck LATTY, « *Lex sportiva* et autonomie du sport », *in* Jean-Loup CHAPPELET (dir.), *L'autonomie des organisations sportives*, Observatoire international des politiques publiques sportives, Université de Lausanne/Université Paris 1 Panthéon-Sorbonne, 2019, p. 35. Sur cette problématique, lire aussi Claude BEKOMBO JABEA, *L'interaction entre la lex sportiva nationale et la lex sportiva « internationale » : réflexion à partir du cas du Cameroun*, Thèse de doctorat en droit, Université Jean Moulin-Lyon 3, 2016, 529 p.

de l'État n'est pas toujours négligeable[82] et varie en fonction de la performance de nos clubs dans les compétitions officielles internationales[83].

Une clé d'intelligibilité de la générosité de l'État du Cameroun réside probablement dans le Préambule de la Convention MINSEP-FECAFOOT, tant il est vrai que les dispositions liminaires précédant le dispositif d'une convention comportent, en général, l'exposé du but et des motifs qui ont déterminé la conclusion de celle-ci et peuvent constituer un élément important de son interprétation[84]. En effet, ledit Préambule nous renseigne à ce sujet que les parties contractantes sont déterminées à « *assurer le rayonnement du football camerounais à l'extérieur à travers les sélections nationales de football et les associations ou sociétés sportives de football affiliées à la Fédération Camerounaise de Football et engagées dans les compétitions internationales* ». Par ailleurs, on apprend de l'histoire que « *le chemin de la gloire pour le football camerounais est d'abord passé par des clubs* »[85], avant que les sélections nationales ne viennent hisser le drapeau national au plus haut niveau dans les compétitions africaines et internationales.

Au demeurant, le soutien financier de l'État aux associations sportives civiles engagées dans les compétitions interclubs de football au niveau international coexiste avec celui dédié aux Ligues de football.

2. L'appui aux Ligues de football

À côté des associations sportives civiles, les Ligues sportives constituent l'autre composante essentielle de la FECAFOOT. Cependant, la Ligue de Football Professionnel du Cameroun (LFPC) se distingue des autres Ligues sportives membres de ladite fédération par son autonomie fonctionnelle assez

---

[82] À titre d'illustration, voir Décision n°19/3134/D/MINFI/SG/DGB/DPB/CSE du 13 septembre 2019 autorisant le mandatement de la somme TTC de FCFA 50 000 000 (cinquante millions) au profit du Président de la Fédération Camerounaise de Football (FECAFOOT). L'État a déboursé cette somme comme frais de prise en charge de la préparation et la participation de deux Clubs de la LFPC (UMS de Loum et Stade Renard de Melong) qualifiés aux compétitions interclubs de la CAF, soit 25 000 000 par club de football.

[83] Les matches de la CAF Champions League se jouent en 2 phases : la première selon le système en élimination directe (matches du tour préliminaire, des 1/16e de finale et des 1/8 ème de finale) et la seconde selon le système de poule (regroupe les huit équipes qualifiées de la première phase). Cf. article 4 des Règlements précités.

[84] Sur le Préambule, voir Gérard CORNU, *Vocabulaire juridique*, Paris, PUF, Quadrige, 11e éd., 2017, p. 786.

[85] André NTONFO, *Football et politique au Cameroun*, Yaoundé, Éditions du CRAC, coll. Débats, 1994, p. 15. Le riche palmarès des clubs camerounais en titres continentaux commence aux premières années de l'indépendance. En 1965, Oryx de Douala gagne la toute première édition de la Coupe d'Afrique des Clubs champions, suivi par le Canon de Yaoundé vainqueur de la même compétition en 1971. D'autres lauriers suivront jusqu'aux années 1980. Ainsi, le Canon de Yaoundé est Champion d'Afrique (1978 et 1980) et tenant de la Coupe d'Afrique des vainqueurs de coupe en 1979, tandis que le Tonnerre de Yaoundé gagne la Coupe d'Afrique des vainqueurs de coupe en 1975. Dans l'autre métropole, l'Union de Douala remporte la Coupe d'Afrique des Clubs champions en 1979 et la Coupe d'Afrique des vainqueurs de coupe en 1981.

marquée, l'antériorité et la densité de ses activités[86]. Cette singularité se transpose en matière financière, ce qui appelle notre attention.

La LFPC a reçu de la FECAFOOT la délégation de gestion du football professionnel. Concrètement, sa compétence matérielle couvre la Ligue 1 et la Ligue 2, les championnats nationaux d'élite regroupant les clubs de football professionnel. Sa création en 2011 s'inscrit directement dans la problématique de professionnalisation du football camerounais ; l'idée est de rompre avec l'époque où le financement du football était l'apanage de l'État, de la Fédération et des clubs, pour impliquer d'autres acteurs tels que les entreprises, les médias audiovisuels, voire les collectivités territoriales décentralisées. Malgré cette nouvelle orientation, l'intervention de l'État s'est avérée inévitable.

En effet, au moment de la mise en place de la LFPC, l'État s'était engagé à lui allouer une subvention sur une période de quatre années, le temps que le football professionnel prenne son envol au Cameroun. La subvention annuelle à hauteur de 560 millions FCFA est versée à la Ligue, à charge pour elle de la reverser aux clubs de football professionnel aux fins de paiement du salaire des joueurs et encadreurs techniques selon une certaine nomenclature[87]. Et conformément au régime juridique applicable aux fonds publics, chacun des clubs est tenu de produire et transmettre aux autorités compétentes, via la LPFC, un compte d'emploi justifiant l'utilisation régulière desdits fonds[88].

---

[86] D'après les Statuts actuels de la FECAFOOT, la LFPC organise et gère, en exécution de la convention de délégation de compétences, les Championnats professionnels et toute autre compétition de son ressort concernant les clubs professionnels (article 93). La première expérience de professionnalisation du football camerounais remonte à la Ligue nationale de Football (LINAFOOT). Mais elle ne fit pas long feu ! Sa dissolution intervient en 1989, après seulement une saison sportive pour des raisons financières : faibles moyens de la fédération, incapacité l'État du Cameroun à alimenter la LINAFOOT et la FECAFOOT. Les Ligues régionales, départementales et d'arrondissements secondent simplement la Fédération dans la réalisation de son programme, avec une autonomie résiduelle et précaire : les compétitions sont organisées et administrées par la fédération elle-même par le biais des ligues régionales et départementales (article 96). Les Ligues spécialisées assurent la gestion du football féminin, du football des jeunes, du football corpos et vétérans, du futsal et du *beach soccer* (article 13). Soulignons l'opérationnalisation récente de la Ligue de Football Féminin du Cameroun et de la Ligue de Football des Jeunes du Cameroun.

[87] Le ministre des Sports de l'époque, Michel ZOAH, avait précisé d'une part que la prise en charge salariale mensuelle était de 100 000 FCFA pour un joueur de Ligue 1 et de 50 000 FCFA pour un joueur de Ligue 2. L'État devait ainsi supporter pour chaque club 25 personnes dont trois encadreurs techniques.

[88] Dans un communiqué radio-presse signé le 20 février 2019, le Général Pierre SEMENGUE, le président de la LPFC fait un rappel et une mise au point à l'adresse des présidents de clubs. D'abord, les sommes mises à dispositions doivent donc être utilisées exclusivement pour le paiement du salaire des joueurs et encadreurs techniques. Ensuite, il leur demande de préparer chacun un compte d'emploi de la subvention de l'État avec pièces justificatives, lequel servira désormais de préalable justifiant de nouveaux déblocages.

Cependant, la subvention étatique, conçue comme un mécanisme conjoncturel et complémentaire au traitement salarial que chaque joueur professionnel reçoit à l'avance de son club, selon son contrat de travail, va pourtant traverser le temps. La persistance de l'amateurisme de notre football professionnel et l'indigence des joueurs en sont les facteurs majeurs. Comme a eu à le relever avec pertinence un auteur camerounais, « *le statut des joueurs souffre de la plus grande ambiguïté, et l'on est amené à se poser la question de savoir s'ils sont des candidats à l'aumône ou à un salaire. Dans ce contexte où les recettes des stades sont globalement insignifiantes, le problème du financement des équipes se pose de manière dramatique dans l'ensemble du pays* »[89]. Indéniablement, les finances peuvent être un déterminant de vitalité des clubs camerounais, de dignité des joueurs et de viabilité du championnat national de football professionnel. Dans cet environnement de quête de professionnalisme footballistique, la subvention de l'État connaît parfois un déblocage tardif et saucissonné, sans pour autant disparaître[90].

Cela étant, la générosité de l'État ne se limite pas aux clubs d'Élite ; elle s'est progressivement étendue à la Ligue elle-même. La subvention de l'État initialement conçue comme un appui conjoncturel pour faciliter le démarrage des activités de Ligue tend donc à devenir un appui structurel à finalité multiple. Cette tendance est d'autant plus irrationnelle que cette Ligue est un démembrement de la FECAFOOT. En principe, l'enveloppe budgétaire de la LFPC est constituée, au titre de son fonctionnement, des contributions de la FECAFOOT et du Top sponsor[91]. Mais l'État est amené à apporter un appui spécial substantiel à la conduite des activités de la Ligue, à savoir son fonctionnement propre et la subvention des clubs d'Élite[92]. L'État fournit en réalité une véritable bouffée d'oxygène sur le plan financier à la Ligue, afin

---

[89] André NTONFO, *Football et politique au Cameroun*, op. cit., p. 77.

[90] Pour l'année 2019, c'est après quatre journées de championnat disputées en Ligue 1 et en Ligue 2 qu'une avance de subvention destinée aux clubs de football professionnels a été servie à la Ligue. Dans le communiqué 20 février 2019 précité, on peut lire : « *Il est mis à la disposition des clubs professionnels du Cameroun ce mardi 19 février 2019, la somme de 84 millions de FCFA, soit 3 millions FCFA pour chacun des clubs de Ligue 1 et 2 millions FCFA pour les clubs de Ligue 2, au titre d'une première avance de la contribution du Gouvernement aux salaires des joueurs et encadreurs techniques des clubs professionnels.* »

[91] Voir par exemple la Convention de Sponsoring signée le 17 mai 2017 entre MTN Cameroon et la LFPC. La société de téléphonie mobile s'était engagée à financer la Ligue sur 3 ans, à hauteur d'un milliard FCFA par an.

Par l'Avenant signé le 04 mai 2018, MTN et la Ligue ont convenu de réajuster leurs engagements respectifs pour les années 2018 et 2019. MTN a réduit son engagement à 610 millions de FCFA dès la saison sportive 2019.

[92] Cf. Décision n°20/1299/D/MINFI/SG/DGB/DPB/CSE/MJT du 23 avril 2019 portant déblocage de la somme TTC de FCFA 350 000 000 (trois cent cinquante millions) au profit de la Ligue de Football Professionnel du Cameroun destiné à la prise en charge d'une partie de ses charges de fonctionnement. L'article 1er limite la portée de la somme débloquée à « *la contribution du Gouvernement au fonctionnement de ladite ligue* ».

de pallier les dysfonctionnements de la FECAFOOT[93], voire les relations tumultueuses entretenues avec celle-ci[94], quoique juridiquement sa fédération tutélaire[95].

S'il ressort de la fresque du droit du financement des fédérations sportives par l'État une disparité normative, du fait de la convocation des règles issues de divers instruments juridiques. Cette hétérogénéité des normes juridiques vaut aussi pour le financement étatique des organisations olympiques, lequel confesse la réalité de la contribution de l'État à la diffusion et au développement des valeurs olympiques en lien étroit avec leurs besoins ciblés.

II. LE FINANCEMENT DES ORGANISATIONS OLYMPIQUES

« *Le Comité National Olympique et Sportif du Cameroun (...) est une association apolitique et à but non lucratif de type particulier, dotée de la personnalité juridique. Il est régi par la Charte olympique, ses statuts et règlements, en vigueur au Cameroun* », et « *Le Comité National Paralympique Camerounais (...) est une association apolitique et à but non lucratif de type particulier, dotée de la personnalité juridique. Il est régi par le Guide du Comité International Paralympique, ses statuts et règlements, les lois et règlements en vigueur au Cameroun* » peut-on constater *expressis verbis* de la lecture combinée des articles 54 et 55 de la loi n° 2018/014 du 11 juillet 2018 portant organisation et promotion des activités physiques et sportives au Cameroun. Autant dire que le législateur camerounais a pris position clairement au sujet du débat doctrinal portant sur la nature juridique

[93] À titre d'illustration, la décision de la FIFA de mettre à la tête de la FECAFOOT un Comité de normalisation en 2017 entrainera le blocage des comptes, ce qui empêchera la fédération de débloquer la subvention due à la Ligue. Confronté à cette difficulté, le Président de la Ligue va solliciter du Premier ministre, Chef du Gouvernement, par correspondance n°452/LPFC/PT/17 du 25 août 2017, le déblocage en urgence de 135 000 000 FCFA pour lui permettre de couvrir les matches programmés à 7 journées de la fin des championnats professionnels de Ligue 1 et de Ligue 2.

[94] Dans un Communiqué radio-presse daté du 23 août 2019, le Président de la LPFC écrit : « *La convention signée entre la Ligue et la FECAFOOT en 2011 prévoit que cette dernière verse à la Ligue une subvention annuelle de 410 millions par saison sportive. Ce qui a été régulièrement fait par les différents exécutifs y compris les deux normalisations. Mais fort est de constater que depuis son arrivée à la tête de la FECAFOOT, l'exécutif actuel n'a pas versé la moindre subvention à la Ligue, l'obligeant ainsi à trouver d'autres moyens et mécanismes de financement de ses activités* ». L'exécutif en cause a été élu le 12 décembre 2018.

[95] Le financement transite parfois par la Fédération : cf. Décision n°20/282/D/MINFI/SG/DGB/DPB/CSE du 04 février 2020 autorisant le mandatement de la somme TTC de FCFA 350 000 000 au profit du Président de la Fédération Camerounaise de Football. L'article 1er donne un spectre large à la somme débloquée, tant il s'agit de « *la subvention de l'État au profit du Football Professionnel au titre de l'année 2020* ».

des organisations olympiques au Cameroun[96] et le droit qui leur est applicable[97] accessoirement, pour lui ce sont des associations, même si cette clarification n'a pas évité les conflits sportifs[98].

En droit positif camerounais, l'État a la latitude d'octroyer une subvention de fonctionnement aux organisations olympiques (**A**). Il peut aussi apporter à ces dernières un financement aux compétitions sportives[99] placées sous leur autorité (**B**).

A. La subvention de fonctionnement des organisations olympiques

La question de la subvention de fonctionnement des organisations olympiques nationales est d'émergence récente en droit camerounais. La Charte des activités physiques et sportives de 1996 renvoyait laconiquement le financement desdites activités à des textes particuliers, on le sait[100]. Au fil des années, l'État camerounais n'est pas resté indifférent au fonctionnement des organisations olympiques nationales.

L'analyse du droit positif camerounais montre que l'État prend en charge des dépenses tant courantes (**1**) qu'exceptionnelles (**2**) des organisations sous sa juridiction.

1. Le financement des dépenses courantes

La notion de dépenses courantes renvoie ici aux charges ordinaires ou liées au fonctionnement proprement dit des organisations olympiques camerounaises en lien avec les activités d'une olympiade[101].

Cela dit, l'idée de subventionner les organisations olympiques est le fait du Législateur de 2011 : « *Les sportifs, les clubs, les associations, les ligues et les fédérations sportives nationales peuvent bénéficier des aides et subventions de l'État (...) sur la base d'un programme annuel ou pluriannuel et des prévisions budgétaires approuvées par les autorités concernées* »[102].

---

[96] COUESSU (J.-M. II), *La nature juridique des fédérations internationales de sport. Contribution à l'étude des institutions internationales*, Thèse de doctorat/Ph.D en Droit public, Université de Yaoundé II, 2016, 629 p.

[97] BILONG (S), « Le droit des fédérations sportives au Cameroun : le cas de la Fédération Camerounaise de Football (FECAFOOT). À propos des sources juridiques récentes », op. cit, pp.73-78.

[98] BAKEHE (D.L), *Les conflits sportifs au Cameroun et leurs règlements*, Thèse de doctorat en Droit public, Université de Bourgogne, 2018, 498 p.

[99] Il convient de préciser que les organisations olympiques sont compétentes en manière de compétitions sportives multidisciplinaires, tant au niveau national qu'international.

[100] Article 40 de la loi n°96/09 du 5 août 1996 fixant la Charte des activités physiques et sportives.

[101] Elle correspond à une période de 4 ans entre deux Jeux olympiques.

[102] Article 49 al 1 de la loi du 15 juillet 2011.

L'on remarque que l'énumération des bénéficiaires ne fait point mention des organisations olympiques nationales. L'abrogation en 2018 de cette législation ouvre de nouvelles perspectives.

En effet, la législation actuelle, plus générique, permet une conception extensive de l'éligibilité des organisations olympiques nationales aux subventions étatiques : « *Les athlètes, les associations sportives et autres acteurs du mouvement sportif peuvent bénéficier de subventions de l'État (...) conformément aux lois et règlements en vigueur* »[103]. Dans l'esprit du législateur, la notion d'acteur du mouvement sportif camerounais inclut expressément le Comité National Olympique et Sportif du Cameroun et le Comité National Paralympique Camerounais[104]. On peut aussi imaginer l'extension de ce financement aux démembrements régionaux desdites organisations olympiques nationales chargées de disséminer la culture olympique[105] locale en tenant compte des spécificités africaines en termes de jeux[106] et d'émergence des figures olympiques africaines[107].

Lorsqu'on s'intéresse aux modalités d'octroi des subventions étatiques, le laconisme normatif reprend ses droits. Outre la conformité aux lois et règlements en vigueur, ces subventions sont accordées sur la base d'un programme pluriannuel couvrant une olympiade et tenant compte des prévisions et disponibilités budgétaires du Gouvernement[108]. L'exigence de pluriannualité se comprend aisément. D'abord, le fonctionnement et les activités de ces organisations ont statutairement un horizon temporel quadriennal. Ensuite et surtout, le régime financier de l'État est désormais irradié par le paradigme du budget-programme[109].

---

[103] Article 67 al 1 de la loi n°2018/014 du 11 juillet 2018.

[104] Au Titre III de la loi n°2018/014 du 11 juillet 2018, intitulé « Des acteurs du mouvement sportif », dont Chapitre II traite « Des personnes physiques », on a la Section IV « Des Comités Nationaux » consacrée aux deux organisations olympiques de notre pays (articles 54 et 55).

[105] TABI MANGA (J), « L'actualité africaine de l'olympisme en contexte de mondialisation », *in Actes du colloque international du Centre africain d'études olympiques (CAEO)*, Yaoundé, Afredit, 2019, pp. 9-18.

[106] COUESSU (J.-M. II), « La contribution des Jeux africains à l'édification d'un panafricanisme olympique », *in Actes du colloque international du CAEO*, op. cit., pp. 67-80.

[107] BEKOMBO JABEA (C), « L'éthique dans la construction du mouvement olympique mondial et des valeurs olympiques dans la pensée de Kéba Mbaye : Contribution des figures africaines à l'universalité des valeurs olympiques », *in Actes du colloque international du CAEO*, op. cit., pp 107-122.

[108] Article 67 al 2 de la loi n°2018/014 du 11 juillet 2018.

[109] Voir loi n°2018/012 du 11 juillet 2018. Pour aller plus loin, lire Robert MBALLA OWONA, « Émergence de la gestion financière axée sur les résultats et reconnaissance d'une obligation d'exécution intégrale des budgets des administrations publiques en droit CEMAC », *Afrilex*, avril 2016, pp. 53-78.

Ce financement de l'olympiade[110], comprend donc des appuis pour les stages de préparation des athlètes et parfois des encadreurs, car les fonds mis à disposition par le CIO dans le cadre de ses programmes de formation et de stages olympiques[111], s'avèrent souvent juste pour englober la préparation optimale de ces derniers. Aussi, tous les athlètes camerounais ayant effectué les minima[112] attendent du CNOSC qu'ils soient pris en charge dans leur programme de préparation[113]. Les déplacements des officiels administratifs et techniques du CNOSC ou du CNPC non pris en charge par le CIO ou le Comité International Paralympique pour des activités de suivi de la préparation des athlètes camerounais, et d'autres charges telles que les primes, assurances et autres contributions statutaires[114] entrent dans cette catégorie de frais de fonctionnement que l'État a la latitude de financer, sous la condition que celui-ci présente un programme pluriannuel selon le législateur de 2018 suscité. C'est donc un ensemble de dépenses courantes du Comité lié au programme de préparation des Jeux olympiques de la délégation camerounaise soumis à l'État selon un programme pluriannuel qui permet à ce dernier de programmer et de calibrer sa subvention en faisant les arbitrages budgétaires. Le CNOSC, bénéficiaire de la subvention, est tenu de rendre compte aux autorités compétentes[115] au terme de l'olympiade. Selon les exigences managériales du budget-programme, un contrôle annuel de la mise en œuvre du programme pluriannuel présenté par le CNOSC est aussi possible, afin d'opérer des réaffectations et correctifs sur l'allocation des subventions selon la conjoncture des années de l'olympiade.

---

[110] KEMO KEIMBOU (D.-C), « L'impact de l'olympisme au Cameroun (1960-1996). Émergence et évolution d'une culture olympique en Afrique noire », *Regards sociologiques*, n°20, 2000, pp. 2-27.

[111] GUIODEM (C.F), « L'impact des programmes de formation olympique des encadreurs techniques sur l'amélioration de la performance sportive en Afrique : analyse à partir du cas de la Fédération Camerounaise de Judo », *in Actes du colloque international du CAEO*, op. cit., pp. 107-138.

[112] Performances sportives qualificatives en vue de participer aux jeux olympiques ou paralympiques.

[113] En marge de cet appui en termes de subventions nationales prévues, l'Etat et les Collectivités territoriales décentralisées peuvent, en outre accorder aux athlètes, associations sportives et acteurs du mouvement sportif des ressources humaines, matérielles ou logistiques (article 68 de la loi n°2018/014 du 11 juillet 2018). Ces ressources humaines peuvent être des fonctionnaires en détachement ou des agents de l'État relevant du code du travail mis à disposition (article 69 de la loi n°2018/014 du 11 juillet 2018).

[114] Voir la Décision n°19/40003/D/MINFI/SG/DGB/DPC/COI/CEA4/DH du 13 décembre 2019 autorisant le mandatement de la somme de FCFA 68 223 859 (Soixante-huit millions deux cent vingt-trois mille huit cent cinquante-neuf) au profit des Organismes Sportifs Internationaux. Par cet acte, le Gouvernement a honoré les cotisations, entre autres, de notre Comité Paralympique au Comité International du Sport des Sourds, à la Confédération africaine des Sports des Sourds et à la Fédération Internationale des Sports pour personnes avec une déficience intellectuelle.

[115] Article 67 al 2 de la loi n°2018/014 du 11 juillet 2018.

L'organisation olympique au Cameroun laisse voir une nomenclature duale avec les deux Comités nationaux. Mais dans les développements et la pratique de l'octroi de subvention, le CNOSC obtient des financements substantiels au détriment du CNPC. Cela peut avoir deux explications : d'abord le très faible développement du sport paralympique au Cameroun à cause du manque de matériel et de compétition handisport ; ensuite, l'absence de qualification d'athlètes camerounais pour les jeux paralympiques, requérant la sollicitation des subventions de l'État. Aussi pouvons-nous souhaiter que le président du Comité national paralympique puisse adresser un programme pluriannuel afin d'obtenir des subventions pour l'olympiade, mais surtout travaille à développer et à installer le sport paralympique au Cameroun afin de viser la compétitivité internationale nécessaire pour envisager une participation camerounaise aux jeux paralympiques.

En marge de ces activités olympiques liées à la préparation d'une olympiade, il y a aussi le financement des dépenses exceptionnelles en faveur des organisations olympiques que l'État peut effectuer.

2. Le financement des dépenses exceptionnelles

On entend par dépenses exceptionnelles, des charges spécifiques détachables du fonctionnement classique des organisations olympiques, c'est-à-dire la gestion de l'olympiade. C'est notamment le cas des frais liés à la personne de leurs dirigeants[116] et à l'échange de soutien en vue d'une élection dans les instances olympiques internationales.

Il arrive que l'État du Cameroun débloque ponctuellement des subventions exceptionnelles au soutien de la candidature des dirigeants des organisations olympiques nationales à divers postes au sein des institutions olympiques continentales ou mondiales. Cela a été le cas en 2017 par exemple, lors de la 17e session de l'Assemblée générale ordinaire de l'Association des Comités Nationaux Olympiques d'Afrique (ACNOA) au cours de laquelle devait avoir lieu l'élection au poste de président de l'ACNOA ; élection ayant opposé le colonel Hamad KALKABA MALBOUM, candidat camerounais, au général d'armée ivoirien Lassana PALENFO. Après un rendu médiatique faisant état de la mise à disposition de fonds pour le financement de la campagne[117] et le lobbying mené par le gouvernement du Cameroun auprès des autres États membres pour le soutien de la candidature du Camerounais, ce dernier sera disqualifié et suspendu de toutes les activités au sein du mouvement olympique en Afrique par le Comité exécutif de l'ACNOA. Le motif avancé était que l'implication du Cameroun dans cette campagne était une violation

[116] Article 46 de la loi n°2018/014 du 11 juillet 2018 : « - *(1) Les fédérations sportives participent à l'exécution d'une mission de service public (...) la désignation des membres représentant le Cameroun au sein des instances sportives internationales* ».
[117] Le soutien financier s'élevait à la somme de FCFA 186 286 000.

du Code éthique de l'organisation et a eu pour effet de créer des conflits entre les comités olympiques des pays contactés et leurs ministères des sports. Il demeure constant, et sans revenir sur la polémique suscitée par ladite élection et les rivalités empreintes de contradictions internes à l'ACNOA, que la décision du tribunal Arbitral du Sport du 25 mai 2018 dans cette affaire[118] démontre une certaine méconnaissance des coutumes sportives et olympiques[119] par certains acteurs, et conforte la position de la doctrine sur la légalité des pratiques de soutien diplomatique de la candidature -pour les compétitions ou les postes au sein des organisations sportives continentales ou internationales- d'un national par un pays dans le cadre de la diplomatie sportive étatique[120].

L'autre aspect de cet appui financier est l'échange de soutiens[121] en vue de l'élection dans une instance olympique internationale d'un Camerounais à travers une stratégie de diplomatie sportive[122]. À ce niveau, une stratégie est décidée par la présidence de la République et les autorités gouvernementales, en concertation avec le CNOSC, en vue d'obtenir par la voie diplomatique, les ralliements à la candidature proposée par le Cameroun ou suscitée par le candidat dans une élection au sein d'une organisation olympique continentale ou internationale. Dans la pratique, des missions avec le candidat sont dépêchées[123] dans les capitales stratégiques et auprès des organisations décisives afin de faire la campagne. L'objectif de ces équipes étant de battre

[118] CAS 2017/A/5163 Hamad KALKABA MALBOUM contre ACNOA du 25 mai 2018 annulant toutes les décisions rendues par l'ACNOA à l'encontre du candidat camerounais à la présidence de l'ACNOA.

[119] KALKABA MALBOUM (H) (dir.), *Connaissances de l'olympisme*, Yaoundé, CNOSC, 2006, 124 p.

[120] AUGUSTIN (J.-P), « Éléments géopolitiques du sport africain », *Les Cahiers d'Outre-Mer*, n°250/2010, Vol. 63 | Avril-Juin 2010, *L'Afrique au cœur du sport mondial : autour de la Coupe du monde de football 2010 en Afrique du Sud*, pp.175-190. Voir aussi Claude BEKOMBO JABEA, *La diplomatie sportive des États africains*, The Muntu Institute press, 2019.

[121] Transactions de soutien pour des candidatures croisées au sein de différentes organisations internationales (sportives ou non) ou de la même organisation (sportive ou non) par deux États membres par voie diplomatique. Voir les développements de Claude BEKOMBO JABEA, « Politique juridique et diplomatie sportive du Cameroun de 1960 à nos jours : enjeux et mutations à l'ère de la mondialisation (1963–2013) », in *États des recherches sur le sport et l'olympisme au Cameroun (1963–2013)*, Web SHS of Conférences 32, 04001, pp. 296-311, (2016).

[122] BEKOMBO JABEA (C), « Politique juridique et diplomatie sportive du Cameroun de 1960 à nos jours : enjeux et mutations à l'ère de la mondialisation (1963–2013) », *États des recherches sur le sport et l'olympisme au Cameroun (1963–2013)*, Web SHS of Conférences 32, 04001, pp 296-311, (2016).

[123] Composée du Candidat, des représentants de la Présidence de la République, des Services du Premier ministre, du Ministère des Sports et du Ministère des Relations extérieures. Voir les développements de Claude BEKOMBO JABEA, « Politique juridique et diplomatie sportive du Cameroun de 1960 à nos jours : enjeux et mutations à l'ère de la mondialisation (1963–2013) », *Ibid.*

campagne en ayant recours à l'appareil diplomatique de l'État constitué de postes consulaires et missions diplomatiques pour permettre au candidat de convaincre les membres électeurs de la pertinence de sa candidature. Il n'est nullement question de corruption, mais d'une véritable campagne afin de décider les indécis et de susciter les échanges de soutien avec d'autres pays membres pour favoriser le choix du candidat camerounais. Cela se fait en droite ligne de la coutume diplomatique connue d'échanges des soutiens dans la fonction publique internationale.

En dehors du financement direct de l'olympiade et des évènements ponctuels dans l'activité olympique nationale, l'État peut aussi apporter son soutien financier direct aux compétitions sous l'autorité des organisations olympiques nationales.

B. Le financement des compétitions sous l'autorité des organisations olympiques

Au Cameroun, l'État consacre beaucoup de ressources au financement des compétitions relevant des organisations olympiques. L'importance et la constance du financement ont même conduit l'État et une organisation olympique à inscrire leurs relations dans un cadre conventionnel[124].

De manière générale, les organisations olympiques peuvent solliciter de la Puissance publique un appui pour honorer les dépenses liées aux compétitions qu'elles organisent au niveau national **(1)**. Une telle sollicitation reste possible lorsque ces organisations préparent et conduisent la délégation camerounaise aux compétitions au niveau international **(2)**.

1. L'appui financier de l'État à l'organisation des compétitions

Il est question ici du financement des compétitions organisées sous l'autorité des organisations olympiques au Cameroun (CNOSC et CNPC). Il faut dire d'entrée de jeu que les jeux nationaux baptisés *« Dixiades »*[125] par le

---

[124] Cf. Accord-cadre de collaboration entre le Ministère des Sports et de l'Éducation Physique et le Comité National Olympique et Sportif du Cameroun du 5 mars 2019, dont l'article 2 al 1er stipule : « *Les Parties contractantes s'engagent à collaborer dans les domaines de la préparation, de l'organisation et de la participation aux compétitions sportives nationales et internationales multidisciplinaires organisées à l'initiative du CNOSC ou sous l'égide du CIO* ».

[125] Selon l'article 2 al 1er de la Convention de collaboration relative à l'organisation des *Dixiades* entre le Ministère des Sports et de l'Éducation Physique et le Comité National Olympique et Sportif du Cameroun, cet acronyme « *désigne la compétition organisée par le CNOSC, regroupant des sportifs venant des dix (10) régions du Cameroun, dans dix (10) disciplines sportives et pendant une durée de dix (10) jours* ». Considérée par le CNOSC comme les « *Jeux nationaux du Cameroun* », cette compétition est conçue sur le format des compétitions multidisciplinaires internationales à l'effet de préparer les performances des sportifs camerounais pour les compétitions de haut niveau (Jeux olympiques, Jeux du Commonwealth, etc...)

CNOSC, constituent la compétition phare du CNOSC, tandis que le CNPC n'a pas de compétition connue sous son autorité susceptible de requérir des subventions de l'État.

En ce qui concerne l'organisation des compétitions sportives par les organismes olympiques au Cameroun, soulignons qu'autant l'ancienne loi n° 2011/018 du 15 juillet 2011[126] que la nouvelle loi n° 2018/014 du 11 juillet 2018[127] permettent à l'État, aux Collectivités Territoriales Décentralisées ainsi qu'aux organismes publics et privés d'assurer ou de participer au financement de différentes activités donc l'organisation des compétitions sportives. En dehors de ce cadre légal, il faut maintenant dans la pratique avoir des compétitions organisées par les organismes olympiques nationaux pouvant susciter une certaine compétitivité, ou être pertinente au sein des acteurs de la communauté sportive nationale afin d'inciter l'État à financer ladite compétition. Cela signifie clairement qu'il y'a un travail sur la mise en œuvre desdites compétitions nationales olympiques et la collaboration avec le MINSEP pour présenter un dossier de financement pertinent à l'État d'une part, et que d'autre part l'État puisse définir le cadre juridique de son intervention en lien à la gestion de sa subvention par l'organisme olympique. Ce sont ces impératifs qui ont commandé la définition d'un instrument juridique conventionnel pour encadrer le financement étatique des *Dixiades* par le CNOSC qui, avant la signature de l'Accord-cadre entre le ministère des Sports et de l'Éducation Physique et le Comité National Olympique et Sportif du Cameroun du 5 mars 2019 dépendait de la latitude de l'État. En l'état actuel du droit camerounais, l'encadrement conventionnel régit uniquement l'appui financier de l'État à l'organisation biennale de la compétition. Cet encadrement se trouve formellement à deux niveaux. D'abord, à l'échelle globale de collaboration institutionnelle, les parties contractantes ont pris l'engagement de mutualiser leurs ressources financières et matérielles, notamment en matière d'organisation des compétitions nationales du ressort du CNOSC[128]. Ensuite, à l'échelle spécifique de collaboration institutionnelle, l'énumération des ressources financières des *Dixiades* place le budget de l'État et de ses démembrements territoriaux avant les fonds alloués par le CIO, les moyens tirés du sponsoring, du mécénat et du parrainage[129].

En fait, la structuration de l'énumération des ressources financières des *Dixiades* est un indicateur pertinent de la place prégnante du financement étatique dans l'organisation de cette compétition nationale. Les clauses sur les acteurs et leurs rôles dans le processus d'élaboration budgétaire traduisent bien cette réalité. Le CNOSC a la charge d'élaborer et transmettre au ministre

---

126 Article 71 (1).
127 Article 72.
128 Cf. article 3 al 1er de l'Accord-cadre précité.
129 Cf. article 7 de la Convention de collaboration relative à l'organisation des *Dixiades* précitée.

des Sports le projet de budget[130], tandis que ce ministre a la responsabilité, en collaboration avec les Collectivités Territoriales Décentralisées, de pré-valider ledit projet[131]. On pourrait croire que l'acte conventionnel est lacunaire, tant il semble ignorer l'étape de validation du budget des *Dixiades*. En vérité, cette ultime étape du processus d'élaboration budgétaire est sous-entendue : après la pré-validation, le ministre chargé des Sports soumet le projet de budget revu à la sanction du Premier ministre, Chef du Gouvernement. On comprend implicitement que les parties contractantes ont voulu imputer les charges d'organisation sur le chapitre des charges communes dont l'ordonnateur est le Chef du Gouvernement. Il s'agit probablement d'un choix de raison, quand l'on sait que le chapitre budgétaire du MINSEP, généralement très sollicité par ailleurs, est nettement moins bien doté que celui-ci pour faire face aux importantes charges d'organisation des jeux.

On peut également envisager qu'en cas d'organisation d'évènements olympiques d'envergure comme les tournois qualificatifs régionaux ou continentaux sous l'autorité des organismes olympiques nationaux, les procédures de financement de compétitions internationales explicitées *supra* s'appliqueront comme pour toute fédération. Car dans l'organisation de toute compétition internationale, il y'a des aspects qui relèvent de l'État d'accueil comme la communication, la couverture médicale et l'hébergement, entre autres. Il est illusoire d'imaginer, au vu de l'envergure de ce type de compétition, que les organismes olympiques pourront les organiser sans l'appui multiforme de l'État.

En dehors de cet appui financier de l'État à l'organisation des compétitions par les organisations olympiques nationales, il y'a aussi l'appui de l'État à la préparation et à la participation aux compétitions.

2. L'appui financier de l'État à la préparation et à la participation aux compétitions

Cet appui financier de l'État est consacré par la législation et varie selon le niveau de compétition dont la préparation (et ensuite la participation) est sollicitée.

La lecture combinée des dispositions de la loi abrogée du 15 juillet 2011 et de la loi en vigueur n° 2018/014 du 11 juillet 2018 permet de remarquer une légère nuance. Le législateur de 2011 consacre le fait que dans le cadre de

---

130 Cf. article 3 de la Convention de collaboration précitée.

131 Cf. article 4 *Ibid.* Le ministre des Sports est chargé de mettre à disposition les infrastructures et installations sportives de l'État dans la ville hôte, de faciliter la mise à disposition des infrastructures hospitalières de l'État à la date de déroulement de la compétition, de veiller à la mise à disposition des fonds nécessaires pour la réalisation des activités prévues et de prendre des dispositions permettant d'assurer la sécurité de la compétition.

l'exécution de ses missions, notamment celles relatives à l'organisation et au soutien de la préparation des athlètes et des sélections nationales en vue de leur participation aux Jeux olympiques et aux compétitions multisports régionales, continentales ou mondiales patronnées par le CIO, le CNOSC peut bénéficier de l'aide et du concours de l'État, suivant les modalités conventionnelles arrêtées d'accord parties avec le MINSEP[132]. Le législateur de 2018, pour sa part, valorise plutôt le fait que l'État coordonne, en liaison avec le CNOSC, le CNPC et les fédérations sportives nationales concernées, la prise en charge du sport de haut niveau en vue de la préparation et de la participation des athlètes aux compétitions internationales dont les modalités de la prise en charge sont fixées par voie réglementaire[133]. Cet appui financier à la préparation et à la participation aux compétitions internationales est basé sur la mission de service public reconnue aux différentes fédérations par le législateur[134].

Cette consécration législative du soutien financier de l'État en vue de la participation des athlètes camerounais aux compétitions multidisciplinaires internationales est aussi fonction de la dimension nationale, régionale, continentale ou internationale de celles-ci. L'appui de l'État n'est pas insignifiant pour les compétitions multidisciplinaires à caractère olympique telles que les Jeux africains[135], les Jeux du Commonwealth, les Jeux de la Solidarité Islamique ; malgré le prestige limité desdites compétitions, l'État du Cameroun semble être dans la logique d'encourager la présence de nos athlètes. Dans le cadre des Jeux olympiques, l'exposition mondiale, voire universelle, les répercussions des résultats sportifs ainsi que les bénéfices en termes d'image induisent un financement étatique significatif[136]. En réalité, la

---

[132] Article 60 la loi abrogée n°2011/018 du 15 juillet 2011.

[133] Article 23 la loi n°2018/014 du 11 juillet 2018.

[134] Article 46 de la loi n°2018/014 du 11 juillet 2018 : « - *(1) Les fédérations sportives participent à l'exécution d'une mission de service public. À ce titre, elles contribuent à : (...) la préparation et la gestion, en relation avec le ministère responsable des sports, le Comité national olympique et sportif du Cameroun et le Comité national paralympique camerounais, des équipes nationales pour représenter le Cameroun aux compétitions internationales* ».

[135] Pour les Jeux africains « Maroc 2019 » (compétition sous la conduite du CNOSC), le Gouvernement a débloqué la somme de FCFA 1 019 165 629 représentant les frais de prise en charge de la phase préparatoire (322 531 712 FCFA couvrant l'organisation du stage préparatoire au Cameroun, l'achat des équipements sportifs ainsi que des tenues d'apparat et de compétition) et de la phase de participation (696 633 917 FCFA pour les dépenses de participation proprement-dite et le paiement de primes éventuelles de podium). Voir Décision n°19/2771/D/MINFI/SG/DGB/DPB/CSE du 1er août 2019.

[136] Voir Décision n°15/1928/D/MINFI/SG/DGB/DPB/ME autorisant le mandatement de la somme de 645 425 000 FCFA au profit du Président du Comité National Olympique et Sportif du Cameroun. Il y a lieu de préciser que cette importante somme d'argent était débloquée en vue d'honorer seulement les charges de la phase de préparation des athlètes camerounais aux Jeux olympiques de Rio 2016.
En plus, on note la Décision n°16/0000162/D/MINFI/SG/DGB/DPB/ME/MMAR du 19 février 2016 portant mandatement de fonds d'un montant de F.CFA 80 174 680 (quatre-vingt millions

structure du mouvement olympique s'apparente à une multinationale, avec près de 205 Comités nationaux olympiques, et un évènement médiatique planétaire attirant les regards du monde que sont les JO. Les interactions du CIO avec les États et les organisations internationales, sa structure juridique, la portée de certaines décisions, notamment l'attribution de la ville organisatrice des Jeux olympiques, ses rôles et son influence dans les relations internationales sont inédits pour une organisation non gouvernementale[137]. L'exposition internationale qu'augure la participation par la délégation d'un État aux JO augure nécessairement l'investissement financier important par tous les États ; le Cameroun n'est donc pas en reste de la quête de prestige à travers la recherche d'une médaille par les athlètes camerounais pendant ce rendez-vous.

CONCLUSION

Au terme de cette analyse sur le financement des associations sportives par l'État au Cameroun, le tableau analytique laisse transparaitre effectivement une disparité normative, favorisée par l'hétérogénéité des normes juridiques régissant l'organisation du financement. Cette hétérogénéité n'affaiblit pas l'efficacité de ce corpus normatif éparse, car une seule téléologie innerve toutes ces dispositions contenues dans divers textes, c'est assurer de manière optimale l'appui et le financement de l'État aux associations sportives. L'exégèse du cadre juridique a démontré qu'il n'y a pas de contradiction et de complexification procédurale dans les différentes parturitions législatives de 2011 à 2018, leurs textes d'application en sus. Au contraire, on note une amélioration, une simplification et une évolution sur certains points procéduraux précis d'accès aux subventions de l'État pour lesdites associations par rapport au principe général du non-financement ou du financement exclusif uniquement des associations reconnues d'utilité publique, consacré par la loi sur la liberté d'association de 1990.

À bien y regarder, ce financement ressemble plus à une opération de *sponsorisme* pour la gloire de l'image de marque de l'État du Cameroun, et en cela nous rejoignons Jean-Pierre KARAQUILLO lorsqu'il constate fort à propos que « *Qui pourrait sérieusement prétendre que le sport laisse, aujourd'hui, indifférents les États ? Ici ou là, l'engouement suscité par l'activité sportive excite les 'convoitises', et celles des pouvoirs publics ne sont pas les moindres. Formidable véhicule de communication, la pratique*

---

cent soixante-quatorze mille six cent quatre-vingt) au profit du Comité d'Organisation des Jeux olympiques (RIO 2016). Cette somme était destinée au paiement (sans intervention du CNOSC) des frais des chambres attribuées au Cameroun dans le cadre de la compétition.

[137] BERNASCONI (G), « De l'universalisme au transnational : le Comité international olympique, acteur atypique des relations internationales », *Bulletin de l'Institut Pierre Renouvin*, 2010/1 (n°31), pp. 151-159.

sportive de haut niveau incite les États à s'y investir en prenant l'initiative d'opérations qui, à bien y réfléchir, constituent des opérations de 'sponsorisme politique' »[138]. Et ce juriste français, spécialiste du droit du sport et ayant fréquenté les campus universitaires africains, conclut fort bien : « *Dans les pays d'Afrique noire, le phénomène est par la force des choses singulièrement amplifié : imagine-t-on qu'un État africain, affecté d'une réelle cécité, puisse abandonner le sport au secteur privé ? Serait-il réaliste de ne pas associer activité sportive et intérêt général ? »*[139]

L'État du Cameroun n'est pas atteint de cécité. Il prend toute sa part, en institutionnalisant un financement[140] et en maintenant un interventionnisme prégnant[141], lequel oscillait auparavant entre la gestion directe et le contrôle exclusif, mais a muté avec l'avènement de la démocratie sportive[142] en partenariat et cogestion avec les autres acteurs du sport, nous l'avons vu. Le constat est implacable : la démocratie sportive est inéluctablement en marche en Afrique et dans le monde. Face à la mondialisation du sport ou encore sa planétarisation[143], les États africains, dont le Cameroun, n'ont pas beaucoup de choix, il faut s'arrimer à la nouvelle donne de la démocratie sportive. Car, elle augure aussi pour les associations sportives nationales l'exigence d'une bonne gouvernance et d'« *accountability* ». Les dirigeants sportifs ont l'obligation de rendre compte et d'être contrôlés en interne et par leurs fédérations internationales relativement aux financements venus de la communauté sportive, mais aussi au sujet des subventions et appuis financiers multiformes de l'État.

Cette démocratie sportive, socle de l'administration sportive internationale secouant l'État africain dans ses hésitations ontologiques[144] entre originalité africaine et mimétisme de la structure occidentale, conduit la question du financement du sport en Afrique à un carrefour décisif aujourd'hui. Il reste

---

[138] Préface à François Claude DIKOUME, *Le service public du sport en Afrique : l'exemple du Cameroun*, Paris, Dalloz, 1989, 298 p.

[139] *Idem.*

[140] KEMO KEIMBOU (D.-C), « L'État, le politique et le sport au Cameroun. Le paradoxe d'une institutionnalisation (1949-1996) », *Regards sociologiques*, n°20, 2000, pp. 27-37.

[141] KEMO-KEIMBOU (D.-C), *Représentations, politiques et pratiques corporelles au Cameroun (1920-1996). Enjeux et paradoxes du sport et de l'éducation physique en Afrique Noire*, Thèse de doctorat en Sciences du sport, Université Marc Block de Strasbourg, 1999, 754 p.

[142] Les statuts des organisations sportives internationales consacrent le principe de l'élection démocratique à la tête de leurs organisations nationales membres et proscrivent l'ingérence gouvernementale dans ce choix. C'est ce mouvement qu'on qualifie de démocratie sportive. Lire NKOU MVONDO (P), *Les Lions indomptables : l'arbre qui cache la forêt. Le football camerounais en péril*, Presse Universitaire du Plateau, 2009, 332 p.

[143] BOURDIEU (P), « Comment peut-on être sportif ? », *in Questions de sociologie*, Paris, éd. de Minuit, 1980, pp. 173-195.

[144] SINDJOUN (L), *L'État ailleurs. Entre noyau dur et case vide,* Paris, Economica, coll. la vie du droit en Afrique, 2002, 332 p. Lire aussi Jean-François MEDARD, *L'État en Afrique. La politique du ventre*, Paris, Fayard, coll. L'espace du politique, 1989, 439 p.

tout de même que l'action de l'État africain sur le sport moderne à travers le financement en Afrique reste salutaire comme l'a démontré l'exemple du Cameroun. Les possibilités de financement existent avec les incitations fiscales comme l'a déjà suggéré la doctrine camerounaise[145] en plus de la transformation des associations sportives en sociétés commerciales[146].

On peut postuler l'harmonisation de ces règles disparates sur le financement étatique du sport au Cameroun autour d'un texte spécifique facilitant la consultation. Compte tenu de son ampleur, le versement de ce financement doit être enserré dans un corpus normatif cohérent et complet. En attendant son élaboration, des dispositifs juridiques disparates sont effectifs et efficaces. Le Maître honoré aujourd'hui par ces ***MÉLANGES*** y a apporté sa contribution. Ministre de la Jeunesse et des Sports du 7 décembre 1997 au 18 mars 2000, le Professeur Joseph OWONA a conduit la délégation officielle du Cameroun à la Coupe du Monde de Football en France en 1998. C'est sous son magistère que les Lions Indomptables gagnent en février 2000 leur troisième Coupe d'Afrique des Nations co-organisée par le Ghana et le Nigéria. Alors que la Fédération Camerounaise de Football traverse une crise profonde en 2013, l'homme d'expérience est désigné président du Comité de normalisation de ladite fédération, mis en place par la FIFA et la CAF. C'est à ce titre qu'il est co-signataire de la Convention MINSEP-FECAFOOT en 2015. Si aujourd'hui le dédicataire des présents ***MÉLANGES*** a rangé sa toge d'universitaire en raison de l'atteinte de la limite d'âge, c'est pour mieux arborer celle de Juge constitutionnel et, en tant que tel, il pourrait jouer un rôle dans l'élaboration du régime juridique du financement public des associations sportives.

---

[145] EVINA OBAM (R) et TOCKE (T.A), « La politique de financement public du sport au Cameroun. Quels enjeux pour quelle politique fiscale ? », *in États des recherches sur le sport et l'olympisme au Cameroun (1963–2013)*, op. cit. Ces auteurs proposent 4 paliers en guise de réponse :

- l'adoption d'une loi sur l'organisation et la promotion des activités physiques et sportives prescrivant l'obligation de constitution des clubs en société anonyme à objet sportif avant toute affiliation à une Fédération et la création d'une Direction nationale de Contrôle de Gestion ;
- l'opérationnalisation de la loi de 2006 sur le partenariat public-privé pour permettre l'implication des opérateurs privés dans la construction des infrastructures sur le modèle *Build-Operate-Transfer ;*
- l'adoption d'un dispositif fiscal incitatif pour le mécénat, le sponsoring, le bénévolat, le marchandising et les droits télé ;
- la dynamisation de la coopération internationale dans la perspective de diversification des financements viendrait parachever cette architecture de reconstruction du mouvement sportif camerounais.

[146] Voir GUIODEM (C.F), *La transformation des associations sportives en sociétés commerciales au Cameroun.*

VARIATIONS AUTOUR DES EXCEPTIONS AU PRINCIPE DE TRANSPARENCE BUDGÉTAIRE DANS LES ESPACES DE L'UEMOA ET DE LA CEMAC

Hilaire AKEREKORO[1]

Maître de conférences.
Agrégé de droit public (CAMES).
Directeur du Centre du Droit de l'État
et des Droits des Personnes en Afrique (CeDEP).
Université d'Abomey-Calavi (Bénin).

RÉSUMÉ

Dans les espaces de l'UEMOA et de la CEMAC, les exceptions au principe de transparence budgétaire sont nécessaires. Qu'elles soient classiques ou nouvelles, relatives à la défense nationale ou à la sécurité nationale, elles sont marquées par un certain dynamisme et touchent aujourd'hui des domaines longtemps ignorés par les analyses comme ceux du terrorisme international, de la protection des acquis de la recherche scientifique et des avancées technologiques, etc. Ces exceptions s'imposent aux acteurs politiques et financiers de même qu'elles doivent faire l'objet d'une prise en compte méritée et soignée dans l'enseignement du droit des finances publiques. Leur ignorance, leur mépris et leur violation ne sont pas souhaités, car ils peuvent être fatals à la sécurité de l'État. En revanche, leur prise en compte est très salutaire pour la protection de l'État et la sécurité des citoyens.

Mots clés : *Variations, exceptions, principe, transparence budgétaire, espaces de l'UEMOA et de la CEMAC.*

ABSTRACT

In the WAEMU and EMCCA areas, exceptions to the principle of budget transparency are needed. Whether traditional or new, relating to national defense or national security, they are marked by a certain dynamism and today touch areas long ignored by analyzes such as those of international terrorism, the protection of the achievements of scientific research and technological advances, etc. These exceptions are imposed on political and financial actors as well as deservedly and carefully considered in the teaching of public finance law. Their ignorance, contempt and violation are unwanted because they can be fatal to the security of the state. On the

[1] hilaireakerekoro@gmail.com

other hand, taking them into account is very beneficial for the protection of the state and the safety of citizens.

Key Words : *Variations, exceptions, principle, budget transparency, WAEMU and EMCCA spaces.*

INTRODUCTION

En Afrique francophone subsaharienne comme ailleurs, notamment en France, les études sur les finances publiques n'ignorent pas les principes budgétaires. Ces principes s'appliquent aux finances de l'État, à celles des collectivités territoriales décentralisées ou encore aux finances communautaires[2]. Au nombre de ces principes, figure aujourd'hui le principe de transparence budgétaire ou financière[3].

En elle-même, la transparence budgétaire constitue l'une des nouveautés du droit des finances publiques. Cependant, la transparence n'est pas nouvelle en droit, tant elle connaît plusieurs facettes, non seulement à travers les âges, mais aussi à travers diverses branches du droit et notamment du droit public dans sa double dimension interne et internationale. Il en est ainsi de la transparence électorale en droit constitutionnel et en droit électoral, de la transparence administrative en droit administratif, de la transparence en droit international public, etc.

Seulement, en droit public financier, la transparence budgétaire est un principe, voire une règle. En tant que principe financier, la transparence budgétaire se caractérise par sa généralité. Saisie comme une règle, elle est perceptible par sa fondamentalité et son obligatoriété, ou par les critères des règles financières applicables aux budgets et aux opérations financières publiques[4]. Dans la littérature juridique, la transparence budgétaire intéresse les législateurs communautaire et étatique, les Organisations Internationales (OI) comme le Fonds Monétaire International (FMI), les juges constitutionnel et financier et bien sûr, la doctrine publiciste.

---

[2] MEDE (N), *Finances publiques. Espace UEMOA/UMOA*, Dakar, L'Harmattan Sénégal, 2016, pp. 159-220, 357-365 et 416-422. - ALBERT (J.-L), *Finances publiques*, Paris, Dalloz, 8e éd., 2013, pp. 92-101 et 738-751.

[3] Inspection générale des finances et Inspection générale de l'Administration de la République française, *La transparence financière des collectivités territoriales*, Rapport établi par LAJOUMARD (D). et *alii*, Paris, 21 décembre 2012, 33 p. - SY (A), *La transparence dans le droit budgétaire de l'État en France*, Thèse de doctorat en sciences juridiques, Université de Paris I, 2016, 517 p.

[4] ALBERT (J.-L), « Les principes en droit financier », *in* CAUDAL S. (dir.), *Les principes du droit*, Paris, Economica, 2008, p. 231.

Pour le législateur communautaire, la transparence budgétaire est inséparable de la nouvelle gestion financière axée sur les résultats et la performance. La volonté législative est si poussée qu'une importance particulière est accordée à la gestion transparente des finances publiques par la voie de la codification. Cette tendance est observable aussi bien dans l'Union Économique et Monétaire Ouest Africaine (UEMOA) que dans la Communauté Économique et Monétaire de l'Afrique Centrale (CEMAC)[5]. Sur le plan national, le législateur étatique s'est réapproprié la codification communautaire, par voie de transposition des directives communautaires, en adoptant des textes juridiques sur la transparence budgétaire[6].

De son côté, le FMI considère que la transparence est un « *élément essentiel d'une politique financière efficace* »[7]. Quant à l'Organisation internationale des institutions supérieures de contrôle des finances publiques (INTOSAI), elle fait aussi de la transparence une préoccupation majeure[8]. Cet engouement des législateurs et des OI pour le principe de transparence budgétaire n'épuise pourtant pas la compréhension qu'il faut avoir de la notion qui, à bien des égards, intéresse aussi bien les juges constitutionnel et financier, que la doctrine publiciste.

La perception que les juges constitutionnel et financier peuvent et doivent avoir du principe de transparence budgétaire ne peut être saisie qu'à l'aune de leurs activités juridictionnelles précises, soit dans l'interprétation de la loi entendue au sens large, soit dans son application en donnant un contenu jurisprudentiel audit principe dans leurs offices respectifs : le premier à travers

---

[5] Directive n° 01/2009/CM/UEMOA du 27 mars 2009 portant code de transparence dans la gestion des finances publiques au sein de l'UEMOA. - Directive n° 06/11-UEAC-190-CM-22 du 19 décembre 2011 relative au code de transparence et de bonne gouvernance dans la gestion des finances publiques au sein de la CEMAC.

[6] Lire sur le sujet dans l'espace de l'UEMOA : Loi organique n° 2014-337 du 05 juin 2014 portant code de transparence dans la gestion des finances publiques en Côte d'Ivoire. - Loi n° 2012-22 du 27 décembre 2012 portant code de transparence dans la gestion des finances publiques au Sénégal. - Décret n° 2015-035 du 29 janvier 2015 portant code de transparence dans la gestion des finances publiques en République du Bénin. Dans l'espace de la CEMAC, il peut être consulté, à titre indicatif, la Loi n° 2018/011 du 11 juillet 2018 portant code de bonne transparence et de bonne gouvernance dans la gestion des finances publiques au Cameroun.

[7] MEDE (N), *Finances publiques. Espace UEMOA/UMOA*, *Op.cit.*p.165.

V. aussi Fonds Monétaire International, *Manuel révisé sur la transparence des finances publiques*, Préparé par le Département des finances publiques, (En consultation avec d'autres départements), 28 février 2001, 103 p.

- *Id., Guide sur la transparence des recettes des ressources naturelles*, juin 2005, 86 p.

- *Id., Transparence, système de responsabilité et risques budgétaires*, Préparé par le Département des finances publiques en collaboration avec le Département des statistiques, approuvé par Carlo Cottarelli, 7 août 2012, 68 p.

[8] Organisation internationale des institutions supérieures de contrôle des finances publiques (INTOSAI), *Principes de transparence et de responsabilité*, sur http://www.intosai.org, consulté le 26 novembre 2018.

le contrôle de constitutionnalité de la loi de finances[9] ; le second via son contrôle juridictionnel de l'exécution de la loi de finances.

Pour sa part, la doctrine publiciste accorde aussi une importance particulière au principe de transparence budgétaire, et ce, à des degrés divers. Elle en étudie les exigences[10], les rapports avec les réformes financières[11] ou alors l'assimile au principe de sincérité budgétaire[12], tentation à laquelle ne résiste d'ailleurs pas le législateur communautaire de l'UEMOA qui allie réalisme, sincérité et transparence des budgets publics[13]. Pourtant, les deux principes de transparence budgétaire et de sincérité budgétaire ne sont pas à confondre même si le respect de la sincérité budgétaire[14] peut dénoter ou révéler des éléments de transparence budgétaire.

Au demeurant et de notre point de vue, la transparence budgétaire est un nouveau principe de droit des finances publiques qui s'applique non seulement à la conception financière, mais aussi à la gestion financière publique. Du point de vue de la conception financière, la transparence budgétaire comprend deux variantes : d'un côté, la transparence dans la présentation du budget qui réunit désormais la trilogie "*missions, programmes et actions*" ; de l'autre, la transparence des informations budgétaires laquelle se traduit par la production d'informations budgétaires claires et détaillées aux fins de lutter contre l'opacité et d'informer le Parlement et les citoyens. S'agissant de la gestion financière publique, la transparence budgétaire concerne tant la gestion financière[15] que les comptes produits ou à produire par les gestionnaires de deniers publics.

Conquête ou plutôt exigence démocratique appelée à évoluer vers une construction managériale et responsable de la gouvernance financière publique, la transparence budgétaire est un principe aujourd'hui emblématique et irréversible. Pourtant, son applicabilité est discutable et pose des problèmes, car précisément la transparence budgétaire n'est pas un principe absolu. Comme la plupart des principes juridiques en général, des

---

9 Cf. entre autres, *Les Nouveaux Cahiers du Conseil Constitutionnel*, n° 59- *Le Conseil Constitutionnel et la transparence*, Paris, LGDJ, avril 2018, 372 p.

10 MEDE (N), *Finances publiques. Espace UEMOA/UMOA*, *Op. Cit.* pp. 160-163.

11 DA(D), « La recherche de la transparence budgétaire dans les réformes en finances publiques au Burkina Faso », sur http://www.afrilex.u-bordeaux4.fr, consulté le 26 novembre 2018.

12 MBALLA OWONA (R), « Émergence de la gestion financière axée sur les résultats et reconnaissance d'une obligation d'exécution intégrale des budgets des administrations publiques en droit CEMAC », sur http://www.afrilex.u-bordeaux4.fr, consulté le 26 novembre 2018.

13 Point 4.1 de la directive portant code de transparence dans la gestion des finances publiques au sein de l'UEMOA précitée : « *Les budgets annuels sont réalistes et sincères tant dans leurs prévisions de dépenses que de recettes* ».

14 PANCRAZI (L), *Le principe de sincérité budgétaire*, Paris, L'Harmattan, 2012, 712 p.

15 C'est la raison d'être du code de transparence dans la gestion des finances publiques dans les espaces UEMOA et CEMAC.

principes financiers en particulier, le principe de transparence budgétaire admet des exceptions[16].

Du latin "*exceptio*", une exception désigne, dans le langage courant comme dans le vocabulaire juridique, l'action d'excepter, de ne pas soumettre quelque chose à une règle, à la loi commune ou à un principe pour des raisons bien déterminées. L'exception peut consister en une dérogation, en une restriction ou en une limitation. S'il existe des exceptions, c'est-à-dire, des limites, des réserves, des atténuations à un principe de droit public financier, ici le principe de transparence budgétaire, c'est que ce dernier se caractérise par un relativisme juridique.

Ainsi comprises, les exceptions dont il s'agit ne consistent pas en une unicité, tant elles comportent des variations, lesquelles traduisent l'idée de ce qui varie ou est varié. Ce sont les variations de ces exceptions que la présente contribution tend à mettre en lumière, notamment dans les espaces de l'UEMOA[17] et de la CEMAC[18]. Le choix de ces deux espaces communautaires s'explique par l'essor qu'ils connaissent et les politiques d'harmonisation des finances publiques qu'ils portent, notamment à travers les directives de la seconde génération de 2009 dans l'espace de l'UEMOA et celles de 2011 dans l'espace de la CEMAC. Cependant, il s'agit aussi de deux espaces confrontés à des difficultés engendrées par la mondialisation de l'économie, sans oublier qu'ils subissent les conséquences néfastes des fléaux et drames de notre temps comme le terrorisme international et l'immigration clandestine internationale. Dans la mesure où ce sont les mêmes règles financières qui sont adoptées et mises en œuvre dans l'ensemble des États concernés et couverts par ces deux espaces, les exceptions au principe de transparence budgétaire doivent être considérées et traitées dans la globalité même si des exemples ciblés et des particularités peuvent exister d'un État à un autre. Quant à la typologie des exceptions, elle est abordée dans la suite de l'étude.

En Afrique en général, dans les espaces de l'UEMOA et de la CEMAC en particulier, l'État démocratique contemporain doit faire face à des enjeux et des défis de divers ordres, à des « situations de droit et de fait », qui réduisent considérablement la portée du principe de transparence budgétaire. Dans leurs variations, les exceptions au principe de transparence budgétaire puisent, d'abord, dans des notions et dans l'exercice des fonctions régaliennes de

---

[16] MEDE (N), *Finances publiques. Espace UEMOA/UMOA*, *op. cit.* p. 164.

[17] L'UEMOA est créée par le Traité du 10 janvier 1994 adopté à Dakar (Sénégal) et modifié le 29 janvier 2003. Elle comprend huit (08) États membres que sont : le Bénin, le Burkina-Faso, la Côte-d'Ivoire, la Guinée-Bissau, le Mali, le Niger, le Sénégal et le Togo en Afrique de l'Ouest.

[18] La CEMAC est créée par le Traité du 16 mars 1994 signé à N'Djamena (Tchad) et modifié par le Traité de Yaoundé (Cameroun) du 25 juin 2008. Elle se compose de six (06) États membres que sont : le Cameroun, la Centrafrique, le Congo, le Gabon, la Guinée Équatoriale et le Tchad en Afrique centrale.

l'État. Il en est ainsi des exceptions classiques concernant la notion de secret-défense ou la menace terroriste. Depuis longtemps, la tradition des fonds secrets et des crédits des services d'espionnage ne contrarie-t-elle pas le nouveau principe de transparence budgétaire ? Ensuite, il apparait de plus en plus de nouvelles exceptions en matière de recherche scientifique, ne serait-ce que pour protéger les résultats de la recherche contre le phénomène du plagiat. Au-delà de la nécessité de ces exceptions au principe de transparence budgétaire, c'est leur formulation et leur contenu qui posent aussi problème. Il faut songer à l'organe compétent pour formuler les exceptions et au contenu juridique matériel qu'il faut leur donner. Pour approfondir, les variations des exceptions au principe de transparence budgétaire sont-elles aisément identifiables ? Quelle valeur ajoutée leur analyse juridique apporte-t-elle au développement du droit public financier dans les espaces de l'UEMOA et de la CEMAC ?

La réponse à cette problématique présente certainement une originalité et un intérêt scientifique et pratique pour la sécurisation des deniers publics sans que le principe de transparence budgétaire soit remis en cause. En tant que nouveau principe du droit des finances publiques dans les espaces de l'UEMOA et de la CEMAC, la transparence budgétaire voit ses exceptions faire l'objet de peu d'attention dans les études juridiques africaines. L'intérêt théorique de la présente contribution est donc évident. Sur le plan social, les contribuables, les justiciables et les citoyens en général peuvent être mieux informés des limites au principe de transparence budgétaire, tandis qu'au plan pédagogique, le nouveau droit des finances publiques peut être mieux compris et étudié autrement. Au niveau téléologique, l'intérêt de cette réflexion est de voir si la persistance des exceptions au principe de transparence budgétaire est de nature à rendre plus intelligible la science africaine des finances et surtout à permettre aux États africains francophones subsahariens de mieux maîtriser leurs dépenses publiques.

Au regard de ces éléments et en prenant en considération la problématique qui est posée *supra*, il apparait que l'identification des exceptions au principe de transparence budgétaire n'est pas aisée, même si certaines de ces exceptions existent depuis longtemps. À cette idée, s'ajoute une seconde concernant les aspects positifs que la prise en compte de ces exceptions peut apporter au développement du droit public financier. Dès lors, il peut être observé que les exceptions au principe de transparence budgétaire font l'objet d'une identification difficile (**I**), mais elles apportent une contribution non négligeable au droit public financier (**II**).

I. UNE IDENTIFICATION DIFFICILE DES EXCEPTIONS

Une analyse minutieuse des directives de l'UEMOA et de la CEMAC portant Code de transparence dans la gestion des finances publiques et relative au Code de transparence et de bonne gouvernance dans la gestion des finances publiques laisse perplexe et dubitatif, car ces directives ne comportent aucune indication, ni précision sur les exceptions au principe de transparence budgétaire. De là apparait toute la difficulté dans l'identification de ces exceptions, tout au moins sur le plan légal. Or, les exceptions dont il s'agit peuvent provenir des textes, car en droit, les sources des exceptions sont au moins textuelles, doctrinales et pratiques. Au regard de ce constat, il est important de distinguer clairement les exceptions classiques de celles modernes ou contemporaines au principe de transparence budgétaire. L'étude insiste alors, en deux temps, sur les exceptions connues et celles découvertes en notant une nuance remarquable entre les premières qui font partie du classique (A) et les secondes qui témoignent, relèvent et rentrent dans une nouveauté (B).

A. Le classique : les exceptions connues

Cette première variation, faite des exceptions connues, est depuis retenue et admise en théorie des finances publiques. Il s'agit d'une catégorie qui tient à des notions et qui puise dans la théorie de l'État régalien. En application de cette théorie, font exception au principe de transparence budgétaire, les notions de secret-défense, de fonds secrets ou spéciaux et les crédits des services d'espionnage.

D'abord, le secret-défense est une constante des droits, des obligations et des interdictions qui concernent les forces armées[19]. Mais, il est aussi en matière financière, une limite au principe de transparence budgétaire, car l'obligation de secret ou de discrétion professionnelle, qui s'impose aux militaires, commande qu'ils ne divulguent pas les informations et les enquêtes qui sont couvertes par le secret-défense ou de la défense nationale, notamment « toutes les informations classées »[20]. Ainsi, tant que les informations concernées ne sont pas déclassées, elles ne peuvent pas être portées à la connaissance du public aux fins de l'information des citoyens. Faut-il rappeler que la défense nationale constitue l'une des fonctions régaliennes de l'État ? Dans ce domaine militaire-régalien, tout ne peut être transparent. C'est ce que souligne un auteur : « La commande publique et la consommation des crédits budgétaires dans les ministères responsables de la défense nationale sont traditionnellement couvertes d'un minimum de discrétion, voire de secret »[21]. Au Bénin, le pouvoir réglementaire ne dit pas autre chose lorsqu'il édicte : « La passation des marchés publics de travaux, de fournitures, de services ou de prestations intellectuelles ... échappe aux mesures de publicité prévues par le Code des marchés publics en raison de l'exigence du secret qui les

[19] BAUDE (F) et VALLÉE (F), *Droit de la défense*, Paris, Ellipses, 2012, pp. 508-518.
[20] *Ibid.*, p. 518.
[21] MEDE (N), *Finances publiques. Espace UEMOA/UMOA*, *op. cit.*, p. 164.

caractérise ou pour lesquels la protection des intérêts essentiels de l'État est incompatible avec des mesures de publicité »[22]. L'exigence démocratique d'information des citoyens rencontre, dans la notion de secret-défense, une « borne » ou un « rempart » dressé devant le principe de transparence budgétaire. Rentre également dans le secret-défense, en tant qu'obstacle ou réserve au principe de transparence budgétaire, la nécessaire préservation du secret des informations qui se trouvent dans les établissements et les zones militaires. Pour qu'il n'y soit pas porté atteinte, le secret-défense est protégé par la loi. À titre illustratif, pour donner un exemple de droit comparé, le Code français de la défense dispose que les informations et supports classifiés sont « les procédés, objets, documents, informations, réseaux informatiques, données informatisées ou fichiers intéressant la défense nationale qui ont fait l'objet de mesures de classifications destinées à restreindre leur diffusion ou leur accès ». Une telle classification vise, en réalité, à protéger le secret-défense, laquelle protection s'étend aux actes de qualification et de pénalisation.

Ce développement induit l'idée que la protection de l'État de droit par le secret-défense limite considérablement et énergiquement un autre principe démocratique, celui de la transparence budgétaire.

Ensuite, l'existence des fonds secrets[23] ou spéciaux et celle des crédits des services d'espionnage portent atteinte dangereusement au principe de transparence budgétaire. Ces fonds secrets ou spéciaux (caisse noire), qui constituent normalement une exception au principe de la spécialité des crédits, ne sont rien d'autre que des crédits budgétaires destinés à financer diverses actions secrètes concernant la sécurité extérieure et celle intérieure de l'État. Ils reposent sur une logique différente de la logique libérale et transparente qui caractérise et commande les crédits budgétaires classiques, puisque ces derniers sont soumis au principe de transparence budgétaire. Au contraire, les fonds secrets reposent sur une logique discrétionnaire et confidentielle selon laquelle les missions de renseignement et celles d'opérations extérieures sont exemptes du financement basé sur la transparence. Fondés sur la raison d'État[24], votés dans les lois de finances initiales parce qu'ils y sont inscrits, les fonds secrets ont pour but de procurer rapidement de ressources financières à l'exécutif, notamment à certains services secrets aux fins de protéger l'État

---

[22] Art. 2 du Décret n° 2018-233 du 13 juin 2018 fixant les procédures et modalités de passation des marchés publics relatifs aux besoins de défense et de sécurité nationale exigeant le secret au Bénin.

[23] PARDINI (G), *Les fonds secrets. La vérité*, Paris, Jacques-Marie LAFFONT Éditeur, 2001, 195 p.

- KARILA-COHEN (P), « Les fonds secrets et autres comptes d'angoisse. Exercice du pouvoir et peur sous la monarchie censitaire », *in Hypothèses*, 2002/1 (5), pp. 353-359.

[24] ZARKA (Y.C) (dir.), *Raison et déraison d'État. Théoriciens et théories de la raison d'État aux XVIè et XVIIè siècles*, Paris, PUF, Coll. « *Fondements de la politique* », 1994.

(mais, pas toujours, car ces fonds peuvent être détournés), de réaliser des opérations (illégales) en territoire étranger et même de financer des partis politiques au pouvoir ou proches du pouvoir et certaines campagnes électorales, toutes choses qui entretiennent le flou et rendent malsains les rapports entre le pouvoir et l'argent, d'une part, le budget et l'information budgétaire, d'autre part. Dans ces conditions, il est même très difficile pour la juridiction financière de vérifier l'origine des fonds des partis politiques et leurs dépenses de campagnes électorales, car l'utilisation de ces fonds viole l'orthodoxie financière et n'obéit à aucune règle de transparence financière ou budgétaire. Ce constat vaut aussi bien pour les fonds spéciaux du Gouvernement que pour ceux qui sont à destination particulière.

Avec les réformes des finances publiques intervenues en Afrique francophone subsaharienne, en l'occurrence dans les espaces de l'UEMOA et de la CEMAC, les fonds secrets n'ont pas disparu. La budgétisation par programme et non plus par moyens et la gestion financière axée sur les résultats et la performance n'ont pas créé de miracle à ce niveau de la programmation budgétaire. Dans la plupart des États de l'UEMOA et de la CEMAC, les services de la présidence de la République, ceux du Gouvernement, ainsi que les structures et les bureaux qui sont créés au profit des premières dames, continuent de bénéficier de ces fonds secrets qui se chiffrent à plusieurs millions, voire milliards de francs CFA. Les services financiers ont du mal à suivre l'évolution, l'emploi et l'utilisation de ces fonds. Il en est de même pour leur gestion et leur contrôle.

S'y ajoute l'opacité qui caractérise les crédits des services d'espionnage, notamment les services de renseignement[25]. Ici encore, les exigences du principe de transparence budgétaire, notamment la clarté des comptes et l'information des citoyens ne sont guère respectées. Comme le secret-défense, le renseignement constitue et continue d'être une chasse gardée et tenue secrète par l'État. Aux termes de la Loi n° 2017-44 du 5 février 2018 portant recueil du renseignement en République du Bénin, « le renseignement est l'action de mobiliser et de traiter l'information ou moyen de techniques appropriées destinées à permettre aux pouvoirs publics d'anticiper, de prévenir et de gérer les situations qui peuvent être des sources de risques et de menaces d'insécurité ou d'atteinte aux intérêts vitaux de la Nation »[26]. Si telle est la définition légale du renseignement retenue au Bénin, l'objet poursuivi n'est pas mauvais. Cependant, il demeure évident que les crédits budgétaires utilisés par les services de renseignement ne sont pas connus du grand public ; ce qui contrarie le principe de transparence budgétaire.

---

[25] FAURE (Cl), « Bref historique des services de renseignement et de sécurité français contemporains », *in Revue Historique des Armées*, n° 247- *Le renseignement*, 2007, pp. 70-81.

[26] Art. 1er de la Loi n° 2017-44 du 05 février 2018 portant recueil du renseignement en République du Bénin.

En dehors des exceptions classiques, il en existe qui relèvent plutôt d'une nouveauté.

B. La nouveauté : les exceptions découvertes

Dans les variations des exceptions au principe de transparence budgétaire, les exceptions qui sont découvertes sont nombreuses, même si elles concernent, la plupart du temps, la sécurité de l'État. Pour faire simple, il s'agit surtout des exceptions qui ont trait à la non-diffusion de l'information administrative et financière, notamment pour menace grave à la sécurité nationale et à l'ordre public.

La non-diffusion de l'information administrative comme financière peut s'expliquer, car il s'agit surtout de protéger l'État contre ses ennemis, en l'occurrence les groupes terroristes, les guérillas et les cartels de drogue et les circuits de distribution des publications obscènes et attentatoires à la dignité humaine. C'est aussi le cas des dangers imminents « pour l'ordre public »[27], de la présence sur le territoire de l'État d'individus susceptibles de commettre des actes graves pouvant nuire à autrui ou menant des activités subversives et dangereuses. Dans ces différents cas, l'information est retenue par les pouvoirs publics. Or, parmi les exigences du principe de transparence budgétaire, figurent en bonne place l'information du Parlement et celle du citoyen.

Mais, les exceptions nouvelles au principe de transparence budgétaire sont utiles et nécessaires pour le bien commun pour plusieurs raisons dont il faut retenir au moins deux en raison de leur pertinence.

La première raison est que le terrorisme international se développe de plus en plus dans la bande sahélo-saharienne couvrant les territoires de plusieurs États. La menace terroriste n'épargne aucun État en Afrique francophone subsaharienne tout comme au Maghreb. Point n'est besoin, dans cette étude, de revenir sur les actions néfastes de l'organisation "*Boko Haram*" surtout au Cameroun dans l'espace de la CEMAC (bien entendu après le Nigéria en Afrique de l'Ouest anglophone) et celles de l'organisation "*Al Qaïda au Maghreb Islamique (AQMI)*" au Burkina Faso, en Côte d'Ivoire, au Mali et au Niger dans l'espace UEMOA, puis au Tchad dans la zone CEMAC. Ces actions terroristes ont des répercussions négatives pour la sécurité de l'État et la vie des populations urbaines comme rurales, voire périurbaines. Pour fragiliser l'ennemi ou ses ennemis, l'État ne peut rendre transparents les

---

[27] Cour Administrative d'Appel de Lyon (France), 2e Chambre, *Préfet de l'Isère c/ MB*, 4 novembre 2010.

- RACHO (T), « Délai de départ volontaire et danger pour l'ordre public : Une suppression sous contrôle », *in La Revue des droits de l'homme* [En ligne], Actualités Droits-Libertés, mis en ligne le 19 juin 2015, sur http://journals.openedition.org/revdh/1388 ; DOI : 10,400 0/revdh.1388, consulté le 27 novembre 2018.

crédits budgétaires qu'il affecte à la sécurité intérieure pas plus qu'il ne peut procéder à la diffusion adéquate et à bonne date d'informations claires et détaillées pouvant profiter aux groupes terroristes. Par conséquent, la politique sécuritaire doit consister à retenir le plus possible ces informations, car leur diffusion peut se retourner contre l'État lui-même, voire ses agents.

La deuxième raison tient à la protection des biens publics, notamment dans les États où ces biens sont considérés comme sacrés et inviolables. En effet, le patrimoine public en général, le patrimoine culturel public en particulier représente aux yeux de certains États, un trésor qu'on ne peut laisser entre les mains de n'importe quel individu ou exposer à l'œuvre destructrice des agents dangereux. Par conséquent, la politique des États dans ce domaine est de procéder à une législation protectrice de ces biens, même par la voie constitutionnelle. Ainsi, en Côte d'Ivoire, le nouveau constituant ivoirien énonce : « Les biens publics sont inviolables. Toute personne est tenue de les respecter et de les protéger »[28].

De ce qui précède, il découle clairement qu'en dehors de la défense nationale, la sécurité publique constitue un domaine et un terrain d'explication des exceptions nouvelles au principe de transparence budgétaire. Une telle orientation conduit à essayer et à dresser, sur le plan doctrinal, une nouvelle typologie d'exceptions. Ainsi, les exceptions touchant à la défense nationale doivent se distinguer de celles intéressant la sécurité publique qu'elle soit intérieure ou extérieure. Ces deux types d'exceptions ne sont pas les mêmes. Certes, elles tendent vers une finalité commune, celle de la protection de l'État. Il demeure aussi constant que leur point commun est de constituer des limites au principe de transparence budgétaire qui voit son champ d'action rétréci par des impératifs concernant quelques fonctions protectrices de l'État. Toutefois, aussi importantes que soient ces exceptions, elles ne sauraient épuiser la gamme des exceptions nouvelles qui, dès lors, peuvent être étendues à deux autres exceptions.

D'une part, il faut mentionner, au titre des exceptions nouvelles, les résultats issus de la recherche scientifique qui doivent être protégés contre « le plagiat et la concurrence »[29]. Pour ce faire, la transparence budgétaire peut porter un coup, car il ne pourra pas être possible de justifier les crédits à consacrer à cette recherche scientifique, vu les retombées positives pourrait déboucher en termes de résultats obtenus, de brevets d'invention. Agir autrement serait ouvrir la voie à la concurrence, à la contrefaçon et aux méfaits du plagiat qui est particulièrement dangereux en matière scientifique avec des conséquences négatives énormes sur les plans moral, civil, commercial, affectif, économique, créatif, etc.

---

[28] Art. 44 de la Constitution de la République de Côte d'Ivoire du 08 novembre 2016.
[29] MEDE (N), *Finances publiques. Espace UEMOA/UMOA*, *op. cit.*, p. 164.

D'autre part, il ne faut pas omettre que les avancées technologiques nécessitent de ne pas diffuser certaines informations ou plutôt de se méfier des « *Fake News* », c'est-à-dire, des fausses informations ou plus exactement des manipulations de l'information[30]. La prise en compte de ces dernières dans la décision financière publique[31] peut fausser le jeu des prévisions budgétaires et contrevenir au principe de transparence budgétaire.

En synthèse, il faut retenir que les exceptions qu'admet le principe de transparence budgétaire sont de plusieurs ordres, les uns classiques, les autres nouveaux. Ces exceptions ne sont pas à prendre à la légère et méritent que le chercheur en droit public financier s'y attarde pour une contribution non négligeable à ce droit ; ce qui peut permettre de répondre à la seconde branche de la problématique de l'étude et de viser son intérêt pédagogique et téléologique.

II. UNE CONTRIBUTION NON NÉGLIGEABLE AU DROIT PUBLIC FINANCIER

En théorie du droit, tout ne suffit pas de dégager les exceptions à une règle, à un principe. Il faut aussi voir et comprendre, sur un plan purement scientifique, dans quelle mesure ces exceptions peuvent s'imposer aux agents publics, orienter leurs conduites et surtout contribuer à faire vivifier le droit objectif. En matière financière, cette orientation peut trouver application dans la présente étude, car l'objectif est aussi de réfléchir à la prise en compte des exceptions au principe de transparence budgétaire par les pouvoirs publics en général, les praticiens des questions financières en particulier, puis leur assimilation, sur le plan académique, par les enseignants comme par les étudiants. C'est pourquoi, il convient de mettre l'accent sur la prise en compte des exceptions étudiées comme un paramètre à considérer et donc à respecter par les acteurs politiques et financiers (A) d'une part, avant de conduire une réflexion sur une amélioration souhaitée dans l'enseignement du droit des finances publiques (B) d'autre part.

---

[30] VILMER (J.-B. J) et *alii*, *Les manipulations de l'information. Un défi pour nos démocraties*, Rapport du Centre d'Analyse, de Prévision et de Stratégie (CAPS - Ministère français de l'Europe et des Affaires Étrangères) et de l'Institut de Recherche Stratégique de l'École militaire (IRSEM - Ministère français des Armées), Paris, août 2018, 214 p.

[31] DESMOULIN (C.D), DESMOULIN (G) (dir.), *La décision financière publique*, Paris, LGDJ, 2013, 219 p.

- SEGO (P), *La décision financière publique dans les États francophones d'Afrique de l'Ouest : cas du Bénin*, Thèse pour le doctorat en droit public, Université d'Abomey-Calavi, 2018, 534 p.

A. Un paramètre à considérer par les acteurs politiques et financiers

Même si « l'on a pu reprocher à Montesquieu de négliger dans sa classification le pouvoir financier de l'État »[32], les acteurs politiques et financiers restent intéressés par la prise en considération des exceptions au principe de transparence budgétaire. Cette prise en compte doit s'entendre de leur respect et non de leur suppression totale, car comme il est souligné *supra*, ces exceptions sont particulièrement nécessaires à notre temps où le terrorisme international, le plagiat, la concurrence déloyale font des dégâts sans précédent. Pour ce faire, l'exercice des compétences respectives de ces acteurs ne doit pas faire l'impasse sur ces exceptions au principe de transparence budgétaire. Deux orientations scientifiques, mais à vocation et à finalité financières permettent d'insister sur ces éléments. Elles touchent respectivement à la programmation budgétaire et à la gestion budgétaire.

D'un côté, dans la programmation budgétaire, puisque la présentation du budget obéit désormais à une logique programmatique, les acteurs politiques et financiers ne doivent pas ignorer les exceptions au principe de transparence budgétaire qu'ils doivent observer. Dans les espaces de l'UEMOA et de la CEMAC, l'institution des Débats d'Orientation Budgétaires (DOB)[33] ne doit pas être considérée comme une fin en soi. Certes, ces débats doivent permettre une certaine lisibilité des documents budgétaires, notamment le document de programmation budgétaire et économique pluriannuelle et le document de programmation pluriannuelle des dépenses. Mais, les Parlements sont censés rester dans les limites constitutionnelles et financières de leurs compétences d'attribution pour ne pas méconnaître les exceptions au principe de transparence budgétaire qu'elles soient classiques ou nouvelles. Une chose est le rapport indiscutable qui existe entre le DOB et le principe de transparence budgétaire, car les parlementaires doivent avoir l'information nécessaire sur les choix gouvernementaux, une autre chose est la nécessaire observation des restrictions au principe de transparence budgétaire par les parlementaires lors du vote de la loi de finances de l'année. Si pour élaborer le budget général de l'État, le Gouvernement dispose de techniques et de méthodes et surtout des informations nécessaires, celles-ci doivent être focalisées sur ce qui est utile aux exigences en matière de transparence budgétaire.

Il est aussi vrai que tout ne peut être permis, par exemple, dans le respect des exceptions dont il est traité dans cette étude. À titre illustratif, les fonds secrets ou spéciaux, les crédits budgétaires utilisés par les services

---

[32] EL BANNA (M.A.A), *Le particularisme du pouvoir d'autorisation budgétaire*, Paris, LGDJ, 1968, p. 2.

[33] Art. 57 de la Directive n° 06/2009/CM/UEMOA du 26 juin 2009 portant lois de finances au sein de l'UEMOA. - Art. 9 al. 1er de la Directive n° 01/11-UEAC-190-CM-22 du 19 décembre 2011 relative aux lois de finances au sein de la CEMAC.

d'espionnage et de renseignement doivent être revus considérablement à la baisse pour permettre que des investissements publics soient réalisés au profit des populations défavorisées, et ce dans le respect de l'équilibre régional et inter-régional et du développement des pôles de territoires. Comment peut-on atteindre les Objectifs de Développement Durable (ODD) d'ici à l'horizon 2030 dans les espaces de l'UEMOA et de la CEMAC si des sommes faramineuses sont englouties dans de faux projets ou sont détournées à des fins inavouées par l'entremise des fonds secrets ? Régler les problèmes de développement intégral de la personne humaine nécessite, dans les espaces de l'UEMOA et de la CEMAC, de supprimer peut-être les fonds secrets à destination particulière et de passer de la logique discrétionnaire à une logique transparente et informationnelle. Ce qui permettra aux contribuables d'avoir une idée claire des prévisions budgétaires et surtout aux parlementaires de disposer des informations fiables pour délibérer en amont sur les lois de finances et d'assurer en aval leurs missions incontournables de contrôle parlementaire de la gestion financière publique.

Cette grille de lecture offre aussi l'occasion pour la juridiction financière de mieux jouer son rôle de contrôle des comptes publics. La Directive n° 01/2009/CM/UEMOA du 27 mars 2009 portant code de transparence dans la gestion des finances publiques au sein de l'UEMOA ne proclame-t-elle pas en son préambule : « L'argent public est au cœur de l'État de droit et de la démocratie. La collecte et l'utilisation des fonds publics respectent les principes de l'État de droit : la légalité, la transparence, le contrôle démocratique et la responsabilité. Les institutions de l'État, gardiennes de ce bien commun, ont chacune leurs missions et responsabilités dans sa préservation et son usage pour le bien de tous » ? Si le budget général de l'État est voté pour un an, encore que la logique pluriannuelle est préférable, les politiques et les stratégies étatiques qui sont élaborées doivent l'être dans le respect des exceptions au principe de transparence budgétaire.

De l'autre côté, celui de la gestion budgétaire, les acteurs qui y interviennent, notamment les ordonnateurs et les comptables publics[34], et, depuis les réformes financières dans les espaces de l'UEMOA[35] et de la CEMAC, les responsables de programmes[36], sont aussi tenus au respect des règles qui gouvernent les exceptions en matière de transparence budgétaire.

---

[34] SPHOR (F), *Le principe de séparation ordonnateur et comptable. Contribution à l'étude de l'évolution du principe de séparation ordonnateur et comptable et de la portée de ce contrôle sur l'ordonnateur*, Thèse de doctorat, Université d'Aix-Marseille III, 2009, 412 p.

[35] AKEREKORO (H), « Reddition de comptes et réforme des finances publiques en Afrique de l'Ouest francophone », *in Revue Béninoise des Sciences Juridiques et Administratives (RBSJA)*, n° 38, Année 2017, pp. 109-174.

[36] Art. 13 al. 1er de la Directive n° 06/2009/CM/UEMOA du 26 juin 2009 portant lois de finances au sein de l'UEMOA. - Art. 60 al. 1er de la Directive n° 01/11-UEAC-190-CM-22 du 19 décembre 2011 relative aux lois de finances au sein de la CEMAC.

Ce qui suppose une bonne connaissance, une bonne intériorisation et une bonne implémentation de ces exceptions par les gestionnaires des deniers publics. Les acteurs politiques et financiers intervenant dans la décision financière publique comme les gestionnaires des deniers publics ne doivent pas seulement attendre le soutien de l'État pour renforcer leurs capacités en termes de maîtrise des exceptions des nouveaux principes budgétaires comme celui de la transparence budgétaire.

Aujourd'hui, peut-être plus qu'hier, l'agent public est censé investir dans sa formation pour élever son niveau de compréhension des règles et des principes qu'il est appelé à mettre en œuvre dans l'Administration publique à son poste de travail. Être autodidacte n'est pas très profitable pour la gestion financière. Certes, l'expérience s'acquiert aussi avec la pratique administrative et financière, mais rien ne vaut une bonne formation qualifiante avec des méthodes, des techniques et des outils actualisés, et bien sûr, avec en appui le droit et la pratique comparés.

En outre, une amélioration est souhaitée dans l'enseignement du droit des finances publiques.

B. Une amélioration souhaitée dans l'enseignement du droit des finances publiques

L'approche juridique des finances publiques ne doit pas seulement mettre l'accent sur « la juridictionnalisation du contrôle des normes financières et le développement des contentieux »[37]. De notre point de vue, cette approche doit aussi prendre en considération l'enseignement du droit des finances publiques dans les écoles, les instituts et les facultés de droit et s'ouvrir davantage à la démarche comparative.

Dans un premier temps, un bon enseignement de droit des finances publiques aujourd'hui doit contenir les exceptions au principe de transparence budgétaire. Ces exceptions doivent être clairement exposées aux apprenants en général, aux étudiants en particulier, car ils portent en eux l'espoir de la gestion des États de demain. La vie étant aussi une question de génération, leur expérience du sens de l'État, c'est-à-dire de l'intérêt général, doit être solidement forgée dès les années universitaires. L'enseignement du droit des finances publiques doit y contribuer. En outre, cet enseignement doit aussi tenir compte des différents niveaux universitaires propres au système « *Licence - Master - Doctorat (LMD)* ». En d'autres termes, l'enseignement du droit des finances publiques professé en Licence 2 ou en Licence 3, selon les programmes universitaires ou facultaires, ne peut être

---

[37] PELLET (R), « L'enseignement des finances publiques à l'Université. Bilan et propositions de réformes », *in Revue du Droit Public et de la Science Politique en France et à l'Étranger*, n° 4, 2013, p. 982.

semblable à celui donné en *Master* 1 ou en *Master* 2, voire au niveau des cours ou des conférences de Doctorat en finances publiques. Logiquement, plus les étudiants évoluent dans leur cursus et leur parcours universitaires, plus ils doivent être capables de découvrir de nouveaux éléments dans l'enseignement du droit des finances publiques. Cela peut contribuer à forger leurs conceptions des questions financières et à leur permettre de comprendre les réformes financières et les raisons d'adoption des politiques financières publiques.

S'agissant particulièrement du principe de transparence budgétaire, il nécessite d'être approfondi pour les étudiants en *Master* et au Doctorat dans la mesure où l'assimilation de ce principe est capitale pour comprendre véritablement les finances publiques contemporaines. Certes, les autres principes budgétaires gardent toute leur importance et toute leur actualité scientifiques qu'il s'agisse des principes de l'annualité budgétaire, de l'équilibre budgétaire, de l'unité budgétaire et de l'universalité budgétaire, de la règle de la spécialité des crédits ou du principe de la sincérité budgétaire. Toutefois, si le principe de transparence budgétaire n'est pas encore élevé au rang de règle d'or des finances publiques, à l'image du principe de l'équilibre budgétaire, il s'en rapproche certainement, car la transparence se retrouve en amont et en aval du nouveau droit des finances publiques. Désormais, il faut concevoir les finances publiques de manière transparente, de même que leur gestion doit être transparente comme de l'eau potable dans un verre. Si l'eau est trouble, c'est la preuve que le jeu de la transparence est faussé ; si l'eau reste limpide, c'est un signe de clarté. Cette image de l'eau potable dans un verre comporte pourtant des réserves. C'est la raison d'être des exceptions au principe de transparence budgétaire et tous les acteurs des finances publiques, notamment les gestionnaires, doivent avoir à cœur ces exceptions.

Dans un second temps, l'enseignement du droit des finances publiques aujourd'hui doit faire une part belle à la démarche comparative[38]. Le principe de transparence budgétaire et les exceptions auxquelles il donne lieu ne constituent pas l'apanage des systèmes financiers africains francophones subsahariens. Dans les systèmes financiers comparés et donc non africains, la transparence budgétaire et ses exceptions existent aussi. C'est le cas, par exemple, en France[39]. Les acquis des recherches en matière financière en droit comparé doivent pouvoir servir d'instruments d'analyse aux étudiants et même aux chercheurs en finances publiques en Afrique francophone subsaharienne et plus précisément dans les espaces de l'UEMOA et de la CEMAC.

Cette ouverture scientifique hors du champ africain peut permettre aussi de voir comment le principe de transparence budgétaire et ses exceptions sont

[38] Id., pp. 988-989.

[39] SY (A), *La transparence dans le droit budgétaire de l'État en France*, *op. cit*, 517 p.

traités dans les systèmes financiers issus des droits anglais, américain, canadien, japonais, allemand et latino-américain, etc. Elle tend à revisiter les grands systèmes de droit contemporains en matière financière et surtout leur degré de traitement du principe de transparence budgétaire et de ses exceptions, notamment les nouvelles. En Europe comme aux États-Unis d'Amérique, le phénomène du terrorisme international fait également des dégâts presque incommensurables. Ainsi, il n'est pas évident que la transparence budgétaire puisse totalement jouer son rôle dans ces espaces géographiques. Ce principe doit aussi y admettre des exceptions nouvelles tenant surtout à la défense du territoire et à l'impératif de la sécurité intérieure ou extérieure. Ce qui induit incontestablement des limites à apporter à la transparence budgétaire s'agissant des crédits budgétaires à allouer à la lutte contre le terrorisme international en termes de stratégies, de politique de défense, de développement de *Think Tanks*, d'achats d'armements et d'engins, etc. Il n'est pas erroné que les États développés attachent du prix à leur sécurité nationale. Il serait étonnant que ces États n'accordent pas l'importance requise aux exceptions au principe de transparence budgétaire, ne serait-ce que pour protéger leurs citoyens contre les velléités destructrices de l'ennemi.

CONCLUSION

Au terme de cette étude, un constat s'impose : les exceptions au principe de transparence budgétaire sont nécessaires. Qu'elles soient classiques ou nouvelles, relatives à la défense nationale ou à la sécurité nationale, elles sont marquées par un certain dynamisme et touchent aujourd'hui des domaines longtemps ignorés par les analyses comme ceux du terrorisme international, de la protection des acquis de la recherche scientifique et des avancées technologiques, etc.

Ces exceptions s'imposent aux acteurs politiques et financiers de même qu'elles doivent faire l'objet d'une prise en compte méritée et soignée dans l'enseignement du droit des finances publiques dans les programmes universitaires et facultaires. Leur ignorance, leur mépris et leur violation ne sont pas souhaités, car ils peuvent être fatals à la sécurité de l'État. En revanche, leur prise en compte est très salutaire pour la protection de l'État et la sécurité des citoyens. Cette orientation ne vaut pas seulement pour les États des espaces de l'UEMOA et de la CEMAC. Elle concerne aussi les États développés qui sont confrontés à des fléaux comme le terrorisme international. Lorsque la lâcheté sans visage s'en prend à la liberté, il faut aménager des garde-fous et prendre les dispositions idoines qui s'imposent en temps utile et au bon moment.

BIBLIOGRAPHIE

Ouvrages

- ALBERT (J.-L), *Finances publiques*, Paris, Dalloz, 8e éd., 2013, 901 p.
- BAUDE (F). et VALLÉE (F), *Droit de la défense*, Paris, Ellipses, 2012, 1046 p.
- CAUDAL (S). (dir.), *Les principes du droit*, Paris, Economica, 2008, 384 p.
- DESMOULIN (C.D), DESMOULIN (G) (dir.), *La décision financière publique*, Paris, LGDJ, 2013, 219 p.
- EL BANNA (M.A.A), *Le particularisme du pouvoir d'autorisation budgétaire*, Paris, LGDJ, 1968, 321 p.
- MEDE (N), *Finances publiques. Espace UEMOA/UMOA*, Dakar, L'Harmattan Sénégal, 2016, 546 p.
- PANCRAZI (L), *Le principe de sincérité budgétaire*, Paris, L'Harmattan, 2012, 712 p.
- PARDINI (G), *Les fonds secrets. La vérité*, Paris, Jacques-Marie LAFFONT Éditeur, 2001, 195 p.
- ZARKA (Y.C) (dir.), *Raison et déraison d'État. Théoriciens et théories de la raison d'État aux XVIe et XVIIe siècles*, Paris, PUF, Coll. « *Fondements de la politique* », 1994.

Articles et revues

- AKEREKORO (H), « Reddition de comptes et réforme des finances publiques en Afrique de l'Ouest francophone », *in Revue Béninoise des Sciences Juridiques et Administratives (RBSJA*), n° 38, Année 2017, pp. 109-174.
- FAURE (C.l), « Bref historique des services de renseignement et de sécurité français contemporains », *in Revue Historique des Armées*, n° 247- Le renseignement, 2007, pp. 70-81.
- KARILA-COHEN (P), « Les fonds secrets et autres comptes d'angoisse. Exercice du pouvoir et peur sous la monarchie censitaire », *in Hypothèses*, 2002/1 (5), pp. 353-359.
- *Les Nouveaux Cahiers du Conseil Constitutionnel*, n° 59- *Le Conseil Constitutionnel et la transparence*, Paris, LGDJ, avril 2018, 372 p.
- PELLET (R), « L'enseignement des finances publiques à l'Université. Bilan et propositions de réformes », *in Revue du Droit Public et de la Science Politique en France et à l'Étranger*, n° 4, 2013, pp. 957-995.

Textes juridiques

- Constitution de la République de Côte d'Ivoire du 8 novembre 2016.
- Directive n° 01/2009/CM/UEMOA du 27 mars 2009 portant Code de transparence dans la gestion des finances publiques au sein de l'UEMOA.
- Directive n° 06/2009/CM/UEMOA du 26 juin 2009 portant lois de finances au sein de l'UEMOA.
- Directive n° 01/11-UEAC-190-CM-22 du 19 décembre 2011 relative aux lois de finances au sein de la CEMAC.
- Directive n° 06/11-UEAC-190-CM-22 du 19 décembre 2011 relative au code de transparence et de bonne gouvernance dans la gestion des finances publiques au sein de la CEMAC.
- Loi organique n° 2014-337 du 5 juin 2014 portant code de transparence dans la gestion des finances publiques en Côte d'Ivoire.
- Loi n° 2018/011 du 11 juillet 2018 portant code de bonne transparence et de bonne gouvernance dans la gestion des finances publiques au Cameroun.
- Loi n° 2012-22 du 27 décembre 2012 portant code de transparence dans la gestion des finances publiques au Sénégal.
- Loi n° 2017-44 du 5 février 2018 portant recueil du renseignement en République du Bénin.
- Décret n° 2018-233 du 13 juin 2018 fixant les procédures et modalités de passation des marchés publics relatifs aux besoins de défense et de sécurité nationale exigeant le secret au Bénin.
- Décret n° 2015-035 du 29 janvier 2015 portant code de transparence dans la gestion des finances publiques en République du Bénin.

Thèses

- SEGO (P), *La décision financière publique dans les États francophones d'Afrique de l'Ouest : cas du Bénin*, Thèse pour le doctorat en droit public, Université d'Abomey-Calavi, 2018, 534 p.,
- SPHOR (F), *Le principe de séparation ordonnateur et comptable. Contribution à l'étude de l'évolution du principe de séparation ordonnateur et comptable et de la portée de ce contrôle sur l'ordonnateur*, Thèse de doctorat, Université d'Aix-Marseille III, 2009, 412 p.

- SY (A), *La transparence dans le droit budgétaire de l'État en France*, Thèse de doctorat en sciences juridiques, Université de Paris I, 2016, 517 p.

Documents, rapports et webographie

- DA (D), « La recherche de la transparence budgétaire dans les réformes en finances publiques au Burkina Faso », sur http://www.afrilex.u-bordeaux4.fr
- Fonds Monétaire International, *Manuel révisé sur la transparence des finances publiques* ; préparé par le Département des finances publiques (En consultation avec d'autres départements), 28 février 2001, 103 p.
- Fonds Monétaire International, *Guide sur la transparence des recettes des ressources naturelles*, juin 2005, 86 p.
- Fonds Monétaire International, *Transparence, système de responsabilité et risques budgétaires* ; préparé par le Département des finances publiques en collaboration avec le Département des statistiques, approuvé par Carlo Cottarelli, 7 août 2012, 68 p.
- MBALLA OWONA (R), « Émergence de la gestion financière axée sur les résultats et reconnaissance d'une obligation d'exécution intégrale des budgets des administrations publiques en droit CEMAC », sur http://www.afrilex.u-bordeaux4.fr
- Organisation internationale des institutions supérieures de contrôle des finances publiques (INTOSAI), *Principes de transparence et de responsabilité*, sur http://www.intosai.org
- RACHO (T), « Délai de départ volontaire et danger pour l'ordre public : Une suppression sous contrôle », *in La Revue des droits de l'homme* [En ligne], Actualités Droits-Libertés, mis en ligne le 19 juin 2015, sur http://journals.openedition.org/revdh/1388
- VILMER (J.-B.J) et *alii*, *Les manipulations de l'information. Un défi pour nos démocraties*, Rapport du Centre d'Analyse, de Prévision et de Stratégie (CAPS - Ministère français de l'Europe et des Affaires Étrangères) et de l'Institut de Recherche Stratégique de l'École militaire (IRSEM - Ministère français des Armées), Paris, août 2018, 214 p.

LA CONSTITUTION ET LES FINANCES PUBLIQUES AU CAMEROUN

Jacques BIAKAN

Professeur Titulaire des Universités
Université de Yaoundé II (Cameroun)

INTRODUCTION

La constitution au XXIe siècle est regardée par les États comme le bien le plus précieux ou la norme fondamentale par laquelle on règle les droits politiques d'une nation, la forme du gouvernement et l'organisation des pouvoirs publics[1]. Mais de quels matériaux une constitution est-elle faite ? Dans une mémorable conférence de presse, le 31 janvier 1964, le général de Gaulle déclarait : « *Une constitution, c'est un esprit, des institutions, une pratique* »[2]. Dans cette perspective, le lien entre constitution et finances publiques[3] permet de rendre compte de l'organisation constitutionnelle des finances publiques au Cameroun, les principes essentiels des finances publiques étant inscrits dans la constitution.

Les finances publiques sont l'étude des règles et des opérations relatives aux deniers publics[4]. Selon le critère organique, les finances publiques peuvent aussi être présentées comme l'ensemble des règles gouvernant les finances de l'État, des collectivités territoriales décentralisées, des établissements publics, des sociétés à capital public et de toutes les autres personnes morales de droit public. C'est un champ à la croisée du droit fiscal, du droit constitutionnel ainsi que de la comptabilité publique. La pluridisciplinarité des finances publiques a amené certains auteurs à les

---

[1] ROUSSEAU (D), « Une résurrection : la notion de constitution », *RDP*, 1990, p. 5 ; AVRIL (P), « La constitution : Lazare ou Janus ? », *RDP*, 1990, p. 949.
[2] Citée par GICQUEL (J), *Droit Constitutionnel et institutions politiques*, Précis Domat. Droit Public. LGDJ, 32e éd., 2018, p. 184.
[3] *Constitution et Finances Publiques. Études en l'honneur de Loïc Philip*. Institut Louis FAVOREU - Groupe d'études et de recherches comparées sur la justice constitutionnelle. CNRS UMR 7318. Economica. 2005, 622 p.
[4] Cf. UHER (V) et BRIGAUD (F), *Finances Publiques*, Armand Collin. Coll. Horizon. 2015, 464 p. ; STECKEL-ASSOUERE (M-Chr), *Les Finances Publiques en schémas*, Ellipses, coll. Le droit en schéma, 2015, 141 p. ; BOUVIER (M.), ESCLASSAN (M-Chr) et LASSALE (J-P), *Finances Publiques*, Paris, LGDJ, coll. « Thémis » 2006, 3e éd. 504 p.

qualifier de « science-carrefour » en raison de la diversité des phénomènes qu'elles appréhendent[5].

La question des finances publiques est réelle au Cameroun[6] depuis que l'État perçoit les impôts, lève des armées ou éduque ses citoyens[7]. Les réformes de l'administration publique camerounaise en matière de finances publiques ont permis l'émergence de certains travaux[8] et une partie de la doctrine camerounaise a eu à s'exprimer sur les volets importants de la réforme des finances publiques concernant la loi portant régime financier de l'État[9], les transformations de l'administration fiscale[10], la comptabilité publique[11] et le renouveau budgétaire[12].

Pourtant la question de la relation entre la constitution et les finances publiques au Cameroun reste un domaine en friche.

Plusieurs articles de la Déclaration des droits de l'homme et du citoyen du 26 août 1789 peuvent avoir une valeur constitutionnelle au Cameroun. Il en est ainsi de la nature administrative des dépenses, ou de la nécessité et l'égalité de l'impôt : *« pour l'entretien de la force publique et pour les dépenses d'administration, une contribution commune est indispensable, elle doit être également répartie entre tous les citoyens en raison de leurs facultés »*[13]. C'est également le cas du principe du consentement à l'impôt : *« Tous les citoyens ont le droit de constater par eux-mêmes ou par leurs représentants la nécessité de la contribution publique, de la consentir librement, d'en suivre l'emploi et d'en déterminer la quotité, l'assiette, le recouvrement et la durée »*[14]. Enfin,

---

[5] L'expression est de GAUDEMET (M), *Finances Publiques*, 1974, t.1, p. 6, Citée par MUZELLEC (R), *Finances Publiques*, éd. SIREY, 9e éd. 1995, p. 1.

[6] LEKENE DONFACK (E), *Les Finances Publiques camerounaises*, Berger-Levrault, 1987, 490 p. ; B. BIDIAS, *Finances Publiques du Cameroun*, Yaoundé, 2e éd., GB3, 1982.

[7] BOCKEL (A), *L'Administration camerounaise*, Paris, Berger-Levrault, 1971 ; GAUDEMET (P.M), « L'autonomie camerounaise », *Revue française de Science Politique*, 1958, Vol. 8, n° 1, p. 71.

[8] BILOUNGA (S. Th), *La réforme du contrôle de la dépense publique au Cameroun*, Thèse de Doctorat Ph. D en Droit Public, Université de Yaoundé II, 2008-2009, 468 p., MBASSA Gilbert, Les principes des finances publiques à l'épreuve du budget programme, Thèse de Doctorat Ph.D en Droit Public, Université de Yaoundé II, 2019.

[9] BIAKAN (J) « La réforme du cadre juridique des Finances Publiques au Cameroun : la loi portant régime financier de l'État » In ONDOA (M) (dir), *l'Administration publique camerounaise à l'heure des réformes*, L'Harmattan, 2010, p. 9 et s.

[10] PEKASSA NDAM (G) « Les transformations de l'Administration fiscale camerounaise », In ONDOA (M) (dir), *L'Administration publique camerounaise à l'heure des réformes*, *op. cit.*, p. 29 et s.

[11] GOUDEM LAMENE (B) « Les comptables publics dans le nouveau régime financier de l'État au Cameroun », In ONDOA (M) (dir), *L'Administration publique camerounaise à l'heure des réformes*, Ibid p. 275 et s.

[12] ABIABAG, *le renouveau budgétaire au Cameroun*, Presses Universitaires Libres, Coll., Droit Public de l'A. Vu. Dr. A., 2013, 120 p.

[13] Art. 13 de la Déclaration des droits de l'homme et du citoyen du 26 août 1789.

[14] *Ibid.*, Art. 14

le droit de contrôle des citoyens : « La société a le droit de demander compte à tout Agent de son administration »[15].

La constitution camerounaise du 18 janvier 1996[16] contient des dispositions fondamentales qui peuvent être considérées comme bases des finances publiques. Son préambule indique la notion de *« charges publiques »* en ces termes : *« Chacun doit participer, en proportion de ses capacités, aux charges publiques »*.

Au titre du pouvoir législatif concernant l'Assemblée nationale, on note qu'*« au cours de l'une des sessions, l'Assemblée nationale vote le budget de l'État. Au cas où le budget n'aurait pas été adopté avant la fin de l'année budgétaire en cours, le président de la République est habilité à reconduire, par douzième, le budget de l'exercice précédent jusqu'à l'adoption du nouveau budget »*[17]. Il est également relevé que *« sont irrecevables, les propositions de loi ou amendements qui auraient pour effet, s'ils sont adoptés, soit une diminution des ressources publiques, soit l'aggravation des charges publiques sans réduction à due concurrence d'autres dépenses ou création de recettes nouvelles d'égale importance »*[18].

Concernant le rapport entre le pouvoir exécutif et le pouvoir législatif, il est énoncé que sont du domaine de la loi *« ... le budget »*[19], *« la création des impôts et taxes et la détermination de l'assiette, du taux et des modalités de recouvrement de ceux-ci »*[20]. De même, *« lors de la session au cours de laquelle le projet de loi de finances est examiné, le Premier ministre présente à l'Assemblée nationale le programme économique, financier, social et cultuel du Gouvernement »*[21].

Le contrôle des finances publiques est prévu par la constitution à travers la Chambre des comptes[22] et le Conseil constitutionnel[23]. Le régime financier des collectivités territoriales décentralisées est déterminé par la loi comme prévu par la constitution[24] et le mécanisme de sauvegarde et de protection des

---

[15] *Ibid.*, Art. 15

[16] Sur cette constitution, voir : MBOME (F) « Constitution du 02 juin révisée ou nouvelle constitution » In Friedrich Ebert Stiftung, *La réforme constitutionnelle du 18 janvier 1996, aspects juridiques et politiques*, Yaoundé 1996, pp. 16-33 ; ONDOA (M), « La constitution duale : recherche sur les dispositions constitutionnelles transitoires au Cameroun » *RASJ*, Vol. 12, 2000, pp. 20-56 ; OLINGA (A.D), *la Constitution de la République du Cameroun*, Presse de l'UCAC, les éditions terre africaines, 2006, 326 p.

[17] Art. 16(b) de la constitutionnelle du 18 janvier 1996.

[18] *Ibid.*, Art. 18(3) (a) et 23(3) (a).

[19] *Ibid.*, Art. 26.2(d).2

[20] *Ibid.*, Art. 26.2(d) 3.

[21] *Ibid.*, Art. 34.

[22] *Ibid.*, Art. 41.

[23] *Ibid.*, Art. 46.

[24] *Ibid.*, Art. 55(5).

finances publiques à travers la déclaration des biens et avoirs des gestionnaires est une émanation de la constitution[25].

Il résulte de cette énumération non exhaustive une relation organique et fonctionnelle entre la constitution et les finances publiques au Cameroun, nonobstant les révisions constitutionnelles[26]. La constitution constitue de ce point de vue un pilier qui permet d'affirmer d'une part l'existence d'un contenu matériel stable des finances publiques (I) et d'autre part, l'institution des acteurs aux attributions multiples et variées (II).

I. UN CONTENU MATÉRIEL STABLE DES FINANCES PUBLIQUES

La constitution camerounaise du 18 janvier 1996 ne se réfère pas expressément aux finances publiques à l'instar de l'article 34 de la constitution française qui vise les orientations pluriannuelles des finances publiques[27]. Mais la constitution renvoie au domaine de la loi *« les questions financières... »* dont *« le budget »* et *« la création des impôts et taxes et la détermination de l'assiette... »* sont les pièces maîtresses et permettent d'élever le budget de l'État comme cadre privilégié des finances publiques (A). *« L'Assemblée nationale vote le budget de l'État. Au cas où le budget n'aurait pas été adopté avant la fin de l'année budgétaire en cours, le président de la République est habilité à reconduire par douzième, le budget de l'exercice précédent jusqu'à l'adoption du nouveau budget »*. Par ailleurs, s'agissant de l'Assemblée nationale et du Sénat, la constitution rend *« irrecevables, les propositions de loi ou amendements qui auraient pour effet, s'ils sont adoptés, soit une diminution des ressources publiques sans réduction à due concurrence d'autres dépenses ou création de recettes nouvelles d'égale importance »*. Par ces postulats, on peut penser que la constitution énonce les principes et les procédures budgétaires (B).

A. Le budget de l'État : cadre privilégié des finances publiques

Le budget qui recense les recettes et les dépenses de l'État est un document politique, juridique et financier[28]. Cette définition permet de comprendre l'esprit constitutionnel du budget de l'État (1) et de mettre en exergue l'importance des impôts, taxes et assiette (2).

---

[25] *Ibid.*, Art. 66.

[26] MBOME (F), « Les expériences de révisions constitutionnelles au Cameroun », *PENANT*, n° 808, Janvier-Avril 1992, pp. 19-45.

[27] OLIVA (E), « La « reconstitution » du droit constitutionnel financier », *Revue française de droit constitutionnel*, 2014, n°100, p. 1023.

[28] MUZELLEC (R), *Finances Publiques*, éd. SIREY, 15e éd., 2009, p. 9.

1. L'esprit constitutionnel du budget de l'État

La constitution traduit un désir d'organisation rationnelle de l'État. Le critère matériel de la constitution renvoie à l'ensemble des règles les plus importantes de l'État, ou si l'on préfère *« l'ensemble des règles juridiques qui ressortissent logiquement du droit constitutionnel »*[29]. Dans cette approche, l'esprit constitutionnel du budget de l'État met en œuvre quatre dimensions primordiales du processus budgétaire : politique, économique, juridique et financière.

Le budget est un document politique par son interaction avec le régime politique qui fait référence à la manière dont les pouvoirs sont organisés et exercés au sein d'une entité politique donnée. Cela renvoie donc à la forme institutionnelle du pouvoir, mais aussi à la pratique découlant de cette forme institutionnelle[30]. Le budget est le principal outil dont se sert le Gouvernement pour traduire dans la réalité ses objectifs politiques et économiques[31]. Les éléments conjoncturels (situation politique interne et contexte politique international) auront une influence sur le budget de l'État et par conséquent, sur la marge de manœuvre dont bénéficie un Gouvernement pour mettre en œuvre ses politiques[32].

John Maynard Keynes[33] est devenu le premier auteur économiste à faire un lien étroit entre budget public et économie. Selon sa théorie, l'État qui veut se sortir d'une période de chômage conjoncturel devra tenter d'augmenter les revenus des ménages par une diminution des impôts ou augmentation des dépenses afin qu'ils accroissent leurs demandes en biens et services, ce qui, par le fait même, encouragerait la création d'emplois.

Le budget est du point de vue juridique, un document législatif et prévisionnel[34] qui contient le projet de revenus et de dépenses du Gouvernement, présenté par celui-ci à l'Assemblée législative qui doit l'entériner par son vote. Le budget d'un État, accepté par les parlementaires devient une loi. Pour certains auteurs, le terme « budget » n'est peut-être pas

---

[29] GICQUEL (J), GICQUEL (J-E), *Droit constitutionnel et institutions politiques, op. cit.*, p. 182.
[30] DUVERGER (M), *Institutions Politiques et Droit Constitutionnel*, PUF, Thémis, Paris, 1965 ; OWONA (J), *Droit constitutionnel et institutions politiques du monde contemporain, Étude comparative,* L'Harmattan 2010, 730 p.
[31] STECKEL ASSOUERE (M.Chr), *les Finances Publiques en schéma, op. cit.,* 141 p.
[32] BOUTHEVILLAIN (C), *Les politiques budgétaires dans la crise. Comprendre les enjeux actuels et les défis futurs*, éd. DE BOEK, Coll. Ouvertures économiques, 2013.
[33] KEYNES (J.M), *Théorie générale de l'emploi, de l'intérêt et de la monnaie,* éd. Payot, 1998, 387 p.
[34] MUZELLEC (R), *Finances Publiques, op.cit.*, p. 17.

le plus approprié pour désigner cette réalité : celui de « loi des finances » serait en un sens plus exact[35].

En présentant son budget, le Gouvernement fait part au Parlement de ce qu'il prévoit pour l'État, pour une période de temps donnée, sachant très bien que les choses peuvent se passer autrement[36]. L'idée de *« projet »* et par conséquent d'*« incertitude »* est très importante pour comprendre ce qui est un budget[37]. Différents obstacles peuvent se présenter et empêcher la réalisation de la politique budgétaire prévue[38]. C'est pourquoi le Gouvernement peut faire voter les lois rectificatives en cours de route dont le but est de corriger à la hausse ou à la baisse les dépenses et recettes prévues par la loi de finances initiale pour tenir compte de l'évolution de la conjoncture économique et financière[39].

Le budget est un document financier parce qu'il se rapporte à tout ce qui touche à l'argent, c'est-à-dire, à l'ensemble des fonds sur le plan des revenus et des dépenses[40].

Dans cet esprit constitutionnel du budget de l'État, les impôts, taxes et assiettes occupent une place importante.

2. L'importance des impôts, taxes et assiette.

La constitution camerounaise en vigueur confère au pouvoir législatif la compétence en matière de *« création des impôts et taxes et la détermination de l'assiette, du taux et des modalités de recouvrement de ceux-ci »*. Les expressions *« impôts »*, *« taxes »* et *« assiette »* sont dotées d'un fondement constitutionnel dont la valeur est essentielle en matière de budget.

L'impôt constitue la ressource financière assurée à l'État afin de lui octroyer les moyens matériels et humains destinés à lui permettre de répondre aux besoins de l'intérêt public ; il est donc, par voie de conséquence, la contribution des citoyens aux charges exposées par l'État dans un but d'intérêt

---

[35] MERCIER (J), *L'Administration publique : de l'école classique au nouveau management public*, Presses Université Laval, 2001, p. 189.

[36] WALINE (P.Ch.), *Le budget de l'État. La documentation française*, 2012, 192 p.

[37] Cf. circulaire n° 001/CAB/PR du 13 août 2015 relative à la préparation du budget de l'État pour l'exercice 2016.

[38] BOUVIER (M), « Programmation pluriannuelle et équilibre des Finances Publiques : les conditions du succès » In, *Les nouveaux chantiers de l'État territorial*, *RFFP*, n° 103, LGDJ, Sept. 2008 : Voir aussi : « Les obstacles à franchir pour rendre le budget général de l'État crédible ». Pour la Patrie l'Union. Bihebdomadaire Togolais d'Information et d'Analyse, n° 658 du 22 novembre 2013, p. 3.

[39] MESSAGE (H), BERMOND (M), MATT (J-L), *Lois de Finances et lois de financement à l'Assemblée nationale*, Coll. Connaître l'Assemblée, 4e éd., 2010, p. 43.

[40] MERCIER (J), *L'Administration publique : de l'école classique au nouveau management public*, *op. cit.*, p. 192. Voir aussi CLEREMBAUX (M.J), *Guide pratique de l'élaboration du budget*, LGDJ, 2016, 160 p.

collectif et national. Pour Gaston Jèze, *« l'impôt est une prestation pécuniaire requise des particuliers par voie d'autorité, à titre définitif et sans contrepartie, en vue de la couverture des charges publiques »*[41]. Le droit fiscal doit alors être défini comme l'ensemble des règles de droit destinées à permettre à l'État de percevoir, auprès des citoyens, leur contribution aux charges financières exigées par l'intérêt public[42].

Le caractère obligatoire de l'impôt signifie qu'il s'agit d'une contribution dont les citoyens doivent s'acquitter et dont ils ne peuvent être exemptés que par une disposition expresse de la loi ; il ne signifie cependant pas que l'État est seul à percevoir l'impôt. L'article 26 de la constitution camerounaise du 18 janvier 1996 dispose que sont du domaine de la loi *« la création des impôts et taxes et la détermination de l'assiette, du taux et des modalités de recouvrement de ceux-ci »* de telle sorte qu'aucune disposition constitutionnelle n'interdit que l'impôt soit recouvré au profit de l'État par d'autres personnes que l'État. Il n'y a pas non plus d'autres dispositions légales qui s'y opposent.

L'article 26 (2) (d) et (3) de la constitution camerounaise reste fidèle à la Déclaration des droits de l'homme et du citoyen de 1789 selon laquelle *« tous les citoyens ont le droit de constater, par eux-mêmes ou par leurs représentants, la nécessité de la contribution publique, de la consentir librement, d'en suivre l'emploi, et d'en déterminer la quotité, l'assiette, le recouvrement et la durée »*[43]. Dans cette perspective, la notion de *« taxe »* trouve tout son sens et peut se définir comme étant la contrepartie de l'utilisation d'un service ou d'un ouvrage public à caractère obligatoire, qui est due dès que le redevable est en situation de profiter du service, même s'il n'en profite pas directement. On parle alors d'usager potentiel du service public[44]. De même, l'assiette fiscale conserve son essence constitutionnelle dans la mesure où elle constitue un montant qui sert de base au calcul d'un impôt ou d'une taxe. L'assiette fiscale d'un pays représente la quantité de revenus générés par ses citoyens sur la base de laquelle un impôt peut être prélevé[45].

---

[41] Cours de Finances Publiques, 1935-1936, LGDJ, Paris, 1936, p. 39.

[42] AIME (Ch.) et ROCHEDY (M), *Droit fiscal*, Paris, SIREY, Coll. « Aide-mémoire », 2013, 12e éd., 321 p. ; COLLET (M), *Droit fiscal*, Paris, PUF, Coll. « Thémis », 2013, 4e éd., 464 p. ; Code général des impôts. République du Cameroun, Edition officielle, Direction générale des Impôts, 2011.

[43] Art. 14 de la Déclaration des Droits de l'Homme,

[44] BOUVIER (M), *Introduction au droit fiscal et à la théorie générale de l'impôt*, LGDJ, 1952. Voir aussi, HERTZOG (R), « La juridiction administrative et classification des recettes publiques », *RFFP*, n° 70, juin 2000.

[45] CASTAGNEDE (B), *La politique fiscale*, PUF, Coll. « Que sais-je ? », 2008, 128 p.

Si le budget de l'État, dans sa conception est un socle pour les finances publiques, la constitution dégage également les principes et les procédures qui renforcent la stabilité du contenu matériel des finances publiques.

B. La consécration des procédures et des principes budgétaires

Plusieurs articles de la constitution permettent d'identifier les procédures (1) et les principes (2) budgétaires qui rentrent dans le contenu matériel des finances publiques.

1. Les procédures budgétaires

On distingue le vote du budget et la règle de l'irrecevabilité financière.

a. Le vote du budget

Selon l'article 16 (2) (b) de la constitution, *« Au cours de l'une des sessions, l'Assemblée nationale vote le budget de l'État... »* Le législateur camerounais assimile le vote du budget au vote de la loi de finances de l'année[46]. Ainsi, le vote de la loi de finances de l'année est précédé d'un débat parlementaire portant sur les catégories de ressources et charges[47]. La première partie de la loi de finances est discutée et votée par article et la deuxième partie de la loi de finances ne peut être discutée par le Parlement qu'après l'adoption de la première partie[48]. Le vote des dépenses s'effectue par chapitre après examen en deux temps : l'ensemble des programmes d'une part, les moyens détaillés par section et par paragraphe d'autre part. Les crédits des budgets annexes et des comptes spéciaux sont votés par budget annexe et par compte spécial[49]. Le Règlement Intérieur de l'Assemblée nationale dans sa version actualisée[50] fixe les modes de votation[51] et règle les modalités de délégation de vote[52]. De même, le Règlement Intérieur du Sénat[53] fixe les modes de votation[54] ainsi que les modalités de délégation du vote[55].

b. La règle de l'irrecevabilité financière

Selon la constitution, *« sont irrecevables, les propositions de la loi ou amendements qui auraient pour effet, s'ils sont adoptés, soit une diminution des ressources publiques, soit l'aggravation des charges publiques sans*

---

[46] Loi n° 2007/006 du 26 décembre. 2007, portant régime financier de l'État.
[47] *Ibid.,* Art. 43(1).
[48] *Ibid.,* Art. 43 (3).
[49] Sur les notions de budget annexe et compte spécial, Cf. CLEREMBAUX (J), Lire *un budget : présentation, comptes, annexes. Territorial.* Coll. Dossier d'expert n° 772, 2014, 144 p.
[50] Loi n° 2002/005 du 02 décembre 2002 portant règlement intérieur de l'Assemblée nationale.
[51] *Ibid.,* Art. 51 et s.
[52] *Ibid.,* Art.56 et s.
[53] Loi n° 2013/006 du 10 juin 2013 portant règlement intérieur du Sénat.
[54] *Ibid.,* Art. 69 et s.
[55] *Ibid.,* Art.77 et s.

réduction à due concurrence d'autres dépenses ou création de recettes nouvelles d'égale importance ». Cette règle s'applique aussi bien à l'Assemblée nationale[56] qu'au Sénat[57]. La loi portant régime financier de l'État reprend cette disposition dans le cadre du vote de la loi de finances[58].

Cette disposition rend irrecevable une proposition de loi ou un amendement de parlementaire qui aurait pour effet une diminution de ressources publiques. Par exemple, un amendement parlementaire qui, en loi de finances, tendrait à réduire le taux de l'impôt sur le revenu ne pourrait être discuté.

Cette règle garantit que les *« charges publiques »* qui correspondent à une mission, et a fortiori du budget de l'État, les initiatives des parlementaires n'augmenteront pas le niveau des dépenses. Il s'agit là d'une exigence constitutionnelle qui fonde le contrôle de la recevabilité financière des initiatives parlementaires.

En France, le Conseil constitutionnel a résumé la portée de cette exigence constitutionnelle en considérant que si elle *« apporte, en ce qui concerne les membres du Parlement, une limitation aux principes posés aux articles 39 alinéa premier, et 44 alinéa premier de la constitution, c'est en vue d'éviter que les dispositions particulières ayant une incidence financière directe puissent être votées sans qu'il soit tenu compte des conséquences qui pourraient en résulter pour la situation d'ensemble des finances publiques »*[59]. Cette disposition qui repose sur la règle dite du préalable parlementaire[60] enrichit les débats[61] et structure le droit parlementaire[62].

Au Cameroun, avec la récente mise en place du Conseil constitutionnel[63], la constitution a bien prévu qu'*« en cas de doute ou de litige sur la recevabilité d'un texte, le président de la République ou le président du Sénat ou un tiers des Sénateurs saisit le Conseil constitutionnel qui en décide »*[64].

---

56 Art.18.3(a) de la loi n° 2002/005 du 02 décembre 2002, *op.cit.*

57 Art. 23.3(a) de la loi n° 2013/006 du 10 juin 2013, *op.cit.*

58 Art. 44 de Loi n° 2007/006 du 26 décembre 2007 portant régime financier de l'État.

59 Décision n° 75-57 DC du 23 Juillet 1975.

60 BACHSCHMIDT (Ph), « Le succès méconnu des lois d'initiative parlementaire », *Revue française de Droit Constitutionnel*, 2009/0 n° 78, p. 343.

61 Bilan de l'application de l'article 40 de la constitution depuis le 1er juillet 2007. Rapport d'information sénatoriale de Jean Athuis, déposé le 18 juin 2008.

62 AVRIL (P), GICQUEL (J) et GICQUEL (J-E), *Droit parlementaire*, LGDJ, Coll. Domat/Droit Public, 2014, 504 p.

63 Loi n°2004/004 du 21 avril 2004 portant organisation et fonctionnement du Conseil Constitutionnel, modifiée et complétée par la loi n° 2012/015 du 1er décembre 2012 ; Décret n° 2018/105 du 7 février 2018 portant nomination des membres du Conseil Constitutionnel.

64 Art. 23.3 (b) de la loi constitutionnelle, *op.cit.*

2. La valeur des principes budgétaires

L'article 16.2 (b) de la constitution du 18 janvier 1996 dispose : *« Au cours de l'une des sessions, l'Assemblée nationale vote le budget de l'État. Au cas où le budget n'aurait pas été adopté avant la fin de l'année budgétaire en cours, le président de la République est habilité à reconduire par douzième, le budget de l'exercice précédent jusqu'à l'adoption du nouveau budget »*. La constitution énonce par là le principe de l'annualité budgétaire et ses dérogations. L'ordonnance du 7 février 1962 précisait[65] que *« Le budget englobe, pour une période de douze mois ou exercices... la totalité des charges et des ressources prévisibles de l'État »*[66]. La loi n° 2007/006 du 26 décembre 2007 portant régime financier de l'État stipule que *« la loi de finances prévoit et autorise, chaque année, l'ensemble des ressources et charge de l'État... »*[67].

Si dans certains pays comme la France, le Conseil constitutionnel consacre les principes budgétaires[68], il reste constant d'affirmer que le principe de l'annualité budgétaire est le seul à avoir été explicitement énoncé par la constitution camerounaise. Les autres principes budgétaires qu'ils soient classiques (unité, spécialité, universalité, équilibre) ou modernes (sincérité, lisibilité ou transparence) sont énoncés par le législateur[69].

Ainsi, à côté des principes budgétaires classiques et des principes budgétaires modernes, une autre lecture peut s'avérer utile entre les principes budgétaires énoncés par la constitution, ceux qui ont une valeur constitutionnelle par ce que consacrés par le Conseil Constitutionnel et ceux énoncés par le législateur.

Cette manière d'analyser élargit le contenu matériel des finances publiques camerounaises et permet de comprendre assez aisément les attributions des acteurs comme prévu par la constitution.

---

[65] L'ordonnance 62/OF/04 du 7 février 1962 réglant le mode de présentation, les conditions d'exécution du budget de la République Fédérale du Cameroun, de ses recettes, de ses dépenses et de toutes les opérations s'y rapportant.

[66] *Ibid.*, Art. 3.

[67] Art. 2 de la loi n° 2007/006 du 26 décembre 2007 portant régime financier de l'État.

[68] Cf. BAZY-MALAURE (C), « La jurisprudence du Conseil Constitutionnel en matière budgétaire et financière », *Intervention à l'occasion d'un déplacement au Conseil Constitutionnel du Maroc*, le 18 octobre 2010. Voir aussi LAUZE (J) « Les grands principes du droit budgétaire d'une loi organique à l'autre », *Revue de Droit Public et de la Science Politique*, 2001/12, pp. 1691-1748.

[69] Sur les principes budgétaires. Cf. GILLES (W), *Les principes budgétaires et comptables publics*, LGDJ, Coll. « système », 2009, 256 p.

II. DES ACTEURS AUX ATTRIBUTIONS MULTIPLES ET VARIEES

Le régime politique camerounais[70] a été qualifié de régime parlementaire orléaniste ou dualiste[71] où le Chef de l'État, président de la République, reste le personnage central du régime[72]. La structure du pouvoir de l'État fait du président de la République le véritable maître du jeu[73].

Dans le cadre des finances publiques, les rapports entre le pouvoir politique et le pouvoir financier ont toujours été étroitement imbriqués, car *« les phénomènes financiers publics sont avant tout des phénomènes politiques »*[74], les premiers étant « étroitement imbriqués » dans les seconds[75]. En réalité, *« les finances publiques fondent la substance des pouvoirs politiques et elles constituent en cela un instrument privilégié d'analyse et de création des institutions »*[76].

Au regard de la constitution camerounaise, on note en matière budgétaire, une distribution des attributions entre les acteurs politiques et techniques d'une part (A) et d'autre part entre les acteurs judiciaires (B).

A. Les acteurs politiques et techniques

Une analyse des dispositions de la constitution permet de conclure à la prééminence budgétaire de l'exécutif (1) même si les attributions du Parlement restent considérables (2).

---

70 KAME BOUOPDAP (P) et KAME (S), *Aux fondements du régime politique camerounais*, Harmattan, Coll. Études africaines, 2013.

71 OWONA (J), *Droit Constitutionnel et institutions politiques du monde contemporain. Étude comparative, op. cit.*, p. 642.

72 BAYART (J-F), *L'État au Cameroun, Presses de la Fondation Nationale des Sciences Politiques*, 1979, P. 141 ; SINDJOUN (L) « Le Président de la République du Cameroun (1982-1996) : les acteurs et leurs rôles dans le jeu politique ». Groupe de recherches administratives et politiques, *Centre d'études d'Afrique noire. Institut d'Études Politiques de Bordeaux*, n° 50, 1996.

73 BILONG (S), « La structure du pouvoir de l'État au Cameroun. Une analyse socio juridique », *Centre de Formation et de Recherches Administratives pour le Développement*, Tanger, Maroc 2001.

74 BOUVIER (M), « Mutations des finances publiques et crises du pouvoir politique ? », *RFFP*, n° 79, 2002, p. 241.

75 BOUVIER (M), « Éditorial : les décideurs politiques au cœur de la gouvernance financière publique », *RFFP*, n° 94, 2006, p. 3.

76 BOUVIER (M), HERTZOG (H), « La réforme des finances publiques ; réforme de l'État », *RFFP*, n° 73, 2001, p. 3. Voir aussi, (dir) ONDOA (M), *L'Administration publique camerounaise à l'heure des réformes*.

1. La prééminence budgétaire de l'exécutif

La constitution dispose : *« le président de la République est le Chef de l'État »*[77] et à ce titre, *« il définit la politique de la nation »*[78]. Par ailleurs, *« le Gouvernement est chargé de la mise en œuvre de la politique de la nation telle que définie par le président de la République »*[79] et *« il est responsable devant l'Assemblée nationale dans les conditions et selon les procédures prévues à l'article 34 ci-dessous »*[80]. Ces dispositions signifient que ce n'est pas le Parlement qui détermine la politique nationale, mais le président de la République, et le Gouvernement est chargé de sa mise en œuvre[81].

Dans le domaine budgétaire, on peut avancer plusieurs raisons pour justifier la position privilégiée de l'exécutif. En France comme au Cameroun et d'un point de vue technique et pratique, *« le Gouvernement ressent beaucoup plus directement la contrainte financière que les assemblées »*[82]. Il dispose de l'administration et d'organes spécialisés dans la préparation du budget et l'analyse des données économiques.

Chaque année, le président de la République du Cameroun prend une circulaire portant préparation du budget de l'État pour l'année suivante. Par cette circulaire, il fixe les orientations générales de la politique budgétaire, ainsi que les dispositions pratiques pour l'élaboration du projet de loi de finances[83]. L'organisation du ministère des Finances[84] prévoit quatre directions générales : la direction générale du budget, la direction générale des douanes, la direction générale des impôts, la direction générale du trésor, de la coopération financière et monétaire[85]. La direction générale du budget est chargée, entre autres :

- de la mise en œuvre de la politique budgétaire du Gouvernement ;
- de la prévision des évolutions budgétaires ;
- du cadrage budgétaire ;
- de l'élaboration des projets de loi de finances.

---

[77] Art. 5(1) de la loi constitutionnelle, *op.cit.*
[78] *Ibid.,* Art. 5(2)
[79] *Ibid.,* Art. 11(1)
[80] *Ibid.,* Art. 11(2)
[81] Voir par exemple VANDENDRISSCHE (X), « Le parlement entre déclin et modernité » *Pouvoirs*, n° 99, 2001, p. 61.
[82] HERTZOG (R) « L'avenir du pouvoir financier du Parlement : miroir des ombres ou garant de l'équilibre du gouvernement général » In PHILIP (L) (dir), *L'exercice du pouvoir financier du Parlement. Théorie, pratique et évolution*, Paris, Aix-en-Provence. Economica, Presses universitaires d'Aix-Marseille, 1996, p. 139.
[83] Circulaire n° 001/CAB/PR du 13 Août 2015 relative à la préparation du budget de l'État pour l'exercice 2016.
[84] Décret n° 2013/066 du 28 février 2013 portant organisation du Ministère des finances.
[85] Ibid., Art. 7.

En matière d'élaboration des lois de finances au Cameroun, le législateur a prévu que *« Sous l'autorité du président de la République, le Premier ministre coordonne la préparation des projets de loi de finances assurée par le ministre des Finances en concertation avec les organes constitutionnels, les ministres ou les responsables des services concernés »*[86]

L'efficacité détermine ainsi la compétence générale du Gouvernement et particulièrement celle du Ministère des Finances qui est assisté de plusieurs experts pour faire face à la complexité de la gouvernance publique, en particulier en matière financière[87].

Selon une disposition de la constitution, *« Lors de la session au cours de laquelle le projet de loi de finances est examiné, le Premier ministre présente à l'Assemblée nationale, le programme économique, financier, social et culturel du Gouvernement »*[88]. En application de la loi portant régime financier de l'État[89], *« la loi de finances prévoit et autorise, chaque année, l'ensemble des ressources et charges de l'État en déterminant leur nature, leur montant, leur affectation et en fixant leur équilibre... »*[90] et de manière générale *« elle présente l'ensemble des programmes concourant à la réalisation des objectifs de développement économique, social et culturel du pays »*[91]. L'expression *« projet de loi »* utilisée par la Constitution fait référence à un régime parlementaire où le Gouvernement détient l'initiative législative et propose au Parlement un texte écrit en vue de son adoption par ce dernier comme loi[92].

En cas de crise et *« au cas où le budget n'aurait pas été adopté avant la fin de l'année budgétaire en cours, le président de la République est habilité à reconduire, par douzième, le budget de l'exercice précédent jusqu'à l'adoption du nouveau budget »*[93]. Il s'agit là d'un cas de recours aux pouvoirs exceptionnels du président de la République pour rétablir le budget de l'État par décisions[94].

---

[86] Art. 33 de la loi n°2007/006 du 26 décembre 2007, *op.cit.*

[87] BOUVIER (M), « Experts et politique face à la gouvernance des sociétés complexes », In FAVOREU (L), HERTZOG (R), ROUX (A) (dir), *Constitution et Finances publiques, Études en l'honneur de Loïc Philip*, *op. cit.*, p. 296.

[88] Art. 34(1) de la loi constitutionnelle, *op.cit.*

[89] Loi n°2007/006 du 26 décembre 2007 portant régime financier de l'État.

[90] Art. 2(1)

[91] Art. 2(2)

[92] BACHSCHMIDT (Ph), « Droit parlementaire. Les succès méconnus des lois d'initiative parlementaire », *Revue Française de Droit Constitutionnel,* 2009/2, n° 78, pp. 343-365.

[93] Art. 16 (2) b de la constitution, *op.cit.*

[94] TANO (F), « La constitutionnalisation de l'urgence budgétaire et les crises politiques en Afrique : Côte d'Ivoire, Bénin » In « Constitutionnalisme et résolution des conflits en Afrique », Colloque de DAKAR, Août 2008.

La promulgation de la loi de finances est une autre attribution du président de la République à lui conférée par la constitution en ces termes : *« Le président de la République promulgue les lois adoptées par le Parlement dans un délai de quinze (15) jours à compter de leur transmission, s'il ne formule aucune demande de seconde lecture ou s'il n'en saisit le Conseil constitutionnel »*[95]. C'est dans ce contexte que le président de la République a promulgué la loi n° 2018/022 du 11 décembre 2018 portant loi de finances de la République du Cameroun pour l'exercice 2019. La promulgation se présente comme l'acte par lequel le Chef de l'État constate qu'une loi a été régulièrement adoptée par le Parlement. À partir du moment où un décret de promulgation a eu lieu, le texte est intégré dans l'ordonnancement juridique et entre en vigueur[96].

Mais la prééminence de l'exécutif ne signifie pas que les attributions du Parlement en matière budgétaire sont insignifiantes. L'étendue des attributions parlementaires en matière budgétaire illustre son importance d'un point de vue constitutionnel.

2. L'étendue des attributions parlementaires.

Comme en France, la constitution camerounaise en vigueur permet d'affirmer que *« le constituant a ainsi tenté d'élaborer un compromis entre la nécessaire efficacité de l'action politique qui tend à maximiser les pouvoirs et les préférences du gouvernement, et l'indispensable légitimité qui doit porter cette action : le gouvernement détermine, mais avec l'accord du Parlement représentant de la nation »*[97]. Le rôle du Parlement camerounais en matière budgétaire demeure essentiel. Représentant la nation et les contribuables, il consent toujours à l'impôt depuis la constitution du 1er janvier 1960[98]. L'Assemblée nationale vote toujours le budget[99], et le consentement annuel à l'impôt est contenu à l'article 1er de chaque loi de finances initiale en ces termes : *« Les impôts, contributions, redevances, produits et revenus publics de la République du Cameroun continueront d'être perçus conformément aux textes en vigueur, sous réserve des dispositions de la présente loi »*[100]. Un auteur a affirmé que *« Cette plénitude de pouvoir des représentants de la*

---

95 Art. 8(5) de la constitution, *op.cit.*

96 MACAREL (L.A), *Cours d'Administration et de Droit Administratif,* Paris, Librairie de jurisprudence de PLON FRERE, 2e éd., t.1, 1852, p. 209.

97 VANDENDRISSCHE (X)., « Le Parlement entre déclin et modernité », *op. cit.,* p. 61.

98 MBOME (F), « Les expériences de révisions constitutionnelles au Cameroun », PENANT, n° 808, Janv.-Avril 1992, pp. 19-45.

99 Art. 16(2) b. « Au cours de l'une de ses sessions, l'Assemblée nationale vote le budget de l'État ».

100 Art. 1er de la loi n° 2015/019 du 21 décembre 2015 portant loi de finances de la République du Cameroun pour l'exercice 2016.

nation s'explique par le besoin de légitimer l'atteinte à la propriété qui est le prélèvement fiscal »[101].

La loi n° 2007/006 du 26 décembre 2007 portant régime financier de l'État a apporté des innovations fondamentales en faveur du Parlement[102].

L'information du Parlement a été renforcée par le fait *que « le Gouvernement fournit au Parlement, chaque année, au moment de la session budgétaire en vue de l'examen du projet de loi de finances de l'année, des informations sur l'évolution de l'économie nationale, les orientations des finances publiques et le développement des grands projets d'investissement »*[103], et *« l'exécution du budget de l'État à mi-parcours fait l'objet d'une information écrite fournie au Parlement par le Gouvernement au plus tard le 30 septembre de l'année courante »*[104]. La loi exige du Gouvernement à l'adresse du Parlement, la production d'un projet de loi de finances présentant les dépenses de l'État par fonctions, programmes et actions avec les indicateurs de performances qui y sont associés[105]. Le projet de loi de finances rectificative est obligatoirement accompagné d'un rapport présentant l'écart d'exécution des recettes et des dépenses figurant dans la loi de finances initiale, l'état des réalisations des programmes affecte de façon détaillée et motivée, les modifications proposées[106].

Les commissions des finances et du budget des Assemblées[107] jouent un rôle particulièrement actif. Comme dans tous les régimes parlementaires, ces commissions *« occupent une place déterminante dans l'organisation institutionnelle parce qu'elles sont le lien où s'expriment pleinement les rapports de force entre le législatif et l'exécutif »*[108]. Les commissions de finances et de budget sont chargées d'examiner en premier le projet de loi de finances, mais aussi d'en contrôler l'application. Au Sénat camerounais, seule la commission des finances et du budget peut siéger en tant que de besoin, les autres commissions et sous-commissions ne pouvant valablement siéger que durant les sessions[109]. Dans le cadre du contrôle parlementaire, la commission chargée des finances désigne chaque année, à l'ouverture de la première

---

[101] HERTZOG (R), « Les pouvoirs financiers du Parlement », *RDP*, 2002, P. 302.

[102] BIAKAN (J), « La réforme du Cadre juridique des finances publiques au Cameroun : la loi portant régime financier de l'État », in (dir) ONDOA (M); *l'Administration publique camerounaise à l'heure des réformes*, *op. cit*, P. 18.

[103] Art. 35(1)

[104] Art. 35(2)

[105] Art. 36(1-12)

[106] Art. 38

[107] Cf. Art. 16(b) du Règlement Intérieur de l'Assemblée nationale du Cameroun et Art. 25(b) du Règlement Intérieur du Sénat.

[108] Cf. par exemple BOUHADANA (J), GILLES (W), « La Présidence de la Commission des finances par un membre de l'opposition parlementaire : potentialités et enjeux », *RFFP*, n° 100, Nov. 2007, p. 206.

[109] Art. 25(3) du Règlement Intérieur.

session ordinaire de l'année législative, un Rapporteur général pour les recettes et deux Rapporteurs spéciaux chargés des dépenses publiques et du contrôle de l'usage des fonds publics, y compris des fonds de développement publics[110]. Il s'agit là d'un élargissement du contrôle financier des commissions des finances et du budget à toutes les questions relatives aux finances publiques[111].

L'étendue des attributions du Parlement traduit une constitutionnalisation des acteurs politiques et techniques en matière des finances publiques en général et budgétaire en particulier. Mais cette constitutionnalisation n'a de portée réelle que si l'on intègre le rôle de la Cour des comptes et du Conseil constitutionnel.

B. Les acteurs judiciaires : la Chambre des comptes et le Conseil constitutionnel

La Chambre des comptes et le Conseil constitutionnel, prévus par la constitution, devraient jouer un rôle important en matière de finances publiques.

1. La Chambre des Comptes : un juge financier aux compétences importantes

La constitution de la République du Cameroun du 18 janvier 1996 modifiée par la loi n° 2008/001 du 14 avril 2008 crée une Chambre des comptes au sein de la Cour suprême[112]. Celle-ci est compétente pour contrôler et statuer sur les comptes publics et ceux des entreprises publiques et parapubliques[113]. Elle statue souverainement sur les décisions rendues en dernier ressort par les juridictions inférieures des comptes et connaît de toute autre matière qui lui est expressément attribuée par la loi[114]. Ses attributions, son organisation et son fonctionnement sont fixés par la loi[115]. Le contrôle juridictionnel des comptes publics est exercé par la Chambre des comptes[116] et la Constitution l'institue comme juge financier[117].

---

[110] Art. 69. Loi 2007/006 du 26 décembre 2007 portant régime financier de l'État.

[111] Cf. BOUHADANA (I), *Les commissions des finances des Assemblées parlementaires en France : origine, évolution et enjeux*, LGDJ, 2007, 420 p.

[112] Art. 38(2)

[113] Art. 41. Sur les entreprises publiques et parapubliques, Cf. Loi n° 99/016 du 22 décembre 1999 portant statut général des établissements publics et des entreprises du secteur public et parapublic.

[114] Ibid.

[115] Loi n° 2003/005 du 21 avril 2003 fixant les attributions, l'organisation et le fonctionnement de la Chambre des comptes de la Cour suprême.

[116] Art. 72 de la loi n° 2007/006 du 26 décembre 2007 portant régime financier de l'État.

[117] DOUAT (E), « La constitution et le juge financier ». In MATHIEU (B) (dir), *Les mutations des institutions juridictionnelles*. Dalloz, 2008, pp. 375-384.

Si la Constitution camerounaise reste encore sur le schéma d'une Chambre des comptes au sein de la Cour suprême, la Directive n° 01/11-UEAC-190-CM-22 du 22 décembre 2011 relative aux lois de finances précise que *« le contrôle juridictionnel des opérations budgétaires et comptables des administrations publiques est assuré par une Cour des comptes qui doit être créée dans chaque État-membre »*[118]. Cette Cour des comptes est une juridiction et ses membres ont le statut de magistrat. Elle est indépendante par rapport au Gouvernement et au Parlement et autonome par rapport à toute autre juridiction. Elle décide seule de la publication de ses avis, décisions et rapports. Elle est l'institution supérieure de contrôle de chaque État[119]. La Directive lui assigne alors cinq (5) missions importantes[120] :

- Assister le Parlement dans le contrôle de l'exécution des lois de finances ;
- Certifier la régularité, la sincérité et la fidélité des comptes généraux de l'État ;
- Juger les ordonnateurs, les contrôleurs financiers et les comptables publics ;
- Contrôler la légalité financière et la conformité budgétaire de toutes les opérations de dépenses et de recettes de l'État. À ce titre, elle constate les irrégularités et fautes de gestion[121] commises par les Agents publics et fixe, le cas échéant, le montant du préjudice qui en résulte pour l'État. Elle peut prononcer des sanctions ;
- Évaluer l'économie, l'efficacité et l'efficience de l'emploi des fonds publics au regard des objectifs fixés, des moyens utilisés et des résultats obtenus ainsi que la pertinence et la fiabilité des méthodes, indicateurs et données permettant de mesurer la performance des politiques des administrations publiques.

Ces missions de la Cour des comptes destinées, à terme, à remplacer la Chambre des comptes permettent de poser la pertinence de l'existence actuelle des services du Contrôle supérieur de l'État[122] et du Conseil de Discipline Budgétaire et Financière[123].

---

[118] Art. 72 de la Directive n° 01/11-UEAC-190-CM-22 du 22 décembre 2011 relative aux lois de finances.

[119]*Ibid.*

[120]*Ibid.*, Art 73.

[121] Sur la notion de faute de gestion, voir NGO MOMASSO (M), *La notion de faute de gestion en Droit Public Financier au Cameroun,* Mémoire, Master en Droit Public, Université de Yaoundé II, 2013/2014.

[122] Décret n° 2013/287 du 04 septembre 2013 portant organisation des services du contrôle supérieur de l'État.

[123] Décret n° 2008/028 du 17 janvier 2008 portant organisation et fonctionnement du Conseil de discipline budgétaire et financière.

La création d'une Cour des comptes au Cameroun permettrait de comprendre que l'efficacité de la mission de la Cour auprès du Parlement tient à la complémentarité de leurs actions et de leurs rôles : destinés au contrôle des finances publiques et à l'action du Gouvernement en la matière, cette complémentarité est rendue possible par une différenciation entre la Cour des comptes et le Parlement de plusieurs points de vue [124] : par leur statut d'abord, la magistrature présentant un contrôle différent de celui des élus par leurs pouvoirs et les moyens, ensuite, la Cour disposant d'un accès à l'information plus large que le Parlement[125].

Les travaux de la Chambre des comptes de la Cour suprême du Cameroun s'illustrent à travers les arrêts, avis, rapports de certification du compte général de l'État et rapports d'observations de fin de contrôle[126].

2. Les attentes du Conseil constitutionnel en matière de loi de finances

C'est le titre VII de la constitution du 18 janvier 1996 qui institue le Conseil constitutionnel et l'article 46 dispose : *« le Conseil constitutionnel est l'instance compétente en matière constitutionnelle. Il statue sur la constitutionnalité des lois. Il est l'organe régulateur du fonctionnement des institutions ».*

Si les textes portant organisation et fonctionnement du Conseil constitutionnel sont relativement récents[127], ceux portant nomination des membres et du fonctionnement du Secrétariat de cette instance sont plus récents encore[128], ce qui justifie une affirmation progressive des compétences du Conseil en matière de contrôle de la régularité des élections présidentielles, parlementaires et des consultations référendaires dont il proclame les

---

[124] DAUTRY (Ph), LAMY (Ph), « Le contrôle de la gestion publique par la Cour des comptes et par le Parlement : concurrence ou complémentarité ? », *RFFP*, n° 80, décembre 2002, p. 135.
[125] *Ibid.*, p. 128
[126] SIETCHOUA DJUITCHOKO (C), *La Chambre des comptes de la Cour suprême du Cameroun.* Les Éditions le Kilimandjaro. 2016, 476 p. Voir aussi LEPINAY (T) « Du juge des comptes au Conseiller du Prince. Quand la Cour des comptes transforme ses manières de contrôler », *Politix*, 2018/4 n° 124, pp 111-134
[127] Loi n°2004/004 du 21 avril 2004 portant organisation et fonctionnement du Conseil constitutionnel, modifiée et complétée par la loi n° 2012/015 du 21 décembre 2012.
[128] Décret n°2018/105 du 07 février 2018 portant nomination des membres du Conseil constitutionnel ; Décret n°2018/104 du 07 février 2018 portant organisation et fonctionnement du Secrétariat général du Conseil constitutionnel ; Décret n° 2018/170 du 23 février 2018 portant nomination du Secrétaire général du Conseil constitutionnel.

résultats[129]. Ses décisions sont susceptibles de faire œuvre de jurisprudence constitutionnelle[130].

En matière de loi de finances, l'article 3(1) de la loi n° 2004/004 du 21 avril 2004 portant organisation et fonctionnement du Conseil constitutionnel dispose que *« le Conseil constitutionnel statue sur la constitutionnalité des lois... »*[131].

La saisine du Conseil constitutionnel prévue aux articles 19, 20 et 21[132], suspend le délai de promulgation ou de ratification[133].

En France, les lois de finances restent des lois ordinaires soumises au contrôle du Conseil constitutionnel, comme n'importe quelle autre loi[134]. Le caractère particulièrement sensible de la matière budgétaire explique que dans les faits, les différentes lois de finances sont quasi systématiquement différées devant le juge constitutionnel par l'opposition parlementaire[135]. La jurisprudence développée par le Conseil constitutionnel français en matière budgétaire insiste tout spécialement sur le respect de la compétence des lois de finances, notamment le refus des *« cavaliers budgétaires, c'est-à-dire des dispositions qui n'ont pas leur place dans la loi de finances ; et sur le respect du principe de sincérité, c'est-à-dire l'obligation pour la loi de finances de présenter une image aussi exacte que possible de la situation budgétaire anticipée »*[136]. Ainsi, le Conseil constitutionnel a validé la loi de finances pour 2019 et examiné certaines mesures relatives aux collectivités territoriales[137].

---

[129] Article 48(1) de la constitution.

[130] SINDJOUN (L), *Les grandes décisions de la justice constitutionnelle africaine : Droit constitutionnel jurisprudentiel et politiques constitutionnelles au prisme des systèmes politiques africains,* BRUYLANT Edition, 2009, 598 p.

[131] Sur la constitutionnalité des lois au Cameroun, cf. KONTCHOU KOUOMEGNI (A) « Vers un nouveau modèle de contrôle de la constitutionnalité des lois au Cameroun », In CONAC (G) (Dir), *Les Cours suprêmes en Afrique*, Tome II, Economica, 1989, Paris, pp. 44-65.

[132] Loi n° 2004/004 du 21 avril 2004 portant organisation et fonctionnement du Conseil constitutionnel.

[133] Ibid., Art. 22.

[134] FAVOREU (L) et PHILIP (L), *Les grandes décisions du Conseil constitutionnel*, Dalloz, Paris 2018, 1026 p.

[135] OLIVA (E), « Les interactions entre les saisines parlementaires et le contrôle des finances publiques », *Nouveaux cahiers du Conseil constitutionnel*, n° 49, Octobre 2015, pp. 93-114.

[136] ETIEN (R), « Jurisprudence financière du Conseil constitutionnel II », *La Revue administrative*, n° 225 (Mai-Juin 1985), pp. 254-256.

[137] Décision n° 2018-777 DC du 28 décembre 2018.

Le Conseil constitutionnel français a joué un rôle important qui a permis la reconstitution du droit constitutionnel financier[138] et la stabilité économico-financière[139].

CONCLUSION

Les finances publiques camerounaises trouvent leur ancrage dans la constitution en vigueur. Cet enracinement constitutionnel s'extériorise par un contenu matériel stable des finances publiques, soutenu par des acteurs aux attributions multiples et variées en matière budgétaire et financière.

[138] OLIVA (E), « La « reconstitution » du droit constitutionnel financier », *Revue française de droit constitutionnel*, 2014/4, n° 100, pp 1021-1027.
[139] PIERRE-CAPS (S) « Le Conseil constitutionnel et la stabilité économico-financière ». *CIVITAS EUROPA* 2013/1 n° 30, pp. 145-160.

LES FAITS EXTÉRIEURS À LA VICTIME EN DROIT INTERNATIONAL

Jean Claude TCHEUWA

Agrégé des Facultés de Droit
Professeur titulaire des Universités
Université de Yaoundé II (Cameroun)

Jean Baptiste CHOUAMO

Docteur en droit public
Assistant à la Faculté des Sciences Juridiques et Politiques
Université de Yaoundé II (Cameroun)

INTRODUCTION

L'attribution de la qualité juridique d'illicite à un fait donné s'identifie avec l'attribution de la valeur de fait produisant une obligation de réparer ou légitimant l'application d'une sanction[1]. Rien ne devrait justifier ou excuser la violation des obligations internationales suivant cette logique énoncée par l'article 1 du projet d'articles de 2001 sur la responsabilité de l'État pour fait internationalement illicite qui fait office de vecteur directeur de tout le projet. Cependant, certaines circonstances exceptionnelles apparaissent dans ces articles comme des conditions de non-application du régime juridique normal et par conséquent, comme la condition d'application d'un régime d'exception. Ces circonstances envisagées au chapitre V sous l'intitulé *« Circonstances excluant l'illicéité »* ont permis de ranger indistinctement celles-ci à la même enseigne malgré les regrets et critiques au sein de la doctrine[2]. Il s'agit d'une restriction par rapport à la règle générale du fait de la circonstance. Ces références à la circonstance s'inscrivent sur le terrain de la règle et de l'exception ainsi qu'au cœur du débat contradictoire entre l'auteur et la victime au sujet de la culpabilité. La difficulté d'une définition conceptuelle de l'exception en droit de la responsabilité internationale ou celle de lui conférer une signification précise peut expliquer son rattachement à la théorie des circonstances exceptionnelles. Alors que certaines de ces circonstances

[1] AGO (R), « Le délit international », *R.C.A.D.I.,* 1939, p. 426.
[2] LOWE (L), « Precluding wrongfulness or responsibility : a plea for excuses », *E.J.I.L,* Vol.10, 1999, p. 406.

sont secondaires parce qu'elles sont provoquées par le premier fait de l'État victime (on parle des *« faits liés à la victime »*), d'autres sont primaires parce qu'elles ne sont pas précédées d'un délit (on parle des *« faits extérieurs à la victime »*). Dans ce dernier cas, concerné au premier chef par la présente étude, le sujet de droit est amené à agir malgré lui de manière non conforme à ses obligations internationales[3] indépendamment du comportement ou de la volonté de l'État lésé. Certains auteurs distinguent d'ailleurs entre circonstances de droit et circonstances de fait[4]. Ces faits extérieurs à la victime pouvaient ne pas être prévus par le codificateur et être pris en compte par le juge, mais tel n'a pas été le cas.

Les faits extérieurs à la victime sont souvent évoqués et utilisés, mais demeurent vite définis par leur effet dérogatoire. On oppose souvent le fait juridique de l'acte juridique qui désigne une manifestation de la volonté. Le fait se réduirait donc à un évènement auquel on peut attacher un effet de droit indépendamment de la volonté[5]. Issu du latin *factum*, le fait signifierait tout ce qui arrive, tout ce qui se produit, bref, tout évènement[6]. Le droit international s'intéresse évidemment aussi bien au statut de l'auteur du fait qu'à celui de la victime. Si l'on convient avec le professeur Pierre-Marie DUPUY que le fait illicite est la *« violation du droit et d'un droit »*[7], on pourrait déduire qu'il n'y a pas de fait illicite sans victime envisagée par rapport à la soumission à l'acte de l'auteur. Les articles du projet de 2001 précités ne définissent pas la victime, mais ce terme est employé comme synonyme de l'État lésé[8] c'est-à-dire un État ayant personnellement et spécifiquement subi le préjudice ou souffert du dommage causé par l'illicéité commise. Autrement dit, l'État victime sera celui qui aura prouvé qu'il a subi un dommage spécifique clairement identifiable qu'il soit matériel ou moral outre le caractère illicite du comportement incriminé. Les faits extérieurs à la victime se réfèrent comme leur nom l'indique à des faits ou circonstances qui ont concouru à la survenance du fait intrinsèquement illicite de l'État, mais qui demeurent étrangers au comportement à la fois du sujet dont on recherche la responsabilité et de la victime du préjudice résultant de la commission de ce

[3] SALMON (J), « Les circonstances excluant l'illicéité », *I.H.E.I.P*, 1987, p. 102.
[4] BILAÏCH (F), « Réaction des gouvernements au projet de la CDI sur la responsabilité des États », *A.F.D.I.,* Vol. 44, 1998, p. 525.
[5] LEVENEUR (L), « Fait », *A.P.D., Vocabulaires juridiques*, Publication C.N.R.S, Sirey, 1990, p. 143. Pour l'acte, la règle prend en considération la volonté humaine qui accompagne et détermine les faits matériels qu'elle qualifie tandis que pour le fait, la règle prend en considération des faits naturels exclusivement comme tel en le délibérant de l'élément volontaire qui pourrait l'accompagner.
[6] CORNU (G) (dir.), *Vocabulaire juridique*, Association Henri Capitant, P.U.F, 1987, p. 204.
[7] DUPUY (P.-M), « Responsabilité et légalité », in S.F.D.I., *La responsabilité dans le système international, Colloque de Mans*, Paris, Pedone, 1991, p. 278.
[8] MARZANO (M), « Qu'est-ce qu'une victime ? De la réification au pardon », *Archive de Politique Criminelle*, n°28, 2016/1, p. 785.

fait. Tout se passe comme si l'acte imputable à l'auteur n'est pas la principale cause de l'illicéité, mais sa cause apparente. Les faits extérieurs à la victime paraissent étroitement liés aux circonstances exceptionnelles à tel point qu'on puisse déduire qu'ils recouvrent la même réalité. Il s'agit d'un état de fait qui permet de qualifier une circonstance apte à justifier qu'une exception soit faite à la règle. Cela traduit ainsi les limites du droit face à certaines situations. Ces faits à la fois extérieurs à l'auteur du manquement et à sa victime offrent à l'État un bouclier contre une accusation de violation d'obligations internationales qui serait par ailleurs fondée[9].

Il est évident que le droit appartient au monde des réalités empiriques et psychologiques et non au monde abstrait des valeurs[10]. L'effectivité de son obligatoriété peut être tempérée dans certaines circonstances. Le devoir d'observer ses obligations internationales peut être exceptionnellement suspendu dans les hypothèses extrêmes où leur observation risquerait de mettre en péril l'existence même des États[11] ou celle des personnes mises à leur charge. Les faits extérieurs à la victime en tant que circonstances excluant l'illicéité, tendent à renvoyer avant tout à la recherche d'un équilibre entre la sécurité juridique et la flexibilité, mais également, à une contradiction entre l'effectivité et l'efficacité du droit[12]. Parce que les faits extérieurs à la victime tendent à décharger totalement ou partiellement l'État de sa responsabilité, le traitement de cette question impliquerait le dépassement de l'adage *« il n'y a pas de règle sans exception »* ou *« l'exception fait la règle »* pour s'interroger sur le véritable régime juridique de ces faits. Il est possible que des mêmes faits puissent être jugés différemment suivant les circonstances qui les encadrent et surtout lorsque ces faits se produisent sans le concours de la victime. L'auteur doit garder les *« mains propres »* en s'abstenant de toute contribution substantielle par action ou par omission à la circonstance à l'origine de son fait sous peine de perdre le droit de l'invoquer pour tenter de s'exonérer.

Par ailleurs, certains auteurs ont toujours considéré que l'unité de la responsabilité internationale a de tout temps constitué la constance la plus remarquable du système juridique international[13] en indiquant que le caractère coutumièrement rudimentaire de ce droit se prête mal à la différenciation trop

---

[9] *A.C.D.I., 2001, Rapport de la commission de l'Assemblée générale sur les travaux de la 53e session Vol. II, Deuxième partie, p. 75.* Voir aussi PELLET (A) & DAILLIER (P), *Droit international public*, Paris, Montchrestien, 7e Éd., 2002, p. 785.

[10] QUADRI (R), « Fondement du caractère obligatoire du droit international public », *R.C.A.D.I.,* 1952, p. 622. Dans certaines circonstances, il peut y avoir rupture de la triade traditionnelle obligation - violation – responsabilité.

[11] AGO (R), « Le délit international », *op.cit.*, p. 544.

[12] CASSELLA (S), *La nécessité en droit international ; de l'État de nécessité aux situations de nécessité*, MartiniusNijhoff, Leiden, Boston, 2011, p. 6.

[13] WEIL (P), « Le droit international en quête de son identité », *R.C.A.D.I.,* 1992, p. 333.

subtile et doit en conséquence se contenter d'une certaine généralité[14]. Or avec la mouvance de la fragmentation du droit international qui n'a épargné aucun domaine, on peut facilement se rendre à l'évidence que le régime juridique de la responsabilité internationale en général et des faits extérieurs à la victime en particulier est diversifié. La démonstration de cette évidence passe d'abord par une démarche inductive prenant appui sur des concepts déjà existants avec un point de départ constitué du chapitre V des articles de 2001 sur la responsabilité de l'État pour fait internationalement illicite. Ensuite, la méthode constructive nous permettra, elle aussi, de nous intéresser à la spécificité et aux paradoxes qui peuvent mettre en exergue cette diversité du régime des faits extérieurs à la victime en droit de la responsabilité internationale. La présente contribution s'attache à dévoiler la diversité identitaire des faits extérieurs à la victime capables de faire office de faits-conditions nécessaires à la limitation de l'obligation internationale (I) ainsi que l'étendue pluridimensionnelle des conséquences relatives à l'existence de ces faits (II).

I. UNE DIVERSITÉ IDENTITAIRE DES FAITS EXTÉRIEURS À LA VICTIME

L'auteur d'un fait illicite ne peut se justifier que lorsque les conditions qui permettent d'invoquer la circonstance excluant l'illicéité sont réunies ; d'où la nécessité de les circonscrire rigoureusement pour éviter leur utilisation abusive. C'est le cas de l'état de nécessité qui bénéficie d'un encadrement juridique strict de nature à rassurer les États et à balayer les objections traditionnelles à son acceptation (A). Il s'agit également de la force majeure et de la détresse qui sont fortement encadrées pour rendre ces concepts respectables et opérationnels en limitant les abus (B).

A. La contrainte de nécessité

La notion d'état de nécessité parait restrictive. Cette diversité des conditions restrictives d'existence de l'état de nécessité est relative à la fois à son accès (1) et à l'infraction commise pour sa mise en œuvre (2).

1. Une diversité des conditions restrictives d'accès à l'état de nécessité

L'accès à l'état de nécessité est non seulement tributaire de son objet désormais instable (b), mais aussi à la gravité et l'imminence du péril (a).

[14] REUTER (P), « Principe s de droit international public », *R.C.A.D.I.*, t. 103, 1961, p. 425.

a. Le degré de nécessité

L'essence de l'état de nécessité consiste en la lésion d'un droit subjectif d'autrui commise par un sujet qui se trouve obligé par la nécessité absolue de se sauver d'un danger grave et imminent[15]. La doctrine met l'accent sur le danger qui menace l'existence même de l'État ainsi que ses intérêts vitaux. Tout en étant matériellement capable d'exécuter son obligation, l'État en situation de nécessité ne pourrait le faire qu'en mettant en péril ses intérêts fondamentaux et au prix du sacrifice qui dépasse largement ce qu'à son avis, on pourrait attendre de lui. La survie de l'État fait partie de l'intérêt essentiel que l'état de nécessité a pour vocation de protéger. Celui-ci apparait donc essentiellement en liaison avec le concept d'autoconservation lié à la théorie des droits fondamentaux de l'État. Sa philosophie réside dans l'application d'un droit naturel au détriment du droit volontaire lorsqu'il s'agit d'une question de survie de l'État dans l'objectif de faire prévaloir les principes supérieurs. Cette auto-préservation impliquerait la justification exceptionnelle d'un acte contraire au droit international. L'extrême nécessité doit être réelle et pressante. Elle ne doit être invoquée que pour protéger un intérêt propre à l'État d'un « péril grave et imminent ». Le caractère actuel et imminent du danger tend à exclure tout danger futur ou hypothétique. En ce sens, la conception de l'état de nécessité en droit international est identique à celle retenue en droit civil ou en droit administratif qui préconise également l'existence d'un péril grave, imminent et actuel. Mais, la limite de l'état de nécessité en droit international réside aussi dans la bonne foi de l'État qui l'invoque[16] même si son objet demeure instable.

b. L'objet instable de l'état de nécessité

La notion d'état de nécessité parait avoir été délaissée par la Commission de Droit International (CDI) dans son aspect matériel. Néanmoins, elle semble de nos jours avoir déjà été largement enrôlée au-delà du domaine économique et financier pour entamer l'aspect militaire et écologique. L'état de nécessité économique et financière peut être structurel lorsqu'il est permanent et conjoncturel lorsqu'il surgit par exemple en temps de crise. Ainsi, lorsque la nécessité économique est structurelle, la difficulté économique est par exemple prise en compte pour la mise en œuvre des normes financières et programmes des bailleurs de fonds qui aboutissent souvent à une dualité des normes à travers l'adoption éventuelle des règles d'inégalités compensatoires prévoyant des traitements différenciés. La nécessité économique

[15] AGO (R), « Délit international », op.cit., p. 540.
[16] CASSELLA (S), *La nécessité en droit international ; De l'état de nécessité aux situations de nécessité*, Martinuius Nijhoff Publishers, Leiden, Boston, 2011, p. 33.

conjoncturelle a été admise par la jurisprudence[17] à plusieurs reprises de manière implicite, soit pour justifier certaines mesures prises par le gouvernement, soit pour justifier l'inexécution de certaines obligations financières internationales de l'État.

À l'instar de la nécessité économique, la nécessité militaire est encore plus compliquée à cerner par son interférence entre le droit des conflits armés et le droit de la paix à tel point qu'on puisse se demander à quel droit elle appartient si ce n'est la superposition des deux. Relativement au *jus ad bellum*, l'exigence de la nécessité militaire impérieuse restreint le champ d'application de la nécessité et le confine aux cas les plus exceptionnels. Elle semble justifier le recours à la force en légitime défense non seulement pour riposter à une agression armée, mais aussi pour réagir à une menace imminente telle que le défend la théorie de la guerre préventive[18]. La nécessité devient ainsi une condition de validité des mesures de sécurité collective[19]. Selon l'article 42 de la Charte des Nations Unies, le Conseil de sécurité se voit reconnaître la compétence pour *entreprendre « toute action qu'il juge nécessaire au maintien et au rétablissement de la paix et de la sécurité internationale »*. La Cour Internationale de Justice (C.I.J.) reconnaît, elle aussi, que *« la licéité de la riposte à l'agression dépend du respect des critères de nécessité et de proportionnalité des mesures prises au nom de la légitime défense »*[20]. La riposte doit être immédiate et subsister tant que la légitime défense demeure nécessaire[21]. Relativement au *jus in bello*, il est possible de constater que la nécessité est aussi un principe opérationnel du droit des

---

[17] *Affaire des indemnités Russes (Russie c. Turquie), 11 Novembre 1912, Nations Unies, R.S.A., Vol.12 ; CPJI, Affaire concernant le paiement de divers emprunts serbes émis en France, arrêt, 1929, série A, n° 20, p. 4-84 ;*
CPJI, Société commerciale de Belgique, 13 novembre 1938, Série A/B n° 78.

[18] SOFAER (A), « On the necessity of preemption », *E.J.I.L.*, 2003, p. 209- 226. Voir aussi plus généralement TCHEUWA (JC), « Communauté internationale, guerre et responsabilité : réflexion autour de la responsabilité internationale des États », *RCEI*, 2007 ; Jean Didier BOUKONGOU et Jean Claude TCHEUWA, *De la paix en Afrique au XXIe siècle*, Presses de l'UCAC, 2007.

[19] CORTEN (O), « La nécessité et le jus ad bellum », S.F.D.I., *La nécessité en droit international*, Colloque de Grenoble, Paris, Pedone, 2007, p. 140.

[20] *C.I.J., Activités militaires et paramilitaires au Nicaragua et contre celui-ci (États-Unis c. Nicaragua), Recueil, 1986, p. 103, §. 194* ; L'action en légitime défense n'est nécessaire que pour autant qu'elle reste dans le cadre de ce qui est nécessaire pour se défendre et garantir sa sécurité.

[21] VERHOEVEN (J), « Les étirements de la légitime défense », *A.F.D.I.*, 2002, p. 63. La CIJ affirme dans l'affaire des plates-formes pétrolières qu'« il s'agisse de l'attaque contre See Isle City ou du dépouillage de la mine heurtée par USS Samuel B. Roberts, elle n'est pas convaincue que les attaques contre les plates-formes étaient nécessaires en réponse à ces incidents » ; Voir *C.I.J., Affaire des plates-formes pétrolières (Iran c. Etas Unis), arrêt, 6 Novembre 2006, §. 76.*

conflits armés qui œuvre de manière à limiter la violence permise[22]. La Convention de la Haye de 1907, celle de Genève de 1949 ainsi que le Protocol additionnel de 1977 interdisent certains actes sauf *« nécessité militaire impérieuse »* et inéluctable. Cette nécessité opère ici comme une limitation à la violence permise et inutile dans l'ensemble du droit des conflits armés.

La protection de l'environnement peut aussi justifier dans les circonstances exceptionnelles, la violation d'une obligation internationale comme l'a reconnue la C.I.J dans l'affaire relative à la *Compétence en matière des pêcheries*[23] et surtout l'affaire relative au *projet Gabcikovo-Nagymaros*. Ce dernier arrêt a permis de tester la praticabilité de la règle d'exception à savoir l'existence de la nécessité écologique que l'État pourrait dorénavant invoquer pour éviter les dommages irréparables à son environnement[24]. Elle consacre de manière explicite la catégorie d'état de nécessité écologique même si elle ne reconnaît pas que les conditions ont été suffisamment réunies en l'espèce. Cette catégorisation est non négligeable parce qu'elle peut servir à titre d'exemple et connaître un succès aux prochaines occasions pourvu que les conditions relatives à l'infraction commise pour éviter le danger soient remplies.

2. La diversité des conditions relatives à l'infraction commise pour éviter le danger

Le droit international subordonne l'usage de l'état de nécessité au cumul des conditions exigeantes relatives à l'étroitesse des moyens existants pour éviter le danger (a) et du calcul proportionnel entre le dommage causé et la gravité de la menace (b).

a. L'infraction commise doit être le seul moyen

L'excuse de nécessité doit demeurer exceptionnelle et constituer le seul moyen pour l'État de sauvegarder ou de protéger un intérêt essentiel menacé par un péril grave et imminent qui justifie l'inexécution momentanée d'une obligation internationale[25]. En tant que circonstance extérieure à la victime,

---

22 KOLB (R), « La nécessité militaire dans le droit des conflits armés – Essai de clarification conceptuelle », S.F.D.I., *La Nécessité en droit international*, Colloque de Grenoble, 2007, p. 164.

23 *C.I.J., Affaire relative à la compétence en matière des pêcheries (Espagne c ; Canada), Recueil 1998, p. 432*. La Cour affirme dans cette affaire que « l'arrestation de l'Estai (qui était reprochée au canada) avait été nécessaire pour mettre fin à la surpêche des Fletons de Groenland pratiquée par les pêcheurs espagnols ».

24 DUPUY (P.-M), « L'invocation de l'État de nécessité écologique – Les enseignements tirés d'une étude de cas », S.F.D.I., *La nécessité en droit international, op.cit.*, p. 228 ; La Cour reconnait au paragraphe 53 qu'un « danger grave pour la conservation écologique (du) territoire (d'un) État ou d'une partie de son territoire est susceptible de constituer un motif d'invocation de la nécessité écologique.

25 HUET (V), « Les circonstances excluant l'illicéité et le recours à la force », *Revue trimestrielle lexis-Nexis, Jurisclasseur J.D.I.*, 1er trimestre 2008, p. 87.

l'état de nécessité désigne la situation où se trouve un État n'ayant absolument pas d'autres moyens pour sauvegarder l'intérêt essentiel menacé par un péril grave et imminent que celui d'adopter un comportement non conforme à ce qui est requis de lui par une obligation internationale[26]. Il ne doit absolument avoir aucune autre manière possible pour cet État de remplir ses obligations internationales sans mettre en danger son existence même. L'acte de l'État dans le cadre de la nécessité ne doit pouvoir être évité par nul autre moyen. L'État agissant dans la nécessité sait que son action ou inaction viole ses obligations internationales. Néanmoins, il agit ainsi parce que d'après sa propre estimation, il ne pouvait faire autrement que d'utiliser ce seul moyen pour protéger son intérêt présumé essentiel contre un péril grave et imminent. Le comportement de l'État qui contredit la règle n'est pas dénué de toute volonté même s'il se manifeste sous l'emprise de la nécessité[27]. La nécessité tend dans ce cas à faire la loi à condition que les exigences de l'État victime ne soient pas à leur tour confrontées à une nécessité équivalente ou supérieure.

b. La proportionnalité de l'infraction par rapport à la gravité de la menace

La partie qui invoque l'état de nécessité doit justifier d'un intérêt dont l'existence est pour lui essentielle au point de devoir faire fléchir l'obligation qui aurait dû être respectée[28]. Cet intérêt dit essentiel de l'État qui est en conflit avec la norme doit être évalué par rapport au cas d'espèce dans lequel ledit intérêt entre en considération et ne saurait être déterminé au préalable dans l'abstrait[29]. L'intérêt protégé doit être considéré comme supérieur à celui qui est sacrifié. Un test de proportionnalité doit être fait entre les deux intérêts en présence pour vérifier si le poids de l'intérêt essentiel évoqué pour violer le droit est tel qu'il emporte sur d'autres intérêts en présence. Le juge vérifie par exemple que le dommage causé est inférieur à celui qui se serait produit en l'absence de la violation. La proportionnalité entre les moyens employés et la gravité de la menace est recherchée pour légitimer la violation.

Si l'on admet que l'intérêt à protéger doit être essentiel pour l'existence même de l'État, il y a lieu de remarquer une absence d'échelle commune de valeur. L'État procède à une appréciation unilatérale à son profit pour faire valoir l'existence d'un intérêt dont l'importance est pour lui essentielle au point de devoir primer sur l'obligation qu'il aurait de respecter le droit subjectif d'un autre État. Ce respect doit se révéler incompatible avec la

---

[26] *A.C.D.I., 1980, Vol. II, IIe partie, p. 23.*

[27] SZUREK (S), *La force majeure en droit international*, Thèse de doctorat, Université de Paris 2 Panthéon-Assas, 1996, p. 548. La violation est consciente, mais en raison de l'inexistence de tout autre moyen, on ne peut souscrire que la violation est volontaire ou du moins libre.

[28] CHOUAMO (J. B), *L'illicéité dans la jurisprudence récente de la Cour Internationale de Justice*, Thèse de doctorat, Université de Yaoundé II, 2017, p. 170.

[29] *A.C.D.I., 1980, Vol. II, IIe partie, p. 48, §. 32.*

sauvegarde dudit intérêt[30]. En l'absence d'une définition préalable d'un équilibre entre les intérêts conflictuels en présence dans la mise en œuvre des obligations étatiques, il y aurait lieu d'observer une pondération raisonnable des intérêts qui s'opposent. L'état de nécessité doit d'ailleurs être limité aux hypothèses où il existe réellement un danger grave et imminent pour la partie qui l'invoque. Cette dernière doit être en mesure de justifier que l'intérêt sacrifié est sensiblement inférieur à l'intérêt sauvegardé et que c'est cette circonstance qui a emporté sur sa fidélité au droit[31]. Alors que l'état de nécessité laisse ressurgir l'intention et la volonté de l'organe de l'État, la force majeure et la détresse privent ceux qui agissent en son nom de leur liberté.

B. La force majeure et la détresse

La Commission de Droit International codifie de manière restrictive ces deux notions dont la positivité n'est pas discutée[32]. Tandis que la force majeure met l'État dans l'impossibilité de respecter la norme à cause d'un évènement imprévu qui lui est extérieur (1), la détresse pour sa part vise l'individu agent de l'État et le contraint à ne pas respecter ses obligations pour sauver sa vie ou celle des individus à sa charge (2).

1. La force majeure

La force majeure est définie comme un évènement imprévu ou prévisible, mais inévitable ou insurmontable qui serait extérieur au débiteur de l'obligation et qui l'empêcherait d'exécuter cette dernière[33]. Cette définition fait appel non seulement aux causes (a), mais aussi aux caractères de la force majeure (b).

a. Les causes de la force majeure

L'expression force majeure regroupe à la fois les causes naturelles et les causes humaines ou physiques. La survenance de certains phénomènes naturels indépendamment de la volonté de l'État peut avoir pour effet de mettre celui-ci dans l'impossibilité de respecter ses obligations. C'est le cas par exemple de la tempête, le tremblement de terre, la tornade, la sècheresse, le raz-de-marée, l'inondation et autres catastrophes naturelles. On peut aussi catégoriser en termes de force majeure certains phénomènes physiques absolument irrésistibles. On peut citer à titre d'exemple la déroute d'un aéronef ou d'un navire vers le territoire d'un autre État du fait des intempéries.

---

[30] AGO (R), « Additif au huitième rapport sur la responsabilité des États », *A.C.D.I., 1980, VOL. II, IIe partie*, p. 48, §. 32.

[31] VERDROSS (A), « Principe généraux de droit dans la jurisprudence internationale », *R.C.A.D.I*, Vol. 52, 1935/2, p. 197.

[32] PADDEU (F), « A genealogy of the force majeure in international law », B.Y.B.Y.L, n° 82, 2012, p. 381.

[33]*A.C.D.I., A/CN. 4/315, 1978, VOL. II, 1re partie, p. 66.*

Ces faits empêchent l'auteur de se comporter autrement qu'il ne l'a fait. L'inexécution de son obligation ne saurait lui être reprochée si l'on suit l'adage *« à l'impossible nul n'est tenu »*. Lorsque l'élément qui tient lieu de force majeure est le fait de la nature, il est forcément extérieur à l'État.

Cependant, certaines activités humaines peuvent être considérées comme faisant partie de la force majeure parce qu'elles réunissent les caractères de celle-ci. C'est par exemple le cas des troubles civils, des insurrections et de la guerre. Bien que ne dépendant pas de la volonté de l'État, ces situations ne peuvent être démesurément élargies au risque de généraliser l'exception. C'est ainsi que dans un différend opposant la Russie à l'Empire ottoman sur le retard mis par ce dernier à verser des indemnités de guerre prévues par le traité de Constantinople du 27 janvier au 3 février 1879 qui mettait fin à la guerre Russo-Turque de 1877, la Cour a confirmé l'existence du principe de force majeure tout en considérant que les difficultés économiques alléguées par l'Empire ottoman n'équivalaient pas à une situation de force majeure. Pour elle, *« le principe de force majeure est opposable en droit international public comme en droit privé et conformément à ce principe, l'obligation d'exécution du traité disparaît si par cette exécution, l'existence même de l'État est mise en danger »*[34]. Dans l'hypothèse de force majeure, le fait en question doit être à la fois étranger au débiteur et à la victime. Néanmoins, l'exigence d'un lien de causalité est requise entre l'évènement de force majeure d'une part et la violation de l'obligation d'autre part. Il en est de même de l'exigence des conditions liées aux caractères de la force majeure.

b. Les caractères de la force majeure

La force majeure annule le caractère illicite du comportement de l'État à condition de remplir les conditions d'extériorité à l'auteur du comportement, d'irrésistibilité, d'imprévisibilité et d'inévitabilité. L'évènement à l'origine de la force majeure doit être indépendant de la volonté de l'État *« actif »* et de l'État « passif ». Le contrôle de cet évènement doit forcément échapper à l'État. Le caractère involontaire ou non intentionnel est l'une des caractéristiques de la force majeure qui remobilise l'idée de faute dans la responsabilité internationale[35]. La faute comme attitude psychologique semble alors jouer un rôle dans l'appréciation de la force majeure en tant que fait extérieur à la victime susceptible de paralyser la qualification de l'illicéité.

La force majeure est généralement imprévue ou ne saurait être aisément prévisible. L'imprévisibilité suppose l'incapacité de prévoir la réalisation de la cause étrangère. La faculté de prévoir le fait dommageable conditionne la possibilité de l'empêcher ou d'anticiper pour au moins atténuer sa cause ou

---

[34]*C.P.A., Indemnités russes (Russie c. Turquie), 11 Novembre 1912, R.S.A., Vol. XI, p. 413.*

[35]GATTINI (A), « La notion de faute à la lumière du projet de convention à la commission de droit international sur la responsabilité internationale », *E.J.I.L.*, 1992, p. 269.

éviter le préjudice. Cette imprévisibilité doit s'apprécier au jour du fait. Avec le développement des techniques météorologiques par exemple, l'imprévisibilité s'amenuise pour faire place à la recherche du caractère irrésistiblement avéré de l'évènement. Dans ce cas, c'est l'inévitabilité du comportement du sujet avant la réalisation de l'évènement qui permet d'apprécier. L'imprévisibilité ne tire son véritable sens qu'en rapport avec l'irrésistibilité qui la confirme et la justifie. Cette suprématie de l'irrésistibilité est étroitement liée à la capacité de réagir face aux phénomènes naturels. Même si la CDI semble assimiler la situation de force majeure à celle de cas fortuit, on peut néanmoins remarquer que la première s'identifie à une situation de force *« irrésistible »* et le second à un évènement extérieur imprévisible. Autrement dit, la force majeure serait inévitable et insurmontable alors que le cas fortuit serait un évènement imprévisible ou s'il est prévu, ne pourrait être évité.

Pour qu'il y ait force majeure, il faut qu'il n'y ait aucun moyen de se défendre ni de l'éviter. En d'autres termes, l'évènement de force majeure doit être insurmontable et non un simple empêchement ou une difficulté accrue. Le tribunal arbitral chargé du différend opposant la Nouvelle-Zélande à la France dans l'affaire du rapatriement en France métropolitaine des agents français coupables de l'explosion à bord du Rainbow Warrior estime que : *« les critères de son applicabilité sont ceux d'une impossibilité absolue et (...) qu'une circonstance rendant plus difficile l'exécution d'une obligation ne constitue pas un cas de force majeure »*[36]. On note une incapacité absolue d'empêcher que la cause étrangère ne survienne. Suivant cette logique, le tribunal a rejeté l'excuse de force majeure dans l'Affaire des *Indemnités russes* parce qu'il a estimé que le paiement de la dette n'était pas matériellement impossible[37]. L'État ne doit avoir aucune possibilité réelle de se soustraire aux effets d'une telle force ou d'un tel évènement[38]. L'expression *« force irrésistible »* employée dans le commentaire de l'article 23 du projet d'articles de 2001 reflète l'idée de l'existence d'une contrainte à laquelle l'État n'a pas pu se soustraire ni s'opposer par ses propres moyens[39]. Ces conditions sont des points de repère à partir desquels il devient

---

[36]*Sentence arbitrale, 30 avril 1990, p. 253, §. 77* ; la force majeure met hors d'état d'exécution l'obligation.

[37]*C.P.A., Indemnités Russes, Nations Unies, R.S.A., Vol. 11, p. 443.*

[38]Dans l'affaire du *Rainbow Warrior*, la France a invoqué la force majeure comme circonstance excluant l'illicéité de son comportement qui avait consisté à retirer ses officiers de l'île de Hao et à ne pas les renvoyer après le traitement médical. Le tribunal arbitral a simplement écarté le moyen tiré de la force majeure en ces termes : « *C'est à bon droit que la Nouvelle-Zélande affirme que l'excuse de force majeure n'est pas pertinente pour l'espèce, car pour qu'elle soit applicable, il faut que l'impossibilité soit absolue et matérielle parce qu'une circonstance qui rend l'exécution plus difficile ou plus lourde ne constitue pas un cas de force majeure* », Voir *Rainbow Warrior (Nouvelle-Zélande c. France) R.S.A., Vol. XX, 1990, p. 253.*

[39]*A.C.D.I., 2001, Vol. II, IIe partie, Commentaire article 23, p. 204, §. 2.*

possible de distinguer cette circonstance d'une autre situation extérieure à la victime susceptible d'exclure l'illicéité.

2. La détresse

Pour qu'il y ait détresse, il faut qu'il existe de manière certaine un péril grave et imminent (a). L'action ou l'inaction de l'agent de l'État doit passer au crible de la balance nécessaire entre l'intérêt à sauvegarder et l'intérêt sacrifié (b).

a. L'exigence d'un péril grave et imminent

Face à un péril extrême, l'auteur du fait illicite choisit de ne pas respecter l'obligation internationale et prend le risque d'adopter un comportement contraire pour se sauver lui-même ou ceux dont il a la garde. À la différence de ce qui se produit en cas de force majeure, l'agent qui agit sous l'effet de la détresse ne le fait pas involontairement même si sa possibilité de choix est annihilée par la situation de péril[40]. L'agent de l'État se trouve dans une situation où il devrait soit commettre un délit soit subir les conséquences graves qui sont parfois irréversibles. La victime de la détresse n'est pas directement l'État. Il peut s'agir d'une personne physique ou un groupe d'individus dont il a la garde comme dans le cadre d'un aéronef en perdition survolant sans autorisation l'espace aérien d'un autre État ou un navire contraint de rentrer sans autorisation dans les eaux territoriales d'un État pour échapper aux raz-de-marée. Cette possibilité est offerte à l'agent de l'État d'autant plus que le droit de toute personne à la vie est reconnu et protégé comme droit fondamental de tout être humain et enjoint celui-ci à ne pas se donner la mort intentionnellement surtout lorsqu'il existe une possibilité d'y échapper.

L'état de nécessité se distingue de la détresse en ce que le sujet sur lequel pèse cette dernière est la personne physique de l'agent ou des personnes à sa charge et non l'État en tant que tel. Malheureusement, dans la *Sentence arbitrale de l'affaire Rainbow Warrior*, le tribunal s'est détourné de l'esprit initial de la détresse pour prendre une décision tendant à éviter l'extrême péril de la personne de l'agent personnellement menacé à celle de l'autorité gouvernementale qui disposait encore de la sérénité pour évaluer la portée de son choix. En outre, il n'a pas limité la détresse à la sauvegarde de la vie, mais a considéré cette circonstance comme applicable à la sauvegarde d'autres droits fondamentaux de la personne humaine telle que son intégrité[41] ou à des

[40]*A.C.D.I., 2001, Vol. II, IIe partie, p. 83.*

[41]*Sentence arbitrale, 30 avril 1990, p. 254, §. 78.* Le tribunal a jugé admissible à l'unanimité cette exception. Cependant, le danger couru par l'un de ses agents, le Commandant Mafart en l'occurrence, était peut-être imminent, mais ne mettait nécessairement pas sa vie en danger. En revanche, pour sa collègue la Capitaine Prieur qui invoquait pour sa justification, le besoin d'examen médical pour cause de grossesse et le désir de rendre visite à son père, ni la vie de

cas d'extrême urgence impliquant des considérations élémentaires d'humanité[42]. Le tribunal arbitral semble avoir fait une interprétation large de la circonstance justifiant l'invocation de la détresse en acceptant apparemment qu'un risque sérieux pour la santé suffisait pour l'établir. Cet élargissement de la situation de détresse en dehors du danger imminent sur la vie humaine risque de rendre incontrôlable le seuil initial pour l'invocation de la détresse. On pourrait se poser la question sur l'opportunité d'extension de la condition de détresse au-delà de la menace réelle sur la vie humaine.

En effet, la menace pour la vie doit être évidente et fondée dans les faits à tel point que l'agent qui agit sous l'emprise de la détresse puisse raisonnablement croire avec certitude avérée que le danger existait de façon présente et non de vagues craintes. Autrement dit, il doit exister une véritable situation de détresse et non une simple éventualité de danger. Le fait illicite perd ce caractère parce qu'il est commandé par une exigence supérieure[43] qui implique un calcul de proportionnalité.

b. L'exigence de la proportionnalité entre les intérêts en présence

La détresse nécessite l'instantanéité de la réaction face à un danger immédiat et la balance nécessaire entre la violation du droit international avec le dommage que cela peut causer d'une part et la préservation de la vie d'une personne ou un groupe de personnes d'autre part. L'action envisagée par l'agent de l'État doit être considérée comme étant strictement nécessaire pour sauver la vie afin d'éviter l'irréversible. Aucun autre moyen de pallier cet état de détresse ou de venir en aide à ceux qui sont en état de détresse ne doit être possible. Ce critère selon lequel il ne doit exister « raisonnablement aucun autre moyen » envisagé par l'article 24 du projet d'articles de 2001 vise à établir un équilibre entre le souci de permettre à l'agent de choisir le moyen d'agir pour sauver des vies d'une part et le caractère limité du champ de l'exception d'autre part[44]. La priorité est accordée aux mesures à prendre pour sauver des vies. La détresse ne peut exclure l'illicéité qu'à condition que l'intérêt que l'on a cherché à sauvegarder, à l'instar de la vie des passagers ou des membres de l'équipage emporte largement sur les autres intérêts en jeu. Le comportement qui doit pallier l'extrême détresse ne doit pas être susceptible de créer un péril comparable ou supérieur. Lorsqu'ils sont suffisamment constitués, ces faits extérieurs à la victime ne sont pas sans conséquence.

---

l'agent, ni celle de l'enfant n'ont été menacées à aucun moment et il existait d'excellents moyens médicaux à proximité.

[42]CHARPENTIER (J.), « L'affaire du *Rainbow Warrior* : une sentence arbitrale du 30 avril 1990 (Nouvelle-Zélande c. France) », *A.F.D.I.*, 1990, p. 400.

[43]SINKONDO (M.), *Droit international public*, Paris, Ellipses, 1999, p. 223.

[44]*A.C.D.I., 2001, p. 84.*

II. L'ÉTENDUE PLURIDIMENSIONNELLE DES CONSÉQUENCES DES FAITS EXTÉRIEURS A LA VICTIME

La conséquence évidente que semble attribuer la CDI aux faits extérieurs à la victime demeure l'exclusion de l'illicéité. Dans un système où la source de la responsabilité n'est rien d'autre que le fait internationalement illicite, ces circonstances extérieures à la victime devraient exclure automatiquement et indistinctement la responsabilité des États. Or cette approche du tout ou rien semble moins équitable surtout pour la victime et ne tient pas compte de la particularité de chaque espèce de circonstance. C'est peut-être la raison pour laquelle plusieurs théories s'affrontent pour donner une portée précise à ces faits extérieurs à la victime (A) sans toutefois occulter la pratique (B).

A. L'étendue théorique

Le fait internationalement illicite correspond intrinsèquement à la réunion cumulative de l'élément objectif (violation) et de l'élément subjectif (attribution). Suivant la théorie classique, l'absence d'un de ces éléments est synonyme d'exclusion de l'illicéité et par conséquent, de la responsabilité (1). Malheureusement, cette théorie classique axée sur le « défaut de base légale » n'a cessé de monter ses limites ; d'où l'invocation de la théorie moderne ou révisionniste (2).

1. L'invocation de la théorie classique

L'effet des circonstances extérieures à la victime est envisagé, soit sous l'angle de la volonté du sujet auquel cas elles empêchent l'attribution du fait (défaut d'élément subjectif) (b), soit elles agissent sur la commission même du fait (défaut d'élément objectif) (a) en empêchant sa qualification.

a. Le défaut d'élément objectif

Une partie de la doctrine considère que c'est l'élément objectif de l'illicéité qui fait défaut pour qu'on puisse arriver à la conclusion de l'illicéité exclue. Pour ceux-ci, dans certaines circonstances, l'État n'est pas tenu d'observer l'obligation internationale qu'il devrait normalement respecter et il ne saurait y avoir violation de cette obligation[45]. Le fait extérieur à la victime est considéré dans ce cas comme une limite à l'application stricte du droit. D'ailleurs, pour ne pas transformer l'illicéité en illicéité absolue, il conviendrait d'adoucir le caractère absolument objectif du respect de l'obligation objectivement requise[46]. Le professeur Roberto Ago est de cet avis lorsqu'il affirme que « certaines circonstances empêchent la constitution de l'élément objectif à savoir précisément l'existence de la violation parce que

---

[45] *A.C.D.I., 1984, p. 18.*

[46] CENGIZ KOÇHISARLIOGLU, « L'intensité des critères permettant de déterminer l'illicéité », *Ankara Law Revue*, n°1, Summer 2004, p. 20.

dans ces circonstances, l'État n'aurait pas d'obligation en la matière ou parce que l'obligation ne serait plus opérative »[47]. Ces faits extérieurs à la victime auraient pour aspect essentiel et commun l'effet de rendre définitivement ou temporairement inopérantes les obligations internationales dont la violation serait en cause. La CDI semble considérer le fait extérieur à la victime comme une « exception à la règle » qui viserait à neutraliser la présence de l'élément objectif essentiel à la qualification de l'illicéité. Le tribunal arbitral a affirmé pour sa part dans l'affaire des *Indemnités russes* que « l'obligation pour un État de payer ses indemnités peut fléchir »[48] ne serait que de manière provisoire. Pour certains auteurs, il y a violation effective de l'obligation internationale qui ne peut malheureusement être attribuée à un sujet de ce droit[49].

b. Le défaut d'élément subjectif

La responsabilité n'est possible qu'à condition de postuler la liberté de l'agent moral[50]. Selon cette conception, le *dolus* et le *culpa* sont les conditions nécessaires pour l'imputation de la violation d'une obligation internationale à un sujet[51]. Le comportement volontaire de l'État parait alors déterminant pour son imputation. L'illicéité serait donc à exclure pour défaut d'élément subjectif lorsque le comportement non conforme est déterminé par une cause objective indépendamment de la volonté de l'État auteur. Parce que l'auteur de l'acte n'a pas pu agir autrement en raison de la survenance d'un évènement qui s'est révélé incontrôlable par lui, son acte n'entrainerait pas pour autant l'engagement de sa responsabilité en raison non du comportement, mais plutôt de la situation irrésistible à laquelle il devrait faire face. Le caractère illicite de l'acte se trouve ainsi « gelé » par la circonstance défavorable à l'expression libre de la volonté de son auteur. Cette circonstance qui empêche l'attribution empêcherait *ipso facto* la constitution du délit jouant ainsi en amont sur l'illicéité du fait en question[52]. Le fait illicite se trouve annihilé parce que son auteur n'a pas agi avec une volonté libre et consciente ou parce qu'une circonstance extérieure a corrompu sa volonté.

---

[47]*A.C.D.I., 1979, Vol. II, IIe partie, p. 120, §. 9.* Assimiler le fait extérieur à la victime à une exception à la règle comme le fait la CDI en déclarant que ceux-ci rendent l'obligation juridique « non opérative » signifie après tout considérer que les États ont le devoir subjectif de ne pas respecter la règle si les conditions d'application de ces circonstances sont réunies.

[48]*C.P.A., Indemnités russes (Russie c. Turquie), 11 Novembre 1912, R.S.A., Vol. XI, p. 443.*

[49] PELLET (A) & DAILLIER (P), *Droit international public*, Paris, L.G.D.J., 2002, p. 783.

[50]JEAGER (M), « Du principe de responsabilité au processus de responsabilisation », *in Vie sociale*, 2009/3, p.74.

[51]AGO (R), « Force majeure » et « cas fortuit » en tant que circonstances excluant l'illicéité : pratique des États, jurisprudence internationale et doctrine », *Doc. N. U., A/CN.4/315, Vol. II, Ière partie, A.C.D.I., 1978, §. 13.*

[52]COTTEREAU (G), « Système juridique et notion de responsabilité », S.F.D.I., *La responsabilité dans le système international,* Colloque de Mans, Paris, Pedone, 1991, p. 57.

Ces faits extérieurs à la victime ont pour effet de purger l'acte de son caractère illicite à cause de l'absence de « faute subjective » de l'organe concerné par l'action ou l'omission ayant conduit à la transgression d'une obligation internationale[53]. Autrement dit, l'acte de l'État qui contredit la norme doit être accompagné d'une faute subjective pour être considéré comme illicite. Cette appréhension pousse certains auteurs à affirmer que la notion de « circonstances excluant l'illicéité » contribue à ressusciter l'idée de faute dans la responsabilité internationale[54]. Malgré le caractère plausible de la théorie de l'inexistence de l'élément objectif ou subjectif, elle peut néanmoins susciter une confusion inextricable entre les actes dont l'illicéité est exclue et les actes qui ne peuvent voir que la responsabilité exclue. D'où la nécessité d'invoquer d'autres théories modernes ou révisionnistes.

2. L'invocation de la théorie révisionniste

Suivant cette théorie, la CDI semble avoir à tort ou à raison opéré une confusion fâcheuse entre ces circonstances en rangeant dans la même enseigne des cas où l'on peut parler des circonstances excluant l'illicéité (force majeure) (a) avec celles qui permettraient au plus de moduler la conséquence de la mise en œuvre de la responsabilité (b).

a. Cas des circonstances excluant l'illicéité

Le professeur Pierre-Marie DUPUY reconnaît que « seules certaines circonstances énoncées sous la rubrique « circonstances excluant l'illicéité » correspondent effectivement à cet intitulé »[55]. Plusieurs auteurs convergent à l'idée que la force majeure ou le cas fortuit constitue effectivement des circonstances excluant l'illicéité. Ce « moyen » ou cette « exception » constitue un fait justificatif aussi bien en droit interne qu'en droit international. La force majeure diffère de la détresse et de l'état de nécessité en ce sens que, le comportement de l'État qui, ***bien qu'étant internationalement illicite, serait involontaire, car, il n'est pas la résultante*** d'un choix librement effectué. L'impossibilité d'exécuter librement son obligation fournirait une échappatoire à toute responsabilité[56] en neutralisant la présence d'un élément indispensable à la qualification de l'illicite international. Dans ce cas, l'illicéité est exclue dans la mesure où le comportement contraire à la norme est déterminé par une cause objective que l'auteur de l'acte ne pouvait éviter. Selon le rapporteur James Crawford, en cas de force majeure, « le comportement n'est certes pas conforme à l'obligation primaire, mais (...) il

---

[53]FAVRE (A), « Fault as an element of the illicit act », *Georgetown Law Journal,* Washington DC, Vol. 52, n° 3, p. 566-567.

[54]GATTINI (A), « La notion de faute à la lumière du projet de convention à la commission de droit international sur la responsabilité internationale », *op.cit.*

[55]DUPUY (P.-M), « Infraction (droit international public) », *Répertoire international Dalloz*, 1998, p. 91.

[56]BASDEVANT (J), « Règle générale du droit de la paix », *R.C.A.D.I.,* t. 58, 1936/4, p. 555.

n'y a non plus violation »[57]. L'idée d'absence de violation aurait un lien avec la notion de faute alors que la faute et le dommage semblent exclus de la définition de la responsabilité dont l'engagement coïncide avec la seule commission du fait illicite.

Par ailleurs, l'intitulé du chapitre V du projet d'articles de 2001 et l'idée qui le sous-tend sont inspirées de la distinction fondamentale entre l'idée d'illicéité exprimant la contradiction d'un comportement étatique avec une obligation mise à sa charge par une norme primaire de droit international et l'idée de responsabilité indiquant les conséquences de droit attachées par une autre norme (secondaire) de droit international au fait étatique constitué par ledit comportement[58]. En ce sens, l'illicéité ne concernerait que la norme primaire et serait sans conséquence pour la norme secondaire qui en est distincte et indépendante. Néanmoins, sur le plan pratique, on peut mettre en doute l'intérêt à qualifier un fait d'illicite sans y attacher la responsabilité de son auteur. On peut tout de même penser que la force majeure qui a pour effet d'exclure l'illicéité liée à la norme primaire ne puisse surtout pas occulter la réunion des éléments constitutifs de l'illicéité et par conséquent, pourrait tout au plus servir de fait justificatif exonératoire de la responsabilité. Autrement dit, on ne saurait parler d'une libération absolue puisque ce n'est pas l'acte qui verra son caractère illicite effacé, mais la responsabilité qui verra ses conditions modifiées ou neutralisées[59]. Dès lors, la force majeure viendrait anéantir le lien de causalité qui existe entre le dommage et le fait générateur et exonère totalement ou partiellement l'auteur du fait illicite de sa responsabilité.

b. Cas des circonstances excluant la responsabilité

Malgré la terminologie englobante retenue par la CDI, on peut constater que certaines circonstances ont pour effet non pas d'exclure l'illicéité, mais d'écarter ou d'atténuer la responsabilité[60] tout en conservant son caractère illicite. Il s'agit particulièrement de l'état de nécessité et la détresse qui ont en commun le caractère pas totalement involontaire du comportement de l'État. La violation de l'obligation est consommée et son attribution ne souffre d'aucune objection. Lorsqu'un navire rentre par effraction dans le territoire étranger parce qu'il est en détresse, l'interdiction de pénétrer le territoire souverain est violée de manière définitive. ***Dans ce postulat, la violation pour cause de détresse est sans doute excusée***[61]. La Cour conforte cette idée de fait

[57]CRAWFORD (J), « Deuxième rapport sur la responsabilité des États », *A/CN.4/498/add.2* du 30 Avril 1999, p. 89, §. 226.
[58]*A.C.D.I., 1979, Vol. II, IIe partie, Commentaire du Chapitre V, p. 118.*
[59]DUPUY (P.-M), « Le fait générateur de la responsabilité internationale », *R.C.A.D.I.*, 1984, p. 41.
[60]CHRISTAKIS ((Th), « Les circonstances excluant l'illicéité'' ; une illusion optique » *in droit du pouvoir, pouvoir du droit, Mélanges offerts à Jean Salmon*, Bruxelles, Bruylant, 2007, p. 244.
[61]LOWE (V), « Precluding wrongfulness: a plea for excuse », *E.J.I.L.*, Vol. 10, 1999, p. 410.

exonératoire de la responsabilité en précisant que « L'état de nécessité allégué par la Hongrie, à supposer établi, ne pourrait donc permettre de conclure qu'elle aurait agi conformément à ses obligations en vertu du traité de 1977 ou que ses obligations auraient cessé de le lier. Il permettrait seulement d'affirmer que compte tenu des circonstances, la Hongrie n'aurait pas engagé sa responsabilité internationale en agissant comme elle a fait »[62].

Comme on peut le constater, la détresse et l'état de nécessité excluraient la responsabilité sans toutefois exclure l'illicéité du fait en question. C'est ce qui ressort de l'opinion individuelle du juge Anzilotti dans l'*Affaire Oscar Chinn* selon qui l'état de nécessité n'est qu'une « excuse à l'inobservance des obligations internationales »[63]. L'intérêt de l'État victime doit être pris en compte. L'exclusion de l'illicéité et par conséquent de la responsabilité pourrait sans doute amener à un résultat manifestement injuste. Le fait internationalement illicite commis dans les circonstances de détresse ou de l'état de nécessité mérite l'établissement d'un équilibre entre l'intérêt essentiel à sauvegarder et les droits légalement protégés de l'État lésé[64]. L'acte demeure illicite et son auteur peut tout simplement s'excuser en invoquant la nécessité impérieuse qui a dicté son action. Cette analyse recèle une réminiscence de la notion de *dolus* et du *culpa* qui jouerait, à n'en point douter, un rôle non négligeable dans la détermination de la nature et l'étendue de la réparation du point de vue pratique.

B. L'étendue pratique

Les faits extérieurs à la victime n'ont pas seulement des effets théoriques. Sur le plan pratique, leurs effets sont tout aussi hétérogènes et limités. Ainsi, les limites *ratione temporis* (1) côtoient celles *ratione materiae* (2).

1. Les limites *ratione temporis* de l'invocation des circonstances extérieures à la victime

L'exclusion de l'illicéité n'est pas valable pour l'éternité. Sa validité est tributaire à la contemporanéité de la circonstance au comportement de l'État (a). Toutefois, lorsque la circonstance cesse, l'obligation internationale reprend son cours et subsiste à la charge de son débiteur (b).

a. La limitation des circonstances dans le temps

La circonstance excluant l'illicéité ne gèle que temporairement la situation de violation de l'obligation internationale. Dès que la circonstance disparaît, l'État est tenu de respecter ses obligations sous peine d'engager sa

[62] *C.I.J., Projet Gabcikovo-Nagymaros (Hongrie c. Slovaquie), Recueil, 1997, p. 39, §. 48.*
[63] *C.P.J.I., Affaire Oscar Chinn (Grande-Bretagne c. Belgique), arrêt du 12 décembre 1934, Série A/B, n° 63, p. 113.*
[64] CHRISTAKIS (Th), « La nécessité n'a pas de loi », La nécessité en droit international », S.F.D.I., *La nécessité en droit international, Colloque de Grenoble*, Paris, Pedone, 2007, p. 49.

responsabilité. Même si l'on considère que l'invocation des circonstances extérieures à la victime justifie le non-respect de ses obligations liées au traité, ce dernier ne prend pas fin. Il peut tout simplement être privé d'effet tant que la circonstance exceptionnelle persiste. L'obligation est inopérante en fait, mais le traité reste en vigueur à moins que les parties n'y mettent fin d'un commun accord. Ces circonstances n'ont pas pour effet d'annuler ou d'éteindre l'obligation ; elles constituent plutôt des faits justificatifs ou des excuses d'inexécution tant que subsiste la circonstance en cause. À cet égard, il est nécessaire de distinguer si la circonstance est temporaire ou permanente, absolue ou relative[65]. Lorsqu'elle est permanente, elle peut constituer un motif pour résilier le traité ou s'en retirer si elle n'est pas renégociable. Dès que la circonstance excluant l'illicéité disparaît, le devoir de s'acquitter des obligations découlant du traité renaît[66].

b. La subsistance de l'obligation à la charge de l'État

La violation excusée ne fait pas disparaître l'obligation primaire ; celle-ci demeure, car, elle n'abroge ni ne modifie l'obligation en cause. Si la circonstance n'existe plus, l'obligation est à nouveau en vigueur et son effet est pleinement restauré. C'est d'ailleurs ce qui ressort de l'article 27 du projet d'articles de 2001 qui précise que l'invocation d'une circonstance excluant l'illicéité est sans préjudice *« ...a) du respect de l'obligation si et dans la mesure où la circonstance excluant l'illicéité n'existe plus »*. L'obligation suspendue reprend dès la fin de l'évènement.

Comme on le voit, le fait extérieur à la victime fonctionne plus comme un bouclier que comme une épée. En effet, s'il peut protéger l'État contre une accusation de comportement illicite qui serait par ailleurs fondée, il n'annule pourtant pas l'obligation et la règle primaire doit ultérieurement être respectée[67]. Comme le note le professeur Fitz Maurice, lorsque l'une des circonstances excluant l'illicéité s'applique, *« la non-exécution n'est pas seulement justifiée ; elle représente en fait une sorte de « transition » vers une reprise de l'exécution dès que le facteur causant et justifiant cette non-exécution aurait disparu »*[68]. Dès lors, le débiteur est tenu de s'acquitter de ses obligations, sans quoi il encourt une mise en jeu de la responsabilité pour violation ou non-exécution de ses obligations. Les circonstances extérieures à la victime n'excluent l'illicéité du comportement que pour autant que ces

---

[65]*A.C.D.I., A/CN.4/315, 1978, p. 65.*

[66]Voir *C.I.J., Projet Gabcikovo-Nagymaros (Hongrie c. Slovaquie), Recueil, 1997, p. 63, §. 101* ; pour tenter de mettre fin au traité de 1977, en Mai 1992, la Hongrie avait invoqué notamment l'état de nécessité qu'elle avait déjà fait valoir en 1989-1990 comme instituant une circonstance excluant l'illicéité du comportement qu'elle avait adopté en cessant les travaux du projet.

[67]*A.C.D.I., 1998, §. 65.*

[68]*A.C.D.I., Quatrième rapport du rapporteur spécial sur le droit des traités,* Sir Gerald Fitzmaurice, 1959, Vol. II, *Doc. A/CN.4/120, p. 41.*

derniers soient nécessaires pour obvier à un danger soit pour la survie de l'État, soit pour la vie des individus. Non seulement ils ne dispensent pas l'État du respect des autres obligations, mais l'exclusion de l'illicéité ne saurait avoir un caractère absolu.

2. Les limites *ratione materiae* à l'invocation des faits extérieurs à la victime

L'existence des circonstances excluant l'illicéité ne saurait être en marge de la hiérarchie substantielle des normes en droit international (a). Elle ne préjuge non plus le point de vue de savoir si une réparation sera octroyée. Étant entendu que l'exclusion de l'obligation de réparer un dommage subi par un État innocent pourrait mettre en mal l'égalité entre États, l'on semble pencher vers une indemnisation même en absence d'acte illicite (b).

a. La primauté de la norme impérative

Bien qu'elles soient admises, les circonstances extérieures à la victime ne doivent, en aucun cas, constituer une violation d'une norme impérative de droit international général dont la soumission est inconditionnelle. En effet, elles n'autorisent ni n'excusent aucune dérogation à la norme de *jus cogens*. L'article 26 du projet d'articles de 2001 écarte la possibilité qu'une circonstance puisse excuser la violation d'une norme impérative. En écartant l'invocation de ces circonstances, cette norme assure l'application en toute hypothèse des conséquences de la « violation grave » et permet une protection renforcée de certains intérêts communautaires fondamentaux[69].

L'invocation des circonstances excluant l'illicéité implique un conflit de norme et c'est tout naturellement qu'on assiste à une pesée réciproque au cours de laquelle l'une bénéficiera d'une priorité relative susceptible de limiter le champ d'application d'une autre norme. La solution est donnée en faveur de la norme impérative censée représenter une valeur plus importante. Cette norme impérative emporte en vertu d'une espèce de hiérarchie substantielle de la norme : *lex superior derogat legi inferiori*[70]. Ces normes sont devenues des critères de licéité des circonstances excluant l'illicéité. À cet effet, l'état de nécessité ne saurait être acceptable par exemple si la défense de l'intérêt essentiel *« porte gravement atteinte à un intérêt essentiel des États à l'égard desquels l'obligation existe ou la communauté internationale dans son ensemble »*. Les parties dans l'affaire relative à l'*Application de la convention pour la prévention et la répression du crime de génocide « ont reconnu à bon droit qu'en aucun cas, une violation de la convention ne pourrait servir*

---

[69]VILLALPANDO (S), *L'émergence de la communauté internationale dans la responsabilité des États*, Graduate Institute Publications, 2005, https://books.openedition.org/iheid/1154?lang=fr, *Consulté le 14 mai 2019*.
[70]KOLB (R), « Conflits entre normes de *jus cogens* » *in Pouvoir du droit, droit du pouvoir, Mélanges à Jean Salmon,* 2007, p. 493.

d'excuse à une autre violation de celle-ci »[71]. En tant que norme hiérarchiquement supérieure, le *jus cogens* emporte sur la règle d'exception. Il s'agit d'une hiérarchie matérielle entre les normes en raison de leur contenu. C'est la preuve que le *jus cogens* traduit en droit l'émergence d'une communauté internationale en assignant un statut juridique supérieur à certaines valeurs fondamentales contre toute velléité contraire de quelque ordre qu'elle soit de la part de l'État[72]. En tout état de cause, le fait intrinsèquement illicite causé dans ces circonstances est susceptible d'être à l'origine des *« pertes effectives »* éventuellement réparables.

b. L'éventualité de réparation des pertes effectives.

L'État qui agit dans les circonstances de fait excluant l'illicéité est-il toujours tenu de réparer le dommage causé par son fait ? Si tel est le cas, la conséquence sera identique à celle de l'existence du fait illicite et du coup, il sera difficile de dégager l'intérêt d'un État à invoquer le fait excluant l'illicéité dès lors que cette dernière n'aura pas d'effet sur la réparation. Dans cet état de fait, on peut légitimement se demander si la source de la réparation demeure le fait internationalement illicite. Ce type de responsabilité découlerait de l'existence d'un dommage, quelle que soit la nature du fait qui en est à l'origine. Il est certes possible que les faits extérieurs à la victime soient à l'origine d'un dommage relié au comportement de l'auteur par un lien de causalité suffisante. Or, l'État qui agit dans ces circonstances le fait dans ses propres intérêts et son acte, bien qu'étant licite, cause des préjudices à d'autres sujets de droit. Le principe de justice impliquerait que le dommage ne soit pas entièrement supporté par la victime innocente. Il n'est pas déraisonnable que l'auteur puisse *« supporter les conséquences financières au moins dans la mesure équitable ou appropriée »*[73]. Le principe de l'égalité souveraine se trouverait affecté si un tel dommage indument subi par la victime n'est pas réparé. L'exclusion du caractère illicite du fait de l'État ne comporte pas automatiquement la conséquence que ce fait ne puisse engendrer à d'autres titres, une obligation d'indemnisation du dommage causé. Autrement dit, l'obligation d'indemniser subsiste même si le blâme de l'illicéité a été écarté[74].

L'exclusion de l'illicéité n'est pas synonyme d'exclusion de la culpabilité[75]. Le parcours opératoire va de la victimisation à la réparation dans

---

[71] *C.I.J., Application de la convention pour la prévention et la répression du crime de génocide (Bosnie Herzégovine c. Serbie Monténégro) Exceptions préliminaires, Recueil 1997, p. 258, §. 35.*
[72] KOLB (R), « Théorie du *jus cogens* international », *R.B.D.I.*, 2003/1, p. 7.
[73] *A.C.D.I.*, « Compte rendu analytique des séances de la 51e session », Vol. I, 1999, p. 151.
[74] DECAUX (E), « Responsabilité et réparation », S.F.D.I., *La responsabilité dans le système international, Colloque de Mans*, Paris, Pedone, 1991, p. 162 ; La pratique ne fournit pas encore d'exemples dans lesquels une indemnisation serait accordée à la victime du dommage suite à un fait extérieur à la victime. Cette question reste ouverte malgré sa codification.
[75] La cause du dommage doit bien être cherchée dans la conduite de l'État et son fait générateur. La condition d'illicéité manque pour que le droit international mette à sa charge une

une perspective féconde de justice restauratrice. La CIJ a indiqué dans l'affaire du *Projet Gabcikovo-Nagymaros* que *« la Hongrie a expressément reconnu qu'en tout état de cause, un tel état de nécessité ne le dispenserait pas du devoir de dédommager son partenaire »*[76]. Le préjudice immérité subi par la victime peut être compensé surtout lorsque la réparation à lui accorder fait l'objet d'une évaluation financière. Cette dimension civile de la responsabilité issue de la reconnaissance de la qualité d'*« État lésé »* de la victime aboutit au renoncement précoce à tout espoir de retour à un *statu quo ante* en assurant un gain au nom de la *« perte effective »* et en s'inscrivant dans une économie désirante[77].

Si l'existence ou non d'une circonstance excluant l'illicéité n'a d'incidence en soi sur la mise en œuvre de ce type de responsabilité[78], alors comment différencier le cadre de responsabilité objective ou absolue de celle de la responsabilité subjective ? L'étanchéité entre les deux régimes de responsabilité existants de manière concurrente ne tend-elle pas à devenir poreuse[79] ? Le commentaire de l'article 27 alinéa b[80] prend soin d'indiquer que le terme « indemnisation » ne doit pas être confondu avec la réparation du dommage en présence du fait illicite. Cela est renforcé par l'utilisation de l'expression « perte effective » en lieu et place de la notion classique de dommage[81]. La CDI marque ainsi une différence entre l'obligation secondaire de réparer découlant de l'engagement de la responsabilité de droit commun et l'obligation d'indemnisation qui persisterait même en cas d'exclusion d'illicéité.

---

responsabilité qui ne pourrait être déclenchée que sur la base du risque. Voir à cet effet COMBACAU (J) & SUR (S), *Droit international public*, 5e Éd., Paris, Montchrestien, 2001, p. 544.

[76]*C.I.J., Projet Gabcikovo-Nagymaros, recueil 1997, p. 39, §. 48* ; La Hongrie a accepté qu'il aurait été déraisonnable qu'elle prétende faire supporter à la Slovaquie tout le coût de l'annulation d'un projet commun alors que cette annulation a des motifs non attribuables à cette dernière.

[77]PLAGNOL (P). & GOUENARD (D). « Etre victime, l'accompagnement psycho judiciaire du travail de la victime », https://www.sites.univ-rennes2.fr/icsh/etre%20victime%20P%20Pignol.pdf, du 5 mai 2019. Il s'agit d'opérer une estimation financière du préjudice même si elle n'est pas indemnisable dans les limites précises à travers la conversion du dommage en une valeur équivalente en opérant le passage d'un quantum du dommage en une somme d'argent.

[78]FORTEAU (M), « L'éventualité d'une réparation en cas de circonstance excluant l'illicéité », CRAWFORD (J), PELLET (A), SZUREK (S) (dir.), *Le droit international de la responsabilité*, Paris X, Pedone, p. 100.

[79]DECAUX (E), « Responsabilité et réparation », *op.cit.*, p. 167.

[80]L'article 27 du projet d'article sur la responsabilité de l'État pour fait internationalement illicite dispose : « L'invocation d'une circonstance excluant l'illicéité conformément au présent chapitre est sans préjudice : b) de la question d'indemnisation de toute perte effective causée par le fait en question. »

[81]CASSELLA (S), *La nécessité en droit international*, *op.cit.*, p. 415.

CONCLUSION

La CDI semble avoir consacré une diversité identitaire des faits extérieurs à la victime en les regroupant indistinctement avec les faits liés à la victime sur l'unique label « circonstances excluant l'illicéité », alors que l'étendue de leur conséquence se révèle manifestement pluridimensionnelle aux yeux de la doctrine. La pratique elle-même donne à s'interroger sur la catégorisation de ces circonstances lorsqu'elles prévoient une éventualité de réparation des faits dont l'illicéité est exclue. L'hétérogénéité de ces faits extérieurs à la victime semble prêter le flanc à une sorte d'autonomie de chaque espèce. Cela amène à penser que ces faits-conditions qui paraissent restrictifs laissent quand même subodorer la nécessité d'une distinction plus affinée du point de vue de leur régime juridique. De ce fait, le travail de la CDI et de la jurisprudence est fortement attendu pour déterminer d'une manière précise le régime juridique des faits extérieurs à la victime qui tendent à décharger totalement ou partiellement l'État de sa responsabilité.

GRANDEURS ET SERVITUDES DU DROIT (INTERNATIONAL) DES ÉLECTIONS EN AFRIQUE FRANCOPHONE AU SUD DU SAHARA

Kourra Félicité OWONA MFEGUE

Maître de Conférences
Institut des Relations Internationales du Cameroun (IRIC)
Université de Yaoundé II (Cameroun)

RÉSUMÉ

L'impératif démocratique est une variable axiologique fondamentale de l'ordre international. Dans le contexte politique contemporain des États d'Afrique noire francophone, la « *juridicisation* » de la démocratie électorale interpelle. Les mutations de cet écosystème enclin à l'internationalisation ont favorisé la constitution d'un droit international de la gouvernance électorale. Dans ce sillage, on assiste à un bourgeonnement de particularismes électoraux à l'aune de l'obligation démocratique en droit international. Cette sédimentation du modèle démocratique est particulièrement favorisée par l'adoption de la Charte africaine de la démocratie, des élections et de la gouvernance (CADEG) par la plupart de ces États. La complexité des interactions entre l'ordre juridique interne et l'ordre juridique international en matière électorale, renouvelle le discours sur la science du droit et du politique. L'émergence de standards ou principes démocratiques propulsés par l'immense constellation des instruments juridiques internationaux dédiés à la protection des droits de l'homme s'immisce dans l'ordre communautaire africain. Elle y affermit l'idée d'une supplantation du droit national des élections par le droit international.

Mots clés : Démocratie, gouvernance, élections, droit (international).

ABSTRACT

The democratic imperative is a fundamental axiological variable in the international order. In the contemporary political context of Francophone black African States, the "*juridicisation*" of the electoral democracy challenges. The mutations of electoral law in this ecosystem inclined to that internationalization, have favored the constitution of an international law of governance. In this wake, we are faced with a real budding of electoral particularism at the yardstick of the democratic obligation in international law. This sedimentation of the democratic model is particularly favored by the adoption of the African Charter of democracy, of elections and of governance by most of these States. The complexity of interactions between the internal order and the international legal order in electoral matters, fecunds the science of law and politics. The emergence of democratic standards or principles, propelled by the immense constellation of international legal instruments dedicated to the protection of human rights, intrudes into the African communal order. It hardens the idea of a bumping of national law of elections by international and regional law.

Key words: democracy, governance, elections, (international) law.

INTRODUCTION

Dès le premier pas, dès le premier niveau, l'étude du phénomène électoral au prisme du droit international et de la démocratie constitue pour celle qui l'entreprend un sujet d'étonnement. S'il n'est plus contestable que le droit des élections est pleinement reconnu comme un droit fondamental, sa juridicité ou sa *« politicité »* ont été grandement débattues dans la période contemporaine. En Afrique noire francophone, le sort de ce droit demeure fortement tributaire de mécanismes pleins de bizarreries, de procédures inédites et quelquefois de la pesanteur des impératifs géopolitiques et sociologiques[1]. Norbert Rouland considère à cet égard que « *le droit n'est qu'un des éléments du système culturel et social global propre à chaque société* »[2].

Sur le continent, l'élection apparait comme « *l'instrument de désignation des gouvernants et comme un substitut au tirage au sort, au hasard ou aux prédictions des oracles, à l'hérédité ou à la cooptation, une alternative viable à l'auto désignation et un outil de participation des citoyens à la gestion de la chose publique* »[3]. Plus qu'ailleurs, l'élection se retrouve amalgamée avec la démocratie «*fondée sur la volonté, librement exprimée, du peuple qui détermine le système politique, économique, social et culturel qui sera le sien et sur sa pleine participation à tous les aspects de la vie de la société* »[4]. Ce modèle d'organisation des institutions politiques est basé sur le principe selon lequel la souveraineté serait détenue par le peuple qui l'exercerait par le biais de ses représentants. En cours d'institutionnalisation au sud du Sahara, il aboutit à un modèle atypique de démocratie électorale ici entendue comme : « *un régime politique dans lequel la dévolution du pouvoir dans l'État est soumise au vote dans des conditions de concurrence et de participation ne s'agissant que de réserves mineures. Il s'agit d'une définition minimum qui ne prend pas en compte la qualité de la démocratie, c'est - à - dire l'enracinement de la compétition et de la participation dans la société* »[5].

---

[1] KOKOROKO (D), « Les élections disputées : réussites et échecs », *Pouvoirs*, vol. 129, n°2, 2009, pp. 115-125.
[2] ROULAND (N), *Anthropologie juridique*, Paris, PUF, 1998, p. 45.
[3] KOKOROKO (D), « Les élections disputées : réussites et échecs », *op. cit.*, note 2.
[4] Cf. l'acception vulgarisée par la Déclaration de Vienne, résultat de la Conférence mondiale de 1993 § 8, a/conf.157/23.
[5] QUANTIN (P), *Les élections en Afrique : entre rejet et institutionnalisation*, Bordeaux, Centre d'Études d'Afrique Noire/I.E.P de Bordeaux, 2000, p. 2.

Ainsi, quelle que soit la qualité de la démocratie, la désignation des représentants du peuple comporte un enjeu démesuré dans le contexte africain ! Vue sous cet angle de sa fonction communielle par excellence, l'élection y apparait comme « *le mode le plus habituel, le plus légitime de participation politique* »[6]. L'organisation d'élections disputées à intervalles réguliers est un critère d'évaluation de la vitalité démocratique d'un pays[7]. Pourtant, circonscrire la démocratie à la prolifération d'élections « *l'électionnite* » reviendrait à désemplir cette notion dans la mesure où les élections ne sauraient être à elles seules, un gage de démocratie[8].

Dans nombre de Pays d'Afrique noire francophone[9] auxquels se cantonne l'attention, la pratique d'élections libres, honnêtes et transparentes est animée par un élan si équivoque qu'il interpelle la conscience de l'électoraliste[10].

Les élections y constituent un gage de l'avancée de l'État de droit et du développement démocratique. Le bilan des vingt dernières années de « *transitions démocratiques* » et de post-transition dans cette partie du continent, atteste de la généralisation des élections, de leur diversification et partant, de la reconnaissance du pluralisme politique[11]. Nonobstant le terreau fertile des dictatures du parti, plusieurs pays africains ont connu des épisodes démocratiques entre 1960 et 1990. À partir de la fin des années 80, ce mouvement a dévoilé un infléchissement de l'autonomie constitutionnelle des États et une ascension du droit international dans les dispositions constitutionnelles de ceux d'Afrique noire.

Les élections y sont tout autant un indice flagrant de la profanation de l'idéal démocratique. La dynamique africaine n'est pas forcément synonymique d'une démocratisation authentique et uniforme. En effet, l'internationalisation du droit des élections en Afrique francophone est allée de pair avec sa cohorte de disparités voire de régressions. L'élan « *démocratisant* » à l'africaine s'accompagne *horresco refrens* de la multiplication corrélative de toutes les pathologies associées aux processus

---

[6] DUHAMEL (O), MÉNY (Y), *Dictionnaire constitutionnel,* PARIS, PUF, 1992, 1120 p.

[7] AMADOU (M.D), « Penser la démocratie au-delà des élections », *Éthique publique* [En ligne, vol. 13, n° 2 | 2011, mis en ligne le 23 octobre 2012, consulté le 21 mars 2019.

[8] AMADOU (M.D), « Penser la démocratie au-delà des élections », *Éthique publique* [En ligne], vol. 13, n° 2 | 2011, mis en ligne le 23 octobre 2012, consulté le 12 juin 2019.

[9] Cf. Note 16.

[10] DE GAUDUSSON (J.B), « Les élections à l'épreuve de l'Afrique », Les Cahiers du Conseil constitutionnel, n° 13, 2002, p. 100-105 ; QUANTIN P., « Pour une analyse comparative des élections africaines », *Politique africaine*, n° 69, 1998, pp. 12-29.

[11] *L'Afrique en transition vers le pluralisme politique* (sous la direction de Gérard Conac), Paris, Économica, 1993 ; DALOZ (J.-P) et QUANTIN (P) (études réunies et présentées par), *Les transitions démocratiques africaines : dynamiques et contraintes*, Paris, Karthala, 1997 ; CONAC (G), « Quelques réflexions sur les transitions démocratiques en Afrique ». Communication présentée au colloque organisé par l'Organisation internationale de la francophonie sur « Les transitions démocratiques en Afrique » (Cotonou, 19-23 février 2000).

électoraux à savoir les irrégularités massives, tripatouillages en tous genres, hold-up électoraux, etc. Les échéances électorales y sont de plus en plus propices à la cristallisation des identités régionales, ethniques ou confessionnelles, aux violations des droits de l'homme et violences postélectorales[12].

Bien qu'il demeure possible de s'interroger sur le fait de savoir si l'élection dans ses modalités actuelles est une donnée compatible avec l'Afrique noire de Cheikh Anta Diop, la cristallogenèse de la démocratie conçue selon le modèle libéral y est patente. Le point de vue de Sirius de cette introspection se situe à rebours de la perspective manichéenne de l'existence d'une incompatibilité de nature entre la question démocratique et les sociétés africaines telles que prônées par des fumeuses théories culturalistes fleurant une certaine condescendance, voire un racisme certain[13]. En réalité, il n'existe pas de mode d'organisation unanimitaire de la démocratie. Dans le respect des principes universels, les formes de la démocratie électorale s'inscrivent dans les réalités et les particularismes historiques, culturels et sociaux des peuples d'Afrique.

La présente étude n'a pas la prétention de se livrer à un examen exhaustif de la mise en œuvre du cadre juridique international des élections sur le continent. Il s'agit de dégager les tendances typiques en la matière dans certains pays. Il s'agit en réalité, des pays d'Afrique francophone au sud du Sahara c'est-à-dire de ceux ayant en commun l'usage de la langue française et selon Luc Sindjoun « *faisant constamment référence à la France en matière d'organisation politique* »[14]. La réflexion affiche clairement une ambition holiste ne sachant faire fi des contradictions et des différences abritées par l'ensemble ainsi désigné[15]. Il est évident que d'un pays à un autre suivant les variations des traits de culture et d'histoire, ces différents éléments ne sauraient avoir le même poids ni les mêmes niveaux d'articulation. Par conséquent, leur condensation contemporaine en ce que sont les élections en Afrique ne saurait apparaitre similairement. Au-delà d'une quête aveuglante

---

[12] Le Togo en 2005, le Tchad en 2006, la Côte d'Ivoire en 2010-2011, la Guinée en 2010, la République Démocratique du Congo en 2006, 2011 et 2018 pour ne citer que ces pays ayant connu des fortunes diverses.

[13] François Bayard fustige le fait selon lequel « *Le sous-continent ne serait pas « mûr » pour la démocratie, selon les pétitions de principe que nombre d'hommes politiques français ont réitérées tant qu'ils le pouvaient* ». BAYARD *(J.-F), « La démocratie à l'épreuve de la tradition en Afrique subsaharienne* », *Pouvoirs*, vol. 129, n°2, 2009, pp. 22, 27-44.

[14] Il n'est cependant pas certain que le Professeur Sindjoun puisse encore l'affirmer en 2019 comme il l'a fait en 1994. SINDJOUN (L), « Dynamiques de Civilisation de l'État et de Production du Politique Baroque en Afrique Noire », *Verfassung und Recht in Übersee / Law and Politics in Africa, Asia and Latin America,* Vol. 27, n°. 2 (1994), pp. 191-230.

[15] Dans cette logique se retrouvent également certains pays bilingues. COULON (C), CONSTANT MARTIN (D), (dir.) « Les Afriques politiques », in *Politique étrangère*, n°3 - 1992 - 57e année. p. 704.

de microspécificités, la démarche préconisée est syncrétique. Elle permet de tracer quelques lignes susceptibles de servir à l'édification d'un schéma plus général d'analyse du phénomène électoral en Afrique à l'aune d'une part, de la méthode logico-dogmatique[16] qui a conduit à des résultats scientifiques notables en droit international public avant tout dans les travaux de Kelsen[17]. Cette technique est caractérisée par le fait que l'examen reste circonscrit à la sphère du droit pur. Cette autolimitation de la démarche est parfaitement indiquée lorsqu'il s'agit de l'analyse de questions exclusivement juridiques. Elle apparait vite insatisfaisante lorsqu'elle s'attaque à des questions se trouvant dans une certaine mesure en marge d'une juridiction exclusive du droit.

D'autre part, la méthode sociologique peut également être appliquée à la question ici esquissée. En effet, le droit international doit s'adapter aux besoins sociaux de potentiels électeurs africains. Ceci correspond à la marque d'une « *politique qui a réussi* »[18]. Vue sous cet angle, la construction de l'objet d'étude privilégie certes la variable internationale ou exogène et juridique,[19] mais repose également sur un examen de la pratique électorale interne des États africains. Et l'on retrouve qu'en ce point, la jonction entre lecture interne et lecture externe est congrue à condition de la saisir dans l'interaction permanente entre ces deux points de vue.

Au-delà, de ce qui constitue un problème de réception de la démocratie par le canal du droit des élections dans cette partie du monde, il importe de discerner les effets d'acclimatation ou de « *tropicalisation* » du droit international sur la dynamique électorale et à l'inverse ceux d'une revitalisation du droit international par les processus électoraux nationaux ou régionaux. En vérité, le primat ici retenu est celui d'une domestication du droit (international ou non) des élections par des États à consistance discutable[20] au prisme de ses réussites ou revers. Dès lors, le déploiement du pluralisme

---

[16] La méthode logico-dogmatique « *est caractérisée par le fait que l'examen reste circonscrit à la sphère du droit pur. La relation du droit avec la vie sociale n'est pas prise en considération, le droit étant envisagé comme une structure normative reposant sur elle-même, parfaite et n'ayant pas besoin d'être complétée. Or, cette autolimitation de la méthode est parfaitement indiquée lorsqu'il s'agit de l'examen des questions qui ne sont réellement que juridiques, ou de la construction juridique d'une institution du droit* ». D. SCHINDLER, « Contribution à l'étude des facteurs sociologiques et psychologiques du droit international », *R.C.A.D.I.*, tome 46 (IV), 1933, p. 235.

[17] KELSEN (H), *The Law of the United Nations. A Critical Analysis of Its Fundamental Problems*, Londres, Stevens and Sons Limited, 1950, 994 p.

[18] GIRAUD (E), « Le droit positif : ses rapports avec la philosophie et la politique », Hommages d'une génération de juristes au président Basdevant, Paris, Pedone, 1960, p. 234.

[19] LEENHARDT (J), BOURDIEU (P), CHAMBO- REDON (J.C), PASSERON (J.C), « Le métier de sociologue », In *Annales. Économies, Sociétés, Civilisations*. 26e année, N. 1, 1971. pp. 234-235.

[20] JACKSON (R), *Negative Sovereignty in Sub Saharian Africa*, Review of international Studies, vol. 12, Oct. 1986, pp. 247-264.

juridique se fait ressentir en ce sens qu'il va permettre d'aborder la normativité du droit international des élections dans les États de l'Afrique noire francophone. Il en affleure donc une interrogation fondamentale « Quelle est la portée du droit (international) des élections en Afrique noire francophone ? »

La méditation qui est celle d'une « *juriste impure* » (non traditionnelle) est commandée par une initiative visant à analyser les mictions entre les processus électoraux de certains pays d'Afrique noire francophone et le droit international ainsi que la pénétration des mécanismes électoraux internationaux dans le processus de création et d'application du droit (interne) électoral de ces pays. Elle sera l'occasion d'appréhender les élections en Afrique francophone à l'aune des heurts les plus significatifs de la pratique contemporaine ainsi que des résistances qu'il est donné d'observer à la lumière de l'actualité juridique internationale récente.

À cet égard, force est de constater que l'emprise du droit (international) sur la vie politique africaine consiste en un hommage à la démocratie **(I)** autant qu'elle occasionne des dommages pour la démocratie **(II)**.

I. LE DROIT (INTERNATIONAL) ENCENSÉ : L'HOMMAGE À LA DÉMOCRATIE

L'internationalisation de l'État de droit, dont la démocratie notamment électorale correspond à une sorte de transcription juridique, constitue un des enjeux majeurs du droit international contemporain. La plupart des États africains ont accepté de leur propre gré de se distancier d'autres régimes politiques tels que l'aristocratie, l'autoritarisme et le totalitarisme, etc. L'émergence de la démocratie électorale par le truchement du droit international sur le continent participe de la mutation du processus de démocratisation dans ce biotope. Cette évolution s'apprécie non seulement à travers le renforcement d'un cadre démocratique propice aux élections **(A)**, mais également au regard de l'alignement des processus électoraux nationaux sur le droit international (**B**).

A. Le renforcement du cadre démocratique propice aux élections

L'organisation des élections en Afrique noire francophone a supplanté d'autres modes d'accession au pouvoir plus primitifs tels les changements anticonstitutionnels de gouvernement[21]. L'adhésion réelle ou rêvée de la

---

[21] Depuis la Déclaration de Lomé de l'an 2000, les coups d'état sont proscrits par l'Union africaine qui régit les Communautés économiques régionales (CER) dans le cadre de l'architecture de paix continentale. Les articles 2(4) et 3 (10) de l'Acte constitutif de l'Union africaine (4p) et de la Charte africaine sur la Démocratie, les Elections et la Gouvernance, entrée

plupart des États africains au primat des élections démocratiques s'opère par le canal de certaines normes entendues comme un « *énoncé impératif ou prescriptif appartenant à un ordre ou système normatif, et obligatoire dans ce système* »[22]. Elles encadrent désormais le champ politique électoral en *juridicisant* de nombreux concepts ayant trait aux élections. L'élection est devenue un critère d'évaluation de la démocratie et partant, un indicateur de légitimation des gouvernants. L'affermissement du cadre démocratique sur l'échiquier électoral africain s'effectue au plan normatif (**1**) et au plan opératoire (**2**).

1. Au Niveau normatif : de l'universalisation des instruments juridiques pour les élections à l'adoption progressive des bonnes pratiques électorales

Les règles relatives à l'encadrement du jeu politique électoral découlent de la consécration de normes internationales[23] et régionales[24] ainsi que de la prise en compte de bonnes pratiques électorales. Dans les pays d'Afrique francophone, le droit international est introduit dans les compétitions que se livrent les différents acteurs politiques en vue de la conquête ou la conservation du pouvoir, à travers la consécration des libertés et droits politiques nécessaires à des élections démocratiques.

Cet habillage démocratique des institutions est favorisé par la pression internationale. Les systèmes politiques en Afrique doivent être conformes à la Déclaration Universelle des Droits de l'Homme (DUDH) de 1948 acceptée par tous les États membres de l'Organisation des Nations Unies (ONU) et au Pacte International relatif aux Droits Civils et Politiques (PIDCP) de décembre 1966 dont l'article 25 précise que : « *Tout citoyen a le droit et la possibilité, sans aucune des discriminations visées à l'article 2 et sans restrictions déraisonnables : a) de prendre part à la direction des affaires publiques, soit directement, soit par l'intermédiaire de représentants*

---

en vigueur le 15 février 2012 condamnent tout changement anticonstitutionnel de gouvernement. L'article 10 dispose : « *les États parties doivent s'assurer que le processus d'amendement ou de révision de leur constitution repose sur un consensus national comportant, le cas échéant le recours au référendum* ». Dans le même sens, le Protocole sur la démocratie et la bonne gouvernance de la Communauté économique des États de l'Afrique de l'Ouest (CEDEAO) adopté à Dakar en 2001 en son article 1er c énonce que : « *tout changement anticonstitutionnel est interdit, de même que tout mode non démocratique d'accession ou de maintien au pouvoir* ». L'article 1er b énonce que « *toute accession au pouvoir doit se faire à travers des élections libres, honnêtes et transparentes* ».

[22] ARNAUD (A.-J), *Dictionnaire encyclopédique de théorie et de sociologie du droit, in Revue française de sociologie, 1991*, p. 399.

[23] HARTMANN (Ch), « *Towards internationalisation of democracy? Regional organizations and the survival of democracy* », Paper for ECPR Conference 18-22 September 2003, *Marbury* (Section n° 26), p. 3.

[24] Pour une vue évolutive et relativement globale, v. TCHIKAYA (B) « La charte africaine de la démocratie, des élections et de la gouvernance ». *AFDI*, vol.54, 2008. pp. 520 et s.

librement choisis ; b) de voter et d'être élu, au cours d'élections périodiques, honnêtes, au suffrage universel et égal et au scrutin secret, assurant l'expression libre de la volonté des électeurs ». La Charte africaine (27 juin 1981) des droits de l'homme et des peuples en son article 13, considère que : « 1. *Tous les citoyens ont le droit de participer librement à la direction des affaires publiques de leur pays, soit directement, soit par l'intermédiaire de représentants librement choisis, ce, conformément aux règles édictées par la loi. 2. Tous les citoyens ont également le droit d'accéder aux fonctions publiques de leurs pays* ».

Un examen resserré des instruments juridiques internationaux et de la pratique des États africains réaffirme que le concept de démocratie y est généralement associé à celui des élections. L'article 3 de la Charte Africaine de la Démocratie, des Élections et de la Gouvernance (CADEG) consacre le droit commun de la démocratie en affirmant la primauté donnée aux élections[25]. Il importe de « *promouvoir la tenue régulière d'élections transparentes, libres et justes afin d'institutionnaliser une autorité et un gouvernement légitimes ainsi que les changements démocratiques de gouvernement* »[26]. Cette disposition envisage la démocratie aussi bien au niveau de sa proclamation que de son effectivité. Pour s'en prévaloir, la Charte (CADEG) articule la démocratie autour de certains concepts jugés discriminants : les élections libres, les élections justes et le suffrage universel, etc.

Le concept **d'élections libres** suppose que l'ensemble des citoyens soient en mesure d'exercer leurs droits fondamentaux (libertés de choix, d'expression, de réunion et de circulation, liberté de la presse, etc.). On est donc fondé à croire que cette obligation permet à chaque électeur de déposer son bulletin de vote dans l'urne sans être victime de mesures d'intimidation, de violences, de pressions administratives ou de sanctions. Ainsi, les électeurs doivent pouvoir participer aux activités de campagne électorale. Sur un tout autre plan, les médias doivent être en mesure de couvrir la campagne librement, sans interférence ou restrictions déraisonnables imposées par les autorités. De telles élections ***« libres »*** doivent refléter la libre expression de la volonté des électeurs conformément à l'article 21 de la Déclaration universelle des droits de l'homme[27] et à l'article 25 du Pacte international

---

[25] Article 2 alinéa premier de la Charte : « *promouvoir l'adhésion de chaque État partie aux valeurs et principes universels de la démocratie* (…) ».

[26] Article 32, alinéa 7.

[27] *Article 21 de la Déclaration universelle des droits de l'homme (1948) « 1. Toute personne a le droit de prendre part à la direction des affaires publiques de son pays, soit directement, soit par l'intermédiaire de représentants librement choisis. 2. Toute personne a droit à accéder, dans des conditions d'égalité, aux fonctions publiques de son pays. 3. La volonté du people est le fondement de l'autorité des pouvoirs publics ; cette volonté doit s'exprimer par des élections honnêtes qui doivent avoir lieu périodiquement, au suffrage universel égal et au vote secret ou suivant une procédure équivalente assurant la liberté du vote. »*

relatif aux droits civils et politiques. D'autres textes fondamentaux des organisations régionales galvanisent le principe représentatif comme faisant partie de ce qu'il est convenu d'appeler la « *civilisation de l'universel* »[28]. Ils semblent avoir intégré le concept *d'élections périodiques* qui suppose que des élections soient organisées à intervalles réguliers, et que cette obligation soit établie par la loi. Le délai de cinq ans y est généralement considéré comme la durée raisonnablement acceptable pour l'élection du chef de l'exécutif[29], tout comme celles des chambres du Parlement[30].

Le concept **d'élections justes** présuppose que l'ensemble des participants au processus électoral soit soumis aux mêmes conditions. Le cadre juridique national doit refléter les principes universels[31]. Les engagements internes doivent être respectés. Tout parti, organisation politique et toute personne qui souhaitent faire acte de candidature à un poste électif doivent pouvoir le faire avec le même traitement impartial de la part des autorités. Les candidats et partis politiques doivent pouvoir accéder sans restriction ou discrimination aucunes aux médias[32]. Les réglementations en matière de financement des campagnes ne doivent pas favoriser un parti ou un candidat en particulier ni en discriminer aucun[33]. La séparation entre État et partis politiques doit être très claire et les ressources publiques ne doivent en aucun cas être utilisées de manière inéquitable pour avantager un candidat en particulier ou un groupe de candidats. Les processus de vote, de dépouillement et de décompte ne doivent pas être entachés de fraudes ou de manipulation. Ce concept d'élections justes

---

[28] BAYART (J.F), CONSTANTIN (F), COULON (C), MARTIN (D), « Par le canal du scrutin : comment dépouiller les élections africaines », *in Aux Urnes l'Afrique : élections et pouvoir en Afrique noire,* Paris, Pedone, 1978, p. 14.

[29] Voir les dispositions suivantes : art. 138 (1) de la constitution du Cap vert ; art. 61 de la constitution tchadienne du 31 mars 1996 ; art. 65 de la constitution du Congo du 25 octobre 2015 ; art. 37 de la constitution du Burkina Faso du 02 juin 1991 ; art. 30 de la constitution du Mali du 27 février 1992 ; art. 27 de la loi constitutionnelle sénégalaise du 05 avril 2016 portant révision de la constitution ; art. 55 de la constitution ivoirienne ; art. 42 de la constitution du Bénin du 11 décembre 1990 ; art. 59 de la constitution du 27 décembre 1992 révisée en 2002. Le Cameroun fait exception à la règle puisqu'il a confirmé par la révision de sa constitution du 2 juin 1972 à l'art. 6, le mandat du Président à sept ans.

[30] Art. 81 de la constitution du Burkina Faso du 02 juin 1991 ; art. 61 de la constitution du Mali du 27 février 1992 ; art. 59 (3) de la loi constitutionnelle sénégalaise du 05 avril 2016 portant révision de la constitution ; art. 81 de la constitution ivoirienne ; art. 52 de la constitution du 27 décembre 1992 révisée en 2002. L'article 80 de la constitution du Bénin du 11 décembre 1990 prévoit à 04 ans.

[31] Article 2, alinéa premier de la charte : « *Promouvoir l'adhésion de chaque État partie aux valeurs et principes universels de la démocratie [...]* ».

[32] Résolution 128 (XXXXII) 07 de la Commission africaine sur les droits de l'homme et des peuples (CADHP) sur la liberté d'expression.

[33] À titre de droit comparé, il faut noter que le juge des élections en France se veut extrêmement rigoureux dans le contrôle de financements des campagnes électorales. À ce sujet, v. GENEVOIS (B), « Le juge des élections et le contrôle des comptes de campagnes à propos de la décision du Conseil constitutionnel du 31 juillet 1991, Assemblée nationale, Paris, 13e circonscription », RFDA, 1991, p. 887.

et honnêtes suppose que le processus électoral se déroule dans la transparence et conformément à l'obligation de rendre des comptes et que l'électorat soit en mesure de faire un choix réel et informé, ces conditions assurant la confiance des électeurs dans le processus électoral. Ceci implique la fiabilité du fichier électoral, la sincérité du scrutin. À ce titre, la loi électorale ne doit pas servir comme instrument de maintien au pouvoir et de limitation de la compétition politique. Ce type d'élection implique l'observation des élections par des institutions internationales, une pratique désormais vulgarisée sur le continent.

Le concept **de suffrage universel** suppose que l'ensemble des citoyens remplissant les conditions requises se voit accorder le droit de vote[34]. La procédure d'inscription des électeurs doit être efficace, impartiale et non discriminatoire. Elle doit s'assurer que l'ensemble des citoyens remplissant les conditions requises dispose du droit de vote, et présenter une garantie contre le vote multiple. L'accès au vote des personnes appartenant à des minorités ethniques, des femmes ou d'autres groupes particuliers de citoyens ne doit pas être entravé. L'ensemble des électeurs, y compris les personnes handicapées, doit pouvoir accéder aux bureaux de vote ou voter par l'intermédiaire d'autres procédures. Les dispositions nécessaires doivent être prises pour permettre aux personnes déplacées internes de voter ainsi que pour rendre possible le vote à l'étranger. Les restrictions des droits civils et politiques des citoyens accusés de crime doivent être proportionnelles à leur infraction, les droits électoraux devant être automatiquement restitués dès que la peine aura été purgée.

Au regard de ces constats, il apparait que le droit (international) a été propice à une adhésion formaliste et procédurale plutôt que substantive à la démocratie sur le continent. En effet, la plupart des pays africains ont adhéré à d'autres instruments juridiques universels : la Convention Internationale sur l'Élimination de toutes les formes de Discrimination Raciale (CIEDR) de 1966, la Convention sur les droits politiques de la femme (CDPF) de 1952, la Convention sur l'Élimination de toutes les formes de Discrimination à l'égard des Femmes (CEDEF) de 1979, la Convention relative aux Droits des Personnes Handicapées (CDPH) de 2006, etc. Cette dynamique participe de l'établissement d'un ordonnancement normatif solide qui fait du droit de vote, un « *droit politique fondamental parce que conservateur de tous les autres* »[35].

---

[34] V. Art. 3 (7) de la CADEG.

[35] Formule de la Cour suprême des États-Unis d'Amérique de 1886.

Dans la même veine, plusieurs instruments régionaux introduisent des normes supplémentaires[36] impactant les processus électoraux en Afrique tels que :

- la Déclaration de principes pour l'observation internationale des élections et le Code de conduite à l'usage des observateurs électoraux internationaux signés en octobre 2005 par l'Union africaine (UA) sous l'égide de l'ONU[37] ;
- La Déclaration de l'Union africaine sur les principes régissant les élections démocratiques en Afrique, adoptée le 8 juillet 2002 à la Conférence des chefs d'État et de gouvernement de l'OUA à Durban (Afrique du Sud) ;
- La Charte africaine des Droits de l'Homme et des peuples de 1981 dont l'article 13 renvoie à l'article 25 du PIDCP et à l'article 21 de la Déclaration universelle[38] ;
- Le Protocole à la Charte africaine des droits de l'homme et des peuples relatif aux droits des femmes (CADHP –PF) (2003) ;
- La Déclaration de l'OUA/UA sur les principes régissant les élections démocratiques en Afrique (2002) ;
- La Charte africaine de la démocratie, des élections et de la gouvernance (2007) entrée en vigueur en 2012[39] constitue un apport important pour la réglementation régionale des élections, la promotion de la démocratie comme modèle de développement, le principe de l'État de droit et des droits de l'homme ;
- La Convention de l'Union africaine sur la prévention et la lutte contre la corruption (2003) ;

---

[36] AMZAT (B.Y), « Des outils internationaux pour assurer la transparence des élections en Afrique », *Afrique contemporaine*, vol. 239, n° 3, 2011, p. 143.

[37] L'intégralité de ces deux textes est consultable sur le site de l'Electoral Institute for Sustainable Democracy in Africa (www.eisa.org.za) (en date du 06-06-2019).

[38] Article 13, Charte africaine des droits de l'homme et des peuples (1981) « *1. Tous les citoyens ont le droit de participer librement à la direction des affaires publiques de leur pays, soit directement, soit par l'intermédiaire de représentants librement choisis, ce, conformément aux règles édictées par la loi. 2. Tous les citoyens ont également le droit d'accéder aux fonctions publiques de leurs pays. 3. Toute personne a le droit d'user des biens et services publics dans la stricte égalité de tous devant la loi.* »

[39] On en trouvera le texte, ainsi que l'état des signatures et ratifications, sur le site de l'Union africaine [http://www.africa-union.org], à la page *« Documents »*. À la réunion régionale de Bujumbura (Burundi) organisée par le département des affaires politiques de la Commission de l'Union africaine (19 mars 2008), l'objectif était de promouvoir la charte afin qu'elle soit ratifiée par les États membres de l'Union africaine. La Conférence continentale sur les constitutions africaines (27 novembre 2008) a également demandé aux pays africains de ratifier la charte. Voir, TCHIKAYA (B) « La charte africaine de la démocratie, des élections et de la gouvernance. », *op. cit.* pp. 515 et s.

- Le Protocole relatif à la Charte africaine des droits de l'Homme et des peuples portant création d'une Cour africaine des droits de l'Homme et des peuples (1998).

D'autres instruments internationaux ont trait aux modalités pratiques à mettre en œuvre pour assurer le respect de la démocratie dans les États en cause.

- Le Protocole de la CEDEAO sur la démocratie et la bonne gouvernance (protocole additionnel aux protocoles sur la prévention des conflits armés) dont l'article 2 section 2 relatif aux élections (chapitre 1) prohibe la modification des constitutions six mois avant les élections ;
- La Déclaration de Bamako du 3 novembre 2000 adoptée après le Symposium international sur le bilan des pratiques de la démocratie, des droits et libertés dans l'espace francophone, a recensé les acquis, les insuffisances et échecs de la démocratie pour enfin proposer des solutions à l'ensemble des pays africains, etc.

Ce corpus de textes juridiques confirme qu'un effort est fourni en vue de l'intériorisation des mécanismes internationaux de démocratie électorale sur le continent. La plupart de ces États ont pris des mesures allant dans le sens de la consécration constitutionnelle des droits de l'homme, de la mise en place des institutions de la démocratie et de l'État de droit, de l'existence de contre-pouvoirs, des avancées dans l'instauration du multipartisme, etc.

Ces pays se distinguent également par la promotion de normes référentielles non expressément mentionnées dans les instruments juridiques nationaux ou internationaux, mais qui en découlent nécessairement. Ce droit mou ou « *soft* » Law est compris sous le vocable de pratiques exemplaires ou de bonnes pratiques. Selon le jargon électoral, il s'agit de :

- La transparence du processus ;
- L'impartialité, la responsabilité et l'indépendance de l'organe de gestion des élections ;
- L'accès équitable des partis politiques et des candidats aux ressources de l'État ;
- L'accès équitable des candidats et des partis politiques aux médias publics ou ceux financés par l'État ainsi qu'une couverture médiatique équilibrée ;
- L'information et la formation de l'électorat par des programmes d'éducation civique ;
- La campagne électorale dans un climat pacifique, sans violence, intimidations, représailles ;

- Le climat de sécurité favorisant la campagne électorale et l'exercice du droit de vote.

Ces règles s'appliquent au processus électoral et concourent à l'enracinement de la démocratie et de l'État de droit dans les États africains. Ce faisant, il y a fort à souligner que les élections dans les États d'Afrique noire francophone sont désormais soumises aux grands principes promouvant la compétition démocratique[40].

2. Au niveau opératoire : de l'ingénierie institutionnelle à la juridictionnalisation des élections nationales

L'empire progressif du droit international sur la démocratie électorale en Afrique noire francophone s'opère grâce au déploiement de l'ingénierie institutionnelle et à la juridictionnalisation des élections nationales.

Relativement à l'**ingénierie institutionnelle :** à partir de 1994, la plupart des pays africains ont pris des mesures significatives de mise en place des institutions de la démocratie et l'État de droit telles que les structures de gestion des opérations électorales ou de commissions électorales nationales indépendantes ou autonomes. La visée était de tempérer le rôle monolithique en la matière, des ministères de l'administration territoriale souvent taxés d'être des « *cuisines électorales* » dans lesquelles s'assaisonnaient toutes les fraudes au profit des régimes en place. Cette dynamique est confortée par la pyramide juridique instaurée par l'Union africaine (UA) notamment la CADEG, d'après laquelle, doivent être créés et soutenus des « *organes électoraux nationaux indépendants et impartiaux, chargés de la gestion des élections* » et d'éventuels contentieux[41]. De telles structures se révèlent être des centrifugeuses des normes juridiques susceptibles d'affermir et de garantir les droits et libertés fondamentaux.

L'organe responsable des élections en question doit administrer le processus électoral avec impartialité et en conformité avec la législation nationale ainsi qu'avec les normes internationales pour des élections transparentes. Cette tentative d'arrimage au droit international s'effectue à travers la rationalisation de leur composition et une stratification des responsabilités en matière d'organisation des élections.

Tout d'abord, du point de vue de la rationalisation de leur composition, il est tout particulièrement réconfortant de constater que les structures électorales africaines sont si diversifiées qu'il est impossible de dégager un profil unique. Ces commissions comportent des membres dont le nombre varie de 3 à 31 (Côte d'Ivoire et Tchad). L'une des leurs principales limites réside

---

[40] Résolution n° 133 (XXXXIIII) 08 de la Commission africaine des droits de l'homme et des peuples (CADHP) sur les élections dans les pays africains.

[41] Art. 17 (2) de la CADEG.

néanmoins dans le fait que leur structuration ne leur permet pas d'être incontestablement indépendantes des régimes en place. À ce titre, la composition de ces commissions apparait comme un critère essentiel pour la démocratisation des processus électoraux. Le profil des membres de ces organismes est censé refléter une représentativité politique. Le plus souvent, les commissions électorales sont présidées par des magistrats et reflètent la pluralité des partis politiques, ce qui favorise l'acceptabilité politique des résultats électoraux et l'établissement d'un consensus national quant à l'issue du scrutin. Les membres sont en général nommés ou choisis par les pouvoirs publics (Gabon, Niger, Côte d'Ivoire) ; les partis politiques relevant soit de la majorité soit de l'opposition (Côte d'Ivoire, Niger, Tchad) ou la société civile.

De nombreux exemples existent. La CENI de la RDC est constituée de treize (13) membres désignés par les forces politiques au sein de l'Assemblée nationale, soit six (06) délégués dont 02 femmes pour le compte de la Majorité ; quatre (04) délégués dont une (01) femme pour le compte de l'Opposition et trois (03) délégués représentant la Société Civile. Les membres de la CENI du Burundi sont nommés par décret présidentiel après avoir été préalablement approuvés séparément par l'Assemblée nationale et le Sénat à la majorité des trois quarts. La CENI du Tchad, quant à elle, est composée de trente représentants de la majorité et de l'opposition et d'un Président désigné par consensus entre les deux parties. Cependant, elles démontrent que cet élément de rationalisation ne peut isolément garantir la viabilité du système.

Pour ce qui est de la stratification de leurs responsabilités en matière d'organisation des élections, elle est assurée par la plupart des codes électoraux des pays concernés. Il est remarqué que les institutions chargées de l'organisation des élections présidentielles ou législatives dans les pays de l'espace subsaharien francophone ont des formes très diversifiées et remplissent des fonctions très variables au sein des dispositifs électoraux[42]. Leurs compétences vont de la confection et de la gestion du fichier électoral à la proclamation des résultats, en passant par toutes les étapes de la préparation et de l'organisation du scrutin, et parfois même jusqu'au règlement du contentieux électoral. Ce constat rejoint celui formulé par Jean du Bois de GAUDUSSON en ces termes : « *Qualifiées d'autonomes, d'indépendantes ou de mixtes selon les cas, et au-delà de leur diversité, elles présentent la*

---

[42] Les attributions de la commission électorale nationale, exercées directement ou en supervisant les échelons inférieurs, consistent notamment à : veiller à la mise en œuvre de la loi électorale ; organiser la préparation et la conduite des élections ; nommer les commissions des circonscriptions, examiner les plaintes déposées contre les circonscriptions, enregistrer les listes nationales des candidats, compiler les listes électorales et contrôler leur mise à jour, examiner périodiquement le découpage des circonscriptions, établir la forme des bulletins de vote et autres documents officiels, établir et publier les résultats définitifs des élections, certifier les candidats élus et faire le rapport général sur la conduite des élections, etc.

caractéristique commune d'être des organismes distincts de l'administration d'État, chargés de la totalité ou d'une partie, variable selon les États et les époques de l'organisation, du déroulement, de la supervision et du contrôle des opérations électorales »[43].

Traditionnellement, dans la plupart des pays africains, la gestion des opérations électorales, notamment la préparation des élections, leur organisation et leur supervision dépendaient du Ministère de l'Intérieur quelquefois rattaché à une Commission électorale autonome ou indépendante[44]. Dans certains pays, les commissions électorales sont compétentes pour apporter les correctifs nécessaires à tout dysfonctionnement constaté au niveau ministériel[45]. À la faveur des années 1990, la perspective classique a évolué. Dans la recherche d'une plus grande transparence électorale, en Afrique francophone, au regard de la méfiance du peuple vis-à-vis de l'Administration suspectée de fraude électorale, de plus en plus de « *commissions électorales indépendantes ou autonomes* » distinctes de l'appareil administratif ont remplacé le ministère de l'Intérieur ou ses agents territoriaux, c'est- à- dire l'administration d'État dans l'organisation des élections[46]. L'objectif de cette répartition organique était d'établir une séparation nette entre l'administration de l'État, le Gouvernement, les départements ministériels, le Parlement et l'organe de gestion des élections afin de favoriser une plus grande autonomie organique et fonctionnelle de celui-ci et partant, de lui permettre d'être en mesure d'accomplir son travail sans ingérence politique ou intimidation. Cet élément constitue assurément un moyen de consolidation de la démocratie.

---

[43] DE GAUDUSSON (J.B), « Les élections à l'épreuve de l'Afrique », *Les Cahiers du Conseil constitutionnel*, n° 13, 2002, pp. 100-105.

[44] Au Sénégal, nonobstant l'existence de la Commission électorale nationale autonome (CENA) : un organe administratif chargé depuis 2005 d'organiser et de superviser les élections au Sénégal, l'organisation des élections est confiée à l'administration de l'État (Ministère de l'Intérieur) par un décret du 13 septembre 2017. Au Cameroun, le ministère de l'administration territoriale s'occupe toujours en matière électorale de la liaison permanente entre le Gouvernement et l'organisme indépendant chargé de l'organisation, de la gestion et de la supervision du processus électoral et référendaire en liaison avec les administrations concernées. Cet attelage interpelle, car la création en 2006 d'ELECAM, huit ans après celle de l'ONEL, était supposée régler le problème de la revendication d'une structure neutre indépendante et impartiale chargée de gérer le processus électoral.

[45] Au Gabon, conformément à l'article 7 nouveau de l'ordonnance n°0005/PR/2002, portant modification de certaines dispositions de la loi n°7/96 du 12 mars 1996, la préparation et l'organisation des élections incombent respectivement à l'Administration et à la Commission nationale Électorale (CNE). La Commission électorale nationale autonome et permanente (CENAP) du Gabon a pour objectif de suppléer en matière d'organisation et d'administration de chaque élection politique et référendaire au Ministère de l'intérieur.

[46] Il s'agit entres autres de la Commission Électorale nationale Indépendante (CENI) du Burundi, de la République Démocratique du Congo, des Commissions électorales indépendantes (CEI) du Rwanda et de la Côte d'Ivoire, du Niger, du Tchad ou de la Commission nationale autonome du Bénin, etc.

Ensuite, la promotion du droit international dérive de la **juridictionnalisation des élections nationales**[47]. En effet, toute démocratie électorale est liée à la possibilité d'un contentieux électoral crédible et fiable auquel tous les acteurs politiques sont subordonnés. De plus en plus, les opérations électorales mobilisent les autorités administratives et juridictionnelles africaines chargées de veiller au respect de leur sincérité par application de la règle de droit. Inféodée au modèle Kelsénien de justice, la gestion du contentieux des élections nationales en Afrique francophone est de plus en confiée au juge constitutionnel : juge « *naturel* » de l'élection. Sa mission première est de garantir la sincérité des scrutins, véritablement révélatrice de la volonté véritable de l'électeur[48]. Sollicités de plus en plus fréquemment pour juger différentes étapes du droit électoral, les Cours et Conseils constitutionnels contribuent dans une large mesure à définir les contours d'un droit du contentieux électoral africain émergent, constituant ainsi un important vecteur d'harmonisation. En cela, de telles juridictions procèdent à un rite « *d'unification du corps social* »[49]. Dans l'ensemble, la plupart de ces juridictions œuvrent pour une plus grande garantie des libertés publiques et de la démocratie. La marge de manœuvre du juge constitutionnel africain s'élargit considérablement. Il exerce une fonction *légitimante* des scrutins, l'acceptation ou non des résultats des scrutins étant subordonnée aux décisions juridictionnelles.

La juridictionnalisation des élections nationales et le contentieux électoral qui en résulte témoignent d'une évolution vis-à-vis de l'élection et du politique sur le continent africain. Pour s'en convaincre, il convient de porter son regard vers le Mali, où les juges de la régularité des opérations électorales nationales et locales ont la latitude de procéder à la rectification matérielle des résultats des élections législatives lorsqu'elle s'impose, voire à leur annulation dans l'hypothèse d'un nombre suffisant d'assesseurs tel que prévu par la loi électorale[50]. Dans certaines situations, le juge est allé jusqu'à invalider l'élection de candidats du parti au pouvoir, ce qui est un signe d'indépendance et d'impartialité comme ce fut le cas au Cameroun en 2002 [51]et au Gabon en

---

[47] SÈNE (M), *La juridictionnalisation des élections nationales en Afrique noire francophone : les exemples du Bénin, de la Côte d'Ivoire et du Sénégal. Analyse politico-Juridique*, Université de Toulouse, 2017, 660 p.

[48] La sincérité des scrutins est assurée par différents contrôles exercés par les mécanismes juridictionnels de protection des droits politiques découlant de l'adhésion aux traités (mondiaux et régionaux) relatif aux droits civils et politiques.

[49] MASCLET (J.-C.), *Droit électoral*, Paris, PUF, 1989, p. 3.

[50] Arrêt n° 02-144/CC-EL (Mali) du 9 août 2002 portant proclamation des résultats définitifs de l'élection des députés à l'Assemblée nationale (scrutin du 28 juillet 2002).

[51] MOMO (C), « De la justice électorale au Cameroun », *Janus. Revue Camerounaise de Droit et de Science Politique*, juin 2005, pp. 45-70.

1996[52]. Toutefois, du point de vue de la portée des recours ayant trait à une élection présidentielle, la seule exception africaine a eu lieu au Kenya. En effet, le 1er septembre 2019, la Cour suprême du Kenya avait invalidé la victoire du président sortant Uhuru Kenyatta, réélu lors du scrutin du 8 août avec 54,27 % des voix contre son adversaire, l'opposant Raila Odinga, qui avait obtenu 44,74 % des suffrages. La RDC infléchit cette évolution de manière frappante. Nonobstant l'introduction de deux recours en contestation de l'élection présidentielle par deux opposants, la Cour Constitutionnelle a par un arrêt du 9 janvier 2019, validé l'ensemble des résultats provisoires de l'élection du 30 décembre 2018[53]. Cette implication du juge dans le processus électoral qui valide la thèse de la « *politique saisie par le droit* »[54] souligne à n'en point douter l'importance de l'importation de règles d'essence internationale.

B. L'alignement des processus électoraux nationaux sur le droit international

Le cadre juridique national est supposé fournir la base d'un processus électoral conforme aux normes internationales pour des élections honnêtes et démocratiques. Il doit présenter des garanties pour l'exercice des libertés fondamentales et des droits politiques associés aux élections. De la sorte, les processus électoraux nationaux ne restent pas indifférents au mouvement de pénétration du droit international dans les ordres juridiques internes africains. L'ordre juridique, relativement à une entité, peut se résumer à l'ensemble des règles de droit qui la gouvernent[55]. Dans un processus électoral, la fonction

---

[52] Cour constitutionnelle, décision 030/97/CC du 18 mars 1997 (élection à l'Assemblée nationale, Boumi-Louetsi, 3e siège).

[53] La première contestation a été introduite en date du vendredi 11 janvier 2019 par la dynamique de l'opposition Congolaise (D.O)., M. Fayulu candidat n°4 de la Coalition Lamuka à la présidentielle a ainsi déposé à titre principal, une requête en contestation, annulation et rectification des résultats provisoires de l'élection du 30 décembre 2018 tels que publiés par la CENI, assortie d'une demande de recomptage manuel des voix obtenues par l'ensemble des candidats et d'une demande d'audition entres autres des observateurs de l'église catholique et de la SYMOCEL. La deuxième requête en contestation de la régularité des résultats provisoires de l'élection présidentielle du 30 décembre 2018 a été introduite le samedi 12 janvier 2019 par le candidat Théodore NGOY ILLUNGA qui a obtenu 43 697 voix, soit 0,24 % et classé en septième position.

[54] FAVOREU (L), *La politique saisie par le droit : alternance, cohabitation et Conseil constitutionnel,* Economica, Paris, 159 p.

[55] CORNU G., (dir.), *Vocabulaire juridique*, Paris, 2018, p. 713. Il est vrai que cette acception peut varier en fonction des écoles. Santi ROMANO estime par exemple que la notion d'ordre juridique n'est pas seulement un ensemble de normes, mais consiste aussi en d'autres éléments. Au titre de ces autres éléments, se trouve l'institution, prise ici dans sa dimension sociétale qui dépasse la seule sphère de relations entre individus pour la saisir en termes d'entités distincte de celle des individus qui la composent et la constituent de façon concrète. V. ROMANO (S), *L'ordre juridique*, Paris, D., 2002, pp. 9 et s. ; puis, pp. 17-18 ; pp. 25 et s. Voir aussi : GOYARD-FABRE (S), *Les fondements de l'ordre juridique*, Paris, PUF, 1992, 387 p. Pour une

normative apparait étroitement influencée par la domestication du droit international au prisme de la constitutionnalisation des droits politiques internationaux (**1**). L'opérationnalisation des règles régissant les élections s'effectue également par le biais de l'observation électorale et des codes de conduites (**2**).

1. La constitutionnalisation des droits politiques internationaux

L'amarrage des processus électoraux nationaux au droit international s'effectue par le biais de textes fondamentaux régissant la vie démocratique. Tout en étant conformes aux normes internationales, ces derniers résultent d'un large consensus national. Au premier rang de ce corpus figure la constitution, à savoir, « *l'instrument par lequel le fait se transforme en droit ; elle est, par le même effet, l'acte qui crée juridiquement l'État, en l'érigeant en sujet de droit* »[56]. L'élan de révision ou d'élaboration des lois fondamentales que l'on a vu se dessiner sur le continent à la faveur des années 1990 peut être rangé sous le vocable de « *néo constitutionnalisme* ». Il reflète une *« adhésion au constitutionnalisme classique, lequel limite l'exercice du pouvoir et assure la reconnaissance doublée de la protection des libertés individuelles ou collectives* »[57]. En l'occurrence, de plus en plus de pays africains se sont dotés d'une constitution ou l'ont révisé dans un objectif de consolidation démocratique. En vérité, le mouvement d'internationalisation des constitutions a été enclenché au lendemain des indépendances[58]. Toutefois, cette période de « *probation constitutionnelle »*[59] a cédé face aux « *exigences présumées ou non de recherches du développement, avant de finir par s'affirmer comme modèle plus ou moins forcé dans l'ensemble des démocraties africaines contemporaines* »[60]. Le fait s'expliqua alors par les réminiscences de nombre de conférences nationales *« souveraines »* que connurent ces États[61]. Ce néo constitutionnalisme africain et le vaste mouvement d'internalisation de droits politiques inspirés du droit international qui en a résulté, ont été instrumentalisés au profit de la

---

vue suffisamment exhaustive relatives aux controverses conceptuelles sur l'ordre juridique, V. NJOYA YONE (C.F.I), *L'unité de l'ordre juridique du Cameroun,* Thèse de doctorat Ph.D, Université de Yaoundé II, pp. 15 et s.

[56] CARCASSONE (G), *La constitution,* Paris, Le seuil, 9e éd. (2009), p. 198.

[57] TROPER (M), *Le concept de constitutionnalisme et la théorie moderne du droit, théorie et pratique du gouvernement constitutionnel : la France et les États-Unis*, éd. par Terence Marshall, 1992, pp. 32-56.

[58] AHADZI (K), « Les nouvelles tendances du constitutionnalisme africain. Le cas des États d'Afrique noire francophone », Afrique *juridique et politique*, vol. 1, n° 2, 2002, pp. 35-36.

[59] GLEGLE (M.A), « La constitution ou loi fondamentale » *in Encyclopédie juridique de l'Afrique,* T.1, NEA, Abidjan, 1982, p. 26.

[60] NJOYA YONE C.F.I, *L'unité de l'ordre juridique du Cameroun, op. cit.,* p.188.

[61] NTSAKALA R., *Les conférences nationales de démocratisation en Afrique francophones et leurs résultats,* Th. Droit, Université de Poitiers, 2001. Aussi, KAMTO (M) « Les conférences nationales africaines ou la création révolutionnaire des constitutions », *in* DARBON (D) et DE GAUDUSSON (J.B) (dir.), *La création du droit en Afrique,* Karthala, Paris, 177-195.

démocratie et l'État de droit[62]. Du fait de cette effervescence, certains commentateurs n'ont pas hésité à pronostiquer le caractère irréversible de la démocratie pluraliste au plan universel et en particulier l'argument de la *« fin de l'histoire »* sous les tropiques de Fukuyama[63].

Dans un contexte de démocratie électorale, il importe de garantir les libertés politiques aux citoyens africains à travers le Gouvernement par le droit. Il faut à nouveau retrouver là, la marque de l'universalisation de la philosophie politique des pères fondateurs des déclarations issues des révolutions américaines et françaises de la fin du XVIIIe siècle et de leur transplantation dans le contexte africain par le biais de la Charte africaine des droits de l'homme et de peuples de 1981. Depuis lors, l'essor du droit international dans les dispositions constitutionnelles des États, en particulier en Afrique, parait irréversible. Une large palette de droits et libertés reconnus par la plupart des constitutions des pays africains détermine le champ politique électoral. Les constitutions congolaise (RDC), malienne, burkinabé, sénégalaise, béninoise, camerounaise, nigérienne reconnaissent le *droit et possibilité de voter ; droit et possibilité d'être élu ; droit et possibilité de participer aux affaires publiques ; liberté d'association ; liberté de réunion ; liberté de circulation ; liberté d'opinion et d'expression ; transparence et accès à l'information ; droit à la sécurité de la personne ; absence de discrimination et égalité devant la loi ; droit à une audience équitable et publique ; droit à un recours efficace, etc.*[64] À travers la Charte africaine des Élections et de la Gouvernance (CADEG), les États africains se sont engagés à mettre en œuvre « *les principes démocratiques* », conformément au principe de « *l'État de droit* ». Même leur juridiction domestique parait temporisée par l'obligation de respecter la démocratie et les droits de l'homme conformément à l'article 2§7 de la Charte des Nations Unies[65]. En dépit de telles avancées pour la consolidation de l'État de droit, l'effectivité des dispositions constitutionnelles relatives aux droits politiques est relativisée par la pratique

---

[62] DE GAUDUSSON (J.B), « Trente ans d'institutions constitutionnelles et politiques. Point de repères et interrogations », *Afrique Contemporaine*, numéro spécial, 4e trimestre, 1992, pp. 55-56.

[63] FUKUYAMA (F), *La Fin de l'histoire et le Dernier Homme*, Flammarion, 1992, pp. 7-8.

[64] C'est le cas de l'Article 102 de la Constitution RDC, de l'article 79 de la Constitution sénégalaise du 7 mars 1963 ou plus récemment de l'article 116 de la Constitution malienne du 19 janvier 1992. Le préambule de la Constitution congolaise de 21 janvier 2002 confirme cette tendance conforme à l'évolution du droit.

[65] Cette disposition autorise une intervention d'humanité en cas de violation systématique des droits de l'homme. L'Article 2 de la Charte des Nations Unies stipule : « *L'Organisation des Nations Unies et ses Membres, dans la poursuite des buts énoncés à l'Article 1, doivent agir conformément aux principes suivants : ... 7. Une disposition de la présente Charte n'autorise les Nations Unies à intervenir dans des affaires qui relèvent essentiellement de la compétence nationale d'un État ni n'oblige les Membres à soumettre des affaires de ce genre à une procédure de règlement aux termes de la présente Charte ; toutefois, ce principe ne porte en rien atteinte à l'application des mesures de coercition prévues au Chapitre VII* ».

étatique surtout dans le contexte électoral. La difficulté pour les pays francophones au sud du Sahara de parvenir à un État de droit et démocratique perçu par certains observateurs comme un projet irréalisable en Afrique noire[66], fait de certaines de ces constitutions, des constitutions-colifichet sans portée réelle[67]. D'autres instruments régionaux favorisent l'opérationnalisation des règles internationales régissant les élections[68].

2. L'opérationnalisation des règles internationales régissant les élections : l'observation électorale et les codes de conduites

Au-delà des processus relevant de la contagion normative, les processus électoraux nationaux se retrouvent imbibés de droit international du fait de l'opérationnalisation des règles internationales régissant les élections. Cette dynamique s'exerce au travers de l'observation électorale et de l'injection au niveau national de divers codes de conduites qui deviennent des modes de « *création juridique* » d'autorité relative au prisme Kelsénien.

Pour ce qui est de l'**observation électorale,** elle apparait comme un instrument d'injection du droit international dans les processus électoraux et d'appui à la démocratie. Son objectif premier est d'évaluer si une élection est en phase avec les normes internationales, de mettre en évidence des recommandations spécifiques à cet égard. Ce faisant, elle promeut des cadres juridiques pour des élections démocratiques nationales conformes aux standards internationaux. L'établissement de « *règles du jeu* » pour des élections revêt une importance vitale tant pour les partis politiques et les candidats que pour les citoyens. Comme le fait observer Boukari-Yabara Amzati : *« si l'État de droit fonde une élection libre et juste, l'observation internationale et impartiale permet de confirmer le respect du droit des citoyens appelés à s'exprimer librement dans le cadre d'un scrutin certes national, mais dont le résultat engage la crédibilité des principes défendus par la communauté internationale »*[69].

Les bases juridiques et éthiques ainsi que les méthodes de base de l'observation internationale des élections en Afrique francophone sont définies dans la Déclaration de Principes pour l'Observation Internationale des Élections (2005)[70] ainsi qu'à travers les codes de conduite à l'usage des

[66] MOYRAND (A), « Réflexions sur l'introduction de l'État de droit en Afrique noire francophone », *Revue Internationale de Droit Comparé*, n°1, Octobre-décembre 1991, p. 865.
[67] OWONA (J), *Droits constitutionnels et institutions politiques du monde*, Paris, L'Harmattan, 2010, 732 p.
[68] Résolution n° 133 (XXXXIIII) 08 de la Commission africaine des droits de l'homme et des peuples (CADHP) sur les élections dans les pays africains.
[69] BOUKARI-YABARA (A), « Des outils internationaux pour assurer la transparence des élections en Afrique », *Afrique Contemporaine*, 2011/3 (n° 239), pp. 143-144.
[70] La Déclaration de Principes, lancée à l'Organisation des Nations Unies en 2005, a été officiellement approuvée par plus de 45 importantes organisations internationales d'observation

observateurs électoraux internationaux de l'Union africaine (UA). Le guide par excellence de l'observation électorale sur le continent soutenue par l'Union africaine s'avère encore être la CADEG. Cette charte impose aux pays signataires d'adhérer aux principes universels des droits de l'homme, de la démocratie et de l'État de droit et du strict respect de la Constitution. À la suite d'une invitation de l'État concerné, l'Organisation panafricaine peut envoyer « *une mission d'observation des élections* »[71]. Venue le plus souvent s'adjoindre à des procédés nationaux d'observation électorale « *citoyenne* », ce type d'observation est réalisé par des experts[72] recrutés dans le cadre de missions mandatées pour une durée déterminée, par des organisations intergouvernementales (ONU, UA, etc.) ou non gouvernementales internationales. En principe, de telles missions assurent le consensus entre les différents acteurs du processus électoral, ainsi que la transparence du scrutin. Elles démontrent par leur présence, le soutien de la communauté internationale à la démocratie dans un pays en particulier. Ceci permet de renforcer le taux de participation, la confiance des citoyens en leurs institutions, et la prévention des crises postélectorales[73]. Ces missions sont réputées offrir une expertise professionnelle désintéressée et financièrement indépendante aux gouvernements en matière de transition à la démocratie, de bonne gouvernance, de normes constitutionnelles, d'alternance et de renouvellement des institutions. Aux côtés de certains partis politiques et des Organisations de la Société Civile, elles développent graduellement des parades aux fins de limiter la fraude électorale grâce à la menace d'un rapport public négatif. Cependant, le processus électoral, même s'il est sous contrôle

---

et reconnue avec satisfaction par l'Assemblée générale des Nations Unies pour sa contribution dans l'harmonisation de la pratique de l'observation internationale.

[71] V. art. 17 à 22 de la CADEG.

[72] Ce sont les experts compétents dans le domaine des élections provenant d'institutions continentales et nationales, notamment le Parlement panafricain, les organes électoraux nationaux, les parlements nationaux et par d'éminentes personnalités, en tenant dûment compte des principes de la représentation régionale et de l'équilibre entre homme et femme que vise l'article 21. Reste à préciser le contenu précis à donner à la participation du Parlement panafricain, des organes électoraux nationaux, des parlements nationaux et à celle des éminentes personnalités.

[73] L'article 21 affermit les pouvoirs de la Commission de l'UA sur les élections de manière à ce qu'elles se déroulent de « *manière objective, impartiale et transparente* » et il précise qu'elle « *veille à ce que ces missions soient indépendantes et met à leur disposition les ressources nécessaires pour leur permettre d'entreprendre leurs activités* ». L'article 20 ajoute que « *le Président de la Commission envoie d'abord une mission exploratoire au cours de la période précédant le vote. Cette mission recueille toutes informations et documentation utiles et fait au Président rapport indiquant si les conditions nécessaires sont réunies et si l'environnement est propice pour la tenue d'élections transparentes, libres et justes* »…

international, ne garantit pas que la démocratie soit durablement installée dans un pays[74].

Quant aux « **codes de bonne conduite aux élections** »[75] dont se dotent bon nombre d'États africains à l'approche de scrutins, ils lient « *les partis politiques légalement reconnus, le gouvernement et les autres acteurs politiques avant, pendant et après les élections* ». Faisant partie du corpus des textes applicables aux élections, ce type de code est entendu « *comme une série de règles de comportement élaborées et adoptées par l'ensemble des parties prenantes à un processus électoral et visant à contribuer à la création des conditions favorables à l'organisation d'élections justes, libres, crédibles et transparentes, et à l'acceptation des résultats de l'élection par tous* »[76]. Certes, ces règles n'existent qu'à titre *ad hoc* et touchent spécifiquement le processus électoral pour lequel elles sont édictées. Toutefois, elles contribuent par le droit mou qu'elles instillent à l'ancrage de la démocratie dans les États subsahariens.

L'irruption de plus en plus récurrente de tels textes dans les processus électoraux africains participe de l'opérationnalisation de certaines normes en matière électorale. Ils témoignent de la transposition directe ou indirecte en droit électoral interne de standards internationaux, valeurs et fondements universels d'une compétition électorale démocratique, libre et transparente et ouverte à tous. Cette « éthicisation » de la vie électorale trouve son assise en premier lieu dans le droit international public[77]. Elle dérive au plan international, de la Résolution A/RES/68/164 de l'Assemblée générale sur le Renforcement du rôle que joue l'Organisation des Nations Unies dans la promotion d'élections périodiques et honnêtes et de la démocratisation[78]. Au plan régional, l'article 17 (4) de la Charte africaine de la démocratie, des

---

[74] Une élection relativement honnête et équitable peut être suivie par un coup d'État militaire comme à Haïti ou une reprise de la guerre civile comme en Angola. Voir BEIGBEDER (Y), *Le contrôle international des élections*, Bruxelles, Bruylant ; Paris : LGDJ, 1994, P. 26.

[75] Il est possible de se référer aux codes de bonne conduite aux élections entre autres du Cameroun (2011), de la Centrafrique (adopté en 2005 et actualisé en 2010), du Burundi (2010), de la Côte-D'ivoire (2010), de la Guinée (2011), du Mali (adopté en 2007, le code faisait l'objet d'une relecture avant le coup d'État du 22 mars 2012), de la Mauritanie (2009), du Niger (2011), de la RDC (2011), du Congo (2012), etc. Voir, METOU (B.M), « Les codes de bonne conduite aux élections ou l'invasion du droit constitutionnel par du « droit mou » dans les démocraties nouvelles ou rétablies en Afrique noire francophone », *Revue française de droit constitutionnel*, vol. 95, no. 3, 2013, pp. 639-660.

[76] METOU (B.M), *Ibidem*, p. 640.

[77] *Idem.*

[78] Voir doc. À/RES/62/7 du 13 décembre 2007. L'appui des Nations unies à la démocratisation des États se matérialise dans le cadre de programmes d'assistance électorale. L'une des missions du PNUD est d'appuyer « [...] les efforts des pays à renforcer leurs institutions démocratiques à travers des élections libres et transparentes et établir des espaces dans lesquels les partis politiques, une société civile très dynamique, et les médias d'éthique peuvent évoluer. »

élections et de la gouvernance édicte le principe de la tenue régulière des élections transparentes, libres et justes conformément à la Déclaration de l'Union sur les principes régissant les élections démocratiques en Afrique[79]. D'autres instruments internationaux indiquent les modalités pratiques à mettre en place pour assurer le respect de la démocratie dans les États[80].

En tout état de cause, ces observations suffisent à caractériser l'uniformisation des règles relatives aux élections, dans un mouvement de balancier allant de l'extérieur à l'intérieur des ordres juridiques et réciproquement. Plus encore, elles retranscrivent les mutations du processus de démocratisation en Afrique noire francophone du fait de la supplantation du droit national des élections par le droit international des élections. Si des progrès notables ont été accomplis sur la voie de la démocratisation, on observe néanmoins une dérive de la démocratie électorale due à la nature controversée du droit (international) des élections.

II. LE DROIT (INTERNATIONAL) DÉVOYÉ : LES DOMMAGES POUR LA DÉMOCRATIE

Le bilan de la mise en œuvre du droit (international) en Afrique Noire présente des insuffisances et des échecs. Il est paradoxalement propice à la consolidation d'une démocratie de qualité minimale : la démocratie électorale et donc inversement à l'affaiblissement de la démocratie libérale. À cet égard, les démocraties de façade pullulent et les véritables démocraties se raréfient, à telle enseigne qu'on observe une démocratie électorale aux prises avec des standards internationaux inadaptés (**A**) et impuissante à juguler maintes atteintes aux droits de l'Homme en contexte électoral (**B**).

A. Une démocratie aux prises avec des standards internationaux inadaptés

Les textes internationaux régissant la vie démocratique doivent s'adapter aux spécificités historiques et sociologiques africaines. En dépit de progrès significatifs, l'adhésion des États subsahariens à la norme démocratique est quelquefois instrumentale. Or, les élections ne doivent pas être utilisées en termes de manipulation et de calculs ou, pour parler brutalement, en *décorum*

---

[79] « *Adopter un code de conduite qui lie les partis politiques légalement reconnus, le gouvernement et les autres acteurs politiques avant, pendant et après les élections. Ce code contient un engagement des acteurs politiques à accepter les résultats des élections ou de les contester par des voies exclusivement légales* » : Article 17 (A) de la Charte africaine de la démocratie, des élections et de la gouvernance.

[80] Voir le Protocole de la CEDEAO sur la démocratie et la bonne gouvernance additionnel au Protocole relatif au mécanisme de prévention, de gestion, de règlement des conflits, de maintien de la paix et de la sécurité ; le Protocole sur la Démocratie et la Bonne Gouvernance adopté par la Conférence internationale sur la région des Grands Lacs le 1er décembre 2006, etc.

de façade. Le bilan global de l'évolution démocratique en Afrique noire francophone en amont et en aval, tant au niveau normatif qu'au niveau opératoire apparait mitigé, car desservi par des normes internationales inadaptées (1), mais également éprouvées par les faits (2).

1. Les élections desservies par la tessiture des normes internationales

Le caractère général et abstrait de certains dispositifs normatifs internationaux électoraux est propice à une transposition qualitative analogue des textes législatifs et réglementaires au niveau interne. C'est en effet aux États qu'il revient de mettre en œuvre les instruments internationaux, faculté susceptible de virer en un obstacle à la vitalité démocratique puisqu'est proscrite en général, l'immixtion dans les affaires intérieures d'un pays.

La première illustration est fournie par les attributions des commissions responsables des élections. Certaines modalités de collaboration interinstitutionnelle entre les organes impliqués dans le processus électoral ne sont pas clairement définies (administration d'État, hautes autorités audiovisuelles, juridictions ordinaires, cour constitutionnelle) même si dans certains pays comme le Sénégal, les aptitudes des institutions concourant aux opérations électorales ont été explicitement circonscrites. ELECAM[81] par exemple, a quelquefois été secoué par des conflits de compétence, ayant notamment opposé le directeur général des élections et les membres du Conseil électoral[82]. De tels différends résulte la vacuité de certaines dispositions relatives aux attributions des organes responsables des élections. Une personnalisation accrue de la gestion de certains organes électoraux, venue suppléer au *vacuum* textuel, est aussi source de difficultés. Par ailleurs, le décalque ou mimétisme par rapport à certaines organisations occidentales analogues impacte l'effectivité du rôle de ces institutions dans le contexte électoral africain.

La deuxième illustration provient de la subordination du cadre juridique interne aux intérêts politiques en présence. Les lois électorales, « *les plus importantes en démocratie* » d'après Alexis de Tocqueville, font l'objet d'astucieux détournements. Ce qui sans être une particularité africaine, est rendu plus criard sur le continent, en raison de la banalisation de certaines pratiques régressives. De telles préoccupations un tantinet moralisatrices ne sont pas simplement platoniques. En effet, l'adhésion de certains États aux principaux instruments juridiques universels pour les élections est contrecarrée par la mise en œuvre de textes législatifs dérogatoires au droit commun servant des visées politiciennes de conservation du pouvoir. Ceci

---

81 L'organe en charge de l'organisation des différents scrutins au Cameroun.

82 NTAP (E.J), « Ambiance délétère au sein d'Elecam », source : www.voaafrique.com du 30 juillet 2017 consulté le 7 mai 2019.

atteste de défaillances dans la promotion des exigences éthiques liées à la démocratie.

Ainsi, le processus électoral peut être enrayé pour des motifs liés à la force majeure ou pour une question d'organisation du scrutin. Suite à la démission du président algérien Abdelaziz Bouteflika au pouvoir depuis 1999 et à la mobilisation populaire, l'élection présidentielle du 18 avril a été reportée au 4 juillet 2019. Au Burkina Faso, le référendum constitutionnel sur la limitation à deux mandats présidentiels prévu le 24 mars de la même année a été reporté *sine die*.

La dynamique électorale peut également être affectée par d'autres motifs plus pernicieux. À cet égard, un chef de l'État, n'ayant plus la possibilité constitutionnelle de se représenter ou ayant peu de chance d'être réélu, peut mettre en œuvre ***« l'exception d'insécurité »***[83] en matière électorale. Invoquant l'incapacité (putative ou réelle) pour l'État de garantir la bonne tenue d'une élection en raison de l'insécurité ou du risque sanitaire, un dirigeant peut se montrer tenté de différer le chronogramme électoral, sans opter pour une annulation pure et simple du scrutin. Derrière le triomphalisme de communiqués prétendument conformes au corpus juridique en vigueur se dressent des enjeux précis, parfois cruciaux, jamais insignifiants. À l'occasion d'un changement de chronogramme électoral ou dans sa foulée, on peut minorer les positions d'un adversaire, accroitre ses propres ressources politiques, restreindre l'accès à la compétition politique de tel ou tel groupe social acquis à un adversaire politique. Cette instrumentalisation apparait moins audacieuse qu'une manipulation constitutionnelle ou une élection entachée d'irrégularités ostentatoires et attentatoires à la démocratie.

Avec l'exception d'insécurité, un nouveau moyen de conservation du pouvoir est ainsi apparu. À cet égard, la République Démocratique du Congo (RDC) fait figure de cas typique. Les élections présidentielles, législatives nationales et provinciales qui auraient dû avoir lieu au plus tard à la fin de l'année 2016[84] ont finalement été tenues le dimanche 30 décembre 2018, après maints reports décidés par la Commission Électorale Nationale Indépendante (CENI)[85] et suite à la destruction de plusieurs machines à voter par un incendie survenu dans l'un de ses entrepôts à Kinshasa. Les législatives dans les circonscriptions de Béni, Butembo et Yumbi ont été reportées au mois de mars

---

[83] Universitaire, l'auteur de cette analyse, NIEWIADOWSKI (D), est ancien responsable des Affaires juridiques au ministère français de la Coopération et chef du service de coopération à l'ambassade de France au Cap Vert et en République Centrafricaine.

[84] Le mandat présidentiel du Président Joseph Kabila s'achevait initialement le 19 décembre 2016. En dépit de la médiation de la Conférence épiscopale nationale du Congo et des accords du 31 décembre 2016, l'élection présidentielle ne put avoir lieu en 2017, comme il l'avait promis. L'insécurité était le motif invoqué pour ne pas entamer le processus électoral. Le mandat présidentiel a ainsi été prolongé sans échéance précise jusqu'en 2018.

[85] Voir *infra*

2019 du fait de l'épidémie d'Ebola et des violences intercommunautaires dans cette partie de la RDC.

L'inégalité induite par de tels décalages dans le temps a porté atteinte à l'universalité du suffrage qui implique que chaque citoyen puisse être candidat et bénéficie des mêmes chances d'être élu. Cette interaction entre les principes d'universalité et d'égalité a également été ébréchée par la décision par voie de communiqué du maire de Kinshasa d'arrêter la campagne électorale à la date du 21 décembre 2018 fixée par le calendrier électoral en dépit de la décision de report des élections au 30 décembre 2018. Cette décision constituait une entorse à la loi électorale dont l'article 28 rappelle que la campagne est ouverte « *trente jours au maximum avant la date du scrutin et s'achève vingt-quatre heures avant cette date* ». Dès lors que, de façon consensuelle, les élections ont été reportées, la campagne électorale devait se poursuivre jusqu'à vingt-quatre heures avant la nouvelle date[86]. Les modifications apportées au calendrier électoral ont créé plusieurs catégories au sein de l'électorat congolais avec une frange des électeurs n'ayant pu participer aux législatives qu'au mois de mars 2019, c'est-à-dire deux mois après les résultats des autres élections dans le reste du pays. Cette situation contraste avec les principes posés par les articles 5 et 220 de la Constitution congolaise (RDC)[87]. L'espèce ne constitue qu'un exemple de l'instrumentation des lois électorales susceptibles de fausser les résultats du suffrage universel. Il est rare qu'une telle entreprise demeure sans répercussion au niveau de l'appareil d'État ou de l'équilibre des factions politiques en lice.

Troisièmement, l'application de lois électorales rédigées en des termes propices aux divergences d'interprétation suscite des contentieux électoraux d'une complexité décourageante pour des populations en grande partie, peu familiarisées avec des mécanismes complexes et souvent partagés entre plusieurs juges et ordres de juridiction.

En dépit de tels vices congénitaux aux instruments juridiques, la plupart des élections africaines participent à l'enracinement de la modernité

---

[86] À cet égard, Félix TSHISEKEDI et Vital KAMERHE avaient annoncé qu'ils continueront à battre campagne jusqu'au 28 décembre à minuit, conformément aux dispositions de l'article 28 de la loi électorale. À partir du 19 décembre, à quatre jours des élections initialement prévues le 23 décembre, la campagne électorale a été suspendue à Kinshasa par le gouverneur de la capitale, alors que Martin FAYULU devait y tenir une réunion publique. Cette décision était officiellement prise « pour des impératifs sécuritaires », et concernait « l'ensemble des candidats à la présidence de la République, sans exception aucune », selon un communiqué signé du gouverneur de Kinshasa.

[87] Article 5 de la constitution de la RDC : « *Le suffrage est universel, égal et secret. Il est direct ou indirect* ». Article 220 : « *La forme républicaine de l'État, le principe du suffrage universel, la forme représentative du Gouvernement, le nombre et la durée des mandats du Président de la République, l'indépendance du Pouvoir judiciaire, le pluralisme politique et syndical, ne peuvent faire l'objet d'aucune révision constitutionnelle* ».

politique[88]. Néanmoins, cela ne fait pas perdre de vue que la plupart des élections sont éprouvées par les faits.

2. Le processus électoral éprouvé par les faits sociopolitiques

Les élections en Afrique noire francophone sont un phénomène moderne, inscrit autant qu'il se peut dans un présent bouleversé en permanence, mais à l'instar de toute pratique politique, elles se trouvent tributaires de plusieurs ordres d'expérience qui, eux-mêmes se recouvrent et ne peuvent être qu'artificiellement isolés :

- Aux insuffisances d'ordre législatif et réglementaire s'adjoignent des dysfonctionnements dans le déroulement des opérations susceptibles de rendre inopérantes nombre de dispositions normatives. Certains organes responsables des élections recèlent des vices congénitaux. Au niveau pré-électoral, la place réservée aux partis politiques au sein de telles entités s'avère problématique. Initialement considérée comme une condition du contrôle du processus électoral par les forces politiques en compétition, la participation des partis politiques s'est avérée, au vu d'un certain nombre de précédents, comme contre performante. Les problèmes d'organisation liés au nombre des partis, à l'insuffisante formation de leurs représentants ainsi qu'au risque de conférer à de telles formations la double qualité de juge et partie sont légion sur le continent. Nonobstant tous ces inconvénients et après moult hésitations, la quasi-totalité des codes électoraux d'Afrique Noire continue à valoriser le rôle des partis politiques les jugeant propices au consensus politique dont dépendent le bon déroulement des élections et l'acceptation de leurs résultats. L'exemple de la Commission Électorale Nationale Indépendante (CENI) à laquelle l'article 211 de la Constitution de la République Démocratique du Congo (RDC) confère la charge de l'organisation du processus électoral et référendaire est édifiant. Constituée de treize (13) membres désignés pour un mandat de six (06) ans non renouvelable par les forces politiques au sein de l'Assemblée nationale, la CENI compte six (06) délégués, dont 02 femmes pour le compte de la Majorité ; quatre (04) délégués dont une (01) femme pour le compte de l'Opposition et trois (03) délégués représentant la Société Civile[89]. Cette composition n'a pas pu se prémunir contre les litiges récurrents et les critiques de défaut d'impartialité de la CENI, lors de l'élection présidentielle du 30 décembre 2018. L'introduction dans la loi électorale congolaise de plusieurs dispositions (entre autres, la création de l'Assemblée plénière et l'implication effective de la Société civile dans le processus

---

[88] THIRIOT (C), « Les élections en Afrique, un « objet scientifique pertinent », Afrique *contemporaine*, vol. 239, no. 3, 2011, pp. 133-135.

[89] Loi organique n° 13/012 du 19 avril 2013, modifiant et complétant la Loi organique n° 10/013 du 28 juillet 2010, portant organisation et fonctionnement de la Commission Électorale nationale Indépendante, fixe l'organisation et le fonctionnement de la CENI.

électoral) était pourtant supposée contribuer à renforcer la confiance des acteurs politiques et autres parties prenantes à l'organisation des élections.

- Le mode classique d'organisation des commissions électorales nationales parait inapte à garantir la sincérité du scrutin. Fortement politisées et empêtrées par la vacuité du concept d'élections libres et honnêtes relevant de leurs compétences, ces entités pêchent par leur trop grande proximité avec le régime politique et la subordination éventuelle de l'Administration au parti majoritaire. Elles ont beau être qualifiées d'autonomes ou d'indépendantes ou de mixtes selon les hypothèses, leur séparation de l'administration étatique apparait plus organisationnelle que fonctionnelle comme le montre leur implication dans l'organisation, la conduite et le contrôle des opérations électorales. Il en résulte des dysfonctionnements quant à la transparence des élections (distribution des cartes d'électeurs, fiabilité du fichier électoral et l'équité dans le traitement des candidats). Il est particulièrement réconfortant pour ceux qui croient aux mérites du pluralisme politique de constater que les Commissions du Bénin et du Mali avaient permis lors de leurs premières élections, le changement des responsables politiques, du fait de la nature consensuelle de l'administration territoriale de la transition et de circonstances exceptionnelles.

Le caractère vaste des attributions des organes de gestion des élections et leur capacité à les exercer peuvent s'avérer discutables. Ces structures détiennent la responsabilité de l'ensemble des opérations électorales depuis le stade préliminaire de l'établissement des listes électorales jusqu'au contentieux. De telles institutions demeurent tributaires des difficultés d'ordre technique liées à l'exercice de telles attributions. Leur caractère permanent (ou non) peut déteindre négativement sur leur fonctionnement. Pour y parer, certains pays optent pour la configuration suivante : commission investie d'une mission de supervision et de contrôle et administration de l'État responsable de la logistique. À de telles contraintes, il convient d'ajouter les problèmes liés aux ressources humaines et surtout financières pour organiser, matériellement, des élections. Cet élément peut être minoré par l'assistance internationale - encore que certains États comme la RDC et le Cameroun en 2018 manifestent des réticences à confier à des bailleurs extérieurs le financement d'opérations liées à la souveraineté. Ils optent pour un financement des élections sur fonds propres réputé afin de les préserver des ingérences extérieures dans leurs processus électoraux.

En tout état de cause, la dérive de la démocratie libérale en général et de la démocratie électorale en particulier gagne de plus en plus du terrain dans les pays d'Afrique noire francophone en raison de l'inadaptation des standards internationaux de l'élection. Bien plus, ces pays sont réputés être les terroirs d'atteintes innommables aux droits de l'homme en période électorale.

B. Rupture de la démocratie et violations massives des droits de l'homme en période électorale

Les règles choisies pour insuffler la démocratie électorale dans les pays d'Afrique noire francophone se caractérisent par une formulation à la fois contraignante et facultative[90]. Consacré tant par les textes constitutionnels que par les prescriptions de la communauté internationale, le recours aux élections suscite maintes appréhensions. La principale brèche ouverte par le droit international est de laisser la latitude aux États en matière d'organisation d'élections honnêtes, libres et régulières. En réalité, la période électorale en Afrique noire francophone est fondamentalement caractérisée par la violation systématique des droits de la personne humaine (1) et sensiblement exposée à l'émulation des régimes dits *« exceptionnels »* (2).

1. La violation systématique des droits de la personne humaine

Les élections viennent bouleverser une situation d'ordinaire paisible. Les violations des droits de l'homme en période électorale apparaissent comme l'un des revers de la difficile acclimatation des sociétés africaines aux compétitions électorales. Le droit international des élections s'incline face à la récurrence des atteintes aux droits de l'homme. Ces violations comprennent des atteintes au droit à la vie, droit à l'intégrité physique, droit à la liberté, à la sécurité de la personne et à la liberté de réunion pacifique. À ce titre, une différence significative peut être observée au regard de la répartition des violations dans la période pré-électorale et la période postélectorale.

Durant la **période pré-électorale,** la plupart des violations sont enregistrées pendant la campagne électorale. Les atteintes au droit à la vie sont signalées au premier plan comme celles directement liées au processus électoral. Elles procèdent le plus souvent d'une volonté d'intimider des opposants politiques ou des manifestants. Certaines violations ont pour effet d'influencer le scrutin et de restreindre le droit de réunion pacifique, ainsi que de favoriser un climat de terreur pour éviter toute contestation. Pour contenir les éventuelles manifestations pouvant survenir à l'ouverture de la campagne d'une élection qu'elle soit présidentielle ou législative, les militants et les sympathisants des partis de l'opposition font quelquefois l'objet d'arrestations et de détention irrégulières. Ce recours excessif à la force lors de réunions pacifiques est susceptible d'être à l'origine de pertes en vies humaines. À titre illustratif, une recrudescence des actes de violence en marge des manifestations politiques durant la campagne électorale a entrainé plusieurs décès en décembre 2018 en RDC notamment à Kalemie, Lubumbashi et Mbuji-Mayi. Déjà en novembre 2011, la dispersion d'une manifestation du

---

[90] Dans le chapitre VII de la Charte africaine de la Démocratie, des élections et de la Gouvernance, il est formulé d'une part que les États *doivent* faire et d'autre part *les facultés* leurs sont laissées, sous le contrôle de la Commission africaine.

Parti travailliste dans la ville de Mbuji-Mayi (Kasaï oriental) avait occasionné le décès d'une fillette de 13 ans et plusieurs autres blessés par balles. De fortes tensions ont suivi entre membres du PPRD et de l'UDPS, entrainant la destruction de plusieurs biens par des militants ou sympathisants des deux partis[91]. Ceci prouve à suffisance que les atteintes à la vie peuvent être accompagnées d'atteintes au droit à la propriété. Ce fut le cas dans la nuit du 12 au 13 décembre 2018, à la suite de la destruction d'une partie du matériel électoral destiné à la circonscription de Kinshasa causée par un incendie.

Des atteintes au droit à la liberté et à la sécurité de la personne lors de la période pré-électorale sont également observables dans les pays d'Afrique sub-saharienne francophone. Elles sont le plus souvent liées à l'appartenance politique des victimes. En 2011, Le Bureau Conjoint des Nations Unies aux Droits de l'Homme sur les violations graves des droits de l'homme (BCNUDH) a relevé une dizaine de cas d'atteintes à l'intégrité physique, au droit à la liberté et à la sécurité de la personne et des atteintes au droit de propriété commises par les gardes du corps du Gouverneur de la province du Kasaï oriental[92].

S'agissant de la liberté d'expression et de presse, durant la campagne électorale, les atteintes y relatives ont souvent pour cibles des militants ou sympathisants de partis politiques afin de les intimider et de restreindre leur possibilité de faire campagne.

Pendant **les périodes électorale et postélectorale**, les atteintes au droit à la liberté et à la sécurité de la personne, au droit à la liberté d'association, à la liberté de réunion pacifique, à la liberté d'expression et à la liberté de presse changent de nature. Elles prennent la forme d'une interdiction systématique de manifestations. Le seul fait de contester le déroulement d'une élection peut conduire à une arrestation. Quelques jours après les élections législatives du 28 avril 2019 au Bénin, quatre personnes ont été tuées lors des manifestations. La finalité de ce type de violations est de museler toute contestation du processus électoral. Or, toute restriction à la liberté de réunion pacifique doit être limitée dans le temps et dans l'espace s'il s'agit d'une mesure d'ordre public. Au cas contraire, cette mesure relève d'un état d'exception tel que prévu par l'article 4 du PIDCP[93].

---

[91] Voir aussi le communiqué de presse de la MONUSCO du 28 octobre 2011, « *La MONUSCO préoccupée par les incidents qui ont marqué le début de la campagne électorale à Mbuji Mayi* », CP/OSRM/281011.

[92] Voir *Rapport d'enquête du Bureau Conjoint des Nations Unies aux Droits de l'Homme sur les violations graves des droits de l'homme commises par des membres des forces de sécurité et de défense congolaises dans la ville de Kinshasa en République démocratique du Congo entre le 26 novembre et le 25 décembre 2011*, para. 40.

[93] Article 4 du PIDCP « *Les États parties au présent Pacte reconnaissent que, dans la jouissance des droits assurés par l'État conformément au présent Pacte, l'État ne peut soumettre ces droits qu'aux limitations établies par la loi, dans la seule mesure compatible*

En tout état de cause, la période électorale exposée à de graves atteintes aux droits de l'homme est également propice à la stimulation de régimes dits « exceptionnels ».

2. L'émulation des régimes dits « exceptionnels » :

Il est possible de s'adosser à d'efficaces arcs-boutants tels les régimes « exceptionnels » qui servent au détournement de processus électoraux. Certes, le droit international des élections vise à stabiliser les ordres démocratiques nationaux. Toutefois, la consécration du corpus juridique international est loin d'empêcher l'émulation de régimes exceptionnels en cas de péril imminent résultant d'atteintes graves à l'ordre public, de calamité publique (catastrophe naturelle d'une ampleur exceptionnelle), etc. Ils permettent de renforcer les pouvoirs des autorités civiles et de restreindre certaines libertés publiques ou individuelles de personnes soupçonnées d'être une menace pour la sécurité publique. L'article 9 de la Constitution camerounaise le démontre à l'évidence[94].

L'examen de tels régimes qui se dessinent dans les pays d'Afrique noire francophone en période électorale met en relief un système de gouvernance qui se déploie au-delà de l'exégèse des constitutions. Maurice DUVERGER remarquait à ce sujet que « *l'objet d'une Constitution est de définir par avance un certain type de régime politique qu'on attache ensuite d'appliquer en pratique : ainsi l'essence précède l'existence.* »[95]. La période électorale, bien qu'évoquée dans la constitution conduit souvent à une suspension de son application : le « *temps mort* » constitutionnel. Cette période de transition[96] constitue une étape tampon au cours de laquelle les paradoxes de la démocratisation et la personnification du pouvoir démultiplient leurs effets. Les dirigeants s'absolvent d'agir en conformité avec les structures légales constitutionnelles.

Par un curieux retournement, les élections qui avaient été considérées comme une voie privilégiée de sortie des régimes autoritaires et un mode d'expression du pluralisme retrouvé se voient attribuer la responsabilité des

---

avec la nature de ces droits et exclusivement en vue de favoriser le bien-être général dans une société démocratique ».

[94] Art. 9.- (1) : *« Le Président de la République peut, lorsque les circonstances l'exigent, proclamer par décret, l'état d'urgence qui lui confère des pouvoirs spéciaux dans les conditions fixées par la loi. (2) Le Président de la République peut, en cas de péril grave menaçant l'intégrité du territoire, la vie, l'indépendance ou les institutions de la République, proclamer, par décret, l'état d'exception et prendre toutes mesures qu'il juge nécessaires. Il en informe la Nation par voie de message ».*

[95] « Une République consulaire », *Encyclopédie française,* Tome X, Chapitre 2, p. 218. Cité par MOULIN (R), *Le Présidentialisme et la classification des régimes politiques*, Thèse d'État en Droit, Université de Rouen, 1976, p. 9.

[96] CARTIER (E), « Les petites Constitutions : Contribution à l'analyse du droit constitutionnel transitoire », *RFDC*, 2007, p. 71.

limites voire des ruptures de consensus qui affectent la vie politique en Afrique. Les clivages sont trop marqués, les tensions trop coriaces. Les élections pluralistes deviennent à leur tour un instrument de consolidation de pouvoirs autoritaires et de « démocratures »[97].

CONCLUSION

En définitive, l'adhésion à la norme démocratique par les États d'Afrique noire francophone s'est effectuée par le truchement de la supplantation du droit national des élections par le droit international. Au-delà de ce volontarisme formel et solennel proclamé, l'in(di)gestion du droit (international) des élections par le corps social des États africains, procède dans une certaine mesure, d'une imposition d'un modèle de démocratie importé dont les effets ne sont pas exclusivement pervers. Il ne faudrait pas avoir du sujet ici traité une vision trop machiavélique et mécanique ! L'emploi à la fois pratique et symbolique des élections présente également des réussites. *« Des élections indiscutablement transparentes et pacifiques y aboutissent de manière régulière à des résultats légitimes et reconnus par la grande majorité des élites politiques et des citoyens »*[98]. La plupart des institutions politiques demeurent d'ardentes promotrices de la démocratie et des élections en Afrique. Elles concourent à la diffusion de la *doxa électorale* et remplissent une fonction de canalisation. Enfin, la réalisation de cette étude démontre la nécessité et l'intérêt d'un appui à l'enracinement de la démocratie, des droits et des libertés grâce à l'actualisation des textes fondamentaux régissant la vie démocratique, autour d'un large consensus national.

Ces quelques observations ne prétendent pas fournir un paradigme pour servir à l'examen de toutes les interactions juridiques électorales en Afrique. Mais en plus du vœu (peut-être pieux) de la construction d'un modèle africain de démocratie pourvoyeur de pratiques et d'idéologies nouvelles, on peut en tirer, peut-être, des indications utiles. L'expérience électorale depuis les indépendances se situe entre une réévaluation de tous les passés et la conciliation entre les exigences de la société contemporaine et les contradictions endogènes aux sociétés africaines, même modernes. Au-delà du construit autour de l'effectivité et l'efficacité de la règle de droit, de la problématique de continuité et discontinuité entre ordres juridiques, le développement de cette science du droit ouverte à d'autres disciplines interpelle quant à son caractère peu ou prou contraignant au prisme de la normativité en droit international !

---

[97] KOFFIGOH (K.J), *Le processus démocratique en Afrique et l'observation internationale des élections*, Libreville, AIPLF 1998, p. 15.
[98] DARRACQ (V) et MAGNANI (V), « Les élections en Afrique : un mirage démocratique ? », *Politique étrangère*, vol. Hiver, n°4, 2011, pp. 839-850.

LA RENCONTRE TRIPARTITE : RÉFLEXION SUR UNE TECHNOLOGIE POLITIQUE DE SORTIE DE CRISE AU CAMEROUN

Marcelin NGUÉLÉ ABADA

Agrégé des Facultés de Droit
Professeur Titulaire
Université de Yaoundé (Cameroun)

« Une révolution est un évènement violent, une série d'évènements violents qui changent, bouleversent le régime politique : en entendant par-là la forme du Gouvernement et son aménagement (ainsi on passe de la monarchie à la République, et il y a un bouleversement politique). En réalité, c'est là le sens étroit du mot régime. Un régime est bien autre chose que la forme du Gouvernement, et que ce que l'on désigne par monarchie ou République c'est un ensemble d'institutions sociales, administratives, civiles, religieuses, économiques, en même temps que d'institutions gouvernementales, politiques ou constitutionnelles au sens étroit ».

Jean Jacques Chevallier,
Histoire des institutions et des régimes politiques de la France de 1789 à nos jours. Dalloz, 1981, pp. 5-6.

« Le Cameroun est une nation du hasard »

Joseph Owona,
Cameroon-tribune, n° 5009, jeudi 7 novembre 1991, p. 9.

INTRODUCTION

La Tripartite, voilà une trouvaille camerounaise qui tranche avec l'actualité des Conférences nationales. Un peu comme le **Renouveau** sorti des fonts baptismaux le 6 novembre 1982 qui mettait en déroute les chantres du conservatisme servile. Voilà qu'en pleine crise sociopolitique aux influences multiples, le président de la République cherche à reprendre l'initiative face à la fois à une société civile interrogative, à l'opposition aux aguets, au peuple devenu intermittent du spectacle et à ses amis politiques partagés entre les fidèles, les judas, les observateurs participants.

Initiée par le président de la République, Son Excellence monsieur Paul Biya, la Rencontre tripartite avait inauguré le cycle de concertations suivant une logique propre à nos institutions républicaines permettant, non seulement d'approfondir le processus de transition vers la démocratie, mais aussi de consolider les bases d'une démocratie participative au service de l'idée républicaine et de l'identité nationale.

Cette rencontre a vu la participation du dédicataire de cette réflexion, le professeur Joseph Owona, maître de l'Université, Véritable Jurisconsulte, Haut Commis de l'État de qui nous tenons cette affirmation saisissante selon laquelle « *le Cameroun est une nation du hasard* »[1]. Ces lignes traduisent de la part de l'auteur, son infinie reconnaissance pour l'immense contribution du Professeur au rayonnement national et international de l'Université camerounaise[2].

La revendication démocratique qui ne tire pas ses origines des mutations à l'Est avec pour point d'orgue la destruction du mur de Berlin et la chute du communisme, est consubstantielle au discours du Nouveau président de la République prononcé lors de la prestation de serment le 6 novembre 1982. En effet, le discours présidentiel ouvrait les perspectives du nouvel État marqué par le besoin de démocratie, de rigueur et de moralisation.

Le processus de démocratisation a donc bel et bien un géniteur, en la personne du principal et même Unique interlocuteur du Peuple camerounais : le Chef de l'État. Situation confirmée par son élection au suffrage universel en 1984 et renouvelée à échéance de la mandature jusqu'à nos jours. Comme toute aventure, le processus qui prend un tournant décisif dans les années 1990 est marqué par une vive controverse sur les modalités de transition vers le pluralisme politique. Cette controverse n'est pas spécifique au Cameroun puisque, dans la majorité des États de l'Afrique noire au sud du Sahara, le discours est à l'organisation des assises nationales plus ou moins à l'image de ce qu'ont été les états généraux ayant marqué la Révolution française de 1789.

La contestation politique africaine en général et au Cameroun en particulier devait répondre à la double interrogation pourquoi et comment ? Si à la question « pour quoi », la réponse est aisée dans la mesure où les processus tendaient vers l'implémentation des pouvoirs démocratiques et des gouvernements de progrès[3], à la question « comment », l'accord n'était pas

---

[1] *In Cameroon-tribune,* n°5009, jeudi 7 novembre 1991, p. 9. Joseph Owona poursuivait en disant que le compromis ne peut être unilatéral.

[2] Chef de Département de droit public, Directeur de l'Institut des Relations Internationales du Cameroun, Chancelier de l'Université de Yaoundé, ministre de l'Enseignement supérieur et de la Recherche Scientifique et Auteur de nombreuses publications en droit public.

[3] BIPOUN WOUM (J.M), « Le nouveau Cameroun politique », *R.J.P.I.*C, 1983, pp. 655-692.

unanime. Alors, comment passer des structures monolithiques vers un système de liberté encadrée par un droit égal pour tous ?

Évidemment, la question de la signification du modèle de changement reste posée. Les voix se sont élevées d'abord à propos de l'interrogation sur le comment opérer la transition vers la démocratie pluraliste. Deux grandes tendances ont vu le jour à ce sujet : une première qui soutenait la voie de la conférence nationale souveraine, sorte de forum regroupant toutes les forces vives du pays et rencontre par excellence consacrée, soutenait-on, à la définition des bases politiques, sociales et juridiques de la société pluraliste. Sous cet aspect, la conférence nationale ambitionnerait la mise en place des bases d'une réconciliation nationale induisant des solidarités collectives réputées absentes de notre société. À l'épreuve des faits et des actes, cette affirmation sera relativisée et surtout une relecture des évènements conduira à nuancer les propos pour soumettre à la critique politiste la doctrine favorable de plano à son organisation au Cameroun.

Un second courant davantage défendu par le pouvoir politique et une partie de la Société civile insistait sur le recours au suffrage populaire qui conjugue l'appel au peuple par la voie des élections, avec en perspective les aménagements des conditions de suffrage permettant de garantir l'expression des sentiments qualifiés.

En tout état de cause, les courants ne manquaient pas d'arguments pour nourrir le débat sur la tenue ou non d'une conférence nationale dans notre pays. Cette controverse qui ne manque pas d'intérêt a permis de conclure que le Cameroun n'est pas un pays à part, mais la transformation politique n'a qu'une seule voie : la démocratie. Pour y arriver, la divergence de voies doit être soumise à la vérification des garanties d'une véritable participation politique qu'offre l'une ou l'autre option de changement.

On ne peut donc mieux comprendre la Rencontre tripartite que si l'on retrace l'environnement qui a conduit à l'organisation de cette rencontre. Une succession d'évènements doivent être rappelés et analysés en rapport avec cette question sans qu'on s'y attarde davantage, mais, en ressortant leur importance pour la compréhension des assises organisées à Yaoundé sous la présidence effective du Premier ministre Sadou Hayatou désigné à cet effet par le président de la République[4].

Le discours en faveur de la tenue d'une conférence nationale au Cameroun s'inspire des expériences des autres pays africains. Il s'agit moins d'un mime concernant les conditions d'une véritable concertation que la perspective d'une destitution évidente des derniers pouvoirs monolithiques. Il est

[4] La conférence tripartite s'est ouverte au Palais des Congrès de Yaoundé le 30 octobre 1991 et s'est achevée le 15 novembre de la même année.

important avant de nous intéresser à l'ordre du discours au Cameroun de parcourir le concept et les usages enregistrés.

- ***Les bonnes questions…***

Il est question de nous habituer à cette technologie en recherchant l'essence de cette expression dont la certitude de son inscription dans un dictionnaire n'était pas acquise, en dehors des développements doctrinaux insuffisamment systématiques[5]. Présentée comme modalité de transition politique, la conférence nationale se rapproche des *états généraux* en France qui avaient conduit au déclin de l'absolutisme du pouvoir royal[6]. Les *états généraux* constituaient la réunion auprès du monarque et à son initiative, de délégués des trois ordres du royaume. Ils donnaient l'occasion de permettre au roi d'obtenir informations et conseils[7]. Le roi a conservé l'initiative et la maîtrise des sujets à débattre jusqu'en 1789, lorsque galvanisé par Sieyes, le Tiers-État se proclame Assemblée nationale, processus qui aboutit à la constituante mettant fin aux mandats impératifs et transformant les députés en représentants[8]. La conférence nationale n'a pas une longue histoire, mais sa revendication se fonde sur l'attrait des pratiques extérieures notamment l'éventualité du renversement du pouvoir.

Le rapprochement entre les deux notions révèle des disparités même si le résultat plus ou moins identique sur le plan de la proclamation des libertés et de l'émergence du nouveau régime fait penser que désormais le parti unique a fait son entrée dans l'histoire, d'où l'idée d'Ancien régime évident en France depuis 1789 et ambigu en Afrique[9]. Depuis cette expérience française, aucun cadre n'a réuni les forces sociopolitiques pouvant permettre de dessiner l'ambition de la conférence nationale. Les mutations qui se succèdent dans le monde retrouvent au plan politique l'incontournable choix démocratique. La conférence nationale devient ainsi un concept atypique. Il reste à tenter

---

[5] Rapport rédigé pour le congrès de l'AFSP par Daniel Bourmaud et Patrick Quantin, table ronde : Ingénierie institutionnelle ". Les auteurs affirment également que cette notion ne se trouve pas encore dans les manuels de droit constitutionnel.

[6] Un processus conduit par le Tiers-Etat qui a fini par limiter la portée de l'ambition royale face à l'inévitable révolution politique.

[7] Les États généraux sont nés au début du XIVe siècle lorsque Philippe le Bel cherchait à soutenir sa politique envers la papauté et malgré les éclipses leurs réunions en 1789 mettent fin à la monarchie absolue. Voir FAUCHOIS (Y), *Dictionnaire constitutionnel,* Paris, PUF, 4e édition, 1992, pp. 420-421.

[8] Pour une idée assez claire, voir CADART (J), *Le régime électoral des états généraux de 1789 et ses origines,* Paris, Sirey, 1952. Voir Picot. G, *histoire des États généraux,* Paris, hachette, 1872, 4 volumes. Lire l'Abbé SIEYES (E J), Qu'est-ce que le Tiers-État ? (1789), Paris, Librairie Palais Royal, 1833.

[9] FAUCHOIS (Y), op. cit., p. 420. Lire ATTUEL (J.C), *Justice la nation, Versailles sous la Révolution* 1789-1792, Montgeron, Desbouis Gresil, 1988, 883 pages.

d'isoler cette notion qui n'a pas disparu dans le projet politique d'une certaine opposition camerounaise.

- ***Une invention béninoise***

En passant pour modèle de transition, la conférence nationale du Bénin baptisée conférence des forces vives a franchi des obstacles majeurs liés aux blocages organisés par le système marxiste-léniniste dont étaient friands les dirigeants politiques. L'intérêt du rappel de l'impact de cette conférence des forces vives provient de l'interrogation sur les causes de réussite d'une concertation regroupant les anciens *ennemis* politiques. Le passage du parti unique en Afrique a contribué à la dépolitisation de la société et ruiné l'économie. L'histoire politique du Bénin malgré sa particularité, garde quelques points communs avec celle des pays voisins d'Afrique. Il en découle logiquement que le contexte social au début de l'année 1989 vit une crise profonde : manifestations de rue, grèves de fonctionnaires et des étudiants, etc. Ces manifestations se rencontrent d'ailleurs souvent avec beaucoup d'intensité. Mais le Bénin ne se contente pas des rajustements : abandon de l'idéologie marxiste-léniniste, suppression de monopole du parti connu sous l'aspect du *rôle dirigeant du parti*. La pression est telle que l'ouverture se fera avec la participation de tous ou alors ne se fera pas.

L'idée de réunir les forces sociales conquiert l'unanimité. Il reste à faire rallier le chef de l'État Mathieu Kerekou qui est au pouvoir depuis dix-sept ans, appuyé par l'armée qui a favorisé, organisé et exécuté le coup d'État ayant permis son accession au pouvoir. En dix-sept ans, il a su créer une clientèle autour de son pouvoir pour s'opposer à toute forme de rébellion. Il faut négocier avec lui. Un homme jouera un rôle déterminant sur ce point, c'est l'ancien bâtonnier de l'ordre des avocats, Maître Robert Dossou[10].

Lorsque le 19 février 1990, 488 délégués se réunissent dans le Grand Auditorium de l'hôtel PLM-Aledjo à Cotonou, Mathieu Kerekou est rassuré pour sa vie même si les premiers jours des travaux auraient fait basculer les débats au "*pugilat*". Présidés par Monseigneur Isidore De Souza[11], les travaux de la conférence nationale des forces vives de la nation dureront dix jours. Au bout, un apaisement, une réconciliation nationale et le mea culpa de Mathieu Kerekou en ces termes particulièrement saisissants :

> *Je suis venu me confesser, ce type de conférence est rare. La fierté du Bénin c'est d'avoir dans cette salle ses anciens présidents, tout*

[10] Ancien ministre de Kerekou, ancien doyen de la faculté de droit de l'université nationale du Bénin, Maître Robert Dossou a négocié dur avec Kerekou et s'est vu confier la présidence du comité chargé de préparer la conférence nationale des forces vives de la Nation.
[11] Alors Archevêque Coadjuteur de Cotonou (capitale du Bénin).

changement politique, ailleurs, est sanglant. Les dommages subis sont-ils tellement énormes qu'ils ne puissent être réparés ? J'ai honte... [12].

Cette déclaration a pu éviter la dérive vers un tribunal contre le régime et réduire les enthousiasmes des opposants aux simples défoulements. La haine s'exprime non plus par la violence physique, mais par la parole ou le discours. L'avantage de ces assises est d'abord d'avoir permis au Bénin ainsi que le soulignait Maître Rachid Machifa, de *faire l'économie de violences inutiles, car avant la conférence, la lutte contre le PRPB (ex parti unique) s'était radicalisée. S'il n'y avait pas eu la conférence, on était au bord de la guerre civile*[13]. La conférence a sauvé l'unité nationale menacée par les oppositions entre le nord et le sud du Bénin. La conférence a renvoyé les militaires dans leurs casernes. Elle a évité le recours immédiat au suffrage populaire redouté par les différentes forces politiques. Elle a mis en place de nouvelles institutions de représentations collectives. Mais ces assises n'ont pas réglé d'un coup de baguette magique les problèmes du Bénin. En mettant en place les conditions d'un nouveau départ collectif, le Bénin était conscient que le plus dur reste à venir : les difficultés économiques, les premières échéances électorales, bref l'après-conférence nationale. À la fin, le Bénin pouvait s'enorgueillir d'avoir présenté à la face du monde l'exemple d'un modèle de transition parce que conclu, négocié et préparé. Ces assises ont fait école, mais les autres élèves n'ont pas pris le temps d'assimiler le modèle, d'aller apprendre au Bénin et puis de rencontrer l'arrière-pays, les forces sociopolitiques, les groupes économiques. En choisissant la force, le mime n'a pas réussi, mais plutôt aggravé la crise[14].

- ***Une contagion douloureuse***

La conférence nationale a servi ailleurs de moyen de transition vers le pluralisme. Le modèle béninois a fait l'objet d'une exportation dans d'autres pays du continent. Il est devenu l'enjeu de la coopération sud-sud. La revendication des assises de ce genre péchait par un manque total de domestication du produit. Le transfert de cette technologie politique supposait nécessairement l'étude préalable du projet initié à Cotonou, son déroulement et son impact sur le système social, économique et politique.

---

[12] Cette version est reprise dans *Jeune Afrique* n°1591, op.cit., pp. 19-20, *Jeune Afrique Économie* publie une version assez différente, « nous sommes venus nous confesser. L'option marxiste-léniniste a éparpillé les fils de ce pays. Est-ce un crime que de vouloir la remettre en cause ? Que de vouloir la réconciliation nationale ? Le mal est donc si important qu'il ne puisse être réparé ? (...) J'ai honte de moi-même », J.A.E, sept. 1991, p. 122, voir aussi BOURMAUD, op.cit., p. 7.

[13] Il a été Conseiller juridique du présidium, puis membre du Haut Conseil de la République (H.C.R) parlement de transition, voir BARTHABURU (J), in *Africa international*, n°245, janv. 1992, p. 13

[14] On note ici le rôle déterminant joué par Me Robert Dossou pour convaincre le pouvoir d'accepter la tenue de la conférence nationale des forces vives de la Nation.

Sur ce point, le Bénin fournit les éléments de réponse depuis les négociations officieuses avec le pouvoir encore détenu par Mathieu Kerekou, jusqu'au compromis en vue de la tenue de ces assises, compromis qui ne promettait pas au pouvoir une quelconque revanche. La contagion qui a suivi la *grande table ronde* du Bénin a touché le Congo, le Gabon, le Mali, le Togo, le Tchad, le Zaïre, etc. Dans ces différents pays, la situation est au bord de l'implosion : à Libreville, Brazzaville, Bamako, N'Djamena, etc.

La conférence nationale a fait l'objet de développements théoriques. Quelques travaux recensés à son sujet[15] adoptent une approche finaliste de ce concept. Il est plus question soit de l'apologie du modèle, soit de son rejet. Le Bénin restera le modèle de réussite de la transition par la conférence nationale. Avant de se constituer en modèle théorique, la conférence nationale a été expérimentée à Cotonou, capitale béninoise. C'est l'exemple d'un modèle qui, avant d'être théorique, a été éprouvé dans la réalité. Daniel Bourmaud et Patrick Quantin font de la conférence nationale *une assemblée consultative réunie pour proposer des solutions à une crise politique provoquée par le blocage de régimes autoritaires à parti unique*[16].

Une telle perspective ne rend pas totalement compte de la réalité, car faire de la conférence nationale, une assemblée consultative est une vue restrictive et en tous points, inexacte. Si l'on excepte le cas gabonais, la plupart des conférences nationales proclamées souveraines ne se limitaient pas aux simples avis, l'initiative de ces réunions résultait de nombreuses tractations qui devraient conduire l'observateur à beaucoup de recul dans toute tentative d'explication du phénomène. Ces auteurs toujours suivant une perspective finaliste feront de la conférence nationale (...) *un outil de gestion des crises politiques affectant des systèmes à parti unique, par la reconnaissance officielle des libertés publiques et la consécration de l'État de droit*[17]. À ce niveau, nous ne sommes toujours pas avancés, la notion de *reconnaissance officielle* est confuse. Les modifications constitutionnelles et législatives n'ont rien révolutionné. Les constitutions antérieures n'étaient pas très éloignées des grandes déclarations des droits, ni des libertés fondamentales. Pourtant la solennité de leur adoption n'était pas très différente des scénarios observés dans la pratique. C'est sur le plan d'une culture politique démocratique qu'il faudrait replacer le débat politique.

---

[15] Voir notamment EBOUSSI BOULAGA (F), les conférences nationales en Afrique, Paris Karthala, 1993, 229 pages. Voir BOURMAUD (D) et QUANTIN (D), rapport op. cit., pp.1-14. Voir TIANGAYE (N), « Crise de légitimité du pouvoir de l'État et conférence nationale en Afrique », *Revue africaine de droit international*, n°4,1992, pp. 609-629. Lire également SINDJOUN (L), « Cameroun : le système politique face aux enjeux de la transition démocratique (1990-1993) », *Afrique politiques*, 1994, Paris, Karthala, pp. 143-144.

[16] BOURMAUD (D) et QUANTIN (P), op-cit, p. 1 et ss.

[17] Ibidem, p. 2.

En effet, la liberté rime avec culture ; culture de participation politique. De ce point de vue, l'officialisation des normes sur fond des discours d'éclats n'est pas une solution à la crise. Il s'agit de renégocier un modèle de culture de l'obéissance à l'autorité en même temps qu'une forme de culture de la liberté émerge. La conférence nationale n'est plus cette solution miracle, mais bien (...) *un scénario parmi d'autres dans une phase critique pour les systèmes politiques africains... scénario original qui fait école, au moins dans son principe*... a dû reconnaître une certaine doctrine.

Le concept retrouve sa relativité qui évite le risque de dogmatisme qui a entouré la notion de parti unique. Ainsi, la conférence nationale selon Tiangaya *apparait comme une voie qui permet de déboucher sur une transition vers la démocratie sans passer les fourches caudines d'une révolution ou d'un coup d'État aux conséquences incalculables*. En la présentant comme *une voie*, l'auteur n'a pas couru le risque d'en faire *la* voie, mais son approche soulève quelques réflexions critiques[18]. Notamment lorsqu'il évoque les voies opposées telles que la révolution ou le coup d'État. Si la conférence nationale n'ambitionne pas le nouveau départ, le changement total, donc une certaine révolution, qu'est-ce qu'elle serait ?

Si la conférence nationale ne conduit pas aux déclins des dictatures et dictateurs et à leur remplacement aux moyens des décisions sans appel, souveraines, sorte de coup de force sociopolitique, qu'est-ce qu'elle deviendrait ?

- ***Quelle herméneutique ?***

On s'accorde à reconnaître à ce mode de régulation et de gestion politique, un système spécifique d'assemblée constituante auto-proclamée et non élue selon la tradition. Les terminologies ont certes une importance dans l'élaboration d'une doctrine, mais ne sont pas déterminantes dans la pratique. La meilleure définition dans ces conditions résulte d'une analyse par analogie ou alors en tenant compte d'idéaux types. Cette aventure risque d'être émaillée de subjectivité sans intérêt pour la compréhension du terme Conférence nationale. L'approche finaliste conduit à opérer des rapprochements qui pourraient faciliter l'isolement du concept et ouvrir à une définition plus ou moins précise.

Abel Eyinga a tenté d'expliquer la pertinence de la logique de la conférence nationale au Cameroun. À ce propos, il établit une relation d'identité entre dialogue, discussion, concertation et conférence nationale suivant cette équation : *dialogue = discussion = concertation = conférence nationale*[19]. Cette relation d'identité l'a conduit à privilégier ce qu'il appelait *concertation*

[18] TIANGAYE (N), « Crise de légitimité du pouvoir de l'État et conférence nationale en Afrique ».
[19] EYINGA (A), Note d'Information, 1991, inédit.

nationale. Celle-ci est une *conférence c'est-à-dire un vaste dialogue entre les représentants des différents courants de l'opinion camerounaise en vue de définir ensemble les voies et les moyens devant conduire notre pays à la démocratie pluraliste*[20]. L'intérêt de cette définition est d'avoir englobé les considérations multiples avant de déterminer le fondement du rassemblement. Elle marque une grande différence avec les États généraux pour privilégier le souci de définir ensemble, de discuter, d'élaborer le nouveau *contrat social*. Il n'y a pas ici d'apriorisme au niveau des sujets à débattre, mais bien l'objectif de faire participer les différents courants, du moins, leurs représentants à la redéfinition de la raison d'être et du vivre ensemble.

Vue sous ce plan, la conférence nationale deviendrait un cadre privilégié d'échange et de partage. En réalité, cela n'est qu'un mirage. Le modèle béninois malgré son originalité ne s'exporte pas sans étude de faisabilité, sans domestication, le rêve risque de conduire au cauchemar. Quelques expériences africaines permettront de comprendre à la fois son aspect symbolique et le traitement de son exportation dans ce que Bourmaud et Quantin appelaient *un transfert sud-sud*[21]. L'appropriation du modèle béninois n'a pas connu le même succès comme chez le géniteur au point que certains n'hésitèrent pas à se demander si la conférence nationale est vraiment la solution[22]. Les expériences de transposition du modèle donnent une réponse à cette interrogation. Mais avant de reproduire un modèle, le bon sens devrait conduire à s'interroger sur les conditions d'avènement du modèle là où il a été expérimenté et toute reprise encourt le risque de ne pas tenir compte de la réalité sociale dans laquelle de nouvelles expériences vont s'appliquer.

Dans cette mouvance, le Cameroun se présentait comme un cas à part. Ce qui a permis de poursuivre l'œuvre de construction nationale au cœur de la politique du Renouveau et de consolider la démocratie. L'appel à l'organisation des élections disputées faisait écho au besoin de liberté. Le refus d'organiser dans notre pays la conférence nationale était ainsi justifié surtout que les sujets de débats, comme nous le verrons, conduisaient inexorablement à la destruction de l'acquis républicain. L'organisation de la conférence tripartite participe du souci, du président de la République, de construire un État moderne, multi-ethnique et multiculturel, et de bâtir l'unité à partir du multiple. Toutefois, la question est de savoir si la tripartite a réussi à influencer le cours de l'histoire politique et constitutionnelle camerounaise. L'objet de la présente réflexion vise justement à mettre en exergue le cadre de concertation ayant abouti toutes proportions gardées au texte constitutionnel du 18 janvier 1996.

---

[20] *Idem.*

[21] Voir BOURMAUD (D) et QUANTIN (P), (rapport) « Sur mesure et prêt-à-porter : les conférences nationales en Afrique noire (1990-1991) », op. cit., p. 9.

[22] Voir ANDRIAMIRADO (S), in *Jeune Afrique*, n°1591, du 26 juin au 2 juillet 1991, pp. 16-19.

Dans cette perspective, pour mieux saisir les contours de cette rencontre, il convient d'examiner dans un premier temps le processus de sa mise en place (**I**) et dans un second temps, son déroulement (**II**).

I. LA MARCHE VERS LA TRIPARTITE

La marche vers la Rencontre tripartite a été marquée par un climat social confus mâtiné d'une revendication de la tenue de la conférence nationale et dont le rejet a conduit à une crispation politique dommageable au développement collectif. Examinons tour à tour les fondements du rejet de la conférence nationale(**A**) et le climat social autour de cette question(**B**).

A. Les fondements du rejet de la conférence nationale

Après quelques expériences africaines plus ou moins réussies de conférence nationale, l'idée de son organisation au Cameroun continuait de courir. Entretenue par certains partis d'opposition, elle est restée le préalable à tout programme de changement. La revendication de la tenue d'une conférence nationale met en déroute la place et le rôle du pouvoir constituant qu'il soit originaire ou dérivé[23]. Lorsque le Gouvernement oppose une résistance à la conférence nationale, cette détermination tient compte des risques de dérive même si l'idée de la réconciliation nationale garde sa pertinence.

1. Le discours sur les fondements de la conférence nationale

Réconciliation nationale, définition des nouvelles bases juridiques et institutionnelles de l'État de droit, etc. Voilà quelques éléments qui constitueraient les objets de la conférence nationale. Celle-ci devant ainsi être souveraine, c'est-à-dire, que ses décisions ne pouvaient en aucun cas être remises en cause. Leur application étant immédiate et s'imposant à tous, même au peuple dont le rôle dans ces circonstances demeure mal défini.

La manufacture béninoise devient une nécessité au Cameroun et l'opposition sur ce point entretient un discours totalement ambigu : d'abord s'agissant de l'objet de cette rencontre qui devient subitement *une nécessité vitale* et ensuite à propos des justifications d'une telle assemblée qui supplante le peuple. Une importante controverse s'est développée au sujet de l'identification de l'objet de la conférence nationale réclamée par l'opposition radicale au Cameroun. La revendication d'une conférence nationale donnerait à ses défenseurs les moyens de contrôle politique.

---

[23] Lire *la Revue Pouvoirs* n°67, Paris P U F, 1993, notamment BEAUD (O), « Le souverain », pp. 33-45. Également, « Débat : souveraineté et supra-constitutionnalité », FAVOREU (L), pp. 71-77, VEDEL (G), pp. 79-97.

Achille Mbembe faisait un constat sur la réalité de l'État : *l'État est ici l'espace alimentaire par excellence. Ceux qui parviennent à s'en emparer échappent de ce fait à la famine et à la disette. Ils pensent par ce biais, contrôler le processus d'accumulation... le pouvoir est ainsi perçu en Afrique comme le lieu de repas... L'État, la fonction publique, la police, la force militaire, etc. sont assumés avant tout comme autant de gisements alimentaires et d'instruments d'extorsion. Ils constituent des sites à partir desquels s'organise la société ou la disette*[24]. Ce constat rend compte de la réalité du fonctionnement du système politique notamment l'emprise des relations de clientèle et le culte de la personnalité qui ont inhibé tout développement de *sentiments qualifiés.*

L'opposition espère récupérer le pouvoir à son profit. Mais son projet, qui vise essentiellement cette fin, ne garantit pas une réconciliation nationale souhaitée dès lors que la conférence nationale se transformera en un tribunal. À propos de cette *conférence nationale-tribunal*, Monseigneur Jérôme Owono Mimboe[25] dira lors de la tripartite son scepticisme quant à son efficacité et à la possibilité de faire défiler par devant cette *cour* tous les anciens et actuels gouvernants et autres responsables du service public pour qu'ils rendent compte de trente années de malversations et d'atteintes à la fortune et à la morale publique.[26] Une telle entreprise, si elle doit toucher tous ceux qui de près ou de loin ont commis des impairs, aurait été soit une impossibilité soit une supercherie, à moins que l'opposition ait d'autres visées[27].

Ainsi, l'objectif est de renverser le pouvoir sans garantie de sécurité. Dans une interview qu'il avait accordée à *Jeune Afrique Économie*, monsieur Bello Bouba Maïgari soutenait l'option de la conférence nationale en estimant que c'est *un sentiment général du peuple camerounais tout entier*[28]. Il tenait ces propos dans son exil à Kaduna, au Nigéria, où il s'était réfugié après les évènements qui avaient endeuillé les familles entre 1983 et 1984. Défenseur acharné du parti unique qu'il a contribué à servir et à construire, la conférence nationale redevenait pour lui, à la surprise générale, un remède miracle pour opérer un changement politique.

À la question de savoir *de quoi faudrait-il débattre lors de cette conférence*. Monsieur Bello Bouba, qui connaît le système qu'il a contribué à bâtir, déclare :

---

[24] Voir MBEMBE (A), *les jeunes et l'ordre politique en Afrique noire*, Paris, L'Harmattan, 1985, pp. 234-235.

[25] Voir OWONO MIMBOE (J), intervention du 15 novembre 1991, Rencontre tripartite du Palais des Congrès.

[26] Intervention du 15 novembre 1991 lors de la Rencontre tripartite tenue au palais des congrès de Yaoundé p. 4.

[27] *Idem.*

[28] C'est au bout de sept ans d'exil qu'il fait cette déclaration, c'est bien sa conviction de résumer les sentiments collectifs qui est surprenante.

des conditions d'un bon fonctionnement de la démocratie...[29] Pour lui, c'est "*l'essentiel*" avant de préciser que (...) *tout le monde doit avoir à cœur de préserver la cohésion nationale, de préserver les chances d'un véritable redémarrage de l'économie et de la vie politique nationale*[30]. Sans se départir d'une suffisance quelque peu désuète, monsieur Bello Bouba soutient *qu'il y avait une certaine stabilité* pendant les années de monopartisme.

Pour lui, il faut éviter les dérives, car ce qui compte pour lui c'est la mise en place *des institutions solides qui garantissent la stabilité politique indispensable au bon développement de tout État, quelle que soit l'issue de la conférence le pays aura besoin de stabilité et de cohésion pour panser ses plaies*[31]. Cette analyse manquait d'objectivité en tous points de vue. L'histoire politique camerounaise méritait un meilleur diagnostic. Monsieur Bello Bouba était bien comptable d'une partie de notre histoire et n'échappera pas à l'obligation de justifier les agissements que la mémoire collective a su intelligemment sélectionner[32].

On voit bien que celui-ci n'a pas saisi le sens de la conférence nationale et très vite il abandonnera sa position pour rallier le rang du refus avec malheureusement des soupçons qui pèseront longtemps dans ses intentions politiques, lui qui se réclame l'héritier d'Ahmadou Ahidjo. Beaucoup d'autres leaders politiques ont rallié le camp de la revendication des grandes assises souveraines avec moins de convictions. Le débat s'étant radicalisé, l'objectivité avait totalement disparu dans les revendications, au point que si tel n'est pas avec moi, il est nécessairement contre moi. Lorsque le 24 juillet 1991, la coordination nationale des partis de l'opposition et des associations adresse au Président de la République un mémorandum, il devient possible de saisir les fondements du discours radical. Ce document d'une dizaine de pages donne une idée de ce que l'opposition entend par la conférence nationale souveraine[33].

Le texte définit trois catégories d'objets pour les assises nationales. Deux principales seront rappelées ici in extenso pour mieux comprendre l'ampleur du débat. Dans la première catégorie, la conférence nationale viserait à *« créer les conditions d'une véritable réconciliation nationale, en se parlant franchement sans rancune, de tout ce que l'on a caché au peuple et de tout ce que nous nous sommes reproché les uns aux autres sans pouvoir le dire depuis 35 ans et en se promettant de ne plus recommencer... laver en famille tous nos linges sales... »*[34] Ceci nous rappelle la palabre africaine. Elle avait l'avantage

[29] Bello Bouba, interview accordée à *Jeune Afrique Économie* n°145, juillet 1991, p. 98.
[30] Ibidem, pp. 98-99.
[31] Ibidem, p. 99.
[32] Il n'est pas sûr que l'intéressé allait échapper à la vindicte de ce tribunal public.
[33] « Mémorandum au président de la République », signé le 24 juillet 1991, par la « coordination nationale des partis de l'opposition et des associations », document de 11 pages.
[34] Voir " mémorandum ", op. cit., p. 4.

de résoudre les problèmes et d'éteindre toute situation conflictuelle. Avec la conférence nationale, le problème se pose autrement : la palabre se basait sur le consentement à l'autorité, l'acceptation de sa *juridiction* et par conséquent l'engagement à observer ses *décisions*. Il s'agit d'une autorité suffisamment intégrée. Par contre, la conférence nationale dans le souci de réconciliation n'est pas acceptée. Comment imposer le consentement à partir d'une assemblée dont la légitimité n'obtient pas encore l'unanimité ?

Les sujets proposés au débat ne pouvaient pas enthousiasmer toute la classe politique, notamment en ce qui concerne la première catégorie, les débats porteraient sur[35] :

- les conditions de la lutte pour l'indépendance (1955-1959) ;
- le maquis (1956-1970) ;
- les manœuvres pour supprimer le multipartisme (1961-1966) ;
- la dictature du parti unique (le régime Ahidjo 1966-1982), (le régime Biya 1982-1990) ;
- le tribalisme d'État ;
- la gestion des sociétés d'État ;
- le fonctionnement de l'Administration ;
- le pillage de l'État ;
- la fuite des capitaux ;
- les affaires Dongmo, Ouandie ;
- l'affaire Um Nyobe ;
- l'affaire Moumie ;
- l'affaire Ossende Afana ;
- l'affaire Mpondo ;
- l'affaire Ngongo Ottou ;
- l'affaire du coup d'État d'avril 1984 ;
- l'affaire du lac Nyos ;
- l'affaire du pétrole camerounais ;
- les grands scandales des sociétés d'État ;
- les grands scandales bancaires ;
- les grands scandales ministériels ;
- les scandales des grands chantiers publics, etc. [36].

---

[35] *Idem.*

[36] Lire en ce qui concerne le lac Nyos, international News bi hebdo n°138 du 22/07/1991, voir " mémorandum ", op.cit., voir *Cameroun express* n°0019 du 23/08/1991, p. 8.

De tels sujets ne pouvaient pas faciliter la réconciliation nationale. Prenons les cas simples et complexes en même temps, le tribalisme d'État, le pillage de l'État, la fuite des capitaux, certains leaders de l'opposition radicale actuelle faisaient partie du cercle du pouvoir. Seront-ils honnêtes de reconnaître leur responsabilité dans le processus organisé de destruction de l'État ? Le dossier des *affaires* ne va-t-il pas réveiller les haines qui seraient de nature à compromettre la réconciliation nationale ? Le débat sur la dictature du parti unique *régime Ahidjo* et *régime Biya* n'est-il pas déjà faussé puisque le justiciable est identifié alors que c'est bien tout un système qui a détruit la dynamique de l'histoire collective.

La deuxième catégorie des sujets à débattre était relative au souci de *jeter les bases d'une véritable démocratie et construire un consensus national nouveau sur les fondements du développement politique, économique, social et culturel de la nation*[37]. Cette catégorie vise d'une part la construction de la démocratie : *le Code électoral, l'accès des partis politiques aux médias publics, le financement des partis politiques, les libertés publiques, la censure de la presse, la police politique, la neutralité politique de l'Armée et de l'Administration, la décentralisation et la représentation nationale des élus locaux, des autorités traditionnelles et morales, des forces socioprofessionnelles, etc.* Elle vise, d'autre part, la mise en place d'un nouvel édifice constitutionnel : *l'agencement des organes constitutionnels, le rôle du parlement, le nombre des mandats présidentiels... la garantie de l'indépendance des juges...*, l'orientation économique, l'Administration, l'éducation, la santé et l'emploi. Cette catégorie s'inscrit dans les préoccupations sociales et tiendrait bien sa place dans un débat, quelle que soit sa nature. Il n'y avait pas que la conférence nationale pour conduire ce débat.

Il est dangereux d'entretenir l'illusion d'un paradis au bout d'une période de transition, car, l'œuvre de construction nationale et de la démocratie est une préoccupation de tous les instants. Par contre, bâtir une démocratie, initier un projet pouvant entrainer l'adhésion du plus grand nombre nécessite une concertation plus large, un débat. Les voies pour y parvenir sont multiples en dehors de l'illusion du miracle qu'opérait la conférence nationale souveraine. Abel Eyinga avait tenté d'évacuer le risque d'une dérive conflictuelle en précisant, malheureusement il était seul à le penser dans le camp de l'opposition, que *la conférence nationale n'est pas un tribunal. Elle ne saurait davantage être un organe d'attribution des postes à titre définitif ni une assemblée chargée d'amnistier des coupables*[38]. Après avoir cherché à

[37] Ibidem, p. 4.

[38] La conférence nationale n'a pas selon lui un pouvoir de nomination du président de la République. Eyinga est en porte-à-faux par rapport à l'ambition des partis radicaux. Le bras de fer risque de se transformer en foire d'empoigne. Elle “ n'est organisée ni contre un individu, ni contre une ethnie et encore moins contre une région ou une région ”. Mais Eyinga n'exclut pas la possibilité pour les délégués de “ demander des comptes à des personnes ou des

dissiper les malentendus[39], Eyinga ne reconnaît pas à la conférence nationale la qualité de constituante[40]. Pour lui, le champ d'action de la conférence se limite à la *formation d'un gouvernement transitoire d'union* [41]; à *l'élaboration d'un livre blanc sur l'état du pays*[42] ; au rétablissement des libertés et tout autre point conduisant à la véritable désignation des représentants par le peuple.

Il s'agit de *l'élaboration d'une loi électorale, de la séparation du parti et de l'État, de la décolonisation des médias nationaux, de la récupération du patrimoine national détourné, de faire toute la lumière sur nos revenus pétroliers, de la dépolitisation de l'Administration* souligne Abel Eyinga. Toute cette construction théorique n'est pas convaincante pour justifier l'organisation de la conférence nationale. Peut-être, les fondements avancés renforcent-ils l'urgence de ces assises qui, jusqu'ici, restent un discours à la mode, un *prêt-à-porter* insuffisamment taillé à la mesure de la société camerounaise.

2. La thèse de la conférence nationale souveraine camerounaise

En dehors du mémorandum de la coordination des partis d'opposition et de l'opuscule d'Abel Eyinga, aucun autre travail systématique n'a été réalisé sur la conférence nationale du Cameroun. Du moins, en ce qui concerne son apologie et les objets pouvant justifier ces assises dans notre pays. Évidemment, il s'est développé une logorrhée simplement pour servir des intérêts particuliers entretenus par des hommes politiques plus préoccupés par leur désir de contrôler le pouvoir. En réalité, sur le fondement de la conférence nationale, les discours n'étaient pas toujours cohérents.

Les auteurs du mémorandum rappellent les points qui *rendent indispensable et incontournable la tenue d'une conférence nationale souveraine*. Nous nous sommes inscrits dans leur école pour apprendre quelque chose de nouveau. En réalité, il n'en est rien. Le *regard froid et sans parti pris sur la société camerounaise* n'apporte rien de nouveau. L'impression du déjà vu et dit plane sur leur réquisitoire. Aux yeux des membres signataires du mémorandum, trente années de dictature ont conduit à des phénomènes suivants : *Absence d'arbitre et de contrepoids aux situations créées par l'excès d'organisation et de réglementation...* Ce constat est imprécis et ne définit pas clairement le domaine visé. S'il y a *excès*, il

---

organisations dans la mesure où l'action de ces personnes ou de ces organisations a un impact sur la préparation de notre entrée dans la démocratie pluraliste ". V. Eyinga, ibidem, p. 16.

[39] Prenant à partie M. Yaoui, trésorier de la section RDPC de France, pour qui la conférence nationale est synonyme de catastrophe programmée, Cameroun tribune, n°4982, mardi 1er octobre 1991, V. EYINGA, op. cit, p. 17.

[40] *Idem.*

[41] *Ibid,* p. 18.

[42] *Idem.*

faudrait bien savoir sur quel point *l'arbitre* et le contrepoids mériteraient d'être précisés.

Un autre point concerne *l'intolérance des acteurs sociaux détenteurs d'une parcelle du pouvoir d'État*. La notion *d'acteurs sociaux* est assez large et son imprécision ici rend dérisoire une étude qui exigerait clarté et circonspection. Le mémorandum revient sur les *inégalités dans l'action des avantages liés à la citoyenneté : l'arbitraire dans la gestion des services publics ; l'abus d'autorité caractérisé par la confusion des fonctions gouvernantes... absence d'une justice crédible, indépendante... corruption, etc.*[43] Tous ces points sont pertinents, mais, ne sauraient rendre urgente la tenue d'une conférence nationale souveraine.

Tous ceux qui ont justifié la *nécessité* de la tenue d'une conférence nationale n'ont pas connu une grande fortune, la tendance était aux calculs et aux mensonges afin de recruter les militants. Le secrétaire général du Front Démocratique Camerounais[44] évoque une triple nécessité pour le Cameroun pour justifier l'organisation de la conférence nationale. Dans ce qu'il appelle *nécessité politique,* il estime qu'il y a *une impression de vacance du pouvoir, de déliquescence de l'État, le président semble subir les évènements plutôt que de les anticiper... Paul Biya apparait plus comme l'otage de son clan que comme le chef de l'État camerounais*[45]. Ainsi, la conférence nationale permettrait de remédier à cet état de fait sans être *nécessairement une descente aux enfers pour les hommes du pouvoir. Elle ne saurait non plus être le purgatoire des nouveaux démocrates...*[46]. M. Tekam évoque la *nécessité d'une réconciliation nationale* : *la conférence-réconciliation permettrait de reconstituer le tissu national, mis en pièces par le tribalisme et l'atomisation de la population, la marginalisation des patriotes contraints à la prison ou à l'exil....* Son dernier point vise la *nécessité historique de la conférence nationale* qui permettrait *aux Camerounais de rentrer en possession de leur État*. Ainsi, seule, selon lui, *une période transitoire peut réaliser un véritable changement de système*[47].

Toutes ces intentions ne justifient pas l'option de la *nécessité* d'une conférence nationale souveraine. Ce qui est nécessaire est bien ce dont on ne

---

[43] Le texte rappelle aussi l'absence de mécanismes de contrôle indépendant des gestionnaires des deniers publics ; déséquilibre des pouvoirs institutionnels... absence de mécanismes de contrôle des violations du pacte social..., voir mémorandum, p. 2 in fine, *Cameroun express*, n°0019 du 23/08/1991, op.cit., pp. 3-7.

[44] TEKAM (J.M), in *Jeune Afrique Économie*, n°143, mai 1991, pp. 127-129.

[45] Cette affirmation entretient beaucoup d'ambiguïté. Elle favorise les divisions opérant ainsi des exclusions.

[46] La nécessité politique de la tenue d'une conférence nationale se trouve éloignée. Voir TEKAM (J.M), *Jeune Afrique Économie*, op.cit., pp. 127-129.

[47] Cela nécessite-t-il la tenue d'une conférence nationale ? La question reste posée, Voir TEKAM (J.M), *idem*.

peut se passer. Selon une démarche sémantique, il convient de retenir trois aspects : d'abord, nécessaire *se dit d'une condition, d'un moyen dont la présence ou l'action rend seule possible une fin ou un effet* ; ou alors *dont l'existence, la présence est requise pour répondre aux besoins,* d'où le rapprochement avec les notions voisines : indispensable, utile ; ou enfin *qui est de la nature ou qui a l'effet d'un lien logique, causal*. Poser la conférence nationale comme une *nécessité* est absolument inexact, car cette tendance exclut les autres moyens de transition vers le pluralisme qui empêche d'imaginer les pistes permettant d'ouvrir un véritable débat sur les problèmes communs de construction nationale.

La conférence nationale n'est pas une panacée. Elle n'est pas non plus cette bête redoutable. Il faudrait éviter le double écueil qui nourrit le climat politique : d'un côté la peur de se sentir visé, ce qui renforce le sentiment de culpabilité dans un système où la transparence n'était pas toujours au rendez-vous, il faudrait bien aller à “ Canossa ” un jour, évidemment le peuple pourrait trancher par la voie électorale.

Il faudrait aussi éviter un radicalisme insignifiant et laisser l'imagination travailler afin que la concertation ne s'opère pas forcément par la conférence nationale, qui devrait être replacée dans le cadre circonscrit de l'éphémère et du relatif. Lorsqu'on observe les deux extrêmes (Bénin, Zaïre), on devrait réfléchir pour éviter de sombrer davantage dans la haine, l'angoisse et la peur permanentes. Il s'agit de construire l'État, et cela suppose un véritable contrat social accepté par tous, d'où la concertation. Mais, il est question de la démocratie qui exige la participation du peuple. Pour y arriver, il faut une volonté politique comme au Bénin.

Après la marche organisée par le RDPC contre le *multipartisme précipité*, on a enregistré une timide réaction des militants de ce parti à propos de la *nécessité* ou non de l'organisation d'une conférence nationale. Le discours du refus ne faisait pas l'unanimité au sein de cette classe politique. Les réactions enregistrées suivaient la variation du discours officiel. La classe politique a fini par rallier la position du président de la République pour qui la conférence nationale était *sans objet.* Le Président camerounais n'était pas seul dans cette logique du refus de la conférence nationale. Le carré de ceux qui refusent de passer sous les fourches caudines de la conférence nationale était composé de Lansana Conte de Guinée Conakry, de Maouya Ould Taya de Mauritanie, de Félix Houphouët-Boigny de Côte d'Ivoire, de Blaise Compaore du Burkina Faso, d'André Kolingba de Centrafrique, etc. Évidemment, la logique du refus résiste en fonction des rapports de force.

Le refus est différemment motivé : le discours politique au Cameroun souligne que la conférence nationale est un facteur de division et les dangers d'un déballage public pourraient entraver l'unité du pays. Une autre raison est tirée du coût de ces assises. La conférence nationale est une occasion de gaspillage : perte de temps et perte d'argent. La crise économique que traversent les différents pays devrait éviter des réunions qui conduiraient à une dilapidation du peu de moyens dont le pays dispose. La conférence nationale est considérée comme un gadget qui ne révolutionne rien. Au contraire, elle légitime les coups d'État civil et est en cela antidémocratique[48].

D'ailleurs, la constitution ne prévoit pas les cessions de souveraineté en dehors de la volonté du peuple. Il est de bon ton de rappeler les articles 2, 3 et 4 de la Constitution du 2 juin 1972 qui déterminent la distribution constitutionnelle des attributs de souveraineté.

Dans son article 2, la constitution définit de manière précise le titulaire de la souveraineté nationale en ces termes : *la souveraineté nationale appartient au peuple camerounais qui l'exerce soit par l'intermédiaire du président de la République et des députés à l'Assemblée nationale, soit par voie de référendum.* Ce texte précise *qu'aucune fraction du peuple ni aucun individu ne peut s'en attribuer l'exercice..*[49]. Il faut en conclure que la Constitution ne permet pas des rétentions de souveraineté encore moins sa cession. Il découle de là que la conférence nationale souveraine qui ne tirerait pas sa légitimité d'une caution solennelle du peuple resterait anticonstitutionnelle. D'autant plus que le texte précise que *les autorités chargées de diriger l'État tiennent leurs pouvoirs du peuple par voie d'élections*[50]. Alors, la conférence nationale qui attribuerait des pouvoirs aux individus non investis d'un mandat électif ne saurait bénéficier d'une protection constitutionnelle.

L'article 3 de la Constitution investit les partis d'une mission de service public : concourir à l'expression du suffrage. Un rôle social qui ne se justifie que pour autant que les formations politiques respectent la loi. Il faut lire la notion de loi ici de deux manières :

D'abord, la loi comme titre qui autorise l'existence des partis, en d'autres termes, la formation des partis est protégée par la loi. C'est bien l'esprit de l'article 3 de la Constitution qui prévoyait le multipartisme. Ainsi les partis politiques légalisés doivent leur existence par la loi. Cette même loi rétablit l'équilibre des dispositions constitutionnelles au sujet du multipartisme. Il s'agit alors de respecter la loi et par conséquent la Constitution. Ou la conférence nationale émerge après suspension de la Constitution et dans ce cas, les formations politiques n'auront plus de base légale justifiant leur existence, ou alors on applique la loi et dans ce cas les partis et formations politiques doivent respecter les principes de la démocratie, de la souveraineté

---

[48] Voir François Soudan, dossier enquête à propos des conférences nationales, in *Jeune Afrique*, n°1591, op.cit., pp. 24-25.

[49] Article 2 de la constitution du 2 juin 1972.

[50] *Idem.*

et de l'unité nationale[51]. Il leur est demandé de conquérir le pouvoir par le suffrage universel. Dans ces conditions, il apparait que seule la Constitution permet de *justifier non seulement la détention et l'exercice du pouvoir par les uns et non par les autres, mais aussi l'obéissance de ceux-ci envers ceux-là*[52].

Le multipartisme est devenu une réalité protégée par la Constitution et par la loi[53]. Le changement dépend du peuple désormais juge suprême. Lorsque Paul Biya lance que le système est favorable à l'expression de la démocratie, il tire bénéfice des dispositions de la Constitution qui, en l'état, ne peuvent pas constituer une base juridique à la tenue des assises nationales souveraines. En définitive, ces assises malgré leur importance, en référence au cas béninois, ne constituent pas une solution miracle. La conférence nationale n'est pas un passage obligé vers la démocratie[54]. Elle s'avère en l'état *une grosse nègrerie*[55]. Nous avons remarqué où nous ont conduits le refus et le radicalisme : à l'affrontement.

B. Le développement d'une crispation politique

Le refus de convoquer une conférence nationale a renforcé le radicalisme dans les rangs de l'opposition. Celle-ci voyait ainsi les chances de leur accession au pouvoir diminuer. À défaut d'obtenir le raccourci pour accéder à la direction politique, les forces se livrent à la violence. La logique de violence a mis l'État à genoux sans apporter les solutions à la demande sociale : accroissement de la misère, de chômage, de l'insécurité, etc.

1. La logique d'affrontement : le processus de destruction de l'État

Deux camps s'affrontent pour contrôler l'efficacité du pouvoir au Cameroun : d'un côté l'opposition qui avait tout misé sur l'organisation d'une conférence nationale souveraine devenue modèle de transition vers le pluralisme, de l'autre le pouvoir politique qui garde le contrôle de l'appareil administratif et les forces armées et police. Le champ de lutte est les populations qui doivent choisir l'obéissance à l'autorité établie ou alors la défiance. L'affrontement est d'abord psychologique et se matérialise par des actes de destruction des édifices publics et privés. La fidélité des forces de police et des militaires a été une arme essentielle pour le pouvoir.

---

[51] Ces limites s'imposent aux partis dans leur création et aux pouvoirs investis constitutionnellement des attributions conduisant à la révision de la loi fondamentale.
[52] Voir MBOME (F), in *Cameroon tribune*, n°4854, mercredi 27 mars 1991, pp. 12-13.
[53] Notamment la loi n°90/056 du 19 décembre 1990 relative aux partis politiques.
[54] Voir *Cameroon tribune*, n°4854, op.cit., pp.11-14.
[55] *La Caravane* n°005 du 9 août 1991, pp. 3-5. ; *Le Patriote*, n°65 du 10/04/1991, pp. 5-7 ; *Le Patriote* n°0060 du 08/01/1991, pp. 1-4.

L'opposition qui cherchait jusque-là un moyen de pousser le pouvoir à bout en a trouvé un au cours d'une réunion tenue à Bamenda[56]. L'idée de *villes mortes* voit le jour, prononcée pour la première fois par Mboua Massok. Elle devient aussitôt la base de la nouvelle forme de lutte politique. La notion de *villes mortes* n'a pas de définition exacte. En tant que moyen de lutte, elle tend à organiser une désertion collective des populations. La réunion de Bamenda met en place une stratégie : arrêt du travail, arrêt des cours, bref arrêt de toute activité. À cette réunion également, les partis de la coalition de l'opposition avaient décidé de boycotter la fête nationale du 20 mai et déclaré une journée de deuil national à la mémoire des victimes, soulignent-ils, de la *répression perpétuée par les forces de l'ordre*[57].

Le mot d'ordre de boycott de la fête nationale du 20 mai 1991 sera suivi dans les régions du Littoral, du Sud-Ouest, de l'Ouest, du Nord-Ouest, et du Nord. En revanche, dans les autres régions à savoir le Centre, le Sud, l'Est, l'Extrême-Nord et l'Adamaoua, la fête s'est déroulée normalement. On assiste progressivement à une division dans la société camerounaise, une sorte de séparatisme sur fond de haine tribale[58].

La stratégie de repositionnement politique se développe. Certaines défections interviennent au sein du parti au pouvoir. Avant ces désertions, l'opposition suit avec attention l'entretien télévisé du président du 11 avril 1991 au cours duquel le chef de l'État annonce la tenue des élections législatives anticipées et la nomination d'un Premier ministre après une réforme de la Constitution[59]. Le leader du SDF, John Fru Ndi, annoncera aussitôt le boycottage de ces élections[60], estimant que les conditions de transparence n'existent pas encore. Le pouvoir procèdera à la révision de la Constitution qui introduit une nouvelle fois le poste de Premier ministre, Chef du Gouvernement[61].

La nomination de Sadou Hayatou, sans surprise, n'est pas rassurante pour l'opposition préoccupée par la tenue d'une conférence nationale, seul moyen selon elle, de changer le Cameroun. Ces modifications normatives restent les ultimes concessions du pouvoir qui ne changera pas son discours sur la conférence nationale souveraine. Mais, ce n'est pas le manque de variation du discours qui crée des désertions au sein de la classe dirigeante, mais une

[56] En date du 11/05/1991, le principal animateur de la rencontre est Djeukam Tchameni, de *Cap liberté*, une association de défense des droits de l'homme.

[57] Voir NDI MBARGA (V), *Ruptures et continuités au Cameroun*, Paris, L'Harmattan, 1992, p. 155.

[58] Voir KAMTO (M), *L'Afrique en transition vers le pluralisme politique*, op. cit., p. 232.

[59] La révision de la Constitution dont la principale innovation concerne l'introduction du poste de Premier ministre est intervenue le 23 avril 1991.

[60] Conférence de presse de John Fru Ndi, président du SDF, du 16 juin 1991 à l'hôtel Hilton à Yaoundé.

[61] La confiance revient à M. Sadou Hayatou, originaire de la région du Nord.

profonde déception. Celle de Jean-Jacques Ekindi, président de la section RDPC du Littoral, pressenti au poste de Premier ministre, la nomination d'un *conservateur* au lieu d'un "*progressiste*", constitue un affront difficile à supporter. Toutefois, on ne saurait oublier que celui-ci a été l'un des principaux organisateurs de la marche contre le multipartisme de juin 1990. En créant son propre parti, le Mouvement Progressiste (MP), il choisit de rallier l'opposition dans la logique de revendication de la tenue d'une conférence nationale.

La situation politique continue de se dégrader et les désertions se multiplient. Avant Ekindi, c'est la démission de Salomon Tandeng Muna[62] qui intervient le 6 mai 1991. Cette démission est motivée par des raisons dites *personnelles* non sans arrière-pensée politique notamment, la contestation organisée du système qu'il a contribué à construire. Au terme d'une réunion tenue à Douala le 24 mai, la coordination des partis d'opposition décide d'asphyxier l'économie par un blocus autour des grandes villes, le projet vise les métropoles de l'Ouest, du Littoral et du Centre. Il s'agit d'organiser la désobéissance civile : refus de payer l'impôt, les quittances d'eau, de gaz et d'électricité.

Mais, le plus important consiste à bloquer les issues conduisant aux aéroports et au port de Douala. Le blocus économique de Yaoundé afin d'obtenir le soulèvement des populations de la ville et ainsi faciliter le départ de Paul Biya. Si la conférence nationale constitue encore le leitmotiv, le *départ* de Paul Biya devient plus la préoccupation des oppositions. Car, aux yeux de l'opposition, il est l'obstacle majeur à la mise en œuvre de la politique de changement radical. Le désordre social s'accentue et rien n'arrête les foules nombreuses en délire.

L'opposition organise et approuve la fronde sociale. Elle finance les casses. L'insécurité se développe et la liberté de circulation est fonction de la détention ou non d'un *carton rouge*. Le *carton rouge* visait le Président Paul Biya et était synonyme d'exclusion. Les marches organisées feront apparaitre à travers les pancartes brandies l'inscription *Paul Biya doit partir*. En dépit du refus de certains partis d'opposition de suivre la logique de l'asphyxie[63], la coordination des partis d'opposition multiplie les stratégies. Une autre réunion se tient à Yaoundé le 15 juin au cours de laquelle le leader du SDF ordonne à ses troupes d'aller occuper le palais d'Etoudi.

L'UPC qui redoute les conséquences d'une confrontation avec les forces de l'ordre ne suivra pas l'appel de John Fru Ndi estimant que le parti a déjà

---

[62] Ancien Premier ministre de l'ex-Cameroun occidental, ancien vice-président de la République fédérale du Cameroun, ancien président de l'Assemblée nationale et ancien membre du bureau politique du RDPC. V. KAMTO (M.), op.cit., P. 233.

[63] NDI MBARGA (V), op. cit., p. 156 et *Challenge Hebdo*, n°41, 1991, p. 3. Lire *Le patriote*, n°65 du 10 avril 1991, p. 2 et ss.

versé beaucoup de sang par le passé[64]. *Nous ne sommes pas prêts à en verser davantage dans une circonstance comme celle-ci*[65]. Ce changement de discours n'entame pas la détermination de l'aile radicale qui organisera malgré tout, la marche vers Étoudi[66]. Les villes mortes rentrent pendant ce temps dans la phase décisive. L'affrontement se transforme en une guerre des tranchées.

Une moindre inattention est exploitée par l'un ou l'autre camp. À la date fatidique du 27 juin 1991, les forces politiques, les populations et les associations attendent le discours du président de la République aux députés[67]. Le bruit court dans l'opinion que le Chef de l'État annoncera la tenue d'une conférence nationale[68]. Certains esprits avancent le programme de la conférence. L'attente fera de nombreux déçus, lorsque le Président Paul Biya sur un ton ferme, à la limite, provocateur, lance : *je l'ai dit et je le maintiens : la conférence nationale est sans objet pour le Cameroun*[69]. Ce discours renforce la détermination de l'opposition. Il se multiplie dans tout le pays et même à l'extérieur les casses et destructions des édifices publics[70]. La coordination des partis d'opposition durcit-elle aussi le ton et proclame *pays mort* qui remplace les *villes mortes*. La situation devient préoccupante, l'insécurité se développe et les missions diplomatiques s'interrogent quant à l'issue de l'affrontement[71]. Le pouvoir est préoccupé par le climat social et œuvre sans relâche au rétablissement de l'autorité de l'État.

2. Le rétablissement de l'autorité de l'État

La radicalisation des positions s'observe sur le terrain. Le président de la République, principale cible de l'opposition, place certaines régions sous régime spécial. Il s'agit des commandements opérationnels qui touchent les régions du Littoral, du Sud-Ouest, de l'Ouest et du Nord, du Nord-Ouest, de l'Adamaoua et de l'Extrême-Nord. À la tête de ces unités est placé un général d'Armée. Les régions du Centre, du Sud et de l'Est font exception à ce régime

---

[64] Secrétaire général de l'UPC, Kodock Frédéric, s'opposera à cette démarche qu'il estime périlleuse compte tenu des précédents historiques, voir NDI MBARGA (V), op. cit., p. 157

[65] *Idem.*

[66] La marche se déroulera sans heurt, les manifestants n'ont pas eu l'autorisation d'aller jusqu'à Etoudi, au palais présidentiel comme cela était prévu. Une ceinture de sécurité était prévue et évitait d'éventuels débordements.

[67] Intervention au cours de la session budgétaire de l'Assemblée nationale le 27 juin 1991.

[68] Les principaux acteurs politiques espéraient un " mot de décrispation qui offrirait selon KAMTO (M), une porte de sortie non humiliante à une opposition désemparée, prisonnière de ses mots d'ordre...voir article, op. cit., p. 234.

[69] Discours publié dans *Cameroon tribune*, n°4916 du 29 juin 1991.

[70] Les casseurs avaient auparavant détruit les locaux de la mission diplomatique du Cameroun à Libreville aux premières heures du 20 mai 1991, les mêmes actes furent perpétrés à Bonn en Allemagne.

[71] La coordination des partis politiques et associations avait saisi les missions diplomatiques à Yaoundé par courrier afin qu'elles cessent de soutenir le régime Biya et annoncer le bras de fer avec le gouvernement.

du fait de leur loyalisme.Le discours du président justifiera le régime spécial dans les localités où la menace de crise générale est très forte. *Nous ne laisserons pas, souligne Paul Biya, mettre le pays à feu et à sang, nous ne laisserons pas déstabiliser les institutions. Les citoyens seront protégés dans leurs vies et leurs biens. L'ordre doit régner, la démocratie doit avancer. L'ordre régnera, la démocratie avancera. Nous attendions un débat d'idées, nous n'avons reçu en retour qu'injures stériles »*[72].

Les chances d'un changement de ton en faveur d'une conférence nationale souveraine deviennent nulles. Le président Biya reprend l'initiative et ses partisans communient au même idéal. Dans les rangs de l'opposition, la colère se développe, certaines divisions se font sentir. Le discours de l'UPC se précise après le refus de son secrétaire général de participer à la marche vers le palais présidentiel : celui-ci soutient le dialogue et la concertation. Le dispositif militaire déployé pour faire revenir l'ordre réussit à éviter les dérapages, le calme revient progressivement dans les régions placées sous régime spécial. Au même moment, Andzé Tsoungui, ministre de l'Administration territoriale, dissout les associations de protection des droits de l'homme plus présentes dans la lutte politique au même titre que les partis politiques. C'est un grand coup pour l'opposition qui perd un appui important.[73]

La relative accalmie conduit à une forme de concertation animée par le Premier ministre à la demande du président de la République. C'est la phase des compromissions qui verront l'opposition divisée et c'est le début de son déclin. Le pouvoir venait de remporter définitivement une victoire politique. La sagesse a fini par confondre l'amateurisme. L'État est ressuscité. Le Président peut dérouler avec une grande maîtrise son programme et contre toute attente, il convoque la conférence tripartite dont le déroulement mérite à présent d'être rappelé.

II. LE DÉROULEMENT DE LA RENCONTRE *TRIPARTITE*

Le refus du dialogue entre l'opposition et le pouvoir a plongé le Cameroun dans un profond cauchemar. Il ne se passera plus de jours sans que l'on signale des incidents dans les principales métropoles du pays. Le rappel du bilan des dégâts **(A)** pourrait bien justifier la logique du dialogue nécessitée par l'avènement de la stabilité et l'émergence d'une dynamique d'unité **(B).**

---

[72] Discours aux députés, précité. Voir NDI MBARGA (V), op. cit., pp. 157 et 158, KAMTO (M), op. cit, p. 234.
[73] Voir NDI MBARGA (V), op. cit., p.160 et 161.

A. Le prix de l'extrémisme : un bilan lourd pour la stabilité du pays

Le bilan des manifestations à la suite des villes mortes est lourd. À Douala, capitale économique, aucune activité ne fonctionne la semaine. Seuls les samedis et dimanche sont considérés comme des *journées de ravitaillement*, les cinq autres jours de la semaine n'enregistrent aucun mouvement vers une activité économique[74]. Les évêques qui s'étaient révélés actifs, ont invité les pouvoirs publics et les chefs des partis de l'opposition à se placer *au-dessus de tout amour propre et de toute considération partisane*, estimant que le pays continuait de *sombrer de plus en plus dans la misère et la haine*, à travers un document intitulé *le cri du cœur*[75].

Le coût en définitive de cette paralysie est très élevé pour le pays entier. Cela conduit à une autocritique tardive, les forces politiques ayant jusque-là privilégié les nuages des intérêts personnels.

1. Les conséquences économiques des manifestations

L'activité économique était affectée par les manifestations de l'opposition qui paralysaient la plus grande partie du pays. Les rentrées fiscales avaient remarquablement diminué, démultipliant les groupes de contrebandiers. L'opposition qui se réjouit des résultats des villes mortes estime que celles-ci coûtent chaque jour 4 milliards de francs CFA à l'État, soit selon ces chiffres, 0,4 % du produit intérieur brut. Les témoignages des observateurs confirment cette descente aux enfers de l'économie camerounaise : *nous sommes en période de vacances et les commerçants font leur chiffre d'affaires habituel pendant les deux jours théoriquement destinés à l'approvisionnement, les samedis et dimanche... Mais si ça continue, on va souffrir*[76]. Pendant la période des villes mortes, les entreprises étaient obligées de mettre leur personnel en congé, les commerces qui ouvraient voyaient leurs établissements saccagés.

Le port de Douala, le plus grand pourvoyeur de recettes publiques, a vu son activité ralentir. On rapporte que près de 800 conteneurs étaient en attente et que durant les trois premiers mois de l'année, les exportations ont chuté en volume de 18 % : *faute de débouchés, les commerçants ne dédouanent pas leurs marchandises. Dans 15 jours, le port sera paralysé même si les dockers sont là*[77]. Les conséquences sociales ne tardent pas à arriver avec le mécontentement des professeurs de l'enseignement supérieur qui sommaient

---

[74] *Les marchés tropicaux* du 26 juillet 1991, p. 1917.

[75] *Les marchés tropicaux*, du 2 août 1991, p. 1972.

[76] Affirmation d'un banquier occidental de la place dont l'identité n'a pas été révélée. *Les marchés tropicaux*, 12 août 1991, p. 1972.

[77] Déclaration d'un transitaire français à Douala, propos rapportés par *les marchés tropicaux*, 26 juillet 1991, p. 1917.

le ministre de l'Enseignement supérieur, Joseph Owona, de payer les arriérés de salaires.

Les fonctionnaires enregistrent de nombreux mois d'arriérés de salaire, conséquence logique de la paralysie de la vie économique. Certaines entreprises se sont trouvées obligées de fermer leurs portes, d'autres tournent au ralenti. L'opposition récolte les fruits de l'appel à la désobéissance civile au point de provoquer la colère du Premier ministre. Sadou Hayatou condamne *la tendance de l'opposition d'ériger l'intimidation et le terrorisme en règle politique* avant de recommander à M. Jean Fochive nouvellement nommé délégué à la Sécurité intérieure *de veiller au renforcement de l'ordre et de la paix dans la société*[78].

Le désordre social aggravé par la crise économique se ressent à travers les prévisions budgétaires sans cesse en baisse depuis 1987. Le projet de budget 1991-1992 porte la marque d'une situation économique catastrophique. Les luttes politiques ont atteint un niveau regrettable pour une société à la recherche d'une identité nationale. La bonne santé économique dépendra du climat social qui pour l'instant vibre au rythme d'une haine tribale nuisible à l'affirmation de la Nation[79].

C'est le cas de Clément C. Tayo qui s'interroge dans les colonnes de *Challenge hebdo* :

> *Combien de morts lui faudra-t-il pour obtenir un changement de fond dans la gestion de ce pays ? Ceux qui aspirent à nous gouverner ont-ils enfin compris que ce peuple soit las des mesquineries politiciennes, et que la légitimité, s'obtient sur le terrain et non dans les ambassades de France, des États-Unis ou d'Allemagne ?*[80]

L'appel lancé par Valéry Giscard d'Estaing en visite au Cameroun s'inscrit dans cette exigence de dialogue et de maintien de l'unité de l'État. La démocratie, soulignait-il, *devrait tenir compte de certains impératifs (tels que) l'unité du pays et la stabilité de l'action gouvernementale*[81]. Seule la stabilité sociopolitique est garante d'un développement harmonieux. L'homme politique français ne s'est pas prononcé sur la conférence nationale. Mais il a insisté sur la nécessité d'une expression populaire de la liberté de choix des dirigeants appelant les partis à faire entendre leur voix lors des échéances électorales. Cette déclaration indiquait bien le positionnement de l'ancien

[78] Sadou Hayatou déclaration à la radio nationale lors de la cérémonie d'installation du nouveau délégué général à la sûreté nationale, FOCHIVE (J), le 17 mai 1991. *Les marchés tropicaux*, 24 mai 1991, p. 1297.

[79] Sentiment partagé par Paul Biya et exprimé non sans regret à l'occasion de la visite à travers les dix régions du pays, voir nos analyses, infra...

[80] Voir. TAYO (C), " l'opposition a-t-elle une stratégie ? ", *Challenge Hebdo*, spécial, n°003 du 15/10/1991, pp. 14-15.

[81] Voir *les marchés tropicaux* du 7 février 1992, p. 329.

président de la République française en faveur du recours direct au suffrage universel.

Une option déjà défendue par Paul Biya lorsqu'il affirmait que :

> *La Constitution permet toutes les possibilités de changement démocratique. Nous nous soumettrons au verdict des urnes. Seules les urnes parleront. On n'arrache pas le soutien du peuple par la force, on le conquiert par la voie des urnes*[82].

L'option des élections compétitives se confirme après de multiples dommages causés au patrimoine public et aux biens privés. Un climat d'apaisement resurgit des cendres occasionnées par un extrémisme qui a lourdement endommagé l'économie et déstabilisé le climat social.

En dépit des justifications de Samuel Eboua, le ténor de la fronde[83], le mal est fait. Il est plus grave lorsqu'il conduit à empêcher que les élèves suivent les cours, surtout que la finalité de la lutte est loin d'être le salut collectif[84].

2. La construction d'un climat d'apaisement sociopolitique

La lassitude des populations née des villes mortes et des logiques de désobéissance civile a poussé les acteurs politiques en conflit à réviser leurs stratégies de lutte. Du côté de l'opposition, on enregistre un processus de justification du désordre organisé et soutenu à travers une campagne internationale d'explication qui vise d'abord les pays d'Europe et les États-Unis. Le pouvoir par contre, a choisi de rencontrer les populations à travers la visite du chef de l'État dans les régions. En choisissant de se rendre en Europe, l'opposition souhaite obtenir un appui des gouvernements occidentaux afin de faire plier Paul Biya dans ce qu'elle considère comme une *nécessité vitale* pour la transition politique à savoir, la convocation d'une conférence nationale souveraine.

Réunie dans le cadre d'un *directoire*, l'opposition compte sensibiliser l'opinion internationale sur ses activités et ses prises de position face aux

---

[82] Allocution devant les députés, radio diffusée le 27 juin 1991

[83] Dans une interview qu'il a accordée à *Jeune Afrique*, Samuel Eboua soutenait le mouvement de lutte : *« Après plusieurs mois dit-il, il nous est apparu que, malgré les sacrifices déjà consentis par la population, les gens nous poussaient à intensifier la lutte jusqu'à ce que nous obtenions ces assises populaires. Puisque le pouvoir ne veut pas céder nous allons donc radicaliser notre combat. Nous allons décréter le blocus de l'aéroport de Douala amplifier celui du port et faire en sorte que la rentrée scolaire ne puisse pas avoir lieu en septembre, ce qui risque de provoquer une crispation de la part des syndicats et des élèves qui descendront dans la rue au point que d'ici quelques mois le pays risque d'être totalement paralysé »*, *Jeune Afrique*, n°1602 du 11 au 17 septembre 1991, pp. 20-21.

[84] Voir NDI MBARGA (V), op. cit., pp. 155.

problèmes politiques du Cameroun[85]. M. Samuel Eboua qui s'exprimait au nom du *directoire* indiquait bien les choix de l'opposition dans cette campagne internationale. Celle-ci viserait d'abord à sensibiliser les autorités françaises et britanniques ; une rencontre avec les autorités des autres États européens se fera dans le cadre de la Communauté européenne à Bruxelles. L'opposition s'envolera par la suite pour les États-Unis et éventuellement le Canada.

Sur le plan intérieur, Eboua avait laissé entendre que le *directoire* avait adressé une lettre au président de la République, Paul Biya, dans laquelle le *directoire* confirmait sa disponibilité à le rencontrer dans le seul but de discuter des modalités de convocation d'une conférence nationale souveraine. Eboua oubliait très vite l'opposition farouche du chef de l'État à l'idée de la tenue d'une conférence nationale qui demeure pour lui *sans objet* et *sans fondement juridique*, puisque l'ouverture démocratique avait déjà été réalisée et le pluralisme politique autorisé. Le communiqué du bureau politique à l'issue d'une réunion ordinaire du RDPC souligne que :

> *Le Cameroun a déjà conduit sa démocratisation jusqu'à l'adoption de la loi sur les partis politiques, une loi jugée très libérale à juste titre, par les observateurs tant à l'intérieur des frontières du Cameroun qu'à l'extérieur*[86].

La campagne internationale de l'opposition n'a pas connu la fortune escomptée. L'opposition a certainement mesuré l'ambiguïté des choix des moyens de lutte, surtout la guerre économique qui visait les intérêts français. L'opposition devait diminuer le ton et tenir compte des besoins de la société, ce qui en fait l'amenait à renoncer à la stratégie *pays mort* qui n'était plus suivie par les populations. Pendant cette période, le gouvernement multiplie des clins d'œil aux forces politiques afin de nouer un contact qui permettrait d'apaiser le climat social. Paul Biya a entrepris une tournée à travers les régions du pays pour sensibiliser l'opinion à propos des choix politiques du Gouvernement. Aux populations de la province de l'Ouest où les villes mortes ont été très suivies, Paul Biya a présenté le bilan des réalisations du Gouvernement, réalisations qui ont fait de cette province, une unité *totalement désenclavée*[87].

En réalité, le but de sa visite n'était pas de *faire un bilan*, Paul Biya tenait à souligner l'action du Gouvernement qui pourrait justifier plus de sérieux et de responsabilité de la part des acteurs politiques. À propos du climat social

---

[85] Le directoire regroupe quatre partis politiques et deux associations interdits par le Gouvernement, il est présidé par Samuel Eboua, assisté de John Fru Ndi, voir *les marchés tropicaux*, 23 août 1991, p. 2068.

[86] Voir *les marchés tropicaux*, 29/03/1991, p. 304.

[87] Discours à Bafoussam, chef-lieu de la région de l'ouest, *Cameroon-tribune*, n°4969/4970 jeudi 12 et vendredi 13 septembre 1991, p. 4.

qui constitue l'objectif majeur, Paul Biya appelle les populations à ne pas suivre ceux qui *veulent asphyxier, désorganiser et déstabiliser la société*. Il rappelle à ces populations le souvenir des années noires *mieux que quiconque, vous connaissez le prix de la paix et de la liberté* et soutient sa disponibilité à entamer le dialogue : *je suis venu, dit-il, vous rencontrer dans un esprit d'ouverture et de conciliation, pour chercher avec vous des solutions à nos problèmes*[88].

Le ton était différent à l'Est du pays. Paul Biya a fait l'éloge de la population dont le comportement a, selon lui, été exemplaire : *vous agissez en vrais démocrates*[89]. Mais le bilan des réalisations est moins enthousiasmant, le retard de la province est à l'opposé de la situation à l'Ouest. Sur le plan du pluralisme, le président se déclare satisfait de l'attitude des populations de la province du soleil levant et motive l'évolution du Cameroun politique : *nous avons instauré le multipartisme pour promouvoir la liberté et non pour tuer les libertés. La démocratie et la liberté sont sources de créativité et de progrès...*[90].

Dans le Grand Nord, Paul Biya a défendu le projet politique du gouvernement :

- À Ngaoundéré, chef-lieu de la province de l'Adamaoua, le chef de l'État défend la *vraie démocratie* : *au nom de la vraie démocratie, ne vous laissez plus abuser*[91]. Celle-ci suppose que *ce sont les idées qui doivent s'affronter non les hommes*. Paul Biya appelle ce *havre de paix* au regain de la *légalité et de l'autorité de l'État : votre rôle est capital, vous devez en avoir pleinement conscience et cesser de suivre ceux qui vous incitent à la violence, au vandalisme, à la désobéissance civile*[92].
- À Maroua, chef-lieu de la province de l'Extrême-Nord, Paul Biya tenait à rassurer les populations locales *: vous occupez une place de choix dans notre pays*[93]. Si la crise est un défi pour le Cameroun, un autre défi d'égale importance s'y est ajouté : La démocratie qui selon lui est "*déjà bien avancée... irréversible...*" Dans cette province où il compte beaucoup de militants et sympathisants, Paul Biya a redouté *la violence, les menaces, les atteintes aux biens et à la sécurité des individus... le tribalisme, la haine et les fanatismes*[94]. Il constate que la démocratie, au

---

[88] *Idem.*

[89] Allocution prononcée à Bertoua, *Cameroon-tribune* n°4964, jeudi 5 septembre 1991, p. 3.

[90] *Idem.*

[91] Discours prononcé par Paul Biya à la place de l'indépendance de Ngaoundéré, *Cameroon-tribune*, n°4961, dimanche 1er et lundi 2 septembre 1991, p. 15.

[92] *Idem.*

[93] Paul Biya aux populations de l'extrême-nord depuis Maroua, *Cameroon-tribune*, n°4959, jeudi 29 août 1991, p. 4.

[94] *Idem*

lieu de favoriser le débat, *risque de diviser les populations*. Le responsable, selon lui, est l'opposition qui utilise la démocratie *pour essayer de paralyser l'économie nationale*. Un tel usage constitue une *déformation de la démocratie* et à ce titre on ne saurait l'admettre.

- Le même son de cloche est adressé aux populations du Nord, à Garoua : *au nom d'une démocratie mal comprise, des mots d'ordre et des opérations d'envergure ont été lancés pour tenter de paralyser l'activité nationale*[95]. Sa visite, devait-il rappeler, est d'éviter *le chaos* : *je suis venu nous inviter à plus de raison, de modération, à plus de sagesse*[96].

- Dans les régions du Nord-Ouest et du Sud-Ouest[97], Paul Biya tenait à souligner la nécessité de l'unité des peuples, le lien de citoyenneté qui fait de tous, quelle que soit l'origine, des Camerounais à part entière. Garant de l'unité nationale, le Président est préoccupé de la situation particulièrement tendue de la province du Sud-ouest, et de réaffirmer comme ailleurs que : *nous ne permettrons donc pas que quiconque, en raison de l'idée erronée qu'il se fait de la démocratie, se livre à des actes irresponsables de violence et d'intimidation et tente de compromettre cette saine et fructueuse cohabitation*[98]. Le même discours musclé sera tenu à Bamenda dans la province du Nord-ouest, fief du SDF de John Fru Ndi.

L'escale très attendue était celle de Douala dans le chef-lieu de la région du Littoral où il y a une forte concentration de l'activité économique. En déclarant *me voici à Douala...* le discours paraissait provocateur. L'insistance n'avait aucune ambiguïté d'autant plus qu'il savait qu'il était attendu là-bas. L'opposition présentait cette visite comme un défi au chef de l'État. Mais Paul Biya apportait un *message d'apaisement et de réconciliation* : *Douala nous est chère à tous,* lançait-il avant de souligner *oui à la liberté, non à l'anarchie. L'essentiel de nos importations et de nos exportations passe par Douala. L'essentiel de notre tissu industriel se trouve à Douala. Vouloir paralyser Douala,... vouloir détruire Douala,... vouloir mettre Douala à feu et à sang... c'est vouloir porter une atteinte grave à l'existence même du Cameroun*[99]. Le discours est aussi un véritable plaidoyer pour les élections, pour le droit à la différence : tous les Camerounais doivent avoir la même considération : *ne pas parler fort ne signifie pas pour autant que l'on n'a rien à dire. Le silence*

---

[95] Paul Biya à Garoua dans le chef-lieu de la Région du nord, *Cameroon-tribune*, n°4360 vendredi 30 août 1991, p. 4.

[96] *Idem.*

[97] Le Nord-Ouest avec pour chef-lieu Bamenda, et le Sud-Ouest avec pour chef-lieu Buéa.

[98] Discours prononcé à Buéa, reproduit dans *Cameroon-tribune* n°4981, dimanche 29 et lundi 30 septembre 1991, p. 11.

[99] Allocution prononcée à Douala vendredi 20 septembre 1991, reproduit dans *Cameroon-tribune*, n°4976, dimanche 22 et lundi 23 septembre 1991, p. 11.

et la modération ne sont pas des signes de faiblesse. La gesticulation n'est pas une marque de vitalité. Le président place le débat politique sous un autre angle, la démocratie est aussi une *attitude d'esprit.* Elle exige une éducation civique et politique... *D'où le rôle de la presse qui est d'éclairer l'opinion et non d'attiser les passions*[100].

La tournée à travers les régions connaît son apothéose à Yaoundé, chef-lieu de la province du Centre et capitale des institutions de l'État. L'ambiance est bon enfant, le président est plus à l'aise et peut déclarer : *tant que Yaoundé respire, le Cameroun vit* ! [101]. En effet, la relative accalmie dans la capitale donne un cordon de sécurité au pouvoir, mais, Yaoundé n'a pas dit non à la contestation. Il ne faudrait pas oublier le mouvement des étudiants, la grogne des enseignants et quelque temps après des magistrats. En fait, le discours de Yaoundé se présente comme un triomphe du président de la République face à une opposition divisée, désorganisée et sans réelles perspectives.

Le geste du Délégué du Gouvernement auprès de la Communauté urbaine de Yaoundé, lorsqu'il remet au chef de l'État *un paquet de lances et une machette*, est significatif de la logique d'affrontement qui couve sous les cendres d'un appel à la réconciliation dont les modalités ne sont pas clarifiées[102]. Paul Biya ne dément pas cette logique en affirmant de manière inattendue que *qui veut la paix prépare la guerre*[103]. La guerre électorale n'est pas celle visée ici, mais celle contre l'opposition qui aurait gagné à mûrir sa stratégie pour une véritable campagne politique. Le pays tout entier aurait pu éviter la catastrophe, la contrainte légitime n'aurait pas été justifiée en droit.

La législation électorale aurait permis l'émergence des forces politiques qui font défaut dans la définition de l'idée de droit pour tous. La tripartite sorte de crypte-conférence nationale sans enjeu ne serait pas uniquement cette montagne qui accouche d'une souris, mais une rencontre d'échanges privilégiant l'intérêt de la communauté politique[104].

B. La rencontre *tripartite* proprement dite

La rencontre *tripartite* est le résultat des concertations que le chef de l'État avait engagées lors de sa tournée dans les régions. Lorsque le Président annonce au cours d'un discours radiotélévisé le 11 octobre 1991, l'urgence d'une concertation entre les forces sociopolitiques, c'était d'abord dans un souci d'apaisement.

---

[100] *Idem.*

[101] Déclaration faite à Yaoundé, dernière étape de sa visite à travers les régions.

[102] Voir KAMTO (M), *l'Afrique en transition vers le pluralisme politique*, op. cit., p. 234.

[103] Paul Biya répondant au geste des élites du centre, *l'avenir politique reste encore incertain.* Discours, *Cameroon-tribune* n°4989, 10 octobre 1991, p. 18.

[104] Lire *Jeune Afrique*, n°1616-1617 du 18 décembre 1991 au 8 janvier 1992, p. 14-17.

1. L'immédiat de la rencontre

Le Premier ministre Sadou Hayatou avait multiplié les appels à l'endroit des forces politiques d'opposition afin de créer les conditions d'un débat politique plus démocratique. L'opposition estimait pour sa part que seule une réunion tendant à mettre en place les bases d'une conférence nationale souveraine pourrait avoir un *objet.* Toute discussion avec le pouvoir ne pouvant se justifier que sur la base de cet objet unique.

Le Premier ministre devait connaître la même infortune de la part des étudiants de l'université de Yaoundé qui avaient refusé de discuter de leurs problèmes[105]. Par contre, il a pu rencontrer une délégation de chauffeurs de taxi et des transporteurs en grève qui réclamaient la fin des tracasseries policières, la diminution des taxes ainsi que la disparition des transports clandestins[106]. Le Premier ministre avait également rencontré une délégation de treize membres de l'ordre des avocats du Cameroun qui réclamèrent au cours de cette rencontre la stricte indépendance du barreau, le monopole de la profession et l'organisation d'une conférence nationale sur l'avenir politique du pays[107].

La rencontre *tripartite* regroupe autour du Premier ministre les personnalités d'horizons divers reconnues pour leurs compétences, les représentants de tous les partis politiques et ceux des pouvoirs publics. Pour le Président Paul Biya, il s'agissait de regrouper les hommes et les femmes, de faire refléter autant que possible les diverses sensibilités de la Nation.

Dans son allocution, le président avait fixé limitativement l'objet de la rencontre à savoir : préparer un avant-projet de Code électoral et définir les modalités d'accès aux médias de service public de toutes les formations politiques. La rencontre n'excluait pas le cas échéant la discussion de la date des élections annoncée au 16 février 1992 afin qu'il soit tenu compte de l'intérêt de la participation du plus grand nombre, également les questions des observateurs étrangers et la presse internationale qui ont coutume de participer par un regard neutre au déroulement des scrutins. Le Président avait tenu à rassurer notamment, par son souci de garantir l'impartialité des élections en vue de favoriser l'expression parlementaire du plus grand nombre de formations politiques.

Mais cette rencontre ne sera vraiment pas la conférence nationale souveraine réclamée par l'opposition. Elle tend à lui trouver un substitut afin

---

105 Les étudiants qui exigeaient la révision de tout le système politique qui ne peut se réaliser selon eux que par " l'organisation d'une conférence nationale ", voir *les marchés tropicaux* 10 mai 1991, p. 1184.

106 Cette rencontre a eu lieu le 2 mai 1991 à Yaoundé.

107 Réunion tenue le 3 mai 1991 à Yaoundé, voir *les marchés tropicaux*, 10 mai, op. cit., p. 1124.

de sortir le pays de l'impasse politique, sociale et économique. Elle offre ainsi à l'opposition radicale les chances d'un repli stratégique si ce n'est une *capitulation en douceur* lui permettant de lever les *villes mortes* sans perdre la face[108]. Tout ceci avait pour finalité de conjurer le péril qui menace le pays de désintégration dans une guerre civile dont le spectre planait dangereusement sur le Cameroun[109].

Toute forme de concession de la part de l'opposition pourrait avoir des répercussions profondes. Samuel Eboua l'a reconnu : *si jamais l'opposition décidait de lever l'opération villes mortes et désobéissance civile sans que le peuple camerounais ait eu quelque chose en retour, notamment sa conférence nationale souveraine, c'est l'opposition qui sera alors sacrifiée par le peuple...*[110].

Il s'agissait de se positionner par rapport au discours du Président et de répondre ou non à son appel. Le *oui* signifiait le choix du recours au suffrage universel sans ce préalable que constituait la conférence nationale souveraine. Évidemment, du côté du parti au pouvoir, le soutien au projet du Président était sans équivoque. C'est *la preuve de bonne foi et de l'honnêteté* selon Ebenezer Njoh Mouelle[111]. Un homme d'affaires, Albert Cho Ngafor, soutiendra la proposition de Paul Biya en déclarant que *je doute que quelqu'un de raisonnable puisse rater cette occasion (...) si j'étais l'un des leaders de l'opposition, je leur conseillerais d'aller aux élections au lieu de répéter les erreurs de l'UPC dans les années 1960*[112]. D'autres réactions sont aussi venues des milieux étrangers pour soutenir le *message d'apaisement*[113], appeler à la paix[114] et fustiger les actions de ruine de l'État enregistrées jusqu'ici : *je ne comprends pas que les Camerounais n'aient pas pu mesurer jusque-là l'ampleur du désastre économique causé par les villes mortes*[115].

La participation à la rencontre devenait inévitable devant la lassitude des populations qui ont fini par se rendre compte du jeu de l'opposition et des dangers d'une implosion sociale. Malgré quelques atermoiements, les forces politiques ont répondu à l'appel du président et les résultats n'ont pas totalement été décevants. Rappelons à présent le déroulement de la rencontre

---

[108] *La Gazette*, n°651 du 21 janvier 1992, p. 8.
[109] Ibidem, p. 8.
[110] Voir, *la Gazette*, op. cit., p. 8.
[111] Ancien Secrétaire général du comité central du RDPC, déclaration reproduite dans *Cameroon-tribune*, n°4992, septembre 1991.
[112] *Cameroon-tribune, idem.*
[113] On pourrait citer ici les propos d'Alassane, un commerçant libanais à Yaoundé qui se réjouissait des propos du chef de l'État.
[114] Déclaration dans le sens de Sun Xingwen, Journaliste, à l'Agence Chine nouvelle Yaoundé reproduite dans *Cameroon-tribune, idem.*
[115] Voir propos d'un industriel français dont l'identité n'a pas été révélée, *Cameroon-tribune, idem.*

et le compromis final pour montrer la difficile germination démocratique au Cameroun.

2. Le décor

Tenue du 30 octobre au 17 novembre 1991 au Palais des Congrès de Yaoundé, la rencontre tripartite était présidée par le Premier ministre Sadou Hayatou. Les participants étaient recrutés selon le souhait du président de la République Paul Biya, dans les milieux de l'opposition, du pouvoir et de la société civile. Autour du Premier ministre, on notait la présence d'un staff rapproché composé de Robert Mbella Mbappe, redevenu ministre de l'Éducation nationale, Jean-Jacques Ndoudoumou, Conseiller technique et Pierre Moukoko Mbonjo, porte-parole du Premier ministre.

Les personnalités indépendantes étaient composées des religieux[116], de certains chefs traditionnels[117], des universitaires, des hommes d'affaires et d'anciens hommes politiques[118]. Les partis politiques étaient représentés suivant la hiérarchie interne : essentiellement les présidents de partis ou éventuellement ceux qui sont chargés de l'animation du parti[119]. Au total et d'une manière générale, le nombre des participants s'évaluait à deux cents environ.

Dans son discours d'ouverture, Sadou Hayatou avait tenu à rappeler les objectifs de la rencontre limitée à la définition des modalités de participation aux élections : (...) *Dans toute société qui aspire à bâtir une démocratie véritable reposant sur des bases solides et durables, l'élection est la règle d'or de dévolution du pouvoir. Les vrais démocrates, ce sont ceux qui sont prêts à affronter les élections et à se soumettre au verdict des urnes*[120]. La rencontre tripartite offre ainsi le cadre de dialogue en vue de mettre en place les conditions d'expression des sentiments politiques. Or les situations de trouble ne peuvent conduire qu'au désastre : *dans une démocratie,* précisait Hayatou, *aucun problème ne peut trouver sa solution par la force et la violence. Le lieu par excellence du débat national dans toute démocratie c'est le Parlement et non la rue*[121].

---

[116] Notamment le Cardinal Tumi, les évêques Jean Baptiste Ama et Owono Mimboé et deux pasteurs.

[117] Les Fons bamilékés et lamidos peuhls, etc.

[118] À l'instar de M. William Eteki Mboumoua, Moussa Yaya, Nzo Ekangaki, etc.

[119] Quelques noms célèbres : Samuel Eboua, Bello Bouba Maigari, Abdoulaye Mazou, Tanko Hassan, Dika Akwa, Ndam Njoya, Pierre Flambeau Ngayap, John Fru Ndi, François Sengat Kuo, Sadou Daoudou, Njoh Mouelle, etc.

[120] Allocution d'ouverture du 30 octobre 1991 au Palais des congrès à Yaoundé, *Cameroon-tribune*, n°5023, jeudi 5 décembre 1991, p. 10.

[121] Ibid, p. 10.

Le programme des travaux était assez léger[122] avec quelques lourdeurs au niveau de la durée des interventions. En dépit du fait que le Premier ministre avait rappelé l'objet de la discussion, l'opposition n'avait pas toujours abandonné la manœuvre de transformer cette rencontre en une conférence nationale. Elle se pliera finalement après avoir obtenu de la part du Gouvernement des concessions importantes.

3. Les préalables ou les manœuvres de l'opposition d'obtenir une conférence nationale souveraine

La grogne est née lors de l'intervention en séance de M. Pierre Flambeau Ngayap, président de la *convention libérale*. Celui-ci, prenant la parole au nom de son parti, voulait parler au nom de la *coordination des partis d'opposition et associations*. Il est interrompu par le Premier ministre, président de la rencontre après avoir déclaré que *Votre rencontre est truquée*. En réalité, les délégués de cinq partis politiques de la *coordination estimaient que le Gouvernement les avait appelés pour cautionner ce qu'il avait arrêté d'avance.*[123]

Ils décident de sortir de la salle et de suspendre leur participation aux travaux de la rencontre. L'incident Ngayap est en réalité une occasion rêvée de soulever publiquement leurs réclamations portant plus sur la modification de l'ordre du jour. La principale raison est de connaître la suite que le Gouvernement a réservée à leur mémorandum et le changement de la présidence de la réunion afin qu'elle soit confiée à une personnalité *indépendante*. Dans le texte des résolutions qui motivent la suspension de leur participation, les délégués de la coordination réclament un élargissement de l'ordre du jour de la rencontre.

Ils réclament concrètement l'inscription à l'ordre du jour de la rencontre d'un nouveau point portant sur *la réforme de la Constitution* : *notre Constitution, clé de voûte de nos institutions, concentre entre les mains d'une seule personne l'essentiel du pouvoir de l'État. Cette Constitution, conçue pour un régime de parti unique, ne peut plus à l'évidence convenir pour une démocratie véritable fondée sur l'existence de contrepoids, aux différents pouvoirs...*[124]. ils réclament également l'élargissement de l'élaboration du *Code électoral à tous les scrutins nationaux*, l'ordre du jour ne prévoyant que la législation électorale pour la désignation des députés à l'Assemblée nationale. Évidemment, avec l'approche des élections municipales et la tenue de l'élection présidentielle, une telle proposition ne manquait pas d'intérêt. À

---

122 La rencontre commence le 30 octobre 1991, et avait duré vingt (20) jours, jusqu'au 17 novembre 1991. Voir *Cameroon-tribune*, n°5003 mercredi 30 octobre 1991, pp. 12-13.

123 Il s'agissait de Samuel Eboua, John Fru Ndi, Hameni Bieleu et Pierre Flambeau Ngayap, tous membres de la « coordination nationale des partis d'opposition et associations ».

124 Résolutions des partis politiques de la coordination nationale des partis d'opposition et associations, qui datent du 5 novembre 1991, pp. 1-4.

propos du Code électoral, les partis d'opposition militent en faveur de l'abaissement de l'âge électoral à 18 ans, crédités par le soutien des étudiants et applaudis par la foule des jeunes élèves, une telle possibilité *augmenterait leurs chances de remporter les élections*.

Ils soulevaient également le problème des observateurs internationaux, de la presse *indépendante*, l'applicabilité immédiate des décisions de la rencontre, etc[125]. En sortant de la salle de réunion, les délégués de cinq partis de la coordination se servaient de l'incident Ngayap pour faire entendre leurs réclamations. Au sujet de la présidence de la rencontre, la *coordination* relayée par d'autres personnalités soutenait le changement du Premier ministre et son remplacement par une personnalité dite *indépendante*. Qui serait cette personnalité ? Forcément croit-on celle qui n'appartient à aucune formation politique, encore moins impliquée dans une activité ayant une influence directe ou indirecte avec le pouvoir ? L'option était assez évidente si l'on considère ce qui s'est passé ailleurs (Congo, Bénin, Gabon, etc.) La préférence serait allée à un homme d'Église.

Toutes les confessions religieuses étaient représentées. On notait aussi la présence des animistes et les grandes chefferies traditionnelles qui, bien qu'inféodées au système, exercent une grande influence dans la vie sociopolitique. En réalité, quel était l'intérêt de la désignation d'une personnalité *indépendante* à propos d'un ordre du jour essentiellement consacré à la discussion des modalités juridiques de compétition pour le pouvoir et l'accès des formations politiques aux médias de service public ? La controverse à propos de la personnalité indépendante avait d'autres visées[126].

L'opposition qui préparait dans les coulisses son projet de renversement a été devancée par les personnalités classées dans la catégorie dite *indépendante*. En montant au créneau, le Cardinal Tumi rendait publiques les manœuvres *ridicules et irresponsables*. Sa déclaration était claire :

> *Il faut le dire sans détour, le Cameroun a besoin de réformes radicales. La jeunesse a perdu toute confiance dans nos institutions, et il n'y a qu'une conférence nationale souveraine pour remettre le pays sur les rails. Cette conférence, c'est tout le peuple qui réclame. Nous avons ici l'occasion de la lui donner. Aussi je propose que la présidence de la rencontre soit assurée par une personnalité neutre.*[127].

Cette intervention a permis de soulever le problème de personnalité indépendante vite assimilée à la neutralité. Les personnalités invitées en qualité de personnalités indépendantes ne l'étaient fondamentalement que sur le papier. La déclaration de son Éminence Christian Cardinal Tumi relève

---

[125] Ibidem, pp. 1-4.

[126] *La Gazette*, n°651 du 31 janvier 1992, pp. 8-9.

[127] Déclaration de son Éminence Christian Cardinal Tumi, *La Gazette*, ibidem, p. 9.

l'ambiguïté de cette notion, ambiguïté confirmée par une autre déclaration de lui toujours selon laquelle, le pouvoir ne devait pas *chercher à imposer ses points de vue*[128]. Cette déclaration n'est pas la première du Chef de l'Église catholique qui est au Cameroun et dont l'appui à l'opposition n'a échappé à personne depuis le début du mouvement de contestation politique.

Pourtant, le choix des personnalités indépendantes se fondait sur le critère de compétence et d'expérience dans la perspective de trouver un modus vivendi entre le pouvoir et les forces politiques. On attendait de ces personnalités un apport en ce qui concerne de l'animation du groupe, de l'initiative politique pour trouver des solutions sans parti pris ; bref, un rôle davantage d'encadrement et de guide. En entretenant une controverse souvent à la place des forces politiques de premier plan, les acteurs dits indépendants ont fini par trahir l'exigence de neutralité et créer un climat mal venu pour des assises à finalité précise.

La déclaration du Cardinal Tumi n'a pas soulevé beaucoup d'enthousiasme de la part des participants. Par contre, une réaction contraire est venue de l'avocat LOE sur un ton bien ironique : *vous demandez de remplacer le Premier ministre à la présidence par une personnalité neutre. Qui l'est dans cette salle et même au Cameroun aujourd'hui ?* [129]

L'avocat établit une différence entre personnalité indépendante et personnalité neutre : *c'est un fait, dit-il que le Cardinal Tumi est comme moi-même et beaucoup d'autres participants à cette rencontre, une personnalité indépendante. Mais sommes-nous pour autant neutres ? Ce serait malhonnête pour nous de le croire, puisque sans appartenir à aucun des partis représentés ici, chacun de nous-mêmes s'il ne le dit pas, a une position par rapport à la situation que vit aujourd'hui notre pays. Je ne vois donc aucun inconvénient à ce que le Premier ministre continue à présider cette rencontre*[130]. Cette déclaration constituait un coup dur à la proposition de Tumi dont la chanson rythmée par les réclamations de l'opposition a fini par compromettre la présomption d'honnêteté dont jouissaient les *invités indépendants*.

La contestation est venue du prince Dika Akwa, dont on aurait à juste titre pu imaginer le soutien aux revendications de l'opposition transmises par le Cardinal Tumi avec en fait une grande maladresse : *nous sommes les invités du Premier ministre, soulignait-il, et il n'appartient pas aux invités d'imposer à l'invitant la manière dont celui-ci doit recevoir ses hôtes et où lui-même doit s'asseoir*[131]. L'intervention du Prince Dika Akwa traduit, si besoin est, les

[128] *Cameroon-tribune*, n°5005, vendredi 1er novembre 1991, p. 13 et ss.
[129] Voir *la Gazette,* n°651 du 31 janvier 1992, p. 9.
[130] Déclaration de l'avocat LOE, *la gazette*, ibidem, p. 9.
[131] On rappelle que le Prince Dika Akwa s'est investi dans la mise en œuvre des villes mortes, c'est lui qui avait annoncé le " plan d'action de Yaoundé " dont le but était le blocus de la

divisions d'option au sein de l'opposition. Louis Tobie Mbida présente cette opposition non plus divisée entre *opposition modérée et opposition radicale*, mais il s'agit, selon lui, plutôt d'une opposition intelligente et d'une opposition bête et méchante[132]. Les différences au sein de l'opposition se situent en réalité au niveau des *méthodes* d'action politique[133].

D'où l'urgence de définir le cadre réglementaire de contestations et d'éviter des manœuvres qui auraient pour objet d'entraver les solidarités qui s'expriment dans la société sur la base des intérêts individuels ou de groupes. Il s'agit d'éviter la fausse harmonie entre *le cauchemar* et *le rêve* entre *ceux qui jouent aux Cassandres et aux Saint-Jean* [134] alors qu'il est urgent de construire la paix, la réconciliation et construire l'État, dont l'autorité est chaque jour bafouée[135]. Pour y arriver, il faut un minimum de bonne foi de la part des acteurs politiques. Il est possible de discuter de tout ce qui relève de l'intérêt supérieur de l'Etat, des besoins collectifs sans passer par le mime africain de la conférence nationale : *dans la négociation, soulignait déjà Dieudonné Ntamack, il ne faut pas des préalables bloquants*[136]. La tripartite a permis de dégager certaines lignes de politique nationale au point de relativiser l'importance de la conférence nationale souveraine.

À ce propos, Monseigneur Jérôme Owono Mimboe exprimait son scepticisme quant à l'efficacité et à la faisabilité même d'une conférence nationale, tant *il y aurait tellement de maux à dénoncer, à condamner et à sanctionner, qu'une telle conférence nationale-tribunal aurait été impossible ou une supercherie.*[137] L'homme d'Église situe cette impossibilité au niveau du nombre impressionnant de fraudeurs qui devraient passer devant cette *conférence nationale-tribunal* depuis les indépendances en ces termes, *pour que tous comparaissent devant une conférence nationale-tribunal (...) qu'ils parlent tous et qu'on sache toute la vérité, il aurait fallu encore trente ans,* ce qui est tout à fait impossible. Si par contre l'on choisissait de n'auditionner

---

capitale et la marche vers Etoudi afin de faire plier Paul Biya aux exigences de l'opposition. Son opposition aux déclarations de Tumi sonne le glas d'une opposition en crise.

[132] Déclaration de Louis TOBIE MBIDA, président du PDC, *Cameroon-tribune,* n°5011 op. cit., p. 13.

[133] Reconnaît Bedzigui qui parlait au nom du camp des « modérés », indiquant que les bases de revendications restaient pratiquement les mêmes. Voir *Cameroon-tribune,* n°5009, jeudi 7 novembre 1991, p. 9.

[134] Le professeur OWONA Joseph affirmait à ce propos que "*le Cameroun est une nation du hasard*" et que le compromis ne peut être unilatéral, in *Cameroon-tribune,* n°5009, ibidem.

[135] Dans ce sens WOUNGLY MASSAGA soutenait que *« notre gouvernement semble s'être donné pour règle de faire preuve d'une flexibilité infinie au risque de voir cette attitude servir les desseins de ceux qui pensent qu'à force de faire pression ils pourront parvenir à leurs fins. Or quand en politique, il n'y a pas de point final au laxisme, la porte est ouverte à toutes les aventures »*, *Cameroon-tribune, idem.*

[136] NTAMACK, Secrétaire général du CPC, in *Cameroon-tribune, idem.*

[137] Monseigneur Jérôme Owono Mimboe, intervention du 15 novembre 1991 lors de la rencontre tripartite.

que quelques-uns, *ce serait une immense supercherie, ou une injustice de plus*. Il conseille tout simplement le pardon : *jetons sur tout ce passé sordide le voile blanc du pardon*[138]. Nous allons à présent analyser les débats pendant les assises de la rencontre tripartite.

4. Les questions de fond et le processus de concertation

Les débats ont longuement porté sur deux points principaux : d'une part l'accès des partis aux médias publics, et d'autre part l'examen du code électoral.

Au sujet du Code électoral, les discussions ont porté sur la majorité électorale, le mode du scrutin et l'organisation du scrutin. Sur la base du projet gouvernemental, les délégués intervenaient à titre individuel ou au nom du parti politique qu'ils représentaient. La majorité électorale a davantage préoccupé les participants entre ceux qui soutenaient le maintien du statu quo c'est-à-dire, vingt-un (21) ans pour être électeur et ceux qui militaient en faveur de son abaissement à dix-huit (18) ans.

Les défenseurs de la majorité électorale à 21 ans estimaient que même à cet âge *on n'est pas responsable dans notre société, on ne peut donc l'être à moins !* Le maintien de l'âge électoral à vingt et un (21) ans permettrait d'éviter *l'intrusion de la politique dans les écoles, lycées et collèges*, ce qui serait selon eux *un véritable désastre*. Aussi soutiennent-ils *une majorité de maturité et non une majorité de manipulation*[139].

Par contre, un autre groupe, animé par les partis d'opposition, soutenait l'abaissement de l'âge à dix-huit (18) ans. Ils estimaient que cela constituait un moyen de responsabiliser la jeunesse, car selon eux, *il serait antidémocratique de les écarter des choix qui engagent leur avenir*. Au demeurant, l'âge peut-il être considéré comme un critère absolu de maturité ?[140]

Un dernier groupe qui n'a pas connu beaucoup de fortune était constitué de ceux qui militaient en faveur de l'élévation de l'âge à vingt-trois (23) ans ou même vingt-cinq (25) ans. Ils n'ont pas été suivis. Ce débat a alimenté une grande controverse. Il faut rappeler ici deux déclarations qui donnent l'ampleur des discussions enregistrées lors de la rencontre.

D'abord celle du Cardinal Tumi, très engagé pendant les débats et qui estime que le vrai problème est qu'on a peur de la jeunesse et je ne sais pas trop pourquoi. Pourquoi laisse-t-on les jeunes se marier à dix-huit (18) ans,

---

138 Monseigneur Jérôme Owono Mimboe, *idem*.

139 Voir la synthèse de OBAM ASSAM, *Cameroon-tribune*, n°5011, dimanche 10 et lundi 11 novembre 1991, p. 10.

140 Ibidem, p. 10 et 11.

mon sentiment est que si à cet âge-là on n'est pas encore mûr, on ne le sera guère à vingt et un (21) ans[141] ?

Face à Tumi, se dresse le professeur Stanislas Melone qui soutient que l'abaissement de l'âge électoral à dix-huit (18) ans est un simple *slogan*[142]. En prenant en compte les règles civiles[143], celui-ci relève qu'en matière de mariage *les parents suppléent à l'immaturité avérée des enfants en autorisant le mariage. Autrement dit, ce n'est donc pas l'âge qui donne la maturité, c'est l'intervention des parents qui est censée transformer une décision immature en une décision mature... dans le vote aucune nécessité pour les parents d'intervenir et le jeune indépendant peut même être hostile au père et à la mère...*[144]

Et Monseigneur Jérôme Owono Mimboe de se demander *si nos jeunes de dix-huit (18) ans qu'on va appeler à voter y sont préparés et sont en mesure de comprendre la nature et l'importance du choix politique qu'implique le vote.*[145] . De plus, l'absence de formation de la conscience politique en milieu jeune sera un autre argument avancé par le prélat qui établit une différence entre les *discussions vives* qu'entretiennent les jeunes et la politique qui est *pensée et action pour l'intérêt d'une collectivité.* Il va se demander une fois de plus *si un jeune qui sort à peine de la phase égotiste ou égoïste de l'enfance et de l'adolescence est capable de cette dimension communautaire que requièrent la pensée et l'action politiques*[146].

D'autres interventions ont été enregistrées[147] au point qu'il a nécessité une certaine entente qui a fini par se dégager autour de l'adoption de la moyenne entre les deux, soit 20 ans[148]. L'âge d'éligibilité a aussi été évoqué sans soulever la même controverse qu'à propos de l'âge électoral.

En ce qui concerne le mode de scrutin, le Premier ministre avait donné le ton lors de son discours d'ouverture lorsqu'il déclarait *qu'il n'est pas de mode de sanction parfait, chaque pays doit se donner celui qui convient le mieux à*

---

[141] TUMI (C), *Cameroon-tribune*, n°5011, dimanche 10 et lundi 11 novembre 1991, pp. 14-15.
[142] Le professeur MELONE estime, parlant de la situation dans certains pays d'Europe, qu'on assiste à une politisation très poussée des lycées et collèges ", le choix n'est pas pertinent en ce qui concerne le Cameroun. *Cameroon-tribune*, *idem.*
[143] Évoquant le Code civil, il souligne que l'âge de la majorité est de 21 ans et que sur le plan pénal, on est majeur à 18 ans, mais un majeur qui bénéficie de circonstances atténuantes. Rappelant l'article 80 du Code pénal. Voir déclaration *Cameroon-tribune*, *idem.*
[144] Ibidem, p. 14-15.
[145] Monseigneur Jérôme OWONO MIMBOE, intervention du 9 novembre 1991, Rencontre tripartite du palais des Congrès.
[146] *Idem*
[147] Celle par exemple de GWANMESSIA, magistrat, *Cameroon-tribune* ; *idem.*
[148] Loi n°91/020 relative à la désignation des députés et loi n°92/010 du 17 septembre 1992 pour l'élection du PR, voir nos analyses, infra...

son peuple et à son système politique[149]. Les débats ont opposé deux camps : ceux qui à la suite du Gouvernement soutenaient le scrutin de liste majoritaire à un tour lorsqu'il y a plusieurs sièges à pourvoir dans une circonscription électorale ou le scrutin uninominal majoritaire à un tour lorsque la circonscription comporte un seul siège à pouvoir. À ce propos d'ailleurs, Andzé Tsoungui soulignait les avantages de ce choix[150].

L'autre camp peut être divisé en deux sous-groupes : un premier qui proposait le scrutin proportionnel permettant la représentativité de tous les courants d'opinion, un second sous-groupe soutenait le scrutin uninominal à deux tours ou alors le scrutin majoritaire à deux tours avec possibilité de panachage. Évidemment, ces propositions ont nourri le débat et modifié le texte qui serait soumis aux députés, fortement influencé par les projets du gouvernement[151].

En ce qui concerne l'organisation du scrutin, les participants ont évoqué l'exigence de transparence qui conduit à mettre sur pied une commission électorale, plus *objective* et plus *neutre*. Finalement, cette idée ne sera pas rejetée puisque le texte adopte le procédé des commissions électorales inféodées à l'appareil administratif d'État[152].

Les autres sujets évoqués concernaient à la fois la nature de la circonscription électorale, le financement des partis politiques, les candidatures indépendantes[153], les emblèmes des partis et le nombre des députés. Le projet de loi et la loi adoptée ont répondu à certaines questions, d'autres points étant restés en suspens[154].

L'autre volet de l'ordre du jour concernait la définition des modalités d'accès des partis politiques aux médias publics. Il s'agit essentiellement ici de fixer le cadre réglementaire en période électorale ou en période normale et également en période de session parlementaire. Les médias publics visés ici sont constitués par la radio et la télévision nationales. Ce Code médiatique se

---

[149] Propos qui rappellent le sage grec Solon à qui le public demandait quelle était la meilleure constitution. Dans sa réponse interrogative, il disait : *La meilleure constitution ? Pour quel peuple et à quelle époque ?* Ces propos que rappelait le professeur KONTCHOU ont inspiré les déclarations du Premier ministre dans son discours d'ouverture, *Cameroon-tribune*, n°5023, jeudi 5 décembre 1991, p. 10.

[150] Pour lui, ce scrutin *garantit la stabilité du gouvernement et le met à l'abri du chantage des petits groupes... favorise l'intégration nationale et crée les conditions d'une égalité de chance pour l'alternance au pouvoir*, *Cameroon-tribune*, n°5011, dimanche 10 et lundi 11 novembre 1991, p. 10.

[151] *Cameroon-tribune*, *idem*. Voir nos analyses concernant le régime électoral, infra...

[152] Loi n°91/020 du 16 décembre 1991 fixant les conditions d'élections des députés à l'Assemblée nationale, nos analyses, infra...

[153] Lire particulièrement l'analyse de LEKENE DONFACK pour qui *exclure les candidatures indépendantes aboutirait à la violation de la Constitution*, *Cameroon-tribune*, n°5012, mercredi 13 novembre 1991.

[154] *Cameroon-tribune*, n°5011, 5012.

voulait plus libéral comme le soulignait déjà Aboubakar Koko : *il nous semble aberrant de déterminer les temps d'intervention en fonction du poids des partis... de déterminer un parti politique, de financer ses émissions*[155]. Un Code médiatique rime avec Code de déontologie, car la liberté rime avec la responsabilité, les médias sur ce point occupent une place capitale.

Certains excès sont donc à éviter, si l'on en croit les affirmations de M. Augustin Meriot Bohin Bohin pour qui *certains médias ont fabriqué des leaders sans loi, sans foi, sans cœur et antipatriotiques*[156]. Le prince Dika Akwa a soutenu les demandes de l'UPC dont il est le président : *instauration des différentes plages horaires pour les interventions quotidiennes ; la détermination du nombre minimum des partis intervenant dans la journée et l'attribution systématique du droit de réponse dans la même journée au parti mis en cause arbitrairement par un parti ou d'autres partis...*[157]. Cette proposition est difficile à appliquer, car il faut résoudre au préalable la question de la mise en cause arbitraire dans la même journée. Qui sera chargé de déterminer les responsabilités sur ce point ?

En marge de cet ordre du jour, d'autres points saillants ont été soulevés par les orateurs notamment, la question des droits, des libertés et de la dignité de l'homme. Cette préoccupation a été portée principalement par Monseigneur Jérôme Owono Mimboe qui, sans complaisance, a fustigé tous les actes perpétrés pendant la période de braise, aussi bien par l'opposition que par le pouvoir, et qui étaient de nature à porter de graves atteintes à la dignité humaine. Sur la « chaire » du Palais des Congrès, il a réclamé que cessent les sévices corporels et que toutes *les cellules d'humiliation soient supprimées,* car, affirmait-il, *la démocratie que nous voulons tous instaurer ne sera qu'une duperie si la liberté et la dignité humaines ne sont pas l'objet de nos plus grandes préoccupations*[158].

Aux partis politiques auteurs des incitations à l'insurrection, le cri du pasteur retentit en ces termes *« paix-liberté-sécurité-justice soient rendues au peuple ».* Les mots d'ordre de villes mortes, de pays morts et d'appels à l'incivisme et à l'obéissance civile, a-t-il martelé, *suppriment la paix, la liberté et la sécurité. Faut-il tuer le Cameroun, faut-il détruire le Cameroun, détruire son avenir et compromettre l'avenir de la jeunesse pour enlever le pouvoir au RDPC ou au président de la République ?*[159] Cette interrogation de l'illustre homme d'Église sonnait comme un rappel pour replacer l'intérêt

[155] Cameroun tribune n°5011 vendredi 1er novembre 1991, p. 15, dimanche 10 et lundi 11 novembre 1991.
[156] Président de l'APED, *Cameroon-tribune* n°5011, *idem*, p. 15.
[157] DIKA AKWA, déclaration à *Cameroon-tribune*, *idem*, p. 15.
[158] Jérôme OWONO MIMBOE, intervention du 15 novembre 1991, rencontre tripartite du Palais des Congrès.
[159] *Idem.*

supérieur de la Nation au-dessus des considérations partisanes ou de l'individualité du Chef de l'État.

Tranchant totalement avec les revendications politiciennes véhémentes de son confrère, l'évêque d'Obala, dans son intervention du 31 octobre 1991, lance un appel à la réconciliation et à l'unité du peuple camerounais. *La réconciliation doit être le début d'un travail collectif pour remettre de l'ordre, la paix et le progrès dans notre pays.* Aux fossoyeurs du peuple, il disait : *il ne faut pas diviser le peuple, il ne faut pas le confisquer. Il ne faut pas diviser le peuple pour n'en considérer qu'une partie. (...) Il ne faut confisquer ni le Cameroun, ni le patriotisme, l'intelligence ou la vertu. Il pose enfin la tolérance et l'humilité comme les préalables de la cohésion, de l'unité et de la prospérité partagée dans notre pays.*

La rencontre a été enrichie d'importantes communications[160]. Toutes ces contributions ne peuvent malheureusement pas être évoquées ici. Il faut simplement souligner qu'une plateforme d'entente a été mise sur pied et les conclusions n'ont pas totalement déçu les participants à cet important rendez-vous. La plupart avaient d'ailleurs trouvé la rencontre enrichissante[161].

5. Le compromis de Yaoundé

La Rencontre tripartite n'était pas une conférence nationale souveraine, mais elle a permis de réunir l'essentiel des forces politiques pour le nouveau départ. Après une pression exercée par les personnalités politiques et religieuses, la coordination des partis politiques et associations a fini par prendre part aux décisions finales. Une déclaration commune indiquait déjà *qu'en vue de la cessation d'une logique de confrontation et de l'instauration d'un climat de paix et de dialogue, dans le respect des institutions et des lois, il a été décidé la mise en place d'un comité restreint chargé de concevoir une plateforme d'entente.* Cette plateforme visait à intégrer les réformes constitutionnelles et la création d'une commission chargée de débattre des problèmes liés à la Constitution. Dans cette plateforme, il est résolu certaines questions préalables soulevées par l'opposition. Ce texte oblige réciproquement les deux parties :

- le Gouvernement s'engage à instaurer un moratoire fiscal pour les commerçants victimes des opérations *villes mortes*, la levée de toutes les mesures spéciales prises pour contrer l'insécurité liée aux opérations

[160] On pourrait signaler ici les déclarations d'ATEBA NGOA, président du PRPC, de Dieudonné BIZOLE, président national du POUC et Georges GWANMESIA. Lire à ce sujet *Cameroon-tribune*, *idem*, pp. 13-15.

[161] Maître LOE déclarait déjà que *" l'organisation de la rencontre est très démocratique "*. Tandis que NDAM NJOYA estimait que *" tout s'annonce bien "*. Pour le professeur NGANGO (G) *" les points d'achoppement n'ont constitué qu'un épisode "*. Voir *Cameroon-tribune*, n°5005 du vendredi 1er novembre 1991, p. 13.

concernées, la levée de l'interdiction des manifestations publiques et la libération des personnes arrêtées à la suite de manifestations et qui ne font pas l'objet de poursuites judiciaires[162].

- L'opposition quant à elle s'engage à lever le mot d'ordre de *villes mortes* et de *désobéissance civile* pour la reprise normale des activités économiques, à respecter la légalité et à garantir l'ordre public pendant les manifestations[163].

En ce qui concerne l'examen des réformes constitutionnelles, les participants ont proposé que ces questions soient abordées par un comité de rédaction composé de quatre représentants des partis politiques, trois représentants des pouvoirs publics et trois membres représentant la société civile[164]. Ils préconisent l'affirmation constitutionnelle des *principes d'une démocratie digne du Cameroun et d'une Charte des libertés fondamentales et des droits de l'homme intégrant les expériences mondiales en la matière et adaptée aux réalités camerounaises*[165]. Ils envisagent une profonde réforme des institutions politiques[166] et la création d'institutions nouvelles de garantie des droits et libertés[167]. Les participants ont mis sur pied des commissions chargées de mettre en forme les textes dont les objets étaient étudiés tout au long de la rencontre avant leur adoption solennelle. Ces comités sont rappelés à travers les tableaux suivants[168].

a. Comité technique de rédaction de l'avant-projet de loi portant Code électoral

Noms et Prénoms	Représentants
Mbah Philippe Tchiroma Bakary Issa Me Bobo Hayatou	Partis politiques
Eyebe Ayissi Gwanmessia	Pouvoirs publics
Chief Ngompe Ayissi Mvodo Victor	Personnalités indépendantes

162 Plateforme d'entente, du 13 novembre 1991 reproduite dans *Cameroon tribune,* n°5023 du jeudi 5 décembre 1991, p. 12. Voir *les marchés tropicaux* du 15 novembre 1991, p. 2911.
163 *Idem.*
164 Voir nos analyses, infra.
165 Déclaration commune lors de la rencontre tripartite, in *Cameroon tribune*, n°5023, jeudi 5 décembre 1991, pp. 10-14 ; voir également *les marchés tropicaux*, 22 novembre 1991, p. 3031.
166 Notamment la séparation des pouvoirs, l'éclatement du Parlement en deux chambres et l'indépendance de la justice par la création d'un pouvoir judiciaire. Voir *les marchés tropicaux*, ibidem, p. 3031.
167 Entre autres institutions, une Cour constitutionnelle, un Conseil d'État, une Cour des comptes, une haute autorité de la communication et de la fonction publique.
168 Le comité chargé des questions constitutionnelles est analysé plus loin dans ce travail. Deuxième partie infra. Voir *Cameroon tribune*, n°5016 dimanche 17 et lundi 18 novembre 1991, p. 9.

Un comité technique s'occupe des modalités d'accès aux médias. Il regroupe les trois grands ensembles des participants à la rencontre de Yaoundé suivant le tableau qui suit.

b Comité technique de rédaction de l'avant-projet de décret portant accès des partis politiques aux médias audiovisuels

Noms et Prénoms	Représentants
Achu Joseph Ewanga Me Nseth Guillaume	Partis politiques
Pr Melone Stanislas Ngolle Ngolle Elvis	Pouvoirs publics
Ngongo Louis Wete Francis	Personnalités indépendantes

Les travaux de Yaoundé ont vu la signature par 41 partis politiques de la déclaration commune. Un comité de suivi a été mis sur pied à cet effet. Nous voulons rappeler ici les responsables désignés par les représentants réunis au Palais des Congrès.

c. Comité de suivi de la déclaration commune et de l'accord qui s'en suivra

Noms et Prénoms	Représentants
Ndam Njoya Adamou Prince Dika Akwa	Partis politiques
Fon de Bali Nsangue Akwa	Pouvoirs publics
Mbella Mbappe Okouda Martin	Personnalités indépendantes

Cette répartition, qui est le résultat de l'entente de la Conférence tripartite, tient compte des aptitudes individuelles. Chaque commission contient des juristes associés aux hommes politiques et aux administrateurs. Elle n'exclut pas d'autres formes de collaboration notamment lors de l'élaboration des règles et la rédaction des textes où l'influence des juges devient importante.

Les participants à la rencontre de Yaoundé avaient signé les délibérations finales des travaux. Un geste qui constituait une victoire pour le Gouvernement. Le Premier ministre Sadou Hayatou déclarait dans le discours de clôture que *la flamme patriotique qui a brûlé de tous ses feux sur cette rencontre nous a permis de surmonter nos divergences et nos oppositions et de créer les conditions optimales pour une décrispation de la vie sociopolitique, une reprise normale des activités économiques et une réconciliation du pays avec lui-même... Nous n'avons pas déçu les attentes de notre peuple*[169].

L'annonce de la signature d'un accord entre les forces en présence sonne comme un *coup de théâtre*[170]. Elle rompt avec la logique de confrontation jusqu'au-boutiste qui déterminait la position de chaque camp et surtout parce que *la décision d'enterrer la hache de guerre... intervient à la veille du sommet francophone de Paris auquel participe pour la première fois le Cameroun*[171]. On pourrait parler d'une simple coïncidence, mais le geste de l'opposition traduit le souci de ne plus jouer aux Cassandres et de s'accrocher à cette porte de sortie convaincue que tout recours à la violence serait très mal interprété. Le choix de se rendre à *Canossa* fait suite à l'essoufflement de l'opération *villes mortes* et à une certaine lassitude des populations qui ne sont plus disposées à attendre indéfiniment les recettes miracles comme solutions à leurs problèmes[172].

Parmi les signataires, on note la présence de Samuel Eboua, membre influant de la coordination des partis politiques et associations, Pierre Flambeau Ngayap, l'auteur de la dissidence qui a entrainé la suspension de la participation des partis de l'aile dure de l'opposition, M. Adamou Ndam Njoya. Ces signatures ont réduit l'influence de la coordination radicale visiblement piégée, mais désormais contrainte de respecter les engagements nés de la plateforme commune. Or, sept partis plus intransigeants ont refusé de mettre à exécution les engagements de la déclaration commune qualifiant ce texte de *mascarade*[173]. Ils ont exclu les partis signataires de l'Accord de la coordination, dissout le directoire et mis en place un comité technique. Ils ont continué à soutenir les *villes mortes* et la *désobéissance civile* même si dans la réalité ils ne seront plus suivis comme par le passé[174]. C'est la logique d'apaisement qui sort victorieuse de cette rencontre. C'est évidemment le recours au suffrage universel, voulu par le président Biya, qui sera la base de désignation des dirigeants.

De plus en plus, la conférence nationale perd sa pertinence. Sa revendication pose un sérieux problème quant aux objectifs que poursuivent ses défenseurs, moins l'intérêt collectif que les règlements de compte aux conséquences catastrophiques. En dépit des délais, les populations pourront désigner au suffrage universel leurs dirigeants, un choix sur la base d'une pluralité de candidatures après trente années d'élections monolithiques.

---

[169] Allocution du Premier ministre HAYATOU (S) à la clôture des travaux de la Rencontre tripartite, *Cameroon tribune*, n°5017, mardi 19 novembre 1991, p. 16.
[170] Voir NALAGARDES (M), *La Croix*, 16 novembre 1991.
[171] Voir NALAGARDES (M), *La Croix*, 16 novembre 1991
[172] *Lettre du continent*, 19 décembre 1991.
[173] *Les marchés tropicaux*, 22 novembre 1991, p. 3031.
[174] Galaxie, n°15, 19 novembre 1991, p. 2.

La rencontre tripartite a permis l'implémentation d'un nouvel ordre politique ayant conduit à la révision de la Constitution du 2 juin 1972, par la loi constitutionnelle du 18 janvier 1996. L'élaboration de cet important instrument juridique a bénéficié de la contribution du Professeur Joseph Owona[175]. Aujourd'hui, Membre du Conseil constitutionnel appelé à la vie à la faveur de la loi constitutionnelle du 18 janvier 1996, le désormais Conseiller constitutionnel est chargé d'assurer l'effectivité de la Constitution doublement comme juge des normes, conseiller investi du pouvoir d'émettre des avis : en gros le régulateur des Institutions. La réforme constitutionnelle a d'abord été précédée par la définition des conditions d'expression du suffrage en 1991 et 1992 ayant sédimenté les bases d'une ingénierie politique et institutionnelle porteuse de la démocratie et de l'État de droit[176]. Une telle œuvre mérite une reconnaissance à la mesure de ces pages à peine commencées.

[175] En tant que Secrétaire général de la Présidence de la République, Principal collaborateur du président de la République, il présidera le Comité des réformes constitutionnelles ayant abouti à la loi constitutionnelle du 18 janvier ; bien que les propositions de ce Comité n'aient pas été toutes retenues, les réformes intervenant lorsque le Professeur Titus EDZOA occupera le poste de Secrétaire général de la Présidence de la République en remplacement du Professeur Joseph OWONA.

[176] Notre thèse, *État de droit et Démocratisation. Contribution à l'étude de l'évolution politique et constitutionnelle au Cameroun*, Thèse, Université Paris 1-Panthéon Sorbonne ; Lire BOURGI (A), « L'évolution du constitutionnalisme en Afrique : du formalisme à l'effectivité » *RFDC,* 2002, AHADZI (K), « Les nouvelles tendances du constitutionnalisme africain : le cas des États d'Afrique noire francophone », *Afrique juridique et politique.*

LE PARADIGME DE LA CONSTITUTION JANUS CHEZ JOSEPH OWONA COMME MODÉLISATION THEORICO-JURIDIQUE ET POLITICO-JURIDIQUE DE LA BIFACIALITÉ DE LA LOI FONDAMENTALE EN AFRIQUE : DE SA FORMULATION EURAFRICAINE À SA RELECTURE AFROCENTRIQUE BASÉE SUR ANUBIS, AKER ET IU

Mathias Éric OWONA NGUINI

Maître de Conférences en science politique
Université de Yaoundé II (Cameroun)
Vice-Recteur à l'Université de Yaoundé I

INTRODUCTION

(CE QUE PROBLÉMATISER LE JANUSIANISME CONSTITUTIONNEL ET INSTITUTIONNEL VEUT DIRE CHEZ JOSEPH OWONA)

Il est intéressant en termes de théorie politico-constitutionnelle et juridico-constitutionnelle, de faire un retour discursif et réflexif d'orientation herméneutico-technique et herméneutico-critique sur les logiques normatives, institutionnelles, procédurales ou même matérielles véhiculées par la notion de « *constitution janus* »[1]. Ce faisant, il est question de mettre en évidence les formes de pensée et de raison exprimées par Joseph OWONA à travers cette catégorie affectée d'une certaine valeur doctrinale. En effet, il s'agit pour cette figure professorale de faire valoir à travers cette catégorie, une « *pensée juridique* » orientée dans une perspective d'intellection bien précise des constitutions africaines[2].

L'évocation de la notion de « *constitution janus* » par Joseph OWONA s'inscrit bel et bien dans une visée de théorisation des logiques et pratiques

---

[1] OWONA (J), « L'essor du constitutionnalisme rédhibitoire en Afrique Noire : étude de quelques ''constitutions janus'' », *in L'État moderne, Horizon 2000 : aspects internes et externes, Mél. à Pierre-François GONIDEC*, Paris, LGDJ, 1985, pp. 235-243.

[2] SCHMITT (C), *Les trois types de pensée juridique*, Paris, PUF, 2015.

configurant l'appréhension et la compréhension des conditions et configurations d'énonciation et d'exercice de la raison constituante et constitutionnelle dans les régimes et institutions politiques associés aux États d'Afrique ; lesquelles configurations et conditions renvoient-elles au « *constitutionnalisme rédhibitoire* »[3], où il apparait que Joseph OWONA mobilise cette catégorie pour dévoiler dans une optique démystificatrice des traits typiques et constitutifs de la construction stato-constitutionnelle et stato-institutionnelle en Afrique. L'effort de théorisation réflexive et compréhensive des orientations politico-constitutionnelles et politico-institutionnelles qui est fait par le Maître-Juriste Joseph OWONA à propos des formes juridico-politiques pertinentes dans l'Afrique Noire de l'ère de la post-colonialité légal-souveraine (des années 1960 aux années 1980), s'inspire de la mobilisation de la figure de « *Janus* » comme *« Dieu des Portes »* par l'un de ses illustres devanciers dans la science constitutionnelle, l'éminent Maurice DUVERGER[4]. C'est effectivement l'analytique politico-institutionnelle et socio-institutionnelle de DUVERGER appliquée à une comparaison cursive des systèmes et régimes politiques de l'Ouest et de l'Est, qui inspire Joseph OWONA.

En mobilisant la figure du Dieu **Janus** dont il reprend l'évocation de Maurice DUVERGER, Joseph OWONA entend mettre l'accent sur la symbolique de ce « *dieu à double visage* » qui apparait bel et bien comme une figure typique du « *dualisme* »[5]. L'on voit que la référence au **Dieu des Portes,** empruntée par Joseph OWONA à Maurice DUVERGER, est opérée dans une logique de mise en lumière de situations frappées du **sceau de la dualité et de la marque de la duplicité**. Ainsi, Joseph OWONA entend-il insister sur les « *constitutions janus* » comme des lois fondamentales à « *double face* », des lois-constitutions qui sont « *frappées d'ambivalence* »[6].

Lorsque Joseph OWONA mobilise le symbole du **Dieu des Portes**, il est question pour lui d'user de cette figure comme une **orientation structurante** de sa **réflexion théorico-politique et théorico-constitutionnelle**, comme une orientation en accord avec la démarche théorico-sociologique et théorico-politique de Maurice DUVERGER, pour qui, « *l'image de Janus, dieu à double face est la véritable représentation de l'État* »[7]. Ceci montre que l'on se situe bel et bien dans un scénario de transposition paradigmatique du modèle de la dualité janusienne dans l'énonciation constitutionnaliste critique

---

[3] OWONA (J), « L'essor du constitutionnalisme rédhibitoire en Afrique Noire : étude de quelques ''constitutions janus'' »

[4] DUVERGER (M), *Janus : les deux faces de l'Occident*, Paris, Fayard, 1972, p. 22.

[5] *Ibid.*

[6] OWONA J., « L'essor du constitutionnalisme rédhibitoire en Afrique Noire : étude de quelques ''constitutions janus'' », *op. cit.*, p. 235.

[7] DUVERGER (M), *Introduction à la politique*, Paris, Gallimard, 1964, p. 22.

et démystificatrice des figurations césaristes ou bonapartistes du constitutionnalisme des États d'Afrique.

Le questionnement formulé et formalisé dans la présente recherche s'énonce comme suit : « *Comment convient-il d'analyser le paradigme de la constitution janus vu qu'il se présente dans la pensée constitutionnelle de Joseph OWONA* ? ». À ce questionnement, correspond l'hypothèse suivante : « *Il convient d'analyser le paradigme de la constitution janus tel qu'il se présente dans la pensée constitutionnelle de Joseph OWONA, en mettant d'abord en lumière la formation et la constitution de ce modèle de constitution puis en mettant ensuite en évidence la mobilisation et la transformation dudit modèle, de telle façon que ce modèle soit éclairé comme une matrice de perception et d'action saisie dans sa figuration généalogique et archéologique puis dans sa configuration sémiologique et praxéologique* ».

L'analyse de la place de la catégorie de « *constitution janus* » forgée par Joseph OWONA, est inspirée de la lecture institutionnaliste comparatiste que Maurice DUVERGER fait des systèmes politiques et économiques respectifs de l'Occident capitaliste et démocratique et de l'Est socialiste et collectiviste, et commande de saisir la référence à JANUS comme un élément révélateur d'un « *paradigme* » bien typé intellectuellement et bien typifié scientifiquement[8]. C'est qu'en effet, cette référence au symbole de JANUS ne saurait être limitée à sa présentation faciale et littérale, mais est à envisager comme le signe d'une manière de voir et d'une manière de dire aux plans scientifico-académiques et scientifico-intellectuels.

Il y a comme une « *épistémè* » qui organise une manière de penser, de voir et de dire qui est précisément attentive à la présence significative et décisive de l'ambivalence, de la contradiction, de la dualité ou de la duplicité dans la pensée et l'analyse janusiennes respectivement énoncées par Maurice DUVERGER puis par Joseph OWONA[9]. Ladite *épistémè* attentive aux antinomies ou aux apories met en lumière l'existence et la persistance de tensions ou de contradictions dans l'ordonnancement et l'aménagement des institutions politiques et constitutionnelles. Si Joseph OWONA s'inscrit dans ce modèle paradigmatique janusien, il l'oriente donc de manière spécifique et originale vers l'analyse du « *constitutionnalisme rédhibitoire* »[10]. L'exercice théorico-juridique, théorico-constitutionnel et théorico-politique de mise en évidence de la logique du droit rédhibitoire effectué par Joseph OWONA s'attache, de manière singulière, à analyser les conditions de cristallisation ou de pétrification du « *rédhibitionnisme constitutionnel* », correspondant à la

---

[8] KUHN (T), *La structure des révolutions scientifiques*, Paris, Flammarion, 1971.

[9] FOUCAULT (M), *Les mots et les choses*, Paris, Gallimard, 1966, p. 13.

[10] OWONA (J), « L'essor du constitutionnalisme rédhibitoire en Afrique Noire : étude de quelques ''constitutions janus'' », *op. cit.*, pp. 235-243.

« *perdurée de ces dispositions constitutionnelles de dupe* »[11]. Ce faisant, Joseph OWONA inscrit sa démarche de mise en lumière de la logique de vice inhérent qui est liée à l'explicitation de la logique de neutralisation déceptive de la normativité et de la positivité juridiques, une logique à la validité dégradée et corrodée.

La présente recherche examinera à la fois comment l'élaboration savante et professorale de Joseph OWONA en termes de logique janusienne a été innovante et innovatrice aux plans de l'analyse théorico-juridique et de l'analyse juridico-politique, visant à enrichir la « *matrice disciplinaire* » qu'a constituée la référence doctrinale de Maurice DUVERGER comme référence doctrinale fondatrice[12]. En opérant de la sorte, il est question de bien mesurer la valeur de l'appropriation et de la réappropriation *owoniennes* du modèle janusien originaire lié à l'analytique *duvergérienne*.

L'analyse de la pensée de Joseph OWONA autour du thème janusien ne se contentera pas de rester dans une perspective théorico-intellectuelle et politico-intellectuelle marquée par un logos occidentalo-centré, mais mobilisera également un regard gouverné par une relecture de cette référence à JANUS attentive à l'« *afrocentricité* »[13]. En effet, la figure de JANUS empruntée au Panthéon romain n'est pas une figure exclusive en termes de Dieu des Portes, de Dieu des Passages, dans le corpus des divinités. C'est que JANUS en tant que divinité, fait écho à des divinités égypto-kamites, c'est-à-dire négro-africaines comme ANUBIS/INPU/ANUB ou AKER/AQER, voire IU/IAO.

La présente recherche entend aussi mettre en lumière les différentes acceptions que prend la figure de JANUS en tant que « *figure du langage* » opérant « *la transcription d'un réel, d'un mot, d'une vision ou d'une idée en un code visible* »[14], à travers la référence de la pensée théorico-constitutionnelle et théorico-politique de Joseph OWONA, inspirée par Maurice DUVERGER. Il conviendra aussi de procéder à une socioanalyse du modèle paradigmatique janusien à travers une relecture des cadrages et usages de ce modèle de Maurice DUVERGER par Joseph OWONA, une socioanalyse envisageant de démystifier le complexe constitutionnel et institutionnel à forme janusienne, comme un *« ensemble de tension »*[15]. Pour ce faire, il conviendra d'abord de procéder à *« une socioanalyse de la formation et de la fondation du modèle paradigmatique de la constitutionnalité janusienne »* (I) puis d'opérer « *une socioanalyse de la*

---

[11] *Ibid.*, p. 233.
[12] KUHN (T), *La structure des révolutions scientifiques*, Paris, Flammarion, 1971.
[13] ASANTE (M.K), *Afrocentricity : the theory of social change*, African American image, 2003.
[14] MBEMBE A., « La ''chose'' et ses doubles dans la caricature camerounaise », *Cahiers d'études africaines*, Vol. 36, n°141-142, XXXVI-1-2, 1996, pp. 143-170.
[15] ELIAS (N), *Qu'est-ce que la sociologie ?*, La Tour d'Aigues : Éditions de l'Aube, 1981, p. 157.

mobilisation et de la transformation du modèle paradigmatique de la constitutionnalité janusienne » (II).

I. UNE SOCIOANALYSE DE LA FORMATION ET DE LA FONDATION DU MODÈLE PARADIGMATIQUE DE LA CONSTITUTIONNALITE JANUSIENNE : LECTURES ET RELECTURES DE SA FIGURATION GÉNÉALOGIQUE ET ARCHÉOLOGIQUE

Par ces termes, on veut dire qu'il convient d'examiner sur le mode de l'herméneutique et de l'analytique démystificatrices autant qu'objectivatrices, la manière dont la pensée théorico-politique et théorico-constitutionnelle de Joseph OWONA a examiné la question de la dualité pernicieuse du constitutionnalisme d'Afrique Noire et de ses institutions effectives. Il est ainsi question de bien mettre en lumière les conditions liées aux « *deux forces ambivalentes* » marquées par la figure de Janus dans la genèse et la structuration des ordres constitutionnels et institutionnels d'Afrique Noire[16].

En effet, le mode de raisonnement *owonien* entreprend de transposer la lecture socio-politiste de type politico-institutionnel et socio-institutionnel de la comparaison *duvergérienne* entre démocraties capitalistes (Ouest) et monocraties socialistes (Est), dans l'analyse juridico-politique et constitutionnaliste en mobilisant symboliquement et logiquement la perspective soulignant les *« deux faces du Dieu des Portes »*[17]. Ainsi, il est question de comprendre les conditions de construction du modèle janusien de constitutionnalité inspiré à Joseph OWONA par Maurice DUVERGER. Dans cette optique, il s'agit alors de procéder d'abord à « *la mise en lumière de la généalogie théorico-juridique, théorico-politique et juridico-politique de la constitutionnalité janusienne* » (A-I) avant d'appréhender *« la mise en évidence de l'archéologie théorico-juridique, théorico-politique et juridico-politique de la constitutionnalité janusienne* » (B-I).

A. La mise en lumière de la généalogie théorico-juridique, théorico-politique et théorico-politique de la constitutionnalité

Par ces termes, on veut dire qu'il est question de mettre au clair les origines intellectuelles et doctrinales de la pensée de Joseph OWONA sur les constitutions janus, en clarifiant ses figurations pertinentes sur le plan de la théorie du droit, de la théorie politique et du droit public entendu comme droit politique. Il s'agit alors dans une logique socio-analytique et psychanalytique

---

[16] OWONA (J), « L'essor du constitutionnalisme rédhibitoire en Afrique Noire : étude de quelques ''constitutions janus'' », *op. cit.*, p. 235.
[17] DUVERGER (M), *Janus : les deux faces de l'Occident*.

de mettre en lumière, comment « *la figure double de Janus* » prend forme comme *« double troublant de l'héroïque et du monstrueux »* dans la pensée de Joseph OWONA remobilisant un thème initialement sollicité par Maurice DUVERGER pour réemployer dans l'analytique constitutionnelle[18].

Il convient ainsi de revenir à la source romaine de la symbolique janusienne pour bien cerner comment cette dernière a à la fois été mobilisée par Maurice DUVERGER puis par Joseph OWONA. Ainsi, faire la généalogie dans cette optique, revient à mettre à jour les « *origines du culte de JANUS* »[19]. C'est à travers ce retour vers les sources que l'on sera en mesure de bien situer l'origine de l'institution de la liturgie janusienne dans la religion romaine, liturgie qui met en scène un Dieu dual. Il convient d'abord dans cette optique, de jeter un « *regard sur la généalogie mytho-théologique et mytho-cosmologique de JANUS BIFRONS »* (1-A-I) puis de procéder à l'examen de l'appropriation du modèle duvergérien dans l'analytique owonienne de la *constitutionnalité et du constitutionnalisme* d'Afrique » (2-A-I) et enfin d'assurer *« l'aperception des sources négro-égyptiennes et nubio-égyptienne du modèle janusien de la dualité et les sources d'une généalogie kamite de cette figure » (3 – A – 1).*

1. Un regard sur la généalogie mytho-théologique et mytho-cosmologique de janus bifrons : la dualité caractéristique de la figure janusienne et ses expressions.

Par ces termes, on veut dire qu'il est judicieux d'esquisser une analyse des ressorts qui organisent les croyances cristallisées autour de la figure de JANUS comme figure divine inscrite dans le panthéon romain, en étant attentif à ses significations et représentations sacrées et sacramentelles. Il s'agit ainsi d'être particulièrement attentif au sens sacral, rituel, culturel et spirituel du *« Diium Deus »* en mettant en lumière le fait que *« Ianus »* (Janus) est en lien avec le *« concept de « passage » »*[20]. Ainsi, JANUS est posé comme une figure divine dont le sens est d'être au principe des transitions des passages, évoluant alors entre deux états.

JANUS se présente comme une divinité caractérisée par le sens de l'ambivalence des formes et des formes de l'ambivalence[21]. Cette divinité était honorée par les confréries artisanales dites « collegia fabrorum » qui encensaient le Dieu des Solstices. Dans la hiérarchie religieuse et liturgique de Rome, JANUS est très souvent célébré comme *« Deus Deorum* » (Dieu des

---

[18] NESCI (D), « L'art et le pouvoir : un itinéraire psychanalytique autour du Persée de Benvenuto CELLINI », *Revue Canadienne de Psychanalyse*, Vol .6, n°1, 1998, pp. 99-112.
[19] GAGÉ (J), « Sur les origines du culte de Janus », *Revue de l'Histoire des Religions*, Janvier 1979, 195-1, pp. 33 et 58.
[20] SCHILLING (R), « Janus, le dieu introducteur. Le dieu des passages » *in Mélanges d'archéologie et d'histoire,* n°72, 1960, pp. 89-90.
[21] *Ibid*, p. 93.

Dieux)[22]. Cela signifie que JANUS a été l'une des figures les plus importantes de la religion de Rome. C'est pourquoi le nom JANUS vient avant celui de JUPITER dans le « *chant des Saliens* », ce nom étant invoqué le premier dans les *« prières publiques »*[23].

L'éminent juriste-constitutionnaliste et socio-politiste français Maurice DUVERGER a évoqué précisément la figure de JANUS dans un livre intitulé *« JANUS : les deux faces de l'Occident »* où il procède sur une base holistique et systématique, à l'analyse de *« l'ensemble formé par les institutions politiques, les structures économiques, les croyances religieuses, les traditions culturelles, les valeurs éthiques communes aux peuples de l'Ouest »*[24]. En effet, DUVERGER mobilise la symbolique janusienne pour rendre compte de l'ambivalence constitutive du système sociétal constitué par les institutions politiques, économiques, sociales et culturelles associées au système que forment les démocraties occidentales.

Pour Maurice DUVERGER, *« comme JANUS le dieu à double visage dont l'effigie marquait les monnaies de la République romaine voici vingt-deux siècles, dans le système occidental présente deux faces opposées, mais contraires, ce dualisme constituant sa nature profonde »*[25]. Où l'on voit qu'il s'agit de mettre en lumière la structure et l'existence d'une configuration antinomique et tensionnelle des institutions juridico-politiques, socio-politiques, économico-politiques et anthropo-politiques qui modèlent et gouvernent les sociétés spécifiques que sont les démocraties occidentales. Ainsi, les sociétés occidentales voguent-elles entre *« démocratie authentique »* et *« démocratie partielle* » parce que leurs institutions parlementaires, représentatives et pluralistes sont contrebalancées par la puissance économique et sociale des propriétaires capitalistes, ce qui les limite à être du ressort de la plouto-démocratie ; laquelle correspond précisément à une structuration janusienne[26].

2. Un examen de l'appropriation du modèle duvergérien dans l'analytique owonienne de la constitutionnalité et du constitutionnalisme d'Afrique

Par ces termes, on veut dire que le schéma janusien mobilisé par Maurice DUVERGER dans son esquisse de comparaison entre les systèmes occidentaux et entre ceux-ci et les systèmes socialistes, pro-soviétiques d'Europe de l'Est, a fait l'objet d'une transposition initiée par Joseph OWONA dans son examen de la configuration, de la conformation et de

---

[22] MACROBE, *Saturnales*, LIVRE I.

[23] RENARD (M) « Aspects anciens de Janus et de Junon », *Revue Belge de Philosophie et d'Histoire*, 1953, pp. 5-21.

[24] DUVERGER (M), *Janus : les deux faces de l'Occident*, Paris, FAYARD, 1972.

[25] *Ibid*, XII.

[26] *Idem*, IV-V

l'orientation du constitutionnalisme en Afrique noire. En effet, Joseph OWONA inscrit de manière explicite dans le sillage théorico-intellectuel de Maurice DUVERGER : *« Dans la forme antique, Janus un des plus anciens dieux de la cité était le Dieu des portes. Comme elles, il avait une double face : M. DUVERGER osa souligner naguère les deux faces ambivalentes des démocraties occidentales »*[27].

L'on ne saurait comprendre la thématisation faite par Joseph OWONA du *« constitutionnalisme rédhibitoire »* et des « *constitutions Janus* » liées à une *« Afrique noire confrontée à la tâche ardue des constructions nationales et du développement »*, sans en noter la référence théorico-intellectuelle, mais aussi théorico-analytique au schéma janusien de Maurice DUVERGER[28].

Il est clair que la démarche owonienne reprend les orientations épistémologiques et méthodologiques de l'analytique duvergérienne des systèmes et régimes politiques, pour appliquer ces orientations à l'examen spécifique des prédispositions constitutionnelles autant que des dispositions constitutionnelles en Afrique Noire. C'est dans cette optique que Joseph OWONA influencé par Maurice DUVERGER insiste sur l'évocation de *« la double face »* typique de JANUS[29].

La logique épistémique développée par Joseph OWONA à propos du *« constitutionnalisme rédhibitoire »* est à envisager comme une *« épistémologie du droit positif »* investiguant sur les orientations structurantes de la *lex lata* dans le constitutionnalisme en Afrique Noire[30]. Si elle est largement conduite dans une optique internaliste attentive à un examen serré de la normativité juridique, la démarche owonienne mobilise aussi un regard analytico-critique et théorico-critique qui en révèle l'ouverture à une optique externaliste de la juridicité constitutionnaliste en Afrique Noire. En cela, la démarche owonienne qui dévoile les ressorts janusiens du constitutionnalisme négro-africain, peut être inscrite de manière relative dans une optique compatible avec la *« théorie critique du droit »*[31].

Le registre juridico-théorique et juridico-analytique mobilisé par Joseph OWONA dans l'examen du constitutionnalisme rédhibitoire est sans conteste, un registre qui ressortit d'une analytique critique. Il est effectivement question de mobiliser une analytique critique de la normativité juridique des lois

---

27 OWONA (J), « L'essor du constitutionnalisme rédhibitoire en Afrique Noire : étude de quelques ''constitutions janus'' », *op. cit*, p. 233.

28 *Ibid.*, p. 234.

29 *Idem*, p. 233.

30 LOISELLE (M), « L'analyse du discours de la doctrine juridique : l'articulation des perspectives interne et externe » *in* CURAPP, *Les méthodes au concret*, Paris, PUF, 2000, pp. 187-209.

31 OST (F), VAN DE KERCHOVE, (Dir.) *Jalons pour une théorie critique du Droit*, Bruxelles, Publications des Facultés Universitaires de Saint -Louis, 1987.

fondamentales d'Afrique Noire en termes de questionnement de la qualité et de la crédibilité de leur juridicité, comme l'indique clairement l'évocation toute janusienne du *« retournement rédhibitoire »* qui s'y exprime[32]. En effet, la logique owonienne d'analyse des orientations constitutionnelles négro-africaines démystifie la logique rédhibitoire de bien des lois fondamentales examinées dans cette phase du constitutionnalisme d'Afrique Noire, en mettant en lumière leur bifacialité janusienne. Dans cette perspective, il s'agit de mettre en lumière un *« sens caché »* de la constitutionnalité africaine et du constitutionnalisme d'Afrique orienté vers une *« normativité malmenée »*[33].

3. L'aperception des sources négro-égyptiennes et nubio-égyptiennes du modèle janusien de la dualité et les voies d'une généalogie Kamite de cette figure

Par ces termes, on veut dire qu'il est possible de relire la logique symbolique de la figure romaine de JANUS à partir d'une ligne herméneutique qui met en lumière les affinités de cette figure divine avec des équivalents inscrits dans le trésor des religions et de la spiritualité africaines. En effet, le JANUS mobilisé par les Maîtres du Droit que sont Maurice DUVERGER et Joseph OWONA, est bien entendu un Dieu romain. Le poète Ovide dit ceci : *« Janus aux deux visages, toi qui commences l'année au cours silencieux, toi le seul dieu d'en haut à voir ton propre dos, sois propice à nos primes »*[34]. Pourtant, cette référence divine choisie comme symbole mobilisée par ces éminents juristes-politistes (constitutionnalistes) peut être mise en équivalence avec des divinités africaines.

Comme on le sait, JANUS est un Dieu des Portes, il est un « Janitor » qui *« veille aux portes du ciel avec l'aimable cortège des Heures »*[35]. Ce JANITOR a, en effet, des correspondants parmi les figures divines africaines (ou kamites). C'est ce qui apparait avec la Figure d'ANUBIS comme *« juge »*[36]. Cette divinité kamite apparait aussi comme un Dieu Portier. C'est qu'en effet ANUBIS *« était chez les Égyptiens d'une même nature que l'Hécate des Grecs, c'est-à-dire terrestre et céleste »*. Ce dieu à tête de chien est ainsi figuré en *« portier du ciel »*[37]. C'est ce Dieu Canidé à tête de chien ou de chacal qui est INPU/MBU/MVU/NGBWU/NGBWO/NGWO chez les Fang-Beti, Douala-

---

[32] OWONA (J), « L'essor du constitutionnalisme rédhibitoire en Afrique Noire : étude de quelques ''constitutions janus'' », *op. cit.*, p. 243.

[33] HOURQUEBIE (F), « Le sens d'une Constitution vu de l'Afrique », *Titre VII*, n°1, septembre 2018, pp. 35-43

[34] OVIDE, *Les fastes*, Paris, Les Belles Lettres, 2003.

[35] *Idem.*

[36] WILLEMS (H), « Anubis As A Judge », in CLARYSSE W., SCHOORS A. et WILLEMS H., *Egyptian Religion. The Last Thousand Years, Part I*, Leuven, UITGEVERIJ PEETERS en DEPARTMENT OOSTERSE STUDIES, 1998, pp. 719-743.

[37] PANCKOUCKE (CJ), *Encyclopédie méthodique. Antiquités, mythologie, diplomatique des chartres et chronologies*, Liège, Panckoucke et Plombeux, 1786-1792. 920p.

Ngala ou Bassa-Mbénè du Cameroun, ces derniers fêtaient encore ANUBIS au cours de la Fête du Chien ou Ngand-Ngwò.

ANUBIS/INPOU est INBWA, le Dieu caniforme est un Dieu-Passeur tout comme JANUS, c'est effectivement un *« Pontifex »*, une divinité qui fait le pont, *« c'est-à-dire le chemin »*[38]. L'on voit qu'ANUBIS correspond bien à JANUS dans les fonctions du Passeur. En effet, ANUBIS/INPU/IMBWA symbolise le « *Kher-Heb »,* Prêtre-officiant aux *« mystères kémites »* qui est l'équivalent de *« Caron (Charon) »*, le Divin Passeur des morts entre le monde des vivants et le monde des morts[39]. L'on voit que non seulement ANUBIS est Gardien, mais aussi Juge-Pontife de l'ultime épreuve.

Janus, le Janitor romain présente aussi des affinités avec le Dieu kamite AKER qui « *incarnait le Gardien des Portes de l'au-delà* » et qui est figuré par *« deux sphinx placés dos à dos ou par deux lions orientés dans des directions opposées »*[40].

L'on observe ici la figure de la dualité qui est exprimée aussi bien par AKER que par JANUS comme celle du passage et de la garde, car les deux divinités sont des Gardiens de Porte. En effet, AKER apparait comme un *« Dieu de la terre et du monde souterrain, gardien des portes de l'autre monde »*[41]. C'est alors un Dieu médiateur entre deux puissances contraires, des puissances de facture féline correspondant à une énergie fauve, cela étant figuré dans la représentation de deux lions orientés dans des voies opposées.

La figure de JANUS mobilisée par Maurice DUVERGER et Joseph OWONA, qui est fondamentalement expressive de la dualité ou de la duplicité, présente ainsi des concordances formelles avec la figure afro-égyptienne de IU. Cette figure de IU ou IAO exprime effectivement la dualité, cela se traduisant concrètement par un symbole qui correspond sémiotiquement et pictographiquement à *« deux mains »*[42]. Une telle symbolique modelée par la dualité met en lumière l'ambivalence de la figure concernée et des significations et représentations qui lui sont attachées.

La figure de IU relève bel et bien comme la figure de JANUS, de ce registre symbolique de la dualité associée à ce qui est tenu pour ambivalent ou pour ambivoque. En effet, IU renvoie du point de vue de sa signification théologico-symbolique et cosmo-symbolique à la *« double nature »* et à la *« double divinité »*[43] ; où l'on observe qu'il est tout à fait fondé à envisager IU

---

[38] MBOCK (Dibombari), *Kongo : nouvelles recherches sur les sources africaines de la civilisation appelée égyptienne*, LULU, 2013

[39] *Ibid, passim*, p. 209 ; p. 211.

[40] KONGOLISOLO, 2020.

[41] MATHIEU-COLAS (M), *Dictionnaire des noms des divinités*, HALSH : Id : halsh 00794125 du 03-03-2017.

[42] MASSEY (G), *Natural genesis I.* Leeds, Celephais, 2004, p. 226

[43] MASSEY (G), *Book of the beginnings*, New York, Cosmoclassics, 2007, p. 299.

comme une figure homologue de JANUS. Les manœuvres théorico-symboliques de Maurice DUVERGER et de Joseph OWONA qui mobilisent JANUS BIFRONS pour mettre en évidence la dualité correspondent dans un référentiel afrocentrique à la figure de IU ; laquelle figure exprime aussi *« la double nature »* et *« la double divinité »* qui renvoie au *« double Horus »* qui est *« lusu »* ou *« lusif »*[44].

B. La mise en évidence de l'archéologie théorico-juridique, théorico-politique et juridico-politique de la constitutionnalité janusienne

Par ces termes, on veut dire que l'énonciation et l'utilisation de formes juridico-constitutionnelles marquées par la figure de JANUS renvoient à des structures qui révèlent qu'elles sont modelées et gouvernées par la dualité. Il s'agit ainsi de mettre en évidence ces structures comme cadres de récurrence dont l'énonciation juridico-technique, juridico-économique, juridico-organique et juridico-politique est marquée par la *« figure ambigüe de JANUS »*[45]. Cette optique d'analyse entend ainsi mettre en lumière les tensions liées à l'existence et au jeu de telles structures.

S'attacher à dévoiler les ressorts janusiens du constitutionnalisme rédhibitoire que Joseph OWONA enseigne pour étudier l'orientation ou l'organisation constitutionnelle des États d'Afrique Noire en tant qu'ordres juridiques et politiques, c'est s'intéresser à la présence récurrente dans ces structures d'un *« modèle de Janus »*[46]. Il convient alors de porter une attention politologique à la structure duale de la puissance janusienne inscrite dans les constitutions négro-africaines. Dans cette optique, il convient d'abord d'opérer *« un aperçu sur l'archéologie mytho-théologique et mytho-cosmologique de JANUS BIFRONS »* (1-B-1), de jeter *« un regard sur la transposition de la dualité structurale-structurelle du JANUS Duvergérien chez le JANUS Owonien » (2-B-I) et « un examen de l'expression constitutionnelle de la dualité Janusienne »* (3-B-I).

1. Un aperçu sur l'archéologie mytho-théologique et mytho-cosmologique de Janus bifrons : une analyse de la tension de la figure janusienne

Dans cet espace thématique, il s'agit de mettre en lumière la manière dont les références duvergérienne et owonienne à la figure de JANUS sont mobilisées comme des opérations herméneutiques de manipulation de cette

---

[44] *Idem.*

[45] BENSAMOUN (A), « Le droit d'auteur appliqué aux nouvelles techniques ou la résurrection d'un Janus parlementaire », *Quaderni [en ligne]*, 75, 2011, p. 40.

[46] COMMAILLE (J), PERRIN (J.-F), « Le modèle de Janus de la sociologie du droit », *Droit et société*, n°1, 1985, p. 99.

figure mythologique dans l'analyse démystificatrice des rapports juridiques ou politiques comme rapports de pouvoir. Ce faisant, ces Maîtres-Juris-Politistes entendent recourir au modèle du *« Janus au double visage »* comme clé de lecture critique de l'ordonnancement juridico-institutionnel ou politico-institutionnel[47]. Ce faisant, il est question de souligner l'existence de points antinomiques comme points de tension dans cet ordonnancement.

Maurice DUVERGER se montre attentif à l'expression des *« deux faces du Dieu des portes »* dans la structuration institutionnelle ou constitutionnelle de la *« politique »* et de *« l'économie »*[48]. Ce faisant, il met en lumière la dualité structurale de type janusien qui configure structuralement et structurellement les institutions juridico-politiques, socio-politiques et économico-politiques de l'Occident. C'est toujours dans une telle optique que DUVERGER s'inscrit même s'il n'évoque pas explicitement la logique janusienne lorsqu'il examine la réalité de la *« France »* gouvernée par des *« monarques élus »* comme d'« *autres nations d'Occident* »[49]. Maurice DUVERGER mobilise effectivement *« l'image de JANUS »* afin de souligner la dualité structurale du « *système occidental* » qui oriente celui-ci vers une configuration systémique et institutionnelle en termes de « *plouto-démocratie* »[50]. Ce faisant, l'éminent juriste et politiste français mobilise la figure symbolique du Dieu des Portes qui occupe une place importante dans le Panthéon Romain, pour mettre en lumière les traits oligarchiques et ploutocratiques qui viennent tempérer et limiter la démocratie dans les régimes occidentaux.

Maurice DUVERGER fait de la modélisation janusienne, l'un des éléments structurants de sa « *théorie de la sociologie politique* » qui soutient que le *« pouvoir est à double visage, à la fois intégrateur et oppresseur »*[51]. Où l'on voit bien que DUVERGER sollicite le thème théo-mystique du divin référent qu'est JANUS BIFRONS, en mettant l'accent sur son double visage comme élément lui permettant de théoriser la structuration du pouvoir. Cette mobilisation d'abord symbolico-mythique puis théorico-herméneutique du « *symbole de Janus* » qui met en lumière les contradictions expressives du dualisme structural-structurel caractéristique des *« démocraties pluralistes-constitutionnelles »*, est souvent reçue avec méfiance par certains lecteurs

---

[47] BAUME (S), « L'État total, janus aux deux visages » *in* BAUME S. *Carl Schmitt, penseur de l'État*, Paris, Presses de Sciences-po, 2008, pp. 69-95.

[48] DUVERGER (M), *Janus : les deux faces de l'Occident*, *op. cit.*, IV.

[49] DUVERGER (M), *La Monarchie républicaine – ou comment les démocraties se donnent les rois*, Paris, Robert LAFFONT, 1974, p. 11.

[50] DUVERGER (M), *Janus : les deux faces de l'Occident*, *op. cit.*, XIV.

[51] DUVERGER (M), « De la Science politique comme mystification », *Revue de l'enseignement supérieur*, 4, 1965, p. 24.

d'orientation aronienne qui l'analysent comme *« le signe certain d'un durcissement »*[52].

2. Un regard sur la transposition de la dualité structurale-structurelle du Janus duvergérien chez le Janus owonien

Par ces termes, on veut souligner que l'analytique juridico-politique et juridico-institutionnelle que Joseph OWONA mobilise et utilise pour étudier les ordres constitutionnels africains, est clairement inspirée par l'analytique janusienne initiée par Maurice DUVERGER. Ainsi, le Maître-Constitutionnaliste camerounais assume-t-il son illustre devancier français comme source d'inspiration de sa référence à la figure de JANUS, « *M. DUVERGER osa souligner naguère les deux faces ambivalentes occidentales* »[53]. Cette référence est inscrite à l'entame de la réflexion owonienne sur les « *constitutions janus* ». En sollicitant le schéma janusien associé à la logique d'analyse comparative et systémique des institutions liées aux régimes occidentaux, Joseph OWONA met également en œuvre une structuration logico-théorique correspondant bel et bien à une archéologie duale attentive à un dévoilement de la « *double face* » des constitutions d'Afrique Noire[54]. Où l'on voit que la grammaire générative de l'orientation épistémologique et méthodologique développée par Joseph OWONA, ressortit effectivement de la mise en forme et de la mise en œuvre d'une typification théorico-constitutionnelle et politico-constitutionnelle d'un pouvoir à double face/double visage.

Joseph OWONA a mobilisé la schématique janusienne de Maurice DUVERGER pour donner un cachet théorico-juridique et théorico-politique à sa première explication du « *constitutionnalisme rédhibitoire* », opérée sur un mode juridico-technique à propos de la Guinée Équatoriale[55]. Ainsi, ce schéma mobilisant le JANITOR sera exploité pour procéder à un approfondissement et à un élargissement de l'analytique forgée par Joseph OWONA à travers le recours théorico-juridique et philosophico-juridique au constitutionnalisme rédhibitoire dans les formations étatiques africaines en tant qu'ordres créateurs et codificateurs du droit.

L'analytique owonienne du « *rédhibitionnisme constitutionnel* » comme orientation matérielle du constitutionnalisme d'Afrique Noire entre les années 1960 et les années 1980, va forger des lignes de formulation et de

---

[52] SEURIN (J.-L), « Maurice DUVERGER et les deux faces de Janus : néo-marxisme ou néo-idéalisme ? » *Revue française de Science politique*, 25-3, 1975, p. 548.

[53] OWONA (J), « L'essor du constitutionnalisme rédhibitoire en Afrique Noire : étude de quelques "constitutions janus" », *op. cit.*, p. 235.

[54] *Idem.*

[55] OWONA (J), « La Guinée Équatoriale et la démocratisation : l'astucieux recours à un "constitutionnalisme rédhibitoire" de 1982 », Vol. 18, *Le Mois en Afrique, Revue française d'études politiques africaines*, n°207-208, 1983, pp. 52-68.

théorisation des mouvements janusiens qui semblaient caractériser ce constitutionnalisme[56]. Ainsi, la méditation théorico-constitutionnelle et politico-constitutionnelle de Joseph OWONA est un exercice discursif qui recycle l'emprunt mytho-analogique que constitue la référence à JANUS pour y exploiter l'intérêt théorico-dialectique introduit par l'analytique critique de Maurice DUVERGER, ceci pour alimenter une analytique critique de la constitutionnalité et du constitutionnalisme d'Afrique.

3. Un examen de l'expression constitutionnelle de la dualité janusienne

Par ces termes, on veut dire que la thématique de JANUS qui met en lumière la dualité de situation ou d'état, sera précisément exprimée dans l'organisation juridico-constitutionnelle et politico-constitutionnelle du pouvoir par les éminents juris-politistes que sont Maurice DUVERGER et Joseph OWONA. Il convient de noter que l'analytique janusienne qui est ainsi mobilisée pour procéder à une lecture désenchantée des structures juridico-politiques et politico-institutionnelles, est gouvernée par *« la science politique »* [qui] « *a une grande importance parce qu'elle démasque les camouflages, parce qu'elle démystifie* »[57].

La mise en lumière de la dynamique tensionnelle de la dualité janusienne qui s'exprime dans la structuration institutionnelle du pouvoir suprême-souverain, ressortit précisément de l'application d'une analytique critique politiste qui pose que « *l'image de Janus, dieu à double face, est la représentation véritable de l'État* » et qu'« *elle exprime la réalité politique la plus profonde* »[58]. Ainsi, qu'on l'examine d'un point de vue juridico-politique ou d'un point de vue socio-politique, voire d'un point de vue économico-politique, l'organisation du pouvoir est pour les théoriciens-analystes de la dualité janusienne, précisément marquée par cette bifacialité caractéristique des rapports de pouvoir. L'analytique owonienne élaborée à propos du « *constitutionnalisme rédhibitoire* » à travers l'examen des « *constitutions janus* » se montre très attentive à l'explication et à l'explicitation descriptives et argumentatives des structures constituantes, constitutionnelles et constitutives de pouvoirs souverains dans les États africains ; lesquels États conservent dans leurs lois fondamentales des « *dispositions constitutionnelles de dupes* »[59]. Ainsi, l'éminent constitutionnaliste camerounais met-il en évidence les éléments de duplicité qui se camouflent à travers les structures normatives et institutionnelles des pouvoirs étatiques d'Afrique Noire.

---

[56] OWONA (J), « L'essor du constitutionnalisme rédhibitoire en Afrique Noire : étude de quelques ''constitutions janus'' », *op. cit.*, p. 233.
[57] DUVERGER (M)., *Introduction à la politique, op. cit.*, p. 19.
[58] *Ibid.*, p. 22.
[59] OWONA (J), « L'essor du constitutionnalisme rédhibitoire en Afrique Noire : étude de quelques ''constitutions janus'' », *op. cit.*, p. 243.

La logique janusienne d'analyse critique que Joseph OWONA emprunte à Maurice DUVERGER lui permet de montrer comment les lois fondamentales africaines - ici examinées entre les années 1970 et 1980 - sont effectivement marquées par l'existence de « *contradictions constitutionnelles en Afrique Noire* » ; lesquelles contradictions sont en lien avec « *l'essor de ces techniques de rétention constitutionnelle* » qui canalise l'expression d'un constitutionnalisme d'expansion de la liberté[60]. Ainsi, les constitutions d'Afrique Noire sont-elles marquées par une tension janusienne entre un effort de fondation de l'autorité et un effort de consécration de la liberté, qui légitime épistémiquement et archéologiquement la concordance entre la théorie critique owonienne et la théorie critique duvergérienne.

II. UNE SOCIO-ANALYSE DE LA MOBILISATION ET DE LA TRANSFORMATION DU MODÈLE PARADIGMATIQUE DE LA CONSTITUTIONNALITE JANUSIENNE : LECTURES ET RELECTURES DE SA CONFIGURATION SÉMIOLOGIQUE ET PRAXÉOLOGIQUE.

Par ces termes, on veut souligner que l'analytique owonienne des constitutions-janus s'énonce aussi sous la forme d'un examen simultanément dynamique et pragmatique de ces lois fondamentales d'Afrique Noire dont la bifacialité est à décrypter également dans leurs usages et leurs reprofilages ; ceci en lien avec leur sens politique. C'est ainsi que s'énonce et s'opère le décryptage juridico-politique et politico-juridique de facture critique, qui est révélé par l'analyse de « *l'astucieux recours au constitutionnalisme rédhibitoire* » effectif au sujet de la Guinée Équatoriale au début des années 1980[61]. Il convient, en effet, d'opérer une mise en évidence des conditions de mobilisation et d'utilisation du modèle janusien d'institutionnalité que la méditation théorico-juridique et technico-juridique de Joseph OWONA emprunte à l'analyse juridico-politique et sociopolitique voire économico-politique critique de Maurice DUVERGER. Ainsi, il s'agit de faire jouer puis de faire intervenir une analytique critique d'inspiration duvergérienne basée sur la révélation des « *deux faces de Janus* »[62]. Dans cette critique, on procèdera d'abord à « *une mise en perspective de la sémiologie théorico-juridique, théorico-politique et juridico-politique de la constitutionnalité janusienne* » (A-II) pour ensuite opérer une « *mise en exergue de la praxéologie technico-politique, technico-juridique et politico-juridique de la constitutionnalité janusienne* » (B-II).

---

60 *Ibid.*, p. 236.
61 OWONA (J), « La Guinée Équatoriale et la démocratisation : l'astucieux recours à un ''constitutionnalisme rédhibitoire'' de 1982 », *op.cit.*, pp. 52-68.
62 DUVERGER (M), *Introduction à la politique, op. cit.*, pp. 15-23.

A. UNE MISE EN PERSPECTIVE DE LA SÉMIOLOGIE THEORICO-JURIDIQUE, THEORICO-POLITIQUE ET JURIDICO-POLITIQUE DE LA CONSTITUTIONNALITÉ JANUSIENNE

Par ces termes, on veut mettre en lumière l'importance d'une élucidation et d'une clarification du sens des constitutions janus (alors ou encore) en vigueur dans les formations étatiques d'Afrique Noire en tant qu'ordres politico-institutionnels et politico - constitutionnels. Ce faisant, il s'agit ainsi de voir comment on peut rendre compte du sens du constitutionnalisme africain gouverné par les orientations doctrinales et normatives marquées par la « *dualité* » et montrant comment « *le droit est Janus* »[63]. Il importe effectivement de bien cerner la logique significationnelle de ce droit constitutionnel soumis à l'analytique janusienne élaborée par Joseph OWONA à travers une habile réinterprétation d'un modèle esquissé par Maurice DUVERGER.

Afin de bien cerner le sens du constitutionnalisme janusien figuré par Joseph OWONA à partir de l'institutionnalisme janusien imaginé par Maurice DUVERGER, il convient de bien cerner la symbolique de JANUS en la réinscrivant dans l'ordonnancement mytho-théologique romain puis en soulignant les concordances avec l'ordonnancement nubio-égyptien équivalent. Dans cette optique, on procèdera d'abord à « *une focalisation sur la sémiologie mytho-théologique et mytho-cosmologique de Janus-Bifrons* » (1-A-II) avant de jeter un « *regard sur la réception owonienne de la sémantique biface de JANUS dans l'analytique constitutionnaliste africaine de tradition eurafricaine* » (2-A-II) pour enfin adresser « *un regard sur la sémiologie fondamentale négro-égyptienne et nubio-égyptienne de la dualité janusienne et de ses structures constitutionnelles* ». (3-A-II).

1. Une focalisation sur la sémiologie mytho-théologique et mytho-cosmologique de Janus Bifrons : la dualité de la figure janusienne et ses manifestations significationnelles

Par ces termes, il s'agit de cerner précisément les contours significationnels associés à la figure mythologique et théologique de JANUS avec une attention décisive à la référence à la bifacialité. JANUS est à envisager comme l'une des « *deux divinités suprêmes* » à Rome, avec JUPITER, cette divinité étant posée dans certaines de ses définitions comme « *le mundus, l'univers* »[64].

[63] LEMPEREUR (A), « Le droit est Janus : dualité rhétorique entre coexistence et conflit » *in* FRYDMAN (B) et MEYER (M), *Chaim PERELMAN (1912-2012). De la nouvelle rhétorique à la logique juridique*, Paris, PUF, 2012, pp. 99-129.

[64] SPEIJER (J. S), et SPEŸER (J.S), « Le Dieu romain JANUS », *Revue de l'Histoire des Religions*, Vol. 26, 1892, pp. 1-47.

Ainsi, il s'agit d'une figure divine du panthéon romain qui est dotée d'une certaine valeur, qui est revêtue d'un statut d'importance.

JANUS est figuré comme un « *Dieu préposé aux commencements* », ce qui le pose véritablement en « *Dieu introducteur* »[65]. Où l'on voit que dieu JANUS symbolise les débuts, ouvrant aussi bien le jour que l'année, conférant au premier mois de l'année son nom (Ianuaris=Janvier). JANUS est philologiquement et étymologiquement relié à la porte (IANUA), ce qui le positionne clairement comme un « *Gardien des Portes* », un Gardien qui est biface, car il surveille les entrées comme les sorties et se retrouve aussi bien au début qu'à la fin[66]. Dans la théo-mythologique romaine, JANUS est le maître du Latium où il accepte d'accueillir SATURNE chassé par JUPITER. La « *signification de JANUS* » est « *à la fois commencement et fin, futur et passé* »[67].

L'analytique institutionnelle et constitutionnelle duvergérienne mobilise directement ou indirectement la thématique janusienne en tant que thématique modelée par une sémantique bivalorielle qui est configurée en conformité avec cette figure mythique caractérisée de manière consubstantielle par la dualité et l'ambivalence. De manière claire, Maurice DUVERGER recourt à « *l'image des deux faces de JANUS* » pour mettre en lumière (les) « *deux notions opposées, caractéristiques du pouvoir* » que sont « *la domination* » d'une part et « *l'intégration* » d'autre part[68].

L'analytique duvergérienne mobilise le modèle janusien afin de souligner l'ambivalence constitutive et opérative des systèmes et régimes politiques occidentaux gouvernés par une « *techno-démocratie* » et « *un pouvoir oligarchique* » qui viennent contrebalancer « *l'égalité et la souveraineté découlant du suffrage universel* » normativement associées aux institutions politiques et constitutionnelles de « *la démocratie libérale* »[69]. Où l'on voit que l'analytique duvergérienne ainsi envisagée permet au Vénérable Maître français d'initier une analyse politique de facture systémique et structurelle qui demeure attentive à un examen évolutif et génétique des phénomènes observés, de manière à dévoiler les ressorts contradictoires qui font opérer les démocraties occidentales gouvernées par la tension janusienne entre domination et intégration.

---

[65] SCHILLING (R), « Janus, le dieu introducteur. Le dieu des passages » *op.cit., passim.*, p. 89, p. 94.

[66] DAVENPORT (C), « Qui était Janus, le dieu romain des commencements et des fins ? », theconversation.com, 3-01-2018, consulté le 09-05-2020, https://theconversation.com/qui-etait-janus-le-dieu-romain-des-commencements-et-des-fins-89618

[67] GRIMAL (P), *Le Dieu Janus et les origines de Rome*, Paris, Berg International, 1999.

[68] GRAWITZ (M), « Duverger (Maurice) – Introduction à la politique. Duverger (Maurice) – Sociologie politique (compte-rendu) », *Revue française de Science Politique,* 18-1, 1968, pp. 145-149.

[69] DUVERGER (M), *Janus : les deux faces de l'Occident*, *op. cit.*, IV.

2. Le regard sur la réception owonienne de la sémantique biface/biplace du Janus dans l'analytique constitutionnaliste africaine de tradition eurafricaine

Par ces termes, on veut dire qu'il peut être intellectuellement judicieux de s'intéresser à la manière dont la théorisation owonienne des constitutions janus a assimilé les significations duvergériennes de cette thématique de JANUS tirée de la théo-mythologie romano-latine et gréco-latine.

En effet, Joseph OWONA assume explicitement cet héritage théorico-intellectuel reçu de Maurice DUVERGER qui est à la base du *« droit constitutionnel rédhibitoire »* qu'il a mis en lumière à travers l'examen d'un *« véritable corpus janus qui enlève ce qu'il accorde d'une main, de l'autre »*[70].

L'analytique owonienne se réfère au thème de la bivalence/ambivalence janusienne qu'elle repère dans l'énonciation du constitutionnalisme africain et soumet à une intellection juris-politiste au cours des années 1980. Il est ainsi question de cerner la configuration de nombre de lois fondamentales des États d'Afrique Noire, de manière à bien souligner l'orientation et l'organisation janusiennes du *« constitutionnalisme rédhibitoire »*[71]. Ainsi, la mise en lumière de la bivalence janusienne dans le constitutionnalisme africain montre que : *« deux constitutions coexistent : l'une organisant les pouvoirs et déterminant les règles constitutionnelles vitales d'exercice des pouvoirs, l'autre corruptive et rédhibitoire portant atteinte soit à l'organisation projetée, soit à la mise en vigueur immédiate de certaines règles »*[72].

L'intérêt de Joseph OWONA pour une analytique critique des constitutions d'Afrique Noire des années 1970 à 1980 se manifeste et se déploie précisément à travers le dévoilement de la structure janusienne de ces lois fondamentales paradoxalement neutralisées par le fait qu'*« elles multiplient les techniques de rétention de la souveraineté, des pouvoirs essentiels, des libertés publiques et des règles de mise en jeu de la responsabilité des organes constitutionnels »*[73]. Où l'on voit que les constitutions Janus s'énoncent paradoxalement comme des normes où il y a une rétention effective de la souveraineté, qui fragilise le statut juridico-politique et socio-politique de ces textes constitutionnels d'Afrique Noire.

L'analytique janusienne owonienne mobilise fortement l'examen de la dualité/duplicité dans l'étude des constitutions africaines à l'instar de la

---

[70] OWONA (J), *Droits constitutionnels et institutions politiques du monde contemporain*, Paris, L'Harmattan, 2010, p. 712.

[71] OWONA (J), « La Guinée Équatoriale et la démocratisation : l'astucieux recours à un ''constitutionnalisme rédhibitoire'' de 1982 », *op.cit.*, pp. 52-68.

[72] OWONA (J), « L'essor du constitutionnalisme rédhibitoire en Afrique Noire : étude de quelques ''constitutions janus'' », *op. cit.*, p. 236.

[73] Ibid., p. 242.

constitution équato-guinéenne d'août 1982 qui montre la coexistence tensionnelle entre une « *constitution programme* » d'affichage démocratique et une « *constitution rédhibitoire et transitoire* » qui se pose en norme « *annulant la première* »[74].

On voit ainsi comment l'analytique janusienne owonienne fait jouer la sémiologie des 2 portes comme expression de la dualité constitutionnelle janusienne dans les États d'Afrique Noire, soit celle de la porte qui s'ouvre (la constitution-programme d'orientation démocratique), soit plutôt celle de la porte qui se ferme (la constitution rédhibitoire de structuration autoritaire).

3. Le regard sur la sémiologie fondamentale négro-égyptienne et nubio-égyptienne de la dualité janusienne et de ses structures constitutionnelles

Il est loisible d'affirmer ici la possibilité de retraduire les significations théo-mythologiques de JANUS qui renvoient à un corpus panthéonique romain, dans des expressions équivalentes relevant du sens mytho-théologique afro-égyptien capables aussi d'alimenter des interprétations structurales des ordres institutionnels et constitutionnels africains. Il est ainsi question de cerner comment l'imaginaire assez singulier de JANUS peut trouver des équivalents théo-mythologiques dans le panthéon négro-égyptien et afro-égyptien qui pourraient être mobilisés dans une analytique janusienne inspirée de Joseph OWONA et s'inscrivant dans la perspective de la « *constitution duale* » utilisée dans un regard critique sur la constitutionnalité africaine[75].

La figure du canidé ANUBIS/ANUPU/ANPU, représentée sous la forme du chien, du chacal, du loup ou du renard, est celle de Dieux Passeurs (aussi bien ANPU qu'OUPOUAOUT, comme JANUS, des « *ouvreurs de la voie* » qui ouvrent « *la porte de l'obscurité* » autant que la « *route de la lumière* »[76]. En effet, ANPU se pose aussi comme un Dieu Passeur à l'instar de JANUS. Il est effectivement acquis que ce Dieu Thériomorphe et Cynocéphale est un Dieu Médiateur et Passeur entre les espaces de vie et de mort, car il est le « *conducteur des âmes qui les conduisait jusqu'à l'horizon de la résurrection* » autant que le « *divin embauman, chef de la montagne où étaient enterrés les morts* »[77].

ANPU/ANUPU/INPOU (ANUBIS) en tant que conducteur des âmes de défunts est comme JANUS, car à l'instar de ce dernier qui « *ouvre le ciel* », le

---

[74] OWONA (J), « La Guinée Équatoriale et la démocratisation : l'astucieux recours à un ''constitutionnalisme rédhibitoire'' de 1982 », *op.cit.*, p. 52.

[75] ONDOA (M), « *La constitution duale : recherches sur les dispositions constitutionnelles transitoires* », *Revue africaine des Sciences Juridiques*, Vol.1, n°2, 2000, pp. 20-56.

[76] MASSEY (G), *Natural genesis I. op. cit.*, p. 54

[77] *Idem.*

Dieu canidé afro-égyptien et négro-égyptien se pose aussi comme un passeur entre le ciel et la terre[78]. L'on voit qu'ANPU/ANUPU/INPOU est bel et bien un Dieu-Pontife qui assure le passage entre les deux mondes. Ainsi, ANPU tout comme JANUS, peut symboliser l'ambivalence typiquement janusienne du constitutionnalisme rédhibitoire qui « *commence quand certaines dispositions d'une loi explicitement ou implicitement* »[79]. Ainsi, ANPU a-t-il comme JANUS, une double face qui le fait balancer entre vie et mort, comme la constitution rédhibitoire oscille entre liberté et domination.

La constitution comme matrice normatrice et normative est dotée d'une position médiatrice où elle est tenue d'arbitrer entre les puissances contraires de l'autorité et de la liberté, comme JANUS qui trouve en AKER ou AQER, une divinité afro-égyptienne et négro-égyptienne relativement assimilable en raison de sa dualité. AKER est effectivement représenté dans une logique typiquement janusienne par deux lions regardant dans des directions opposées. AKER est souvent figuré dans une logique typiquement janusienne par deux lions regardant dans des directions opposées. AKER est souvent figuré dans une optique typiquement janusienne comme un « *double lion* », ou comme des « *lions doubles* » posés en « *Gardiens des Portes* »[80].

Tout comme JANUS, AKER qui figure deux lions représentant respectivement l'horizon oriental et l'horizon occidental, renvoie à une représentation d'une Divinité Médiatrice arbitrant entre des puissances contradictoires. AKER peut aider tout comme JANUS à thématiser les « *constitutions antinomiques* » qui sont inscrites comme dans le cas de la Guinée Équatoriale, à travers la même loi fondamentale ainsi modelée par le « *constitutionnalisme rédhibitoire* »[81].

Une autre figure de la théo-mythologie-kamite/afro-égyptienne qui peut être sollicitée comme un équivalent de la divinité romaine qu'est JANUS, est la figure du dieu dual qu'est IU/IAU/AO/AO configuré comme une figure gémellaire ayant effectivement une *« nature duale »*[82]. Ainsi, IU comme symbole divin correspond à la forme simultanément puissante et stupéfiante du *Seshep-Ankh (Sphinx)* qui est HU, une divinité fortement modelée par la dualité. Cette logique de puissance monstrueuse caractéristique de HU est bien présente dans les « *systèmes présidentialistes africains* » modelés par des

---

[78] DUMEZIL (G), « Jupiter, Mars, Quirinus et Janus », Revue de l'Histoire des Religions, 39/2, 1951, p. 213.

[79] OWONA (J), « L'essor du constitutionnalisme rédhibitoire en Afrique Noire : étude de quelques ''constitutions janus'' », *op. cit.*, p. 235.

[80] SYLVESTER (W. A), *The first mythology*, Trafford Publishing, 2008, p. 159.

[81] OWONA (J), « La Guinée Équatoriale et la démocratisation : l'astucieux recours à un ''constitutionnalisme rédhibitoire'' de 1982 », *op.cit.*, pp. 52-68.

[82] MASSEY (G), *Natural genesis I. op. cit.*, p. 224

constitutions Janus où le recours à « *la rétention constitutionnelle* » exprime la dualité rédhibitoire de la loi fondamentale[83].

B. LA MISE EN EXERGUE DE LA PRAXÉOLOGIE TECHNICO-JURIDIQUE, TECHNICO-POLITIQUE ET POLITICO-JURIDIQUE DE LA CONSTITUTIONNALITÉ JANUSIENNE

Il est question d'examiner les usages sémantiques et pragmatiques de la puissance janusienne comme modèle technique et pratique d'orientation juridique et politique du pouvoir envisagé comme pouvoir constitutionnel/constituant/constitutif frappé par l'ambivalence du droit janusien et de ses effets politiques. Ce faisant, l'analyse mettra en lumière la manière dont le constitutionnalisme et la constitutionnalité janusiens explicités par Joseph OWONA, s'expriment à travers l'approche juridico-politique et politico-juridique à partir de laquelle « *les dépositaires du pouvoir imaginent et élaborent une véritable ingénierie, à savoir un ensemble de techniques des mises ou de tricheries juridiques qu'ils mobilisent, progressivement pour atteindre des objectifs politiques...* »[84].

En d'autres termes, il est question de cerner les logiques contradictoires ou tensionnelles qui transparaissent dans les usages juridico-politiques et politico-juridiques des constitutions janus mises à jour par l'analytique critique owonienne comme réexploitation typiquement et spécifiquement constitutionnaliste de la schématique janusienne développée par l'analytique critique duvergérienne. Cela permet donc de cerner les régimes owoniens d'intellection d'un « *modèle de légalité duale* » qui est précisément à l'œuvre dans le constitutionnalisme rédhibitoire des États d'Afrique Noire[85]. Dans cette optique, il s'agit d'abord de faire au sens quasi littéral « *Un cliché sur la praxéologie technico-juridique et technico-politique du dualisme janusien comme dispositif fonctionnel biface* » (1-B-II) puis de jeter « *un regard sur la reconfiguration et la transformation fonctionnelles du modèle institutionnel janusien duvergérien à travers la réappropriation fonctionnelle du modèle institutionnel janusien duvergérien à travers la réappropriation owonienne* » (2-B-II) et enfin, de procéder à un « *examen des emplois fonctionnels de la juridicité janusienne et leur rapport avec un impensé césarien d'origine pharaonique* » (3-B-A).

---

[83] OWONA (J), « L'essor du constitutionnalisme rédhibitoire en Afrique Noire : étude de quelques ''constitutions janus'' », *op. cit.*, p. 242.
[84] NKOT (F), « Usages politiques du droit de la presse au Cameroun. Notes de sociologie politique du droit », *Polis*, Vol.13, 1-2, 2006, p. 15
[85] COMMAILLE (J), *À quoi nous sert le Droit ?*, Paris, GALLIMARD, 2015, p. 83.

1. Un cliché sur la praxéologie technico-juridique et technico-politique du modèle janusien comme dispositif fonctionnel biface

Par ces termes, on veut souligner le fait que la logique de la bifacialité janusienne mise à jour dans l'analyse systémique, structurale et fonctionnelle des régimes occidentaux par Maurice DUVERGER permet d'y repérer des éléments révélateurs des contradictions existant dans ces ordres sociétaux. En effet, le janusianisme duvergérien correspond au développement et au déploiement d'une démarche simultanément juridico-politique, socio-politique et économico-politique d'analyse comparative des institutions occidentales et du système d'ensemble y lié, de telle sorte que ce « *tableau de l'Occident* » même « *approximatif* », met en lumière, « *les deux faces d'un système* »[86].

Ainsi, la logique théorique et empirique de l'analyse des « *deux faces de l'Occident* » fait le pari de la pertinence d'un examen systématique et tabulaire des formations sociales d'Occident, lequel examen souligne le jeu fonctionnel effectif de ce schéma des deux faces de Janus dans l'outillage civilisationnel, institutionnel et constitutionnel des sociétés relevant de cette aire géo-culturelle[87]. Cette dualité janusienne mise en lumière par Maurice DUVERGER ne se manifeste pas seulement dans les sphères socio-politiques et économico-politiques, mais s'exprime aussi dans les sphères idéologico-politiques et juridico-politiques au sein de ces collectivités sociétales et souveraines d'Occident. La logique duvergérienne d'analyse janusienne ne s'exprime pas seulement de manière explicite et directe, mais s'énonce aussi de manière implicite et indirecte. Ainsi, cette orientation et cette inspiration théorico-analytiques ou technico-analytiques fondées sur un modèle janusien, peuvent-elles se retrouver dans les réflexions de Maurice DUVERGER postérieur à son *« JANUS »,* comme lorsqu'il analyse la manière dont « *les démocraties se donnent des rois* » à travers des institutions juridico-constitutionnelles et politico-constitutionnelles correspondant à une « *monarchie républicaine* »[88]. L'on observe donc que le janusianisme duvergérien va se modeler aussi à travers une analyse juridico-politique expressive d'une phénoménologie constitutionnelle et institutionnelle révélatrice de l'existence d'une présidence Biface dans la Ve République Française.

L'analytique juridico-politique duvergérienne des « *règles du jeu français* » montrera que malgré son originalité liée à sa structure, « *la monarchie républicaine française* » a connu une évolution qui n'est pas divergente de celle des autres « *régimes démocratiques* »[89]. Ainsi, l'analytique

---

[86] DUVERGER (M), *Janus : les deux faces de l'Occident.*

[87] *Idem.*

[88] DUVERGER (M), *Échec au Roi*, Paris, Albin Michel, 1978, 249p.

[89] *Ibid.*, p. 135.

duvergérienne a-t-elle largement influencé les orientations de l'analytique dominante sur les institutions politiques et constitutionnelles françaises. C'est par exemple dans cette optique inspirée du janusianisme duvergérien que Pierre Bréchon envisage le « *Président français* » comme « *un monarque républicain* »[90]. En cela même, l'analytique duvergérienne a montré que sa référence au dualisme janusien pouvait donner lieu à des usages technico-constitutionnels attentifs à la présidentialisation potentielle de la Vème République et au présidentialisme africain auquel Joseph OWONA s'est montré attentif.

2. Un regard sur la reconfiguration et la transformation fonctionnelles du modèle institutionnel duvergérien à travers sa réappropriation owonienne

L'on soulignera ici que l'analyse duvergérienne basée sur un modèle de Janus a fait l'objet d'une reprise par Joseph OWONA qui l'a mobilisée dans son entreprise de démystification des mécanismes constitutionnels et institutionnels des ordres étatiques d'Afrique Noire. On l'a déjà noté, la logique owonienne d'énonciation et d'instrumentation des *« constitutions janus »* qui est celle de lois fondamentales *« à double face »*, est tributaire de l'épistémologie critique duvergérienne formulée en vue de l'examen démystificateur des deux faces de l'Occident en référence au dieu romain JANUS[91].

Si Joseph OWONA sera en mesure de réexploiter le thème janusien duvergérien dans son analyse critique sur le constitutionnalisme rédhibitoire en Afrique Noire, c'est parce que sa logique politico-constitutionnelle de raisonnement est influencée par la conception de la science politique de Maurice DUVERGER. En effet, cette conception se présente comme *« celle d'une science qui doit d'abord démystifier, désacraliser... »*[92] C'est compte tenu des conceptions issues du logos juris-politiste critique duvergérien entre autres sources, que Joseph OWONA sophistiquera sa définition des régimes présidentialistes africains bien modelée par l'épistémologie janusienne venue de Maurice DUVERGER, voyant ces régimes comme des *« régimes [qui : M.E.O.N] vont consister dans l'amalgame des techniques de parlementarisme rationalisé de 1958 avec les avantages propres au régime présidentiel authentique de type américain.* L'examen de la praxéologie juridique et

---

[90] BRÉCHON (P), « Le Président français : un monarque républicain », HAL Id : halsh-0468874, 2009, consulté le 09-04-2019, https://halshs.archives-ouvertes.fr/halshs-00468874/document, pp. 1-23.

[91] OWONA (J), « L'essor du constitutionnalisme rédhibitoire en Afrique Noire : étude de quelques ''constitutions janus'' », *op.cit.*, p. 235.

[92] DUVERGER (M), « De la Science politique comme mystification », *Revue de l'enseignement supérieur*, 4, 1965, p. 13 ; TERRÉ (D), « Maurice DUVERGER ou la rançon du succès », *Revista Europea de Historia de Las Ideas Politicas Y De Las Instituciones Públicas*, 2015, p. 67.

politique duale révélée par le JANUS duvergérien pour l'analyse des structures institutionnelles des régimes et systèmes politiques occidentaux en général et français en particulier, va permettre la maturation épistémologique et méthodologique d'une technologie owonienne de transfert et de transposition de ce modèle à l'examen du « *constitutionnalisme de rétention* » en Afrique Noire. Cette référence au janusianisme démystificateur est ainsi figurée dans l'examen du « *retournement rédhibitoire* » si caractéristique de nombre de dispositions des constitutions d'Afrique Noire fort marquées par des règles antinomiques ou paralogiques[93].

La constitutionnalité et le constitutionnalisme rédhibitoires examinés par le logos owonien qui explore les *« constitutions Janus »*, y révèlent l'existence d'un *« modèle janus »* énoncé dans une perspective impériale ou patrimoniale de *« régulation légale »* fort implantée dans les ordres étatiques d'Afrique Noire des années 1970 et 1980[94]. Ces configurations ne se sont d'ailleurs pas encore complètement décomposées à la fin des années 2010 ni au début des années 2020. L'analytique owonienne du constitutionnalisme rédhibitoire en Afrique Noire en saisit les cadrages et usages dans une constitutionnalité africaine marquée par le droit rédhibitoire, de manière à en souligner la dynamique janusienne révélatrice d'*« antinomies en droit »*, qui s'expriment à travers le *« caractère incompatible »* de *« directives »* existant dans les lois fondamentales d'Afrique[95]. Ainsi, les *« constitutions Janus »* d'Afrique Noire correspondent bel et bien à un *« authentique constitutionnalisme rédhibitoire »*, lequel se pose comme *« un constitutionnalisme qui restreint, annule et anéantit le processus de démocratisation des institutions »*[96].

3. Un examen des emplois fonctionnels de la juridicité janusienne et leur rapport avec un impensé d'origine pharaonique

Par ces termes, on veut dire que le droit Janus que Joseph OWONA met en lumière à travers l'analyse critique du constitutionnalisme rédhibitoire en s'inspirant du schéma janusien forgé par Maurice DUVERGER, peut être mis en correspondance avec d'autres figures divines provenant de panthéons différents notamment celui de Kmt (l'Égypte antique négro-africaine) pour faire voir des rapports politiques renvoyant à des figures monarchiques plutôt que républicaines ou absolutistes plutôt que constitutionnalistes. En effet, il apparait que le *« constitutionnalisme rédhibitoire »* en Afrique Noire, associé avec la position souveraine d'une *« présidence pré-instituée »*, peut recourir

---

93 *Ibid.*, p. 233.

94 COMMAILLE (J), « The Janus Model of Legal Changes in the political status of justice », *Revista critica de ciencias sociais*, [online], 2/2010, pp. 143-166.

95 PERELMAN (C), *Les antinomies en droit*, Bruxelles, Éditions Bruylant, 1964, p. 404.

96 OWONA (J), « La Guinée Équatoriale et la démocratisation : l'astucieux recours à un ''constitutionnalisme rédhibitoire'' de 1982 », *op.cit.*, p. 65.

de manière abondante aux *« prérogatives régaliennes »* liées à *« la légalité d'exception »*[97].

La mise en lumière de la juridicité constitutionnelle rédhibitoire par Joseph OWONA dans les formations étatiques d'Afrique Noire (entre les années 1960 et 1980), permet de voir que dans ces ordres juridico-politiques et socio-politiques, le Président de la République se pose beaucoup plus que le Président de la Ve République qui est l'une des sources d'inspiration de ces collectivités étatiques, comme *« un magistrat souverain malgré la constitution »*[98]. Cet état de choses montre que le constitutionnalisme rédhibitoire qui s'est institué et consolidé en Afrique Noire, y a consolidé plus que dans la Ve République française *« un régime* (la *« monarchie républicaine »*) dont l'esprit [est] *plus monarchique que démocratique »*[99].

Le modèle duvergérien de la dualité janusienne a indirectement modelé sa conception des régimes politiques occidentaux de démocratie pluraliste-constitutionnelle/représentative-parlementaire dont l'évolution juridico-politique, socio-politique et économico-politique y a *favorisé « le développement de la monarchie républicaine »,* ceci en lien avec la montée de « *la société technostructurée* »[100]. Ainsi, les chefs de ces régimes comme celui de la Ve République posé comme monarque républicain dominant un régime semi-présidentiel, sont en partie modelés par les autorités de monarchies républicaines anciennes comme l'Empire romain sous Auguste et l'Empire sous Napoléon 1er puis Napoléon 3.

Les *« systèmes présidentialistes africains »* modelés par le *« constitutionnalisme rédhibitoire »* sont fortement orientés du fait de la prévalence de la dualité janusienne en leur sein, vers le renforcement de tendances monarchiques impériales de facture césariste ou bonapartiste[101]. Plus encore que les monarchies républicaines occidentales, ces systèmes ont un lien avec le modèle romain de l'Augustus Caesar comme Princeps et Imperator. Or ce modèle romain reprend certains traits du modèle égyptien avec *« la Maât comme le mythe fondateur du premier État que l'histoire ait connu »* à travers *« l'État pharaonique »* au sein duquel *« pharaon est l'institutionnalisation et l'incarnation de Maât »*[102]. En effet, le Souverain-Prince égyptien/kamite, le Fari (Pharaon) est Maître de la Maât (Neb Maât) et

---

97 *Idem.*

98 BEAUD (O), « Le Souverain », *Pouvoirs* n°67, 1993, p. 41.

99 *Idem.*

100 DUVERGER (M), *La Monarchie républicaine – ou comment les démocraties se donnent les rois, op. cit.*, p. 43.

101 OWONA (J), « L'essor du constitutionnalisme rédhibitoire en Afrique Noire : étude de quelques ''constitutions janus'' », *op. cit.*, p. 242.

102 DECOEUR (H), « Maât entre cosmologie et mythe : le principe constitutionnel d'un État de nature chrétienne en ancienne Égypte », *Revue juridique Thémis*, 45/2, 2012, p. 359.

servant de Dieu (Km Neter), exprime de manière emblématique la figure des *« monarchies traditionnelles »* évoquées par Maurice DUVERGER[103].

L'analytique critique owonienne même si elle va se concentrer sur les formes juridico-politiques de la dualité janusienne marquant les structures systémiques et institutionnelles des sociétés étatiques d'Afrique post-coloniale, ne perd pas de vue le rapport de celles-ci non seulement avec des formes sociopolitiques, mais aussi avec des formes économico-politiques : *« L'état de sous-développement et les rigueurs de l'inégal développement dans le système capitaliste mondial accentuent encore le caractère de ''monarchie sans charte'' reproché à la Vème République en ce qui concerne ces régimes des nouvelles bourgeoisies négro-africaines. C'est le régime présidentiel sans ''contrepoids'', une véritable hérésie institutionnelle au regard des idées de Montesquieu »*[104].

L'analytique critique owonienne appliquée à l'examen démystificateur du constitutionnalisme rédhibitoire à travers son regard gouverné par le janusianisme épistémologique et méthodologique comme démarche de dévoilement des institutions juridiques et politiques, souligne que le *« mouvement d'institutionnalisation de la légalité d'exception au profit du pouvoir exécutif »* qui opère au Cameroun comme ailleurs en Afrique, mobilise une *« technique principale »* qui *« demeure la recherche délibérée de l'ambivalence constante des effets des états de crise (et d'urgence, état d'exception, état de mise en garde, etc.) indéfiniment renouvelables, tant dans le domaine de fonctionnement des institutions que dans celui de la multiplication des restrictions des libertés publiques »*[105]. Cette analytique met en lumière les *« modalités de perversion politique du droit »* liées à la *« technologie juridique »* utilisée à travers le déploiement d'une légalité exceptionnaliste et décisionniste[106].

---

[103] DUVERGER (M), *La Monarchie républicaine – ou comment les démocraties se donnent les rois*, *op. cit.*, p. 17.

[104] OWONA (J), « Le pouvoir exécutif » *in* GONIDEC (Pierre-François), *Encyclopédie juridique de l'Afrique*, Abidjan, Dakar et Lomé, Les Nouvelles Éditions Africaines, 1982, p. 124.

[105] OWONA (J), « L'institutionnalisation de la légalité d'exception dans le droit public camerounais », *Revue Juridique Et Politique Indépendance et Coopération*, Tome 29, n°1, mars 1975, pp. 3-48 ; OWONA (J), « La réforme politique et constitutionnelle de la République du Cameroun », *Revue Juridique et Politique Indépendance et Coopération*, Tome 29, n°4, 1975, pp. 486-510.

[106] NKOT (F), *Les Usages politiques du Droit en Afrique*, Bruxelles, Bruylant, 2005, p. 79

CONCLUSION

(CE À QUOI L'ANALYTIQUE CRITIQUE OWONIENNE DU JANUSIANISME CONSTITUTIONNEL ET INSTITUTIONNEL MENE)

L'analytique critique owonienne des structures institutionnelles d'Afrique Noire est typiquement modelée par le janusianisme associé à l'analytique critique duvergérienne qui ne se limite pas au seul examen des formes juridico-politiques associées aux institutions prévalentes. Ainsi DUVERGER relativise-t-il la démocratie occidentale : *« À l'intérieur des régimes occidentaux, les citoyens et leurs organisations ne détiennent pas le pouvoir politique ; ils le partagent principalement avec les détenteurs de capitaux, individus, surtout les grandes firmes industrielles, commerciales et financières. Telle est l'autre face de Janus »*[107].

Dans un registre critique inspiré par l'analytique janusienne duvergérienne, l'examen owonien du constitutionnalisme d'Afrique Noire se montre attentif à la dualité systémique et structurelle de ces régimes : *« aussi étonnant et contradictoire que paraisse ce type de régime politique, les pays d'Afrique francophone suivant la voie capitaliste ont redécouvert une forme originale de ''libéralisme autoritaire'' marqué par la libre entreprise sur le plan économique et par l'autonomie sur le plan politique. Ce régime socio-économique et politique à tête de Janus requiert un puissant pouvoir exécutif à la ''Louis Napoléon'' de 1851 et du « Second Empire autoritaire »*[108]. L'on peut apercevoir les affinités logiques, épistémologiques et méthodologiques qui existent entre le janusianisme duvergérien et le janusianisme owonien. La logique d'énonciation et d'instrumentalisation des *« constitutions janus »* se revèle être celle de lois fondamentales *« à double face »* dont la fonctionnalité dualiste exprime dans des *« constitutions de rétention »,* ce qui s'inscrit dans une perspective gouvernante fortement modelée par un logos constitutionnel et institutionnel de présidentialisation resserrée des ordres étatiques d'Afrique Noire[109]. C'est que lesdites constitutions configurées par un modèle de Janus ressortissent d'un outillage politico-juridique qui permet à ces formations étatiques d'Afrique Noire de recourir à une telle légalité duale comme technique fonctionnelle et empirique (phéno-technique) et comme technique régulatrice et médiatrice (médio-technique) pour leur organisation institutionnelle basée sur des structures institutionnelles présidentialistes.

La logique d'une *« légalité en tension »* ressortit d'un schéma de dualité antinomique dont la configuration janusienne transparait déjà dans les institutions juridiques et politiques qui fondent les systèmes politiques

---

[107] DUVERGER (M), *Janus : les deux faces de l'Occident*, *op. cit.*, XII.

[108] OWONA (J), « Le pouvoir exécutif », *op.cit*, p. 124.

[109] OWONA (J), « L'essor du constitutionnalisme rédhibitoire en Afrique Noire : étude de quelques ''constitutions janus'' », *op.cit.*, p. 235.

occidentaux[110]. C'est précisément cette logique qu'exprime le janusianisme duvergérien lorsqu'il met en évidence aussi bien la face brillante *« l'aptitude à l'innovation et au changement, l'efficience, la productivité »* qui organise les aspects productif et matériel, dans les systèmes occidentaux que la *« face sombre du capitalisme »* liée aux inégalités de classe[111].

Le modèle critique de la dualité janusienne est passé d'une configuration duvergérienne fondée sur la dualité réservée et localisée comme on peut le voir dans la critique modérée et tempérée de la *« monarchie républicaine »* à une configuration owonienne basée sur la dualité avancée et généralisée, liée à une critique affinée et affirmée des systèmes présidentialistes africains. On peut ainsi noter la spécificité de la critique owonienne qui transparaissait déjà avant la formalisation de sa présentation janusienne du *« constitutionnalisme rédhibitoire »,* quand elle mettait à nu le Président de la République en Afrique Noire comme *« jupiter constitutionnel »*[112].

Il convient au-delà de la traduction janusienne des réalités de la configuration juridico-politique, socio-politique et économico-politique des systèmes de pouvoir en allant au-delà de sa configuration janus patérienne pour en souligner le rapport avec la configuration jupitérienne qui persiste dans les monarchies républicaines sûrement limitées (en Occident) et faiblement limitées (en Afrique Noire). Ceci permet de mettre en lumière la logique monarchique qui s'exprime fortement dans les *« présidentialismes d'Afrique Noire »* correspondant à des *« régimes [qui] vont consister en l'amalgame des techniques de parlementarisme rationalisé de 1958 avec les avantages propres du régime présidentiel authentique de type américain »*[113]. En effet, cette structuration institutionnelle fait que *« la prépondérance du chef de l'exécutif est partout éclatante »,* exprime la résurgence psychanalytique et la rémanence inconsciente d'un pharaonisme qui a précisément modelé les tendances d'évolution vers le constitutionnalisme rédhibitoire[114].

En dépit de l'avènement, dans les années 1990, d'un mouvement néo-constitutionnaliste lié aux mobilisations sociales et politiques dominées par les entreprises de contestation anti-autoritaire et de revendication pro-démocratique, les expressions janusiennes du rédhibitionnisme constitutionnel mettant en scène un *« dualisme constitutionnel brumeux »,* sont démeurées accentuées au Cameroun en dépit de la *« réforme du 18*

---

[110] Par exemple : COMMAILLE (J), « The Janus Model of Legal Changes in the political status of justice », *op.cit.,* pp. 143-166.
[111] DUVERGER (M), *Janus : les deux faces de l'Occident*, *op.cit.*, X.
[112] OWONA (J), « La Guinée Équatoriale et la démocratisation : l'astucieux recours à un ''constitutionnalisme rédhibitoire'' de 1982 », *op.cit.*, p. 65.
[113] OWONA (J), « L'essor du constitutionnalisme rédhibitoire en Afrique Noire : étude de quelques ''constitutions janus'' », *op.cit.*, p. 262
[114] *Idem.*

janvier 1996 »[115]. Cela montre que malgré la mise en place d'une nouvelle vague de démocratisation constitutionnelle en Afrique Noire, les systèmes constitutionnels existants restent encore marqués par une légalité duale faisant que *« deux constitutions antinomiques coexistent dialectiquement »,* opposant des dispositions d'ordre (autoritaires) et des dispositions de liberté (libérales)[116].

Si l'Afrique-Cameroun inclus- est rentrée dans une évolution où il y a un *« nouveau paysage marqué par une libéralisation de la vie politique avec en première ligne la proclamation des libertés individuelles »*, il existe encore des contraintes pouvant revigorer les logiques instituantes et instituées du *« constitutionnalisme rédhibitoire »* et de *« l'institutionnalisation de la légalité d'exception »* à même de freiner le mouvement libéral ou démocratique de *« liquidation des lois liberticides* »[117]. C'est qu'en effet, la résistance et la persistance de la dynamique janusienne liée au constitutionnalisme rédhibitoire dans les ordres étatiques africains sont dues au fait que *« l'on est en présence d'un ordre constitutionnel tout entier bâti pour et autour de l'institution présidentielle* »[118].

Les logiques de canalisation des formes et forces constitutionnelles autant que légales de l'État de droit liées à la persistance du janusianisme constitutionnel et institutionnel dans les sociétés étatiques africaines engagées dans la démocratisation globalo-libérale, sont liées à la persistance d'une organisation présidentialiste qui fait que comme le *Reichspräsident* de la République weimarienne, le leader présidentiel africain est un « *monarque présidentialisé* »[119]. L'endurance des mécanismes juridico-institutionnels et politico-institutionnels favorisant le janusianisme dans les États d'Afrique Noire mêmes engagés dans la construction du pluralisme démocratico-constitutionnel et démocratico-parlementaire, est acquise.

La résistance de la juridicité rédhibitoire et janusienne dans les formations étatiques d'Afrique Noire mêmes engagées dans un mouvement de démocratisation, souligne la difficulté pour le *« constitutionnalisme africain »* de se consolider dans le sens *« d'un constitutionnalisme servant de matrice à*

---

[115] ONDOA (M), « *La constitution duale : recherches sur les dispositions constitutionnelles transitoires* », *op.cit.*, p. 56.

[116] OWONA (J), « La Guinée Équatoriale et la démocratisation : l'astucieux recours à un ''constitutionnalisme rédhibitoire'' de 1982 », *op.cit.*, p. 68.

[117] NGUELE ABADA (M), « Réformes constitutionnelles et construction d'un État de droit au Cameroun », *in* ABOUEM A TCHOYI (D.), M'BAFOU (St.-Cl.), (dir.), *50 Ans de réforme de l'État*, Paris, L'Harmattan, 2013, p. 163.

[118] OLINGA (A.-D), *La Constitution de la République du Cameroun*, Yaoundé, *Presse de l'UCAC*, 2013, p. 19.

[119] SCHMITT (C), *Théorie de la Constitution*, Paris, PUF (Quadrige), 1993, p. 436.

l'État de droit »[120]. C'est qu'en effet, le mouvement de démocratisation et de parlementarisation des institutions politiques et constitutionnelles d'Afrique Noire fondées par des références provenant de la légalité bourgeoise occidentale se trouve confronté à la *« suprématie renaissante du Président de la République »*, laquelle suprématie est révélatrice de la récurrence et de la rémanence de la *« présidentialisation des régimes africains »*[121].

La logique persistante de juridicité (constitutionnelle ou légale) rédhibitoire montre que dans les ordres étatiques d'Afrique Noire, la démocratie pluraliste fait toujours face à un *« balancement janusien »* entre le pluralisme restreint et le pluralisme élargi renvoyant respectivement à *« une gouvernementalisation monopoliste et à une constitutionnalisation pluraliste et parlementariste »*[122]. C'est qu'en effet, le *janusiamisme institutionnel et constitutionnel* exprime les éléments d'ambivalence qui caractérisent la démocratisation dans les formations étatiques négro-africaines. Ceci montre que comme il y a des *« constitutions janus »*, il y a aussi dans la dynamique étatique des collectivités sociétales d'Afrique Noire, des logiques relevant d'une *« démocratisation janus »* posée en *"démocratisation biface »*[123].

Ainsi la logique owonienne de réappropriation de la rationalité duvergérienne d'analyse janusienne permet-elle de décrypter de manière critique les formes de légalité duale qu'exprime le jeu rédhibitoire lié à la *« pérennisation des dispositions transitoires synonymes »* de *« cafouillage constitutionnel »*[124]. L'on voit que l'analytique critique owonienne appliquée aussi aux constitutions janus, a permis d'éclairer les mécanismes et situations *« d'hybridité juridique »* autant que d'hybridité politique qui sont à l'œuvre dans les lois fondamentales d'Afrique subsaharienne[125].

---

[120] ONDOUA (A), « *Rapport de synthèse* », *La Constitution camerounaise du 18 janvier 1996 : bilan et perspectives*, Langres-Saints-Geosmes, Afrédit, 2007, p. 237.

[121] AIVO (F.J), *Le Président de la République en Afrique noire francophone*, Paris, L'Harmattan, 2007, p. 512.

[122] OWONA NGUINI (M. É), « La gouverne politique et institutionnelle du Cameroun à l'épreuve de la démocratie pluraliste : de la démocratisation janus », *Enjeux n°52*, 2017, pp. 10-19.

[123] *Idem.*

[124] ONDOUA (A), « *Rapport de synthèse* », *La Constitution camerounaise du 18 janvier 1996 : bilan et perspectives*, *op. cit.*, p. 229.

[125] COMMAILLE (J), *À quoi nous sert le Droit ?*, *op.cit*, p. 170.

POST-SCRIPTUM :

LES LEÇONS JURIDICO-POLITIQUES ET SOCIO-POLITIQUES DU JANUSIANISME CRITIQUE DE JOSEPH OWONA.

Le modèle de JANUS qui configure les lois fondamentales d'Afrique Noire marquées par le *constitutionnalisme rédhibitoire,* est un modèle où JANUS se présente sous la forme de JANUSPATER, celui-ci en référant à une divinité qui le disputait à JUPITER. En d'autres termes, cela signifie que l'orientation juridico-politique et socio-politique liée aux constitutions janus d'Afrique Noire est révélatrice de la prédominance institutionnelle du Président de la République de ces États négro-africains posé véritablement en « *jupiter constitutionnel* » qui surplombe le paysage du constitutionnalisme janusien[126]. Où l'on voit que JUPITER prend le pas sur JANUS : « *Janus ouvre la porte du ciel où Jupiter est roi* »[127]. En effet, malgré la dynamique de transition démocratique dans les États d'Afrique Noire, la prévalence du constitutionnalisme janusien maintient le présidentialisme observé comme « *modèle de dénaturation du régime présidentiel authentique au profit du chef de l'exécutif, chef du parti unique ou dominant* »[128].

Malgré l'évolution institutionnelle et politique marquée par la libéralisation puis la démocratisation des États d'Afrique Noire amorcée au début des années 1990, la résistance du présidentialisme est révélatrice de la persistance d'éléments d'un « *État total* » se présentant comme un « *Janus aux deux visages* »[129]. Ainsi, la modélisation owonienne du janusianisme juridico-politique ou socio-politique à travers la démystification des structures étatiques négro-africaines façonnées par les constitutions janus, a ouvert une voie d'analyse renvoyant à un ratio constitutionnaliste que l'on peut par exemple cerner à travers des élaborations doctrinales et analytiques sur « *la constitution de janus* »[130].

Joseph OWONA en approfondissant la modélisation janusienne empruntée à Maurice DUVERGER, en a clairement précisé l'orientation en termes de traitement théorico-juridique et théorico-politique de l'ambivalence ou de l'ambiguïté dans l'analyse constitutionnelle, ouvrant non seulement la voie à une analyse de la constitutionnalité africaine, mais aussi de la constitutionnalité occidentale attentive à des recherches ultérieures sur le « *janus constitutionnel* » ou sur la « *constitution* » balançant entre les figures

---

[126] OWONA (J), « La Guinée Équatoriale et la démocratisation : l'astucieux recours à un ''constitutionnalisme rédhibitoire'' de 1982 », *op.cit.*, p. 65.

[127] DUMEZIL (G), « Jupiter, Mars, Quirinus et Janus », Revue de l'Histoire des Religions, 39/2, 1951, pp. 208-215.

[128] OWONA (J), « L'essor du constitutionnalisme rédhibitoire en Afrique Noire : étude de quelques ''constitutions janus'' », *op.cit.*, p. 270.

[129] BAUME (S), « L'État total, janus aux deux visages ».

[130] ROUVILLOIS (F), *La Constitution de Janus*, Paris, Fondation du Pont-Neuf, 2019.

de « *Lazare* » ou de « *Janus* »[131]. Cette analytique critique n'a pas seulement une valeur juridico-politique, mais aussi une valeur socio-politique, permettant de souligner la manifestation d'une dualité tensionnelle exprimée à travers la « *démocratisation janus* » dans les sociétés étatiques d'Afrique Noire[132].

En effet, c'est l'épistémologie démystificatrice du janusianisme institutionnel et constitutionnel mis en œuvre dans la démarche critique de Joseph OWONA qui a inspiré une analytique socio-politique d'une « *dynamique de démocratisation ambivalente* » en lien avec le « *gouvernement perpétuel* », une dynamique correspondant à une « *démocratisation janusienne* »[133]. Dans cette optique, il s'est agi de montrer suivant une logique et une méthodologie janusiennes d'analyse que « *l'expérimentation d'un système institutionnel et gouvernant basé sur* le pluralisme constitutionnel *a été canalisée par la reconsolidation des enceintes typiques du* gouvernement perpétuel »[134]. C'est dans cette logique que le « *concept ambigu de démocratie* » au lieu de « *maintenir la vie dans toute la civilisation européenne* », opère aussi comme « *un mécanisme de destruction continue et de développement du système social comme un tout... qui accélère des processus entropiques irrévocables* » en Europe, mais aussi en Afrique[135].

La juridicité rédhibitoire saisie par l'analytique critique owonienne de la normativité, de la positivité et de la factualité des institutions politico-constitutionnelles et politico-administratives des États d'Afrique Noire, permet de souligner au-delà de la mise en lumière de la dualité légale et constitutionnelle, que le « *modèle de janus* » opère comme cadre impérial et patrimonial de « *régulation légale* »[136]. Bien entendu, cette juridicité rédhibitoire montre l'homologie entre le modèle de janus et le « *modèle présidentialiste* », ce dernier modèle apparaissant même à l'heure de la dynamique de démocratisation des institutions politiques et constitutionnelles d'Afrique Noire initiée et expérimentée entre les années 1990 et les années 2020, comme « *un triomphe statistique résultant d'un mouvement*

---

[131] LUCHAIRE (F), « Un Janus Constitutionnel : l'égalité », *RDP,* n°5, Septembre-Octobre 1986, pp. 1229-1274 ; AVRIL (P), « *La constitution : Lazare ou Janus* ? », *RDP*, 1990, n°106/4, pp. 949-960.

[132] OWONA NGUINI (M.É), « La gouverne politique et institutionnelle du Cameroun à l'épreuve de la démocratie pluraliste : de la démocratisation janus »,.

[133] OWONA NGUINI (M.É), MENTHONG (H.-L), « Gouvernement perpétuel et démocratisation janusienne au Cameroun (1990-2018) », Politique Africaine, n°150, 2018, p. 97.

[134] OWONA NGUINI (M. É), « La gouverne politique et institutionnelle du Cameroun à l'épreuve de la démocratie pluraliste : de la démocratisation janus », *op. cit.,* p. 17.

[135] KHMIL (V), « Ambiguous Janus of Modern Democracy », *Anthropological Measurements of Philosophical Research*, DO.10/5802/ampr 2016/72228; n°9, 2016, pp. 47-54.

[136] COMMAILLE (J), *À quoi nous sert le Droit ?*.

historique et de la mise en œuvre de techniques de renforcement de l'exécutif présidentiel »[137].

L'analytique owonienne de la légalité janusienne permet de saisir la résistance d'un césarisme incommensurable d'orientation jupitérienne et martiale, dans lequel JUPITER est accompagné par JANUS –QUIRINUS. Elle permet à Joseph OWONA de tirer parti de manière inventive et pas seulement répétitive de la mobilisation par Maurice DUVERGER, de la référence à JANUS, à la « *figure ambigüe de Janus* »[138]. Cela a ainsi permis à ce Maître de la science juridique de bien montrer de manière anticipée à travers son épistémologie en termes de « *constitution duale* » à propos des « *processus africains de démocratisation* », que « *la promulgation des nouvelles constitutions libérales et démocratiques n'a pas toujours eu pour effet de permettre l'effacement de l'ancien ordre autoritaire, dont de nombreux vestiges jonchent encore leur système juridique* »[139].

La dualité janusienne duvergérienne a mis en lumière ce qui reste de la royauté typique des « *monarchies traditionnelles* » dans la « *monarchie républicaine* » occidentale, montrant qu'une part significative de la symbolique juridico-institutionnelle et politico-institutionnelle de cette dernière, ressortit bel et bien des ordres politiques monarchiques anciens, à l'instar du Président de la Vème République qui revêt encore la structure d'un Roi, même si le régime semi-présidentiel français l'inscrit dans une structure dyarchique, « *celle de l'aigle à deux têtes* »[140]. Cette dualité janusienne est aussi mise en évidence dans l'analytique critique owonienne des formes négro-africaines d'exacerbation présidentialiste des traits réguliers des monarchies républicaines saisies par la constitutionnalité et le constitutionnalisme rédhibitoires liés aux constitutions Janus.

À travers la consolidation du présidentialisme délié, qui fait coexister de manière janusienne une « *constitution programme* » d'orientation libérale et démocratico-représentative, et « *une constitution ''rédhibitoire'' et ''transitoire''* » d'orientation patrimoniale et monocratico-délégative, l'analyse critique owonienne dévoile les ressorts de la monarchisation dominante des monarchies républicaines négro-africaines[141]. Ainsi, le constitutionnalisme rédhibitoire s'inscrit dans l'optique duale (janusienne)

---

137 OWONA (J), *Droits constitutionnels et institutions politiques du monde contemporain*, *op. cit.*, p. 135.

138 BENSAMOUN (A), « Le droit d'auteur appliqué aux nouvelles techniques ou la résurrection d'un Janus parlementaire », op. cit., p. 40.

139 ONDOA (M), « *La constitution duale : recherches sur les dispositions constitutionnelles transitoires* », *op. cit.*, p. 56.

140 DUVERGER (M), *La Monarchie républicaine – ou comment les démocraties se donnent les rois*, *op. cit.*, p. 16 ; DUVERGER (M), *Échec au Roi*, *op. cit.*, *passim*, pp. 10,19 et 20.

141 OWONA (J), « La Guinée Équatoriale et la démocratisation : l'astucieux recours à un ''constitutionnalisme rédhibitoire'' de 1982 », *op.cit.*, p. 69.

perceptible dans la critique marxienne du constitutionnalisme bourgeois : « *chaque paragraphe de la constitution contient en effet sa propre antithèse, sa chambre haute et sa chambre basse, dans le texte, la liberté, dans la marge, la suppression de cette liberté* »[142].

La logique janusienne développée par Joseph OWONA dans son analyse du constitutionnalisme rédhibitoire recouvre une analyse de l'orientation jupitérienne qui structure ce constitutionnalisme dans les États d'Afrique Noire. JANUS accompagne donc JUPITER, ce qui correspond dans une perspective afrocentrique à ANUBIS-INPOU/ANUP/ANUPU, celui-ci épaulant OSIRIS/OUSIRÊ/AWSAR/OUSIRE ou AMON/AMUN/AMEN. Ainsi, la logique sous-jacente de ces institutions étatiques négro-africaines montre qu'elles reprennent et exacerbent le modèle de la *« monarchie républicaine »* d'Occident ; lequel résulte de la transformation de *« l'ancienne monarchie »* fondée sur une *« conception théocratique »* qui *« remonte probablement à l'ancienne Égypte où le pharaon était un Dieu vivant* »[143]. Il apparait alors que le « *monarque républicain* » occidental qui a inspiré le *« monarque républicain »* est un héritier indirect et lointain de la figure afro-égyptienne et négro-égyptienne du Fari rebaptisé Pharaon ou Phéron pour les Grecs[144].

Il convient de bien avoir en vue le *« rôle civilisateur de l'Égypte pharaonique »,* lequel s'est aussi exprimé à propos de l'invention et de l'institution des formes étatiques de majesté et de souveraineté telles qu'exprimées par les institutions politiques et juridiques de la monarchie configurée selon le paradigme osirien ou amonien d'énonciation du pouvoir pharaonique[145]. Dans cette perspective, il s'est agi de donner des éléments indicateurs de ce que Kmt est la source de l'énonciation et de l'organisation des formes mythiques, initiatiques, symboliques, théoriques et juridiques du pouvoir élaborées à partir de la fondation de l'État pharaonique.

L'on ne saurait comprendre le lien de la dynamique janusienne de constitutionnalité avec une logique jupitérienne d'institution, si on ne saisit pas le fait que les monarchies républicaines occidentales dont les traits se trouvent renforcés dans la structuration présidentialiste des monarchies républicaines négro-africaines, ont un imaginaire mythologico-politique, théologico-politique et juridico-politique refoulé et lié à la souveraineté qui les renvoie à l'arkhé égyptien. En effet, l'étatisation de ces formations sociales

---

142 MARX (K), *Le dix-huit brumaire de Louis Bonaparte*, Paris, Messidor/Éditions Sociales, 1984, p. 87.

143 DUVERGER (M), *La Monarchie républicaine – ou comment les démocraties se donnent les rois, op.cit.*, p. 15.

144 *Ibid*, p. 45.

145 PFOUMA (O), *Histoire culturelle de l'Afrique Noire*, Paris, Éditions Publisud, 1993, 1999, p. 52.

et historiques a été influencée par Kmt, l'Égypte antique négro-africaine, source du *« pouvoir de l'État »* et *« premier royaume unifié de l'histoire »*[146].

Le *« Souverain d'Égypte »* dont la thématisation symbolico-politique apparait dans la construction du *« mythe d'Osiris, roi organisateur de l'agriculture »*, est un symbole fondateur de la structuration étatique qui fonde *« la puissance du Pharaon, du Roi, puis de l'Empereur »*[147]. En effet, le Fari ou Nesout, le souverain d'Égypte, est l'institution fondatrice de toutes les souverainetés, le dirigeant central emblématique de l'État précurseur né dans l'espace afro-nilotique. Ainsi, c'est l'osirisme ou l'amonisme qui magnifie Fari/Pharao qui se retrouve ultérieurement dans la production et la réception de la figure romaine de Caesar ou César ; laquelle induira à travers son appropriation napoléonienne du *« césarisme »* posé comme un régime qui associe « *une forme démocratique* » (l'appui populaire) à « *un homme exceptionnel, et une réalité monarchique du pouvoir* une modernisation de ce principe césarien[148].

Le César romain semble dériver du Qasireû dû au grec mycénien désignant un haut fonctionnaire qui est lui-même associé au Basileús tiré du grec classique lequel est lié au Paser kamite désignant le noble ou au Sir Kamite désignant le Souverain ou le Conseiller en tant que Seigneur[149]. Le lien avec le César Romain façonné par la référence de JUPITER/JOVIS-PATER et le Sir ou Sar, Souverain-Prince kamite dont OUSIRÈ/ WSR/OUSER en est une figure emblématique. Ainsi, l'inconscient pharaonique transparaît dans l'orientation césarienne associée à la forme négro-africaine de *« Présidence impériale »* qui modèle l'énonciation forte du constitutionnalisme janusien qui résiste même aux différentes vagues de démocratisation[150].

Ainsi, la dynamique janusienne liée à la prévalence césarienne de la *« République monarchisée »* dans des institutions politiques présidentialistes façonnées par le rédhibitionnisme constitutionnel, se traduit-elle dans la configuration tensionnelle et duale de la légalité fondamentale qui oscille

146 CARDOSO (C), « Les communautés villageoises de l'Égypte ancienne », *Dialogues d'Histoire Ancienne*, Vol.12, 1986, *passim*, pp. 15-19.

147 BONNEAU (D), « Le souverain d'Égypte, juge de l'usage de l'eau », *in l'Homme et l'eau en Méditerranée et au Proche Orient II. Aménagements Hydrauliques, État et Législation*, Lyon, Maison de l'Orient, Presses Universitaires de Lyon, pp. 69 et s.

148 GANZIN (M), *Du Césarisme antique au Césarisme moderne,* Aix-Marseille, CERHIIP, Presses Universitaires d'Aix-Marseille, 1999, p. 9.

149 OBENGA (Th), *L'Égypte, La Grèce et l'école d'Alexandrie*, Paris, L'Harmattan, 2005, p. 211.

150 MBU (E) « An Imperial Presidency : A study of Presidential Power in Cameroon » *in* KOFELE-KALE (N.) *An African Experiment in Nation Building : The Bilingual Cameroon Republic since Reunification*, Boulder (Colorado), Westview Press, 1980, pp. 133-157; SCHLESINGER (A), *The Imperial Presidency*, Boston, Houghton-Mifflin, 1973.

entre autorité (autoritarisme) et liberté (ou libéralisme)[151]. L'on observe bien que cette dualité légale et constitutionnelle bien mise en lumière dans la critique owonienne des constitutions janus, est liée au cœur des institutions politiques et constitutionnelles prioritairement présidentialistes d'Afrique Noire, à une *« dynamique césarienne »* canalisant *« l'embryonnaire démocratie représentative »* sur le modèle de la Russie de POUTINE[152]. L'autre figure homologue de JANUS dans la symbolique négro-égyptienne/négro-pharaonique du pouvoir est la figure d'AKER, figure apparaissant à travers deux « *lions* » qui se font face, ce qui montre que comme le *« chacal », le « léopard » ou la « civette »,* le lion fait partie des *« animaux tachetés »* représentant *« l'initiation, ses masques et le pouvoir »*[153]. OSIRIS/OUSIRÈ, SETH/SETI ou HORUS/HOR prennent souvent la forme des félins que sont le lion, la panthère ou le léopard. Il conviendrait alors d'approfondir la possibilité d'une herméneutique zoomorphique ou zoonomique de l'analytique janusienne pour ajouter à sa figuration mythique et théorique eurafricaine une figuration homologique et analogique négro-africaine.

L'analytique owonienne que mobilise le janusianisme institutionnel et constitutionnel pour étudier (explicitement ou implicitement) les structures du pouvoir qui s'expriment dans le constitutionnalisme rédhibitoire où elle repère une *« présidence pré-instituée »*, met en lumière le fait que derrière une légalité gréco-romano-occidentale transférée dans les institutions juridiques et politiques des États d'Afrique Noire, il y a des « *statuts successifs* » [qui] « *organisent le pouvoir dans la durée* » en faisant intégrer la parenté et l'ancestralité du it avec la majesté et la souveraineté du it (y), le souverain[154]. Où l'on voit que la démystification janusienne des institutions africaines est à convertir en une démystification anubienne, akerienne et iutique révélant le fonds ancestral/parental/patriarcal ou le fonds palatial/cheffal/patrimonial qui transparaît derrière les États négro-africains gouvernés par des constitutions janus.

L'analytique owonienne des formes de janusianisme peut être repensée dans une perspective négro-pharaonique marquée effectivement par la mise en lumière de la *« dualité de l'être et du faire, de l'un et du multiple »* fondé

---

[151] NGUELE ABADA (M), « Le progrès de l'État de droit, avancée réelle ou poudre aux yeux ? » in MAUGENEST (D), BOUKONGOU (J.-D), *Vers une société de Droit en Afrique centrale*, Presses de l'UCAC, 2001, p. 145.

[152] RAVIOT (J.-R), « Comprendre le nouveau régime russe », *Strates* [en ligne], (Matériaux pour la recherche en Science Sociales), 12/2006, mis en ligne le 19-07-2007, consulté le 03-05-2019. URL : http:/journals-Openedition.org/strates/1662, p. 3.

[153] ANSELIN (A), *Samba,* Paris, Éditions de l'UNIRAG, 1992, p. 113.

[154] ANSELIN (A), *L'oreille et la cuisse : essai sur l'invention de l'écriture hiéroglyphique égyptienne*, Saint-Estève, Tyanaba, 1999, p. 45.

sur le *« *a Khepérien »*[155]. Il apparait qu'au-delà de sa généalogie eurafricaine, la pensée épistémologique owonienne est effectivement modelée comme celle des scribes pharaoniques par la *« symétrie un/multiple »* en lien avec le *« dualisme »*[156]. Le dualisme owonien peut effectivement être saisi à partir d'une analytique structurale négro-pharaonique de facture kamitique (égyptienne) ou kushitique (nubienne).

En poussant plus loin l'analytique janusienne comme analytique dualiste mobilisée par Joseph OWONA, on voit qu'elle véhicule une vision double des institutions attentives aux faits que le *« pouvoir, comme ses lieux, est double »* à l'instar du pouvoir de *« pharaon »*[157]. On voit que cette analytique mobilisant ANUBIS/INPOU comme l'une des expressions de *« l'identité de la figure égyptienne du chacal avec des figures africaines similaires »* qui se posent comme les *« figures cynomorphes de la mort » (ANUBIS, OUPUOAHOUT ou YURUGU)* qui opèrent en tant que *« figures fondatrices, figures de l'initiation et du pouvoir »*, est modelée par l'afrocentricité[158]. Ainsi, ANUBIS/INPOU qui est *« guide des rois »* est *« le père des rois »*, montrant le lien entre « *la thanatologie égyptienne »* et *« son anthropologie du pouvoir »* qui sont *« purement africaines »*[159]. *On a aussi indiqué que JANUS trouvait un autre correspondant zoonomique lié au léopard dont le hiéroglyphe égyptien S3b désigne aussi le chacal, renvoyant par ailleurs au « simba bantu » qui s'applique aussi « au lion ». Comme JANUS et CARON, ANUP/ANUPU/ANUBIS est un passeur. Sous sa forme PEHTI/RUTI, celle de la lionne duale, nous avons un autre équivalent négro-égyptien et négro-pharaonique de JANUS qui prend une forme féline et spécifiquement une forme léonine se rattachant au thème du Sphinx.*

Le *« monarque républicain »* négro-africain est un leader institutionnel inscrit dans un système où *« malgré la déconcentration de l'exécutif, la prépondérance présidentielle sur le gouvernement demeure incontestable et son irresponsabilité politique devant le parlement immuable »*[160]. Ce monarque de stature jupitérienne continue de dominer un processus étatique de civilisation à travers lequel les formations sociales africaines ont fort à faire avec une *« modernité à visage de janus »* (janus-faced modernity)[161]. Ainsi, l'État africain présidentialiste est-il dominé par ce monarque qui domine une configuration ou la constitution Janus modèle aussi nu qu'une *« étiquette de*

[155] PFOUMA (O), *Histoire culturelle de l'Afrique Noire*, *op. cit.*, p. 30.
[156] *Ibid.*, p. 57.
[157] ANSELIN (A), *Samba,* Paris, Éditions de l'UNIRAG, 1992, p. 92.
[158] *Ibid.*, pp. 100-101.
[159] *Ibid.*, p. 104
[160] OWONA (J), « La réforme politique et constitutionnelle de la République du Cameroun ».
[161] DEPELTEAU, 2017.

Janus »[162]. L'on voit comment la logique présidentialiste jupitérienne (ou owonienne) veut canaliser le processus civilisationnel dans lequel la logique janusienne (anubienne/akerienne) iutiques s'exprime dans l'ambivalence des civilités, selon une logique de conduite semblable à celle de l'Érasme *« janusien »* évoqué dans l'analyse eliasienne de la *« civilisation des mœurs »*[163].

La constitutionnalité et le constitutionnalisme rédhibitoires répriment la dynamique de civilisation des sociétés étatiques d'Afrique Noire, car ils confortent *« l'omnipotence constitutionnelle »* du Président[164].

[162] WOUTERS (C), « The integration of classes and sexes in the twentieth century : Etiquette Books and Emotion Management » in SALUMETS (T), *Norbert Elias and Human Interdependencies*, Montréal, Londres et Kingston, McGill-Queen's University Press, 2001, p. 50.
[163] KILMINSTER (R), *Norbert Élias : Post-Philosophical Sociology*, Londres, Routledge, 2007, p. 873 ; ELIAS (N), *La Civilisation des mœurs*, Paris, Presses Rocket, 1976, 447 p.
[164] OWONA (J), « La Guinée Équatoriale et la démocratisation : l'astucieux recours à un ''constitutionnalisme rédhibitoire'' de 1982 », *op.cit.*, p. 68.

L'OHADA OU LA PRIVATISATION DU DROIT PUBLIC ?

Paterne MAMBO

Maître de Conférences, Agrégé
Université Félix Houphouët-Boigny d'Abidjan
(République de Côte d'Ivoire)

INTRODUCTION

Le Professeur Joseph Owona a beaucoup fait pour le Droit et pour les Universités africaines. La qualité indiscutable de sa plume, la vigueur de sa pensée, la pertinence de ses enseignements, la profondeur de sa contribution doctrinale font de lui un génie des temps modernes. Sa figure tutélaire, sa personnalité et son savoir encyclopédique méritent assurément d'être honorés. Nous avons donc souhaité lui rendre hommage, à travers un sujet qui questionne l'avenir du Droit public en Afrique, dans sa relation avec le Droit communautaire, précisément le Droit OHADA, perçu comme relevant du Droit privé, pour montrer, symboliquement, la pluridisciplinarité des travaux et des centres d'intérêt du dédicataire de ces Mélanges.

L'OHADA et le droit public entretiennent une relation régulière, une liaison ambiguë, dont on ignore s'il s'agit d'un mariage de cœur ou de raison, pas plus qu'on ne sait si c'est sous le régime de la séparation ou de la communauté de biens que l'union a été célébrée par les États membres de l'espace OHADA. Tout ceci est de nature à susciter de légitimes inquiétudes et à engendrer des problématiques nouvelles, au point où l'on peut se demander si, aujourd'hui, le droit public a encore un avenir, face à la montée en puissance des logiques communautaires. À une époque, en effet, où la communautarisation et l'uniformisation du droit se développent, la question de l'autonomie du droit public ne peut que se renouveler au contact de l'OHADA. L'actualité et l'intérêt du sujet ne sauraient être davantage démontrés ; ils relèvent de l'évidence.

L'OHADA désigne l'Organisation pour l'Harmonisation en Afrique du Droit des Affaires. Elle a été créée par un Traité signé le 17 octobre 1993 à Port-Louis, en Île Maurice, entré en vigueur le 18 septembre 1995 et ratifié par dix-sept États (au 31 décembre 2014). Il s'agit du Bénin, du Burkina Faso, du Cameroun, de la Centrafrique, des Comores, du Congo, de la Côte d'Ivoire, du Gabon, de la Guinée-Bissau, de la Guinée Conakry, de la Guinée Équatoriale, du Mali, du Niger, de la République Démocratique du Congo, du Sénégal, du Tchad et du Togo[1]. Aux termes de l'article 1er du Traité, celui-ci « a pour objet l'harmonisation du droit des affaires dans les États-parties par l'élaboration et l'adoption de règles communes simples, modernes et adaptées à la situation de leurs économies, par la mise en œuvre de procédures judiciaires appropriées, et par l'encouragement au recours à l'arbitrage pour le règlement des différends contractuels »[2]. L'OHADA représente à la fois une Institution et un Droit. Dans une approche institutionnelle, l'OHADA désigne une communauté d'États, un organisme supranational, doté(e) de la personnalité juridique internationale, où le droit privé communautaire est élaboré et mis en œuvre. Dans une conception normative, l'OHADA se présente comme un ensemble de règles juridiques, harmonisé, uniformisé, destiné à promouvoir l'intégration juridique et économique des États membres. Elle a pour objet, par la consécration d'une série d'actes uniformes, d'uniformiser et d'harmoniser le droit des affaires, qui est le prolongement du droit commercial, lequel a la réputation d'être une matière de droit privé[3]. L'OHADA assure, en tant que droit des affaires, droit privé communautaire, droit économique, et aussi droit des activités économiques[4], l'intégration juridique des États membres. La primauté du droit OHADA sur le droit interne, l'application directe dans les États membres des règles qui le renferment, sa force obligatoire et abrogative, régulièrement mise en lumière par la doctrine[5], justifient sa portée considérable.

C'est sous cet angle normatif que le rapport de l'OHADA au droit public sera saisi et analysé dans la présente réflexion. Il va sans dire que le volet institutionnel de la question ne sera pas traité, puisqu'il s'agit d'examiner la

---

[1] GUEYE (B), NOUROU TALL (S), KAMTO (M), « Commentaires du Traité du 17 octobre 1993 relatif à l'harmonisation du droit des affaires en Afrique », in OHADA, *Traité et actes uniformes commentés et annotés*, Juriscope 2016, p. 20-80, spéc. p. 21.

[2] OHADA, *Traité et actes uniformes commentés et annotés*, Juriscope 2016, p. 27.

[3] Cf. BOY (L), « Les limites du formalisme du droit de l'OHADA à la sécurisation des entreprises », *Revue de l'ERSUMA*, 2012, 1 (1), p. 46-58, spéc. p. 48.

[4] Cf. BOY (L), *« Les limites du formalisme du droit de l'OHADA à la sécurisation des entreprises »*, précité, p. 46 et s. ; BADJIP. (S.A), « Réflexion sur l'attractivité du droit OHADA », in *Bulletin de droit économique*, 2014, n° 2, p. 50 à 63 ; SAWADOGOF. M., *« L'immunité d'exécution des personnes morales de droit public dans l'espace OHADA »*, in *Revue camerounaise de l'arbitrage*, février 2010, numéro spécial (2), p. 136-159, spéc. p. 137 ; KÉBÉA (A), *« Le déclin de l'exorbitance du droit administratif sénégalais sous l'effet du droit communautaire »*, in [http://afrilex.u.bordeaux4.fr/sites/afrilex/IMG/pdf/Le_declin_de_l_exorbitance_du_droit_administratif_senegalais.pdf), 28 p., spéc. p. 3.

[5] GUEYE (B), NOUROU TALL (S), KAMTO (M), « Commentaires du Traité du 17 octobre 1993 relatif à l'harmonisation du droit des affaires en Afrique », op. cit., p. 21 et s ; KAGISYE (E), *« Environnement juridique des affaires en Afrique : système juridique et judiciaire de l'OHADA »*, in [https://hal-auf.archives-ouvertes.fr/hal-01495642), 2017, p. 5.

problématique de l'influence du droit privé communautaire OHADA sur le droit public des États-parties au Traité instituant l'OHADA, et la portée de cette influence. En effet, pour déterminer si l'avènement de l'OHADA entraine la privatisation du droit public, ou si l'OHADA conduit à la transformation du droit public en droit privé, mettant ainsi fin à son caractère exorbitant, il convient de confronter les deux ensembles normatifs que sont le droit OHADA et le droit public.

Le droit public se définit selon deux approches : une approche organique et une approche matérielle ou fonctionnelle. D'un point de vue organique, le droit public désigne « l'ensemble des règles juridiques relatives à l'existence, à l'organisation, au fonctionnement et aux relations de l'État, auquel [il faut ajouter] d'autres personnes morales telles que les organisations internationales gouvernementales ou les collectivités territoriales »[6]. D'un point de vue matériel ou fonctionnel, le droit public est le droit du pouvoir politique ou le droit de la puissance publique[7]. Raymond Carré de Malberg résume et concilie ces deux définitions, en considérant le droit public comme le droit de l'État, « c'est-à-dire le droit applicable à tous les rapports humains ou sociaux dans lesquels l'État entre directement en jeu »[8]. Le droit public a la particularité d'être à la fois une singularité (exprimée par la distinction traditionnelle avec le droit privé) et une pluralité (une pluralité de sources et de matières, alimentée par le droit textuel, le droit jurisprudentiel et le droit coutumier). Pourtant, on observe aujourd'hui l'érosion des caractéristiques mêmes du droit public, qui incline à considérer que, de plus en plus, le droit public évolue dans une ambiance de droit privé.

Le contexte de la mondialisation du droit, sa communautarisation et son uniformisation engendrent, progressivement, un décloisonnement des disciplines, une interpénétration des matières et des influences réciproques. Le droit OHADA est devenu ainsi un droit d'intégration avec une force juridique probante que reconnaissent les États membres, au point de prévaloir sur le droit interne de ces États. L'autorité du droit OHADA n'est pas contestée ; elle est reconnue et préservée. Aujourd'hui, on voit de nouvelles tendances émerger ; le droit OHADA fait son entrée au prétoire. Il fait partie des normes de référence à partir desquelles la régularité du droit est contrôlée par le juge interne tel qu'en témoigne une décision rendue le 26 juin 2014 par le Conseil constitutionnel de Côte d'Ivoire, dans laquelle le juge ivoirien va exercer un contrôle de conventionalité d'une loi et juger qu'un article de la loi viole une disposition du droit OHADA, précisément l'article 49 de l'acte uniforme portant procédures simplifiées de recouvrement et voies d'exécution et, par voie de conséquence, l'article 10 du traité OHADA, qui dispose que

---

[6] TRUCHET (D), *Le droit public*, Paris, Presses Universitaires de France, 3e éd., 2014, p. 5.
[7] *Ibid.*, p. 5.
[8] CARRÉ DE MALBERG (R), *Contribution à la théorie générale de l'État*, Paris, Dalloz, 2004, p. 1.

« Les actes uniformes sont directement applicables et obligatoires dans les États-parties, nonobstant toute disposition contraire de droit interne, antérieure ou postérieure » ; preuve même de la supériorité des traités sur les dispositions de droit interne[9].

Au fond, tout ceci rend compte des transformations de l'État en Afrique[10] et de l'attractivité du droit OHADA, imprégné qu'il est de la culture romano-germanique et de la Common Law[11]. Il s'agit, en effet, d'un droit fait pour attirer les investisseurs, favoriser la concurrence entre le secteur public et le secteur privé, ouvrir le monde des affaires et casser les monopoles. Le droit public, dans son rapport au droit OHADA, ne peut échapper totalement aux bouleversements nés de l'harmonisation en Afrique du droit des affaires. Il en est sans doute impacté. Reste à déterminer si néanmoins, à l'épreuve du droit OHADA, cet impact a transformé ou métamorphosé le droit public.

Tout ce qui précède amène donc à formuler l'interrogation suivante : le droit OHADA, dans sa volonté d'harmonisation et d'uniformisation du droit, a-t-il entrainé la privatisation du droit public ? Autrement dit, le droit public s'est-il transformé en droit privé bis, dans sa relation avec le droit OHADA ?

La réponse à la question permet de s'orienter dans deux directions et de constater, d'une part, l'influence incontestable du droit OHADA sur le droit public (I), d'autre part, la privatisation introuvable du droit public par le droit OHADA (II).

I. L'INFLUENCE INCONTESTABLE DU DROIT OHADA SUR LE DROIT PUBLIC

Le droit OHADA exerce une influence incontestable sur le droit public, de manière directe ou indirecte. Cette influence est alimentée, favorisée ou entretenue essentiellement par deux facteurs, à savoir la pénétration du droit public par le droit OHADA (A) et l'application du droit OHADA aux matières du droit public (B).

---

[9] Conseil constitutionnel de Côte d'Ivoire, Décision n° CI-2014-139/26-06/CC/SG du 26 juin 2014 relative au recours par voie d'exception d'inconstitutionnalité soulevée par la société APM Terminals Côte d'Ivoire en ce qui concerne l'article 31 de la décision n° 001/PR du 11 janvier 2012 portant création, organisation et fonctionnement des tribunaux de commerce.

[10] GUEYE (B), « Les transformations de l'État en Afrique : l'exemple du Sénégal », *Revue internationale de droit africain EDJA*, n°54, juillet, août, septembre 2002, pp. 7 à 50.

[11] BADJIP. (S.A), « Réflexion sur l'attractivité du droit OHADA », in *Bulletin de droit économique*, 2014, n°2, p. 51.

A. La pénétration du droit public par le droit OHADA

La force de pénétration du droit OHADA dans l'ordre juridique des États membres[12] ne se limite pas au droit privé ; elle concerne également le droit public, exposé aux conséquences de la communautarisation du droit.

Il s'agit d'une pénétration à la fois formelle et substantielle. La législation OHADA pénètre, en effet, la réglementation en vigueur et détermine le contenu ou la substance du droit public appliqué dans les États membres. La Côte d'Ivoire en donne une parfaite illustration, avec le décret n° 2016-788 du 12 octobre 2016 relatif aux modalités d'application de l'ordonnance n° 2016-588 du 3 août 2016 portant titres d'occupation du domaine public. L'un des visas de ce texte fait référence à la législation OHADA, en des termes particulièrement explicites : « Vu l'Acte uniforme de l'OHADA portant sur le droit de l'arbitrage… » Cette ordonnance dispose, en son article 56, que « Les litiges relatifs aux autorisations d'occupation temporaire constitutives de droit réel et aux baux emphytéotiques administratifs peuvent également être soumis à un tribunal arbitral dans les conditions prévues par l'Acte uniforme de l'OHADA relatif à l'arbitrage ».

On retrouve une disposition similaire dans les Codes des marchés publics en vigueur dans l'espace OHADA. Au Sénégal par exemple, l'article 139 du Code des marchés publics stipule que les litiges relatifs aux marchés publics « peuvent également être soumis à un tribunal arbitral dans les conditions prévues par l'Acte uniforme de l'OHADA relatif à l'arbitrage »[13]. Au Mali, l'article 124 du Code des marchés publics évoque également la possibilité pour les parties contractantes de recourir à l'arbitrage, conformément au droit OHADA[14]. Au Niger, l'article 173 du Code des marchés publics reprend ce principe et l'article 135 du Code ajoute qu'en matière de marché public, « La forme, la nature et les conditions de libération des garanties ainsi que les modalités de leur restitution sont fixées en conformité avec les dispositions du Traité OHADA et de l'Acte uniforme du 17 avril 1997 portant organisation des sûretés »[15]. Au fond, ceci dévoile l'impact du droit OHADA, sa primauté et son influence sur le droit public en vigueur dans les États membres, puisque les parties contractantes ont la possibilité de recourir à l'arbitrage pour résoudre les différends auxquels ils doivent faire face, et de déroger au principe du règlement des litiges administratifs par des juridictions

[12] KAGISYE (E), « Environnement juridique des affaires en Afrique : système juridique et judiciaire de l'OHADA », in [https://hal-auf.archives-ouvertes.fr/hal-01495642), 2017, p. 5.

[13] Voir décret n° 2014-1212 du 22 septembre 2014 portant Code des marchés publics, in *Journal officiel de la République du Sénégal*, 4 octobre 2014, n° 6812, pp. 1159-1201.

[14] Cf. décret n° 2015-0604/P-RM du 25 septembre 2015 portant Code des marchés publics et des délégations de service public, in *Journal officiel de la République du Mali*, pp. 1686-1718.

[15] Voir décret n° 2013-569/PRN/PM du 20 décembre 2013 portant Code des marchés publics et des délégations de service public, 46p.

administratives. L'OHADA et son droit deviennent ainsi le point de convergence des législations nationales, en rapport avec le droit public.

La pénétration du droit public par le droit OHADA est particulièrement visible en droit administratif. Analysant à ce sujet la situation particulière du Sénégal, Aziz Kébé a bien montré que l'exorbitance du droit administratif connaît un véritable déclin, sous l'effet et l'impulsion du droit OHADA. Il ajoute que l'envahissement du droit public par la législation OHADA touche même aux matières dites de souveraineté et concourt, manifestement, à la restriction du champ d'application du Droit administratif[16].

Ce constat est la conséquence de la nationalisation de la norme communautaire, de l'incorporation ou de l'intégration du droit OHADA au droit public applicable dans les États membres. Il traduit la volonté des États africains de décloisonner les disciplines juridiques et d'uniformiser le droit, dans un contexte de mondialisation économique et d'universalisation des principes et des règles. Il s'agit de donner naissance et de faire vivre, dans l'espace OHADA, un droit des affaires homogène, débarrassé autant que possible des spécificités du droit public des affaires.

Tout ceci rend compte, évidemment, d'une réalité bien vivace et souligne les transformations du droit public[17], au contact du droit OHADA. L'influence de la législation OHADA sur le droit public des États membres se justifie essentiellement par la combinaison de deux facteurs : l'espace et le temps. Dans un ouvrage consacré à la *Théorie générale du droit,* Jean-Louis Bergel explique, en effet, que le temps et l'espace orchestrent les transformations du droit, son développement et sa variabilité. Ils participent à l'évolution ou à la révolution du droit, donnant au phénomène juridique une certaine relativité[18]. Ainsi, le droit public des États-parties au Traité OHADA connaît des mutations liées à l'appartenance de ces États à l'espace OHADA et à la permanente adaptation, avec le temps, des législations nationales au droit OHADA.

Le droit public n'échappe pas à l'influence de la législation OHADA, parce que les matières du droit public sont quelquefois soumises au droit OHADA.

---

[16] KÉBÉ (A), « Le déclin de l'exorbitance du droit administratif sénégalais sous l'effet du droit communautaire », in [http://afrilex.u.bordeaux4.fr/sites/afrilex/IMG/pdf/Le_declin_de_l_exorbitance_du_droit_administratif_senegalais.pdf), 28p.

[17] Sur cette thématique, voir singulièrement DUGUIT (L), *Les transformations du droit public*, Paris, Librairie Armand Colin, 1913, 285p.

[18] BERGEL (J-L), *Théorie générale du droit*, Paris, Dalloz, 5e éd., 2012, pp. 124-150.

B. L'application du droit OHADA aux matières du droit public

L'application du droit privé aux matières régies par le droit public est devenue un phénomène universel, au point où l'on peut, aujourd'hui, poser la question de l'intérêt du droit public. En France, où l'influence du droit civil sur le droit administratif de la responsabilité a été remarquablement soulignée[19], un auteur s'est même inquiété de savoir si on a encore besoin du droit administratif[20].

Une telle question peut être renouvelée à propos de l'Afrique, avec l'influence du droit OHADA sur le droit public et l'application de la législation OHADA aux matières habituellement régies par le droit public. De nombreux exemples, tirés principalement du droit administratif ou du droit public des affaires, illustrent cette tendance[21]. On retiendra ceux qui touchent au service public, aux personnes publiques et au contrat administratif, auxquels il est classique d'appliquer le droit public ou le droit administratif.

D'abord, le service public : en tant qu'activité d'intérêt général, assurée ou assumée par une personne publique, selon la formulation élégante de René Chapus, il est généralement régi par le droit public[22]. Or, la montée en puissance de la législation OHADA et l'harmonisation du droit dans les États membres perturbent cette règle bien établie. Au Sénégal par exemple, Aziz Kébé souligne l'insertion des techniques du management privé dans les activités de service public et relève la forte pénétration du droit privé dans la réglementation des missions de service public, désormais soumises au droit de la concurrence, du fait de la libéralisation des secteurs monopolisés[23]. La soumission des services publics au droit de la concurrence dans l'espace OHADA se justifie par la volonté des États de réglementer les rapports et la rivalité entre les entreprises dans la conquête et la fidélisation de la clientèle ; elle devient donc nécessaire.

Ensuite, les personnes publiques : habituellement soumises au droit public, elles sont de plus en plus régies par la législation OHADA, au même titre que leurs actions. L'intégration des règles et des principes du droit OHADA et leur incorporation au droit public montrent véritablement l'influence du droit privé communautaire sur le droit public interne. Aziz Kébé estime même qu'il s'agit

---

[19] DEBOUY C., « Le droit français de la responsabilité administrative : métamorphose ou permanence ? », in *Cahiers Juridiques de l'Électricité et du Gaz*, octobre 1997, pp. 327-348, spéc. pp. 337 à 339.

[20] HERTZOG (R), « A-t-on encore besoin du droit administratif ? », in *Chemins d'Europe, Mélanges en l'honneur de Jean Paul Jacqué*, Paris, Dalloz, 2010, pp. 347-361.

[21] Pour une étude détaillée, voir KÉBÉ (A), « Le déclin de l'exorbitance du droit administratif sénégalais sous l'effet du droit communautaire », précité.

[22] CHAPUS (R), *Droit administratif général*, Tome 1, Paris, Montchrestien, 15e éd., 2001, p. 579.

[23] KÉBÉ A., « Le déclin de l'exorbitance du droit administratif sénégalais sous l'effet du droit communautaire », précité, spéc. pp. 6, 7 et 17.

là d'un phénomène de dépublicisation des règles applicables aux personnes publiques[24]. L'application du droit OHADA aux personnes publiques dépend essentiellement de la nature ou de l'objet des activités qu'elles exercent. Le critère retenu à cette fin est un critère matériel, fonctionnel, de commercialité, d'après lequel chaque fois que les personnes publiques se livrent à des activités commerciales ou économiques, elles sont régies dans l'espace OHADA par un droit des affaires harmonisé, indifférent au statut des personnes publiques et destiné à placer les entreprises publiques et privées sur un pied d'égalité[25]. La logique de la jurisprudence Bac d'Eloka[26] est reprise et systématisée par le droit OHADA, qui traite l'administration comme un simple particulier ou une entreprise privée, lorsqu'elle intervient dans le domaine des affaires. L'application de règles uniformes aux opérateurs publics et aux opérateurs privés devient alors une exigence liée au phénomène de désétatisation qui amplifie et justifie, par ailleurs, l'application du droit privé aux personnes publiques. Dans cette ambiance communautariste, le droit public ou le droit administratif est saisi par le droit OHADA, grâce notamment à la pénétration progressive de ce dernier dans les activités de l'Administration, à l'expansion du droit OHADA dans les matières réglementées traditionnellement par le droit public.

Enfin, le contrat administratif : régi, en principe, par le droit public, il est également soumis au droit privé. La législation OHADA s'applique aujourd'hui, en effet, aux relations contractuelles entre l'Administration et les personnes privées. Aziz Kébé reconnaît là une « pénétration croissante du droit privé dans le domaine des contrats administratifs »[27], prolongeant ainsi la pensée de Jean-Bernard Auby, pour qui le « droit contractuel administratif ne cesse de laisser apparaitre l'intrusion de questions, voire de modèles, appartenant au droit privé »[28]. On constate, effectivement, un remodelage du paysage administratif contractuel, traversé par des logiques nouvelles, une contractualisation des rapports entre l'Administration et les personnes privées dominée et influencée, en Afrique notamment, par la communautarisation du droit. L'avènement des contrats de partenariat public-privé illustre parfaitement cette évolution et exprime les nouvelles tendances du droit des contrats administratifs en Afrique, notamment à l'épreuve du droit OHADA. « Dans un contexte de pénurie des ressources financières et de massification de la demande sociale »[29], les personnes publiques n'hésitent plus à recourir à

---

[24] *Ibid.*, p. 7.

25 Voir à titre d'exemple certaines dispositions de la Loi n°17 /011 du 12 juillet 2017 portant statut des entreprises publiques au Cameroun.

[26] Tribunal des Conflits, 22 janvier 1921, Société commerciale de l'ouest africain, *Recueil Lebon*, p. 91.

[27] KÉBÉ (A), *op. cit.*, p. 19.

[28] AUBY (J-B), « La bataille de San Romano. Réflexions sur les évolutions récentes du droit administratif », *AJDA*, 20 novembre 2001, pp. 912-926, spéc. p. 917.

[29] KÉBÉ (A), *op. cit.*, p. 19

ce type de contrats permettant d'associer le secteur privé aux politiques publiques, en vue de satisfaire l'intérêt général.

L'influence du droit OHADA sur le droit public des États membres est si visible qu'elle emporte de sérieuses conséquences, d'une part sur le droit public, d'autre part sur l'office du juge de l'Administration.

S'agissant des conséquences de l'influence de la législation OHADA sur le droit public, l'on remarque que, par exemple, l'autonomie du droit administratif est affectée par l'intégration du droit privé communautaire au droit interne. Cette autonomie doit même être relativisée, du fait de l'amenuisement ou de la réduction du champ d'application du droit administratif, à l'épreuve du droit OHADA. Ceci pose, en arrière-plan, la question de l'avenir du droit administratif en Afrique, notamment dans l'espace OHADA, la question de son exorbitance, de son autonomie et de sa spécificité qui fait tant sa particularité. Aziz Kébé observe ainsi le déclin de l'exorbitance du droit administratif sénégalais, sous l'effet de la réglementation de l'OHADA[30], parce que l'application du droit privé à la Puissance publique traduit et exprime un recul des caractères traditionnels du droit administratif, à savoir son autonomie et son inégalité. La diminution progressive des règles exorbitantes et leur substitution corrélative par les règles de droit privé inclinent à penser que, quelque part, on va vers une privatisation du droit public.

S'agissant des conséquences de l'influence de la législation OHADA sur l'office du juge de l'Administration, on constate que la possibilité pour les personnes publiques de recourir au procédé de l'arbitrage, en tant que mode alternatif de règlement des litiges auxquels elles sont parties, montre à la fois la remise en question du privilège de juridiction reconnu à l'Administration et l'érosion du caractère exorbitant de l'office du juge de l'Administration concurrencé par un arbitre dont la sentence est obligatoire à l'égard des parties. L'Acte uniforme relatif à l'arbitrage, en indiquant dans son article 2, alinéa 2, que tout différend d'ordre contractuel peut être soumis à un tribunal arbitral, considère les personnes publiques qui y recourent comme des justiciables de droit commun[31], ayant renoncé à leur privilège de juridiction et à l'application d'un droit spécifique. Le droit applicable dans ce cas apparait comme un droit égalitaire et équitable, dans la mesure où le tribunal arbitral est appréhendé comme un gage de justice, d'équité et d'égalité entre les parties en litige ; valeurs que l'on ne retrouverait pas avec la justice administrative étatique, dessaisie en cas de recours à un arbitre[32]. L'arbitrage écarte et met de côté les règles dérogatoires de la procédure administrative contentieuse. La

---

[30] *Ibid.*, p. 16.
[31] AQUEREBURU (C.A), « L'État justiciable de droit commun dans le Traité de l'OHADA », *Penant*, n° 832, janvier-avril 2000, pp. 48-54.
[32] KÉBÉ (A), op. cit., p. 25.

consécration de cette voie de recours par les législations nationales montre bien l'influence du droit OHADA sur le droit public interne et l'adhésion des États membres à cette nouvelle manière de juger l'administration ou d'administrer la justice.

L'influence du droit OHADA sur le droit public est, par conséquent, incontestable. Mais, il est exagéré, voire erroné, de considérer cette influence comme l'expression de la privatisation du droit public. L'influence de la législation OHADA sur le droit public n'a pas une telle portée.

II. LA PRIVATISATION INTROUVABLE DU DROIT PUBLIC PAR LE DROIT OHADA

Le droit public est influencé par le droit OHADA, sans devenir pour autant un droit privatisé. Deux arguments corroborent cette idée : d'une part, le maintien de la distinction droit public-droit privé (A) ; d'autre part, la survivance des spécificités du droit public (B).

A. Le maintien de la distinction droit public-droit privé

La relation régulière entre la législation OHADA et le droit public n'a pas encore réussi à abolir la distinction droit public-droit privé et à supprimer les frontières érigées entre les deux branches du droit, dans les États-parties au Traité OHADA. Au contraire, par sa politique d'harmonisation des législations nationales, l'OHADA vient confirmer la distinction entre le droit public et le droit privé.

À la limite, on peut affirmer que la distinction rigide droit public-droit privé fait place, progressivement, à une distinction souple, du fait de la captation des principes, règles et théories du droit privé communautaire par le droit public interne.

Laurence Boy pense que la remise en cause de la distinction rigide droit public-droit privé doit être expliquée par le contexte économique particulier dans lequel se trouvent les États-parties au Traité OHADA. Elle observe en effet que « la mobilité des capitaux, liée au triomphe de la doctrine économique libérale et le recul de l'interventionnisme étatique » rendent inévitables l'ouverture des marchés et l'interaction des économies, dans la mesure où « les investissements reposent de plus en plus sur une collaboration entre capitaux publics et capitaux privés »[33]. Le Partenariat Public Privé et les contrats qu'il engendre illustrent bien la tendance nouvelle et soulignent l'idée qu'on assiste, aujourd'hui, à un décloisonnement des disciplines de droit public et de droit privé, à une érosion subtile des barrières qui les séparent. La

---

[33] Cf. BOY (L), « Les limites du formalisme du droit de l'OHADA à la sécurisation des entreprises », *Revue de l'ERSUMA*, 2012, 1 (1), pp. 46-58, spéc. pp. 54 et s.

complémentarité du droit public et du droit privé n'est plus contestée ; elle est devenue véritable[34].

Mais, ce constat ne suffit pas à considérer le droit public comme un droit privé bis ou comme un droit privatisé par le droit OHADA. On ne voit pas le droit public se métamorphoser en droit privé, se transformer, subir une quelconque mutation, au contact du droit OHADA. À l'image de la Guerre de Troie, il faut dire que, manifestement, la novation n'a pas eu lieu.

En effet, même quand les règles et principes du droit OHADA sont incorporés au droit public, même quand le droit OHADA régit les matières habituellement soumises au droit public, l'influence n'est que partielle ou relative, elle n'est pas absolue au point de faire disparaître le droit public. Les règles de droit public ne sont pas mises en vacances ; elles continuent d'être appliquées, même si elles sont concurrencées. Ainsi, le fait pour les parties à un contrat de droit public de recourir à l'arbitrage en cas de litige n'empêche pas le règlement du différend par des voies juridictionnelles propres au droit public et l'exercice par le juge de l'administration de sa compétence traditionnelle. Autrement dit, l'autonomie de la volonté guide la procédure arbitrale, sans congédier pour autant la procédure juridictionnelle classique ; l'arbitrage que prévoit le droit OHADA, que consacrent les législations nationales, n'étant finalement qu'un mode alternatif de règlement des litiges.

Il en résulte une cohabitation inéluctable entre le droit OHADA et le droit public interne, en particulier entre la législation OHADA et le droit administratif ou le droit public des affaires, applicable dans les États-parties[35]. Et cette cohabitation engendre, inévitablement, des influences réciproques, c'est-à-dire que le droit OHADA influence le droit public et le droit public influence, à son tour, le droit OHADA. À ce sujet, le Professeur Demba Sy explique, par exemple, que les techniques du management privé sont utilisées dans les activités de service public[36], et que, inversement, le juge communautaire ou de l'intégration, y compris celui de l'OHADA, emprunte au droit public les techniques du Contentieux administratif[37].

Au demeurant, le droit public, par sa résistance à la privatisation de ses règles, laisse intactes son autonomie et son identité. La Cour Commune de Justice et d'Arbitrage de l'OHADA l'a particulièrement reconnu, dans un arrêt du 7 juin 2012, *Société Africars contre SN PAD*, en jugeant que « le statut des baux commerciaux ne peut s'appliquer aux conventions ayant pour objet des biens dépendant du domaine public, même lorsque le bail est conclu entre

---

[34] TRUCHET (D)., *Le droit public*, Paris, Presses Universitaires de France, 3e éd., 2014, p. 25.
[35] KÉBÉ (A), *op. cit.*, p. 28.
[36] SY (D), « L'évolution du droit administratif sénégalais », *Revue internationale de droit africain EDJA*, octobre-novembre-décembre 2005, n° 67, p. 52.
[37] SY (D), « L'activité de la Cour de Justice de l'UEMOA », *Nouvelles Annales Africaines*, 2007, n° 1, pp. 236-238.

deux personnes privées »[38]. En d'autres termes, le domaine public, constitué de biens appartenant à une personne publique et affectés à une destination d'intérêt général, doit être régi essentiellement par le droit public et non par le droit commercial, droit privé par nature.

Sans doute, le droit public n'a cessé, au contact du droit OHADA, de se métamorphoser et de se renouveler. Mais, les habits neufs du droit public, que le droit OHADA laisse entrevoir, n'éclipsent pas l'autonomie qui le caractérise et qui fait sa particularité. L'autonomie du droit public confirme la distinction droit public/ droit privé et contredit, remarquablement, la thèse de la privatisation du droit public. Elle souligne, par ailleurs, la survivance des spécificités du droit public, preuve supplémentaire de la non-privatisation du droit public par le droit OHADA.

B. La survivance des spécificités du droit public

D'après Michel Virally, les révolutions juridiques ne sont jamais totales ; elles laissent subsister, au moins pour un temps, des normes, des mécanismes, des principes, caractéristiques de l'ordre juridique décapité[39]. Tout n'est pas balayé par l'ordre juridique nouveau ; les transformations se font dans le maintien et la conservation de l'existant, du moins de certains de ses éléments.

Appliquée à la relation que l'OHADA entretient avec le droit public, la théorie de l'auteur de *La Pensée juridique* trouve toute sa pertinence et toute sa justesse, dans la mesure où les spécificités du droit public ont été préservées, en dépit des bouleversements subis au contact du droit OHADA. Les répercussions et le retentissement de la législation OHADA sur le droit public ont laissé ainsi indemnes et intactes les particularités de celui-ci ; ce qui amène également à rejeter l'argument de la privatisation du droit public.

De manière générale, les différentes matières du droit public conservent leurs particularités. Il en va, notamment, des disciplines fondamentales comme le Droit administratif, le Droit constitutionnel et le Droit international public.

Le Droit administratif, droit de l'Administration, reste encore, dans l'espace OHADA, un droit exorbitant du droit commun et un droit inégalitaire au profit de l'Administration, même si l'avènement des contrats de partenariat public privé et la consécration de l'arbitrage sont appréhendés comme une manière d'équilibrer les rapports entre les personnes publiques et les personnes privées ou de rendre égalitaires les relations qu'elles entretiennent. Les prérogatives de puissance publique et les sujétions de puissance publique

[38] Cour Commune de Justice et d'Arbitrage, arrêt n° 045/2012 du 7 juin 2012, *Affaire Société Africars C/ SN PAD*, inédit.
[39] VIRALLY (M), *La pensée juridique*, Paris, Éd. Panthéon-Assas, Librairie Générale de Droit et de Jurisprudence, Coll. Les introuvables, 2010, p. 192.

auxquelles le Droit administratif donne droit, qu'il accorde à l'Administration ou auxquelles il la soumet, restent présentes dans les rapports entre la Puissance publique et les administrés.

Le Droit constitutionnel, droit de la Constitution, à travers lequel se réalise *« l'encadrement juridique des phénomènes politiques »*[40], ne subit pas véritablement l'influence du droit OHADA. Régissant, d'une part, les rapports entre gouvernants, d'autre part, entre gouvernants et gouvernés, le Droit constitutionnel comporte des règles, principes et mécanismes propres à son objet et étrangers au droit OHADA. Cela s'explique par le fait que le Droit constitutionnel ne se préoccupe pas, principalement, de réglementer des activités commerciales et économiques.

De même, le Droit international public, droit de la société internationale, qui régit les rapports entre sujets de droit international, à savoir les États et les Organisations Internationales, garde sa spécificité, sans subir fondamentalement l'influence de la législation OHADA, puisqu'il n'a pas pour objet principal d'encadrer le domaine des affaires auquel l'OHADA s'intéresse.

Il est évident que l'influence véritable du droit OHADA sur le droit public est exercée sur le droit administratif ou sur le droit public des affaires, encore appelé droit public économique. Le droit administratif ou le droit public des affaires ne représente pas tout le droit public ; autrement dit, le droit public ne se limite pas à ces deux disciplines. L'influence du droit OHADA sur une discipline du droit public ne saurait alors conduire à considérer que tout le droit public est devenu du droit privé ou même un droit en voie de privatisation. Encore qu'il s'agit d'une influence résiduelle du droit OHADA sur le droit administratif ou sur le droit public des affaires, qui ne supprime pas, définitivement, l'identité et les particularités de ces matières. Il ne s'agit pas, dans les deux cas, d'un droit privatisé. La législation OHADA, la jurisprudence et la doctrine confirment, significativement, cette argumentation.

En effet, le droit OHADA reconnaît l'autonomie et l'exorbitance du droit administratif, ainsi que la spécificité du droit public applicable dans l'espace OHADA. L'article 30, alinéa 1, de l'Acte Uniforme portant organisation des procédures simplifiées de recouvrement et des voies d'exécution, illustre cette tendance en énonçant que « L'exécution forcée et les mesures conservatoires ne sont pas applicables aux personnes qui bénéficient d'une immunité d'exécution ». Cette disposition signifie que les personnes publiques, soumises principalement au droit public, ne sont pas assujetties aux voies d'exécution de droit commun ; elle souligne l'impossibilité pour le créancier

---

[40] GICQUEL (J), GICQUEL (J-É), *Droit constitutionnel et institutions politiques*, Paris, Librairie Générale de Droit et de Jurisprudence, 27e éd., 2013, p. 19.

de faire usage de la force contre une personne publique débitrice. Le patrimoine des personnes publiques échappe ainsi à l'application des mesures d'exécution forcée et conservatoire ; leurs biens sont protégés par un régime dérogatoire au droit commun. Ceci traduit la spécificité des personnes publiques, des biens qu'elles possèdent et du droit public auquel ils sont soumis[41]. Au contraire, les personnes privées ne bénéficient pas de l'immunité d'exécution ; elles ne sont pas à l'abri des voies d'exécution forcée et des mesures conservatoires[42].

On s'aperçoit qu'en droit OHADA l'application des voies d'exécution de droit commun dépend de la nature publique ou privée de la personne concernée. Le critère organique est particulièrement déterminant en la matière, puisqu'on remarque que les personnes publiques sont privilégiées sur le fondement de ce critère.

La jurisprudence confirme l'idée de la singularité du droit public ; le juge OHADA et le juge interne sont unanimes à ce sujet. Dans un arrêt rendu le 19 juin 2009 par la Chambre administrative de la Cour suprême de Côte d'Ivoire, *Société GETMA-CI C/ SICPRO et Port Autonome d'Abidjan*, consécutif à un litige né entre personnes privées à propos d'un contrat portant occupation du domaine public, le juge ivoirien considère que la nature administrative du contrat querellé fait échec à l'application du droit commercial et rappelle la nécessité d'appliquer le droit administratif. Par ailleurs, la Chambre administrative fait observer que le contentieux né de l'exécution de ce contrat administratif– par détermination de la loi – ne relève pas de sa compétence, mais plutôt de celle de la Chambre judiciaire de la Cour suprême, en raison de la non-présence d'une personne publique au litige, appliquant ici le critère organique pour décliner sa compétence. La Chambre administrative, tout en déclinant sa compétence, déclare la Cour Commune de Justice et d'Arbitrage de l'OHADA incompétente pour connaître de cette affaire, *« au regard du caractère administratif du contrat portant occupation du domaine public au cœur du litige »*. Elle ajoute, dans sa décision, qu'en jugeant l'affaire, la Chambre judiciaire ne doit pas appliquer le droit privé, mais plutôt le droit public, dans la mesure où *« les législations relatives aux baux civils et commerciaux ne sont pas applicables aux occupations du domaine public »*[43]. On constate ainsi que la présence de personnes privées au litige ne fait pas échec à l'application du droit public, du fait du caractère administratif du

[41] Sur cette question, lire SAWADOGO (F.M), « L'immunité d'exécution des personnes morales de droit public dans l'espace OHADA », in *Revue camerounaise de l'arbitrage*, février 2010, numéro spécial (2), p. 136-159, spéc. pp. 148-150.
[42] SAWADOGO (F.M), « L'immunité d'exécution des personnes morales de droit public dans l'espace OHADA », précité, p. 151.
[43] Cf. Chambre administrative de la Cour suprême de Côte d'Ivoire, arrêt n° 49, 17 juin 2009, *Société GETMA C/ SICPRO et Port Autonome d'Abidjan*, in [http://www.consetat.ci/app/webroot/img/files/pdfs/arret_n49_du_17JUN2009.pdf).

contrat qui les oppose. Dès lors qu'il s'agit d'une matière administrative, y compris dans un système d'unités de juridictions comme celui de la Côte d'Ivoire, où le lien entre la compétence et le fond n'est pas établi, le droit public ou le droit administratif doit être appliqué par le juge compétent. Ceci souligne d'ailleurs la résistance du droit public au phénomène de l'uniformisation du droit dans l'espace OHADA et symbolise le caractère exorbitant du droit administratif, malgré les vagues déferlantes de la communautarisation du droit.

Dans un arrêt *Aziablévi Yovo et autres contre Société Togo Telecom*, rendu le 7 juillet 2005 par la Cour Commune de Justice et d'Arbitrage de l'OHADA, la particularité du droit public a été également reconnue[44]. La Haute juridiction de droit privé rappelle, en effet, que les personnes publiques bénéficient d'une immunité d'exécution qui les fait échapper au régime de droit commun applicable en matière de voies d'exécution. Même si elle ne fait que confirmer un principe déjà connu, cette décision a, néanmoins, la particularité de souligner l'exorbitance du droit administratif et la non-privatisation du droit public.

Aziz Kébé voit dans toutes ces manifestations une adaptation du droit public ou du droit administratif aux transformations de l'État, qui permet un renouvellement des concepts et des théories utilisés par les publicistes[45]. Le droit public se trouve ainsi revêtu de vêtements nouveaux.

CONCLUSION

Au terme de cette réflexion, un constat s'impose : l'OHADA et son droit influencent le droit public applicable dans les États-parties au Traité ; cependant, le droit public n'est pas devenu, au contact du droit OHADA, un droit privatisé. Il a pu préserver sa différence et sa particularité, dans un contexte nouveau de mondialisation et d'uniformisation des règles juridiques. L'avenir du droit public n'est donc pas compromis ; son autonomie reste intacte.

Aujourd'hui, plutôt que de parler de privatisation du droit public ou de publicisation du droit privé, l'accent est mis sur l'unité du droit, tant les influences réciproques entre le droit public et le droit privé[46] interpellent sur cette réalité.

---

[44] Cour Commune de Justice et d'Arbitrage, 1er Ch., n° 043/2005 du 7 juillet 2005, *Aziablévi Yovo et autres C/ Société Togo Telecom*, in [Juriscope.org. 2006).

[45] KÉBÉ (A), déjà cité, p. 28.

[46] Voir dans ce sens CHAPUS (R), *Responsabilité publique et responsabilité privée. Les influences réciproques des jurisprudences administrative et judiciaire*, Paris, Éditions La Mémoire du droit, Collection de la Faculté Jean Monnet, 2010, 584p ; WEIL (P), « À propos de l'application par les tribunaux judiciaires des règles du droit public, ou : Les surprises de la

Christian Debouy explique que « Le phénomène se constate déjà en France pour le droit substantiel avec les emprunts réciproques du droit civil et du droit administratif en matière de responsabilité et l'objectivation progressive qui s'opère dans les deux droits[47]. »

En Afrique, avec la montée en puissance du phénomène de la contractualisation, l'uniformisation du droit est également recherchée. Le droit communautaire contribue vigoureusement à la circulation de cette idée. En effet, la contribution du droit communautaire à l'unité du droit, à la suppression des frontières érigées entre le droit public et le droit privé, à la transversalité des règles, des théories et des concepts, est particulièrement significative sur le continent africain. Elle questionne sur l'intérêt même des catégories juridiques et sur la portée de l'autonomie de différentes disciplines juridiques, dans un contexte irréversible de mondialisation.

---

jurisprudence Giry », in *Recueil d'études en hommage à Charles Eisenmann*, Paris, Éditions Cujas, 1975, pp. 379 à 395.

[47] Voir DEBOUY (C), « Le droit français de la responsabilité administrative : métamorphose ou permanence ? », précité, p. 347 ; WALINE J., « L'évolution de la responsabilité extra-contractuelle des personnes publiques », *Études et Documents du Conseil d'État*, 1994, n° 46, p. 459 et suivantes, spéc. p. 476.

LES NORMES PROMOTIONNELLES DANS LES DISPOSITIFS CONSTITUTIONNELS EN AFRIQUE NOIRE FRANCOPHONE

Patrick Edgard ABANE ENGOLO

Agrégé des Facultés de droit
Professeur Titulaire
Directeur du Centre d'Études et de Recherches Constitutionnelles, Administratives et Financières (CERCAF)
Université de Yaoundé II (Cameroun)

INTRODUCTION

Le droit se distingue de la morale et de la religion. Ceci est un discours que l'on tient comme dogmatique et que l'on s'oblige à prononcer aux étudiants de première année dès le tout premier cours de droit. Ainsi, l'enseignant de droit constitutionnel, celui de droit civil et plus encore celui d'introduction au droit se donnent l'impératif catégorique de faire comprendre à l'étudiant de droit, que la prescription normative est socialement organisée, voulue, s'impose et n'est pas de l'ordre de la simple valeur.

Dans ce sens, l'une des figures les plus emblématiques de l'idée du droit comme commandement socialement organisé est, à ne pas se tromper, Hans Kelsen qui indique dans ce sens que : « *le droit est un ordre de contraintes* »[1].

Le maître de Vienne ajoute : « *lorsque la sanction est socialement organisée, le mal infligé à l'individu qui viole l'ordre consiste en une privation de la vie, de la santé, de la liberté ou des biens que l'individu possède* »[2]. D'après sa démonstration, norme juridique et contrainte organisée sont intimement liées et donc le droit est effectivement un ordre de contraintes.

Aujourd'hui, le positivisme kelsenien est certainement obligé de faire de sa mue ou simplement de se remettre en question au regard des évolutions pourtant prédictibles de la règle de droit. Que s'est-il passé pour qu'à un certain moment, on commence à parler de droit dur ? Certainement que les juristes eux-mêmes ont compris que les *negotiums* qu'ils fécondaient ou interprétaient étaient gorgés de normes contraignantes entourées d'autres

---

[1] KELSEN (H), *Théorie générale du droit et de l'État*, Paris, Bruylant - LDGJ, 1997, p. 70.
[2] *Ibid.*, p. 69.

normes qui ne le sont pas. Le droit, devenu dur, avait donc inéluctablement comme voisin le plus proche, un autre droit qui, lui, était qualifié de mou.

Le phénomène n'est pourtant pas nouveau. Même dans le droit administratif qui a la réputation d'être un champ disciplinaire où s'exerce la puissance administrative, on avait déjà introduit, et cela sans souvent s'en rendre compte, une dimension discursive dans les actes de l'administration en cherchant à les déchoir de leur normativité. Ainsi, notre dame de Kreisker, Mme Duvigneres, les circulaires et d'autres directives préparatoires, explicatives ou même descriptives d'actes juridiques devenaient équivoques. Ces derniers venaient complexifier des catégories juridiques admettant déjà des actes de gouvernement[3] qui sont certes des actes juridiques, mais alors des actes relativement voués à une injusticiabilité comme c'est le cas au Cameroun.

Revenons à Hans KELSEN. Ce positiviste de la première heure s'est largement appesanti sur l'ordre normatif dans sa généralité, et a magistralement explicité l'acte et le processus constitutionnel. Loin de s'ingérer dans le débat sur la Constitution comme norme hypothétique, il faut d'office admettre qu'elle est transcendantale, qu'elle est effectivement supérieure, et surtout qu'elle est normative[4]. Cette dernière qualité classe la

---

[3] C'est le cas de la décision de convoquer le corps électoral qui, au Cameroun, est l'expression du *« pouvoir gouvernemental »* du président de la République qui fait de lui le juge de l'opportunité de la compétition successorale. Au travers de cette décision importante, le chef de l'État mobilise le corps électoral entendu comme le *« collège des électeurs inscrits sur les listes électorales et exerçant leur droit de suffrage »*. Quoique la base constitutionnelle de cette compétence soit imprécise, le Code électoral qui en définit le régime juridique est indissociable du droit constitutionnel, et partant, de la Constitution. Il importe alors de préciser que d'après le Code électoral, *« le corps électoral est convoqué par décret du Président de la République »*. En règle générale, la prérogative de convoquer le corps électoral s'inscrit dans la compétence générale du chef de l'État d'assurer par son arbitrage le fonctionnement régulier des pouvoirs publics. Veiller au fonctionnement régulier des pouvoirs publics implique donc pour le président de la République *« la responsabilité de planifier un calendrier électoral en vue de garantir la continuité desdites institutions constitutionnelles »*, en ce sens qu'il *« demeure toujours l'épicentre des institutions auquel tout se réduit par moment ou en permanence. Il demeure le meneur de jeu qui initie les réformes et imprime sa marque au fonctionnement général des institutions (...) Qui ose contester cet état de fait ? Étant l'élu du peuple, le président de la République est bénéficiaire d'un statut privilégié qui en fait encore le pivot des institutions »*. Lire utilement : MADIOR FALL (I), « Quelques réserves sur l'élection du Président de la République au suffrage universel. Les tabous de la désignation démocratique des gouvernants », in *AC*, 2012/2, n°242, p. 112.

[4] La Constitution est aussi bien le miroir du juge constitutionnel que celui des normes qui lui sont inférieures. C'est le principe de constitutionnalité que doit défendre et sauvegarder le juge constitutionnel. En effet, pour Hans KELSEN, *« l'ordre juridique n'est pas un système de normes juridiques placées toutes au même rang, mais un édifice à plusieurs étages superposés, une pyramide ou hiérarchie formée d'un certain nombre d'étages ou couches de normes juridiques »*. Il propose ainsi une théorie de l'ordre juridique qui, non seulement, fonde et légitime en droit le contrôle de constitutionnalité, mais encore, en fait le cœur et même le garant de la validité de l'ensemble du système juridique. Lire dans ce sens : KELSEN (H), « La

Constitution, voire l'ensemble du bloc de constitutionnalité, dans le supposé *ordre de contraintes*. Il viendrait même difficilement à l'esprit des constitutionnalistes de déduire le caractère normatif de la Constitution. En fait, il est plutôt classique de dire que la Constitution est un instrument de limitation du pouvoir[5] et de protection des droits fondamentaux. D'ailleurs et en référence aux juristes allemands, l'État de droit institué par la Constitution *« soumet »* les dirigeants au *« droit »*[6]. Ceci signifie que la Constitution qui est le fondement normatif de l'État est un acte impératif. Bernard CHANTEBOUT relève même que les révolutionnaires du XVIIIe siècle concevaient la Constitution comme utile justement par sa force contraignante : « *Pour eux, la Constitution n'était pas seulement le moyen d'institutionnaliser le pouvoir, mais aussi, et surtout le moyen de le limiter* »[7].

Le phénomène constitutionnel est introduit en Afrique sous sa forme moderne à partir des indépendances. Avant ces dates, il ne peut être discuté que des actes constitutionnels traditionnels et coutumiers avaient fait leurs nids dans les sociétés précoloniales africaines. On peut y recenser les pratiques constitutionnelles dans l'accession aux trônes et même des déclarations juridiques visant à régir certains droits fondamentaux à l'exemple de la Charte de Mandeng de 1222.

Avec la fin de la colonisation, les ordres juridiques africains se sont donc formellement élaborés à partir des textes constitutionnels notamment. Ces documents, aux premières heures, s'apparentaient clairement aux Constitutions des anciennes puissances coloniales, et les Constitutions africaines, tout en se transformant dans le temps, se sont très peu différenciées

---

garantie juridictionnelle de la Constitution », in *RDP*, 1928, pp. 197-257 ; PASQUINO (P), « Gardien de la Constitution ou justice constitutionnelle ? Carl Schmitt et Hans Kelsen », in TROPER (M) et JAUME (L) (dir.), *1789 et l'invention de la Constitution*, Paris et Bruxelles, LGDJ et Bruylant, 1994, pp. 143-152.

[5] Le constitutionnalisme est employé pour désigner des idéaux et des techniques de limitation juridique du pouvoir. C'est ce qu'il est convenu d'appeler la *« juridicisation »* du pouvoir politique. Cette limitation ne s'est réalisée, à l'époque moderne qu'au moyen de la Constitution. C'est pourquoi les termes *« constitutionnalisme »* et *« Constitution »* seront utilisés pour désigner la même réalité. Le constitutionnalisme serait alors permanent et inhérent à toute société qui a une Constitution. C'est dans ce sens que Pierre-François GONIDEC relève que le constitutionnalisme a toujours existé en Afrique, car *« tout regroupement politique si rudimentaire que soit son organisation, a une constitution »*. Selon cet auteur, le constitutionnalisme serait permanent et inhérent aux sociétés politiques même si ses fonctions sont contingentes et variables selon les époques. Francis WODIE abonde dans le même sens lorsqu'il considère le constitutionnalisme dans sa signification immédiate, à savoir l'existence au sens formel d'une Constitution *« qui sert de support à la vie politique »*. V. GONIDEC (P-F), « Constitutionnalisme africain », in *RADIC*, mars-1996, t. 8, n°1, p. 12 ; WODIE (F), « Régimes militaires et constitutionnalisme en Afrique », in *Penant*, n°803, juin-septembre, 1990, p. 197

[6] CHANTEBOUT (B), *Droit constitutionnel*, 21e édition, Paris, Armand Colin, 2004, p. 23.

[7] *Idem.*

des régimes constitutionnels institués en Occident où se trouvent les anciennes puissances coloniales.

La Constitution, faut-il encore le dire, est l'acte fondateur de l'État. C'est l'acte juridique suprême qui tient sa force contraignante de lui-même, en vertu de ce que, le pouvoir constituant en fait la source de toute vie et de tout commerce juridique dans un État. Il est donc nécessaire de prime abord de classer la Constitution dans la catégorie des actes juridiques. Plus encore, dans cette catégorie même, un surclassement de la Constitution en fait l'acte premier qui est géniteur de tout le(s) droit(s) et des institutions.

Bien évidemment, la place et le respect de la Constitution proviennent de son obligatoriété. Dans ce sens, c'est un acte impératif obligatoire, contraignant ou plus simplement encore la Constitution est normative.

En termes de norme, le postulat est qu'il s'agit de la prescription d'une règle de conduite et aussi de l'impossibilité de ne pas si soumettre. La norme, traduit un ordre de sorte que le droit constitutionnel c'est-à-dire le droit émanant du bloc de constitutionnalité ne saurait être qu'un ordre de commandements.

Pourtant, on constate l'érection et la consolidation en dehors et dans le droit constitutionnel des règles qui paraissent dévêtues de normativité. Le droit dur a été influencé par le droit mou. Par la suite, on est passé du droit mou au droit souple ou *soft Law*. Cette dernière catégorie provient de : « *la multiplication d'instruments qui relèvent du droit, mais sont dépourvus de force contraignante* »[8]. La Constitution est donc pavée de *soft Law* en Occident et plus encore en Afrique. Elle comporte à titre d'illustration, des normes dites promotionnelles.

Dans la littérature, la promotion renvoie à la nomination, à l'accession à une dignité plus élevée. C'est aussi une opération en vue de faire connaître un produit par exemple pour stimuler la vente[9]. Retenons donc le postulat de l'élévation à la dignité, mais aussi, le besoin de vulgariser pour dire que la promotion dans le sens juridique consiste à faire des normes dans le cadre d'une campagne de reconnaissance, de vulgarisation et de *« dignification »* d'une règle ou d'un principe. La norme promotionnelle devrait donc être prise comme cette disposition qui, normalement est dépourvue de force contraignante, parce que sa véritable finalité est d'indiquer, de relever l'importance et la valeur et d'inciter à une conduite pour ses destinataires. Il est difficile de déclasser la norme promotionnelle de la norme juridique, car

---

[8] Lire les propos de Jacky RICHARD et Laurent CYTERMANN, « Le droit souple, quelle efficacité, quelle légitimité, quelle normativité ? », doc. Électro, consulté le 10/04/2020 à 15h00, le Conseil d'État dans son rapport 1991, « de la sécurité juridique » évoque que le droit mou maintient « l'hétérogénéité de l'appareil normatif du droit dur ».

[9] Cf. le Petit Larousse illustré, voir : promotion

la première est créée et constituée « par » ou « dans » la seconde et que la nuance ici résidera en l'absence ou quasi absence d'obligatoriété dans la norme promotionnelle. Un catalogue de ce type de normes existe dans les constitutions africaines.

Il convient alors d'établir un questionnement qui pourrait être formulé de la manière suivante : quelle représentation faut-il se faire de l'existence de normes promotionnelles dans les dispositifs constitutionnels en Afrique noire francophone ?

En termes d'échantillon, on pourrait prendre le Cameroun, la RDC, le Togo, le Benin, le Sénégal et la Côte d'Ivoire dans le cadre d'un *pick and choose* hasardeux, mais en sachant que ces États anciennement sous domination française ont un héritage constitutionnel commun, des niveaux de développement (ou de sous-développement) quasi semblables, ce qui fait que l'échantillon devrait être suffisamment représentatif. L'exploration de leurs textes constitutionnels laisse entrevoir une existence effective de normes promotionnelles. Norberto BOBBIO préférait déjà, plutôt évoquer la fonction promotionnelle du droit plutôt que de parler de norme promotionnelle[10].

En fait, les normes juridiques peuvent être des outils de promotion ; c'est la fonction promotionnelle. En même temps, cette fonction promotionnelle est le fait de certaines dispositions entièrement dépouillées des critères de la normativité d'une règle de droit, et que l'on qualifie ici de normes promotionnelles.

Si les constituants font des normes à caractère promotionnel, c'est que la Constitution dans les espaces étudiés n'est pas seulement un acte formateur d'obligations. La Constitution est aussi un instrument idéologique parce que c'est un acte politique. De ce fait, l'insertion de normes promotionnelles permet de déclarer dans leur complexité les aspirations fondamentales imposées ou suggérées du peuple, afin que nos actes constitutionnels revêtent de manière complémentaire à leur finalité normative des fonctions sociologiques, politiques et que la Constitution arbore une stature idéelle. L'addition de toutes ces finalités de l'acte constitutionnel lui confère sa complexité, sa nature instrumentale et surtout sa valeur de symbole. Plus encore, ces normes promotionnelles indiquent pour les ordres africains examinés, en premier lieu, une inadéquation contextuelle socioéconomique (I) et aussi en second lieu une valorisation de la société par des normes (II).

---

[10] BOBBIO (N) et SOLDINI (D), *De la structure à la fonction : nouveaux essais de théorie de droit*, Paris, Dalloz-Sirey, 2012, p. 36

I. UNE INADÉQUATION SOCIOÉCONOMIQUE DE LA CONSTITUTION

La Constitution sociale est l'âme d'un peuple. Elle concerne certainement le gouvernement, mais au premier chef, la Constitution sociale officie comme épée et bouclier pour les citoyens qui s'en trouvent entourés par une armure protectrice faite de droits et libertés essentiels. Les droits dont il est question sont civils, politiques, mais aussi socioéconomiques. Il convient de retenir que ces droits consacrés souffrent en Afrique noire francophone, d'un reflux social (A) d'une part et de ressacs économiques (B) d'autre part.

A. Le reflux social

La notion de reflux est présentée par le dictionnaire de la langue française comme un « *mouvement en arrière (...) qui succède à un mouvement en avant* »[11]. Le reflux social peut se traduire par l'évolution des droits de l'homme et le rapport entre droits fondamentaux et société.

- **L'évolution des droits de l'homme dans la société**

Une vue panoramique sur l'histoire nous permet de noter une évolution progressive des droits de l'homme. Chronologiquement, ils sont classés par génération. La première génération est celle de l'affranchissement du sujet pour devenir citoyen. On parle des droits civils et politiques. Ces droits dans la tradition française sont issus de la Déclaration des droits de l'homme et du citoyen[12]. La troisième République est le moment de la consécration juridique des droits dits sociaux ; c'est la deuxième génération.

Par la suite, la Constitution de 1946[13] dans son préambule, impulsée par l'obligation d'interventionnisme de l'État post Seconde guerre mondiale, va donner lieu à une troisième génération de ces droits sous le prisme des droits économiques. Enfin, les évolutions de la science et de la technologie autorisent aujourd'hui à revendiquer l'existence d'une quatrième génération de ces droits attachés à l'Homme. De même au fil des années, ces différents droits de l'homme ont impacté de quelque manière que ce soit la société dans laquelle ils ont évolué.

- **Le rapport entre droits fondamentaux et société**

En parlant du reflux social, il ne s'agit pas d'imaginer que par social, l'on mettrait en exergue les droits de deuxième génération seulement et peut-être ceux de première génération. À la vérité, ce qui est mis en avant dans cette réflexion est le rapport entre droits et sociétés. Tous ces droits qui sont passés

---

[11] Cf. Dictionnaire pratique de la langue française, Le Robert, p. 1431

[12] Cf. Déclaration des droits de l'homme et du citoyen de 1789

[13] V. La Constitution française du 27 octobre 1946

de droits de l'homme à droits fondamentaux sont-ils en tous lieux les mêmes ? Existe-t-il un homme ou plutôt des hommes ?

Il faut être plus enclin à admettre les divergences culturelles qui font que les besoins, les règles et les aspirations fondamentales d'un peuple à un autre peuvent diverger sur certains points. La vie, ou encore la dignité humaine peuvent être sacrées dans toutes les sociétés. Mais alors, leur expression juridique tout comme les dérogations à leurs règles protectrices vont varier selon les continents, selon les États et parfois même, au sein d'un État fédéral.

Il faut donc confesser un régionalisme évident des droits fondamentaux transporté par une Charte africaine des Droits de l'Homme et des Peuples de 1981[14]. Ce document institue une possible variation, car les droits consacrés dans les espaces juridiques africains peuvent être différents de ceux déployés en hexagone[15].

Dans le même sens, des droits pareillement consacrés en France et dans les États africains pourront avoir des expressions et conséquences juridiques différentes. Ces constatations proviennent des différences culturelles et sociologiques qui font que certains droits fondamentaux mis en place dans nos Constitutions, et déconnectés de nos contextes de vie seront davantage des discours, des normes à finalité promotionnelle.

Par exemple, dans le préambule de la Constitution camerounaise[16], il y est déclaré : « *l'État assure à tous les citoyens les conditions nécessaires à leur développement* ». Voilà bien une prescription fondamentale difficile à signifier. Pareillement, il y est disposé que tous les hommes sont égaux. Le droit à l'égalité est d'ailleurs consacré même implicitement dans l'ensemble des dispositifs constitutionnels examinés. Ce droit qui est une reprise de la Déclaration des droits de l'homme et du citoyen permet également de créer une égalité juridique entre l'homme et la femme[17]. Au Togo aussi, l'égalité homme-femme est constitutionnalisée et relève de la loi[18].

Adoptons une perspective réaliste et africaniste pour comprendre que ces énoncés sont de l'ordre du discours et du marketing pour nos États. Effectivement, il s'agit d'un affichage juridique pour plaire, car le droit à

[14] Il y est disposé dans le préambule que : « *Tenant compte des vertus de leurs traditions historiques et des valeurs de civilisation africaine qui doivent inspirer et caractériser leurs réflexions sur la conception des droits de l'homme et des peuples* ».
[15] *Idem.*
[16] Loi constitutionnelle n°96/06 du 18 janvier 1996.
[17] Loi constitutionnelle du Bénin, article 2 : « *l'homme et la femme sont égaux en droit, l'État protège la famille et particulièrement la mère et l'enfant. Il veille sur les handicapés et les personnes âgées* ».
[18] Voir l'article 11 de la Constitution de la République togolaise de 1992, révisé en 2002.

l'égalité des sexes est plus chimérique, qu'empirique en Afrique[19]. Le prisme de ce raisonnement est contextuel, on doit dire que l'Africain est un être très proche de sa culture et de la religion. En prenant le second pan, c'est-à-dire la religion, il apparait que les sociétés animistes prônent la polygamie ou encore sans l'interdire, elles reconnaissent plus de vertu et d'importance aux hommes qui ont pu avoir plusieurs enfants et plus d'une femme. Pire encore, les sociétés musulmanes inspirées du Coran recommandent et pratiquent la polygamie. On est surpris de constater que le mot polygamie est inexistant dans le lexique des termes juridiques. Ses rédacteurs ne sont pas des Africains. En fait, la polygamie, reconnue par nos droits est pour les occidentaux une ligne infranchissable. Dans la philosophie *« européenne »* des droits de l'homme, l'égalité en droit entre l'homme et la femme impose que tous étant des êtres humains, l'un d'eux n'est pas admis à jouir de prérogatives qui seraient interdites à l'autre. Aussi, l'interdiction de la polyandrie pour la femme doit conduire inéluctablement à l'interdiction de la polygamie pour l'homme.

À l'évidence, cette question est un point de différence culturelle, le fait étant que les constitutions en Afrique consacrent le droit à l'égalité, le droit à la liberté et laissent les législateurs en fixer les bornes.

Nos législateurs, en dehors de la rare exception béninoise, valident l'option pour la polygamie parce que certainement ce régime est conforme à nos sociétés, à notre démographie et à la place de vice-capitaine qu'occupent encore les femmes dans nos sociétés[20]. La démonstration peut aussi s'appuyer sur le déploiement de la liberté comme la liberté de la vie privée dont l'une des déclinaisons est la liberté sexuelle. Au nom de cette liberté fondamentale, l'homosexualité et même le droit de ces derniers d'adopter un enfant deviennent une règle en Europe. Il en va différemment en Afrique noire francophone, pour la simple raison que la greffe a du mal à prendre parce qu'une telle pratique ne colle pas à la tradition de nos sociétés et est même condamnée dans les cultes animistes, chrétiens et musulmans.

Ces facteurs parmi tant d'autres démontrent qu'en dehors de l'universalisme voulu, un régionalisme évident conduit à constater que dans la Constitution, certains droits fondamentaux clairement consacrés ne sont rien d'autre que des normes promotionnelles, des principes de convenance,

[19] Cet état de choses s'explique par le fait que c'est ce droit qui a du mal à être appliqué parce qu'il est inadapté au contexte africain.

[20] Il faut le rappeler que cette quête d'égalité à tout prix a amené le législateur français, dans le Code civil à introduire la notion d'*« autorité parentale »* au lieu d'utiliser *« autorité paternelle »* ou *« puissance paternelle »*. Ce glissement sémantique était recherché pour défendre les droits de l'enfant contre la grande puissance des parents ; et afin de ne pas conférer au père (paternel) un droit qui aurait été méconnu à la mère. Les Codes civils africains sont quasiment tous restés au stade de puissance paternelle.

pour afficher des règles juridiques pareilles à celle en vigueur ailleurs quoique ces règles soient parfois inadaptées.

B. Les ressacs économiques

La constitution est donc importante, mais nous ne devrons pas oublier que les droits qui y sont consacrés ont un coût économique[21]. La marque de l'aspect économique d'un droit fondamental vient de l'introduction de la notion de droit-créance et aussi par le fait que la jouissance de ces droits est conditionnée par des préalables interventions institutionnelles qui pourraient avoir un prix.

- **La notion de droit-créance**

L'idée de droits-créance trouve ses premières formulations sous la Révolution française. Les droits-créance sont une catégorie des droits sociaux. Selon la doctrine, le terme créance implique une prestation positive de l'État dont il est le débiteur. Ils impliquent une intervention active de l'État et de ses services publics. Ces droits-créance donneraient à leur détenteur la faculté d'exiger ou du moins de réclamer de l'État la fourniture d'une prestation. Ces droits sont également non revendables[22].

Ainsi et à titre d'illustration, nos déclarations des droits et autres préambules formulent le droit à un environnement sain et dans le même texte le droit au développement de nos sociétés. Aujourd'hui, il s'agit de protéger la couche d'ozone, de conserver les forêts, de préserver les animaux et végétaux en voie de disparition ou rares. Ces exigences d'ordre universel s'imposent aux États africains appelés à brider leurs volontés de développement par l'exploitation de leur ressource naturelle, alors même que les Occidentaux qui ont fait émettre ces directives environnementales ont pu parvenir à se développer dans le passé grâce à l'exploitation des mêmes ressources naturelles. L'une des conséquences de cette situation est qu'entre le droit à l'environnement et le droit au développement, les États africains vont faire la promotion des deux, mais le privilège sera toujours accordé au droit au développement.

- **Le coût de l'interventionnisme de l'État**

Le niveau de développement est porteur de l'effectivité de certains droits, notamment les plus récents et provenant d'une hypothétique 4e génération. Il en est ainsi des droits cybernétiques et du numérique. L'énergie étant volatile dans nos sociétés et le coût de cette énergie demeurant prohibitif, l'internet,

---

[21] Cela se justifie par le fait que la jouissance et la garantie de droits fondamentaux nécessitent une mise sur pied par l'État d'une logistique générant des dépenses.

[22] BLONDIO-MONDOLONI (V), *Finances publiques et droits fondamentaux. Essai sur les relations entre les finances publiques et les droits fondamentaux*, Thèse de doctorat en droit, Université d'Aix-Marseille, École doctorale Sciences juridiques et politiques, 2014, pp. 15-16.

les communications électroniques, voire les communications par voies radio-télédiffusées, les médias électroniques ou l'éducation par le numérique[23] sont encore à un stade embryonnaire. Ainsi, quoique la Constitution consacre les libertés et dans ce cas la liberté de communication, il convient de dire que la liberté de communication par voie électronique est loin de l'ordre du vécu ; puisque l'énergie électrique rare, et le coût pour des communications électroniques conduisent à la relative disponibilité de cette liberté pour les États africains et les usagers.

On peut aussi prendre l'exemple de la protection de la famille et la liberté de la vie privée qui impliquent un droit à la procréation. Ce droit peut nécessiter pour sa jouissance l'intervention des évolutions technologiques et scientifiques. Ce cas concerne la procréation médicalement assistée. Il doit être observé que son coût ne permet pas à tous les États africains de disposer de toutes les unités médicales susceptibles de concourir à la réalisation de ce droit. Dans les États où cela est rendu possible, seules des couches aisées, ou celles moins aisées au prix de sacrifices inestimables peuvent bénéficier de ce privilège. On pourrait également prendre le cas du droit à la santé qui, du point de vue économique, commande pour sa jouissance une prise en charge budgétaire immense. C'est pourquoi les constituants africains insistent sur la marge d'appréciation laissée au législateur pour la mise en œuvre des politiques sociales et sanitaires. Cette marge d'appréciation implique de fixer des priorités pour ce qui est de l'affectation des ressources limitées de l'État. Au fait des sollicitations dont est l'objet le régime de santé ainsi que des fonds disponibles pour répondre à ces demandes, le législateur est mieux placé pour procéder à cette évaluation. S'il est à l'évidence souhaitable que quiconque ait accès à une gamme complète de traitement médical, dont des techniques médicales et des médicaments, les États comptent malheureusement, faute de ressources, de nombreux individus qui ne peuvent en bénéficier.

À l'évidence, les droits fondamentaux proclamés dans nos Constitutions apparaissent donc comme des Janus pour plusieurs cas. Côté cour, ils expriment des aspirations, mais côté jardin, ils peuvent être inadaptés aux sociétés quand ils ne sont pas économiquement coûteux, de sorte que leur consécration est davantage faite en considération de ce qu'il s'agit de leur donner une vertu promotionnelle. De même, ces normes sont intégrées dans ce cadre parce qu'elles visent davantage la pure valorisation d'une société.

---

[23] Encore appelé e-learning, il renvoie à : *« l'utilisation des nouvelles technologies multimédias de l'internet pour améliorer la qualité de l'apprentissage en facilitant d'une part l'accès à des ressources et à des services d'autre part les échanges et la collaboration à distance »*. www.wikipedia.org du 17 avril 2020 à 20h06.

II. UNE VALORISATION DE LA SOCIÉTÉ PAR LA CONSTITUTION

En Afrique noire francophone, les constitutions sont toutes écrites et il faut remarquer qu'elles sont abondamment bavardes. Il suffit de regarder celle de la RDC qui comporte jusqu'à 229 articles ou encore celle tchadienne rédigée sur 232 articles, préambules exclus. En fait, cette abondance dans les dispositions est aussi une marque des normes promotionnelles dont certaines sont destinées à la valorisation philosophique des peuples (A). Encore que le caractère promotionnel provient aussi de l'exclusion de leur jouissance réelle formulée par le juge (B).

A. La valorisation philosophique des peuples

Au moins en théorie, les déclarations des droits, expressions d'une philosophie politique et exposés de principes se distinguent des règles de droit intégrées dans le corpus de la Constitution et ayant force de droit[24]. Les premières permettent de présenter la constitution non seulement comme un vecteur de l'histoire, mais aussi comme un reflet de la société.

- **La constitution comme vecteur de l'histoire de la société.**

Les Constitutions en Afrique sont très souvent rédigées dans un style ou le lyrisme éblouit et côtoie les prescriptions positives[25]. L'ancestrale tradition griotique a souvent laissé son héritage dans la connotation historique de certains préambules.

Par ces observations, il s'avère que les Constitutions examinées, et surtout les parties dédiées à la consécration des droits sont les véhicules d'une histoire, d'un processus de l'identité d'un peuple et donc de son âme. On pourrait bien se cacher derrière l'aspect polysémique de la Constitution[26]. Il faut adhérer à l'approche des professeurs De VILLIERS et le DIVELLEC qui indiquent que l'on enseigne la constitution normative en oubliant trop souvent que c'est aussi un acte qui fait la description d'un *« état de fait »*[27].

---

[24] MPUTU (J.P), *L'étude du caractère d'État de droit de la RDC : coquille vide ou réalité ?* Université de Kinshasa, Licence, 2011, in www.memoireonline.com, consulté le 18 avril 2020 à 6h54.

[25] Cet état des choses s'observe bien lorsqu'on compare les constitutions des espaces francophones africains à celles des autres États africains d'inspiration Common Law. Les premières sont moins longues, mais plus bavardes que les secondes. Cela s'illustre bien à travers l'article 7 de la Constitution du Togo qui oblige les partis politiques à respecter la Constitution comme s'il pouvait en être autrement.

[26] De VILLIERS (M) et Le DIVELLEC (A), *Dictionnaire de droit constitutionnel*, 7e édition, Paris, Sirey, 2009, p. 71

[27] Idem.

- **La constitution comme reflet de la société**

La Constitution doit et ne peut être que le reflet d'une organisation sociale. Il n'est pas vain de rappeler qu'elle est la représentation supérieure des aspirations des peuples.

Concernant les énoncés philosophiques, on pourrait regarder la totalité du préambule de la Constitution de la RDC qui évoque :

- le destin est l'histoire noble de la Nation ;
- la commune volonté de bâtir un État est une nation puissante et prospère ;
- le combat contre l'impunité et le népotisme ;
- la volonté *« de voir tous les États africains s'unir »* ;
- l'attachement à la promotion de la coopération internationale.

Ces énoncés font état d'un valoir qui ne saurait être revendiqué devant quelques juges et qui constitue l'envie d'émancipation de cette nation et de collaboration avec les autres États.

Prenons la Constitution béninoise qui fait siennes les données historiques. Son préambule affiche à ce sujet :

- son appellation primitive : le Dahomey ;
- la proclamation de la République et l'avènement de la souveraineté ;
- les dates de modification des dénominations de l'État, de même que les changements des régimes politiques ;
- la conférence des forces vives de la nation.

Plusieurs de ces constitutions contiennent ainsi au sein des préambules des allusions à l'histoire ou des référentielles philosophiques qui n'ont pas grand-chose à voir avec l'énonciation juridique. On pourrait citer ce bout de phrase de la Constitution béninoise « ... *la détermination du peuple béninois à rechercher dans son génie propre les valeurs des civilisations culturelle, philosophique et spirituelle qui animent les formes de son patrimoine* ». Il est donc bien facile, mais inexact d'affirmer et de confirmer la normativité exclusive du texte constitutionnel, dans la mesure où l'on y retrouve de petites histoires, des formes de récits et narrations ; et une formulation idéologique et idéelle de ce que les constituants ont voulu établir comme fonts baptismaux de l'État.

Il faut dire que la Constitution qui fonde l'État a elle-même des bases philosophiques qui sont les véritables fondements de l'État. Les bases philosophiques de l'État s'obtiennent implicitement à l'interprétation du mécanisme et de l'armature juridique fécondée par la Constitution et vouant un État au libéralisme, au communisme, ou au socialisme. Ces bases philosophiques sont ou peuvent aussi ressortir d'énoncés et de bouts de phrases qui, lâchés ci et là, en particulier dans les préambules, annoncent les aspirations, les inspirations, le possible rattachement au passé, mais aussi une vision.

Ces marques d'une philosophie en partage et données par le constituant conduiront l'office de rédaction de la Constitution normative, œuvre du même constituant. Plus encore, ces normes de valorisation fondent un discours promotionnel par l'exclusion de leur jouissance réelle.

B. L'exclusion de leur jouissance réelle

La perspective idéelle de certaines dispositions énoncées dans la Constitution amène à les qualifier de normes promotionnelles[28], raison étant que ce sont des normes qui affichent des options fondamentales, sans pour autant constituer des créances au bénéfice de leurs destinataires. Plusieurs arguments sont souvent avancés pour dénier aux normes promotionnelles toute *invocabilité*.

L'un de ces arguments est tiré de la nature de ces normes, il consiste à prétendre que celles-ci sont dépourvues de valeur contraignante. Ces normes seraient donc dénuées de toute créance. Il ne s'agirait donc pas de droits-créance, mais plutôt de normes philosophiques, ayant la même portée que les déclarations et résolutions. Leur objet reste pratiquement indéfini jusqu'à ce que le législateur ait procédé aux choix nécessaires, ce qui accuse encore le caractère virtuel et relatif de ces normes.

Il est bien de signaler qu'une certaine doctrine a abordé cette question sous l'angle exclusif des droits fondamentaux dont l'avenir serait la *soft Law*[29]. Cette dernière serait dénuée de toute créance.

- **Les normes promotionnelles comme relevant de la soft Law**

La *soft Law* ou *droit souple* est appréhendé comme étant « *l'ensemble des instruments normatifs dont la juridicité est incertaine et discutée, parce qu'ils ne sont ni juridiquement obligatoires (ils ne créent pas de droits et obligations, on parle de « droit mou »), ni juridiquement contraignants (ils ne sont pas assortis de sanctions juridiques, on parle de « droit doux »), mais qui*

---

[28] On pourrait renchérir cette allégation en critiquant l'article 2 de la Constitution du Bénin qui dans son alinéa 1 évoque que le Bénin est une République démocratique alors que l'alinéa 2 dispose que : « *son principe est le gouvernement du peuple par le peuple et pour le peuple* ». Il en va de même du Togo. On constate une inutile redite, car ces différents alinéas seconds ne viennent que dire ce qui a déjà été prescrit.

[29] AILINCAI (M), « La soft law est-elle l'avenir des droits fondamentaux ? », Communication faite à l'occasion du colloque sur *Le droit des libertés en question(s)*, *RDLF*, 2017, chron. n°20, pp. 1-26.

influent quand même sur le comportement de leurs destinataires »[30]. La démonstration est de dire que la *soft Law* est un mode d'expression de la fondamentalité des droits, et que la *soft Law* permet la sauvegarde, le développement et le soutien des droits fondamentaux.

- **Les normes promotionnelles comme normes dénuées de toute créance**

Les droits fondamentaux ne sont pas tous de l'ordre du réalisable ou plutôt du quérable. Il en est qui sont consacrés, mais qui ne peuvent être réclamés devant le juge, raison étant que ce sont des normes promotionnelles qui affichent des options fondamentales, sans pour autant constituer des créances au bénéfice de leurs destinataires. Cela peut être illustré par le droit au travail qui prend souvent la forme de droit à un emploi. Le juge constitutionnel français classe cette catégorie parmi les mesures d'ordre social[31] : « *Il s'agit d'un objectif, non d'une obligation de résultat, mais d'une obligation de moyen, qui impose au législateur d'adopter des politiques générales en faveur de l'emploi* »[32].

Le droit à un environnement sain, le droit à la santé parmi tant d'autres ont tous un caractère promotionnel dans nos États aux moyens modiques. Un État qui n'est pas encore développé ne peut matériellement pas donner un emploi ou loger tout le monde, alors même que les besoins primaires et élémentaires des populations cherchent encore solution. Dans cet ordre d'idées, ces droits consacrés seront plus des déclarations que des prescriptions normatives dont se revendiqueraient impérativement les différents destinataires.

Le droit au logement (décent) est également formulé dans nos déclarations des droits sous les apparences de droit fondamental. Le juge constitutionnel français qui en a été saisi quant à l'obligation qui en découle pour les autorités publiques a clairement fait valoir qu'il s'agit d'un objectif de valeur constitutionnelle[33].

Toutefois, il convient de signaler que la Commission africaine des droits de l'homme a rappelé « *qu'il n'y a pas de droit dans la Charte africaine que l'on ne puisse mettre en œuvre* ». Ainsi, saisie d'une réclamation concernant le Nigéria, la Commission a affirmé que *le caractère unique de la situation africaine et les qualités spéciales de la Charte africaine imposent une importante tâche à la Commission africaine.* Le droit international et les droits

---

[30] *Ibid.*, p. 2.

[31] BARBE (V), *L'essentiel du droit des libertés fondamentales*, 6e édition, Paris, Gualino, 2015, p. 98.

[32] Décision n°81, 134 DC du 5 janvier 1982.

[33] Décision du Conseil constitutionnel n° 94-359-DC du 19 janvier 1995 Loi relative à la diversité de l'habitat. Il est à noter que la loi du 5 mars 2007 consacre un droit au logement opposable, du moment qu'une Commission de Médiation a émis un avis favorable. Cf. BARBE (V), *op. cit.*, p. 97.

de l'homme doivent répondre aux circonstances africaines. En clair, les droits collectifs, environnementaux, économiques et sociaux sont des éléments essentiels des droits en Afrique. La Commission saisit cette occasion pour relever la violation de la Charte africaine commise par l'État nigérian.

L'exemple le mieux connu est offert par la jurisprudence sud-africaine, et notamment la désormais célèbre décision GROOTBOOM[34]. Cette affaire, relative à des habitants d'un township de la banlieue du Cap expulsés, a permis à la Cour constitutionnelle *« de concrétiser le droit au logement et le droit de l'enfant à un développement harmonieux, tous deux énoncés dans la Constitution arc-en-ciel, en imposant aux pouvoirs publics une obligation d'agir dans des situations graves »*[35].

La revendication de leur jouissance par les citoyens devant quelques juridictions que ce soit ne peut alors prospérer parce que les juges, connectés à leur milieu, sauf à être aveugles sont conscients de l'inaptitude de nos États à satisfaire les revendications des populations, à ce stade.

CONCLUSION

L'analyse des différentes Constitutions choisies comme échantillon de cette démonstration nous permet de faire le constat selon lequel, ces dernières sont bavardes et inflationnistes de leurs dispositions. On y retrouve des normes d'affichage et incitatives qui contribuent d'une certaine façon, et de manière significative à la sauvegarde et au développement des droits de l'homme[36] grâce à leur visée promotionnelle. Même si elles sont descriptives, incitatives et non contraignantes, elles ont le mérite de participer à une meilleure compréhension, application et garantie du droit dur de par leur vertu pédagogique[37]. Mais aussi, ce sont des normes qui promeuvent certaines valeurs des sociétés humaines.

---

[34] Cour constitutionnelle/ Afrique du Sud, *Government of the Republic of South Africa and Others v Grootboom and others*, 2001 (1) SA 46 [CC].

[35] ROMAN (D), « Les droits sociaux, entre « injusticiabilité » et « conditionnalité » : éléments pour une comparaison », *op. cit.*, p. 301.

[36]AILINCAI (M), *Soft Law et droits fondamentaux*, op.cit., p. 20

[37] *Idem.*

L'EXCEPTION À L'APPLICATION DES ACTES JURIDIQUES PROMULGUÉS DANS LES ÉTATS AFRICAINS

Pierre Lionel GUESSELE ISSEME

Agrégé de droit public
Maître de Conférences
Université de Yaoundé 2-FSJP (Cameroun)

INTRODUCTION

L'entrée en vigueur d'un acte juridique ne conduit pas automatiquement, en théorie générale, à son application effective. De l'« *expérience constitutionnelle très étendue* »[1] dans les États africains, il s'est avéré que la promulgation n'irrigue toujours pas « *la connaissance spécifiquement juridique* »[2] du texte. Il est alors projeté une réflexion sur l'exception à l'application des actes juridiques promulgués dans les États africains.

A priori, l'exception à l'application pourrait concerner tous les actes édictés par les autorités publiques habilitées à le faire. En se servant de la « *science de la législation* »[3], il est possible de dire que les prescriptions juridiques proviennent d'une diversité de foyers. Les sources formelles du droit s'établissent dans une logique non exclusive, mais plutôt inclusive, dans les États africains. La production législative et non législative n'est pas toujours encline à la prescription des comportements déterminés et à la tendance d'influer sur l'ordre juridique préétabli. Or, le dédoublement de nature est l'un des traits spécifiques des actes juridiques en droit. Les actes juridiques sont formellement des manifestations de volonté destinées à produire des effets de droit et à apporter des modifications sur l'ordonnancement juridique actuel ou projeté. En ce sens, l'on perçoit *« la manifestation de volonté qui déclenche, provoque ou réalise un ou des effets de droit »*[4]. Davantage, la modification de l'ordre juridique « *est tel qu'il*

---

[1] BARTHELEMY (J), *Précis de droit constitutionnel*, Paris, Librairie Dalloz, 1932, p. 3.
[2] KELSEN (H), *Théorie pure du droit*, 2e éd., traduction française de la « Reine Rechtslehre » par Charles EISENMANN Paris, Dalloz, 1962, p. 5.
[3] Voir MORAND (C.-A), « Éléments de légistique formelle et matérielle », *in* MORAND (C-A) (dir.), *Légistique formelle et matérielle*, Aix-en-Provence, PUAM, 1999, p. 33.
[4] EISENMANN (C), *Cours de droit administratif*, Tome 2, Paris, L.G.D.J, 1983, p. 345.

existe au moment qu'il se produit ou tel qu'il existera à un moment futur donné »[5]. En ce sens, l'implication qu'emporte cette définition est d'exclure des propositions au droit, des intentions de droit, des « *règles de mœurs* »[6] et une catégorie « *dont on n'a pas encore su déterminer la portée positive* »[7]. Les actes juridiques se définissent de manière objective en tant qu'actes prévus et institués par le droit. Ce faisant, l'exception d'application concerne les actes juridiques promulgués.

La promulgation atteste de l'existence de l'acte et prescrit aux destinataires de l'observer et de le faire observer. Cette déclinaison de la publicité en droit redore en principe le blason de la normativité du texte en « *la rendant ainsi exécutoire* »[8]. Ainsi, l'entrée en vigueur marque la période essentielle où l'acte juridique acquiert une force obligatoire envers ses destinataires. Cependant, de « *l'interprétation et la systématisation des normes juridiques valides* »[9], il est constaté une exception à la mise en œuvre des dispositions valides. L'irrigation de l'application de l'acte juridique supposée induite par la promulgation est ébranlée par le recueillement passif de son exécution. Victime d'une porosité de force normative, le droit positif érige la promulgation en une formalité peu contraignante à la mise en œuvre effective d'un texte en vigueur. En ce sens, la durée constitue un support non négligeable aux opérations juridiques.

Le temps insère les prescriptions juridiques dans un certain domaine. Source de modifications ou unité de mesure des forces conservatrices, le temps expose le dédoublement de la portée des actes juridiques. À travers la durée, il est introduit théoriquement les moyens de reconduction ou de rupture incessante dans l'ordonnancement juridique. Les manifestations de volonté de nature à modifier ou à affermir le droit préexistant dans les États africains clarifient le temps du droit. « *Les unes se situent dans le temps* »[10]. Les droits conférés par des actes administratifs non abrogés demeurent applicables dans le temps[11].

---

[5] DUGUIT (L) « Théorie générale de l'acte juridique », *RDP*, 1919, p. 320 ; *Traité de droit constitutionnel*, 3e éd., Paris, Ancienne librairie Pontemoing & Cie, éditeurs E. de Bocards, 1927, pp. 316 à 451.

[6] BERGEL (J.-L), *Théorie générale du droit*, 4e éd., Paris, Dalloz, 2003 p. 53.

[7] DUGUIT (L) *Traité de droit constitutionnel*, 2e éd., Paris, Ancienne librairie Pontemoing & Cie, éditeurs E. de Boccards, 1921, p. 2.

[8] AVRIL (P), GICQUEL (J), *Lexique de droit constitutionnel*, 4e éd., Paris, PUF, Que sais-je, 2016 p. 84.

[9] TROPER (M), « Entre science et dogmatique, la voie étroite de la neutralité », AMSELEK (P) (dir), *Théorie du droit et science*, PUF, Léviathan, 1994, p. 319.

[10] CARBONNIER (J), *Flexible droit. Pour une sociologie du droit sans rigueur*, 10e éd., Paris, L.G.D.J. 2001, p. 11.

[11] Voir arrêt n°235/CS/CA du 21 décembre 2012, *Roger Abinader c/ ministre de la construction, de l'urbanisme et de l'habitat* (Côte d'Ivoire).

La durée de l'application des actes juridiques a été ligotée par des moyens juridiques précis sous les tropiques. Les mécanismes institués par le droit positif oscillent entre l'accès du phénomène juridique à l'existence juridique spécifique et l'anéantissement de ses effets. Les phénomènes juridiques dans les États africains s'appliquent de l'entrée en vigueur jusqu'à leur abrogation tacite ou expresse. Ces derniers sont initialement inscrits dans une période où ils acquièrent la force obligatoire à l'égard de tous ceux qui y sont assujettis. L'entrée en vigueur du nouvel acte juridique renoue avec le principe de la non-rétroactivité consacré dans les systèmes juridiques contemporains. Ce principe interdit l'application du nouvel acte juridique aux situations juridiques, faits et actes posés antérieurement à son entrée en vigueur. La Cour africaine des droits de l'homme et des peuples y a apporté une certaine définition dans l'*affaire Ingabire Victoire Umuhoza c/ République du Rwanda* de 2017[12]. L'ouverture à la rétroactivité des actes juridiques a rigoureusement été précisée[13].

Toutefois par la théorie de l'effet immédiat, le nouvel acte juridique peut s'appliquer directement aux situations juridiques en cours. Il s'agit en l'espèce « *d'un régime intermédiaire et temporaire à la fois différent du régime ancien et du nouveau régime* »[14]. Par ailleurs, certains mécanismes interviennent pour mettre un terme à la force obligatoire des actes juridiques. Dans ce domaine, l'abrogation tacite ou expresse occupe une place non négligeable dans les systèmes juridiques africains. L'entrée en vigueur du nouveau texte peut établir une incompatibilité et une incapacité matérielles de cohabitation avec l'ancien texte. L'ancien texte ne sort pas entièrement de vigueur. « *Il ne pourra plus, désormais, être compris, apprécié, perçu comme avant cette intervention* »[15]. C'est à travers ce mécanisme qu'il est posé l'unité de mesure du droit différé.

L'unité de mesure des actes juridiques différés du droit positif se pose postérieurement à la production normative du texte. L'acquisition de la force obligatoire de l'acte juridique se pose au cas d'espèce comme un moyen non négligeable. L'application du droit dans le temps est certes une préoccupation classique, mais essentielle à la production des effets juridiques. Décrier la mise à l'écart d'une disposition entrée en vigueur antérieurement à sa publicité s'avère incongru. L'acte juridique doit sortir de son cadre de production pour produire son opposabilité et modifier la situation juridique des administrés.

---

[12] Requête n°003/2014 arrêt du 27 novembre 2017, *affaire Ingabire Victoire Umuhoza c/ République du Rwanda* (110e paragraphe) : « *Le principe de non-rétroactivité interdit l'application rétrospective d'une loi pénale à des actes commis avant l'adoption de cette loi lorsqu'elle rend délictuels des actes antérieurement licites ou impose une nouvelle peine aux actes délictuels existants* ».

[13] *Idem.*

[14] BERGEL (J.-L), *Théorie générale du droit*, 4e éd., *op.cit.*, p. 130.

[15] VIRALLY (M), *La pensée juridique*, Paris, L.G.D.J, 1960 p. 19.

Durant la phase de conception ou d'adoption de projets ou de propositions de textes, l'acte juridique en cause n'a pas encore accédé à l'existence juridique. Durant cette phase, l'acte en cause est en cours de mise à disposition du public. « *La conscience moderne exige que l'Administration agisse au grand jour* »[16]. En ce sens, il suffit que l'accès au droit soit effectif pour que l'on constate les dispositions non appliquées dans le droit africain.

La théorie de l'exception à l'application des actes juridiques promulgués se construit autour du cadre juridique mis en veilleuse dans l'ordonnancement juridique. L'activité normative du pouvoir législatif et du pouvoir réglementaire n'a pas été suivie dans sa portée. L'enclenchement de ce mécanisme établit clairement la consistance ou la modicité des dispositions demeurées au stade de simple écriture depuis leur accès aux citoyens. La prolifération de l'activité de « *transformation qualitative du contenu de la norme* »[17] peut être effritée par des mécanismes de neutralisation. Le droit effectif est saisi par des pratiques destinées à contenir sa portée au stade d'une simple écriture normative. La production du droit est dépourvue de manière échelonnée des mécanismes appropriés à son exécution dans les États africains. Or, il est un truisme d'affirmer que « *la norme juridique est faite pour régir le réel, pour se traduire dans les faits* »[18]. C'est ce que l'on constate sur l'historicité de la notion d'exception en droit public.

L'exception fait ses premières apparitions en droit privé puis est réceptionnée par le droit public. Originaire du droit romain, ce mécanisme institua la limitation du formalisme strict imposé par le droit civil. Sous la plume de Carré de Malberg, l'exception se présentait comme une technique procédurale destinée à atténuer la rigueur du formalisme du droit romain[19]. Instituant l'exception de défense, ce mécanisme posait la prise en compte de la bonne foi des parties au procès. Dans le temps, la nature initiale de l'exception va connaître une mue tant en texte exorbitant ou dérogatoire au droit commun que « *comme les lois établies contre la raison du droit ou encore comme des lois défavorables et odieuses* »[20]. Cependant, selon Savigny, l'exception ne devrait pas entièrement être assimilée au *jus singulare*

---

[16] HAURIOU (M), Note sur CE, 27 mars 1914, Affaire Laroche, in *Notes d'arrêts sur décisions du Conseil d'État et du Tribunal des Conflits publiées au Recueil Sirey de 1892 à 1928 par Maurice HAURIOU*, réunies et classées par André HAURIOU, Tome II, Paris, Éditions La mémoire du droit, 2000, p. 74.

[17] ALBERTINI (P), « La codification et le Parlement », *AJDA*, 1997, p. 662.

[18] RIVERO (J), « Sur l'effet dissuasif de la sanction juridique » In *Mélanges Pierre RAYNAUD*, Paris, Dalloz, Sirey, 1985, p. 675.

[19] CARRE de MALBERG (R), *Histoire de l'exception en droit romain et dans l'ancienne procédure française*, Paris, A. Rousseau, 1887, p. 11.

[20] LEBEAU (M), *De l'interprétation stricte des lois, essai de méthodologie*, t. 48, Paris, Defrénois, coll. Doctorat & Notariat, 2012, pp. 24-25.

c'est-à-dire au droit anormal[21]. En outre, l'histoire constitutionnelle de la France présente les aménagements de l'exception. Dès l'alinéa 4 du préambule de la constitution de 1791, il était posé l'idée de l'exception au droit commun de tous les Français. L'article 11 de ladite constitution introduisait des dérogations au formalisme de certains textes. L'article 9 de la constitution de 1795 établissait des dérogations aux propositions de loi. L'article 93 de la constitution de 1799 portait sur l'exception des lois relatives au statut des émigrés. L'article 8 de la loi constitutionnelle du 14 août 1830 réfutait la différence de traitement sur la propriété immobilière. Les articles 26 et 27 de la constitution de 1848 établissaient des exceptions de compatibilité entre le mandat politique et la fonction publique. L'article 20 de la constitution de 1852 établissait des exceptions à la soumission du domaine privé au Code de Napoléon. Le domaine de l'exception a commencé par s'élargir par la constitution de 1946 puis celle du 28 octobre 1958. La consécration des circonstances exceptionnelles et de l'état d'exception vient renchérir sans être exhaustive ce domaine. Durant cette période, le président de la République bénéficie des prérogatives exceptionnelles. Il s'agit à proprement parler de « *la condition de non-application du régime juridique normal* »[22]. Il s'agit non seulement d'écarter la règle applicable en raison des circonstances ou d'une finalité supérieure, mais encore de se soustraire aux rapports normaux entre gouvernants et gouvernés[23]. Ces explications rehaussent la pertinence de la réflexion projetée dans les États africains.

Le temps est un mécanisme de construction et de déconstruction des phénomènes juridiques. Les effets du droit n'ont pas vocation à s'appliquer de manière définitive et éternelle dans le commerce juridique. Le droit positif des États africains établit un cycle à l'enclenchement et à l'anéantissement des actes juridiques. L'application du droit dans le temps établit alors la localisation du phénomène juridique et la limitation de sa portée par une durée précise. En outre, les actes juridiques tout en relevant de la définition substantielle du droit se distinguent d'une diversité d'actes édictés par les autorités publiques. Ces derniers se présentent comme une manifestation de volonté destinée à produire des conséquences juridiques. Il s'agit alors des actes normateurs en ce sens que « *ce sont les modes d'édiction des normes juridiques, ou encore les opérations ou les procédures de création des normes juridiques* »[24]. Les actes juridiques fixent « *le seuil de normativité* »[25] destiné à modifier l'ordonnancement juridique actuel ou futur. Donnant suite à cette

---

[21] VON SAVIGNY (F.-C), *Traité de droit romain*, préface d'Hervé SYNVET, traduit par Ch. GUENOUX, Paris, L.G.D.J., Paris, Panthéon-Assas, « coll. Les Introuvables Droit privé », 2002, réédition de l'édition de 1840, Paris, Firmin Didot, pp. 281- 287.

[22] NIZARD (L), *La jurisprudence administrative des circonstances exceptionnelles et la légalité*, Paris, L.G.D.J., « coll. Bibliothèque de droit public », 1962, p. 6.

[23] SAINT-BONNET (F), *L'état d'exception*, Paris, PUF, coll. Léviathan, 2001, p. 1.

[24] EISENMANN (C), *Cours de droit administratif*, Tome 2, *op.cit.*, p. 351.

[25] WEIL (P), « Vers une normativité relative en droit international », *R.G.D.I.P,* 1982, p. 9.

idée, tous les actes pris par les autorités publiques n'ont vocation à l'être que s'ils remplissent les modalités sus-évoquées. La réflexion sur les actes juridiques ouvre la brèche à l'analyse de l'ordre juridique. Les normes sont organisées de manière pyramidale. Chaque norme tire sa validité de sa conformité à la norme qui lui est directement supérieure. En dépit du rapport de conformité, le rapport de production règle la validité de la norme inférieure par la norme directement supérieure. L'on perçoit toute la pertinence de dégager une certaine problématique.

Il est constaté dans le droit positif africain, une faible utilisation de la production normative. La prolifération des textes juridiques n'est pas relayée au niveau de leur mise en œuvre. Il est affirmé l'idée d'un décalage entre la consistance des textes édictés et la modicité de leur application. Quels sont les mécanismes empêchant l'application effective des actes juridiques régulièrement entrés en vigueur dans les États africains ? Une réponse axée sur la systématisation des mécanismes adéquats, éclairée par la méthode juridique articulée autour de l'interprétation des textes et du commentaire des décisions de justice, semble s'imposer. Il apparait clairement que l'application directe des actes juridiques est neutralisée par une dualité de mécanisme. Donnant suite à ces idées, se posent la désactivation de la normativité des actes consacrés (I) et la réactivation de la normativité des actes abrogés (II).

I. LA DÉSACTIVATION DE LA NORMATIVITÉ DES ACTES CONSACRÉS

La désactivation de la normativité des actes consacrés constitue le premier mécanisme d'empêchement de la mise en œuvre effective d'un texte en vigueur dans les États africains. « *Le critère de distinction entre la norme juridique et les autres types de normes* »[26] est neutralisé dans sa portée. L'extinction de la force exécutoire du mécanisme qui « *déclenche, provoque ou réalise un ou des effets de droit* »[27] prolonge l'idée sus-évoquée. Ces explications se déclinent respectivement en la suppression de l'applicabilité directe des actes (A) et en la suspension de la juridicité formelle des actes (B).

A. La suppression de l'applicabilité directe des actes

La suppression de l'applicabilité directe justifie l'exception à l'application des actes juridiques promulgués dans les États africains. Le cadre juridique ne consacre pas les mécanismes devant faciliter la mise en œuvre immédiate de la norme. En neutralisant l'application immédiate, la règle de droit qui *a priori* « *n'est pas destinée à demeurer une simple création d'esprit* »[28] voit sa mise

[26] MAGNON (X), *Théorie(s) du droit*, Paris, Ellipses, 2008, p. 68.
[27] EISENMANN (C), *Cours de droit administratif*, Tome 2, *op.cit.*, p. 345.
[28] TERRE (F), *Introduction générale au droit*, 6e éd., Paris, Dalloz, 2003, p. 378.

en œuvre différée. Dans ce sens, *« le nier, ce serait nier l'évidence »*[29]. Cette idée se justifie par la consolidation de l'absence des institutions normes annoncées (1) et l'illusion des institutions-personne annoncées (2).

1. La consolidation de l'absence des institutions normes annoncées

La suppression de l'applicabilité directe des actes résulte de la consolidation de l'absence des institutions normes annoncées. La technique utilisée pour assurer le prolongement de l'idée portée par la norme demeure absente de l'ordonnancement juridique. « *Cette technique est celle du renvoi à une norme extérieure* »[30]. Le défaut de « *présence des énoncés habilitants* »[31] converge de manière prosaïque vers cette logique. Donnant suite à ces explications, la consolidation de l'absence des institutions normes annoncées se relaye par la non-adoption des normes de renvoi. À celles-ci s'adjoint l'image de l'inachèvement de l'ordre juridique sous les tropiques.

La suppression de l'applicabilité directe des actes résulte de la non-adoption des normes de renvoi. L'éviction du prolongement du régime juridique des actes juridiques se pose par l'absence de renvoi tant à des normes internes ou externes à un texte. Le perfectionnement du formalisme d'un acte juridique devient impossible et ce dernier ne peut que se confiner dans son écriture initiale. Il n'est pas favorisé le développement matériel et la clarification formelle de la disposition consacrée par les sources formelles du droit. La consécration formelle demeure au stade d'une simple écriture en l'absence de ce mécanisme. Le formalisme desséchant constaté de manière échelonnée dans l'ordre juridique africain ne peut être atténué en l'absence des moyens qui complètent ou enrichissent la portée de l'acte. Au Cameroun, la révision constitutionnelle du 18 janvier 1996 a renvoyé à une loi ordinaire le soin d'aménager les modalités d'organisation et de fonctionnement de la Haute Cour de justice[32]. Jusqu'aujourd'hui, la norme de renvoi n'a jamais été adoptée par les sources formelles du droit y afférent. Il en est de même des lois de finances rectificatives consacrées par la loi de 2018 fixant le régime financier de l'État qui n'ont jamais été adoptées en pratique.

L'aménagement différé prolonge le régime juridique de la non-adoption des normes de renvoi dans les États africains. Le mutisme des mécanismes d'application immédiate du texte ne peut que conduire à leur mise en œuvre non immédiate. L'application immédiate des actes juridiques dans les États

---

[29] DUGUIT (L), *Traité de droit constitutionnel* 2e éd, *op.cit.*, p. viii

[30] ROBLOT TROIZIER (A), *Contrôle de constitutionnalité et normes visées par la constitution française. Recherches sur la constitutionnalité par renvoi*, Paris, Dalloz, « Nouvelle bibliothèque de thèse », vol 65, 2007, p. 1.

[31] TUSSEAU (G), *Les normes d'habilitation*, Paris, Dalloz, « Nouvelle bibliothèque de thèse », vol 60, 2006, p. 3.

[32] Article 53 alinéa 2 de la loi n°96-06 du 18 janvier 1996 portant révision de la Constitution du 02 juin 1972 du Cameroun.

africains est émasculée par une volonté dissimulée de la source du droit de rallonger continuellement ses effets de droit. Le temps de l'aménagement des actes juridiques relève de l'agenda des pouvoirs publics qui, suivant leur libre discrétion, les « *insèrent dans le droit positif et acquièrent validité* »[33]. Au rang des données profondes à l'existence spécifique des normes, figure « *la volonté ou les volontés concordantes de son ou de ses auteurs* »[34]. Au Cameroun, c'est en 2006 que la disposition constitutionnelle relative au régime juridique des tribunaux administratifs consacrée depuis 1996 a été finalement adoptée.

En comptant, il s'est clairement écoulé dix (10) ans entre la consécration constitutionnelle[35] et l'aménagement législatif dudit régime[36]. Davantage, il a fallu attendre le 10 juillet 2009 pour donner une assise législative au régime financier des collectivités territoriales décentralisées[37]. Or, celle-ci fut annoncée par le constituant de 1996 en son article 55 alinéa 5. Au Bénin, c'est en 2013 qu'il est procédé à la codification du droit électoral[38] réclamée depuis la conférence nationale souveraine de 1990. Au Maroc, la loi sur l'exploitation des carrières prévoit l'adoption par le Gouvernement de 19 textes réglementaires[39]. La loi bancaire entrée en vigueur prévoit pour l'application d'une bonne partie de ses dispositions, l'adoption par le Gouvernement de la banque centrale de plus de trente directives[40]. Au Sénégal, la Convention de Vienne du 23 mai 1969 sur le droit des traités, a été ratifiée le 11 avril 1986 et est entrée en vigueur le 11 mai 1986[41]. Au regard de ces illustrations, les États africains ne consacrent pas parfois le délai raisonnable nécessaire à la mise en application des actes juridiques.

L'éviction du délai raisonnable à l'application des actes juridiques est une réalité du droit positif des États africains. La consécration constitutionnelle ou infra constitutionnelle d'une disposition n'est généralement pas suivie de la définition d'une durée tolérable de non-application. La non-adoption des normes de renvoi ouvre la brèche non seulement à l'aménagement différé, mais aussi au mutisme du délai raisonnable à l'application effective d'un texte.

---

33 VIRALLY (M), *La pensée juridique op.cit.*, p. 149.

34 BERGEL (J.-L), *Théorie générale du droit*, 4e éd., *op.cit.*, p. 270.

35 Article 41 alinéa 2 de la loi n°96-06.

36 Article 1er de la loi N°2006/022 du 29 décembre 2006 fixant l'organisation et le fonctionnement des tribunaux administratifs du Cameroun.

37 Article 1er de la loi n°2009/011 du 10 juillet 2009 portant régime financier des collectivités territoriales décentralisées au Cameroun.

38 Article 1er de la loi n°2013-06 du 25 décembre 2013 portant Code électoral de la République du Bénin.

39 Voir Loi n°27-13 promulguée par le dahir n°1-15-66 du 21 chaabane 1436 (9 juin 2015) relative aux carrières.

40 Voir Dahir n°1-14-193 du 1er rabii I 1436 (24 décembre 2014) portant promulgation de la loi n°103-12 relative aux établissements de crédit et organismes assimilés.

41 Décision n° 1-C-2015 du 2 mars 2015, Affaire n° 1- C-2015, *Hissène Habré* (Sénégal).

« *L'oubli, menaçant et pourtant nécessaire* »[42] dégrade la portée du droit à appliquer dans les États africains. Donnant suite à ces idées, l'éviction du délai raisonnable se substitue à l'émergence du délai empirique et pragmatique sous les tropiques. Aucun État n'entend définir de commun accord les modalités d'application différée d'un acte juridique. Il s'agit de la suppression de l'applicabilité directe des actes consacrés résultant d'une lecture au cas par cas du cadre juridique y afférent. Dans ce cadre, il faut « *une compréhension de la nature profonde des règles à la lumière des principes qui le soutiennent* »[43]. En se référant à l'expérience africaine, l'application différée du texte s'illustre par des délais non seulement longs, mais également non précisés. La codification du droit électoral béninois intervient 23 ans après sa réclamation par le peuple et le régime financier des communes au Cameroun 19 ans après sa consécration constitutionnelle. L'on pourrait avancer l'idée de la reconduction de la conception classique du pouvoir de juger dans les États africains en dépit de certaines avancées constatées. Le juge se borne à dire le droit et à limiter au maximum ses prérogatives de pleine juridiction. Les instances contentieuses manquent de hardiesse à condamner les autorités publiques pour laxisme ou mutisme dans l'application des actes juridiques.

Or, en droit administratif de France, le Conseil d'État a procédé à une interprétation herméneutique de la disposition relative à l'exécution des lois. Dans *l'affaire, Association France nature environnement de 2000*, le Conseil d'État reconnaît que le pouvoir réglementaire comporte l'obligation de prendre dans un délai raisonnable pour l'adoption des mesures liées à l'application de la loi, hors le cas où le respect des engagements internationaux de la France y ferait obstacle[44]. L'inobservation du délai raisonnable pour l'application de la loi a donc fondé l'action en responsabilité administrative de l'État de France au profit de la requérante. Le Conseil d'État condamna ainsi l'État à payer à *l'association France nature environnement* une somme de 5000 francs au titre des frais exposés par elle et non compris dans les dépens. De manière prosaïque, « *le Gouvernement a l'obligation d'édicter les règlements d'exécution de la loi dans un délai raisonnable lorsque l'application de la loi le nécessite ou lorsque la loi elle-même le prévoit* »[45]. En dépit des avancées, la non-adoption des normes de renvoi entraine l'inachèvement de la lecture du texte.

---

[42] OST (F), *Le temps du droit*, éd. Odile Jacob, 1999, p. 129.

[43] FRYDMAN (B), HAARSCHER (G), *Philosophie du droit*, Paris, Dalloz, 1998 « Coll. Connaissance du droit » p. 59.

[44] Conseil d'État, SSR., 28 juillet 2000, *Association France nature environnement*, requête numéro 204024.

[45] DEFFIGIER (C), « L'obligation pour le gouvernement de prendre des règlements d'application dans la loi littoral (à propos de l'arrêt du Conseil d'État du 28 juillet 2000, Association France nature environnement), *RFDA*, 2003, p. 116.

La non-adoption des normes de renvoi entraine l'inachèvement de la lecture du texte dans les États africains. Le confinement de la volonté de l'un ou des auteurs du texte ne saurait avoir un dénouement certain en l'absence des mécanismes de renvoi. Il devient juridiquement difficile de parachever l'idée de l'auteur du texte. La généralité et l'ambiguïté du texte ne peuvent connaître un dénouement provenant d'un texte d'habilitation. Il devient un leurre de se référer aux dispositions en vigueur pour se fixer une idée de l'acte juridique en cause. L'accessibilité et l'intelligibilité du texte, principes de valeur constitutionnelle dégagés par le Conseil constitutionnel de France, sont clairement ébranlées. Le domaine juridique de l'acte juridique en cause demeure limité à l'intention manifeste de son auteur. C'est la disposition en cause qui complète ou précise elle-même sa portée sans nécessiter la contribution d'un renvoi. Autrement dit, l'éviction du renvoi, tout en empêchant le prolongement de l'idée d'un acte juridique, impose de se référer exclusivement au support du texte. Le juge constitutionnel a affermi cette théorie générale au sujet de la délimitation de la compétence matérielle du Conseil constitutionnel. Dans *l'affaire MM. El Hadji Sall, Mamadou Lamine Diallo et autres de 2018*, le juge constitutionnel se réfère exclusivement à la Constitution pour délimiter la compétence matérielle de la juridiction constitutionnelle[46].

La consolidation de l'absence des institutions-normes participe à l'éviction de l'application immédiate d'un acte juridique. La non-adoption des normes de renvoi contribue à l'inachèvement de la lecture du texte en cause. Cette situation se prolonge sur l'illusion de la présence des institutions-personnes annoncées.

2. L'illusion de la présence des institutions-personnes annoncées

L'illusion de la présence des institutions-personnes annoncées explique aussi l'idée de la suppression de l'applicabilité directe des actes consacrés dans les États africains. Les organes annoncés n'ont effectivement pas encore été créés. Le régime du fonctionnement transitoire se substitue au droit commun y afférent. La mise en place « *des mesures transitoires, c'est-à-dire un régime intermédiaire et temporaire à la fois* »[47] converge vers cette réalité. Ainsi, « *le silence est imposé souvent parce qu'il s'agit des points obscurs, enfouis sous le convenu* »[48]. Cette idée se décline en la non-création effective des organes annoncés. Il en est ainsi du dédoublement des organes existants,

[46] Décision n° 1-C-2018 du 9 mai 2018 affaire n° 1-C-18 *MM. El Hadji Sall, Mamadou Lamine Diallo et autres : « Considérant que la compétence du Conseil constitutionnel est strictement délimitée par la Constitution ; qu'elle n'est susceptible d'être précisée et complétée que par la Constitution ou par une loi organique qui lui est conforme »*. (Sénégal).
[47] BERGEL (J.-L), *Théorie générale du droit*, 4e éd., *op.cit.*, p. 130.
[48] De GAUDUSSON (J.-D), « Les tabous du constitutionnalisme en Afrique », in *Afrique contemporaine*, n°242 2012/2 p. 54.

de la négation de l'opposabilité et de la consécration progressive de l'entrée en vigueur des institutions.

La non-création effective des institutions et organes annoncés est une réalité dans le droit positif des États africains. La consécration formelle des organes n'est pas suivie d'une effectivité dans la pratique. L'existence juridique spécifique de l'institution-personne, demeure plus virtuelle que physique dans l'ordonnancement juridique des États africains. Il n'est nulle part déterminé le cadre spatial d'insertion de l'institution ou de l'organe en cause. Autrement dit, certains États africains n'ont pas encore parachevé leur processus institutionnel. Au Cameroun par exemple, la Haute cour de justice[49], institution fondamentale prévue par le constituant de 1996 n'a pas encore d'existence physique. Il est alors éludé « *la marque de simples aménagements techniques* »[50] en droit camerounais. En dépit de l'inexistence physique des institutions annoncées jadis s'illustre également le dédoublement des organes existants.

Le dédoublement des organes existants est une réalité dans les États africains. L'institution annoncée est mise en veilleuse par des dispositions transitoires. Le déploiement des mesures provisoires se répercute sur l'institutionnalisation d'un organe doté de prérogatives transitoires et non de transition. L'organe institué par le régime transitoire exerce non seulement une clause générale de compétence, mais également une clause spéciale de compétence en fonction des domaines. Cet organe a cette particularité d'exercer non les attributions de droit commun, mais également celles d'exception liées à la portée du régime transitoire. En droit camerounais, préalablement à la promulgation des trois décrets sur le Conseil constitutionnel du 07 février 2018[51], c'est la Cour suprême qui statuait à titre transitoire sur le contentieux constitutionnel. Il va sans dire que depuis le renouveau constitutionnel, c'est la plus haute juridiction de l'État en matière judiciaire, administrative et des comptes, qui statuait comme juge du contentieux électoral. De 1992 à 2018, c'est cette instance qui connaissait du contentieux constitutionnel. La Cour suprême était juge du contentieux de l'inscription sur la liste électorale[52], du contentieux de la recevabilité de la demande en annulation des élections[53] et de la prescription des délais

---

[49] Article 54 de la loi n°96-06.

[50] BOURGI (A), « L'évolution du constitutionnalisme en Afrique : du formalisme à l'effectivité » *Revue Française de Droit Constitutionnel* 2002/4 - n° 52, p. 724.

[51] Voir Décret N° 2018 /104 du 07 février 2018 portant organisation et fonctionnement du Secrétariat général du Conseil Constitutionnel, Décret n°2018/105 du 07 février 2018 portant nomination des Membres du Conseil Constitutionnel ; Décret n°2018/106 du 07 février 2018 portant nomination du Président du Conseil Constitutionnel.

[52] Arrêt n°121/TE du 25 novembre 1960, affaire n°154/TE *Sieur Mvog Ottié Pierre.*

[53] Arrêt n°16/CE/96-97 du 14 mai 1997, M. *Célestin Bedzigui*, Vice-Président du comité central de l'UNDP du département de Mayo-Rey à Tcholiré c/ État du Cameroun.

contentieux[54]. Cette institution statua également sur le contentieux de l'élection présidentielle de 2011[55], des élections sénatoriales de 2013 et de 2018. Mais le contentieux de l'élection présidentielle du 7 octobre 2018 enregistra pour la première fois dans l'histoire constitutionnelle camerounaise, l'expérimentation de la juridiction constitutionnelle spécialisée.

De même, de 1996 à 2013, l'Assemblée nationale du Cameroun assurait ses fonctions ainsi que celles du Sénat. Or, en droit nigérian, le constituant avait prescrit un délai à l'adoption des lois organiques et d'application prévues par la Constitution. Celles-ci devraient être adoptées dans les deux premières années de la première législature[56]. En Égypte, l'entrée en vigueur de la nouvelle constitution a simplement conduit au transfert des personnels en service au Conseil consultatif vers la Chambre des représentants[57]. Les mesures transitoires introduisent un réajustement de la procédure d'exécution du budget au Congo Brazzaville. Le ministre ayant le budget dans ses attributions ou son délégué, liquide par un visa préalable toute dépense engagée et jugée régulière. Tandis que le ministre ayant les finances dans ses attributions ou son délégué en assure l'ordonnancement[58]. C'est tout le sens de la consécration progressive des institutions.

La consécration de l'entrée en vigueur progressive des actes adoptés contribue également à l'aménagement différé des règles juridiques. S'écartant d'une approche radicale dans le processus institutionnel, les États africains choisissent une démarche modérée. Le parachèvement du processus institutionnel prévu par la loi fondamentale se fera non pas d'un seul coup, mais de manière discontinue. La tendance est « *de trouver les voies et les moyens d'introduire de véritables changements* »[59] dans la dynamique institutionnelle des États africains. Le constituant camerounais de 1996 dispose clairement que les institutions seront mises en place progressivement[60]. Au Bénin, il a fallu attendre près d'un (1) an pour assister à l'institutionnalisation de la commission béninoise des droits de l'homme le 30 mars 1990. Or, le cadre prévoyait sa mise en œuvre trente jours après la promulgation de la loi du 12 mai 1989. En Mauritanie, le pouvoir doit être exercé de manière transitoire conformément aux dispositions de la Charte

---

[54] Arrêt n°13/CE/96-97 du 14 mai 1997, *Mr. Kala Victor*, Mandataire du parti UFDC dans le Kong-Khi c/ État du Cameroun.
[55] Décision n°18/CEP du 20 septembre 2011, *Assigana Tsimi Moise* candidat du Mouvement Républicain (MOREP) c/ ELECAM.
[56] Article 184 de la Constitution du 25 novembre 2010 de la République du Niger.
[57] Article 245 de la Constitution d'Égypte.
[58] Article 46 de la loi de finances n°18/025 du 13 décembre 2018 de l'exercice 2019 (Congo Brazzaville).
[59] BOURGI (A), « L'évolution du constitutionnalisme en Afrique : du formalisme à l'effectivité » *op.cit.*, p. 724.
[60] Article 67 alinéa 1 de la loi n°96-06 du 18 janvier 1996.

constitutionnelle du Comité militaire de Salut National du 9 février 1985[61]. Au Maroc, le Conseil constitutionnel continue de fonctionner jusqu'à l'installation de la Cour constitutionnelle[62]. En France, on a le phénomène des lois d'expérimentation qui témoigne à suffisance de l'entrée en vigueur progressive et prudente prévue pour certains actes. Le cas du vote et de la promulgation de la première partie de la loi de finances suite au retard du travail parlementaire illustre de manière exhaustive ce régime. Il y *a a priori* suspension de la juridicité formelle des actes.

B. La suspension de la juridicité formelle des actes

La suspension de la juridicité formelle des actes contribue à l'idée de la suppression de l'applicabilité directe de ceux-ci dans les États africains. L'élément qui fonde le caractère juridique de la manifestation de volonté a été interrompu. « *La norme peut valoir alors que cet acte de volonté n'existe pas* »[63]. Dans ce sens, l'acte « *perd le caractère central pour n'être qu'une simple catégorie particulière de norme* »[64]. Dans ce cadre, la suspension de la juridicité formelle des actes s'articule autour de la dépossession provisoire de la portée juridique normale des actes (1) et de l'introduction circonstanciée des actes de crise (2).

1. La dépossession provisoire de la portée juridique normale des actes

Les actes juridiques sont provisoirement dépossédés de la portée juridique. Le caractère prescriptif de la manifestation juridique de volonté a été suspendu par les circonstances. Le « *caractère de ce qui est placé sous l'empire du droit, par opposition aux normes de la vie sociale* »[65] semble avoir été mis en veilleuse dans les États africains. Par la neutralisation de l'idée de norme, ces actes juridiques « *n'acquièrent pas de valeur juridique proprement dite* »[66]. La dépossession provisoire de la portée normale des actes converge vers l'interruption du caractère prescriptif, de l'inertie des effets juridiques et par la paralysie de ceux-ci.

L'interruption du caractère prescriptif justifie la dépossession provisoire de la portée juridique normale des actes. La juridicité est en principe le principe axiologique de production d'instruction ayant vocation à constituer

---

[61] Article 103 de la Constitution du 20 juillet 1991 de la République de Mauritanie.

[62] Article 177 du Dahir n°1-11-91 du 27 chaabane 1432 (29 juillet 2011) portant promulgation du texte de la Constitution du Maroc.

[63] KELSEN (H), *Théorie pure du droit op.cit.*, p. 14.

[64] MAGNON (X), *Théorie (s) du droit op.cit.*, p. 29.

[65] GUINCHARD (S), DEBARD (Th), (dir.), *Lexique des termes juridiques*, 25e éd., Paris, Dalloz, 2017-2018, p. 1096.

[66] De MALBERG (C.-R), *Contribution à la théorie générale de l'État*, Paris, Dalloz, « collection bibliothèque Dalloz » Reed., 2003, p. 236.

des modèles. Ce mécanisme emporte la conséquence que ces actes doivent être « *obligatoirement réalisés* »[67]. Il est de principe que toute prescription juridique est spécifiée par un commandement et une sanction. La portée de l'acte est de prescrire ou d'interdire certains comportements en créant des obligations ou en conférant des droits. De la systématisation de ce préalable, se construisent les ordres prescriptifs et les ordres négatifs. En outre, le commandement de la norme repose sur des prescriptions impératives et des prescriptions supplétives auxquelles des dérogations exceptionnelles peuvent être accordées à l'accomplissement de l'acte. L'acte juridique, tout en constituant une manifestation juridique de volonté, se distingue de la diversité des actes sociaux. Or, par l'irruption de la prescription d'un texte, sa normativité est contenue et réduite à sa portée congrue. Par la suspension du caractère prescriptif des actes juridiques, le droit les rapproche de la catégorie des actes sus-évoqués. Durant la situation provisoire, il y a une requalification conceptuelle de l'acte juridique.

La suspension du caractère prescriptif entraine la requalification conceptuelle de l'acte juridique. Durant la période transitoire, il est devient incongru d'attribuer la qualification de norme aux actes édictés. Il en est ainsi simplement parce que selon la théorie de la normativité construite par Hans Kelsen, la norme « *est la signification d'un acte par lequel une conduite est prescrite, ou permise et en particulier habilitée* »[68]. La mise en veilleuse de la prescription ampute à l'acte en cause les éléments identitaires de la norme. Il est amputé une composante essentielle à la formulation du droit dans les États africains. Il y a là de manière mitigée la reconversion de l'acte juridique posé. D'où l'inertie de leurs effets juridiques.

La suspension de la juridicité formelle des actes entraine l'inertie des effets juridiques de ceux-ci. L'irruption des circonstances spécifiques dans le droit, générant l'interruption du caractère prescriptif, s'est répercutée sur l'émasculation des effets juridiques. Le principe admet sans équivoque que l'acte juridique emporte des conséquences sur l'ordonnancement juridique. La manifestation juridique de volonté modifie les situations juridiques préétablies de ceux qui lui sont assujettis. Les prescriptions que les actes juridiques projettent sont destinées à ordonner des relations juridiques et à imposer des comportements déterminés. « *La conformité du sein au sollen tel qu'elle l'a formulé n'est pas facultative* »[69]. Or, au cas d'espèce, l'acte juridique est dépossédé des mécanismes lui permettant d'influencer sur l'ordonnancement juridique. La manifestation juridique de volonté est suspendue de la faculté d'établir une règle juridique, de modifier une situation juridique et de créer un

---

67 PERRIN (J.-F), *Pour une théorie de la connaissance juridique*, Genève, Éd., Droz, 1979, p. 25 et s.

68 KELSEN (H), *Théorie pure du droit op.cit.*, p. 7.

69 RIVERO (J), « Sur l'effet dissuasif de la sanction juridique » *op.cit.*, p. 675.

droit. La canalisation de l'ordre juridique devient un défi et non un acquis des actes juridiques jadis rangés dans leur prérogative. Il devient un leurre de la part de l'acte juridique en cause « *de produire une conséquence juridique* »[70]. Ces éléments se justifient par la neutralisation de la portée juridique de l'acte en cause.

La neutralisation de la juridicité formelle de l'acte se conçoit dans les États africains. Le retranchement du caractère prescriptif et l'émasculation des effets juridiques rendent sans portée juridique les actes dans l'ordonnancement juridique. L'amputation du commandement et l'effritement des implications juridiques des actes conduisent à l'émergence de l'inertie de la norme. La force de la manifestation juridique de volonté est diminuée considérablement, et ce de manière échelonnée. Par la neutralisation de la juridicité formelle des actes, il est battu en brèche la spécificité des règles juridiques au sein du droit positif. Les actes juridiques se confondent ou se réduisent à cet ensemble formel de règles qui ne sont que l'expression à un moment donné dans une société donnée. S'il s'est établi une distinction entre le droit, la morale et les autres règles sociales, l'occasion est donnée de les rapprocher. Dans ce sens, des points de convergences vont s'établir « (...) *jusqu'à ce que le résultat recherché ou un résultat équivalent ait été atteint* »[71]. Durant les circonstances exceptionnelles ou de crise, il est limité la portée de certains actes juridiques, au point d'être ravalés au rang de règles juridiques sociales. L'on perçoit tout le sens de la paralysie des actes juridiques par le fait de la suspension de leur juridicité formelle dans les États africains.

Dépourvu du caractère prescriptif, neutralisé dans la production des effets juridiques, l'acte juridique entre inéluctablement dans une phase de paralysie formelle dans les États africains. Les éléments juridiques devant concourir à l'affirmation de son caractère normatif ont été émasculés par l'irruption des circonstances exceptionnelles ou de crise. La manifestation juridique de volonté est dépourvue de la force de production, de provocation ou de réalisation des effets de droit. Comme il a été indiqué précédemment, la requalification conceptuelle de l'acte en cause est digne de pertinence. Il n'est pas aisé de qualifier juridiquement cette catégorie qui ne verse ni dans le régime des prescriptions morales ni dans celui du quotidien. Ainsi au-delà de la diversité du contenu possible des prescriptions juridiques et des différentes origines dont elles procèdent, l'on peut dégager deux tendances. Sur ce point, « *il faut distinguer les règles générales et les prescriptions particulières* »[72].

---

[70] CORNU (G), Association Henri Capitant, *Vocabulaire juridique*, 9e éd., Paris, PUF, Quadrige, 2011, p. 19.
[71] VIRALLY (M), *La pensée juridique op.cit.*, p. 69.
[72] BERGEL (J.-L), *Théorie générale du droit*, 4e éd., *op.cit.*, p. 48.

Le droit positif des États africains produit, au gré des situations prévues ou non prévues par le droit, des prescriptions particulières.

La prescription rattachée à l'acte juridique ne peut y être détachée de son sens commun dans les États africains. Si cette dernière fonde la spécificité de l'acte juridique par rapport à la diversité des règles sociales, il faut bien admettre qu'elle est susceptible d'une lecture localisée. La conception généralisée de la prescription perd de sa portée face à une réflexion localisée sous les tropiques. La neutralisation des effets juridiques, l'inertie de la valeur juridique n'entrainent pas l'évanescence de la normativité de l'acte juridique en cause. Ces mécanismes concourent simplement à l'émergence d'une prescription particulière vacillant au gré des circonstances prévues ou non prévues par le droit positif africain. Il est par conséquent important de retenir que la production juridique dans les États africains peut se départir de la conception généralisée des composantes des normes juridiques. S'y référer impose d'« *avoir une vision complète et juste de ce qu'est le droit positif* »[73] africain. C'est par cette précision que le droit en vigueur changera de perspective. Ce dernier s'inscrira dans une dynamique jusnaturaliste consistant à s'enfermer dans un certain idéalisme.

La description de l'état du droit projeté s'explique par l'émasculation des composantes de la norme dans le système juridique africain. Dépourvues de l'autorité de canaliser les comportements sociaux et d'instaurer la notoriété de la force du droit, les règles juridiques se définissent dans une dynamique de projection. La « *lege feranda* » posée comme le principe au cas d'espèce fait en sorte que le « *sollen* » se substitue au « *sein* ». Ainsi, la théorie en cause se « *propose uniquement et exclusivement de connaître son objet, c'est-à-dire d'établir ce qu'est le droit et comment il est* »[74]. La description prospective du droit dans les États africains focalise exclusivement l'attention. La pensée juridique est orientée sur l'affirmation d'un droit naturel n'émanant pas de l'autorité publique. Davantage, l'existence de principes supérieurs au droit positif et la primauté de la recherche de la justice sur la légalité, résument de manière non exhaustive cette pensée juridique. C'est tout le sens de « *l'objectivité virtuelle du juridique* »[75]. Or, « *dans l'exercice de sa compétence, le législateur organique doit se conformer aux règles et principes de valeur constitutionnelle* »[76]. Cet état de choses peut bien justifier l'introduction circonstanciée des actes de crise.

---

[73] TERRE (F), *Introduction générale au droit*, 6e éd., *op.cit.*, p. 348.

[74] KELSEN (H), *Théorie pure du droit op.cit.*, p. 1.

[75] SUEUR (J.-J), *Une introduction à la théorie du droit*, Paris, L'Harmattan, « Logiques juridiques », 2001, p. 115.

[76] Décision n°2019-779 DC du 21 mars 2019, *Premier ministre* (loi organique relative au renforcement de l'organisation des juridictions (France).

2. L'introduction circonstanciée des actes de crise

Les situations de crise prévues hors de la Constitution font en sorte que la normativité du droit soit apprivoisée par le politique. Dans ce contexte, la juridicité formelle de l'acte consacré viendrait à « *sombrer dans un formalisme desséchant* »[77]. Il se consolide l'idée du « *triomphe du conventionnalisme constitutionnel* »[78].

L'introduction circonstanciée des actes de crise entraine la substitution conditionnée des actes consacrés par des actes de crise prévus par la Constitution. En dépit de ce cas, la substitution peut également intervenir par des circonstances exceptionnelles non prévues par la loi fondamentale de l'État.

La substitution conditionnée des actes consacrés par des actes de crise prévus par la Constitution entraine la suspension de la juridicité formelle de ceux-ci dans les États africains. L'introduction circonstanciée des situations exceptionnelles prévues par le constituant fonde la dégradation de la normativité des textes. Durant ces situations, le droit dérogatoire au droit commun se substitue au droit commun et irrigue l'ordonnancement juridique sous les tropiques. L'introduction circonstanciée des actes de crise résulte de l'adoption des petites constitutions dans l'ordonnancement juridique. Ces dernières ont eu pour vocation dans l'histoire constitutionnelle d'investir un gouvernement de fait. Les petites constitutions sont des normes provisoires, mais parfois formalisées, plus ou moins matérielles, situées entre la Constitution révolue et celle encore au stade de projet. Se situant dans une situation inédite en droit constitutionnel, elles conduisent à la succession des ordres juridiques par un droit transitoire. En l'espèce, la portée juridique normale des actes consacrés se substitue à la force juridique introduite par le droit transitoire généré par la petite Constitution. Dans ce sens, « *le temps est une des formes (...) de contingence contre laquelle la Constitution doit se préserver* »[79].

La plupart des États dans le système juridique contemporain attribuent une portée spécifique aux petites constitutions, sans pour autant occulter le fond commun de son adoption. Sans exclure l'organisation et le fonctionnement provisoire des pouvoirs publics dans l'État, le recours à ce mécanisme s'explique par une diversité de fondements. En Pologne, la petite constitution a favorisé la mise en place d'un système de transition vers l'économie de

---

[77] CHEVALLIER (J), « Pour une sociologie du droit constitutionnel », *L'architecture du droit, in Mélanges en l'honneur de Michel Troper,* Paris, Economica, 2006, p. 283.
[78] AIVO (F.-J), « La crise de normativité de la Constitution en Afrique », *RDP,* n°1, 2012 p.166.
[79] BARANGER (D), « Temps et Constitution », *Revue française de théorie, de philosophie et de culture juridiques*, n° 30, 2000, p. 52.

marché[80]. L'on a pour mémoire la Constitution polonaise de 1919. En Irak, la « *Loi transitoire d'administration de l'État* » du 8 mars 2004 instituait un régime provisoire dans ce domaine. En Afrique du Sud, ce mécanisme a été institué pour construire des valeurs devant rompre avec le système de l'apartheid. En dépit de ce cas, la petite constitution sud-africaine de 1993 a servi de base à la constitution définitive de 1996. Autrement dit, ce mécanisme sert de référence au passage d'une constitution intérimaire à une constitution définitive. La teneur de cette position a été développée par le juge dans *l'affaire state vs Makwanyane de 1995*. L'irruption des vertus de la démocratie contemporaine dans le droit classique sud-africain s'est fondée sur ce mécanisme[81]. La France l'a expérimenté tout au long de son histoire institutionnelle et constitutionnelle.

Les petites constitutions se sont originairement présentées comme des normes formellement constitutionnelles destinées à investir « *un gouvernement de fait dans le cadre d'un régime semi-constitutionnel* »[82]. Ce mécanisme se rapportait à ce moment à la loi constitutionnelle française du 10 juillet 1940. Ce support formel donnait les pleins pouvoirs constituants au maréchal Pétain. La dynamique a été élargie et orientée vers les normes constitutionnelles situées entre la constitution révolue et celle projetée. En outre, le gouvernement provisoire de la République française formé à Alger le 3 juin 1943 prévoit, en dehors des formes prévues par les lois constitutionnelles de 1875, la convocation du peuple français en vue de choisir entre le rétablissement des lois constitutionnelles de 1875 et l'investissement d'une Assemblée constituante élue le même jour, mais dont l'encadrement de la compétence est laissé au peuple français. Ainsi, l'histoire institutionnelle et constitutionnelle française expose le développement du droit hors du cadre juridique formel institué. La situation circonstanciée est introduite par un droit transitoire généré par une petite constitution. Il va sans dire que le régime juridique des actes consacrés, s'il n'est pas suspendu, il est simplement mis en veilleuse. Le droit transitoire s'estompe une fois qu'est engagé le traitement échelonné de la situation ayant entrainé sa naissance. L'exposé présenté aboutit à la diversité matérielle du régime des petites constitutions sans pour autant se défaire d'un fond commun dans les systèmes juridiques contemporains. Davantage, les circonstances exceptionnelles peuvent être consacrées par le droit.

---

[80] Voir LAFITAN (E), *La construction constitutionnelle de la Pologne : de la petite à la grande constitution*, Mémoire de DEA droit public, Université Bordeaux IV, 1998.

[81] Voir HOURQUEBIE (F), « La diffusion du constitutionnalisme en Afrique du Sud : une analyse à travers la décision de la Cour constitutionnelle du 6 juin 1995 portant inconstitutionnalité de la peine de mort », *Politeia*, n° 7, 2005, pp. 649-675, SALCEDO (C)., « La transition démocratique sud-africaine », Paris, LGDJ, Fondation Varenne, 2011.

[82] Voir. PRELOT (M), *Précis de droit constitutionnel*, Paris, Dalloz, 1949.

Le fondement des circonstances exceptionnelles peut être la résultante d'une consécration de la Constitution. La loi fondamentale peut incorporer dans son corpus, des règles susceptibles de conduire à l'application d'un droit dérogatoire au droit commun. De manière concrète, les constitutions dans les systèmes juridiques contemporains ont institué l'état d'urgence ou l'état d'exception. L'habilitation constitutionnelle de ces circonstances conduit à « *la condition de non-application du régime juridique normal* »[83]. Que l'on soit au Bénin[84], au Burkina Faso[85], au Cameroun[86] et en Égypte[87], la consécration formelle de l'état d'urgence ou d'exception est une réalité. En dépit de cette consécration, le constituant béninois va plus loin dans l'intelligibilité du recours à ces mesures exceptionnelles. Les mesures prises doivent s'inspirer de la volonté d'assurer aux pouvoirs publics et constitutionnels, dans les moindres délais, les moyens d'accomplir leur mission[88]. En revanche, la privation de l'effet juridique des actes consacrés déborde le domaine des circonstances exceptionnelles. La suspension de la normativité de la manifestation juridique de volonté incorpore également le constitutionnalisme de crise dans les États africains.

La substitution conditionnée des actes promulgués par les actes de crise non prévus par la Constitution entraine la suspension de la juridicité formelle de ceux-ci. Admettant que tout ne peut être contenu dans la loi fondamentale et qu'une vie juridique se développe en marge de celle-ci, les actes juridiques en subissent les effets. L'adoption des normes de crise déclinées en charte constitutionnelle de transition et en accords politiques phagocyte le droit préétabli et conçu. Nées des crises sociopolitiques dans les États africains, les prescriptions juridiques de crise conduisent à la dénonciation de l'ébranlement de la loi fondamentale de l'État. L'ordre constitutionnel préexistant est mis en veilleuse ou abrogé s'il n'est pas en contradiction avec « *le droit constitutionnel transitoire* »[89]. Établissant l'inversion de la super puissance de la Constitution, ces dernières imposent le recours aux arrangements constitutionnels. L'histoire constitutionnelle africaine a enregistré en Côte d'Ivoire, une diversité d'Accords, en l'occurrence, l'accord de Linas Marcoussis du 24 janvier 2003 et celui de Pretoria. Au Burundi, l'accord d'Arusha du 28 août 2000 pour la paix et la réconciliation du Burundi a été conçu. La République démocratique du Congo et la République centrafricaine

---

[83] NIZARD (L), *La jurisprudence administrative des circonstances exceptionnelles et la légalité*, *op.cit.*, p. 6.
[84] Article 68 de la Constitution du 11 décembre 1990,
[85] Article 59 de la loi constitutionnelle N°072-2015/CNT portant révision de la Constitution du Burkina Faso.
[86] Article 9 alinéa 1 et 2 de la loi constitutionnelle du 18 janvier 1996
[87] Article 154 de la Constitution de l'Égypte.
[88] Article 69 de la Constitution n°90-32 du 11 décembre 1990 du Bénin.
[89] CARTIER (E), « Les petites constitutions : contribution à l'analyse du droit constitutionnel transitoire », *RFDC*, n°71, 2007, p. 534.

en ont adopté une diversité. Cet ensemble présente la désactivation de la normativité des actes consacrés. L'activation de la normativité de ceux-ci est possible s'ils ne sont pas abrogés par la *lex posteriori*.

II. LA RÉACTIVATION DE LA NORMATIVITÉ DES ACTES ABROGÉS

Supprimés de l'application directe et suspendus de la juridicité formelle, les actes juridiques retrouvent leur normativité par le fait de l'abrogation. La réactivation de la normativité du nouvel acte « *n'intervient que s'il s'avère impossible de concilier les textes contraires* »[90]. De « *toutes considérations fondées sur la valeur, la perfection, l'harmonie, la signification et le dessein* »[91] du droit, la résurgence des prescriptions désactivées incorpore ce mécanisme. La dérogation de *la lex posterior à la lex anterior* (A) et la désapprobation de la *lex posterior par vox populis* (B) expliquent de manière prosaïque ces idées.

A. La dérogation de la *lex posterior* à la *lex anterior*

L'introduction de la nouvelle loi entraine subséquemment la dérogation à la loi ancienne. L'annonciation de la *lex posterior* désactive la normativité des dispositions contraires à son dispositif posé par la *lex anterior*. Dans ce sens, le nouvel acte juridique « *le modifie et, dans une certaine mesure, le recrée* »[92]. Le nouveau support formel du droit « *devait nécessairement clore la querelle interprétative de celle-ci et elle seule* »[93]. Cela s'explique par l'application différée de la *lex posterior* (1) et la tolérance de l'incompatibilité à celle-ci dans les États africains (2).

1. L'application différée de la *lex posterior*

En principe, le nouvel acte juridique ne s'applique pas immédiatement dès son entrée en vigueur. L'application différée intervient lorsque le nouveau texte est matériellement compatible à l'ancien texte. Cet enseignement est « *devenu dans le cours du temps, notre droit...* »[94]. Sa conciliation à l'ancienne loi amène à retenir que « *la mobilité qui affecte les institutions concrètes n'altère pas le système juridique qui leur sert de réceptacle* »[95]. L'application différée de la *lex posterior* nécessite sa filiation matérielle à la *lex anterior*. Il en est aussi d'une filiation formelle entre ces mécanismes.

---

[90] BERGEL (J.-L), *Théorie générale du droit*, 4e éd., *op.cit.*, p. 130.
[91] KOYRE (A), *Étude d'histoire de la pensée scientifique*, Paris, P.U.F, 1966, p. 151.
[92] VIRALLY (M), *La pensée juridique op.cit.*, p. 19.
[93] SUEUR (J.-J), *Une introduction à la théorie du droit op.cit.*, p. 145.
[94] JHERING, *L'esprit du droit romain dans les diverses phases de son évolution*, 3e éd., trad. O. de Meulenaere livre II, t. § 1, Formi éd., 1969, p. 5.
[95] CARBONNIER (J), *Sociologie juridique*, 1re éd., Paris, P.U.F., 1978, p. 142.

Le nouvel acte juridique peut ne pas s'appliquer immédiatement dans les États africains. Il en est ainsi s'il est établi que ce dernier entretient une filiation matérielle à l'ancien acte juridique. La compatibilité matérielle fait en sorte que la *lex posterior* ne prive pas d'effet juridique les dispositions de l'ancienne loi conforme à celle-ci. Matériellement, l'application du droit dans le temps ne semble pas à ouvrir *a priori* le problème de conflit de lois dans le temps. Au Cameroun, la loi de 2018 sur le régime financier de l'État et des autres entités publiques établit un rapprochement matériel de la loi de 2009 sur le régime financier des collectivités territoriales décentralisées. Cette nouvelle loi assigne toujours comme par le passé à l'autorité tutélaire la reconduction par douzième du budget de l'année précédente[96]. Davantage, le droit à la délibération du parlement sur le projet de budget de l'État et son droit à l'information sur la gestion des derniers publics n'ont pas été abrogés par les nouveaux textes de 2018. Consacrées par la loi portant régime financier de l'État, certaines des dispositions y afférentes ont été reconduites par la loi de 2018 sur la bonne gouvernance financière[97]. À ce propos, le juge constitutionnel béninois a décliné sa compétence au sujet de l'interprétation de l'irrecevabilité opposée par le président de l'Assemblée nationale à la demande de l'examen du projet de loi portant autorisation de perception des impôts, et taxes et exécution des dépenses par douzième provisoire[98]. Davantage, le projet de loi de finances n'entrant pas dans la catégorie des projets de loi visés par l'article 105 de la Constitution, le décret qui le transmet à l'Assemblée nationale n'est pas contraire à la Constitution[99]. *De jure*, les juges constitutionnels nigériens dans *l'affaire Premier ministre de 2003*[100], congolais dans *l'affaire Jérôme Davy Maniongui* de 2015[101] et malgaches dans l'affaire *président de la Haute Autorité de la Transition de 2011*[102] affermissent que la loi de finances est susceptible de faire l'objet d'un contrôle de constitutionnalité des lois. Au Niger, la loi de 2014 sur le régime général des élections présidentielles, législatives et référendaires n'a pas totalement abrogé les dispositions de l'ordonnance de 2010. Sans être exhaustives, les modalités de constitution du corps électoral n'ont pas été abrogées par cette nouvelle loi. La majorité électorale est restée dans le temps fixée à dix-huit

---

[96] Article 48 alinéa 2 de la loi n°2009/011 du 10 juillet 2009 fixant le régime financier des CTD.

[97] Article 13 alinéas 1 et 2 de la loi n°2018/011 du 11 juillet 2018 portant Code de transparence et de bonne gouvernance dans la gestion des finances publiques au Cameroun.

[98] Décision DCC 00-001 du 07 janvier 2000, *Président de la République* (Bénin).

[99] Décision DCC 98-008 du 14 janvier 1998, *Dossou Gbete Maximin* (Bénin).

[100] Arrêt N° 2003- 007 /CC/MC du 31 mars 2003, *Premier ministre* (Niger).

[101] Décision N° 001 /DCC/RVA/15 du 06 mars 2015, *Jérôme Davy Maniongui* (Congo Brazzaville).

[102] Décision n° 14-HCC/D3 du 26 décembre 2011concernant la loi n°2011-015 portant loi de finances pour 2012, *Président de la Haute autorité de la transition* (Madagascar).

(18) ans ainsi que les conditions d'inscription sur les listes électorales[103]. Cependant, le Code électoral centrafricain a introduit durant la période de transition, une diversité de dérogations au droit commun électoral. L'article premier du cadre juridique en cause pose clairement ce principe[104]. En dépit des conditions communes, le statut des Centrafricains vivants à l'étranger est spécifique. Les citoyens centrafricains vivant à l'étranger ne peuvent participer aux élections que s'ils détiennent un passeport, une carte nationale, une carte consulaire centrafricaine ou une carte de réfugié[105]. En ce sens, la conciliation matérielle reconduit le domaine de chaque matière.

Par la compatibilité matérielle, le nouvel acte juridique n'affecte pas le domaine de l'ancien texte juridique dans le droit positif. La *lex posterior* affermit, reconduit le domaine matériel d'insertion de la disposition en cause. Cette dernière ne vient pas priver d'effet juridique le régime juridique construit sous le règne de l'ancien. Le nouveau support formel confine chaque matière dans sa portion congrue telle que définie par le cadre juridique préexistant. La délimitation du domaine de compétence, le renvoi à une norme externe ou interne ne sont en aucun cas rénovés. En droit constitutionnel ivoirien, l'aménagement du régime juridique de la région en tant que collectivité territoriale décentralisée relève de la compétence exclusive du législateur. *Dans l'affaire président de la République de 1998*, le juge constitutionnel ivoirien affermit le domaine du législateur en matière d'aménagement du régime juridique de la Région[106]. Cette consécration formelle du constituant ivoirien est affermie par le constituant marocain[107]. Il en est des conditions d'éligibilité aux élections présidentielles et législatives[108]. Au Bénin, *dans l'affaire Kokossou Yagbannon Anicette* de 2000[109], le juge constitutionnel a déclaré contraire à la constitution, les décrets[110] qui fixaient le traitement financier des membres de la Cour

---

[103] Article 6 de la loi n°2014-01 du 14 mars 2014 portant régime général des élections présidentielles, locales et référendaires et article 6 et s de l'ordonnance N° 2010-96 du 28 décembre 2010, portant Code électoral du Niger.

[104] Article 1er de la loi n°15.004 portant dérogation à certaines dispositions de la loi n°13.003 du 13 novembre 2013, portant Code électoral de la République centrafricaine « *il est fait des dérogations à certaines dispositions de la loi n°13.003 du 13 novembre 2013, portant Code électoral de la République centrafricaine* ».

[105] Article 5 alinéa 2 nouveau de la loi n°15.004.

[106] Décision N° L 007/98du 1er septembre 1998, *Président de la République*, « *Considérant que l'article 69 de la Constitution qui indique que la région est une collectivité territoriale, donne compétence au législateur pour en fixer les règles d'organisation et de fonctionnement par une loi organique ;* » (Côte d'Ivoire).

[107] Article 71 du Dahir n°1-11-91 du 27 chaabane 1432 (29 juillet 2011) portant promulgation du texte de la Constitution du Maroc.

[108] Décision N° L 015/95du 15 décembre 1995, *Président de l'Assemblée nationale* (Côte d'Ivoire).

[109] Décision DCC 00-016 du 09 février 2000, *Kokossou Yagbannon Anicette* (Bénin).

[110] Décret n°90-359 du 23 décembre 1990 portant traitement de base indiciaire des personnalités politiques et administratives du Bénin modifié par le décret n°92-311 du 23 décembre 1992 ;

constitutionnelle. Par cet acte, le juge constitutionnel béninois se ralliait au domaine réservé à la loi organique par le constituant marocain[111] et nigérian[112]. Davantage, le juge constitutionnel nigérian a déclaré contraire à la constitution l'aménagement du traitement des membres de la Cour constitutionnelle par voie réglementaire[113]. En dépit de consacrer une différence catégorielle significative tant sur le plan financier que sur l'ordre de préséance entre les membres du Gouvernement et de la Cour constitutionnelle, les décrets incriminés ne sont pas conformes à la Constitution. La loi organique sur la cour constitutionnelle reprenant l'une des dispositions de la Constitution habilite exclusivement la loi d'y pourvoir[114]. Cependant, la *lex posterior* tout en étant compatible à la *lex anterior* peut reposer sur un contenu différent.

Matériellement, il peut s'établir une démarcation matérielle entre la *lex posterior* et la *lex anterior* dans les États africains. Tout en étant compatible à l'ancienne loi, le nouveau cadre juridique peut reposer sur une extension matérielle sur une même matière. Le cas camerounais est illustratif à propos de la communication sociale. En ce qui concerne la censure, il était prévu dès 1990 que l'autorité administrative compétente pouvait interdire un organe de presse. Cette dernière pouvait le faire en cas d'atteinte à l'ordre public et aux bonnes mœurs[115]. Dès 2012, le régime coercitif attaché à la liberté de la presse change. Dans l'exercice de ses attributions visées aux articles 4 et 5 ci-dessus, le Conseil peut donner des avertissements ou infliger des sanctions motivées à l'encontre des opérateurs publics et privés ainsi que des professionnels du secteur de la communication sociale. Les sanctions visées à l'alinéa 1 ci-dessus sont : la suspension temporaire d'activités pour une période n'excédant pas six (6) mois ; l'interdiction définitive d'activités[116]. Cette situation est susceptible de déteindre sur la filiation formelle entre la *lex posterior* et la *lex anterior*.

Le maniement des effets juridiques par l'application du droit dans le temps est susceptible d'influencer la filiation formelle entre la *lex posterior* et la *lex anterior*. La sécurité et la certitude juridique deviennent des défis et non des acquis dans le droit positif des États africains. Au Cameroun, la suspension de la chaine de télévision Afrique Média par le Conseil National de la

---

décret n°94-143 du 24 mai 1994 portant régime des indemnités des missions à l'étranger, décret n°94-429 du 27 décembre 1994 portant régime des indemnités des missions à l'intérieur du territoire national.

[111] Article 131 du Dahir n°1-11-91 du 27 chaabane 1432 (29 juillet 2011).

[112] Arrêt n°003/CCT/MC du 7 janvier 2013, *Premier ministre* (Niger).

[113] Arrêt n°009/CC/MC du 21 novembre 2013, *Premier ministre* (Niger).

[114] Article 10 de la loi organique n°91-009 du 4 mars 1991 sur la Cour constitutionnelle du Bénin.

[115] Article 17 alinéa 1 de la loi n°90/052 du 19 décembre 1990 sur la liberté de communication sociale.

[116] L'article 6 alinéas 1 et 2 du décret n°2012/038 du 23 janvier 2012 portant réorganisation du Conseil National de la Communication.

Communication (CNC) en 2015 a suscité une controverse. Car le problème s'est posé de savoir si le CNC était compétent pour agir sur la base du décret de 2012 et pour refuser de lever la suspension malgré l'injonction du ministre de la Communication sur la base de la loi de 1990. De là découlera la question de savoir si la compétence tirée d'un décret contradictoire à une loi antérieure pouvait fonder une action et mettre l'autorité administrative indépendante à l'abri du contrôle du ministère de la Communication. D'où la tolérance de l'incompatibilité de la *lex posterior*.

2. La tolérance de l'incompatibilité à la *lex posterior*

La tolérance de l'incompatibilité à la *lex posterior* ne relève pas d'une stupéfaction dans les États africains. L'acte de décès de la « *lex posterior priori derogat* » est affirmé sous les tropiques. Ce principe général du droit est clairement ébranlé dans la pratique juridique africaine. Cet adage « *n'a eu d'effet sur la situation juridique des particuliers que par ricochet* »[117] dans certains cas. Il va sans dire que le nouvel acte juridique « *n'est pas le maître et dont l'hostilité serait funeste à son œuvre* »[118]. Cette incongruité juridique se justifie par l'application des anciens textes, incompatibles aux nouveaux et par l'affirmation de l'échec de l'autorité de la *lex posterior* dans les États africains.

L'échec de la « *lex posterior priori derogat* » est une réalité dans les États africains. L'application délocalisée du droit dans le temps est relativisée sous les tropiques. Le cadre géographique d'insertion d'un principe n'est sans conséquence sur sa portée juridique. La *lex anterior* tout en étant contraire à la *lex posteriori* conduit de canaliser l'ordonnancement juridique. Ce support formel chronologiquement anachronique conduit de modifier la situation juridique des administrés. La nouvelle loi se présente comme un ornement et un encombrement juridique. Les autorités administratives relèguent sa portée juridique tout en établissant la précellence de l'ancienne loi sur certaines questions. Cela en méconnaissance de l'incompatibilité matérielle et formelle de celle-ci sur le nouveau support formel. Or, *« l'appréciation du caractère précis et inconditionnel de la disposition en cause relève au premier chef de votre responsabilité »*[119]. Au Cameroun, les autorités administratives ont décidé de fermer Afrique Média en 2015 sur la base de la loi de 1990 alors que le décret de 2012 attribue ce pouvoir au CNC. Au Bénin, les questions de forme ont justifié le rejet de la demande contentieuse d'un requérant en rapport à l'abrogation d'une loi par des décrets et arrêtés. Le juge constitutionnel

---

[117] KOUBI (G), « Distinguer « l'impératif » du « règlementaire » au sein des circulaires administratives », *RDP*, 2004, p. 519.

[118] BEAUSSIRE (E), *Les principes du droit*, Paris, Ancienne librairie Germer Baillière et Cie Félix Alcan, éditeur, « Bibliothèque de philosophie contemporaine » 1888, p. 9

[119] GUYOMAR (M), Conclusions sous CE Ass. 30 octobre 2009, *Mme Perreux, R.F.D.*A., 2009, p. 1138.

affirma au regard des faits dans *l'affaire Seïdou Abou* de 2016[120] qu'il est juge de la constitutionnalité, et non juge de la légalité. Ces exemples illustrent la prorogation tacite des actes abrogés dans les États africains. Il en est aussi de l'instrumentalisation de la dérogation comme solution aux lacunes du droit.

La pratique juridique africaine s'illustre encore par une démarcation au droit commun relatif à l'application du droit dans le temps. L'abrogation est dégradée dans son principe et dans ses effets sous les tropiques. L'effectivité du droit dans la durée dans les États africains illustre les cas de prorogation tacite des actes abrogés. La production des effets juridiques et la modification de l'ordonnancement juridique ressortissent de l'ancienne loi en méconnaissance de celle actuelle. Le support formel du droit appliqué est les dispositions censées anéanties par la *lex posterior*. Il est un leurre d'admettre que le nouvel acte juridique anéantit pour l'avenir les dispositions contraires de l'ancienne loi dans les États africains. Il est plutôt constaté la prorogation de ses effets par le nouvel environnement juridique. La décision administrative relative à la fermeture d'Afrique Média en 2015 sous l'aval de la loi de 1990 l'illustre à suffisance. Les autorités administratives ont préféré s'y référer[121] et de délaisser le décret de 2012 attribuant cette prérogative au Conseil national de la communication. Il se pose clairement un conflit de lois dans le temps.

La prorogation tacite soulève la question de la portée de l'abrogation en théorie générale dans les États africains. Ce mécanisme d'anéantissement des effets juridiques dans le temps ne saurait se défaire des exigences de la pyramide des normes. Tout en privilégiant le rapprochement des normes, l'abrogation exclut le caractère isolé des relations dans l'ordre juridique d'une part. « *Il faut donner un sens clair aux relations qui constituent l'ordre juridique, alors seulement nous comprenons pleinement la nature du droit* »[122]. D'autre part, en principe l'abrogation met côte à côte les normes d'égale valeur. Le rapport hiérarchique facilite la sortie de vigueur des dispositions de l'ancienne loi incompatible à celle nouvelle. En ce sens, l'ancienne loi hiérarchiquement équivalente à la nouvelle loi verra ses dispositions contraires anéanties. Un texte de rang inférieur ne peut abroger celui de rang supérieur, mais le contraire est possible. Ainsi l'anéantissement non rétroactif de l'acte juridique ancien est rendu possible en principe par l'équivalence de nature.

La situation camerounaise évoquée précédemment n'est pas conforme au droit. Il s'agit du cas de l'article 17 de la loi de 1990 sur la communication sociale sur la base duquel les autorités administratives continuent d'infliger

---

[120] Décision DCC 16-060 du 6 Mai 2016, *Seïdou Abou* (Bénin).

[121] Article 17 alinéa 1 de la loi n°90/052..

[122] KELSEN (H), *Théorie générale du droit et de l'État*, Bruxelles-Paris, Bruylant-L.G.D.J., 1997, p. 55.

des sanctions aux médias et organes de presse malgré le fait que le décret de 2012 soit venu confier cette prérogative au Conseil national de la communication. Il en est spécifiquement sur les dispositions relatives au régime de la sanction de la communication sociale au Cameroun. L'annulation contentieuse du décret en cause porte sur l'un des cas d'ouverture du recours pour excès de pouvoir. Il est distingué les illégalités internes et celles externes « *qui peuvent vicier un acte administratif et entrainer son annulation* »[123]. Au cas d'espèce, l'illégalité interne de l'acte concerne la violation d'une disposition légale. L'on ne saurait donc opposer à l'article 6 alinéas 1 et 2 du décret de 2012 sur la réorganisation du Conseil national de la communication, un contrôle de constitutionnalité. Car il ne s'agit pas d'une loi, mais d'un acte administratif unilatéral pris par le président de la République. En l'état actuel, l'annulation contentieuse de ce décret apparait impossible, car il a déjà acquis un caractère définitif. Il en est ainsi parce qu'un certain délai s'est écoulé depuis la promulgation du décret précité et dont tout recours contentieux subséquent demeure fallacieux. Par ailleurs, la dérogation est utilisée comme solution aux lacunes.

En outre, l'échec de la « *lex posterior priori derogat* » pose également l'idée de l'instrumentalisation de la dérogation comme solution aux lacunes. En dépit d'entrainer la prorogation implicite des actes abrogés, la loi ancienne favorise la dérogation au droit préexistant. La rigidité constatée à l'application de certaines règles juridiques trouve un dénouement certain en se référant au droit antérieur. Une flexibilité au droit est introduite par les règles incompatibles à la nouvelle législation. Cette flexibilité se réfère directement sur les branches complexes du droit. Le cadre financier camerounais du 23 juillet 2008 crée les lois de programmation des finances publiques en son article 34. Ce dernier pose que les orientations pluriannuelles des finances sont définies par des lois de programmation. Ce qui traduit une instrumentalisation de la dérogation à l'annualité budgétaire qui voudrait qu'une loi de finances meure ou devienne caduque officiellement le 31 décembre de son année de mise en application. En principe, les compteurs devraient être remis à zéro et de nouveaux programmes lancés. Car ceux de l'année qui finit sont censés être implicitement abrogés le 31 décembre. Cette dynamique est davantage portée par le budget programme au Cameroun, au Togo et au Bénin. Ce qui explique une désapprobation de ladite loi par le peuple.

B. La désapprobation de la *lex posterior* par la *vox populis*

Le maniement dévoyé de l'idée de démocratie dans les États africains entraine une désapprobation de la *lex posterior* par la *vox populis*. Plus qu'une

---

123 BINYOUM (J), NGWESE NGOLE (Ph), *Éléments de contentieux administratif camerounais*, L'Harmattan, 2010, p. 163.

figuration, la volonté des citoyens sous les tropiques est confinée à sa portion congrue. « *Une démocratie sans opinion publique est contradictoire en soi* »[124]. Or, « *cette option méthodologique est à saluer puisque les questions constitutionnelles concernent tous les citoyens qui s'y intéressent* »[125]. La désapprobation de la *lex posterior* par la *vox populis* s'articule autour d'une condition, qui emporte certaines conséquences. Il s'agit concrètement de l'absence de volonté du peuple dans la *lex posterior* (1), ce qui entraine la manifestation d'une hostilité envers celle-ci (2).

1. Condition : l'absence de volonté du peuple dans la *lex posterior*

L'absence de volonté du peuple dans la *lex posterior* est une réalité dans la pratique juridique africaine. La nouvelle loi n'est effectivement pas l'émanation des aspirations et sollicitations des citoyens sur des questions constitutionnelles précises. Ainsi, « *les peuples libérés de la dictature se sont enfin appropriés ce modèle démocratique comme unique forme légitime d'organisation des sociétés* »[126]. La confection de la *lex posterior* ressortit alors l'idée de « *la démocratie sans et contre le peuple* »[127]. La crise du nouveau cadre juridique résulte du délaissement des mécanismes institués de participation des citoyens dans les États africains. Il en est aussi du dévoiement de la démocratie représentative et de la résurgence de l'autoritarisme de l'action administrative.

Le délaissement des mécanismes institués pour la participation des citoyens est constaté dans les États africains. Formellement consacrés par la Constitution et certains textes (*infra*) constitutionnels, les dirigeants se refusent de recourir aux procédés d'association directe des citoyens dans la confection de la *lex posterior*. En dépit de l'attribution des bases formelles aux procédés institués, ces derniers restent enfermés dans le formalisme quand ils ne sont pas renvoyés aux calendes grecques. Les votations en l'occurrence le référendum constitutionnel ou législatif sont rarement mises en œuvre par les pouvoirs politiques. De la position de la juridiction constitutionnelle congolaise, il ressort que le référendum est une votation « *dont la finalité est de soumettre à l'ensemble des citoyens, pour l'approuver ou le rejeter, un texte ou toute autre question d'intérêt national* »[128]. Il n'est pas institué de

[124] KELSEN (H), *Théorie générale du droit et de l'État*, traduit par Béatrice Laroche et Valérie, *L.G.D.J*, *Bruylant*, 1997, p. 334.
[125] FALL (I.-M), *La réforme constitutionnelle du 20 mars 2016 au Sénégal. La révision consolidante record*, L'Harmattan, 2017, p. 23.
[126] AHADZI NONOU (K), « Les nouvelles tendances du constitutionnalisme africain : le cas des États d'Afrique noire francophone » *Afrique juridique et politique,* vol 1, n°2, 2002, p. 35.
[127] VERDIER (M.-F), « La démocratie sans et contre le peuple. De ses dérives » in *Mélanges en l'honneur de Slobodan MILACIC », démocratie et liberté : tension, dialogue, confrontation*, Bruylant, 2008, pp. 1073-1101.
[128] Avis N° 002-ACC-SVC/15 du 17 septembre 2015 sur le fondement juridique de l'initiative du referendum en vue de l'évolution des institutions de la République (Congo Brazzaville).

votation de nature à conduire à l'établissement des textes juridiques par le peuple. En dépit de ce mécanisme, la restriction ou l'évanescence des consultations populaires sur des questions constitutionnelles est une réalité dans les États africains. Les citoyens africains sont plus que jamais considérés comme des spectateurs et suiveurs de la législation. Or, « *les citoyens eux-mêmes doivent avoir la possibilité de se faire entendre et de participer à l'exercice des responsabilités collectives* »[129]. L'idée de la participation politique et administrative sous les tropiques présente ses lacunes aux yeux des démocraties pluralistes et développées.

L'instrumentalisation des mécanismes institués est une réalité dans les États africains. La sélection des procédés consacrés par le droit positif amène à ne retenir que ceux qui apparaissent suffisamment malléables. L'éviction de la complexité et de l'extension anormales des procédures focalise particulièrement l'attention de la puissance publique. Il n'est donc pas question de recourir aux procédés compliqués, tortueux et susceptibles de porter un handicap à l'ambition projetée. Plus qu'une écriture formelle, les destinataires des actes juridiques édictés en sont simplement ébranlés. Les autorités publiques établissent la prépondérance des mécanismes malléables sur le rituel de la participation politique. En ce sens, « l*e désir d'éviter ces sanctions agit comme motif et provoque cette conduite* »[130]. Le recours à ce procédé est justifié par l'administration publique. La frilosité et la modicité de l'économie nationale sacrifient le rituel de la participation politique des citoyens dans les États africains.

L'éviction du peuple du cadre de confection des actes juridiques repose sur des arguments malicieux des autorités publiques. Voulant se montrer plus enclins à la transparence, à la promotion d'une administration de proximité, les détenteurs du pouvoir politique utilisent l'art de vaincre et non de convaincre. Les pouvoirs publics démontrent la situation alarmante de la macro-économie. Il en est aussi de son incapacité à contenir la consultation populaire sur des questions essentielles. Dressant le bilan d'une gestion macro-économique catastrophique, les finances publiques ne peuvent porter l'activité normative de la puissance publique. Il va sans dire que « *les finances publiques sont sensibles aux évènements qui affectent la vie des États* »[131]. Par cet alibi, l'autorité du peuple dans les États africains n'est pas restaurée dans le cadre de l'édiction des actes juridiques. L'incompétence d'une catégorie d'administrateurs sacrifie le rituel démocratique à l'aune de l'irruption des nouvelles tendances du constitutionnalisme africain.

---

[129] CHEVALLIER (J), « Déclin ou permanence du mythe de l'intérêt général » in *L'intérêt général, Mélanges en l'honneur de Didier TRUCHET*, 1re éd., Paris, Dalloz, 2015, p. 92.
[130] KELSEN (H), *Théorie pure du droit, op.cit.*, p. 48.
[131] ABIABAG (I), *Le renouveau budgétaire au Cameroun*, Yaoundé, Presses Universitaires Libres, 2013, p. 5.

L'éviction du peuple de la confection des actes juridiques se prolonge sur l'approbation d'une catégorie de projets ayant une influence sur l'ordonnancement juridique. La *lex posterior* n'est pas toujours la marque de signature des détenteurs légitimes de la souveraineté nationale sur des questions constitutionnelles essentielles. Les projets de définition des institutions, de consécration des droits et libertés ne sont pas toujours soumis à l'assentiment des citoyens dans les États africains. Ces derniers sont généralement validés au moyen des mécanismes qui éloignent le peuple. Intégrée dans le domaine des lois organiques[132], la définition du régime des institutions publiques échappe à l'action directe du peuple. Lesdites lois sont soumises à la procédure législative puis soumises au contrôle de constitutionnalité des lois au préalable à la promulgation par le président de la République[133]. L'onction immédiate ou directe du peuple n'est pas retenue dans ce cadre formel qui apparait significatif sur le devenir de la Nation ainsi que sur les institutions publiques. L'éviction du peuple se pose tant dans l'élaboration que de l'approbation du projet final y afférent. Or, le juge constitutionnel ivoirien affirme que « *Considérant que le référendum qui n'est qu'un procédé, qu'un mode d'exercice par le peuple de sa souveraineté…* »[134]. L'on perçoit tout le sens d'une démocratie représentative dévoyée.

Le dévoiement de la démocratie représentative ne favorise nullement l'incorporation de la volonté du peuple dans le processus de confection des nouveaux actes juridiques. Jadis considérée comme le mécanisme de représentation des citoyens dans la sphère de décision, cette dernière s'est refondue dans les États africains. Les bénéficiaires de la dévolution du pouvoir du peuple ne prolongent plus les aspirations et sollicitations de ces derniers au sein de l'hémicycle. Les détenteurs de la souveraineté nationale parcellisée défendent une cause étrangère à l'idée de représentation en démocratie constitutionnelle et pluraliste. Ainsi, « *l'observation montre que la réalité ne correspond pas toujours, ni même souvent, à l'optimisme des schémas constitutionnels* »[135]. L'adoption des actes juridiques partisans, maquillés du caractère général et impersonnel résume de manière non exhaustive l'activité funeste des détenteurs de la souveraineté nationale. L'hémicycle semble dicter son dogme aux parlementaires de nature à les éloigner de la réalisation du programme par lequel ils ont été élus. Un scepticisme nait sur la véritable portée de la démocratie représentative dans les États africains. Il y a donc là

---

[132] Avis N° 2005/007/CC/SG du 24 janvier 2005, *Président de la République « Considérant enfin qu'aux termes de l'article 71, alinéa 6 de la Constitution, les lois organiques régissent les Institutions, structures et systèmes prévus ou qualifiés comme tels »*. (Côte d'Ivoire).
[133] Arrêt N° 2003- 007 /CC/MC du 31 mars 2003, *Premier ministre* (Niger).
[134] Avis N° 2005/007/CC/SG du 24 janvier 2005 *Président de la République* (Côte d'Ivoire).
[135] PACTET (P), MELIN-SOUCRAMANIEN (F), *Droit constitutionnel*, Paris, Sirey, 2007, p. 62.

une tendance plus affirmée à l'émergence des actes juridiques partisans dans les États africains.

L'introduction des actes juridiques partisans est une réalité de la pratique juridique des États africains. Les prescriptions juridiques des actes juridiques semblent s'effriter dans le nouveau constitutionnalisme africain. Ces derniers ne semblent plus véritablement porter l'intérêt général et défendre la cause commune et objective. L'instrumentalisation de la constitution, l'édiction des lois privilégiant une catégorie des administrés illustrent de manière exhaustive le déclin des actes juridiques en Afrique. En « *dressant le bilan de trente années de pratiques constitutionnelles, [on] s'interrogeait sur l'utilité même des Constitutions africaines* »[136]. La plupart des constitutions africaines se sont illustrées par l'illimitation des mandats politiques dans l'optique de prolonger de manière incessante une catégorie de fonction. Il en est aussi de la définition d'un cadre juridique relatif au statut d'ancien chef d'État. Ces textes sont d'avance édictés pour une situation juridique spécifique tout en visant une catégorie de citoyens. Que l'on soit au Cameroun[137], au Gabon[138] et au Tchad l'illimitation du mandat du président de la République est une réalité. Or, au Togo en faveur d'une révision constitutionnelle d'avril 2019, la disposition qui la consacrait a été abrogée[139]. L'illimitation du mandat institue la rééligibilité du président de la République incitant ainsi à la longévité dans ladite fonction. C'est tout le sens « *une loi ordinaire à la disposition des intérêts politiques momentanés* »[140]. Ailleurs, il est institué le statut juridique d'ancien chef d'État. Au Bénin, un cadre juridique définit la pension et autres avantages aux anciens présidents de la République[141]. De ces textes, la consultation du peuple n'a été, ni l'aiguilleur ni la matrice à la définition des régimes juridiques conséquents. L'illusion de l'intégration des actes juridiques dans le corps social devient la source de manifestation.

---

[136] DOSSO (K), « Les pratiques constitutionnelles dans les pays d'Afrique noire francophone : cohérences et incohérences », *Revue française de droit constitutionnel*, 2012/2 n° 90, p. 57.

[137] Article 2 (nouveau) de la loi n° 2008/001 du 14 avril 2008 modifiant et complétant certaines dispositions de la loi n° 96/06 du 18 janvier 1996 portant révision de la constitution du 02 juin 1972.

[138] Article 9 de L. 13/2003 du 19 août 2003 modifiant et complétant certaines dispositions de la loi N° 3/91 du 26 mars 1991 portant Constitution de la République du Gabon.

[139] Article 59 de la loi n°2002-029 du 31 décembre 2002 modifiant et complétant la constitution adoptée par référendum du 27 septembre 1992 a été abrogée par la révision constitutionnelle d'avril 2019 (Togo).

[140] ROUSSEAU (D), « Le nouvel horizon du droit constitutionnel », *Renouveau du droit constitutionnel,* in *Mélanges en l'honneur de Louis FAVOREU,* Dalloz, 2007, p. 889.

[141] Article 1er de la loi n° 2009-18 du 15 Juillet 2009 portant pension et autres avantages aux anciens présidents de la République (Bénin).

2. La conséquence : manifestation de l'hostilité à l'endroit de la *lex posterior*

L'éviction de la volonté du peuple du cadre normatif se manifeste par l'hostilité à l'endroit de la *lex posterior* dans les États africains. Exclus de la conception des actes juridiques, les détenteurs légitimes de la souveraineté récusent son incorporation dans le corps social. Cette déconvenue fait des citoyens de « *destructeurs potentiels de leur propre édifice juridique* »[142], car la manifestation illustre l'exclusion du peuple « *de texte sacré dépositaire de la parole du souverain et du contrat social* »[143]. L'hostilité à l'endroit de la *lex posterior* se décline en l'illusion de l'incorporation et le reflux des actes juridiques par le corps social. Il en va aussi de la dénonciation et de la contestation contentieuse desdits actes.

L'illusion de l'incorporation des actes juridiques dans le corps social se perçoit dans le nouveau constitutionnalisme africain. Dépourvue de la marque des citoyens, la *lex posterior* y apparait détaché et distant. La confection de la nouvelle loi ne s'intègre pas dans l'environnement projeté. Les destinataires du nouveau cadre juridique ne se retrouvent et ne se reconnaissent pas dans ses implications juridiques. La *lex posterior* provient d'un contexte non pensé et non conçu par les citoyens. Le nouveau cadre juridique n'est pas la résultante des aspirations et sollicitations du peuple sur des questions constitutionnelles et administratives pertinentes. L'absence de volonté du peuple dans la *lex posterior* se matérialise par des reflux à son endroit.

Le reflux de la *lex posterior* par les citoyens est une réalité ambiante aux États africains. Ne résultant pas de la volonté affirmée du peuple, la greffe de l'incorporation de certains actes juridiques a de la peine à se coller. La dénonciation des effets juridiques y découlant constitue le crédo des administrés sous les tropiques. Les citoyens utilisent alors les mécanismes institués par le droit positif pour y pourvoir. Il s'agit en majorité du droit à la manifestation et le droit à la liberté d'expression dans le strict respect des lois et règlements de la République. Il en est aussi du droit de grève dans le seuil tolérable de fonctionnement du service public. Que l'on observe les textes constitutionnels de l'Égypte[144], en Mauritanie[145], du Bénin[146], du Burkina Faso[147], du Cameroun[148], du Congo Brazzaville[149] et la Charte africaine des

---

[142] ABA'A OYONO (J.-C), « Les mutations de la justice à la lumière du développement constitutionnel de 1996 », in *Afrilex*, 2000, n° 1, p. 9.
[143] ROUSSEAU (D), « Le nouvel horizon du droit constitutionnel », *op.cit.*, p. 889.
[144] Article 5 de la Constitution d'Égypte.
[145] Article 10 de la Constitution de Mauritanie.
[146] Article 23 de la Constitution du Bénin.
[147] Préambule de la loi constitutionnelle n°072-2015/CNT portant révision de la Constitution.
[148] Préambule de la loi constitutionnelle du 18 janvier 1996.
[149] Article 25 de la Constitution du 6 novembre 2015 du Congo Brazzaville.

droits de l'homme et des peuples[150], il est constant que la liberté d'expression est un droit fondamental. Le juge constitutionnel burundais indique que l'implantation d'un média est incontestablement l'exercice de la liberté de presse[151]. Par ce mécanisme institué par le constituant, les citoyens exposent la désapprobation de la *lex posterior* dans les États africains. Par ce moyen verbal ou écrit de diffusion des idées, le peuple s'érige en contrepoids face à la tendance plus affirmée à l'autoritarisme normatif de la puissance publique. La dynamique est de convaincre et non vaincre l'administration publique par le biais de la force des mots et non par les mots de la force. En dépit de la liberté d'expression, la liberté de manifestation est le plus utilisée dans le système juridique contemporain.

Consacré par la Charte africaine des droits de l'homme et des peuples[152] et les constitutions[153], ce mécanisme constitue l'arme la plus utilisée par les citoyens du renouveau démocratique. Le peuple récuse la confection de la *lex posterior* en protestant contre son entrée en vigueur et ses effets juridiques. La liberté de manifestation a été utilisée au Soudan du Sud pour fustiger les textes pris par le gouvernement militaire au pouvoir. En France, les citoyens ont manifesté contre la loi anticasseurs et plus particulièrement son article 3. Cet article octroyait à l'autorité administrative compétente le pouvoir d'interdire les manifestations à toute personne présentant une « *menace d'une particulière gravité pour l'ordre public* »[154]. Fort heureusement, le Conseil constitutionnel l'a censuré, car elle violait le droit à l'intimité et la liberté d'aller et venir[155]. En outre, la contestation étudiante de la loi du 31 mars 2006 sur l'égalité des chances a conduit à la promulgation, suivie de la suspension simultanée de l'article querellé. Il en a été pour enfin aboutir à sa mort prématurée au profit de la nouvelle loi du 21 avril 2006 sur l'accès des jeunes à la vie active. Cela conduisait au remplacement du Contrat première embauche. L'éviction de la volonté du peuple dans la *lex posterior* se traduit par la défiance de son application.

L'exclusion de la volonté du peuple dans la confection de la *lex posterior* se traduit par la non-application des dispositions querellées. Les destinataires du texte manifestent clairement l'inobservation des règles posées par la nouvelle loi. L'objectif est simplement de reconduire le régime juridique

---

[150] Article 9 alinéa 2 de la Charte africaine des droits de l'homme et des peuples.

[151] Arrêt RCCB n°6 du 17 août 1992 (Burundi) « *Attendu que l'implantation d'un média est sans conteste l'exercice même de la liberté de presse ; qu'en effet, on ne pourrait imaginer par quel autre organe l'individu pourra s'exprimer par voie de presse en dehors des médias* ».

[152] Article 9 alinéa 2 de la Charte africaine des droits de l'homme et des peuples de 1981.

[153] Voir. Constitution de l'Afrique du Sud, préambule de la Constitution du Cameroun et de la France.

[154] Article 3 de la loi n°2019-290 du 10 avril 2019 visant à renforcer et garantir le maintien de l'ordre public lors des manifestations (France).

[155] Voir CC, Décision n°2019-780 DC du 4 avril 2019, publiée au J.O de France du 11 avril 2019.

défini et moulé par l'ancienne loi. Autrement dit, la continuité des effets juridiques de la *lex anterior* est plus une lueur qu'un leurre dans l'action administrative. Le cas camerounais apparait suffisamment illustratif du conflit du droit dans le temps. La manifestation de l'hostilité du peuple à l'endroit du décret de 2012 portant réorganisation du Conseil national de la communication, s'explique par certains points. Ledit texte confère à cette autorité administrative le pouvoir de suspendre les organes de presse en concurrençant dans la foulée le ministre à qui la loi de 1990 sur la communication sociale a attribué la même prérogative. Cette situation d'incongruité juridique se traduit par le refus récurrent de respecter les sanctions prononcées par ledit Conseil.

L'application continue de la *lex anterior* s'est illustrée par les échecs du Conseil national de la communication sur les batailles juridiques. Ce dernier avait décidé de fermer la chaine de télévision Afrique Média en 2015 pendant six mois pour manquement grave à l'éthique et déontologie en matière de communication. Mais cette chaine avait continué de fonctionner normalement. En 2014, il infligeait une suspension de trois mois à trois journalistes de la chaine Vision 4. Ces derniers l'ont contesté et obtenu gain de cause auprès du tribunal administratif qui a décidé de l'annulation de la suspension en cause. L'acte du Conseil est dès lors considéré comme n'avoir jamais existé[156]. En juillet 2016, le Conseil suspendra le journal *l'Épervier* et les hebdomadaires *Nouvelle* et *Aurore plus* pour une période de neuf mois. Mais ces journaux ont continué de paraitre sous une autre dénomination en l'occurrence *l'Aurore plus* parait sous la dénomination *Aurore*. Il va sans dire que la loi, même antérieure, canalise toujours l'ordonnancement juridique sur une question précise en dépit d'un décret récent y relatif.

CONCLUSION

Au sortir de cette réflexion, l'exception à l'application des actes juridiques promulgués dans les États africains expose les normes non effectivement appliquées sous les tropiques. Le droit en vigueur peut demeurer au stade d'un ornement, d'une simple écriture au sein de l'ordonnancement juridique. La neutralisation des mécanismes institués ou la non-adoption des procédés d'application contribuent au confinement du droit positif à sa portion congrue. En ce sens, le plaidoyer en faveur de l'établissement des mécanismes d'application directe des actes juridiques entrés en vigueur résume en quelques mots cette contribution doctrinale. Ces explications s'articulent autour de l'exception à l'application des actes juridiques promulgués dans les États africains comme la désactivation de la normativité des actes consacrés

[156] CFJ /CAY, Arrêt n°105 du 08 décembre 1970, *Claude Halle c/ État du Cameroun.*

et la réactivation de la normativité des actes abrogés. Les articulations qui précèdent soulèvent deux constats majeurs :

Premièrement, l'émasculation de la normativité d'acte juridique affecte significativement la mise en œuvre de celui-ci. Ce dernier est amputé de son caractère prescriptif et de son application directe. Les dispositions en vigueur sont différées dans l'avenir quand elles ne sont purement et simplement pas renvoyées aux calendes grecques. Deuxièmement, le droit abrogé peut continuer à canaliser l'ordonnancement juridique. Il en est ainsi lorsque la *lex posterior* apparait hiérarchiquement inférieure dans la pyramide des normes à la *lex anterior*. La situation juridique s'est amplifiée dans un contexte de tolérance de l'incompatibilité à la *lex posterior* sous les tropiques. Il est alors ouvert la brèche à une analyse sur l'aménagement de l'ordonnancement juridique par les dispositions antérieures.

L'APPORT DU CODE PÉNAL AU DROIT ADMINISTRATIF : L'EXEMPLE CAMEROUNAIS

Robert MBALLA OWONA

Agrégé de Droit public
Maître de Conférences
Coordonnateur de l'Annexe de la Faculté des Sciences Juridiques et Politiques de Bertoua
Université de Yaoundé II (Cameroun)

INTRODUCTION

En tant qu'instrument de régulation sociale, le droit est un tout ordonné ; mais le souci de mieux le connaître et le faire connaître a conduit à le diviser en plusieurs chapelles. Celles-ci sont devenues l'identité des juristes, tout particulièrement dans le système romano-germanique[1] fondé sur la distinction Droit public/Droit privé. À partir de cette distinction, il est acquis que chaque chapelle, y compris ses démembrements, a ses sources, son esprit, et sa méthode[2]. Ceci n'exclut cependant pas des emprunts et migrations entre elles. Dès lors, on ne prétend guère s'engager dans la voie de l'alchimie, encore moins de l'épiphanie que de réfléchir sur l'apport du Code pénal au droit administratif.

D'emblée, l'étude parait invraisemblable sur un sujet dont on n'entrevoit pas directement l'objet. En effet, le droit administratif a été conçu pour sortir l'activité administrative de l'orbite du droit commun. Il est reconnu comme un ensemble de règles spéciales applicables à l'activité administrative et contrôlées par une juridiction spéciale. C'est un droit qui s'est hissé sur la puissance publique pour que la dispensation du service public puisse satisfaire l'intérêt général et que cet intérêt général reste au-dessus des intérêts particuliers. Et pourtant, en dehors des réserves fort connues qui accompagnent l'autonomie du droit administratif par rapport au droit privé, il convient de souligner qu'en droit privé, la situation du droit pénal à l'égard du droit administratif est sans commune mesure à celles des autres disciplines du droit privé à l'égard de ce droit. La filiation des deux disciplines n'est

[1] SEROUSSI (R), *Introduction au droit comparé*, Paris, Dunod, 2003, pp. 2 et 7.
[2] TRUCHET(D), *Le droit public*, Paris, PUF, coll. « Que sais-je ? », 2003, pp. 22 et 23.

d'ailleurs pas récente, comme naguère on note en France une influence grandissante et bouleversante de la jurisprudence constitutionnelle sur les règles fondamentales régissant la matière pénale depuis l'introduction de la Question Prioritaire de Constitutionnalité[3].

Historiquement, le droit administratif a été conçu pour soustraire l'Administration et les administrateurs aux règles de droit civil et non aux règles de droit pénal[4]. Le Code pénal l'affirme de manière sentencieuse : art 1-1 « *Le Code pénal s'impose à tous* ». Au-delà de l'absence d'exemption, c'est la proximité des deux disciplines qui favorise leur communication. Le droit administratif est proche du droit pénal en ce qu'il encadre les rapports entre les personnes publiques et les particuliers dans la gestion des activités d'intérêt général, tandis que le droit pénal encadre les rapports entre l'État et les particuliers dans la répression des comportements antisociaux. Le droit pénal est donc un droit dérogatoire au droit privé, civil et commercial. Droit administratif et droit pénal régissent, avec des moyens d'autorité, les relations entre l'État et les particuliers. En plus d'être deux droits dérogatoires au droit commun, le droit administratif et le droit pénal se rencontrent dans la fonction de punir. Dès les dernières décennies du XXe siècle, il a été reconnu que l'Administration pouvait punir l'individu, l'atteindre dans sa personne ou plus souvent dans ses biens, pour avoir commis une faute[5].

Cette répression administrative ne remet nullement en cause le principe de la prééminence de la répression pénale. En effet, le droit pénal est le droit de la répression au sein de la société politique globale qui est « l'institution primaire » ; ce qui le distingue du droit répressif des « institutions secondaires » telles que les institutions administratives[6]. De par sa prééminence et sa globalité, la répression pénale inspire largement la répression administrative. Cependant, le propos n'est pas ici de montrer ce que le droit administratif a pu tirer de l'expérience du droit pénal en matière de répression. La légalité des délits et des peines, le contradictoire dans la procédure, l'interdiction de double sanction pour une même faute, etc. sont autant d'emprunts qui l'attestent à suffisance. L'on entend aller bien au-delà de la fonction répressive pour montrer que le bréviaire du droit pénal qui est le Code pénal constitue une source formelle ignorée ou alors négligée du droit administratif ; des deux choses l'une. Sans avoir la prétention de suivre les pas de Jacques-Bénigne Bossuet qui avait révélé post -mortem « *La politique tirée de l'Écriture sainte* », l'on peut découvrir « *le droit administratif tiré du Code*

---

[3] HOURQUEBIE (F) et PELTIER (V), *Droit constitutionnel et grands principes du droit pénal*, Paris, Éditions CUJAS, coll. « Actes et études », 2013, *Avant-propos* de Virginie PELTIER, p. 7.
[4] EVEILLARD (G), « Droit administratif et droit pénal » *in* GONOD (P), MELLERAY (F) et YOLKA (P) (dir.), Traité de droit administratif, Paris, Dalloz, coll. « Traités Dalloz », 2011, p. 653.
[5] MOURGEON (J), *La répression administrative*, Paris, LGDJ 1967, p. 10.
[6] DUPEYROUX (O), Préface Jacques Mourgeon, *op.cit*, pp. I et II.

pénal ». Il s'agit donc de rechercher quelles sont ces règles de droit administratif qu'engendre le Code pénal. Dit autrement, en quoi ce texte participe-t-il au raffermissement d'une discipline réputée autonome par rapport au droit privé ?

À première vue anodine, la question cache d'inépuisables virtualités. Tout d'abord, elle traduit la plus haute expression de la relativité de l'autonomie du droit administratif par rapport au droit privé. Il a toujours été défendu que l'autonomie du droit administratif signifie que le juge administratif est maître d'importer telle ou telle règle de droit privé pour l'appliquer en droit administratif[7]. Or ici, c'est d'abord le législateur qui fait du Code pénal une source formelle du droit administratif, bien que généralement classé parmi les sources du droit privé[8], puis prévoit en outre que le juge judiciaire répressif connaisse des opérations des corps administratifs, par dérogation au principe fondateur de la séparation des autorités administratives et judiciaires[9]. Et ensuite, rechercher la contribution du Code pénal à l'édification du droit administratif pourrait conduire à révéler que le droit administratif est un effort collectif. Le tribunal des conflits qui a consacré plusieurs de ses règles les plus importantes n'est guère une juridiction administrative, ni d'ailleurs une juridiction judiciaire[10]. Cet organe régulateur des questions de compétence entre les deux ordres de juridictions comprend aussi bien les juges judiciaires que les juges administratifs. Il y a en cela une preuve supplémentaire de la légitimité de ce droit. C'est également le témoignage d'une accentuation des transformations du droit administratif. À l'origine un droit interne et

---

[7] Voir les conclusions du Commissaire du gouvernement Rivet dans l'Arrêt *Savonnerie Henri Olive rendu par le Conseil d'État le 25 novembre 1921* : « S'il est intéressant pour vous (juges administratifs) de connaître les applications que font du Code civil, en matière de paiement de l'indu, les tribunaux judiciaires, vous ne saurez oublier qu'ayant à trancher non un litige entre particuliers, mais un litige où l'État est partie, votre décision peut s'inspirer de principes différents (...) Vous êtes maitres de votre jurisprudence. À vous de la créer (...) et ne retenant les règles du Code civil que dans la mesure où l'application en est compatible avec les nécessités de la vie collective (...) ».

[8] Une frange de la doctrine pénaliste soutient que le droit pénal relève du droit public parce qu'il régit les relations non entre les particuliers, mais entre la puissance publique et ces derniers. Mais cette conception est aujourd'hui minoritaire : BOUZAT (P) et PINATEL (J), *Traité de droit pénal et de criminologie*, Paris, Dalloz, 2e éd., t.1, 1970, p. 3 et s. ; BOULOC (B), *Droit pénal général*, Paris, 21e éd. Dalloz, 2009, p. 25 et s. ; MERLE (R) et VITU (A), *Traité de droit criminel*, Paris, 7e éd. CUJAS, 1997, p. 215 et s. ; PRADEL (J), *Droit pénal général*, Paris, 17e éd., CUJAS, 2008, p. 75 et s.

[9] Aux termes de l'article 2 alinéa 3 de la loi n°2006/022 du 29 décembre 2006 fixant l'organisation et le fonctionnement des tribunaux administratifs, « Le contentieux administratif comprend : a)... en matière non répressive, les recours incidents en appréciation de légalité... » Ce qui veut dire a contrario que le juge répressif apprécie directement la légalité des actes administratifs, évitant ainsi que le temps du renvoi au juge administratif profite à l'accusé et prolonge la souffrance de la victime.

[10] ROQUETTE (R), *Petit traité du procès administratif. Contentieux administratif, juridictions générales et spéciales,* Paris, 5è éd. Dalloz, 2012, p. 88.

subalterne, il s'est constitutionnalisé, internationalisé, globalisé et en l'occurrence privatisé. Toutes choses qui accentuent la complexité qui lui est inhérente[11]. Enfin, la réflexion peut cheminer vers une déduction angoissante pour les administrativistes. Habitués qu'ils sont à se targuer de leur discipline comme étant celle de la puissance publique, de l'exorbitance du droit commun, ils pourraient pâlir de réaliser que le droit pénal recèle plus de puissance et d'exorbitance que le droit administratif. Son exorbitance est universelle alors que celle du droit administratif est circonscrite à l'activité administrative. La maxime est d'ailleurs très disante à ce propos : *« Le criminel tient l'Administration et le juge administratif en l'état ».*

Néanmoins, la prééminence du droit pénal ne devrait pas raisonnablement offusquer. Dans la société globale, le phénomène répressif s'est développé sous l'impulsion et la surveillance de l'autorité publique pour maintenir l'ordre et la discipline grâce au châtiment de ceux qui violent les règles établies. Le droit pénal qui s'occupe des violations les plus graves concourt autant à protéger la société dont l'Administration prend en charge les besoins que les individus dont il faut préserver ou restituer la dignité, y compris les coupables.

Loin de vouloir trouver de nouveaux fondements au droit administratif, le Code pénal camerounais raffermit l'autorité de ses règles et enrichit ses moyens d'appréhension de la réalité sociale et administrative. Lorsqu'on décrypte ce texte avec recul et en rapport avec l'action administrative, il s'avère que la puissance publique sanctionnatrice tend la main à la puissance publique administratrice à bien des égards pour consolider les principes essentiels du droit administratif (I) et systématiser ses outils intellectuels (II).

I. LA CONSOLIDATION DES PRINCIPES ESSENTIELS DU DROIT ADMINISTRATIF PAR LE CODE PÉNAL

Le droit administratif est né d'un miracle et survit par un prodige sans cesse renouvelé. Cette célèbre affirmation de Prosper Weil est lourde de signification. De fait, les circonstances qui entourent la naissance du droit administratif ont été marquées par une double incertitude : d'une part, l'opposition viscérale à l'exemption des corps administratifs de l'autorité des parlements (juges judiciaires) qui a expliqué l'adoption successive de nombreux textes pour poser une seule et même règle. D'autre part, il n'était pas envisageable d'admettre qu'en ce temps-là où le roi ne pouvait mal faire, l'administration royale soustraite des règles et juridictions de droit commun puisse se soumettre à un droit qui n'existait pas et qu'il fallait créer en tant que de besoin. Comme il apparait choquant à l'époque postrévolutionnaire que

---

[11] BURDEAU (F), « La complexité n'est-elle pas inhérente au droit administratif ? » *in* Université de Paris II, *Clés pour le siècle*, Paris, Dalloz, 2000, p. 417 et s.

certains sujets de droit soient en passe d'être au-dessus des lois, le prodige s'est réalisé. La séparation des autorités administratives et judiciaires (A) et la légalité de l'autorité administrative (B) sont ainsi devenues les principes fondateurs du droit administratif. Le Code pénal consolide leur autorité en pénalisant les atteintes y relatives.

A. La pénalisation des atteintes au principe de séparation

Après avoir été affirmé par Louis VIII et par les Révolutionnaires[12], le principe de séparation des autorités administratives et judiciaires n'a pas pu s'imposer. Le décret du 16 Fructidor An III qui le rappelle une ultime fois semble ne devoir son obéissance et partant l'affirmation du principe que par la tonalité pénale, qu'il adopte : « interdictions itératives sont faites aux tribunaux judiciaires de connaître des actes d'administration de quelques espèces qu'ils soient aux peines de droit ». C'est donc une formulation répressive qui confère son autorité au premier principe du droit administratif (Cf. Code pénal français).

De ces fonts baptismaux, la technique a été transposée au Cameroun jusqu'à ce jour. Du Code pénal de 1967 à celui de 2016, la disposition est restée inchangée. L'article 126 consacré aux empiètements sur le pouvoir exécutif et sur le pouvoir judiciaire dispose :

« *Est puni d'un emprisonnement de six (06) mois à cinq (05) ans :*

- *Le représentant de l'autorité exécutive qui intime des ordres et défenses à des cours ou tribunaux ;*
- *Le magistrat qui intime des ordres ou des défenses à des autorités exécutives ou administratives* »

Il serait hasardeux de rapprocher le contexte tumultueux qui avait prévalu à l'éclosion du régime administratif de celui qui prévalait à la première décennie de l'indépendance du Cameroun. Les crises observées ici étaient davantage liées à la mise en place de l'ordre dirigeant qu'à celle du régime administratif. Ce régime existait depuis le décret du 14 avril 1920 au Cameroun oriental et dès la Réunification avec le Cameroun occidental le 1er septembre 1961 dans toute la République fédérale du Cameroun. Il ne souffrait guère de problème de légitimité. L'adoption d'une disposition punitive à l'encontre des magistrats qui pourraient entraver l'action administrative, ou « troubler les opérations des corps administratifs » selon la formule des révolutionnaires[13] n'a donc plus une portée fondatrice, elle peut surtout s'avérer consolidatrice. Consolidatrice par la dissuasion de ceux qui seraient tentés de résister ou de remettre en cause un régime spécial établi jadis dans la partie francophone, notamment par les ressortissants du Cameroun

---

[12] Voir l'aïeule Loi des 16-24 août 1790 fixant l'organisation judiciaire.

[13] Article13 de l'aïeule loi des 16-24 août 1790.

occidental de tradition Common Law. Il est de l'essence de ce système que le droit soit le même pour tous et que l'Administration ne bénéficie d'aucun privilège[14].

Par ailleurs, cette portée consolidatrice est incidente. En effet, le but premier du législateur pénal n'est pas d'insuffler une fermeté menaçante au principe de séparation des autorités administratives et judiciaires. Ce principe n'étant d'ailleurs expressément consacré par aucun autre texte camerounais, bien que l'organisation institutionnelle atteste indéniablement de son existence. L'intention première du législateur était donc et demeure de garantir tout au plus le principe plus général de la séparation des pouvoirs. Ce faisant, il opère par ricochet une garantie de son corollaire qui est ici[15] le principe de séparation des autorités administratives et judiciaires. C'est ce qui explique qu'à la différence du droit français où l'interdiction est fixée aux seules autorités judiciaires en raison de leur comportement d'alors, le Code pénal fait peser cette interdiction de manière réciproque aux autorités administratives et aux autorités judiciaires. Dès lors, il ne privilégie pas les autorités administratives par rapport aux autorités judiciaires. Le droit administratif résultant du Code pénal apparait beaucoup moins redoutable que son géniteur français dans ses débuts. En interdisant les mêmes atteintes aux magistrats et aux autorités exécutives, il fait triompher le principe de séparation des pouvoirs sans traitement de faveur pour les autorités administratives. Aussi s'avère-t-il plus pacificateur et légitime. À en juger l'absence de contestation institutionnelle ou controverse doctrinale.

Fort malheureusement, une telle piste, pourtant entrevue, n'a pas été explorée jusqu'ici.

B. La pénalisation des atteintes au principe de légalité

Il est à souligner d'entrée de jeu que l'on traite du principe de légalité de l'action administrative et non du principe de légalité des délits et des peines. En effet, dans la prise en charge des activités d'intérêt général, l'Administration est appelée à respecter l'ensemble des règles qui définissent aussi bien ses modalités de fonctionnement que ses interventions au sein de la société. À l'origine obligée de respecter la loi, l'Administration est aujourd'hui tenue de se soumettre à l'ensemble du droit. C'est ce que traduit l'évolution terminologique marquée par le passage de la légalité au sens restreint à la légalité au sens large, encore dite, juridicité.

Principe central de légitimation d'une action administrative dominée par l'emploi des privilèges, la légalité (lato sensu) conditionne la validité de l'action administrative par la satisfaction de trois exigences :

---

[14] Voir SEROUSSI (R), *Introduction au droit comparé*, op.cit., 2003, *passim*.

[15] En France le principe de séparation des autorités préexiste à celui de séparation des pouvoirs.

Premièrement, elle doit être habilitée. Dit autrement, l'agent public qui agit doit nécessairement se voir attribuer la compétence d'intervenir dans un champ donné du service.

Deuxièmement, l'action administrative doit être conforme au droit, c'est-à-dire non contraire à celui-ci.

Troisièmement, l'action administrative doit être compatible au droit, c'est-à-dire qu'elle doit éviter de heurter le droit existant, même si elle ne s'y réfère pas expressément.

En dehors des dérogations qui lui sont reconnues, les atteintes au principe de légalité sont sanctionnées par le juge administratif dans le cadre du recours pour excès de pouvoir, du recours en indemnisation et d'autres voies de contrôle de légalité. Les actes normatifs ou matériels de l'Administration étant dans ce cadre frappés d'annulation, de voie de fait, d'inexistence ou générateurs de responsabilité.

L'efficacité de ces sanctions du juge administratif a toujours été incertaine. Très significatives sont à cet égard les « réflexions naïves » de Jean Rivero sur le recours pour excès de pouvoir[16]. Elles mettent en lumière la grande déception résultant de ce que l'annulation d'un acte ne s'accompagne pas d'une réformation, ni n'offre de garantie d'une exécution satisfaisante, faute d'un pouvoir d'injonction du juge sur l'Administration ou d'un pouvoir de déploiement de la force publique sur l'Administration qui du reste en est dépositaire. Les autres condamnations souffrent de la même inefficacité, et les administrativistes semblent s'en résigner. Pourtant tout n'est pas perdu ! Le Code pénal peut permettre au droit administratif de repousser ses limites dans la soumission de l'Administration au droit. Aux termes de l'article 125 de ce texte, « *Est puni d'un emprisonnement de six (06) mois à cinq (05) ans tout fonctionnaire qui :*

a) S'immisce dans l'exercice du pouvoir législatif ;

b) *Refuse d'exécuter des dispositions législatives* ».

Le *littera b* de l'article 125 intéresse le principe de légalité à plus d'un titre. Il incrimine « *tout fonctionnaire* » qui pourrait manquer au devoir d'exécution des lois qui incombe à l'Administration chargée de l'exécution des lois. En tant qu'expression de la volonté générale lorsqu'elle respecte la constitution[17], la loi doit être inscrite dans la réalité pour réguler les rapports sociaux. Pour cette raison, lorsqu'une compétence est attribuée à un agent public, il ne s'agit pas d'une faculté comme la capacité, il s'agit d'une obligation d'agir qui s'explique d'ailleurs par la permanence de l'intérêt général. Certes, le Doyen

[16] RIVERO (J), « Le Huron au palais royal ou réflexions naïves sur le recours pour excès de pouvoir », *Dalloz, Chronique- VI*, 1962, pp. 37- 40.
[17] *DCC Evolution de la Nouvelle Calédonie, 1984.*

Hauriou avait souligné que dans la mission d'exécution des lois, l'Administration n'est pas servile, elle bénéficie d'une marge importante d'initiative dictée par les inépuisables éventualités auxquelles ouvre la gestion du service public. Il préconise pour autant de parler de l'exécution des services au lieu de l'exécution des lois. Si cet aspect tenant à la discrétionnalité et à la marge d'autonomie du pouvoir administratif ou alors plus généralement à la théorie des pouvoirs implicites *(implied powers)*[18] de tout responsable administratif est irréductible, l'attribution de la compétence est assortie d'une obligation d'agir.

Dotée de la compétence de sa compétence, l'autorité administrative ne saurait s'abstenir de donner effet, d'appliquer une disposition législative qui s'impose à elle sans tomber sous le coup de la faute. Ladite faute est à la fois administrative et pénale. L'abstention d'une autorité administrative ayant compétence liée figure ainsi en bonne place des recours ouverts au citoyen contre l'Administration devant le juge administratif. Toutefois, l'encadrement de ce contentieux prête à l'interprétation. Donner un délai de quatre (04) ans pour s'attaquer à une abstention peut vouloir signifier que celle-ci n'est pas aussi grave que les actes objet du recours pour excès de pouvoir et en indemnisation dont les délais sont de trois (03) et six (06) mois respectivement. Dans l'ordre administratif, le législateur semble négliger la faute administrative liée à l'abstention. Celle-ci est souvent cachée sous le voile pudique de la tolérance administrative ; surtout lorsque la disposition législative crée des obligations à la charge du citoyen et que l'application de celle-ci par l'Administration parait difficile ou inopportune dans la pratique. Aussi les recours formés sur la base d'abstentions de l'Administration ne sont-ils pas prolifiques dans la jurisprudence. Le cas de figure le plus proche en temps et en champ est l'affaire *Maurice Kamto C/État du Cameroun.*

Les décisions résultant de ce contentieux sont appréciables, elles donnent souvent lieu à une autre forme d'abstention : le refus d'exécution des décisions de justice.

Cette inefficacité à la chaine peut être surmontée par une saine application du *littera* b de l'article 125. Ceci reviendrait à infliger une peine allant de six (06) mois à cinq (05) ans d'emprisonnement à tout agent public qui refuse d'exécuter les dispositions d'une loi. Les toutes premières condamnations produiraient un effet comminatoire sur les nombreux autres auteurs d'abstention qui se croient tout permis en matière de gestion de personnel, des biens et des finances publiques. Plus clairement, le Code pénal sanctionne le refus d'exécuter les lois en incriminant les abstentions coupables. À titre d'illustration, les articles 145 et 146 respectivement relatifs à la tolérance d'un

[18] Théorie élaborée par la Cour suprême américaine en vertu de laquelle les pouvoirs d'un organe découlent des responsabilités qu'il doit assumer. Voir à ce propos PIERRE-CAPS (S), *Droits constitutionnels étrangers*, Paris, PUF, 2015, p. 44.

attroupement et à la tolérance d'une atteinte aux droits individuels. Les articles 147 et suivants vont dans le même sens.

Toutefois, la mise en œuvre complète de cette disposition recèle un brin d'irréalisme, car de très innombrables agents habitués à l'impunité se retrouveraient en détention, et surtout que plusieurs aléas peuvent objectivement entraver l'application des lois.

Quoi qu'il en soit, le Code pénal offre encore ici une possibilité de consolider un principe fondamental du droit administratif, qui s'apparente au baromètre de l'avancée de l'État de droit. Ce Code participe tout autant à cet exaltant processus par la systématisation des outils intellectuels du droit administratif.

II. LA SYSTÉMATISATION DES OUTILS INTELLECTUELS DU DROIT ADMINISTRATIF PAR LE CODE PÉNAL

La trame de toute discipline scientifique est constituée par les données conceptuelles et méthodologiques qui lui permettent de saisir et d'expliquer la réalité. Qui plus est le droit administratif reconnu comme un droit des initiés, complexe et incommunicable.

Pour atténuer l'image rébarbative qui lui a été très vite collée, le Droit administratif doit asseoir ses connaissances sur des outils intellectuels fiables. En l'occurrence, les notions et concepts qui l'aident à s'orienter dans le désordre au monde et à appréhender une masse mouvante et a priori indifférenciée des phénomènes[19]. Le juge et la doctrine travaillent à éclairer et préciser le vocabulaire du droit administratif, mais le Code pénal y contribue également de manière remarquable. Ce texte a donné la définition la plus admise du fonctionnaire (A), de laquelle découle une spécification de son statut pénal (B).

A. La définition pénale du fonctionnaire

Le terme fonctionnaire désigne la figure emblématique des nombreux personnels qui animent au quotidien les services publics. Recouvrant la catégorie des personnes qui incarnent au premier rang l'Administration publique, la notion de fonctionnaire apparait comme un outil conceptuel, central du droit administratif. Ne pas le saisir avec précision serait comme si l'on confiait la prise en charge des besoins d'intérêt général à d'illustres inconnus. Chacun en mesurait le risque encouru dans ce cas. Mais ce risque demeure si la notion de fonctionnaire n'est pas cernée avec toute la précision souhaitable.

---

[19] TUSSEAU (G), « Critique d'une métanotion. La notion (trop) fonctionnelle de notion fonctionnelle », *RFDA*, 2009, p. 641.

En droit camerounais, la définition du fonctionnaire résulte d'un arrêt du Conseil du contentieux administratif en date du 28 juillet 1986, *Sieur Anong Daniel C/ Administration du territoire*. En l'espèce, le juge avait affirmé que « *Sont fonctionnaires, des personnes nommées aux emplois permanents et titularisées dans un grade de la hiérarchie.* » Cette définition a été reprise par l'article 2 du décret du 18 février 1974 portant statut général de la fonction publique. Aujourd'hui, le Statut en vigueur résultant du décret n° 2000/287 du 12 octobre 2000, dispose en son article 3 alinéa 1er qu' : « *est considérée comme fonctionnaire, toute personne qui occupe un poste de travail permanent et est titularisée dans un cadre de la hiérarchie de l'Administration de l'État* ».

L'examen de ces définitions laisse apparaitre une insuffisante appréhension de ce qui peut être raisonnablement entendu comme fonctionnaire dans la réalité. Si les deux premières définitions retiennent les critères de titularisation et de permanence de l'emploi, la troisième s'avère contradictoire à un double titre. La notion de « *poste de travail* » correspond au modèle de fonction publique ouverte. L'agent entre dans l'Administration pour y effectuer une tâche et en ressort aussitôt que celle-ci est achevée. Il est donc de l'essence du poste de travail de ne pas être permanent, ce qui empêche a fortiori d'y être titularisé. La titularisation se fait à un emploi permanent donnant lieu à une carrière, alors que le poste de travail procède de la contractualisation. Sous la cure des programmes d'Ajustement structurel, les États ont été amenés à diminuer drastiquement les effectifs pléthoriques et improductifs d'agents, tout en adoptant des mécanismes qui empêcheraient de tomber dans les mêmes travers. Mais visiblement, il leur a été difficile de rompre complètement avec le modèle antérieur, d'où la formule voulue transactionnelle, mais apparue finalement malheureuse de titularisation à un poste de travail permanent. Aussi est-elle restée inopérante et réduite à un effet d'affichage ; car la fonction publique camerounaise est demeurée fermée. Après de nombreux départs volontaires et le recours à un recrutement massif de temporaires, le système de carrière est demeuré dominant, et même les temporaires sont devenus permanents soit par la longue durée de leur activité, soit par un recrutement définitif.

Au vu de ce qui précède, la notion de fonctionnaire reste porteuse de la confusion. De plus, la catégorie pourtant primordiale s'avère peu représentative dans la diversité des agents publics, où elle représente au plus un tiers (1/3) des effectifs.

Pour lui restituer sa place centrale et la rapprocher de la réalité, une acception extensive s'impose. Ce d'autant qu'en dépit des statuts différenciés, fonctionnaires et contractuels sont soumis dans des conditions quasi identiques à un régime statutaire et réglementaire. C'est ainsi que le recours au Code pénal apparait salutaire en vue d'une meilleure appréhension du fonctionnaire. Son article 131 en donne la définition la plus large possible qui rend justice au statut primordial de cette catégorie. Cette disposition considère comme fonctionnaire « *tout magistrat, tout officier public ou ministériel tout préposé ou commis de l'État ou toute autre personne morale de droit public, d'une société d'État ou d'économie mixte, d'un officier public ou ministériel, tout militaire des forces armées ou de gendarmerie, tout agent de la sûreté nationale ou de l'administration pénitentiaire et toute personne chargée, même occasionnellement d'un service public, d'une mission ou d'un mandat, agissant dans l'exercice ou à l'occasion de l'exercice de ses fonctions* ».

De manière réaliste, le Code pénal s'écarte des subdivisions titulaire/contractuel, autorité exécutive/autorité non exécutive, autorité civile/autorité militaire et forces de maintien de l'ordre, autorité civile/autorité politique, autorité étatique/autorité décentralisée, etc. pour voir le fonctionnaire en toute personne chargée, même occasionnellement, de l'exécution d'une mission de service public agissant à ce titre. La diversification des statuts n'est qu'une complexification inopportune à l'évidence et de manière générale, les différences d'emploi en termes de tâches sont de détail. Il est souhaitable d'adopter cette définition en droit administratif pour mettre fin à certaines disparités causant des frustrations quant au traitement salarial, à certains avantages statutaires et de retraite, notamment entre agents statutaires et contractuels, ou agents de l'État et agents des entités décentralisées.

Bien que le Code pénal aille un peu plus loin que les préoccupations relatives à la gestion des ressources humaines, il convient de proposer qu'à l'exception des vacataires et des temporaires, tous les autres agents publics devraient être intégrés dans la catégorie de fonctionnaire, quitte à aménager certaines dispositions spéciales à côté du statut général. Ce qui mettrait de l'ordre dans la catégorie ; même si l'on venait à créer plusieurs fonctions publiques. S'occupant des mêmes tâches, tous les fonctionnaires seraient alors *mutatis mutandis* soumis au même traitement, aux mêmes obligations et à la même discipline. Le titulaire cesserait d'être soumis au statut général pendant que le contractuel l'est au Code du travail. Certaines situations aberrantes comme l'absence d'un texte général fixant la discipline des agents des institutions décentralisées seraient dissipées. Et c'est justement dans l'optique de tirer des conséquences sur le plan répressif que le Code pénal a défini le fonctionnaire.

B. La spécification du statut pénal du fonctionnaire

La définition que le Code pénal a donnée du fonctionnaire a eu pour conséquence d'en faire un sujet pénal à part entière. Il peut être protégé ou puni selon des modalités particulières. Sans prétention à l'exhaustivité, l'on va s'appuyer sur certaines dispositions pour l'illustrer.

S'agissant de la punition, l'article 132 qui arrive immédiatement après l'article 131 définissant le fonctionnaire, semble tirer les conséquences de la définition en instituant des circonstances aggravantes liées à la qualité de fonctionnaire. En vertu de cette disposition, les peines prévues aux infractions telles que la copie des documents administratifs (article 189), des documents et permis (article 206), des certificats officiels (article 207), l'arrestation illégale (article 291-1), le travail forcé (article 292), la violation de domicile (article 299), la violation de correspondance (article 300), la violation de secret professionnel (article 310), la contrefaçon de certificat (article 315) sont doublées lorsque le coupable est un fonctionnaire. En dehors du doublement des peines principales, l'article 133 arrive par la suite pour ajouter des peines accessoires telles que la déchéance, la confiscation et la publicité des décisions pour voie de presse écrite, cybernétique, de radio diffusion ou de télévision.

La sévérité de ces dispositions du Code pénal pourrait contribuer à réduire les cas d'indiscipline et les problèmes de probité qu'accusent les agents publics. Encore faut-il que l'Administration sensibilise les agents à ce propos, et qu'elle donne la possibilité au juge d'appliquer rigoureusement la loi pénale contre les agents véreux. Il incombe en outre aux administrativistes d'en faire une vulgarisation dans leurs enseignements et leurs recherches ; de manière à établir une communication pérenne entre les normes administratives et les normes pénales. Administrateurs et administrativistes devraient ainsi s'efforcer de rompre le cloisonnement et développer un nouveau réflexe d'ouverture au droit pénal. Une telle ouverture consisterait à chercher systématiquement les poursuites pénales éventuelles de tout manquement de l'agent administratif. Cela peut paraitre redoutable pour l'Administration qui pourrait se voir privée de ses nombreux agents emprisonnés. Mais ce serait le moindre mal par rapport aux pires maux qui gangrènent le secteur public et plombent aussi bien la qualité que la performance des services publics devant contribuer au développement.

Préconiser un réflexe sanctionnateur dans la gestion des agents publics ne signifie pas qu'on veut en faire des cibles de la loi pénale. Il s'agit aussi de susciter en eux une prise de conscience face aux dangers auxquels ils s'exposent en violant leurs obligations professionnelles. C'est donc à chacun de s'attacher à la rectitude pour être épargné. Lorsque celui-ci observe les prescriptions qui lui sont fixées, le Code pénal assure en retour une protection spéciale au fonctionnaire. Il consacre tout un chapitre aux atteintes à l'autorité, constituées de l'outrage au président de la République (article 153), l'outrage aux corps constitués et aux fonctionnaires (article 154), les violences à fonctionnaire (article 156), la contrainte de fonctionnaire (article 160), et les déclarations mensongères (article 162). Le Code pénal systématise donc l'outil intellectuel majeur du droit administratif qu'est le fonctionnaire en élaborant sa définition et en fixant son opérationnalisation. Une telle systématisation est aussi déductible de ce que son article 12 ayant donné compétence exclusive au juge d'appliquer la loi pénale, celui-ci dégage parfois le sens des concepts du droit administratif. Tel a été le cas de la voie de fait administrative dans l'affaire *NYO WAKAÏ and 172 others*[20].

Au bout du compte, il apparait clairement que le Code pénal est un trésor caché aux administrativistes. De par le caractère comminatoire des incriminations et le caractère dissuasif des sanctions, ce texte fournit au droit administratif des moyens autrement plus exorbitants pour accroître l'efficacité de l'action administrative. Au regard des dérives qui ne cessent de foisonner dans la gestion des services publics, il est nécessaire d'accentuer le pouvoir sanctionnateur des institutions publiques. Les pénalistes rendent d'ailleurs compte de ce que le changement en droit pénal va dans le sens de punir plus vite et de punir plus tôt[21]. Cette tendance contemporaine redonne vie à l'un des courants philosophiques de la Chine ancienne qui s'était opposé à l'humanisme confucéen : le légisme. Apparu vers le VIe siècle avant Jésus-Christ au Royaume de Qin, il défend le principe d'un pouvoir fort fondé sur la suprématie de la loi pénale. Seule la loi pénale, jugée objective, exacte, absolue et suffisante, peut maintenir l'ordre efficacement. Gravée dans le bronze ou dans la pierre, elle s'impose à tous, sans exception. Quant au souverain, il ne gouverne pas par la vertu, mais par la force ; son bras armé ce sont les fonctionnaires, qui doivent obéir aveuglément[22]. Le Code pénal parle aux administrativistes, à eux d'écouter son message.

---

20 *Jugement n°HCB/19CRM/921 du 23 décembre 1992, retired justice NYO WAKAÏ and 172 others c/people High court of Mezam judicial division Bamenda, Note de Léopold DONFACK SOKENG, Lex lata n°017, août 1995, pp. 3-8.*

21 MALABAT (V), « Le changement en droit pénal », *Revue d'Assas*, n°10, février 2015, p. 30.

22 À propos du légisme, voir utilement *Le point Hors-série, Les maîtres-penseurs, Confucius, Le vrai maître de la Chine*, pp. 52, 53.

LES INCAPACITÉS DES ORGANES EXÉCUTIFS EN DROIT PUBLIC CAMEROUNAIS ET FRANÇAIS

Sedena AKONO ONGBA

Agrégé de droit public
Maître de Conférences
Université de Yaoundé II

RÉSUMÉ

Théorisée de manière classique en droit privé, la catégorie des incapacités semble négligée par la doctrine de droit public. Pourtant, le droit positif en France et au Cameroun révèle que cette catégorie n'existe pas moins en droit public. En effet, les organes exécutifs des systèmes juridiques sous analyse sont attachés de limitations, de restrictions et de proscriptions diverses vouées à deux missions ultimes. Il s'agit de protéger les institutions publiques contre les perturbations intempestives. De même, les incapacités contribuent à l'amélioration substantielle ou à l'efficacité de l'activité administrative. Finalement, mieux que les simples cas d'incompétence, les incapacités limitent la propension des organes exécutifs à abuser de leurs pouvoirs. Elles déterminent ainsi la responsabilité des organes exécutifs et participent également à l'amélioration de l'activité administrative et à celle de la qualité du droit.

Mots-clés : Incapacités-Organes exécutifs-stabilité institutionnelle-optimisation

ABSTRACT

Even though largely elaborated in private law, incapacities in private law seem to be a theorical category neglected by public law authors. Nevertheless, Cameroonian and French positive law reveals that, this category also exists in public law. In fact, executive organs of the judicial system of both countries are limited or restricted by several incapacities. These incapacities aim at protecting public institutions from incessant perturbations. In the same way, they contribute to substantial amelioration or the efficiency of administrative activity. Finally, better than mare cases of incompetence, incapacities limit the tendency of executive organs abusing their powers. Incapacities also determine the responsibility of executive organs and participate equally in the amelioration of the administrative activity as well as the quality of law.

Key words: incapacities – executive organs – institutional stability – optimization

INTRODUCTION

La transversalité est un attribut essentiel de la science du droit. Dénominateur commun des sciences humaines en raison de la transdisciplinarité de celles-ci,[1] cet attribut détermine davantage la science juridique en vertu de sa prétention à saisir ou à régir divers domaines et activités de la vie des personnes juridiques. Il peut en être de même du statut ou des situations juridiques de celles-ci. C'est dans ce registre que peut, *a priori,* être inscrite la catégorie des incapacités des organes exécutifs. Même si elle transcende « la division scientifique du droit » [2]qui oppose le droit public au droit privé depuis l'ère des jurisconsultes Gaius, et Ulpien, (en passant par Jean Bodin[3], Montesquieu[4], Kant[5] ou encore les théoriciens de la méthodologie juridique à l'instar de Véronique Champeil-Desplats[6] et Jean-Louis Bergel)[7], la présente étude s'inspire d'une catégorie juridique[8]

---

[1] LOCHAK (D.), « Le droit, discours de pouvoir », in *Itinéraires, Études en l'honneur de Léo Hamon*, Economica, Paris, 1982, pp.429-444, Spéc, pp. 429-430.

[2] BURUGURU (J-M), « Droit public et droit privé au début du XXIe siècle : de la séparation à l'interprétation », in *L'État, le droit, la politique, Mélanges en l'honneur de Jean-Claude Colliard*, Dalloz, Paris, 2014, pp. 9-27, Spéc., p. 14.

[3] L'auteur explique notamment que « **le droit public [qui] est celui de l'utilité publique, comme l'observance des rites sacrés, la promulgation des lois, la création des magistrats, la délibération des affaires de la cité, la déclaration des hostilités, l'établissement des peines et des récompenses et l'institution des actions légales** », et « **le droit privé dont les raisons sont différentes [...]. De lui relèvent les municipes, les associations et les familles, les droits respectifs du mari et de la femme, des parents et des enfants, des maitres et des serviteurs et tout ce qui concerne les particuliers** ».
V. BODIN (J.), *Exposé du droit universel*, 1580, cité par BEHRENOT (C.), BOUHON (F.), *Introduction à la théorie générale de l'État*, Recueil des textes, Lancier, coll. Faculté de droit de l'Université de Liège, Bruxelles, 2009, p.15.

[4] Charles Louis de SECONDAT, Baron de la Brède et de Montesquieu, de son vrai nom, oppose le droit des gens, au droit politique à côté du droit civil. Le premier a pour objet les rois dans les rapports des peuples entre eux. Le second, c'est-à-dire le droit politique vise les rapports qu'ont ceux qui gouvernent avec ceux qui sont gouvernés ; tandis que le droit civil concerne les lois dans le rapport que tous les citoyens ont entre eux. Cf. *De l'esprit des lois*, 1748, L.I. Chapitre 3.

[5] Pour Emmanuel KANT, Le droit privé est celui de l'État de nature garanti par l'État, alors que le droit public est celui de la Constitution parce que c'est cette dernière qui organise les institutions de l'État et régit leur fonctionnement. Cf. KANT (E.*), Métaphysique des mœurs*. Première partie : doctrine du droit (1796), Vrin, Paris, 1979, p. 116.

[6] CHAMPEIL-DESPLATS (V.), *Méthodologie du droit et des sciences du droit,* Dalloz, Paris, 2014, 432 p.

[7] BERGEL (J.L.), *Méthodologie juridique*, 2e éd., mise à jour, Thémis, Paris, PUF, 2016, 453, pp.

[8] DROSS (W.), « L'identité des concepts juridiques : quelles distinctions entre concept, notion, catégorie, qualification, principes », *R.R.J, Droit prospectif*, 2015-5, numéro spécial, pp. 2229-2235,

systématisée à profusion en droit privé[9]. Et fort curieusement, celle-ci demeure sinon ignorée ou oubliée, du moins minorée par les théoriciens du droit public. Pourtant, cette catégorie irrigue le constitutionnalisme[10] et partant, tout le droit public proclamé et enseigné au Cameroun comme en France.

L'urgence d'une clarification conceptuelle autorise une légère incursion en droit privé. En effet, dans cette branche majeure de la division pédagogique de la science du droit, les incapacités désignent les différents régimes d'exception destinés à protéger la faiblesse humaine. Cette dernière se présente généralement sous la forme de l'enfant, du vieillard, du malade, du handicapé, de l'idiot, du pauvre d'esprit, du fou, de l'exclu social, du clochard, du surendetté, de l'alcoolique, du drogué, *etc.*[11] Dans ce sens, l'incapable est l'individu qui ne peut exercer les prérogatives que le Code napoléonien

---

[9] MALAURIE (P.), AYNES (L.), *Droit des personnes : la protection des mineurs et des majeurs*, Paris L.G.D.J, 2016, 405 pp. Spéc., deuxième partie : les personnes protégées, pp. 257 et suiv.

[10] Le concept évoque à la fois une doctrine philosophique et une trajectoire historique et institutionnelle. Dans le premier sens, il s'agit d'une idéologie qui postule à son origine la limitation du pouvoir des gouvernants et la promotion des libertés publiques. L'article 16 de la Déclaration des Droits de l'homme et du citoyen du 26 août 1789 a souvent été considéré comme l'affirmation normative de cette idéologie : **« Toute société dans laquelle la garantie des droits n'est pas assurée, ni la séparation des pouvoirs déterminée, n'a point de Constitution »**.

Les théories de l'État de droit et le développement de la justice constitutionnelle représentent de nos jours, la marque de l'approfondissement de cette doctrine philosophique. Dans une seconde approche, le constitutionnalisme fait référence aux caractéristiques essentielles, notamment la genèse, l'historique et les éléments principaux en droit positif d'un système constitutionnel donné.

Cf. Entrée : « constitutionnalisme » in DEBARD (T.), *Dictionnaire de droit constitutionnel*, 2e éd. enrichie et mise à jour, Coll., Ellipses, Paris, 2007, p. 108. Sur cette question, lire également : *Le nouveau constitutionnalisme, Mélanges en l'honneur de Gérard Conac*, Paris, Economica, 2001, 458 p.

En convoquant donc le constitutionnalisme, l'on voudrait faire référence aux restrictions d'existence, telles : les incapacités électorales, l'inaptitude à se porter candidat à une consultation électorale ou plus simplement à exercer une fonction administrative, ou encore les implications juridiques d'une révocation de fonction.

Pour une recherche plus approfondie de la question, lire utilement :

-CABANIS (A) et MARTIN (L-M), *Le constitutionnalisme de troisième vague en Afrique francophone,* Coll. Publications de l'Institut universitaire André Ryckmans, Bruylant, Louvain-la-Neuve, 2010, 227 p.

-ATANGANA AMOUGOU (J-L), « Les révisions constitutionnelles dans le nouveau constitutionnalisme africain » *Politeia,* n° 7, printemps 2005, pp 583-622.

-MBALLA OWONA (R) « Recherches sur un aspect d'un « tabou du constitutionnalisme » en droit administratif : la théorie de la loi-écran en France et au Cameroun », *R.A.D.P*, Vol.1, N° 01, EDLK 1er Semestre, Juin-Décembre 2012, pp. 205-239.

-WANDJI KAMGA (J.F), « Les zones d'ombre du constitutionnalisme en Afrique », *Revue juridique et politique des États francophones*, n° 3, juillet-septembre 2007, pp 263-307.

[11] MALAURIE (P.), AYNES (L.), *Droit des personnes, op.cit.*, pp. 257.

reconnaît à l'homme nouveau imaginé par la loi révolutionnaire, et plus tard, les lois impériales construites autour de l'autonomie de la volonté.[12] Bien que la doctrine privatiste moderne semble préférer à la notion de *« personnes incapables »,* celle de *« personnes vulnérables »* [13]ou de « personnes protégées »[14], une observation majeure s'impose : le droit (privé) des incapacités recherche la réalisation « d'un difficile équilibre entre la protection des faibles, le respect de la dignité humaine et la sécurité du commerce »[15]. En droit public, la notion ou la catégorie « incapacités » n'est point ignorée. Pour autant, celle-ci ne semble guère bénéficier des efforts de systématisation théorique de la doctrine. En effet, les auteurs classiques, quand ils évoquent de manière subsidiaire ou occasionnelle cette notion, s'intéressent prioritairement aux incapacités électorales. Celles-ci sont présentées comme une privation de jouissance ou d'exercice du droit de vote[16]. Ainsi, l'incapacité prive son titulaire de l'opportunité d'être inscrit sur une liste électorale ou d'exprimer son suffrage, le cas échéant.

En droit public, quelques rares dictionnaires spécialisés [17]consacrent une laconique entrée à la notion. L'incapacité est alors présentée comme la privation de l'exercice des droits civils et politiques en raison du sexe, de la nationalité, de l'âge ou des facultés mentales. Pourtant, la science du droit public autorise à envisager les incapacités bien au-delà de la perspective patrimoniale d'une prérogative retranchée au citoyen-électeur. Éclairée en effet d'une analyse lexicale et étymologique[18], la notion d'incapacité en droit public partage avec les disciplines de droit privé, l'idée de privation de prérogatives, d'aptitudes, d'habilitations ou de droits reconnus à son titulaire. Toutefois, si l'on mobilise le critère organique pour opposer le droit privé au droit public[19], les incapacités pourraient être appréhendées comme les diverses

---

[12]Ces prérogatives consistent notamment à être chef de famille, à exercer tous les attributs du droit de propriété, à contracter et choisir ses héritiers. Voir : Entrée : « incapables » in CADET (L), (dir.). *Dictionnaire de la justice*, 1ère éd. Paris, PUF, 2014, pp. 613-616.

[13] CADET (L.), *Dictionnaire de la justice, op.cit., pp.613-616.*

[14] MALAURIE (P.), AYNES (L), *Droit des personnes..., op.cit.,* p. 258.

[15] Idem.

[16] HAURIOU (M.), *Précis de droit constitutionnel,* 2e éd, Présentation par Jacky Humel, Dalloz, Paris, 2015, pp. 570-572.

[17] CHATTY (A.), *Dictionnaire du droit français,* 1ère éd., Légis-France, 4e trimestre, Paris, 2012, p. 274 ; AVRIL (P.), GICQUEL (J.), *Lexique, droit constitutionnel,* Paris, PUF, 1986, p. 70.

[18] Du préfixe privatif **« in »** et du substantif ***« capacité »*** dont le qualificatif est « *capax-capacis,* c'est-à-dire : **habile, capable, qui peut contenir.**

[19] Dans ce sens, Carré de Malberg explique que le droit public est le droit de l'État, c'est-à-dire le droit applicable à tous les rapports humains ou sociaux dans lesquels l'État entre directement en jeu. En plus, le droit public est un droit corporatif qui envisage l'État non seulement dans les individus, gouvernants ou gouvernés, mais surtout dans son unité. L'auteur conclut que le droit public comprend les règles applicables aux collectivités étatiques ou participantes à la puissance propre à l'État. CARRE DE MALBERG (R.*), Contribution à la théorie générale de l'État,* t. 1, réédition, Dalloz, Paris, 2004, p.1 et pp. 50 et 51.

privations, restrictions, interdictions et autres proscriptions qui limitent la capacité, c'est-à-dire les pouvoirs ou les prérogatives des organes de l'État ou des démembrements de celui-ci, de manière générale. Ainsi, l'incapacité en droit public est saisie plus aisément par opposition à son antonyme : la capacité, telle que théorisée par Hans Kelsen dans sa *Théorie pure du droit*. En effet, le Maître de Vienne considère précisément la capacité d'action comme « *l'aptitude d'un individu à provoquer par sa conduite des effets de droit (...) c'est-à-dire les conséquences que l'ordre juridique attache à cette conduite* »[20]. Dans ce sens, l'incapacité peut alors résulter d'une inéligibilité ou d'une incompatibilité, ces dernières pouvant être vues comme une conséquence de la première, sans devoir s'y assimiler forcément. L'incapacité semble donc limiter l'accès à une fonction élective. Ainsi, elle fait obstacle à l'obtention de la qualité d'organe exécutif[21]. L'incompatibilité quant à elle proscrit tout cumul de fonctions exécutives, législatives, et judiciaires. Il s'agit d'une faculté conférée aux individus par l'ordre juridique, afin de créer des normes individuelles sur la base des normes générales posées elles-mêmes par le législateur, la coutume ou encore par les tribunaux[22]. Ainsi, Hans Kelsen arrive à assimiler la capacité d'action à la compétence dans le sens où cette dernière désigne une habilitation à créer les normes juridiques. Au bénéfice de ces clarifications théoriques, les incapacités des organes exécutifs envisagées ici s'entendent par opposition à la théorie de la capacité d'action telle qu'expliquée par Hans Kelsen. À la vérité, même si, rigoureusement appréhendée, la notion d'incompétence pourrait être préférée à celle d'incapacité[23], cette dernière est appréhendée de manière extensive dans la présente étude. Elle désigne ainsi les différentes inhabilitations destinées sinon à limiter, du moins à réguler les attributions des organes exécutifs de l'Etat en droit camerounais et en droit français. Ces inhabilitations peuvent également, du fait de la rationalisation du pouvoir, contribuer à améliorer la qualité de l'action administrative. Et, encore faudrait-il préciser les sens du

---

[20] KELSEN (H.), *Théorie pure du droit*, 2e éd., Dalloz, Paris, 1962, Traduction Ch. EISENMANN, p. 151.

[21] Il faut se référer à Maurice Hauriou pour observer que la catégorie des incapacités est bien connue en droit public précisément dans la théorie de la représentation. L'auteur écrit : « il faut distinguer deux espèces d'incapacités civiles des administrations publiques : celle dont toutes sont frappées en leur qualité de personnes morales et parce qu'elles ne peuvent agir que par représentants ; celles dont sont frappées les administrations secondaires à raison de la tutelle administrative que retient sur elles l'État… ». Cf. HAURIOU (M), *Précis de droit administratif et de droit public*, 12e éd., Dalloz, Paris, 2002, pp. 53-54.

[22] KELSEN (H.), *Théorie pure du droit*, *op.cit.*, p. 152.

[23] À cet égard, le Maître de Vienne écrit : « *la doctrine traditionnelle ne parle pas de capacité d'action dans tous les cas d'habilitation, au sens le plus étroit du terme, c'est-à-dire dans tous les cas d'attribution du pouvoir juridique. Au contraire, dans beaucoup de cas, et avec prédilection notamment, lorsqu'il s'agit des fonctions de certains organes de la collectivité, en particulier des tribunaux et des autorités administratives, elle parle de leur compétence* ». KELSEN (H.), *Théorie pure du droit*, *op.cit.*, p. 198.

concept d'organe avant d'expliquer le choix porté en particulier sur les organes exécutifs.

Empruntée à la biologie[24] et réceptionnée en théorie constitutionnelle, la notion « *d'organes* » désigne *« les personnages ou corps qui exercent une partie quelconque de la puissance publique »*[25]. Il s'agit notamment de *« certains personnages tels que le roi, le Président de la République, les ministres ou encore certains collèges tels que les assemblées législatives (...) les agents d'exercice des diverses fonctions de la puissance étatique »*.[26] Peut-être faut-il indiquer que la théorie de l'organe telle que construite par Raymond Carré de Malberg vise, à terme, la limitation des pouvoirs des gouvernants. Car, les organes ne sont que des instruments d'exercice ou d'expression de la puissance, synonyme de la souveraineté de l'État ; leur véritable titulaire n'étant ni le souverain ni les représentants de la nation, mais précisément la nation elle-même[27]. À quelques nuances près, l'acception de la notion d'organe qui précède se rapproche peu ou prou, de celle élaborée par Hans Kelsen. En effet, cet auteur qualifie d'organe juridique ou organe d'une collectivité, tout individu qui réalise une conduite attribuable à la collectivité, parce que prévue par l'ordre normatif. Cette acception pas trop extensive de la notion est reconsidérée de manière plus restrictive par son auteur. Ce dernier précise que l'organe juridique renvoie à tout individu ou à toute assemblée habilitée à appliquer le droit en qualité de juge, d'administrateur ou de membre d'un tribunal ; leur dénominateur commun étant l'exercice de la fonction de création ou d'application du droit[28]. En tout état de cause, les organes envisagés dans la présente recherche s'étendent aux personnalités publiques investies de la fonction exécutive au sein de l'État. Suivant la théorie de la séparation des pouvoirs, dans la perspective de la trilogie des fonctions étatiques élaborée par Montesquieu, les organes exécutifs renvoient aux personnes ou aux individus chargés d'assurer l'administration de l'État ou des autres démembrements étatiques[29]. S'il est constant que la fonction

---

[24] Sur l'apport des sciences exactes aux sciences juridiques, lire utilement CHAMPEIL-DESPLATS (V), *Méthodologie du droit et des sciences du droit, op.cit.*, p. 175.

[25] CARRE DE MALBERG (R.), *Contribution à la théorie générale de l'État,* t.2, *op.cit.,* p. 1.

[26] Idem.

[27] CARRE DE MALBERG (R.), *Contribution à la théorie générale de l'État*, T.2, *passim.*
Dans ce sens, l'auteur écrit que **: « les gouvernants ne possèdent pas à proprement parler, la souveraineté elle-même ; ils n'en ont, ce qui est bien différent, que l'exercice, ils ne sont que les administrateurs d'un bien étranger, d'un pouvoir qui est purement celui de la Nation »,** *op.cit.,* p. 171.

[28] KELSEN (H.), *Théorie pure du droit, op.cit.,* pp. 154 et 157.

[29] Il s'agit précisément des différentes personnalités ou autorités qui exercent le pouvoir exécutif depuis le sommet de l'État jusqu'au plus bas échelon de l'administration publique locale. L'on envisage notamment le Président de la République, le Premier ministre, les ministres et assimilés, les différents responsables de l'administration centrale de l'État. Sont également intégrés dans cette notion, les autorités de l'administration déconcentrée, celles relevant du commandement territorial à l'instar des Gouverneurs de région et leurs

exécutive s'appréhende aisément par exclusion de la fonction législative et de la fonction judiciaire, certains auteurs à l'instar de Ducrocq assimilent l'Administration au pouvoir exécutif, celui-ci étant considéré comme une branche de celle-là[30]. Dans cette perspective, les organes exécutifs évoquent les différentes autorités ou les individus chargés d'assurer l'exécution des lois. Sont donc exclues de l'analyse, les limitations imposées aux organes et autorités relevant du pouvoir judiciaire et du pouvoir législatif. Il en est de même des organes délibérants des collectivités locales et des entreprises publiques ou du secteur public et parapublic. Toutefois, l'importance des pouvoirs et prérogatives de ces organes au double plan qualitatif et quantitatif, et les risques inhérents à leurs abus sur la stabilité institutionnelle et la protection de l'État de droit inspirent, sous le prisme des incapacités, la réflexion autour des limitations normatives des prérogatives, attributions et pouvoirs reconnus à ces personnalités. Le propos consiste à déterminer les différentes catégories d'incapacités limitant les pouvoirs, attributions et autres prérogatives des organes exécutifs de l'État. En clair, quelles sont les incapacités des organes exécutifs au Cameroun et en France ? Au-delà de la systématisation d'une réalité peu, ou mal connue de la communauté scientifique, le projet ambitionne de déterminer et à mettre en cohérence les différentes catégories d'incapacités attachées aux organes exécutifs en droit public camerounais et français pour en déterminer l'esprit et le fil d'Ariane, de manière à en inférer les fonctions ou les missions ultimes. Celles-ci s'articulent autour de la préservation des perturbations institutionnelles et de la promotion de l'efficacité de l'action administrative. Idéologiquement ancrée dans la théorie du constitutionnalisme, la recherche prétend rendre compte de l'état du droit camerounais et français quant aux limitations et proscriptions substantielles qui restreignent l'existence et l'action des organes exécutifs, aux fins non seulement de protection de l'État de droit, mais aussi de bonification de l'activité administrative de la Cité.

L'on peut prendre pour prétexte l'absence ou la rareté des travaux de recherche relatifs à la théorie des incapacités des organes exécutifs en droit public camerounais et français. En effet, s'il ne fait point de doute que la responsabilité des gouvernants au quintuple plan pénal[31], civil, financier,

---

collaborateurs immédiats, les préfets et sous-préfets, ainsi que les organes d'exécutifs des collectivités territoriales décentralisées et des entreprises publiques ou appartenant au secteur public et parapublic. Ainsi, la notion d'organe exécutif se comprend précisément par exclusion des organes législatifs et judiciaires.

[30] DUCROCQ, *Cours de droit administratif,* 7e éd., p. 35 et s., cité par CARRE DE MALBERG (R.), *Contribution à la théorie générale de l'État*, T.2, *passim.*

[31] Lire utilement : PORTELLI (H.), « La pénalisation de la vie politique », in *Pouvoirs*, n° 128, 2009, *La pénalisation*, pp.113-119. Spéc., p. 113

administratif et politique[32] est la recette du constitutionnalisme[33], l'on doit ajouter que les restrictions imposées aux organes exécutifs de l'État participent également de la régulation des pouvoirs de ce dernier, à l'effet de protéger l'idéal démocratique. Pourtant, au Cameroun, le constat de la « **dépresidentialisation** » du régime politique est implacable[34]. L'observateur de ce constat remarque « **la déconstruction du contexte présidentialiste** »[35] au profit de « **la construction des mécanismes anti-présidentialistes** »[36]. Néanmoins, il n'accorde point d'attention particulière aux incapacités qui limitent singulièrement l'hypertrophie du chef de l'État. Pourtant, cette réalité contribue à conforter l'idée de la dépresidentialisation du régime politique camerounais. De même, la question des incapacités ne semble guère étrangère à Monsieur le professeur Patrick-Edgard Abane[37]. Bien que l'auteur n'ait pas consacré de développement à cette notion, son exercice de qualification théorique de l'empêchement définitif du Président de la République en droit camerounais autorise à y percevoir, implicitement, les différents cas de santé, actes et autres situations qui placent le Président de la République dans l'inaptitude à exercer ses fonctions. Pour sa part, la doctrine française est beaucoup moins prolixe sur le sujet. En dépit des remarquables travaux[38] sur le constitutionnalisme, sur la République[39], ou sur la Nouvelle Ve République[40], les écrits n'abondent guère sur les incapacités des organes exécutifs. Critère majeur d'appréciation de l'État de droit, il demeure curieux d'observer que la thématique des incapacités des organes exécutifs ne figure point dans le registre des axes pertinents de la théorie constitutionnelle en droit français[41]. Pourtant, le droit positif au Cameroun comme en France, surabonde de la production normative insinuant cette catégorie juridique. Sous ce

---

[32] V. PONTHOREAU (M.C.), « Le président de la République : une fonction à la croisée des chemins », in *Pouvoirs* n° 99, 2001, La Nouvelle Ve République, pp. 33-44, Spéc., p. 38, AVRIL (P), « Pouvoir et responsabilité », in *Mélanges offerts à Georges Burdeau*, LGDJ, Paris, 1977, p. 14. SEGUR (Ph), « Qu'est-ce que la responsabilité politique », *R.D.P*, n° 6, pp. 1599-1633.

[33] BIDEGARY (C), « Le principe de responsabilité : fondement de la démocratie : petite promenade dans les allées du « jardin des délices démocratiques », in *Pouvoirs*, n° 92, 2000, *La responsabilité des gouvernants*, pp. 5-16, Spéc., p. 2.

[34] ONDOA (M.), « La dépresidentialisation du régime politique camerounais », *R.A.D.P*, Vol. I, n° 1, Juillet-Décembre. 2012, pp. 121-149.

[35] ONDOA (M.), « La dépresidentialisation..., *op.cit.*, p. 124.

[36] ONDOA (M.), *op. cit.*, p. 135.

[37] ABANE ENGOLO (P.E.), « L'empêchement définitif du président de la République en droit camerounais », *R.A.D.P*, Vol. 1, n° 1, juillet-décembre 2012, pp. 182-204.

[38] *Le nouveau constitutionnalisme, Mélanges en l'honneur de Gérard Conac*, Paris Economica, 2001, 458 p.

[39] *Pouvoirs*, n° 100, *La République*, 2000, 183 p.

[40] *Pouvoirs*, n° 99, *La nouvelle cinquième République*, 195p.

[41] BORELLA (F.), « La situation actuelle du droit constitutionnel », *R.F.D.C*, n° 89, 2012, pp. 3-10.

rapport, l'approche positiviste[42] de l'étude commande de questionner la lettre et l'esprit de ces textes juridiques constitutionnels, législatifs et infra législatifs à cet égard. Ceux-ci révèlent que le droit public, au Cameroun, comme en France, n'ignore point la catégorie des incapacités des organes exécutifs. À la vérité, au-delà de leur aménagement formel, les restrictions imposées aux organes exécutifs déterminent l'existence ou la stabilité de l'État. En même temps, elles contribuent à la qualité du droit de celui-ci autant qu'à celle du service public fourni au citoyen.

Au bénéfice de la démarche ainsi adoptée, l'on peut observer qu'au Cameroun comme en France, le « **jurislateur** » [43]consacre et aménage deux catégories d'incapacités des organes exécutifs en droit public. Les premières, dans la perspective du constitutionnalisme démocratique, visent à protéger la stabilité institutionnelle, au sens des changements intempestifs de l'ordre juridique et politique, de l'État et des démembrements infra-étatiques (**I**). Les secondes transcendent la question de la limitation ou de la régulation du pouvoir. Celles-ci tendent davantage à axer l'action des pouvoirs publics vers un idéal de bonification ou d'amélioration, voire finalement, d'efficacité de l'activité administrative (**II**).

I. LES INCAPACITÉS DE PROTECTION DE LA STABILITÉ INSTITUTIONNELLE

L'inclination à l'abus du pouvoir est une perversité ontologiquement liée à la nature humaine. Cette réalité est théorisée par Montesquieu qui écrit : « c'est une expérience éternelle que tout homme qui a du pouvoir est porté à en abuser : il va jusqu'à ce qu'il trouve des limites (...) »[44]. S'il est certain que l'abus de leurs pouvoirs par les gouvernants est périlleux pour les libertés des gouvernés, cette pathologie représente surtout une menace sérieuse contre la stabilité institutionnelle. C'est donc en vue de protéger les institutions publiques[45] contre les risques de dysfonctionnement, les perturbations et

---

[42] Cette approche sera précisément articulée autour de l'interprétation des textes et de l'analyse de la jurisprudence constitutionnelle des pays sous étude ou de quelques autres États africains.
[43] CHAPUS (R.), *Droit administratif général*, 14e éd., Montchrestien, Paris, 2000, tome I, p. 27. À travers cette notion, l'auteur désigne de manière générale, l'autorité émettrice des normes juridiques
[44] Montesquieu, *De l'esprit des lois*, livre XI, chapitre IV.
[45] Pour mémoire, la notion d'institution doit être entendue dans le sens où l'envisage Maurice Hauriou. Il s'agit **« d'une idée d'œuvre ou d'entreprise qui se réalise et qui dure juridiquement dans un milieu social »**. L'auteur distingue alors les **« institutions-personnes »** à l'instar de l'État, des associations, des syndicats des **« institutions-choses »** qui ne se personnifient pas. Tel est le cas des règles de droit elles-mêmes. De même, le philosophe Paul Ricœur suggère-t-il deux principaux critères de détermination d'une institution. D'une part, la permanence en ce sens, l'institution s'oppose à tout ce qui a un caractère accidentel. D'autre part, le caractère organique dans la mesure où l'institution est créée par le droit objectif et non point par les particuliers.

autres changements intempestifs que le droit positif au Cameroun et en France aménage deux principales catégories d'incapacités à l'effet de juguler une excessive puissance des autorités exécutives. Les premières consistent à limiter l'admission aux fonctions publiques exécutives (**A**). Les secondes visent à restreindre ou à réguler l'étendue des pouvoirs des personnalités relevant du pouvoir exécutif dans l'exercice de ses fonctions (**B**).

A. Les limitations d'accès aux fonctions exécutives

La stabilité de toute organisation politique est dépendante des conditions d'accès au pouvoir[46]. De manière singulière, la quiétude permanente au sein des institutions publiques est sujette aux conditions d'admission aux fonctions exécutives à la tête de l'État ou des démembrements infra-étatiques[47]. Dans cette perspective, les normes juridiques traduisent une préoccupation constante : celle de juguler la capacité des individus de tous bords à accéder à cette catégorie de fonctions. Telle semble être en droit camerounais et en droit français, la *ratio essendi* des filtres[48] destinés à organiser avec rigueur, la sélection des candidats tant à la magistrature suprême qu'aux autres fonctions exécutives au niveau central et au niveau local. En clair, au Cameroun comme en France, émergent deux principales catégories d'incapacités limitant l'accès aux fonctions exécutives. Il s'agit de l'inéligibilité à la fonction exécutive suprême, d'une part (**1**) et de l'inadmissibilité aux autres fonctions exécutives, d'autre part (**2**).

1. L'inéligibilité à la fonction exécutive suprême

En théorie constitutionnelle, l'inéligibilité est porteuse d'incapacité. En effet, celle-ci désigne tantôt « un obstacle mis à l'élection et donc à la candidature »[49], tantôt « la situation d'une personne qui ne peut être élue, soit parce qu'elle ne remplit pas les conditions générales de l'électorat, soit parce qu'ayant la capacité électorale, elle ne remplit pas celles qui lui permettraient d'être candidate »[50]. Ainsi, l'inéligibilité induit un type d'incapacité à distinguer d'une autre : l'incompatibilité. La première empêche d'être candidat à une fonction élective. La seconde interdit le cumul de deux

---

Cf., ROUBIER (P), *Théorie générale du droit : historie des doctrines juridiques et philosophiques des valeurs sociales,* Préface David Deroussin, 2e éd. Paris, Dalloz, 2005, pp. 17-21.

[46] CHANTEBOUT (B.), *Droit constitutionnel,* 32e éd., Paris, Sirey, 2015, p. 5. Voir aussi COHENDET (M.A), *Droit constitutionnel*, Coll. Cours, Paris, L.G.D.J, 2015, p. 33.

[47] L'analyse des conditions d'admission et fonctions exécutives est déterminante dans la mesure où c'est l'admission au sens de l'élection ou de la nomination qui confère la qualité d'organe exécutif.

[48] MELIN SOUCRAMANIEN (F.), « Devenir candidat ; quels filtres ? », *Pouvoirs*, n° 138, 2012, *La candidature à l'élection présidentielle,* pp. 19-31.

[49] AVRIL (P.), GICQUEL (J.*), Lexique de droit constitutionnel, op.cit.*, p. 71.

[50] DEBARD (T.), *Dictionnaire de droit constitutionnel, op.cit.*, pp. 226-227.

fonctions électives, ou l'exercice simultané d'une fonction élective et d'une autre, non élective. L'inéligibilité limite donc la capacité d'accéder à une fonction publique élective[51]. En revanche, l'incompatibilité oblige la personnalité placée dans une telle situation à opérer un choix entre deux fonctions non-cumulables. En tout cas, l'inéligibilité comme motif d'incapacité d'accès ou d'admission à la fonction exécutive suprême est abordée suivant des philosophies différentes par les *jurislateurs* camerounais et français. Le premier détermine de manière restrictive les causes d'inéligibilité à la fonction exécutive suprême en soumettant l'éligibilité à la fonction suprême à des conditions naturelles et conjoncturelles fort sélectives (**a**). *A contrario*, au double plan qualitatif et quantitatif, le second envisage cette question de manière assez extensive autour d'un objectif majeur : celui de promouvoir l'alternance au pouvoir (**b**).

a. La conjonction de conditions naturelles et conjoncturelles en droit camerounais

L'interprétation des dispositions pertinentes de la loi constitutionnelle du 18 janvier 1996 et de la loi n° 2012/001 du 19 avril 2012 portant Code électoral révèle que le droit positif camerounais consacre deux principales causes complémentaires d'inéligibilité à la fonction suprême de l'État[52]. Les premières sont essentiellement fortuites. Elles sont liées à l'environnement naturel ou à la naissance et s'articulent autour de la nationalité du candidat. C'est ce qui résulte de l'article 5 (5) de la loi constitutionnelle du 18 janvier 1996[53]. Ainsi, la non satisfaction de certaines conditions « **naturelles** » telles la nationalité camerounaise d'origine, ainsi que la majorité spéciale de trente-cinq (35) ans révolus, est une cause d'inéligibilité à la tête de l'exécutif camerounais. La rigueur de l'interprétation commande d'observer l'option pour la constitutionnalisation des causes « **biologiques** » ou **« naturelles** » de l'incapacité d'admission à la fonction exécutive suprême au Cameroun. À la vérité, la nationalité même partiellement étrangère d'un candidat à la magistrature suprême est porteuse de germes d'instabilité institutionnelle. Car, dans ce cas de figure, la protection de l'intégrité du territoire, de l'unité nationale et des intérêts économiques du Cameroun n'est point garantie, *a priori*. De même peut-on subodorer qu'un jeune de moins de trente-cinq ans ne dispose pas nécessairement des ressources nécessaires à la maîtrise des forces politiques d'un pays, à la complexité socio-politique

[51] Ainsi, elle empêche d'obtenir la qualité d'organe exécutif.

[52] Titre II : Du pouvoir exécutif, chapitre I : Du Président de la République, article 5 (1) : **« Le Président de la République est le Chef de l'État »**.

[53]**« Les candidats aux fonctions de Président de la République doivent être citoyens camerounais d'origine, jouir de leurs droits civiques et politiques et avoir trente-cinq (35) ans révolus à la date de l'élection ».**

établie[54] comme le Cameroun. Les secondes causes d'incapacité d'accès au sommet de la fonction exécutive consistent dans le rapport du candidat à l'exercice de sa citoyenneté. Il s'agit de la relation effectivement harmonieuse du candidat à la nation et aux institutions de dévolution du pouvoir. En effet, la loi n° 2012/001 du 19 avril 2012 portant code électoral consacre deux principales catégories d'incapacités électorales. Les unes visent toutes les fonctions publiques électives. Les autres tendent à exclure de l'éligibilité à la fonction exécutive suprême, les personnalités qui manquent de satisfaire à certaines conditions spécifiques. Rentrent dans la première catégorie, les personnes incapables de s'inscrire sur les listes électorales en raison de condamnations pénales diverses[55]. Les secondes causes d'inéligibilité à tête de la fonction exécutive de l'Etat résultent de l'interprétation *a contrario* de l'article 127 et de la lettre de l'article 128 du code électoral. En effet, l'article 127 ci-dessus évoqué réitère pour partie, les dispositions de l'article 5 alinéa 5 de la loi constitutionnelle du 18 janvier 1996[56].

Le code électoral renforce le régime des incapacités d'accès à la plus haute fonction exécutive de l'Etat, en ajoutant aux conditions consacrées par la Constitution, trois autres, fondamentales. D'abord, la justification d'une résidence continue d'au moins douze mois dans le territoire national[57]. Ensuite, l'inscription sur les listes électorales à la date du scrutin. Enfin, l'inexistence d'une relation ambigüe ou compromettante avec une personne, une organisation étrangère ou un État étranger. Même si l'imprécision de cette disposition légale est à remarquer pour en regretter[58] la perfectible qualité rédactionnelle, il apparait que les motifs d'inéligibilité à la plus haute fonction exécutive au Cameroun visent un objectif ultime. Il s'agit de limiter au mieux,

---

[54] L'on se contentera de souligner ici la multiplicité des partis politiques estimés à plus de trois-cents, avec presqu'autant de groupes ethniques.

[55] Loi n° 2012/001 du 19 avril 2012 portant code électoral. **Titre III : Dispositions communes à l'élection du Président de la République, des députés et des députés et au référendum. Chapitre I, Section II : des incapacités électorales. Article 47** : « ne doivent pas être inscrites sur une liste électorale : les personnes condamnées pour crime, même par défaut ; les peines condamnées à une peine privative de liberté sans sursis supérieure à trois (03) mois, les personnes condamnées à une peine privative de liberté assortie de sursis simple ou avec probation supérieure à six (06) mois, les personnes qui font l'objet d'un mandat d'arrêt ; les faillis non réhabilités dont la faillite a été déclarée soit par les tribunaux camerounais, soit par un jugement rendu à l'étranger et exécutoire au Cameroun, les aliénés mentaux ».

[56] Il s'agit des conditions cumulatives afférentes à la nationalité camerounaise d'origine, à la plénitude des droits civils et politiques et à l'âge minimum de trente-cinq (35) ans révolus à la date de l'élection.

[57] Contentieux électoral (Présidentielle 2011), Recours n° 12/CEP/11 du 11 septembre 2011, Décision n° 20/CEP du 20 septembre 2011, affaire MILA ASSOUTE Pierre, candidat du RDMC c/ ELECAM.

[58] La mauvaise qualité d'écriture des actes normatifs est porteuse d'insécurité juridique dans la mesure où celle-ci porte entrave à l'accessibilité psychologique, c'est-à-dire à l'intelligibilité de la norme juridique ainsi qu'à la prévisibilité de celle-ci. Le concept de relation ambiguë ou compromettante illustre à suffire l'imprécision d'une notion porteuse d'insécurité juridique.

l'accès à cette fonction afin de garantir la stabilité institutionnelle, synonyme de quiétude certaine au sommet de l'État. Tel semble être l'objet des dernières incapacités ci-dessus analysées. Car, un individu qui ne justifie point d'une résidence continue d'au moins douze mois sur le territoire national, ou qui entretiendrait des relations compromettantes, ou en tout cas ambiguës avec des puissances étrangères, représente un danger potentiel pour la stabilité des institutions républicaines. En dépit de quelques nuances substantielles, le régime français de l'inéligibilité au sommet de l'exécutif semble poursuivre le même objectif de protection de la stabilité de l'État, au moyen de la promotion de l'alternance au pouvoir.

b. La promotion de l'alternance au pouvoir en droit français

En droit français, l'acception extensive de l'incapacité résultant de l'inéligibilité à la plus haute fonction exécutive tient à trois considérations majeures. Celles-ci ont pour dénominateur commun la promotion de l'alternance politique au sommet de l'État. D'abord, au double plan quantitatif et qualitatif, le jurislateur français consacre des causes aussi nombreuses que déterminantes d'inéligibilité à la tête de l'État. Ensuite, certaines de ces causes font l'objet d'une consécration constitutionnelle ; tandis que d'autres bénéficient d'une constatation et d'une protection juridictionnelle. Enfin, une autre classification des motifs de limitation d'accès à la fonction de Président de la République en droit français pourrait consister à distinguer l'inéligibilité consacrée par la Constitution, des causes d'inéligibilité consacrées par la loi, précisément la loi n° 62-1292 du 06 novembre 1962 relative à l'élection du Président de la République au suffrage universel. En effet, l'article 6 de la Constitution française du 04 octobre 1958 consacre un motif qui rend d'office inéligible, le Président de la République en fonction. Il s'agit précisément de l'hypothèse où celui-ci aurait exercé un second mandat consécutif. C'est ce qui ressort de l'article 6 *in fine* de la Constitution ci-dessus visée en ces termes : « **nul ne peut exercer plus de deux mandats consécutifs** ». Cette disposition constitutionnelle présente surtout la vertu de consacrer la limitation des mandats et ainsi, de promouvoir l'alternance à la tête de l'État. De plus, le législateur français détermine d'autres motifs d'inéligibilité à la fonction de chef de l'exécutif. Ces motifs peuvent être classés en trois catégories. La première catégorie concerne l'état civil du candidat. La seconde réside dans les conditions suspensives à satisfaire par le candidat sous peine d'inéligibilité. La dernière est constituée des déchéances qui rendent le candidat inéligible. Ainsi, le candidat à la Présidence de la République doit être âgé de vingt-trois (23) ans révolus et être inscrit sur les listes électorales[59]. Aussi ne doit-il pas être incapable civil, c'est-à-dire, n'être ni sous-tutelle, ni sous curatelle[60]. Pour ce qui est des conditions suspensives moyennant

[59] Article L 127 du code électoral français.
[60] Article L 200 du code électoral français.

lesquelles un candidat ne peut être élu à la fonction de chef de l'exécutif, celles-ci consistent en des obligations à accomplir. Il s'agit notamment de l'accomplissement du service civique national[61], d'une déclaration de patrimoine devant le Conseil constitutionnel avant et après l'élection ; ladite déclaration devant être publiée en cas d'élection[62]. Enfin, dans le registre des motifs susceptibles de rendre inéligible un candidat à la fonction de Président de la République en France, se trouvent les déchéances résultant d'une condamnation judiciaire. Tel est l'objet des articles L 199 et L 203 du code électoral français[63].

À tout prendre, le régime français de l'inéligibilité au sommet de la fonction exécutive peut être caractérisé par la largesse de son spectre ou de son étendue, au regard de son domaine et de ses effets. Du point de vue de son domaine, ce régime rend incapable d'accéder à la plus haute fonction de l'État, un nombre important de candidats en délicatesse avec leurs obligations civiles ou pour violation potentielle ou réelle des prescriptions relatives à la déclaration des biens. Du point de vue de ses effets, le régime de l'inéligibilité à la tête de la fonction exécutive en droit français semble exprimer un certain nombre d'options politiques majeures. Il s'agit notamment de la promotion de l'alternance au pouvoir[64], l'intégration de la jeunesse dans la classe politique et la protection de l'intégrité de la fortune publique[65]. La spécialité de la fonction exécutive suprême en raison de la haute stature du chef de l'État en France et au Cameroun justifie l'étude des cas d'incapacité d'accès à cette fonction avant l'analyse des motifs limitant l'admission aux fonctions exécutives au niveau local.

---

[61] Article 45, code électoral : « Nul ne peut être élu s'il ne justifie avoir satisfait aux obligations imposées par le code du service national ».

[62] Article 3, loi n° 62-1292 de la loi du 06 novembre 1962 relative à l'élection du Président de la République au suffrage universel : « A peine de nullité, le candidat doit remettre au Conseil constitutionnel deux documents établis à cet effet : - une déclaration patrimoniale rédigée conformément aux dispositions de l'article L. 0 135 (1) du code électoral qui sera publiée s'il est élu, – l'engagement de faire publier une déclaration patrimoniale de même nature en fin de mandat s'il est élu ».

[63] Article L 199 : « Sont inéligibles les personnes désignées aux articles L 6 et L7 et celles privées de leur droit d'éligibilité par décision judiciaire en application des lois qui autorisent cette privation ».
Article L 203 : « nul ne peut être élu s'il est frappé d'une amende ou déclaré solidaire pour le paiement d'une amende en application des articles 3 et 7 (2) de l'ordonnance du 18 octobre 1944 relative à la confiscation des profits illicites, modifiée par l'ordonnance du 06 janvier 1945 ».

[64] Cf. art. 6 de la Constitution française du 04 octobre 1958.

[65] Articles L 199 et L203 du code électoral.

2. L'inéligibilité aux fonctions de chef d'exécutif d'organes locaux

La décentralisation de l'État est un dénominateur commun des constitutions actuelles du Cameroun[66] et de la France[67]. Ici et là, la stabilité des institutions étatiques est déterminée par les restrictions de l'accession à la tête des organes exécutifs des entités ou des collectivités décentralisées. Dans ce sens, le droit positif tend à limiter la capacité d'admission des citoyens à la tête des organes exécutifs des collectivités territoriales décentralisées afin de préserver la stabilité de l'État à l'échelle locale. Telle semble être la raison d'être des motifs d'inéligibilité à la fonction de chef d'exécutif communal où les conditions d'admission sont diverses et variées (a) tandis qu'elles présentent quelques spécificités au sein des autres collectivités locales (b)[68].

a. La variabilité des conditions d'accession à la fonction de chef d'exécutif municipal

Au Cameroun[69] comme en France, le maire[70] est le chef de l'exécutif communal. Aussi, l'accès à cette fonction exécutive locale obéit-il à des conditions essentiellement différentes dans l'un et l'autre système juridique, leur unique point commun étant la limitation de l'accès à cette fonction. La

[66] Article premier alinéa (2) de la loi constitutionnelle du 18/01/1996 : « la République du Cameroun est un État unitaire **décentralisé** ».

[67] Article premier, Constitution du 04 octobre 1958 : « la France est une République individuelle, laïque, démocratique et sociale (...). Son organisation est **décentralisée** ».

[68] La question de la limitation de l'accès aux fonctions exécutives non électives ne nous a guère semblé pertinente. En effet, l'accès à ces fonctions relève essentiellement du pouvoir discrétionnaire du Président de la République. Cf. Article 10, Constitution camerounaise du 18/01/1996 : » **(1) Le Président de la République nomme le Premier Ministre et, sur proposition de celui-ci, les autres membres du gouvernement. Il fixe leurs attributions. Il met fin à leurs fonctions. V. aussi, article 8 de la constitution française du 04 octobre 1958 « Le Président de la République nomme le Premier Ministre, il met fin à ses fonctions sur présentation par celui-ci de la démission du gouvernement. Sur proposition du Premier Ministre, il nomme les autres membres du gouvernement et met fin à leurs fonctions »**

[69] Article 58 (2), loi n° 2004/018 du 22 juillet 2004 fixant les règles applicables aux communes : **« le maire est le chef de l'exécutif communal. Il est assisté d'adjoints dans l'exercice de ses fonctions »**

[70] Article 2122-18, du Code de collectivités : **« le maire est chargé de l'administration de la commune, mais il peut sous sa surveillance et sa responsabilité, déléguer par arrêté, une partie de ses fonctions à un ou plusieurs adjoints et en l'absence ou en cas d'empêchement des adjoints, ou dès lors que ceux-ci sont titulaires d'une délégation à des membres du conseil ».**

nationalité camerounaise[71] ou française[72] est une condition minimale d'éligibilité à la fonction de maire. L'un et l'autre système juridique divergent à cet égard sur un certain nombre d'exigences moyennant lesquelles un citoyen est incapable d'accéder à cette fonction élective. Outre les conditions d'admissibilité relatives aux autres fonctions électives de l'État, le droit positif camerounais et français divergent, en ce qui concerne la fonction de chef de l'exécutif communal sur l'âge, la situation professionnelle, les aptitudes intellectuelles et la nature des relations qu'entretient le candidat avec des personnes physiques ou morales de nationalité étrangère.

D'abord sur le critère de l'âge, l'option pour le rajeunissement de la classe politique ou encore l'initiation de la jeunesse à la vie politique semble réitérée en droit français. Car ici, la majorité civile suffit pour être éligible à la fonction de maire[73]. Le Cameroun semble également opter pour la promotion de l'engagement de la jeunesse à la vie politique et à la gestion des affaires politiques locales, bien que la majorité civile et la majorité électorale[74] ne suffisent guère à elles seules pour être éligible à la tête de l'exécutif communal[75].

Le nouveau code électoral camerounais consacre une nouvelle cause d'inéligibilité majeure. Celle-ci frappe toute personne « placée dans une situation de dépendance ou d'intelligence vis-à-vis d'une personne, d'une puissance étrangère ou d'un État étranger[76] ». Il s'agit donc d'une cause d'inéligibilité qui semble traduire le souci de protéger la stabilité des institutions et dans une certaine mesure, la souveraineté de la nation. De plus, le législateur exclut également d'accès à la fonction de maire pendant l'exercice de leurs fonctions ou dans un délai de six mois, suivant la cessation de leurs fonctions par démission, destitution ou de toute autre manière, « les personnes des services concourant à la défense du territoire, notamment de

---

[71] Suivant une interprétation *a contrario* de l'article 175 (1) de la loi n° 2012/001 du 19 avril 2012 portant code électoral : « **... peut être candidat aux élections municipales, tout citoyen sans distinction de sexe (...) », l'alinéa premier de cet article comporte une nuance de taille en ce qui concerne l'étranger qui acquiert la nationalité camerounaise par naturalisation. Celui-ci n'est éligible qu'à compter d'un délai de dix (10) ans à compter de la date d'acquisition ».**

[72] Article LO 2122 4.1 : « **Le conseiller municipal qui n'a pas la nationalité française ne peut être élu maire ou adjoint ni en exercer temporairement les fonctions de maire ».**

[73] Article 2122-4 du code des collectivités locales (loi n° 2000-295 du 05 avril 2000, article 7 : « **Nul ne peut être élu maire s'il n'est âgé de 18 ans révolus ».)**

[74] Celle-ci est de 20 ans au Cameroun, en vertu de l'article 45 du code électoral : « **Est électeur, toute personne de nationalité camerounaise, sans distinction de sexe, âgée de 20 ans révolus, inscrite sur une liste électorale et ne se trouvant dans aucun cas d'incapacité prévue par la loi. »**

[75] En vertu de l'article 175 du code électoral, cet âge est de 23 ans.

[76] Article 176 (1) : « **Sont inéligibles, les personnes qui de leur propre fait se sont placées dans une situation de dépendance ou d'intelligence vis-à-vis d'une personne, d'une organisation, d'une puissance étrangère ou d'un État étrangère. »**

sureté et de la police ainsi que les militaires et assimilés des forces armées ». Ces différentes causes d'inéligibilité qui constituent des cas d'incapacité d'admission à la tête de l'exécutif communal en droit camerounais révèlent une préoccupation constante : celle de limiter la capacité d'accès à la qualité d'organe exécutif local à des personnalités susceptibles de mettre en cause la quiétude de l'État à l'échelle locale en raison de leur âge, de leur nationalité, de leur inconfort intellectuel. Il en est de même pour celles dont la situation professionnelle ou par quelques accointances avec une personne étrangère justifie de puissants soupçons contre la stabilité institutionnelle. Il reste à vérifier si les normes limitant l'accès à la tête des autres collectivités locales visent le même objectif.

b. La spécialité des conditions d'éligibilité à la tête des autres collectivités locales

Afin de comprendre le régime des incapacités liées à l'inéligibilité à la tête des collectivités locales différentes des communes au Cameroun et en France, une observation liminaire s'impose. Celle-ci est relative à la formulation des normes régissant l'éligibilité à ces fonctions. En effet, en droit français d'une part, les conditions d'élection des chefs d'exécutif communal sont *mutatis mutandis* similaires à celles des organes des autres collectivités locales notamment, les régions et les départements. Ainsi, est inéligible pendant une durée maximale de trois (03) mois, le candidat convaincu d'indélicatesse dans la gestion des fonds publics alloués à la campagne électorale[77]. Aussi, le Conseil constitutionnel peut-il déclarer inéligible, pendant une période n'excédant pas trois (03) ans, tout candidat qui par des manœuvres frauduleuses, aurait porté atteinte à la sincérité des élections.

Au Cameroun, le législateur consacre l'applicabilité à l'élection des conseillers régionaux, des conditions d'éligibilité des conseillers municipaux[78]. Toutefois, celui-ci ajoute à ces conditions deux autres, spécifiquement valables pour les conseillers régionaux, et partant, leurs organes exécutifs. Il s'agit d'une part, de l'obligation de résidence dans le ressort de la région de candidature du postulant à la fonction de conseiller régional[79]. D'autre part, une seconde cause d'inéligibilité comme conseiller régional est la qualité de chef de circonscription administrative et/ou d'adjoint à cette fonction au moment de la candidature[80].

[77] Cf. Article 45 (1) du Code électoral français.

[78] Art. 252, Code électoral camerounais.

[79] Article 251 (1) : **« Nul ne peut être conseiller régional s'il ne réside de manière effective dans le ressort de la région concernée ».**

[80] Article 253 (1) : **« Les chefs de circonscription administrative et/ou leurs adjoints ne peuvent être candidats à un siège de conseiller régional pendant la durée de leurs fonctions. »**

L'analyse des causes d'inéligibilité aux fonctions de président de conseil départemental en France, de président de conseil régional dans ce même pays comme au Cameroun impose une observation majeure : les jurislateurs français et camerounais hésitent à élever à la tête les organes exécutifs locaux, des personnalités dont la capacité à garantir la stabilité institutionnelle n'est guère garantie ou avérée. Si cette première catégorie d'incapacités limite l'accès ou empêche d'obtenir la qualité d'organe exécutif, le droit positif camerounais et français détermine d'autres situations qui restreignent la capacité d'action ou d'exercice des pouvoirs par les autorités exécutives lorsque cette qualité leur est reconnue ou conférée.

B. Les restrictions d'action dans l'exercice des fonctions exécutives

Dans la perspective de la protection de la stabilité institutionnelle, le régime des incapacités ne saurait se résumer à la limitation de l'accession aux fonctions exécutives. Ce régime intègre également les restrictions que le droit positif impose aux organes exécutifs dans l'exercice de leurs fonctions. Ainsi, la rationalisation de la capacité d'action de ces organes varie selon qu'est envisagée la légalité normale (**1**) ou à l'inverse de cette dernière : la légalité de crise (**2**).

1. Les limitations de pouvoir en période normale

En période normale, c'est-à-dire en cas de fonctionnement harmonieux des institutions étatiques, le pouvoir des autorités exécutives ne s'exerce guère sans bornes. Ces autorités sont en effet, limitées par plusieurs catégories d'inhabilitations. Les premières empêchent le Président de la République d'initier une quelconque révision constitutionnelle sur les matières exclues de révision (**a**). Les secondes contribuent à rationaliser les attributs du pouvoir hiérarchique et du pouvoir de tutelle des organes exécutifs centraux sur les personnes et institutions placées sous leur autorité **(b).**

a. La délimitation du domaine de révision constitutionnelle

Au Cameroun comme en France, le Président de la République est investi d'un pouvoir d'initiative de la révision constitutionnelle[81]. Loin de tout absolutisme, ce pouvoir est délimité par des proscriptions empêchant le chef de l'Exécutif d'initier une quelconque révision constitutionnelle sur une matière ou un domaine exclu de cette procédure. Ces matières qui consacrent une incapacité pour le Président de la République dans l'exercice de son

---

[81] Article 63 (1) loi constitutionnelle du 18 janvier 1996 : **« L'initiative de la révision appartient concurremment au Président de la République et au Parlement »** ; Article 89, Constitution française du 04 octobre 1998 : **« L'initiative de la révision de la constitution appartient concurremment au Président de la République sur proposition du Premier et aux membres du Parlement ».**

pouvoir de révision constitutionnelle concernent l'unité et l'intégrité du territoire, la forme républicaine de l'État et les principes démocratiques censés régir la vie publique. En d'autres termes, les constitutions camerounaise et française s'accordent à frapper le Président de la République d'une incapacité d'exercice fondamentale. Celle d'initier une quelconque procédure de révision constitutionnelle susceptible de mettre en cause la stabilité des institutions bâtie sur la forme unitaire, sur les principes démocratiques et la forme républicaine de l'État[82]. En excluant de révision les matières susceptibles de porter atteinte aux principes démocratiques, les constituants semblent opérer une sacralisation implicite de certaines transformations de l'État moderne. Il s'agit notamment de la remise du pouvoir de décision politique à des autorités administratives indépendantes, du contrôle juridictionnel et en particulier, du contrôle de constitutionnalité des lois et de la protection des libertés publiques ; ces ingrédients pouvant être considérés comme des « *extensions de la démo*cratie »[83]. En dehors des interdictions qui limitent le pouvoir d'initiative de la révision constitutionnelle du Président de la République, la capacité d'action de cet organe exécutif est atrophiée par quelques mécanismes de protection du principe de libre administration des collectivités locales.

b. La rationalisation du pouvoir hiérarchique et de la tutelle.

Que l'on envisage invariablement la centralisation ou la décentralisation de l'État, les « **supérieurs suprêmes** »[84] ou chefs hiérarchiques exercent sur leurs subordonnées ou « **inférieurs hiérarchiques** »[85] et sur leurs actes, un pouvoir dont la nature varie selon qu'il existe entre ces deux catégories d'organes exécutifs une relation hiérarchique ou un rapport de tutelle. Dans l'un comme dans l'autre cas, le pouvoir du supérieur hiérarchique ou de l'autorité de tutelle est assorti de limitations. En droit français par exemple, le pouvoir présidentiel de nomination aux emplois civils et militaires[86] ne relève

---

[82] Article 64 de la constitution camerounaise du 18/01/1996 : « Aucune procédure de révision ne peut être engagée ou poursuivie, sil elle porte atteinte à la forme républicaine de l'État, à l'unité et à l'intégrité du territoire de l'État et aux principes démocratiques qui régissent la République ».
Article 89, Constitution française du 04 octobre 1958, *in fine* : « Aucune procédure de révision ne peut être engagée ou poursuivie lorsqu'il est porté atteinte à l'intégrité du territoire. La forme républicaine de l'État ne peut faire l'objet d'une révision ».
[83] POURIHIET (A.M), « Définir la démocratie », *R.F.D.C*, n° 87, 2001, pp. 453-464, Spéc., pp. 458-459.
[84] EISENMANN (C), *Cours de droit administratif*, T. I, LGDJ, coll. Anthologie du droit, Paris, 1999, p. 247.
[85]Idem.
[86] Article 13 de la constitution du 04 octobre 1958 : « Le président de la République signe les ordonnances et les décrets délibérés en conseil des ministres. Il nomme aux emplois civils et militaires de l'Etat ».

guère du pouvoir discrétionnaire comme c'est le cas au Cameroun[87]. En effet, la Constitution française énumère de manière limitative les fonctions pour lesquelles, des personnalités sont nommées en conseil des ministres. Ainsi, interdiction est faite au Président de la République de procéder à une nomination à ces fonctions lorsque l'addition des votes négatifs dans chaque commission représente au moins les trois-cinquièmes des suffrages exprimés au sein des deux commissions[88]. La Constitution française semble donc imposer au Président de la République une sorte d'incapacité destinée à limiter toute tentation d'excès dans l'exercice de son pouvoir de nomination. Même si le concept d'incapacité ne doit guère être envisagé ici dans une perspective restrictive, l'on doit remarquer que ces dispositions normatives visent l'encadrement relatif du pouvoir présidentiel, ou l'exercice conditionné des prérogatives du Président de la République.

Au Cameroun, c'est davantage le pouvoir de tutelle des organes centraux sur les organes décentralisés qui est contrôlé. En réalité, le législateur confère un pouvoir de tutelle au ministre chargé des collectivités territoriales décentralisées et au Président de la République. Tel est l'objet du droit de dissolution, de suspension ou de révocation des autorités ci-dessus désignées sur les organes délibérants et exécutifs communaux. Aussi, l'exercice de ces pouvoirs reste-t-il soumis à des conditions procédurales et substantielles importantes. Sur la forme d'une part, seul le ministre chargé des collectivités locales peut, par arrêté, suspendre un conseil municipal[89]. Cette prescription légale sous-entend l'incapacité des autorités de l'administration déconcentrée, notamment, les gouverneurs, les préfets et sous-préfets, à prendre de tels actes. Toujours dans le registre de la forme, la suspension du maire et de ses adjoints par le ministre en charge des collectivités décentralisées est possible, sous réserve d'une demande d'explications écrite ou orale sur les faits qui leur sont reprochés. Le cas échéant, leur révocation motivée ne peut être prononcée que par décret du Président de la République. Dans le fond, le législateur détermine de manière restrictive les motifs pour lesquels, il peut être procédé à une suspension ou à une dissolution du conseil municipal. Il s'agit

---

[87] Article 8 (10), Constitution du 18 janvier 1996 : « il (le Président de la République) nomme aux emplois civils et militaires de l'État. »
Art. 10 (1) : « Le Président de la République nomme le Premier ministre et sur proposition celui-ci, les autres membres du gouvernement. Il met fin à leurs fonctions. Il préside les conseils ministériels... ».

[88] Article 13, Constitution du 04 octobre 1958 : « ... les conseillers d'État, le grand chancelier de la légion d'honneur, les ambassadeurs et envoyés extraordinaires, les conseillers maitres à la Cour des comptes, les préfets, les représentants de l'État dans les collectivités d'Outre-Mer régies par l'article 74 et en Nouvelle-Calédonie, les officiers généraux, les recteurs des académies, les directeurs des administrations centrales sont nommés en conseil des ministres (...). Le président de la République ne peut procéder à une nomination lorsque l'addition des votes négatifs dans chaque commission représente au moins trois cinquièmes des suffrages exprimés au sein des deux commissions ».

[89] Article 46, loi n° 2004/018 du 22 juillet 2004, fixant les règles applicables aux communes.

notamment des actes d'atteinte à la sécurité de l'État ou à l'ordre public, de la mise en péril de l'intégrité du territoire national et de l'impossibilité durable de fonctionner normalement. Pour ce qui est des organes exécutifs communaux, leur révocation par décret présidentiel est subordonnée à la violation des lois et règlements en vigueur et la commission d'une faute lourde, les deux manquements étant alternatifs et non cumulatifs.

En somme, la capacité d'action des organes exécutifs en période normale est limitée par deux catégories de contraintes. Il s'agit de l'interdiction de révision constitutionnelle sur des matières touchant l'intégrité du territoire, aux valeurs républicaines et principes démocratiques de l'État, d'une part. D'autre part, le pouvoir de nomination aux fonctions civiles et militaires est fortement encadré en France. À l'inverse, il relève essentiellement du pouvoir discrétionnaire au Cameroun. Au surplus, le législateur camerounais délimite les pouvoirs de tutelle des **« supérieurs suprêmes »** et des organes centraux sur les organes exécutifs des collectivités territoriales décentralisées de manière à préserver le principe constitutionnel de libre administration de ces collectivités infra-étatiques. Il n'empêche que le souci de rationalisation des pouvoirs exécutifs demeure constant, même en période de crise.

2. Les proscriptions liées à la légalité de crise

D'entrée de jeu, il convient d'envisager la légalité de crise comme un cadre juridique régissant un contexte politique marqué par des perturbations au sein des institutions publiques. Il s'agit notamment de la vacance, ou de l'empêchement du Président de la République d'une part ; de l'état d'urgence et de l'état d'exception d'autre part. S'il est certain qu'un tel contexte soit porteur de renforcement du pouvoir des autorités exécutives[90], cette hypothèse ne saurait être envisagée dans l'absolu. En effet, même en pareil contexte, le pouvoir des organes exécutifs connaît un certain nombre de limitations dont le point nodal est la recherche d'une conciliation entre la protection de la stabilité institutionnelle et la promotion des libertés individuelles. Tel semble être l'objet des proscriptions imposées aux titulaires des fonctions exécutives (**a**) et aux personnalités appelées à assurer leur intérim (**b**) en contexte de crise.

a. La fluctuation des pouvoirs des titulaires de la fonction exécutive suprême

Sont visées ici, les proscriptions qui limitent la capacité d'action du chef de l'exécutif suprême en contexte de crise. À cet égard, la limitation des pouvoirs du Président de la République varie selon que l'on analyse le droit français ou le droit camerounais. D'entrée de jeu, il faut observer que la relative précision du droit français contraste avec l'imprécision des normes camerounaises sur l'encadrement de l'état d'urgence et de l'état d'exception.

---

[90] OWONA (J), « L'institutionnalisation de la légalité d'exception au Cameroun », *R.C.D*, n° 1972, p. 114.

En France en effet, l'article 16 de la Constitution du 04 octobre 1958 rend le Président de la République incapable de dissoudre l'Assemblée Nationale pendant l'exercice de ses pouvoirs exceptionnels[91]. La même disposition constitutionnelle détermine de manière restrictive les situations dans lesquelles le Président de la République peut mobiliser les pouvoirs exceptionnels que lui confère l'état d'urgence. Il s'agit notamment des cas de menace grave contre l'indépendance de la nation, l'intégrité du territoire ou encore l'exécution des engagements internationaux. De plus, dans l'exercice de son droit de dissoudre l'Assemblée Nationale, interdiction est faite au Président de la République de procéder à une nouvelle dissolution dans l'année qui suit celle des élections[92].

Au Cameroun, la formulation de l'article 9 de la loi constitutionnelle du 18 janvier 1996 rend fort brumeuse l'appréciation de la limitation des pouvoirs du Président de la République en situation de crise. Car, si le chef de l'État est juge de l'opportunité de la proclamation de l'état d'urgence, la seule prescription qui limite ses pouvoirs à cet effet, semble être l'exercice desdits pouvoirs conformément la loi[93]. Plus dangereux paraît l'état d'exception qui impose une limitation majeure au pouvoir présidentiel. Il s'agit d'informer la Nation par voie de message. Peut-être, doit-on nuancer l'observation qui précède par la forme juridique de l'acte proclamant l'état d'urgence et l'état d'exception. Car dans la mesure où il s'agit d'un décret présidentiel, celui-ci laisse ouverte la voie de la contestation juridictionnelle devant le juge administratif pour excès de pouvoir[94]. Au surplus, à l'instar de son homologue français, le jurislateur camerounais énumère de manière limitative les motifs pour lesquels, le Président de la République peut proclamer l'État d'urgence. Il s'agit du péril grave menaçant l'intégrité du territoire, la vie, l'indépendance ou les institutions de la République. Outre cette première catégorie de limitations qui régulent le pouvoir du titulaire de la fonction exécutive en contexte de crise, l'on peut en identifier d'autres, qui visent de manière restrictive, les autorités exécutives intérimaires dans un contexte politique similaire.

---

[91] Article 16 : « (...) l'Assemblée nationale ne peut être dissoute pendant l'exercice des pouvoirs exceptionnels ».

[92] Article 12 : « Le Président de la République peut, après consultation du Premier ministre et des Présidents des Assemblées, prononcer la dissolution de l'Assemblée Nationale (...) il ne peut être procédé à une nouvelle dissolution dans l'année qui suit ces élections ».

[93] Voir à cet égard, la loi n° 90/023 du 19 décembre 1990, relative à l'état d'urgence au Cameroun.

[94] CARRE DE MALBERG (R*), Contribution à la théorie générale de l'État, t.*1, op.cit., pp.512-513.

b. La définition restrictive des pouvoirs des organes exécutifs intérimaires

Dans le souci de garantir la continuité de l'État et le fonctionnement harmonieux des institutions publiques en cas de vacance, d'empêchement temporaire ou définitif du Président de la République, le droit positif détermine en France comme au Cameroun, les organes exécutifs intérimaires censés assurer les fonctions du Président de la République empêché. La capacité de ces organes exécutifs spéciaux est saisie d'un certain nombre de limitations dont la teneur varie selon qu'il s'agit du droit français ou du droit camerounais. En effet, la Constitution française, peu diserte à cet égard, se contente d'indiquer qu'en cas de vacance ou d'empêchement constaté par le Conseil Constitutionnel, les fonctions de Président de la République sont assurées par le Président du Sénat ou en cas d'empêchement de ce dernier, par le Gouvernement[95]. La même disposition constitutionnelle ajoute que le Président de la République par intérim n'est point autorisé à initier une révision constitutionnelle susceptible de porter atteinte à l'intégrité du territoire et à la forme républicaine de l'État. Plus intéressante semble l'interdiction faite au Premier ministre d'engager la responsabilité de son gouvernement devant l'Assemblée Nationale. Cette prescription constitutionnelle permet ainsi d'exclure toute possibilité de changement du gouvernement en situation de crise.

Au Cameroun, les incapacités du Président de la République par intérim, c'est-à-dire le Président du Sénat ou son suppléant, sont davantage déterminantes. En effet, cet organe exécutif spécial ne peut ni modifier la Constitution, ni la composition du gouvernement, ni recourir au référendum, encore moins se porter candidat à l'élection organisée pour la Présidence de la République[96]. Ainsi, les incapacités qui frappent les organes exécutifs intérimaires au Cameroun et en France achèvent de rendre compte des restrictions vouées à limiter le pouvoir de ces organes dans l'exercice de leurs fonctions. Ces restrictions, comme les différents moyens de limitation de l'accession aux fonctions exécutives semblent avoir en commun un dénominateur ultime : l'éviction des changements intempestifs des normes et des organes politiques de l'Etat ou des démembrements de celui-ci. L'interprétation du droit positif camerounais et français permet de mettre en lumière une seconde catégorie d'incapacités. Celles-ci sont destinées à l'amélioration de l'activité administrative des personnes publiques.

---

[95] Article 7, Constitution française du 04 octobre 1958.

[96] Article 6.4 (b), loi constitutionnelle du 18 janvier 1996.

II. LES INCAPACITÉS D'AMÉLIORATION DE L'ACTIVITÉ ADMINISTRATIVE

Au-delà des normes de rationalisation de l'accession au pouvoir et de limitation des excès dans l'exercice de celui-ci, le droit camerounais et le droit français imposent aux organes exécutifs d'autres proscriptions dont l'interprétation téléologique révèle une préoccupation majeure : celle de garantir l'efficacité de l'activité administrative des personnes publiques. Tel semble être l'objet des normes qui consacrent les incompatibilités. Car, ces dernières interdisent le cumul de plusieurs emplois publics (**A**)[97]. Aussi, peut-on inscrire dans le même registre les déchéances. En vertu de ces dernières, les personnes convaincues d'incurie dans l'accomplissement de leurs fonctions tombent dans l'incapacité de poursuivre leurs missions et ne peuvent ainsi conserver leur qualité d'organes exécutifs (**B**).

A. Les incompatibilités entre fonctions

Dans le sens où elles interdisent le cumul de plusieurs emplois publics, les incompatibilités induisent une catégorie d'incapacités. Celles-ci empêchent une même personnalité d'exercer simultanément différents emplois publics. L'on peut ainsi invoquer diverses dispositions constitutionnelles et infra-constitutionnelles qui, au Cameroun et en France, consacrent des incapacités de cette nature. Les unes proscrivent le cumul entre les fonctions électives et les fonctions non-électives (**1**). Les autres prescrivent une séparation entre les fonctions administratives et les fonctions financières (**2**). En tout cas, le point axial de ces différentes prohibitions et autres proscriptions semble être la recherche d'efficacité dans l'activité administrative des organes exécutifs.

1. La prohibition du cumul des fonctions électives et non-électives

La teneur des incapacités qui résultent de l'incompatibilité des fonctions électives et des fonctions non électives peut être déterminée de manière différente selon qu'elle concerne l'administration centrale (**a**) ou l'administration décentralisée (**b**).

a. L'interdiction du cumul dans l'administration centrale

L'impossibilité de cumuler les fonctions électives et les fonctions non électives doit être analysée de manière distincte en droit français et en droit camerounais. À l'origine, cette proscription est posée par l'article 23 de la

---

[97] L'on rappellera que l'incompatibilité « est une interdiction de cumuler deux activités : elle oblige un responsable politique à opérer un choix entre les fonctions auxquelles il vient d'accéder et celles qu'il exerçait antérieurement (...) l'incompatibilité s'oppose à l'inéligibilité en ce que cette dernière empêche même d'être candidat », DEBARD (T), *Dictionnaire constitutionnel, op.cit.*, p. 222.

Constitution française du 04 octobre 1958[98]. Ses modalités d'application sont indiquées par une ordonnance du 17 novembre de la même année[99]. Considérée tantôt comme « une pièce superflue du puzzle constitutionnel de la Ve République »[100], tantôt comme « un serpent de mer de la politique française »[101], cette règle vise le Président de la République en France. Le législateur français n'hésite pas à étendre cette interdiction aux fonctions internationales[102].

Au Cameroun, l'incompatibilité entre les fonctions électives et les fonctions non électives vise de manière distincte le Président de la République[103] et les membres du Gouvernement[104]. De plus, le code électoral camerounais proscrit la possession simultanée de la qualité de Président, de Vice-président ou de membre du conseil électoral. Il en va de même de l'exercice cumulatif d'autres fonctions électives et non électives[105]. Rentrent dans le même ordre d'idées, les incompatibilités entre les mandats de député

[98]« Les fonctions de membre du gouvernement sont incompatibles avec l'exercice de tout mandat parlementaire, de toute fonction de représentation professionnelle à caractère national et de tout emploi public ou de toute activité professionnelle ».

[99] Ordonnance n° 58-1099 du 17 novembre 1958 portant loi organique pour l'application de l'article 23 de la Constitution.

[100] CONNIL (A), « *A propos de l'article 23 de la constitution fonctions et dysfonctions d'une disposition constitutionnelle* », *R.F.D.C*, n° 92, octobre 2012, pp. 733-786, Spéc., p. 753.

[101] LAMOUROUX (S), « Commentaire de décision n° 2014-688 et 2014 – 689 du 13 février 2014, loi interdisant le cumul des fonctions exécutives locales avec le mandat de représentant au parlement européen et loi organique interdisant le cumul des fonctions exécutives locales avec le mandat de représentant au Parlement européen et loi organique interdisant le cumul des fonctions exécutives locales avec le mandat de député ou de sénateur » in *R.F.D.C*, n° 99, 2014, pp. 682-684, Spéc. p. 682.

[102] Article L 143 du code électoral : « L'exercice des fonctions conférées par un État étranger ou une Organisation internationale et rémunérées sur leurs fonds est également incompatible avec le mandat de député ».

[103] Article 7 (4), Constitution du 18 janvier 1996 : « Les fonctions de Président de la République sont incompatibles avec toute autre fonction élective ou toute activité professionnelle ».
Voir aussi, article 119 loi n° 2012/001 du 19 avril 2012 portant code électoral.

[104] Article 13 : « Les fonctions de membre du gouvernement et assimilés sont incompatibles avec l'exercice de tout mandat parlementaire, la présidence d'un exécutif ou d'une assemblée d'une collectivité territoriale décentralisée, toute fonction de représentation professionnelle ».

[105] Article 17, loi n° 2012/001 du 19 avril 2012 portant code électoral : « les fonctions de Président, de vice- Président ou de membre du conseil électoral sont incompatibles avec les fonctions ou les qualité de membre du Gouvernement et assimilé, membre du Conseil constitutionnel, magistrat en activité, secrétaire général de ministère et assimilé, Directeur Général d'un Établissement public ou d'une entreprise du secteur public et parapublic, directeur d'administration centrale et assimilé, personne exerçant un mandat électif, national, régional ou local, Gouverneur, Secrétaires généraux, inspecteurs généraux dans les services du Gouverneur, Préfet, Sous-Préfet et leurs adjoints, Responsable ou personnel des forces de maintien de l'ordre en activité, candidat aux élections contrôlées par Elecam (...) »

[106] ou de sénateur[107] avec les fonctions de membre du gouvernement. Dans tous les cas, l'interdiction de cumuler les fonctions électives et les fonctions non électives au niveau de l'administration centrale traduit l'option pour la bonification de l'activité administrative. En effet, cette proscription « a pour but de réaliser une véritable séparation des fonctions et d'assurer à la séparation des pouvoirs une réalité organique »[108]. Le Général de Gaulle voyait dans cette interdiction, un adjuvant de la stabilité institutionnelle[109]. Cette interdiction s'assimile à une incapacité qui empêche une personnalité d'exercer au même moment la fonction administrative et la fonction législative. Au final, il s'agit d'une incapacité permettant à la personne qui en est frappée de se consacrer, sans entraves, aux charges administratives attachées à la qualité de Président de la République ou de membre du Gouvernement. Une telle disposition devrait permettre à l'organe en cause, de garantir la satisfaction des usagers du service public. Cette interdiction existe également au niveau de l'administration locale.

b. La proscription de cumul au sein de l'administration décentralisée

L'incapacité d'exercice résultant de l'incompatibilité entre les fonctions électives et les fonctions non-électives vise à permettre aux organes exécutifs locaux d'éviter des conflits entre les intérêts locaux et les intérêts nationaux. Dans le même temps, elle aide les élus locaux à se mettre entièrement au service de leurs électeurs. Les législateurs camerounais et français s'accordent à formuler avec force, cette interdiction. Tel est notamment l'objet de l'article 2122 du code électoral français[110] qui déclare incompatibles les fonctions de maire avec celles de Président du conseil régional, président du conseil départemental, membre de la Commission européenne, membre du Directeur de la Banque Centrale européenne, membre du Conseil de la politique monétaire de la Banque de France. Les mêmes fonctions sont incompatibles avec la qualité de Président du conseil départemental[111] ou de Président du conseil régional[112]. Les fonctions de Président du conseil régional

---

[106] Article 162 (1) : « L'exercice du mandat de député à l'Assemblée Nationale est incompatible avec les fonctions de membres du gouvernement et assimilé et de membre du conseil économique et social ».

[107] Article 221, Code électoral français.

[108] Rapport du commissaire du gouvernement JANOT, comité consultatif constitutionnel, compte-rendu de séance du 31 juillet 1958, document pour servir à l'élaboration de la Constitution du 04 octobre 1958, vol II,
La documentation française, 1998, p. 70.

[109] Charles de Gaulle, Comité consultatif constitutionnel, compte-rendu de séance, le 08 août 1958, Document pour servir à l'élaboration de la Constitution du 04 octobre 1958, *La documentation française*, 1958, p. 303.

[110] Loi n° 2000-295 du 07 avril 2000.

[111] Article 3122-3, loi n° 2000-295 du 05 avril 2000.

[112] Article 4133-3, loi n° 2002-295 du 05 avril 2000.

sont également incompatibles avec celles du maire de Paris[113]. De manière générale, le législateur français interdit le cumul des fonctions électives locales avec la qualité de fonctionnaire de l'administration territoriale ou en charge du maintien de l'ordre[114].

C'est un choix similaire qui est opéré par le législateur camerounais. Ce dernier interdit le cumul entre la qualité de conseiller municipal[115], de maire[116], de membre ou de Président du conseil régional[117] avec les autres fonctions publiques non électives d'un certain rang. Bien plus, le législateur camerounais ne manque pas d'étendre au sein des entreprises publiques, l'interdiction du cumul entre les fonctions électives et les fonctions non électives. C'est la règle que semble transcrire l'article 59 alinéa (2) de la loi n° 2017/010 du 12 juillet 2017 portant statut général des établissements publics[118]. Il en est de même de la loi portant statut général des entreprises publiques[119]. Les dispositions légales ci-dessus revisitées suffisent à observer que les incompatibilités des fonctions électives et les fonctions non électives imposent une catégorie d'incapacités aux organes exécutifs visés. Ces incapacités empêchent les personnalités concernées de cumuler les fonctions électives et les fonctions non électives. Une autre catégorie d'incapacités

[113] Article 44-12-1 du code électoral, loi n° 76-394 du 06 mai 1976.

[114] Article 195 du code électoral.

[115] Article 179 (1) de la loi n° 2012/001 du 19 avril 2000 : « Ne peuvent exercer le mandat de conseiller municipal pendant l'exercice de leurs fonctions, les gouverneurs, les Secrétaires généraux, les inspecteurs généraux des services des gouverneurs, les Préfets, les sous-préfets et leurs adjoints (2).
Ne peuvent également exercer le mandat de conseiller municipal : les fonctionnaires de police, les gendarmes, les militaires, les personnels de l'administration pénitentiaire et assimilés, les Secrétaires généraux de mairie, les receveurs municipaux, les chefs de service municipaux, les magistrats ».

[116] Article 65, loi n° 2004/018 du 22 juillet 2004 fixant les règles applicables aux communes : « Les fonctions de maire sont incompatibles avec celle de membre du gouvernement et assimilé, député ou sénateur, Ambassadeur ou représentant d'une mission diplomatique, Président des cours et tribunaux, Directeur Général ou Directeur d'établissement public ou de société à capital public, Secrétaire général et assimilé, Directeur d'administration centrale, Président du conseil régional, membre des forces de maintien de l'ordre, Adjoint du conseil régional, membre des forces de maintien de l'ordre, Adjoint et employé de la commune concernée, Agent des administrations financières ayant à connaître des finances de la commune concernée ».

[117] L'article 253 (1) et 253 (2) de la loi du 19 avril 2012 portant code électoral prévoit au niveau régional, les mêmes incompatibilités qui visent les membres du conseil communal et le maire.

[118] Article 59 (2) : « Les fonctions de membre du gouvernement ou assimilé, de Parlementaire, de magistrat, exerçant auprès d'une juridiction ou de membre du Conseil constitutionnel sont incompatibles avec celle de Directeur Général ou de Directeur adjoint d'un établissement public. »

[119] Article 78 (2) Loi n° 2017/011 du 12 juillet 2017 portant statut général des entreprises publiques : « Les fonctions de membre du Gouvernement ou assimilé, de Parlementaire, de Magistrat exerçant auprès d'une juridiction, ou de membre du Conseil Constitutionnel, sont incompatibles avec celles de Directeur Général ou de Directeur Général adjoint d'une entreprise publique ».

résulte de l'incompatibilité entre les fonctions administratives et les fonctions financières.

2. La séparation des fonctions administratives et financières

L'incapacité qui résulte de la séparation des fonctions administratives et financières procède de l'interprétation d'un principe fondamental de l'organisation financière des personnes publiques : la séparation des ordonnateurs et des comptables. Prescription séculaire du droit public financier français[120], ce principe fut inséré dans l'ordre juridique camerounais d'abord par le truchement de l'article 63 de l'ordonnance du 07 février 1962[121]. Ensuite, il est réitéré avec une particulière emphase par le nouveau régime financier de l'État[122] et précisé par le décret du 15 mai 2013 portant règlement général de la comptabilité publique[123]. À travers la règle générale de l'incompatibilité des fonctions d'ordonnateur et de comptable transparaissent deux catégories d'incapacités attachées à ces organes exécutifs ; leur objectif étant la consolidation de la bonne gouvernance financière. En tout cas, certaines de ces incapacités sont des restrictions statutaires (**a**). Les autres consistent en des proscriptions fonctionnelles (**b**).

a. Les restrictions statutaires

Au plan statutaire, la séparation des fonctions administratives et financières est affectée d'une incapacité majeure. Il s'agit de l'interdiction faite à une même personnalité d'exercer simultanément les fonctions d'ordonnateur et de comptable public. En droit de la comptabilité publique, la division scientifique du travail entre ces deux agents publics postule une incapacité pour le même organe exécutif d'exercer simultanément les fonctions d'ordonnateur et de comptable. En effet, le premier est l'administrateur chargé de l'engagement, de l'ordonnancement et de la liquidation des recettes et des dépenses publiques. Le second s'occupe de l'encaissement ou du recouvrement des recettes, et du paiement des dépenses

---

[120] Le principe de séparation des ordonnateurs et des comptables fut initialement formulé, pour les recettes, par les décrets du 24 vendémiaire et 17 frimaire an III et, pour les dépenses par ordonnance du 14 septembre 1822 puis celle du 31 mai 1838, avant d'être reprise par le décret du 31 mai 1862 et par le décret du 19 décembre 1962.
V. PHILIP (L.), (Dir.), *Dictionnaire encyclopédique de finances publiques*, Economica, *Paris,* 1991, pp. 1418-1421, Spéc., p. 1488.

[121] Ordonnance n° 62/OF/04 du 07 février 1962 portant régime financier de la République Fédérale du Cameroun, Article 63 : « Les fonctions d'ordonnateur sont incompatibles avec celles de comptable ».

[122] Loi n° 2007/006 du 26 décembre 2007 portant régime financier de l'État, art 4 (2) : « Les fonctions d'ordonnateur et de comptable public sont et demeurent séparées et incompatibles tant pour ce qui concerne l'exécution des recettes que l'exécution des dépenses ».

[123] Décret n° 2013/160 du 15 mai 2013 portant règlement général de la comptabilité publique. Article 7 (1) : « Les fonctions d'ordonnateur et celles de comptable sont incompatibles ».
(2) : « Il n'existe pas de lien hiérarchique entre l'ordonnateur et le comptable public ».

publiques. De même, le premier est juge de l'opportunité de la dépense publique tandis que le second en apprécie uniquement la régularité. Il s'en suit donc que la qualité d'ordonnateur rend son titulaire incapable d'obtenir la qualité de comptable public, et inversement. Sur ce point, le législateur camerounais[124] et son homologue français consacrent des normes fort similaires.

Outre l'incapacité qui résulte des restrictions statutaires liées à la séparation des fonctions administratives et financières, une autre incapacité est déductible des proscriptions qui limitent certaines autorités administratives dans l'exercice de leurs attributions financières.

b. Les prescriptions fonctionnelles

Dans l'exercice de leurs attributions financières, les organes exécutifs n'ont guère la libre disposition de leur capacité d'action. Celle-ci est encadrée par certaines prescriptions implicites du principe de séparation des ordonnateurs et des comptables. Elle peut aussi être posée par certaines proscriptions normatives. En effet, le principe de séparation des ordonnateurs et des comptables aménage une répartition du travail entre ces deux autorités de manière à empêcher chacune de s'immiscer dans les attributions de l'autre. Ce principe consacre également une indépendance organique qui exclut l'existence d'un quelconque lien de subordination hiérarchique entre l'ordonnateur et le comptable.

Au plan normatif, le droit positif camerounais proscrit l'existence d'un lien hiérarchique entre l'ordonnateur et le comptable[125]. Aussi, est-il interdit aux autorités administratives de s'immiscer sans qualité ni titre dans le maniement des deniers publics, au risque d'être assimilées à des comptables de fait[126]. En clair, la séparation des fonctions administratives et financières consacre un type d'incapacités qui sous-entend l'inhabilitation pour les autorités concernées à exercer de manière simultanée, les deux fonctions ainsi distinguées. Basé sur le principe financier de séparation des ordonnateurs et des comptables, ce type d'incapacités, à l'instar de la proscription du cumul

---

[124] Article 65, loi n° 2004/018 du 22 juillet 2004 fixant les règles applicables aux communes : « Les fonctions de maire sont incompatibles avec celles de : (...) agent des administrations financières ayant à connaître des finances ou de la comptabilité de la commune concernée ».
Dans le même sens, voir aussi, Article 64, loi n° 2004/019 du 22 juillet 2004 fixant les règles applicables aux régions.

[125] Article 7 (2), Décret n° 2013/60 du 15 mai 2013 portant règlement général de la comptabilité publique : « Il n'existe pas de lien hiérarchique entre l'ordonnateur et le comptable public ».

[126] Voir loi n° 2003/005 du 21 avril 2003 fixant les attributions, l'organisation et le fonctionnement de la Chambre des Comptes de la Cour suprême.
Voir également : Art. 79, loi n° 2004/019 du 22 juillet 2004 fixant les règles applicables aux régions : « Le Président du Conseil régional ou le Président d'une délégation spéciale qui s'immisce dans le maniement des derniers régionaux est assimilé à un comptable de fait et peut, à ce titre, être déféré devant les juridictions compétentes ».

entre les fonctions électives et celles non électives, vise l'amélioration de l'activité administrative, au sens particulier de la régularité des opérations budgétaires et comptables. De manière singulière, la séparation des fonctions administratives et financières contribue à l'organisation efficace des opérations financières des personnes publiques, et par suite, à la gestion saine, au sens de la bonne gouvernance[127] des biens financiers de l'État. En plus, elle doit permettre de protéger les deniers publics contre les risques de prévarication. Au-delà des incompatibilités qui obligent les organes exécutifs à opérer un choix entre deux fonctions, la possibilité pour ceux-ci d'être déchargés de leurs fonctions, achève de révéler qu'en raison de leurs limitations intrinsèques, les pouvoirs des organes exécutifs ne s'exercent point sans bornes.

B. La révocabilité des titulaires des fonctions

La révocabilité comme vecteur d'incapacité peut être envisagée dans une perspective extensive. Ainsi, le concept[128] fait référence à la possibilité consacrée par le droit positif, de limiter la capacité d'action des autorités exécutives en déchargeant ces dernières de leurs fonctions ou de leurs positions. Cette catégorie d'incapacités résultant de la révocabilité des titulaires des fonctions exécutives semble avoir pour dénominateur commun la révocation de fonctions. Il s'agit de la perte de la qualité d'organe exécutif et des fonctions y attachées. En clair, les titulaires des fonctions exécutives peuvent être rendus incapables suite à une procédure de destitution (**1**) ou en raison d'une déchéance (**2**).

1. La destitution des autorités exécutives

En France comme au Cameroun, la capacité d'action des organes exécutifs peut être annihilée par une procédure de destitution. La notion vise essentiellement le Président de la République[129]. En même temps, elle n'exclut guère les procédures diverses par lesquelles des personnalités peuvent être démises de leurs fonctions exécutives. L'on peut donc analyser de manière distincte la destitution des organes exécutifs élus (**a**) et la révocation de ceux nommés (**b**).

---

[127] Sur cette question, lire utilement : MOYOUM KEMGNI(G), « La nouvelle gouvernance financière au Cameroun », *RASJ,* Vol 8, n° 2, 2011, pp. 293-329, Spéc., p. 295.

[128] Le concept est entendu suivant une approche fonctionnelle. Celle-ci amène à considérer que le concept décrit la réalité du fonds commun moins qu'il ne la réordonne.

Cf. DROSS (W.), « L'identité des concepts juridiques : quelles distinctions entre concept, notion, catégorie, qualification, principe », *R.R.J., Droit prospectif,* 2012-5, numéro spécial, pp. 2229-2235, Spéc, p. 2230.

[129] V. DUHAMMEL (O.), *Dictionnaire constitutionnel*, *op.cit.*, pp. 458-459.

a. Les destitutions des organes exécutifs élus

Nombre de dispositions pertinentes du droit positif français et camerounais encadrent la procédure de destitution au terme de laquelle, le Président de la République et les chefs d'exécutifs locaux arrivent à perdre leur qualité d'organes exécutifs. Même si l'économie de ces prescriptions normatives révèle le mobile essentiellement politique de cette procédure, rien n'exclut que cette dernière soit également fondée sur des considérations liées à l'inefficacité de l'activité administrative. Dans un cas comme dans l'autre, la relative exhaustivité du droit français tranche avec la rédaction imprécise et inachevée des normes camerounaises à cet égard.

En France en effet, l'article 68 de la Constitution du 04 octobre 1958 révisée le 23 février 2007[130] autorise à envisager une procédure de destitution fondée sur la qualité perfectible de l'activité gouvernante. La substitution du mobile politique de la destitution du Président de la République[131] par l'hypothèse d'un « manquement à ses devoirs manifestement incompatible avec l'exercice de son mandat » justifie l'observation qui précède. Car le manquement dont il s'agit peut consister en un blocage du fonctionnement régulier des pouvoirs publics à l'instar du refus de promulguer les lois votées par le Parlement. Au Cameroun, il est regrettable que le droit positif en soit encore au mobile essentiellement politique de la destitution du Chef de l'État, en dépit de la révision constitutionnelle du 14 avril 2008 relative à cet objet précis[132].

En tout état de cause, si la destitution peut déclencher la responsabilité pénale du chef de l'État pendant son mandat, l'issue de cette procédure est en soi porteuse d'incapacité. Car, ladite procédure induit la perte de la qualité d'organe exécutif et par la suite, l'impossibilité d'agir comme tel, le cas échéant. C'est précisément le cas en droit français où la destitution entraine la vacance à la Présidence de la République.

La même issue est valable pour les organes exécutifs locaux. Qu'elle soit fondée ou non sur une faute ou une négligence du maire dans l'administration

---

[130] Article 1er, loi constitutionnelle n° 2007/238 du 27 février 2007 portant révision du titre IV de la constitution du 04 octobre 1958 : **« le Président de la République ne peut être destitué qu'en cas de manquement à ses devoirs manifestement incompatible avec l'exercice de son mandat. La destitution est prononcée par le parlement constitué en Haute Cour (...) ».**

[131] Voir version originelle de l'article 68 de la constitution du 04 octobre 1958 : **« Le président de la République n'est responsable des actes accomplis dans l'exercice de ses fonctions qu'en cas de haute trahison... ».**

[132] Article 53 (nouveau) de la loi n° 2008/001 du 14 avril 2008, portant révision de loi constitutionnelle du 18 janvier 1996 : « La haute cour de justice est compétente pour juger des actes accomplis dans l'exercice de leurs fonctions par le Président de la République en cas de Haute trahison ».

(2) « Le Président de la République ne peut être mis en accusation que devant l'Assemblée Nationale et le Sénat par un vote identique au scrutin public et à la majorité des 4/5 des membres la composant ».

de la commune[133], la révocation entraîne la perte de la qualité de maire[134]. Beaucoup moins complexe paraît la perte de la qualité d'organes exécutifs par les autorités administratives qui tirent leur qualité d'un acte de nomination.

b. La révocation des autorités exécutives nommées

L'incapacité résultant de la perte de la qualité d'organe exécutif peut procéder d'un acte de révocation. Celle-ci est un attribut intrinsèque du pouvoir hiérarchique à l'égard des personnes. En effet, cette faculté pour un organe, de déterminer la situation de fonction d'un autre organe peut consister en une affectation c'est-à-dire une promotion, une mutation ou une rétrogradation[135]. L'inverse de cette faculté consiste à priver d'emploi le subordonné hiérarchique soit temporairement (c'est le cas de la mise en congés, de la mise en disponibilité ou de la suspension), soit de manière définitive au moyen d'une révocation. Cette dernière est créatrice d'incapacité dans la mesure où elle met fin aux fonctions des personnalités révoquées. C'est ce qui ressort des dispositions pertinentes des Constitutions camerounaise[136] et française[137]. Celles-ci consacrent le retrait de la qualité d'organes exécutifs aux personnalités révoquées de leurs fonctions. Il s'en suit que ces personnalités deviennent incapables d'agir comme organes juridiques sous peine d'annulation de leurs actes par le juge administratif, pour incompétence. En bref, la destitution et la révocation induisent l'incapacité des personnalités démissionnées à conserver leur qualité d'organes exécutifs et à agir comme tels. Un résultat similaire à celui qui précède est produit par les déchéances dont peuvent être frappées les autorités exécutives.

---

[133] La jurisprudence française montre en effet qu'un maire peut être révoqué pour avoir usé de ses fonctions pour falsifier un permis de construire aux fins d'obtenir au bénéfice de la société immobilière dont il est le gérant, une subvention de l'Agence nationale de l'habitat d'un montant supérieur à 245 000 euros,
CE, 26 février 2014, Mairie de Saint-Privat, n° 348171.

[134] Article 2122-16 du code général des collectivités territoriales **:** « Le maire peut, après avoir été entendu ou invité à fournir des explications écrites sur les faits qui lui sont reprochés, être révoqué par décret pris en conseil des ministres. La révocation entraine immédiatement la perte de la qualité de maire et emporte de plein droit, l'inéligibilité aux fonctions de maire pendant une durée d'un an (...) ». Pour le Cameroun, voir : article 94 et 202 de la loi n° 2004/018 du 22 juillet 2004 fixant les règles applicables aux communes.

[135] EISENMANN (C*.), Cours de droit administratif,* t.1, op.cit., pp. 247-249, Spéc., p. 248.

[136] Article 8, (1) Constitution du 18 janvier 1996 **:** « Le Président de la République nomme le Premier ministre et sur proposition de celui-ci, les autres membres du gouvernement. Il fixe leurs attributions. Il met fin à leurs fonctions ».

[137] Article 8, Constitution du 04 octobre 1958 **:** « Le Président de la République nomme le Premier ministre, il met fin à ses fonctions sur présentation par celui-ci de la démission du gouvernement, sur proposition du Premier ministre, il nomme les autres membres du Gouvernement et met fin à leurs fonctions ».

2. Les déchéances des organes exécutifs nommés

Dans le registre des causes d'incapacité des organes exécutifs, s'inscrivent les déchéances. Ces sanctions administratives ou judiciaires rendent l'autorité administrative qui en est frappée, incapable de conserver la qualité d'organe exécutif. En conséquence, celle-ci ne peut plus agir en cette qualité.

Le droit positif français est très peu disert sur les déchéances des autorités exécutives. Au Cameroun en revanche, le législateur distingue les déchéances de plein droit, des déchéances suspensives. Les premières visent les autorités exécutives condamnées pour crime[138]. Les secondes sont dites suspensives dans la mesure où elles sont fondées sur un délit[139] ou sur une faute de gestion[140]. Leur prononciation est possible sous réserve d'une procédure contradictoire au cours de laquelle la personnalité visée a l'opportunité de s'expliquer sur les faits qui lui sont reprochés. Quand elle finit par être prononcée, la déchéance emporte la perte de la qualité d'organe exécutif par la personnalité déchue. Dans le fond, les différents motifs de condamnation à une déchéance visent l'objectif ultime de réalisation optimale de l'activité administrative. Car en général, cette sanction frappe les autorités exécutives convaincues d'indélicatesse dans l'accomplissement de leurs fonctions et en particulier, dans la manipulation de la fortune publique. C'est précisément dans ce sens que les déchéances qui rendent les organes exécutifs indélicats envers la chose publique[141], incapables de conserver leur qualité et d'exercer leurs fonctions, peuvent être considérées comme des instruments d'optimisation de l'activité administrative.

---

[138] Article 148 (1), Loi n° 2004/018 du 22 juillet 2004 fixant les règles applicables aux communes : « Lorsque le maire, le délégué du gouvernement ou tout autre conseiller municipal est condamné pour crime, sa déchéance est de plein droit ».
Article 89 (1), loi n° 2004/019 du 22 juillet 2004 fixent les règles applicables aux régions : « lorsque le Président du conseil régional ou tout autre conseiller régional est condamné pour crime et que cette condamnation est devenue définitive, sa déchéance est de droit ».

[139] Article 148 (2), loi n° 2004/018 du 22 juillet 2004 : « Lorsqu'il a fait l'objet d'une condamnation pour délit ou lorsque son comportement met gravement en cause les intérêts de la commune, de la communauté urbaine ou du syndicat de communes, sur la base de faits précis qualifiés comme tels et après avoir été entendu ou invité par le représentant de l'État à fournir des explicitions écrites sur les faits qui lui sont reprochés, il peut être déchu par arrêté du ministre chargé des collectivités ». Voir aussi, art. 85 (2), loi applicable aux régions.

[140] Article 14 (nouveau), loi n° 74/18 du 05 décembre 1974 relative au contrôle des ordonnateurs, gestionnaires et gérants des crédits publics et des entreprises d'État, telle que modifiée par la loi n° 76/4 du 08 juillet 1976 : « Tout agent reconnu fautif par le conseil de discipline budgétaire et comptable peut encourir l'une des déchéances ci-après suivant la gravité des faits commis tels qu'appréciés par le conseil (...) ».

[141]KAMTO (M), « La chose publique », *R.A.S.J,* 2003, pp. 1-20.

CONCLUSION

La responsabilité des gouvernements est un maillon essentiel de la construction ou de la consolidation de l'État de droit. Déterminant certes, mais peu suffisant à lui seul, ce critère classique d'appréciation de cet idéal peut être précédé et enrichi d'une catégorie abondamment théorisée en droit privé, mais quelquefois ignorée en droit public. Il s'agit des incapacités qui irriguent la vie des organes juridiques en général, et celle des organes exécutifs en particulier. À la vérité, cette catégorie juridique est constituée de limitations, de proscriptions, d'interdictions et de restrictions diverses qui déterminent l'existence et modèrent la capacité d'action des organes exécutifs, quand elles ne l'annihilent pas. Aussi, des organes exécutifs peuvent-ils devenir incapables par la perte de leur qualité d'organes juridiques suite à une procédure de destitution ou du fait d'une déchéance. En toute hypothèse, les incapacités susceptibles de frapper les organes exécutifs existent certainement en droit public français et camerounais. Même si la philosophie juridique et politique de leur aménagement varie dans l'un et l'autre système juridique, les incapacités sont des moyens juridiques au service d'une finalité ultime plus déterminante, pour l'essence et pour l'existence de l'État, à la fois. Il s'agit de la préservation de la stabilité institutionnelle, et par suite, de la souveraineté de l'État. Au surplus, certaines incapacités sont des instruments juridiques au service d'une administration publique plus performante[142] ou davantage préoccupée par la qualité du service offert aux usagers. Ainsi, les incapacités des organes exécutifs apparaissent finalement comme un critère de la qualité de l'Etat, de son droit[143] et du service public.

---

[142] HOUILLON (G), « Performance publique et ordre juridique », in *Entre les ordres juridiques, Mélanges en l'honneur du Doyen François Hervouët*, Paris, LGDJ, Novembre 2015, pp. 597-620.

[143] Sur la qualité du droit, lire utilement, ABANE ENGOLO (P.E) « La notion de qualité de droit », in *Revue africaine de droit et de science politique*, Vol.1 N° 1, Janvier-Juin, 2013, pp. 87-110.

LES FONDEMENTS CONSTITUTIONNELS DU DROIT COMMERCIAL

Victor-Emmanuel BOKALLI

Agrégé des Facultés de Droit
Professeur Titulaire
Doyen Honoraire
Université de Ngaoundéré

INTRODUCTION

Malgré la *summa divisio* du droit en deux branches fondamentales, droit public et droit privé, lesquelles se répartissent de différentes matières[1], le droit constitutionnel apparaît comme un semeur de trouble. En effet, son rayonnement sur toutes les autres matières ne permet pas de le ranger de manière exclusive dans une des branches. Comment pouvait-il d'ailleurs en être autrement puisque dans un État moderne toute organisation sociale trouve dans la Constitution son fondement juridique ?[2] Le Maître aujourd'hui honoré, dans son enseignement du droit constitutionnel durant sa brillante carrière incarnait cette matière. Il a su par sa prestance drainer bien de générations d'étudiants vers le droit public. Devenu privatiste en dépit de l'attirance pour le droit public, il comprendra aisément que je lui rende cet hommage en recherchant les bases constitutionnelles d'une des plus importantes matières de droit privé, le droit commercial.

Branche du droit privé détachée du tronc qu'est le droit civil, le droit commercial regroupe l'ensemble des règles juridiques applicables aux commerçants et aux actes de commerce. Il est irradié par le principe de la liberté du commerce et de l'industrie. Sur le fondement de ce principe, l'accès aux professions commerciales est libre. Si ce principe se trouve aujourd'hui bien consacré en droit commercial, il n'en a pas toujours été ainsi. Sa consécration est l'aboutissement d'un long processus historique.

---

[1] CHEVRIER (G), « Remarques sur l'introduction et les vicissitudes de la distinction du *jus privatum* et du *jus publicum* dans les œuvres des anciens juristes français », *Archives de philosophie du droit*, 1952, pp. 1 et s] ; EISENMANN (Ch.) : « Droit public, droit privé » in *Revue du droit public*, 1952, p. 903.

[2] KEUTCHA TCHAPNGA (C), *Le régime juridique des associations en droit public camerounais,* Yaoundé, éd. l'Harmattan, 2013, 202 pages

Sans remonter très loin dans le passé, l'on peut relever que si les bases du droit commercial sont très anciennes[3], l'originalité de celui-ci s'affirmera véritablement au Moyen Âge. En effet, la plupart des institutions commerciales modernes (banques, sociétés, lettres de change, faillite, tribunaux de commerce, foires...) trouvent leur origine dans les règles et pratiques du commerce qui étaient suivies au Moyen Âge dans les grandes cités maritimes, notamment celles d'Italie[4]. Lieux de rupture de charge entre les commerces maritime et terrestre, ces ports étaient d'importants entrepôts de richesses mobilières. Dans ces villes maritimes, les marchands tenaient la première place par leurs richesses et ils s'attribuaient l'autorité. Ces villes étaient, selon l'heureuse expression de certains auteurs[5], « *de véritables États de marchands, au service des marchands* ».

Ces marchands se constituaient en corporations, c'est-à-dire en associations regroupant les gens d'un même corps de métier. Ces corporations avaient acquis, c'est le lieu de le mentionner, une autorité notable. Hiérarchisées sous la direction de quelques maîtres, ce sont elles qui édictaient les règles applicables au fonctionnement de leur secteur d'activités. Elles étaient en charge de la discipline et du respect des usages du métier qu'elles précisaient dans leurs statuts. Bien plus, elles s'arrogeaient le monopole dans leur secteur d'activité et surtout fixaient les conditions d'accès à la profession. Et comme il est connu que, moins il y a de concurrents dans un secteur, plus grandes sont les chances de ceux qui y évoluent de faire de bonnes affaires, ces différentes corporations, par des conditions draconiennes, verrouillaient l'accès aux professions de leurs différents secteurs d'activités. Les professions commerciales, ainsi strictement encadrées, se trouvaient par là-même difficilement accessibles.

Cette influence de plus en plus accrue des marchands suscita quelques interventions royales. Ainsi, en 1776 un édit de Turgot supprima ces corporations, qui du reste faisaient déjà l'objet de virulentes critiques de la part de certains esprits indépendants. Mais, compte tenu de leur puissance, elles furent rétablies presque aussitôt. Elles seront cependant définitivement anéanties avec la Révolution française de 1789. En effet, la Déclaration des droits de l'homme et du citoyen[6], adoptée le 26 août 1789 par l'Assemblée

---

[3] Voir HILAIRE (J), *Introduction historique au droit commercial – Le droit des affaires et l'histoire*, Economica, 1995, 360 pages ; De JUGLART (M) et IPPOLITO (B), *Traité de droit commercial*, tome premier, 4e édition par Du PONTAVICE (E) et DUPICHOT (J), Montchrestien, 1988, n° 8 et s., GUYON (Y), *Droit des affaires*, tome 1, *Droit commercial général et sociétés*, 11e édition, Economica, 2001, n° 16 et s., 1051 pages

[4] RENOUARD (Y), *Les hommes d'affaires italiens du Moyen Âge*, Paris, Ed. du Seuil, 1969 ; *Les villes d'Italie de la fin du Xe et au début du XIVe*, Paris, Ed. du Seuil, 1969.

[5] BRAUNSTEIN (Ph.) et DELORT (R), *Venise, portrait historique d'une cité*, Paris, Ed. du Seuil, 1971, p. 67].

[6] Voir RIALS (S), *La Déclaration des droits de l'homme et du citoyen*, Paris, Hachette, 1988.

nationale française, symbole même de la révolution, proclame de façon solennelle à l'article 1 que « *le but de la société est le bonheur commun. Le gouvernement est institué pour garantir à l'homme la jouissance de ses droits naturels et imprescriptibles* ». Le texte poursuit en précisant à l'article 2 lesdits droits. Il s'agit notamment de l'égalité, de la liberté, etc. La liberté et l'égalité ainsi proclamées expriment des valeurs, c'est-à-dire ce à quoi des hommes, à un moment donné, sont attachés par un sentiment durable. Dans l'optique de faire produire à ces valeurs des effets juridiques, le constituant, le législateur, les Etats-Parties à un traité les inscrivent dans la catégorie des droits fondamentaux parce qu'ils expriment le sens fondamental des valeurs ainsi saisies par le droit.

Cette proclamation des principes de liberté et d'égalité, qui sont consubstantiels à la notion des droits de l'homme et constitue une des conquêtes majeures de la Révolution française, sera reprise plus tard presque tous les instruments internationaux, à l'instar notamment de la Déclaration Universelle des Droits de l'Homme adoptée en 1948 par l'Assemblée Générale de l'Organisation des Nations Unies, la Charte des Nations Unies, la Charte Africaine des Droits de l'Homme et des Peuples. Cette consécration devait entraîner par une force logique l'abolition des corporations qui créaient et entretenaient une discrimination entre les hommes et apparaissaient à ce titre comme des sources de privilèges injustement accordés à certains membres de la population. Cet anéantissement des corporations résultera concrètement de la loi dite Le Chapelier, du nom de son auteur [envoyer en note de bas de pas] des [dès] 14-17 juin 1791. Quelques mois plus tôt, les 2-17 mars 1791, le décret dit d'Allardes, du nom de son auteur également [envoyer en note de bas de page], affirmait le principe de la liberté du commerce et de l'industrie. Ce décret d'Allardes, encore en vigueur de nos jours, dispose en effet en son article 7 qu'« *il sera libre à toute personne de faire tel négoce ou d'exercer telle profession, art ou métier qu'elle trouvera bon ; mais elle sera tenue de se pourvoir d'une patente, d'en acquitter le prix et de se conformer aux règlements de police qui sont ou pourront être faits* »[7].

Cette liberté d'accès aux professions commerciales affirmée en 1791, n'a plus jamais été remise en cause. Et malgré le fait qu'elle soit moins affirmée que les autres libertés plus fondamentales, la liberté du commerce et de l'industrie a acquis de nos jours une valeur constitutionnelle. En effet, l'ordre

---

[7] OLANGUENA AWONO (U), *La liberté du commerce et de l'industrie au Cameroun*, thèse de droit, Université de Yaoundé, 1982, KADHIR (M), « *Le principe de la liberté du commerce et de l'industrie : mythe ou réalité* », *D.*, 1994, p.30 ; GUYON (Y), *Que reste-t-il du principe de la liberté du commerce et de l'industrie* ?, in Dix ans de droit de l'entreprise, 1978, p. 5 ; GOLDMAN (B), *La liberté du commerce dans les pays développés : Liberté et droit économique*, Bruxelles, 1992 ; PEDAMON (M), *La liberté d'entreprendre et l'intervention des autorités publiques*, in Les autorités publiques et l'entreprise privée, *Rev. Jurisp.com.*, n° spéc., 1983, p. 13.

constitutionnel camerounais par exemple, qui se fonde sur le respect des droits de l'homme et des libertés publiques tels qu'affirmés par les instruments internationaux de protection des droits de l'homme auxquels elle se réfère, consacre le principe de l'égalité des citoyens en droits et en devoirs. Le Préambule de la Constitution du 18 janvier 1996[8] dispose en effet que :

> « *Le Peuple camerounais affirme son attachement aux libertés fondamentales inscrites dans la Déclaration Universelle des droits de l'homme, la Charte des Nations Unies, la Charte Africaine des droits de l'Homme et des Peuples et toutes les conventions internationales y relatives et dûment ratifiées, notamment aux principes suivants :*
>
> - *Tous les hommes sont égaux en droits et en devoirs. L'État assure à tous les citoyens les conditions nécessaires à leur développement ;*
> - *La liberté [est garantie] à chaque individu dans le respect des droits d'autrui et de l'intérêt supérieur de l'État* ».

Bien que figurant au préambule, la valeur constitutionnelle de cet attachement au principe d'égalité et de liberté de tous les hommes, ne se discute plus. Mettant en effet définitivement fin au débat sur le point de savoir si le préambule, parce qu'énonçant très souvent des principes généraux, faisait ou non partie du bloc de constitutionnalité, l'article 65 de la Constitution du 18 janvier 1996 tranche sans équivoque que « *le préambule fait partie intégrante de la Constitution* ».

Chargées de son implémentation concrète, toutes les lois organisant l'activité commerciale au Cameroun depuis l'indépendance commencent fort opportunément par le rappel de ce principe. La dernière en date, la loi n° 2015/018 du 21 décembre 2015 régissant l'activité commerciale au Cameroun dispose en son article 5 (1) que « *l'exercice de l'activité*

---

[8] En parlant de Constitution du 18 janvier 1996, il ne s'agit nullement pour moi de prendre position dans cet important débat qui a divisé la doctrine juridique camerounaise, en l'occurrence celle du droit public : les uns, se basant sur l'intitulé de la loi n° 96-06 du 18 janvier 1996 portant « révision de la Constitution du 2 juin 1972 » soutenaient qu'il s'agit de la Constitution du 2 juin 1972 révisée, les autres estimant que d'importants changements normatifs et institutionnels étant survenus à la suite de cette modification, l'on ne saurait logiquement y voir qu'une simple révision, qu'il s'agit bien d'une nouvelle Constitution. Voir notamment, NGUELE ABADA (M), « *Ruptures et continuités constitutionnelles en République du Cameroun : réflexions à propos de la réforme constitutionnelle du 18 janvier 1996* », in *RADIC*, 1998, pp. 308-326 ; MBOME (F), « *Constitution du 2 juin 1972 révisée ou nouvelle Constitution ?* », in La Réforme constitutionnelle du 18 janvier 1996 au Cameroun, Aspects juridiques et politiques, Yaoundé : Friedrich-Ebert Cameroun, 1996, pp. 16-33]; KAMTO (M), « *Révision constitutionnelle ou écriture d'une nouvelle Constitution ?* », in *Revue Lex Lata*, n° 23-24, 1996, p. 19 ; ONDOA (M), « *Commentaire de la loi n° 96-06 du 18 janvier 1996 portant révision de la Constitution du 2 juin 1972* », in *Juridis Périodique*, n° 95, 1996, pp. 11-14 ; OLINGA (A-D), *la Constitution de la République du Cameroun*, Presses de l'UCAC, 2006, 326 pages.

commerciale sur l'étendue du territoire national par toute personne physique ou morale est libre, sous réserve du respect des lois et règlements en vigueur »[9].

Ainsi solidement inscrit dans l'ordonnancement juridique camerounais, le principe de la liberté du commerce et de l'industrie, qu'il importe évidemment de bien cerner, implique deux aspects intimement liés, à savoir, la liberté d'entreprendre (I) et la liberté de gérer (II).

I. LA LIBERTÉ D'ENTREPRENDRE

L'accès à la profession commerciale est en principe libre. Toute personne a le droit de faire le commerce (A). Toutefois, la profession commerciale comporte un certain nombre de dangers. Ce faisant, le législateur est intervenu pour poser des règles. Celles-ci, bien que constituant des entraves à cette liberté, visent davantage à organiser l'accès à la profession commerciale (B).

A. Le principe de la liberté d'accès à la profession commerciale

Comme conséquence de la liberté d'entreprendre, l'acquisition de la qualité de commerçant se trouve facilitée (1). Mais compte tenu de la proximité des activités commerciales avec celles d'autres professions, il importe de bien établir la ligne de démarcation entre le commerçant et ces professions voisines (2).

1. L'acquisition facile de la qualité de commerçant

De par le principe de la liberté du commerce et de l'industrie, l'accès à la profession commerciale est libre[10]. N'importe qui peut tenir boutique et entrer dans le monde des affaires, sans devoir justifier de sa compétence ou solliciter une autorisation administrative. Il n'y a ni sélection, ni quota. C'est le jeu de libre concurrence qui élimine ceux qui ont la maladresse de s'établir dans des secteurs trop encombrés ou qui n'ont pas les aptitudes suffisantes pour attirer ou retenir la clientèle.

C'est bien ce que semble indiquer la loi du 21 décembre 2015 régissant l'activité commerciale au Cameroun. Celle-ci, reprenant l'article 2 de l'Acte Uniforme portant sur le droit commercial général du 15 décembre 2010, définit le commerçant comme « *toute personne qui fait de l'accomplissement d'actes de commerce par nature sa profession* ». Mais, avant de l'analyser en

[9] Voir notamment, auparavant, dans le même sens l'article 4 de la loi n° 90/031 du 10 août 1990 régissant l'activité commerciale au Cameroun ; l'article 1er de la loi n° 80/25 du 27 novembre 1980 sur l'orientation de l'activité commerciale.

[10] FOKO (A) et POUGOUE (P-G), *Le statut du commerçant dans l'espace OHADA*, Presses Universitaires d'Afrique, Yaoundé, 2006 ; MODI KOKO BEBEY (H.-D.), *Droit communautaire des affaires, OHADA-CEMAC : Droit commercial général et de la concurrence*, t.1, éd. Dianoia, 2008, 207 pages.

profondeur, il faut reconnaître que ce texte donne une définition incomplète du commerçant. À celle-ci, il manque en effet le caractère indépendant et personnel de la profession. Le commerçant accomplissant les actes de commerce en son nom et pour son compte. Il s'ensuit en définitive que l'acquisition de la qualité de commerçant suppose tout simplement, l'accomplissement d'actes de commerce par nature à titre de profession habituelle et de manière personnelle et indépendante.

D'abord l'accomplissement d'actes de commerce par nature. En principe, pour être commerçant, il faut accomplir des actes de commerce par nature. Il s'ensuit que la notion même de commerçant n'est qu'une notion seconde ; puisqu'elle suppose connue celle d'acte de commerce par nature qui constitue l'élément primordial. Aussi, corrigeant la méthode du Code de commerce qui s'était contenté de dresser une liste des actes de commerce sans en donner une définition, l'Acte Uniforme portant sur le droit commercial général précise en son article 3, lequel est repris par l'article 4 de la loi du 21 décembre 2015, que « *l'acte de commerce par nature est celui par lequel une personne s'entremet dans la circulation des biens qu'elle produit ou achète ou par lequel elle fournit des prestations de service avec l'intention d'en tirer un profit pécuniaire* ». Et il énumère, *in fine*, un certain nombre d'actes de commerce par nature. Il en est ainsi de :

- L'achat des biens, meubles ou immeubles, en vue de leur revente ;
- Les opérations de banque, de bourse, de change, de courtage, d'assurance et de transit ;
- Les contrats entre commerçants pour les besoins de leur commerce ;
- L'exploitation industrielle des mines, carrières et de tout gisement de ressources naturelles ;
- Les opérations de location de meubles ;
- Les opérations de manufacture, de transport et de télécommunication ;
- Les opérations des intermédiaires de commerce, telles que la commission, le courtage, l'agence, ainsi que les opérations d'intermédiaire pour l'achat, la souscription, la vente ou la location d'immeubles, de fonds de commerce, d'actions ou de parts de société commerciale ou immobilière ;
- Les actes effectués par les sociétés commerciales.

Cette énumération légale n'est pas limitative. En effet, du fait de l'usage de l'adverbe "notamment", l'on en déduit qu'elle n'est qu'indicative et par conséquent appelée à être complétée en cas de besoin avec l'évolution des activités commerciales.

Ensuite l'accomplissement d'actes de commerce par nature à titre de profession habituelle. Ce critère est également affirmé par l'article 2 de l'Acte uniforme portant sur le droit commercial général. Un simple particulier peut en effet accomplir occasionnellement des actes de commerce par nature, sans pour autant devenir commerçant. Cette qualité ne lui sera acquise, selon cet article, que s'il en fait sa profession.

La profession est entendue comme l'activité habituellement exercée par une personne pour se procurer des ressources nécessaires à son existence. Le professionnel s'oppose à l'amateur qui exerce une activité juste pour son seul plaisir. Le commerçant bénéficie d'une organisation, d'une certaine compétence et agit dans un but intéressé.

L'acquisition de la qualité de commerçant requiert enfin un troisième critère. Malgré le silence de l'article 2 de l'Acte uniforme sur ce point, l'on admet que le commerce suppose l'indépendance. Seul celui qui accomplit habituellement des actes de commerce par nature en son nom et pour son compte doit être considéré comme commerçant. Le commerçant spécule dans son propre intérêt et à visage découvert.

Ainsi se trouvent exclus du cercle des commerçants ceux qui accomplissent des actes de commerce par nature pour le compte d'autrui. C'est le cas des salariés liés au commerçant par un contrat de travail ou des mandataires du commerçant, à l'instar des dirigeants de sociétés commerciales qui sont ses représentants légaux. Bien qu'accomplissant quotidiennement des actes de commerce par nature, ils ne sont pas personnellement commerçants.

Tel est donc le principe : pour acquérir la qualité de commerçant, il suffit d'accomplir des actes de commerce par nature de manière professionnelle. Ce sont du reste ces critères qui sont retenus pour établir la preuve de la qualité de commerçant. La question de la preuve de la qualité de commerçant est concrète et se pose souvent à plusieurs occasions : occasion fiscale, parce que le commerçant a un traitement fiscal différent de celui des simples particuliers ; occasion juridique aussi, parce que le sort du commerçant qui se trouve dans l'incapacité de faire face à ses engagements financiers est différent de celui des simples particuliers.

Pour établir la preuve de la qualité de commerçant, seul le critère posé par les articles 2 de l'Acte uniforme et 4 de la loi du 21 décembre 2015 devrait être retenu comme preuve parfaite dans l'hypothèse d'un contentieux. Et ceci, peu importe la qualité que s'attribue usuellement l'intéressé (par exemple, il se déclare commerçant, alors qu'il n'est qu'un agriculteur qui vend sa production) ou bien quelle que soit l'illicéité de son activité. Dans cette dernière hypothèse, le commerçant clandestin subira les inconvénients du statut du commerçant, à l'instar des procédures collectives[11], mais il ne pourra se prévaloir de ce statut à l'encontre des tiers.

Toutefois, l'article 14 du décret du 22 novembre 1993 portant application de la loi de 1990 institue une carte professionnelle de commerçant. Celle-ci est délivrée par l'administration à toute personne physique ayant la qualité de commerçant, ou de principal mandataire d'une personne morale ayant la qualité de commerçant. Cette carte professionnelle ne confère nullement la qualité de commerçant, mais constitue juste un indice, une présomption simple susceptible de tomber devant une preuve contraire. Il en est de même de l'immatriculation au registre du commerce et du crédit mobilier[12].

2. Distinction du commerçant et des professions voisines

Le principe de l'acquisition de la qualité de commerçant à partir du seul accomplissement des actes de commerce par nature de manière professionnelle permet du reste, dans les cas douteux, de savoir si une profession entre bien dans la sphère commerciale. La question se pose notamment s'agissant de l'artisan et de l'agriculteur qui exercent des professions voisines de celle du commerçant.

S'agissant tout d'abord de l'artisan, la distinction entre lui et le commerçant, tous deux travailleurs autonomes, n'est pas toujours facile à établir. Pourtant elle présente un intérêt réel, l'artisan, contrairement au commerçant, relevant du domaine civil.

Aux termes de l'article 8 de la loi n° 2007/004 du 3 juillet 2007 régissant l'artisanat au Cameroun, l'artisan est « *tout travailleur autonome qui exerce une activité et qui en assure la pleine responsabilité de la direction et de la gestion, tout en participant lui-même au travail* »[13]. À la suite de cette définition, le texte indique que les critères de distinction entre l'artisan et le commerçant sont les suivants :

- L'artisan exécute son travail manuellement ou à l'aide d'une force motrice, celle-ci pouvant être ou non la propriété de l'artisan ;
- L'artisan peut bénéficier du concours des membres de sa famille, de compagnons ou d'apprentis, à l'exclusion de tout agent de maîtrise appelé à le remplacer en permanence. Il doit donc prendre personnellement part à l'exécution du travail ; en d'autres termes, il doit participer lui-même à la production, à la transformation, à la réparation ou à la prestation de services. Si, en revanche, il fait faire l'essentiel du

[11] Voir par exemple pour le cas d'un notaire qui faisait clandestinement des opérations de banque : Com. 2 février 1970, D. 1970, 430, *J.C.P.* 1970. II. 16313.

[12] Article 59 (1) de l'Acte uniforme OHADA portant sur le droit commercial général ; article 11 (2) de la loi du 21 décembre 2015 régissant l'activité commerciale au Cameroun.

[13] Voir. Art.1 de la loi n° 2007/004 du 3 juillet 2007 régissant l'artisanat au Cameroun

travail par d'autres personnes, il serait en train de spéculer sur le travail d'autrui et devrait par conséquent être considéré comme un commerçant ;

- L'artisan peut assurer à la fois dans son domaine d'action, la recherche de la matière première, la production, la transformation, la commercialisation et le service après-vente ;
- L'article 9 précise en son alinéa 5 qu'est considérée comme entreprise artisanale toute unité exerçant une activité artisanale employant moins de dix (10) salariés, et réalisant un investissement minimum d'un (1) million de francs CFA ;
- L'artisan, qui n'est pas soumis aux règles du droit commercial, doit, conformément à l'article 10 de la loi de 2007, se faire enregistrer gratuitement dans un répertoire tenu par la commune de son ressort d'activités.

Quant à l'agriculteur, on considère traditionnellement qu'il n'est pas un commerçant. En effet, la vente de sa récolte n'est précédée d'aucun achat. Il vend ce qu'il a produit. Il ne fait pas un achat pour revendre au sens de l'article 3 de l'Acte uniforme portant sur le droit commercial général. Peu importe par conséquent la dimension de l'exploitation, les méthodes culturales et, le cas échéant, le recours à une publicité pour vendre les produits. En principe, l'agriculteur qui vend les produits de ses terres pose des actes civils par nature.

Cependant, la modernisation des techniques agricoles oblige à se demander si certains agriculteurs ne sont pas devenus commerçants.

Une première difficulté se rencontre à propos des exploitations d'élevage. Si les animaux sont nourris en totalité ou en majeure partie avec les produits de la ferme sur laquelle ils sont nés, il n'y a pas achat pour revendre. L'entreprise demeure civile. Si, en revanche, l'éleveur achète de jeunes animaux et les nourrit avec des produits achetés en majeure partie à l'extérieur, il y a achat pour revendre, il y a transformation. L'entreprise est commerciale. On parle d'ailleurs dans ce cas d'élevage industriel.

Mais il y a aussi des situations intermédiaires : si l'éleveur achète de jeunes animaux qu'il nourrit uniquement ou en grande partie avec les produits de ses terres, son activité demeure civile. Mais si les jeunes animaux, nés dans la ferme sont nourris uniquement ou en grande partie avec la nourriture achetée, l'activité est commerciale. Le critère de rattachement est donc tiré de l'origine des produits utilisés pour l'alimentation des animaux, sans qu'il y ait à distinguer selon que ces animaux sont nés dans la ferme ou ont été achetés.

En définitive, devenir commerçant apparaît ainsi comme tout ce qu'il y a de plus facile : il suffit en effet d'accomplir de manière professionnelle des actes de commerce par nature. En dépit de cette évidence, il serait puéril d'en déduire que le boulevard est largement ouvert à toute personne qui souhaiterait rentrer dans le monde des affaires. D'importantes restrictions permettent en effet de tenir à bonne distance du milieu du commerce, certaines personnes.

B. Les entraves à la liberté d'accès à la profession commerciale

Bien que le droit de faire le commerce soit en principe reconnu à toute personne, les dangers inhérents au monde des affaires ont amené le législateur à intervenir pour poser des règles qui visent davantage à organiser l'accès à cette profession. La licéité de ces règles limitant la liberté d'entreprendre ne se discute point. Dès lors que ces limites ne sont ni abusives, ni arbitraires, elles ne sauraient être juridiquement critiquées. Ces limites sont de divers ordres et se regroupent habituellement autour de deux pôles : celles tenant à l'activité envisagée (1) et celles tenant à la personne qui souhaite embrasser l'activité commerciale (2).

1. Les entraves tenant à l'activité envisagée

Il est des situations dans lesquelles l'activité commerciale se trouve soit purement et simplement interdite, soit soumise à des autorisations préalables.

Au titre des activités purement et simplement interdites, ce sont l'ordre public et les bonnes mœurs qui justifient ces atteintes à la liberté du commerce et de l'industrie. Sont ainsi interdits le commerce avec l'ennemi en temps de guerre, la contrebande, la contrefaçon. De même, l'exploitation des maisons de tolérance est interdite.

Par ailleurs, pour les besoins de santé publique, le législateur interdit la commercialisation de certains produits, la distribution des médicaments sur la voie publique[14], la distribution des denrées nuisibles à la santé humaine[15] et le commerce des stupéfiants.

Dans le but de protéger de jeunes industries, le législateur peut prendre des mesures de sauvegarde en faveur de celles-ci lorsqu'elles sont menacées par une concurrence internationale déloyale. Ces mesures peuvent prendre la forme des restrictions imposées aux importateurs de certains produits similaires à ceux fabriqués localement.

Enfin, pour sauvegarder un monopole, généralement un monopole d'État, certaines activités peuvent être interdites aux particuliers. C'est le cas par exemple de la distribution de l'eau ou de l'énergie électrique, monopole respectivement de la société CAMWATER et de la société ENEO.

Le droit pénal sanctionne du reste la transgression de ces interdictions.

---

[14] Article 53 de la loi n° 90/035 du 10 août organisant la profession de pharmacien

[15] Article 258 de la loi n° 2016/007 du 12 juillet 2016 portant Code pénal

Quant aux activités commerciales soumises à une autorisation préalable, elles sont beaucoup plus nombreuses. La surveillance de l'accès à la profession commerciale en constitue le but. Aussi exige-t-on à tout postulant une autorisation, un agrément ou une licence pour le démarrage des activités. L'on peut citer à titre d'exemple dans cette rubrique le commerce des débits de boisson, les transports routiers, les agences de voyages, les assurances, les activités bancaires, l'exploitation des mines et carrières, l'exploitation d'une pharmacie, la distribution des produits pétroliers…

2. Les entraves tenant à la personne

Ces entraves visent tantôt de la protection de la personne qui veut entreprendre une activité commerciale en exigeant d'elle des conditions de capacité, tantôt la sauvegarde de l'intérêt général en écartant du monde des affaires des personnes qui, pour diverses raisons, ne semblent pas y avoir leur place.

S'agissant tout d'abord de la capacité, le grand commercialiste Thaller, disait que le droit commercial est le droit des forts. Il voulait souligner par là le fait que toute personne ne peut pas faire le commerce. Les professions commerciales sont en effet plus risquées que les activités civiles ; autant le commerçant s'enrichit habituellement plus vite que le salarié par exemple, autant il peut aussi être conduit plus rapidement que lui à la ruine. De ce fait, la nécessité de ne laisser s'aventurer dans le monde des affaires que des personnes capables s'impose. Aussi l'article 6 de l'Acte uniforme portant sur le droit commercial général dispose en effet que « *nul ne peut accomplir des actes de commerce à titre de profession, s'il n'est juridiquement capable d'exercer le commerce* ».

Se trouve ainsi tenu à l'écart du monde des affaires, le mineur non émancipé (art. 7 (1)). En effet, il est jugé trop jeune pour mesurer les risques courus. Aucune autorisation ni aucun procédé détourné ne peuvent lever cette incapacité, car il s'agit d'une incapacité de jouissance et pas seulement une incapacité d'exercice. Quant au mineur émancipé que le droit assimile à un majeur, il peut valablement, contrairement au droit français[16], accomplir des actes de commerce et acquérir la qualité de commerçant. Les majeurs incapables[17], c'est-à-dire les malades mentaux et les faibles d'esprit qui font l'objet des mesures de tutelle ou de curatelle, assimilés au mineur non émancipé, sont également mis à l'écart du monde des affaires, car ils ne pourraient pas lutter à armes égales avec leurs concurrents.

À ce stade de l'analyse, l'on devrait aborder également la situation du conjoint du commerçant. Aux termes de l'alinéa 2 de l'article 7 « *le conjoint*

---

16 MOREAU (V), « L'émancipation, rajeunissement ou déclin », *J.C.P.*, n° 35 *in fine*, 1975, I, 2718.

17 MENJUCQ (M), « L'incapable majeur en droit des affaires », *J.C.P.*, éd. N., 1999, p. 836.

du commerçant n'a la qualité de commerçant que s'il accomplit les actes [de commerce par nature] à titre de profession et séparément de ceux de l'autre conjoint ». Un conjoint n'acquiert ainsi la qualité de commerçant que lorsqu'il exerce un commerce séparé de celui de son partenaire. Dès lors, un conjoint peut participer à l'activité commerciale de l'autre de trois manières sans pour autant acquérir la qualité de commerçant : le conjoint collaborateur, la collaboration consistant à accomplir un travail de manière subordonnée, mais sans rémunération ; le conjoint salarié, les époux pouvant conclure entre eux un contrat de travail et le conjoint associé, les époux se retrouvant associés au sein d'une même société quelle que soit sa forme[18].

Quant à la protection de l'intérêt général ensuite, si l'exigence de la capacité constitue un contrôle *a priori* pour l'accès à la profession commerciale, il faut reconnaître que d'une manière générale, notre droit préfère le contrôle *a posteriori*. Cette option permet d'écarter du monde des affaires certaines personnes, soit pour des raisons fondées sur un défaut d'honorabilité, soit pour des raisons d'incompatibilité.

S'agissant des interdictions se fondant sur un défaut d'honorabilité, le public mérite une protection contre les commerçants malhonnêtes. Aussi le législateur, à travers les interdictions et les déchéances, vise-t-il à protéger le monde commercial et ses clients de la présence des personnes au passé douteux, parce que présumées malhonnêtes. Aux termes de l'article 10 de l'Acte uniforme portant sur le droit commercial général, ces interdictions peuvent être prononcées soit par une juridiction professionnelle et sont dans ce cas limitées à la profession, soit par une juridiction civile ou répressive et présentent dans ce cas un caractère général.

Quant aux restrictions se fondant sur des raisons d'incompatibilité, certaines personnes, bien que parfaitement honorables, se trouvent écartées des activités commerciales parce qu'elles exercent déjà une profession jugée incompatible avec le commerce. L'article 9 de l'Acte uniforme portant sur le droit commercial général range dans cette catégorie, les fonctionnaires et personnels des collectivités publiques et des entreprises à participation publique, les officiers ministériels et auxiliaires de justice (avocat, huissier, commissaire-priseur, agent de change, notaire, greffier, administrateur et liquidateur judiciaire), les experts-comptables agréés et comptables agréés, commissaires aux comptes et aux apports, conseils juridiques, courtiers maritimes et, plus généralement, toute profession dont l'exercice fait l'objet d'une réglementation interdisant le cumul de cette activité avec l'exercice d'une profession commerciale.

La doctrine discute du fondement de ces incompatibilités. Pour la majorité des auteurs, ces incompatibilités se justifient par le fait que le législateur veut

---

[18] Voir Article 1832 – 1 du Code civil

mieux assurer l'indépendance de la fonction publique ou la dignité de certaines professions. Mais l'explication que donne le Professeur Yves GUYON emporte la conviction. Pour l'illustre auteur, « *les incompatibilités paraissent s'expliquer davantage par un motif de conscience professionnelle. Le commerce est une profession trop absorbante pour être menée seule. En le cumulant avec une autre activité, on risque de pratiquer médiocrement l'une et l'autre, comme cela arrive souvent lorsque l'on fait deux choses à la fois* ». De plus, « *le commerçant est animé principalement par la volonté de réaliser des bénéfices, alors que le fonctionnaire doit être inspiré par la satisfaction de l'intérêt général et le membre d'une profession libérale par le désir de rendre un service qui n'est pas uniquement pécuniaire. Il serait donc difficile qu'une même personne obéisse en même temps, selon la nature de ses activités, à des motivations aussi différentes* »[19].

La violation des incompatibilités entraîne des sanctions pénales et disciplinaires.

Signalons enfin dans cette rubrique le cas des commerçants étrangers. Le principe de l'interdiction de l'exercice d'une activité commerciale les frappe, sous réserve de l'obtention d'un agrément. Aux termes de l'article 5 (2) de la loi du 21 décembre 2015 régissant l'activité commerciale au Cameroun, « *un étranger désirant exercer une activité commerciale au Cameroun doit obtenir au préalable un agrément délivré par l'autorité compétente* ». Toutefois, l'article 6 dispense d'agrément préalable :

- les ressortissants des pays étrangers assimilés aux nationaux par des conventions internationales signées par le Cameroun ;
- les sociétés commerciales comportant des capitaux étrangers, ayant leur siège social au Cameroun, et dont 51 % au moins du capital est détenu effectivement ou indirectement par des personnes physiques de nationalité camerounaise ;
- les entreprises commerciales installées dans une zone économique. Ces personnes étrangères assimilées aux nationaux camerounais jouissent ainsi, comme ces derniers, non seulement de la liberté d'entreprendre, mais aussi de la liberté dans la gestion de l'entreprise.

II. LA LIBERTÉ DE GÉRER

À côté de la liberté d'entreprendre, l'autre volet du principe de la liberté du commerce et de l'industrie est la liberté de gérer à sa convenance

[19] GUYON (Y), *Droit des affaires*, tome 1, *Droit commercial général et sociétés*, 11e édition, Economica, 2001, n° 48.

l'entreprise sur un marché concurrentiel. C'est le principe de la libre concurrence qui constitue la loi du commerce[20].

Le principe de la liberté de la concurrence signifie que tout procédé qui n'est pas interdit est permis, car la clientèle appartient au commerçant qui se montre assez habile pour l'attirer et assez diligent pour la conserver. Par conséquent, le dommage causé par une concurrence saine et loyale est considéré comme licite et n'ouvre pas droit à réparation. Ainsi, le seul fait de vendre moins cher que les autres commerçants ne constitue pas une concurrence déloyale, mais une pratique parfaitement saine, sous réserve de respecter la prohibition des ventes à perte. De même, la liberté d'établissement postule que tout commerçant puisse être concurrencé par un autre commerçant qui s'installe à proximité. Un commerçant n'a donc pas droit à des dommages-intérêts si la clientèle l'abandonne au profit d'un fonds de commerce voisin mieux équipé, mieux approvisionné et vendant moins cher. Une telle concurrence est saine, et le législateur ne saurait l'empêcher. Les agents économiques peuvent donc utiliser tous procédés pour attirer ou retenir la clientèle qui est l'élément essentiel du fonds de commerce[21].

Mais ce principe de la liberté de la concurrence ne saurait être absolu, car, poussé à l'extrême, il entraînerait des abus. Aussi, que ce soit le législateur (A), les commerçants eux-mêmes (B) ou le juge (C), ils sont tous intervenus pour réguler[22] la liberté de la concurrence.

A. La régulation législative de la liberté de la concurrence

Bien qu'en principe libre, la concurrence ne permet pas l'utilisation de n'importe quel procédé[23]. Certains comportements sont considérés comme anticoncurrentiels par nature et par conséquent doivent être interdits[24]. Le législateur a tenté d'en dresser une liste aussi détaillée que possible.

On y retrouve d'abord des pratiques commerciales considérées comme illicites. Dans cette rubrique se trouvent rangés la vente des produits impropres

[20] MODI KOKO BEBEY (H.-D.), *Droit communautaire des affaires, OHADA-CEMAC : Droit commercial général et de la concurrence,* op.cit ; NYAMA (J.-M.), « La liberté du commerce et de la concurrence dans le cadre de la loi camerounaise du 10 août 1990 », in *Revue Juridique Africaine (RJA),* n° 2 et 3, 1991, pp. 51 et s.

[21]FOKO (A) : « Contribution à une étude juridique de la clientèle (à propos de la notion) », in *Revue internationale de droit africain,* n° 82, 2009, p. 9

[22] FRISON-ROCHE (M-A): « Le droit de la régulation », in *D.* 2001, p. 610

[23] HEMARD (J), « L'évolution contemporaine de la réglementation de la concurrence », *Mélanges Julliot de la Morandière*, 1964, p. 203] ; DURAND (P), « L'évolution contemporaine du droit de la concurrence », Mélanges Roubier, t. 2, p. 439].

[24]VANDENCASTEELE (A), « Libre concurrence et intervention de l'État dans la vie économique », Cahiers de drt. eur., n° 5/6, 1979, p. 540]

à la consommation, le refus de vente ou de prestation sans motif légitime[25], les pratiques qualifiées de vente à la boule de neige et les ventes à perte.

On y retrouve ensuite des pratiques commerciales trompeuses. Aux termes de l'article 79 (2) de la loi du 21 décembre 2015 régissant l'activité commerciale au Cameroun, une pratique commerciale est réputée trompeuse lorsqu'elle contient des informations fausses ou lorsque, d'une manière quelconque, y compris par sa présentation générale, elle induit ou est susceptible d'induire le consommateur en erreur, même si les informations présentées sont correctes, en ce qui concerne un ou plusieurs éléments (ci-après) et que, dans un cas comme dans l'autre, elle amène ledit consommateur ou est susceptible de l'amener à prendre une décision commerciale qu'il n'aurait pas prise[26].

Ces éléments concernent notamment : l'existence ou la nature du produit, les caractéristiques principales du produit, l'étendue des engagements du professionnel, le prix et le mode de calcul du prix, la nécessité d'un service, d'une pièce détachée, la nature, les qualités et les droits du professionnel, et les droits du consommateur, en particulier le droit de remplacement ou de remboursement en matière de garantie légale, ou les risques qu'il peut encourir.

Le législateur assimile par ailleurs à des pratiques commerciales trompeuses, les omissions trompeuses. Celles-ci désignent des pratiques commerciales qui omettent une information substantielle. Il s'agit précisément des informations dont le consommateur a besoin pour prendre une décision commerciale en connaissance de cause et, par conséquent, l'amènent ou sont susceptibles de l'amener à prendre une décision commerciale qu'il n'aurait pas prise. Il en est de même d'une pratique commerciale par laquelle un professionnel dissimule une information substantielle ou la fournit de façon peu claire, inintelligible, ambiguë ou à contretemps. C'est également le cas lorsqu'il n'indique pas sa véritable intention commerciale et, que le consommateur est ainsi amené ou est susceptible d'être amené à prendre une décision commerciale qu'il n'aurait pas prise.

Le législateur interdit enfin des pratiques commerciales agressives. Sont ainsi considérées, aux termes de l'article 84 (1) de la loi de 2015, les pratiques commerciales qui altèrent ou sont susceptibles d'altérer de manière significative, du fait du harcèlement, de la contrainte ou d'une influence injustifiée, la liberté de choix ou de conduite du consommateur à l'égard d'un

---

[25]VIRASSAMY (G), « Le nouveau régime des pratiques restrictives entre professionnels », *D.S.*, 1988, chron. p. p. 113 ; FERRIER (D), « Pratiques restrictives », *Cahiers de droit de l'entreprise*, 1987, I, p.19.

[26] BIBOUM BIKAY (F), *Droit camerounais de la consommation, Presses Universitaires Libres* (*PUL*), Douala, 2016

bien ou d'un service ; et par conséquent, l'amènent ou sont susceptibles de l'amener à prendre une décision commerciale qu'il n'aurait pas prise.

B. La régulation conventionnelle de la liberté de la concurrence

Il est évident qu'une convention qui interdirait à une personne l'exercice de l'industrie ou du commerce serait considérée comme illicite[27]. Elle porterait atteinte à la règle d'ordre public de la liberté du commerce. En outre, elle serait immorale en tant qu'elle contraindrait cette personne à l'oisiveté. Fort heureusement, il n'y a aucun exemple d'une telle convention.

La convention relative à l'exercice du commerce se rencontre le plus souvent sous forme de clause d'un contrat de vente ou de gérance d'un fonds de commerce. Celui qui connaît et redoute un futur concurrent lui impose l'obligation de ne pas créer une entreprise de nature à lui faire concurrence[28].

La clause est usuelle dans les contrats de vente ou de location-gérance de fonds de commerce. Le vendeur ou le propriétaire s'engage à ne pas se rétablir. Toutes les fois que la personnalité du commerçant, son nom, son activité, ont une influence sur la conservation de la clientèle, la clause est nécessaire pour protéger l'acquéreur ou le gérant pendant la durée de la gérance contre la concurrence que lui ferait le vendeur en créant un nouveau fonds.

La clause se rencontre très souvent aussi dans les contrats de travail[29]. La maison de commerce qui engage un employé supérieur lui impose l'obligation de ne pas ouvrir un commerce similaire, après l'expiration de son contrat, et parfois même de ne pas servir dans une maison concurrente. L'utilité de cette clause est évidente : un employé initié aux pratiques de la maison de commerce et connaissant la clientèle pourrait, en créant lui-même un fonds de commerce, faire au commerçant une concurrence redoutable.

La jurisprudence valide de telles clauses[30]. Elle cherche à dégager un compromis entre la liberté contractuelle, qui impose la validité, et la liberté du

---

[27]RIPERT (G) et ROBLOT (R), *Traité de droit commercial*, tome 1, LGDJ, 13e édition, n° 473 et s.
[28]CHATELAIN (F) et GAUTHIER-Le CHATELIER (S), « La concurrence dans les centres commerciaux », *JCP*. 1981, éd. C.I., 13643 ; MONEGER (J), « L'organisation de la concurrence dans le préambule d'un centre commercial », *JCP*. 1966, éd. E. 14726.
[29]JIOGUE (G), « La clause de non-concurrence en droit du travail camerounais », in *Annales de la Faculté des Sciences Juridiques et Politiques de l'Université de Dschang*, t. 1, vol. 2, *PUA*, 1997, p. 147 et s. ; BRUN (A), « Le régime de la concurrence irrégulière dans les rapports du travail », in *Mélanges Roubier*, t. 2, 1961, p. 357.
[30]SERRA (Y), « La validité de la clause de non-concurrence (de la vente du fonds de commerce au contrat de franchise) », *D.S.*, 1987, *chron.* p. 113] ; BERGEL (J.-L.), « Les clauses de non-concurrence en droit positif français », in *Études Alfred Jauffret*, 1974, p.21 ; CHAMPAUD, « La clause de non-concurrence », *Rev. Jur. Com*, 1986, p. 161 ; LINDON (R), « Validité de la clause de non-concurrence dans les contrats de louage de services », *J.C.P.*, 1960. I. 1593 ; BRUN (A), « Le régime de la concurrence irrégulière dans les rapports du travail », in *Mélanges*

commerce, qui implique que toute personne puisse exercer un commerce ou une industrie qui lui semble bon. Toutefois, dans la vente ou la location-gérance de fonds de commerce, la validité de la clause est conditionnée à la restriction de son étendue. Dans la pratique, trois ordres de restrictions sont concevables : l'étendue de la clause se trouve d'abord restreinte dans le temps ; la clause ne peut en effet imposer une interdiction perpétuelle ; elle doit être restreinte à un certain nombre d'années ; au bout d'un certain temps, la clientèle change et le nouveau concurrent ne pourra plus s'emparer de celle qu'il a connue[31]. L'étendue de la clause est ensuite restreinte dans l'espace ; la clientèle est, en général, une clientèle locale, parfois même une clientèle de quartier ; dans ce cas, il importe peu que le vendeur du fonds ouvre un fonds de commerce semblable dans une autre ville ou dans un autre quartier[32]. La clause doit enfin être restreinte dans le genre de commerce ; le vendeur ou l'employeur ne peuvent prévoir que la création d'un commerce semblable au leur, sans quoi il n'y aurait pas de concurrence possible. Pour ce qui est des clauses de non-concurrence contenues dans le contrat de travail, la jurisprudence se caractérise par une appréciation particulièrement rigoureuse de leur validité ; elle ne les valide que si elles n'empêchent pas pratiquement le salarié de continuer à exercer normalement son activité professionnelle, en fonction de sa qualification et de ses connaissances[33].

C. La régulation jurisprudentielle de la liberté de la concurrence

Indépendamment de toute intervention législative ou contractuelle, la jurisprudence a imaginé un autre système d'encadrement, d'application plus large. En se servant du concept de responsabilité, elle a fait un délit civil des pratiques déloyales. Cette situation permet à tout commerçant qui subit un préjudice considérable du fait d'une concurrence déloyale, par un recours à la justice, d'obtenir non seulement des dommages-intérêts, mais également de faire interdire les procédés de nature à lui nuire[34].

Roubier, 1961, II, p. 357 ; LYON-CAEN (G), « Les clauses restrictives de la liberté du travail », *Droit social*, 1963, p. 88 ; LAURENT, « La clause de non-concurrence : une enclave commerciale dans le droit du travail », *Gaz. Pal., 1974*, I, Doctr., p.71 ; BRONNERT, *La clause de non-concurrence en droit du travail*, thèse, Lyon, 1974.

[31] Voir Cass. civ., 26 mars 1928, *D.P.*, 1930. I. 145, note Pic ; 14 avril 1973, *D.H.*, 1938, 299 ; Soc., 21 octobre et 5 novembre 1960, *J.C.P.*, 1960. II. 11886.

[32] Voir Cass. civ., 27 octobre 1936, *D.H.*, 1936, 571 ; 14 avril 1937, *D.H.*, 1937, 299 ; Soc., 3 janvier 1964, *J.C.P.*, 1964. II. 13551.

[33] Voir Cass. soc., 18 octobre 1952, *JCP*. 1953, II, 7519 ; *RTDC* 1953, 124, obs. Carbonnier ; 21 octobre 1960, *JCP*. 1960, II, 11886, note Lyon-Caen ; 27 juin 1984, *D.S., 1985, IR., 151*, obs. Serra.

[34] RUBELIN-DEVICHI (J), « Loyauté en matière de concurrence », *J.C.P.* 1965.I.1922.

En effet, en l'absence d'un texte général, la jurisprudence a fondé sur les articles 1382 et 1383 C. civ une théorie de la concurrence déloyale[35]. La déloyauté dans la concurrence, même si elle ne comporte pas d'éléments intentionnels, constitue une faute qui oblige à réparation.

La concurrence déloyale suppose ainsi qu'un commerçant utilise des procédés abusifs dans le but de détourner ou tenter de détourner la clientèle d'un autre commerçant qui exerce dans le même domaine d'activité que lui. Elle s'inspire des techniques de la responsabilité civile. Ainsi, le commerçant qui prétend être victime de concurrence déloyale devra par conséquent prouver de la part de son adversaire, une faute, un dommage et un lien de causalité.

S'agissant tout d'abord de la faute, elle consiste dans la violation des usages commerciaux. Elle peut être le fait du commerçant ou de ses salariés. L'étude de la jurisprudence fait ressortir certaines situations dans lesquelles la déloyauté a été retenue. Il en est ainsi du dénigrement[36] qui consiste à jeter le discrédit sur un concurrent en le critiquant, dans l'intention de lui nuire. Il vise parfois la personne du concurrent ou plus fréquemment les produits de celui-ci. Il en est également ainsi de la confusion qui consiste à tenter de profiter de la bonne renommée d'un commerçant en faisant croire à la clientèle qu'il s'agit de la même entreprise. La confusion peut porter sur des produits imités, sur les marques ou sur le nom commercial[37]. La désorganisation de l'entreprise rivale est aussi à ranger parmi ces situations constitutives de concurrence déloyale. Elle peut prendre diverses formes, à l'instar de l'espionnage industriel, le débauchage irrégulier de personnel en vue de détourner la clientèle ou le détournement de commandes.

Quant au dommage ensuite, il consiste en la perte de la clientèle. Par suite des agissements déloyaux en effet, la clientèle passe du fonds de commerce de la victime à celui du concurrent. Pour évaluer le préjudice, on compare les chiffres d'affaires réalisés avant et après les actes de concurrence déloyale et à retenir la différence.

Pour ce qui est enfin du lien de causalité, son appréciation est difficile, car comment savoir si la perte de la clientèle a bien été provoquée par l'acte de

---

[35]NAST, « La conception française de la concurrence déloyale », *Mélanges Wieland,* 1934, p. 287 ; ROUBIER (P), « Théorie générale de l'action en concurrence déloyale », *RTDCom.*, 1948, p.541 ; PIROVANO (A), « La concurrence déloyale en droit français », *Rev. intern. dr. comp.*, 467, n°9-24, 1974, p. 467].

[36]GOUDY (E), *De la concurrence déloyale par dénigrement*, thèse, Lyon, 1960.

[37] Voir Cour d'Appel du Littoral (Douala), Arrêt n° 10/C du 21 novembre 1969, affaire Compagnie de Transactions Commerciales (CTC) c/ Compagnie de Transport et de Commerce (CTC), inédit. VANDEN BROUQUE, *Des enseignes des commerçants et la concurrence déloyale*, thèse, Dijon, 1899.

concurrence déloyale. Les juges, qui disposent d'un pouvoir souverain, font généralement preuve de pragmatisme.

Lorsqu'elle est établie, la concurrence déloyale entraîne essentiellement des sanctions civiles. Trois types de sanctions sont possibles : les dommages-intérêts dont le montant est apprécié souverainement par les juges, les mesures propres à faire cesser la concurrence déloyale souvent accompagnées d'une astreinte et les mesures de publicité par lesquelles le coupable de concurrence déloyale se trouve obligé à publier, par voie de presse et à ses frais, la décision intervenue.

THE CONCEPT OF EXCEPTION IN LAW IN COMMON LAW AND CIVIL LAW JURISDICTIONS.

Wilson TAMFUH Y.N

Associate Professor of Public and International Law
Vice Dean, Faculty of Law and Political Sciences,
University of Bamenda

ABSTRACT

This article unearths the principles applied in the common law and civil law systems in determining prevalence of the concept of "exceptions in law". It reveals that some administrative acts are excluded from judicial review because of their politically sensitive nature. Certain actions by Government may reflect a limit to freedoms if those freedoms are being exploited by some citizens to destabilise the peace of the nation. Sometimes claims for human rights by citizens have invited the activities of bandits, cults and terrorists, and to prevent anarchy the government is empowered to restrict individual freedoms.

The concept is that modern constitutional governments are constitutionally empowered to deal with emergencies. Thus when the public safety is seriously threatened, there may be a need for quick and decisive action that may not wait for the deliberate pace of ordinary constitutional rule. Sometimes, the rights and protections provided by modern constitutions can prevent the government from responding efficiently and energetically to enemies that would destroy those rights and even the constitutional order itself. As a result, modern constitutions often have special provisions for dealing with emergency situations.

The author surveys the specific cases of the United Kingdom (common law) and France (civil law) with an analysis of additional examples from relevant states. This article explores the origin of exceptions in law from Roman law, and its impact on civil law and common law systems. However, the author observes that due to terrorism, civil wars, and violent extremism confronting modern states, there is a gradual globalization of the concept of exception in law through international and community law.

Key words: exception, emergency, crisis, order

RÉSUMÉ

Cet article expose les principes appliqués dans les systèmes de *common law* et de droit civil pour déterminer la prévalence de la notion "d'exceptions en droit". Il révèle que certains actes administratifs sont exclus du contrôle judiciaire en raison de leur caractère politiquement sensible. Certaines mesures prises par le Gouvernement peuvent être le reflet d'une limitation des libertés si certains citoyens exploitent ces libertés pour déstabiliser la paix de la nation. Parfois, les revendications des citoyens sur les droits de l'homme ont invité les activités des bandits, des cultes et des terroristes, et pour empêcher l'anarchie, le gouvernement est habilité à restreindre les libertés individuelles.

L'idée est que les gouvernements sont constitutionnellement habilités à faire face aux situations d'urgence. Ainsi, lorsque la sécurité publique est sérieusement menacée, il peut être nécessaire d'agir rapidement et de manière décisive, sans attendre le rythme délibéré de la règle constitutionnelle ordinaire. Parfois, les droits et les protections prévus par les constitutions modernes peuvent empêcher le gouvernement de réagir efficacement et énergiquement à des ennemis qui détruiraient ces droits et même l'ordre constitutionnel lui-même. En conséquence, les constitutions modernes ont souvent des dispositions spéciales pour faire face aux situations d'urgence.

L'auteur examine les cas spécifiques du Royaume-Uni (*common law*) et de la France (droit civil) en analysant d'autres exemples d'États concernés. Cet article examine l'origine des exceptions en droit romain et leur incidence sur le droit civil et les systèmes de *common law*. Toutefois, l'auteur fait observer qu'en raison du terrorisme, des guerres civiles et de l'extrémisme violent auquel sont confrontés les États modernes, la notion d'exception est progressivement mondialisée par le droit international et communautaire.

Mots clés : exception, urgence, crise, ordre

I. INTRODUCTION

Many States have constitutional arrangements permitting judges to interfere with the executive if they can be persuaded that an administrative action is not authorized by a parliamentary statute. Yet dealing with emergency situations requires a more radical delegation of power than the long process of parliamentary deliberations. For example when the public safety is seriously threatened, there may be a need for quick and decisive action that cannot, perhaps, wait for the deliberate pace of ordinary constitutional rule. This presents a dilemma to every liberal constitutional government. Every democratic government needs a strategy to efficiently and quickly respond to enemies that would destroy the rights of its citizens or the State's constitutional order itself. As a result, modern constitutions often have special provisions for dealing with emergency situations.[1] However, the executive is not permitted to use emergency powers to make any permanent changes in the constitutional system. Emergency powers, exercised in this conservative way, have long been considered a rights-protecting principle in constitutional democracies. They are the key to resolving the dilemma faced by such governments when they are under either external or internal attack.This concept could be traced from Roman law as a foundation.

A. The Impact of Roman Law

Exception in law in the Roman Empire seems to be the foundation that inspires both the Common Law and Civil Law systems. Many authors take the opinion that emergency powers were legitimate under Roman dictatorship, and were a necessary component of a well-functioning republic. They then relate the Roman model of dictatorship to be a source of inspiration for the modern idea of constitutional emergency powers, habitually called the "neo-Roman model."[2] Under Roman law, a dictator was made for a limited time and not in perpetuity, and only to remove the cause for which he was created;(,)and his authority extended only in being able to decide by himself the ways of meeting that urgent peril. He was to do things without consultation and to punish anyone without appeal; (,) but he could do nothing to diminish the power of the State. The dictator's short time and limited authority had to leave the Roman People uncorrupted, and he was not supposed to exceed his limits and harm the Romans. Indeed, historical precedence reveals that his reign always benefited the citizens.[3]

Modern constitutions do not invest special powers in a person outside of government but many vest emergency powers on an elected president, examples being the Constitution of the Weimar Republic and the 1958 French Constitution[4]. The authority wielding emergency powers enjoy a popular legitimate democratic type of mandate while in the classical Roman model the dictator was chosen from among men of special virtues and abilities.

Exception in law also has its jurisprudential origin in the concept of necessity.

---

[1]European Commission for Democracy through Law, Emergency Powers, *Council of Europe Publishing*, 1995, P.7.

[2]FEREJOHN (J), & PASQUINO (P), "*The Law of the Exception: A Typology of Emergency Powers*", Oxford University Press and New York University School of Law, 2004, P.10.

[3]NICCOLO (M), "Discourses on Livy ch. 34; HARRINGTON J. "*The Commonwealth of Oceana Journal*, 88 (1656), ROUSSEAU (JJ), "*The Social Contract and Discourses* 293 (1762) (G. D. H. Cole *trans.*, J. M. Dent & Sons Ltd. 1973) "*The dictatorship*". *available at* http://www.constitution.org/jh/oceana.htm

[4]*See* article 48 of the WEIMAR Constitution and article 16 of the 1958 FRENCH Constitution.

B. The Concept on Necessity

Generally, in both common law and civil law systems, legal history teaches that grave threats to liberty often come in times of urgency, when constitutional rights seem too extravagant to endure. This argument could be interpreted as justification of necessity (*necessitas legem non habet*) which generally holds that a person may legitimately transgress against a rule of the legal system during circumstances in which acceding to the letter of the law would violate the law's ultimate purpose of furthering "the common well-being of men."[5] With regard to the individual, in most criminal jurisdictions, there is a concept of justification by showing in court that there is sufficient reason why a defendant did what the prosecution charges the defendant to answer for. It must be proven that the reaction was necessary to avoid harm or evil which was greater than the harm that would have resulted if the crime had been committed. This is similar to the concept of self-defence or legitimate defence, which is expanded in states of emergency in the case of a State. Thus Abraham Lincoln, one of America's most competent presidents, says:

> "*Every man thinks he has a right to live and every government thinks it has a right to live. Every man when driven to the wall by a murderous assailant will override all laws to protect himself, and this is called the great right of self-defense. So every government when driven to the wall by a rebellion will trample down a constitution before it will allow itself to be destroyed. This may not be constitutional law but it is a fact*".'[6]

It has been said that necessity requires a ship's cargo to be thrown away in order to lighten it; necessity requires the demolition of houses in order to extinguish fires; necessity is the law of the moment."[7] Secondly, this is also because in Roman law, "the welfare of the people shall be the supreme law" *This is expressed as salus populis suprema lex.* In constitutionalism, the interest of the public is paramount, and such general interest demands governments' protection in times of crisis.[8] The civil law system, whose origin is traced from Roman law, demonstrates these characteristics.

II. EXCEPTION IN LAW IN THE CIVIL LAW SYSTEM

Civil law is a legal system that is intellectualized within the framework of Roman law. Originating in Europe, its core tenets are codified into a referable system which serves as the primary source of law. Historically, a civil law is

---

[5]MARSHALL (T) in *Skinner v. Ry. Labor Executives Association*, 489 U.S. 602, 635 (1989).
[6]BRIAN (M), "In the face of Danger: A Comparative Analysis of the Use of Emergency Powers in the United States and The United Kingdom in the 20th Century", Indiana *University School of Law Press*, 2008, P.2.
[7] Ibid, P.4.
[8]BONNER (D), "Emergency Powers in Peacetime" n° 55, *J.P. W. B. McAuslan ed.*, 1985.

the group of legal ideas and systems ultimately derived from the *Corpus Juris Civilis*, but heavily overlaid by Napoleonic, Germanic, canonical, feudal, and local practices, as well as doctrinal strains such as natural law, codification, and legal positivism.[9] As a concept peculiar to many legal systems in the world, civil law is rooted in the formulation of general principles, adistinction of substantive from procedural rules, a coloration of inquisitorial processes, and sometimes an analysis of abstractions. In civil law, case law is rated secondary and subordinate to statutory law.[10]France is a major and ancestral civil law state.

A. The Example of France

In this work France is a pointer to civil law systems. The office of dictator once had a very different meaning from how we think of it today. It was first created by the Roman Senate in 510 B.C. for emergency purposes, such as taking care of rebellions. During the time of the Republic, Rome was ruled by two consuls, and the Senate decided that in some cases it was necessary to have a single person making decisions. Sometimes, one of the consuls became dictator. Napoleon Bonaparte is known to have borrowed this Roman concept of consuls, one of which must be able to exercise emergency powers. Historians consider Napoleon Bonaparte to be the first modern dictator. He was a general during the French Revolution, a period of colossal socio–(-)political and economic upheavals in France. Beginning in 1789, France evolved from a monarchy to a Republic, and then to an empire. In the midst of executions, coups and confusion, Napoleon became a consul under a new provisional government.[11]

France has three levels of emergency powers. She applies the exceptional powers (*pouvoirs exceptionnels)*, which depict a state of emergency, as wells as the state of siege, enshrined in article 36 of the French constitution and the Defence Law.[12] The state of emergency is regulated in the law instituting a state of emergency (*Loi instituant un état d'urgence)* of 1955,[13]while the state of siege can be proclaimed when there is an immediate threat due to a foreign war (*guerre étrangère*) or an armed uprising.

---

[9]ARNOLD (B), *The Companion to British History*, London, Routledge, 2001, p. 308.

[10] The largest group of civil countries belong to the Napoleonic foundation, thus France, Italy, the Netherlands, Spain, Chile, Belgium, Luxembourg, Portugal, Brazil, Mexico, former French colonies in Africa, former Portuguese territories, Malta, Romania, and most of the Arab world when Islamic law is not used. Some civil law states operate within common law countries like Quebec in Canada and Louisiana in the U.S.

[11] FREEMAN (S), *How Dictators Work, Infospace Holdings*, 2019, p.2.

[12] *Code de la défense, parti 2, livre I titre II http://www.defense.gouv.fr/Code_defense_legislatif_2007.pdf.*

[13] *Loi numéro 55-385 du 3 avril 1955 instituant un état d'urgence http://www.libertysecurity.org/pdf.*

B. State of Emergency

Since 2015, France has experienced a particularly high number of terrorist attacks. Constitutional law experts are examining the French State's response to such events and analyzing its effect on the relationship between civil liberties and national security. The activation of the state of emergency as an exceptional measure that suspends warranted searches and certain freedoms highlights a potential impediment to reconciling France's national values such as *liberté* with the urgent need to mitigate terrorist activity. Yalnız takes the view that the European Court of Human Rights (ECHR) was not approached about the state of emergency in France for two reasons, namely because of "the French cultural arrogance where the legal community considers that it is France that has inspired fundamental rights and that its own guarantees are sufficient to itself without using European law, and considers itself "*le pays des droits de l'Homme*". Secondly, if it was necessary to refer to the Convention, they are of direct application in the national system of rules and the national courts are guarantors of the conventional texts".[14]Another reason is that exhaustion of domestic remedies takes too much time and that the state of emergency was over before it is possible to file a complaint to the ECHR.

Following the fifth consecutive renewal of this exceptional measure in December 2016, a close scrutiny of its legitimacy, its effectiveness, and its objectives is both timely and warranted. These exceptional crisis measures have historically affected the French socio-political order. In the last 15 years, terrorist attacks against the French State has prompted the use of exceptional policies that have a texture of changing legal patterns in the use of emergency powers[15]. The law instituting a state of emergency stipulates that a state of emergency can be proclaimed by the government in the whole or parts of the country (including the non-metropolitan *departments d'outre-mer*) in cases of immediate danger due to serious assaults on the public order or in situations that can be likened to a public calamity. As in the case of the proclamation of a state of siege, any prolongation beyond the initial 12 days must be authorized by parliament, which at the same time decides on the exact length of the state of emergency. During a state of emergency, the prefect (i.e. the State representative at the local, *département*, level) has the right to impose a curfew and certain other types of restrictions on the freedom of movement. The Minister of the Interior is entitled to take decisions regarding house arrests and order the seizure of certain types of weapons. In addition, the Minister of the Interior or the prefects can provisionally close all types of meeting places and

[14]YALNIZ (D), *International conference law: Dark side of the moon, the normalization of the state of emergency and the situation of judiciary in Turkey 2nd Section: European Court of Human Rights and Constitutional Court Under State of Emergency in Turkey,* Istanbul, September 10, 2018, P.3.

[15]BOZINOVIC (F), "Finding the Limits of France's State of Emergency," *Claremont-UC Undergraduate Research Conference on the European Union*: Vol. 2017, Article 4, 2017, P.13.

prohibit gatherings that may disturb the public order. The decree proclaiming a state of emergency can also introduce censorship and allow night-time searches. The state of emergency bears a number of resemblances to the state of siege (as far as proclamation, prolongation, and restrictions in certain freedoms are concerned); the main difference is that, during a state of emergency, no powers are automatically transferred to the military authorities.[16] Another difference is that, to date, the state of siege has never been used in France, while the state of emergency has been used on several occasions, both in the colonies (Algeria in 1955 and New Caledonia in 1985) and in metropolitan France (most recently between 8 November 2005 and 4 January 2006, both during and after the civil unrest).[17]

Since the declaration of the state of emergency on 14th November 2015, three main types of administrative measures have been ordered: searches, house arrests, closures of places of worship and bans on demonstrations. However, these measures were all criticized for excesses such as; a failure to take into account the potential presence of minors or vulnerable persons e.g. pregnant women, elderly persons or persons with a disability, in the premises being searched, when such operations may prove to be a shock to these people, with psychological after-effects, the use of physical violence by the gendarmerie and police (wrestling persons present to the ground in the place of dwelling, blows, physical immobilization accompanied by the pointing of weapons), psychological violence (for example the pointing of weapons at a pregnant woman or a child), the practice of handcuffing under conditions which are contrary to the requirements set out in article 803 of the French Code of Criminal Procedure. Article 803 of the Criminal Procedure Code states: "No person can be subjected to the wearing of handcuffs or shackles unless they are regarded either as dangerous for others or themselves, or they are likely to try to escape".

After terrorist attacks in France in 2015, a state of emergency was declared by the decrees of 14 and 18 November 2015 in application of the Law of 3rd April 1955[18]. It was then extended for three months from 26th November by law No. 2015/101 of 20th November 2015, which also modified several articles of law No.55/101 of 3rd April 1955 relating to the state of emergency, in particular inserting article 4(1), as follows: "the National Assembly and the Senate shall be informed without delay of the measures taken by the Government during the state of emergency. They can require any additional

---

[16] THENAULT (S), « L'état d'urgence (1955-2005) : de l'Algérie coloniale à la France contemporaine ». *Mouvement social,* P 8° 1233 n° 218, 2007, pp.63-78.

[17] THENAULT (S), *op cit., « ministère de l'Intérieur et de l'Aménagement du territoire Décret n° 2005-1387 du 8 novembre 2005 relatif à l'application de la loi n° 55-385 du 3 avril 1955 ».*

[18] Decree No. 2015-1493 of 18 November 2015 *on the application overseas law No. 55-385 of 3 April 1955, JORF* No. 0268 of 19 November 2015, p. 21517.

information within the framework of the control and the evaluation of these measures"[19].

C. State of Siege

The term "state of siege" refers to two different situations. The first which corresponds to a real fact, is the state of military siege that can be declared by the commander of a stronghold besieged or threatened by the enemy. It was regulated in France by the law of 10th July 1791 and the decrees of 24th December 1811 and 4th October 1891. The second situation is a fiction, hence its name: fictitious state of siege, or political. It is a special regime of legality, involving a worsening of police systems, justified by the idea of national peril. This situation was regulated by a law of August 9, 1849, amended by the statutes of April 3, 1878 and April 27, 1916. Under article 36 of the 1958 Constitution, the state of political seat (siege) is decreed in the Council of Ministers and it must be added that it is declared on all or part of the territory. Its extension beyond twelve days can only be authorized by Parliament. In France, the state of siege is framed by article 36 of the 1958 Constitution thus: "ThestateofsiegeisdecreedintheCouncilofMinisters. Its extension beyond twelve days can only be authorized by Parliament".

The main effect of a state of siege is to transfer certain powers from civilian to military authorities. These powers include police powers to impose public order, restricting freedom of assembly, censorship of the press, judicial powers in criminal law cases, imposing obedience to military authorities, police powers to search inhabitants' dwellings at any time of the day or night. All other powers remain vested with the civilian authorities and other constitutional rights and freedoms remain in force.While the decision is taken by the government, any prolongation beyond the initial 12 days must be authorized by parliament. A distinction is often made between the Etat de siege réel (actual state of siege) and the *état de siege fictif* (constructive state of siege). *Etat de siege reel* (The former) refers to situations in which a territory has been taken over bythe enemy or where military operations are current and ongoing[20]. A situation such as this suspends all law.[21]

The state of siege and the state of emergency grant important, but circumscribed, powers to the government (or the military authorities in the case of the former). In contrast, the exceptional powers regulated in paragraph 16 of the French constitution, essentially gives the president a *carte blanche*of

[19]Statement of Opinion on the State of Emergency *(Plenary assembly - 18 February 2016 - Adopted: unanimously, three abstentions).*
[20]MAX (R), *Martial Law and the State of Siege,* 30 *California Law Review*, n° 634, 1942, p.640.
[21]FELDMAN (W), "Theories of Emergency Powers: A Comparative Analysis of American Martial Law and the French State of Siege," *Cornell University International Law Journal*: Vol. 38 : Iss. 3, Article 17, 2005, P.5.

legislative and executive power. If there is an immediate and serious threat to the French institutions, independence, territorial integrity or the fulfillment of France's international commitments, and its constitutional governmental authorities are no longer able to function normally, the president can decide to take on exceptional powers. Before taking such a decision she must consult the prime minister as well as the presidents of both chambers of parliament, and the Constitutional Council. The president also decides how long the exceptional powers should be in force. Paragraph 16 does not require a total collapse of the normal structure of government: the president can seize exceptional powers even if parliament, for example, is functional. Given these elements, paragraph 16 has long been controversial in France.[22]

D. Other Civil Law States

There are several similarities of the patterns used to counter emergencies peculiar to civil or common law states. Japan for example is a civil law system, but has enactments similar to those of Great Britain, a common law state. Writing on emergencies in Japan, Kenneth M., opines thatnobody doubts that governments should be prepared for extraordinary emergencies, such as natural disasters and international conflicts; in Japan, these are established in the Disaster Countermeasure Basic Act, which defines how national and local public entities should utilize public resources to protect lives and property, and the various "Contingency Laws" which outline when and how the Self-Defense Force can be mobilized to protect Japanese citizens and territory.[23] Because crises vary in their foreseeability, escalation speed, and short or long-term magnitude, preparations and responses tend to be enshrined in normal laws, which allow for more adaptability to changing circumstances.

Globally, exceptions take three forms in all jurisdictions. The first tendency is that the executive declares the state of emergency and is obliged to inform parliament within a specified period of time (e.g. US, common law). Secondly, the executive declares the state of emergency but must have this ratified by parliament before it can proceed with emergency measures (e.g. Germany, civil law). And third, Parliament itself declares the state of emergency (e.g. Hungary, civil law).[24]This latter tendency is fortified by the practice of some constitutions stipulating that "mini-parliaments" replace the legislature during war or similar situations. This is the case in Sweden as well as in Germany, where, during a state of defense, a "Joint Committee" can determine that the Bundestag cannot be convened or cannot reach quorum and

---

[22]SAINT-BONNET (F), *L'État d'exception,* Paris, Presses Universitaires de France, 2001, pp. 5-28.

[23]McELWAIN (K), "*Using Constitutional Data to Understand State of Emergency Provisions*", Social Sciences of Crisis Thinking, University of Tokyo Press, 2017, P.2.

[24]Law (D) & POWERS (J), "Backgrounder, Security Sector Governance and Reform", *Geneva Centre for the Democratic Control of Armed Forces*, October 2005, PP. 3-10.

that, as a consequence, the "Joint Committee" replaces both the Bundestag and the Bundesrat and exercises their rights as one body[25].

III. EXCEPTION IN LAW IN THE COMMON LAW SYSTEM

Common lawis practiced in countries that utilize judicial precedent or judge-made law, or case law more often. It is that body of law derived from judicial decisions of courts and similar tribunals. The defining characteristic of common law is that it arises as precedent. In cases where the parties disagree on what the law is, a common law court looks to past precedential decisions of relevant courts, and synthesizes the principles of those past cases as applicable to the current facts. If a similar dispute has been resolved in the past, the court is usually bound to follow the reasoning used in the prior decision and this called the principle of *stare decisis*. This article uses Great Britain as the yardstick to measure how exceptions in law are exemplified in common law regimes. Great Britain has an unwritten constitution, and the ideas of legal scholars, statutory provisions, the principle of the prerogative of the King, are all discussed as trigger points of emergency powers.

A. The Ideas of English Legal Scholars

English writers have contributed immensely to the sources of law because the UK has no written constitution. Thus before enacting codified texts, the ideas of legal scholars have always been foundational. The rule of law in Common Law Systems affirms that there is the doctrine of immediate necessity for all individuals. This doctrine is found in the Cameroonian Penal Code and many other common law states. Most prominent among them is A.V Dicey, who takes the view that "There are times of tumult or invasion when for the sake of legality itself the rules of law must be broken. It legalizes illegality and combines the maintenance of law and the authority of the Houses of Parliament with the free exercise of that kind of discretionary power or prerogative which, under some shape or other, must at critical junctures be wielded by the executive government of every civilized country".[26] These kinds of actions are called legal black holes.

When people committed treason in the United Kingdom for example, legal black holes were created through the Habeas Corpus Suspension Acts, which were statutes that suspended habeas corpus for those charged with treason. Chief Justice Marshall once wrote that, while the Constitution's means are

---

[25]KHAKEE (A), "Securing Democracy? A Comparative Analysis of Emergency Powers in Europe", *Geneva Centre for the Democratic Control of Armed Forces (DCAF) Policy Paper*, No. 30, 2009, p.19.

[26]DICEY (A.V), "*Introduction to the Study of the Law of the Constitution*", London, MacMillan, 1959, tenth edition, 412-3.

adequate to its ends, it is intended to endure for ages to come, and consequently, to be adapted to the various crises of human affairs.[27]

Another influentiallegal writer is Rossiter who believes that exception in law is "Constitutional dictatorship", and actually wrote a book entitled as such. In his classic, Constitutional Dictatorship, the author opines that "no sacrifice is too great for our democracy, least of all the temporary sacrifice of democracy itself"[28]. It means that during exceptional situations, democratic rule can be suspended or else the existing democracy can be lost. This British author of Constitutional Law is asserting that the dictatorship necessary to respond to an emergency can be constitutional, obviously drawing his inspiration from the Roman dictatorship which was legally bestowed on a trusted individual whose task was to restore normal times in government and hand back this power to the regular authorities just as soon as its purposes had been fulfilled. The *raison d'être* of course of "constitutional dictatorship" is due to democratic complexity of the contextual period and the state of a nation's constitutionalism. In most cases of emergencies, there is risk of a great constitutional crisis which requires that the system of government must be temporarily altered to whatever degree is necessary to overcome the peril and restore normal conditions. This altered government may sometimes amount to an outright dictatorship, but the essence is that at the end of the day there is a preservation of the independence of the state, the maintenance of the existing constitutional order, and the defense of the political and social liberties of the people. Constitutional dictatorship is a qualified term whose usage refers only to governmental situations that are facing serious crisis; and this is different from the negative use of power by a dictator who uses dictatorial power even in normal periods, and this latter may refer to unconstitutional dictatorship.

B. Prerogative of the Crown

In the UK, the power of the King or Queen to act according to discretion for the public good, without the prescription of the law and sometimes even against it is called prerogative powers. A.V Dicey claims that martial law comes into existence in times of invasion when, where, and in so far as the King's peace cannot be maintained by ordinary means because of urgent and paramount necessity and that this power to maintain the peace by the exertion of any amount of force strictly necessary for the purpose is sometimes described as the prerogative of the Crown.[29] Thus a sovereign can change a dictatorship by commission, one limited in scope and time in order to attempt

---

[27] *Youngs town Sheet & Tube Co. v. Sawyer*, 343 U.S. 579, 682 (1952).
[28] ROSSITER (C), "*Constitutional Dictatorship*", Princeton, Princeton University Press, 1948.
[29] LOCKE (J), "*Two Treatises on Government*", London, Cambridge University Press, 1988, p. 375.

to ensure a return to normality, into a constitutional dictatorship, one which is able to use emergency powers to construct a new kind of order. However, such prerogative orders, exercised either by the constitution or by statute, give the judges the duty to study it and resist if necessary. Judges do determine the extent of such delegation of power as constrained by the rule of law, so that there is no abuse of prerogative powers.[30] In Britain the sovereign is considered the one who both decides when there is a state of emergency and how to respond to it; he decides on the exception.

Another British legal writer and judge, Hoffmann L.J opines that the power to declare a state of emergency is an exceptional one, located in the constitution, and so the sovereign must respect the constitutional constraints on the exercise of that power. He says the sovereign has the authority to use law to suspend the law.[31] The constitutional authority to use law to suspend law, creates an exceptional regime alongside the regime of ordinary law, and is auniversal feature of the "non-absolutist western British constitutional arrangements which do not recognize any source of executive authority that is not delegated to it by an act of Parliament".

However, with the pressure of modern democratic principles and the demands for an increase in legislative power, there has been a steady decline in the use of royal prerogative powers. Great Britain has therefore resorted principally to deal with emergencies through the enactment of ordinary laws that delegate special authority to the government or its agencies. The writers continue to belief that there can be no rule by law without the rule of law, and this is why judges must have a say in exceptions in law. Whatever the state structure, they are under a duty to uphold the rule of law. Even if they are not entitled to invalidate a statute that creates an excessive display of emergency powers, it is their duty to state that the legislature has made a decision to govern arbitrarily rather than through the rule of law.

C. Statutory Enactments

Most Common Law jurisdictions use a contextual Human Rights Act and the Habeas Corpus Act[32]. The latter is widely used in High Courts in commonwealth States like Nigeria, South Africa and the Anglophone Cameroon. The Habeas is meant to stop an abuse of administrative powers,

---

[30]DWORKIN (R), *Hard Cases: InTaking Rights Seriously,* London, Duckworth press, 1977, p. 121.

[31]DYZENHAUS (D), in *Schmitt v. Dicey*: *Are states of emergency inside or outside the legal order?*

[32] The Habeas Corpus Act 1679, the Bill of Rights 1689, the Parliament Act 1911, the Act of Settlement, House of Commons Disqualification Act 1975, Life Peerages Act 1958, House of Lord's Act 1999 all have provisions on exceptions in law. The introduction of modern statutes comes with increased funding for emergency planning in the United Kingdom to help organizations comply with the laws and bring emergency situations under state control.

especially during emergency periods. For example the use of interrogation techniques against suspected terrorists in the Guantanamo Bay has led to an abuse of Habeas corpus.[33]

The impact of the first and second world wars provoked the adoption of statutes regulating emergency situations in the UK. After the outbreak of hostilities in the First World War, the British Parliament passed the defence of the Realm Act 1914 (DORA)[34] without debate. DORA allowed the executive to pass regulations with the force of law for the purpose of public safety and "the defence of the realm".[35] The regulations that were created gave the government extensive control over the economy, the power to detain individuals on the basis of hostile origin or association, detentions without trial, the power to impose curfews, prohibit assemblies, and restrain freedom of speech and of the press.[36]

During the Second World War, emergency regulations, with very little debate, were again passed in the form of the Emergency Powers (Defence) Act 1939 (or EPA 39). The executive had authority to create regulations for maintenance of public order, public safety, the defence of the realm, the efficient prosecution of the war, and the maintenance of supplies and services essential to the life of the community. The emergency powers were to remain in effect until the executive declared hostilities to have ended[37].

Like many other states in the world, the UK has had to draft anti-terrorism laws. One of the earliest has been the one to combat the Irish Republic Army (IRA). This was The Prevention of Violence (Temporary Provisions) Act 1939 (PVA39),[38]an anti-terrorism legislation drafted in response to an IRA bombing campaign in England. Unlike the previous examples of British emergency legislation, the PVA 39did not give the executive the authority to create regulations. Instead, it enabled the executive to require foreigners to register with the government, to expel people from the country if reasonably satisfied the person "was engaged in the preparation or instigation of an act of

---

[33]TAMFUH (W), (Book Review), *Habeas in the Twenty First Century*,

[34]Defence of the Realm Act, 4 and 5 Geo. V, c. 29.

[35]VORSPAN (R), "Law and War: Individual Rights, Executive Authority, and Judicial Power in England During World War 1", 38 *Vanderbull Journal of Transnational Law*, Vol. 261, 2005, P. 267.

[36]MOECKLI (D), "The Selective War on Terror: Executive Detention of Foreign Nationals and the Principle of Non-Discrimination", 31 *Brooklyn Journal of International Law*, Vol. 495, 2006, p.500.

[37]Emergency Powers (Defence) Act 1939, 2 and 3 Geo. 6, c. 62.

[38]Prevention of Violence (Temporary Provisions) Act, 1939, 2 &3 Geo. 5, c. 50 (Eng.).

violence, or to prohibit that person's entry if reasonably satisfied that the person might be trying to enter with a view to being so engaged.[39]

After the politically inflammatory Birmingham pub bombings, in which 21 people were killed and roughly 168 injured, in response to popular outrage similar to that of 1939,Parliament passed a new piece of anti-terrorism legislation after a single day of deliberation known as the Prevention of Terrorism (Temporary Provisions) Act 1974 (PTA 74). It allowed the government to proscribe any organization appearing to be concerned in terrorism occurring in the United Kingdom and connected with Northern Irish affairs, or in promoting it or encouraging it. Membership in such a group warranted a punishment of up to 5 years in prison. It also became a crime to publicly display support of a proscribed organization, or to arrange a meeting of three or more persons that would be addressed by a member of a proscribed organization.

The events of terrorist attacks by Al Qaeda on September 2011 in the United States provoked a universal revision of ant-terrorism legislation. In the UK, the new legislation was the Anti-Terrorism, Crime and Security Act 2001 (ATCSA).[40] Its implementation related to the government's handling of the nuclear industry, aviation security, terrorist finances, and the possibility of indefinite detention to prevent a suspected noncitizen terrorist from engaging in any future terrorist activities.[41] This measure could only be used against non-citizens who could not be deported because the United Kingdom's human rights treaty obligations prevented it from deporting a person to a destination country where the person faced the possibility of being tortured.[42] Mostly recently, in response to the London bombings in July 2005,[43] the United Kingdom enacted the Terrorism Act 2006 (TA 2006)[44] after six months of debate.

In the United Kingdom one of the most recent statutes that governs exception in law is called the Civil Contingencies Act 2004. Being a nation that does not have a written constitution, the Act is detailed and important. It is an Act to make provision about civil contingencies, "enacted by the Queen's

---

[39] YOUNG (R), "Defining Terrorism: the Evolution of Terrorism as a Legal Concept in International Law and its Influence of Definitions in Domestic Legislation", 29 B.C. *International and Comparative Law Review*, Vol. 23, 2006 p.73.

[40]Anti-Terrorism, Crime and Security Act, 2001, c.24 (U.K.).

[41] WILLIAMS (D), "The United Kingdom's Response to International Terrorism", *International and Comparative Review*, vol. 13, 2003, p. 693.

[42] CONNOLLY (K), "Living on the Past: the Role of Truth Commissions in Post-Conflict Societies and the Case Study of Northern Ireland," *39Cornell International Law Journal* vol. 4 2006, p. 401.

[43]ROACH (K), *Must We Trade Rights for Security ? The Choice between Smart, Harsh, or Proportionate Security Strategies in Canada and Britain,* Cardozo *Law Review,* vol. 27, 2006.

[44]Terrorism Act, 2006, c. 11 (U.K.).

most Excellent Majesty, by and with the advice and consent of the Lords Spiritual and Temporal, and Commons". The Act defines terrorism as an event which poses a threat of serious damage to the security of the United Kingdom, events which threaten serious damage to human welfare in a place in the United Kingdom or to the environment of a place in the United Kingdom. Previous legislation, which was enacted during or after the Second World War, provided for civil protection solely in terms of "civil defence", which was defined as "measures, other than actual combat, for affording defence against a hostile attack by a foreign power".[45]

According to the leading commentary on the Act, the Government's handling of risks and emergencies in recent years has failed to inspire public confidence. In a range of crises, from the Foot and Mouth outbreak through to the grounds for war in Iraq, official predictions or capabilities have been found wanting. The Civil Contingencies Act 2004 tenders reassurance by the promise of systemic planning and activity in civil resilience, though defence lies beyond its scope. The wide-ranging powers in the Act have the capability of delivering on the promise. But, as shall be revealed in this book, efforts will be hampered because the legislation is hesitant and uneven.[46]

D. Other Common Law States

In *India*, a common law State, national emergency can be declared on the basis of external aggression or armed rebellion in the whole of India or a part of its territory under article 352 of its Constitution. Such an emergency was declared in India in 1962 (China war), 1971 (Pakistan war), and 1975 (declared by Indira Gandhi). The President can declare such an emergency only on the basis of a written request by the Cabinet headed by the Prime Minister. Such a proclamation must be laid before both houses of Parliament, and the state of emergency expires after one month unless approved within that time by both houses sitting and voting separately. However, if the Lok Sabha (the lower house) has been dissolved or dissolution takes place in the state of emergency, and the Rajya Sabha approves of the state of emergency, the deadline for the Lok Sabha is extended until thirty days after that house reconstituted.[47] Since 1966, the authority to declare a state of emergency in *Israel*, a common law regime, has been anchored in article 38 of its Basic Law under the power of the Government. The law empowers the Knesset (Israeli Parliament) to declare a state of emergency, but leaves in the hands of the government the authority to do so, if needed, before the Knesset convenes.

---

[45]*The Civil Contingencies Act 2004: Risk, Resilience and the Law in the United Kingdom,* Oxford University Press, 2006, P.3.

[46]WALKER (C), & BRODERICK (J), "*The Civil Contingencies Act 2004: Risk, Resilience and the Law in the United Kingdom*", Oxford University Press, 2006, P.3.

[47]BARI (M), *States of Emergency and the Law: The Experience of Bangladesh*, Routledge, London, 2017, pp. 62–64.

The basic law states that should the Government ascertain that there is a state of emergency in the State, and that as a result of the urgency of the matter, a declaration of a state of emergency must be made before the Knesset can be convened, it is entitled to declare a state of emergency. [48] In *Pakistan*, a state of emergency can be declared following article 232 of the constitution. Indeed, a state of emergency was declared by President of Pakistan Pervez Musharraf on the 3rd of November 2007 and lasted until the 15th of December 2007 during which the constitution of Pakistan was suspended. He also directed the armed forces of Pakistan not to obey any illegal orders. The state of emergency and its responses were generally attributed to the controversies surrounding the re-election of Musharraf during the presidential elections on 6th of October 2007, including his holding of both offices of President and Chief of Army Staff at the time. When the state of emergency was declared, Musharraf controversially held both positions of president and Chief of Army Staff. He later resigned as army chief 25 days into the emergency on the 28th of November.[49]The *United States* broke out from Great Britain, and maintains the common law legal system. According to the US Supreme Court in Court in *Re Neagle,*[50] the US President is enabled to fulfill the duty of his great department, expressed in the phrase that he shall take care that the laws be faithfully executed.[51] Specifically, the Framers intended the President's constitutional authority to be a continuation of the English and colonial tradition in war powers.[52] In other words, the founders intended that, aside from Congress, the President should have the primary responsibility along with the necessary and requisite powers to protect the national security.[53] The President is not required to seek legislative permission before engaging the military, nor does this create a limitation whereas the executive would have no power to commence war, or conclude peace, or enter into a final treaty without legislative approval.[54]

IV. GLOBALIZATION OF EXCEPTION IN LAW

The globalization of terrorism as a persistent form of attack on the peace and security of States has also led to a globalization of the concept of

---

[48] The period of the validity of a declaration of a state of emergency by the Knesset shall be as prescribed by it, but shall not exceed a year. The Knesset is entitled to repeat its declaration of a state of emergency as stated.
[49]GALL (C), "Musharraf Quits Pakistani Army Post", *the New York Times,* 28 November 2007, P.10.
[50]135 U.S. 1 (1890).
[51]*Cunningham v. Neagle*, 135 U.S. 1, 64 (1890).
[52] YOO (J), "The Continuation of Politics by other Means: The Original Understanding of War Powers", 84 *California University Law Review*, 167, (1996), p. 254.
[53]*Hamdi v. Rumsfeld,* 542 U.S. 507, 2004, (Thomas, J., dissenting).
[54] FRIEDMAN (J), *Emergency Powers of the Executive: The President's Authority When All Hell Breaks Loose*, University of Maryland Press, 2016, P.266.

emergencies laws in many States. By corollary, international legislation, especially through United Nation Conventions, and regional organizations, have also been released and emphasized as global measures to internationalize the concept of exceptions in law.

A. Combatting terrorism and civil war

Many states in the world are faced, nowadays, with serious threats to the public safety that can occur anywhere and that cannot terminate definitively due to persistent terrorist attacks. International terrorism provokes a form of emergency that may not always be compatible with normal statutory or constitutional requirements in times of crisis. It gives governments no time limit to stop emergency actions. For example, in the northern part of Cameroon, the persistent attacks of Boko Haram, a terrorist group that sprang from northern Nigeria, has gone on for more than five years. This also applies to emergency situations compelled on neigbouring States like Chad, Nigeria itself, and other states countering Boko Haram insurgencies. If we think that the capacity to deal effectively with emergencies is a precondition for a Republican government, then it is necessary to ask how emergency powers can be controlled in modern circumstances when States are faced with terrorist attacks for a prolonged period of time.

There are at least two characteristic features of the problem of emergencies in modern times. Firstly as mentioned above, contemporary emergencies cannot easily be limited in time or space. This raises the specter of needing a permanent emergency regime and, in such a circumstance, the principle of time limit becomes too rigid. Thus, states now establish an emergency regime that operates alongside the normal regime, whereby legal boundaries are created around emergencies to substitute for the geographic and temporal ones. Second, it is no longer clear prior to an emergency what powers are needed to cope with it. The issue of coordinating emergency powers for a certain period of time to solve the problem is inapplicable where the cause of the crisis is permanent and persistent as in terrorism. Thus in modern times, it seems an emergency legal system should be created in which there are rules, rights, and procedures, in operation in situations of continuous terrorist attacks.

This has also compelled many states, including the United Kingdom, to use the codified civil law methods to deal with the effects of terrorism. Since responses require quick action, many States avoid the slower method of often consulting Parliament. This accounts for the proliferation of many decrees and statutory provisions that have dominated national and international legislation against terrorism, civil wars, civil unrest and violent extremism.

Emergency, defined as a situation that produces a grave disturbance of the political system or order, thus threatening its survival, could be either exogenous or endogenousin origin, or both. The most obvious case of an exogenous threat is a war or invasion: the attempt by enemies to destroy, occupy, or somehow take control over a country.[55] Special measures are justified in order to protect the integrity of the territory and the very nature of the liberal democratic order. Where terrorism and civil war combine, a more problematic situation is faced by such a government. By civil war we mean the attempt by internal political actors to destroy the constitutional order. In both cases the political order is challenged by enemies who explicitly want to destroy it, or to modify its nature, so that it seems legitimate to do whatever is possible in order to render the enemies incapable of representing a threat to the status quo. However, this becomes more problematic when, in order to prosecute this conflict, our governments suspend our own citizens' rights.

A more acute emergency is that which the Weimar Republic had to face at the end of its brief life. After 1928 there was no longer in the Reichstag (the lower house of the parliament) any majority support for the constitutional order established by the Weimar Constitution of 1919. The liberal democratic order inscribed in the Constitution simply had no "democratic," meaning majoritarian, support. This tragic conundrum probably has no solution. In other words, there is probably no means, in such a situation, for rescuing a liberal democratic order. Democratically minded citizens could try to engage in a civil war against their enemies. But like in the Lockean "appeal to heaven" this is a challenge and a decision that only each person can take in her/his own conscience.[56]

On January 11, 2015 – shortly after the attacks on the Charlie Hebdo head quarters in Paris –(,) close to 4 (four) million people passionately marched in the streets of Paris in the name of freedom of speech and defending France's liberal democratic values in the face of fear. Marked by the slogan of '*Je Suis Charlie,*' this local movement gone global stands in unified opposition to attempts – politically or religiously motivated – to undermine Western liberal democracy[57]. Thus major States in the western world are aggressive against terrorist, justifying different statutory laws that have emerged against national and international terrorism, civil wars and violent extremism. It has also provoked an increase in executive powers, especially those of the president, around the globe.

Another character that is lost by modern emergency legislation during times of civil war or terrorism is its temporary nature. Such legislation may become permanent because the cause of the crisis has permanence; and thus the conservative nature of emergency legislation will be lost. Again, this

---

[55] See, for example, article 115 of the German Constitution.

[56] LOCKE (J), *The Second Treatise of Civil Government and a Letter Concerning Toleration,* 119 J. W. Gough ed., Blackwell press, London, 1946, p.20.

[57]BOZINOVIC (F), "Finding the Limits of France's State of Emergency," *Claremont-UC Undergraduate Research Conference on the European Union*: Vol. 2017, Article 4, and P.5.

situation can compel a permanent change in the legal system due to circumstances of emergency, and this will justify what Carl Schmitt calls constitutional or legislative dictatorship.[58]

Here again, caution must be exercised by the authorities of the State so that an extensive abuse of power is not triggered. Statistics show a historical abuse of such powers, such as the extensive use of emergency powers by Indira Gandhi in the 1970s, tyrannical misrule under the guise of emergency rule in various Latin American countries, and the experience of the end of the Weimar government.[59]

But, however unusual it may be, emergency legislation remains ordinary within the framework of the constitutional system: it is an act of the legislature working within its normal competence. Such legislation is, in the postwar constitutional systems, reviewable by the constitutional council or court (if there is one) and is regulated in exactly the same manner as any other legislative act. For example, in Britain we see the succession of defense against Terrorism Acts and the United States has the Patriot Act;[60] and the 1958 French Constitution has article 16, and the German Basic law has article 115[61]. This tendency has provoked the UN laws to be emphasized and for regional organizations to adopt uniform laws in relation to exceptional circumstances.

B. International and Community Law

Under the United Nations, certain human rights are non-derogable under any circumstances. The International Covenant on Civil and Political Rights identify these rights, some of them being the right to life, prohibition from torture, freedom from slavery, freedom from post facto legislation and other judicial guarantees, the right to recognition before the law, freedom of thought, conscience and religion. The UN Human Rights Committee has recognized that, in addition to the non-derogable rights listed above, there are several other humanitarian provisions that must remain inviolable such as the humane treatment of all persons deprived of their liberty, prohibitions against hostage-taking and unacknowledged incarceration, protection of the rights of persons belonging to minorities, the prohibition of propaganda advocating

[58] SCHMITT (C), *Die Diktatur*, Duncker & Humblot Press, 1921, p.17.

[59]NEUBORNE (B), "Supreme Court of India", 1 *International Journal of Constitutional Law*, vol. 1, 2003, p.476.

[60] E.g., Prevention of Terrorism (Temporary Provisions) Act 1974, c. 56 (Eng.); and Uniting and Strengthening America by Providing Appropriate Tools Required to Intercept and Obstruct Terrorism Act of 2001.

[61]Compare art. 16, French Constitution *with* art.115 of Federal Republic of Germany constitution.

war, or national racial or religious hatred, procedural guarantees and safeguards designed to ensure the integrity of the judicial system.[62]

Rather than a study of exceptions in law within the confines of civil law or common law systems, many regional organizations are adopting uniform laws on emergency or crisis situations. A number of international treaties establish guidelines regulating emergency situations. For example, the American Convention on Human Rights, a regional treaty, provides a legal framework for states of siege within the Western hemisphere.[63] Article 27 of the American Convention of Human Rights regulates the suspension of human rights guarantees during states of emergency. Article 1 provides that in times of war, public danger, or other emergency that threatens the independence or security of a State Party, it may take measures derogating from its obligations under the present Convention to the extent and for the period of time strictly required by the exigencies of the situation, provided that such measures are not inconsistent with its other obligations under international law and do not involve discrimination on the ground of race, color, sex, language, religion, or social origin.

Similarly, the European Union (and The European Court of Human Rights) also outlines the above non-derogable rights. Specifically article 15 (1) of the European Convention provides that:

> "*In time of war or public emergency threatening the life of the nation, any High Contracting Party may take measures derogating from its obligations under this Convention, to the extent strictly required by the exigencies of the situation, provided that such measures are not inconsistent with its other obligations under international law*".

States are enjoined to refer to the compatibility of their laws with various international standards that are required to handle situations of exception in law. Too often, states have ignored international law, bilateral treaties and international conventions in their application of measures in emergency situations.

CONCLUSION AND RECOMMENDATIONS

The first recommendation is the ability of a president and other executive leaders to have foresight and take preventive measures before situations deteriorate into emergencies. A forward-thinking president can reasonably

---

62 LAW (D) & POWERS (J), "Backgrounder, Security Sector Governance and Reform", *Geneva Centre for the Democratic Control of Armed Forces*, October 2005, PP. 3-10.

63 GROSSMAN (C), "A Framework for the Examination of States of Emergency Under the American Convention on Human Rights." *American University International Law Review*, Vol. 35, No.1, 1986, p.1.

operate within the confines of the Constitution to protect the security of the nation.

Any democratic government faced with a war, an invasion, a domestic insurrection, or other type of emergency must determine how it will respond. The leaders of a state will have to ask many questions in times of emergency. Such is the case with: How much power will the executive be given? What will be the role of the other branches of government? How long will the response last? How will the government administer justice during such a period? What, if any, fundamental rights will be sacrificed in order to protect the nation? The way in which a nation responds to such questions will undoubtedly determine how successful it will be in responding to the crisis with which it is faced.

Each State could study how and when it might be counterproductive for a Government to suspend the full enjoyment of some human rights in order to deal with a severe crisis situation. The most modern challenge is to find out how to handle human rights that might be particularly vulnerable in a crisis situation, especially the rights of women, children and the handicapped. Finally, governmental leaders and constitutional law experts should continue to research and discover methods which do not necessarily include derogations from human rights obligations whereby States could deal constructively with a severe crisis situation.

Severe crises and emergencies are dangerous periods in the life of a democracy. Not even a stable democracy is shielded from danger during a prolonged period of exceptional powers wielded by the government. The most important factor in ensuring the survival of democracy during emergency rule is an active, pro-democracy citizenry. This, of course, is not a factor that can be created through legislation or constitutional arrangements. In the absence of being able to affect the citizenry, some rules nevertheless seem more suitable than others to protect democracy in severe crisis situations.

Each State should develop a system of differentiated emergency powers. This refers to a limited form of emergency powers for use. For instance, in the event of a large scaleindustrial accident or a natural catastrophe, an in-between-version for more serious threats to the constitutional order such as a serious terrorist attack or an attack on the democratic institutions, and a set of comprehensive forms of emergency rules for wartime and similar situations.

Similarly, there is need for a strong guarantee of human rights, following the provisions in International Covenant on Civil and Political Rights, the European

Convention for the Protection of Human Rights and Fundamental Freedoms, the African Court of Human and Peoples' Rights and other relevant mechanisms.

BIBLIOGRAHY

- ARNOLD (B), *The Companion to British History*, London, Routledge, 2001.
- BARI, (E.), *States of Emergency and the Law: The Experience of Bangladesh*, London, Routledge,) 2017.
- BONNER, DAVID (D), "Emergency Powers in Peacetime" *J.P. W. B. McAuslan,* n° 55, n° de fascicule, 1985.
- BOZINOVIC (F), "Finding the Limits of France's State of Emergency"*(Claremont-UC Undergraduate Research Conference on the European Union*: Vol. 2017.
- BRIAN (M), "In the face of Danger: A Comparative Analysis of the Use of Emergency Powers in the United States and The United Kingdom in the 20th Century", Indiana *University School of Law Press*, 2008.
- CARLOTTA (G), "Musharraf Quits Pakistani Army Post", *the New York Times,* n° 28, November 2007, P.10.
- CHARLES (A), "*The Companion to British History"*, s.v. London : Routledge, 2001.
- CONNOLLY Christopher (K), "Living on the Past: the Role of Truth Commissions in Post-Conflict Societies and the Case Study of Northern Ireland,*" 39Cornell International Law Journal* n° 4, 2006.
- DAVID, Dyzenhaus (D), in *Schmitt v. Dicey*: *Are states of emergency inside or outside the legal order.*
- DEĞILSIN, Yalnız, International conference law: Dark side of the moon, the normalization of the state of emergency and the situation of judiciary in Turkey.
- DICEY (A.V), *Introduction to the Study of the Law of the Constitution,* London, MacMillan, 1959.
- DWORKIN (R), *Hard Cases: In Taking Rights Seriously,* London, Duckworth press, 1977.
- FELDMAN (W), "Theories of Emergency Powers: A Comparative Analysis of American Martial Law and the French State of Siege," *Cornell University International Law Journal*, Vol. 38: Iss. 3, 2005.
- FEREJOHN (J), & PASQUINO (P), *The Law of the Exception: A Typology of Emergency Powers, Oxford University Press and New York University School of Law*, 2004, P.10.

- FRANÇOIS (S-B), *L'état* d'exception, Paris, *Presses Universitaires de France*, 2001, PUF, 2001.
- FRIEDMAN (J), *Emergency Powers of the Executive: The President's Authority When All Hell Breaks Loose*, University of Maryland Press, 2016.
- GROSSMAN (C), "A Framework for the Examination of States of Emergency Under the American Convention on Human Rights." *American University International Law Review*, Vol. 35, No. 1, 1986.
- KHAKEE (A), "Securing Democracy? A Comparative Analysis of Emergency Powers in Europe", *Geneva Centre for the Democratic Control of Armed Forces (DCAF) Policy Paper,* No. 30, 2009, p.19.
- LAW (D) & POWERS (J), "Backgrounder, Security Sector Governance and Reform", *Geneva Centre for the Democratic Control of Armed Forces*, October 2005.
- LOCKE (J), *The Second Treatise of Civil Government and a Letter Concerning Toleration*, London, 119 J. W. Gough ed. Blackwell press, 1946.
- MAX (R.), "Martial Law and the State of Siege", 30 *California Law Review*, n° 634, 1942.
- McELWAIN (K), *Using Constitutional Data to Understand State of Emergency Provisions*, Social Sciences of Crisis Thinking, University of Tokyo Press, 2017.
- MOECKLI (D), "The Selective War on Terror: Executive Detention of Foreign Nationals and the Principle of Non-Discrimination", 31 *Brooklyn Journal of International Law*, Vol. 495, 2006.
- NEUBORNE (B), "Supreme Court of India", 1 *International Journal of Constitutional Law*, vol. 1, 2003.
- NICCOLO (M), "Discourses on Livy 34; HARRINGTON J. "*The Commonwealth of Oceana Journal*, 88 (1656)
- ROUSSEAU (JJ), "*The Social Contract and Discourses* 293 (1762) (G. D. H. Cole trans., J. M. Dent & Sons Ltd. 1973).
- RAIMOND (R), "The Role of Indefinite Detention in Antiterrorism Legislation*", 54 University of Kano Law Review,* vol. 34, 2006.
- ROACH (K), *Must We Trade Rights for Security? The Choice between Smart, Harsh, or Proportionate Security Strategies in Canada and Britain,* Cardozo *Law Review,* vol. 27 2006.

- ROSSITER, CLINTON (L), *Constitutional Dictatorship,* Princeton: Princeton University Press, 1948.
- SHANNA, FREEMAN, *How Dictators Work, Infospace Holdings*, 2019.
- TAMFUH (W), (Book Review), *Habeas in the Twenty First Century*, Uses, Abuses And The Future Of The Great Writ, NANCY J., and HOFFMANN (J), the University of Chicago Press, Chicago, 2015.
- THENAULT (S), *« L'état d'urgence (1955-2005) : de l'Algérie coloniale à la France contemporaine » Mouvement social,* 2007, 1233 n°218.
- VORSPAN (R), "Law and War: Individual Rights, Executive Authority, and Judicial Power in England During World War 1", 38 *Vanderbull Journal of Transnational Law*, Vol. 261, 2005.
- WALKER (C) & BRODERICK (J)., "*The Civil Contingencies Act 2004: Risk, Resilience and the Law in the United Kingdom*", Oxford University Press, 2006.
- WILLIAMS (D), "The United Kingdom's Response to International Terrorism*", International and Comparative Review*, vol. 13, 2003.
- YALNIZDEĞILSIN: "Dark side of the moon, the normalization of the state of emergency and the situation of judiciary in Turkey 2nd Section: *European Court of Human Rights and Constitutional Court Under State of Emergency in Turkey"*, International conference law Istanbul September 10, 2018.
- YOO (J), "The Continuation of Politics by other Means: The Original Understanding of War Powers", 84 *California University Law Review*, 167, 1996.
- YOUNG (R), "Defining Terrorism: the Evolution of Terrorism as a Legal Concept in International Law and its Influence of Definitions in Domestic Legislation", 29 B.C. *International and Comparative Law Review*, Vol. 23, 2006.

APPLICABILITÉ ET APPLICATION DE LA LAÏCITÉ AU CAMEROUN : RÉFLEXION SUR L'EFFECTUATION D'UN PRINCIPE CONSTITUTIONNEL

Agnès MAKOUGOUM

Docteur en droit Public
Assistante à la Faculté des Sciences Juridiques et Politiques
Université de Yaoundé II-Cameroun

INTRODUCTION

Plus de trente (30) années après, « L'essor du constitutionnalisme rédhibitoire en Afrique noire. *Étude de quelques "Constitutions Janus"* »[1] n'a rien perdu de son actualité. Dans cette contribution scientifique fondamentale dans la compréhension du constitutionnalisme de la plupart des Etats d'Afrique, le Professeur Joseph Owona met en lumière le peu d'ardeur des gouvernants dans la mise en place effective des institutions prévues par les Constitutions et partant, le cadre de protection de certains droits constitutionnels[2]. Les droits découlant de la laïcité ne sont pas épargnés par cette tendance. Les moyens juridiques et non juridiques de la mise en œuvre du principe de laïcité ne sont pas effectivement utilisés, favorisant une cacophonie dans les rapports entre les religions et l'État et dans la cohabitation des différentes confessions religieuses.

Cette phrase du « Mbombog »[3] Simon Mbog Bassong, l'un des chefs de la tribu Bassa-Bati-Mpoo illustre bien la tension que connait le fait religieux au Cameroun : « *Plus jamais l'Église catholique ne fera de pèlerinage à Ngog Lituba, plus jamais elle n'y mettra sa croix de fer et d'acier. Nous aiderons nos frères Bati, gardiens de notre sanctuaire à lutter sans merci, physiquement,*

---

[1] OWONA (J), « L'essor du constitutionnalisme rédhibitoire en Afrique noire. Étude de quelques "Constitutions Janus" », *Mélanges P. F. Gonidec*, Paris, LGDJ, 1985, p. 235-243.
[2] *Ibid.*
[3] Titre de chef traditionnel chez les peuples de la tribu Bassa-Bati-Mpoo que l'on retrouve dans plusieurs régions du Cameroun, essentiellement dans le Littoral et le Centre. Mais il faut préciser que tous les « mbombog » ne sont pas chefs même si tout chef est forcément « mbombog ». La colonisation a institué des chefferies qui sont devenues des auxiliaires de l'administration. Mais le mbombog n'a normalement aucun lien avec l'administration.

spirituellement, mystiquement, contre toute tentative de l'église d'y remettre la croix »[4]. Il réagissait ainsi à la remise sur la montagne Ngog Lituba en février 2017, des symboles de l'Eglise catholique après que la communauté Bassa-Bati-Mpoo les y eurent arrachés un mois plus tôt[5]. Celle-ci considère qu'il s'agit d'un haut lieu de la religion traditionnelle où habitent les dieux et d'où ils surveillent et protègent la Terre. Malgré les enjeux importants qu'emportait cette affaire, les acteurs des libertés publiques au Cameroun n'ont malheureusement pas saisi l'occasion de discuter de la question de la laïcité qui s'inscrivait là clairement à côté de celle de la propriété. Mais cette sourdine n'était pas surprenante, tant la question de la religion divise et les uns et les autres préfèrent éviter le problème que de le résoudre. Il reste que le Cameroun, comme la plupart des États francophones d'Afrique a réceptionné le paradigme français du rapport entre l'Etat et les religions. La laïcité dans cet Etat a été posée de la manière la plus claire possible : « *la loi protège la foi aussi longtemps que la foi ne prétend pas dicter la loi* ». Par cette phrase, les Républicains[6] en France illustraient le divorce consommé entre l'État et l'Église[7]. Celui-ci est effectif avec l'adoption de la loi du 9 décembre 1905 à l'initiative du député républicain-socialiste Aristide Briand qui abroge le régime du Concordat[8]. C'est la fin de l'époque du Régime de catholicité où la Vérité de l'Église (Catholique) s'imposait à tous. Cette séparation qui se fait progressivement[9] invente une laïcité spécifique à la France qui proclame la liberté de conscience, garantit le libre exercice des cultes et pose le principe de séparation des Églises et de l'État[10]. Les conséquences par rapport au Concordat

[4]https://africa.la-croix.com/cameroun-chefs-tribaux-accusent-eveque-davoir-profane-leurs-terres/, publication du 18 septembre 2017.

[5] Une croix en bronze et une statue de la Vierge Marie avaient été érigées sur cette montagne en 1959 par Mgr Thomas Mongo qui était alors évêque d'Edéa. La grotte de Ngog Lituba était alors devenue un important lieu de pèlerinage pour les chrétiens.

[6] Les républicains désignent les fondateurs de la IIIe République française mise en place en 1875.

[7] On attribue cette formule à **Aristide Briand a**u moment de la loi de séparation de 1905.

[8] Le régime concordataire de 1801 est celui qui organisait les rapports entre l'État et les religions en France. Il est abrogé par la loi de séparation des Églises et de l'État en décembre 1905 à l'exception de l'Alsace-Moselle, où il reste en vigueur. Ce régime appelé Concordat prévoyait notamment que la religion catholique, apostolique et romaine est librement exercée en France, que les archevêques et évêques sont nommés par le gouvernement Français bien que recevant l'institution canonique du pape, qu'il « *sera fait par le St-siège, de concert avec le Gouvernement, une nouvelle circonscription des diocèses français* ».

[9] La question de la séparation de l'Église et de l'État est relancée en France dès le 18e siècle par les philosophes des lumières. Dès 1794, ils ont un premier succès avec la première séparation qui est instaurée par la Convention Nationale à travers le décret du 2 sans culottes an II. Celui-ci qui supprime le budget de l'Église constitutionnelle est confirmé le 21 février 1795 par le *décret sur la liberté des cultes* dont l'article 2 précise que « *la République ne salarie aucun culte* ». Bien que le Concordat de 1801 vienne abroger cet acquis, il s'agissait des prémisses de la séparation qui devait survenir en 1905.

[10]Les deux premières dispositions de cette loi de séparation en donnent d'ores et déjà les principes. L'article 1 dispose que « *la République assure la liberté de conscience. Elle garantit*

auquel cette loi de séparation vient mettre fin sont importantes, surtout sur le plan domanial et financier. Premièrement, les ministres des Cultes ne reçoivent plus de rémunération de l'État comme cela avait été prévu en 1801 par le régime concordataire[11] et celui-ci n'intervient plus dans la nomination des évêques. Deuxièmement, les associations cultuelles remplacent les établissements publics de culte avec pour objet de subvenir aux frais, à l'entretien et à l'exercice public d'un culte[12]. Elles ne perçoivent pas de subventions de l'État. Troisièmement, les biens de l'Église saisis par l'État en1789 restent sa propriété. Cette conception des rapports entre l'État et les religions est bâtie sur le concept de laïcité. C'est sur ce paradigme de la rupture entre la foi et l'État porté par le principe de laïcité que se sont formés les ordres juridiques des États d'Afrique francophone.

Pendant la colonisation, le principe consacré en France par la loi du 9 décembre 1901 a été étendu au Cameroun en application de l'article 7 de la Convention du mandat, puis d'un Décret du 28 mars 1933. Après la colonisation, les diverses constitutions du Cameroun vont reconduire le principe de la liberté de l'exercice de tous les cultes non contraires à l'ordre public et aux bonnes mœurs. Ce qui au départ était considéré comme une exception française, va être réceptionné dans la plupart des Etats d'Afrique francophone. Les Constitutions des États africains vont donc réceptionner ce principe qui est en fait l'héritage de l'histoire atypique de la France. La Constitution camerounaise du 18 janvier 1996 consacre directement le principe de la laïcité dans 4 paragraphes de son préambule[13]. C'est également le cas de la Constitution du Mali de 1992 qui précise dans son préambule qu'elle « *s'engage solennellement à défendre la forme républicaine et la laïcité de l'État* ». La constitution du Sénégal précise pour sa part dans son article 1 que « *la République du Sénégal est laïque, démocratique et sociale* »[14].

Malgré cette consécration, la laïcité peine à trouver un sens communément accepté en Afrique. Les grandes controverses qui ont cours en France depuis les années 2000 permettent de saisir l'étendue de l'épineuse question de la laïcité. S'il est aisé de soutenir qu'elle renvoie à l'idée d'une séparation entre les religions relevant de la vie privée et les institutions publiques, il est difficile de préciser toutes ses implications dans la vie sociale. D'après la Déclaration universelle sur la laïcité au XXIe siècle, la laïcité est « *l'harmonisation, dans*

---

le libre exercice des cultes (...) ». L'article 2 précise que « *la République ne reconnaît, ne salarie ni ne subventionne aucun culte. (...)* ».

[11]Cette suppression libérait un budget de 40 millions de francs.

[12] Voir article 8 de la loi de septembre 1905.

[13] « *Nul ne peut être inquiété en raison de ses origines, de ses opinions ou croyance en matière religieuse, philosophique ou politique sous réserve du respect de l'ordre public et des bonnes mœurs ; L'État est laïc. La neutralité et l'indépendance de l'État vis-à-vis de toutes les religions sont garanties ; La liberté du culte et le libre exercice de sa pratique sont garantis* » ;

[14] Constitution de 2001 révisée en 2009.

diverses conjonctures socio-historiques et géopolitiques, des principes de respect de la liberté de conscience et de sa pratique individuelle et collective ; d'autonomie du politique et de la société civile à l'égard des normes religieuses et philosophiques particulières ; de non-discrimination directe ou indirecte envers des êtres humains »[15]. Mais dans ces définitions de la laïcité, il reste assez de considérations à préciser qui jettent de l'ombre sur son effectivité. Est-elle méconnaissance des religions ou reconnaissance de toutes les religions ? Implique-t-elle éjection de la foi de l'espace public ou plutôt permission à toutes de se pratiquer ? Les termes de la polémique semblent différents au Cameroun au regard des options gouvernementales. Tel qu'elle est mise en œuvre, la laïcité implique la reconnaissance sociale des cultes qui tient compte des spécificités du religieux en général et des particularités propres à telle ou telle religion. Ainsi, toutes les opinions, même religieuses sont mises sur le même pied. Le rapport Stasi publié en France clarifie bien cette laïcité lorsqu'il énonce que « *le temps de la laïcité de combat est dépassé, laissant la place à une laïcité apaisée reconnaissant l'importance des options religieuses et spirituelles, attentive également à délimiter l'espace public partagé* »[16].

Il se pose donc en France comme au Cameroun et partout dans les États ayant consacré ce principe de laïcité, le problème de son applicabilité et de son application. L'*applicabilité* renvoie au caractère qui permet à une règle de droit d'être applicable. Pour sa part, le concept d'*application* désigne l'effet de cette règle de droit, sa mise en œuvre ou son observation. Si le principe de la laïcité est brandi au Cameroun comme une sorte de mantra, il reste que sa capacité à être applicable reste en débat et sa mise en œuvre effective rencontre d'importants problèmes. Dès lors, il faut s'interroger sur sa réalité.

---

[15] Article 4. À la suite, l'article 5 précise que « *un processus de laïcisation émerge quand l'État ne se trouve plus légitimé par une religion ou une famille de pensée particulière et quand l'ensemble des citoyens peuvent délibérer pacifiquement, en égalité de droits et de dignité, pour exercer leur souveraineté dans l'exercice du pouvoir politique. En respectant les principes indiqués, ce processus s'effectue en lien étroit avec la formation de tout État moderne qui entend assurer les droits fondamentaux de chaque citoyen. Des éléments de laïcité apparaissent donc nécessairement dans toute société qui veut harmoniser des rapports sociaux marqués par des intérêts et des conceptions morales ou religieuses plurielles.* »

[16] Le rapport Stasi publié en France clarifie bien cette laïcité lorsqu'il énonce que « *le temps de la laïcité de combat est dépassé, laissant la place à une laïcité apaisée reconnaissant l'importance des options religieuses et spirituelles, attentive également à délimiter l'espace public partagé* ». Voir la deuxième partie du rapport intitulé *La laïcité française, un principe juridique appliqué avec empirisme ; p. 79. Il précise par ailleurs que « dans le cadre laïque, les choix spirituels ou religieux relèvent de la liberté individuelle : cela ne signifie pas pour autant que ces questions soient confinées à l'intimité de la conscience, "privatisées", et que leur soient déniées toute dimension sociale ou capacité d'expression publique. La laïcité distingue la libre expression spirituelle ou religieuse dans l'espace public, légitime et essentielle au débat démocratique, de l'emprise sur celui-ci, qui est illégitime. Les représentants des différentes options spirituelles sont fondés à intervenir à ce titre dans le débat public, comme toute composante de la société.* » (p. 31).

La laïcité est-elle effective au Cameroun ? Se trouve poser en ces termes la question de l'applicabilité et de l'application de la laïcité.

La réception par l'Afrique du Constitutionnalisme des anciennes puissances colonisatrices, a largement participé à ce que la doctrine juridique s'intéresse peu au fait religieux. Ce dernier est très généralement abandonné aux autres sciences sociales comme la sociologie, l'anthropologie et l'ethnologie[17]. L'option de la laïcité dans la plupart des Etats d'Afrique n'a pas permis d'étudier fondamentalement les modèles plus confessionnels qui pourtant ne sont pas dénués d'intérêt comme l'a si bien démontré le Professeur Joseph Owona dans son ouvrage *Droit constitutionnel et institutions politiques du monde*[18]. L'auteur y consacre des développements conséquents notamment sur les régimes constitutionnels d'inspiration islamique comme les monarchies théocratiques du Golfe, la République islamique d'Iran et les Républiques confessionnelles à l'instar du Pakistan, de l'Égypte, de la Libye, et de l'Afghanistan[19]. Il met en lumière dans la doctrine juridique des États d'Afrique subsaharienne, d'autres modèles de constitutionnalismes existants[20]. En considérant ceux-ci, il devient possible de faire une critique plus objective de l'option de la laïcité dans une approche plus comparative. Il convient par ailleurs de questionner la pertinence et l'effectuation du principe de laïcité, d'évaluer l'indépendance et la neutralité de l'État vis-à-vis des religions et surtout de revisiter la place des religions traditionnelles africaines aujourd'hui au Cameroun.

Une analyse exhaustive de cette question du rapport entre la foi et l'État nécessite le recours à des méthodes plurielles. Les droits formels sont certes la condition nécessaire de l'égalité réelle, mais ils ne sont pas suffisants. Dans ce sens, l'interprétation des textes et de la jurisprudence est nécessaire, tout comme l'est la méthode sociologique qui, comme le rappelle le Professeur Joseph Owona, « *vient permettre d'analyser les normes mêmes constitutionnelles comme des choses, biunivoques, faites de phénomènes et de noumènes* »[21]. Une analyse anthropologique est également importante pour saisir les rapports entre le fait religieux, la société, la culture et l'histoire. L'aménagement juridique de la laïcité implique une applicabilité du principe au Cameroun (I). Une égalité de droit entre toutes les religions est consacrée, posant les bases d'une laïcité

---

[17] *Les rapports entre État et religions ont été tout au long des XVIIIe et XIXe siècles une question centrale en Europe et notamment en France comme l'atteste le mouvement culturel et philosophique des Lumières plus particulièrement.*

[18] OWONA (J), *Droits constitutionnels et institutions politiques du monde*, Paris, L'Harmattan, 2010, p. 505 et s.

[19] Comme le note l'auteur, « *la doctrine constitutionnelle occidentale feint d'ignorer les régimes d'inspiration islamique formatés ou fortement influencés par les préceptes du St Coran, de la Sunnah et des Haddiths* » OWONA (J), *Droits constitutionnels..., op. cit.*, p. 506.

[20] *Ibid.*, p. 732.

[21] *Ibid.* p. 9.

objective. Mais dans la pratique, il faut faire le constat d'une occlusion de l'application du principe de laïcité qui débouche sur une inégalité de fait entre les différentes religions (II).

I. LA DÉDUCTION DE L'APPLICABILITÉ DU PRINCIPE DE LAÏCITÉ

Une règle ne vient à la vie juridique que lorsqu'elle a suivi le processus de formalisation. Il s'agit de son adoption ou de son énonciation par les autorités compétences et sa soumission aux normes qui lui sont supérieures. C'est également le cas pour les méta-normes que sont les principes. La laïcité est donc d'abord une conception des rapports entre l'État et la religion avant d'être un principe juridique. Avant sa traduction juridique, elle se présente comme une option idéologique et politique. Son aménagement emporte alors l'idée de la rendre applicable. Cette applicabilité est donc déduite d'une part de l'autorité des sources qui consacrent la laïcité (A) et d'autre part, de la clarté de ses implications (B).

A. L'autorité des sources consacrant la laïcité

La laïcité est d'autant plus applicable que ses sources formelles occupent les places les plus éminentes de l'ordre juridique. La Constitution qui consacre la laïcité a une autorité absolue dans l'ordre juridique interne (1). La loi qui l'aménage n'en a pas moins d'autorité bien que celle-ci soit relative (2). Cette autorité des sources de la laïcité lui offre plus de possibilités de réalisation.

1. L'autorité absolue de la source constitutionnelle

La Constitution irrigue tout l'ordre juridique. Cette réalité est présentée aujourd'hui à travers le concept d'« *Ordre constitutionnel* »[22]. Norme suprême dans l'Etat, la Constitution confère à chaque règle ou principe qu'il consacre, une valeur éminente. C'est le cas du principe de laïcité, consacré dans le préambule de la Constitution camerounaise du 18 janvier ainsi que dans les textes internationaux auxquels valeur constitutionnelle est attachée. La laïcité est dès lors un principe non seulement incontestable, mais également irréductible.

a. L'autorité du préambule de la constitution consacrant la laïcité

La question de l'autorité du préambule de la constitution et par ricochet des principes qu'elle énonce a traversé la doctrine, penchant parfois avec pertinence du côté de ceux qui lui méconnaissaient une quelconque valeur

---

[22] FAVOREU (L), *Les cours constitutionnelles*, 3e Ed, Paris, PUF, 1996, p. 3, cité par JOUANJAN (O), « Modèles et représentations de la justice constitutionnelle en France : un bilan critique » *jus politicum*, n° 2, droit politique et justice constitutionnelle.

juridique[23] et parfois avec assurance du côté de ceux qui la lui reconnaissaient[24]. À la faveur de la révision constitutionnelle intervenue au Cameroun le 18 janvier 1996, le préambule se voit attribuer une autorité incontestable dans l'ordre interne. Il est reconnu comme faisant partie intégrante de la Constitution. C'est une disposition de la Constitution elle-même qui accorde cette place privilégiée au préambule. L'article 65 dispose, à cet effet, que *« le préambule fait partie intégrante de la Constitution »*. Il s'agit donc, pour reprendre l'expression de Claude Émeri[25] reprise par Louis Favoreu du « *bloc de constitutionnalité* »[26]. Par cette formule, le préambule et son contenu sont érigés au sommet de la hiérarchie des normes avec toutes les implications que cela comporte. La laïcité qui y est consacrée acquiert ainsi valeur constitutionnelle. En dehors de l'exigence faite du respect des lois de la République et de la préservation de l'ordre public et des bonnes mœurs, chaque citoyen est libre de pratiquer ou pas un culte. En effet, en tant que principe constitutionnel, il ne peut être remis en cause par les textes de valeurs inférieures qui doivent s'y conformer sous peine d'être sanctionnés. Ceux-ci ne peuvent, dans l'énonciation et l'aménagement de la laïcité, limiter les droits qu'emporte ce principe.

Dès son entame, le préambule de la Constitution camerounaise énonce que *« l'État est laïc. La neutralité et l'indépendance de l'État vis-à-vis de toutes les religions sont garanties »*. L'énonciation du principe de neutralité et d'indépendance de l'État est ainsi assortie d'une obligation qui lui est faite de garantir celui-ci. Cet énoncé a des implications. Premièrement, l'État doit mettre en œuvre des moyens qui le protègent des influences du religieux et secondement, il doit s'abstenir de s'ingérer lui-même dans le domaine de la foi. Cette dernière conséquence est clarifiée par un autre paragraphe qui stipule que *« nul ne peut être inquiété en raison de ses origines, de ses opinions ou croyances en matière religieuse, philosophique ou politique sous réserve du respect de l'ordre public et des bonnes mœurs »*. La liberté de choisir sa confession religieuse est reconnue à tous les citoyens qui ne peuvent, du fait de ce choix, voir leurs droits fondamentaux limités ou violés.

---

[23]Adhémar Esmein, cité DIARRA (A), « La protection constitutionnelle des droits et des libertés en Afrique francophone depuis 1990, les cas du Mali et du Benin », in *Revue Afrilex* sur le site u-bordeaux4.fr n° 2, septembre 2001, p. 4. L'auteur souligne pour soutenir son idée que les principes contenus dans le préambule *ne sont pas des articles de lois précis et exécutoires. Ce sont purement et simplement des déclarations de principes* ». Il faut dire que le juge camerounais n'avait pas tranché la question et la jurisprudence offrait le visage de la contradiction.

[24] MINKOA SHE (A), *Essai sur l'évolution de la politique criminelle au Cameroun depuis l'indépendance,* Thèse, Strasbourg III, 1987, p. 232 ; KAMTO (M), « L'énoncé des droits dans les constitutions des États africains francophones », *R.J.A.*, n° 2-3, Yaoundé, Presses Universitaires du Cameroun, 1991, p. 15.

[25] EMERI C., « *Le bloc de la constitutionnalité* », *RDP,* 1970, p. 678

[26] FAVOREU (L.) « *Le principe de constitutionnalité, essai de définition d'après la jurisprudence du Conseil constitutionnel* », *Mélanges Charles Eisenmann,* 1975, p. 33.

C'est le sens qu'il faut attacher à un autre paragraphe qui énonce que « *le Peuple camerounais proclame que l'être humain, sans distinction de race, de religion, de sexe, de croyance, possède des droits inaliénables et sacrés (...)* ». La libre croyance s'accompagne de la libre pratique qui est également précisée par le préambule de la Constitution en ces termes : « *la liberté du culte et le libre exercice de sa pratique sont garantis* ».

Pour veiller à la supériorité des règles posées dans la Constitution, un juge spécial a été mis en place au Cameroun comme dans la plupart des pays d'Afrique francophone afin de sanctionner les actes qui la contrediraient. Le modèle de contrôle relativement uniforme au départ s'est diversifié. Ainsi, il arrive que le juge constitutionnel soit appelé à contrôler la conformité des lois à la Constitution en amont et en aval, c'est-à-dire avant et après la promulgation des lois. C'est notamment le cas de la RCA[27], du Tchad[28], du Benin[29] et du Gabon[30]. Il arrive également que le juge constitutionnel n'ait la possibilité de contrôler la conformité des lois à la Constitution qu'exclusivement avant sa promulgation. C'est le cas au Cameroun. Dans l'un ou l'autre cas, il reste que les normes constitutionnelles ne doivent pas être contredites par les lois et dès lors que le constat de cette contradiction est fait, le juge constitutionnel peut sanctionner. Comme le précise la Constitution camerounaise, les décisions du Conseil constitutionnel s'imposent à tous les organes et les citoyens de l'Etat et ne peuvent donc faire l'objet de recours[31]. Se trouve ainsi fondée l'incontestabilité du principe de laïcité. Une loi qui

---

[27] L'article 73 de la Constitution Centrafricaine de 2016 dispose que « *Toute personne qui s'estime lésée peut saisir la Cour Constitutionnelle sur la constitutionnalité des lois, soit directement, soit par la procédure de l'exception d'inconstitutionnalité invoquée devant une juridiction dans une affaire qui la concerne. La Cour constitutionnelle est tenue de statuer dans un délai d'un mois. En cas d'urgence, ce délai est ramené à huit (8) jours.* »

[28] L'article 157 paragraphe 3 de la Constitution Tchadienne du 04 mai 2018 précise que « *la Cour suprême statue sur l'exception d'inconstitutionnalité soulevée par tout citoyen devant une juridiction dans une affaire qui le concerne* »

[29] L'article 122 de la Constitution béninoise du 11 décembre 1990 dispose que « *Tout citoyen, peut saisir la Cour constitutionnelle sur la constitutionnalité des lois, soit directement, soit par la procédure de l'exception d'inconstitutionnalité invoquée dans une affaire qui le concerne devant une juridiction. Celle-ci doit surseoir jusqu'à la décision de la Cour constitutionnelle qui doit intervenir dans un délai de trente jours* »

[30] L'article 86 de la Constitution gabonaise dispose « *tout justiciable peut, à l'occasion d'un procès devant un tribunal ordinaire, soulever une exception d'inconstitutionnalité à l'encontre d'une loi ou d'un acte qui méconnaitrait ses droits fondamentaux. Le juge du siège saisit la Cour Constitutionnelle par voie d'exception préjudicielle. La Cour Constitutionnelle statue dans le délai d'un mois. Si elle déclare la loi incriminée contraire à la constitution, cette loi cesse de produire ses effets à compter de la décision (...)* »

[31] L'article 50 de la Constitution dispose dans ce sens que « *les décisions du Conseil Constitutionnel ne sont susceptibles d'aucun recours. Elle s'impose aux pouvoirs publics et à toutes les autorités administratives, militaires et juridictionnelles, ainsi qu'à toute personne physique ou morale. Une décision déclarée inconstitutionnelle ne peut être ni promulguée ni mise en application* ».

remettrait en cause ou limiterait le principe de laïcité sera donc normalement censurée sans qu'il y'ait possibilité pour un quelconque organe de l'État de remettre en cause la décision de censure. Cette même autorité est attachée aux textes internationaux qui précisent par ailleurs le principe de laïcité.

b. L'autorité des textes internationaux constitutionnalisés consacrant la laïcité

Plusieurs textes internationaux aménagent explicitement le cadre d'application de la laïcité. Les textes internationaux relatifs aux droits de l'homme se sont vus reconnaître au sein de la hiérarchie des normes, une valeur plus importante qui est conférée aux conventions ordinaires[32]. La laïcité qui y est aménagée parfois dans le détail est donc valorisée à travers la constitutionnalisation des textes internationaux relatifs aux libertés fondamentales[33]. La constitutionnalisation des normes internationales relatives aux droits de l'homme s'est faite par le procédé de « *l'incorporation* ». Le Professeur Léopold Donfack Sockeng écrit que *« l'incorporation constitutionnelle des droits humains tirés des différents instruments internationaux apparaît comme une occasion privilégiée de réécriture régionale et locale du discours universel sur les droits de l'homme »*[34]. La laïcité qui est donc aménagée par ces textes constitutionnalisés revêt donc une obligatoriété éminente. Il convient de faire premièrement mention de la Déclaration Universelle des Droits de l'Homme qui précise dans son article 18 que : « *Toute personne a droit à la liberté de pensée, de conscience et de religion ; ce droit implique la liberté de changer de religion ou de conviction ainsi que la liberté de manifester sa religion ou sa conviction, seule ou en commun, tant en public qu'en privé, par l'enseignement, les pratiques, le culte et l'accomplissement des rites* ». Cette appartenance ou non appartenance à une religion ne doit pas entraver la reconnaissance à une personne des droits subjectifs. C'est dans ce sens que l'article 2 alinéa 1 dispose que « *Chacun peut se prévaloir de tous les droits et de toutes les libertés proclamés dans la présente Déclaration, sans distinction aucune, notamment de race, de couleur, de sexe, de langue, de*

---

[32]Lire notamment MAKOUGOUM (A), *Ordre public et libertés publiques en droit public camerounais. Contribution à l'étude de la construction de l'État de droit au Cameroun depuis 1990*, Thèse de doctorat, Université de Yaoundé II, 2015, p. 95-114.

[33] La constitutionnalisation renvoie à l'opération formelle qui consiste par *une révision constitutionnelle, à insérer une norme existante dans le texte de la constitution.* Il s'agit de l'insertion de normes extérieures dans ce que le Doyen Louis Favoreu appelle le « *bloc de constitutionnalité* ». Lire « Le principe de constitutionnalité », In *Mélanges Eisenmann*, Paris, Cujas, 1975, p. 33 ; Lire également MINKOA SHE (A), *Droits de l'homme et droit pénal au Cameroun*, *op. cit.* p. 18. La constitutionnalisation permet à ces normes de déroger au régime général des traités internationaux. Les normes internationales relatives aux droits de l'homme ont donc une valeur supérieure aux autres normes internationales.

[34]DONFACK SOCKENG (L) « L'État de droit en Afrique », *Revue du CERDIP*, Vol. 1, n° 2, juillet-décembre 2002, p. 96.

religion, d'opinion politique ou de toute autre opinion, d'origine nationale ou sociale, de fortune, de naissance ou de toute autre situation ». Le Pacte international relatif aux droits civils et politiques est plus explicite sur la mise en application de la laïcité. L'article 18 dispose ainsi : 1. Toute personne a droit à la liberté de pensée, de conscience et de religion ; ce droit implique la liberté d'avoir ou d'adopter une religion ou une conviction de son choix, ainsi que la liberté de manifester sa religion ou sa conviction, individuellement ou en commun, tant en public qu'en privé, par le culte et l'accomplissement des rites, les pratiques et l'enseignement. 2. Nul ne subira de contrainte pouvant porter atteinte à sa liberté d'avoir ou d'adopter une religion ou une conviction de son choix. 3. La liberté de manifester sa religion ou ses convictions ne peut faire l'objet que des seules restrictions prévues par la loi et qui sont nécessaires à la protection de la sécurité, de l'ordre et de la santé publique, ou de la morale ou des libertés et droits fondamentaux d'autrui. 4. Les États parties au présent Pacte s'engagent à respecter la liberté des parents et, le cas échéant, des tuteurs légaux de faire assurer l'éducation religieuse et morale de leurs enfants conformément à leurs propres convictions.

La Charte africaine des droits de l'homme et des peuples est moins précise. L'article 8 dispose que « *la liberté de conscience, la profession et la pratique libre de la religion sont garanties. Sous réserve de l'ordre public, nul ne peut être l'objet de mesures de contrainte visant à restreindre la manifestation de ces libertés* ». L'article 2 indique que « *toute personne a droit à la jouissance des droits et libertés reconnus et garantis dans la présente Charte sans distinction aucune, notamment de race, d'ethnie, de couleur, de sexe, de langue, de religion, d'opinion politique ou de toute autre opinion, d'origine nationale ou sociale, de fortune, de naissance ou de toute autre situation* ».

L'autorité des conventions qui consacre la laïcité est supérieure à celle des lois qui n'ont pas non plus une autorité négligeable.

2. L'autorité relative de la source législative

L'aménagement de la laïcité est fait au Cameroun par la loi. Étant soumise à la Constitution, elle a une autorité relative, mais non moins certaine qui permet aux juges ordinaires de censurer toutes violations qui seraient le fait de l'administration ou des particuliers. L'autorité de la source législative de la laïcité se manifeste par le caractère prescriptif de l'aménagement de la laïcité et à travers la nature répressive des sanctions des atteintes à la laïcité.

a. Le caractère prescriptif de l'aménagement législatif de la laïcité

La loi prescrit des comportements à ceux auxquels elle s'impose. Elle a donc un caractère obligatoire. À travers elle, l'État définit le régime de la laïcité. Celui-ci se décline essentiellement à travers le régime des associations. Contrairement à une certaine conception de la laïcité, au Cameroun elle ne signifie pas méconnaissance par l'État du phénomène religieux, mais reconnaissance des religions et acceptation de l'absence de croyance. Par conséquent, l'État doit pouvoir encadrer le fait afin que les croyances des uns et des autres soient respectées. La libre croyance et pratique religieuse est consacrée à travers d'une part, la reconnaissance des associations cultuelles et diocésaines et d'autre part, l'autonomie de gestion financière autonome des églises.

Sur le premier point, les associations religieuses doivent être autorisées comme le prévoit la Loi n° 90/053 du 19 décembre 1990 relative à la liberté d'association[35]. La laïcité de l'État n'est donc admise qu'exclusivement à l'égard des cultes reconnus par un décret du Président de la République pris après avis motivé du ministre en charge de l'Administration territoriale[36]. Mais il faut relever ce que le Professeur Bernard Momo nomme la reconnaissance de « *seconde main* »[37]. Il s'agit pour les Églises non autorisées d'être considérées comme reconnues « *par interposition lorsqu'une congrégation religieuse légale accepte qu'une autre, dont la demande d'autorisation a été refusée, puisse travailler sous son couvert. Les « co-contractants » sont néanmoins tenus de transmettre leur demande de fusion au ministère de l'Administration territoriale qui en prend acte* »[38]. Bien que non prévue, il s'agit d'une pratique tolérée pour des raisons d'opportunité politique[39]. Sur ce point, Bernard Momo relève qu'au Cameroun « *il est difficile pour le profane de distinguer les religions reconnues de celles qui sont illicites. Cette confusion est entretenue par l'État lui-même à travers la liberté d'action qu'il accorde indifféremment à toutes ces religions et sectes. Les associations religieuses non reconnues disposent des édifices de culte et organisent des offices religieux publics. Elles créent des écoles, des dispensaires, des hôpitaux portant leur dénomination, elles reçoivent des subventions de l'État pour la réalisation des œuvres sociales* ».[40] Il est donc anormal de parler de laïcité de l'État admise exclusivement à l'égard des cultes reconnus par un décret du Président de la République et reconnaitre que l'État entretient lui-même une confusion sans en déduire un État « hors la loi ».

Concernant le second point, l'État a voulu donner aux religieux la pleine autonomie de leur gestion financière et il n'entend pas les subventionner même si elles peuvent recevoir des dons et legs immobiliers nécessaires à

---

[35] L'article 5 alinéa 2 dispose dans ce sens que « *Relèvent du régime de l'autorisation, les associations étrangères et les associations religieuses* ». L'article 23 précise pour sa part que « *Toute association religieuse doit être autorisée. Il en est de même de tout établissement congrégationiste* ».

[36] L'article 23 précise que « *l'autorisation d'une association religieuse ou d'un établissement congrégationiste est prononcée par décret du Président de la République, après avis motivé du ministre chargé de l'Administration Territoriale* ».

[37]MOMO (B), « La laïcité de l'État dans l'espace camerounais », *Les Cahiers de droit*, Volume 40, numéro 4, 1999, p. 831.

[38] *Idem.*

[39] *Idem.*

[40] *Idem.*

l'exercice de leurs activités[41]. Bien que l'État n'influence aucunement les comptes des religions, il reste qu'il peut, à travers son ministère de l'administration territoriale adresser une réquisition afin que lui soit présenté le compte financier de l'année écoulée ainsi que l'état d'inventaire de leurs biens meubles et immeubles qu'elles ont obligation de tenir chaque année[42].

Par ailleurs, la loi encadre le pouvoir de limitation de la liberté de culte par l'administration. Le juge contrôle dans le cadre des recours pour excès de pouvoir, l'usage par l'administration de son pouvoir de restreindre la liberté de culte sur le motif de l'ordre public. En France par exemple, « *parce que la laïcité de l'État est pour la liberté* »[43], l'administration lorsqu'elle porte atteinte ou pose une limite à un droit ou une liberté en son nom, ne peut pas invoquer abstraitement le respect de l'ordre public ou l'existence de contraintes pour autrui. Il faut que ces éléments soient avérés et non pas simplement possibles. Il faut encore que la mesure soit nécessaire, c'est-à-dire qu'il n'y ait pas d'autres solutions plus respectueuses de la liberté. Il faut enfin que la mesure soit proportionnée, c'est-à-dire que les restrictions portées soient les plus limitées compte tenu du contexte. Il revient au juge administratif de contrôler ces éléments. Malheureusement, au Cameroun, le juge administratif refuse de contrôler la nécessité, l'opportunité et la proportionnalité des actes de l'administration[44].

À ces normes de caractère prescriptif, s'ajoute la nature répressive des sanctions des atteintes à la laïcité qui participe à conforter l'autorité de cette source législative.

b. La nature répressive des sanctions des atteintes à la laïcité

La source législative de la laïcité au Cameroun est également répressive. En effet, pour assurer la liberté de croyance et de pratique religieuse, l'État doit sanctionner tous les actes qui peuvent y porter atteinte. Sont réprimés les actes de troubles à la célébration des cultes et contre les ministres de culte. Le Code

[41] L'article 24 dispose que « *les associations religieuses ne peuvent recevoir de subventions publiques ou de dons et legs immobiliers. Toutefois, elles peuvent recevoir les dons et legs immobiliers nécessaires à l'exercice de leurs activités* ».

[42] L'article 26 dispose que « *Les associations religieuses tiennent un état de leurs recettes et dépenses et dressent chaque année, le compte financier de l'année écoulée et l'état d'inventaire de leurs biens meubles et immeubles* ». L'article 27 prévoit que « *Les responsables des associations religieuses sont tenus de présenter sur réquisition du ministre chargé de l'Administration territoriale ou de son délégué, les comptes et états visés à l'article précédent ainsi que les listes complètes de leurs membres dirigeants* ». Ce pouvoir d'immixtion de l'administration appelle somme toute une interrogation. En tant qu'association cultuelle, les Cultes ont-ils à rendre des comptes à une administration qui ne les salarie pas ni ne les subventionne ? À la limite, cette intervention de l'administration fiscale peut juste rentrer dans le cadre de son contrôle.

[43]ROLLAND (P), « Le droit et la laïcité », in *Les Cahiers Dynamiques 2012/1 (n° 54)*, p. 20.

[44] Lire pour détails, MAKOUGOUM (A), *Ordre public et libertés publiques en droit public camerounais... », op. cit., p. 385 et s*

pénal camerounais y consacre plusieurs dispositions. Tout d'abord, l'article 269 dispose qu'« *est puni d'un emprisonnement d'un mois à un an et d'une amende de cinq mille à cinquante mille francs, celui qui, par voie de faits ou menaces, contraint ou empêche de pratiquer un culte n'impliquant pas la commission d'une infraction* »[45]. L'article 272 précise qu'« *est puni d'un emprisonnement de quinze jours à 1 an et d'une amende de cinq mille à cent mille francs ou de l'une de ces deux peines seulement, celui qui, par des troubles ou désordres, empêche, retarde ou interrompt l'exercice d'un culte dans les lieux où il se célèbre habituellement* ». L'article 270 réprime directement les atteintes sur les ministres de cultes. Il précise qu'« *est puni d'un emprisonnement d'un mois à trois ans, celui qui frappe ou injurie publiquement le ministre d'un culte à l'occasion de l'exercice de son ministère* ».

La déduction de l'applicabilité du principe de laïcité est faite également à travers la clarté des implications de la laïcité.

B. La clarté des implications de la laïcité consacrée

Deux conséquences majeures découlent du principe de la laïcité au Cameroun. Il s'agit premièrement de la neutralité de l'État qui signifie a contrario liberté pour les religions (1) et secondement de l'égalité entre tous les cultes reconnus (2).

1. La neutralité de l'État

La neutralité de l'État signifie d'une part qu'il doit s'abstenir de s'introduire dans le fait religieux et d'autre part, qu'il doit être à l'abri de toute influence du religieux.

a. L'interdiction de l'intrusion étatique dans le fait religieux

Dès son accession à l'indépendance, le Cameroun marque son option pour la laïcité et décline immédiatement ses implications à travers le préambule de la Constitution du 4 mars 1960 qui stipule que : « *le principe de laïcité sous l'égide duquel le peuple camerounais place la République s'entend par la séparation des Églises et de l'État. Il implique que la République n'est ni religieuse, ni ecclésiastique* ». La neutralité de l'État à l'égard du fait religieux était ainsi proclamée de manière claire. Dans un discours prononcé quelque temps après, le Président Ahmadou Ahidjo précisera que « *Le Gouvernement, fidèle à la tradition de la puissance tutrice, observera vis-à-vis de toutes organisations confessionnelles le même esprit de neutralité pour la libre évangélisation des masses camerounaises* »[46].

---

[45] L'article 271 dispose par ailleurs que « *est puni de la peine prévue à l'article 270, celui qui empêche, avec violences ou menaces, l'exercice de son ministère par le ministre d'un culte* ».

[46] A. Ahidjo, discours cité par MBOME (F), *L'État et les Églises au Cameroun*, thèse de doctorat d'État en sciences politiques, Paris, Université de Paris I, 1979 note 9, p. 180.

Mais il faut bien préciser que l'Etat adopte une neutralité active qui consiste à intervenir pour que toutes les religions reconnues puissent librement pratiquer leur culte et mener les autres activités d'évangélisation à travers notamment la création des écoles et les hôpitaux. C'est donc une laïcité de reconnaissance sociale des religions[47] qui est consacrée. Elle est expliquée par Jean-Paul Willaime en ces termes : « *le régime de laïcité n'établit donc pas une frontière aussi étanche qu'on le pense entre État et religions. Une « séparation bien tempérée », une neutralité « bienveillante » ou « positive », « nouveau pacte laïque » autant d'expressions qui témoignent d'une évolution allant dans le sens d'une laïcité sans agressivité à l'égard de la religion et cherchant au contraire à aménager la place et le rôle du religieux dans la société* »[48]. La laïcité est donc une option politique et une traduction juridique de la place de la religion dans des sociétés qui consacre l'autonomie réciproque du politique et du religieux et distingue la citoyenneté de l'appartenance religieuse. Cette neutralité se traduit également par l'interdiction faite par la loi de 1990 relative à la liberté d'association de subventionner les religions par l'État.

Le fait religieux est donc extérieur à l'État comme le souligne Jean Rivero. Il adopte à l'égard des Églises et des religions une attitude d'impartialité, de neutralité[49]. En retour, il est interdit aux religions de s'immiscer dans les affaires de l'État.

b. L'interdiction de l'immixtion du religieux dans les affaires de l'État

L'origine la plus lointaine de l'interdiction de l'immixtion du religieux dans les affaires de l'État est à trouver dans la Bible. En effet, à la question posée à Jésus-Christ de savoir s'il fallait payer les impôts à l'empereur Romain, il répondra par cette phrase que convoquent même les non-croyants : « *Rendez à César ce qui est à César, et à Dieu ce qui est à Dieu* »[50].

Au Cameroun, l'immixtion du religieux est formellement sanctionnée comme le démontre la jurisprudence administrative dans les affaires Eitel

[47] Même si certains tendent aujourd'hui à considérer que cette laïcité cache en réalité un projet islamophobe.

[48]WILLAIME (J-P), « 1905 et la pratique d'une laïcité de reconnaissance sociale des religions », in *Archives de sciences sociales des religions,* p. 68. L'auteur souligne que « *la laïcité est un principe mettant en œuvre l'exercice de la liberté de religion et de non-religion dans les sociétés démocratiques soucieuses de non-discrimination et du respect des droits humains* ».

[49] RIVERO (J), *Cours de libertés publiques, Paris, Les Cours de droit*, 1972, p. 291 et suiv.

[50] Évangile selon saint Marc, chapitre 12, versets 13 à 17. Mais bien que vulgarisé, cet enseignement du christ n'a pas empêché plusieurs siècles de théocratie dans le monde occidental. Le concept « Chrétienté » désignait un ensemble de territoires ou de pays d'obédience chrétienne et il ne faut pas oublier non plus que la loi de séparation des Églises et de l'État a été très mal accueillie par l'autorité pontificale et bien sûr le clergé catholique en France.

Mouelle Koula[51] et Nana Tchana Daniel Roger[52]. Dans les deux affaires, les requérants demandaient l'annulation du décret du 13 mai 1970 constatant la dissolution de « la secte » des Témoins de Jéhovah[53]. À l'appui des requêtes, ils arguent que celui-ci était pris en violation du paragraphe 2 de l'article premier de la Constitution de 1961, de l'article 18 de la Déclaration universelle des droits de l'homme et des articles 9, 32 et 33 de la Loi n° 67/LF/19 du 12 juin 1967 sur la liberté d'association qui fondaient la liberté de culte. Le juge va rejeter les prétentions en considérant que la secte des témoins de Jéhovah avait dévié de son objet initial en prônant l'abstention à l'élection d'avril 1970 et que par conséquent, elle s'était comportée comme un parti politique. Dans ce sens, le juge décide que la dissolution de la secte des Témoins de Jéhovah ne saurait être interprétée comme une violation de la liberté de culte par l'État. Le juge considère donc dans ces deux affaires que les témoins de Jéhovah se sont immiscés dans les affaires de l'État alors même que cela leur est interdit.

L'Église Catholique a également eu l'occasion de signifier son abstention face aux affaires de l'État en 1970 dans un communiqué publié à la suite de la condamnation de Mgr Albert Ndongmo : « *l'Église du Cameroun traverse actuellement un des moments les plus difficiles de l'histoire [...] un évêque est mis en cause. Mais les chefs d'accusation ne sont pas d'ordre religieux. L'affaire à notre connaissance est au stade des enquêtes de police ; nous espérons qu'elle suivra son cours selon le droit et la justice* »[54].

Cette neutralité est complétée par l'égalité entre les religions.

2. L'égalité des religions

L'égalité est un élément clé de la laïcité. Ainsi, « *l'absence de reconnaissance institutionnelle des religions ainsi que l'affirmation de neutralité religieuse de l'État imposent à ce dernier de les traiter toutes de manière égale, sans en privilégier ni en défavoriser aucune* »[55]. Toutes les religions se doivent d'être reconnues de la même manière. Dès le moment où un État aménage un régime spécifique à une religion, on ne peut plus parler de laïcité[56]. La laïcité implique donc une égalité dans la reconnaissance des religions d'une part et d'autre part dans leur traitement.

---

[51] Eitel Mouelle Koula C/République fédérale du Cameroun, arrêt n° 178/CFJ/SCAY du 25 mars 1972.

[52] Nana Tchana Daniel Roger C/ République fédérale du Cameroun, arrêt n° 194/CFJ/SCAY du 25 mai 1972.

[53] Décret n° 70/DF/19 du 13 mai 1970, Journal officiel de la République fédérale du Cameroun, 1970, p. 403.

[54] Épiscopat camerounais, « Communiqué », *Essor des jeunes*, n° 185, 5 sept. 1970.

[55] PRELOT (P-H), « Les religions et l'égalité en droit français », *Les Cahiers de droit* Volume 40, numéro 4, 1999, p. 849.

[56] Lire sur les régimes islamiques et confessionnels, OWONA (J) *Droits constitutionnels…, op. cit.* p. 505 et suiv.

a. L'égalité dans la reconnaissance des religions

L'égalité entre les religions est par principe affirmée dans les textes constitutionnels, à travers la consécration de la liberté de conscience qui se traduit par la reconnaissance de la nature laïque de l'État. Dès lors qu'une religion est consacrée, il devient impossible de parler d'égalité entre les religions. Par conséquent, l'idée de laïcité doit être abandonnée. Parlant de la consécration de la laïcité par la législation française, le professeur Jacques Robert souligne que ces « *textes signifient que l'État, en France, ne donne sa préférence à aucune religion puisqu'il n'en aide aucune, mais il les reconnaît toutes et assure le libre exercice des cultes de chacune d'entre elles* »[57]. C'est donc tout le contraire qu'il faut considérer dès lors que dans un État, une religion est consacrée au milieu de plusieurs autres. Dès qu'une religion est reconnue par l'Etat qui lui détermine un statut particulier, il est évident que l'égalité est rompue et qu'on est là en présence, non pas d'un État laïc, mais d'un Etat confessionnel. C'est le cas notamment de plusieurs Etats qui consacrent l'islam comme religion d'État. En Iran, le principe IV de la Constitution stipule que « *l'ensemble des lois et règlements doit être basé sur les préceptes islamiques. Ce principe prime sur le caractère général et absolu de tous les principes de la loi constitutionnelle* ». En Arabie Saoudite, l'article 23 de la constitution dispose que « *l'État protège l'islam et applique la sharia* »[58]. Les Républiques confessionnelles comme la Libye, l'Égypte, le Pakistan ou l'Afghanistan qui reconnaissent une religion comme le référentiel de l'ordre juridique ne pratiquent pas une égalité entre elle et les autres.

La laïcité implique donc qu'aucune religion ne soit reconnue de manière particulière par rapport à d'autres. Ce principe s'applique également pour ce qui concerne leur traitement.

b. L'égalité dans le traitement des religions

L'État se doit d'adopter une certaine posture par rapport aux religions une fois qu'il a opté pour la laïcité. Au-delà de l'absence de reconnaissance d'une religion d'État, il doit réserver un traitement non discriminatoire aux religions. Toutes doivent être soumises à un même régime juridique.

Le rapport de l'État aux religions ne doit donc pas muter en fonction des religions. Ces dernières doivent être reconnues de la même manière, les conditions de la pratique de leur culte doivent être identiques, le cadre de leur limitation également.

Les avantages accordés à une religion doivent l'être pour toutes les religions ou s'ils sont refusés à une, qu'ils le soient pour toutes. C'est dans ce

---

[57]ROBERT (J), *Libertés publiques*, Paris, Montchrestien, 1977, p. 361.

[58] Complété par l'article 45 qui dispose que « *la source de la loi est le Livre de Dieu et la Sunnah* ».

sens que parlant de la laïcité, Pierre-Henri Prelot note qu'« *on ne saurait mieux exprimer l'idée que toutes les religions ont vocation à être traitées en droit de la même manière* »[59]. Une attitude discriminatoire s'interprèterait simplement comme un « *déni de laïcité* »[60].

Dans la mesure où les religions se présentent essentiellement comme des systèmes de croyances qui définissent des vérités, des dogmes et des préceptes, l'État est interdit d'y pénétrer puisqu'il est a-religieux. Il ne prend donc position que pour ce qui concerne des éléments extérieurs aux religions à savoir les risques de trouble à l'ordre public, des atteintes aux bonnes mœurs et la garantie d'autres libertés de même rang.

Le Cameroun ayant opté pour une laïcité de reconnaissance des religions, l'égalité signifie par exemple de conférer le statut d'associations cultuelles, de congrégations religieuses, ou encore d'octroyer une plage horaire dans les émissions religieuses télédiffusées du service public à toutes les religions dont les pratiques ne troubleraient pas l'ordre public[61].

II. L'OCCLUSION DE L'APPLICATION DU PRINCIPE DE LAÏCITÉ

La neutralité qui sous-tend la laïcité est loin d'être ancrée dans la pratique au Cameroun. Elle est certes consacrée par le droit et clamée dans les discours politiques, mais elle reste largement compromise dans les faits. Il s'agit donc d'une laïcité de façade. Certains cultes sont mieux reconnus et valorisés que d'autres, ce qui met en péril les principes de neutralité de l'État et d'égalité entre les religions. Il faut constater au Cameroun comme le fait le rapport Stasi pour le cas de la France que « *la mise en œuvre du principe de laïcité n'a pas encore permis de combler des déficits d'égalité entre les croyants ou entre ceux-ci et les athées* »[62] et par conséquent, les améliorations doivent être poursuivies. La laïcité est donc contredite aussi bien par des actions de l'État (A) que par ses omissions (B).

59PRELOT (P-H) *op. cit.* p. 870.

60 *Ibid.* p. 851.

61 Cette conception de la laïcité correspond en France à l'approche qui était celle des protestants en France et qui contrairement aux catholiques, ont accueilli positivement la loi de 1905. En effet grâce à ce texte établissant une égalité de traitement, il n'y a plus de religion privilégiée.

62 Le Rapport Stasi a été déposé sur la table du président Jacques Chirac Chef de l'Etat le 11 décembre 2003. Il s'agissait des conclusions de la commission de réflexion sur l'application du principe de laïcité dans la République, mise en place en juillet et présidée par Bernard Stasi. Le texte propose que soit adoptée une loi interdisant dans les écoles, collèges et lycées les « *tenues et signes manifestant une appartenance religieuse ou politique* ». Les tenues et signes interdits sont « *les signes ostensibles tels que grande croix, voile ou kippa* » et non les « signes discrets ». Le Rapport propose par ailleurs que les jours de la fête juive de Kippour et de la fête musulmane de l'Aïd el-Kébir soient désormais fériés dans les écoles et pour les salariés qui le souhaitent.

A. L'occlusion par action

La laïcité suppose que l'État prenne des actions, non pas de promotion des religions ou de répression des non religieux, mais qui permettent aux uns et aux autres de pratiquer sereinement leur culte. C'est dans ce sens par exemple que les agents de service public ont droit à leur liberté de conscience, mais pas à la manifestation de leurs convictions religieuses et que les usagers ont pour leur part le droit d'exprimer leur croyance, *« dans les limites du respect de la neutralité du service public et du bon fonctionnement de celui-ci. Ainsi, les usagers* s'abstiennent *de tout prosélytisme »*[63], et ne doivent en aucun cas récuser un agent public ou d'autres usagers en raison de leur conviction. Seulement, c'est une tout autre réalité qu'il faut constater au Cameroun avec l'institutionnalisation des privilèges pour certaines religions (1) et leur promotion explicite (2).

1. L'institutionnalisation des privilèges pour certaines religions

La consécration de la laïcité dans les textes les plus éminents de l'État n'empêche pas des tensions et crispations face aux religions. Celles-ci révèlent la persistance implicite d'un régime qui pose les bases d'une inégalité dans la considération des religions. Par exemple, en France, malgré tous les moyens qui sont mis en œuvre pour implanter le principe de laïcité, certains pensent qu'ils cachent un projet islamophobe. C'est dans ce sens que lors d'une interview dans le journal le monde, Joan Scott[64] soulignait que le nouveau discours de la laïcité « *instrumentalise le combat laïc pour en faire un projet discriminatoire et islamophobe. En voulant " laïciser " l'espace public, en chassant les femmes voilées des rues, des crèches, des écoles et des collèges, on postule que le mode de vie des musulmans est contraire au principe français de laïcité. Leurs pratiques religieuses les disqualifient d'emblée, comme s'ils ne pouvaient être pleinement français s'ils se pensent comme musulmans* »[65]. Bien que le constat puisse être fait au Cameroun, ce n'est par contre pas l'islam qui est discriminé. Une analyse du régime et de la pratique

[63] WILLAIME (J-P), *op. cit.*, p. 74.

[64] Historienne, auteur de *La Religion de la laïcité* (Flammarion). 1er octobre 2018.

[65] Dans une interview croisée avec D. Schnapper, intitulée « Laïcité, de la théorie à la pratique » paru au journal *Le Monde* du 29 septembre 2018. Sur cette question, il existe effectivement en France une différence d'approche entre ceux qui considèrent que la laïcité suppose une pratique religieuse non ostentatoire et une vision plus libérale qui voit dans toute restriction une atteinte à la liberté religieuse. Porter un voile, une kippa ou une croix de façon ostensible dans l'espace public (école, collège, lycée) serait une atteinte au principe de laïcité selon la législation française. En 1905 la question du voile musulman ne se posait pas, l'anticléricalisme ciblait l'Église catholique et visait à « *décatholiciser l'Etat* ». L'islam est aujourd'hui la seconde religion en France. Les pratiques religieuses de certains musulmans sont en contradiction avec la conception française de la laïcité/Ces derniers comme les catholiques de 1905 se sentent sinon discriminés du moins endigués.

des religions au Cameroun montre qu'en dehors des religions chrétiennes et musulmanes, les autres se trouvent de fait, moins bien prises en compte.

a. La formalisation des jours de consécration des religions privilégiées

S'il y a égalité de droit des cultes au Cameroun, il y a par contre une inégalité de fait entre elles. Certaines religions bénéficient au détriment des autres, d'un régime de privilèges. Il s'agit spécifiquement du christianisme et de l'islam. Pour le premier, l'accent est plus marqué sur le catholicisme. Le dimanche est consacré comme un jour d'inactivité dans la mesure où les chrétiens doivent en disposer pour leurs différents cultes[66]. Par conséquent, le service public exclut le dimanche qui est considéré comme jour de repos en référence au 7e jour que mentionne le livre de la Genèse comme étant le jour où Dieu s'est reposé après la création du monde[67]. C'est donc, selon l'expression chrétienne, le « *jour du Seigneur* ». La détermination de ce jour spécifiquement comme jour de repos pour tout le monde établit une « *discrimination fondée sur la religion au profit des pratiquants de religions qui prescrivent le dimanche comme jour de repos* »[68].

C'est la même considération que l'on retrouve notamment en France où le Conseil d'État a eu à reconnaitre que ce pays met en œuvre « *une laïcité sur fond de catholicisme* »[69]. Dans un commentaire de la décision, Patrice Rolland relève qu'il s'agit là d'un « *aveu intéressant et honnête de la haute assemblée qui admet ainsi que le modèle à travers lequel la République française règle les relations Églises-État reste très marqué par le catholicisme* »[70]. Ce jour de consécration est un héritage de la colonisation qui ne repose sur aucun élément objectif et neutre. Ce choix est d'autant plus marqué du catholicisme que le Cameroun ne faisait pas partie de l'AEF qui avait le statut de colonie contrairement à ce pays qui n'était que sous tutelle française.

---

[66]Le repos dominical a été fixé en France par la loi du 13 juillet 1906. Le législateur considère après la séparation Eglise Etat « comme un fait sociologique la conception du dimanche qui prévaut dans toute société de tradition chrétienne ». Lire HENNION-MOREAU (S), « La règle du repos dominical », Droit social. 1990.434,435.

[67] Le Livre de la Genèse, 2, verset 1-3.

[68] Moyens soulevés devant la Cour de cassation par des sociétés contestant sur le fondement de la liberté religieuse le principe de la fermeture obligatoire des commerces le dimanche. Soc. 2 févr. 1994, n° 568, cité par M. Couffin, *Les convictions et la finalité religieuses en droit du travail*, mémoire du diplôme d'études approfondies, Nancy, Université de Nancy II, 1997, p. 28.

[69]*Les réflexions sur la laïcité* du Conseil d'État du 5 février 2004, p. 316.

[70]ROLLAND (P), *Le droit et la laïcité, op. cit.* p. 20. Cette liaison entre l'État et l'Église est particulièrement visible pour ce qui concerne les édifices cultuels. Émile Poulat relève en 1905 que « *la séparation de corps n'a pas entraîné la séparation de biens* », *Notre laïcité publique, « La France est une République laïque »*, Paris, Berg International Éditeurs, 2003, p. 160.

À côté du christianisme, l'Islam fait également office de religion privilégiée au Cameroun[71]. Si le vendredi qui est le grand jour de prière musulmane n'est pas explicitement consacré comme un jour d'inactivité pour les agents publics de cette confession religieuse, il reste que leur permission dans les services publics est devenue systématique lorsque vient l'heure de la prière. Le fonctionnement du service public a depuis longtemps intégré cette pratique comme la norme. En dehors de ces religions, aucune autre ne bénéficie de privilèges liés au jour qu'elle consacre à son culte. Cette considération inégalitaire s'inscrit en contradiction avec l'idée de traitement égalitaire des religions qui est le socle de la laïcité. Le constat du traitement différencié des religions doit être fait également au niveau des jours dédiés à leurs festivités.

b. La formalisation des festivités des religions privilégiées

La formalisation des jours de fêtes religieuses est sans doute l'un des faits les plus marquants de l'occlusion du principe constitutionnel de la laïcité. En effet, l'inégalité entre les religions est très marquée à ce niveau. Comme préalablement relevés, le christianisme (surtout le catholicisme) et l'islam sont mieux pris en compte que les autres. Les religions dites animistes, mais qui correspondent à la qualification de religions traditionnelles africaines qui sont pourtant antérieures aux religions privilégiées, sont tout simplement ignorées.

Cette discrimination a pour socle juridique la loi n° 73/5 du 7 décembre 1973 fixant le régime des fêtes légales en République Unie du Cameroun. L'article 3 dispose que « s*ont considérées comme fêtes légales religieuses et célébrées comme telles les fêtes d'inspiration religieuses ci-après : - l'Ascension ; - le Vendredi Saint ; - l'Assomption (15 Août) ; - la Noël (25 décembre) – la Fête de fin de Ramadan (Djouldé Soumaé) ; - la Fête du Mouton (Djouldé laïhadji). Lorsqu'une fête légale religieuse est célébrée un dimanche ou un jour férié, le Président de la République peut, par arrêté, déclarer férié non chômé le jour consécutif* ».

À l'analyse, tous les jours consacrés pour les fêtes religieuses ne concernent que deux religions exclusivement, le christianisme et l'Islam. Cette reconnaissance des jours de fêtes de ces religions renforce grandement l'idée du traitement différentiel et prouve s'il en était encore besoin, la lésion des autres religions et de ceux qui les pratiquent telle que les religions fondamentalement africaines, le bouddhisme, etc. Comme le souligne,

[71] Contrairement au Cameroun, en France, on note une démarcation importante entre les privilèges de fait du christianisme (catholicisme) et ceux de l'Islam. Comme le résume Alain Boyer *« la loi de séparation des Églises et de l'État « n'a pas prévu la possibilité d'enracinement en France de cultes qui n'existaient pas en 1905. Ceux-ci, et c'est tout particulièrement flagrant pour l'islam, ne disposent donc ni d'un "patrimoine" ni d'édifices affectés »*, in *Le droit des religions en France*, Paris, PUF, 1993, p. 223-232.

Bernard Momo, « *l'insertion des fêtes religieuses dans le calendrier national est une limite juridique au principe de la laïcité de l'État du Cameroun* »[72].

Par ailleurs, les jours fériés obligent également les non-croyants qui ne peuvent bénéficier des services publics. Une neutralité plus réelle serait notamment comme dans le cas de la France où malgré la prise en compte de certains jours de fête par le Code du travail, le Ministère de la Fonction publique publie chaque année pour les agents publics une circulaire dans laquelle sont listées, à titre d'information, les dates des principales fêtes religieuses des cultes orthodoxe, israélite, musulman et bouddhiste. Ainsi, les agents publics peuvent demander l'autorisation d'absence pour ces jours-là. Dès lors, leurs chefs de service détiennent un pouvoir discrétionnaire pour l'accorder ou non. Cette absence doit en effet demeurer compatible avec le fonctionnement normal du service. Pour les élèves de l'enseignement scolaire public, des autorisations peuvent également être accordées, mais le Conseil d'État a souligné que ces absences ne pouvaient être que ponctuelles (rejet d'une dérogation systématique de présence le samedi, jour du Shabbat, par exemple)[73]. C'est donc dire qu'en France, il y'a une reconnaissance par le Code du travail des fêtes religieuses chrétiennes et un aménagement pour les fêtes des autres religions[74].

2. La promotion institutionnalisée des religions privilégiées

Bien que le principe de laïcité emporte obligation pour les pouvoirs publics de ne pas manifester un intérêt particulier pour une ou des religions particulières, force est de constater qu'au Cameroun, cette exigence n'est pas rigoureusement prise en compte. En effet, les pouvoirs publics affichent une attitude particulièrement bienveillante à l'égard des religions chrétiennes et musulmanes. À celles-ci, il est accepté et promu des manifestations sur les places publiques de même que dans les médias.

a. La promotion sur les places publiques

Participe à conforter l'idée des religions privilégiées au Cameroun, le fait qu'à certains moments, certaines religions soient davantage mises en exergue

---

[72] MOMO (B), « La laïcité de l'État dans l'espace camerounais », *op. cit.*, p. 841.

[73]Voir décision du 31 mars 1995. Le Conseil d'État examinait les requêtes attaquant le décret du 18 février 1991 relatif aux « *droits et obligations des élèves dans les établissements publics locaux d'enseignement du second degré* ».

[74] Malgré ces précautions que la France prend pour garantir la laïcité, il reste que même dans ce pays, demeure une grande discrimination concernant d'une part, la facilitation de l'acquisition foncière à certaines associations cultuelles et d'autre part, l'exonération fiscale. Ces privilèges accordés à ces religions sont perceptibles également au niveau de la promotion de certaines religions à travers des supports publics. En dehors de l'Alsace et de la Lorraine, régions dans lesquelles subsiste le Concordat, l'administration se réfugie souvent derrière le texte de 1905 pour ne pas intervenir. Plusieurs mairies qui accordaient un certain nombre de facilités à des associations cultuelles musulmanes justifient les réponses négatives apportées à certaines demandes en soulevant l'argument de la neutralité.

dans les évènements et lieux publics. Concernant premièrement certains évènements nationaux qu'organisent les pouvoirs publics, sont très souvent conviés les représentants de ces religions et pas ceux des autres. Ainsi, on verra davantage représentées les religions catholiques, protestantes et musulmanes. En vain y cherchera-t-on les représentants par exemple des témoins de Jéhovah, des représentants des bouddhistes pourtant en nombre de plus en plus important au Cameroun, des représentants des religions traditionnelles africaines. À l'occasion de la cérémonie de présentations des vœux au Président de la République, le Nonce apostolique au Cameroun qui est systématiquement convié a eu à plusieurs reprises la charge de faire une intervention au nom du corps diplomatique[75]. La présence des représentants de ces religions est également à noter lors de la soirée de l'unité offerte traditionnellement au palais de l'unité où lors des hommages officiels de toutes sortes. Ces invitations ne sont pas adressées sur la base de l'équilibre afin que toutes les religions y soient représentées. Par ailleurs, s'il existe des cimetières musulmans et chrétiens, on ne peut en dire autant pour les autres. Au Benin, ce privilège va jusqu'à l'obligation pour le Président de la République de prêter serment au nom de « Dieu, les Mânes des Ancêtres »[76].

Il convient également de rappeler, pour relever l'influence de certaines religions qui sont mieux mises en exergue que les conférences nationales des années 1990 ont été présidées par des éminences catholiques. C'est le cas de Mgr Isidore de Souza pour le Bénin, de Mgr Philippe Kpodzro pour le Gabon. Un cas marquant a été celui de la RDC (ex-Zaïre) où il a fallu la pression du Vatican pour que la conférence reprenne après sa suspension par le président Mobutu[77].

Concernant deuxièmement les manifestations religieuses sur les places publiques, les religions privilégiées obtiennent aisément les autorisations nécessaires et même de l'accompagnement des forces de maintien de l'ordre pour permettre le déroulement harmonieux de leurs activités. Voit-on donc

[75] En 2017, Mgr Piero Pioppo, doyen du corps diplomatique y était convié et y avait même pris la parole à propos du contexte de tension politique au Cameroun, avec entre autres préoccupations du corps diplomatique la question de « la crise anglophone ». La pratique a également cours en France et y est plus ancrée qu'au Cameroun au regard de l'histoire politique et religieuse de ce pays. Ainsi, au début de chaque année, le président de la République reçoit au Palais de l'Élysée les représentants des différentes religions pour la cérémonie des vœux. On note également que de plus en plus dans les maires de grandes villes, des initiatives sont prises pour organiser des débats publics avec les représentants des différentes confessions religieuses de leur localité afin d'entretenir un climat de bonne entente entre les personnes de leur commune aux identités religieuses diverses.

[76] Article 53 de la Constitution béninoise du 11 décembre 1990. La cour Constitutionnelle avait contraint en 1996, le président Mathieu Kérékou à prêter à nouveau son serment d'investiture, pour avoir délibérément omis, prétendant sa foi, la phrase « les Mânes des Ancêtres ».

[77] CODJA (A), « En Afrique, la laïcité à la croisée des chemins ? », jeuneafrique.com du 07 février 2018, consulté le 25 mars 2019.

très régulièrement le vendredi – considéré comme jour de prière des musulmans – des routes barrées à proximité des mosquées et des forces de maintien de l'ordre déployées pour faciliter aussi bien le déroulement de ce culte que la circulation qui ne manque pas d'être gênée dès la sortie de la mosquée par les fidèles. Dans le même ordre d'idée, principalement le jour de « *la fête Dieu* » dans le culte catholique, d'importants déploiements sont observés sur la voie publique sans que besoin soit pour ces religions d'obtenir une autorisation. En effet, la loi n° 90/055 du 19 décembre 1990 portant régime des réunions et des manifestations publiques prévoient que ces manifestations n'ont pas besoin de titre particulier parce que considérées « *comme des sorties sur la voie publique conformes aux traditions et usages locaux ou religieux* »[78].

Troisièmement, la promotion des religions dans les institutions publiques est faite notamment à travers l'institution d'un système d'aumônerie dans certains lieux tels que les églises et les prisons. Dans ces cas, non seulement n'y sont considérés que certaines religions, mais en plus, la désignation des aumôniers dépend pour une large part de l'État ou de la personne publique considérée.

Quatrièmement, alors que le principe de laïcité exclut la subvention des cultes par l'État, il est devenu traditionnel que le Chef de l'État offre des dons aux pèlerins pour « Hadj »[79]. Pour l'année 2019, le président a fait un don de 1 milliard de francs CFA pour soutenir les frais de transport des fidèles et a offert des vêtements et accessoires pour 2839 pèlerins[80]. En 2018, il avait fait un don de deux valises par pèlerins[81]. Il devient clair à partir de là qu'au Cameroun, il est appliqué une laïcité à contenu variable. Cette difficulté d'effectivité de la laïcité est révélatrice de l'absence de prise en compte de nos réalités socio-politiques dans la fabrication de la norme. En important, sans qu'elles recouvrent forcément les réalités des États africains, des règles d'ailleurs qui sortent, comme c'est le cas de la laïcité, de deux siècles de batailles idéologiques françaises, ces États sont contraints de procéder à des adaptations qui vident le texte même de sa substance. En effet, financer le pèlerinage sur fonds public peut être justifiable culturellement compte tenu de la sociologie camerounaise. Encore faudrait-il que le droit puisse s'insérer ou soit compatible avec les réalités auxquelles il s'applique.

---

[78] L'**article 6 dispose sur ce point que** « *Sont soumis à. l'obligation de déclaration préalable, tous les cortèges, défilés, marches et rassemblements de personnes et, d'une manière générale, toutes les manifestations sur la voie publique. Dérogent à l'obligation visée à l'alinéa 1er les sorties sur la voie publique conformes aux traditions et usages locaux ou religieux* ».

[79] Pèlerinage à la Mecque.

[80] Lire *Cameroun Tribune* édition du 24 juillet 2019.

[81] *Idem.*

Le traitement des religions à travers les médias de service public est également révélateur de l'occlusion de la pratique de la laïcité au Cameroun.

b. La promotion dans les médias de service public

La neutralité de l'État qui se traduit par le traitement égalitaire des religions implique logiquement que les médias du service public doivent prendre en compte toutes les religions ou alors toutes les ignorer. Un média de service public qui diffuse des cultes religieux ou des programmes d'enseignements ou de promotion d'une religion, doit en faire de même pour toutes celles qui sont reconnues. À ce niveau au Cameroun, la laïcité a du mal à s'incruster. Par exemple, la radio et la télévision nationales diffusent systématiquement des cultes chrétiens le dimanche matin et les cultes spéciaux les jours de fête de cette religion. De même, les vendredis, sont diffusées des émissions d'enseignement et de promotion de l'islam. Ces espaces de promotion sont réalisés au grand dam des autres religions qui ne voient jamais leurs cultes promus dans ces médias censés respecter le principe d'équilibre qu'emporte la laïcité. Sur quel critère porterait donc le choix de la diffusion des programmes relatifs à l'une ou quelques-unes des confessions religieuses et non sur une ou les autres ? Le choix ne semble pas répondre à une logique cohérente avec l'idée de laïcité, mais davantage de la logique politique. Il semble se situer sur le caractère dominant de ces religions qui comportent un plus grand nombre de fidèles.

Contrairement, au Cameroun, la diffusion des programmes religieux en France concerne les principales religions qui sont pratiquées. Le cahier des charges de *France 2* approuvé par le décret du 16 septembre 1994 modifié indiquait que : « *La société diffuse le dimanche matin des émissions à caractère religieux, consacrées aux principaux cultes pratiqués en France* ». Ces émissions sont financées par la société télévisuelle et ce coût représente une subvention non négligeable pour les cultes qui en bénéficient. Analysant cette pratique, Jean-Paul Willaime note que « *l'on peut dire qu'en France il y a un régime des cultes médiatiquement reconnus* »[82]. Les religions traditionnelles africaines pourtant originelles devraient y être mieux prises en compte.

L'obstruction de la réalisation de la laïcité se manifeste donc à travers des actions de l'État, mais également à travers l'omission d'un certain nombre de mesures et d'actions qui devraient participer à ancrer le principe de laïcité.

B. L'occlusion par omission

La différence est *a priori* toujours perçue comme un danger. Bien que certaines religions soient antérieures à celles qui ont, comme précédemment

[82] WILLAIME (J-P), « 1905 et la pratique d'une laïcité de reconnaissance sociale des religions », *op. cit.*, p. 70.

démontré, les faveurs du droit, il reste qu'elles ont depuis la colonisation été perçues comme des particularismes. C'est ainsi que dès l'arrivée du christianisme en Afrique, les religions traditionnelles africaines sont présentées comme étant diaboliques. Elles sont taxées de barbares, de fétichistes, d'idolâtres, d'animistes. Les consignes des « pères » dans leurs évangiles embarrassent les Africains chrétiens qui acceptent les prescriptions en journée et vont nuitamment continuer les pratiques ancestrales qui ont structuré leur vie et qui leur ont été transmises par leurs ancêtres. Cette perception négativisme des religions africaines va se décrisper quelque peu dans les années soixante (60) avec le Concile Vatican II tenu en 1962. Le mouvement se poursuivra en 1994 avec le premier synode des évêques pour l'Afrique et en 2009 avec le deuxième synode pour l'Afrique. Ces différentes assises vont permettre de prendre en considération les relations entre l'Église catholique et les religions traditionnelles africaines. Malgré cette considération donnée aux religions africaines ancestrales par l'Église catholique, le Cameroun ne leur a pas reconnu un statut officiel comme pour le christianisme et l'islam. L'État n'a pas mis en place des mécanismes qui en permettent la protection (1) et toutes sortes d'attaques contre ces religions ne sont ni condamnées, ni réprimées par les autorités (2).

1. L'absence d'une protection des religions traditionnelles africaines

Les religions traditionnelles africaines ne bénéficient pas d'une protection semblable à celle des religions dites « *du monde* », considérées comme universelles. Non seulement elles ne sont pas consacrées même implicitement comme les autres, mais de surcroit, elles ne sont pas impliquées dans les évènements publics qui rassemblent les différentes confessions religieuses.

a. L'absence de consécration des religions traditionnelles africaines

Le christianisme et l'Islam qui sont dans une certaine mesure perçus au Cameroun comme des religions universelles, des religions qui ont dépassé leur lieu de naissance pour s'étendre au-delà des frontières continentales. Ce succès a tendance à faire apparaitre les religions qui n'en sont pas comme sectaires et dangereuses. Il pèse donc sur les religions traditionnelles africaines une présomption d'obscurantisme. Pourtant, la religion relève de l'identité de chaque peuple, de son vécu, de sa perception des phénomènes qui l'environnent, du cosmos. Dans ce sens, il devient indiscutable qu'avant le christianisme et l'islam, l'Afrique avait sa religion et celle-ci ne doit absolument pas son existence à une reconnaissance, soit-elle faite de bon cœur par les religions importées qui n'en ont ni la qualité, ni la légitimité. Les religions traditionnelles africaines existent en elles même et non à travers les autres. Par conséquent, elles devraient être reconnues de manière tout à fait formelle comme les autres, faire l'objet de protection, ses jours particuliers de célébration consacrés ; ses prêtres devraient participer aux cultes œcuméniques, etc. D'ailleurs, le préambule de la Charte Africaine des Droits de l'Homme et des peuples de 1981 précise que les États doivent prendre en compte « *les traditions historiques et les valeurs de civilisation africaine* ».

Malheureusement, il faut faire au Cameroun le constat d'une consécration discriminatoire, qui lèse les religions traditionnelles africaines et qui dans leur conception même, n'a pas besoin d'une reconnaissance formelle. Elles ne sont pas conçues sur le modèle des religions « *du monde* », ne reposent pas sur les mêmes paradigmes et ne s'organisent pas comme celles-ci. C'est pour cette raison que la formalisation de l'existence des religions à travers les autorisations d'associations tranche avec la conception de ces religions millénaires. Non reconnues formellement, les religions traditionnelles africaines sont mises en marge et il ne leur est aménagé aucun jour de célébration des cultes, leurs jours de festivités sont ignorés et ne font pas comme ceux des religions privilégiées, l'objet de fériés. Il serait opportun de revisiter la laïcité à la camerounaise afin de la rendre plus protectrice de toutes les religions et notamment des religions de souche africaines.

Dans cette mesure, l'égalité qui est le socle du principe de laïcité se trouve piétinée au travers également d'une absence d'intégration des représentants de ces religions traditionnelles africaines aux évènements à caractère œcuménique.

Deux perceptions de la laïcité s'affrontent en France. L'une est rigide et entend évacuer des lieux publics tous les signes religieux ostensibles : interdiction des croix, voiles et même des menus. Pour celle-ci, la religion c'est exclusivement dans l'espace privé qu'elle doit s'exprimer, ce qui favorise le développement des groupes exclusifs. L'autre est plutôt ouverte, et admet que les signes soient affichés en public à condition que ce soit la même chose pour toutes les religions. L'égalité est donc le socle de cette conception. Cette vision favorise une communion et un vivre ensemble dans la différence religieuse. D'une France à une autre, les deux visions sont implémentées, les élus locaux y allant de leur perception propre. Cette seconde vision de la laïcité semble être celle qui est pratiquée au Cameroun. En effet, bien que la neutralité soit consacrée, les signes religieux ne sont pas interdits dans les lieux publics[83], les prières se pratiquent dans ces enceintes et lors des cérémonies officielles, les représentants des différentes confessions religieuses sont parfois invités à célébrer un culte œcuménique.

Mais ces moyens d'expression et de promotion des religions sont réservés à certaines seulement, toutes pratiques qui s'en éloignent sont systématiquement stigmatisées, taxées de sorcière, dénoncées et peut même faire l'objet de poursuites judiciaires. Dans cette logique, les adeptes des religions exclusivement africaines s'abstiennent de manifester ou de pratiquer

[83] On trouve facilement les images et autres objets de dévotion exposés dans les services publics. Les services d'aumônerie se pratiquent dans les hôpitaux publics.

leur culte en public et préfèrent les lieux plus discrets. Comme une suite logique de cette méfiance à l'égard des religions traditionnelles africaines, en vain verra-t-on invités lors des cérémonies publiques, les prêtres et autres représentants de ces religions ; dans une moindre mesure des chefs traditionnels qui ne sont pas toujours sur le plan des pratiques cultuelles africaines, les plus indiqués. Cela démontre une laïcité de deux poids deux mesures, une pratique de discrimination des religions qui conduit à s'interroger sur l'effectuation de la laïcité dans ce pays.

Cette discrimination est également perceptible dans l'absence de répression des actes profanatoires et blasphématoires des religions traditionnelles africaines par les religions dites « *du monde* ».

2. L'absence d'action contre les atteintes aux religions traditionnelles africaines

Les institutions religieuses qui sont sous un régime de privilège au Cameroun bénéficient en dehors de la protection et de la promotion susmentionnées, d'une certaine immunité qui les emmène à porter atteinte aux religions traditionnelles africaines. En face, il faut noter une absence d'indignation sociale et de répression effective des atteintes à ces religions.

a. L'absence d'indignation face aux atteintes

Les causes de l'absence de répression des atteintes aux religions traditionnelles africaines au Cameroun sont paradoxalement d'abord religieuses. Dès la colonisation, les racines religieuses des peuples d'Afrique dans leurs manifestations à savoir les rites[84], les musiques et les danses, les prières et les autres observances ont été considérées *a priori* par les premiers missionnaires comme diaboliques. Cette appréciation a bien entendu été faite sans que les contours exacts de ces religions aient été étudiés[85]. Tout ce qui importait alors était que ces religions étaient contraires à la nouvelle religion qu'ils apportaient et qu'ils défendaient en brandissant régulièrement l'exclusion des fidèles de la communauté chrétienne. À la question de savoir si on pouvait être africains et chrétiens[86] en même temps, la réponse était négative. Il fallait abandonner les traditions et répondre à un appel nouveau, celui du Christ. La différence était mal acceptée. Il faudra le Concile Vatican II pour que l'Église déclare officiellement que par principe, il était possible de réconcilier certaines pratiques des religions traditionnelles

---

[84] Par exemple le passage à l'âge adulte, culte des morts, relation avec les esprits.

[85]Lire pour détails, BUJOT (B), *Introduction à la théologie africaine*, Academic Press Fribourg, 2000, p. 41.

[86]Sourou (J-B), *Comment être africain et chrétien ? Essai sur l'inculturation du mariage en Afrique*, L'Harmattan, Paris, 2009.

africaines[87]. Mais dans les aspects distincts, ces dernières n'étaient pas tolérées. Elles étaient pour le christianisme ce que la coutume est aujourd'hui pour le droit, c'est-à-dire qu'elle ne doit être prise en compte que dans ses aspects qui ne sont pas contraires au droit. Ainsi, les religions traditionnelles n'étaient tolérées que dans leurs implications qui ne contredisaient pas le christianisme. C'est ainsi qu'il est devenu possible de faire des cultes en langues locales et donc moins de latin, qu'il est devenu possible d'exécuter des chants et d'utiliser des objets de la tradition lors des messes[88], etc. Ces considérations ont également été prises en compte dans une moindre mesure dans l'islam.

La majorité des populations colonisées ayant adhéré à ces religions importées, il s'est cristallisé au fil du temps, une méfiance à l'égard de ces religions traditionnelles au point où elles sont devenues comme étrangères. Dans ces dispositions d'esprit, lorsque les prêtres et autres imams tiennent des propos pour dénigrer les religions africaines, ceux-ci ne sont pas perçus comme blasphématoires au même titre que des propos tenus contre les religions « du monde ». L'offense n'est pas suffisante pour justifier une levée de boucliers et ainsi motiver une réelle indignation. Il s'agit d'une conséquence de l'aliénation mentale causée par une colonisation aussi bien physique que psychique[89].

---

[87] Le Concile Vatican II convoqué par le Pape Jean XXIII en 1962 a rassemblé beaucoup d'ecclésiastiques africains qui ont amenés avec eux la question fondamentale des « racines religieuses » africaines au sein de l'Église. Pour beaucoup d'Africains devenus chrétiens, ces impositions des missionnaires provoquaient une véritable question d'identité qui est bien ramassée en 1956 dans le manifeste théologique : « Des prêtres noirs s'interrogent ». Ce document a en effet « marqué une césure historique... D'un âge où, (disent ces prêtres), l'on pensait pour nous, sans nous et malgré nous, on est passé à la prise de conscience d'une responsabilité : la théologie africaine naissait comme volonté de penser par nous, pour nous, et en plein consentement à une mission de quête d'intelligence de la foi. Une volonté de relai d'une mission d'évangélisation conduite par des missionnaires étrangers à la culture africaine était ainsi exprimée ». Cette prise de conscience des peuples apparaît dans la déclaration « Nostra Aetate » du 28 octobre 1965, sur les religions non chrétiennes, de Vatican II. Au n° 2 § 4 on lit : « *L'Église catholique ne rejette rien de ce qui est vrai et saint dans ces religions. Elle considère avec un respect sincère ces manières d'agir et de vivre, ces règles et ces doctrines qui, quoiqu'elles diffèrent en beaucoup de points de ce qu'elle-même tient et propose, cependant apportent souvent un rayon de la Vérité qui illumine tous les hommes (...) « l'Église catholique exhorte donc ses fils pour que, avec prudence et charité, par le dialogue et par la collaboration avec ceux qui suivent d'autres religions, et tout en témoignant de la foi et de la vie chrétienne, ils reconnaissent, préservent et fassent progresser les valeurs spirituelles, morales et socio-culturelles qui se trouvent en eux*». Lire pour détail, SOUROU (J-B), *Comment être africain et chrétien? op. cit.*

[88] Notamment l'arbre de la paix, les tissus traditionnels, les tambours et autres tam-tams traditionnels.

[89] Au titre du traumatisme et des dégâts causés par la colonisation il faut citer au premier plan le formatage de l'Homme africain pour en faire un individu d'un genre nouveau, docile et à disposition du système colonial. Les Africains regardent désormais le monde à travers les lunettes de l'esprit occidental, ce qui implique des référents occidentaux, une vision du monde

Cette absence d'indignation justifie que, malgré que le droit ait prévu des peines en cas de blasphème, qu'on note plutôt une rareté d'action de répression.

b. L'absence de répression des atteintes

La Constitution camerounaise du 18 janvier 1996 consacre la liberté de conscience et la législation pénale punit l'atteinte qui peut y être faite. L'article 269 du Code pénal dispose dans ce sens que : « *est puni d'un emprisonnement d'un mois (01) à un (1) an et d'une amende de cinq mille (5000) cinquante mille (50 000) francs, celui qui, par voie de fait ou menaces, contraint ou empêche de pratiquer un culte n'impliquant pas la commission d'une infraction* ». Cette pénalisation des atteintes aux autres cultes témoigne de la volonté du législateur d'égaliser les différentes religions et d'éviter les discriminations. Seulement, cette disposition ne suffit pas à dissuader certains agissements qui pourraient être constitutifs de cette infraction[90]. Exemple peut être pris de l'opposition depuis 1959 entre l'Église catholique et *la communauté Bassa-Bati-Mpoo. En 2017, cette dernière avait porté plainte contre l'évêque du diocèse d'Edea, Mgr Jean Bosco Ntep, pour « profanation des terres sacrées ». E*n 1959, l'évêque d'Edea Mgr Thomas Mongo, avait fait ériger une croix en bronze et une statue de la Vierge Marie sur cette montagne sacrée des Bassa-Bati-Mpoo, pour qu'il y soit organisé un pèlerinage. Une initiative qui avait été mal vue par cette communauté qui estimait que cette montagne était un haut lieu de la tradition qui abritait les guerriers lors des conflits tribaux et les rendait invincibles. En janvier 2017, les Bassa-Bati-Mpoo avaient arraché de la grotte les symboles catholiques. Un mois plus tard, l'Église catholique, avec le soutien des forces policières érigeait de nouveau les symboles catholiques qui avaient été ôtés[91]. La justice n'a toujours pas

---

occidental. Les sociétés post-coloniales sont marquées durablement par ces transformations et cela se traduit dans la production des normes. La philosophie allemande a développé à ce sujet la notion de « weltanchauung » c'est-à-dire la vision du monde. Comment protéger ou poser un regard protecteur sur une religion de souche africaine alors même qu'on est le fruit d'une éducation puisée dans la culture européenne ?

[90] De tels actes ont été commis contre l'Église catholique par le pasteur Martin Tsala Essomba, d'une église pentecôtiste baptisée « Va et raconte ». En 2010, il se lance dans une campagne de dénigrement de l'Église catholique en interdisant aux chrétiens de réciter le chapelet, qu'il considère comme « *des balles au service de la sorcellerie* ». Il va jusqu'à détruire des chapelets ; ce que l'archevêque de Yaoundé Mgr Victor Tonye Bakot considère alors comme « *une attaque directe et violente contre l'Église catholique* ». Voir la *lettre à la communauté catholique de l'archidiocèse adressée à la Communauté des fidèles catholiques par l'archevêque et* lue au cours des messes du dimanche 21 novembre 2010 dans toutes les paroisses.

[91] Après cette remise, la tribu Bassa-Bati-Mpoo a bien fait comprendre qu'elle ne devait pas en rester là. « Mbombog » Simon Mbog Bassong soulignait au micro du site camernews.com que : « *l'Église catholique du Cameroun à Edéa va enfin se rendre compte que rien ne sera plus comme le passé. Plus jamais elle ne fera de pèlerinage à Ngog Lituba, plus jamais elle n'y mettra sa croix de fer et d'acier. Nous aiderons nos frères Bati, gardiens de notre sanctuaire à*

donné de suite à cette affaire qui est le symbole du conflit entre les religions traditionnelles et les religions dites « du monde » et l'absence de répression des actes qui nuisent aux cultes des uns et des autres. En tant qu'elle est antérieure à l'Église catholique, la religion traditionnelle Bassa-Bati-Mpoo devrait normalement être protégée au nom de la laïcité qui rejette l'idée de la neutralisation de certaines religions par d'autres[92]. En effet, le principe de la laïcité signifie que dans la République, si l'État ne reconnaît aucun culte, elle n'en méconnaît aucun non plus, des catholiques aux musulmans, en passant par les orthodoxes, les Témoins de Jéhovah et bien entendu les « animistes » qui sont en Afrique plus vieux que les autres.

La laïcité est-elle réalisable et réalisée au Cameroun ? Au regard de l'aménagement juridique des rapports entre les religions et l'État, la réponse peut-être positive. Mais comme en France, la question de la laïcité au Cameroun ne peut être simplement laissée au droit. Elle implique des actions, et des comportements de nature variés qui ne peuvent être tous prévus sans être une menace pour les libertés publiques et spécifiquement pour la liberté de conscience. La laïcité ne peut s'ancrer que dans une pratique rigoureuse où l'égalité entre les croyances est le pilier. C'est loin d'être le cas au Cameroun. Il existe comme un régime préférentiel pour certaines religions qui sont mieux tolérées dans les lieux publics et donc les moments de célébration sont consacrés. Ainsi donc, dans son effectuation, la laïcité reste un défi encore difficile à relever au Cameroun comme dans la plupart des États qui ont réceptionné cette exception française. C'est un problème important, mais certainement moins que celui qu'il pose fondamentalement. En effet, faut-il sérieusement se battre pour relever le défi de la laïcité ou faut-il tout simplement tuer la laïcité ? La France qui a inspiré les modèles de laïcité des États francophones d'Afrique, peine à se retrouver dans un jeu d'équilibre où elle perd en identité[93]. Si la génitrice de la laïcité peine à se retrouver, qu'en sera-t-il des héritiers ? L'identité de l'Afrique n'est-elle finalement pas ici en jeu ?

lutter sans merci, physiquement, spirituellement, mystiquement, contre toute tentative de l'église d'y remettre la croix, même en notre absence en ces lieux ».

[92] Des propos contre les autres confessions sont chaque jour prononcés dans des cultes divers. Les pasteurs protestants dénigrent en plein culte les pratiques catholiques ; les prêtres catholiques menacent leurs fidèles d'excommunication dans le cas où ils continuent à pratiquer des rituels issus de leurs religions ancestrales ; etc.

[93] Tant qu'il s'agissait de gérer des populations de culture européenne ou judéo-chrétienne, l'équilibre semblait possible. L'arrivée de population de l'ancien empire colonial sur le territoire français et l'émergence de l'islam comme deuxième religion en termes de pratiquants a changé, sinon perturbé les équilibres jusque là plus ou moins bien tenus.

LA DÉSINVESTITURE EN DROIT PUBLIC

Allah-Adoumbeye DJIMADOUMGAR

Maitre-Assistant de droit public
Faculté de Sciences Juridiques et Politiques
Université de N'Djamena/Tchad

INTRODUCTION

« Le Roi est mort, vive le Roi [1] », cette formule ancienne et caricaturale de la mort et de la vie du Roi, emporte deux thématiques fortes, à la fois classiques et contemporaines du droit public, en l'occurrence l'investiture et la désinvestiture. En effet, l'idée d'un pouvoir souverain se concilie difficilement avec la nécessité d'assurer la permanence du pouvoir. Il fait apparaitre la contradiction qui gisait entre la conception volontariste synchronique de la souveraineté et la prise en compte de la vacance du pouvoir par des concepts, intégrant la durée, diachroniques[2]. La prétendue « puissance perpétuelle » de Bodin, qui désigne en fait l'idée de « royauté à vie », n'est qu'une condition de la puissance absolue[3]. Mais c'est précisément sur ce problème de la durée que la revendication d'un pouvoir absolu échoue en partie ou, plus exactement, trouve ses limites qui apparaissent au travers des notions connexes, mais différentes de l'institution, de la représentation et de l'interprétation. Toutes réflexions qui intègrent bien la question de la désinvestiture d'une autorité, qu'elle soit politique, administrative, traditionnelle ou coutumière. D'où le choix du thème : « la désinvestiture en droit public ».

En effet, il y a désinvestiture, lorsqu'une autorité administrative, pour une raison quelconque est désinvestie de ses fonctions, sa compétence se trouve généralement transférée à celle qui a été nommée ou élue pour la remplacer. Autrement dit, la désinvestiture est un acte par lequel l'autorité publique met fin aux fonctions d'un agent, d'office ou sur sa demande[4]. L'agent administratif pour valablement prendre sa décision, doit être en fonction au moment où il prendra son acte. À cet effet, le mandat de l'agent ne doit pas expirer. Toute autorité administrative est compétente qu'entre le moment de

---

[1] CONTE (F), « Le roi est mort, vive le roi », *in Cahiers slaves*, n° 11-12, 2010. L'URSS, un paradis perdu ? - Le temps et ses représentations dans la culture russe. pp. 107-117.

[2] BEAUD (O), *La puissance de l'État* (1994), pp.179 à 196.

[3] *Idem.*

[4] Il peut s'agir d'une démission d'un agent de l'État ou d'un ministère.

sa nomination (investiture) et le moment de son départ (désinvestiture). La notion renvoie ici à l'édiction des actes administratifs unilatéraux. Comme tel, l'acte administratif unilatéral est un acte émanant d'une autorité administrative. Autrement dit, c'est un acte juridique adopté unilatéralement par une autorité administrative, portant sur l'ordonnancement juridique et affectant les droits ou les obligations des tiers sans leur consentement[5]. L'origine des actes de désinvestiture peut être un acte unilatéral provenant de son auteur[6] ou un acte administratif au sens général du terme, relevant du pouvoir discrétionnaire des autorités hiérarchiques[7].

En tout état de cause, la compétence d'une autorité administrative commence avec son investiture et s'achève avec sa désinvestiture. Il ne lui suffit pas d'être nommée pour être compétente. Il faut que l'acte de nomination entre en vigueur. Entre la nomination et l'entrée en vigueur, l'autorité n'est pas compétente, elle doit être investie. L'auteur de l'acte doit être en fonction. Une autorité administrative ne peut pas prévoir qu'un acte entrera en vigueur une fois que l'autorité aura quitté ses fonctions, même si un acte peut prévoir ses effets au-delà de l'investiture.

Notion ambivalente au sein de la discipline de droit public, la désinvestiture est organisée soit par la loi fondamentale soit par la loi. En effet, la loi fondamentale consacre la désinvestiture dans plusieurs domaines. Il en est ainsi de la désinvestiture des autorités des pouvoirs constitués, de la démission du gouvernement et de la procédure d'impeachment. Le

---

[5] DELVOLVE (P), in *Encyclopédie juridique Dalloz, répertoire de Contentieux administratif T1,* Paris, Dalloz 1958 voir « *Acte administratif* ».

[6] Au sujet de la démission volontaire, on notera la démission du Premier ministre en régime parlementaire, même si on admet les cas de démission en blanc qui est une pratique reconnue en France sous la Vème République. Il faut observer que la démission figure au nombre des causes provoquant la désinvestiture, sinon la vacance de poste dans le cadre institutionnel. Elle est l'acte par lequel on renonce à une fonction ou à un mandat. Voir dans ce sens : GUINCHARD (S) et DEBARD (Th), (dir.), *Lexique des termes juridiques,* Paris, 25e édition, Dalloz, 2017-2018, p.715.

[7] Sur cette question, on relèvera le pouvoir discrétionnaire du Président de la République qui peut démettre ses collaborateurs comme c'est le cas en régime présidentiel américain. En France, l'article 8 de la Constitution de 1958 souligne que : « Le président de la République nomme le premier ministre. Il met fin à ses fonctions sur la présentation par celui-ci de la démission du gouvernement. Au Danemark, la Constitution du 5 juin 1849, amendée le 5 juin 1953, souligne en son article 14 que, « Le roi nomme et révoque le premier ministre et les autres ministres. Il fixe leur nombre ainsi que la répartition de leurs tâches. La signature du roi, au bas des décisions concernant la législation et le gouvernement, les rend exécutoires, quand elle est accompagnée du contreseing d'un ou de plusieurs ministres. Chaque ministre qui l'a contresigné est responsable d'une décision ». Par ailleurs, il paraît judicieux de distinguer la révocation de la démission que sont les actes à travers lesquels se manifeste la désinvestiture. Cette analyse peut avoir pour toile de fond, la mise en œuvre de l'impeachment, lequel se présence comme un moyen radical de mise en jeu de la responsabilité pénale du Président comme il a été le cas avec Richard Nixon et Bill Clinton dans les affaires du Watergate et de Monicalivinisky.

raisonnement qui s'applique à l'investiture, s'applique à la désinvestiture, c'est-à-dire à la cessation de fonctions du gouvernement. La pratique des désinvestitures ministérielles, dont le rythme est extrêmement rapide, a considérablement accru la dépendance dans laquelle les ministres se trouvent vis-à-vis du Président de la République[8]. Il n'y a donc plus aucune forme de collégialité au sein du Gouvernement, dont les membres, tenus à une allégeance absolue, n'ont plus ni le pouvoir, ni le goût d'exercer, au sens réel du terme, une responsabilité ministérielle[9]. Gaston JEZE considère comme l'une des mesures de cessation d'activité de la fonction publique : il s'agit de « la décision de désinvestiture définitive d'un agent public à la suite de la suppression de la fonction[10] ». Une telle décision peut être prise lorsque l'intérêt du service le justifie et sans que des motifs liés à la personne du fonctionnaire licenciée aient à être exposés[11].

La désinvestiture peut également être entendue dans le sens de suspension. En effet, la suspension est une désinvestiture juridique temporaire de l'exercice de la fonction d'un agent auquel une faute grave est reprochée. Son objet est d'écarter un agent dont la présence pourrait nuire au bon fonctionnement du service et tend à préserver la réputation et le prestige du service. La suspension n'est pas une sanction disciplinaire, mais une mesure conservatoire[12]. Elle se distingue à cet égard de la révocation qui met fin au pouvoir d'une autorité investie.

Notion tout à fait générique, la désinvestiture se présente en quelque sorte comme une notion caméléon. La plupart des définitions mentionnent la fin du règne, la révocation, la suspension, et le déplacement. Certains auteurs citent également la mise à la retraite d'office, et la promotion. En droit, quelle conséquence cela peut entrainer ? Il est d'une pratique courante que l'autorité désinvestie, lorsqu'elle expédie des affaires courantes, pose des actes juridiques créateurs des droits et d'obligations. Au regard du droit, ces actes sont-ils valables ? Afin d'éviter des conséquences difficiles en droit, les compétences de l'autorité désinvestie doivent être transférées immédiatement. Ce qui n'est pas évident dans certains pays d'Afrique noire francophone à l'exemple du Tchad où l'autorité désinvestie reste en poste plus de six mois après sa désinvestiture[13].

---

[8] DUPONT (J), *La constitution et la consultation populaire au Maroc, questions d'actualité*, 1971.
[9] *Idem*.
[10] JEZE (G), *Les principes généraux du droit administratif*, Giard, t. II, 3e éd., 1930, Reed., D, 2003, p. 658.
[11] *Idem*.
[12] CE, Ass., 13 juillet 1966, FEN ; CAA de Lyon du 01 décembre 2015.
[13] Par un décret 1855/PR/MESRI du 13 décembre 2018, les recteurs d'académie ainsi que les secrétaires généraux ont été nommés sur tout le territoire national. Jusqu'à ce jour, ils n'ont pas pris fonction et gardent leurs anciens postes, posent des actes juridiques.

Au regard de ce qui précède, l'on est en droit de poser la question de savoir : quelle perception pourra-t-on faire de la notion de désinvestiture en droit public ?

L'intérêt de cette étude est à la fois juridique et politique. Juridique tout d'abord parce que le désinvesti pose des actes administratifs qui engagent la responsabilité de l'État. Même si son pouvoir est fondé par les textes, la question liée à l'entendu de sa compétence se posera parce qu'il exerce en réalité une compétence restreinte. Politique ensuite parce que la désinvestiture a en réalité des implications politiques.

L'approche méthodologique choisie est celle de procédés d'investigation fondés sur les recherches documentaires et de toutes les autres sources d'informations nécessaires, lesquels sont alimentés par la problématique. Ainsi, l'observation générale porte sur le droit administratif général, le droit constitutionnel et le droit de la fonction publique, voire communautaire.

En effet, « lorsqu'une autorité est désinvestie, elle conserve le temps nécessaire à la désignation et à l'installation de son successeur le pouvoir d'expédier les affaires courantes. C'est un principe traditionnel du droit public [14]». Ce principe traditionnel a pour volonté de limiter la compétence des gouvernements démissionnaires à compter du décret présidentiel qui met fin à leur fonction jusqu'à la constitution du Gouvernement qui leur succèdera ; il concerne aussi le cas de démissions individuelles des ministres, mais aussi de la cessation de fonction d'un administrateur lorsque, aucune autorité n'exerce provisoirement leur attribution.

Si la désinvestiture est souvent perçue comme une situation juridique qui entraine la gestion des affaires courantes par l'autorité désinvestie, elle est appréhendée dans le cadre de cette étude comme un principe traditionnel du droit public (I) et en même temps, un idéal au contour controversé (I).

I. LA DÉSINVESTITURE : UN PRINCIPE TRADITIONNEL DU DROIT PUBLIC

Une autorité administrative perd sa compétence dès sa désinvestiture. Cependant pour assurer la continuité du service public, une certaine survivance des compétences lui est reconnue jusqu'à l'installation de son successeur (B). Ce régime transitoire est admis comme un principe général. En plus, la notion est consacrée (A) par la constitution et des textes subjacents.

[14] CE, Ass., 4 avril 1952 « Syndicat régional des quotidiens d'Algérie ».

A. Un principe consacré

La consécration d'une règle du droit ou d'un principe répond à la volonté d'assigner à une obligation quelconque une fonction protectrice. À une pratique non écrite et surtout, renouveler l'instauration d'un nouveau principe qui intègre l'ordonnancement juridique. Le premier instrument dans lequel l'on retrouve la plupart des principes est la Constitution.

La consécration de la notion de « désinvestiture » dans les Constitutions libérales n'est plus à démontrer. En ce qui concerne la fonction de Chef de l'État, ce dernier est généralement élu pour un mandat à durée déterminée[15] renouvelable soit une fois[16], soit tout simplement renouvelable[17]. À l'expiration de son mandant, il est désinvesti de ses fonctions de Président de la République.

Au Cameroun, l'élection du nouveau Président a lieu vingt (20) jours au moins et cinquante (50) jours au plus avant l'expiration des pouvoirs du Président de la République en exercice[18]. En République Malgache par exemple, le Président de la République en exercice qui se porte candidat à l'élection présidentielle démissionne de son poste soixante jours avant la date du scrutin présidentiel. Dans ce cas, le Président du Sénat exerce les attributions présidentielles courantes jusqu'à l'investiture du nouveau Président[19]. Au Congo Démocratique, selon la Constitution en vigueur[20], le mandat présidentiel s'arrête lorsqu'il prend fin ou lorsque la Présidence de la République connaît une vacance. Le mandat prend fin au terme d'une durée de cinq ans (art. 70). Mais en cours de mandat, la Présidence de la République peut connaître une vacance en cas de décès, de démission ou de tout autre empêchement définitif de celui qui l'exerce (art. 75).

En Dehors de la fonction présidentielle, les parlementaires[21], les élus locaux également sont désinvestis à la fin de leurs mandats et peuvent même être désinvestis en cours d'exercice.

---

[15] Art. 6. de la Constitution du 04 octobre 1958 en France « Le Président de la République est élu pour cinq ans au suffrage universel direct ».

[16] Art. 66 de la Constitution de la République du Tchad promulguée le 04 mai 2018 « Le Président de la République est élu au suffrage universel direct pour un mandat de six (6) ans, renouvelable une fois ».

[17] Art. 6 alinéa2 de la Loi N° 96-06 du 18 janvier 1996, portant révision de la Constitution du 02 juin 1972 au Cameroun « Le Président de la République est élu pour un mandat de sept (7) ans. Il est rééligible ».

[18] Art.6 alinéa3 de la Loi N° 96-06 du 18 janvier 1996.

[19] Art 46 alinéa2 de la Constitution de Madagascar du 11 décembre 2010.

[20] Constitution de la République Démocratique du Congo du 18 février 2006.

[21] Art. 113 alinéa2 de la Constitution de la République du Tchad promulguée le 04 mai 2018 « Le mandat des Députés est de cinq (5) ans renouvelable »

En ce qui concerne les membres du Gouvernement, ils peuvent être démis de leurs fonctions par les mécanismes constitutionnels prévus à cet effet.

La désinvestiture n'épargne aucune autorité, du Président de la République au simple agent de l'État, la Constitution, les lois et les règlements consacrent des mécanismes pour mettre fin à leurs fonctions tout en sauvegardant la continuité de service public.

Néanmoins, la question de vacance de poste et démission sont singulièrement au point d'attirer l'attention. En effet, la vacance de poste se présente comme l'absence définitive du titulaire d'un mandat ou d'une fonction[22]. Si la question de la gestion de vacance pouvait parfois poser véritablement problème[23], il convient de faire un focus sur les actes accomplis par les autorités déjà désinvesties ou celles qui sont à l'origine de ladite vacance, mais qui, en attente d'un successeur, assure la « continuité du service public ». Le débat pourrait évidemment se faire jour au regard du principe de la « sécurité juridique » aussi cher à l'administration qu'aux justiciables[24], sinon de la légalité de leurs actes dans la confrontation avec la mise en œuvre du principe de continuité du service public.

Au risque de verser dans les inconstances[25], il serait judicieux de porter un regard analytique sur le fait de savoir qu'adviendrait-il, si, au cours d'un acte de désinvestiture comme la démission par exemple et son acceptation, il est possible de loger dans cet intervalle certains actes administratifs. En effet, il nous souviendra que le Président camerounais, Ahmadou AHIDJO avait signé sa lettre de démission, laquelle avait été lue sur les ondes de la radio nationale le 4 novembre 1982. Mais celui-ci fait une précision importante, la date à laquelle sa démission prendra effet, le 6 novembre de la même année.

Il faut également noter avec intérêt que, la révision constitutionnelle de 1969 porte atteinte à cette exigence de sécurité juridique, en créant une incertitude par exemple sur la notion même de démission, et par voie de

---

[22] DE VILLIERS (M) et LE DIVELLEC (A), *Dictionnaire du droit constitutionnel,* Paris 7e édition, Sirey, 2009, p.144.

[23] On sait d'emblée qu'Albert B. Bongo, Vice-président d'alors, avait tout naturellement succédé à Léon M'BA à son décès 1967, comme il en a été le cas en 1980 où Léopold Sédar SENGHOR avait démissionné de la présidence de la République du Sénégal pour faire place à Abdou Diouf. Par ailleurs, on mentionnera le cas de Gnassingbé Eyadema qui, lors de son décès en février 2015, a été remplacé par son fils Faure Gnassingbé. Celui-ci avait « tout naturellement succédé à son père », avant d'activer les mécanismes constitutionnels de la vacance de poste.

[24] GRECH (F), « Le principe de sécurité juridique dans l'ordre constitutionnel français », *Revue Française de Droit Constitutionnel,* 2015/2 (n° 102), p. 405-428.

[25] Par « inconstances », il faut entendre, selon les précisions de KENFACK TEMFACK (E), d'une part l'incertitude de la démission comme condition de la vacance de la présidence de la République et, d'autre part, la substitution de « l'empêchement définitif » à « l'incapacité physique permanente ». Voir dans ce sens : KENFACK TEMFACK €, « La vacance de la présidence de la République en droit constitutionnel camerounais », p. 4.

conséquence sur ses effets. La rédaction nouvelle de l'article 10 (b) l'affirme clairement : « en cas de vacance de la Présidence par démission, la démission ne devient effective que le jour de la prestation du serment du nouveau Président [26] ». En effet, écrit Etienne KENFACK TEMFACK, « si en droit la date de prise d'effet d'un acte peut être repoussée dans le temps, dans le cas d'espèce cette durée devrait être très réduite. La démission traduit la volonté profonde de ne plus vouloir. La prise en compte de cette perspective justifiait que cette période bénéficie d'un minimum d'encadrement, pour éviter des dérives ». Cette situation permet d'éviter les vides juridiques, et surtout de créer les situations d'insécurité juridiques, lorsqu'on enferme certains actes dans une période où l'autorité désinvestie n'est pas habilitée à prendre un acte quelconque. On évoquera à la suite d'Etienne KENFACK TEMFACK, le cas relatif au plus fort de la crise entre le Président Ahmadou AHIDJO et Paul BIYA. En effet, ce dernier affirmera qu'il avait la possibilité de nommer un autre Premier ministre s'il l'avait voulu. Mais il a plutôt souhaité que cela soit fait par son successeur.

Dans d'autres contrées, notamment en France, la garantie d'inamovibilité des magistrats est consacrée par la Constitution, qui prévoit que « les magistrats du siège sont inamovibles », et peut être définie comme, « la technique d'investiture d'un emploi public selon laquelle la personne qui en bénéficie ne peut être désinvestie que sur sa demande ou par l'atteinte de la limite d'âge, sous réserve d'une désinvestiture disciplinaire 27».

Dans le domaine de la loi, il faut préciser à cet effet qu'elle n'est plus faite par le législateur seul. Les lois d'habilitation peuvent être source de désinvestiture du parlement ou l'Assemblée nationale dans son rôle traditionnel qui est celui de faire la loi. Selon Yves GAUDEMET, ce qui est en cause, c'est le mécanisme de « désinvestiture du législateur » ; celui de la législation déléguée au gouvernement qui, élargie aux dimensions d'une pratique ordinaire, aboutit ni plus ni moins à ce que la loi n'est plus faite, dans la majorité des cas, par le Parlement. Il s'agit, du mécanisme des ordonnances de l'article 38 de la Constitution, lequel permet au gouvernement « de demander au parlement, pour l'exécution de son programme, l'autorisation de prendre par ordonnances, pendant un délai limité, des mesures qui sont normalement du domaine de la loi [28] ». Ces régimes des ordonnances sont présents dans la quasi-totalité des constitutions des pays d'Afrique noire francophone.

---

[26] En effet, note KENFACK TEMFACK (E), « Le Président de la République démissionne, mais reste en fonction ; il continue d'assumer les fonctions présidentielles, dans un statut incertain », KENFACK TEMFACK (E.), « La vacance de la présidence de la République en droit constitutionnel camerounais », *op.cit.*, p.13.

[27] L'article 64 al. 4 de la Constitution.

[28] GAUDEMET (Y), « La loi administrative », *in RDP*, 1er janvier 2006, n° 1, p.65.

Au regard de cette démonstration, la désinvestiture est bien consacrée comme un principe traditionnel du droit public. Cela se justifie par la nécessité de sauvegarder la continuité de service public.

B. L'obligation de sauvegarder la continuité de service public

L'obligation de sauvegarder la continuité de service public abordée dans le cadre de cette étude traduit la situation dans laquelle, une autorité prend une décision à un moment où elle n'en avait plus ou pas encore le pouvoir. Le pouvoir d'agir coïncide avec l'entrée en fonction et cesse avec la *désinvestiture*, sauf nécessité d'expédier les ''affaires courantes'' ou, de satisfaire aux exigences de la continuité des services publics.

Pour assurer le fonctionnement des services publics, les collectivités publiques utilisent un personnel. La condition juridique de ce personnel que l'on appellera le personnel administratif est très diverse. La conception actuelle du service public s'est lentement élaborée depuis la fin du 18e siècle à partir de l'émergence d'une part, de la notion d'intérêt général et d'autre part, de la représentation d'un bien commun[29].

Dans le souci de préserver l'intérêt général, l'administration publique dans son mode de fonctionnement obéit à un certain nombre d'obligations. Ces obligations tiennent au principe de continuité des services publics. La nécessité de ce principe s'explique sous plusieurs formes à savoir : la suppléance, l'intérim et l'autorisation de l'autorité désinvestie à assurer la main courante ou les affaires de moindre importance. Le principe de continuité du service public tel que formulé par Louis ROLLAND, ne peut avoir un sens que grâce à la permanence de l'État et à l'existence d'une grande partie de ses agents appelés fonctionnaires.

La charte africaine sur les valeurs et les principes de service public et l'administration dans son article 4 al 1 précise que, « l'administration publique et ses agents doivent respecter les droits de l'homme, la dignité et l'intégrité de tous les usagers [30] ». Cette charte exprime on ne peut plus de manière claire que, lorsqu'il y a rupture dans le bon fonctionnement de service public, il y a violation des droits de l'homme. Cette charte met au centre la satisfaction des usagers.

Il arrive que pour l'intérêt général et le principe de continuité de service public, l'État puisse faire recours aux agents bénévoles. Ce sont les particuliers apportant leur concours volontaire et bénévole (c'est-à-dire,

---

[29] V. FRANÇOISE (C), communication lors du colloque Pour le bureau d'Éducation et & Devenir, Pour un renouvellement de la réflexion sur le service public d'éducation le 29 mars 2010, p.1.

[30] La Charte Africaine sur les valeurs et les principes de service public et l'administration dans son article 4 al 1

dépourvu de toutes considérations d'ordre pécuniaire) au fonctionnement des services publics pour l'intérêt général. Le statut de bénévole est essentiellement précaire et la qualité d'agent de l'État même temporaire s'estompe avec la fin de la collaboration. L'action des collaborateurs bénévoles peut engager la responsabilité de la puissance publique lorsque celle-ci aura posé un préjudice, un dommage aux tiers. La qualité de collaborateur bénévole de l'administration se fonde sur la fameuse théorie du fonctionnaire de fait. Cette théorie joue dans deux (02) séries de circonstances : en période normale et en période de crise.

En période normale, elle se fonde sur l'idée d'apparence. Selon le juge administratif français, « le fonctionnaire de fait présentait toutes les apparences d'un fonctionnaire régulièrement investi [31] ». Cette solution a été posée par un vieil arrêt du Conseil du Contentieux Administratif.

En période exceptionnelle ou de crise, la théorie du fonctionnaire de fait se fonde sur l'idée de nécessité de fonctionnement du service public. Les actes accomplis par ces fonctionnaires de fait dans leur soucis d'intérêt général sont considérés comme valides.

Toujours dans le souci d'éviter la discontinuité de service public, l'État est appelé à recourir au régime spécial de gestion de l'administration. Il peut s'agir dans ce cas de l'intérim qui est un mode de gestion tenant juste compte, de gestion provisoire de la fonction à occuper. Par définition, l'intérim est le remplacement d'une personne par une autre en son absence. Cela inclut également la suppléance.

La suppléance et l'intérim d'une autorité absente ou empêchée sont des techniques qui permettent de combler le vide laissé. La ressemblance essentielle entre les deux est que, celui qui en bénéficie reçoit l'intégralité des prérogatives et des compétences de l'autorité qu'il remplace. En revanche, suppléance et intérim s'opposent par leur mode d'organisation. L'intérim n'est pas prévu par un texte, mais institué de façon improvisée par l'autorité supérieure à celle qui doit être remplacée. La suppléance est prévue et organisée par un texte qui désigne l'autorité susceptible d'en bénéficier[32].

Les conditions dans lesquelles, les collectivités publiques peuvent recourir à l'intérim comme, mode de gestion alternatif au recrutement d'un agent non titulaire en sont ainsi clarifiées[33]. Le recours à une entreprise de travail intérimaire doit en effet viser, à satisfaire un besoin non durable et, ne remet

---

[31] Lire à cet effet, l'arrêt N° 224/CCA du 27/03/1953, Dame CIVRA c/ Administration du territoire.

[32] Ex : suppléance de la Présidence de la République assurée par le Président du Sénat cf. art. 7 de la Constitution française.

[33] L'intérim, une solution adaptée aux collectivités, Baromètre RH des collectivités locales 2012.

bien entendu pas en cause, le principe de l'occupation des emplois permanents par des fonctionnaires.[34] En droit français, le recours à l'intérim ne peut avoir lieu que lorsque le centre de gestion (CDG) dont il relève n'est pas en mesure d'assurer la mission de remplacement.[35]

Pour être clair, un « service public » signifie un service fourni dans l'intérêt de la collectivité ou de l'intérêt public. Cette notion fait référence à la conception large d'une activité vitale pour la vie sociale, par opposition à l'intérêt individuel, dont personne ne saurait se passer de la réalisation et qui se rapporte à l'idée d'un équilibre des intérêts économiques et sociaux contraires[36]. À défaut de définition précise, la mission du service public peut être éclairante quant aux balises de l'intérêt public à l'intérieur desquelles, les pouvoirs politiques et réglementaires œuvrent pour déterminer sa portée[37].

Si la désinvestiture apparait au regard de cette analyse comme un principe traditionnel du droit public, sa perception est controversée.

II. LA DÉSINVESTITURE : UN IDÉAL AUX CONTOURS CONTROVERSES

La désinvestiture est un mécanisme qui permet de mettre fin aux fonctions d'une haute autorité qu'elle soit politique ou administrative. Elle apparait comme un idéal parce qu'elle permet de résoudre des situations d'incertitudes, de vacances de postes au profit du principe classique du droit public : la continuité du service public. Cependant, il apparait également comme un facteur d'instabilité du service public (A) et, cause dans certaines circonstances des préjudices (B).

A. Un facteur d'instabilité du service public

La désinvestiture, dès lors qu'elle obéit à l'orthodoxie juridique ne déstabilise pas le service. Cependant, sa pratique dans certains pays est un véritable facteur d'instabilité du service public. Au Tchad par exemple, au cours d'une année civile, un département ministériel avait connu huit (8) ministres[38]. Dans d'autres ministères, certains ministres ont la chance d'être

---

[34] L'article 3 de la loi n° 83-634 du 13 juillet 1983 portant droits et obligations des fonctionnaires en France.

[35] Pour une compréhension de la fonction intérimaire, il faut à cet effet lire l'article 25 de la loi n° 84-53 du 26 janvier 1984.

[36] MARYIOLI (A), « La crise du droit au XXe siècle », *in* BILLIER (J-C) et MARYIOLI (A), (dir.), *Histoire de la philosophie du droit*, Paris, coll. U/ Philosophie, Armand Colin, 2001, pp. 220, 227

[37] SIMARD (C. J), « La modulation de l'intérêt public et du service public selon le nouveau régime concurrentiel international : le cas des services de l'information et des communications », *Revue québécoise de droit international,* 2005, p.7.

[38] Il s'agit du Ministère de la Fonction publique et du dialogue social.

au poste pendant six (6) à douze (12) mois. Plus grave est, le sort de certains ministres qui n'ont mis que quinze (15) jours. Dans les régies financières, la situation est inexplicable. Une question de principe se pose : la désinvestiture récurrente et intempestive n'engendre-t-elle pas la paralysie de la continuité du service public ? Les actes posés par l'autorité désinvestie ont-ils réellement pour objet la sauvegarde du service[39] ? Idéalement oui. C'est l'objectif de sa consécration. Sur le terrain juridique, son application laisse à désirer.

En outre, que l'on soit au Tchad ou sous d'autres contrées, des situations identiques n'en manquent pas. Il en est ainsi, des décisions concernant les nominations ou promotions pour ordre à une fonction publique. C'est-à-dire celles qui ne sont pas suivies d'une affectation effective[40], les décisions administratives prises en méconnaissance de la survenance de la limite d'âge d'un fonctionnaire[41], ou certains actes pris par des autorités qui n'étaient pas habilitées à les édicter[42]. Ici, point d'usurpation de pouvoir, et les actes en cause sont parfaitement susceptibles de se rattacher à un pouvoir de l'administration ; pourtant le juge va faire jouer pareillement la notion d'inexistence.

Si le service public a été conçu sous l'influence de Léon DUGUIT comme un instrument destiné à légitimer l'action de l'État, celle-ci est justifiée par des missions de service public dont la finalité demeure la satisfaction de l'intérêt général[43]. Gaston JEZE et Roger BONNARD en poursuivant cette œuvre vers la moitié du XXe siècle[44], ont ainsi systématisé et formé la

---

[39] Voir avec intérêt, l'article 3 de la Charte Africaine sur les valeurs et les principes du service public et de l'administration dont le point 4 souligne la nécessité d'assurer la continuité du service public « en toute circonstance ». De plus, on mentionnera avec intérêt, la jurisprudence du Conseil d'État du 18 janvier 1980, Syndicat CFDT des Postes et télécommunications du Haut-Rhin, il fait mention des « circonstances exceptionnelles, telles qu'une extrême urgence, qui rendent impossible le recrutement d'agents ayant un lien direct avec l'administration ».

[40] La position du Conseil d'État en la matière est depuis longtemps arrêtée (Cf. C.E., S., 19/11/1926, Monzat, p.1002) et n'a jamais été démentie. Pour quelques exemples récents, voir notamment C.E., 1er/10/1990, ministre des P.T.T., Nasalluci et autres, p. 262 ; C.E., S., 9/09/1990, Fleret, p.319.

[41] C.E., 3/02/1956, de Fontbonne, p.45 ; *Revue du droit public* 1956, p.859, note WALINE (M), précitée ; C.E., 15/0 7/1958, Jouve et autres, p.933.

[42] C.E., 28/02/1986, Commissaire de la République des Landes, p.50 ; *Actualité juridique, Droit administratif* 1986, p.326, note MOREAU (J) ; *Revue du droit public* 1986, p.1468, note AUBY (J.-M) ; *Revue française de droit administratif* 1987, p.219, obs. DOUENCE (J.-C), prétendues délibérations qui n'ont en réalité jamais été adoptées par le conseil municipal, mais qui émanent en réalité du maire.

[43] EISENMANN (C), « Deux théoriciens du droit : Duguit et Hauriou », *Revue philosophique*, 1930, p. 279.

[44] L'œuvre entreprise par le Doyen Duguit développe une construction doctrinale très remarquable et apporte un critère d'identification du droit administratif. Il démontre d'ailleurs que l'ensemble des règles de droit administratif s'articulent autour de la notion du service public qui en justifie la spécialité et l'autonomie. La contradiction venant de Toulouse où le Doyen Hauriou développe une théorie selon laquelle le critère du droit administratif est celui de la

désormais célèbre « école du service public » ou « l'école de Bordeaux » considérée comme le fondement de l'État et du droit administratif. Or, pour traduire efficacement l'action de l'État, il aura fallu un siècle pour que la jurisprudence du Conseil d'État forge à la lumière de la théorie du Professeur Louis ROLLAND, les lois du service public[45] à travers les trois principes d'égalité, de continuité et d'adaptabilité qui constitueront la clé de voûte du service public.

Ainsi donc, reste-t-il encore quelque chose à dire qui puisse vaguement prétendre à un semblant d'originalité du service public ? Face à cette interrogation, Roger LATOURNERIE examinant déjà en 1960 le bulletin de santé de la notion de service public, qualifiait celle-ci de « Lazard juridique [46] ». On en conviendrait tous qu'il n'est pas de lieu commun plus foulé et quelquefois même plus piétiné que l'historique des aventures, généralement réputées malheureuses, connues par la notion de service public d'où l'une des détractrices est vraisemblablement la désinvestiture qui prend au piège l'un des principes traditionnels à savoir le principe de continuité.[47]

La désinvestiture est un nom parfois donné dans la théorie du droit public, à l'acte par lequel, on retire à un agent public son poste ou son titre.[48] Cette définition que propose le vocabulaire juridique semble être trop superficielle, car, elle effleure la perception qu'on a de cette notion. Mais à en lire l'analyse de Didier TRUCHET dans son approche "l'État, auteur et sujet du droit public", l'on comprend aisément l'idée de la désinvestiture[49] dont il parachève par la notion de la continuité du service public.[50]

Mais s'il faut adhérer à l'avis que partage TRUCHET D., on serait à même de s'interroger si la désinvestiture n'est-elle pas un facteur d'instabilité du

---

puissance publique. Mais, la doctrine actuelle opère la synthèse des deux écoles, en constatant que la jurisprudence décline les deux critères. CHAPUS (R), *Droit administratif général*, Tome 1, 15e éd., Montchrestien, 2001.

[45] ROLLAND(L), *Précis de droit administratif*, Paris, 10e éd., n° 23, 1951.

[46] « Sur un Lazard juridique, voir bulletin de santé de la notion de service public. Agonie ? Convalescence ? Ou jouvence ? », *Études et Documents du Conseil d'État*, 1960, p.73.

[47] Le principe de continuité caractérise le fonctionnement des services publics ; il a valeur de principe général du droit pour le Conseil d'État (CE Ass. 7 juillet 1950, Dehaene, D. 1950, p. 538, note Gervais ; JCP 1950, II, 5681, concl. Gazier), et même de principe fondamental à valeur constitutionnelle pour le Conseil constitutionnel (DC 25 juillet 1979, RDP, 1979, 1705, note Favoreu).

[48] CORNU (G), *Vocabulaire juridique*, Paris, 12e éd. PUF, 2017, p.239.

[49] Pour ce dernier, l'État moderne résulte d'un long processus de construction, qui, parti de l'Europe, s'est diffusé dans le monde entier. Il a peu à peu dégagé une pratique et une théorie du pouvoir qui transcendent l'autorité du chef sur une tribu, un clan, une famille. Le droit public est né de cet effort d'abstraction pour concevoir des institutions qui, d'une part, dépassent la personne de celui qui les dirige et d'autre part, lui survivent (« le Roi est mort ; vive le Roi ! » disait-on sous l'Ancien Régime). TRUCHET (D), *Le droit public, Que sais-je ?,* Paris, 10e éd. PUF, 2010, p.15.

[50] TRUCHET (D), *op. cit.*, pp. 60-61.

service public.[51] Ou, si cette raison de continuité du service public caractérisée par la gestion des affaires courantes ne constitue-t-elle pas, une échappatoire à l'obligation de l'administration de procéder ipso facto, aux remplacements lorsqu'elle initie elle-même la désinvestiture de ses agents ? Aussi, et pour cette même raison de la gestion des affaires courantes qui veut que l'autorité désinvestie puisse être maintenue au poste n'occasionne-t-elle pas un dilatoire qui ouvre à cette dernière des voies à l'arbitraire et aux abus ? Les réponses à ces questions permettront de résoudre la question de l'instabilité du service public à l'épreuve de la désinvestiture.

Cependant, une classification peut être opérée de la désinvestiture en deux sous branches lesquelles : la désinvestiture tacite et la désinvestiture implicite qui somme toute peuvent constituer un facteur d'instabilité du service public.

S'agissant de la désinvestiture tacite, il faut noter que, c'est une forme de désinvestiture qui, prenant en compte la désinvestiture due au temps,[52] peut générer une instabilité si les mesures de continuité du service public ne sont pas prises. C'est l'exemple des agents de l'État qui sont soit admis à faire valoir leur droit à la retraite soit, qui sont arrivés à la fin de l'exercice de leur mandat politique, mais dont l'administration tarde à investir d'autres agents en leur lieu et place[53]. Un autre exemple qui sort de l'ordinaire est le fait de la suppression de poste au Tchad. La pire des situations est le cas flagrant de la suppression des sous-préfectures par recommandation du Forum National Inclusif tenu à N'Djamena du 19 au 27 mars 2018 ayant permis d'apporter des réformes nécessaires au renforcement de la démocratie et de l'État de droit[54] dont ceux-ci continuent toujours à exercer.[55] Aussi, il est des cas où l'autorité désinvestie se succède, par elle-même, au motif d'assurer les affaires

[51] Justement DELVOLVE (P), dans son ouvrage "Service public et libertés publiques", développe une thèse selon laquelle, le service public est potentiellement porteur de menaces contre les libertés publiques. Il cite quelques inégalités qui seraient tributaires du service public. DELVOLVE (P), « Service public et libertés publiques », *RFDA*, 1985, p. 1.

[52] La désinvestiture due au temps fait trait aux autorités administratives qui sont soit désinvesties pour cause de l'âge requis pour être admis à la retraite ou de celles qui sont arrivées à la fin de leur mandat politique.

[53] Dans l'un comme dans l'autre cas, le service public devient non seulement instable, mais inefficace du fait de l'admission à la retraite des agents, l'administration ne pouvant opérer un recrutement automatique. Pour le cas de l'expiration du mandat politique, l'autorité désinvestie se trouve le plus souvent dépourvue naturellement de ses attributions et partant des prérogatives dont elle pouvait en jouir.

[54] Préambule de la Constitution de la IVe République du Tchad, promulgué le 04 mai 2018.

[55] C'est à ce titre que DELVOLVE, estimait que, le service public recèle en lui-même un faisceau d'inégalités dont l'État serait le responsable. Car comment pourrait-on expliquer ce maintien au poste de ces agents de l'État alors même que le poste est réputé inexistant depuis un an aujourd'hui. Dans quelle ligne budgétaire perçoivent-ils leur dû ? Exercent-ils toujours leurs compétences et jouissent-ils toujours des mêmes prérogatives et attributions d'antan ?

courantes, en attendant que l'administration ne puisse nommer une autre[56]. Mais, le réel contraste réside dans le fait que l'on a du mal à situer l'assiette de compétences de l'autorité désinvestie qui, au nom de la continuité du service public justifié par la gestion des affaires courantes, joue sensiblement les mêmes rôles qu'elle ne pouvait jouer pendant qu'elle était dûment établie.

Par contre, quant au sujet de la désinvestiture implicite, l'allusion est faite à la désinvestiture due aux contraintes[57] qui se traduisent en large partie par des sorties accidentelles que connait l'administration publique. Il s'agit très particulièrement de la démission, de l'abandon de poste, de la retraite anticipée, du licenciement de tout genre (insuffisance professionnelle, incapacité physique et mentale, suppression d'emploi) voire le décès. Considérant ces cas de figure, il y a lieu de relever qu'ils sont les plus récurrents dans l'administration publique et échappent même à son contrôle.

Cependant, il faut souligner qu'il arrive très souvent que les actes des autorités désinvesties causent des préjudices. La question de leur imputabilité et de leur réparation est d'actualité.

B. Les préjudices causés par les actes accomplis par les autorités désinvesties

Aux termes d'une jurisprudence constante, « l'urgence peut justifier qu'une autorité désinvestie aille au-delà du règlement des affaires courantes [58]». En cas de situation exceptionnelle ou de situation d'urgence, ces pouvoirs peuvent cependant être augmentés et sont souvent à l'origine des dommages dont les agents en sont victimes. Ainsi, le juge communautaire CEMAC a déjà été saisi d'un recours en responsabilité pour préjudice moral subi par un des agents du fait de sa désinvestiture. A l'occasion, le juge n'a pas exigé la gravité de la faute de l'administration, mais n'a non plus fait réparer le préjudice. Face à cette situation, nous espérons que dans l'avenir, le juge CEMAC ne sera pas très regardant par rapport à l'exigence de la gravité de la faute de l'administration pour que le préjudice subi par un agent soit réparé[59].

Il en va notamment ainsi lorsque l'administration est tenue de prendre certaines mesures afin de reconstituer la carrière d'un fonctionnaire consécutivement à l'annulation d'une mesure qui l'avait perturbée, et plus

---

[56] Les exemples sont légions dans la fonction publique tchadienne où les fonctionnaires admis à la retraite refusent de céder leur poste sous le regard froid de l'administration.

[57] La désinvestiture due aux contraintes est relative aux autorités administratives qui par concours de circonstances, quittent ou abandonnent accidentellement leur fonction telle, la retraite anticipée à la demande de l'intéressé, ou non, le licenciement, le décès, etc.

[58] CE., Arrêt d'Assemblée 17 octobre 1962 Brocas.

[59] ZANKIA (Z), *Le contentieux de la fonction publique communautaire de la CEMAC*, Mémoire en vue d'obtention du Diplôme d'Études Approfondies (DEA), Université de Dschang, 2008.

particulièrement d'une désinvestiture : le jugement suppose parfois le retrait, par l'autorité compétente, de la désignation du successeur, même lorsque cette dernière n'a pas fait l'objet d'un recours spécifique[60]. Le Conseil d'État remet en cause des nominations effectuées au poste de Conseiller de la Cour de Cassation dans la mesure où le requérant, qui avait obtenu l'annulation d'une révocation l'ayant frappé, avait droit à se voir réintégrer à la première vacance. De la même façon, lorsqu'a été annulé un tableau d'avancement, le Conseil d'État décide que l'administration, "pour assurer l'exécution de la décision ainsi intervenue", est tenue "de réviser rétroactivement toutes les nominations et promotions intervenues" postérieurement à l'édiction de ce tableau "dans la mesure où leur intervention a été la conséquence directe ou indirecte de l'irrégularité dont le tableau d'avancement en question était entaché", et ce "alors même qu'elles n'auraient pas fait ou qu'elles n'auraient pas fait en temps utile l'objet d'un recours contentieux[61]". L'annulation de la nomination d'un fonctionnaire entraînera nécessairement la désinvestiture de ce dernier, sans qu'il puisse invoquer un prétendu droit à rester en fonctions.

Cependant, il est d'une pratique constante que l'administration elle-même rapporte ses actes ou exécute la décision du juge. Ainsi, l'administration peut parfois, en exécution d'un jugement annulant une mesure de désinvestiture, se contenter de réintégrer le requérant dans un poste équivalent à celui qu'il occupait, afin de ne pas perturber à l'excès les situations du tiers qui l'a remplacé[62].

Une autre réflexion mérite d'être menée. Il s'agit par exemple des groupes d'auto-défense, notamment dans le cadre des conflits ou crises sociales. Du moment où ces groupes peuvent être considérés comme une nécessité sociale, palliant la carence de l'autorité publique dans une zone quelconque, quelle serait probablement la nature juridique de leurs actes ? N'ont-ils pas reçu indirectement l'autorisation de l'administration ? Ces questionnements irriguent le cœur de notre thématique : l'investiture et la désinvestiture, en nous rapportant à une jurisprudence existante[63] communément jurisprudence Dame KIEFFER Marguerite. Ainsi, dans cet arrêt, il souligne qu'« Attendu que… les groupes d'auto-défense avaient été constitués avec l'autorisation tacite du Maire de Nkongsamba et du Préfet du Moungo, pour suppléer à l'insuffisance du service d'ordre. Que l'auteur de cet accident, qui a été condamné pour homicide par imprudence par le tribunal correctionnel de Nkongsamba, doit donc être considéré comme ayant été en service au moment des faits et que la jurisprudence concernant les fonctionnaires de fait doit trouver son application en l'espèce ». Mais les conséquences de l'annulation

[60] C.E., S., 20/01/1939, Hollender, p. 20.
[61] C.E., 14/06/1967, Sieur Poujol, p.253.
[62] C.E., S., 16/10/1959, p.316., Guille. C.E., 31/05/1995, Mme Rodriguez, req. n° 132639.
[63]Ass. Pl /CFJ du 4 novembre 1965, Dame KIEFFER Marguerite.

des actes peuvent être fâcheuses, si les actes accomplis par les fonctionnaires de fait durent dans un délai relativement long. C'est pourquoi, « ce fonctionnaire irrégulièrement nommé aux fonctions qu'il occupe doit être regardé comme investi desdites fonctions tant que sa nomination n'a pas été annulée ». C'est-à-dire que, les actes passés par le fonctionnaire avant l'annulation sont réputés valides. Cela traduit d'ailleurs l'expression : *error communis facit jus.*

CONCLUSION

La réflexion sur la désinvestiture a montré tout son sens en droit public. Étant entendue comme principe coutumier du droit public, elle traverse toutes les branches du droit et plus particulièrement la théorie du droit public. Elle traduit en droit la situation dans laquelle, par un acte juridique, on retire à un agent public son poste ou son titre et en même temps, selon les circonstances, habilite l'autorité désinvestie à assurer les affaires courantes. Le principe n'est pas douteux, mais la détermination concrète de ce qui est ou n'est pas affaires courantes donne à des hésitations. Les affaires courantes sont des affaires pour le règlement desquelles il n'y a pas de possibilité réelle de choix. Autrement dit, quelle que soit l'orientation politique de l'autorité en place, la même décision aura été prise. Cependant, dans la pratique, l'on observe des situations désastreuses. La désinvestiture intempestive et récurrente déstabilise le service public au lieu d'assurer sa continuité. De même, l'on constate des désinvestitures arbitraires ou trop aisées par les autorités de l'État. Ces situations causent des préjudices tant aux autorités désinvesties qu'aux citoyens. La nécessité de garantir les autorités contre ses risques s'avère indispensable.

L'EXCEPTION PRÉJUDICIELLE POUR UNE RÉPRESSION DU TERRORISME DEVANT LES JURIDICTIONS UNIVERSELLES

Anatole Collinet MAKOSSO

Docteur en droit international pénal
Assistant-chercheur
Université Marien Ngouabi-Congo Brazzaville

RÉSUMÉ

La procédure préjudicielle devant la CIJ fait depuis belle lurette l'objet d'une production doctrinale relayant les perspectives ou considérations des sociétés savantes, des États, des Nations Unies et même de la Cour elle-même. Alors que les guerres de libération nationale, d'autodétermination et de lutte contre l'occupation ont bénéficié d'une valorisation internationale et d'une protection humanitaire au travers des deux protocoles additionnels de 1977 et de bien d'autres instruments, une telle procédure mettant en lien les deux juridictions universelles se présente comme l'approche idéale pour que le terrorisme soit érigé en infraction et ne reste plus jamais impuni ni puni à tort. Ainsi, tout acte de terrorisme sera passible de poursuites devant la CPI agissant comme juge de l'action, après que la CIJ se sera prononcée comme juge de l'exception sur la légitimité ou non de la revendication à l'origine du recours à la violence et sur la qualité à contester de la personne physique ou morale présumée auteure.

INTRODUCTION

L'intérêt du Professeur Joseph Owona pour les exceptions en droit international est souvent méconnu. Celles-ci ont pourtant occupé une place assez remarquable dans ses écrits, notamment lorsqu'il met en exergue « la contribution de l'Afrique au développement du droit international humanitaire »[1]. Il décrit dès lors les modes d'exceptions portant sur « le refus du statut de combattant au mercenaire », et sur « la protection humanitaire des guerres de libération nationale ». Ainsi, le combattant qui, en droit international est défini comme « un membre des forces armées ou un civil,

[1] OWONA (J), *Droit international humanitaire*, Paris, L'Harmattan, 2015, p.171

non membre des forces armées, participant directement aux hostilités »[2], perd ce statut dès l'instant où il se met au service de l'ennemi.

Tout comme, alors que la guerre est illégale et son recours interdit depuis le Pacte Briand Kellog[3], la guerre de libération nationale bénéficie d'une protection « exceptionnelle ».

L'exception, du latin *exceptio,* limitation, restriction, réserve, est le cas soustrait à l'application normale de la règle par l'effet d'une mesure individuelle de dérogation : en ce sens, l'exception s'oppose à la règle. En droit processuel, l'exception, toujours du latin, *excipere,* au sens d'exciper, est un moyen de défense qui tend, avant tout examen au fond ou contestation du droit d'action, soit à faire déclarer la procédure irrégulière ou éteinte (exception d'incompétence, exception de nullité), soit en suspendre le cours (exception dilatoire). C'est ce qu'on appelle « exception préjudicielle » ou « question préjudicielle ».

Eu égard à ce qui précède, l'exception peut-être définie comme « un point litigieux dont la solution doit précéder celle de la question principale qu'elle commande, mais qui ne peut être tranchée par la juridiction saisie, de telle sorte que celle-ci doit surseoir à statuer jusqu'à ce que la question préjudicielle ait été résolue par la juridiction seule compétente pour en connaître »[4]. Dès lors, l'exception ou la question préjudicielle s'assimile, sur le fond tout au moins, à ce qu'on appelle, en droit international public, « exceptions préliminaires »[5] et en droit communautaire de l'Union Européenne, « renvoi préjudiciel »,[6] avec toutefois, une différence sur la forme.[7]

Sur ce fondement, les disciples de Joseph Owona pourraient postuler la procédure préjudicielle, s'agissant de la répression du terrorisme, dans la mesure où, entre autres raisons ayant fait échouer la répression du terrorisme et son incrimination par le Statut de Rome créant la CPI, figure l'ambigüité souvent entretenue entre terrorisme et résistance armée ou encore entre

---

[2]Article 43, § 2 du Protocole additionnel I aux Conventions de Genève ; cet article prévoit explicitement que : « *les membres des forces armées d'une partie à un conflit, (autres que le personnel sanitaire et réligieux [...]) sont des combattants, c'est-à-dire ont le droit de participer directement aux hostilités* ».

[3]La Convention de 1928, dite Pacte Briand Kellog, entrée en vigueur le 24 juillet 1929, s'appliquait à 63 États en 1939. Par cette Convention, les états admirent solennellement de renoncer au recours à la guerre pour le règlement des différends internationaux.

[4]CORNU (G), (dir), V° « Question préjudicielle » in *Vocabulaire juridique,* Paris, 9e éd. 2011, p.751.

[5]SOREL (J-M) (dir), *Les procédures incidentes devant la Cour internationale de justice : exercice ou abus de droit* ? Pedone, Paris, 2001, pp52 et suiv.

[6]CASU (G), *Le renvoi préalable, Essai sur l'unification préjudicielle de l'interprétation, Paris,* LGDJ, 2016, p.178.

[7]. Sur les similitudes et les différences entre question préjudicielle et renvoi préjudiciel, lire CASU (G), idem.

terrorisme et droit à l'autodétermination et entre terrorisme et guerre de libération nationale. Cela traduit la difficulté qu'éprouve la communauté internationale pour définir et incriminer le terrorisme.

En effet, incriminer le terrorisme s'est révélé, pendant longtemps, une tâche ardue, car il faut d'abord être capable de le définir. Or, toute définition est, en droit, dangereuse même si la doctrine a depuis toujours insisté sur l'importance de la définition dont le professeur Kamto conceptualise la notion en affirmant : « On entend par définition, une caractérisation univoque de quelque chose, objet matériel ou réalité conceptuelle, d'une manière intelligible par l'esprit ; c'est une « traduction en prédicats ou attributs qui prétend cerner l'essence de la chose ». Elle dit ce qu'est une chose et non pas seulement ce à quoi ressemble cette chose ni quelle est sa composition. »[8] En outre, convient-il de relever que « la grande crainte de notre époque, c'est la lacune : le sentiment de vide du droit, de la loi, qui plongerait soudain la société dans l'inquiétude sur ce qui peut ou ne pas se faire. »[9]

La lacune, c'est bien ce dont souffre le terrorisme, privé d'une définition universelle au point où, ainsi que le dit Voy Martens, le terme de terrorisme n'a jamais été autant galvaudé. Il est fréquemment utilisé par « les médias et les hommes politiques qui le condamnent sans le définir »[10]. Il est le plus souvent compris dans une acception très large, voire floue, qui permet de l'appliquer à pratiquement tous les actes de violence commis par des groupes intra-étatiques.

Pourtant, « quand bien même il existerait une définition objective du terrorisme, qui ne ferait intervenir aucune valeur et engloberait tous ses aspects et caractéristiques majeurs, il y en aurait encore qui la rejetteraient pour des raisons idéologiques »[11].

Dans un rapport daté de 2005, intitulé « Pour une liberté plus grande : développement, sécurité et respect du droit pour tous »[12], Kofi Annan, alors

---

[8]KAMTO (M), « La volonté de l'État en droit international », *Recueil des cours de l'Académie de droit international,* Leiden/Boston, Martinus Nijhoff Publishers, Tome 310, 2004, p. 24 ; voir aussi VISSER'T HOOFT, « La philosophie du langage ordinaire », *Archives de philosophie du droit*, n° 17, 1970, p. 270.

[9]LIBCHABER (R), *L'ordre juridique et le discours du droit. Essai sur les limites de la connaissance du droit*, Paris, LGDJ, 2013, p. 103. Lire également CARCASSONE (G) « Penser la loi », *Pouvoir,* Vol. 114, 2005, pp. 39-52, cité par JEANNENEY (J), *Les lacunes constitutionnelles,* Paris, Dalloz, 2016, p.8.

[10]V. MERTENS (P), « L'introuvable acte de terrorisme », in *Réflexions sur la définition et la répression du terrorisme,* Ed. de l'Université de Bruxelles 1974, pp. 27 et suiv., cité par DAVID (E), *Éléments de droit pénal international européen,* Bruylant, 2009, p. 1100.

[11]LAQUEUR (W), *The Age of Terrorism, (lettre du terrorisme)*, New York, Little, Brown and Company, 1987, pp. 149-150.

[12]ANNAN (K) *« Pour une liberté plus grande : développement, sécurité et respect des droits pour tous »*, Rapport du secrétaire général des Nations Unies ; mars 2005, p.67. Doc. A/59/2005.

secrétaire général de l'ONU, rappelait que le terrorisme, outre le fait qu'il menace la paix et la sécurité internationales, porte atteinte à toutes les valeurs de l'ONU. C'est pourquoi il affirmait clairement la nécessité de s'accorder sur une définition globale de celui-ci. Il avait alors pris l'initiative de proposer la définition suivante : « Tout acte qui vise à tuer ou à blesser grièvement des civils ou des non-combattants, et qui, du fait de sa nature et du contexte dans lequel il est commis, doit avoir pour effet d'intimider une population ou de contraindre un gouvernement ou une organisation internationale à agir ou à renoncer à agir d'une façon quelconque. »[13]

Dans un autre rapport, produit cette fois par un groupe de haut niveau mis en place au sein de l'ONU et intitulé : *« Un monde plus sûr : notre affaire à tous »*[14], les auteurs, c'est-à-dire les membres du groupe, en plus de proposer une définition en tant que telle, dressèrent une liste des différents éléments à laquelle la définition devrait également se rapporter. Si la définition est la même que celle proposée par le secrétaire général de l'ONU, le groupe précise qu'il convient de faire allusion à l'usage de la force par les États contre les civils[15].

Ces travaux semblaient nous rapprocher d'une définition globale du terrorisme. Hélas ! On peut dire que depuis le début de la guerre froide, aucune définition cohérente et universelle du terrorisme n'a pu être adoptée sur le plan international, rendant ainsi inefficaces les multiples résolutions de l'ONU contre le terrorisme international.

Étymologiquement, le mot terrorisme est issu de la « Terreur » sévissant en France du 31 mai 1793 au 27 juillet 1794 suivie par la « Terreur blanche » de 1795 à 1815. Ce fut Gracchus[16] qui s'en inspira pour créer le mot « terrorisme » comme un agent du système de la Terreur.[17] Depuis lors, sa définition n'a jamais fait l'unanimité dans les milieux des juristes.

Jean Bevalet nous propose par exemple, comme définition : « le fait de groupes clandestins qui cherchent, par la terreur, à produire, sur la population, un état de troubles susceptibles de favoriser la réalisation de leurs buts »[18]. Le

---

[13]Idem.

[14]Rapport du groupe de haut niveau, « *Un monde plus sûr : notre affaire à tous* », Doc. A/59/565

[15] Idem.

[16]De son vrai nom, François Noël Babeuf.

[17]BABEUF (F.N), *Le tribun du peuple (1794-1796)*, Paris, Union Générale d'Édition, 1969. Voir aussi M. Lenoble-Pinson, « Liberticide : néologisme révolutionnaire » in Dumont, H., *Pas de liberté pour les ennemis de la liberté ? Groupement liberticide et droit,* Bruxelles, Bruylant, 2001, 508 pages. « Liberticide » issu de « liberté » où on souligne que Babeuf inventa aussi « formidabilité », « inviolation », « humanicide », cité Par GHANEM-LARSON (A), *Essai sur la notion d'acte terroriste en droit international pénal,* Thèse de doctorat soutenue à l'Université d'Aix-Marseille III, le 31 janvier 2011, p. 19.

[18]BEVALET (J) *Terrorisme, gagner la 3e guerre mondiale*, éd. L'esprit du livre, 2009, p. 13.

juge anti-terroriste, Jean Louis Bruguière, qui donne au terrorisme une essence politique, dit qu'il met en œuvre une stratégie indirecte dirigée contre l'État[19]. Pour Jacques Baud, le terrorisme n'est ni une idéologie, ni un objectif politique, ni non plus une doctrine, c'est une méthode. Une méthode de combat fondée sur l'usage de la terreur.[20]

Outre ces définitions en compréhension[21] – par opposition aux définitions en extension[22] – émanant des géostratégistes, hommes de terrain, on pourrait évoquer celles émanant de la « doctrine pure », également en compréhension qui nous sont fournies par des juristes comme Henri Donnedieu de Vabres[23], Jean Salmon[24], Eric David[25], Gérard Cornu[26], Philip Wilcox[27], W. Laqueur[28] et Gilbert Guillaume.[29] La jurisprudence française n'est pas non plus restée en marge de la problématique sur la définition du terrorisme. C'est ainsi que le Conseil d'État français[30]. Le Conseil constitutionnel français[31] et la Cour de

---

[19]Cité par CETTINA, N. *Terrorisme, l'histoire de sa mondialisation,* Paris, L'Harmattan 2002 p. 12.

[20]BAUD (J) *Encyclopédies des terrorismes et des violences politiques,* Limoges, Lavauzelle, 2003, pp. 2 et 677.

[21]La définition en compréhension consiste en une description abstraite et générale du concept.

[22]La définition en extension renvoie à une énumération des hypothèses constitutives du concept. C'est le cas de la définition du Cameroun, de la loi française ou de l'Union européenne qui rappelle : « Constituent des actes de terrorisme : « 1- ; 2 ; 3 ; 4 ; 5 ; 6 ; 7...»

[23]DONNEDIEU de VABRES (H) « Répression du terrorisme », in *Revue internationale de droit comparé*, n° 4, éd. Bayard, Paris, 1973, p.23 ; H. Donnedieu de Vabres, *Traité élémentaire de droit criminel et de législation comparée*, Paris, Sirey, 1938, p. 132

[24]SALMON (J) (dir.), *Dictionnaire de droit international public*, Bruxelles, Bruylant, 2001, p. 1081.

[25]DAVID (E), *Élément de droit pénal international et européen,* Bruxelles, Bruylant, 2009, p.1100..

[26]CORNU (G) *Vocabulaire juridique*, Paris, 7e édition, Association H. Capitant, 1995, p. 177.

[27]WILCOX (P), *Le terrorisme reste une question mondiale*, article en ligne sur http://untreacty.org.

[28]LAQUEUR (W), *Le terrorisme de demain, les nouvelles règles d'un jeu ancien*, article en ligne sur http://untreacty.org.

[29]GUILLAUME (G), *Terrorisme et droit international*, Leiden, Boston, Brill, cop. 2008, p. 304.

[30]C.E. 7 juillet 1978, Croissant, Rec. Lebon, p.292 ; CE. 9 mai 1994, Bracci, Rec. Lebon, p. 226 ; CE. 24 février 1995, Persichetti, Rec. Lebon, p. 104.

[31]Sur 26 décisions rendues par le Conseil constitutionnel sur le terrorisme, 13 décisions ont permis d'effectuer un contrôle *a priori* de lois non promulguées, et 13 décisions ont été rendues suite à des QPC, portant par définition sur des lois déjà en vigueur. Les 26 décisions sont réparties entre 8 décisions concernant la procédure pénale en matière de terrorisme, 6 décisions sur la sécurité intérieure et le renseignement, 3 décisions sur des lois relatives au terrorisme, une décision sur la loi portant adaptation de la justice aux évolutions de la criminalité, quatre décisions portant sur l'accès et le traitement de la conservation des données, une décision sur la déchéance de nationalité, une décision concernant l'interdiction administrative de sortie du territoire, une décision concernant la consultation habituelle de sites internet terroristes et une décision concernant l'entreprise individuelle de terrorisme. Lire la définition dans Décisions n° 86-213 DC du 3 septembre 1986, n° 96-377 DC du 16 juillet 1996 et n° 2005-532 DC du 19/1/2006. Sur les détails de l'ensemble des décisions rendues par le Conseil constitutionnel en

cassation,[32] ont saisi toutes les opportunités qui s'offraient à eux pour opiner sur la question, mais aucune définition n'a fait l'unanimité.

Contentons-nous alors de celles basiques, *a priori,* désintéressées, que nous donnent *Le Petit Robert* et *Le Petit Larousse* :

« L'emploi systématique de la violence pour atteindre un but politique [...] et spécialement l'ensemble des actes de violence, des attentats, des prises d'otages civils qu'une organisation politique commet pour impressionner la population et créer un climat d'insécurité »[33]

« Ensemble d'actes de violence commis par une organisation pour créer un climat d'insécurité ou renverser le gouvernement établi »[34].

Autant de définitions pour désigner le terrorisme qui n'est pourtant pas un phénomène nouveau. Il est, à l'image des autres formes de violence, un fait pervers qui accompagne le développement humain.

Dès lors, comment dans un contexte définitionnel si confus, peut-on parvenir à réprimer le terrorisme au moyen d'une exception préjudicielle devant les juridictions universelles ? En termes clairs, comment l'exception préjudicielle peut-elle être mise en œuvre dans la répression du terrorisme ?

La définition du terrorisme fait l'objet de moult tentatives et semble se solder par un constat d'échec pour les partisans d'une définition universelle du terrorisme. De multiples obstacles entravent l'élaboration de cette définition.

En effet, la définition du terrorisme se complique davantage en raison de sa confusion avec d'autres formes de violence comme l'autodétermination, la résistance armée, la guérilla, etc. C'est dans ce sens qu'une demande avait été explicitement formulée auprès du Secrétaire général des Nations Unies pour qu'il définisse le terrorisme en le distinguant de la lutte menée par les peuples

---

la matière, lire : Dr Sharon Weill, Carine Placzek et Camille Lucotte (dir), *Terrorisme et état d'urgence, Jurisprudence des hautes juridictions françaises,* Rapport Open Society France : *Lutte contre le terrorisme et État d'urgence en France, 28 février 2017 avec la collaboration des étudiants de Sciences-Po Paris(PSIA).*

[32]La Cour de Cassation, à l'épreuve des cas d'espèce, a été amenée à préciser les contours de la définition d'acte de terrorisme en précisant que la définition donnée à l'article 421-1 du Code pénal n'est pas liée à la nature des actes commis, mais à l'intention de leurs auteurs. Pour être qualifiés d'actes de terrorisme, la Cour de cassation considère que « les agissements visés doivent impliquer un certain degré d'organisation. Doit donc, dès lors, être exclu de la qualification d'acte terroriste un acte isolé, révélant l'amateurisme de son auteur ».

[33]ROBERT (P), *Dictionnaire alphabétique et analogique de la langue française,* Le Robert, 1994, vol.6, p. 524.

[34]*Dictionnaire encyclopédique pour la maîtrise de la langue française, la culture classique et contemporaine,* Larousse, juin 1993, p. 1555.

pour leur libération nationale[35]. La volonté des peuples à ne pas voir leurs actions assimilées à des actes de terrorisme semble avoir été entendue par l'ONU[36]. À titre d'illustration, dans le préambule de sa résolution de 1985, il est affirmé « le droit inaliénable à l'autodétermination et à l'indépendance de tous les peuples soumis à des régimes coloniaux et racistes et à d'autres formes de domination étrangère »[37], mais aussi, plus concrètement, « la légitimité de la lutte de mouvements de libération nationale »[38].

La problématique ainsi formulée commande d'envisager une définition formelle du terrorisme, c'est-à-dire, une définition *sui generis* avec un mode de répression qui prend en compte son caractère *ejusdem generis*, de façon à le rendre passible de poursuites devant la CPI, agissant comme juge de l'action, après -éventuellement selon les cas –, que la CIJ se sera prononcée comme juge de l'exception, sur l'exonération pénale du recours à la violence terroriste, au nom des exceptions sus-évoquées, d'autodétermination, de lutte contre l'occupation et de résistance armée.

Cette problématique fait revêtir à notre étude un double intérêt théorique et pratique. Au plan théorique, notre étude tend à élucider le tableau si complexe de l'incrimination du terrorisme dans un contexte marqué par les mutations tant de la violence que de l'autorité étatique, le besoin de justice, la nécessité de la paix et le respect des libertés des peuples. Au plan pratique, notre étude et le choix de la mener dans un cadre de droit international pénal sont d'autant plus justifiés qu'il s'agit de poursuivre une réflexion amorcée et avortée depuis 1937.

À titre de rappel, le terrorisme est un crime qui, tout en étant une violence aussi vieille que les autres, comme la guerre, avait déjà retenu l'attention de la Communauté internationale avant la Seconde Guerre mondiale. Une convention contre le terrorisme signée à Marseille en 1937 prévoyait l'institution d'une Cour pénale internationale, mais elle ne fut ratifiée que par l'Inde et n'entra jamais en vigueur[39]. Nous nous proposons de poursuivre la réflexion avortée aux fins de l'achever, d'autant plus que la Cour pénale internationale, utopique à l'époque, a fini par devenir réalité. Il reste simplement que la répression du terrorisme y ressortisse.

---

[35]Rapports du Secrétaire général sur les mesures visant à éliminer le terrorisme international A/57/183, conformément aux résolutions 40-61 du 9 décembre 1985, 50/53 du 11 décembre 1995.

[36]AG/J/3276 du 7 octobre 2005 Assemblée générale sixième commission

[37]Résolution 40-61 du 9 décembre 1985,

[38]DAVID (E), « Les Nations Unies et la lutte contre le terrorisme international », in COT, J. -P. PELLET, A., FORTEAU, M., *La Charte des Nations Unies, commentaire article par article*, vol 2, Paris, Economica, 3e édition, pp. 163-200.

[39]DAVID (E), « Les Nations Unies et la lutte contre le terrorisme international », *Ibid,* 163-200.

La réponse à la problématique posée commande de recourir à la méthode exégétique, pour analyser les différentes formes d'exceptions qui pourraient être soulevées en tenant compte des différentes mutations du terrorisme. Cela permet de rappeler les particularités du terrorisme à ériger en infraction pénale, et justificatives d'une procédure préjudicielle (I) puis de déterminer les modalités de sa mise en œuvre devant les deux juridictions universelles (II).

I. LES PARTICULARITÉS DU TERRORISME JUSTIFICATIVES D'UNE PROCÉDURE PRÉJUDICIELLE

Les événements du 11 septembre 2001, ayant plongé le monde entier dans une terreur et une stupeur sans précédent, ont révélé les carences du droit international en matière de répression du terrorisme.[40] Et comme le relève un contemporain, « la particularité du phénomène terroriste réside sans nul doute dans le fait qu'il souligne les défaillances, les lacunes et les incohérences de l'ordre juridique international. »[41] Ces événements ont donc mis en relief non pas seulement la particularité de cette forme de violence, mais également la particularité du droit international, ou plus exactement, « les particularités en droit international »[42]. Tout portait à croire que « le droit lui aussi semble avoir été frappé de stupeur, au point où il lui était incapable de nommer ce qui venait de se produire et qui n'obéissait à aucune de ses catégories homologuées. »[43]

Pour avoir contribué à « la valorisation internationale des guerres de libération nationale »[44], l'Afrique pourrait, dans cette tourmente de « l'international terrorisme », prendre toute sa place, pour conduire à une incrimination et à une répression efficace et juste de ce phénomène, rendues jusqu'alors difficiles du fait des particularités de l'infraction terroriste d'une part (A) et bien entendu de la délicatesse de son incrimination (B).

A. Les particularités du terrorisme

Le rôle déterminant joué par les États africains dans l'élaboration des règles du droit international pénal ne saurait être démenti ainsi que le rapporte Joseph Owona qui décrit, si bien d'ailleurs, la contribution de l'Afrique au développement du droit international humanitaire. Mais l'Afrique est

---

[40]La Cour pénale internationale qui aurait dû s'enquérir de la répression des actes terroristes, n'est malheureusement pas habilitée par ses statuts pour le faire.

[41]ADOUA MBONGO (S. A), *Lutte contre le terrorisme et respect des droits de l'homme,* Thèse de Doctorat, soutenue en 2009, Université de Reims Champagne-Ardenne.

[42]Les particularités en droit international et communautaire, Thème n° 4 du présent projet des mélanges.

[43]STERN (B), *« Le contexte juridique de l'après 11 septembre 2001 »*, in BANNELIER (K), CORTEN (O), CHISTAKIS, T., DELCOURT, B, (dir.), *Le droit international face au terrorisme,* Paris, Pedone, 2002, pp. 3-4. ; Lire également, la communication d'ouverture du Colloque de TREAN, C., *Ibid.*

[44]OWONA J, *Op. Cit.* pp174 et suiv.

également le continent qui aura beaucoup contribué dans la définition des contours de répression du terrorisme international même si, à l'instar des autres continents, elle peine à définir et à incriminer le phénomène pour parvenir à l'ériger en infraction pénale. Cette contribution de l'Afrique concernant la lutte contre le terrorisme, appuyée par celle de la Ligue Arabe, porte principalement sur la particularité du terrorisme dans sa distinction avec les guerres de libération nationale (1) et au-delà, dans la nécessité de distinguer le terrorisme de la guérilla (2).

1. Les particularités tenant à détacher les guerres de libération nationale du terrorisme

La question du terrorisme et de la lutte contre ce fléau est au cœur des préoccupations de l'Union Africaine héritées d'ailleurs de l'OUA qui en 1999, avait déjà adopté une Convention à ce sujet.[45]Trois temps forts permettent d'apprécier les efforts de l'Union Africaine en la matière.

Il s'agit d'abord de la Convention d'Alger de 1999 qui a déterminé l'éveil africain bien avant même les événements du 11 septembre 2001. Il s'agit ensuite du Plan d'action adopté en 2002 qui a affermi la Convention d'Alger.[46]Il s'agit enfin du lancement en octobre 2004 du Centre Africain d'Études et de Recherches sur le Terrorisme (CARET). Les chefs d'État et de gouvernement ont tenu une série de réunions et pris plusieurs engagements ayant abouti à la création d'un Centre Africain de Lutte Antiterroriste dont le siège est à Alger et qui a reçu en 2017, le prix – La Haye 2017 de l'OIAC[47].

Au total, deux Conventions émanant de deux organisations internationales notamment de l'OUA/UA et de la Ligue Arabe ont tenu à reconnaître le terrorisme comme infraction, mais en insistant sur le fait de ne pas le considérer comme tel, lorsqu'il s'agit d'une guerre d'autodétermination ou de libération nationale.

L'Organisation de l'Unité Africaine a adopté le 14 juillet 1999, une Convention sur la prévention et la lutte contre le terrorisme dite Convention d'Alger. La Convention qualifie comme acte terroriste, « tout acte ou menace d'acte en violation des lois pénales de l'État-partie susceptible de mettre en danger la vie, l'intégrité physique, les libertés d'une personne ou d'un groupe de personnes ; qui occasionne ou peut occasionner des dommages aux biens

[45]Convention de l'OUA sur la prévention et la lutte contre le terrorisme du 14 juillet 1999.
[46]SORASIO, Denise, « La coopération européenne », in SOS Attentats – SOS Terrorisme, *Terrorisme, victimes et responsabilité pénale internationale,* Paris, Calmann-Lévy, 2004, p. 104.
[47]Ce prix qui constitue une reconnaissance aux efforts du CAERT est une mise en valeur de sa contribution exceptionnelle à la lutte contre le terrorisme et aux objectifs de la Convention sur les armes chimiques (CWC).

privés ou publics, aux ressources naturelles, à l'environnement ou au patrimoine culturel et commis dans l'intention :

- d'intimider, provoquer une situation de terreur, forcer, exercer des pressions ou amener tout gouvernement, organisme, institution, population ou groupe de celle-ci, d'engager toute initiative ou de s'en abstenir, d'adopter, de renoncer, à une position particulière ou d'agir selon certains principes ; ou
- de perturber le fonctionnement normal des services publics, la prestation de services essentiels aux populations ou de créer une situation de crise au sein des populations ;
- de créer une insurrection générale dans un État-partie. »

La définition est complétée au même article en son point b qui qualifie également d'acte terroriste : « toute promotion, financement, contribution, ordre, aide, incitation, encouragement, tentative, menace, conspiration, organisation ou équipement de toute personne en vue de commettre tout acte mentionné au paragraphe (a) (i) à (iii), un des faits précités »[48].

La Convention de l'OUA parle, sans les citer, des infractions internes portant sur le meurtre (menace à la vie), les attentats corporels ou coups et blessures volontaires (intégrité physique), la destruction des biens (endommager les biens privés ou publics). Elle fait également état du chantage et de la prise d'otages (menace de la liberté). Elle a l'avantage de reconnaître de façon implicite le terrorisme pratiqué par les détenteurs du pouvoir contre la population (« tout ou partie de la population » ; « créer une situation de crise dans la population »). Cependant, elle prend à contre-pied le droit à l'insurrection en l'assimilant au terrorisme (de créer une insurrection) tout en se contredisant à l'article 3 lorsqu'elle exclut la considération politique de la légitimation de la violence terroriste alors qu'elle autorise la même violence contre la domination coloniale ; ce qui n'est pas moins politique.

En effet, l'art. 3 précise qu'aucune considération d'ordre politique, idéologique, racial, religieux ou autre ne peut justifier un acte terroriste visé par la Convention et que la lutte armée menée conformément au droit international contre l'agression et contre la domination coloniale ou étrangère n'est pas du terrorisme « sans préjudice » de la définition figurant à l'article 1er. Pourtant, ce second volet de l'article implique bien une considération politique.

Par ailleurs, la Convention décrit l'élément moral du terrorisme comme l'intention :

---

[48]Art. 1. §3, b

- d'intimider, de terroriser ou faire pression sur un gouvernement, un organisme, tout ou partie de la population pour l'inciter à faire ou à ne pas faire quelque chose ; ou
- de perturber les services publics ou de créer une situation de crise sur la population ;
- de fomenter une insurrection générale
- Cette définition de l'OUA appelle deux remarques :

Premièrement, le champ d'application est très vaste et aboutit en fait à incriminer toute forme de sédition ou d'insurrection dès lors que cette action implique le recours à la violence contre des personnes ou des biens.[49] Par ce biais, cette définition légitime le « terrorisme intellectuel »[50] et le terrorisme d'État,[51] pratiqués par une puissance étatique contre son peuple ou contre un autre État.

Deuxièmement, même si c'est sur fond de contradiction textuelle, « en précisant que la légitime défense contre une agression internationale et les guerres de libération nationale ne sont pas des actes terroristes, l'article 3 distingue correctement la légalité de l'objectif poursuivi par des combattants, de la légalité des moyens utilisés »[52]. Ce qui permet de « légitimer » certaines violences terroristes. C'est en cela que se justifie notre démarche de subordonner la répression du terrorisme à une question préjudicielle.

L'incrimination du terrorisme se retrouve également dans la Convention de la Ligue arabe adoptée en 1998. Celle-ci, adoptée le 22 avril 1998, définit le terrorisme de manière complexe en distinguant le « terrorisme », du « crime terroriste ».

Aux termes de la Convention, le terrorisme concerne tout acte ou menace de violence, quels qu'en soient les motifs, pourvu qu'il vise à terroriser les gens, tenant à mettre en danger la vie, la liberté ou la sécurité des gens, à endommager l'environnement, des services ou des biens publics ou privés, à occuper ces biens ou s'en emparer et à mettre en danger une ressource nationale.

---

[49]DAVID (E). *Élément de droit pénal international et européen... Op. Cit,*. p. 1118.

[50]Le terrorisme intellectuel, une autre forme de terrorisme qui a été conceptualisée dans notre étude, *Le terrorisme, de l'immunité à l'incrimination, étude juridique d'une violence à réprimer par l'action combinée de la CIJ et la CPI,* Thèse de doctorat soutenue en juillet 2010, à l'Université Paris2 Assas.

[51]Expression d'origine marxiste-léniniste désignant la politique des États totalitaires (d'extrême-droite) qui s'appuie sur l'omniprésence d'une police secrète. Par extension, elle désigne toutes les formes de répression d'un État. Aujourd'hui, ce terme désigne le terrorisme parrainé par un État. Cf. Alain Bauer, J. L. Bruguière, Les 100 mots du terrorisme, Que sais-je ? PUF, novembre 2010, p. 22.

[52]DAVID (E), *Élément de droit pénal international et européen..., Op. Cit.,* p. 1118

Quant au « crime terroriste », il s'agit de tout fait réunissant les critères de crime ou de tentative de crime, prévu par le droit interne de l'État contractant, commis « à des fins terroristes », soit dans cet État, soit en dehors de cet État contre ses ressortissants, ses biens ou ses intérêts.

La Convention reprend comme élément matériel, les mêmes infractions incriminées dans le droit interne des États membres. Elle reconnaît aussi comme crimes terroristes, les faits prévus par les Conventions de Tokyo de 1963, de La Haye de 1970, de Montréal de 1971, les Conventions de 1973 et 1979 et de Montego Bay pour les dispositions sur la piraterie.

S'agissant de « l'élément moral », la Convention exclut du champ de l'incrimination, les cas de lutte, par tous les moyens, [...] contre l'occupation étrangère et l'agression, en vue de la libération et de l'autodétermination, conformément aux principes du droit international[53].

On peut donc reconnaître ici, l'intérêt que la Ligue Arabe ainsi que l'ONU et l'OUA attachent aux luttes de libération, à l'autodétermination et à la lutte contre l'occupation au point de les exonérer de la qualification terroriste. C'est cette dimension dérogatoire qui mérite d'être prise en compte dans la pénalisation du terrorisme. Mais à notre entendement, il ne doit pas s'agir d'une cause exclusive du terrorisme, mais d'un simple « fait justificatif » autrement dit d'une cause objective d'irresponsabilité pénale.

On peut également faire remarquer qu'en même temps que ces organisations légitiment l'objectif poursuivi par les usagers de la violence terroriste aux fins d'autodétermination, en même temps, elles légitiment et justifient la guérilla comme technique utilisée à cette fin.

2. Les particularités du terrorisme le tenant comme substitut urbain de la guérilla

Le terrorisme, comme le dit Thierry Garcin, « si on ne le considère pas comme une forme de guerre, est tout de même une stratégie indirecte. Certes, il se rapproche de la guerre psychologique, mais il est en premier lieu un substitut urbain de la guérilla. »[54]En effet, la guérilla est une technique de combat, une technique militaire fondée sur une stratégie indirecte dans le cadre d'un conflit asymétrique. Elle est définie par Gérard Chaliand comme « une forme de conflit caractérisé par le refus du combat frontal décisif. »[55] À y regarder de près, la guérilla, en tant que technique de combat, s'apparente au terrorisme. Christian Chocquet le considère d'ailleurs comme un appoint

---

[53]Art. 2, a.

[54]GARCIN (T), *Les grandes questions internationales, depuis la chute du mur de Berlin*, Paris, Economica, 2001, p. 121.

[55]CHOCQUET (C) *Terrorisme et criminalité organisée,* Paris, l'Harmattan, 2003, p. 117 (reprenant G. Chaliand, *Stratégies de la guérilla, anthologie de la longue marche à nos jours,* Mazarine p. 19 et suiv.).

ou un substitut à la guérilla. En fait, la guérilla urbaine s'appuie sur l'emploi quasi systématique du terrorisme. Les deux fondent leur stratégie sur la victoire psychologique pour déstabiliser un adversaire plus puissant. Les deux notions sont généralement confondues par les organisations qui les pratiquent même si elles se distinguent dans leurs aspects.

On peut partir de la distinction d'Ariel Merari[56] pour distinguer, comme Regimbald, guérilla et terrorisme sur la base des critères portant sur le statut des acteurs, sur les armements et tactiques employés sur les cibles et impacts recherchés, sur le contrôle du territoire, sur les uniformes, sur la reconnaissance d'une zone de guerre, sur la légalité internationale et la légalité interne[57].

Nombre d'organisations nationalistes ou indépendantistes (OLP, PKK, Tigres tamouls, etc.) tiennent à la fois de l'organisation terroriste et de la guérilla et pourraient être légitimement rangées dans l'une ou l'autre de ces catégories, compte tenu des critères présentés. Même ceux que l'histoire a décrétés combattants, guérilleros ou partisans ont lancé des opérations dont les moyens et la logique relevaient parfois du terrorisme. C'est le cas des résistants français qui, lors de la Deuxième Guerre mondiale, ont commis des actions qui, bien que destinées à désorganiser la machine de guerre nazie, firent de nombreuses victimes indirectes. C'est aussi le cas des guérilleros du FLN qui assassinèrent des civils kabyles, algériens et français jugés soit complices, soit solidaires de l'État colonial français.

Les rapports de force entre les acteurs sont variables. Ils peuvent s'inverser d'un moment à l'autre. N'a-t-on pas souvent dit que les terroristes d'un jour sont les dirigeants du lendemain ? Menahem Begin, Premier ministre d'Israël de 1977 à 1983, n'a-t-il pas été le chef de l'Irgoun, une organisation sioniste ayant multiplié les attentats terroristes en Palestine dans l'immédiat après-guerre ? [58] Les pères de l'indépendance irlandaise, membres actifs de l'*Irish Republican Army (IRA),* n'ont-ils pas été considérés auparavant comme des terroristes par les Britanniques ?[59]

---

[56]MIERARI (A) « Terrorism as a strategy of insurgency » in *Terrorism and political violence,* vol. 5, hiver 1993, N° 4 cité in CHALIAND (G), *Stratégies du terrorisme*. Références reprises par CHOCQUET (C). *op. cit.*, p. 120.

[57]Sur les similitudes et les éléments distinctifs entre terrorisme et guérilla, lire MAKOSSO (A. C) *Le terrorisme, de l'immunité à l'incrimination, étude juridique d'une violence à réprimer par l'action combinée de la Cour pénale internationale et de la Cour internationale de justice,* Thèse de doctorat soutenue à l'Université Paris 2 Assas, juillet 2010.

[58]GRESH (A) VIDAL (D), *Les 100 clés du Proche-Orient*, Paris-Nanterre, Hachette, Édition Autrement, Collection Pluriel, 2006, 622 p. « Pour en finir vraiment avec le terrorisme », in *Le Monde diplomatique*, avril 2015, p. 17 ; Lire également « Regards sud-africains sur la Palestine », in *Le Monde diplomatique*, août 2009.

[59]Idem.

Retenons sur ce point que le terrorisme recouvre deux visages. Tantôt il est une fin et se confond avec la lutte pour l'autodétermination, la guerre de libération nationale, tantôt il n'est qu'un moyen, une technique, une méthode et rejoint, de ce fait, la guérilla. Cette difficulté de détacher la guérilla et la guerre de libération nationale du terrorisme explique toute la difficulté d'ériger le terrorisme en infraction internationale et de le réprimer en toute responsabilité.

B. Les difficultés d'incrimination du terrorisme

Parmi les raisons souvent évoquées pour justifier la difficulté d'érection du terrorisme en infraction, figure la possibilité d'un conflit de qualification du fait de ces recoupements avec d'autres formes de violence et du fait d'autres facteurs, aussi objectifs que subjectifs au point où, plusieurs juristes et politiques estiment que le terrorisme ne peut pas ou n'a pas besoin d'être défini surtout si cette définition doit émaner de l'autorité étatique (1). Pourtant, il nous faut formuler un essai de définition *sui generis* du terrorisme qui tienne compte de son caractère *ejusdem generis* (2)

1. Le non intérêt et la difficulté de la définition du terrorisme

Pour parvenir à une définition formelle du terrorisme, il faut ne retenir que les éléments objectifs et constants et éliminer au fur et à mesure les éléments subjectifs. La bonne démarche semble être celle que nous suggère Guillaume. Elle consiste à s'intéresser tout d'abord au mot « terreur » qui « apparaît pour la première fois en langue française en 1355 sous la plume du moine Bersuire, et vient du latin *terror*. Ce qui désigne une peur ou une anxiété extrême correspondant le plus souvent à une menace vaguement perçue, peu familière et largement imprévisible. »[60] Après quoi, on peut rechercher son utilisation originelle dans l'histoire. Ce terme vise donc la terreur exercée abusivement dans un État, et que Montesquieu assimile à un gouvernement despotique.

Ces deux formalités accomplies, on peut enfin, l'appréhender selon son usage, et suivant les époques, pour dire que c'est à partir de là que s'est formé le terme terrorisme qui sera attribué à la politique de Robespierre, lui-même accusé de terrorisme, notamment par Babeuf. Ainsi, le mot va subir une mutation selon les événements : il sera utilisé lors des attentats en Russie en 1880 perpétrés par les nihilistes,[61] et s'est ensuite étendu à l'ensemble de l'Europe avec les anarchistes.

Par ces éléments, le terrorisme ne désignera désormais plus seulement la terreur organisée par les États, mais aussi la terreur exercée contre ces États. Cette vision a perduré jusqu'à l'assassinat, en 1934, du Roi Alexandre de

---

[60]GUILLAUME (G), "*Terrorisme et droit international*", RCADI 1989 III, t.215, p.296.
[61]Ils avaient pour objet la destruction radicale des structures sociales, sans viser à leur substituer aucun état définitif.

Yougoslavie, qui a amené la SDN à élaborer deux conventions dont l'une tend à « la prévention et à la répression du terrorisme », en 1937. On comprend dès lors que le premier sens du terrorisme était issu d'activités terroristes d'origine étatique.

Au XXe siècle, cette définition va évoluer en fonction des nouvelles techniques d'utilisation de la terreur. Ainsi, le dictionnaire Larousse de 1920 définissait le terrorisme comme tel : « Ensemble d'attentats, de sabotages commis par une organisation pour créer un climat d'insécurité et impressionner ou renverser le pouvoir établi » tout en précisant qu'il peut également s'agir d'un « régime de violence institué par un gouvernement pour se maintenir au pouvoir ».

On se rapprochait ainsi d'une compréhension commune de la violence d'une telle nature jusqu'à ce que l'apparition du terrorisme international ait conduit à rendre difficile une définition universelle et efficace. À l'origine circonscrit à l'intérieur du territoire, le terrorisme s'exporte et s'internationalise désormais. Dès cet instant, toutes les tentatives entreprises ont tendance à définir le terrorisme tantôt par ses fins, tantôt par ses moyens et par ses objectifs, et tantôt encore en raison de son caractère émotionnel.

D'abord, s'agissant des fins, plusieurs définitions s'appuient sur les fins politiques pour définir le terrorisme. La définition du Petit Robert (déjà mentionnée) retient d'ailleurs ce concept : « emploi systématique de la violence pour atteindre un but politique ». Nombreux sont des États qui se sont opposés à une telle définition. D'ailleurs, les premières ébauches d'une lutte internationale contre le terrorisme ont eu comme objectif d'extirper du terrorisme tout caractère politique de peur qu'il ne soit compris et légitimé comme moyen d'expression des idées ou de faire valoir et d'imposer par la force ses opinions politiques. À en croire Gérard Chaliand, pour définir l'acte terroriste, il faut le détacher de son projet politique, ce qui permet d'évacuer tout jugement moral forcément contestable. La communauté internationale ne souhaitait pas ainsi lui octroyer une quelconque légitimité en le consacrant comme un mode alternatif de militantisme.

Une clause belge dite *clause d'attentat* conçue avant même l'existence du terme de terrorisme, interdit de considérer comme délit politique « l'attentat contre la personne du chef d'un gouvernement étranger ou contre celle des membres de sa famille, lorsque cet attentat constitue le fait soit de meurtre, soit d'assassinat, soit d'empoisonnement ». Cette tendance s'affirmera jusqu'en 1930 et la Convention de Bruxelles utilisera pour la première fois le terme terrorisme en créant de ce fait une nouvelle catégorie d'activités internationalement illicites.

Pourtant, il n'y a rien de plus politique que la fin poursuivie par une guerre de libération nationale, ou une lutte d'autodétermination, légitimée par la même communauté internationale.

Ensuite, s'agissant des moyens, il arrive que le terrorisme soit défini en fonction des moyens utilisés par les terroristes, notamment, les actes ou des éléments qui le constituent. Il peut s'agir des prises d'otages, de détournements d'avion, d'attentats contre les biens et personnes. C'est également dans ce cadre qu'il faut inscrire la guérilla qui utilise sensiblement les mêmes méthodes pour faire plier l'autorité étatique.

Enfin, on note une série de définitions qui s'appuient sur les objectifs ou les effets. Cette définition consiste à énumérer les conditions qu'un acte doit remplir pour être qualifié de terroriste : par exemple la volonté de provoquer la terreur, le caractère arbitraire du choix des victimes, l'imprévisibilité des actions, la propagande et la publicité, la forme théâtrale de l'agression, l'auto-idéalisation et la condamnation d'autrui. Une telle définition vaut autant pour la guérilla et pour toutes les luttes pour la liberté, contre l'occupation, ou pour l'autodétermination. Or, à vouloir juger les actes terroristes par leurs effets, « nous ne parvenons à voir qu'un phénomène monolithique, alors qu'une approche finalitaire montrerait que chaque mouvement terroriste applique une logique qui lui est propre, destinée à délivrer un message spécifique »[62].

Toutes ces définitions du terrorisme présentent donc les mêmes lacunes et ne permettent pas de saisir la réalité objective que l'on doit y cerner. En effet, du fait des contraintes qu'elles s'imposent dans le sens où, à vouloir définir suivant les fins, les moyens ou les effets, ces définitions sont tantôt trop larges tantôt trop restreintes et aucune n'est assez précise pour qualifier, de manière systématique, un acte de terrorisme. Car, une définition trop large est de nature à entraîner une confusion entre terrorisme et violence de nature politique. Cela peut aller des attentats, à une manifestation qui dégénère. *A contrario*, le risque d'une définition trop restreinte serait de retenir une définition incapable de cerner le phénomène dans son ensemble et de prendre en compte son ampleur. Dans le cas d'un concept comme le terrorisme, cette définition est très dangereuse, car elle n'est pas adaptée à une menace de plus en plus globale. On comprend donc comme le dit Eric David, qu'« il est très difficile de définir un phénomène aussi multiforme sans le réduire et masquer une partie du réel »[63].

De ce point de vue, il paraît difficile de situer la frontière entre guérilla et terrorisme et de justifier l'emploi d'un terme plutôt qu'un autre. Le terrorisme est donc ici défini et jugé non pas pour ce qu'il fait, ni pour ce qu'il est, mais pour l'émotion qu'il suscite alors même que le guérillero, ou le résistant font autant sans que l'émotion emprunte la même valeur.

---

[62]BAUD (J), *Encyclopédie des terrorismes et violences politiques*, *Op. Cit*, p. 2.
[63]DAVID (E), *Élément de droit pénal international européen*, *Op. Cit*,. p. 1101.

De même, fort de la légitimité de son discours, l'État pourra se permettre d'appliquer unilatéralement l'étiquette terroriste à un groupe et de le diaboliser ainsi aux yeux de la communauté tant nationale qu'internationale. Une définition élaborée par l'autorité étatique ne sera jamais extirpée des enjeux politiques.

C'est ainsi qu'il est reproché aux lois sénégalaises portant modification du Code pénal et du Code de procédure pénale, adoptées par l'Assemblée Nationale du Sénégal le 28 octobre 2016 de contenir « des infractions liées au terrorisme qui sont vaguement définies et des dispositions répressives, notamment en matière de bonnes mœurs ou d'insultes, qui pourraient être utilisées pour réprimer l'expression d'opinions dissidentes, y compris par des défenseurs des droits humains…, menacent le droit à un procès équitable et créent des conditions propices à l'utilisation de la torture et des mauvais traitements, en particulier contre les personnes inquiétées pour les faits relatifs au terrorisme… ».

Ainsi, « un État est porté à qualifier de terroristes des actes de violence perpétrés par des acteurs qu'il veut désigner à la réprobation publique, et à éviter le mot dès lors qu'il s'agit d'actes commis par un groupe pour lequel il éprouve sympathie ou indulgence. ».

D'ailleurs, les États eux-mêmes ne s'accordent nullement sur une définition conceptualisée du terrorisme. Chaque État est toujours tenté d'élaborer la définition en fonction du caractère spécifique de la violence à laquelle il est en proie dans son pays. Il faut même citer le risque d'une pluralité de définitions cohabitant au sein d'un même État et établies par différents organes en fonction des missions de ces derniers ; c'est le cas par exemple aux États-Unis où le département d'État, le département de la Défense et le FBI ont des définitions différentes. De même, dans les seuls pays anglo-saxons, il existe environ 212 définitions du terrorisme, dont 72 utilisées officiellement. À l'intérieur même des pays, chaque organe impliqué dans la lutte contre le terrorisme formule une définition qui correspond à son domaine d'intérêt. Ainsi, il existe plus d'une centaine de définitions du terrorisme, ou plus exactement 109 définitions, tel qu'il ressort d'un travail de recherche réalisé, il y a une trentaine d'années, par deux chercheurs néerlandais Alex Schmidt et A. Longman[64] et l'on est toujours à la recherche d'une définition, universelle et consensuelle.

Cela explique le désespoir de certains juristes à l'instar de Walter Laqueur qui, en 1979, disait : « cette définition n'existe pas et ne sera pas trouvée dans un avenir prévisible »[65] avant de poursuivre toutefois que : « prétendre que le

---

[64]SCHMIDT (A) et LONGMAN (A) et al., *Political terrorism : a new guide to actors, authors, concepts, data bases, theories and litterature,* New brunswick, Transaction books, 1988.
[65]LAQUEUR (W), *Le terrorisme,* Paris, PUF, janvier 1979, p. 54.

terrorisme ne peut être étudié tant que cette définition n'existe pas est manifestement absurde. »[66]

2. L'essai de formulation d'une définition *sui generis*

Les législations nationales contiennent, pour la plupart, des dispositions relatives au terrorisme, tendant certes, à prévenir ou réprimer ce phénomène, mais sans pourtant être capables de définir la notion en elle-même. Sur fond d'incohérences multiples, ces définitions sont demeurées partisanes, manichéennes et unilatérales en ce sens qu'elles ne condamnent que les violences exercées contre l'autorité étatique en mettant un accent particulier sur le trouble à l'ordre public, l'intimidation et la terreur dont serait victime la population.

C'est ainsi qu'il faut comprendre la définition française du terrorisme aux termes de l'article 421-1 du Code pénal qui établit une liste d'actes de violence commis « intentionnellement en relation avec une entreprise individuelle ou collective ayant pour but de troubler l'ordre public par l'intimidation ou la terreur ». Cette définition du droit français considère donc que le but poursuivi par ceux qui perpètrent des actes terroristes est le trouble à l'ordre public et les moyens utilisés pour atteindre ce but sont l'intimidation et la terreur.[67] Ce but est repris dans la définition d'autres pays.[68]

L'allusion aux moyens utilisés pour réaliser l'acte de terrorisme est, bien que récurrente dans les tentatives de définition du terrorisme au niveau national, également propre à chaque pays. Si, pour la France, l'intimidation ou la terreur sont les moyens employés par les terroristes alors que pour le Royaume-Uni c'est le but à atteindre par les terroristes,[69] tel n'est pas le cas de l'Allemagne qui se réfère plutôt à la formation d'associations. Terreur et intimidation ne sont pas non plus des préalables pour les États-Unis pour qui, il s'agit d'« organiser, encourager ou participer à tout acte de violence gratuit ou indiscriminé avec une indifférence extrême. »[70]

Voilà pourquoi, intimidation et terreur, bien qu'expliquant le concept « terrorisme », ne nous semblent pas déterminantes pour le constituer et le définir. Elles ne sont pas des éléments objectifs et constants. Ce qui est constant au regard de l'ensemble des définitions croisées, ce sont les actes de violence et l'objectif politique, soit pour renverser un pouvoir, soit pour se

---

[66]*Idem.*

[67]Ce qui semble incohérent dans la mesure où en matière de terrorisme, les moyens sont matériels (bombe, explosifs, voitures piégées, etc.) et non psychologiques.

[68]PIANA (D) et MOLINIE (F) (dir), *La lutte contre le terrorisme et les droits fondamentaux en droit comparé,* Paris, Société de législation comparée, 2018, 313 p.

[69]Section 1 Terrorism Act 2000 ; Lire DUFFY (A), « Constitution et terrorisme au Royaume-Uni », in *Annuaire international de justice constitutionnelle,* 2017/32-2016, pp.73-87.

[70]Public Law 100-204 du 22 décembre 1987. Section 901.

maintenir au pouvoir. Terreur et intimidation doivent plutôt être retenues comme résultat moral de l'infraction.

Pourquoi résultat moral ? Parce que c'est le résultat d'un acte infractionnel, mais qui indiffère le délinquant. Par exemple, le vol se solde par l'appauvrissement et le dépouillement de la victime. Mais est-ce ce à quoi voulait parvenir le voleur ? Il recherchait plus à satisfaire son besoin personnel plutôt qu'à se préoccuper de l'état dans lequel se trouverait la victime. Ainsi, l'auteur n'est jugé qu'en fonction de l'acte de soustraire frauduleusement la chose appartenant à autrui ».

C'est comme l'auteur de coups et blessures volontaires. Il n'est jugé que par l'acte matériel et positif de porter des coups et de faire des blessures. Seule est déterminante l'intention d'accomplir un tel acte. La douleur que ressent la victime lui est indifférente. Elle n'est prise en compte dans la caractérisation de l'infraction qu'au vu d'éléments matériellement et objectivement vérifiables (blessures visibles, ecchymoses et hématomes, certificats médicaux, etc.). Or, peut-on traduire par des éléments matériellement et objectivement vérifiables, la peur, l'intimidation et la terreur ? On serait tenté de se poser autant de questions comme se les pose d'ailleurs Hala El Hamine : qu'est-ce qu'une « violence aveugle » ? Quelle est la différence entre « terreur », « frayeur » et « insécurité » ?[71]

Nous avons également relevé qu'une des difficultés de définir le terrorisme résulte de celle de pouvoir faire la distinction entre le terrorisme et les notions connexes. Là également, les États se sont heurtés à un défaut de consensus et ont privilégié leurs intérêts chauvins sur fond de clivage Nord/Sud et/ou Est/Ouest[72]. Du coup, le même usage de la terreur pourrait ainsi être considéré comme juste pour certains Etats, caractérisant le droit d'un peuple à son autodétermination, alors que pour d'autres États, il s'agirait d'un acte internationalement illicite et répréhensible.

Ce qui fait que toutes ces difficultés et ces carences en Droit International pour réprimer le terrorisme se traduisent par un dispositif juridique devenu trop sectoriel et surtout passionnel, tendant à « la banalisation du terrorisme ».

En clair, les conventions internationales n'ont traité tout d'abord du terrorisme que de manière indirecte au point où elles ont même formulé des incriminations médiates et suggéré la répression par le même moyen[73]. Puis

---

[71]HALA El Amine, « Pourquoi la Cour pénale internationale n'est-elle pas compétente en matière de terrorisme international ? », in *The Centre for Studies and Research in International Law and International Relations*. Article en ligne sur http://dx.doi.org/10.1163/1875-096_pplcdu_ej.9789004161078.247-267.2.

[72]LALY-CHEVALIER (C), "commentaires sur l'article 5 du Statut de Rome", in FERNANDEZ (J), PACREAU, (X), Op. Cit., pp. 369-388.

[73]Il est suggéré de poursuivre les actes de terrorisme sous les chefs actuels de compétence de la Cour, soit au titre de crime de guerre, soit au titre de crime contre l'humanité, soit encore au

au travers des résolutions datant de 1972, l'ONU reconnaît que les actes de terrorisme constituent une menace à la paix et à la sécurité internationales. À partir de cette date, ces caractéristiques seront rappelées dans de nombreuses autres résolutions.[74]

Pour ne pas céder à l'émotion et pour que le terrorisme soit considéré comme tel, quel qu'en soit le mobile ou la fin politique poursuivie – guerre de libération, lutte d'autodétermination, lutte contre l'occupation, renversement de l'autorité étatique, conservation du pouvoir, lutte pour le pouvoir, etc –, il faut une définition formelle, sui generis, mais qui tienne tout de même compte, pour la répression, de son caractère ejusdem generis.

Nous empruntons à Karine Roudier que « la structure de la définition de l'infraction de terrorisme est généralement binaire [en ce sens qu'] un premier élément est représenté par une série de comportements qui constitue le moyen de réalisation de l'attentat, auquel vient se greffer un second élément de nature téléologique[75] »[76].

De ce fait, en nous appuyant sur les instruments internationaux et particulièrement sur les projets de définition de l'OUA et de la Ligue arabe, nous pouvons formuler la définition suivante : « un ensemble d'actes de violence et de sabotage ci-après, « … »[77] commis en relation avec une entreprise individuelle ou collective, dans l'intention de causer la mort ou des blessures graves à des civils ou à des non-combattants, de détruire des biens publics ou privés, lorsque l'objectif de cet acte, par sa nature ou son contexte, est de contraindre un gouvernement, un peuple ou une organisation à accomplir un acte ou à s'abstenir de le faire »[78].

À cette disposition, s'ajoute une autre, formulée dans un article ou un alinéa suivant. « Le terrorisme ainsi qualifié est exonéré de responsabilité pénale lorsqu'il est commis et circonscrit dans une nécessité de lutte contre l'occupation, d'exception ou d'autodétermination reconnue comme telle par la communauté internationale ».

Mais définir un comportement est une chose, encore faut-il en postuler le consensus. Nous espérons pouvoir y parvenir, car l'incrimination universelle

---

titre de crime d'agression. Propositions formulées par l'Algérie, l'Inde, Sri Lanka et la Turquie. Mais une telle approche ne semble pas efficace et, d'ailleurs, aucune de ces propositions n'a été retenue dans le Statut de Rome. Lire Hala, El Amine.

[74]Résolution 3034 du 18 décembre 1972 ; Résolution 4061 de 1985 ; Rés. 49/60 du 9 déc. 1994 etc.

[75]C'est-à-dire, le but que souhaite atteindre l'auteur de l'infraction

[76]ROUDIER (K), *Le droit constitutionnel et la légalité de l'infraction de terrorisme*, Communication dans le cadre de l'atelier n° 2, *Le renouveau du droit constitutionnel par les droits fondamentaux*. Accessible sur http://uniset.ca/terr/art/ROUDIER.pdf

[77]Reprendre dans un second alinéa, une série de comportements notamment les actes dont il s'agit, en l'occurrence tous les actes retenus dans la définition de la Convention d'Alger.

[78]Projet de définition à lire dans MAKOSSO (A.C).

du terrorisme commande nécessairement sa définition universelle. Mais cette définition, aussi pertinente soit-elle, ne vaut que ce que vaudra la procédure de répression. C'est donc dans la procédure préjudicielle à mettre en œuvre que l'on parviendra à obtenir le consensus des États.

II. LA MISE EN ŒUVRE DE LA PROCÉDURE PRÉJUDICIELLE DANS LA RÉPRESSION DU TERRORISME DEVANT LES DEUX JURIDICTIONS UNIVERSELLES

Le Droit pénal de forme prend place dans le processus judiciaire. « Mais la coloration pénale lui donne un champ d'application plus large que le seul déroulement d'un procès devant une juridiction de jugement. »[79] En postulant l'érection du terrorisme en infraction internationale, il est évident que sa répression doit l'être par une juridiction internationale. Mises à part les juridictions communautaires et spécialisées qui se sont attribué la compétence pour connaître de certaines infractions, l'accent doit être principalement porté sur les deux juridictions à caractère universel à savoir la Cour Internationale de Justice (CIJ) et la Cour Pénale Internationale (CPI). Il est question de voir dans quelles mesures chacune des deux juridictions universelles pourrait être appelée à connaître de l'infraction terroriste, soit comme juge de l'exception pour la CIJ (A), soit comme juge de l'action pour la CPI (B).

A. La Cour internationale de justice, juge de l'exception de l'infraction terroriste

La Cour Internationale de Justice a réussi à gagner le pari de l'universalité. Du fait de l'adhésion quasi unanime des États et de la reconnaissance par eux de l'universalité de sa composition (1), il est né une confiance des États à l'égard de l'instance judiciaire internationale. Ce qui justifie actuellement le dynamisme de l'activité contentieuse de la Cour et bien entendu de sa compétence préjudicielle à connaître de l'infraction terroriste (2).

1. L'universalité de la Cour Internationale de Justice justifie sa compétence préjudicielle contre le terrorisme

La Cour Internationale de Justice jouit d'une compétence générale qui lui permet de connaître de toutes les affaires opposant la quasi-totalité des États qui se reconnaissent tout de même dans la composition de la Cour dont ils sont tous d'office presque membres. Étant la seule juridiction internationale à caractère universel et à double compétence générale, la Cour est, en premier lieu, amenée à trancher les différends que les États lui soumettent librement dans l'exercice de leur souveraineté. En second lieu, la Cour peut également être consultée sur toute question juridique par l'Assemblée Générale ou le

---

[79]GUINCHARD (S) et BUISSON (J), *Procédure pénale, Paris,* LexisNexis, janvier 2008, p.1.

Conseil de Sécurité, comme elle peut l'être, sur des questions juridiques qui se poseraient dans le cadre de leur activité, par tous autres organes des Nations Unies ou institutions y ayant été autorisés par l'Assemblée Générale.

En étendant sa compétence en matière contentieuse à tous les différends interétatiques ayant pour objet un point de droit international, et pour sa fonction consultative, à toute question juridique se posant, dans le cadre de leur activité, aux organes de l'ONU et aux organisations internationales, la Cour Internationale de Justice se présente donc comme une juridiction au champ opératoire potentiellement vaste, et qui, à l'instar des Nations Unies dont elle est l'organe judiciaire principal, a peu à peu réalisé sa vocation à l'universalité. Elle peut, dans ces conditions, connaître, à titre préjudiciel, de l'infraction terroriste pour la double raison qu'une telle exception porte sur des problèmes relevant de sa compétence en tant qu'organe judiciaire des Nations unies chargé d'interpréter et de faire appliquer les traités et conventions, et que l'exception émane d'une juridiction internationale pénale mise en place par un Traité des Nations Unies.

Nous pourrons nous inspirer, dans cette approche, du précédent qu'offre l'article 234 nouveau du Traité de Rome du 25 mars 1957, instituant la Communauté Économique Européenne (CEE) qui permet aux juridictions nationales des États-parties de poser des questions préjudicielles à la Cour de justice de l'Union Européenne.[80] Cet article donne compétence à la Cour de justice de statuer, à titre préjudiciel, « sur l'interprétation du présent Traité », sur la validité et l'interprétation des actes pris par les institutions de la Communauté, sur l'interprétation des statuts des organismes créés par un acte du Conseil, lorsque ces statuts le prévoient. Et lorsqu'une telle question est soulevée devant une juridiction d'un des États membres, cette juridiction peut, si elle estime qu'une décision sur ce point est nécessaire pour rendre son jugement, demander à la Cour européenne de statuer sur cette question[81].

Même si une certaine doctrine prétend que « le renvoi préjudiciel n'est pas une question préjudicielle »,[82] il faut admettre que c'est en s'inspirant de ces dispositions que Mohamed Bedjaoui songe à l'introduction d'un système analogue conférant à la Cour Internationale de Justice une compétence préjudicielle. À l'en croire, « pour assurer une application uniforme du droit international, et éviter toute interprétation divergente, un certain nombre de juridictions internationales, à vocation tant universelle que régionale, tant générale que spécialisée, pourraient demander à la Cour internationale de

---

[80]VANDERSANDEN (G), *La procédure préjudicielle devant la Cour de justice de l'Union européenne, Bruxelles,* Bruylant, 2011, 174 pages.
[81]VOCANSON (C). *Le Conseil d'État français et le renvoi préjudiciel devant la Cour de justice de l'Union européenne,* Dalloz, Paris, 2014, 694 pages.
[82]CASU (G)., *Le renvoi préalable…, Op. Cit.,* pp184 et suiv.,

justice de préciser tout point de droit international par le biais d'une demande d'avis consultatif. »[83]

L'approche n'est pas nouvelle. La doctrine relayant les vues des sociétés savantes, les États, les Nations Unies et même la Cour Internationale de Justice, elle-même, se sont à maintes reprises prononcés en faveur d'une réforme de la Cour. Et en termes de réformes, il est souvent revenu l'idée de confier à la Cour internationale de justice, une compétence préjudicielle sur certaines questions notamment, celle portant sur l'article 96 de la Charte des Nations Unies, de « manière à imposer aux organes de l'Organisation l'obligation de demander à la Cour un avis consultatif concernant toute situation dans laquelle un État membre prétendrait qu'un desdits organes a outrepassé ses pouvoirs en vertu de la Charte. »[84]

Des propositions dans ce sens ont également été faites sur la nécessité d'ouvrir « l'accès à la procédure contentieuse devant la Cour aux organisations internationales non gouvernementales, voire dans certaines circonstances bien précises et de manière limitée, aux individus, l'institution d'un recours en annulation d'une décision d'un organe national ou d'une organisation internationale, la compétence de la Cour pour statuer à titre préjudiciel sur la saisine d'une juridiction interne ou internationale »[85].

Dans le même esprit, le juge Lauterpacht, avait présenté le 1er septembre 1955, un rapport provisoire sur la révision du statut, dans lequel il avait examiné la question de la révision du Statut de la Cour sous les quatre angles suivants : composition de la Cour, compétence de la Cour, parties à la procédure contentieuse devant la Cour et organisation et fonctionnement de la Cour. En ce qui concerne la compétence de la Cour, il avait proposé :

- de rendre celle-ci obligatoire en matière d'interprétation des traités ou pour connaître d'un appel en nullité d'une sentence arbitrale internationale ;
- d'amender le paragraphe de l'article 36 de manière à empêcher qu'un État puisse réserver la compétence de la Cour à son appréciation unilatérale ;

---

[83]BEDJAOUI (M)., « L'humanité en quête de paix et de développement », *RCADI,* Vol III, 2004, p.84.

[84]Rapport du Comité directeur de l'International Law Association, sur la révision de la Charte des Nations Unies (Comittee on the new Review of the United Nations Charter) : Report of the forty-seventh Conference Held at Dubvovnik (August 26th to 1st September, 1956, p.109., Lire également M. Bedjaoui, *Op. Cit.*

[85]PELLET (A) *Strengthening the Role of International Court of justice as the Principal Judicial Organ of the United Nations*, cité par M. BEDJAOUI (M), *Op. Cit.*, p. 54

- de prévoir le caractère obligatoire des mesures conservatoires ou le pouvoir pour la Cour de faire des recommandations aux parties (à titre d'alternative à sa capacité de statuer ex æquo et bono) ; ou encore
- de conférer à la Cour le rôle d'instance de révision des décisions des juridictions internes touchant au droit international.[86]

Il est d'une importance capitale de rappeler également diverses propositions formulées par certains présidents de la Cour Internationale de Justice, dans le cadre de leurs interventions annuelles devant l'Assemblée Générale des Nations Unies sur « le contrôle de légalité des actes d'un organe »[87] et notamment sur « la possibilité pour un tribunal interne, à une organisation internationale, voire sous certaines conditions pour des juridictions internationales, telles que le tribunal international du droit de la mer ou la Cour Pénale Internationale de poser à la Cour des questions préjudicielles par le biais de la demande d'avis consultatif »[88].

Sur la problématique d'une procédure préjudicielle, les États ne sont pas restés en marge de la réflexion. Il convient de rappeler à cet effet les conclusions d'une étude préparée par le Département d'État des États-Unis d'Amérique, quoique n'ayant pas été endossées formellement par le Gouvernement. Dans cette étude intitulée *Widening Access to the international Court of justice,* « le Département d'État américain avait en premier lieu recommandé que, dans les enceintes appropriées, le Gouvernement des États-Unis prenne position en faveur d'un amendement du Statut de la Cour et de la Charte des Nations Unies à l'effet de prévoir la possibilité pour les Cours d'appel nationales d'introduire un recours préjudiciel (« Preliminary Opinion Procedure ») auprès de la Cour Internationale de Justice pour toute question de droit international, et ce, de manière à assurer une certaine homogénéité de cette branche du droit. »[89]

Par ailleurs, la compétence ambivalente de la Cour Internationale de Justice et son bilan remarquable rassurent s'il en était besoin de sa possibilité à connaître de l'infraction terroriste. D'ailleurs, la Cour Internationale de Justice a déjà statué sur des questions liées aux infractions terroristes et sur la détermination de la compétence des juridictions répressives. Elle peut du fait de ces antécédents procéduraux se reconnaître compétente pour trancher à titre

---

[86]BEDJAOUI (M), « L'humanité en quête de paix et de développement », *RCADI,* Vol III, 2004, *Op. Cit.,* p.57

[87]*Les organisations internationales devant la Cour internationale de justice : bilan et perspectives,* déclaration faite le 24 octobre 1994 par Mohamed Bedjaoui devant la sixième Commission, CIJ Annuaire 1994-1995, pp.239-242 ; Voir aussi : *La Cour internationale de justice, quel avenir ?* Déclaration faite par M. Bedjaoui le 12 octobre 1995 devant l'Assemblée générale, CIJ Annuaire 1995-1996, pp. 282-283.

[88]BEDJAOUI (M), *Op. Cit.,* p.62

[89] Ibid., p.68

préjudiciel sur le caractère terroriste ou non d'un comportement porté devant la Cour pénale internationale.

2. La compétence *ratione materiae* de la CIJ justifie sa compétence à connaître de l'exception préjudicielle sur le terrorisme

La Cour Internationale de Justice est compétente pour interpréter les traités internationaux. Le Statut de Rome qui crée la Cour Pénale Internationale dans lequel nous envisageons inclure l'infraction terroriste est un Traité international. De même, le terrorisme lui-même a fait l'objet de plusieurs Conventions et Traités qui n'ont pas manqué de rappeler – tout au moins certaines conventions – que les actes [« terroristes »] résultant des luttes de libération nationale ou de résistance à l'oppression ne sont pas du terrorisme. La CIJ est donc la seule juridiction internationale qui soit compétente pour interpréter tous ces instruments de sorte que les actes réputés terroristes ne soient ni impunis, ni punis à tort. Elle est également à même de déterminer si la Cour Pénale Internationale est compétente ou non pour connaître de telle affaire présumée terroriste comme elle l'a souvent fait pour déterminer la compétence des juridictions nationales à connaître de certaines affaires de nature criminelle.

S'agissant de la compétence préjudicielle de la CIJ découlant de sa compétence en matière d'interprétation des traités, il convient de faire remarquer que les États, principaux sujets du droit international, reconnaissent à la CIJ sa compétence à interpréter les traités et conventions dont ils sont signataires. À ce titre, la CIJ peut se prononcer d'office sur cette compétence.

Les actes terroristes érigés en infraction pénale résultent d'une convention des Nations Unies qui les définit et les caractérise. Les mêmes Nations Unies autorisent le recours à ces actes au titre du droit à l'autodétermination ou du droit à la résistance contre l'oppression et/ou l'occupation.[90] La Cour Internationale de Justice, organe judiciaire principal des Nations Unies, pourrait donc être compétente pour analyser la compatibilité de ces actes avec le recours à la violence admise au titre de la défense ou la sauvegarde des droits des peuples.

Elle a déjà eu à connaître d'une affaire de nature similaire lorsqu'il s'est agi de déterminer la compétence du juge écossais à connaître d'une infraction terroriste attribuée à la Libye.[91]

---

[90]AG/J/3276 du 7 octobre 2005 Assemblée générale sixième commission ; Résolution 40-61 du 9 décembre 1985 (déjà cités).

[91]Questions d'interprétation et d'application de la Convention de Montréal de 1971 résultant de l'incident aérien de Lockerbie, Libye c. États-Unis et Royaume-Uni, Exceptions préliminaires, arrêts, 27 février 1998, Rec p.5 et 111 ; Sur cette même affaire lire également, CIJ, Ord.14 avril 1992, Rec. 1992, p.1 et 112 ; Ord. 8 avril 1993, Rec. P. 18 ; En portant devant la CIJ ces deux affaires, la Libye fit valoir que puisque les actes allégués constituaient une infraction

De la même manière qu'elle a été appelée à se prononcer sur la compétence des juridictions nationales à connaître de certaines infractions portées devant elles, de la même manière, elle peut se prononcer sur la compétence de la Cour pénale internationale à connaître de certaines affaires portant sur l'infraction terroriste.

Deux cas d'espèce permettent de rappeler la compétence de la Cour Internationale de Justice à se prononcer sur la compétence des juridictions nationales à connaître des infractions relevant du droit international pénal sans éléments d'extranéité.

La première concerne un litige qui a opposé la République Démocratique du Congo à la Belgique[92] et la seconde, la République du Congo à la France.[93]

Par ailleurs, certaines situations à l'origine des infractions terroristes sont bien connues des Nations Unies et ont souvent fait l'objet de conventions internationales, de résolutions et de recommandations du Conseil de Sécurité.[94] Le non-respect ou la difficulté d'application de ces conventions et engagements internationaux donnent prétexte à des organisations vindicatives de se faire justice au moyen de ces actes en s'inspirant des exemples du passé où des « terroristes » finissaient par être décorés et élevés en dignité après l'aboutissement d'une cause. La Cour Internationale de Justice, garant de l'interprétation et du respect des engagements internationaux nous semble la seule à même de bien vouloir interpréter le comportement de ces « insurgés » au regard des conventions et traités internationaux.

C'est ainsi que la CIJ peut être saisie à titre préjudiciel de l'exception d'autodétermination, de l'exception de lutte contre l'occupation et même de « l'exception d'exception »[95].

Mais comme nous le savons, la Cour Internationale de Justice ne juge pas les individus, mais les États. Comment peut-elle connaître des infractions commises par des individus ? D'où l'intérêt d'une coopération avec la Cour Pénale internationale, en tant que juge principal de l'action terroriste.

---

pénale au sens de l'article premier de la convention de Montréal de 1971 pour la répression d'actes illicites dirigés contre la sécurité de l'aviation civile, la CIJ était compétente, conformément au paragraphe 1 de l'article 14 de ladite convention, pour connaître d'un différend concernant son interprétation ou son application.

[92]*République démocratique du Congo c. Belgique*, Affaire relative au mandat d'arrêt du 11 avril 2000

[93]République du Congo c. France, Affaires relatives à certaines procédures pénales engagées en France.

[94]Tel est le cas du conflit Israël c. Palestine Lire, SCALLA (D), « La Palestine et la Cour pénale internationale », in FERNANDEZ (J) (dir), *Justice pénale internationale,* Paris, CNRS Editions, 2016, pp 379-388.

[95]S'agissant d'un groupe intraétatique luttant contre un régime d'exception par des moyens « terroristes ».

B. La Cour Pénale Internationale, comme juge principal de l'action terroriste

La Cour Pénale Internationale est conçue comme une organisation internationale et dotée de la personnalité juridique internationale. L'article 4 de son Statut précise qu'elle a la capacité internationale qui lui est nécessaire pour exercer ses fonctions et accomplir sa mission. Son caractère universel (1) renseigne principalement sur la compétence de la CPI à connaître de l'action terroriste (2) même si son Statut décèle encore d'importantes faiblesses qu'il faut corriger et nonobstant les préjugés dont elle semble faire l'objet de la part de certains États qui menacent de la quitter.

1. L'universalité de la CPI rend sa compétence effective en matière de terrorisme

La compétence de la CPI à connaître de l'action terroriste est justifiée, d'une part, par la confiance que lui vouent la quasi-totalité des États qui ont ratifié son Statut et des Organisations Non Gouvernementales qui ont activement participé à sa création et, d'autre part, par l'efficacité de la procédure mise en œuvre devant elle. En effet, la confiance que les États et les citoyens témoignent en la Cour Pénale Internationale est une preuve irréfutable de l'engagement des peuples à lutter contre l'impunité et à venir à bout des crimes les plus odieux que l'humanité ait connus. Cette confiance permet à la CPI de gagner le pari de l'universalité et d'agir en toute légitimité.

La Cour Pénale Internationale connaît aussi, à l'instar de la Cour Internationale de Justice, des différends internationaux à caractère juridique ou politique, mais portant sur la violation des droits des peuples ou des populations et non sur celle des droits des États. Elle est compétente pour trancher les litiges internationaux portant sur la violation des droits des minorités nationales ou des peuples, commise en temps de guerre ou en temps de paix. La procédure prévue dans son statut permet d'envisager sa compétence à connaître de l'infraction terroriste.

Contrairement aux juridictions internationales de la période post-guerres mondiales, voire celles *Ad hoc* des années 90, le Statut de Rome soucieux du principe *nemo judex sine lege,*[96] a prévu les règles de procédure applicables devant la Cour.

On pourra donc concevoir qu'aux termes de cette procédure, le Procureur de la CPI, « unique protagoniste de la mise en mouvement de l'action répressive internationale »[97] ouvre et mène l'enquête contre l'infraction terroriste. Lorsqu'il considère qu'il existe des motifs raisonnables de croire

---

[96]Il n'y a pas de juridiction sans loi.

[97]LE GALL (E), *La poursuite des crimes internationaux, Réflexion sur l'opportunité des poursuites du Procureur international*, Paris, IRJS, 2015, p.383

que le suspect a commis un acte de terrorisme relevant désormais de la juridiction de la Cour, il demandera à la chambre préliminaire la délivrance d'un mandat d'arrêt ou d'une citation à comparaître.

Dès sa remise à la Cour, le suspect est informé des crimes qui lui sont reprochés et de ses droits. Une audience de confirmation des charges a lieu dans un bref délai. Dans le cas où les charges sont confirmées, une chambre de première instance est constituée pour conduire la phase de jugement[98]. Le procès est ouvert par la lecture des charges retenues contre l'accusé, à la suite de quoi, la possibilité lui est donnée de plaider coupable ou non coupable[99].

Cette procédure tranche nécessairement avec les procédures actuellement mises en œuvre dans certains États et qui violent fondamentalement les droits humains.

Dès la phase préparatoire, le Procureur de la CPI a l'obligation d'enquêter à charge et à décharge,[100] contrairement à ceux des TPI qui ont pour seule mission d'enquêter à charge. Or, le principe d'une enquête de cette nature donne la possibilité au Procureur de la République de discuter avec lui-même et de mettre en œuvre tous les principes généraux du droit. Il peut donc constater par lui-même ou à la demande de l'accusé, l'exception d'autodétermination ou d'occupation et arrêter à ce stade, les poursuites contre le terroriste présumé.

Qu'il s'agisse des cas où l'enquête est ouverte à la demande d'un État, du Conseil de Sécurité agissant dans le cadre du chapitre VII de la charte des Nations unies ou encore à l'initiative du procureur, la question préjudicielle peut bien être soulevée.

Dans ce dernier cas, le procureur mène librement les investigations préliminaires, dans le but de déterminer s'il existe une base raisonnable pour poursuivre l'enquête. S'il considère qu'une telle base existe, il doit soumettre une demande d'autorisation d'enquêter à la chambre préliminaire.[101]

Il est bien entendu que dans l'hypothèse où le procureur abandonnerait les poursuites ou refuserait de les engager, il est tenu de notifier sa décision à la chambre préliminaire, ainsi qu'au Conseil de Sécurité ou à l'Etat, si l'initiative vient de l'un d'eux.

En outre, il n'existe pas d'acte d'accusation proprement dit au sein de la CPI, mais une audience de confirmation des charges par la chambre

[98]BOURGUIBA (L), « Commentaire de l'article 61 du Statut de Rome », in FERNANDEZ (J) et PACREAU (X), *Op. Cit.,*. pp 1387-1411
[99]COTTE (B), « Commentaire de l'article 64 du Statut de Rome », in FERNANDEZ (J) et PACREAU (X), op.cit. pp 1443-1471
[100]DARQUES-LANE (F), « commentaires de l'article 54 », in FERNANDEZ (J) et PACREAU (X), *Op. Cit,* pp 1229-1257
[101]Art. 15 § 3 et 4 Statut CPI.

préliminaire.[102] À ce niveau également, le procureur peut librement modifier ou retirer des charges avant l'audience. Dès lors, il peut suspendre l'action publique en attendant l'avis du juge de l'exception.

La chambre préliminaire est un organe collégial chargé de diriger la phase préalable au procès. Elle dispose de pouvoirs plus étendus que le juge de la mise en Etat des TPI. En effet, elle exerce un véritable contrôle juridictionnel sur l'activité du Procureur, puisqu'elle autorise l'ouverture d'enquêtes, confirme les charges et décerne les mandats de comparution et d'arrêt. Il lui incombe, en outre, de trancher les exceptions d'incompétence ou d'irrecevabilité,[103] d'assurer la protection des témoins et des victimes et de garantir le respect des droits du suspect. Une telle occasion semble également propice pour saisir le juge de l'exception et obtenir sa décision avant de poursuivre l'action publique contre le terroriste.

Lorsque le Procureur estime avoir réuni suffisamment d'éléments, il émet une requête à la chambre préliminaire afin d'obtenir une citation à comparaître ou un mandat d'arrêt. Le suspect comparaît ensuite devant la chambre, qui vérifie qu'il ait été informé des charges qui pèsent contre lui, ainsi que de ses droits. À l'occasion de cette première comparution, la chambre statue, à la demande du détenu, sur sa mise en liberté. À la suite de l'audience de confirmation, qui consiste en un examen de la recevabilité de l'affaire et des éléments de preuve présentés par le procureur, la chambre décide la confirmation, le refus ou l'ajournement de la décision couplé à une ordonnance du supplément d'enquête.[104] Voilà encore une étape au cours de laquelle, pourrait être soulevée l'exception préjudicielle.

2. La possibilité pour la CPI de connaître de l'infraction terroriste

La CPI a compétence pour juger les violations du droit international les plus graves, mais son statut l'a enfermée dans un corps de crimes très restreint à savoir les « cors crimes » : crimes contre l'humanité, génocide, crimes de guerre et crime d'agression. Ce qui pourrait faire craindre l'immunité continue du terrorisme. Toutefois, la non incrimination du terrorisme dans le Statut de Rome nous semble n'avoir obéi qu'à une conjoncture et il n'est pas impossible que ce Statut fasse l'objet de révision pour que le terrorisme y soit inclus.

En effet, le Statut de Rome créant la Cour Pénale Internationale prévoit que la Cour a compétence sur les crimes de génocide, les crimes contre l'humanité, les crimes de guerre et les crimes d'agression, mais n'évoque pas le terrorisme. Pourtant, l'Acte final de la Conférence de Rome auquel était annexée la Résolution E, en même temps qu'il recommandait qu'une conférence de révision « étudie le cas du terrorisme et des crimes liés à la drogue en vue de

[102]Art. 61 statuts CPI.
[103]Art.19 Statut CPI.
[104]Art.61 Statut CPI.

dégager une définition acceptable de ces crimes et de les inscrire sur la liste de ceux qui relèvent de la Compétence de la Cour, »[105] avait reconnu que « les actes terroristes, quels qu'en soient les auteurs, où qu'ils soient commis et quelles qu'en soient les formes, les méthodes et les motivations, sont des crimes graves qui concernent la communauté internationale. »[106] Ce libellé implique qu'ils devraient être inclus dans le Statut.

C'est en effet pour des raisons conjoncturelles que le statut n'a pas retenu sa compétence au sujet de l'infraction terroriste. Les problèmes de définition seuls en ont constitué le fondement. La notion de terrorisme, parce qu'elle englobe des concepts aussi variés que les différentes formes de violence, donne naissance, ainsi que nous venons de le voir, à une centaine de définitions sociologiques, politiques et juridiques qui ne pouvaient permettre l'inscription de l'infraction dans le statut.[107]

Par ailleurs, dans son témoignage prononcé le 23 juillet 1998 devant le Comité des Affaires étrangères du Sénat faisant suite à la Conférence de Rome, David Scheffer, ambassadeur des États-Unis et chef de la délégation américaine, souligna que de nombreux pays dont les États-Unis, étaient opposés à ce que la Cour pénale internationale ait compétence sur les infractions terroristes, remarquant que « le fait de conférer cette compétence à la Cour pourrait saper des efforts nationaux et transnationaux essentiels et faire obstacle à l'efficacité de la lutte contre ces crimes. »[108]

Mais la possibilité de répression du terrorisme par la CPI est établie par le fait qu'une révision du Statut reste possible à tout moment même si la conférence de révision qui s'est tenue en juin 2010 en Ouganda ne l'a pas envisagée. En effet, il était prévu que la conférence de révision puisse élargir les compétences de la CPI aux « treaty crimes » : dont le terrorisme conformément à l'article 121 qui dispose : « Sept ans après l'entrée en vigueur du présent Statut, le Secrétaire Général de l'Organisation des Nations Unies convoquera une conférence de révision pour examiner tout amendement au présent Statut. L'examen pourra porter notamment, mais pas exclusivement, sur la liste des crimes figurant à l'article 5. La conférence sera ouverte aux participants à l'Assemblée des États Parties, selon les mêmes conditions ». Un activisme est encore à développer à ce sujet pour y arriver.

---

[105]Résolution Doc A/CONF.183/10 du 17 juillet 1988, p. 8.

[106]Ibid.

[107]LALY- CHEVALIER (C), « commentaire de l'article 5 du Statut de Rome », in FERNANDEZ (J) et PACREAU (X), Op. Cit., pp369-387.

[108]Il s'agit pour l'essentiel des arguments développés lors des réunions préparatoires à la Conférence de Rome cf notamment Rapport du Comité préparatoire pour la création d'une Cour criminelle internationale, A/CONF.183/Add.1, 14 avril 1998 ; Comité international pour la création d'une Cour criminelle internationale, Assemblée générale, cinquante et unième session, Documents officiels des Nations Unies Supplément n° 22 (A/51/22), 1996, Vol.I, p. 27, §107.

D'ailleurs, l'Acte final de la Conférence de Rome regrettait qu'il n'ait pu être possible de s'accorder sur une définition du terrorisme et annonçait que la situation pourrait changer lors de la révision du Statut sept ans après son entrée en vigueur[109] en recommandant même que la conférence de révision « étudie le cas du crime de terrorisme en vue de dégager une définition acceptable de ce crime et de l'inscrire sur la liste de ceux qui relèvent de la compétence de la Cour. »[110]

Retenons pour conclure que le plaidoyer pour l'inscription du terrorisme dans le statut de Rome poursuit son bonhomme de chemin. Lorsqu'au moyen d'une révision du Statut de Rome, on y sera parvenu, la CPI sera donc retenue comme juge de l'action terroriste tandis que sa « fausse jumelle », la CIJ, sera reconnue comme juge de l'exception. Car aussi déterminés que nous sommes à réprimer le terrorisme et à marquer son indifférence par rapport au mobile politique, il ne faut pas perdre de vue que cette dimension existera toujours, ne serait-ce qu'à travers la notion d'avant-garde qui permet d'anticiper sur l'évolution de l'Histoire. Voilà pourquoi, la procédure d'une telle infraction devra savoir concilier l'exigence de droit et la réalité politique internationale.

La mise en œuvre de la question préjudicielle est donc l'arme mise à la disposition des organisations ou personnes soupçonnées d'actes terroristes pour établir leur non imputabilité d'une part, ou rappeler la légitimité de leur combat d'autre part.

Il pourra être mis en œuvre la question préjudicielle relative au jugement et la question préjudicielle à l'action. Dans les deux cas, la juridiction pénale compétente, autrement dit la Cour pénale internationale, devra surseoir à statuer. Il appartiendra alors à la Cour Internationale de Justice, garante des différends relevant du droit international public, d'être saisie au préalable pour établir si la revendication politique dont se prévaut l'organisation ou la personne soupçonnée d'avoir posé les actes terroristes est légitime au sens du droit international public ou ne l'est pas. Cela suppose que la Cour Internationale de Justice est saisie longtemps au préalable du fichier des faits d'inégalités ou de revendications qui faussent les rapports entre les humains au sein de la société internationale.

À titre d'illustration, le principe d'autodétermination des peuples encore appelé droit des peuples à disposer d'eux-mêmes fait l'objet d'une double controverse en droit international public[111]. Robert Kolb le souligne en ces termes : « s'il existe une question controversée en droit international public, c'est sans doute la définition, la place et la mise en œuvre du principe

[109]U.N. Doc. A/CONF.183/10.
[110]GUILLAUME (G) *La Cour Internationale de Justice à l'aube du XXI*^e^ *siècle : le regard d'un juge,* Paris, Pedone, 2003, p. 260.
[111]CHRITAKIS (T), *Le droit à l'autodétermination en dehors des situations de décolonisation*, Paris, La documentation française, 1999, 676 pages.

d'autodétermination des peuples. Et s'il existe une question controversée à l'intérieur de cette même *vexata quaestio*, c'est celle de la « sécession-remède » en cas de violations graves des droits de l'Homme fondamentaux à l'intérieur de l'État par rapport auquel une partie de la population cherche l'indépendance. »[112]

L'exception d'autodétermination qui va découler du respect de ce principe concerne donc des cas où des groupes nationaux, seraient privés de leur droit à l'autodétermination et trouveraient dans la violence, le seul mode d'expression et de revendication. Ces actes de violence pourtant terroristes – prendraient ainsi la forme officielle de guerre de libération nationale ou d'autodétermination et feraient l'objet d'une exception préjudicielle que pourrait invoquer l'organisation ou la personne poursuivie. Il reviendra donc à la CPI, de surseoir à statuer jusqu'à ce que la CIJ, juge naturel sur les questions de souveraineté et de droit des peuples en vertu de sa filiation à l'ONU, statue sur le cas faisant l'objet d'actes de violence sous réserve des conditions de fond et de forme.

Deux conditions de fond non cumulatives pourraient être requises pour soulever l'exception préjudicielle au nom de l'autodétermination : la discontinuité physique avec l'État contesté et l'absence du sentiment national ou du vouloir-vivre collectif.

Le principe de l'intégrité territoriale constitue une limite à l'application du droit des peuples à disposer d'eux-mêmes et au principe d'autodétermination des peuples colonisés. La résolution 1514, adoptée le 14 décembre 1960 par l'Assemblée générale de l'ONU, admet cette limite et lui consacre le paragraphe 6 qui stipule clairement que « toute tentative visant à détruire partiellement ou totalement l'unité nationale et l'intégrité territoriale d'un pays est incompatible avec les buts et les principes des Nations Unies ». Dès lors, une violence terroriste, menée en violation du principe d'intégrité territoriale conserve son caractère criminel et ne saurait justifier une exception préjudicielle.

A contrario, les combattants d'un peuple revendiquant l'autodétermination sur un territoire séparé de l'État central par une frontière naturelle, océan, mer, fleuve, pourraient exciper l'exception d'autodétermination en cas de poursuites pour terrorisme.

Plusieurs États se retrouvent dans des situations de contestation de nos jours. Si la cohabitation se passe moins mal actuellement, rien ne peut présager de ce que seraient les relations entre ces peuples, les temps à venir. La discontinuité territoriale de ces États ou l'absence du sentiment du vouloir-vivre collectif dans certaines entités avec les Puissances qui les administrent

---

[112]KOLB (R), « Autodétermination et « sécession-remède » en droit international public », in *The Global community Yearbook of International law and jurisprudene Global Trends : Law, Policy & justice,* Mélanges en l'honneur du Professeur Giuliana Ziccardi Capaldo, New York, Oceana, 2013, p. 57.

pourrait justifier un jour le recours à la violence terroriste dans un but d'autodétermination.

Quant aux conditions de forme, elles sont liées à la reconnaissance internationale préalable de la revendication objet de la contestation, et à la qualité à agir en contestation, de la personne, entité ou organisation contestataire.

Certaines entités contestées figurent sur la liste des territoires non autonomes sous occupation établie par l'ONU.[113] La procédure préjudicielle dans ces cas d'espèce pourrait être d'autant plus justifiée que « les mouvements de nature sécessionniste se retrouvent en fait, à plus ou moins haut degré de manifestation, un peu partout ». Ainsi que le reconnaît si bien Olivier Lecucq, « les causes des mouvements sécessionnistes et du passage à l'acte sont évidemment multiples ; elles auront toujours quelque chose à voir avec la revendication d'une identité historique, géographique, ethnique, culturelle et/ou religieuse, en somme avec des traits singuliers unissant la population, le peuple concerné, lequel entend se distinguer du reste de la population étatique à travers un processus sécessionniste »[114] au nom du droit à l'autodétermination.

Et comme il y a sécession et sécession, en ce sens que d'une part, les « situations sécessionnistes sont très différentes les unes des autres »[115], et d'autre part, « le processus sécessionniste est avant tout une expression politique »[116] que ni le droit national ni le droit supranational ne peuvent facilement appréhender, la procédure préjudicielle devant les deux juridictions universelles pourrait permettre de mieux cerner l'enjeu politico-juridique du phénomène avant de déterminer sa dimension pénale de façon à éviter une « pénalisation de l'expression indépendantiste dans une forme « d'autoritarisme d'indivisibilité. » [117]

---

[113]GARCIA (T) (dir), *La reconnaissance du statut d'État à des entités contestées, approches de droit international, régional et interne*, Paris, Pedone, 2018, 307pages.

[114]LECUCQ (O), *Op. Cit.*, p. 9

[115]Le mouvement indépendantiste catalan ou québécois ne s'exprime pas du tout de la même manière que celui ayant prévalu en Écosse ; l'indépendance du Kosovo, le rattachement de la Crimée à la Russie ou la situation de l'Ossétie du Sud, n'ayant eux-mêmes, pas grand-chose à voir avec, par exemple, le règlement des conflits au Sud-Soudan ou en Érythrée. Lire LECUCQ (O), op.cit. p.9 ; STEFANINI (M.F.-R), « Les juridictions constitutionnelles face aux souhaits sécessionnistes : de l'expérience québécoise à la situation catalane », in Collections, Colloques & Essais.

[116]LECUCQ (O), Op. Cit., p. 9

[117]MASSIAS (J.-P), *La réalité constitutionnelle du droit à la sécession,* Collection, Colloques & Essais.

DÉTACHEMENT DES FONCTIONNAIRES ET COLLECTIVITÉS TERRITORIALES DANS LES ÉTATS D'AFRIQUE SUBSAHARIENNE FRANCOPHONE : CAS DU CAMEROUN

Brice WOAMBE

Docteur en droit public

INTRODUCTION

À travers le nouvel épisode qu'offre l'actualité de la décentralisation[1] territoriale au Cameroun, il y a lieu de croire que le processus résolument amorcé depuis plus d'une vingtaine d'années commence à trouver un palliatif

[1] La décentralisation territoriale se comprend comme cet « *aménagement extrême de la centralisation puisqu'elle a pour objet de transférer les attributions exercées par l'État à d'autres collectivités publiques qualifiées de territoriales, de même que sont considérées comme locales les affaires faisant l'objet du transfert d'attributions.* » (Voir l'entrée (« Décentralisation ») *in* : LE DIVELLEC (A) et DE VILLIERS (M), *Dictionnaire du droit constitutionnel*, 11e éd., Paris, Sirey, 2017, p. 105). Cette modalité de régulation du pouvoir est nécessaire parce que s'agissant des affaires locales, des besoins locaux, il est bon que les agents chargés de cette gestion connaissent bien les besoins et conditions locaux et aient intérêt à prendre en mains et défendre les intérêts locaux. Elle constitue de ce fait, selon son pendant politique, « *un mode de réalisation du libéralisme en droit administratif* ». Voir DE LAUBADAIRE (A), VENEZIA (J.Y) et GAUDEMET (Y), *Droit administratif*, 17e éd., Paris, LGDJ, 2002, p. 180-181). La décentralisation est même appréciée comme « *une des formes les plus efficaces et les plus séduisantes de l'auto-gestion administrative. Elle vise à assurer une plus grande démocratie là ou sans doute elle est particulièrement nécessaire, c'est-à-dire à la base* » (lire utilement PACTET (P) et MÉLIN-SOUCRAMANIEN (F), *Droit constitutionnel*, 27e éd., Paris, Sirey, 2008, p. 43). Quoiqu'originairement appliqué pendant la période coloniale, ce système d'organisation de l'État a connu un regain de vitalité dans les États d'Afrique subsaharienne francophone, par sa consécration dans la plupart des actes constituants édictés et fondés sur le nouveau constitutionnalisme. Mais il s'agit d'une technique dont l'emploi connait des fortunes diverses avant d'être pleinement apprivoisée même dans les systèmes politiques qui font preuve d'une expérience certaine dans son emploi. Lors de la célébration du cinquantenaire de la constitution française en 2008, il a été observé que « *la décentralisation a fait naître des pouvoirs locaux à l'existence indiscutable. Il leur a fallu faire leur apprentissage, mais ils ont assez vite appris. Non seulement ils sont devenus sûrs d'eux-mêmes, mais n'hésitent plus à systématiser l'État, pas toujours à tort, pour son incompétence, sa lenteur, son inefficacité et à lui donner des leçons de bonne gestion* » (Voir l'entrée (« Décentralisation ») in : CARCASSONNE (G), *Petit dictionnaire de droit constitutionnel*, Paris, Seuil, 2014, p. 62-63).

susceptible de guérir ses maux. L'approche scrutée se distancie des recettes magiques à l'image des plantes proposées dans le jardin des dieux de l'Olympe[2], pour prendre le parti de la rationalité défendue par Hippocrate[3].Il ne fallait assurément pas se complaire d'un dispositif bénéficiant d'une caution à l'échèle internationale[4], et encore moins d'un espoir devenu incertain au niveau interne, ventilé par des remises au lendemain[5]. Si les initiatives jusqu'alors entreprises par le gouvernement en faveur d'une gouvernance locale salutaire ne peuvent être négligées dans leur ensemble, il n'est pas exagéré d'observer qu'elles suscitent un écho pour le moins relatif[6]. Au vrai, cette appréhension ne saurait surprendre. La lenteur accusée dans le processus de décentralisation rend en partie compréhensible la crise qui sévit

---

[2]FABRE (A.-J), « Les plantes médicinales de ma mythologie », *Pour la science*, n° 318, 1999 : *in fine* : https://www.pourlascience.fr/sd/biologie-vegetale/les-plantes-medicianales-de-la-mytologie-2466.ph (consulté le 8 avril 2020).

[3] Ainsi que l'indique JOUANNA (J), « *Hippocrate, né en 460 avant J.-C., fut un célèbre de son vivant. Il est mentionné par Aristote et Platon (dans le Protagoras). Il faut être le premier médecin connu pour avoir choisi une voie thérapeutique éloignée des pratiques rituelles et magiques qui attribuaient les causes des maux aux interventions divines. Le Serment d'Hippocrate fait partie intégrante du corpus comme, entre autres, le Livre des Pronostics, Les Instruments de réduction ou bien sur la maladie sacré* ». Cité par OLMER (F), « La médecine dans l'Antiquité : professionnels et pratiques », Sociétés et Représentation, n° 28, 2009/2, pp. 153-172 (spéc., p. 155).

[4] Sur le continent africain, la décentralisation constitue l'un des instruments de référence aux objectifs de développement. En témoigne justement la Charte africaine sur les principes de la décentralisation, de la gouvernance locale et le développement local du 27 juin 2014. L'autorisation de ratification de cette Charte a été signifiée par loi n° 2019/003 du 25 avril 2019 autorisant le président de la République à ratifier ladite Charte. Celle-ci entre effectivement dans l'ordonnancement juridique par le décret n° 2019/583 du 31 octobre 2019 portant ratification de ladite Charte.

[5] L'on peut certes remonter le processus de décentralisation à la période de l'autonomie interne. Seulement, cette technique d'aménagement de l'État unitaire prend véritablement consistance par sa consécration constitutionnelle en 1996, par la modification de la forme de l'État. Aux termes des dispositions pertinentes de l'art. 2 du dispositif constitutionnel, « le Cameroun est un État unitaire décentralisé ». Les implications sont nombreuses, qu'il s'agisse des unités décentralisées reconnues, des aménagements fonctionnels qui définissent les rapports existant entre l'État et ces collectivités locales (Lire utilement GUIMDO DONGMO (B. R), « La constitutionnalisation de la décentralisation au Cameroun », *in* : MELONE (S), MINKOA SHE (A) et SINDJOUN (L), *La réforme constitutionnelle du 18 janvier 1996 Aspects juridiques et politiques,* Fondation Friedrich Hebert (Association africaine de science politique – section camerounaise GRAP), 1996, pp. 292-317 ; OLINGA (A.D), « La ''question anglophone'' dans la Constitution aujourd'hui », *RJIPC*, 1993, pp. 292-307.). Pour autant, depuis le déclenchement dudit processus, la perception d'ensemble qui se dégage est celle d'un processus qui reste inachevé. La Constitution présentant toujours les attributs d'une constitution programme.

[6] Il faut reconnaître que depuis 1996 et davantage à partir de 2010, l'arsenal juridique en matière de décentralisation a connu une vitalité significative. En témoignent ainsi les instruments normatifs d'encadrement comme lois d'orientation de la décentralisation, de la loi fixant régime applicable aux communes et aux régions ; les instruments normatifs de corrections…

présentement dans les régions du Nord-ouest et du Sud-ouest Cameroun[7]. L'on ne saurait davantage faire fi des plaintes régulièrement inventoriées lors des travaux du Conseil National de la Décentralisation[8]. Nul doute, l'on se situe en présence d'une Constitution programme[9] qui souffre de reflux[10] et traduit une sorte de *« réticence au processus de décentralisation territoriale »*[11]. Ces entrefaites regrettables, sources d'un environnement conflictogène, ont néanmoins fini par constituer une opportunité d'expression aux *« forces créatrices du droit »*[12]. Au regard de leurs proportions préjudiciables à l'ordre public, elles ont manifestement influencé le politique à faire sienne la culture du calumet de la paix, par des mesures poignantes et vigoureuses. À contre-courant d'une démarche autrefois tatillonne, l'on s'autorise à croire que les voyants d'une emprise de la décentralisation locale virent prudemment au vert. En témoigne, entre autres, la mise en application

---

[7] Plusieurs hypothèses sont avancées sur les causes de la crise anglophone qui sévit depuis près de trois (3) dans les régions du Nord-ouest et du Sud-ouest, dites « régions anglophones », en raison de leur commune identité historique et culturelle. Parmi les raisons ainsi avancées figure celle de l'hypercentralisation du pouvoir au niveau de la capitale politique Yaoundé, ce qui conduit à de nombreux dysfonctionnements pour lesquels les populations locales sont les premières victimes. Pour un éclairage plus exhaustif, lire utilement NKOYOCK (A), « Crise anglophone au Cameroun : le fédéralisme est-il porteur d'espoir ? », *in fine* https://www.jeuneafrique.com/396895/politique/crise-anglophone-cameroun-federalisme-porteur-d-espoir/ (consulté le 21 mars 2020) ; MENTHONG (H.-L), « La construction des enjeux locaux dans le débat constitutionnel au Cameroun », in : MELONE (S), MINKOA SHE (A) et SINDJOUN (L), *La réforme constitutionnelle du 18 janvier 1996 Aspects juridiques et politiques,* Fondation Friedrich Hebert (Association africaine de science politique – section camerounaise GRAP), 1996, pp. 146-181 ; OLINGA (A.D)., « La ''question anglophone'' dans la Constitution aujourd'hui », *RJIPC*, 1993, pp. 292-307.

[8] Voir le rapport du Premier ministre sur les travaux du Grand Dialogue National.

[9] La « Constitution programme » expose l'idée selon laquelle la constitution, norme fondamentale de l'État, peut déceler un certain nombre de dispositions dont l'application est reportée. Elle invite ainsi à constater la présence de dispositions effectivement appliquées, à côté de celles ayant un statut transitoire. À partir du moment où l'exercice transitoire de la constitution brille par une certaine permanence, force est d'y déduire un certain confort de la part des gouvernants au statu quo, lequel se traduit par des pratiques constitutionnelles loin d'être dépourvues d'angélisme. Cette manipulation de l'instrument constitutionnel sous-tend une nette différenciation entre la constitution réelle décrite par LASSALE (F), ou constitution vivante, concept cher à POLIDORI (M), à côté des constitutions virtuelles. Voir CONSTANTINESCO (V) et PIERRE -CAPS (S), *Droit constitutionnel*, 6ᵉ éd., Paris, Puf, 2004, pp. 186-187 ; POLIDORI M., « La notion de constitution vivante sous l'angle du constitutionnalisme italien », *Civitas Europa*, n° 32, 2014/1, pp. 213-223 (spéc., p. 214) ; KOROKORO (D), « L'idée de constitution en Afrique », *Afrique contemporaine*, n° 242, 2012, pp. 117-137.

[10] Lire utilement MOUANGUE KOBILA (J), « Peut-on parler du reflux du constitutionnalisme au Cameroun », *Recht in Afrika*, 2010, pp. 33-82 (spéc., p. 35).

[11] Voir dans ce sens ABANE ENGOLO (P.E), « La spécificité des cadres de l'action administrative en Afrique », *in* : ONDOA M. et ABANE ENGOLO (P.E) (dir.), *Les transformations contemporaines du droit public en Afrique*, Paris, L'Harmattan, 2018, pp. 37-55 (spéc., p. 47).

[12] RIPERT (G), *Les forces créatrices du droit*, Paris, LGDJ, 1955, 431 p.

des résolutions du Grand Dialogue National[13] qui se présente comme l'aspiration pressante d'une gestion des collectivités locales, empreinte d'accalmie. En ce sens, la loi portant Code Générale des Collectivités Territoriales Décentralisées [14]indique avec forces et détails, un dispositif normatif qui, parmi d'autres[15], vise à cristalliser la plupart des réclamations des populations locales, avec un accent particulier sur les zones anglophones[16]. Si l'option pour la forme décentralisée de l'État revêt donc un contenu qui reste globalement un principe à droit constant, l'on peut par contre s'interroger sur les mécanismes assurant sa concrétisation. Sous cet angle, la question des mesures d'accompagnement comme le transfert des ressources humaines présage un sérieux dilemme. L'on peut d'ailleurs s'y référer en invoquant une des techniques opérantes prévues, celle du détachement des fonctionnaires notamment.

Dans la terminologie du droit la fonction publique, le détachement définit une des positions du fonctionnaire[17]. Il s'apprécie comme la situation du fonctionnaire qui se trouve hors de son corps, tout en continuant à bénéficier de ses avancements et de la cotisation de ses droits à la pension retraite[18]. Il y a lieu de relever que cette position du fonctionnaire est à la fois favorable et

---

[13] Voir les observations issues du Rapport du Grand Dialogue National.

[14] Voir la loi n° 2019/024 du 24 décembre 2019 portant Code des collectivités territoriales décentralisées. Il y a de reconnaître que ce Code brille par sa curiosité. En effet, la plupart des États qui ont fait leur la décentralisation comme technique d'aménagement du territoire conviennent à des instruments dont la désignation reste assez simpliste. Pour le cas sénégalais, béninois, togolais et même gabonais, l'on parle de Code des collectivités locales (énumérer lesdits Codes). L'on peut donc demander ce qui justifie la présence du terme « Code », à côté du monème « Général », d'autant plus que l'idée de « Code » sous-entend forcément, dans son principe, l'idée de « généralité ou de globalité ». Comme réponse avancée, il a été indiqué que le recours à cette appellation est justifié par le besoin de porter une attention particulière aux entités que sont les collectivités territoriales. En appui à cette observation, ledit Code n'a pas pour dessein de régir l'ensemble des aspérités qui concernent les collectivités territoriales au Cameroun. D'ailleurs, il existe d'autres instruments qui régissent les aspects desdites entités infra étatiques, à l'instar de la loi portant orientation de l'enseignement au Cameroun, ou de celle qui a trait à la question du bilinguisme et du multiculturalisme, entre autres.

[15] Le Code Général des Collectivités Territoriales Décentralisées ne constitue pas le seul instrument de référence qui encadre la condition des collectivités territoriales décentralisées. Outre ledit instrument, l'on peut également noter la loi n° 2019/019 du 24 décembre 2019 portant promotion des langues officielles, tout comme de 2010 sur la loi portant fiscalité locale.

[16] Parmi les éléments de spécificité pris en compte, l'on dénombre ainsi l'érection des régions du Nord-ouest et du Sud-ouest en collectivités territoriales bénéficiant d'un statut spécial. Ce statut se traduit par des spécificités dans l'organisation et le fonctionnement de ces deux régions. Il s'exprime également par le respect des particularités du système éducatif francophone, et la prise en compte de spécificités du système judiciaire anglo-saxon basé sur la Common Law. Voir l'art. 3 de la loi n° 2019/019.

[17] Le statut général de la fonction publique camerounaise prévoit trois (3) positions du fonctionnaire. Il s'agit notamment de l'activité, de la mise en disponibilité et du détachement. Voir les art. 71-73 et 81 du statut général de la fonction publique.

[18] Lire utilement les articles 71-73, idem.

contraignante, aussi bien pour le fonctionnaire intéressé, que pour l'organisme d'accueil. S'agissant du fonctionnaire, il est établi que ce dernier renseigne sur certaines aptitudes qu'il aura pris soin de faire valoir auprès de l'organisme d'accueil. Mais par-delà cette obligeance d'ordre, il s'agit d'une visée gratifiante, car le détachement permet une mobilité au bénéfice du fonctionnaire[19]. Quant à l'organisme d'accueil, il tire profit des aptitudes professionnelles ou de tout autre ordre du fonctionnaire en détachement. Pour autant, sur lui pèse des charges considérables, lesquelles ont notamment trait à la hauteur du traitement qui se veut considérable, ou des cotisations sociales au trésor public pour la pension retraite[20]. Au besoin, il faut noter que la notion de fonctionnaire emporte ici un contenu restrictif. Elle s'entend de toute personne titularisée par voie de concours ou sur titre de manière permanente dans un corps de la fonction publique, et soumise selon les cas, au statut général, à un statut particulier ou même à un statut spécial. La présence d'une multitude de corps dans la fonction publique camerounaise présuppose des compétences utiles aux différentes missions de service public à l'échelon local. Les collectivités territoriales quant à elles se comprennent comme des entités infraétatiques à qui l'État octroie des compétences pour la gestion des affaires à l'échelon local. Il s'agit de structures territoriales qui se particularisent par la reconnaissance de libertés fondamentales constitutionnellement consacrées, à l'instar de la libre administration. Ces entités présentent des formes diverses, et fondent un aménagement du pouvoir selon une logique horizontale, justifiant de la sorte un pôle majeur de régulation du pouvoir politique.

De ces différentes considérations, un constat, pour le moins curieux s'impose. La reconnaissance des entités infraétatiques en Afrique, comme dans bon nombre d'autres États, constitue l'un des nouveaux paradigmes incontournables du droit constitutionnel[21]. Mais il s'agit d'une contrainte diversement appréciée. Si la France brille par la juxtaposition d'une fonction publique à trois étages parmi lesquels figure une fonction publique territoriale[22], il n'en va point de même pour nombre d'États d'Afrique subsaharienne. Sous cet angle, le Cameroun s'illustre par une pâle figure. En effet, contrairement à d'autres États d'Afrique subsaharienne francophone qui

---

[19] Voir l'entrée (« Détachement ») *in* : SCHAEGIS (C), *Dictionnaire de droit administratif, op. cit.,* p. 108.

[20] Lire utilement les articles 71-73.

[21]PACTET (P), « Réflexions sur le droit constitutionnel et son enseignement », *RDP*, n° 1, 2007, pp. 155-162 ; PIERRE -CAPS S., « Les mutations de la notion de constitution et de droit constitutionnel », *Questions constitutionnelles*, n° 10, *Enero -junio*, 2004, pp. 169-180 ; FAVOREU L., GAÏA P., GHEVONTIAN (R), LE MESTRE (J.-L) *et alii*, *Droit constitutionnel*, 19e éd., Paris, Dalloz, 2019, p.

[22] En France, l'on décompte une fonction publique étatique, une fonction publique territoriale et une fonction publique hospitalière. Dans ce sens, lire utilement MAURIN (A), *Droit administratif*, 11e éd., Paris, Sirey, 2019, p. 285.

ont fait de la décentralisation un vecteur de développement, le Cameroun n'enregistre pas encore une fonction publique territoriale[23]. Cette situation quelque peu curieuse participe des données prévues dans les textes[24] à l'application toujours reportée aux calendes grecques, et d'ailleurs reconduite comme à l'accoutumée, dans la nouvelle loi portant Code Général des Collectivités Territoriales Décentralisées[25]. Il n'est donc pas étrange d'observer que les ressources humaines des collectivités territoriales au Cameroun laissent transparaître une situation d'insécurité. Encadrées par une pléthore de textes, elles restent généralement à la merci des alternances politiques, ce qui rend difficile la projection d'une ancre de carrière. Il s'en suit logiquement une répercussion dans les faibles rendements des collectivités locales qui attendent toujours du pouvoir central une assistance continue. Dans ce concert, les populations sont prises au dépourvu, et ont soif d'un développement local effectif, à raison des promesses régulièrement scandées lors des campagnes électorales. Et pourtant, le principe de la décentralisation implique un transfert de l'État vers les entités infraétatiques, de compétences qu'accompagnent des moyens conséquents. Pour ce qui est spécifiquement des ressources humaines, les modalités sont prévues, et le détachement en constitue une expression. Aussi, une préoccupation majeure est ainsi retenue : ***quelles implications revêtent la mutation des fonctionnaires en détachement auprès des collectivités territoriales décentralisées au Cameroun ?***

À cette inquiétude, il peut être observé que le système de décentralisation qui prévaut actuellement au Cameroun laisse désormais peu de place à des errements. La cause défendue est celle de la performance qui enjoint les entités publiques, au nombre desquelles les collectivités territoriales, à plus de professionnalisme et de responsabilité. Les différents discours du représentant de l'autorité de tutelle lors de l'installation des exécutifs locaux récemment désignés à la suite des dernières élections des conseillers municipaux, n'ont eu de cesse de marteler que « *la récréation est terminée* »[26]. Donner du crédit

---

[23] Voir le cas du Sénégal, avec la loi n° 2011-08 du 30 mai 2011 relative au statut général des fonctionnaires des collectivités locales.

[24] L'idée d'une fonction publique locale transparaît clairement dans les dispositions pertinentes de la loi d'orientation de la décentralisation camerounaise, où il est précisé que…. voir art. Le Burkina Faso a adopté la loi n° 027-2006/AN du 05 décembre 2006 laquelle instaure l'équivalent d'un statut de la fonction publique au niveau territorial. En effet, la loi n° 95-022 du 20 mars 1995 modifiée portant statuts des fonctionnaires des collectivités territoriales marque le point de départ d'une fonction publique des collectivités territoriales différente de celle de l'État. Aux termes des dispositions pertinentes de l'article 1 de ladite loi, « *personnels titularisés qui ont vocation exclusive à occuper au sein des services publics des collectivités territoriales, les emplois administratifs permanents et d'un niveau hiérarchique correspondant* ». Il en est de même du Mali et du Sénégal.

[25] Art. 22 (3) de la loi n° 2019/024.

[26] Propos tenus par le Préfet du département de l'Océan (Région du Sud Cameroun), lors de l'installation de l'exécutif communal de Mvengue. L'économie de ce discours fait d'ailleurs

à cette perception novatrice dans la gestion des collectivités locales paraît quelque peu curieux, tant la spécificité du cadre de l'action administrative à l'échelon local a toujours « *montré une sorte de hardiesse dans le transfert des compétences aux collectivités locales, mais un recul dans l'octroi des moyens devant permettre à celles-ci de les réaliser* »[27]. Si une telle conduite reste une modalité d'action décriée, elle s'accommode avec beaucoup de peine à la sensible volonté de changement qui prévaut au regard d'une récente pratique administrative décentralisée, empreinte de réforme. Le ton est davantage conciliateur et invite à une reconsidération des responsabilités au niveau des parties prenantes. Ainsi qu'une opinio doctorum le clamait, à la place d'une gestion rigide des collectivités locales, préside dorénavant une plus grande opportunité d'action des organes locaux, une emphase du contrôle a posteriori davantage orienté vers une tutelle assistance, ainsi qu'un droit de regard plus opportun du juge[28]. La présente analyse s'apprécie à la lumière de cette nouvelle donne. Elle invite à un sursaut d'audace des intéressés, en réalisant que le recours à la technique du détachement des fonctionnaires sous fond d'initiative libérale des organes locaux peut contribuer à affermir l'idéal de libre administration projeté au Cameroun. C'est également réaliser que si la décentralisation est la trajectoire du développement local, il revient à la libre administration d'en être la cible et le porteur des fruits[29]. Il importe d'avoir pleine conscience des contours et des enjeux.

En recourant à une approche réaliste, il importe de dégager des correspondances entre la situation du fonctionnaire en détachement et le cadre normatif des collectivités territoriales. Cet aménagement invite à souligner une reconnaissance théorique valide du détachement des fonctionnaires auprès des collectivités territoriales (I). Pour autant, le processus de décentralisation emporte de nombreux maux qu'il importe d'apaiser, ce qui rend généralement l'application malaisée. Néanmoins, l'espoir reste permis et souscrit la concordance pratique de cette mobilité (II).

I. LA VALIDE RECONNAISSANCE THÉORIQUE DE LA MOBILITÉ

En tant que technique opératoire justifiant la mobilité des fonctionnaires, le détachement doit satisfaire aux exigences de rationalité et de légalité. La validité[30] du détachement des fonctionnaires auprès des collectivités

écho à ceux qui ont été prononcés lors de l'installation des exécutifs locaux dans les autres collectivités territoriales.

[27]ABANE ENGOLO (P. E), « La spécificité des cadres de l'action administrative en Afrique », *op. cit.*, p. 49.

[28] MBALLA OWONA (R), « Le contrôle de la légalité des collectivités locales…

[29] Le concept de décentralisation se différencie nettement de celui de libre administration.

[30]La validité correspond à la « *qualité de ce qui est valide ou validé ; qualité d'un acte qui n'est entaché d'aucun vice de nature à justifier son annulation* » (voir l'entrée (« Validité » *in* :

territoriales doit préalablement traduire une logique permissive[31].Il s'agit précisément, au sens du Professeur Louis Favoreu, *« de se rassurer de la conformité des opérations normatives selon un schéma directeur préexistant, ou selon un modèle prédessiné par la législation »*[32]. Ce contour exigeant du principe de juridicité revêt un caractère certain, lequel se dégage clairement du rapport des instruments normatifs qui encadrent la condition des fonctionnaires, tout comme le cadre d'action des collectivités territoriales. L'on note ainsi un aménagement permissif des sources du détachement des fonctionnaires auprès des collectivités locales (A), conforté par un régime spécifique conséquent (B).

A. L'aménagement permissif des sources de la mobilité

Il n'existe qu'une seule fonction publique au Cameroun, et elle revêt un caractère général. Toutefois, les fonctionnaires qui y ressortissent ne relèvent pas en principe des collectivités territoriales, si ce n'est par le biais d'un aménagement spécial, à l'instar de l'affectation, de la contractualisation ou du détachement[33]. Concernant justement ce dernier moyen, un aménagement permissif du rattachement est rendu opportun par la conciliation lisible des sources du détachement des fonctionnaires auprès des collectivités territoriales (1). Il l'est tout autant en raison d'une dévolution de nature suggestive dans le recours à cette modalité de mobilité du fonctionnaire (2).

1. La conciliation lisible des sources de la mobilité

Les sources du détachement des fonctionnaires auprès des collectivités territoriales présentent un caractère conciliateur entre les différents textes qui organisent le statut des fonctionnaires, et ceux qui encadrent les collectivités territoriales. C'est une exigence de bon ordre, compréhensible à travers la

---

CORNU (G) (dir.), *Vocabulaire juridique*, 11e éd., Paris, Puf, 2008, p. 1103). Par elle, il s'autorise à considérer que le détachement des fonctionnaires auprès des collectivités locales procède d'une reconnaissance dans l'ordre juridique camerounais, traduite par un aménagement régulier. C'est ce principe directeur qui fonde l'ordre opérationnel de cette technique du déploiement des ressources humaines à l'échelon local.

[31] Sur les normes permissives, lire utilement GROUVIER (C), *Normes permissives et droit public*, Thèse de doctorat de droit public, Faculté de droit et de sciences économiques de l'Université de Limoges, 2006.

[32]FAVOREU (L), « Le principe de constitutionnalité Essai de définition selon la jurisprudence du Conseil constitutionnel », *Mélanges en l'honneur de Charles Eisenmann*, pp. 33-48 (sépc., p. 41).

[33] Sans porter à l'intérêt supérieur de l'État ainsi qu'à sa forme, la reconnaissance par l'État des entités infraétatiques de nature territoriale, dotées de l'autonomie administrative et financière, doit en principe s'absoudre d'un statut de nature *général*, pour laisser place à un statut simplement national ou étatique. Pour raison fondée, la généralité du statut de la fonction publique prête considérablement à équivoque. La généralité peut sous-tendre l'idée de couvrir tous les corps de fonctionnaires, y compris ceux de nature territoriale. Une telle lecture est source d'incohérence dans la mesure où il est prévu une fonction publique territoriale. Dès lors, la généralité du statut serait illogique.

notion d'actes-règles qui, au sens du Professeur Charles Eisenmann, *« a pour objet de poser les règles de droit, les normes générales dont la vocation est de régir une réalité de nature gouvernementale »*[34]. S'y référent, le cadre d'exercice des collectivités territoriales est défini par une source de référence, le Code Général des Collectivités Territoriales notamment. Pour ce qui est des fonctionnaires, leur situation statutaire délimite logiquement leur cadre d'exercice[35]. C'est opportunément sur la base de ces considérations préalables que peut s'apprécier le caractère permissif du détachement des fonctionnaires auprès des collectivités territoriales. Il revient donc d'avoir bonne teneur desdites sources pour en justifier l'expression permissive.

Au sens des dispositions pertinentes de la loi portant Code Général des Collectivités Territoriales Décentralisées, « *le personnel de l'État peut être (...), détaché, (...) auprès des Collectivités Territoriales* »[36]. Cet énoncé prescriptif prévoit clairement une possibilité pour les collectivités locales d'avoir en leur sein, un personnel de l'État. Cette donne revient à indiquer que dans son principe, les entités infraétatiques justifient d'une mécanique d'ouverture au détachement, signe manifeste de la prévisibilité juridique des rapports institutionnels établis entre l'État et les collectivités locales. Envisagé de la sorte, le recours au mécanisme du détachement auprès des structures infraétatiques ne se présume pas. Il s'ordonne autour de règles qui autorisent son emploi.

Cette approche prévisible dans l'ouverture au détachement des fonctionnaires auprès des collectivités locales est en phase avec l'esprit que sous-tend l'orientation de la décentralisation au Cameroun. Pour s'en convaincre, il faut réaliser que cette approche s'imbrique de manière opportune dans les énonciations statutaires des fonctionnaires. C'est ainsi que le statut général de la fonction publique précise que *« le détachement peut s'apprécier comme la position du fonctionnaire placé temporairement hors de son poste de travail, pour servir temporairement auprès des collectivités publiques locales »*[37]. Dans le même ordre d'idées, certains statuts particuliers épousent cette convenance. Il en est ainsi du statut particulier des fonctionnaires de greffes qui prévoit pertinemment que : « *le fonctionnaire de greffe peut être mis en détachement auprès d'une collectivité territoriale décentralisée* »[38]. Nonobstant, certains statuts particuliers corroborent cette logique du détachement, mais de manière tacite. C'est le cas du statut

[34]EISENMANN (C)., *Cours de droit administratif, op. cit.*, p. 121.

[35] MALLERAY (F), *Droit de la fonction publique*, 2e éd., Paris, Economica, 2010, p. 58.

[36] Art. 22 alinéa 2 de la loi n° 2019/024.

[37] Art. 70 (1) du statut général de la fonction publique.

[38] Art. 53 (3) du décret n° 2011/020 du 04 février 2011 portant statut particulier des fonctionnaires de greffes.

particulier des fonctionnaires du corps de l'éducation nationale[39]. En effet, l'absence d'énonciation explicite sur la position de détachement de ces fonctionnaires n'infirme pas nécessairement l'application de ce procédé de mobilité à leur endroit. Deux types d'arguments peuvent d'ailleurs être mobilisés pour soutenir cette réalité. Le premier consiste à se fonder sur la définition en intension[40] du statut de ce corps de fonctionnaires. En effet, une approche restrictive serait impertinente ici, dans la mesure où une lecture attentive dudit statut ne fait nullement mention de certains droits reconnus auxdits fonctionnaires. Il en est ainsi de ceux relatifs à la mise en disponibilité, des congés ou de l'appartenance à un groupement syndical[41]. Plus encore, ce statut particulier se présente comme une extension du statut général, en témoignent les visas apposés au frontispice dudit document[42]. L'autre argument qui peut utilement être soutenu en faveur de la reconnaissance de la mobilité de ces fonctionnaires au niveau des collectivités locales est celui de l'effet utile[43]. Si les compétences en matière éducative font partie de celles effectivement transférées aux collectivités territoriales[44], il serait quelque peu incohérent d'établir un impossible détachement des fonctionnaires intéressés dans ce cas d'espèce. Voici ce qui de manière évidente, force à reconnaître un aménagement permissif du détachement des fonctionnaires auprès des collectivités territoriales, tout en appréciant l'étendue.

Le détachement des fonctionnaires auprès des collectivités locales n'a pas vocation à s'affirmer urbi orbi. Ce mécanisme de mobilité des fonctionnaires doit être respectueux d'un cadre, lequel est précisément déterminé par l'esprit rendu par l'orientation de la décentralisation au Cameroun. C'est ainsi souligner qu'il existe un cadre d'éligibilité du recours au détachement des fonctionnaires auprès des collectivités territoriales.

Concernant les corps de fonctionnaires éligibles au détachement, il suffit de prendre bonne mesure des matières qui sont transférées aux collectivités territoriales. Celles-ci relèvent du social, de l'éducatif, du culturel, du sportif et de la santé[45]. À ce titre, les personnels de l'État investis par ces différentes responsabilités sont logiquement éligibles au détachement, en considération des

---

[39] Décret n° 2000/359 du 5 décembre 2000 portant statut particulier des fonctionnaires du corps de l'éducation nationale.

[40] « *La définition en intention comprend une série de traits qui permettent de déterminer si tel objet tombe ou non sous la définition* ». Voir dans ce sens, GOLZBERG (S), *L'argumentation juridique*, 2e éd., Paris, Puf, 2015, p. 32.

[41] GRANDVUINET (A), *Être fonctionnaire*, Paris, Studyrama, 2012, pp. 140-143 ; art. 70 et s du statut général de la fonction publique.

[42] Voir les visas du décret n° 2011/020.

[43] « *L'effet utile consiste à remettre en question une lecture de la loi qui ferait d'une partie de celle-ci quelque chose d'inutile ou dépourvu de sens* ». Voir GOLZBERG (S), *L'argumentation juridique, op. cit.*, p. 38-39.

[44] Art. 17 de la loi n° 2019/024.

[45] *Idem.*

décrets de transfert de compétence[46]. Pour ce qui est des fonctionnaires inéligibles au détachement, lesquels répondent conséquemment à un ordre de réserve, il faut avoir une définition négative des matières transférées aux collectivités territoriales. En tout état de cause, les matières concernées par les collectivités, mais non transférées ne ressortissent pas de ce cadre. De ce qui précède, dans le respect du cadre fixé par l'orientation de la décentralisation au Cameroun, les fonctionnaires de l'État peuvent être détachés auprès des collectivités territoriales. Il devient donc nécessaire de s'appesantir sur le caractère contraignant de cette mesure, qui dans l'ensemble, dénote d'une dévolution suggestive.

2. La dévolution suggestive de la mobilité

Le recours au détachement des fonctionnaires auprès des collectivités territoriales répond à une logique permissive, puisqu'il s'entend d'un mécanisme pleinement consacré, ainsi qu'il a été préalablement observé. Toutefois, ces considérations n'éclairent pas sur l'impérium du recours à cette mesure de mobilité. S'appesantir sur cette situation revient à apprécier la libre administration, qui s'entend d'ailleurs comme une liberté fondamentale reconnue aux collectivités territoriales. Dans le présent cas de figure, celle-ci peut s'apprécier, autant de manière externe, tout comme de manière interne à la collectivité.

Sous l'angle extérieur, parler de contrainte dans l'expression de la libre administration revient à indiquer que la collectivité territoriale peut se voir obligée de recourir au mécanisme du détachement des fonctionnaires, par la tutelle notamment. Cette thèse est peu envisageable, au moins pour deux raisons. Il faut souligner qu'il est constant que la libre administration constitue une liberté fondamentale des collectivités locales qui doit être protégée[47]. Aussi, obliger une collectivité à poser telle ou telle mesure serait manifestement contraire au principe que sous-tend la libre administration[48].

---

[46] Il importe de rappeler qu'en se fondant sur l'esprit de la décentralisation, les matières transférées aux collectivités locales s'exercent de manière solidaire avec l'État. En tout état de cause, c'est le décret portant transfert de compétence qui délimite des responsabilités qui incombent à l'État, de celles qui relèvent des attributions des collectivités locales.

[47] Un tel cas de figure s'entendrait par des mesures d'injonction ou d'astreinte soutenue par la tutelle, ce qui rame manifestement à contre-courant de l'impulsion nouvelle donnée à la décentralisation au Cameroun. Lire utilement dans ce sens, MBALLA OWONA (R), « Le contrôle de la légalité des collectivités locales dans les États d'Afrique subsaharienne francophone : cas de », *op. cit.* Dans le même sens, le Conseil constitutionnel français interdit au législateur de prendre des dispositions qui conduisent à la suppression des attributions effectives, par exemple priver les collectivités de leur liberté en matière de création ou de suppression d'emplois ou de gestion de personnel, ou de réduire de manière excessive les ressources. Lire dans ce sens PHILIP (L), « L'autonomie financière des collectivités territoriales », *Nouveaux Cahiers du Conseil constitutionnel*, n° 12 (Dossier : le droit constitutionnel des collectivités territoriales), mai 2002.

[48] *Idem.*

Dans ces cas de figure, la contrainte extérieure pour un recours au détachement est difficilement envisageable. Pour autant, une correspondance a récemment été prise par le ministre en charge des collectivités territoriales, laquelle détache automatiquement les fonctionnaires ayant bénéficié des attributs d'exécutif communaux à la suite des dernières joutes municipales du 9 février 2020[49]. Cependant, il s'agit d'une prescription qui vise davantage à sédentariser les maires au sein de leur commune, de nature à améliorer la qualité du service rendu aux populations locales[50]. In fine, l'on peut certes y voir une volonté manifeste d'améliorer la qualité de la ressource humaine, celle qui relève des instances dirigeantes notamment. Mais cette donne est de moindre portée pour ce qui est du personnel dévolu aux prestations quotidiennes de service public au sein des collectivités locales.

Pour ce qui est de l'obligation du recours au détachement des fonctionnaires au plan interne, la situation est plus délicate. Il est manifestement plus opportun ici de parler d'incitation, plutôt que d'une obligation, du recours au détachement des fonctionnaires. C'est précisément observer qu'en vertu des compétences reconnues aux organes locaux, le recours au détachement des fonctionnaires auprès des collectivités locales ne relève pas d'une compétence liée. Si dans son principe « *la compétence peut se définir comme une obligation d'agir ou de s'abstenir et, en cas d'action, d'agir dans un sens déterminé* »[51], « *c'est aussitôt admettre une certaine marge de manœuvre à l'organe, qui justifie amplement la présence d'un pouvoir discrétionnaire* »[52]. À fort propos, le recours à la déontique juridique [53]peut effectivement aider à fixer cette logique normative. En effet, dans l'énoncé qui permet de soutenir le détachement auprès des

---

[49] Cette correspondance s'inscrit en droite ligne avec le nouvel esprit du Code Général des Collectivités Territoriales Décentralisées. Aux termes de l'art. 142 dudit instrument, « d*ans l'exercice de ses fonctions, l'élu local est astreint aux obligations ci-après : obligation de servir et de se consacrer à ses fonctions, obligation de résidence (...)* ». Comme clause de sauvegarde, la même loi définit des situations d'incompatibilité (art. 204) sécuritaires. Ces dernières constituent d'ailleurs un justificatif opportun de la mise en position de détachement de « plein droit » (rendue ici automatique), telle que l'indique l'art. 70 du statut général de la fonction publique.

[50] L'obligation pour les Chefs d'exécutif municipal de résider au sein du ressort territorial de ladite collectivité fait partie intégrante des recommandations issues des travaux du Grand Dialogue National. Elle fait suite aux nombreuses plaintes des populations locales qui incriminaient les maires de s'adonner davantage à leur responsabilité de fonctionnaire, plutôt que de répondre aux besoins pressants des populations locales. À ce titre, l'art. 143 (1) du Code précise que « l*e Maire, les Adjoints au Maire, le Président, le Premier vice-président, les Vice-Présidents ou les Membres du Bureau du Conseil Régional doivent consacrer leur activité à l'exercice entier de leur mandat* ». Dans ce sens, lire utilement ZRA (D), « La résidence, nouvelle obligation des maires », http://www.crtv.cm/2010/03/obligation-residence-des-maires/ (consulté le 15 mars 2020).

[51] Voir VINCENT (F), *Le pouvoir de décision unilatérale des autorités administratives*, Paris, LGDJ, 1966, p. 29.

[52]*Ibid.*, p. 28.

[53] Voir AMSELEK (P), « Ontologie du droit et logique déontique », *RDP*, 1992, pp. 1005-1042.

collectivités locales, les sources sus-décrites recourent respectivement à la formule conjuguer du verbe pouvoir, rendue ici par l'expression « *peut* ». C'est un indice qui à suffire, assure la validité normative du possible recours à cette technique de mobilité des fonctionnaires, et non d'une contrainte conséquente.

Pour autant, l'usage du verbe pouvoir est, en lui-même, porteur d'imprécision dans la détermination de la norme en présence. Au regard de l'espèce, plusieurs approches sont envisagées. Pour le juriste normativiste autrichien Hans Kelsen, *« en raison de l'absence de condamnation par les textes, l'on se situe dans le cadre d'une permission au sens négatif »*[54]. Le Professeur Paul Amselek se montre plus réservé à l'idée de présence d'une norme permissive, puisqu'éventuellement, *« l'on peut établir à la fois l'idée d'une possibilité, comme d'une impossibilité d'action »*[55]. Mais par delà ces considérations, la thèse défendue par le Professeur François Vincent semble plus opportune. *« Parce que le support légal n'est pas assez rigoureux, il y a lieu d'établir une compétence qui relève à la fois du pouvoir discrétionnaire et de la compétence liée »*[56]. *« Ce qui importe n'est pas tant l'action ou l'abstention, mais davantage les motifs qui supportent la mesure prise »*[57]. C'est donc en fonction d'une règle facultative de volonté que la collectivité locale peut se voir contrainte ou non de recourir au détachement. Aussi, le recours au détachement des fonctionnaires auprès des collectivités locales ne répond pas à une application servile de la loi. L'administration locale ne peut pas être apparentée à un simple exécutant. Il s'agit d'une instance qui agit en fonction de l'opportunité d'action, ce qui conforte l'autonomie de gestion qui lui est reconnue. L'on peut davantage l'apprécier à travers le régime du détachement des fonctionnaires.

B. L'encadrement spécifique du régime de la mobilité

Le détachement des fonctionnaires auprès des collectivités territoriales répond à un régime assez rigoureux. L'opérationnalité du mécanisme du détachement est supportée par certaines exigibilités (1) qui concourent à définir un statut spécifique du fonctionnaire auprès de la collectivité locale (2).

[54] La permission au sens négatif s'entend de la situation où « un comportement n'est ni interdit, ni commandé. Il est permis au sens positif si la validité d'une norme qui la commande est supprimée ou restreinte ». Voir KELSEN (H), *Théorie générale des normes*, Paris, Puf (trad. De l'allemand par BEAUD (O) et MALKANI (F)), 1996, p. 129.

[55] Le Professeur Paul AMSELEK observe que le simple usage de l'énoncé « pouvoir » ne donne pas forcément lieu à une disposition purement et simplement permissive. En tant qu'elle fixe la marge de manœuvre d'une autorité, elle indique tout à la fois une possibilité (prendre ou ne pas prendre les mesures en question), une impossibilité (prendre des décisions d'une autre nature que celle prévue, ce qui correspond à l'obligation de ne pas prendre des mesures de ce type). Voir AMSELEK (P), « Ontologie du droit et logique déontique », *op. cit.*, p. 1015.

[56] Lire VINCENT (F), *Le pouvoir de décision des autorités administratives unilatérales, op. cit.*, p. 29.

[57] *Idem.*

1. Les conditions d'exercice

Pour justifier d'une opération de détachement des fonctionnaires auprès d'une collectivité locale, certaines exigences doivent au préalable être remplies. En effet, si le détachement se comprend comme un transfert de gestion d'un agent concernant deux administrations, il est tout à fait logique que ces dernières manifestent leur consentement respectif. Ici, deux cas de figure se présentent. L'on aura affaire à une sollicitation vis-à-vis d'une administration, notamment celle où se trouve logé le fonctionnaire. D'autre part, il est forcément fait cas de l'autre administration qui réceptionne l'agent, la collectivité locale.

Concernant le premier cas de figure, il faut noter que la demande de détachement du fonctionnaire s'opère, soit à la diligence du fonctionnaire qui requiert autorisation de son administration d'origine pour être affecté auprès d'une collectivité locale. Mais cette initiative peut également avoir comme auteur la collectivité locale. Dans ce dernier cadre, il faut notamment qu'une telle demande ait eu l'autorisation préalable du conseil municipal, et effectivement visé par l'autorité de tutelle. L'opération du détachement initiée par la collectivité doit en effet s'arrimer au principe de la décentralisation. Mais dans le cas d'espèce, il importe de savoir si l'on est en présence d'une mesure informative ou alors une mesure qui exige une préalable autorisation de la part de la tutelle. Il est assez réaliste de noter que lorsque la demande est formulée par le fonctionnaire, il y a tout lieu de croire que ce dernier a préalablement reçu un accord de principe de la part de la collectivité sollicitée. Il faut souligner ici que le principe connait une légère amélioration, si du moins l'on se réfère à l'évolution libérale que traduit le Code Général des Collectivités Territoriales Décentralisées. En effet, dans son principe, la demande de détachement des fonctionnaires est à l'initiative des collectivités territoriales[58].

Quelle que soit la situation envisagée, il est évident que l'administration de rattachement du fonctionnaire aura soin d'opérer un contrôle de régularité, à l'effet de se prémunir de tout désagrément pouvant survenir. Aussi, est-il certain que la situation professionnelle du fonctionnaire sera appréciée, en prenant notamment soin d'observer qu'en raison de ses états de service, le fonctionnaire justifie des aptitudes, des savoirs et des savoir-faire qui vont sans doute être des atouts pour la collectivité locale. L'on pourra faire état de l'historique de sa carrière, régulièrement tracé à travers ses attestations de présence effective au service, ses annotations, la conduite de ses missions, ses rapports d'expertise. Il n'est donc pas anodin que soit exigé un minimum de cinq (5) années d'expérience professionnelle. Il est en effet précisé que : « *le fonctionnaire ne peut être détaché s'il ne justifie d'un minimum de cinq (05)*

[58] Art. 22 (2) de la loi n° 2019/024.

ans d'expérience professionnelle ; s'il ne justifie des qualifications techniques et des habiletés requises pour occuper le poste à pourvoir ; s'il est sous le coup de poursuites judiciaires, ou s'il a été réhabilité à la suite d'une sanction disciplinaire »[59]. La pratique en la matière indique que les nouveaux fonctionnaires recrutés sont tenus d'exercer leur fonction pendant une durée minimale de dix (10) ans[60]. L'arbitraire dans l'opportunité du détachement d'un fonctionnaire se trouve donc ici réduit à sa simple expression. Bien évidemment, l'administration se rassurera également que la collectivité territoriale tout comme la tutelle ont donné leur accord à l'opération, quoique la manœuvre ne soit pas aussi aisée.

Le prononcé de l'acte de détachement répond à un principe général, quoiqu'il puisse être observé certaines spécificités. C'est ainsi que pour les fonctionnaires de greffe, « *le détachement est prononcé par arrêté du Premier ministre après avis du ministre de la Justice, soit à la demande du fonctionnaire des greffes intéressé, soit sur proposition de l'organisme de détachement* »[61]. Cette approche est partagée par le statut général de la fonction publique qui précise que « *Tout détachement de fonctionnaire est prononcé par arrêté du ministre en charge de l'Administration d'origine du fonctionnaire concerné, après accord de l'organisme d'accueil. Le ministre chargé de la Fonction Publique et le cas échéant, le ministre utilisateur en sont informés* »[62]. Seulement, il faut remarquer que « *le détachement d'un administrateur des greffes est prononcé par arrêté du Président de la République après avis du ministre de la Justice* »[63]. Le moins que l'on puisse observer que la présence d'un silence pour ce qui est des autres statuts. L'on peut présumer que le prononcé du détachement répond au principe des grades. Toujours est-il que la situation du fonctionnaire détaché mérite une attention particulière. C'est certainement la raison pour laquelle le Code Général des Collectivités Territoriales Décentralisées prévoit une nécessaire harmonisation de ce régime par voie réglementaire[64].

2. La situation du fonctionnaire en détachement

La situation des fonctionnaires en détachement auprès des collectivités locales invite à des précisions d'importance. Le statut général de la fonction publique précise que ledit fonctionnaire en détachement reste toujours régi par son statut. Il est en effet indiqué que *« les fonctionnaires et agents ainsi mis à la disposition des collectivités territoriales demeurent régis par le statut*

[59] Art. 74 du statut général de la fonction publique.

[60] Entretiens avec des nouvelles recrues des enseignements secondaires.

[61] Art. 53 (1) du décret n° 2011/020 du 04 février 2011 portant statut spécial des fonctionnaires des greffes.

[62] Art. 72 du statut général de la fonction publique.

[63] Art. 53 (2) du décret n° 2011/020.

[64] Art. 22 (3) de la loi n° 2019/024.

général de la Fonction Publique de l'État ou le Code du travail, suivant le cas »[65]. Ceci revient à faire observer que le fonctionnaire détaché doit bénéficier d'une situation qui soit à minima, au moins égale à celle qu'il enregistrait à son précédent poste de travail. Sous cet angle, deux éléments sont à prendre en considération. Le premier concerne ses attributions. Le second quant à lui se rapporte à son traitement financier.

Le détachement d'un fonctionnaire auprès d'une collectivité locale est sollicité pour que ce dernier apporte son expertise aux missions attribuées aux collectivités locales. Ici, quoique de manière provisoire, l'employeur n'est plus l'État, mais la collectivité territoriale. Mais cela n'empêche aucunement que le fonctionnaire détaché soit pleinement exploité en fonction de ses compétences. C'est justement le lieu de préciser qu'ici, le fonctionnaire se trouve dans une situation acte-condition. Sa fonction à un caractère général, permanent et impersonnel. Il restera donc à établir une convergence entre les attributs professionnels de fonctionnaire détaché et l'organigramme de la collectivité locale.

Les garanties affectant la situation du fonctionnaire mis en détachement : « *la rémunération du fonctionnaire des greffes détaché est à la charge de l'organisme de détachement* »[66]. Cette prise en charge revêt généralement deux pendants. Le premier a trait à la rémunération, tant que le second aspect se rapporte à la cotisation des droits à la pension du fonctionnaire. Pour le premier aspect, il importe de relever qu'il est exigé un minimum requis. En effet, « *le fonctionnaire détaché est rémunéré par l'organisme de détachement. Son salaire doit être équivalent à celui de son indice dans la fonction publique, sans être inférieur à la rétribution globale payée aux personnels de l'organisme de détachement exerçant les fonctions similaires, compte tenu, le cas échéant, des indemnités liées à l'ancienneté* »[67].

Quant au second aspect, qui a spécifiquement trait à la cotisation des droits à la pension du fonctionnaire, l'on note qu'« *en vue de la constitution de la pension retraite de l'État, le fonctionnaire en détachement supporte sur sa rémunération les retenus réglementaires calculés sur la base du traitement indiciaire de la fonction publique* »[68]. Davantage, « *l'organisme de détachement reverse mensuellement au Trésor public des retenues opérées en vertu des dispositions de l'alinéa précédent ainsi que sa contribution réglementaire en qualité d'employeur. Celui-ci verse au Trésor public la contribution réglementaire pour la constitution des droits à la pension du fonctionnaire des greffes* »[69]. En se fondant sur ce qui précède, il est loisible

---

[65] Art. 19 (3) de la loi n° 2004-17 du 22 juillet 2004 portant orientation de la décentralisation.
[66] Art. 55 (3) du décret n° 2011/20.
[67] Art. 79 du statut général de la fonction publique.
[68] Art. 80.
[69] Art. 55 (3) du décret n° 2011/020, *op. cit.* ; art. 80 du statut général de la fonction publique.

d'observer que le recours au détachement des fonctionnaires auprès des collectivités territoriales bénéficie certes d'un statut permissif, mais reste assujetti à des formalités et une soutenabilité financière exigeantes. Cette disposition présage des difficultés certaines. Seulement, avec tact, l'on peut y voir une correspondance pratique possible.

II. LA POSSIBLE CONCORDANCE PRATIQUE DE LA MOBILITÉ

L'exercice des attributions conférées aux collectivités locales a vocation à mener au mieux les missions de développement local. De concert, la technique du détachement des fonctionnaires auprès des collectivités territoriales peut constituer une aubaine non négligeable dans ce noble dessein, à la condition d'avoir une parfaite maîtrise des enjeux en présence. La pratique du recours à la technique du détachement des fonctionnaires de l'État auprès des collectivités locales peut être assez bénéfique. L'on peut opportunément y voir un palliatif envisageable dans la gestion des ressources humaines des collectivités locales (A). Pour autant, les défis ne sont pas absents. Ceux-ci peuvent être conjurés, si le détachement peut être considéré comme une alternative temporaire, dans l'attente d'une fonction publique locale (B).

A. Un palliatif envisageable pour la gestion des ressources humaines locales

En tant que technique permettant une gestion avantageuse de la carrière des fonctionnaires, la position de détachement des fonctionnaires auprès des collectivités territoriales est doublement avantageuse. Il s'agit d'une perspective salutaire au déficit en ressources humaines des collectivités locales (1). D'autre part, l'on peut y voir une alternative ponctuelle à la venue d'une fonction publique locale (2).

1. Une perspective salutaire au déficit en ressources humaines locales

Les collectivités territoriales souffrent d'un déficit criard en ressource humaine, qui les empêche d'exercer au mieux leur mission de promotion du développement local. Il s'agit d'un constat malheureux rencontré dans l'ensemble des États d'Afrique francophone[70], le Cameroun ne faisant guère exception. Une étude relativement récente a pu faire observer que le problème en matière de gestion des ressources humaines des collectivités locales se situe aussi bien au niveau des conditions du recrutement du personnel communal, qu'au niveau de sa gestion[71]. Un tableau non exhaustif des communes inventoriées invite à remarquer que la plupart des recrutements se focalisent

[70] OBSERVATOIRE DE LA DÉCENTRALISATION EN AFRIQUE, *La décentralisation en Afrique – Synthèse Afrique de l'Ouest et du centre*, Cotonou 18 et 19 juillet 2007, p. 16.
[71] *Idem*

au niveau des personnels, toute chose qui invite à inventorier un faible nombre des cadres[72]. Quant à la gestion, il est signalé un attrait particulier pour les postes dits « juteux », les services financiers notamment, à la défaveur des autres services[73]. À ce titre, il a été bien étrange de noter des cadres davantage désireux d'être affectés au service de collecte d'impôts et taxes locaux sur le terrain, plutôt que de s'adonner aux travaux de conception que leur imposent leurs postes. Une telle gestion des ressources humaines est de nature contre-productive, au regard des nombreuses attentes des populations locales. L'on peut ainsi en partie comprendre la raison d'être de la sous-consommation des crédits alloués.

Pourtant, la présence des fonctionnaires en détachement auprès des collectivités locales serait nettement avantageuse pour celles-ci. Un fonctionnaire détaché justifie sa présence par un ensemble de tâches précises, suggestif de résultats conséquents. Pétri d'expériences et d'un nécessaire sens du professionnalisme, il peut mener à bien les tâches à lui confiées par l'exécutif local. Cette situation est d'autant intéressante lorsqu'on se réfère à ce qui se passe dans les communes, davantage celles qui ont la particularité d'être vulnérable[74]. L'expérience a révélé que les charges qui exigent une technicité considérable dans le traitement sont la plupart du temps assumées par le chef de l'exécutif local, ancien fonctionnaire bénéficiant des connaissances appropriées dans les rouages des procédures administratives[75]. Il n'est pas irréaliste d'observer que dans bon nombre de cas, le Maire ne dispose pas toujours d'Hommes de confiance sur qui faire reposer la conduite intégrale d'un dossier. C'est généralement lui le maître d'orchestre, en tant qu'initiateur, démarcheur, contrôleur, et correcteur des irrégularités des dossiers[76]. Seulement, dans un contexte marqué par une autonomisation de plus en plus soutenue des organes locaux et un recul évident de la tutelle, il serait judicieux pour ces derniers d'être soutenus par des personnes ayant des aptitudes adéquates. La pratique de la libre administration va nécessairement

[72]*Idem*

[73] Entretiens écrits avec le Maire de la Commune de Douala 3e.

[74] La vulnérabilité de la commune peut se définir selon deux critères : d'un point de vue économique, et d'un point de vue géographique. L'approche économique est déterminée par un ensemble de critères déclinés par le FEICOM. À ce propos, l'on note trois catégories de commune. D'une part, ensuite et enfin. D'un point de vue géographique, la vulnérabilité d'une commune est fonction des difficultés plus ou moins naturelles auxquelles elle est confrontée. C'est ainsi que dans la région du Nord, certaines communes frontalières font face aux attaques incessantes des coupeurs de routes, ou celles de la secte islamique Boko Haram. D'autres communes par contre font face à des calamités naturelles. C'est ainsi que certaines d'entre elles sont inaccessibles, durant une bonne période de l'année, pendant les saisons pluvieuses notamment, comme celle du Mayo Rey. Lire utilement dans ce sens, HAYATOU, *Les ressources propres des collectivités territoriales décentralisées au Cameroun : cas de DEMBO*, Mémoire de Master 2 Recherche, UD-FSJP, 2014.

[75]*Idem.*

[76] Entretien mené avec le Maire de la Commune de Gachiga (Région du Nord Cameroun).

donner lieu à d'importantes responsabilités qui se situent au niveau de la défense des intérêts de la commune devant les prétoires. Les communes qui se situent dans les agglomérations urbaines font d'ores et déjà face à ce contentieux[77]. L'ouverture des tribunaux administratifs dans les différents Chefs-lieux de région[78], instances compétentes en matière de contentieux des impôts locaux[79], augure une actualité significative. La situation relative aux marchés publics n'est pas en reste. La coopération décentralisée ainsi que la solidarité intercommunale ne sont pas en reste. Le nouveau Code des marchés publics[80] concède une responsabilité plus soutenue aux collectivités locales[81]. De telles considérations sont de nature à faire un état des lieux sur la situation des ressources humaines, où l'amateurisme et l'approximatif n'ont pas de place. L'assistance des fonctionnaires ayant justifié leur preuve dans les domaines concernés constitue une aubaine certaine.

2. Une alternative temporaire dans l'attente d'une fonction publique locale

Le recours à la technique du détachement des fonctionnaires nationaux auprès des collectivités locales n'a pas vocation à durer indéfiniment. Par principe, le fonctionnaire détaché est amené à rentrer dans son administration d'origine, soit à la diligence de l'administration d'accueil, soit sous son propre chef[82]. Cette situation de précarité dans le recours au détachement desdits agents n'est pas sans conséquence dans la gestion des ressources humaines au niveau communal. L'horizon de la gouvernance locale dessine la présence non lointaine d'une fonction publique locale, au regard de la création, de l'organisation et du fonctionnement de la *National School of Local*

---

[77] L'on enregistre ainsi une augmentation sensible du contentieux des taxes locales auprès des tribunaux administratifs des Villes de Douala et de Yaoundé. La résolution des différends enregistrés suggère une parfaite maîtrise des contours de la fiscalité locale de la part des organes locaux. En témoigne dans ce sens le Jugement n° 194/FF/17 du 18 mai 2017, Affaire Société SOREPCO SA C/ Mairie de Douala 3e. Ce différend éclaire sur l'exigence du respect des formalités exigées pour la recevabilité du recours gracieux préalable. Ici, le juge dit pour droit que « *l'exploitation des pièces du dossier de procédure révèle que la requérante n'a pas assorti son recours gracieux de timbres fiscaux, ni payé la consignation de 50 % du montant des impositions contestées. Qu'en outre elle n'a pas saisi le préfet du département du Wouri après rejet de son recours gracieux préalable par le Chef de l'exécutif communal ; qu'il y a lieu par conséquent de déclarer le recours irrecevable* ».

[78] Voir le décret n° 2012/119 du 15 mars 2012 portant ouverture des tribunaux administratifs.

[79] Cette dévolution des compétences en matière fiscale a été déterminée par la loi n° 2006/022 du 29 décembre 2006 portant organisation et fonctionnement des tribunaux administratifs. Cet aménagement est effectif depuis la loi de finances 2016.

[80] Décret n° 2018/366 du 20 juin 2018 portant code des marchés publics.

[81] Le montage des DAO,

[82] Selon l'esprit du statut général de la fonction publique, la situation de détachement est essentiellement révocable, sous quelques réserves. Voir l'art. 75 du statut général de la fonction publique.

Administration (NASLA)[83]. Ceci revient à noter que dans un avenir proche, les collectivités locales seront dotées d'un personnel parfaitement aguerri à faire face à toutes les difficultés rencontrées, relatives à la gouvernance locale[84]. Il y va de la gestion harmonieuse des ressources humaines au niveau local, tant « *il est de principe que les emplois permanents des collectivités territoriales doivent être pourvus par des fonctionnaires titulaires, dont le recrutement sur concours et la soumission à un statut assurent en principe, la garantie de la neutralité et de l'égal accès à la fonction publique* »[85]. De la sorte, à l'instar de ses homologues du Sénégal et du Mali, le Cameroun se dotera de deux fonctions publiques ; une fonction publique étatique et une fonction publique des collectivités territoriales. Mais en attendant, dans le souci de conduire au mieux les aspirations légitimes des populations locales, il est de bon ton que les organes locaux se dotent d'un personnel adapté aux défis de la gouvernance locale. Se tourner vers les fonctionnaires de l'État ne serait pas d'un moindre mal. Mais pour ce faire, il importe d'en maîtriser tous les enjeux, qui se mesurent par la maîtrise des risques encourus.

B. Un risque maîtrisable dans la gestion des ressources humaines locales

Le recours au détachement des fonctionnaires auprès des collectivités territoriales au Cameroun ne va pas sans contraintes. Pour autant, celles-ci peuvent être surmontées s'il est défini une véritable politique qui vise justement à consolider les acquis du processus de décentralisation. Dans cet ordre d'idées, deux principaux défis sont ici soulignés. Le premier a trait au traitement financier des fonctionnaires en détachement (1), mais aussi, la justification d'un poste de travail conséquent (2).

1. La soutenabilité du traitement financier du fonctionnaire mis en détachement

La situation des fonctionnaires en détachement mérite une attention particulière, du moins du point de vue de sa faisabilité. Les difficultés ainsi observées tiennent principalement au traitement qui conditionne la motivation des fonctionnaires. Cette observation conforte l'idée selon laquelle « *pour être bien servi le bon moyen est de payer. Il ne s'agit pas là d'une idée vulgaire.*

---

[83] Voir le décret n° 2020/111 du 2 mars 2020 portant création, organisation et fonctionnement de l'École Nationale d'Administration Locale (NASLA). Cette école est située à Buea, capitale de la région du Sud-ouest. Au vrai, il s'agit de la transformation du Centre de Formation des Administrateurs Municipaux (CEFAM) en École.

[84] Aux termes des dispositions pertinentes de l'art. 5 (1) du décret suscité, « *la NASA a pour mission d'assurer la formation professionnelle dans les domaines de compétence et spécialités de l'administration locale, conformément aux orientations générales définies par le gouvernement* »

[85] DOCUMENTATION FRANÇAISE, *Le personnel des collectivités territoriales*, 2006-3, pp. 10000-1 – 10732-25, p. 10732-1.

Le salaire a pour base dans la fonction publique le traitement, mais, à la différence du secteur privé, il se traduit en promotions, avantages et distinctions »[86]. La préoccupation relative au traitement financier du fonctionnaire en détachement traduit un sérieux dilemme.

Recourir aux services d'un fonctionnaire de la part d'une collectivité locale implique la manifestation d'un pendant de la libre administration, qui est l'autonomie financière[87]. Ainsi qu'il a été préalablement noté, il revient à la collectivité territoriale de prendre en charge toutes les exigibilités financières liées au statut du fonctionnaire[88]. La question en toile de fond est donc celle de savoir si en l'état actuel du financement des collectivités territoriales au Cameroun, il est possible à toutes les entités infraétatiques de recourir aux services des fonctionnaires en détachement. La réponse à cette inquiétude n'est pas évidente. Un passé très proche et une pratique devenue à la limite courante dans le traitement financier des agents communaux font remarquer que les exécutifs locaux, faute de ressources financières, sont généralement obligés d'attendre les dotations de l'État ou les centimes additionnels conséquents, pour s'acquitter des salaires[89]. C'est d'ailleurs le lieu de relever que la périodicité de cet acquittement n'est pas certaine. Les agents peuvent ainsi patienter deux, voire trois à quatre mois pour bénéficier d'un salaire de rappel[90]. Pour contrer cette regrettable situation, une perspective salutaire est prévue par la réforme qui a soutenu le nouveau régime financier, qui fait passer le pourcentage de la dotation générale à la décentralisation de 10 à au moins 15 %[91]. Cette mesure est certes appréciable, mais n'efface pas le minimum de ressource financière requis pour assurer une gestion équilibrée des charges d'une collectivité locale. Pour raison fondée, « *l'autonomie financière exige que les ressources propres soient une composante déterminante des ressources globales des collectivités locales* »[92]. Le ratio des ressources propres de la plupart des collectivités locales au Cameroun est d'une moindre importance, à la lecture des différents comptes administratifs. Dans ces circonstances, l'on voit difficilement un fonctionnaire de l'État se

---

[86] REYMOND (J.-E), « Petite contribution à la philosophie d'une carrière », *Revue Administrative*, 1972, pp. 11-14 (spéc., p. 13).

[87] L'autonomie financière des collectivités territoriales décentralisées est précisée à l'art. 11 du Code Général des CTD. Il y est précisé que les ressources y afférentes sont « *librement gérées par les collectivités territoriales dans les conditions fixées par la loi* ».

[88] HAYATOU, *Les ressources propres des collectivités territoriales décentralisées au Cameroun : cas de la commune de DEMBO*, op. cit., p. 45.

[89] *Idem*

[90] *Idem*

[91] Le Code Général des Collectivités Territoriales Décentralisées indique en ce sens que la fraction des recettes de l'État affectées à la dotation générale de la décentralisation, laquelle est destinée au financement partiel de la décentralisation ne peut être inférieure à quinze pour cent (15 %). Voir l'art. 25 de la loi n° 2019/19.

[92] ESSONO OVONO (A), « L'autonomie financière des collectivités locales en Afrique noire francophone. Le cas du Cameroun, de la Côte d'Ivoire, du Gabon et du Sénégal », *op. cit.*, p. 17.

priver des avantages et privilèges constants qui lui sont régulièrement accordés pour projeter offrir ses services dans une collectivité locale. De la sorte, la soutenabilité financière compromet sérieusement cette éventualité. Toutefois, cette perspective peut néanmoins être envisageable si l'agent sait pouvoir compter sur le potentiel économique de la collectivité. Il est en effet observé que le déficit financier des collectivités locales s'explique en partie importante par la gouvernance tatillonne qui s'y prévaut. À la lumière des champs de compétences transférés aux collectivités, celles-ci peuvent constituer des incubateurs économiques, source d'attraction, et des investisseurs, et des fonctionnaires qui ne se priveraient pas d'un détachement. La fibre régionale serait d'un apport non négligeable dans ce sens.

2. L'exigibilité d'un environnement harmonieux de travail

La soutenabilité financière n'est pas la seule crainte que nourrit le recours à la technique du détachement des fonctionnaires nationaux auprès des collectivités locales. La question relative à l'environnement du travail se pose également avec acuité. L'on peut se limiter à deux considérations majeures, celle du rapport devant exister entre le fonctionnaire et les autres agents, mais aussi, la nature des responsabilités qui lui seront conférées.

Concernant le premier point, la situation ne pose pas une difficulté particulière s'il s'agit de recourir à l'assistance d'un maître (tresse) d'école primaire ou d'un agent averti aux questions environnementales. Par contre, la situation est plus complexe lorsqu'il s'agit de recourir aux services d'un cadre dont la présence peut avoir pour effet de faire des remontrances, soit au secrétaire général, soit aux différents chefs-services, ou encore à l'exécutif municipal. L'on sera en présence d'une sorte de climat délétère, peu propice à la performance exigée. L'idée sous-tendue serait même celle d'une tutelle ourdie, menaçant des intérêts prononcés. Il sera donc judicieux d'établir une communication organisationnelle, soucieuse de garantir l'ordre et la discipline. Le fonctionnaire détaché doit savoir garder présent à l'esprit qu'il est sous l'autorité hiérarchique de l'exécutif local, et sera assujetti à des mesures hiérarchiques[93], et au besoin, à des mesures disciplinaires[94].

CONCLUSION

Le chantier de la décentralisation au Cameroun amorce une phase décisive. Bientôt, la préoccupation majeure ne sera plus en termes de transfert de compétences et de moyens conséquents, mais plutôt en référence à l'efficacité dans la gestion des matières locales proprement dites. La mise en détachement des fonctionnaires auprès des collectivités territoriales fait partie des solutions

[93] Lire utilement SINGER (J), « La distinction entre mesure disciplinaire et mesure hiérarchique dans le droit de la fonction publique », *AJDA*, 1976, pp. 3-9 (spéc., p. 3-4).
[94] *Idem.*

envisageables, qui peuvent assurément produire des résultats flatteurs. Encore faudrait-il que les collectivités locales, en fonction de leur spécificité, ne ménagent aucun effort à l'effet de pleinement tirer profit de cette technique gratifiante de gestion des ressources humaines. Dans l'attente de l'avènement d'une fonction publique locale proprement dite, les collectivités locales restent éprouvées au plan financier et managérial. Elles n'auront d'autre choix que d'épouser une stratégie palliative, quoique temporaire. La mise en détachement des fonctionnaires auprès des collectivités locales reste donc une solution soutenable, à la condition d'en avoir une parfaire maîtrise des enjeux. Toujours est-il que l'oisiveté n'est pas permise. Les dernières échéances locales démontrent à suffisance que les populations locales ont désormais soif dans leurs approches concrètes, les projets de développement escomptés. La mise à disposition d'une ressource humaine de qualité est une condition nécessaire à la réalisation de cette noble mission.

LE RÉGIONALISME CONSTITUTIONNEL AU CAMEROUN : ETUDE D'UNE DYNAMIQUE D'INTÉGRATION NATIONALE À L'ÉPREUVE DU TERRORISME INTERNATIONAL

Emmanuel MOUBITANG

Docteur en droit public
Chargé de Cours
Centre d'Études et de Recherches en Droit International et Communautaire (CEDIC)
Université de Yaoundé II

« *Le processus de démocratisation que nous avons mis en œuvre ne saurait se déphaser par rapport à l'intégration nationale, qui apparaît comme une condition préalable, ni faire place à l'ouverture instantanée et sans précautions de toutes les vannes de la liberté et de l'égalité sans créer le risque élevé d'une résurgence chaotique de ses clivages antagonistes, ethniques et autres, toutes choses susceptibles de faire voler en fumée notre espoir d'intégration nationale* »[1].

RÉSUMÉ

En ces temps agités où les frontières se relâchent à la faveur de la mondialisation porteuse d'uniformisation et responsable de la dissolution des différences, on assiste curieusement au même moment à l'expression croissante des différences et à l'affirmation des particularismes. Ceci est valable aussi bien à l'échelle mondiale qu'à l'échelle nationale. Seulement, à y voir de près, on constate que ces différences, dans les États africains et particulièrement au Cameroun, s'appuient sur une base ethnique et linguistique, imprégnant ainsi les imaginaires collectifs et les comportements et participant à l'organisation sociale. Dans un tel climat, le régionalisme constitutionnel dont l'étape décisive vient d'être franchie avec l'adoption le 08 avril 2019 de la loi fixant le nombre, la proportion par catégorie et le régime des indemnités des conseillers régionaux constitue-t-il un danger ou

[1] Discours du Président Paul BIYA, cité par Ph. MENYE ME MVE, « La collaboration entre les acteurs de la décentralisation : contrôle de tutelle et de légalité », in *Mécanismes de la décentralisation*, Cours de l'ENAM, Yaoundé, Centre de Recherche et de Documentation, décembre 2004, p.45.

une réelle opportunité pour la consolidation de l'unité nationale ? Dans les contextes sécuritaire et politique actuels marqués par les exactions de la secte islamiste Boko Haram et la crise anglophone, le thème de l'unité nationale établi par l'acte constituant du 18 janvier 1996 et encadré par les règles constitutionnelles relatives à l'indivisibilité de la République, à l'intégrité du territoire et à l'organisation des pouvoirs publics au travers du régionalisme, alimente en permanence les discours des hommes politiques, des leaders d'opinion et des citoyens ordinaires au Cameroun. Tandis que certains célèbrent « *l'unité d'un pays un et indivisible* », d'autres dénoncent « *la marginalisation et la conspiration* », brandissent la menace sécessionniste ou à défaut, le retour au fédéralisme. Ainsi, au-delà de l'instinct patriotique manifesté par le rejet de toute influence étrangère dans leurs affaires intérieures, il reste difficile pour les Camerounais de dépasser leurs différences pour construire une nation multiculturelle débarrassée de luttes politiques et d'autres instrumentalisations ethniques et linguistiques.

ABSTRACT

In these turbulent times where borders are loosening in favor of globalization carrier of standardization and responsible for the dissolution of differences, at the same time, we are curiously witnessing the expression of differences and the affirmation of particularisms. This is valid both globally and nationally. Only, to see closely, we see that these differences, in African states and particularly in Cameroon, rely on an ethnic and linguistic base, thus permeating the collective imaginations and behaviors and participating in the social organization. In such a climate, constitutional regionalism whose decisive stage has just been crossed with the adoption on 08 April 2019 of the law fixing the number, the proportion by category and the system of allowances of regional advisors is it a danger or a real opportunity for the consolidation of national unity? In the current security and political context marked by the abuses of the Islamist sect Boko Haram and the anglophone crisis, the theme of national unity established by the constituent act of 18 January 1996 and framed by the constitutional rules relating to the indivisibility of the Republic, territorial integrity and the organization of public authorities through regionalism, constantly feeds the speeches of politicians, opinion leaders and ordinary citizens in Cameroon. While some celebrate « *the unity of a country one and indivisible* », others denounce « *marginalization and conspiracy* », brandish the secessionist threat or failing, the return to federalism. Thus, beyond the patriotic instinct shown by the rejection of any foreign influence in their internal affairs, it remains difficult for Cameroonians to go beyond their differences in order to build a multicultural nation free of political struggles and other ethnic and linguistic instrumentalizations.

INTRODUCTON

En une soixantaine d'années d'existence étatique, la productivité constitutionnelle du Cameroun est impressionnante. Les différentes Constitutions produites en 1960, 1961 et 1972 ont fait l'objet de multiples révisions, preuve d'une dynamique constitutionnelle[2] avérée. Cette dynamique constitutionnelle témoigne d'une quête permanente de modernité politique et d'une volonté d'adaptation de la loi fondamentale et des institutions politiques y afférentes à un environnement socio-politique complexifié par le pluralisme socio-ethnique et culturo-linguistique[3]. Le libéralisme politique, qui exige que le citoyen soit protégé contre le pouvoir, a conduit au renforcement de la garantie des droits ; lequel s'est traduit à la fois par l'introduction dans le droit positif de mesures significatives tendant à améliorer, dès la fin de l'année 1990, les relations entre l'administration et les particuliers et par l'amorce de rénovation du contrôle juridictionnel de l'administration. Le mouvement démocratique a, ensuite, induit une forte demande d'autonomie, voire d'indépendance, qui s'est exprimée par une poussée fédéraliste[4] et une pression décentralisatrice[5]. Il a inspiré, au plan local, « *l'élection véritablement démocratique des organes chargés d'administrer les communes et les nouvelles régions* »[6].

C'est donc en toute logique que l'article 1 alinéa 2 de la loi fondamentale dispose que : « *la République du Cameroun est un État unitaire décentralisé. Elle est une et indivisible, laïque, démocratique et sociale. Elle reconnaît et protège les valeurs traditionnelles conformes aux principes démocratiques, aux droits de l'homme et à la loi. Elle assure l'égalité de tous les citoyens devant la loi* ». Même s'il ne s'agit pas d'une révolution[7], il faut cependant

---

[2] Voir KAMTO (M) « Dynamique constitutionnelle du Cameroun indépendant », Revue Juridique africaine, n° 1, 2 et 3, 1995.

[3] Voir ATANGANA MVOGO (F.G), « Enjeux et signification politiques du régionalisme constitutionnel au Cameroun : Réflexion sur un investissement politique », Juridis-périodique, n° 53, janvier-février-mars 2003, p.94.

[4] Voir LEKENE DONFACK, « Le renouveau de la question fédérale au Cameroun », Penant, n° 826, janvier-avril 1998, pp. 30-36.

[5] Voir CABANIS (A) et MARTIN (M.L), « Les décentralisations de l'État et leurs ambivalences », in *Le constitutionnalisme de la troisième vague en Afrique francophone*, Collection PUR, Bruylant Academia, 2010, pp. 161-187 ; également, GUIMDO (B.R.), « Les bases constitutionnelles de la décentralisation au Cameroun (Contribution à l'étude de l'émergence d'un droit constitutionnel des collectivités territoriales décentralisées), Revue générale de droit, 29 (1), 1998, pp. 79-100.

[6] Voir KEUTCHA TCHAPNGA (C), « Les mutations récentes du droit administratif camerounais », *Afrilex*, n° 1, 2000, p. 3.

[7] Le constituant avait inséré, pour la première fois, dans le texte constitutionnel du 4 mars 1960, en son article 46, une disposition qui faisait des provinces et des communes des *« collectivités locales de l'État du Cameroun »*. Celles-ci devaient s'administrer librement par des conseils élus, être dotées de la personnalité morale et jouir de l'autonomie financière.

reconnaître qu'une évolution significative a été opérée[8]. À la différence de la Constitution du 2 juin 1972, celle du 18 janvier 1996 innove en donnant des « *bases constitutionnelles originales* »[9] aux collectivités territoriales décentralisées. La décentralisation qu'institue cette Constitution est communale et surtout régionale. Elle consiste en la création des régions dotées de la personnalité juridique et qui gèrent leurs propres affaires dans les conditions d'une relative autonomie par rapport au pouvoir central, grâce à des conseils élus en leur sein. Malgré l'autonomie qui leur est reconnue, les régions sont englobées dans une autre collectivité territoriale plus vaste (l'État) qui leur transfère des compétences[10], des missions et des ressources qui lui étaient initialement réservées.

Le régionalisme trouve son origine en occident, il y a de cela plusieurs décennies. Dénoncé par certains États d'Afrique francophone[11] en termes vigoureux qui étonnent les Occidentaux habitués à considérer cette notion comme plutôt positive, voire susceptible d'approfondir la démocratie en rapprochant les citoyens des centres de décision, il est aujourd'hui pratiqué dans de nombreux États telles la France, la Belgique, l'Espagne, la République Démocratique du Congo etc. ; le plus souvent comme thérapeutique pour calmer les courants centrifuges à portée autonomiste.

Au Cameroun, la constitutionnalisation des régions en janvier 1996 n'est aucunement un fait du hasard. Elle répond « *aux injonctions des instances internationales et d'abord du FMI, dans le cadre des plans d'ajustement*

---

[8] Voir GUIMDO (B.R), « Les bases constitutionnelles de la décentralisation territoriale au Cameroun (Contribution à l'étude de l'émergence d'un droit constitutionnel des collectivités territoriales décentralisées au Cameroun), Op.cit., p.81.

[9] Idem.

[10] Voir NGANG (J.M), « Transfert et répartition de compétences en droit de la décentralisation au Cameroun », *Revue africaine des Sciences Juridiques*, n° 1, l'Harmattan, 2014, pp. 211-247.

[11] En Algérie, l'article 9 de la Constitution énonce que « *les institutions s'interdisent les pratiques (...) régionalistes et népotiques* ». Le Bénin, dans son préambule, place le régionalisme parmi toute une série de pratiques, tels « l'arbitraire, la dictature, l'injustice, la corruption, la concussion (…), à l'égard desquels il manifeste une « *opposition fondamentale* ». C'est également dans son préambule que la Charte guinéenne condamne « *l'injustice, la corruption, le népotisme et le régionalisme* ». Le Niger associe, pour le bannir « *sous peine de poursuites judiciaires* », le régionalisme à « *l'ethnocentrisme, l'esprit de clan, le népotisme, l'esprit féodal, l'enrichissement illicite, le favoritisme (...)* ». Cf. article 5 alinéa 3 de la Constitution nigérienne. Le Tchad dénonce après « *le régionalisme* », « *le tribalisme, le népotisme, les inégalités sociales » (préambule) condamnant encore « la propagande à caractère tribal et régional* » (article 5). L'on ne s'étonnera pas que ce pays, menacé plus que d'autres d'éclatement sous des influences extérieures, revienne à de très nombreuses reprises dans sa Charte suprême sur l'union de tous les Tchadiens, sur l'amitié entre les diverses communautés, sur le rejet de l'intolérance, sur l'unité des ethnies dans le respect de leurs diversités, sur le refus de la méfiance entre les diverses communautés, jusqu'à ériger la superficie du territoire en élément du corps constitutionnel (article 2). Voir CABANIS (A) et MARTIN (M L), « Les décentralisations de l'État et leurs ambivalences », in *Le constitutionnalisme de la troisième vague en Afrique francophone*, Op.cit. pp.166-167.

structurels, contraignant les États africains à limiter le nombre de leurs agents et à diminuer le champ de leurs interventions »[12]. Au-delà même des contraintes inséparables de l'obtention d'aides financières extérieures, le discours dominant un peu partout dans le monde tend à exalter le libéralisme économique et à préconiser le rétrécissement du champ d'intervention de l'État jusqu'à se limiter aux fonctions régaliennes dans leur format le plus réduit. Cette régionalisation est surtout conforme à l'esprit et à la lettre de la Constitution.

En effet, l'idée d'un Cameroun « *uni et indivisible* » remonte à l'époque de la colonisation[13]. En juillet 1884, les chefs Douala affirmaient déjà, lors des négociations avec les autorités allemandes, qu'ils s'exprimaient « *au nom du Kamerun et de tous les Camerounais* »[14]. Par la suite, tous les patriotes, qui se sont illustrés dans l'histoire, se sont toujours présentés comme des Camerounais sans distinction d'ethnies, de régions ou de religions. Ainsi, en août 1919, après la partition du Cameroun proposée dans l'Accord de Londres (*The London Agreement*) du 04 mars 1916 par les Anglais et les Français, les « *populations du Cameroun* » envoyèrent une pétition à la Conférence de Versailles, en août de la même année, en vue de s'opposer à la partition du Cameroun et réclamer le droit de choisir laquelle, des deux puissances, devait administrer l'ensemble de l'ancien Kamerun allemand. Les signataires de cette pétition des « *populations du Cameroun* » furent DOUALA MANGA BELL et d'autres élites Douala. Cette intégration s'est poursuivie sur l'ensemble du territoire national à travers l'expansion de certains partis politiques aux dénominations évocatrices tels que : « *Union des Populations du Cameroun (UPC, 1948) ; One Cameroon (équivalent de l'UPC au Cameroun sous tutelle britannique) ; Kamerun United National Congress (KUNC, 1950) ; Kamerun National Democratic Party (KNDP, 1954) ; Union Camerounaise (UC, 1958) ; Union nationale Camerounaise (UNC, 1966) ; Rassemblement Démocratique du Peuple Camerounais (RDPC, 1985)* »[15].

En outre, dans son préambule, la Constitution dispose : « *Le peuple camerounais, fier de sa diversité linguistique et culturelle, élément de sa personnalité nationale qu'elle contribue à enrichir, mais profondément conscient de la nécessité impérieuse de parfaire son unité, proclame solennellement qu'il constitue une seule et même nation, engagée dans le même destin et affirme sa volonté inébranlable de construire la Patrie camerounaise sur la base de l'idéal de fraternité, de justice et de progrès* ».

---

[12] Ibid., p.172.
[13] Voir MINJES/CAB, Stratégie camerounaise d'intégration nationale, 2015, p.29, http://www.minjec.gov.cm/images/integration/STRATEGIE.pdf
[14] Idem.
[15] Idem.

Ainsi donc, autant avant l'indépendance et la Réunification qu'après ces évènements fondateurs, l'intention unificatrice et intégratrice des citoyens camerounais a toujours sous-tendu l'évolution du Cameroun. Cependant, force est de reconnaître que l'institution régionale coïncide avec deux faits majeurs : la lutte contre le terrorisme islamiste international que le groupe Boko Haram[16] impose au Cameroun dans la région de l'Extrême-Nord couplée aux coups de boutoir des sécessionnistes terroristes dans les régions du Nord-Ouest et du Sud-Ouest. Dans ces conditions, le régionalisme constitutionnel dont l'étape décisive vient d'être franchie avec l'adoption le 08 avril 2019 de la loi fixant le nombre, la proportion par catégorie et le régime des indemnités des conseillers régionaux[17] constitue-t-il un danger ou une réelle opportunité pour la consolidation de l'unité nationale ? Notre préoccupation revêt toute son importance dès lors que l'on prend en considération le fait que, « *contrairement à la France, source d'inspiration institutionnelle du Cameroun, ce dernier a choisi d'inscrire l'institution régionale dans les lignes de sa Constitution, rehaussant ipso facto son statut* »[18].

En tout état de cause, du point de vue de son organisation et de sa finalité, le régionalisme constitutionnel est fait de pluralité et de diversité, source de vitalité pour le vivre ensemble harmonieux (**I**). Mais cette solution qui est loin de faire l'unanimité, « *a progressivement transformé les sentiments identitaires en revendications d'autodétermination interne voire nationalistes virulentes* »[19], comme en témoignent les mobilisations de certains contestataires anglophones et islamistes terroristes qui font irruption sur une scène politique déstabilisée et remise en cause par la crise qui frappe l'universalité du modèle politique unitaire au Cameroun (**II**).

---

[16] Voir METOU (B.M), « Le statut juridique des personnes détenues dans le cadre de la lutte contre Boko Haram », Revue africaine des Sciences Juridiques n° spécial, l'Harmattan, 2015, pp.121-171.

[17] Cette nouvelle loi fixe à 90 (70 délégués issus des départements et 20 représentants du commandement traditionnel), le nombre de conseillers régionaux par région. En outre, elle tend à garantir la représentation de chaque arrondissement (360 au total) par au moins un conseiller au sein du grand Conseil régional.

[18] Voir ATANGANA MVOGO (F.G), « Enjeux et signification politiques du régionalisme constitutionnel au Cameroun : Réflexion sur un investissement politique », Op.cit., p.94.

[19] Voir MENTHONG (H.L) « La construction des enjeux locaux dans le débat constitutionnel au Cameroun », in MELONE (S), MINKOA SHE (A), SINDLOUN (L), (dir.), *La réforme constitutionnelle du 18 janvier 1996 au Cameroun : Aspects juridiques et politiques*, Fondation FRIEDRICH EBERT, GRAP, 1996, p.161.

I. LE RÉGIONALISME CONSTITUTIONNEL : UNE OPPORTUNITÉ DE RENFORCEMENT DE L'INTÉGRATION NATIONALE

Le régionalisme établi par l'acte constituant du 18 janvier 1996 est encadré par les règles constitutionnelles relatives à l'indivisibilité de la République, à l'intégrité du territoire (**A**) et à l'organisation des pouvoirs publics au travers des prérogatives reconnues aux organes de l'Etat (**B**).

A. La préservation de l'unité et de l'indivisibilité de la République

La nécessité de préserver l'unité et l'indivisibilité de la République passe par l'analyse des implications de l'État unitaire. En effet, le régionalisme comme voie d'exécution de l'État se développe dans le cadre d'un État unitaire. Or, le Cameroun est acquis au principe de l'unité et de l'indivisibilité de la République[20]. Ce principe est magnifié à travers l'unité politique (**1**) et l'unité territoriale de l'État (**2**)

1. L'unité politique de l'État

L'unité politique se traduit par l'unicité du pouvoir d'État (**a**) et l'unité du peuple camerounais (**b**).

a. L'unicité du pouvoir d'État

L'unité politique se traduit par l'unicité des trois grands pouvoirs d'État que sont : le pouvoir exécutif, le pouvoir législatif et le pouvoir judiciaire.

Pris individuellement, l'unicité du pouvoir exécutif s'entend comme l'impossibilité d'accorder aux régions un pouvoir réglementaire propre[21]. Donc, seul le pouvoir exécutif dispose du pouvoir réglementaire. Ainsi, c'est lui qui définit les modalités d'application des lois adoptées par le pouvoir législatif en matière de régionalisation.

L'unicité du pouvoir législatif dans le cadre de l'État unitaire peut se traduire par une formule lapidaire : « *un Parlement pour toute la République. Seul le Parlement dispose du pouvoir d'élaborer et d'adopter les lois* »[22]. C'est la conséquence à la fois de l'unité du pouvoir législatif, de la primauté de la loi et du fait que la Constitution confie au Premier ministre un pouvoir d'exécution des lois et l'exercice du pouvoir réglementaire sous réserve de

---

[20] Voir Loi n° 96/06 du 18 janvier 1996 portant révision de la Constitution du 02 juin 1972, article 1 alinéa 2.

[21] Voir KEUDJEU DE KEUDJEU (J.R), *La problématique du contrôle de l'État sur les collectivités territoriales décentralisées au regard de la loi constitutionnelle du 18 janvier 1996*, Mémoire de DEA en droit public, Université de Douala, 2008, p.58.

[22] Idem.

celui attribué au Président de la République[23]. Toutefois, les autorités locales jouissent du pouvoir d'organisation qui incombe à toute autorité administrative. De même, rien n'empêcherait le législateur de renvoyer au pouvoir réglementaire local, à condition qu'il ne puisse en résulter des inégalités, incompatibilités avec les exigences de l'égalité devant la loi en ce qui concerne l'exercice des libertés publiques ou les exigences de la solidarité nationale[24]. L'on peut en déduire l'existence des pouvoirs implicites permettant aux régions de prendre les mesures réglementaires nécessaires à l'exercice de leurs compétences dans le silence de la loi et des décrets d'application[25].

L'unicité du pouvoir judiciaire traduit quant à lui, le souci d'établir une même justice pour tous à travers le territoire. Il s'agit d'une manifestation du principe de l'égalité de tous devant les mêmes lois, quel que soit le tribunal devant lequel l'on comparait[26]. Il en résulte que la région n'a aucune compétence de type juridictionnel. Ce qui se traduit également par la subordination hiérarchique du Président du Conseil régional au Procureur de la République lorsqu'il agit en tant qu'Officier de police judiciaire.

b. L'unité du peuple camerounais

L'unité du peuple, née sous l'ancien régime en France, est devenue un principe cardinal, révolutionnaire et post révolutionnaire. En effet, elle implique que les citoyens doivent se voir appliquer les mêmes lois, de la même manière, par la même administration, quel que soit l'endroit du territoire où ils se trouvent dans la République. C'est fort de cela que le Conseil constitutionnel français déduisait du principe d'indivisibilité et de l'égalité de tous les citoyens devant la loi « *le principe d'unicité du peuple français, dont aucune section ne peut s'attribuer l'exercice de la souveraineté nationale* ». Il précise par la suite que les principes fondamentaux « *s'opposent à ce que soient reconnus des droits collectifs à quelques groupes que ce soit, définis par une communauté d'origine, de culture, de langue ou de croyance* »[27].

---

[23] Voir Loi n° 96/06 du 18 janvier 1996 portant révision de la constitution du 02 juin 1972, article 12.

[24] Voir MARCOU (G), « Le principe d'indivisibilité de la République », in *La République*, Collection Pouvoirs, Revue française d'études constitutionnelles et politiques n° 100, novembre 2000, pp. 53-54

[25] Voir CE. 13 Février 1985, Syndicat communautaire de la ville nouvelle de Bergy-Pontoise », *AJDA*, 1985, p.271, note J. MORAU.

[26] En ce sens, voir CE Ass., 7 février 1958, Syndicat des propriétaires des forets de chaînes liège d'Algérie.

[27] En ce sens, voir la décision du Conseil Constitutionnel du 9 mai 1991 sur la Corse, celle du 30 août 1994 sur les lois relatives aux statuts de la Polymérie française et de la Nouvelle-Calédonie. Pour une analyse de cette question, lire MARCOU (G.), « Le principe d'indivisibilité de la République », op.cit., p 55-60.

Cette unicité s'oppose à la reconnaissance au sein de la République d'une autre entité portant le nom de peuple[28].

2. L'unité territoriale de l'État

L'unité territoriale quant à elle est la résultante du fait que l'État dispose d'un territoire et d'un seul territoire. Mais cette notion de territoire intègre plusieurs éléments à savoir : le territoire terrestre qui comporte le sol et le sous-sol, le territoire aérien et le territoire maritime. Le principe d'unité territoriale soumet ainsi l'ensemble de ces éléments à une juridiction. Les seules frontières reconnues étant celles qui séparent l'État de ses homologues. C'est fort de cela que ce principe interdit une police des frontières entre les différentes régions et s'oppose à toute dynamique sécessionniste.

B. La garantie de l'unité et de l'indivisibilité de la République

La loi constitutionnelle du 18 janvier 1996 rappelle en son article 1er que « *La République du Cameroun est un État unitaire décentralisé et indivisible* ». Cette indivisibilité consacre la prépondérance de l'unité dans une démocratie adaptée à ce contexte. C'est en ce sens que des attributions sont reconnues aux organes centraux de l'État (**1**) ainsi qu'au représentant de l'État dans la région (**2**) « *pour prémunir le pays contre toute tentative de sécession* »[29].

1. Les prérogatives des organes centraux de l'État

Il convient de présenter les compétences du législateur (**a**) avant d'indiquer celles du Président de la République (**b**).

a. Les prérogatives du Parlement

En principe, les régions ne peuvent se voir doter de compétences que la Constitution réserve au Parlement. Par conséquent, elles ne peuvent fixer les règles ou déterminer des principes dans les matières que l'article 26 place dans le domaine de la loi. Après avoir précisé les dispositions constitutionnelles relatives aux prérogatives du législateur ainsi que l'étendue de ces dernières, on tentera de dégager les limites de la compétence législative.

D'après la Constitution, « *l'organisation, le fonctionnement, la détermination des compétences et des ressources des collectivités territoriales*

---

[28] Voir KEUDJEU DE KEUDJEU (J.R), La problématique du contrôle de l'État sur les collectivités territoriales décentralisées au regard de la loi constitutionnelle du 18 janvier 1996, op.cit., p.58.

[29] Voir GUIMDO (B.R), « La constitutionnalisation de la décentralisation au Cameroun : L'apport du constituant du 18 janvier 1996 dans la construction d'un droit constitutionnel des collectivités territoriales décentralisées », in *La réforme constitutionnelle du 18 janvier 1996 au Cameroun : Aspects juridiques et politiques*, GRAP, Fondation FRIEDRICH-EBERT, 1996, p.311.

décentralisées »[30] ; « le régime des élections aux Assemblées régionales et locales »[31] sont du domaine de la loi. Les collectivités territoriales décentralisées « *s'administrent librement par des conseils élus et dans les conditions fixées par la loi* »[32]. « *L'État assure la tutelle sur les collectivités territoriales décentralisées dans les conditions fixées par la loi* »[33]. « *L'organisation, le fonctionnement et le régime financier des collectivités territoriales décentralisées sont déterminés par la loi* »[34]. La loi détermine : « *le partage des compétences entre l'Etat et les régions dans les matières déléguées, les ressources des régions, le domaine et le patrimoine particulier de la région* »[35]. De manière plus spécifique, la loi fixe « le mode d'élection, le nombre, la proportion par catégorie, le régime des inéligibilités, des incompatibilités et des indemnités des conseillers régionaux »[36]. Elle fixe les autres cas de suspension du Conseil régional[37] et du Président avec le bureau régional[38] ; elle détermine les autres cas de dissolution du Conseil régional[39] et les autres cas de destitution du Président et du bureau du Conseil régional[40] ; elle fixe les modalités d'application des articles 59 et 60 dont la substance a trait à la discipline des organes régionaux. Enfin, sans préjudice des dispositions relatives aux collectivités territoriales décentralisées contenues dans le titre 10 de la Constitution, « *la loi peut tenir compte des spécificités de certaines régions dans leur organisation et leur fonctionnement* »[41]. Au vu de ce qui précède, les compétences législatives sont nombreuses, mais elles sont limitées.

Comme le fait observer le Professeur Georges VEDEL : « *l'attribution d'une compétence au législateur par la Constitution n'est pas un blanc-seing et ne comporte aucune autorisation de méconnaître les droits et libertés individuels ou collectifs de valeur constitutionnelle. Admettre que la définition des compétences respectives de l'État et des collectivités territoriales est à la discrétion totale du législateur reviendrait à priver de tout contenu le principe de libre administration* »[42]. En France par exemple, le Conseil Constitutionnel

---

[30] Voir Constitution du 18 janvier 1996, article 26, alinéa 2c-3.
[31] Ibid., alinéa 2c-1.
[32] Ibid., article 55, alinéa 2.
[33] Ibid., alinéa 3.
[34] Ibid., alinéa 5.
[35] Ibid., article 56, alinéa 2.
[36] Ibid., article 57, alinéa 2, paragraphe 3.
[37] Ibid., article 59, alinéa 1er, paragraphe 2.
[38] Ibid., article 60, alinéa 1er, paragraphe 2.
[39] Ibid., article 59, alinéa 2, paragraphe 2.
[40] Ibid., article 60, alinéa 2, paragraphe 2.
[41] Ibid., article 62, alinéa 2.
[42] Voir VEDEL (G), « Le droit au logement et le principe de la libre administration des collectivités locales », 1ere partie, Pouvoirs locaux, n° 7, 1990, p.88, cité par GUIMDO (B.R), « La constitutionnalisation de la décentralisation au Cameroun : L'apport du constituant du 18 janvier 1996 dans la construction d'un droit constitutionnel des collectivités territoriales décentralisées », Op. cit., p.313.

a, par deux décisions rendues en 1990, indiqué que le principe de libre administration des collectivités territoriales limite réellement les pouvoirs du législateur et que le juge constitutionnel serait prêt à en assurer le respect dans le cas d'un retour offensif de la centralisation[43]. Dans le même sens, le Professeur Bernard Raymond GUIMDO écrit que : « *les compétences du législateur se limitent à ce qui concerne la décentralisation elle-même ; elles ne s'étendent pas à des mesures qui n'ont pas d'effet direct sur les collectivités territoriales* »[44], de même qu'elles ne peuvent pas empiéter sur celles dévolues au Président de la République.

b. Les prérogatives du Président de la République

Au Cameroun, le Président de la République est le détenteur principal du pouvoir réglementaire conformément à l'article 8 alinéa 8 de la Constitution. C'est ainsi qu'il peut, en tant que de besoin : « *modifier les dénominations et les délimitations géographiques des régions existantes* »[45] ; créer d'autres régions auxquelles il attribue une dénomination et fixe leurs délimitations géographiques[46]. Sur le plan disciplinaire, le Président de la République peut suspendre ou dissoudre, après avis du Conseil Constitutionnel, le Conseil régional lorsque celui-ci *« accomplit des actes contraires à la Constitution ; porte atteinte à la sécurité de l'État ou à l'ordre public ; met en péril l'intégrité du territoire* »[47]. Le Président de la République peut aussi suspendre ou destituer le Président et le bureau du Conseil régional pour les mêmes faits[48]. Dans un cas comme dans l'autre, la substitution de plein droit par l'État est décidée par le Président[49]. Enfin, toute compétence retirée par la loi aux collectivités territoriales peut être exercée par le Président de la République ou, par délégation, par le Gouvernement, et à un niveau inférieur par un des organes déconcentrés de l'État. C'est le cas du délégué nommé dans la région par le Président de la République pour représenter l'État.

2. Les prérogatives du représentant de l'État

L'article 58 alinéa 1er de la Constitution définit les missions du délégué de l'État (**a**) en ces termes : « *dans la région, un délégué nommé par le Président de la République représente l'État. À ce titre, il a la charge des intérêts nationaux, du contrôle administratif, du respect des lois et règlements et du maintien de l'ordre ; il supervise et coordonne sous l'autorité du*

[43] Voir VEDEL (G), « Le droit au logement et le principe de la libre administration des collectivités locales », 2e partie, Pouvoirs locaux, n° 7, 1990, p.18.

[44] Voir GUIMDO (B.R), « La constitutionnalisation de la décentralisation au Cameroun : L'apport du constituant du 18 janvier 1996 dans la construction d'un droit constitutionnel des collectivités territoriales décentralisées », Op. cit., pp.313-314.

[45] Constitution du 18 janvier 1996, article 61.

[46] Ibid., article 61, alinéa 2b.

[47] Ibid., article 59.

[48] Ibid., article 60.

[49] Ibid., article 59 alinéa 3 et article 60 alinéa 3.

Gouvernement, les services des administrations civiles de l'État dans la région ». Ses pouvoirs (**b**) sont précisés à l'alinéa 2 : « *il assure la tutelle de l'Etat sur la région* ».

a. Les missions du délégué de l'État

Le délégué de l'État dans la région a pour mission la charge des intérêts nationaux, le respect des lois et règlements, le maintien de l'ordre, la supervision et la coordination des services des administrations civiles de l'État. La charge des intérêts nationaux concerne la sauvegarde desdits intérêts. On peut y rattacher l'application des engagements internationaux qui ont été contractés à cette fin. La charge des intérêts nationaux implique aussi que si l'État est en cause, c'est son délégué dans la région qui doit intervenir. Le respect des lois et règlements englobe toute la légalité administrative, ainsi, l'acte contraire à un règlement légalement pris sera contraire à la loi. Le respect des lois et règlements implique, en premier lieu, que lorsque s'avère nécessaire de prendre des mesures réglementaires ou individuelles pour assurer le respect de la législation dans le territoire d'une région, ces mesures vont être prises par le délégué de l'État. Ce respect implique en second lieu que le délégué de l'État doit veiller à ce que dans sa circonscription les lois et règlements soient exécutés aussi bien par les services de la région que par ceux de l'État. Le maintien de l'ordre est une mission classique des autorités administratives. Il consiste en la préservation de la tranquillité, de la sécurité et de la salubrité publiques dans la région par le délégué de l'État. La supervision et la coordination des services des administrations civiles de l'État consistent pour le délégué de l'État à s'assurer de leur bonne marche, par des descentes sur le terrain, la tenue des réunions et l'édiction d'instructions. Elles consistent enfin, pour le délégué de l'État, à régler les conflits de compétences qui surviennent souvent entre les responsables de même service ou de services différents.

Les missions ainsi assignées au délégué de l'Etat par la Constitution se définissent comme « *des objectifs qui participent de la quotidienneté administrative, c'est-à-dire de ce qu'une autorité administrative doit faire tous les jours ce qui peut impliquer les pouvoirs* »[50].

b. Les pouvoirs du délégué de l'État

La Constitution donne au délégué de l'État dans la région un pouvoir de « *contrôle administratif* » et un pouvoir de tutelle qu'il assure sur la région. Il s'agit en fait d'un même pouvoir, car le contrôle administratif comme le contrôle de tutelle impliquent un droit de regard du représentant de l'État sur les actes et la gestion des organes de la région, c'est-à-dire un droit

---

[50] Voir GUIMDO (B.R), « La constitutionnalisation de la décentralisation au Cameroun : L'apport du constituant du 18 janvier 1996 dans la construction d'un droit constitutionnel des collectivités territoriales décentralisées », Op. cit., p.316.

d'approbation, de suspension, d'annulation des actes des organes régionaux, et un droit de sanction sur la personne de ces organes. En définitive, « *le contrôle administratif et le contrôle de tutelle permettent au délégué de l'Etat de pouvoir s'opposer d'abord, non seulement à des décisions, mais aussi à des comportements contraires à la loi, il doit pouvoir ensuite s'opposer à des actes qui, sans être contraires à des textes formels mettent en cause les intérêts nationaux* »[51].

En somme, les régions telles qu'établies dans la Constitution du 18 janvier 1996 n'ont pas et, ne peuvent avoir « *la compétence de leur compétence, et par suite leur compétence ratione materiae reste inévitablement limitée, quelle que soit la formule pour la désigner* »[52]. Elles n'ont d'autonomie que celle qui leur est reconnue par l'État, de moyens d'action, de ressources et de compétences que ceux que l'État leur concède ; étant entendu que « *l'État veille au développement harmonieux de toutes les collectivités territoriales décentralisées sur la base de la solidarité nationale, des potentialités régionales et de l'équilibre inter-régional* »[53]. Malgré le désir exprimé par certains Camerounais d'avoir « *leur État à eux* » et les revendications clairement et ouvertement énoncées par certains Camerounais d'origine anglophone, le pouvoir central est resté ferme dans sa position, à savoir que l'unité et l'indivisibilité de l'État telles qu'inscrites dans le texte constitutionnel ne doivent pas être, et ne seront pas, une fiction, mais une réalité[54]. Mais au fait, le Cameroun est-il vraiment « *un* », est-il réellement une République « *indivisible* » ? N'est-il pas « *une fédération qui s'ignore* »[55] ou alors un « *État régional* » non avoué ? Ces questions pertinentes du Professeur Bernard Raymond GUIMDO[56] restent d'actualité.

II. LE RÉGIONALISME CONSTITUTIONNEL : UNE OCCASION MANQUÉE DE CONSOLIDATION DE L'UNITÉ NATIONALE

Cinquante-neuf (59) ans après la réunification des deux Cameroun[57], l'unité retrouvée commence à battre de l'aile. Le régionalisme constitutionnel,

---

[51] Ibid., p.317.
[52] Voir AUTEXIER (Ch), « L'ancrage constitutionnel des collectivités de la République », RDP, 1981, p.619.
[53] Voir Constitution du 18 janvier 1996, article 55 alinéa 4.
[54] Voir FABRE (V.M.-H), « L'unité et l'indivisibilité de la République, réalité ? fiction ? », RDP, 1982, pp.603-622.
[55] Voir MICHALON (T), « La République française, une fédération qui s'ignore ? », RDP, 1982, pp.623-688.
[56] Voir GUIMDO (B.R), « La constitutionnalisation de la décentralisation au Cameroun : L'apport du constituant du 18 janvier 1996 dans la construction d'un droit constitutionnel des collectivités territoriales décentralisées », Op. cit., pp.309-310.
[57] L'idée de la Réunification vient du désir des Camerounais de vivre ensemble comme pendant la période allemande. À l'issue du plébiscite organisé par l'ONU dans le Cameroun britannique,

conçu pour préserver cette unité, a plutôt exacerbé les aspirations indépendantistes de certains acteurs politiques, en l'occurrence les anglophones et les islamistes qui utilisent le terrorisme international pour contester l'ordre unitaire régionalisé de l'État (**A**). Le retour au fédéralisme comme cadre de structuration des champs politiques périphériques structure une partie du champ discursif sur la recomposition territoriale du Cameroun (**B**).

A. La contestation politique du régionalisme

La consécration constitutionnelle de la décentralisation régionale selon le principe de l'indivisibilité de la République a progressivement transformé les sentiments identitaires en revendications d'autodétermination interne, comme en témoignent la rébellion sécessionniste terroriste anglophone (**1**) et l'insurrection islamiste terroriste de Boko Haram (**2**).

1. La rébellion sécessionniste terroriste interne

L'intégrité territoriale du Cameroun est menacée par les aspirations d'un mouvement séparatiste terroriste[58], lequel a profité de la brèche ouverte par la crise sociopolitique qui secoue la partie anglophone depuis près de trois ans pour pousser son agenda politique[59]. L'identité politique anglophone[60] qui est au centre de cet agenda se présente comme la manifestation de la distinction par différenciation (**a**) corrélée à la diabolisation de l'État unitaire dit des « *francophones* »[61] (**b**).

a. La construction de la « *distinction anglophone* »

La renaissance de l'identité anglophone est un mouvement qui procède de la réaffirmation d'éléments d'identité auparavant en déclin du fait de « *l'âge d'or de l'État unitaire centralisé* »[62]. L'identité anglophone comporte un double aspect : « *négatif de différenciation, de distinction vis-à-vis des*

---

le 1er octobre 1961, cette partie du Cameroun est indépendante et accepte de se rattacher le même jour au Cameroun Oriental pour former la République Fédérale du Cameroun.

58 Après avoir empêché les enfants d'aller à l'école et perturbé l'activité économique, ils montent d'un cran dans la violence, attaquent et tuent des membres des forces de l'ordre isolés, prennent en otage des personnalités, au nom d'une organisation terroriste se réclamant d'objectifs clairement sécessionnistes.

59 La volonté de créer un État indépendant du *Southern Cameroons* date de septembre 1959. En effet, des partis politiques tels que le *Kamerun United Party*, le *Cameroos Commoners Congress* et le *Cameroons indigenous Party* réclament l'indépendance immédiate du Southern Cameroons.

60 Voir MENTHONG (H.L), « La construction des enjeux locaux dans le débat constitutionnel au Cameroun », in MELONE (S), MINKOA SHE (A), SINDJOUN (L), (dir.), *La réforme constitutionnelle du 18 janvier 1996 au Cameroun : Aspects juridiques et politiques*, Op.cit., p.151.

61 Idem.

62 Idem.

francophones réputés majoritaires et, positif de partage d'un certain nombre de traits communs que sont l'histoire, la langue, l'espace géographique »[63]. Les Camerounais anglophones fondent leur singularité sur le passé colonial[64]. Toutefois, les revendications des indépendantistes de l'Ambazonie[65] s'inscrivent dans « *un mouvement planétaire de résurgence des nationalismes : en Catalogne, où les « Catalibans » disposant d'une large autonomie, peinent à justifier leur départ d'un État multinational ; en Belgique, où la Flandre renâcle ; en Italie où la Lombardie s'apprête elle aussi à crier ses velléités séparatistes au nom de la « désunita* »[66]. Ainsi, l'identité anglophone commence à se structurer autour du *Cameroon Anglophone Movement (CAM)* en 1992. Profitant de l'amorce du processus de révision constitutionnelle, les militants anglophones s'organisent en groupe de pression lors de la *All Anglophone Conference (AAC)* qui se réunit à Buea les 2 et 3 avril 1993 et dont l'objet est « *d'adopter une position commune à tous les anglophones à l'égard du débat sur la réforme constitutionnelle qui va s'ouvrir…, ainsi que d'examiner d'autres sujets qui concernent notre bien-être et celui de notre descendance, de notre territoire et de la nation camerounaise tout entière* »[67]. C'est lors de ces assises que seront articulées de manière systématique les demandes spécifiques de la communauté anglophone en matière de formulation d'un nouveau code d'identification nationale, imposant « *le problème anglophone* »[68] dans le champ politique comme l'un des points focaux de discussions autour de la forme de l'État au Cameroun. Ces conférences connaissent la participation active des deux architectes anglophones de la réunification : John NGU FONCHA (premier

---

[63] Ibid., p.152.

[64] SINDJOUN (L) déclare à cet effet que « *La libération politique est un moment de construction de la communauté anglophone en groupe ethnique dont l'ancêtre fondateur est l'administration britannique, le territoire identitaire, l'ex -Southern Cameroons, et la langue de référence l'anglais* ». Voir L. SINDJOUN, « Mobilisation politique du pluralisme culturel et crise de l'État-nation au Cameroun », in J. MANE (dir.), État, Démocratie, sociétés et culture en Afrique, Dakar, éditions Démocraties africaines, cité par H.L. MENTHONG « La construction des enjeux locaux dans le débat constitutionnel au Cameroun », Op.cit., p.152.

[65] Le nom de la République rêvée par les sécessionnistes terroristes anglophones.

[66] Lire Eugène EBODE « Cameroun : réflexions sur la désunion qui menace », Jeune Afrique, 16 octobre 2017 https://www.jeuneafrique.com/483481/politique/cameroun-reflexions-sur-la-desunion-qui-menace/ consulté le 05 mai 2019.

[67] Voir Déclaration de Buea, in Politique Africaine, n° 51, Paris, Kartala, 1993, p.140.

[68] Le problème anglophone a toujours existé dans l'histoire politique du Cameroun post-colonial. Il a connu des moments décisifs, mais également des épisodes critiques où l'expression du problème a entraîné des crises politiques. Autant ces moments de crise ont marqué la vie politique du Cameroun, autant on retrouve une tradition de volonté d'autonomie au sein d'une partie du leadership politique anglophone. L'idée d'indépendantisme puise ses racines dans la période précoloniale, précisément à la veille de la décolonisation où l'establishment politique du Cameroun anglophone a exprimé auprès des Nations Unies sa volonté de devenir un État indépendant, détaché de l'encombrant voisin nigérian et du Cameroun francophone. Une idée rejetée par les Nations Unies qui doutaient de la viabilité économique, démographique et politique d'un tel micro État.

Vice-Président de la Fédération de 1961 à 70) et Salomon TANDENG MUNA (qui prit le relais de 1970 à 1972). Leurs démissions du Comité Consultatif Constitutionnel en 1994 à cause du rejet de l'option fédérale par ledit Comité, traduisent l'échec du lobbying anglophone à infléchir un processus qui aboutira à la promulgation d'une nouvelle Constitution en 1996, prévoyant un régime de décentralisation régionale. Les positions se durcissent après cet échec, entrainant la résurgence dans le landernau politique de plusieurs forces appelant à la sécession : le Mouvement de restauration des Cameroun du Sud (*South Cameroons Restoration Movement, SCARM*) ; la Ligue de la jeunesse des Cameroun du Sud (*Southern Cameroons Youth League, SCYL*), qui recrute majoritairement dans les milieux estudiantins anglophones, et le Conseil national des Cameroun du Sud (*South Cameroons National Council, SCNC*) qui chapeaute toutes ces organisations satellites. Une dynamique insurrectionnelle commence à germer, comme en témoigne l'arrestation en 1997 des membres de la SCYL qui essayaient d'acquérir des explosifs, ou les affrontements violents de 1999 lorsque des militants sécessionnistes parviennent à faire lire une proclamation d'indépendance dans la branche locale de la station de radio et télévision nationale à Buea.

L'une des stratégies d'affirmation d'une altérité anglophone est la diabolisation de l'État unitaire dit des « *francophones* »[69].

b. La diabolisation de l'État unitaire

La communauté anglophone présente l'État unitaire décentralisé du Cameroun sous les traits d'un « *totalitarisme réactionnaire* » qui fonctionne essentiellement à la violence politique. Ainsi, « *les régimes francophones qui se sont succédé dans ce pays ont poursuivi une politique d'assimilation qui visait à effacer notre identité* »[70]. En outre, « *les gouvernements francophones successifs n'ont eu de cesse de tirer profit de nos ressources naturelles. Ils ont détruit le système efficace que le Cameroun anglophone avait mis sur pied avant l'indépendance afin de financer les petites et moyennes entreprises. Ils ont tué le système bancaire. Ils ont pillé le West Cameroon Marketing Board. Ils ont fermé nos aéroports* »[71]. « *Les francophones semblent trouver normaux et acceptables les centaines de barrages de police, de gendarmerie ou des douanes disposés sur nos routes. Ils rendent ce pays étranger aux yeux des anglophones* »[72]. Ainsi s'égrène la diatribe des anglophones envers l'État du Cameroun catalogué comme État des « *francophones* », peuple taxé de « *violent, autoritaire, attaché à la dictature, à la privation des libertés, à la*

[69] Voir MENTHONG (H.L) « La construction des enjeux locaux dans le débat constitutionnel au Cameroun », Op.cit., p.155.
[70] Idem.
[71] Idem.
[72] Idem.

fraude électorale, à la corruption et au détournement de fonds publics »[73]. L'autre grief formulé est que le Cameroun oriental sous administration française devenu République du Cameroun après son accession à l'indépendance en 1960 s'est attribué le label « *Cameroun* » à titre exclusif.

L'État du Cameroun est également accusé d'avoir orchestré le déclin du système éducatif anglophone par la politique d'assimilation menée sur la base de la philosophie d'harmonisation des systèmes anglophone et francophone par le ministère de l'Éducation nationale[74]. Les valeurs héritées de la colonisation anglaise sont magnifiées et la langue anglaise sacralisée.

Au total, la constitutionnalisation de la décentralisation régionale a favorisé l'émergence des acteurs contestataires sur la scène politique à l'instar des séparatistes anglophones et des islamistes terroristes qui constituent de sérieuses menaces pour l'unité et l'indivisibilité de la République.

2. L'insurrection terroriste islamiste internationale

La région de l'Extrême-Nord du Cameroun est le théâtre de terribles scènes de violences orchestrées par l'activisme du mouvement terroriste Boko Haram. Cette partie du Cameroun est en proie aux effluves d'une insurrection islamiste[75] qui affiche au compteur de milliers de morts[76] et de déplacés forcés[77]. Bras armé du terrorisme international (**a**), Boko Haram est certainement affaibli au Cameroun, mais conserve néanmoins une capacité de nuisance (**b**).

---

[73] Idem.

[74] Voir *Cameroon Anglophone Mouvement (CAM)*, « Lettre ouverte aux francophones de la République du Cameroun au sujet de la rentrée scolaire et du GCE », 16 octobre 1993, cité par MENTHONG (H.L) « La construction des enjeux locaux dans le débat constitutionnel au Cameroun », Op.cit., p.155.

[75] Voir NTUDA EBODE (J.V), BOLAK FUNTEH (M), MBARKOUTOU (M.H), NKALWO NGOULA (J.L), *Le conflit Boko Haram au Cameroun Pourquoi la paix traîne-t-elle ?* Friedrich Ebert Stiftung, Yaoundé, 2017, p.7 ; Voir également, International Crisis Group, « Cameroun : faire face à Boko Haram » Rapport Afrique, n° 241/16, novembre 2016.

[76] Depuis 2014, plus de 150 militaires et environ 1 670 civils auraient trouvé la mort dans le conflit Boko Haram. Un chiffre qui s'alourdirait à plus de 2 000 civils, selon le Journal l'œil du Sahel, si on remonte à 2012.

[77] Le conflit a entraîné un afflux des réfugiés nigérians au Cameroun. Plus de 90 000 individus enregistrés par le HCR, entrés par les localités de Kewara, Amchidé, Fotokol, Tourou, Mogodé, sont principalement concentrés dans le camp de Minawao (qui en accueille plus de 59 000 depuis juillet 2013 contrairement à sa capacité d'accueil qui n'est que de 39 000 places) et les villages voisins qui abritent près de 33 000 réfugiés. Les déplacés internes sont tout aussi nombreux dans les localités de la région (Mémé, Makary, Kousseri, Afadé), et posent d'énormes défis humanitaires. Jusqu'en septembre 2017, on dénombrait 325 589 personnes déracinées dont 235 913 déplacés internes, 30 278 réfugiés non enregistrés et 59 398 retournés. Voir J.V. NTUDA EBODE (J.V), BOLAK FUNTEH (M), MBARKOUTOU (M.H), NKALWO NGOULA (J.L), *Le conflit Boko Haram au Cameroun Pourquoi la paix traîne-t-elle ?*, Op.cit., p.10.

a. Boko Haram au Cameroun : Bras armé du terrorisme international

L'internationalisation des actions de Boko Haram obéit d'abord à une corrélation de différents facteurs exogènes qui, au fil des années, ont répandu un vent de démocratie et de liberté d'association, mais aussi ont permis l'émancipation des minorités ethniques[78]. Les mouvements sociaux qui se sont succédé avaient abouti aux conférences nationales souveraines de 1990[79], qui à leur tour ont permis l'instauration des régimes démocratiques sur le continent, principalement en Afrique de l'Ouest et du Centre. Grâce aux libertés conquises, des partis politiques se sont multipliés dans toute la zone. Au même moment, des mouvements séparatistes sont nés ou ont repris du service comme au Mali (le Mouvement National de Libération de l'Azawad - MNLA), au nord du Nigeria, en Casamance au Sénégal, au Tchad, et au Cameroun. Cette liberté d'association a fait pousser des ailes aux terroristes qui estiment légal de prendre les armes et de revendiquer des droits supposés. La stratégie est simple. Des mercenaires se sont reconvertis en trafiquants d'armes. Ils se font recruter par certaines puissances productrices d'armes et, à coup de millions, poussent à la révolte des citoyens issus d'ethnies minoritaires ou de politiciens marginalisés ou exclus du sérail du pouvoir. Les revendications sont d'abord pacifiques. Et face à la répression féroce des pouvoirs en place, ces groupes d'individus durcissent leur mouvement et prennent le chemin de la violence, à la satisfaction des vendeurs d'armes qui se sont installés près des zones potentielles de conflits pour les attiser et écouler leurs propres productions. Boko Haram a participé de cette stratégie. Il a profité de la situation de paupérisation avancée de certaines régions du nord du Nigéria pour se faire une place privilégiée jusqu'à constituer aujourd'hui un groupe terroriste aux actions spectaculaires. La porosité des frontières africaines permet au groupe de se déplacer d'un pays à l'autre avec une facilité déconcertante. Boko Haram est capable de commettre ses forfaits au Nigeria, au Tchad, au Cameroun, au Niger, etc., et de se replier très rapidement dans l'un ou l'autre de ces pays. C'est dans ce contexte dramatique que Boko Haram s'infiltre au Cameroun.

b. Boko Haram au Cameroun : un mouvement terroriste affaibli, mais toujours actif

Depuis 2015, Boko Haram a intensifié ses attaques au Cameroun, en recourant aux attentats-suicides[80]. La poussée meurtrière de Boko Haram,

---

[78] Voir CAKPO GUEDEGBE (B), *Boko Haram : Bras armé du terrorisme international, déstabilisation du Nigeria et reconfiguration géopolitique de la zone sahélienne*, IRIS, Observatoire géopolitique du religieux, février 2015, p.5.

[79] Voir BABACAR GUEYE, « La démocratie en Afrique : succès et résistances », Revue Pouvoirs, 2009/2, n° 129, p.5.

[80] Entre juillet 2015 et juillet 2016, environ 200 attaques ont été menées par Boko Haram, dont 46 attentats-suicides, dans la région de l'Extrême-Nord du Cameroun. Voir Amnesty International, « Bonne cause, mauvais moyens : Atteintes aux droits humains et à la justice dans le cadre de la lutte contre Boko Haram au Cameroun », Rapport, 2016.

dans les zones transfrontalières du Nord-Cameroun, s'inscrit dans des dynamiques antérieures de dégradation de la situation sécuritaire. Dans ces zones excentrées et en déshérence, la marginalisation économique a conduit progressivement à l'enracinement et au développement de certaines activités illicites, ainsi qu'à des formes de violence dont le terrorisme n'est qu'une des variantes récentes. Cinq phénomènes principaux caractérisent une insécurité transfrontalière endémique dans le pourtour du Lac Tchad : « *le banditisme militaire transfrontalier et le vagabondage des groupes armés ; le trafic d'armes légères et de produits de contrebande (carburant, produits pharmaceutiques, véhicules et pièces détachées) ; le braconnage transfrontalier et le trafic du bétail ; le trafic d'êtres humains et de documents d'identité ; l'insécurité foncière transfrontalière* »[81].

La prise en compte par l'État des urgences sécuritaires dans la partie septentrionale du pays s'est traduite par un impressionnant déploiement des forces de sécurité dans la région. Aujourd'hui, la capacité de nuisance de Boko Haram dans l'Extrême–Nord semble restreinte[82]. Il ne parvient plus à recruter autrement que par des enlèvements. Dans les principales villes de la région, la situation semble graduellement revenir à la normale. Les mesures sécuritaires instaurées par les autorités régionales en juillet 2015 telles que l'interdiction de circulation des motos et le couvre-feu ne sont plus appliquées, bien qu'il n'y ait pas eu de levée officielle[83]. Le gouvernement camerounais a également sollicité l'aide et la coopération internationale. En janvier 2015, la Force Multinationale Mixte (FMM)[84] mandatée par l'Union africaine a été réactivée et le Cameroun s'est engagé à y déployer des soldats[85]. Pourtant, au plan

---

[81] Voir MUSILA (C), « L'insécurité transfrontalière au Cameroun et dans le bassin du lac Tchad », Note de l'IFRI, juillet 2012.

[82] Plus d'un millier de membres présumés de Boko Haram ont été capturés ou arrêtés depuis 2014 et environ 200 membres se sont rendus entre octobre et décembre 2017. En 2017, le nombre de victimes (civiles et militaires) de Boko Haram a diminué d'environ 20 pour cent par rapport à 2016, et de 40 pour cent par rapport à la période 2014-2015. Voir *International Crisis Group*, « Extrême-Nord du Cameroun : nouveau chapitre dans la lutte contre Boko Haram », *Report*, n° 263 / *Africa, 14 August 2018.*

[83] Idem.

[84] Dans le Communiqué de la 484e réunion du Conseil de Paix et de Sécurité de l'Union africaine au niveau des Chefs d'État et de gouvernement, qui s'est tenue à Addis-Abeba le 29 janvier 2015, le Conseil a autorisé le déploiement d'une Force Multinationale Mixte (FMM) composée d'un maximum de 7 500 membres militaires et non militaires, pour une période initiale et renouvelable de 12 mois. Pour en savoir plus : http://www.peaceau.org/uploads/psc-484.com.boko.haram.29.1.2015.pdf (en anglais) (consulté le 06 mai 2019). La position du Conseil de Paix et de Sécurité a été approuvée par l'Assemblée de l'Union africaine lors de son 24e sommet, qui s'est tenu à Addis-Abeba les 30 et 31 janvier 2015. La FMM a été créée en 1998 pour lutter contre la criminalité dans la région du Bassin du Lac Tchad. Elle était plutôt inactive jusqu'en 2012, lorsqu'elle a été réactivée pour faire face à Boko Haram.

[85] Voir RFI, Lutte contre Boko Haram : finalisation de la force multinationale mixte, 23 août 2015, http://www.rfi.fr/afrique/20150823-fin-reunionlutte-contre-boko-haram-tchad (consulté le 06 mai 2019).

interne, l'unanimité ne s'est pas faite d'entrée de jeu, autour des mobiles de la lutte que le pays mène contre le groupe terroriste Boko Haram, comme l'illustrent les débats sur la loi réprimant le terrorisme[86], votée au Parlement le 04 décembre 2014. Le déclenchement de « *la guerre contre Boko Haram* »[87] et l'élan de patriotisme national qu'il semble susciter a également été perçu comme relevant « *d'une stratégie de rente diplomatique et politique, permettant au Président Paul BIYA de se poser en interlocuteur incontournable tant sur le plan national que sous régional* »[88]. En outre, la question de la succession présidentielle, au cœur du débat politique, « *semble liée pour les uns et les autres, à la guerre dans les régions septentrionales* »[89].

Cependant, on peut aisément relier la « *déclaration de guerre* » du Cameroun contre Boko Haram à l'aggravation de la menace contre son intégrité territoriale, ainsi qu'à l'ensemble des conséquences politiques et économiques[90] notamment provoquées par la mobilisation des acteurs politiques en faveur du retour au fédéralisme.

B. La mobilisation politique en faveur du retour au fédéralisme

De la même manière que la Suisse est un exemple, le Cameroun illustre les carences démocratiques dont souffre trop souvent notre monde contemporain, et le rôle que pourrait jouer le fédéralisme pour y remédier. Vu l'ampleur des enjeux, une partie de la classe politique propose le retour au fédéralisme **(1)**, malgré le constat de son échec au Cameroun et dans la plupart des États africains **(2)**.

1. La nécessité du fédéralisme

Le fédéralisme brandi comme solution potentielle de sortie de crise constitue un retour aux bases constitutives de l'État unitaire décentralisé (**a**) porteur d'espoir pour l'amélioration de la gouvernance démocratique au Cameroun (**b**).

---

[86] Voir BOURSIN (C), « Au Cameroun, lutte contre le terrorisme rime avec restriction des libertés », *Le Monde Afrique*, 13 février 2015, https://www.lemonde.fr/afrique/article/2015/02/13/au-cameroun-lutte-contre-le-terrorisme-rime-avec-restriction-des-libertes_4575989_3212.html (consulté le 06 mai 2016).

[87] Guerre déclarée par la Chef de l'État, Paul BIYA en personne, à l'occasion du Sommet France Afrique sur la sécurité qui s'est ouvert à Paris le 06 décembre 2013, en présence d'une quarantaine de dirigeants africains endeuillés par la disparition de Nelson Mandela, auquel le Président François HOLLANDE devrait rendre un hommage solennel.

[88] Voir MBIA YEBEGA (G.H), « Terrorisme et contre-terrorisme en Afrique centrale : quelle vision stratégique pour le Tchad et le Cameroun ? », Fiche d'analyse, GRIP, 22 janvier 2015, http://www.irenees.net/bdf_fiche-analyse-1054_fr.html (consultée le 06 mai 2019).

[89] Idem.

[90] Au Cameroun, un des effets en est le ralentissement des activités économiques dans les régions septentrionales dont le développement est notamment lié à l'essor du tourisme.

a. Le fédéralisme : un retour aux bases constitutives de l'État unitaire décentralisé

La restauration de l'unité historique du Cameroun s'inscrit dans la logique selon laquelle en Afrique, le fédéralisme est lié à l'idée d'unité[91] : « *unité du pays (regroupements des différents peuples, ethnies, tribus, etc.), unité des pays (création de relations supranationales)* »[92]. En effet, c'est au regard d'un impératif d'unité des peuples, ethnies et tribus camerounais, que les deux Cameroun décident de lier leurs destins, donnant une forme fédérale à l'État consacrée dans la loi n° 61-24 du 1er septembre 1961, portant révision de la Constitution du 4 mars 1960, et l'adaptant aux nécessités du Cameroun réunifié[93]. Ce texte institue un État fédéral et contribue à renforcer une unité qui existait déjà à l'époque coloniale allemande. Loin de remettre en cause le pluralisme juridique[94] acquis, le constituant camerounais développe des mécanismes et des techniques permettant d'en assurer la gestion. Le régime fédéral a vocation à réaliser une répartition territoriale du pouvoir, entre les institutions fédérales d'un côté, et de l'autre, chacun des États fédérés. L'idéologie de construction nationale se traduit par l'adoption d'une Constitution de l'État fédéral qui affirme en son article 1er l'unité territoriale du Cameroun[95]. Le Décret n° 61 -DF-15 du 20 octobre 1961 uniformise l'organisation administrative.

Dans un contexte de survivance des rapports de forces politiques, de replis identitaires et de velléités sécessionnistes, une partie de la classe politique soutient le retour au fédéralisme qui offrirait une opportunité de rupture avec le régime jacobin ultra centralisé actuel qui serait le véritable frein à la modernisation et à la démocratisation du Cameroun.

b. Le fédéralisme : une opportunité d'amélioration de la gouvernance démocratique

Le fédéralisme, dans la conception exigeante de la démocratie qu'il véhicule, « *du fait qu'il éloigne le pouvoir d'élites installées dans leur tour d'ivoire pour le rapprocher des populations, est un régime théoriquement*

---

[91] Voir NOUAZI NKEMKENG (C.V), « L'idéologie de l'unité nationale et le révisionnisme constitutionnel au Cameroun », Jurisdoctoria, n° 12, 2015, p.162.

[92] Voir LEKENE DONFACK (E. C), *L'expérience du fédéralisme camerounais : les causes et les enseignements d'un échec,* Thèse de Doctorat, Université de Clermont I, Tome I, 1979, p.16.

[93] Texte modifié et complété par les lois n° 69 -LF-14 du 10 novembre 1969 et 70-LF-1 du 4 mai 1970.

[94] Voir KENFACK (P. E), « La gestion de la pluralité des systèmes juridiques par les États d'Afrique noire : les enseignements de l'expérience camerounaise », CRDF, n° 7, 2009, p. 154.

[95] Aux termes de l'article 1 de la Constitution : « La République fédérale du Cameroun est formée, à compter du 1er octobre 1961, du territoire de la République du Cameroun désormais appelé Cameroun oriental et du territoire du Cameroun méridional sous tutelle britannique, désormais appelé Cameroun occidental ».

idéal pour créer de nouveaux États démocratiques »[96], pour autant bien sûr que les dirigeants en place acceptent de sacrifier une partie de leurs privilèges, ce qui est loin d'être garanti. Dans la plupart des pays africains hyper centralisés comme le Cameroun, la démocratie reste encore une utopie, voire un luxe comme l'avait rappelé l'ex-Président français, Jacques CHIRAC, à Yamoussoukro. En effet, une « *véritable* » démocratie va bien au-delà de la simple pratique des élections. Elle suppose un état d'esprit particulier. La démocratie, dans sa définition occidentale, n'a rien de culturellement spontané ni universel. Elle est une construction et une volonté. L'aspect formel des élections peut précisément inciter à leur détournement par toutes sortes de procédés servant à les truquer ou à en déformer les résultats, sans que cela paraisse important du moment qu'elles se sont tenues. Or, la démocratie au sens étymologique de « *pouvoir du peuple* » signifie précisément que le pouvoir n'appartient qu'au peuple. C'est temporairement qu'il est confié aux représentants du peuple, à charge pour ceux-ci de l'exercer pour le bien-être du peuple sans volonté de le détourner. De la sorte, la démocratie représente beaucoup plus qu'un simple exercice technique consistant à mettre sur pied un scrutin. Il s'agit surtout d'en respecter scrupuleusement les résultats, de veiller à l'alternance du pouvoir, qui ne saurait être confisqué par un parti, une personne ou une faction. Il convient que le pouvoir circule[97]. Un autre élément important est le respect de l'état de droit qui implique également celui des droits humains, économiques, sociaux et culturels.

Dans ce contexte, il est clair que le fédéralisme impose des exigences encore plus grandes à la démocratie, ne serait-ce que par le nombre de règles de droit afférentes au fonctionnement de l'État fédéral lui-même. La démocratie dans une fédération est en quelque sorte doublée[98], puisque le respect de l'État de droit, de l'alternance, des droits humains, etc. s'impose au niveau central et à celui des États membres. Au surplus, « *il convient de gérer les relations entre l'État central et ses États membres de manière à laisser à ces derniers une marge de manœuvre suffisante* »[99]. Le fédéralisme exige un subtil exercice de l'art du compromis pour satisfaire les multiples composantes de la fédération. En contrepartie, il rend plus facile l'exercice de la démocratie, puisque la décentralisation du pouvoir permet d'organiser plus facilement les élections. Reste maintenant le problème lancinant du cadre et des modalités de mise en œuvre de cette mutation. Le Président de la République promet l'organisation d'un dialogue national inclusif[100]. La tâche

---

[96] Voir SCHMITT (N), « Le fédéralisme : plus fragile et plus nécessaire que jamais, Quelques réflexions illustrées par la Suisse et les pays d'Afrique », in L'Europe en Formation, n° 363, 2012/1, p.145.
[97] Idem.
[98] Idem.
[99] Idem.
[100] Le Premier ministre Joseph Dion NGUTE a débuté le 09 mai 2019, sa première mission officielle dans le Sud-Ouest et le Nord-Ouest du Cameroun, en crise depuis novembre 2016.

s'annonce colossale pour les fédéralistes, si l'on considère ses difficultés de mise en œuvre.

2. Les déboires du fédéralisme

Plusieurs raisons d'ordre économique[101] et administratif[102] ont été évoquées pour expliquer l'échec du fédéralisme au Cameroun (**a**) et en Afrique (**b**).

a. Les difficultés de mise en œuvre du fédéralisme au Cameroun

La fédération instaurée au Cameroun en 1961 a un caractère spécifique dans la mesure où elle consacre un fédéralisme fortement centralisé, caractérisé par l'instauration d'un régime d'exception permanent[103] qui se traduit par une forte hibernation des libertés publiques. À partir des années 1966, ce régime de subversion[104] rendait impossible la protection des droits et des libertés publiques par le juge. Sous peine de sanction, la justice était entièrement dépendante du pouvoir central. La forte centralisation s'est traduite par la quasi-prépondérance de l'État central sur les États fédérés par un partage très inégalitaire des compétences entre l'État fédéral et les États fédérés[105]. L'État fédéral fut ainsi confronté à la contestation de la légitimité du pouvoir[106] que détenait le Président AHIDJO depuis le 5 mai 1960. Ce

---

Parvenue au terme de la première journée, il a présenté la quintessence de son message : « *Pour les problèmes politiques, il m'a demandé de dire que hormis la séparation et la sécession, parce que lui en tant que chef de l'État, il a juré de garder le pays uni, donc la séparation n'est pas à l'ordre du jour, tout autre point peut être discuté. Tout problème politique peut être discuté et il est en train d'organiser une rencontre au cours de laquelle il va débattre de ce problème* ».

[101] Du point de vue économique, les autorités camerounaises faisaient valoir que les gouvernements distincts et les quatre Assemblées (deux Assemblées fédérées, une Assemblée des chefs d'États fédérés, et une Assemblée fédérale de 40 membres) coutaient excessivement cher au budget de l'État.

[102] Du point de vue administratif, on évoquait les lenteurs et les lourdeurs administratives.

[103] OWONA (J), « L'institutionnalisation de la légalité d'exception dans le droit public camerounais », RJPIC, Tome 29, n° 1, 1975 c, pp. 3-45.

[104] Pour asseoir son régime, consolider les bases de l'État qu'il forge, imposer l'unanimisme et combattre toute opinion contraire à l'orthodoxie qui a cours, le Président Ahidjo utilise les pleins pouvoirs que lui confèrent les constitutions successives pour adopter les textes qui ne laissent aucune possibilité à des opinions et comportements divergents. Il s'agit entre autres de l'Ordonnance n° 62/OF/18 du 12 mars 1962 portant répression de la subversion renforcée par la loi n° 66.LF-18 du 21 décembre 1966 sur la liberté de la presse, et l'ordonnance n° 72/13 du 26 aout 1972 sur l'État d'urgence. Voir en ce sens ESSOUSSE (E), *La liberté de la presse écrite au Cameroun : Ombres et lumières*, Harmattan Cameroun, 2008, pp. 114 et s. MBIDA (L.-T), *Cameroun, des années de braise aux leçons de l'histoire : Vers une dynamique nouvelle*, Harmattan Cameroun, 2010, pp. 48 et s.

[105]KONTCHOU KOUOMEGNI (A), « Idéologie et institution politique : l'impact de l'unité nationale sur les institutions politiques de l'État camerounais », in CONAC (G) (Dir.), Dynamiques et finalités des droits africains, Economica, Paris, 1980, p.450.

[106] Une frange de la population camerounaise sous obédience de l'Union des Populations du Cameroun (UPC) estimait que l'indépendance octroyée par les Français n'était qu'un simulacre et que le Président AHIDJO n'était qu'un valet de la colonisation qu'il fallait combattre. Les

dernier, « *aidé par les Français, allait mener une lutte sans merci contre ceux qu'il considérait alors comme des rebelles* »[107]. La victoire fut de son côté, car non seulement il bâillonna l'opposition intérieure à travers l'ordonnance de mars 1962, mais encore, les leaders de l'UPC en exil furent tués l'un après l'autre. Le dernier d'entre eux, revenu au Cameroun pour organiser de l'intérieur la lutte armée, Ernest OUANDIE fut arrêté, jugé dans un procès resté célèbre qu'on appela procès OUANDIE-NDONGMO, et condamné à la peine capitale, puis exécuté le 15 janvier 1971. C'est cet anéantissement de l'UPC qui conduit à l'Unification du 20 mai 1972.

En somme, la forme de l'État camerounais, tout comme celle de la plupart des pays africains, a varié dans le passé. L'État unitaire décentralisé de 1960 fut à peine institué que s'y substituait la fédération qui, caractérisée par la centralisation administrative, devait céder la place à un État unitaire centralisé dix ans plus tard[108]. En tout état de cause, le texte adopté par référendum le 20 mai 1972 n'a pas gardé sa forme initiale[109] ; mais il y a lieu de reconnaitre que l'idée d'unité nationale qui semblait constituer un prétexte fallacieux pour l'opinion publique est restée le facteur déterminant de chacune des stratégies du pouvoir étatique aboutissant à chaque fois à la modification de la forme de l'État et du régime politique. C'est dire donc que l'État unitaire décentralisé de 1960 et l'État fédéral centralisé de 1961 n'étaient que des étapes pour les autorités camerounaises en vue d'aboutir à l'instauration d'un État unitaire[110].

b. Les difficultés de mise en œuvre du fédéralisme en Afrique

La tâche qui attend les adeptes du fédéralisme au Cameroun s'annonce colossale, si l'on considère par exemple le nombre de fédérations qui ont échoué en Afrique.

Improbable créature du colonialisme italien à la fin du 19e siècle, l'Érythrée, après dix années passées sous mandat britannique a été englobée dans une fédération avec l'Éthiopie en 1953. C'est pourtant l'Assemblée

---

leaders de l'UPC en exil intensifièrent ainsi une insurrection armée dès la proclamation de l'indépendance, insurrection qui allait cependant connaître des débordements par certains des cadres dirigeants du mouvement nationaliste, se transformant quelquefois en actes de brigandage, de banditisme et en règlements de compte.

[107]NOUAZI NKEMKENG (C. V), « L'idéologie de l'unité nationale et le révisionnisme constitutionnel au Cameroun », Op.cit., p.166.

[108]KONTCHOU KOUOMEGNI (A), « Idéologie et institution politique : l'impact de l'unité nationale sur les institutions politiques de l'État camerounais », Op.cit., p.7.

[109]OWONA (J), « La nouvelle Constitution camerounaise du 20 mai 1972 de l'État fédéral à l'État unitaire », RJPIC, 1973, pp. 104-123.

[110]NOUAZI NKEMKENG (C.V), « L'idéologie de l'unité nationale et le révisionnisme constitutionnel au Cameroun », Op.cit., p.166.

générale des Nations Unies elle-même qui, par voie de résolution[111], avait adopté la loi fédérale qui l'assujettissait à la souveraineté de la couronne éthiopienne. Mais à partir du moment où des manifestations indépendantistes ont éclaté, Addis-Abeba a mis fin au fédéralisme en 1961 afin de tenter de préserver l'unité du pays, déclenchant une guerre civile qui s'est achevée en 1991 par la victoire des troupes érythréennes. L'indépendance de l'Érythréen a été proclamée le 24 mai 1991.

L'indépendance du Soudan a été proclamée en 1956, mais le gouvernement de Khartoum est revenu sur les promesses faites aux provinces du Sud de créer un État fédéral, ce qui a entraîné une mutinerie menée par des officiers du Sud, qui s'est transformée à son tour en une guerre civile qui n'a pas duré moins de 17 ans (1955-1972), quand bien même les troubles avaient débuté comme une simple rébellion. Il a fallu attendre le 9 janvier 2005 pour qu'un accord de paix soit signé à Nairobi, prévoyant un régime d'autonomie de 6 ans au Soudan du Sud suivie par un référendum d'autodétermination. Celui-ci a été organisé le 9 janvier 2011, et les électeurs se sont exprimés à 98,83 % en faveur de la sécession[112]. Le Président soudanais, Omar el-Béchir a reconnu officiellement ce résultat le 8 février 2011 et, le 14 juin 2011, le Sud Soudan est devenu le 193e État de l'ONU.

En 1891, les Britanniques ont fondé le protectorat de l'Afrique centrale britannique et, en 1907, celui du Nyassaland. En 1953, ce dernier a rejoint la Rhodésie du Nord et la Rhodésie du Sud dans une fédération appelée Fédération de Rhodésie et du Nyassaland ou Fédération d'Afrique centrale. Cette Fédération a été dissoute le 31 décembre 1963, et l'indépendance du Malawi proclamée le 6 juillet 1964. Quant aux autres membres de la défunte fédération, son implosion a coïncidé avec l'indépendance de la Rhodésie du Nord, rebaptisée Zambie. Du côté de la Rhodésie du Sud, le gouvernement blanc dirigé par Ian Smith a proclamé unilatéralement son indépendance en 1965, sous le nom de Rhodésie.

En janvier 1959, le Soudan français (aujourd'hui le Mali) et le Sénégal ont fusionné pour donner naissance à la Fédération du Mali, qui est devenue officiellement indépendante le 20 juin 1960, à la suite des accords signés en France le 4 avril 1960. À peine quatre mois plus tard, le 20 août 1960, le Sénégal s'est retiré de cette très éphémère fédération pour proclamer son indépendance. Le 22 septembre 1960, sous la conduite de Modibo Keïta, le Soudan français a lui aussi proclamé son indépendance tout en conservant le nom de Mali.

---

[111]Voir SCHMITT (N), « Le fédéralisme : plus fragile et plus nécessaire que jamais, Quelques réflexions illustrées par la Suisse et les pays d'Afrique », in L'Europe en Formation, n° 363, 2012/1, p. 156.
[112] Idem.

Ahmed Sékou Touré a cherché à former une Union africaine avec KWAME NKRUMAH, l'apôtre du panafricanisme ; la Guinée et le Ghana ont même scellé une union le 1er mai 1959, rejoints le 24 décembre 1960 par le Mali, ce qui a donné naissance à l'Union des États africains (Guinée – Ghana – Mali). Mais l'union n'a duré que de 1960 à 1962 ; elle a été dissoute dès le moment où la Guinée a décidé (provisoirement) d'intensifier ses relations avec les États-Unis au détriment de l'Union des Républiques Socialistes Soviétiques (URSS).

Le Sénégal et la Gambie se sont unis en 1982 pour former la Confédération de Sénégambie, mais les noces n'ont jamais été consommées et l'alliance est demeurée purement théorique. Mort-née, elle a fini par être dissoute en 1989.

La Guinée équatoriale a formé une micro fédération bicéphale dont l'existence éphémère est révélatrice du destin des fédérations africaines. En 1959, les territoires espagnols du golfe de Guinée ont acquis le statut de province espagnole d'outre-mer, semblable à celui des provinces de la métropole. La loi du 30 juillet 1959 leur a donné la dénomination officielle de Région équatoriale espagnole, une région divisée en deux provinces : Fernando Poo (l'île désormais appelée Bioko et sur laquelle se trouve la capitale Malabo) et Río Muni (le territoire continental). Mais après l'indépendance, en 1973, le président Francisco Macías NGUEMA a promulgué une nouvelle Constitution, créant un État unitaire et mettant fin au statut antérieur de « *fédération* » entre Fernando Poo et Río Muni.

Avant son indépendance le 30 juin 1960, l'ancien Congo belge, devenu Congo, puis Zaïre, puis République Démocratique du Congo (RDC), a toujours rêvé de fédéralisme. Tout récemment, la Constitution de 2005 a introduit le régionalisme politique comme forme de l'État intermédiaire entre l'État unitaire décentralisé et l'État fédéral « *dont elle constitue l'antichambre* »[113].

CONCLUSION

L'une des plus grandes innovations de la Constitution de 1996 est l'institution du régionalisme au Cameroun. Toutefois, il convient de relever qu'après vingt-trois ans, la régionalisation au Cameroun demeure une fiction. En effet, malgré l'adoption le 08 avril 2019 de la loi fixant le nombre, la proportion par catégorie et le régime des indemnités des conseillers régionaux, la concrétisation du régionalisme à travers l'organisation des élections reste attendues. Toutefois, il convient de relever que la région est le cadre unique de l'idée de promotion des droits de populations autochtones et des minorités dans la mesure où le Président du conseil régional, organe délibérant de la

[113] Idem.

région, est un autochtone élu de la région. La constitutionnalisation de ces droits, l'affirmation de la diversité culturelle à travers la reconnaissance officielle des institutions traditionnelles, permet aux diverses composantes ethniques de promouvoir dans le cadre du respect des lois de la République, les modes endogènes de gouvernement, alors même que ces populations se sentent parfois marginalisées. C'est dans cette optique qu'une partie de la doctrine estime que la constitutionnalisation des « *minorités* » constitue une menace à l'unité nationale[114]. Pourtant, l'unité nationale implique à ce titre la juste répartition des richesses à toutes les couches de la société. Le préambule de la Constitution du 18 janvier 1996 consacre le principe de la juste répartition des ressources et de la non-discrimination. L'unité de la nation camerounaise dépend donc non seulement de la redistribution juste et équitable des richesses entre les entités régionales et ethniques, mais aussi du développement équitable de toutes les localités de la nation et de l'égal accès aux emplois publics[115]. Même si le déséquilibre constaté dans les faits a permis à certains de remettre en cause l'effectivité de l'unité nationale, cette juste répartition des richesses et des projets de développement constitue la pierre angulaire de l'unité nationale.

[114] Voir par exemple OLINGA (A.D), « La question anglophone dans le Cameroun d'aujourd'hui », Revue juridique et politique indépendance et coopération, Volume 48, n° 3, 1994, p. 308.

[115] Il est régi par le Décret n° 82/407 du 7 septembre 1982 ; le Décret du 25 juin 1990 réorganisant le régime général des concours administratifs et l'Arrêté du ministre de la Fonction publique n° 010463 du 4 octobre 1982 en règle de recrutement aussi bien dans l'administration publique que dans les principales institutions du pouvoir de l'État permet à la plupart des composantes communautaires d'être représentées au sein de l'État. En effet, une répartition des postes fondée sur le népotisme et le tribalisme concourt à détruire l'unité de la nation. Aucun groupe ethnique, aucune tribu ne devrait de par son attitude laisser aux autres l'impression que leur tour est venu de s'octroyer la part du lion du « *gâteau national* ».

LA REMISE EN CAUSE DE L'UNITE BUDGETAIRE PAR LES DÉBUDGÉTISATIONS EN DROIT PUBLIC FINANCIER CAMEROUNAIS : RÉFLEXIONS LIMINAIRES

Jean Marie ONDOUA EKOBENA

Docteur en Droit
Chargé d'Études à la Direction Générale des Impôts

INTRODUCTION

Dans l'exercice de leur pouvoir financier, les autorités publiques doivent respecter certains principes. Conçus à l'époque de la Révolution française pour certains (principes de l'annualité et de la spécialité budgétaires), pendant la Restauration pour d'autres (principes de l'unité et de l'universalité budgétaires), ces principes ont une triple finalité[1]. Ils doivent d'abord servir de guide aux auteurs du budget. Ils ont ensuite vocation à les protéger contre toute tentation de faiblesse et de fraude. Ils permettent enfin de préparer et de faciliter le travail ultérieur de contrôle en répandant sur toutes les opérations financières une clarté utile[2].

Parmi ces principes, l'unité budgétaire tient un rôle important, à tel point que des auteurs comme R. Stourm, L. Say, ou G. Jeze ont cherché à réaffirmer son caractère fondamental en rappelant la nécessité de son respect. Pour l'italien F. NITRI, l'unité budgétaire est l'une des qualités principales dont un budget moderne ne pourrait se passer[3]. Léon SAY pour sa part estime que l'unité budgétaire est l'un des quatre principes conçus pour protéger le gouvernement parlementaire et en faciliter le développement[4]. Il pense même que *« si l'unité budgétaire a de l'intérêt, c'est qu'on y trouve un moyen*

---

[1] BONNET (G), AUBOIN (R), *Les finances de la France*, Éditions Payot, Paris 1921, p35.
[2] Idem.
[3]NITRI (F.S), (trad. J. Chamard), *Principes de sciences des finances*, Giard et Brière, 1904, p678. (ville d'édition)
[4]SAY (L) : *« le budget devant les Chambres »* Revue des deux mondes, 15 janvier 1885, reproduit in L. SAY, les finances de la France sous la Troisième République. Tome 1, Éditions Calmann Levy, 1898, p.1

d'enlever à l'arbitraire du gouvernement tous les petits budgets occultes qu'il pourrait, autrement soustraite à l'action du Parlement »[5].

Apparue en France au lendemain de la Révolution, l'unité budgétaire n'est pourtant pas appliquée dans tous les pays, notamment au Japon, aux États-Unis et en Angleterre qui conservent une tradition et des pratiques budgétaires spécifiques[6]. À l'instar des autres principes, il a été érigé principalement pour mettre fin aux désordres financiers qui avaient cours dans l'Ancien Régime. L'œuvre de réorganisation financière commencée à la Révolution, poursuivie sous le Consulat et l'Empire, a connu son parachèvement avec la Constitution de l'an VIII qui a jeté les bases d'un droit budgétaire sur lequel la société française repose encore aujourd'hui. C'est ce texte, en son article 45 qui, pour la première fois, va énoncer le principe de l'unité budgétaire. Forgé à l'initiative du Baron Louis et du Comte de Villèle, il sera réaffirmé d'abord par le décret du 31 mai 1862 portant Règlement Général de la Comptabilité Publique puis par la plupart des instruments juridiques financiers de l'époque contemporaine.

Au Cameroun, pays qui a hérité de la tradition juridique française, le principe de l'unité budgétaire est consacré par les instruments juridiques pertinents qui ont régi les finances publiques depuis l'accession à l'indépendance, à savoir l'ordonnance du 7 février 1962, la loi portant régime financier de l'État du 26 décembre 2007 et plus récemment, la loi du 11 juillet 2018 portant Régime Financier de l'État et des autres entités publiques[7].

La règle de l'unité budgétaire a une portée juridique certaine et conditionne l'efficacité du contrôle des finances publiques. Elle consiste à regrouper dans un seul document, l'ensemble des recettes et des dépenses d'une même personne publique[8]. En d'autres termes, elle vise à garantir l'exhaustivité des lois de finances afin de savoir en deux additions et une soustraction si les finances publiques sont ou non équilibrées[9].

Cette règle déploie en réalité ses exigences dans deux directions : matérielle et formelle. Matériellement, le principe de l'unité budgétaire signifie que toutes les opérations de recettes et de dépenses sont retracées dans le budget d'une même personne publique. Formellement, elle se traduit par l'existence d'un document unique sur lequel le Parlement doit se prononcer[10].

---

[5] Ibid. P.9

[6] ORSONI (G), *Science et législation financière*, Economica, Paris 2005, p236.

[7] Voir *infra*

[8] WILLIAM (G) : *les transformations du principe de l'unité budgétaire dans le système financier contemporain*, Dalloz, Paris 2007, p.16.

[9] Ibid. p.20

[10] Ibid. p.21

Par conséquent, la remise en cause de l'unité budgétaire dépend de la conception envisagée.

Sur le plan formel, la diversité des opérations de l'État comme les impératifs de sa gestion imposent des aménagements techniques, mais sans remettre en cause le principe lui-même[11]. À l'opposé, sur le plan matériel, ces atteintes qui sont de véritables altérations à l'unité budgétaire peuvent concerner aussi bien les recettes que les dépenses. S'agissant des recettes, on peut citer les dépenses fiscales ou fiscalité dérogatoire[12], les prélèvements sur recettes[13], les fonds de concours[14] et les recettes non-fiscales[15]. Pour ce qui est des dépenses, les débudgétisations, les engagements hors bilan ou même les défaisances sont le plus communément décriés par la doctrine.

Si la consécration d'un tel principe se justifiait amplement à une époque où le poids des finances publiques n'était encore que très modeste et où la démocratie budgétaire se construisait encore, force est aujourd'hui de constater que l'unité budgétaire est fortement remise en cause. D'abord à cause de la complexification du système financier, et ensuite à cause du phénomène de satellisation de l'administration qui fait intervenir d'autres entités dotées d'une personnalité juridique propre.

En effet, on assiste de nos jours à une sorte de « morcellement » de l'État et à la multiplication de ses démembrements qui ne permettent plus de saisir la réalité budgétaire dans son entièreté. Ainsi, la création des Collectivités Territoriales Décentralisées (CTD), des Établissements Publics et des organismes privés bénéficiant des financements publics participent- telles de cette logique de multiplication de budgets publics. Face à une telle diversité, il apparait évident que la loi de finances ne peut plus à elle seule décrire

---

[11] BOUVIER (M), ESCLASSAN (MC), LASSALE (JP) : *Finances Publiques*, 8e édition, LGDJ, Paris 2006, p257.

[12] La fiscalité dérogatoire est généralement désignée sous les vocables « subventions fiscales », « aides fiscales », « niches fiscales. Elle désigne toute politique d'intervention fiscale qui a pour finalité d'utiliser l'impôt dans un autre but que celui de procurer les recettes. Il s'agit en d'autres termes de l'ensemble de mesures fiscales à caractère dérogatoire qui ont pour conséquence de diminuer les recettes d'impôts.

[13]**Les prélèvements sur recettes de l'État** sont des prélèvements effectués au budget de l'État au profit d'autres entités autonomes, notamment les Collectivités Locales ou les Organisations Internationales. Ces ressources sont incorporées aux recettes du budget général de l'État avant d'être déduites sous la forme d'un prélèvement sur les recettes de l'État au profit de ces entités.

[14]**Les fonds de concours** sont des sommes que des personnes publiques ou privées versent librement à des budgets publics pour la réalisation des dépenses d'intérêt général. Le plus souvent, ces contributions sont versées par des collectivités et établissements publics locaux pour la construction de biens publics.

[15]**Les recettes non fiscales** sont traditionnellement représentées par les taxes parafiscales, les redevances, le produit des exploitations industrielles et commerciales et des établissements publics à caractère financier, les retenues et cotisations sociales.

convenablement la réalité des activités financières de l'État, exposant ainsi l'unité budgétaire à des risques de remise en cause inévitable.

Apparue en France en 1953, la notion de débudgétisation attribuée à Edgar FAURE[16] désigne le mouvement de sortie de tout budget en général et celui de l'État en particulier, d'une opération financière qui s'y trouvait rattachée.[17] Autrement, la débudgétisation consiste en un transfert de charges d'un budget public vers d'autres budgets publics ou privés[18]. Cette pratique permet de modifier le mode de financement des dépenses en écartant le financement par le budget de l'État. En conséquence, elle concourt à désengager financièrement l'État de certains investissements. De la sorte, la charge financière n'est plus supportée par le budget de l'État, elle est portée sur ses démembrements, notamment les CTD, les organismes publics, parapublics ou privés, les personnes morales publiques ou privées.

Si les débudgétisations ont pu apparaitre comme *« une tentation permanente à laquelle succombent tous les gouvernements »*[19] ou même comme le *« plus grand classique à la manipulation budgétaire »*[20], elles ne peuvent dans leur principe être empêchées, car elles traduisent le plus souvent l'expression de choix politiques, économiques ou sociaux, parfois fondamentaux d'une nation[21].

Dans le cas du Cameroun, l'évolution récente du droit public financier montre qu'elle est tissée d'exemples de débudgétisations. Celles-ci se font essentiellement à travers la création d'établissements publics ou encore par la mise en mouvement de la décentralisation. Si la débudgétisation est avantageuse pour le budget de l'État en ce qu'elle favorise l'allègement de ses charges, elle pourrait par contre nuire aux organismes qui supportent ces transferts des charges. Dans cette perspective, il semble opportun de s'interroger sur les dangers du recours à la débudgétisation comme technique de contournement de l'unité budgétaire **(I)** et surtout d'analyser les conséquences qu'elle peut engendrer dans un environnement marqué par l'introduction de nouveaux paradigmes dans la conduite des opérations financières publiques **(II).**

---

[16]Dictionnaire Robert, édition 1987.

[17] DUCROS (J.C) : *« Le changement du contenu du budget de l'État »*, RFFP, n°, p.114.

[18] GILLES (W) : op.cit. p.96

[19]LALUMIERE (P), *Les finances publiques*, 9e édition, Armand Colin, 1989, p.68.

[20]DI MALTA (P), MARTINEZ (J.C), *Droit budgétaire*, Paris, LITEC, 3e éd, 1999, p.294.

[21] ALBERT (J.L) avec la collaboration de SAIDJ (L) : *Finances Publiques*, Paris, Dalloz, 7e édition, 2011, p.318.

I. LA DÉBUDGÉTISATION : UNE TECHNIQUE DÉROGATOIRE A L'UNITÉ BUDGÉTAIRE

L'évolution du rôle de l'État, la multiplication des activités publiques et des gestions parallèles ont souvent été à l'origine de l'éclatement du cadre budgétaire, ce qui ne permet plus de maintenir ou de conserver l'unité budgétaire en l'état. En effet, pour asseoir son autorité et affirmer sa souveraineté, le Cameroun avait besoin d'un cadre juridique solide et des moyens financiers nécessaires pour le financement des besoins collectifs de la nation. C'est dans ce sillage que s'inscrivent les vagues de débudgétisations intervenues au lendemain de l'indépendance. Cette notion de débudgétisation mérite avant tout qu'on apporte des précisions sur son sens et sa signification **(A).** Bien plus, l'émergence des débudgétisations en droit financier camerounais répond à des motivations dont nous examinerons la quintessence **(B).**

A. La signification de la notion de débudgétisation

Traiter de la notion de débudgétisation revient en partie à examiner la question du changement du périmètre du budget de l'État. Si le droit a toujours été en mesure de préciser le contenant du budget de l'État, à savoir les règles qui l'enserrent, il a en revanche toujours eu du mal à fixer son contenu[22]. À cet effet, la mise en œuvre de la débudgétisation a presque toujours pour conséquence la modification du périmètre du budget de l'État dans un but soit de dynamisation de l'activité budgétaire, soit d'adaptations aux besoins et à l'évolution de la société. Malheureusement, les autorités publiques peuvent user de cette technique pour ne pas faire figurer dans leurs budgets l'intégralité de leurs opérations financières ou celles de leurs « satellites » dotées de la personnalité morale, faussant du même coup la sincérité des opérations financières publiques.

Pour une bonne compréhension de la notion de débudgétisation, il importe d'effectuer une clarification sémantique de ce concept afin de ne pas le confondre avec les notions voisines **(1)**. La présentation des types de débudgétisations et des domaines dans lesquelles elles interviennent sera aussi nécessaire **(2).**

1. Débudgétisations et notions connexes

Si la débudgétisation concerne pour l'essentiel le transfert des charges financières du budget de l'État, elle n'est pas à confondre avec les notions de *débudgétarisation* **(a)**, de non-budgétisation et de sous-budgétisation **(b)** ou

---

[22] DUCROS (J.C) : *« Les changements du contenu du budget de l'Etat : budgétisation et débudgétisation »*, RFFP, n° 44, p101.

encore celle de dépenses hors-budget **(c).** Ces notions se rapprochent, mais n'ont pas la même signification.

a. Débudgétisation et *débudgétarisation*

On peut être tenté de confondre la « débudgétisation » qui consiste en un transfert de charges d'un budget public vers d'autres budgets publics ou privés et la « *débudgétarisation* » qui désigne des transferts internes au sein du budget de l'État[23]. En effet, le budget de l'État a une structure tripartite constituée du budget général, des budgets annexes et des comptes spéciaux. Les transferts intervenant du budget général vers les budgets annexes ou les comptes spéciaux constituent des formes de *« débudgétarisations »* et non des débudgétisations qui elles, s'appliquent aux transferts effectués en dehors du budget de l'État et donc vers d'autres budgets.

Une telle confusion est à éviter d'après William GILLES.[24] On parle en réalité de débudgétisation *« lorsque l'on recherche par une modification de l'imputation d'une dépense publique à la financer par des ressources autres que celles du Trésor, celles-ci pouvant être d'autres ressources publiques »*[25]. Alors que la *débudgétarisation* serait simplement le transfert d'une charge du budget général vers les comptes spéciaux ou les budgets annexes, elle traduirait simplement une autre forme de présentation de la structure tripartite du budget de l'État[26].

b. Débudgétisation, non-budgétisation et sous-budgétisation

La décomposition du mot « débudgétisation » pourrait permettre de mieux faciliter sa compréhension. Le mot « débudgétisation » est en effet formé du préfixe « *dé* » qui se rapporte à l'idée d'éloignement, de séparation voire de privation. Pris de manière littérale, la débudgétisation désigne tout mouvement de sortie d'un budget de l'État. C'est une pratique qu'on présente simplement comme le contraire de la *budgétisation* qui elle, peut s'entendre comme la prise en compte, pour la première fois, d'une opération de recette ou de dépense par le budget de l'État[27].

Or si la débudgétisation est le contraire de la budgétisation, les notions de « *non-budgétisation* » et de « *sous-budgétisation* » sont à considérer sous un tout autre angle. La *non-budgétisation* suppose l'absence de budgétisation. Elle évoque en réalité une situation dans laquelle une opération de recette ou de dépense n'aurait même pas fait l'objet d'une inscription dans le budget de

---

[23] GILLES (W), Les principes budgétaires et comptables publics, L.G.D.J,Paris, 2009, p.97.

[24] Idem.

[25] BERTHE (J) et ROLLAND (Y) : *« Le principe de l'unité du budget »*, in Cahiers de Comptabilité publique, n° 1, Centre de publications de l'université de Caen, 1989, p.29

[26] Sur ces aspects, voir BAILLY (O) et MESSAGE (H), in Cahiers de Comptabilité Publique, op.cit. pp. 196 et 199.

[27] DUCROS (JC), op.cit. p.105

l'État. *A contrario*, la *sous-budgétisation* consiste en une inscription insuffisante de crédits dans le budget de l'État. Elle concerne soit une ligne, soit un programme, soit un chapitre budgétaire. En cas d'inscription insuffisante de crédits, la compensation s'effectue à travers le mécanisme de virement de crédits ou par régularisation par la loi de règlement en fin d'exercice.

c. Débudgétisation et dépenses hors budget

Alors que la débudgétisation renvoie traditionnellement à toute opération de transfert de charges d'un budget public vers un autre budget public ou privé, les dépenses hors budget désignent celles qui sont financées par des impôts ou prélèvements qui ne figurent pas au budget[28]. Les principales formes de dépenses hors budget communément rencontrées en droit public financier sont : les fonds hors budget, les prêts directs, les garanties, les partenariats public-privé (PPP).

Les fonds hors budget sont des fonds spéciaux qui appartiennent à l'État, qui ne font pas partie du budget et qui sont alimentés par des prélèvements affectés à des fins spéciales. On les retrouve principalement dans les domaines de la sécurité sociale, des soins de santé, des transports et des pensions.[29] Quant aux ***prêts directs,*** ce sont des prêts financés à partir d'impôts ou de prélèvements obligatoires.[30] Les ***garanties de prêts*** désignent les garanties consenties par l'État à des prêteurs non gouvernementaux en cas de défaillance du débiteur[31], alors que ***les contrats de partenariats publics privés***, renvoient à toutes les formes d'association du secteur public et du secteur privé destinées à mettre en œuvre tout ou une partie d'un service public[32].

2. Typologie et domaines d'intervention des débudgétisations

La doctrine distingue plusieurs types de débudgétisations **(a)** tandis que la pratique permet d'observer qu'elles interviennent généralement dans des domaines et secteurs bien particuliers **(b).**

a. La classification des débudgétisations

On distingue plusieurs types des débudgétisations en fonction de leur ***nature*** et leur ***objet***[33]. Concernant la débudgétisation par ***l'objet,*** elle s'applique tantôt à une dépense tantôt à une recette. À l'observation, la débudgétisation des recettes peut paraître surprenante, c'est pourquoi elle est

---

[28]DIRK-JAN (K) : « *Dépenses hors budget et dépenses fiscales* », Revue de l'OCDE sur la gestion budgétaire Vol.4 n° 1, 2004, pp. 143 et ss.
[29] Idem.
[30] Idem.
[31] Idem.
[32] Idem.
[33] DUCROS (JC), op.cit. p.116

remise en cause par une partie de la doctrine[34]. Pour autant, elle est assez familière, ainsi que l'affirment MM. **Jurgensent** et **Lebegue** : *« la débudgétisation consiste à transférer à d'autres organismes financiers ou au marché le soin d'assurer les recettes et les dépenses publiques à la place du budget de l'État »*[35].

Ainsi, les exemples les plus courants de débudgétisations par les recettes s'observent avec l'avènement de la décentralisation. En effet, le transfert de charges aux Collectivités Territoriales Décentralisées est généralement compensé par un transfert de ressources correspondantes, le plus souvent par le biais de la fiscalité. Cette fiscalité affectée peut paraître d'emblée comme une entorse au principe de l'universalité budgétaire d'après lequel l'ensemble des recettes de l'État couvre l'ensemble de ses dépenses. Mais malgré l'affirmation de ce principe, cette pratique demeure très répandue en droit public financier camerounais.

Elle s'y manifeste par le transfert du produit de l'impôt aux collectivités territoriales pour qu'elles puissent remplir leurs missions d'intérêt local. La particularité de ce mécanisme réside dans le fait que, contrairement aux taxes fiscales, elle n'est pas la contrepartie d'un service quelconque effectué par la collectivité, elle résulte simplement de prélèvements prévus par la loi et rétrocédés aux collectivités[36]. Parmi les impôts perçus par l'État et rétrocédés aux collectivités, on retrouve la contribution des patentes, la contribution des licences, l'impôt libératoire, la taxe foncière sur les propriétés immobilières, la taxe sur les jeux de hasard et de divertissement, les droits de mutation d'immeubles, le droit de timbre automobile et la redevance forestière[37]. Avec la fiscalité affectée, on assiste à un développement des pratiques de débudgétisation dont le recours traduit la volonté de contourner les règles budgétaires.

Le second critère de la classification de la débudgétisation est ***la débudgétisation selon la nature*** qui peut s'avérer tantôt absolue ou relative[38]. ***La débudgétisation absolue*** tient dans le mouvement de sortie non seulement du budget de l'État, mais aussi, et surtout de l'ensemble des finances publiques[39]. Elle se manifeste par un transfert de charges soit à des sociétés

---

[34] Notamment : BONNEAU (N), *« Débudgétisation »*, Dictionnaire encyclopédique des finances publiques, Economica, 1991. DUPRAT (JP), *« La débudgétisation »*, RSF, 1972, p.69. GAUDEMET (PM) et MOLINIER (J), *Précis de finances publiques,* Montchrestien 1988, T1. PLAGNET (JB), RFFP, n° 13, 1986, p.262.
[35] JURGENSSEN et LEBEGUE, *Le Trésor et la politique financière*. Cours professé à l'IEP de Paris, « Cours de droit », 1986, p.15.
[36] ONDOUA EKOBENA (JM) : *Réforme budgétaire et performance de la gestion publique au Cameroun.* Editions Universitaires Européennes, Juin 2018, p.368
[37] Sur ces aspects, voir les articles 154 à 204 du CGI
[38] DUCROS (JC), op.cit. p.118
[39] Idem.

d'économies mixtes, soit à des sociétés à capitaux publics[40]. C'est le cas de la débudgétisation de certains équipements mis à la charge de sociétés d'économies mixtes ou certains établissements publics auxquels on confère la responsabilité d'assumer certaines charges antérieurement supportées par le budget de l'État.

S'agissant de ***la débudgétisation relative,*** elle ne tient que dans la sortie d'une opération du budget de l'État, sans pour autant quitter le domaine des finances publiques nationales[41]. Ici correspondent les transferts effectués aux CTD et à certains établissements publics.

b. Le domaine d'intervention des débudgétisations

Il peut sembler incongru de parler de débudgétisation alors qu'il n'y a pas eu budgétisation au préalable, car la débudgétisation s'assimile le plus souvent à la sortie d'une opération du budget de l'État. Au Cameroun, la plupart des opérations de débudgétisations ne résultent pas directement de la sortie d'une charge qui était jusque-là inscrite dans le budget de l'État. Elles se recensent pour la plupart dans les actions spécifiques dont le coût est supporté par un autre agent de l'État, alors qu'il devrait normalement être pris en charge par ce dernier. Elles se font donc essentiellement par la création d'Établissements Publics autonomes qui interviennent dans les domaines aussi variés que le transport, le logement, les infrastructures, les télécommunications, l'énergie ou le secteur agricole.

Au sortir de l'indépendance, la création des entreprises publiques comme la Société de Transports Urbains du Cameroun (SOTUC), la Régie Nationale de Chemins de Fer du Cameroun (REGIFERCAM), la Compagnie de Transport Aérien du Cameroun (CAMAIR) ont joué un rôle important dans la dynamisation du secteur du transport. De même, dans le secteur de l'urbanisme et la construction, l'État a également confié à certains Établissements Publics le soin de conduire des missions qui devraient au premier chef lui incomber. La création des structures comme la Société Immobilière du Cameroun (SIC), la Mission d'Aménagement et d'Exploitation des Terrains Urbains (MAETUR), la Mission d'Aménagement et de Gestion des Zones Industrielles (MAGZI) et le Crédit Foncier du Cameroun (CFC) sont présents dans le secteur du financement du logement et de l'aménagement des terrains urbains. Les secteurs énergétiques et agricoles ont aussi connu une vague de débudgétisation avec la mise en place des entreprises publiques chargées d'en assurer la gestion et le contrôle, il s'agit par exemple des défuntes Société Nationale d'Électricité (SONEL) et la Société Nationale des Eaux du Cameroun (SNEC). Le phénomène s'est poursuivi avec la création récente de Electricity Developement Corporation

---

[40] ECK (F), Le Trésor, PUF, Paris 1982, p.29

[41] DUCROS (JC), op.cit. p.120

(EDC), la Camerounaise des Eaux (CDE) ou encore la Société Nationale de Transport d'Électricité (SONATREL). Dans le secteur agricole, le Fonds National du Développement Rural (FONADER) et la Société de Développement du Cacao (SODECAO) sont des illustrations des pratiques de débudgétisation.

B. La justification de l'émergence des débudgétisations

Les arguments avancés par la doctrine pour justifier le recours à la débudgétisation s'appuient souvent soit sur la théorie économique, soit sur les exigences relatives aux principes de bonne gestion. Pour l'essentiel, l'ampleur prise par ces pratiques repose sur le désir d'efficacité et d'adaptabilité dans la gestion publique **(1)** et sur le caractère exceptionnel des dépenses débudgétisées **(2).**

1. Le désir d'efficacité et d'adaptabilité dans la gestion publique.

En mettant en avant le critère de l'efficacité dans la gestion publique, les opérations de transfert de charges du budget de l'État vers les budgets d'autres entités publiques ne sont pas toujours dénuées de tout avantage. Au regard de la diversification des activités publiques, consécutive à l'évolution du rôle de l'État, l'apparition du phénomène de « satellisation » ou de « morcellement » de l'État devenait inévitable. Dans cette perspective, la multiplication des gestions parallèles était perçue comme un modèle managérial efficace sur lequel l'État devait désormais s'appuyer.

Pour la théorie économique, le choix d'opérer des débudgétisations par transfert de charges vers certains organismes autonomes se justifierait par le fait que les organisations hiérarchiques et centralisées sont réputées manquer d'initiative, leur adaptation au changement est lente et leur réactivité aux intérêts des administrés est insuffisante[42]. Ainsi, rendre les satellites autonomes dans leur fonctionnement les incite à innover et à améliorer leurs performances. Libérées du carcan ministériel, elles font preuve d'une meilleure capacité d'adaptation et d'une plus grande réactivité[43]. Par ailleurs, le transfert de charges à ces entités juridiques serait simplement la traduction de la volonté des États d'adopter une dynamique organisationnelle visant à favoriser la souplesse dans la gestion et à encourager un modèle administratif basé sur le désengagement et la responsabilisation des acteurs.

La débudgétisation a aussi été utilisée comme l'instrument d'une réduction importante des prêts de l'État. Le mécanisme utilisé ici consiste à faire financer certaines dépenses par des organismes ou fonds plus ou moins autonomes sans que celle-ci apparaisse dans le budget du pouvoir public en

---

[42] SCHICK (A) ; *« Les agences à la recherche de principes ».* OCDE, PUMA, mars 2002, pp. 1-17
[43]Idem.

question[44]. Plutôt que de prêter directement, l'État a souvent préféré soit de bonifier les taux d'intérêt, soit de garantir ou de cautionner[45]. Le recours aux banques émettant des obligations en contrepartie d'actions dont l'amortissement reste à la charge de l'Etat est le procédé communément utilisé.

Au demeurant, choisir de faire exécuter des tâches et/ou de financer des dépenses par des organismes tiers plus ou moins autonomes et à personnalité juridique distincte, a des implications profondes qui affectent le rôle et la capacité de l'État. Si les bénéfices qu'on peut en tirer se résument à la possibilité d'accroitre la performance de l'administration, à la volonté d'attribuer de nouvelles compétences à une structure mieux adaptée, au désir de privilégier un service ou d'échapper aux contraintes de gestion de personnel ou à des carcans administratifs, la multiplication de ces entités autonomes, sont souvent à l'origine des phénomènes de débudgétisation massifs favorisant une trajectoire budgétaire parfois insoutenable.

2. Le caractère particulier des dépenses débudgétisées

La débudgétisation des dépenses étant plus répandue que celle des recettes, elle intervient le plus souvent dans les dépenses d'investissement ou d'équipement. Les dépenses de transfert et les dépenses courantes n'étant presque jamais débudgétisées. Cependant s'agissant des dépenses courantes, il y a lieu de distinguer les dépenses de matériel et les dépenses de personnel. S'il est facile d'admettre la débudgétisation des dépenses de matériel, il est pratiquement impensable d'imaginer la débudgétisation des dépenses de personnel, car il s'agit d'une activité intrinsèque qui ne saurait s'écarter du budget de l'État.

À ce sujet, le Conseil constitutionnel français par une décision du 29 mars 1994[46], a considéré qu'il existe des dépenses étatiques par nature des dépenses qui, s'agissant des agents de l'État, présentent pour lui par nature un caractère permanent[47]. Il estime donc que l'État ne peut pas se décharger sur d'autres budgets publics de certaines dépenses sans méconnaître les principes fondamentaux du droit budgétaire, selon lesquels la loi de finances doit retracer toutes les dépenses et toutes les recettes de l'État[48].

---

[44] N'KODIA (C) et SARR (F) : *« Place et rôle des pactes de convergence face aux nouveaux dispositifs budgétaires et de financement du développement en zone franc »*. In *Afrique contemporaine,* 2007/3 n° 223-224, pp.113-131

[45] TOULOUSE (JB), ROLLAND (Y), DE LEUSSE (JF), PILLOT (X) : *Finances Publiques et Politiques Publiques,* Economica, Paris 1987, p.56.

[46] Réf. (Cons. Const. 29 déc. 1994, décis. n° 94-351 DC, cons. 6, *Rec. Cons. Const.*)

[47] GIRARDOT (TX), *« Le Conseil constitutionnel censure les débudgétisations »*, Les Cahiers de la fonction publique et de l'administration, février 1995, n° 132, p. 13

[48] Idem.

Au Cameroun, l'accélération du processus de décentralisation a également offert des exemples de débudgétisations de l'État central vers les CTD. D'une part, l'État est présent par les concours financiers apportés aux budgets des collectivités et aussi par les transferts de ressources. À ce sujet, il apparait qu'une partie des ressources locales a une incidence directe sur la loi de finances, au titre d'une diminution de ressources, quand se trouve en cause un financement à partir de prélèvements obligatoires[49]. D'autre part, il existe des risques liés aux transferts de compétences à ces collectivités locales, notamment la tentation de débudgétisation de certaines dépenses de la part des autorités centrales.

En effet, la loi du 22 juillet 2004 dispose que la décentralisation consiste en un transfert par l'État aux CTD des compétences ainsi que des moyens appropriés. Or, il se trouve que le transfert de charges ne s'accompagne pas toujours du transfert des ressources correspondantes, ce qui amplifie du même coup la charge pesant sur les CTD. Ce non-transfert de ressources favorise un report de financement sur ces entités à l'autonomie consacrée et qui est préjudiciable à la conduite efficace des missions qui leur sont assignées.

Au regard des développements précédents, il ressort de ce que l'unité budgétaire est difficile à réaliser à cause du caractère très diversifié de la sphère financière publique. En effet, on le constate, la loi de finances est loin de refléter la réalité des activités financières publiques. La prolifération des organismes détenteurs d'un budget autonome tels que les Établissements publics, des CTD et de certains démembrements fonctionnels de l'État assurant des missions de service public, concourt inéluctablement au développement de la pratique des débudgétisations, dont il importe d'apprécier l'ampleur des conséquences.

II. LES CONSÉQUENCES DE LA RUPTURE DE L'UNITE BUDGETAIRE PAR LES DÉBUDGÉTISATIONS

Le principe de l'unité budgétaire impose que toutes les dépenses et toutes les recettes figurent dans un document unique soumis à l'approbation du Parlement de manière à visualiser plus facilement le solde budgétaire[50]. Cette exigence fondamentale pour la démocratie budgétaire est pratiquement reprise par la plupart des textes régissant les finances publiques au Cameroun.

Ainsi, l'Ordonnance n° 62/0F/4 du 7 février 1962 portant régime financier de la République Fédérale du Cameroun modifiée par la loi N° 2002/001 du

---

[49]DUPRAT (J-P.), *« Globalisation des Finances Publiques et Constitution »*, in *Réformes des Finances Publiques et Modernisation de l'Administration,* Mélanges en l'honneur de Robert HERTZOG, éd. Economica, Paris 2011, p.155.

[50]BAUDU (A) : *Droit des Finances Publiques*, Dalloz, 1ere éd., Paris août 2015, p.85.

19 avril 2002, précise en son article 1er que *« le budget de l'État prévoit en la forme législative les charges et les ressources de l'État dont il détermine le montant et la nature »*. Le Régime Financier de l'État issu de la loi du 26 décembre 2007 rappelle que *« la loi de finances prévoit et autorise chaque année l'ensemble des ressources et des charges de l'État »*. Il indique par ailleurs en son article 5 que *« le budget décrit les ressources et les charges de l'État autorisées par la loi de finances sous forme de recettes et de dépenses dans le cadre d'un exercice budgétaire. »*. Quant au Décret du 15 mai 2013 portant Règlement Général de la Comptabilité Publique, il consacre également le principe de l'unité budgétaire en ces termes *« les ressources et les charges de l'État ainsi que celles des organismes publics font l'objet d'un budget dans le cadre d'un exercice budgétaire »*. Plus récemment, la loi du 11 juillet 2018 portant Régime Financier de l'État et des autres entités publiques réaffirme le caractère essentiel de l'unité budgétaire : *« toutes les recettes et toutes les dépenses de l'État sont retracées dans un document unique intitulé budget de l'État »*.

À l'observation, il est de la responsabilité des acteurs chargés de l'élaboration du budget de l'État de veiller à ce que l'ensemble des recettes et des dépenses de l'État soient présentées dans un document unique soumis à l'approbation et au contrôle du Parlement. Mais force est de constater que les débudgétisations sont l'une des modalités de remise en cause de cette exigence entrainant ainsi des conséquences de plusieurs ordres dans la conduite des opérations financières publiques.

Sur le plan politique par exemple, les débudgétisations peuvent affecter négativement le contrôle parlementaire **(A).** Sur le plan technique, elles permettent de masquer artificiellement le déficit du budget de l'État et de ce fait, constituent un artifice budgétaire destiné à en dissimuler l'ampleur, en faisant sortir certaines dépenses du budget général. Autrement dit, elles visent à présenter un budget en *« trompe-l'œil »* [51]**(B).**

A. Les conséquences de nature politique

Lorsque la règle de l'unité budgétaire est méconnue, les dangers les plus graves menacent les finances publiques, a souligné Gaston Jèze[52]. L'un de ces dangers réside dans l'affaiblissement du contrôle parlementaire. Or, s'il existe un document unique permettant au Parlement d'exercer un meilleur contrôle sur les finances de l'État, celui-ci deviendrait plus facile à effectuer et serait du même coup très efficace. Par conséquent, une présentation budgétaire dans

---

[51]LAURENT (C) : *L'encadrement normatif des politiques budgétaires sous la Ve République.* Thèse de Doctorat en droit public. Université de Reims, Champagne–Ardenne, janvier 2017, p.87

[52]JEZE (G) : Cours de science des finances et de législation financière française, Théorie générale du budget, 6e éd., Paris, Giard, 1922, p.193 ; *« Histoire du principe de l'unité budgétaire en France depuis 1870 »* RSLF 1906, 922s

des documents séparés provoque forcément « un morcellement budgétaire » préjudiciable à ce contrôle[53]. Ainsi à cause des débudgétisations, on assiste à la perte de prérogative de contrôle parlementaire des finances publiques **(1)** et par voie de conséquence à la dénaturation de la sincérité budgétaire **(2).**

1. La perte de la prérogative de contrôle parlementaire des finances publiques

Le contrôle budgétaire de manière générale est une exigence qui s'impose à tout système financier public. De manière spécifique, le contrôle politique revêt une importance particulière, car le Parlement est considéré comme un organe de contrôle suprême, indépendant et souverain, puisant sa légitimité du suffrage populaire[54]. Bien plus, dans un souci de transparence financière, il est indispensable que les deniers publics fassent l'objet d'un contrôle particulier. Alors que l'unité budgétaire vise à raffermir ce contrôle parlementaire, les débudgétisations procèdent plutôt de la démarche inverse. En opérant un transfert de charges aux autres entités publiques, ces affectations favorisent une opacité dans la gestion financière publique qui affecte négativement le contrôle du Parlement sur les dépenses publiques.

Les dépenses débudgétisées ont donc pour inconvénient de porter atteinte au principe de l'unité budgétaire en empêchant que l'ensemble de la situation financière et budgétaire d'une même personne publique soit retracée dans un seul document budgétaire[55]. Tout transfert de charges en dehors du budget de l'État conduit inéluctablement à obérer l'efficacité du contrôle parlementaire. Lorsque les conditions de mise en œuvre de l'unité budgétaire ne sont pas entièrement réunies, l'information parlementaire n'est pas complète et dans ces conditions, le contrôle perd de sa substance.

2. La dénaturation de la sincérité budgétaire

Le contrôle parlementaire sur les finances publiques porte généralement sur la sincérité de l'exécution des lois de finances, le bon usage des deniers publics et l'adéquation des moyens aux objectifs[56]. Le principe de sincérité budgétaire apparait alors comme le corollaire de tous les principes budgétaires. On ne saurait parler d'unité budgétaire sans entrevoir en arrière-fond l'idée de sincérité ou de transparence. C'est pourquoi le Régime Financier de l'État précise que, *« les comptes de l'État doivent être réguliers et sincères et donner une image fidèle de son patrimoine et de sa situation financière ».*

---

[53]Ibid., p.194

[54]BALIRARI (A) : *Les contrôles financiers, comptables, administratifs et juridictionnels des finances publiques*, Paris, LGDJ, 2003coll. Systèmes finances publiques. p.170

[55] GILLES (W) : *Les principes budgétaires et comptables publics*, LGDJ, Paris 2007, p63.

[56] Idem.

Le principe de sincérité fait ainsi appel à la fois à la sincérité comptable et budgétaire. La première suppose une sincérité objective, en ce qu'elle procède d'un constat, elle impose *« l'exactitude des comptes »*[57]. La sincérité budgétaire renvoie à la sincérité de la loi de finances, car le budget doit être présenté de manière sincère et donner une image fidèle de l'ensemble du patrimoine de l'État[58]. Il implique que les informations fournies sont claires, précises et complètes, au regard des données disponibles au plan national et international, au moment de l'élaboration des prévisions[59].

Pour qu'un contrôle efficace puisse être effectué sur les finances publiques, il est important de les appréhender dans leur globalité. Sans une présentation exhaustive de l'ensemble des financières publiques, il y a de fortes chances qu'on se retrouve à rebours des exigences de sincérité. La sincérité du contrôle politique suppose en définitive que les parlementaires disposent d'une vision totale de la situation des finances publiques, or la persistance de procédés opaques et de pratiques dérogatoires ne permet pas un contrôle judicieux de la dépense publique.

La multiplication des gestions parallèles et des entités à budgets autonomes prête le flanc au développement des pratiques dérogatoires comme les débudgétisations qui finissent par fragiliser le système dans son ensemble et à remettre en doute la sincérité des opérations financières de l'État. En effet, les dépenses débudgétisées sont souvent des dépenses des superstructures avec un caractère extrêmement sensibles ; en choisissant de ne pas les intégrer dans le budget de l'État, elles pourront difficilement être saisies par l'organe en charge du contrôle politique, faute d'en avoir une connaissance complète et des plus exhaustives possible.

B. Les conséquences de nature technique

La débudgétisation est aussi pratiquée dans le but de camoufler purement et simplement un déficit budgétaire. Elle s'apparente alors à un simple artifice budgétaire destiné à masquer l'ampleur d'un déficit **(1).** Il en ressort également que cette pratique porte atteinte à la bonne gestion des finances publiques **(2).**

1. Un équilibre budgétaire tronqué

Lorsqu'une recette ou une charge sort du budget général vers un autre budget, l'équilibre initial s'en trouve rompu et le déficit n'est plus le même. La débudgétisation qui consiste à transférer les charges relevant du budget général de l'État vers le budget d'une autre personne morale de droit public

[57] SAIDJ (L) : *« Principe de sincérité en finances publiques : enjeux autour d'un principe controversé »*, In RFFP, n° 111, septembre 2010, p3.
[58] Idem.
[59]Article 8 (3) du Régime financier de l'État du 26 décembre 2007.

ou de droit privé distincte de l'Etat, dénature en quelque sorte le déficit budgétaire[60].

Le « démembrement » de l'État en plusieurs entités juridiques distinctes et autonomes nous amène à conclure que le montant total de ses dépenses ne figure pas dans la loi de finances. En réalité, d'après le principe de la débudgétisation, les charges soustraites du budget de l'État continuent d'une manière ou d'une autre à bénéficier des financements émanant de l'État. Dans la plupart des cas, ces financements proviennent des taxes affectées ou de la parafiscalité[61]. L'État maintien en outre une mainmise sur ces ressources et peut même intervenir pour garantir les emprunts effectués par ces organismes.

Ce mécanisme permet alors de diminuer ou de stabiliser les charges inscrites au budget de l'État sans affaiblir, voire en accroissant les moyens d'action dont disposent les pouvoirs publics[62]. Corrélativement, les transferts de compétences aux CTD intervenues dans le cadre de la mise en œuvre de la décentralisation diminuent les ressources et les dépenses de l'État, alors même qu'elles continuent à faire partie de la sphère financière publique, créant ainsi un déséquilibre qui n'apparait pas au moment de la clôture de l'exercice budgétaire.

2. Une pratique portant atteinte à la bonne gestion des finances publiques

D'après Michel BOUVIER, la pratique budgétaire dans les pays africains d'expression française est caractérisée par un éclatement du budget accentué par le manque d'exhaustivité de ce dernier.[63]En effet, certaines ressources et dépenses publiques qui devraient obligatoirement figurer dans le budget de l'État existent en dehors de ce dernier. Cette absence d'exhaustivité du budget se traduit par des débudgétisations qui visent en général à échapper aux procédures budgétaires classiques. Il s'ensuit que le budget ne reflète plus la réalité de la situation financière de l'État[64].

Au Cameroun, les différents avis émis par la Chambre des Comptes sur les projets de loi de règlement successivement adoptés depuis le vote de la loi du 26 décembre 2007 portant Régime Financier de l'État montrent que l'activité

[60] BAUDU (A), op.cit. p.205

[61] Dans le cas d'espèce, les entreprises publiques comme la SIC, le CFC, le FEICOM, la CRTV sont en partie financées par des taxes affectées ou sont bénéficiaires de taxes parafiscales.

[62]TOULOUSE op.cit. p. 318

[63] BOUVIER (M) : *La gestion de la dépense publique dans les pays d'Afrique francophone subsaharienne*. Étude commanditée par la Direction Générale de la Coopération Internationale et du Développement. Avril 2004, p.49

[64] Idem.

budgétaire reste encore très largement influencée par ce genre de pratiques[65]. Il en est ainsi de l'utilisation des **comptes hors budget** qui dérogent au principe d'exhaustivité consacré par la loi suscitée. Cette dernière indique que toutes les recettes et les dépenses publiques doivent être soumises à des règles et des mécanismes concourant à la plus grande orthodoxie financière. Elle reconnait certes en son article 26 (1) la possibilité de créer les comptes d'affectation spéciale, institués pour *« retracer dans les conditions prévues par une loi de finances, des opérations budgétaires financées au moyen des recettes particulières en relation directe avec les dépenses concernées ».*

Mais il s'agit d'une pratique qui doit être très restrictive. Or l'avis émis par la Chambre sur le projet de loi de règlement pour l'exercice 2012 fait mention de l'existence de pas moins de ***douze comptes d'affection spéciale*** [66]qui totalisent une enveloppe financière d'un montant ***de 93 300 000 000 FCFA.*** La démultiplication de ces comptes peut être une entrave à la transparence des opérations budgétaires et porter un sérieux coup à la reddition des comptes instaurée par le nouveau dispositif[67].

Pire encore, la Chambre des comptes révèle que la gestion de ces comptes est faite au mépris des règles qui les consacrent. Elle dénonce ainsi le fait que pour certains de ces comptes, aucune explication n'est donnée sur le détail des recettes et des dépenses de manière à s'assurer de leur conformité avec l'objet statutaire. D'autres sont en dépassement des plafonds de recettes et d'autres encore ont même pu bénéficier des subventions de l'État en violation de l'alinéa 3 de l'article 26 du Régime Financier de l'État qui proscrit cette pratique.

En définitive, la pratique des débudgétisations complique et entrave la vision globale et la clarté de la situation budgétaire et financière de l'État. Un processus de renforcement de l'unité budgétaire pour éviter « l'éparpillement » des dépenses publiques s'avère indispensable. Il passe par la mise en place d'une stratégie de consolidation des comptes publics

[65]Cf. Avis de la Chambre des Comptes sur les projets de loi de règlement 2009, 2010, 2011, 2012, 2013, disponible sur le site de la Chambre des Comptes de la Cour Suprême. www.chambredescomptes.cm consulté le 11 avril 2019

[66]***Les 12 comptes d'affectation spéciale*** : Redevance d'usage de la route, Compte d'affection spéciale pour la production des documents sécurisés, Compte d'affectation spéciale pour le financement de projets de développement durable en matière de l'eau, Compte d'affectation spéciale pour le développement forestier, compte d'affectation spéciale pour le soutien de l'activité touristique, compte d'affectation spéciale pour le soutien à la politique culturelle, compte d'affectation spéciale pour la régulation des marchés publics, compte d'affectation spéciale pour le développement des télécommunications, Redevance payée par les organismes portuaires autonomes à l'autorité portuaire nationale, Compte d'affectation spéciale pour la modernisation de la recherche dans les universités d'État, Fonds semencier, Compte d'affectation spéciale pour le développement du secteur postal.

[67]Cette pratique aurait causé une perte de l'ordre de ***33 259 645 732 FCFA sur le budget de l'État***

consistant à limiter les comptes hors budget et par une démarche visant à *rebudgétiser* l'ensemble des dépenses qui jusqu'ici figuraient hors du budget de l'État. Une telle démarche permettrait d'instaurer une vision complète des finances publiques, prélude indiscutable de la bonne gouvernance financière publique.

JOSEPH OWONA ET LE BOULEVARD DU DROIT, UNE APPROCHE CONCEPTUELLE PORTÉE VERS LA PLURIDISCIPLINARITÉ

Neneo KALDAYA

Docteur en Droit Public
Chargé de Cours au Département de Droit Public et Sciences politiques
Faculté des Sciences Juridiques et Politiques
Université de Maroua-Cameroun

RÉSUMÉ

Le concept du « *boulevard du droit* » étudié dans le cadre de ces « *mélanges* » sur « *l'exception en droit* » dédié au professeur Joseph OWONA, essaye de scruter le volet méthodologique de la recherche en droit et plus particulièrement en droit constitutionnel, champ de prédilection du grand maître. La thèse d'un mariage entre l'approche juridique et celle politique est porteuse d'une certaine vertu scientifique. Le grand maître s'illustre comme étant l'un de ses ferveurs défenseurs. Mais, le problème reste celui de la légitimité de cette communion. La question qui se dégage est celle de savoir pourquoi faut-il absolument créer une connexion entre ces disciplines? La réponse à cette interrogation semble tout de même découler de l'identité de l'objet de recherche : *le pouvoir*. Seulement, la crainte reste grande quant au risque d'une utilisation exagérée de ce « boulevard de droit » déconseillé au constitutionnaliste au nom d'une certaine autonomie qui caractérise lesdites disciplines.

Mots clés : Joseph OWONA, boulevard du droit, approche conceptuelle, pluridisciplinarité.

INTRODUCTION

L'exception en droit, thème de mélanges en l'honneur de ce monument du droit public camerounais, s'offre à nous comme une véritable occasion d'exploration de l'immense œuvre de ce juriste publiciste d'exception, qu'est le professeur Joseph OWONA. Maître de plusieurs générations des juristes camerounais[1], son aura affectionne plus d'un et innerve tout juriste en herbe.

---

[1] Il faut noter que le professeur Joseph OWONA a commencé à assumer ses charges professorales depuis les années 1970 à la Faculté de Droit et des Sciences Economiques à l'université de Yaoundé.

Malgré cette occasion toujours manquée de ne jamais pouvoir côtoyer de plus près le grand maître du droit public camerounais de tout temps ou de toutes époques, le contact avec ses productions scientifiques reste toujours une grande source d'inspiration pour la énième génération des juristes constitutionnalistes dont nous nous réclamons.

Dans le cadre de nos travaux de Diplôme d'Étude Approfondi (DEA) en Droit Public sur « *La distinction pouvoir constituant et pouvoirs constitués au Cameroun* » en 2008 puis en recherche terminale sur « *Le contrôle du pouvoir exécutif au Cameroun. Recherches sur les garanties de l'État de droit* », dans le cadre de nos travaux de thèse de Doctorat Ph.D soutenue en novembre 2016 à l'École doctorale de droit public et science politique de l'Université de Douala, nous avons parcouru ses monumentaux ouvrages notamment, « *Droit constitutionnel et régimes politiques en Afrique* » publié en 1985[2], « *Droits constitutionnels et institutions politiques du monde contemporain, étude comparative* » de 2010[3]. Ils sont alors devenus et restent encore pour nous, des sources permanentes d'inspiration et d'orientation sur l'étude du droit constitutionnel camerounais en particulier et du droit constitutionnel africain ou comparé en général, dont la passion est fortement ancrée dans la quête de nos savoirs juridiques.

La démarche méthodologique qu'on y puise nous permet de construire une analyse beaucoup plus portée vers la transversalité de la science juridique, mais surtout la communication avec d'autres sciences voisines[4]. D'où donc l'intitulé que nous souhaitons bien consacrer à ces mélanges, « *Joseph OWONA et le boulevard du droit, une approche conceptuelle portée vers la pluridisciplinarité* ».

Le concept de « boulevard » est la symbolique même d'une approche multidimensionnelle à laquelle se prête le professeur émérite de droit public camerounais pour tenter une percée vers une unicité du droit et même du droit et de la science politique[5]. Le vocable boulevard est représentatif d'une image d'une avenue, d'une route qui loin d'être à l'étroit, offre une voie susceptible de prêter à un usage pluriel et de masse. *Au sens littéral du terme*, un boulevard est une voie généralement large (quatre voies de circulation ou plus) avec souvent des allées piétonnières sur ses bords[6]. Le boulevard de droit traduit alors cette représentativité d'une science juridique portée par la transversalité

---

[2] OWONA (J), *Droit constitutionnel et régimes politiques africains,* Paris, Berger Levrault, 1985, 331 pages.

[3] OWONA (J), *Droits constitutionnels et institutions politiques du monde contemporain, étude comparative*, Paris, L'harmattan, 2010, 730 pages.

[4] CASELLI (G) et EGIDI (V), « Nécessité d'une approche multidisciplinaire », *Institut National d'études démographiques*, vol.62, 2007/1, pp.33-37.

[5] CHEVALIER (J), « Science du droit et science du politique, de l'opposition à la complémentarité », in *Droit et politique*, pp.251-261.

[6] Petit dictionnaire Larousse 2009, p.84.

voulue par Émile DURKHEIM comme le reportait déjà Madeleine GRAWITZ dans son maître ouvrage sur les méthodes de sciences sociales[7]. Cette technique qui tend à faire la promotion de la porosité des différentes branches des sciences sociales[8] notamment les sciences juridiques et politiques, est de plus en plus pratiquée aujourd'hui dans les recherches intéressant le champ du droit constitutionnel, champ qui pour beaucoup, passionne le grand maître[9]. Il est plus que clair que l'étude du droit constitutionnel et de la science politique nécessite une conjugaison d'outils méthodologiques avec la convocation à la fois des techniques juridiques axées sur la dogmatique et des approches politiques[10] portées par les techniques de recherches quantitatives et qualitatives. Ce mariage s'explique aisément dans la mesure où ces deux disciplines ont en commun, l'étude du pouvoir politique[11].

Cette autre dimension de l'auteur semble se traduire par la conduite à la fois d'une carrière scientifique[12] couplée à une carrière politique bien remplie[13] dont la confusion semble ne point être décelable[14] dans le fonctionnement des États africains récemment promus à la souveraineté internationale[15]. Pourtant, allant dans le même sens, Yves MENY soutient que « *L'administration est servante du pouvoir politique...* »[16]. Autrement dit, pour les profanes, il apparait difficile d'opérer une nette déconnexion entre le politique et l'administratif voulue par Max WEBER.

---

[7] Lire à cet effet GRAWITZ (M), *Méthodes des sciences sociales*, Paris, Dalloz, 11e édition, 2001, 1019 pages.
[8]NOREAU (P), « L'épistémologie de la pensée juridique : de l'étrangeté... à la recherche de soi », *Les Cahiers de droit*, vol. 52, n° 3-4, 2011, p.688.
[9] Il faut relever que la majorité de ses productions, du moins les plus importantes reposent sur le champ du droit constitutionnel.
[10] OWONA (J), *Droit constitutionnel et régimes politiques africains, op. cit., pp.2-3.*
[11] CHEVALIER (J), « Science du droit et science du politique, de l'opposition à la complémentarité », op. cit. / Voir également HOUDE (J) et LETTRE (B), « Droit public et science politique », *Les cahiers de droit*, vol.6, n° 2, 1965, p.74. / Lire également SEGUR (Philippe), *Le politique*, Paris, Ellipses, 1996, pp.54 et s.
[12] Il fut tour à tour enseignant, chef du département de droit public et chancelier à l'Université de Yaoundé qui sont des postes de travail liés étroitement à une carrière scientifique.
[13] La fonction gouvernementale allant du secrétariat général adjoint à la présidence de la république en 1986, l'enseignement supérieur en 1990, secrétariat général à la présidence en 1992, puis ministre chargé du contrôle supérieur de l'État en 1996 et ensuite ministre de la Jeunesse et des Sports en 1997 pour terminer par le ministère de l'Éducation nationale en 2000.
[14] BEZANGA (), *Les universitaires dans l'administration d'État*, Papier-du-Congrès-de-lABSP-des-3-et-4-avril-2017 (www//. absp.be/)
[15] MÉDARD (), « La spécificité des pouvoirs africains », *Pouvoirs*, n° 25, 1983, pp.5-21.
[16] MENY (), « A la jonction du politique et de l'administratif : les hauts fonctionnaires », *Pouvoirs*, n° 40, 1987, pp.5-23.

Sous un autre angle, la participation du professeur Joseph OWONA à la rédaction du projet de la loi constitutionnelle du 18 janvier 1996[17] en tant que technicien du droit, en l'occurrence du droit constitutionnel ou de la science constitutionnelle, participe de la nécessité d'une « *formulation savante* »[18] que cet art exige, mais surtout de sa participation à l'exercice du pouvoir exécutif dans le cadre gouvernemental. Le grand maître du droit public fait partie des pionniers du point de vue de son niveau à officier comme agent public dans la haute administration et ceci dans le cadre de sa participation aux différentes équipes gouvernementales au Cameroun[19].

Cette combinaison fonctionnelle est illustrative d'une parfaite symbiose entre la maîtrise de la science et du politique dont seuls les grands maîtres détiennent le secret : il s'agit d'une exception. La richesse de ses œuvres scientifiques embrassant tous les domaines du droit public témoigne de l'exceptionnel talent d'un scientifique accompli qui sait manier la science, l'administration et le politique. Dans la plupart de ses productions en relation avec le droit constitutionnel, il se présente comme étant le fervent défenseur de la nécessité d'une communion entre l'approche constitutionnaliste et celle politique. Il s'agit d'une démarche qui pose aujourd'hui beaucoup de problèmes aux jeunes chercheurs que nous représentons.

Cette particularité remarquable du professeur Joseph OWONA hante tout observateur sérieux et tout juriste en formation ou déjà accompli. La lecture de ses nombreux travaux laisse transparaitre une simplicité de style qui fait du droit constitutionnel, un champ du droit public susceptible d'être compris par tous. Cette exceptionnelle carrière scientifique portée par une production fertile laisse jaillir une interrogation majeure, celle de savoir comment concilier une carrière politique[20] avec une toge universitaire portée par la science[21], en l'occurrence, la science de la constitution[22]? Quel peut donc être l'apport de cette ouverture à l'interdisciplinarité dans la quête actuelle de ce savoir juridique constitutionnel ? Cette question qui intéresse particulièrement

---

[17]MBOME (FX), « Constitution du 2 juin 1972 ou nouvelle constitution », In MELONE (Stanislas), MINKOA SHE (Adolphe) ET SINDJOUN (Luc*), La réforme constitutionnelle du 18 janvier 1996 : aspects juridiques et politiques*, Yaoundé, Fondation Friedrich Ebert, 1996, pp.19 et 21. / OLINGA (Alain Didier), *La constitution de la République du Cameroun*, Yaoundé, Édition Terre Africaine/Presse de l'UCAC, 2e édition, 2013, p.28.

[18] CORNU (G), « L'art d'écrire la loi », *Pouvoirs*, n° 107, 2003, p.7.

[19] Des différents postes ministériels à la présidence de la république, il aura fait toutes les étapes d'une carrière administrativo-politique bien assumée.

[20] Il est l'un des barons du régime du renouveau puisqu'il va débuter sa carrière politique avec l'accession du président Paul BIYA à la magistrature politique dans les années 1980.

[21] Cet enseignant, agrégé du droit public compte au rang des pionniers d'une génération des sciences juridiques publicistes où il fut couronné par la charge honorable du chef du département de droit public à l'ancienne faculté de droit et économie de l'université de Yaoundé.

[22] Il faut relever qu'il est constitutionnaliste.

le droit constitutionnel et la science politique reste toujours posée quand bien même ces deux disciplines ont en objet, l'étude du pouvoir.

La réponse évidente qui semble se dégager est celle de l'existence d'un boulevard du droit que tout juriste publiciste est appelé à emprunter dans les recherches relatives aux sciences juridiques[23] : c'est cela l'exception. Cette parenté forcée entre les sciences constitutionnelles et celles politiques est productrice d'une grande ouverture d'esprit scientifique. C'est pourquoi toute recherche dans ce sens nécessite une maitrise parfaite de l'une ou de l'autre approche disciplinaire.

Dans une démarche analytique portée par la mise en relation des sciences constitutionnelles et les disciplines sœurs[24], nous montrerons d'une part, l'interpénétration entre le droit public constitutionnel et la science politique (**I**) et d'autre part, nous scruterons l'avenir du mariage entre le droit public et la science politique (**II**).

I. L'INTERPÉNÉTRATION DROIT PUBLIC CONSTITUTIONNEL ET SCIENCE POLITIQUE

Le mixage d'outils méthodologiques se justifie du fait de l'identification d'un trait d'union entre ces deux disciplines sœurs (**A**). Cette communion se traduit dans la pratique par l'identification des éléments illustratifs d'une passerelle entre la démarche scientifique relative au droit public et à celle relative à la science politique (**B**).

A. Le trait d'union entre le droit constitutionnel et la science politique

Le droit constitutionnel ou science de la constitution et la science politique ou science du phénomène du pouvoir constituent deux disciplines ayant en commun un certain nombre d'outils analytiques[25]. Les phénomènes politiques sont globalement considérés comme l'objet de science politique et du droit constitutionnel comme le souligne Dieudonné KALUBA DUBWA dans sa thèse[26]. Dans le fait, la science politique et le droit constitutionnel ont en commun l'étude du pouvoir politique (**1**), mais aussi l'étude des institutions politiques existantes dans un État (2). Du point de vue méthodologique,

---

[23]NOREAU (P), « L'épistémologie de la pensée juridique : de l'étrangeté… à la recherche de soi », *op. cit.*, p. 695.

[24] Il s'agit de la science politique, de la sociologie, de la philosophie, etc.

[25] CHEVALIER (), « Science du droit et science du politique, de l'opposition à la complémentarité », op. cit./ Voir également HOUDE (J) et LETTRE (B), « Droit public et science politique op. cit. p.71.

[26]KALUBA DIBWA (D), *Du contentieux constitutionnel en République Démocratique du Congo. Contribution à l'étude des fondements et des modalités d'exercice de la justice constitutionnelle,* Thèse de doctorat en Droit public, Université de Kinshasa, 31 août 2010, p.56.

l'apport de la science politique est qualifié de fécond [27]par le grand maître de droit public camerounais dans toute recherche menée en droit public, mais surtout en droit constitutionnel.

1. L'étude du pouvoir

La notion du pouvoir est polysémique et reflète la complexité inhérente à ce phénomène[28]. Elle renvoie au sens du droit constitutionnel, à « *un ensemble des compétences juridiques et des capacités matérielles de l'État* »[29]. Autrement dit, il traduit « *l'exercice de la souveraineté* » de l'État dont sont investis certains organes constituant les pouvoirs publics, notamment, le pouvoir législatif et le pouvoir exécutif[30].

Le droit constitutionnel désigne selon Louis FAVOREU, l'étude de la constitution[31], c'est-à-dire, l'étude de l'ensemble des règles relatives à l'exercice du pouvoir politique[32]. Le droit constitutionnel renvoie donc à l'étude de « *l'ensemble des institutions grâce auxquelles le pouvoir s'établit, s'exerce et se transmet dans l'État* »[33]. Cette conception matérielle de la constitution établit une relation d'intersection ou d'interpénétration entre le droit constitutionnel et la science politique. En effet, selon Jacques CHEVALIER, « *on a pu constater une imbrication croissante de la science du droit et de la science du politique* »[34]. L'objet de la science du droit constitutionnel, c'est évidemment l'étude de la constitution[35], c'est-à-dire, « *la loi fondamentale de l'État dont l'objet spécifique est l'organisation des pouvoirs publics et la détermination de leurs rapports* »[36]. Il s'agit d'une approche essentiellement normativiste au sens kelsenien[37] du terme et qui est portée vers le positivisme[38]. En effet, dans sa dimension formelle, la

---

[27] OWONA (J), *Droits constitutionnels et institutions politiques du monde contemporain, étude comparative*, op. cit., p.9.

[28] - DUHAMEL (O) et MENY (Y), *Dictionnaire constitutionnel*, Paris, PUF, 1re édition, 1992, p.771.

[29] CORNU (G), *Vocabulaire juridique*, op. cit., p.775.

[30] AVRIL (P) et GICQUEL (J), *Lexique de droit constitutionnel*, Collection « Que sais-je ? » n° 3655, Paris, PUF, 3e édition, 2012, p.89.

[31] FAVOREU (L), *Droit constitutionnel*, Paris, Dalloz, 14 édition, 2011, p.1.

[32]GELARD (P) et MEUNIER (J), *Institutions politiques et droit constitutionnel,* Paris, Montchrestien, 2e édition, 1997, p.93.

[33]OLIVA (E) et GIUMMARA(S), *Droit constitutionnel*, 8e édition, Sirey Dalloz, 2014, p.1.

[34] CHEVALIER (J), « Science du droit et science du politique, de l'opposition à la complémentarité », op. cit., p.251.

[35] Ibid, p.98.

[36] AVRIL (P) et GICQUEL (J), *Lexique de droit constitutionnel*, op. cit., p.30.

[37] KELSEN (H), *Théorie pure du droit*, Paris, Dalloz, 1962, pp.95 et s.

[38]CUMYN (M) et SAMSON (M), « La méthodologie juridique en quête d'identité » *Revue interdisciplinaire d'études juridiques* (Université Saint-Louis – Bruxelles), Vol. 71, 2013/2 p.7.

constitution est l'expression d'un corpus de texte juridiquement établi, qui définit la technique de l'exercice du pouvoir.

La science politique par contre se définit comme une science qui étudie les phénomènes politiques ou les objets perçus comme politiques en l'occurrence l'Etat, les institutions gouvernementales, etc. En tant qu'adjectif, le mot politique désigne en droit tout ce « *qui a trait au gouvernement de la cité, à l'exercice du pouvoir dans un État, à la participation qu'y prennent les citoyens, les organes institués et les partis* »[39]. En tant que nom, la politique désigne « *l'ensemble des relations de pouvoir ou de l'autorité dans une société donnée* »[40]. La notion du pouvoir politique est donc au centre de l'étude de la science politique. Il y a donc une réelle imbrication entre la chose constitutionnelle et la chose politique : le pouvoir.

L'article du professeur Joseph OWONA sur « *la réforme politique et constitutionnelle de la République Unie du Cameroun* » publié à la Revue Juridique et Politique Indépendance et Coopération de 1979, illustre parfaitement le foisonnement d'un développement scientifique porté par une mixité d'approche faisant du droit constitutionnel et de la science politique en doctrine camerounaise[41], deux disciplines proches. L'auteur peint ainsi l'amorce par l'État du Cameroun de la technique constitutionnelle d'une déconcentration du présidentialisme camerounais dans les années 70, même si sur le plan politique, le président de la République reste l'homme le plus fort du régime[42]. La constitution va ainsi se présenter comme étant un instrument d'encadrement des institutions de l'exercice du pouvoir politique[43]. Selon Jean Paul JACQUE en effet, la constitution reste une source permanente de légitimité du pouvoir politique[44]. Autrement dit, elle définit les contours de l'exercice de la souveraineté au sein de l'État. C'est dans ce sens que Michel VERPEAUX va aussi souligner que la constitution renvoie à l'« *encadrement juridique du pouvoir politique* »[45]. Le lien de convergence d'objet devient donc consolidé.

---

[39] CORNU (G), *Vocabulaire juridique*, op. cit., pp.765-766.

[40] Voir SEGUR (P), *Le politique*, op. cit., p.7).

[41] OWONA (J), « La réforme politique et constitutionnelle de la République unie du Cameroun », *in Revue Juridique et Politique, Indépendant et coopération*, t.29, n° 4, Paris, 1975, pp. 486-510.

[42] Le premier Président de la République du Cameroun, Mr AHMADOU AHIDJO a opté pour la consolidation de l'institution présidentielle.

[43] GONIDEC (P.F), « Esquisse d'une typologie des régimes politiques africains », *Pouvoirs*, n° 25, 1983, p.63.

[44] JACQUE (JP), *Droit constitutionnel et institutions politiques*, Paris, Dalloz, 10e édition, 2014, p.52.

[45] VERPEAUX (M), *La constitution*, Paris, Dalloz, 2008, p.2.

2. L'étude des institutions politiques

Les institutions politiques de l'État sont généralement l'objet d'une étude à la fois du droit public, notamment dans le cadre du droit constitutionnel et de la science politique. En effet, la constitution se présente comme un cadre de formalisation des institutions de l'État. Elle traduit dans la pratique les mécanismes du fonctionnement de l'État. Pour la doctrine, le système politique d'un État est défini par la loi fondamentale de cet État[46]. Il nait donc une relation étroite entre l'Etat et la constitution, laquelle relation reste fortement portée par un lien de consubstantialité[47] propre à leur proximité, car selon le professeur Augustin KONTCHOU KOUOMEGNI, « *l'armature institutionnelle de la vie politique d'un pays apparaitrait toujours comme la mise en œuvre d'une philosophie politique* »[48]. Cette tentative de définition du régime politique dans des États sur la base des institutions politiques existantes, s'inscrit en droite ligne de la définition des grandes démocraties constitutionnelles modernes[49], puisque le constitutionnalisme va s'imposer comme étant un élément important de la politique en Afrique[50].

Cette imbrication entre le champ du droit constitutionnel et celui de la science politique reste fortement consolidée dans la pratique. En effet, de nos jours, le droit constitutionnel reste de plus en plus présent dans des stratégies de résolution des conflits politiques en Afrique[51]. Cette proximité entre ces deux sciences sociales a établi une véritable passerelle entre le droit public et la science politique[52]. Pourtant, au-delà de cette communication, ces domaines de recherche s'affirment comme des champs scientifiques suffisamment autonomes.

---

[46] DUVERGER (M), *Institutions politiques et droit constitutionnel* ; *le système politique français*, Paris, PUF, 14e édition, 1976, p.5.

[47] CHANTEBOUT (B), *Droit constitutionnel*, Paris, Armand Colin, 30e édition, août 2013, p.22.

[48] KONTCHOU KOUOMEGNI (A), « Idéologie et institutions politiques : impact de l'idée de l'unité nationale sur les institutions publiques de l'État camerounais », *Dynamique et finalité des droits africains*, Paris, Economica, 1975, p.442.

[49] LAUVAUX (P), *Les grandes démocraties contemporaines*, Paris, PUF, 2e édition, 2004, p.140.

[50] DE GAUDUSSON (Jean Dubois), CONAC (Gérard) et DESOUCHES (Christine) (dir.), *Les constitutions africaines publiées en langue française*, La Documentation Française/ Bruylant Bruxelles, tome 1, 1998, p.11.

[51] KEUTCHA TCHAPGNA (C), « Droit constitutionnel et conflit politique dans les États francophones d'Afrique noire », *RFDC*, 2005/3, n° 63, pp.451-491. / Voir également DONFACK SOKENG (L), « Droit constitutionnel et crise en Afrique », in *Revue Africaine pour la Démocratie et le Parlementarisme,* SOLON, vol. III, n° 5, avril 2011, pp. 72-93.

[52] CHEVALIER (J), « Science du droit et science du politique, de l'opposition à la complémentarité ».

B. La passerelle entre le droit public et la science politique

Le droit public[53] qui se définit généralement par opposition au droit privé, désigne alors un ensemble de règles du droit qui régissent l'État et les autres personnes publiques voire ses rapports avec les autres États dans le cadre du droit international public[54]. Constitué généralement dans sa dimension interne, du droit constitutionnel, du droit administratif et du droit public financier, le droit public se résume donc à l'étude du droit public entendu comme science[55] et qui se traduit par une analyse généralement portée par le positivisme juridique et le normativisme.

Cependant, la passerelle entre le droit public et la science politique intéresse beaucoup plus les techniques d'approche. En effet, les outils d'analyse restent relativement voisins dans les deux disciplines au point où l'on serait tenté de se demander comme ces auteurs si « *le droit public est-il toute la science politique [ou] en est-il complètement distinct* ? »[56]. Le droit public comme la science politique ont généralement recours dans leur approche à une démarche portée à la fois sur l'institutionnalisme (**1**) et le positivisme (**2**).

1. L'adoption de la méthode institutionnaliste

L'institutionnalisme est un courant de pensée développé aux États-Unis d'Amérique au début du 20e siècle. Il s'appuie sur la compréhension du rôle que doivent jouer les institutions afin de mieux modeler le comportement des hommes en société. Il s'intéresse principalement aux facteurs d'évolution de la société et de l'économie. L'on note aujourd'hui un grand apport des institutions à tous les aspects de vie de l'homme. Cette situation explique alors le foisonnement des institutions dans les sociétés politiques modernes.

Par institution, il faut entendre l'action d'instituer, le fait de créer ou même le résultat de cette création. Elle renvoie à l'ensemble des mécanismes et structures juridiques encadrant les conduites au sein d'une collectivité[57]**.** Dans un autre sens, instituer signifie également prévoir une réglementation (lois, normes, etc.). En effet, il convient de relever que les institutions peuvent être soit des institutions – mécanismes ou des institutions organiques[58], et qui participent d'une manière ou d'une autre, à l'encadrement de telle ou telle activité humaine en société. Il s'agit d'une vision assez pragmatique de la vie

---

[53] DUBOIS (L) et PEISER (G), *Droit public*, Paris, Dalloz, 16e édition, 2003, 261 pages

[54] Idem, p.1.

[55] DUHAMEL (O) et MENY (Y), *Dictionnaire constitutionnel*, Paris, PUF, 1re édition, 1992, p.949. Lire également CHEVALIER (Jacques), « Science du droit et science du politique, de l'opposition à la complémentarité ».

[56] HOUDE (J) et LETTRE (B), « Droit public et science politique », *Les cahiers de droit*, vol.6, n° 2, 1965, p.74.

[57] CORNU (Gérard), *Vocabulaire juridique*.

[58] OWONA (J), *Droit constitutionnel et régimes politiques africains*.

sociale puisque les institutions participent à une fonction d'arbitrage tant politique que juridique des comportements des individus.

L'institutionnalisme se présente donc comme une démarche scientifique suffisamment encrée autant en droit public qu'en science politique. Le droit public comme la science politique procèdent donc par une technique de l'institutionnalisme. En effet, la science politique se présente comme étant l'étude de la réalité constitutionnelle et même institutionnelle de l'État. Les chercheurs de ces deux champs d'études ont généralement recours à ces deux techniques d'approche afin de donner un peu plus de tonus scientifique à leur analyse.

Le maître du droit public camerounais convoque donc savamment cette complémentarité dans son ouvrage récent, « *Droits constitutionnels et institutions politiques du monde contemporain, étude comparative* »[59]. Ce maniement des approches scientifiques, à même de mieux renseigner sur la scientificité de l'objet d'étude, qui est le pouvoir institutionnalisé, irradie à suffisance la génération montante de la science du pouvoir. Ce qui constitue un grand héritage scientifique puisqu'il s'agit ici de tourner le dos à la théorie pure du droit défendue par Hans KELSEN[60] afin de trouver une approche médiane et complémentaire sans pour autant s'enfermer dans le dogmatisme juridique plat et à la limite stérile et qui est beaucoup plus porté par l'exégétique et la casuistique. La tendance moderne de l'approche politique cherche à construire donc une analyse politique qui soit portée par le texte. On assiste alors aujourd'hui à une sorte d'irrigation de la science politique par un tissu de dispositions juridiques qui fait du politiste un juriste à la base.

2. Le recours à l'analyse positiviste

Le positivisme juridique est un courant classique connu en théorie du droit. Il consiste à décrire le droit tel qu'il existe dans la société. Selon Jean Louis BELGEL en effet, « *Le positivisme juridique consiste à ne reconnaitre de valeur qu'aux seules règles du droit positif et à réduire le droit aux règles en vigueur à une époque donnée et dans un État donné...* »[61]. Ce courant qui s'oppose au positivisme sociologique fait la part belle à l'application du droit positif. Le droit positif est donc susceptible de faire l'objet d'une connaissance juridique.

En effet, en tant que textes existants, ils sont assimilables à des objets observables, c'est-à-dire, susceptibles d'étude scientifique. Voilà pourquoi, une recherche juridique ne doit porter que sur les textes encore en vigueur. Cette tendance qui cherche à répondre à la question de l'objet de recherche en

---

[59] OWONA (J), *Droits constitutionnels et institutions politiques du monde contemporain, étude comparative,* op. cit., p.9.
[60] KELSEN (H), *Théorie pure du droit.*
[61] BREGEL (JL), *Théorie générale du droit*, Paris, Dalloz, 2e édition, 1989, p.24.

droit[62] nous oriente indubitablement vers un certain réalisme juridique. De nos jours, les analystes politiques se prêtent de plus en plus à l'analyse normativiste portée vers le positivisme. Cette idée est portée par un certain existentialisme juridique[63] et reste donc aujourd'hui une pratique largement partagée entre les juristes publicistes et les politistes.

La plupart des ouvrages et autres productions scientifiques de la génération du professeur Joseph OWONA reflètent ce mixage. Toute chose qui tend à écarter la thèse de l'exclusion ou de l'autonomie radicale entre les disciplines du droit public et celles de science politique. Seulement, cette passerelle peut engendrer à l'analyse une problématique certaine, celle de la relation prospective entre la science du droit en l'occurrence le droit public et la science du politique[64].

II. L'AVENIR DE L'UNITÉ DU DROIT PUBLIC ET DE LA SCIENCE POLITIQUE

La méthode constitue aujourd'hui un puissant moyen de clarification et de la compréhension d'un sujet[65], soit-il du droit public ou de science politique. Elle est par définition selon PORTO et GRAWITZ, *« un ensemble d'opérations intellectuelles par lesquelles une discipline cherche à atteindre les vérités qu'elle poursuit »*[66]. Cet appel de plus en plus pressant à l'unicité ou mieux au rapprochement des méthodes d'approches scientifiques entre ces disciplines sœurs [67](le droit public constitutionnel et la science politique) tout au moins dans sa dimension méthodologique, force l'admiration et confirme la quête d'une certaine vérité scientifique.

Cette perception dynamique de communication entre les différentes disciplines scientifiques ayant en objet le pouvoir, s'explique par la nécessité de plus en plus ardente du renforcement de la coopération au niveau des techniques d'analyse (**A**). Cependant, il est important de mentionner l'éventualité du risque encouru, à savoir celui d'une phagocytation d'une branche par l'autre, alors même que ces deux disciplines gardent toutes leur

[62] BOUVIÈRE (F), « Qu'est-ce que la recherche juridique ? ».
[63] DUBOUCHET (P), « La théorie normative du droit et le langage du juge », *RRJ*, *PUAM*, n°2, 1994, pp .657-690.
[64] CHEVALIER (J), « Science du droit et science du politique, de l'opposition à la complémentarité ».
[65] KAMTO (M), *Pouvoir et droit en Afrique ; essai sur les fondements du constitutionnalisme dans les États d'Afrique noire francophone*, p.47.
[66]KALUBA DIBWA (D), *Du contentieux constitutionnel en République Démocratique du Congo. Contribution à l'étude des fondements et des modalités d'exercice de la justice constitutionnelle, op. cit., p.56.*
[67] OWONA (J), *Droits constitutionnels et institutions politiques du monde contemporain, étude comparative.*

importance dans la recherche dont elles doivent illuminer le fonctionnement des États qui se veulent de plus en plus démocratiques de nos jours (**B**).

A. La nécessité du renforcement de la coopération méthodologique entre le droit public et la science politique

La rupture ou le détachement renforcé entre le droit public et la science politique peut entrainer dans une certaine mesure, une conséquence heuristique suffisamment importante. Cette séparation radicale du point méthodologique peut entrainer un appauvrissement de la recherche sur les éléments caractéristiques du pouvoir et des institutions politiques de l'État.

L'approche politico-juridique généralement adoptée dans nos travaux de recherche a permis d'enrichir les résultats escomptés. Cette dimension qualité confirmée par des grands maitres du droit constitutionnel et de la science politique, traduit cette nécessité pratique d'une interpénétration forte (**1**) qui milite en faveur de la définition d'une complémentarité empreinte d'originalité (2) pour une recherche encore plus fructueuse dans les deux champs.

1. Une nécessité pratique d'une interpénétration droit public et science politique

De nos jours, plusieurs auteurs militent en faveur de cette interpénétration [68]ou de cette interconnexion. Selon Philippe RAYNAUD en effet, « *La relation entre le droit et la science politique fait signe elle-même vers une certaine idée de la philosophie qui pourrait peut-être réunir à nouveau, sans pour autant les confondre, deux disciplines aujourd'hui séparées que sont le « droit public » et la « science politique »*»[69]. Autrement dit, on ne pourrait avoir une véritable recherche juridique [70]dans le champ du droit public sans le concours du regard ou de la démarche politique[71], laquelle est beaucoup plus portée vers la critique. En effet, « *l'absence du critère sûr de délimitation de ce qui est juridique* » souligne Frédéric BOUVIÈRE[72], tend donc à se tourner vers d'autres champs de recherche ayant en étude, le même objet.

Le travail de recherche en droit vise aujourd'hui à tourner le dos à une technique descriptive pour s'ancrer dans une analyse scientifique appuyée par une véritable démarche objective et portée par une conceptualisation de plus

---

[68] Idem.

[69]RAYNAUD (P), « Le droit et la science politique », *Jus Politicum* (*Revue internationale de droit politique)*, n° 2, 2009, p.1. (www.juspoliticum.com)

[70] BOUVIÈRE (F), « Qu'est-ce que la recherche juridique ? ».

[71]POUDRIER (L), « Sur l'objet et la méthode des sciences politiques », *Les Cahiers de droit*, n°5(2), 1963, pp.77–80. https://doi.org/10.7202/10041

[72] BOUVIÈRE (F), « Qu'est-ce que la recherche juridique ? », op. cit., p.1.

en plus orientée vers la théorie générale du droit[73]. Le cloisonnement entre le droit public et la science politique n'enrichit donc pas davantage la recherche en droit. Émile DURKHEIM mentionnait déjà à juste titre à effet qu'un bon juriste ne doit aucunement s'enfermer dans un juridisme plat s'il veut atteindre la perfection dans l'analyse juridique suffisamment scientifique[74].

Les formations proposées aujourd'hui dans nos Facultés des Sciences Juridiques et Politiques militent en faveur de cette thèse[75]. Même si la tendance à la spécialisation précoce[76] essaie de limiter cette recherche de la perfection scientifique, l'option pour la production d'une base juridique unique aux juristes et aux politistes constitue une bonne stratégie de formation orientée vers la transversalité. Cette technique abandonnée a le mérite de donner une bonne base que ce soit aux potentiels juristes constitutionnalistes et aux politistes, deux spécialistes du savoir constitutionnel et institutionnel de l'État, et ceci dans l'intérêt de la constitution d'une doctrine suffisamment assise en matière du droit constitutionnel et de science politique.

2. Une complémentarité emprunte d'une originalité

La complémentarité de plus en plus convoquée entre la démarche juridique et celle politique milite alors en faveur d'une certaine originalité[77]. En réalité, il ne peut y avoir une certaine vérité scientifique en relation avec le phénomène du pouvoir sans avoir recours à ces deux techniques d'analyse. Autrement dit, l'écriture scientifique notamment dans le domaine du droit public et de la science politique ne peut se faire aisément sans qu'il y ait un concours d'approches.

L'approche pluridisciplinaire[78] est de plus en plus conseillée aux juristes ainsi qu'aux politistes. Cette nouvelle manière de voir les sciences juridiques et politiques met donc généralement le chercheur à l'abri de critique ou reproche observé dans leurs techniques d'analyse. Selon Philippe RAYNAUD, « *La relation entre le droit et la science politique fait signe elle-*

[73]CHEROT (J.Y), « L'analyse des concepts en droit : Sur quatre thèses de Hart et quelques questions », *Revue de la Recherche Juridique - Droit prospectif, Presses Universitaires d'Aix-Marseille,* 2013, XXXVII (145), pp.2273-2285. Lire également BREGEL (JL), *Théorie générale du droit.*

[74] GRAWITZ (M), *Méthodes des sciences sociales.*

[75] La négation d'une spécialisation précoce présente un avantage tant pour les juristes que pour les politistes de notre temps.

[76] Les spécialisations dans les facultés des sciences juridiques et politiques commencent en année de licence contrairement à la période pré-LMD.

[77] CHEVALIER (J), « Science du droit et science du politique, de l'opposition à la complémentarité ».

[78]VAN REGEMORTER (JL), « Heurs et malheurs de l'approche pluridisciplinaire », *Revue des études slaves,* Tome 68, Fascicule 2, 1996. pp. 281-282 ;

même vers une certaine idée de philosophie qui pourrait peut-être réunir à nouveau sans pour autant les confondre... »[79].

La connaissance scientifique des pouvoirs et institutions politiques constitue un pas généralement favorable à la compréhension de la vie en société. Leur analyse scientifique apporte donc un plus dans la maitrise des phénomènes politiques. Il convient toutefois de relever qu'il s'agit des phénomènes assez complexes, qu'une analyse scientifique permet de contourner cette difficulté même si les textes du droit sont généralement à la base de leur encadrement.

Cependant, il devient donc de plus en plus préoccupant et même tentant d'envisager cette tendance à la phagocytation de l'une par l'autre discipline. En effet, cette situation risque de compliquer la catégorisation des productions scientifiques[80] dans ce vaste ensemble de concurrence qui met aux prises les nombreux champs scientifiques dans la société.

B. Le risque d'une phagocytation empreinte de décontenancement scientifique

Une question cruciale reste sur toutes les lèvres aujourd'hui quant à la communion ou à la complémentarité des approches qui devaient guider l'analyse scientifique entre le droit public et la science politique[81]. L'interpénétration de ces approches désormais conseillée et même soutenue par une grande partie de la doctrine risque d'engendrer une autre situation inattendue, celle de la fusion de ces deux disciplines qui se veulent autonomes par nature.

Cette tendance au décontenancement de la science politique (**i**), mais aussi celle d'une défiguration de la science du droit public (**ii**) constituent aujourd'hui la perspective négative du recours permanent à cette technique.

1. La possibilité d'un décontenancement de la science politique

En tant que discipline autonome et récente[82], la science politique risque d'être fortement influencée par la technique juridique qui elle, est portée par le normativisme et positivisme. Ce recours systématique au fondement juridique afin d'irradier l'analyse politique conseillé aux politistes reste donc problématique. La tradition juridique[83] risque de porter donc dans la pratique,

[79]RAYNAUD (P)., « Le droit et la science politique », *Jus Politicum (Revue internationale de droit politique)*, n° 2, 2009, p.1.

[80]CUMYN (M), « Les catégories, la classification et la qualification juridiques : réflexions sur la systématicité du droit ».

[81] CHEVALIER (Jacques).

[82] HOUDE (J) et LETTRE (B), « Droit public et science politique », *Les cahiers de droit*, vol.6, n° 2, 1965, p.71.

[83] ATIAS (C), « Présence de la tradition juridique », *RRJ*, 1997, n° 2, pp.387-394.

un coup à une analyse politique qui se veut beaucoup plus théorique et conceptuelle.

L'irrigation du champ politique par le droit à travers le fort recours à la méthode juridique peut donc entrainer un décontenancement de la science politique en tant qu'une discipline autonome. En effet, ce rapprochement peut soulever le problème de la science politique en tant que discipline. Même le divorce peut être consommé du fait des techniques utilisées dans la recherche en science politique, l'inspiration permanente du politiste des textes du droit écrit peut entrainer une fusion souterraine du droit constitutionnel et de la science politique.

Aujourd'hui, l'étude des institutions politiques porte les stigmates d'une étude politique pourtant le fondement reste juridique. C'est logiquement le cas lorsqu'on se place du côté des recherches qui intéressent les régimes politiques. Alors, on est tenté de se demander s'il y a de science politique sans texte ?

2. Le risque d'un envahissement du droit constitutionnel par les approches politiques

Le droit constitutionnel est-il un droit politique ou un droit de la science politique ? Cette interrogation soulevée depuis 1975 par Jeanne HOUDE et Benoit LETTRE[84] essaie de raisonner encore aujourd'hui dans nos têtes lorsqu'il faut examiner en profondeur la consistance du droit public constitutionnel. La séparation ou la distinction entre le droit public et la science politique pose alors dans la pratique des gros soucis et ceci en vertu du principe l'identité de l'objet d'analyse : le pouvoir politique.

Cette relation de voisinage ou de proximité entre le droit constitutionnel et la science politique risque d'être fortement préjudiciable à la valeur même de la science politique, et même au droit constitutionnel. Les enseignements du droit public constitutionnel et de la science politique garderont-ils encore toute leur importance d'antan ?

Ce glissement du champ du droit public vers la science politique et vice-versa, peut entamer l'originalité réservée à l'analyse politique ou même juridique dans sa dimension scientifique. C'est dans ce sens que beaucoup militent pour un système juridique dépouillé de toute impureté comme le soutient Hans KELSEN[85].

---

[84] HOUDE (J) et LETTRE (B), « Droit public et science politique », op. cit., p.71.

[85] CUMYN (M), « Les catégories, la classification et la qualification juridiques : réflexions sur la systématicité du droit », *Les Cahiers de droit*, vol. 52, n° 3-4, 2011, p. 354.

En somme, le rapprochement entre ces deux disciplines peut sonner la fin d'une division axée sur la méthode d'analyse. Pourtant, l'objet d'analyse reste fortement porté par un support juridique facilement cernable.

CONCLUSION

En définitive, l'approche multidimensionnelle [86]ou transdisciplinaire utilisée par les grands juristes publicistes constitutionnels de surcroit, en l'occurrence le professeur Joseph OWONA dans l'immensité de ses productions scientifiques[87], est fort illustrative de l'exceptionnel talent de l'auteur et des caractéristiques des grands maitres du droit public, que cherchent à imiter leurs pupilles du droit constitutionnel.

La passerelle entre le droit public et la science politique est fortement évoquée, ce qui fait également de lui un publiciste spécialiste de l'étude du pouvoir et des institutions politiques dont l'implication pratique dans le cadre du travail gouvernemental[88] ne flouera aucunement la posture du scientifique.

La recherche en droit constitutionnel reste tributaire de l'approche politique et vice-versa. La communion entre ces approches enrichit davantage l'évolution de la recherche.

ÉLÉMENTS DE BIBLIOGRAPHIE

- **Ouvrages**
  - AVRIL (P) et GICQUEL (J), *Lexique de droit constitutionnel*, Collection « Que sais-je ? » n° 3655, Paris, PUF, 3e édition, 2012, 126 pages
  - BREGEL (J-L), *Théorie générale du droit*, Paris, Dalloz, 2e édition, 1989, 342 pages.
  - CHANTEBOUT (B), *Droit constitutionnel*, Paris, Armand Colin, 30e édition, août 2013, 594 pages

[86]CASELLI (G) et EGIDI (V) « Nécessité d'une approche multidisciplinaire », *Institut national d'études démographiques, « Population »*, 2007/1 Vol. 62, pp. 33-37.

[87] Les plus importantes sont OWONA (Joseph), *Droits constitutionnels et institutions politiques du monde contemporain, étude comparative*, op. cit., et OWONA (Joseph), *Droit constitutionnel et régimes politiques africains*.

[88] POKAM (H), *La participation des universitaires au processus de construction /reconstruction de l'espace public au Cameroun*, Yaoundé, CODESRIA, 2008. / voir également NGWE (L), « Diplômes, grades et postes : bureaucraties universitaires, bureaucraties politiques et effets sur la dynamique du champ académique au Cameroun » in *L'enseignement supérieur au Cameroun depuis la réforme de 1993*, pp.57-79.

- DE GAUDUSSON (J.D), CONAC (G) et DESOUCHES (C), (dir.), *Les constitutions africaines publiées en langue française*, La Documentation Française/Bruylant Bruxelles, tome 1, 1998.
- DUBOIS (L) et PEISER (G), *Droit public*, Paris, Dalloz, 16e édition, 2003, 261 pages.
- DUHAMEL (O) et MENY (Y), *Dictionnaire constitutionnel*, Paris, PUF, 1re édition, 1992, 1112 pages.
- DUVERGER (M), *Institutions politiques et droit constitutionnel ; le système politique français*, Paris, PUF, 14e édition, 1976, 389pages.
- FAVOREU (L) et al., *Droit constitutionnel*, Paris, Dalloz, 14e édition, 2011, 1077 pages.
- GELARD (P) et MEUNIER (J), *Institutions politiques et droit constitutionnel,* Paris, Montchrestien, 2e édition, 1997.
- GRAWITZ (M), *Méthodes des sciences sociales*, Paris, Dalloz, 11e édition, 2001, 1019 pages.
- JACQUE (J.P), *Droit constitutionnel et institutions politiques*, Paris, Dalloz, 10e édition, 2014, 251 pages.
- KALUBA DIBWA (D), *Du contentieux constitutionnel en République Démocratique du Congo. Contribution à l'étude des fondements et des modalités d'exercice de la justice constitutionnelle,* Thèse de doctorat en Droit public, Université de Kinshassa, 31 août 2010.
- KAMTO (M), *Pouvoir et droit en Afrique ; essai sur les fondements du constitutionnalisme dans les États d'Afrique noire francophone*, Paris, LGDJ, Tome XLIII, 1987, 545 pages.
- KELSEN (H), *Théorie pure du droit*, Paris, Dalloz, 1962, 496 pages
- LAUVAUX (P), *Les grandes démocraties contemporaines*, Paris, PUF, 2e édition, 2004, 713 pages.
- OLINGA (A.D), *La constitution de la République du Cameroun*, Yaoundé, Édition Terre Africaine/Presse de l'UCAC, 2e édition, 2013, 272 pages
- OLIVA € et GIUMMARA (S), *Droit constitutionnel*, Collection « Aide-mémoire », 8e édition, Sirey Dalloz, 2014, 383 pages.
- OWONA (J), *Droits constitutionnels et institutions politiques du monde contemporain, étude comparative,* Paris, L'harmattan, 2010, 730 pages.
- OWONA (J), *Droit constitutionnel et régimes politiques africains,* Paris, Berger Levrault, 1985, 331 pages.

- POKAM (H de P), *La participation des universitaires au processus de construction/reconstruction de l'espace public au Cameroun*, Yaoundé, CODESRIA, 2008.
- SEGUR (P), *Le politique*, Paris, Ellipses, 1996, 128 pages.
- VERPEAUX (M), *La constitution*, Paris, Dalloz, 2008, 138 pages

- **Articles**

- -ATIAS (C), « Présence de la tradition juridique », *RRJ*, n° 2, 1997, pp.387-394.
- BEZANGA (E.V.S), « Les universitaires dans l'administration d'État », Papier-du-Congrès-de-lABSP-des-3-et-4-avril-2017 (www//. absp.be/)
- BOUVIÈRE (F), « Qu'est-ce que la recherche juridique ? », in *L'évaluation de la recherche en droit : enjeux et méthodes*, Bruylant Bruxelles, 2014, pp.117-137.
- CASELLI (G) et EGIDI (V), « Nécessité d'une approche multidisciplinaire », *Institut National d'Études Démographiques*, vol.62, 2007/1, pp.33-37.
- CHEROT (J.-Y), « L'analyse des concepts en droit : Sur quatre thèses de Hart et quelques questions », *Revue de la Recherche Juridique – Droit prospectif, Presses Universitaires d'Aix-Marseille*, 2013, XXXVII (145), pp.2273-2285.
- CHEVALIER (J), « Science du droit et science du politique, de l'opposition à la complémentarité », *Droit et politique*, pp.251-261.
- CORNU (G), « L'art d'écrire la loi », *Pouvoirs*, n° 107, 2003, pp.5-10
- CUMYN (M), « Les catégories, la classification et la qualification juridiques : réflexions sur la systématicité du droit », *Les Cahiers de droit*, vol. 52, n° 3-4, 2011, p. 351-378
- CUMYN (M) et SAMSON (M), « La méthodologie juridique en quête d'identité » *Revue interdisciplinaire d'études juridiques* (Université Saint-Louis – Bruxelles), Volume 71, 2013/2, pp. 1-42.
- DONFACK SOKENG (L), « Droit constitutionnel et crise en Afrique », in *Revue Africaine pour la Démocratie et le Parlementarisme,* SOLON, vol. III, n° 5, avril 2011, pp. 72-93.
- DUBOUCHET (P), « La théorie normative du droit et le langage du juge », *RRJ*, *PUAM*, n°2, 1994, pp .657-690

- HOUDE (J) et LETTRE (B), « Droit public et science politique », *Les cahiers de droit*, vol.6, n° 2, 1965, pp.71-79.
- GONIDEC (P. F), « Esquisse d'une typologie des régimes politiques africains », *Pouvoirs*, n° 25, 1983, pp.63-78.
- KEUTCHA TCHAPGNA (C), « Droit constitutionnel et conflit politique dans les États francophones d'Afrique noire », *RFDC*, n° 63, 2005/3, pp.451-491.
- KONTCHOU KOUOMEGNI (A), « Idéologie et institutions politiques : impact de l'idée de l'unité nationale sur les institutions publiques de l'État camerounais », *Dynamique et finalité des droits africains*, Paris, Economica, 1975, pp.442-464.
- MÉDARD (J. F), « La spécificité des pouvoirs africains », *Pouvoirs*, n° 25, 1983, pp.5-21.
- MBOME (F. X), « Constitution du 2 juin 1972 ou nouvelle constitution », In MELONE S., MINKOA SHE (A) ET SINDJOUN (L), (dir.) *La réforme constitutionnelle du 18 janvier 1996 : aspects juridiques et politiques*, Yaoundé, FFE, 1996, pp.16-33.
- MENY (Y), « A la jonction du politique et de l'administratif : les hauts fonctionnaires », *Pouvoirs*, n° 40, 1987, pp.5-23.
- NGWE (L), « Diplômes, grades et postes : bureaucraties universitaires, bureaucraties politiques et effets sur la dynamique du champ académique au Cameroun » in *L'enseignement supérieur au Cameroun depuis la réforme de 1993*, pp.57-79.
- NOREAU (P), « L'épistémologie de la pensée juridique : de l'étrangeté… à la recherche de soi », *Les Cahiers de droit*, vol. 52, n° 3-4, 2011, pp. 687-710
- OWONA (J), « La réforme politique et constitutionnelle de la République unie du Cameroun », *in Revue Juridique et Politique, Indépendant et coopération*, t.29, n° 4, Paris, 1975, pp. 486-510.
- POUDRIER (L), « Sur l'objet et la méthode des sciences politiques », *Les Cahiers de droit*, 5(2), 1963, pp.77–80.
- RAYNAUD (P), « Le droit et la science politique », *Jus Politicum (Revue internationale de droit politique)*, n° 2, 2009, p.1-9. (www.juspoliticum.com).
- VAN REGEMORTER (J.-L), « Heurs et malheurs de l'approche pluridisciplinaire », *Revue des études slaves*, tome 68, Fascicule 2, 1996. pp. 281-282.

LA SUPPLÉANCE DU PRÉSIDENT DE LA RÉPUBLIQUE EN AFRIQUE FRANCOPHONE

Serge François SOBZE

Docteur en Droit Public
Maître-assistant
Université de Douala – Cameroun

RÉSUMÉ

La suppléance est une notion très ancienne. Aborder une réflexion sur la suppléance aujourd'hui, c'est revisiter la question des institutions avec toutes les vicissitudes que cela comporte. Régi par un mélange de droit écrit et d'usages, le système de la suppléance est marqué par des pratiques et revêt le poids d'une institution ancienne. Si elle semble être un facteur clé de la continuité de l'État et le garant de la pérennité des institutions de la République dans certains ordres juridiques, il faut dire que son statut dans les États d'Afrique d'expression française suscite encore quelques curiosités. Son incomplétude constitutionnelle et le caractère lacunaire de son application empiètent sur la stabilité des institutions étatiques et font encore du suppléant un Président de la République aux compétences peu ou prou déterminées en référence à la notion d'« attributions présidentielles concourantes » propre au droit constitutionnel malgache, mais qui recouvre de facto celle d'« expédition des affaires courantes » très perceptible dans les autres Constitutions des États concernés. La présente étude s'inscrit dans un paradigme nouveau, celui qui consiste à faire de la suppléance un instrument de consolidation de la théorie de continuité des institutions de l'État. Elle s'inscrit dans la dynamique de la construction de la démocratie représentative qu'elle conçoit comme la raison d'être de l'État de droit dont la crise est établie dans la majorité des États d'Afrique d'expression française, en raison des instabilités plurielles enregistrées au sommet des institutions de l'État.

Mots clés : *Suppléance – Intérim – Représentativité – État de droit – Compétence – Attribution présidentielle concourante – Expédition des affaires courantes.*

ABSTRACT

Substitution is a very old concept. When we talk about substitution today we must revisit the question of institutions with all the ups and downs which entails this. The system of substitution governed by a mixture of written law and practice is marked as well by practices and has the weight of an old institution. Although it seems to be a key factor in the continuity of the State and the guarantor of the permanence of the institutions of the Republic in certain legal orders, it must be said that its status in French-speaking African States is still questioned or give room to some curiosities. Substitution and its constitutional incompleteness including the lacunar nature of its application impinge on the stability of state institutions and still make the substitute a head of state with little or no specific skills about the concept of "concurrent presidential attributions". This is a specific constitutional law in Madagascar but covers by the fact that of "current affairs expedition" allowing it to be very perceptible in the other Constitutions of the States concerned. The present study is part of a new paradigm, that of making substitutes an instrument of consolidation of the theory of continuity of state institutions. It is part of the dynamism to build or construct the representative democracy that is conceived as a raison-d'être of the rule of law, the crisis of which is established in most of French-speaking African States because of plural instabilities recorded at the Head of institutions.

Key Words: *Substitute- Interim- Representativeness- Rule of Law- Jurisdiction-Concurrent Presidential Attribution- Routine Proceedings.*

INTRODUCTION

Portée au pinacle en Afrique dans les années quatre-vingt-dix, à la faveur de l'éviction de nombreux régimes autoritaires, la démocratie y connaît aujourd'hui un reflux qui donne toute la mesure du chemin à parcourir pour son enracinement[1]. Les institutions et les pratiques démocratiques relèvent encore leurs limites quand ce n'est pas leurs perversions. La suppléance en général et celle du Président de la République[2] en particulier est rangée parmi ces travers. En effet, dans le but de garantir la continuité et la stabilité des institutions étatiques, un système de remplacement des élites politiques empêchées a été mis en place dans presque tous les ordres juridiques[3]. Il s'agit de la suppléance qui, bien que porteuse de quelques originalités en Afrique francophone, demeure en général une institution juridique à la recherche de sa voie.

Parmi les notions les plus transversales que connaît le droit, figure en bonne place celle de la suppléance. Elle traduit des réalités juridiques et politiques fort différentes.

---

[1] Cette formule est empruntée à BOUMAKANI (B), « La prohibition de la 'transhumance politique' des parlementaires. Étude de cas africains », *Revue française de droit constitutionnel*, 2008 / 3, no 75, pp. 499-512.

[2]Le Chef de l'État est un terme générique utilisé pour désigner l'institution qui est placé à la tête d'un État. Selon les pays, le Chef d'État prendra une appellation qui indique la nature du régime. V. SALAMI (I), « Le Chef d'État de transition en Afrique », *Revue Béninoise de Science Po,* vol.1, n° 1, juin 2017, p. 1. Ici, les expressions Président de la République et Chef de l'État seront utilisées concomitamment pour marquer le présidentialisme négro-africain.

[3] ROMANO (S), *L'ordre juridique*, traduction française par FRANÇOIS (L) et GOTHOT (P), Paris, Dalloz, 1975, 174 p ; WEBER (M), *Économie et société*, trad. française De FREUND (J), de CHAVY (J). et de DAMPIERRE (E), (dir.), Paris, Plon, 1971 ; ROCHER (G), « Pour une sociologie des ordres juridiques », *Les Cahiers de droit*, vol. 29, n° 1, 1988, pp. 91-120 ; CHEVALLIER (J), « L'ordre juridique », *in Le Droit en procès*, Ouvrage collectif du Centre universitaire de recherches administratives et politiques de Picardie (C.U. R. A. P. P.), Paris, P. U. F., 1984, pp. 7- 49 ; GOYARD- FABRE (S), *Les fondements de l'ordre juridique*, P.U.F. 1er Ed., 1992, 387 p, (*spec.*), p. 67.

On la retrouve en droit administratif, pris comme une technique de continuité du service public[4], en droit privé, elle marque le silence ou l'inexistence d'une loi. Face à cette situation, le juge n'a aucun texte à appliquer, il n'a d'autre possibilité que de créer la règle ou de suppléer le sens de la loi[5]. La suppléance est habituellement classée dans le droit canonique[6]. En médecine, elle est appréhendée comme un phénomène permettant aux capacités résiduelles d'un organisme de venir compenser une déficience ou une incapacité[7]. En droit constitutionnel, c'est cette technique qui consiste à remplacer le titulaire d'une fonction en cas d'absence ou d'empêchement définitif de celui-ci[8]. On abordera ici exclusivement la suppléance au sein de l'exécutif[9] et plus exactement, la suppléance du Président de la République. Au-delà de la place que lui réservent les disciplines susvisées, il convient de s'appesantir sur la particularité que suscite la suppléance du Président de la République dans les régimes politiques africains[10].

Partant d'une appréhension constitutionnelle, et à la suite d'une lecture croisée des textes mis en évidence, la suppléance ne saurait être confondue

[4]Cf. Les lois du service public ou « lois de Rolland », notamment le principe de continuité du service public qui implique que ce dernier fonctionne régulièrement sans interruption non réglementaire. Tous les services publics doivent fonctionner sans heurts, sans à-coups, sans arrêt suivant la belle formule de Louis Rolland. Lire utilement KOKOROKO (D), *Les grands thèmes du droit administratif*, Presses universitaires de Lomé, 2014, 213 p.

[5] VANDERLINDEN (J), « À propos de la création du droit en Afrique, Regards d'un absent » in DARBON (D) et DE GAUDUSSON (du B.) (dir.), *La création du droit en Afrique*, Karthala, 1997, p.10 ; ALLARD (J) et GARAPON (A. J), *Les juges dans la mondialisation : la nouvelle révolution du droit*, Paris, Le Seuil, 2005, p. 23.

[6] Le Code de 1917 l'introduit explicitement dans la législation ecclésiastique en utilisant l'expression *Ecclesia supplet* dans son Canon 2019 et le Code de 1983 la reprend à son compte dans le Canon 144. C'est un principe selon lequel, un acte au nom de l'église, malgré l'absence de compétence, peut toujours être valable dans certaines circonstances, car l'église dans son ensemble complète ce qui manque à l'acteur. Hervé MERCURY (V), *La suppléance à la source d'une ecclésiologie de l'exception*, Université de Strasbourg, 2014, 306 p.

[7] MERCURY (H), *La suppléance à la source d'une ecclésiologie de l'exception*, *op. cit.* p.34.

[8] GICQUEL (J), GICQUEL (J.E), *Droit constitutionnel et institutions politiques*, 27e éd. LGDJ, 2013, pp, 127 et s.

[9] La suppléance ici est ponctuée par la vacance, la démission ou l'empêchement du Président de la République ou en cas de maladie pour présider par exemple un conseil des ministres. Sont exclues la suppléance parlementaire ou celle des collectivités locales qui portent sur des textes et des esprits différents.

[10] V. GONIDEC (P.F), *Les droits africains : Évolution et sources* ; 2.éd. Paris, L.G.D.J., 1976, p.105.

avec les notions telles que : l'intérim[11], l'empêchement[12], le dauphinat[13], la vacance[14], la délégation[15], la régence[16], la substitution[17], la subsidiarité[18] et la

---

[11]L'intérim et la suppléance ont en commun la particularité d'être des mécanismes de dérogation aux règles de compétence destinées à résorber des discontinuités dans l'action administrative et politique. Lire. AUBY (J.M), « L'intérim », *RDP*, 1966, pp. 864-883 ; CAMBY (J-P), « Intérim, suppléance et délégation », *RDP*, n° 6, 2001, pp.1605-1912 ; LIET-VEAUX (G), « L'intérim de la Présidence de la République », *RDP*, 1951, pp. 1036-1041 ; Lire utilement la décision du Conseil d'État français du 31 octobre 1998, *FN et autres* dans laquelle le juge dira qu'à la différence de la suppléance, prévue et organisée par un texte législatif ou réglementaire, qui désigne l'autorité chargée de l'assurer, l'intérim, lui s'exerce sans texte. L'intérimaire est la personne provisoirement chargée de remplacer le titulaire soit pendant son absence, soit entre la cessation de ses fonctions et la prise des fonctions de son successeur alors que le suppléant est la personne appelée à remplacer le titulaire d'une fonction en cas d'absence ou d'empêchement de celui-ci.

[12]La notion d'empêchement a été systématisée par le Doyen AUBY qui désigne selon lui « tout motif qui met provisoirement ou définitivement le titulaire d'une compétence dans l'impossibilité d'exercer celle-ci », « L'intérim », *RDP*, 1966, pp. 864-883. L'empêchement et la suppléance renvoient au vide non plus normatif, mais organique. V. ABANE (P), « L'empêchement définitif du Président de la République en droit camerounais », *Revue africaine de Droit Public (R.A.D.P.) n° 1, 2012,* pp.183-204. Cf. aussi la Décision n° 17 - HCC/D3 du 04 sept. 1996 de la Cour Constitutionnelle Malgache portant violation de la Constitution en ses article 57 et 63.

[13] Technique successorale propre au régime présidentiel et qualifiée par la doctrine de non participatif. Voir KAMTO (M), « Le dauphin constitutionnel dans les régimes politiques africains (les cas du Cameroun et du Sénégal) », *Penant*, août-décembre 1983, pp. 256-282 ; de RAULIN (A), « Le culte des chefs et la démocratie en Afrique », *RJPIC*, n° 1, janvier 2002, p. 84 ; AIVO (J.F), *Le président de la République en Afrique noire francophone : genèse, mutations et avenir de la fonction*, Pars, L'Harmattan, coll. Études africaines, 2007, 643 p ; EL Hadj MBODJ, *La succession du chef d'État en droit constitutionnel africain*, Thèse pour le de doctorat d'État en droit, Université Cheikh Anta Diop de Dakar, 536 p. L'auteur opère une distinction entre le dauphinat « vécu » qui caractérise le régime présidentiel typique tel qu'observé aux États-Unis d'Amérique et le dauphinat « subi » tel qu'expérimenté en Afrique et notamment au Cameroun en 1982, au Sénégal en 1981 et au Gabon en 1967.

[14]La vacance s'apparente à l'État d'un emploi qui n'est plus occupé du fait de l'absence définitive de son titulaire. V. Vocabulaire CORNU (G), Ass., Henri Capitant, dernière édition, 2011, 1095 p. not. 1054. La vacance renvoie à l'état d'un emploi public qui n'est plus occupé, absence définitive du titulaire d'une fonction par suite de décès, démission ou destitution, ou par expiration de la durée pour laquelle la fonction avait été conférée (V. Const. française 1958, Art 7 al 4.) Lire la décision du juge communautaire ouest africain (CEDEAO) de 2010 où le juge s'est fondé sur les dispositions des articles 191 et 192 du code électoral pour constater la vacance des sièges préalablement occupés par les députés togolais présumés démissionnaires de la liste de l'Union des Forces de Changement. (Décision n° E-018/10 du 22 novembre 2010 de la Cour Constitutionnelle du Togo).

[15]La suppléance et la délégation sont en principe deux situations différentes. Même si la souplesse dans le jeu des compétences a permis à la doctrine d'utiliser le groupe de mot « délégation-suppléance ». La délégation qui peut entrainer, dans le cadre d'une délégation de compétence, un véritable transfert de compétence, est mise en œuvre alors même que l'autorité délégante n'est pas empêchée, celle-ci étant, dans les limites légales, dessaisie d'une ou de plusieurs de ses compétences. V. FRIER (P-L), *Précis de droit administratif*, Paris, Montchrestien, 2004, 531 p ; MAISL (H), *Recherche sur la notion de délégation en droit public*, Thèse pour le Doctorat en Droit Public, Université de Paris II Panthéon-Assas, 1972, p.115. Par ailleurs, un arrêté du 7 juillet 2016 de la Cour administrative d'appel de Bordeaux a

succession[19] avec lesquelles elle entretient des liens parfois étroits. En d'autres termes, il faut convenir avec Philippe ARDANT du rapprochement entre les différentes notions par leurs conséquences ou suites logiques[20]. Un accent particulier doit être mis ici sur la distinction entre l'intérim et la suppléance du fait de leur connexité. Plusieurs auteurs considèrent l'intérim comme une fonction non prévue par les textes, mais organisée par les autorités en fonction des circonstances, ce qui la distinguerait de la suppléance[21].

On peut hésiter à considérer ce critère comme absolu, car il arrive que l'intérim soit, comme la suppléance, organisé par les textes. Dès lors, le Professeur DELVOLVE propose de voir dans la suppléance le remplacement temporaire d'une autorité qui est toujours en fonction, mais momentanément indisponible (principalement pour absence) par un organe qui la substitue et dans l'intérim un remplacement qui, s'il est également momentané, est celui

---

eu à rappeler la distinction entre délégation et suppléance dans les fonctions du maire. *Cour administrative d'appel de Bordeaux, 7 juillet 2016, Commune de Saint- Saturnin-du Bois.* Cette jurisprudence qui renseigne sur la reconnaissance prétorienne de la distinction entre les deux expressions ne sera pas présentée au fond puisqu'elle ne vise pas la suppléance du Président de la République.

[16] La régence est une particularité des régimes monarchiques. Dérivée du latin *regere*, il s'agit d'une forme héréditaire, période de temps durant laquelle la souveraineté est exercée par intérim (le plus souvent par un proche parent), le titulaire de la fonction suprême étant mineur ou empêché. Le cas du Royaume Bamoun à l'Ouest du Cameroun est illustratif. V. LAUVAUX (P), « Les monarchies : inventaire des types », Pouvoirs, n° 78, pp. 23-41.

[17]V. LE BOS-LE POURHIET A-M, *Les substitutions de compétence en droit public français,* Thèse pour le Doctorat d'État en droit public, Université de Paris I Panthéon-Sorbonne, 1985, pp. 28-29.

[18]Le principe de suppléance est une maxime politique et sociale, ou un principe de gouvernance, selon lequel quand et si des problèmes de responsabilité publique excèdent les capacités d'une petite entité à les résoudre, l'échelon supérieur a alors le devoir de la soutenir, dans les limites du principe de subsidiarité. Ces deux principes (subsidiarité et suppléance) visent théoriquement la recherche du niveau pertinent et le plus efficient d'action publique, dans le cadre du respect de la loi et des compétences des collectivités. V. GAUDIN (S), *Entre autorité et libertés: le principe de subsidiarité*, Nouvelles de Synergies européennes, n° 17, janvier 1996, pp. 21, 22, 23.

[19] L'idée de succession s'intègre dans la perspective d'un transfert du pouvoir entre deux leaders ayant de profondes affinités politiques. Ayant la même vision du pouvoir, l'accession du remplaçant est généralement facilitée par le prédécesseur, préoccupé par la continuité d'une politique qu'il a définie, mais dont il n'est plus en mesure d'assurer sa réalisation en raison d'une limitation juridique ou physique de ses compétences *ratione temporis*. V. MBODJ (H), *La succession d'État en droit constitutionnel africain op.cit.* p.6 ; SCHWARTZENBERG (R-G), *La guerre de succession : les élections présidentielles* de 1969, Paris, PUF, 1970, 292 p ; ABIABAG (I), « La succession du Président de la République d'après la révision constitutionnelle du 29 juin 1979 au Cameroun », Jur. Pol. Ind. Coop., n° 33, Paris, déc.1979, pp. 443-449.

[20] ARDANT (P), *Institutions politiques et droit constitutionnel*, Paris, *LGDJ*, 19e éd., 2007, p. 459.

[21] AUBY (J.M) et CHAPUS (R), *Droit administratif général*, t. 1. 15e ed. 2001, n° 1290 ; PLESSIX (B), *Droit administratif général*, 2é ed. 2018, n° 1149.

d'une autorité qui n'est plus en fonction[22]. L'essentiel dans l'intérim est que juridiquement, selon des textes ou non, il ne dure pas longtemps et il détermine au profit de l'intérimaire certaines attributions, plus ou moins étendues, qu'il exerce à la place de l'autorité précédente. C'est dans cet esprit de continuité que s'inscrivent ces formules empruntées à la doctrine française. Il s'agit notamment de « gouvernements intermédiaires »[23] ou de « gouvernements intérimaires »[24].

La notion de suppléance en revanche n'est pas toujours d'une parfaite clarté.

« En droit comme ailleurs, il arrive de connaître sans comprendre »[25]. L'expression suppléance est un exemple caractéristique de ces notions dont, même si l'on en reconnaît l'importance, on a du mal à identifier la signification réelle. Ainsi, nous parlons facilement de la nécessité d'assurer une continuité des institutions étatiques [26] en cas d'empêchement du titulaire. Mais quel est donc le contenu exact ? Nous le savons et nous ne le savons pas[27].

La suppléance, étymologiquement, vient du verbe suppléer et du latin *supplere* qui veut dire remplir à nouveau, compléter ou remplacer (ce qui manque), réparer les pertes, combler les vides. En d'autres termes, suppléer signifie « se mettre ou être mis à la place de… pour remplacer ou renforcer ce qui est insuffisant », remplir les fonctions de quelqu'un[28].

Le vocabulaire juridique de Gérard CORNU définit la suppléance comme le remplacement temporaire d'un agent empêché ou absent par un autre (dans l'exercice de ses fonctions), qui s'opère de plein droit en vertu des dispositions qui le prévoient[29]. Cette prise de position est loin d'être absolue. Un raisonnement différent permet plutôt de constater que la suppléance est,

---

[22] DELVOLVE (P., « Les gouvernements intermédiaires-présentation », *R.F.D.A.*, 2018, p. 1003.
[23] Idem.
[24] VERPEAUX (M), « Les gouvernements intérimaires sous la Vème République : la prééminence présidentielle en France » *RFDA*, 2018, p. 1008.
[25] HART (H. L. A), « L'importance des définitions en droit », *in* GRZEGORCZYK (C), MICHAUT (F), TROPER (M) (*dir.*), *Le positivisme juridique*, *L.G.D.J.*, 1992, p. 90 et s.
[26]Sur la théorie de l'institution, lire avec intérêt ROMANO (S) *L'ordre* juridique, Paris, Dalloz, 1975, p. 38 ; HAURIOU M., « La théorie de l'institution et de la fondation. Essai de vitalisme social », *in Aux sources du droit : le pouvoir, l'ordre et la liberté*, Cahiers de la Nouvelle Journée, n° 23, 1925, p. 96 cité par MILLARD (E), « Hauriou et la théorie de l'institution », *Droit et sociétés*, 30/31, 1995, pp. 381-412, p.392.
[27]Selon VALERY (P), « *Nous parlons facilement du droit… Mais qu'est-ce que le droit ? … Nous le savons et nous ne le savons pas » in Regard sur le monde actuel et autres essais*, Gallimard, collection Folio/ essais, 1988, p. 31.
[28] Le Grand Robert de la langue française accessible en ligne http// gr bvdep. Com/gr.asp consulté le 5 avril 2018.
[29] CORNU (G) (*dir.*), *Vocabulaire juridique, Association Henri Capitant*, 2015, 10e éd. p.1000.

contrairement à ce qu'aurait relevé le Professeur AUBY, caractérisée par la temporalité et l'intérim, par la longévité[30].

Dans le cadre de la présente étude, la définition du Professeur AUBY retiendra notre attention à savoir qu'« *il y a suppléance lorsqu'une règle détermine à l'avance qu'en cas d'empêchement d'une autorité, elle sera remplacée ipso facto et de plein droit par une autre précisément désignée sans qu'il y ait lieu à l'édiction d'un acte désignant le suppléant puisque celui-ci est déjà déterminé par la règle de droit* »[31]. En revanche, elle s'adapte mieux à la suppléance parlementaire alors que l'intérim trouve son expression directe au sein de l'exécutif.

Il faut rappeler que la pratique de la suppléance est d'une variabilité constante[32] s'apparentant de ce fait à ce serpent de mer qui apparaît régulièrement et se faufile dès lors que se pose la question de son uniformité[33]. Autrement dit, le régime juridique de la suppléance varie d'un État à un autre. Dans certains ordres constitutionnels, elle est assurée par le Président de l'Assemblée nationale et de plus en plus, dans les États d'Afrique francophone, cette responsabilité est dévolue au Président du Sénat. Sans compter qu'à la faveur d'une révision constitutionnelle, on peut passer d'une autorité habilitée à une autre[34].

La présente réflexion se propose d'apporter une contribution à la théorisation de la notion de suppléance dans le constitutionnalisme [35]ou celui

---

[30]V. TATCHUM (Ch), *L'intérim du Président de la République dans le nouveau constitutionnalisme*, *op.cit.* p. 32. Le suppléant est un remplaçant temporaire alors que l'intérimaire est une sorte de « survivant désigné » qui pour une longue durée, peut occuper les fonctions du titulaire. V. NOLWENN (D), « Le survivant désigné » : un excès de l'ordre de succession présidentielle américaine, *R.F.D.C.*, n° 112/2017, 264 p.

[31] AUBY (J.M), « L'intérim », *R.D.P.*, 1966, *op.cit.* p. 869. Cependant, malgré la pertinence de cette définition, le Professeur LE BOS-LE POURHIERT émet une réserve en affirmant qu'il existe un cas de suppléance sans texte, notamment en matière d'expédition des affaires courantes par le gouvernement démissionnaire qui se supplée d'office, à lui-même, en vertu d'une règle constitutionnelle coutumière fondée sur la continuité nécessaire de l'action gouvernementale et que le Conseil d'État qualifie de « *principe traditionnel du droit public* ». Cf. CE. Ass., 4 février 1952, *Syndicat régional des quotidiens d'Algérie*, S, 1952, III. p. 49.

[32] HOLO (T), *Le contrôle de la légalité et la protection des administrés au Benin, R.B.S.J.A.*, n° 5, 1985, pp.23-38.

[33]Les personnalités habilitées diffèrent d'un ordre constitutionnel à un autre.

[34] V. La décision de la Cour constitutionnelle gabonaise du 14 nov. 2018 autorisant le Vice-président à assurer le fonctionnement régulier du gouvernement en application de l'alinéa ajouté à l'article 13 de la Constitution.

[35] Le constitutionnalisme est appréhendé, selon l'expression du Professeur PACTET, comme « *le mouvement qui est apparu au siècle des Lumières et qui s'est efforcé, d'ailleurs avec succès, de substituer aux coutumes existantes, souvent vagues et imprécises et qui laissent de très grandes possibilités d'actions discrétionnaires aux souverains, des constitutions écrites, conçues comme devant limiter l'absolutisme et parfois le despotisme du pouvoir monarchique* ». V. PACTET (P) et MERLIN-SOUCRAMANIEN (F), *Droit constitutionnel*, 33e éd. Paris, Dalloz, 2013 ; TROPER (M), « Le concept de constitutionnalisme et la théorie

dit du renouveau[36] et susciter une revitalisation du régime de la représentation qui en Afrique, traverse une profonde crise[37].

L'étude s'inscrit dans la dynamique de la désacralisation et de la dépersonnalisation[38] du pouvoir qui jadis s'annonçait comme une entreprise périlleuse et audacieuse dans certains régimes politiques africains[39]. C'est la matérialisation de ce que la doctrine a appelé « *les considérations sociopsychologiques et socioanthropologiques* » du pouvoir[40].

Ainsi que le fait remarquer un auteur, "*le chef (africain) est là et il entend demeurer. Il accède au pouvoir, le consolide, et s'y maintient jusqu'à sa mort*"[41]. Et pour la plume la plus acerbe, en Afrique, le modèle de système politique oscille entre la République et la chefferie. Un peu des deux peut-être,

---

moderne de l'État », La Garenne, Colombes, 1992, p. 35 ; COLLIARD (J-C) et JEGOUZO (Y), « Le nouveau constitutionnalisme », *Mélanges en l'honneur de Gérard CONAC*, Paris, Economica, 2001. Pour le Professeur KOKOROKO (D), *« le syntagme de 'nouveau constitutionnalisme' africain doit être appréhendé à l'aune des nouvelles constitutions qui ont essaimé à travers l'Afrique noire francophone, à l'image d'une nuée de sauterelles, dans les années 1990, rompant avec le constitutionnalisme d'avant 1990 »*. V. « L'apport de la jurisprudence constitutionnelle africaine à la consolidation des acquis démocratiques : cas du Benin, du Mali, du Sénégal et du Togo » *R.B.S.J.A.* n° 18, juin 2007, p. 87.

[36]V. *Le renouveau du constitutionnalisme, Mélanges en l'honneur de Louis FAVOREU*, Paris, Dalloz, 2007, 1783 p. Lire utilement AHADZI NONOU (K.), « Les nouvelles tendances du constitutionnalisme africain : le cas des États d'Afrique noire francophone », *Afrique juridique et politique*, Volume 1, juillet-décembre 2001.

[37] ROMANO (S), « L'État moderne et sa crise », Traduction française inédite par SOLDINI (D), *in Jus politicum*, n° 14, juin 2015.

[38]V. KAMTO (M)., *Pouvoir et droit en Afrique noire. Essai sur les fondements du constitutionnalisme dans les États d'Afrique noire francophone*, Paris, L.G.D.J., 1987.

[39] Sur la notion du « *mythe du Chef* », lire AHANHANZO-GLELE (M), « Cultures, religions et idéologies », Pouvoirs no.25, 1983, p.47. V. COQUERY-VIDROVITCH (C), « À propos des racines historiques du pouvoir : "Chefferie" et "Tribalisme" », Pouvoirs n° 25, *op.cit.*, pp.51-62. En effet, en Afrique, la suppléance a toujours été marquée par la crainte du remplacement automatique du titulaire par son suppléant. Dans le contexte camerounais, on se rappelle les débats houleux qui avaient opposé en décembre 1991 les représentants du Gouvernement sous la conduite de Gilbert André TSOUNGUI (Ex ministre de l'Administration Territoriale) qui voulait le remplacement des députés décédés par leurs suppléants et les membres de la chambre qui voyaient en cette mesure une opportunité de se faire éliminer par tous les moyens par leurs suppléants. La loi d'adoption définitive du texte donna raison au « représentant du peuple ». Les articles 9 et 10 du 16 déc. 1991 fixant les conditions d'élection des députés modifiée et complétée par les lois du 19 mars 1997 et du 29 déc. 2006 s'inscrivent dans cette dynamique. Art.10 « *En cas de décès, les élections partielles sont prévues dans les 12 mois qui suivent la vacance »*.

[40]Expression empruntée à Éric OWONA NGUINI. Site www. Cameroon-info.net. Consulté le 15 avril 2018.

[41]V. KODJO (E), « La Démocratie est-elle possible en Afrique ? », *J.A. Plus*, n° .3, Nov.-Déc., 1989, pp.16-17.

tant le statut du chef de l'État est lié à la personnalisation du pouvoir, de l'Etat et du parti[42].

De son vivant, le problème de sa succession est renvoyé aux calendes grecques. La suppléance apparaît comme ce procédé permettant de percer le mythe de la succession[43]. À partir d'elle, la confiscation du pouvoir cesse d'être érigée en lit de *procuste* sur lequel le régime politique doit être couché et taillé. Il y a donc lieu de procéder à une relecture des techniques de suppléance pour mieux se les approprier de manière dynamique et démocratique.

En tout cas, la notion mérite d'être explorée pas en raison de son caractère tabou comme le voudraient certains concepts constitutionnels[44] encore moins comme une « *hérésie* »[45], une « *pathologie* » [46]ou une « *ligne rouge* »[47] constitutionnelle, mais, parce que la doctrine s'y intéresse très peu alors qu'elle est bien digne d'intérêt.

Cette réflexion vise à garantir au suppléant une sécurité juridique [48]et une confiance légitime[49]. L'absence de statut expliquerait la difficulté à déterminer la situation des élus. L'enjeu est donc double, assurer la sécurité juridique du suppléant et la stabilité des institutions.

---

[42] HOURQUEBIE (F), « Éléments conclusifs et de réflexions sur les transformations contemporaines du droit public en Afrique », *in* ONDOA (M) et ABANE ENGOLO (P) (dir.), *Les transformations contemporaines du droit public en Afrique*, l'Harmattan, 2008, 216 p. (*spec.* p. 206).

[43]La succession est réglementée par la Constitution comme ce procédé par lequel le pouvoir politique change d'agent d'exercice. MBODJ (H), *La succession d'État en droit constitutionnel africain, op.cit.* p. 6.

[44]Lire utilement AHADZI-NONOU (K), « Réflexions sur un tabou du constitutionnalisme négro-africain : le tribalisme », *Mélanges en l'honneur de BREILLAT D.*, P.U.J, Université de Poitiers, 2011 ; SALL (A), *Les tabous du constitutionnalisme en Afrique*, Synthèse des travaux du colloque organisé par l'Université de LOMÉ et l'Université Bordeaux IV-Montesquieu, Lomé 13 et 14 juin 2011, 8 p. disponible sur [http : // la constitution-en afrique. Org /page/5]. (Consulté le 6 mars 2018).

[45]La succession selon EL Hadj MBODJ, relève *a priori* d'une *hérésie constitutionnelle*, thèse *op. cit.* p. 34.

[46] V. PACTET P., « Réflexions sur le droit constitutionnel et son enseignement », *R.D.P.*, n° 1, 2010, p. 155.

[47] Selon la formule empruntée à David SALAMI I. dans son article intitulé « La ligne rouge constitutionnelle. Analyse d'un projet de révision constitutionnelle mort-né ». Source www. cedatuc.org. consulté le 03 mai 2018.

[48] V. MATHIEU (B), « La sécurité juridique, un principe constitutionnel clandestin, mais efficient », *in Mélanges Patrice Gélard,* Paris, Montchrestien, 2000, p. 301.

[49] La sécurité juridique se confond parfois à la confiance légitime non sans être déterminée comme englobant la qualité même du droit. Lire ABANE ENGOLO (E), « *La notion de la qualité du droit* », *R.A.S.J.* Vol 1 no 1, Jan-juin 2013. Il s'agit d'un principe emprunté au droit allemand. Bien que dépourvu d'une base constitutionnelle – Cour de justice des communautés européennes (385 DC du 30 décembre 1996) – il contribue à la garantie des droits acquis.

Les habilitations constitutionnelles laconiques qui stimulent l'ingénierie constitutionnelle [50]éveillent la curiosité sur une préoccupation majeure : comment la suppléance est-elle encadrée dans les Etats d'Afrique d'expression française ? Le régime juridique aménagé est-il de nature à garantir la continuité[51] et la pérennité des institutions de l'État ?

S'il est indéniable que les Constitutions et lois organiques des États sus visés prévoient un ensemble de dispositions visant à l'encadrement de la suppléance, l'on constatera toutefois qu'elles n'offrent pas les garanties suffisantes d'un constitutionnalisme garant de l'État de droit[52]. Dès lors, parcourir la vie constitutionnelle desdits États à la recherche du régime véritable de la suppléance, c'est découvrir les acquis, les reculs et les espérances communes.

En cela, le Cameroun, le Burundi, le Gabon, le Madagascar, le Togo, le Burkina Faso et la République Démocratique du Congo (RDC) sont des illustrations saisissantes qui seront retenues comme champ d'application de la présente étude pour deux raisons au moins : l'instabilité institutionnelle au sommet de l'État qui progressivement fait son lit dans les pays comme le Gabon, le Madagascar et la R.D.C. d'une part et la similarité dans l'habilitation constitutionnelle de la notion de suppléance pour d'autres États d'autre part. À l'analyse, la suppléance connaît dans les États d'Afrique d'expression française une consécration lacunaire **(I)** et une réglementation tatillonne **(II).**

I. UNE CONSÉCRATION CONSTITUTIONNELLE LACUNAIRE

La suppléance est comme *Janus « biface » :* elle peut être à la fois une pratique et une règle et celle du Chef de l'État se situe dans l'entre-deux. Dès lors, et depuis l'avènement du nouveau constitutionnalisme[53] en Afrique, le constituant a prévu des mécanismes de dévolution du pouvoir politique parmi lesquels le dauphinat[54], la vacance, l'intérim et la suppléance. Cependant, pour

---

[50] ANDZOKA ATSIMOU (S), *L'ingénierie constitutionnelle, solution de sortie de crise en Afrique : les exemples de l'Afrique du Sud, de la République Démocratique du Congo, du Burundi et du Congo*, Paris, L'Harmattan, coll. Études africaines, 2015, 593 p.

[51] Sur l'expression, V. MATHIOT (A), « La continuité de la fonction présidentielle aux États-Unis », *in Mélanges offerts à Monsieur le Doyen Louis TROTABAS,* Paris, LGDJ, 1970, p. 356.

[52]Un constitutionnalisme « *parvenu à maturité* » selon SALAMI (I), « Le Chef d'État de transition en Afrique », *op. cit.* p. 10 ; ou contribuant à « *la construction d'un État de droit »* selon l'expression de RIVERO (J), « Fin d'un absolutisme », *Pouvoirs* n° 13, 1988, p. 5.

[53]La doctrine est presque unanime sur le fait que « les Constitutions africaines du premier cycle constitutionnel ont été conçues dans le moule idéologique de la Constitution française de 1958 ». KPODAR (A), « Bilan sur un demi-siècle de constitutionnalisme en Afrique francophone », p. 2.

[54]Sur l'actualité, lire NOLWENN (D), « ''Le survivant désigné'' : un excès de l'ordre de succession présidentielle américaine », *RFDC,* n° 112/2017, 264 p.

ce qui est de la suppléance du chef de l'État en Afrique francophone, on constate que les faits générateurs sont pour la plupart des cas imprécis **(A),** l'investiture oscillant entre l'automaticité et le formalisme **(B)**.

A. L'imprécision des faits générateurs de la suppléance

« Le droit n'a de sens que s'il est compris de tous » opinait Philippe Malaurie[55]. C'est pourquoi les exigences de précision, de clarté, d'accessibilité et d'intelligible qui s'imposent au législateur sont aujourd'hui garanties par le juge y compris le juge constitutionnel[56]. L'énonciation constitutionnelle des faits générateurs de la suppléance en Afrique francophone souffre d'une imprécision qui rend incertaine sa pratique[57].

La survenance d'un fait générateur de la vacance du pouvoir est une condition nécessaire, mais pas suffisante pour qu'on puisse juridiquement parler d'effectivité de l'interruption du mandat présidentiel[58]. La suppléance telle qu'elle se pratique dans le renouveau constitutionnel en cours dans les Etats d'Afrique d'expression française présente plusieurs incongruités, notamment son habilitation constitutionnelle lacunaire, mais surtout l'imprécision de l'élément déclencheur. À l'évidence, les faits générateurs de la suppléance sont aussi bien constitutionnels qu'a-constitutionnels. Ils sont de ce fait consacrés pour les uns **(1)**, et non consacrés pour les autres **(2).**

1. Les faits générateurs consacrés

De façon générale, la suppléance du chef de l'État influe sur la conception du pouvoir[59]. C'est un truisme en effet, que la vacance d'une fonction à quelque niveau que ce soit de la hiérarchie gouvernante soit inscrite dans la philosophie profonde du pouvoir[60].

---

[55] MALAURIE (P), « L'intelligibilité des lois », *Pouvoirs*, 2005/ 3 n° 114, p. 131.

[56] Décision no 31 -HCC/ D3 du 16 octobre 2015 de la Haute Cour Constitutionnelle malgache. Le juge dira : *« (...) dans l'exercice de l'élaboration et de rédaction de la loi, le législateur demeure soumis à l'exigence de précision et de clarté dans les expressions qu'il utilise, et que l'objectif de valeur constitutionnelle d'accessibilité et d'intelligibilité de la loi impose d'édicter des normes cohérentes, suffisamment précises afin de prémunir les sujets de droit contre les applications contraires à la constitution ».*

[57] KAMTO (M), *Pouvoir et droit en Afrique noire, Essai sur les fondements du constitutionnalisme dans les États d'Afrique noire francophone*, Paris, *LGDJ*, 1987, p. 491. À propos du constitutionnalisme africain le Professeur relevait que, « l'Afrique est le continent des incertitudes et des espoirs perpétuellement déçus ».

[58] TUEKAM TATCHUM (C), *L'intérim du Président de la République…*, *op.cit.* p. 100.

[59] AVRIL (P)., *Le régime politique de la Ve République, Revue internationale de droit comparé,* 1964, pp. 827-830. Pour l'auteur, le Gouvernement de la Ve République est marqué par « la dialectique du pouvoir ou de la suppléance au principat », pp. 163 et s.

[60] Lire TUEKAM TATCHUM (C), *L'intérim du Président de la République…*, *op.cit.* p. 2.

Dans le contexte africain, elle se situe pour reprendre cette formule de Philipe GODFRIN, entre le succès et l'échec[61], entre la disparition ou la survivance du dauphin constitutionnel[62]. Quel est donc le mobile qui sous-tend son actionnement ?

Il faut entendre par fait générateur ou mobile, toute circonstance ou condition de fait susceptible de mettre le titulaire de la fonction présidentielle dans l'impossibilité absolue de l'exercer. Plusieurs causes peuvent contribuer au déclenchement de la suppléance. Les causes objectives sont distinctes des causes subjectives. Les premières sont, selon l'expression de Dmitri Georges LAVROFF, celles « dont l'existence ne se discute pas »[63]. Elles sont dites objectives parce qu'elles s'imposent en principe dès le moment de leur réalisation effective. Tout comme elles peuvent être involontaires, c'est le cas du décès[64], ou volontaire, c'est l'hypothèse de la démission[65]. À ce titre, comme un effet de mode, les dispositions de l'article 7 (4) de la Constitution camerounaise du 18 janvier 1996 modifiée le 14 avril 2008, qui prévoient la vacance du pouvoir présidentiel « pour cause de décès, de démission ou d'empêchement définitif (…) » sont identiques à celles observées dans les autres Constitutions africaines[66].

En Afrique francophone, comme le rappelle Ibrahim SALAMI, c'est un invariant constitutionnel que « l'institution présidentielle doit demeurer centrale et qu'un Président de la République fort reste un impératif »[67] pour pouvoir maîtriser une société politique tiraillée par les luttes d'hégémonie bureaucratique, politique, ethnique et même militaire. Ceci aboutit non plus à la simple hyper présidentialisation du régime, mais à la sacralisation du Chef

---

[61] GODFRIN (P)., « La suppléance du Président de la République : Échec ou succès », *D.* 1969, Chr., pp. 167et s.

[62] ABIABAG (I), « La succession du Président de la République d'après la révision constitutionnelle du 29 juin 1979 au Cameroun », *Revue Juridique et Politique* n° 4, Paris, décembre 1979, pp. 443-449.

[63] LAVROFF (D.G), « Le droit saisi par la politique : l'instabilité de la norme constitutionnelle sous la Ve République », *Politeia* 2014, n° 25, pp. 23-46.

[64] La mort et le décès sont ici des termes synonymes et renvoient à la « fin de la vie, à la cessation définitive de toutes les fonctions corporelles » (cf., Dictionnaire Hachette de la langue française, Paris, Hachette, 1980). C'est aussi la « cessation permanente du fonctionnement de l'organisme comme un tout ».
TROG Robert, « Is it time to abandon braindeath? », Hasting Center Report, XXVII (I), 1997, pp. 29-37.

[65] « C'est l'acte par lequel on se démet d'une fonction, d'une charge, d'une dignité ». Voir Le Robert, Dictionnaire de la langue f française, vol. n° 3, p.325.

[66] V. Constitutions des pays d'Afrique subsaharienne. Article 65 de la Constitution du Togo ; Article 50 de la Constitution Béninoise ; Article 11 du texte sur la transition en Tunisie ; Article 23 de la Charte constitutionnelle de la transition Centrafricaine ; Article 75 de la Constitution de la République Démocratique du Congo.

[67] PIERRE -CAPS (S), *Droits constitutionnels étrangers*, Paris, PUF, 2015, p. 281.

de l'État qui personnalise un pouvoir institué[68]. Le décès du Président est très souvent un frein à cette idéalisation du pouvoir central[69]. On peut citer le cas du Togo avec la mort du Président GNASSINGBE EYADEMA et du Gabon avec le décès du Président Omar BONGO ODIMBA.

Au sein de l'exécutif, la solution retenue pour résoudre les problèmes nés d'un vide au sommet de l'État en Afrique était le dauphinat[70], caractérisé par une sorte de transmission monarchique du pouvoir, la question se pose progressivement de nos jours d'abord en termes d'intérim [71]qui obéit tant juridiquement que politiquement à une logique très différente, signe de la démocratisation des systèmes politiques et en termes de suppléance ensuite.

L'article 50 de la Constitution de la République du Bénin s'inscrit dans cette dynamique[72]. La doctrine s'est attardée sur l'incomplétude de cette disposition constitutionnelle, notamment sa non-prise en compte de l'« *intérim bis* »[73] qui pourrait subvenir au cas où le Président de l'Assemblée nationale serait lui-même empêché[74].

Pour ce qui est de la démission[75], celle d'un Président de la République a toujours été largement interprétée. Il va de soi que lorsqu'elle se produit, sa

---

[68] SALAMI (I), « Le Chef d'État de transition en Afrique », *Revue Béninoise de Science Po, op.cit.* p. 6

[69]Pour la notion de mort et sa relativité, lire IACUB (M)., « La construction de la mort en droit français », Enquête, les objets du droit, n° 7, 1999, pp. 39-54. V. Tribunal de la Seine, 28 août 1889.

[70] KAMTO (M), « Le dauphin constitutionnel dans les régimes politiques africains… », *op.cit.* p. 12.

[71] TUEKAM TATCHUM (C)., *L'intérim du Président de la République dans les États francophones*, *op.cit.*, p. 190.

[72] « En cas de vacance de la Présidence de la République par décès, démission ou empêchement définitif, l'Assemblée nationale se réunit pour statuer sur le cas à la majorité absolue de ses membres. Le Président de l'Assemblée nationale saisit la Cour constitutionnelle qui constate et déclare la vacance de la Présidence de la République. Les fonctions de Président de la République, à l'exception de celles mentionnées aux articles 54 alinéa 3, 58, 60, 101 et 154 sont provisoirement exercées par le Président de l'Assemblée nationale ».

[73] Expression empruntée au Professeur MBODJ H., La succession d'État en droit constitutionnel africain, *op.cit.* p.6 reprise par SALAMI (I), « Le Chef d'État de transition en Afrique », *op.cit.,* p.11.

[74] Le cas de figure le plus usité est tiré de l'expérience togolaise où la mort de GNASSINGBE Eyadema en 2005, le Président de l'Assemblée nationale Fambaré Ouattara NATCHABA empêché puisqu'il ne pouvait plus retourner au Togo, il fallait investir un nouveau Président de l'Assemblée nationale qui au prix des manœuvres frauduleuses et calculées, a été le fils du père décédé Faure EYADEMA. Voir dans ce sens, SALAMI (I), « Le Chef d'État de transition en Afrique », *Revue Béninoise de Science Po, op.cit.* p. 11 ; TUEKAM TATCHUM (C), *L'intérim du Président de la République dans le nouveau constitutionnalisme*, *op.cit.* p. 149.

[75] La démission est « l'acte par lequel on se démet d'une fonction, d'une charge, d'une dignité ». V. Le Robert, « *Dictionnaire de la langue française*, vol. n° 3, p. 325. En Afrique, la première démission à un poste politique est celle de Julius NYERERE, qui après l'indépendance de son pays, devrait abandonner le leadership de l'exécutif pour se consacrer au parti. En France les

venue crée nécessairement un vide au sommet de l'État qu'il faut combler sans que le fonctionnement régulier des institutions de l'État en pâtisse. Cependant, en Afrique francophone, les démissions observées sont soit imposées par la Constitution, soit découlent des revendications populaires[76].

La démission du Président malgache sortant Hery RAJAOMARIMAMPIANANA annoncée le 7 septembre 2018 en respect à la Constitution et entérinée par le juge constitutionnel[77] pour tout candidat en quête d'un nouveau mandat[78], et qui a pour assises juridiques la volonté de garantir le respect de l'égalité des chances des candidats à l'élection présidentielle et la protection de la fortune publique en période de campagne électorale, constitue l'actualité en la matière[79]. Dans le contexte malgache, la transition est assurée par le Président du Sénat qui assure alors les affaires courantes jusqu'à l'investiture du nouveau chef de l'État[80].

Cependant, ce dispositif consacré par l'article 46 (2) de la Constitution produit un effet contradictoire à celui escompté à savoir assurer la continuité des institutions étatiques lorsqu'on fait une interprétation combinée des articles 46 et 48 de la même Constitution. En effet, l'article 48 en son aliéna (1) dispose que « *la passation officielle du pouvoir se fait entre le Président sortant et le Président nouvellement élu* ». C'est dire que le Président du Sénat

---

démissions d'abord de Mac MAHON le 30 janvier 1879 et celle du Général DE GAULLE le 28 avril en 1969 restent illustratives.

[76] Cf. La démission du burkinabé Blaise COMPAORE suscitée par le mouvement insurrectionnel du peuple.

[77]Article 10 de la décision n° 18 -HCC/D3 du 25 mai 2018 relative à une requête en déchéance du Président de la République : le Président de la République en exercice qui se porte candidat à l'élection présidentielle de 2018 démissionne de son poste 60 jours avant la date du 1er tour du scrutin.

[78] En application de l'article 46 alinéa 2 de la Constitution, le Président de la République se portant candidat à l'élection présidentielle doit démissionner de son poste soixante jours avant la date du scrutin. Selon le juge de la Haute Cour Constitutionnelle, cette disposition contrarie les principes de l'intangibilité et de l'immutabilité rattachés au mandat dont bénéficie le Président de la République, dont les termes sont définis par la Constitution. Cf. Considérant n° 8 de l'Avis no 07- HCC du 07 septembre 2018 relatif à une demande d'avis sur les attributions concourantes du Président de la République. Elle contrarie la stabilité de l'institution présidentielle qui dans l'esprit de la Constitution de la IVe République, représente la clé de voûte des institutions de l'État et fragilise le principe même de la continuité de l'État, garant de la pérennité des institutions de la République.

[79] Si une telle disposition permet au candidat sortant de mieux préparer sa campagne électorale, elle est en désaccord avec le principe de continuité de l'État. La Haute Cour Constitutionnelle malgache a d'ailleurs proposé un encadrement par la loi de cette disposition, sans remettre en question un fonctionnement harmonieux des institutions de l'État. Cf. Considérant n° 13 de l'Avis no 07- HCC du 07 septembre 2018 relatif à une demande d'avis sur les attributions concourantes du Président de la République.

[80] À ce titre, RIVORAKOTOVAO (M), et désormais ex-président du Sénat prendra la tête d'une nouvelle transition. Par ailleurs, la présidence du Sénat est assumée de façon temporaire par un président du Sénat par intérim, jusqu'à la fin de l'intérim de la présidence de la République.

ne devient qu'un figurant constitutionnel lors de la passation de pouvoir. Qu'adviendrait-il si le Président sortant et démissionnaire décédait ou devenait invalide avant la passation de pouvoir ?

C'est ce qui a fait dire à la Haute Cour Constitutionnelle que « la présence du Président de la République sortant et démissionnaire lors de la passation de pouvoirs avec le nouveau Président de la République élu a un caractère strictement symbolique dans le cadre d'un esprit républicain »[81]. Si le Chef de l'État *ad intérim* ne peut pas remplacer le Président sortant en toutes ses attributions et qu'on est obligé de recourir au Président sortant dit-on, à titre symbolique pour la passation de pouvoirs, cela démontre à quel point l'intérim aussi bien que la suppléance constituent l'angle mort du droit constitutionnel malgache[82]. D'ailleurs, il est bien clair que le Président du Sénat ne remplace ni supplée le Président de la République titulaire[83].

Au rang des faits subjectifs, on citera l'hypothèse d'empêchement définitif du Président de la République et celle de sa destitution. Dans de nombreux États africains, seul l'empêchement définitif donne lieu à l'intérim[84]. Il est au même titre que le décès et la démission, une cause de vacance. La destitution, par contre, peut émaner soit d'un organe juridictionnel tel le juge constitutionnel soit d'un organe politique comme ce fut le cas à Madagascar en 1996 lorsque le Président Albert ZAFY en application de l'article 50 de la Constitution malgache de 1992 fut déclaré définitivement empêché par une résolution de l'Assemblée nationale engageant sa responsabilité politique pour violation de la Constitution. Cette position fut entérinée malgré quelques réserves par la Cour constitutionnelle dans sa décision no 17/HCC/D3 rendue en 1996[85].

Par la suite, c'est toujours la Haute Cour Constitutionnelle siégeant en lieu et place de la Haute Cour de Justice qui, à la suite d'une requête jointe initiée par les députés malgaches, et les sieurs RAJAONARIVELO et consorts, constate la non-mise en place de la Haute Cour de Justice (HCJ) et enjoint au Président de la République d'ordonner dans les délais les plus brefs, à la Cour

---

[81] Article 3 de l'Avis n° 07- HCC du 07 septembre 2018 relatif à une demande d'avis sur les attributions concourantes du Président de la République.

[82] Ce dispositif de l'article 46 de la Constitution n'est encore qu'une expression de la « *malgacheité* », car il est propre à sa Constitution et inédit dans le droit comparé. Cf. Considérant n° 11 de l'Avis n° 07- HCC du 07 septembre 2018 relatif à une demande d'avis sur les attributions concourantes du Président de la République. Le concept de « *malgacheité* » est emprunté au constituant malgache de 2010, qui le mentionne dans le préambule.

[83] Considérant n° 26 de l'Avis n° 07- HCC du 07 septembre 2018, *op. cit.*

[84] TATCHUM TUEKAM (C), *L'intérim du Président de la République... op. cit.* p. 66.

[85] La Cour ne s'estimera pas liée par l'acte de saisine et procèdera à une réelle appréciation du contrôle de constitutionnalité des actes incriminés non sans rejeter des motifs jugés non fondés. V. ANDRIANAIVARO RAVELONA (R), « Un évènement constitutionnel inédit à Madagascar : la destitution du chef de l'État d'un régime parlementaire par l'évocation de sa responsabilité politique », *RFDC*, n° 34, 1998, pp. 365-376.

Suprême, responsable de la mise en place effective de cette juridiction d'exception, d'organiser la cérémonie de prestation de serment de la HCJ[86].

Pour y parvenir, la Cour rappellera que c'est le retard accusé par le Président de la République dans la nomination des membres de la HCDDED qui a affecté le processus d'installation de la Haute Cour de Justice. De ce fait, le défaut de la mise en place de cette Cour incombe au Président qui n'a pas respecté le délai de 12 mois prévus par l'article 167 de la Constitution. Il n'a donc pas honoré ses obligations « de moyens » à mettre en place la HCJ[87] malgré l'injonction faite par la HCC de parachever le processus[88].

Pour la Cour, le bon fonctionnement de la République dépend de la mise en place de toutes les institutions et de tous les organes constitutionnels prévus par la loi fondamentale et la mise en place effective de la HCJ constitue un garant pour la mise en œuvre de l'État de droit.

Enfin, la suppléance peut être mise en branle par un organe juridictionnel, en l'occurrence la HCJ pour haute trahison[89] ou en cas d'arrestation d'un Chef d'État en fonction et interpellé dans le cadre des poursuites pénales par une juridiction internationale comme la Cour pénale internationale. Son arrestation le met dans l'impossibilité d'exercer ses fonctions et son absence prolongée peut entraîner la paralysie de l'institution présidentielle[90]. Cependant, la suppléance peut aussi s'opérer en marge des dispositions constitutionnelles.

---

[86]Article 3 de la décision n° 18 -HCC/D3 du 25 mai 2018.

[87] Il s'agit là d'un revirement dans sa position initiale, car la HCC qui a déjà été saisie de cette question en 2015 lors d'une première tentative de demande de déchéance par les députés, avait pourtant souligné que le Président de la République est tenu à une obligation de moyen et non à une obligation de résultat. À l'époque, la non-mise en place de la HCC n'a pas été considérée comme étant un manquement du chef de l'État à ses obligations constitutionnelles, ni comme une violation de la Constitution. La Cour dans sa décision de 2015, avait néanmoins estimé *« qu'il convient de parachever le processus de désignation des membres qui a déjà été commencé »*. Dans une décision de septembre 2015, la HCC rappelait, une *« pratique constitutionnelle universelle »* qui veut que *« la mise en place des institutions prévues par une nouvelle Constitution se fasse dans un délai de 18 à 24 mois »*.

[88] Considérant n° 14 de la décision n° 18 -HCC/D3 du 25 mai 2018.

[89] La haute trahison peut être ici une violation de la Constitution par le Président de la République ou un cas de non-respect des obligations à sa charge. V. NGUELE ABADA (M), « L'obligation de rendre compte du Président de la République : réflexions à partir de la révision constitutionnelle du 14 avril 2008 », *in* ANOUKAHA (F) et OLINGA (A.D) (dir.), *L'obligation – Études offertes au Professeur Paul-Gérard POUGOUE*, Harmattan, Cameroun, 2015, pp. 629-655.

[90] Face à une telle imposture, et pour éviter la fragilisation de la fonction présidentielle, la démission du Président NIXON aux États-Unis et relative à l'affaire du Watergate fut une hypothèse salutaire.

2. Les faits générateurs non consacrés

L'observation de la pratique politique laisse entrevoir des causes de la suppléance qui ne relèvent ou ne relèvent qu'indirectement de ce qui pourrait être considéré comme l'option du droit constitutionnel en vigueur. La crise de la normativité des Constitutions [91]et la thèse de la revanche[92] de la politique sur le droit[93] ont bien une réalité en Afrique francophone. On distinguera les faits envisagés et les faits envisageables.

Pour ce qui est des faits envisageables, le constituant en Afrique francophone a omis d'encadrer les hypothèses certes rares et théoriques d'abandon de fonction sans démission par exemple en cas de démence, d'indisponibilité du Président, ou l'hypothèse de la fin d'un mandat non suivie d'une élection présidentielle, qui pourraient aussi bien être résolue par la mise en œuvre de la procédure d'empêchement définitif, d'acceptation d'une autre fonction politique ou d'un autre mandat législatif assimilable à une démission tacite.

Parlant de l'indisponibilité du Président de la République, en s'inscrivant dans l'esprit de la continuité des institutions de l'État, la décision du juge constitutionnel gabonais relative à la requête du Premier ministre tendant à l'interprétation des dispositions des articles 13 et 16 de la Constitution est d'une actualité saisissante[94]. Tout part de la situation d'indisponibilité temporaire non prévue dans la Constitution et dans laquelle se trouve le Président de la République. Le Premier ministre suggère la nécessité de tenir un Conseil des ministres à l'effet d'adopter des textes réglementaires et législatifs pour la continuité de l'action gouvernementale. Conforment aux dispositions des articles 88 de la Constitution et 60 de la loi organique sur la Cour Constitutionnelle qui donnent pouvoir d'interprétation à la Cour en cas de doute ou lacune du texte constitutionnel, la Cour constitutionnelle dans son rôle de régulateur du fonctionnement des institutions et dans le souci « *d'assurer la continuité de l'État et du service public, ainsi que le fonctionnement régulier du Gouvernement* »[95] va user de sa fonction

[91]V. AIVO (F. J), « Crise de la normativité des Constitutions en Afrique », *RDP*, 2012, n° 1, p. 141 à 170 ; CONAC (G), « Les Constitutions des États d'Afrique et leur effectivité », *in* CONAC (G), (dir.), Dynamiques et finalités des droits africains, 1980, Economica, pp. 385-413.

[92]V. AVRIL (P), *Une revanche du droit constitutionnel ? Pouvoirs*, n° 49, 1989, p. 5.

[93]V. LAVROFF (D.G), « Le droit saisi par la politique : l'instabilité de la norme constitutionnelle sous la Ve République », *Politeia* 2014, n° 25, p. 23 à 46. A contrario, V. FAVOREU (L), *La politique saisie par le droit*, Economica, 1988.

[94]Décision n° 219/CC du 14 novembre 2018 relative à la requête du Premier ministre tendant à l'interprétation des dispositions des articles 13 et 16 de la Constitution.

[95] Article 2 de la Décision n° 219/CC du 14 novembre 2018 relative à la requête du Premier ministre tendant à l'interprétation des dispositions des articles 13 et 16 de la Constitution.

normative pour réécrire[96] l'article 13 de la Constitution en lui adjoignant un alinéa qui aurait échappé au constituant. Cet article 13 nouveau de la Constitution[97] invite le Vice-président à présider le conseil des ministres, fonction qui est exclusivement réservée au Président de la République.

À l'analyse, et par cette décision audacieuse, tout en voulant innover comme son prédécesseur[98], le juge constitutionnel par cette réécriture de la Constitution, a procédé à une déformation de celle-ci. Par cette hardiesse, il a démontré qu'il dispose résolument d'un pouvoir normatif « exorbitant du droit commun » judiciaire du fait de son engagement au dépassement de la fonction classique de juger[99]. Il a mis en application cette conception de la doctrine selon laquelle : *« pour goûter la saveur de l'art de juger, il faut dépasser la définition de l'acte de juger »*[100].

En le faisant, le juge constitutionnel a certes comblé une lacune constitutionnelle à savoir *l'indisponibilité temporaire* du Président, mais a choisi de faire œuvre de jurislateur en désignant une autorité désormais habilitée à lui donner une existence juridique qui n'est autre personne que le Vice-président. Cette décision ne garantit pas l'ordre institutionnel établi par la Constitution, elle consacre, pour reprendre Édouard LAMBERT, un « gouvernement des juges »[101] et peine de ce fait à s'accommoder aux aspirations sociales et sociétales du peuple gabonais. On ne recherche plus

---

[96] KAMTO (M), « Révision constitutionnelle ou écriture d'une nouvelle constitution », *Lex Lata*, n° 25-26, 1996, pp.17-20.

[97] Article 1er de la Décision n° 219/CC du 14 novembre 2018 : « *En cas d'indisponibilité temporaire du Président de la République pour quelque cause que ce soit, certaines fonctions dévolues à ce dernier, à l'exception de celles prévues aux articles 18, 19 et 109, alinéa 1er, peuvent être exercées, selon le cas, soit par le Vice-président de la République, soit par le Premier ministre, sur autorisation spéciale de la Cour Constitutionnelle saisie par le Premier ministre ou un dixième des membres du gouvernement, chaque fois que nécessaire* ».

[98] Décision n° 4/ CC du 19 février 1997. Il s'agit d'une décision par laquelle la Cour a dégagé un *principe général peu commun, celui de la primogéniture*. En effet, invitée par le Premier ministre à interpréter la loi organique n° 18/ 96 du 15 avril 1996 portant dispositions spéciales à l'élection des sénateurs du fait d'un silence législatif, (la loi n'avait pas prévu l'hypothèse d'égalité des voix entre les deux candidats du deuxième tour), la Cour dira : *en vertu d'une règle regardée comme figurant au nombre des principes généraux du droit, (...) répondant au besoin de mettre en relief le caractère de notabilité qui doit s'attacher à la nature même de la fonction sénatoriale, l'élection doit être acquise au bénéfice du plus âgé.*

[99] ROSSATANGA-RIGNAULT (G), « Quand le juge " fait la loi". À propos du pouvoir normatif du juge constitutionnel au Gabon », *Actes du premier symposium de Libreville* des 21 et 22 nov. 2013, pp. 167-187 ; ONDO (T), *Les bases constitutionnelles du droit processuel gabonais*, Libreville, Ed. Raponder-Walker, 20, p. 68.

[100] ROMMEL (G), *L'art de juger. À l'écart de Montesquieu*, Bruylant, 2008, p. 35.

[101] LAMBERT (E), *Le gouvernement des juges et la lutte contre la législation sociale aux États Unis : l'expérience américaine du contrôle judiciaire de constitutionnalité des lois,* Paris, M. Giard & Cie, 1921.

dans le juge disait GARAPON le juriste « *diseur de droit* », mais le conciliateur, le pacificateur, voire l'animateur de la vie politique publique[102].

On n'est pas loin d'un coup d'État constitutionnel au sens où voulait l'entendre M. FAU-NOUGARET[103] pouvant aboutir à de graves crises politiques.

Le juge constitutionnel gabonais serait-il encore un juge comme les autres ?[104] N'en ferait-il pas trop comme son homologue béninois ?[105] Il est certainement, au regard de ses nombreuses productions juridictionnelles, classé parmi les juges constitutionnels africains de tous les records[106].

Par ailleurs, une autre hypothèse est qu'il peut arriver qu'à l'expiration du mandat du Président en exercice, un nouveau n'a pas été élu soit à cause, d'une annulation de l'élection par un organe juridictionnel, d'un retard apporté au scrutin par suite d'empêchement définitif ou décès d'un candidat, l'élection d'un candidat ne remplissant pas les conditions, soit encore le retrait tardif d'une candidature. Ces situations, loin de justifier un intérim au sens strict du terme, seraient résolues par la règle de prorogation du mandat qui, bien que dérogeant aux règles de compétence comme l'intérim, n'est pas assimilable à ce dernier. On peut enfin envisager le cas du décès du Président sortant avant l'installation du nouveau Président élu[107].

Pour ce qui est de la fin du mandat alors que la présidentielle n'est pas organisée dans les délais constitutionnels, le cas de la R.D.C. est très illustratif. En effet, saisie en interprétation de la Constitution, notamment en son article 70 (2) par les députés, la Cour constitutionnelle va rendre une décision dont la philosophie générale demeure l'évitement du vide institutionnel et la préservation de la continuité de l'État. Cette décision va accorder au Président sortant Joseph KABILA les privilèges du Président de la République jusqu'à

---

[102] GARAPON (A), « La question du juge », *Pouvoirs,* n° 74, 1995, pp.13-26 (*spec*. p. 21).

[103] Le coup d'État classique est celui mené afin de renverser l'ordre constitutionnel existant, le coup d'État constitutionnel est quant à lui mené par un des organes de l'ordre constitutionnel existant afin de modifier ce dernier. Ce coup d'État constitutionnel ne peut avoir lieu qu'avec la complicité d'autres organes de l'ordre constitutionnel existant et le plus souvent les cours constitutionnelles. Voir FAU-NOUGARET (M), « Manipulations constitutionnelles et coup d'État constitutionnel en Afrique francophone », *Afrilex* 2016, consulté le 18 nov. 2018.

[104] BRUNET (P), « Le juge constitutionnel est-il un juge comme les autres ? Réflexions méthodologiques sur la justice constitutionnelle », JOUANJAN (O) et Alii (dir.), *La notion de justice constitutionnelle*, Paris, Dalloz, 2005, p. 135.

[105] NGNAMOU (D), « La Cour constitutionnelle du Bénin en fait-elle trop ? », *R.B.S.J.A.* 2013.

[106] AIVO (F.J), *Constitution de la République du Bénin. La constitution de tous les records en Afrique*, nouvelle édition 2013.

[107] Pour ces hypothèses, V. TUEKAM TATCHUM (C)., *L'intérim du Président de la République dans le nouveau constitutionnalisme des États d'Afrique d'expression française, op. cit.* p. 55.

l'installation du nouveau Président[108]. Que ce soit le cas du Gabon ou de la R.D.C., l'objectif du juge est de contourner l'hypothèse de la vacance[109] qui donnera droit au Président du Sénat d'exercer constitutionnellement ses pouvoirs de Président de la République.

Les faits envisagés sont les faits plus ou moins récurrents tels les coups d'État [110] ou encore la révolution populaire et l'hypothèse de la transition politique.

La pratique récurrente des coups d'État en Afrique francophone oblige à revoir la notion d'intérim présidentiel dans le nouveau constitutionnalisme[111]. L'intérim, progressivement, sort des situations de droit pour servir les situations de fait. Elle démontre encore notamment au Burkina Faso et au Bénin, une confusion regrettable entre l'intérim et la suppléance. Cette confusion aura permis pour le premier, au Président du Conseil National de Transition Monsieur Cherif SY faisant office de parlement, de s'autoproclamer Président par intérim face au mutisme de la Charte de transition sur la question et pour le second, au ministre de l'Économie numérique et de la Communication de procéder à une révocation déguisée sous le fallacieux prétexte de l'intérim[112].

---

[108] Arrêt de la Cour constitutionnelle de la RDC du 11 mai 2016 : *« suivant le principe de la continuité de l'État et pour éviter le vide à la tête de l'État, le président actuel reste en fonction jusqu'à l'installation du nouveau président élu »*.

[109] La vacance du pouvoir ne pouvant intervenir qu'en cours de mandat et ne peut être décrétée qu'en cas de décès, démission ou toute autre cause d'empêchement définitif du Chef de l'État.

[110] TAVARES (P), « Pourquoi tous ces coups d'État en Afrique ? », *Le monde diplomatique*, janv. 2004, pp. 16-17.

[111] LEWIS (E), STILINE (R), « Le coup d'État citoyen. Ces initiatives qui inventent la démocratie » *in La découverte*, Paris, Cahiers libres, 2016, pp.16-22.

[112]Décision *DCC 16- 091 du 7 juillet 2016* de la Cour Constitutionnelle béninoise, *Affaire Stéphane TODOME c/ ORTB*. En effet, par décret en Conseil des ministres le 10 décembre 2012 pour un mandat de 4 ans, M. S. TODOME est nommé Directeur Général de l'Office de Radiodiffusion et Télévision du Bénin (ORTB) et suite à l'élection du Président TALON, le ministre de l'Économie numérique et de la Communication a procédé à la nomination de M. Georges AMLON en qualité de DG de l'ORTB par intérim en remplacement de M. TODOME avant l'échéance des 4 années prévues le 10 décembre 2016. Le Pr. SALAMI I. souligne qu'il s'agit non plus d'un intérim, mais d'une *révocation déguisée*. Il se prononce sur la distinction suivante entre la suppléance et l'intérim. *Le suppléant est la personne appelée à remplacer le titulaire d'une fonction en cas d'absence ou d'empêchement de celui-ci alors que l'intérimaire est la personne provisoirement chargée de remplacer le titulaire soit pendant son absence, soit entre la cessation de ses fonctions et la prise des fonctions de son successeur*. M. TODOME n'était donc ni absent, ni incapable d'assumer sa fonction, ni démissionnaire et n'avait commis aucune faute grave conformément à l'article 6 de la loi organique du 21 août 1992 relative à la Haute Autorité de l'Audio-visuel (HAAC). Le processus de désignation d'un nouveau DG de l'ORTB doit être suspendu. Source. *Matinlibre.com/ index.php/politique*. Consulté le 03 mai 2018. Cf. SALAMI (I), « Le Chef d'État de transition... », *op. cit.* p. 5.

Au Burkina Faso, le coup d'État fomenté par le Général Gilbert DIENDERE avait été perçu à l'unanimité par les Nations Unies, l'Union africaine et la CEDEAO comme une entrave à la continuité de l'État. Le retour inconditionnel à la transition est le fruit de cette synergie entre les acteurs nationaux, régionaux et internationaux et leur volonté de consolider la stabilité des institutions étatiques.

L'expérience burundaise de gestion de la transition s'inscrit certes avec une singularité particulière[113] dans la même logique. En effet, saisie par le Sénat pour se prononcer sur le troisième mandat du Président Pierre NKURUNZIZA, la Cour était appelée à se prononcer sur l'interprétation des articles 96 et 302 de la Constitution. Plus exactement, elle devrait se prononcer sur la question de savoir si le renouvellement une fois de l'actuel mandat présidentiel de cinq ans est ou non conforme à la Constitution de la République du Burundi du 18 mars 2005 [114] et incidemment sur le statut juridique de l'Accord d'Arusha pris comme Convention de la Constitution en droit constitutionnel burundais.[115] Dans son arrêt RCCB 303 et dans le souci de garantir la stabilité de l'institution présidentielle, la Cour s'est prononcée à travers un certain nombre de dispositifs dont les points 4[116] et 5[117] paraissent pertinents[118]. Si les faits générateurs de la suppléance sont quasi imprécis, l'investiture quant à elle est tantôt automatique, tantôt soumise au respect d'un formalisme.

[113] L'adoption par le pays d'une constitution intérimaire post-transition.

[114]La seconde question étant de savoir si le renouvellement du 3e mandat violait la Constitution et l'accord d'Arusha qui selon la Cour, constitue « la véritable, obligatoire et incontournable source d'inspiration du constituant burundais ». V. AVRIL (P), *Les conventions de la constitution*, Paris, PUF, 1997. La position de la Cour est claire : « dans un régime républicain, la gouvernance institutionnelle repose toujours sur une Constitution » et que certains textes ont inspiré le constituant « sans devenir pour autant supra-constitutionnels ». On ne saurait violer ledit Accord sans toutefois violer la Constitution.

[115] Sur les accords politiques, V. ATANGANA AMOUGOU (J.L), « Les accords de paix dans l'ordre juridique interne en Afrique », *RRJ-DP*, 2008, p.1722 ; MAMBO (P), « Réflexions sur la légalité constitutionnelle en période de crise », *Revue de droit de MC GILL*, 2012-4, p. 57.

[116] Point 4 du dispositif de l'arrêt. *La Cour déclare que : « l'article 96 veut dire que le nombre de mandats au suffrage universel direct est limité à deux seulement et l'article 302 crée un mandat spécial au suffrage universel indirect et qui n'a rien à voir avec les mandats prévus à l'article 96 ».*

[117] Point 5 du dispositif de l'arrêt. *La Cour conclut que : « le renouvellement une seule et dernière fois de l'actuel mandat présidentiel au suffrage universel direct pour cinq ans, n'est pas contraire à la Constitution de la République du Burundi du 18 mars 2005 ».*

[118]Lire, VANDEGCASTE (S), « *Droit et pouvoir au Burundi : un commentaire sur l'arrêt du 4 mai 2015 de la cour constitutionnelle dans l'affaire RCCB 303* », disponible à l'adresse http://www.ancl-radc.org.za/sites/default/Files/images/ RCCB 303% 20 commentaires.pdf.

B. Une investiture entre automaticité et formalisme

L'investiture de la suppléance du chef de l'État en Afrique francophone tire son expression d'une part dans l'automaticité qui la caractérise **(1)** et d'autre part dans le formalisme qui désormais la sous-tend **(2).**

1. L'automaticité de l'investiture

En faisant reposer la distinction sur l'automatisme qui caractérise la suppléance et l'empirisme qui sous-tend l'intérim[119], le Professeur AUBY conclut qu'en matière de vacance du pouvoir présidentiel, la Constitution de la Ve République française organise plutôt une suppléance et non un intérim[120]. Ici, la suppléance n'existe que dans le cas où le Président de la République est provisoirement dans l'impossibilité d'exercer ses fonctions : maladie ne motivant pas un empêchement, voyage à l'étranger. Elle ne s'applique que pour des compétences très limitées et est assurée par le Premier ministre pour la présidence du Conseil des ministres, le conseil et comité de la défense nationale ou le garde des Sceaux pour la Présidence du Conseil de la Magistrature. L'intérim existe soit en cas de vacance du poste de Président de la République (démission, décès ou destitution du Président) ou d'empêchement (maladie, folie...) constatée par le Conseil constitutionnel saisi par le gouvernement[121].

En général, pour ce qui est de la suppléance au sein de l'exécutif, il faut dire que le constat de la vacance du pouvoir par l'organe constitutionnellement habilité donne lieu à l'adoption d'une déclaration qui atteste du vide au sommet de l'État. Ce vide fait naitre une situation d'intérim, c'est-à-dire une période transitoire où il faut impérativement désigner quelqu'un qui se chargera d'assurer la continuité de l'État en attendant que soit élu le successeur. Ainsi, le choix de l'intérimaire prend en compte de nombreux paramètres politico-juridiques et ne répond plus forcément à une logique de perpétuation d'un système[122].

---

119 LE BOS – LE POURHIET (A-M), *Les substitutions de compétence en droit public français*, *op.cit.* p. 259.

120 AUBY (J.M), « L'intérim », op.*cit.* p. 869. Lire aussi TUEKAM TATCHUM (C), *L'intérim du Président de la République*, *op.cit.* p. 2. La suppléance suppose la réalisation du fait-condition alors qu'en matière d'intérim, il faut non seulement un fait-condition, mais aussi, et surtout l'acte-condition du supérieur désignant l'intérim. p. 17.

121 Art. 7 de la Constitution française du 4 octobre 1958. La doctrine reste divisée pour ce qui est du contenu de cet article 7. S'agit-il d'un intérim ou d'une suppléance ? En effet, tout part de ce que le constituant n'a pas pris le soin de qualifier l'opération qu'il matérialisait à travers son énoncé sur la vacance du pouvoir, d'où la libre interprétation.

122 V. TUEKAM TATCHUM (C), « Réflexion sur le régime de la vacance du pouvoir présidentiel en Afrique noire francophone : étude à partir de l'exemple du Cameroun », Mosaïque, *Revue Panafricaine des Sciences Juridiques Comparées*, n° 009, 2015, pp. 21 -67.

Le Cameroun opte dans ce sens pour un choix individuel comme intérimaire. En effet, depuis la réforme constitutionnelle de 1996, il est prévu aux termes de l'article 6 (4) de la Constitution que « l'intérim du Président de la République est exercé de plein droit jusqu'à l'élection du nouveau Président par le Président du Sénat ». Ce choix du constituant camerounais pouvait se justifier par plusieurs raisons : la rupture avec la pratique classique attribuant l'intérim à une autorité du pouvoir exécutif et caractéristique au dauphinat et donc peu démocratique, et la volonté de remettre le pouvoir au peuple, rôle que le Premier ministre ne peut efficacement jouer au regard de sa dépendance vis-à-vis du Président de la République et de sa faible légitimité populaire[123]. Et Alain Didier OLINGA de dire : « si l'Assemblée nationale exerce le pouvoir législatif et fait office de Parlement, elle ne peut pas jouir des prérogatives attribuées en propre au Sénat ; (...) il en est ainsi de l'intérim du Président de la République qu'assure en propre le Président du Sénat ou son suppléant suivant l'ordre de préséance au Sénat »[124]. L'investiture obéit aussi à un formalisme qu'il est important de relever.

2. Le formalisme de l'investiture

Au sein de l'exécutif, le déclenchement de la suppléance obéit à un formalisme : la constatation de la vacance et la saisine de l'organe habilité. Le remplacement du Président pendant l'empêchement temporaire s'inscrit dans le mécanisme de la suppléance[125]. Les textes qui habilitent cette « délégation-

---

[123] V. DUBOUIS (L), « Le régime présidentiel dans les nouvelles constitutions des États africains d'expression française », *Revue Penant*, n° 691, avril-mai 1962, pp. 218-248 ; TOGOLO (O), « Le Premier ministre, Chef du gouvernement : les arguments d'une polémique autour de la fonction », *Revue africaine des Sciences Juridiques*, Volume 6, n° 1, 2009, pp. 341-361. Cette solution est presque identique à celle adoptée en France et est liée à la notion de chambre haute et de stabilité de cette chambre ainsi qu'à la place du Président du Sénat dans l'ordre protocolaire.

[124]V. OLINGA (A. D), « L'article 67 de la constitution », *Lex Lata*, n° 033, mars 1997, pp. 3-9, not. p. 8. En revanche, la suppléance du Président de la République se précise à l'article 10 (3) de la Constitution. En cas d'empêchement temporaire, le Président de la République charge le Premier ministre ou, en cas d'empêchement de celui-ci, un autre membre du Gouvernement, d'assurer certaines de ses fonctions, dans le cadre d'une délégation expresse. Lire également la loi n° 92/10 du 17 décembre 1992 fixant les conditions d'élection et de suppléance à la Présidence de la République modifiée et complétée par les lois n° s 97/020 du 09 septembre1997 et 2011. Aux termes de l'article 103 nouveau, la suppléance à la Présidence de la République peut être temporaire ou définitive. – Si les dispositions de l'article 104 nouveau reprennent *mutatis mutandis* les lettres de l'article 10 (3) de la constitution pour parler de la suppléance temporaire, la suppléance définitive est consacrée à l'article 105 nouveau. Elle est assimilée par le législateur à la vacance de la Présidence de la République. En cas de vacance de la Présidence de la République pour cause de décès, de démission ou d'empêchement définitif constaté par le Conseil constitutionnel, l'intérim du Président de la République est exercé de plein droit jusqu'à l'élection du nouveau Président par le Président du Sénat, et si ce dernier est, à son tour, empêché, par son suppléant suivant l'ordre de préséance du Sénat.

[125] V. FRIER (P.-L), *Précis de droit administratif*, *op.cit.*, p.286 ; OLINGA (A.D), « Cameroun : vers un présidentialisme démocratique. Réflexion sur la révision

suppléance »[126] précisent que l'autorité appelée à suppléer le Président pendant l'empêchement doit exercer ses fonctions « dans le cadre d'une délégation expresse ». D'où le sacro-saint principe *« pas de délégation sans texte ni au-delà des textes »*.

En Afrique francophone, l'organe compétent pour constater la vacance du pouvoir ne relève plus exclusivement du politique, mais, progressivement du juridictionnel. C'était d'ailleurs l'apanage des régimes parlementaires ou d'assemblées. Il faut noter que ce choix n'est pas dénué de critique[127], d'où la tendance actuelle de l'adhésion à l'organe juridictionnel pris ici comme institution garante de la suprématie constitutionnelle au sens du Doyen FAVOREU[128] et de Charles EISENMANN[129]. De nos jours, bien que tardive, et confrontée à d'énormes difficultés dans les États d'expression française, l'autorité du juge constitutionnel se trouve renforcée. Plusieurs décisions peuvent l'attester : la décision du juge constitutionnel malgache de 1999 lorsque le parlement destitua le Président ZAFY où les décisions togolaise et gabonaise de 2005 et 2009 respectivement à la mort des Présidents Gnassingbé EYADEMA et Omar BONGO.

Par ailleurs, le constituant dans les États d'Afrique francophone adopte des formules très diverses au sujet de la détermination de l'organe compétent pour saisir le juge d'un recours en constatation de la vacance du pouvoir. C'est d'ailleurs le constat fait par la doctrine selon lequel la procédure de constatation de la vacance *« est très sélective du fait du nombre limité d'autorités investies du pouvoir d'initiative en la matière »*[130]. La Cour, lorsqu'elle confirme la vacance pour décès, démission ou destitution, procède à la formalité de régularisation du processus d'investiture de l'intérimaire et de préservation de la continuité de l'État. Sa marge d'appréciation est de ce fait extensive en ce qui concerne l'empêchement tandis qu'elle est restrictive en cas de décès, de démission ou de destitution.

L'expérience camerounaise est à ce titre illustrative. Pour mieux saisir le problème ici, il faut distinguer la situation avant et après 1979. Avant la révision de 1979, le niveau d'intervention du Premier ministre dans l'autorité présidentielle était différent selon que l'on était en présence d'un

---

constitutionnelle du 21 avril 1991 », *RJPIC,* 1992, p. 420 ; GODFRIN (Ph), « La suppléance du Président de la République : Échec ou succès », *op.cit.* p.168.

[126]Selon cette formule empruntée à FRIER (P.-L), *Précis de droit administratif, op.cit.*, p. 286.

[127] « *Le congrès n'est pas qualifié pour se prononcer sur la situation de vacance* », opinait ainsi Adhémar ESMEIN, *Éléments de droit constitutionnel français et comparé*, Paris, Ed. Panthéon-Assas, 2001, p. 138.

[128] FAVOREU (L), « Justice constitutionnelle », *in* DUHAMEL (O) et MENY (Y). (dir.), *Dictionnaire constitutionnel,* Paris, PUF, 1992, pp. 556-557.

[129] EISENMANN (C), *La justice constitutionnelle et la Haute Cour constitutionnelle d'Autriche*, Paris, LGDJ, 1928 (réed. Economica et PUAM, 1986) pp. 21 et s.

[130] El. H. MBODJ, *La succession d'État en droit constitutionnel africain, op.cit.* p. 256 ;

empêchement temporaire ou d'une vacance. En cas d'empêchement temporaire, du Président de la République, le Premier ministre est appelé à assurer la fonction présidentielle sur délégation expresse du Président[131].

Dans le deuxième cas, c'est-à-dire celui de la vacance de la présidence par décès ou incapacité définitive dûment constatés par la Cour suprême, les pouvoirs du Président de la République sont exercés de plein droit par le Président de l'Assemblée nationale, jusqu'à l'élection d'un nouveau Président[132]. Le Premier ministre ne pouvait intervenir dans cette hypothèse qu'au deuxième degré, c'est-à-dire comme suppléant du Président de l'Assemblée nationale en cas d'empêchement de ce dernier. C'est suite à la révision constitutionnelle opérée que le constituant camerounais a apporté une innovation capitale pour la continuité de l'exécutif camerounais. Le Premier ministre était désormais appelé et au premier degré, à assurer la continuité du mandat présidentiel pour cause de décès, de démission[133] ou d'empêchement définitif constaté par la Cour suprême[134]. Le suppléant accomplit ainsi ce que la doctrine a appelé « *les actes conservatoires* » ou « *l'expédition des affaires courantes* »[135] ou encore « *les attributions présidentielles concourantes* » selon le constituant malgache.

Cependant, il ne faut pas confondre « *délégation-suppléance* » et « *délégation – déconcentration* »[136] qui peut être mise en œuvre en l'absence de tout empêchement du Président. Le Premier ministre étant tenu constitutionnellement d'assister le Président dans la mise en œuvre de la politique de la nation[137]. Le constituant camerounais entendait ainsi mettre sur pied un mécanisme de succession au bénéfice du Premier ministre[138].

---

[131] Le poste de Premier ministre avait été institué en juin 1975 dans le but d'alléger le Président de la République en déconcentrant l'exécutif camerounais. V. ABIABAG (I), « Réflexion sur la déconcentration de l'exécutif camerounais après les révisions constitutionnelles des 9 juin 1975 et 29 juin 1979 », *Revue Internationale Droit et Jurisprudence Africains* (R.I.D.J.A.) n° 2, juillet-septembre 1980, pp. 21-27, (*spec*. p. 27).

[132] L'élection doit avoir lieu vingt jours au moins et cinquante jours au plus après ouverture de la vacance.

[133] L'article 7 (nouveau) introduit parmi les causes de la vacance, la démission alors qu'elle ne l'était pas.

[134] V. ABIABAG (I), « La succession du Président de la République d'après la révision constitutionnelle du 29 juin 1979 au Cameroun », *Revue juridique et politique* n° 4, Paris, décembre 1979, p. 445.

[135] V. GICQUEL (J), « Essai sur la pratique de la Ve République Bilan d'un septennat », *L.G.D.J.*, 1968, p. 535.

[136] *Ibid.* pp. 358-359.

[137] Politique définie par le Chef de l'État suivant l'article 5 (nouveau) de la loi de 1975.

[138] Ces systèmes sont en cours au Cameroun et au Sénégal. V. AJAMI (S.M), « Réflexion sur la déconcentration de l'exécutif au Sénégal après la révision constitutionnelle de 1970 », *Revue juridique et politique*, 1970, pp. 247-258 ; V. ABIABAG (I) « Le Premier ministre en droit constitutionnel camerounais », Thèse de Doctorat d'État, Paris X Nanterre, 1978 p. 56 ;

Cependant, la pratique de la suppléance dans les Etats d'Afrique reste encore lacunaire et garantit timidement la continuité des institutions étatiques comme nous le révèle la décision de la Cour constitutionnelle gabonaise d'avril 2018[139].

II. LES RÈGLES TATILLONNES

La réglementation de la suppléance du Chef de l'État en Afrique francophone est encore tatillonne d'une part du fait de l'indétermination des compétences du suppléant **(A)** et d'autre part du fait de la fragilité qui caractérise le statut du suppléant suscitant ainsi une reforme **(B)**.

A. L'indétermination des compétences du suppléant

La compétence est définie par Marcel WALINE comme *« l'ensemble des attributions d'un agent public »*[140]. Il est question ici de s'interroger sur les compétences consacrées par la Constitution et destinées à l'autorité chargée d'assurer la suppléance du Chef de l'État. Ces compétences sont pour la plupart des États susvisés, situés et en situation. C'est le cas à Madagascar avec la notion « d'attributions présidentielles concourantes » dont le contenu n'a pu être fixé que grâce au concours de la Haute Cour Constitutionnelle dans un avis célèbre[141]. À l'analyse, ces compétences sont explicites d'une part **(1)** et implicites **(2)** d'autre part.

1. Les compétences explicites

Le fait d'avoir quelqu'un pour suppléer, pour remplacer est commun et perçu comme utile. L'investiture du Président de la République par intérim lui donne vocation à accomplir valablement des actes juridiques en cette qualité. La prestation de serment est le déclenchement de sa légitimité. En effet, toutes les Constitutions d'Afrique d'expression française astreignent les titulaires de la fonction présidentielle à prêter serment avant leur entrée en fonction[142]. Ce

---

MBOME (F)., « Les empêchements du Président de la République au Cameroun », *Revue Française d'Études Politiques Africaines*, n° 152-153, 1978, pp. 50 et s.

[139] *Décision n° 022/ CC du 30 avril 2018 relative à la requête présentée par le Premier ministre aux fins d'interprétation des articles 4, 28, 28 a, 31, 34, 35 et 36 de la Constitution.* Pour le requérant, le non renouvellement prévisible (dans l'ordre constitutionnel gabonais du fait du retardement de la mise en place du Centre Gabonais des Élections) de l'Assemblée nationale dans les délais fixés par la Cour Constitutionnelle, risque de donner lieu à un vide institutionnel susceptible d'entrainer l'interruption du fonctionnement régulier des pouvoirs publics. Les mentions de l'article 3 de la décision confirment que le juge constitutionnel est gardien de la continuité de l'État.

[140] V. WALINE (M), *Traité de droit administratif,* Paris, Sirey, 1963, p. 452.

[141] Avis n° 07- HCC du 07 septembre 2018 relatif à une demande d'avis sur les attributions concourantes du Président de la République.

[142] Article 70 de la Constitution Tchadienne ; article 37 de la Constitution sénégalaise, article 39 de la loi fondamentale du Niger, article 37 de la Constitution malienne, article 10 de

rituel d'investiture est obligatoire au Président[143] ainsi qu'à son intérimaire comme l'a rappelé la Cour constitutionnelle gabonaise dans sa décision du 9 juin 2009 relative à la constatation de la vacance de la Présidence de la République suite au décès du Président Omar BONGO. Le serment traduit ainsi, pour reprendre cette formule d'Ibrahima FALL, l'exigence traditionnelle du respect de la parole donnée et symbolise le contrat moral entre gouvernants et gouvernés selon *« la dialectique permanente du commandement et de l'obéissance »*[144].

En effet, un État moderne et démocratique ne saurait s'arrêter parce que son Chef est empêché, a démissionné ou est décédé. Pour M. LETOUZE, « c'est dans ces circonstances que la nation est la plus vulnérable et doit donc bénéficier d'un fonctionnement régulier des pouvoirs publics, de la bonne marche des administrations et des services publics et de la continuité du travail gouvernemental »[145].

Au sein de l'exécutif, en général, le statut de l'intérim ou du suppléant connaît une restriction tant temporelle, personnelle que matérielle. Au plan temporel, de manière constante, mais selon les modalités variables, l'intérim est enserré dans une limite bien précise. La brièveté de ce délai oblige l'intérimaire à tout mettre en œuvre pour assurer une succession rapide et crédible à la tête de l'État[146]. En effet, gérer la transition politique et non gouverner, telle est la mission principale de l'intérimaire. C'est pour cela que cette limitation dans le temps de l'intérim réduit certains excès, certains appétits pour le pouvoir chez le Président intérimaire conscient de son rôle passager et important pour la sauvegarde de la démocratie[147]. Et la doctrine de soutenir qu'« il faut bien comprendre que la durée de l'intérim doit rester courte, pour que le seul programme d'action du Président par intérim soit de conduire l'élection du nouveau Président, (...) ». La Constitution doit prendre des dispositions pour que le Président par intérim soit plus intérimaire que le Président, pour que tout son statut soit aménagé de manière à ce qu'il ne puisse

---

la Charte de transition Burkinabé, article de la Charte constitutionnelle de la transition centrafricaine, article 12 de la Constitution gabonaise et l'article 7 al. 1, 2 et 3 de la Constitution camerounaise.

[143]Décision DCC 96-017 de la Cour constitutionnelle qui contraint le Président KEREKOU à reprendre le serment en avril 1996 pour omission de la formule sacramentelle « *aux mânes des ancêtres* » prévue par la Constitution.

[144]V. FALL I., « Le droit constitutionnel au secours de l'authenticité et de la négritude. Le Serment du Président de la République, acculturation ou retour aux sources ? », *Annales africaines*, 1973, pp. 201-218.

[145] V. LE TOUZE (C), *L'intérim du Président de la République sous la Ve République*, Université de Droit, d'Économie et de Science Sociale de Paris II, Tome I, 1980, 260 pages, not. p. 533.

[146] V. TATCHUM (Ch. T), « Réflexion sur le régime de la vacance du pouvoir présidentiel », *op.cit.*, p. 60 et s.

[147]*Ibid.* p. 61.

pas durer, de manière à faciliter la dévolution de la fonction présidentielle à un titulaire légitimement élu, et se retirer[148].

Quant à la limite personnelle, il est de bon aloi que le constituant interdise la candidature de l'intérimaire à l'élection qu'il organise. Cette prohibition qui s'apparente à ce que le Professeur MBODJ qualifie de « suppléance arbitrale » empêche l'intérimaire d'être juge et partie. Le Président du Sénat dans une période difficile, s'engageant comme partisan dans une campagne, est désormais mal placé pour jouer le rôle qui lui est imparti de modération, d'arbitrage et de conseil[149]. Les compétences de l'intérimaire ou de son suppléant sont matériellement limitées à l'expédition des affaires courantes que le constituant malgache appelle encore les « attributions présidentielles concourantes »[150] et non à la définition d'une politique nationale propre. Les affaires courantes s'apparentent ainsi et selon le Conseil d'État français, à « la compétence exceptionnelle d'un gouvernement dont les pouvoirs ne reposent plus que sur les nécessités de l'Etat »[151]. Elles ne rendent pas compte des décisions politiques que pourrait entreprendre le futur gouvernement et n'engagent pas son avenir sauf si leur traitement est inévitable ou encore si elles sont commandées par l'urgence[152].

À ce titre, le Président par intérim ne peut faire ni défaire [153]une Constitution. Il n'a aucun pouvoir de fabrication [154]de cette norme fondamentale et ne peut ni recourir au référendum, ni modifier la composition du Gouvernement sauf en cas de nécessité liée à l'organisation de l'élection présidentielle et après consultation de l'organe constitutionnellement habilité. À ce titre, la Constitution camerounaise du 18 janvier 1996 révisée le 4 avril 2008 est assez claire en ce qu'elle souligne en son article 6 (1) que le Président du Sénat ou son suppléant ne peut modifier ni la Constitution ni la

---

[148] OLINGA (A. D), « Aspects juridiques de la « succession » à la tête de l'État au Cameroun », *in* Dossier sur « Une succession démocratique est-elle impossible au Cameroun ? – Alternance politique », coordonné par OWONA NGUINI E. M., juillet 2010, pp. 3-11.

[149] LE TOUZE (C), Thèse précitée, p. 436.

[150] Art. 46 (2) *in fine* de la Constitution malgache où on peut lire : « (...), le Président du Sénat exerce les attributions présidentielles concourantes jusqu'à l'investiture du nouveau Président ». Il faut attendre 2018 pour que dans un avis, la HCC donne un contenu aux « attributions présidentielles concourantes ». Avis no 07- HCC du 07 septembre 2018 relatif à une demande d'avis sur les attributions concourantes du Président de la République.

[151] CE, Ass, 4 février 1952, Syndicat régional des quotidiens d'Algérie, S, 1952, III, p. 49, conclusions.

[152] CE, 19 octobre 1962, Brocas.V. également TUEKAM TATCHUM C., « Réflexion sur le régime de la vacance du pouvoir présidentiel en Afrique noire francophone : étude à partir de l'exemple du Cameroun », *op. cit.* p. 63.

[153] MELEDJE (F.D) « Faire, défaire et refaire la constitution en Côte d'Ivoire : un exemple d'instabilité chronique », *in* Fombad Ch., Murray Ch., *Fostering constitutionalism in Africa, Pretoria University Law Press*, 2010, pp. 309-339.

[154] MAMBO (P), « La fabrication des constitutions en Afrique », *Revue béninoise des sciences juridiques et administratives*, *R.B.S.J.A.* supplément du n° 34, 2015, pp. 177-222.

composition du gouvernement. Il ne peut recourir au référendum. Il ne peut être candidat à l'élection organisée pour la Présidence de la République.

En effet, de nombreuses Constitutions interdisent également toute modification du texte constitutionnel lorsque la situation institutionnelle ou politique laisse craindre que le processus ne se déroule pas dans des conditions optimales. L'idée est alors de se prémunir contre des révisions dans des moments où, le pays se trouvant fragilisé, l'on pourrait redouter qu'elles ne soient brusquées, voire manipulées.

Un parallèle peut être fait avec la constitution française actuelle qui en dehors de toute interdiction de révision portant atteinte à l'intégrité du territoire, poursuit avec la vacance ou l'empêchement du Président de la République tant que le poste n'est pas à nouveau officiellement occupé[155]. Toutefois, cela n'avait pas empêché Alain POHER, Président par intérim en 1969, de ratifier la Convention européenne des droits de l'homme alors que de Gaulle et POMPIDOU avaient refusé de le faire : certes, il ne s'agit pas d'une révision de la Constitution, mais on n'est pas loin puisque la Cour européenne des droits de l'homme donne à ses arrêts une valeur supra-constitutionnelle.

En tout cas, il est évident que l'on cherche à empêcher que quiconque profite de l'incertitude ou du trouble occasionné pour modifier la constitution. Il s'agit enfin de préserver un minimum de sérénité autour de cet acte politique fondamental, de garantir sa « *sagesse* »[156].

La Constitution malgache est plus ou moins précise. Selon cette norme fondamentale, les fonctions du Chef de l'État exercées par l'intérimaire ne sont pas entières dans la mesure où selon l'article 53 de la Constitution, *« pendant la période allant de la constatation de la vacance à l'investiture du nouveau président de la République (...) il ne peut être fait application de certains articles »*. Lesdits articles interdits d'application en période d'intérim concernent, entre autres, la dissolution de l'Assemblée nationale, la motion de censure ou le vote de confiance pouvant amener à la nomination d'un Premier ministre, ou encore la révision de la Constitution. C'est dans ce sens qu'il faut comprendre le contenu de l'article 302 *in fine* de la Constitution burundaise de 2005 selon lequel le Président élu pour la première période post-transition ne peut pas dissoudre le parlement.

---

[155] La constitution belge contient des dispositions très semblables, puisque l'enclenchement ou la poursuite de la procédure de révision est prohibé (e) « en temps de guerre ou lorsque les Chambres se trouvent empêchées de se réunir librement sur le territoire fédéral » (art. 196), tandis qu'est interdite (art. 197), pendant une régence, la modification de certains articles (dont ceux relatifs aux pouvoirs constitutionnels du Roi).

[156] Le PILLOUER (A), « Le pouvoir constituant », *in* TROPER (M), CHAGNOLLAUD (D) (dir), *Traité international de droit constitutionnel, suprématie de la constitution*, Dalloz, t. 13, 2012, pp. 34-65.

Toutefois, certaines Constitutions laissent libre champ à l'intérimaire qui peut, en temps de crise, procéder à la suspension de la Constitution[157]. On peut citer le cas du Burkina Faso[158] en raison de son élection dans la présente étude puisqu'il est loin d'être un cas atypique[159].

Dans le même sens, la Constitution camerounaise révisée en 2008 rappelle qu'en cas de nécessité liée à l'organisation de l'élection présidentielle, le Président de la République par intérim peut, après consultation du Président du Conseil Constitutionnel, modifier la composition du gouvernement[160]. Par ailleurs, l'intérimaire joue un rôle d'arbitre et de gardien.

En Afrique francophone, le Président est un véritable « *meneur de jeu politique* »[161]. Le Président par intérim en dehors des restrictions imposées par le constituant, est un Président en attente. Il est astreint aux compétences strictement nécessaires à la conduite de la transition.

L'intérimaire est pendant ce bref laps de temps que dure sa fonction, le gardien de la Constitution. En effet, il a la lourde responsabilité de veiller au respect de la Constitution ou de ce qui tient lieu. S'il lui est interdit d'initier une révision constitutionnelle, on peut subodorer qu'il lui revient d'assurer pendant l'intérim l'intangibilité du texte, en veillant à son application et à son respect. Il participe à la garantie de la Constitution dès lors qu'il a compétence pour saisir le juge constitutionnel en matière de contrôle de constitutionnalité[162]. Cependant, les compétences de l'intérimaire dans la plupart des cas, sont implicites.

---

[157]Il s'agit des suspensions non prévues dans la loi fondamentale et liées aux crises politiques. V. TUEKAM TATCHUM (C), « Les chartes de transition dans l'ordre constitutionnel des États d'Afrique noire francophone : Étude à partir des exemples du Burkina Faso et de la République centrafricaine, *RDP*, n° 2, 2018, 571-592.

[158]La Constitution burkinabè de 1991 a été suspendue après du coup du colonel Isaac ZIDA soutenu par le peuple qui accompagnait l'insurrection contre le président COMPAORE en 2014. Art. 21 de la Charte de transition.

[159] On fait référence ici à la RCA. Après le coup d'État qui renverse le président François BOZIZE, le Président de transition Michel DJOTODIA promulgue le 13 juillet 2013 la loi n° 13/001 portant charte constitutionnelle de transition qui déclare dans son préambule de manière claire que : « le changement politique du 24 mars 2013 entraîne la suspension de la Constitution du 27 décembre 2004 et la dissolution des institutions républicaines (…) ». Il est également question de la Tunisie. Après la révolution populaire qui entraînait la chute du président Ben ALI, le Président de la République tunisien par intérim Fouad MEBAZAA sur proposition du Premier ministre promulgue le 23 mars 2011 un Décret-loi n° 2011-14 du 23 mars 2011, portant organisation provisoire des pouvoirs publics qui, en son préambule affirme implicitement, mais irrévocablement, la suspension-dissolution de la Constitution en vigueur. Il s'agit enfin de la Côte d'Ivoire. La suspension de la Constitution trouve son application en Côte d'Ivoire avec la paralysie temporaire de son article 35 au profit des signataires de l'accord de Marcoussis.

[160] Article 6 (1).

[161]*Idem*.

[162] MOMO (C), « Le gardien de la Constitution en Afrique subsaharienne francophone », *RRJ-DP*, 2017, pp. 403-451.

2. Les compétences implicites

Il s'agit là des compétences exercées par l'intérimaire alors qu'elles ne sont pas consacrées *expressis verbis* ni par la Constitution ni par une loi ordinaire.

Au sein de l'exécutif, objet de la présente étude, les fonctions du suppléant sont plus ou moins encadrées. D'où la récurrente question entretenue par les Constitutions africaines et selon laquelle le Président de la République par intérim ne peut se porter candidat à l'élection qu'il organise. Si le Togo reste indécis sur la question de la candidature de l'intérimaire à l'élection qu'il organise[163], le Cameroun[164], le Burkina Faso [165]et le Gabon[166] ont pris de l'avance en y apposant une interdiction ferme. Sur cette question la distinction du Professeur MBODJ mérite d'être rappelée à savoir la suppléance arbitrale et la suppléance engagée. La première correspond à l'hypothèse où il est formellement interdit à l'intérimaire d'être candidat à l'élection présidentielle visant la désignation du successeur et la seconde, pouvant être appréhendée comme une technique d'organisation juridique de la continuité du pouvoir donnant la possibilité à l'intérimaire d'être partie à la conquête du pouvoir présidentiel, tout en veillant en même temps au fonctionnement normal des institutions[167]. En clair, l'intérimaire voit ses compétences limitées tant matériellement que temporellement.

Primo, il est question pour le Président par intérim d'expédier les affaires courantes[168] en attendant que soit désigné le prochain titulaire de la fonction présidentielle. De ce fait, pour lui permettre de se concentrer dans sa fonction régalienne qui n'est rien d'autre que la continuité des institutions de l'État et la conduite de la transition politique, certains pouvoirs que détient le Président en période normale lui sont retirés. Il lui est par exemple refusé de dissoudre

---

[163] C'est d'ailleurs pourquoi après avoir investi Faure GNASSINGBE, Président de l'Assemblée à la mort de son père, ce dernier présenta sa candidature à la présidence en même temps qu'il assurait l'intérim et fut désigné Président de la République.

[164] Article 6 (4) nouveau de la Constitution dispose que le Président par intérim ne peut être candidat à l'élection organisée pour la présidence de la République.

[165] Dans ce pays, cette disposition fait partie des clauses constitutionnelles d'éternité. En effet, la Charte de transition interdit formellement toute révision qui touche à son article 4 qui dispose que « *le président de la transition n'est pas éligible aux élections présidentielles et législatives qui seront organisées pour mettre fin à la transition* ».

[166] V. Article 13 de la Constitution gabonaise, « *l'autorité qui assure l'intérim du Président de la République, dans les conditions du présent article, ne peut se porter candidat à l'élection présidentielle* ». Les expériences suivantes où les chefs d'État par intérim n'ont plus pris part aux élections peuvent servir d'illustration : le Gabon avec Rose Francine ROGOMBE, la République centrafricaine avec Catherine SAMBA PANZA, le Burkina Faso avec Michel KAFANDO, ou encore le Mali avec DIONKOUNDA TRAORE.

[167] MBODJ (H), La succession d'État en droit constitutionnel africain, *op.cit.* p. 273.

[168] V. Les conclusions du Rapporteur public Jean DELVOLVE dans ses conclusions sur l'arrêt *Syndicat National des quotidiens d'Algérie*. Les affaires courantes renvoient à « *la compétence exceptionnelle d'un gouvernement dont les pouvoirs ne reposent plus que sur les nécessités de l'État* ». CE, Ass, 4 février 1952, *Syndicat régional des quotidiens d'Algérie*, S. 1952, III, p. 49.

l'Assemblée nationale pendant l'intérim de peur « *d'aggraver un vide constitutionnel déjà creusé par le départ du Chef de l'État* »[169].

L'intérimaire n'est pas supposé lancer de grandes réformes et marquer la vie politique du sceau de ses idées politiques et de ses actes. « *Son rôle est beaucoup plus conservatoire de la continuité de l'Etat, son but principal de transmettre le pouvoir et ce faisant de l'exercer et non l'inverse* »[170]. Seulement, il faudrait aussi que le constituant prenne des dispositions pour ne pas lui faire subir une révision surtout à la veille ou pendant son intérim. Le cas togolais est bien illustratif. Le 6 février 2005, à la suite du décès du Président GNASSINGBE, les députés togolais procèdent à la modification de deux dispositions fondamentales[171] de la Constitution adoptées précédemment[172]. Cette révision avait pour but d'empêcher l'intérimaire constitutionnel légitime N. OUATTATA d'assurer l'intérim que lui reconnaît la Constitution.

Secundo, dans presque tous les ordres constitutionnels des États d'Afrique, la durée de l'intérim, à en croire la doctrine, « ... *doit rester courte pour que le seul programme d'action du Président par intérim soit de conduire l'élection du nouveau Président, et non de gérer le pays, de prendre goût à l'exercice du pouvoir, et de prendre, éventuellement, insidieusement, des dispositions pour y demeurer* »[173].

Il revient donc au juge constitutionnel qui a charge de garder et d'interpréter les dispositions constitutionnelles de donner plus de clarté à ces compétences explicites et implicites de l'intérimaire. C'est à cet exercice que s'est lancée avec beaucoup de réussite la Haute Cour Constitutionnelle malgache dans son Avis relatif à une demande d'avis sur les attributions concourantes du Président de la République.

En effet, en se prononçant sur la notion d'« attributions présidentielles concourantes » insérée dans la Constitution, le juge constitutionnel a désormais circonscrit le périmètre des attributions dévolues au Chef d'État par intérim.

On peut lire dans le premier article de cet avis : « *Rentrent dans la catégorie juridique des attributions présidentielles courantes, les affaires constituant la poursuite normale d'une procédure régulièrement engagée*

---

[169] AUBY (J.M), *Droit public*, 2e édition, Paris, Enonomica, 1989, p. 130.
[170] LE TOUZE C., Thèse précitée, p. 532.
[171] Il s'agit des articles 65 et 144 de la Constitution du 27 septembre 1992 modifiée le 31 décembre 2002. Le premier relatif à la vacance de la présidence de la République, et le second à l'interdiction de procéder à une révision de la Constitution en période d'intérim, de vacance ou d'atteinte à l'intégrité du territoire.
[172] Adoptée par référendum, le 27 septembre 1992, la Constitution togolaise venait de subir une modification le 31 décembre par la loi no 2002-29.
[173] V. OLINGA (A.D), *La révision constitutionnelle du 14 avril 2008 au Cameroun*, *op.cit.*, p. 13.

avant la démission du Président de la République, toute affaire dont l'importance dépasse celle des affaires de gestion journalière si la procédure qui a donné lieu à l'acte réglementaire concerné a été engagée bien avant la période critique et a ensuite été réglée sans précipitation et si les questions politiques, qui ont pu se poser sur le plan administratif, ont été résolues avant cette période critique »[174].

Et dans le second article : « *Ne rentrent pas dans les compétences attribuées au Chef de l'État ad intérim celles qui procèdent des articles 45 alinéa 3, 54 ; 55 -2°, 4° sauf en cas de faute grave ou de crime ou délit commis par le haut fonctionnaire, 5°, 6°, 7°, 8° ; 56 ; 57 alinéa premiers 58 ; 59 alinéa 2 ; 60 ; 61 ; 103 ; 104 ; 107 ; 137 ; 162 ; 163. Il est habilité à exercer toutes les autres attributions confiées au Président de la République par la Constitution »*[175]. Il reste à s'interroger sur la force contraignante des Avis émis par la HCC dans les ordres constitutionnels des États en Afrique et en Madagascar en particulier. Cette attitude du juge malgache démontre à quel point le statut du suppléant ou de l'intérimaire mérite d'être réformé.

B. L'exigence de reformation des règles de la suppléance

Il est question de réviser ou de reformer les règles qui sous-tendent la suppléance au sommet des institutions de l'État. La réforme de ces règles passe par leur enracinement aux principes démocratiques et au respect de l'État de droit, pratique qui progressivement prend corps dans les ordres constitutionnels africains **(1)** et le respect des dispositions constitutionnelles à l'effet de sauvegarder la légitimité des personnalités habilitées **(2).**

1. La conformité des règles de la suppléance aux principes démocratiques

Poser le problème de la conformité des règles de la suppléance aux idéaux démocratiques revient à s'interroger sur le fondement de ces règles. S'interroger sur le fondement d'un droit selon Ernest VALLIER[176], c'est chercher sa raison d'être et sa finalité. Quel rôle est assigné au suppléant dans la société qu'il régit ? On peut dire qu'il est au même titre que son prédécesseur, c'est-à-dire le titulaire qu'il remplace, le gardien de la continuité des institutions étatiques et le garant de la société démocratique[177].

---

[174] Article 1er de l'Avis n° 07- HCC du 07 septembre 2018 relatif à une demande d'avis sur les attributions concourantes du Président de la République.

[175]Article 2e de l'Avis n° 07- HCC du 7 septembre 2018 relatif à une demande d'avis sur les attributions concourantes du Président de la République.

[176] VALLIER (E), *Le fondement du droit successoral en droit français*, Thèse de doctorat, Paris, 1902, p.12.

[177]Théoriquement, c'est le nouveau nom que donnent les principales conventions internationales des droits de l'homme à l'expression « *État de droit* », ou « *régime de droit* ».

Dès lors, la suppléance au sein de l'exécutif joue un rôle capital dans la démocratisation du régime politique et la garantie de sa stabilité. Et pour reprendre cette formule de Patrice GELARD parlant de la place du Sénat au sein d'un système politique, *« elle est à la représentativité démocratique ce que la Cour constitutionnelle est à l'État de droit*[178] ».

La démocratisation de la suppléance nécessite un bon encadrement constitutionnel de la pratique afin d'éviter une mise en œuvre à vitesse multiple par les entités étatiques. Cependant, dans la pratique, le constituant laisse toujours aux législateurs le soin d'organiser le fonctionnement. Cette position est d'ailleurs défendue par la doctrine pour qui « *il est évident qu'une constitution ne peut tout contenir, tout comme elle ne peut tout indiquer* »[179]. *« La constitution ne doit pas entrer dans les minuties des détails, mais poser des principes* [...][180] ». Une liaison entre l'énoncé et l'énonciation constitutionnelle dans l'optique de l'aménagement du statut du suppléant est un projet légitime pour tout État qui se veut de droit.

La démocratisation de la suppléance s'accommode de la limitation du cumul des fonctions. Ces incompatibilités sont encadrées en Afrique francophone par les Constitutions[181].

À ce titre, la Haute Cour Constitutionnelle malgache par une décision assez récente, et s'inspirant des dispositions de l'article 88.1 de la Constitution, a eu à marteler que « *le régime d'incompatibilité relève d'une loi organique* »[182]. On peut citer comme exemple la démission de RIVORAKOTOVAO, Chef du parti présidentiel HVM pour désormais se concentrer sur sa nouvelle fonction de Président du Sénat. Bien que conservant sa qualité de membre du parti, sa démission de son poste de Chef s'accommode aux principes démocratiques qui interdisent d'assurer l'intérim de la présidence de la République en étant à la tête du parti au pouvoir.

Dans la majorité des Etats ayant connu une transition politique, la fonction de Chef de l'État de la transition est toujours incompatible avec l'exercice de

---

V. FABRE-ALIBERT, « La notion de « société démocratique » dans la jurisprudence de la Cour Européenne des Droits de l'Homme », RTDH, 1988, p. 465 et s.

[178] GELARD (P), « A quoi peut donc servir une seconde chambre en démocratie ? » *in Le nouveau constitutionnalisme – Mélanges en l'honneur de Gérard CONAC*, Paris, Economica, 2001, p. 146.

[179] GUIMDO (B-R), « Les bases constitutionnelles de la décentralisation au Cameroun », *RGD*, 1998, vol. 29, p. 98.

[180] V. RENAUD, *La problématique des députés suppléants : le cas de Valaisain,* Working paper de l'IDHEP UER Marketing et management public, mai 2011, 34 p.

[181] Article 34 de la Constitution du Mali, 42 de la Constitution du Burkina Faso, 38 de la Constitution du Sénégal, 71 de la Constitution tchadienne, 14 de la Constitution du Gabon et 7 de la Constitution camerounaise de 1996.

[182] *Décision n° 17- HCC/ D3 du 3 mai 2018 portant sur la loi organique n° 2018-10 relative à l'élection des députés à l'Assemblée nationale.*

toute autre fonction politique, ministérielle ou juridictionnelle, de tout autre mandat ou fonction électifs ou de tout emploi salarié[183]. Ces prescriptions sont opposables au Président par intérim comme le rappelle la Cour constitutionnelle gabonaise lorsqu'elle affirme que « *les fonctions de Président de République [sont] incompatibles avec l'exercice de toute autre fonction publique...* ». La soumission de l'intérimaire au régime d'incompatibilité est un gage de son *« indépendance morale »*[184]. En serait-il de même pour la soumission du juge constitutionnel aux prescrits constitutionnels ?

2. L'encadrement des pouvoirs du juge face aux règles régissant la suppléance

Notre propos ici ne saurait consister en une inutile dénonciation du pouvoir normatif du juge et du juge constitutionnel particulièrement. Il est tout à fait incontournable qu'à la suite de la Cour Suprême des États unis[185], les juges constitutionnels dans leur majorité aient accédé au panthéon de la fabrique des normes juridiques facilitant ainsi l'ingérence du judiciaire dans la sphère du politique, chasse gardée de l'exécutif et du législatif. Pourtant, même si cela n'apparait pas *expressis verbis*, il faut dire que la sauvegarde de la sécurité juridique et de la cohésion nationale commande que les questions relatives à l'intérim ou à la suppléance du Chef de l'État soient interprétées en conformité à l'esprit et à la lettre de la Constitution.

À l'analyse, la majorité des Constitutions africaines s'abstient à attribuer le choix du suppléant du Chef d'Etat aux autorités relevant du pouvoir exécutif[186]. Elles s'accordent à faire du Président de l'Assemblée nationale la personne la mieux habilitée pour garantir la continuité des institutions étatiques. Ce dernier agit en qualité de suppléant si on se réfère à l'article 6 alinéa 4 a et b de la Constitution camerounaise du 18 janvier 1996. Certaines Constitutions vont d'ailleurs conserver leur choix porté sur l'Assemblée nationale en des formules presque identiques : « en cas de vacance de la Présidence de la République par décès, démission, ou empêchement absolu, les fonctions de Président de la République sont provisoirement exercées par le Président de l'Assemblée nationale, et si ce dernier est empêché, par les Vice-présidents de l'Assemblée nationale dans l'ordre de préséance »[187]. La révision constitutionnelle de 2008 va permettre au Cameroun de porter son choix sur le Président du Sénat. Les dispositions de l'article 7 alinéa 4 sont

---

[183] Lire les dispositions de l'article 25 de la Charte constitutionnelle de la transition centrafricaine.

[184] VEDEL (G), *Manuel élémentaire de droit constitutionnel*, réédition présentée par CARCASONNE (G) et DUHAMEL (O), Paris, Dalloz, 2002, p. 98, cité par TATCHUM (C), *L'intérim du Président...*, *op.cit.* p. 167.

[185] *Arrêt Marbury v. Madison*, Cour suprême des États unis du 24 février 1803.

[186] SALAMI (I), « Le Chef d'État de transition en Afrique », *op.cit.* pp. 17 et s.

[187] C'est le cas de la norme fondamentale du Niger du 18 juillet 1999 en son article 42.

claires : « *en cas de vacance de la Présidence de la République, pour cause de décès, de démission ou d'empêchement définitif constatés par le Conseil constitutionnel (...) l'intérim du Président de la République est exercé de plein droit, jusqu'à l'élection du nouveau Président de la République, par le Président du Sénat, et si ce dernier est, à son tour, empêché, par son suppléant, suivant l'ordre de suppléance du Sénat* »[188].

Sur la question, les observations du Professeur SALAMI sont à juste titre indiquées. Selon lui, *« le choix du Président de l'Assemblée nationale peut paraître à première vue non conforme au principe de la séparation des pouvoirs, l'autorité étant très engagée dans l'action gouvernementale, toutes choses qui risqueraient d'hypothéquer la fonction d'arbitrage requise d'un Président de la République* »[189]. Il faut le dire, le débat n'a lieu qu'en cas de cumul des fonctions. Pourtant ce choix, rappelle le Professeur SALAMI « … *pourrait très bien poser des problèmes au cas où la vacance survient lorsque l'Assemblée nationale est dissoute (...) la survenance d'une telle hypothèse créerait inévitablement un vide juridique très dangereux pour le fonctionnement des institutions et la continuité de l'État »*[190].

On serait tenté de dire que c'est au moins ce à quoi sert le bicamérisme[191]. Il se présente tout au moins pour ce qui est de la nécessité de garantir la continuité et la stabilité des institutions étatiques comme cette « *vache sacrée* » pour reprendre l'expression de Maurice Duverger reprise[192] par Léo Hamon[193] qui permet au peuple à travers son élu, de rester maître de la situation en cas de vacance au sommet de l'État.

Comme on le voit, les Constitutions africaines sont presque unanimes sur le fait que la Chambre haute incarne la continuité politique et identitaire de l'État. C'est donc le printemps du sénat comme l'aurait souhaité Georges Clemenceau en ces termes : « *pendant une partie de ma vie (...) les*

---

[188] C'est la même résolution au Tchad et au Gabon.

[189] SALAMI I., « Le Chef d'État de transition en Afrique », *op. cit.* p. 12 s.

[190] *Idem.*

[191] Sur la controverse autour de son utilité, V. Antoine de BAECQUE pour qui le bicamérisme est l'un des plus grands échecs de la pratique contemporaine », BAECQUE (A), *Une histoire de la démocratie en Europe,* Paris, Ed. *Le Monde*, 1991, p. 35 ; et pour la thèse contraire, V. GELARD (P) chez qui, « *La seconde chambre est indispensable à la démocratie. Elle est à la démocratie ce que la Cour Constitutionnelle est à l'État de droit* ». GELARD (P), « A quoi peut-on bien servir une seconde chambre en démocratie ? », in *Mélanges en l'honneur de Gérard CONAC*, Paris, Economica, 2001, p. 146.

[192] DUVERGER (M), « Les vaches sacrées », *in Études en l'honneur de Léo Hamon*, Paris, Economica, 1982, pp. 639-645.

[193] HAMON (L), « Multitude et bon usages vaches sacrées », *in Mélanges Maurice Duverger*, 1988, PUF, p. 613.

événements m'ont appris qu'il fallait donner au peuple le temps de la réflexion. Le temps de la réflexion, c'est le sénat »[194].

On peut donc regretter que le juge constitutionnel gabonais dans sa décision du 14 novembre 2018 soit sorti de ces sentiers bâtis par les Constitutions africaines, car, en décidant de réécrire la loi fondamentale, il devenait à la fois législateur et juge en violation de son article 5 qui dispose que « la République gabonaise est organisée selon les principes de la souveraineté nationale, de la séparation des pouvoirs exécutifs, législatifs et judiciaires ». La Cour constitutionnelle est de ce fait devenue un super législatif, en conférant unilatéralement au Vice-président les attributions constitutionnellement dévolues au Président du Sénat.

En partant du postulat selon lequel un pouvoir sans contrôle est un pouvoir potentiellement dangereux, l'expérience gabonaise remet ainsi au goût du jour la nécessité d'encadrer les pouvoirs des juges constitutionnels en Afrique pour limiter les éventuelles dérives. Il est justifié que le côté négatif, sinon dangereux, de l'extension des « prérogatives constituantes » est qu'il érige le juge constitutionnel africain en potentiel adversaire si non le censeur du pouvoir constituant originaire. Cette exorbitance est un danger pour un ordre constitutionnel qui se veut garant de l'État de droit et un frein à l'expression de la « démocratie constitutionnelle africaine »[195].

CONCLUSION

Jean RIVERO écrivait en 1987 que les institutions « *à la différence des satellites demeurent rarement sur l'orbite où leur créateur avait entendu les placer* »[196]. Il voudrait opposer le dynamisme des institutions à l'immobilisme des satellites. La pratique africaine de la suppléance est le reflet de cette prescription. À la lumière des études de cas contenues dans la réflexion qui précède, d'importantes avancées ont été décelées rendant compte de la pertinence de la continuité des institutions étatiques et de l'amélioration du statut du suppléant. Ces progrès toutefois ne sauraient occulter l'ampleur des imprécisions et incertitudes qui entourent la rédaction lacunaire des textes y relatifs.

Au vu des éléments analysés, beaucoup restent à faire, le chantier constitutionnel doit encore être approfondi pour que l'on atteigne le seuil d'un constitutionnalisme africain servant de matrice à l'État de droit. La révision des dispositions constitutionnelles relatives à la suppléance et la

[194]GEORGES CLEMENCEAU, cité par De VILLIERS (M), *Dictionnaire du droit constitutionnel*, Paris, Dalloz, 5e éd. 2005, p. 19.

[195] V. ROUSSEAU (D). et VIALA (A), *Droit constitutionnel*, Paris, Montchrestien, 2004, pp. 237-242.

.[196]V. RIVERO (J), « Fin d'un absolutisme », *Pouvoirs* 1991, n° 13, pp. 6-7.

démocratisation du statut du suppléant sont des pistes de solutions à explorer étant donné que toute Constitution n'est qu'un programme normatif[197], une promesse de régulation politique et sociale, que l'on décline en fonction des circonstances[198].

L'appréhension de la suppléance se caractérise encore par une absence d'indication positive sur son véritable statut juridique. Néanmoins, par recoupage constitutionnel et législatif, transpositions des situations et intégration des textes, il est possible de proposer au suppléant un statut juridique à la hauteur de sa fonction. Le choix du Président du Sénat comme suppléant pour assurer la continuité de l'État peut contribuer à la consolidation d'un droit constitutionnel démotique [199]qui se caractérise notamment par le recentrage de l'individu dans les processus de décision.

Ce *veau d'or* de la démocratie [200] représentative nécessite en Afrique une véritable reformation pour une continuité effective des institutions étatiques. Il s'agit de donner un sens aux souhaits formulés à titre prémonitoire par le Professeur BIPOUN-WOUM et selon lesquels les pays africains se doivent de passer « de la prépondérance de l'homme à la prépondérance de l'institution »[201]. Et le Professeur Joseph OWONA de renchérir : *« la diversité des droits constitutionnels du monde ouvre le débat sur les modalités de la démocratie : l'essentiel réside dans le gouvernement par le peuple, par chaque peuple et sa manière serait la meilleure. Peut-être une « jus cogens » constitutionnelle régissant simplement sur la bonne représentativité des gouvernants, la transparence des modalités de leur désignation et le cantonnement fonctionnel et rationnel des organes qui font la loi, l'appliquent et tranchent ».*[202]

---

[197]V. MULLER (F), *Discours de la méthode juridique*, Paris, PUF, 1996.

[198]V. CYR (H)., « L'interprétation constitutionnelle, un exemple de post-pluralisme », *Mc Gill Law Journal,* 43, 1998/8, pp. 565-610.

[199]V. ONDOUA (A), « La population en droit constitutionnel, le cas des pays d'Afrique francophone, 2012/2, n° 242, p. 87 ; HOURQUEBIE (F), « Éléments conclusifs et de réflexion sur les transformations contemporaines du droit public en Afrique », *in* ONDOA (M) et ABANE ENGOLO (P.E), (dir.), *Les transformations contemporaines, op.cit.,* p. 207.

[200] V. Cette expression est empruntée aux professeurs Yves POIRMEUR et Dominique ROSENBERG. Cf. « La doctrine constitutionnelle et le constitutionnalisme français », *in C.U.R.A.P. Les usages sociaux du droit*, Paris, PUF, 1989, pp. 230-251.

[201]V. BIPOUN-WOUM (J.M), « Les grands axes de la politique africaine », *Présence africaine,* n° spécial, « Réflexions sur la première décennie des indépendances en Afrique noire », 1970, p. 1.

[202]V. OWONA (J), *Droits constitutionnels et institutions politiques du monde contemporain. Étude comparative*, l'Harmattan, 2010, 713 P. (spec. P. 710).

LE DROIT INTERNATIONAL HUMANITAIRE À L'ÉPREUVE DES NOUVELLES TECHNOLOGIES DANS LES CONFLITS ARMÉS CONTEMPORAINS[1]

Timothée FOMEGANG

Ph.D en droit public,
Assistant à la Faculté des Sciences Juridiques et Politiques
Chercheur au Centre d'Études et de Recherche en Droit International et Communautaire (CEDIC) de l'Université de Yaoundé II

INTRODUCTION

Les Nouvelles technologies ont de tout temps révolutionné la conduite[2] des hostilités. Elles semblent offrir au XXIe siècle un plus grand rendement et une meilleure efficacité tout en mobilisant un minimum de soldats[3]. Dans cette perspective, le pouvoir décisionnel des combattants est de plus en plus délégué aux systèmes de machines dites « intelligentes » ; toutefois, doit-on pour autant voir dans cette évolution, un changement total de paradigme dans la façon de mener la guerre ? La réponse à cette question est négative dans la mesure où, « *la conduite de la guerre et le traitement de ses effets néfastes se*

---

[1] Cette contribution est une réorganisation d'une communication intitulée « DIH et les nouvelles technologies, cyber-conflit, armes autonomes et semi-autonomes, application du DIH aux nouvelles technologies », présentée dans le cadre du *Cours panafricain de Droit international humanitaire*, organisé par le CICR à Yaoundé du 14 au 23 mars 2016, à l'attention des enseignants de Droit international humanitaire.

[2]Dans son discours d'ouverture du Colloque de Bruges des 21 et 22 octobre 2010 sur *Les défis technologiques posés au cadre juridique humanitaire,* La vice-présidente du CICR, madame Christine BEERLI écrit à ce propos qu'il suffit de penser à « l'invention du chariot, de la poudre à canon, de l'aéronef, du radar ou encore de la fission nucléaire pour se rendre compte à quel point certaines inventions technologiques ont pu modifier le paysage des conflits armés ». V. aussi KELLENBERGER J., *in* « Le droit international humanitaire et les nouvelles technologies de l'armement », XXXIVe table ronde sur les sujets actuels du droit international humanitaire, San Remo, 8-10 septembre 2011, p. 4. Discours d'ouverture du président du CICR, disponible en intégralité sur
http://www.icrc.org/fre/resources/documents/statement/new-weapon-technologies-statement-2011-09-08.htm.

[3]ARKIN (R), « Robots in the Battlefield : Armed Autonomous Systems and Ethical » in *Les défis technologiques posés au cadre juridique humanitaire*, *Actes du Colloque de Bruges*, 21-22 octobre 2010, Collège d'Europe/CICR, 2011, p. 62.

sont toujours accompagnés de l'exigence du respect d'un impératif d'humanité »[4]. Ce propos du professeur Joseph Owona résume à suffisance la philosophie autour de laquelle est bâti le droit international humanitaire (DIH), un droit de l'exception au regard de son contexte d'application. De tout temps et dans toutes les civilisations, le sentiment d'humanité a toujours sous-tendu la conduite des hostilités.

L'usage systématique de ces nouvelles technologies de guerre[5] a commencé avec les États-Unis d'Amérique, qui en ont déployé pour des opérations de surveillance et de reconnaissance dans des conflits armés, d'abord au Viet Nam dans les années 1960, puis en Bosnie-Herzégovine et enfin au Kosovo dans les années 1990[6]. Depuis une décennie environ, l'utilisation de drones (véhicules aériens ou avions sans pilote)[7] à des fins militaires et antiterroristes connait une croissance exponentielle ; à telle enseigne que certains observateurs se demandent si le droit humanitaire n'est pas dépassé. Il faut relever que la liberté des belligérants quant aux choix des moyens et des méthodes de guerre reste bien encadrée. Déjà, l'article 22 du Règlement de La Haye de 1907 énonçait que « *les belligérants n'ont pas un droit illimité quant aux choix des moyens de nuire à l'ennemi* ». Dans le même esprit, l'article 35 du Protocole additionnel I aux Conventions de Genève du 12 août 1949 dispose que « *dans tout conflit armé, le droit des parties au conflit de choisir des méthodes ou des moyens de guerre n'est pas illimité (...)* ». À cet effet, « *Il est interdit d'employer des armes, des projectiles et des matières ainsi* que *des méthodes de guerre de nature à causer les maux superflus...* ». Certes, les progrès technologiques devancent généralement les discussions sur les questions juridiques, les définitions ou les aspects éthiques[8], mais des règles plus ou moins précises, ou laissant place à une interprétation évolutive sont contenues dans les instruments du DIH actuels.

---

[4] OWONA (J), *Droit international humanitaire*, L'harmattan, Paris, 2012, p. 7.

[5] Il s'agit en particulier de la cyber-technologie, des systèmes d'armement télécommandés, des armes robotisées, et de l'imagerie par satellite dont l'usage permet de filmer ou d'enregistrer les opérations militaires et de révéler de possibles crimes de guerre ; Exemple : l'utilisation de l'imagerie satellite a déjà permis d'enquêter sur de possibles violations du droit dans le contexte de la bande de Gaza, de la Géorgie, du Soudan ou du Sri Lanka pour ne citer que ceux-ci.

[6] CASEY-MASLEN (S), « Une boîte de Pandore ? Les frappes de drones au regard du droit : *jus ad bellum, jus in bello* et droit international des droits de l'homme » in *Guerre et Nouvelles technologies*, *RICR*, Sélection française, Vol 94, 2012/2, p. 547.

[7] Le terme « avion sans pilote » désigne un « avion fonctionnant sans possibilité d'intervention humaine directe à l'intérieur ou sur l'appareil ». Cf. article 331 (8) de la loi de modernisation et de réforme de l'administration de l'aviation fédérale (FAA Modernization and Reform Act), promulguée par le Président des États-Unis le 14 février 2012 [traduction CICR] ; définition reprise par CASEY-MASLEN (S), *in* « Une boîte de Pandore ? Les frappes de drones au regard du droit : *jus ad bellum, jus in bello* et droit international des droits de l'homme » op.cit., p. 456.

[8] VIGNARD (K), « Note de la rédactrice en chef » in *Forum du désarmement, faire face aux cyber-conflits*, UNIDIR, Genève, Nations Unies, 2011, p. 1.

En effet, il est difficile de délimiter précisément les moyens et méthodes que recouvre exactement l'expression « nouvelles technologies », qui fait l'objet de débats passionnés impliquant philosophes, juristes et militaires. De même, il paraît vain de déterminer une date précise à partir de laquelle une technique peut être considérée comme « nouvelle », puisque les progrès des sciences et des techniques sont, par définition, en constante évolution. Il s'agira plutôt d'essayer de distinguer dans la présente contribution, des tendances générales caractérisant un certain nombre d'innovations technologiques relatives à la conduite de la guerre en ce XXIe siècle.

Elles regroupent les armes automatisées[9] (mitrailleuses SG autonomes, des munitions autodirectrices et de certaines mines terrestres anti-véhicules), conçues pour faire feu automatiquement sur une cible quand certains paramètres prédéterminés sont détectés[10] ; des systèmes d'armement autonomes qui sont « une combinaison sophistiquée de capteurs et de logiciels qui peuvent analyser ou adapter leur fonctionnement en fonction d'un changement de circonstances »[11] ; des technologies de l'information[12], qui

---

[9] Bien que déployés par des humains, ces systèmes vont identifier ou détecter de façon indépendante un type de cible donné puis tirer ou exploser ; V. KELLENBERGER (J), « Le droit international humanitaire et les nouvelles technologies de l'armement », op.cit, p. 5. Une arme autonome serait donc capable de surveiller une zone d'intérêt, de rechercher des cibles, d'identifier des cibles appropriées, de poursuivre une cible détectée (c'est-à-dire de l'attaquer) et, enfin, de faire un rapport sur le point d'impact de l'arme. V. à ce sujet ANZALONEC., « Readying air forces for network centric weapons », 2003, diapositive n° 9, disponible sur : http://www.dtic.mil/ndia/2003targets/anz.ppt, repris par BACKSTROM A. et HENDERSON I., *in*« Émergence de nouvelles capacités de combat : les avancées technologiques contemporaines et les enjeux juridiques et techniques de l'examen prévu à l'article 36 du Protocole I », *Guerre et Nouvelles technologies*, *RICR*, Sélection française, Vol 94, 2012/2, p. 372 ; V. aussi ARKIN R., « Robots in the Battlefield: Armed Autonomous Systems and Ethical Behaviour »*in Les défis technologiques posés au cadre juridique humanitaire*, Actes du colloque de Bruges des 21-22 octobre 2010, Collège d'Europe/CICR, Bruges, 2011, op cit., p. 62.

[10]BACKSTROM (A) et HENDERSON (I), « Émergence de nouvelles capacités de combat : les avancées technologiques contemporaines et les enjeux juridiques et techniques de l'examen prévu à l'article 36 du Protocole I » in *Guerre et Nouvelles technologies*, *RICR*, Sélection française, Vol 94, 2012/2, op cit, p. 369.

[11]KELLENBERGER (J), « Le droit international humanitaire et les nouvelles technologies de l'armement », op.cit, p. 5.

[12]Elles sont à l'origine des guerres de l'information, appréhendée par l'Organisation de Coopération de Shanghai, comme *« un affrontement entre deux États ou plus, visant à endommager les systèmes processus et ressources informatiques et à porter atteinte aux systèmes politiques, économiques et sociaux et à endoctriner les foules pour déstabiliser la société et l'État, mais aussi à obliger à prendre les décisions dans l'intérêt d'une partie adverse »*. Cf. annexe I à l'accord entre les gouvernements et les États-membres de l'Organisation de Coopération de Shanghai sur la question de coopération pour la sécurité internationale de l'information, 16/06/09 ; cité par MOREAU (C), « Le droit international humanitaire a-t-il un avenir avec les cyber-conflits ? », *Club International Virtuel d'Insertion par la Réflexion pour la Démocratie et la Paix en Afrique*, p. 2.

Ces formes de guerre incluent la cyber guerre qui s'entend uniquement comme moyens et méthodes de combat consistant en des cyber-opérations équivalant à un conflit armé ou mené

facilitent les cyber-opérations souvent appelées également « attaques de réseaux informatiques » dirigées ou lancées via un ordinateur ou un système informatique au moyen d'un flux de données[13]. Elles peuvent avoir divers objectifs, par exemple infiltrer un système informatique pour collecter, exporter, détruire, altérer ou crypter des données, ou pour déclencher, détourner ou manipuler de toute autre manière des processus contrôlés par le système infiltré[14]. Toute une série de cibles dans le monde réel peut ainsi être détruite, altérée ou perturbée, comme les industries, les infrastructures, les télécommunications ou les systèmes financiers[15]. Les cyber-opérations sont conduites au moyen de logiciels, de matériel informatique ou en combinant logiciels et personnel. La question de savoir si une cyber-opération doit être considérée comme intervenant dans un conflit armé ne dépend pas forcément d'un aspect territorial, mais nécessite plutôt de savoir si cette opération est en rapport avec un conflit armé[16] ou, selon la formule du Tribunal pénal international pour l'ex-Yougoslavie, si elle a un lien avec un conflit armé en cours.

Le recours aux nouvelles technologies dans les conflits armés contemporains pose donc à coup sûr d'importants défis au droit international humanitaire ; mais, ces derniers ne sont pas rédhibitoires. Aussi, cette modeste contribution tentera de répondre à la question suivante : l'utilisation des nouvelles technologies dans le cadre des conflits armés contemporains est-elle conforme au droit international humanitaire ? À titre de réponse, on démontrera que la réglementation des moyens et méthodes de guerre est flexible et adaptable. La Cour internationale de justice (CIJ) a reconnu dans ce sens que « *les principes du droit international humanitaire s'appliquent à toutes les formes de guerre et à toutes les armes, celles du passé, comme celles du présent et de l'avenir* »[17]. Si dans la société internationale, les évolutions sont aujourd'hui rapides et profondes, elles ne sont sans doute pas

---

dans le contexte d'un conflit armé au sens du DIH. V. DROEGE (C), « Sortez de mon « Cloud » : la cyber guerre, le droit international humanitaire et la protection des civils » in *Guerre et Nouvelles technologies*, *RICR*, Sélection française, Vol 94, 2012/2, p. 406.

[13]US Department of Defense (département de la Défense des États-Unis), *Dictionary of Military and Associated Terms*, 8 novembre 2010 (tel que modifié au 31 janvier 2011), Washington, DC, 2010 :« Les attaques contre des réseaux informatiques sont des actions effectuées au moyen de réseaux informatiques dans le but de perturber, altérer ou détruire – ou refuser l'accès à – des informations résidentes dans des ordinateurs ou des réseaux d'ordinateurs, ou ces ordinateurs et réseaux eux-mêmes. » [Traduction CICR].

[14]DROEGE (C), « Sortez de mon « Cloud » : la cyber guerre, le droit international humanitaire et la protection des civils », Op.cit, p. 407.

[15]CICR, *Le droit international humanitaire et les défis posés par les conflits armés contemporains,* rapport sur la XXXIIe Conférence de la Croix-Rouge et du Croissant-Rouge, Genève-Suisse, tenue du 8-10 décembre 2015, p. 42.

[16] MELZER (N), « Les cyber-opérations et le *jus in bello* » *in Forum du désarmement, faire face aux cyber-conflits*, UNIDIR, Genève, Nations Unies, 2011, p. 4.

[17] CIJ, *Licéité de la menace ou de l'emploi de l'arme nucléaire*, Rec. 1996, para. 86.

suffisamment brutales pour entraîner, ni même pour permettre une remise à plat de l'ordre juridique international[18]. Le DIH a pu être conçu avec souplesse afin de pouvoir constamment s'adapter aux évolutions du temps. Si son applicabilité aux nouvelles technologies reste mitigée (I), il n'en demeure pas moins que toute violation grave de ses règles du fait de leur utilisation est susceptible de sanction (II).

I. L'APPLICABILITÉ MITIGÉE DES NORMES DE DIH AUX NOUVELLES TECHNOLOGIES

L'usage de nouvelles technologies s'inscrit dans un cadre juridique existant. En effet, des règles plus ou moins précises laissant place à une interprétation évolutive sont contenues dans les instruments du DIH actuels (A), même si leur emprise sur ces nouvelles technologies demeure incertaine (B).

A. L'adéquation de principe des nouvelles technologies au DIH

Le droit coutumier interdit l'usage, dans les conflits armés internationaux et non internationaux, d'armes de nature à frapper sans discrimination ou à causer des maux superflus ou des souffrances inutiles[19]. Le recours aux nouvelles technologies de guerre n'est ni interdit par un traité, ni par la coutume internationale. Pour autant, il ne se fait pas en dehors du DIH qui soumet la mise au point, l'acquisition ou l'utilisation d'armes nouvelles à la vérification préalable de leur licéité (1), aux exigences de la conscience publique (3) ou aux règles générales encadrant les moyens et les méthodes de guerre (2).

1. L'obligation de vérification préalable de la licéité des nouvelles armes au regard du DIH

L'article 36 du Protocole additionnel I (PAI) de 1977, aux Conventions de Genève du 12 août 1949 dispose que : « *Dans l'étude, la mise au point, l'acquisition ou l'adoption d'une nouvelle arme, de nouveaux moyens ou méthodes de guerre, une Haute Partie contractante a l'obligation de déterminer si l'emploi en serait interdit, dans certaines circonstances ou en toutes circonstances, par les dispositions du présent Protocole ou par toute autre règle du droit international applicable à cette Haute Partie*

[18] PELLET (A), *L'adaptation du droit international, aux besoins changeants de la société internationale*, Conférence inaugurale, session de droit international public de l'académie de droit international de La Haye, 2007, tiré à part, *RCADI*, tome 329, 2008, p. 20.

[19] V. les règles 70 et 71 in V. HENCKAERTS (J-M) et DOSWALD-BECK (L), *Droit international humanitaire coutumier, Volume I : règles*, Cambridge University Press/CICR, Cambridge, Bruylant-Bruxelles, 2006, pp. 315 ss.

contractante ». Ce principe impose aux États-parties au PAI de déterminer à l'avance l'illégalité éventuelle de toute nouvelle arme au regard du DIH applicable sur la base de l'usage normal qui en est escomptée au moment de l'évaluation[20]. L'obligation ainsi énoncée devrait s'imposer au moins à tous les États signataires du Protocole additionnel I de 1977, mais aussi, on pourrait soutenir que l'obligation générale de respecter et faire respecter le droit international humanitaire devrait inciter chaque État, partie ou non au Protocole, à procéder à un tel examen juridique[21].

L'emploi de nouvelles technologies, qu'elles soient armes, moyens ou méthodes, ne peut contrevenir au DIH applicable. Ainsi une arme nouvelle pourrait donc faire l'objet d'une interdiction spécifique préexistante (par nature), mais violer une interdiction générique (par ses effets), et/ou ne pas pouvoir être employée en toutes circonstances (mise en œuvre). Autrement dit, une arme ne peut pas être évaluée sans tenir compte de la méthode de guerre selon laquelle elle sera utilisée[22]. Par exemple, avant d'utiliser une arme guidée dotée d'une option de tir autonome, il faudrait comprendre les paramètres juridiques, la conception technique, les méthodes de conception et d'essais, ou de validation [23]; ainsi que la manière dont l'arme en question pourrait être employée sur le champ de bataille.

2. La soumission des nouvelles technologies aux règles générales relatives à la conduite des hostilités

Il s'agit, d'une part, de chercher à établir si l'arme est elle-même interdite ou si son emploi est soumis à des restrictions par le droit international. Les armes peuvent être purement et simplement interdites, ou interdites en fonction du but ou de l'utilisation normale attendue, ou encore, les manières de les employer peuvent être réglementées (c'est-à-dire que certains emplois

---

[20] PILLOUD (C), DE PREUX (J), SANDOZ (Y), ZIMMERMANN (B) et autres, *Commentaire des Protocoles additionnels du 8 juin 1977 aux Conventions de Genève du 12 aout 1949*, Genève, CICR/ Martinus Nijhoff Publishers, 1986, p. 425.

[21]Curieusement, dans l'étude sur le droit international humanitaire coutumier réalisée par le Comité international de la Croix-Rouge (CICR) et publié en 2005, l'article 36 n'est pas indiqué comme faisant partie du droit coutumier, apparemment en raison d'un manque d'application pratique par les États. Indépendamment de cette lacune, il est difficile de comprendre comment il est possible de respecter les obligations coutumières interdisant l'usage d'armes de nature à frapper sans discrimination ou à causer des maux superflus ou des souffrances inutiles (respectivement, règles 70 et 71 de l'étude du CICR) si les capacités desdites armes n'ont pas été soumises au préalable à un examen juridique permettant de vérifier leur conformité au droit. V. HENCKAERTS (J-M) et DOSWALD-BECK (L), *Droit international humanitaire coutumier, Volume I : règles*, op cit., 958 p.

[22]. CICR, *Le droit international humanitaire et les défis posés par les conflits armés contemporains,* rapport sur la XXXIIe Conférence de la Croix-Rouge et du Croissant-Rouge, op cit.

[23]SCHMITT (M), « War, technology and the law of armed conflict », in Anthony Helm éd., *The Law of War in the 21st Century : Weaponry and the Use of Force*, Vol. 82, *International Law Studies*, 2006, p. 142.

peuvent être interdits). Une arme peut aussi être totalement interdite par un instrument spécifique[24], ou faire l'objet d'une interdiction générale[25]. Les nouvelles technologies de guerre sont donc soumises aux principes de distinction, de précaution et de proportionnalité.

a. Le principe de distinction

L'article 48 du Protocole additionnel I dispose qu'« *en vue d'assurer le respect et la protection de la population civile et des biens de caractère civil, les Parties au conflit doivent en tout temps faire la distinction entre la population civile et les combattants ainsi qu'entre les biens de caractère civil et les objectifs militaires et, par conséquent, ne diriger leurs opérations que contre des objectifs militaires* ». Ainsi, les attaques sans discrimination sont interdites. Les attaques ne doivent être strictement limitées qu'aux objectifs militaires. Selon les dispositions de l'article 3 commun aux quatre Conventions de Genève complétées par le droit international coutumier et, le cas échéant, l'article 13 (3) du Protocole additionnel II de 1977, dans les conflits armés ne présentant pas un caractère international, seuls des objectifs militaires légitimes, incluant les civils « qui participent directement aux hostilités », peuvent être pris pour cibles des attaques.

b. Le principe de précaution

Le respect des règles concernant les précautions à prendre lors des attaques et le respect des autres règles coutumières applicables à la conduite des hostilités, notamment les règles de la distinction (ou discrimination) et de la proportionnalité sont directement liées, de même que l'interdiction de l'utilisation de moyens ou de méthodes de guerre de nature à causer des maux superflus ou des souffrances inutiles[26]. La plupart des règles concernant les précautions dans l'attaque, qui ont été codifiées dans le Protocole additionnel I de 1977 sont des règles coutumières qui s'appliquent dans les conflits armés non internationaux et les conflits armés internationaux, selon l'étude publiée

---

[24]Par exemple, les armes biologiques sont interdites par la *Convention sur l'interdiction de la mise au point, de la fabrication et du stockage des armes bactériologiques (biologiques) ou à toxines et sur leur destruction*, ouverte à la signature le 10 avril 1972, entrée en vigueur le 26 mars 1975.

[25]En effet, si en toutes circonstances, elle est « de nature à causer des maux superflus », voir art. 35 (2) du Protocole additionnel I. Par exemple, les armes à laser qui sont généralement licites, mais sont interdites quand elles sont « spécifiquement conçues de telle façon que leur seule fonction de combat ou une de leurs fonctions de combat soit de provoquer la cécité permanente chez des personnes dont la vision est non améliorée » ; *Protocole relatif aux armes à laser aveuglantes (Protocole IV) annexé à la Convention sur l'interdiction ou la limitation de l'emploi de certaines armes classiques qui peuvent être considérées comme produisant des effets traumatiques excessifs ou comme frappant sans discrimination*, ouvert à la signature le 13 octobre 1995 et entré en vigueur le 30 juillet 1998.

[26]CASEY-MALEN (S), « Une boîte de Pandore ? Les frappes de drones au regard du droit : *jus ad bellum, jus in bello* et droit international des droits de l'homme », op.cit, p. 465.

en 2005 par le Comité international de la Croix-Rouge. Au cœur de ces règles se trouve l'obligation de veiller constamment, dans la conduite des opérations, à épargner la population civile, les personnes civiles et les biens à caractère civil (**articles 57 et 58 PA I**). À cet égard, « *toutes les précautions pratiquement possibles doivent être prises en vue d'éviter et, en tout cas, de réduire au minimum les pertes en vies humaines dans la population civile, les blessures aux personnes civiles et les dommages aux biens de caractère civil qui pourraient être causés incidemment* »[27]. La conception ou l'usage des nouvelles technologies de guerre doivent respecter ce principe préventif du DIH.

c. Le principe de proportionnalité

La proportionnalité est un principe fondamental en droit international qui conditionne la légalité d'une action au respect d'un équilibre entre l'objectif recherché et les moyens utilisés[28]. Celui qui recourt à une action se doit d'apprécier cet équilibre[29]. Ainsi, lorsque la cible d'une opération est un objectif militaire légitime au regard du DIH, se pose la question de la proportionnalité, qui peut avoir des incidences sur le choix des moyens et méthodes de guerre pouvant légitimement être mis en œuvre, ou même empêcher le lancement d'une attaque. Une attaque qui ne respecterait pas la règle de la proportionnalité serait une attaque sans discrimination, selon le Protocole additionnel I de 1977. Les attaques enfreignant le principe de proportionnalité sont définies à l'article 51 (5) (b) du Protocole additionnel I comme « *les attaques dont on peut attendre qu'elles causent incidemment des pertes en vies humaines dans la population civile, des blessures aux personnes civiles, des dommages aux biens de caractère civil, ou une combinaison de ces pertes et dommages, qui seraient excessifs par rapport à l'avantage militaire concret et direct attendu* ». Cette règle ne figure ni dans l'article 3 commun aux Conventions de Genève, ni dans le Protocole additionnel II de 1977, mais elle est considérée comme une règle coutumière du DIH applicable aux conflits armés internationaux comme aux conflits armés ne présentant pas un caractère international. La règle 14 de l'étude sur le droit international humanitaire coutumier interdit de lancer *« des attaques dont on peut attendre qu'elles causent incidemment des pertes en vies humaines dans la population civile, des blessures aux personnes civiles, des dommages aux biens de caractère civil, ou une combinaison de ces pertes et dommages, qui seraient excessifs par rapport à l'avantage militaire concret et direct attendu* ». La

---

[27] Cf. Règle 15, in HENCKAERTS (J-M) et DOSWALD-BECK (L), *Droit international humanitaire coutumier, Volume I : règles*, op. cit, p. 69.
[28]BOUCHET-SAULNIER (F), *Dictionnaire pratique du droit humanitaire*, Paris, La Découverte, 2013, p. 622.
[29]Voir à ce titre, l'article 51 de la Charte de l'ONU, les articles 51 et 57 du PA I et la règle 14 soulignée par HENCKAERTS (J-M) et DOSWALD-BECK (L), in *Droit international humanitaire coutumier, Volume I : règles,* op cit., p. 62.

question, naturellement, est de savoir ce que l'on entend par excessif. Dans le commentaire publié par le CICR sur l'article 51 (5) du Protocole additionnel I de 1977, d'où est extrait le texte énonçant la règle de la proportionnalité de l'attaque, il est dit que : *« la disproportion entre les pertes et dommages causés et l'avantage militaire attendu pose évidemment un problème délicat ; certaines situations ne laisseront subsister aucun doute, tandis que dans d'autres situations il y aura matière à hésitation. Dans de tels cas, c'est l'intérêt de la population civile qui doit primer »*[30]. Il complète le principe de distinction, et exige que l'effet des moyens et des méthodes de guerre utilisés ne soit pas disproportionné à l'avantage militaire recherché et que la riposte soit proportionnée à l'attaque.

Les principes de proportionnalité et de précaution dans l'attaque s'imposent bien entendu sur le champ de bataille. Il n'est cependant pas toujours aisé d'appliquer ces principes à des technologies qui ne sont pas tout à fait maîtrisées ou dont les effets ne sont pas encore tout à fait connus.

3. La soumission des nouvelles technologies aux exigences de la conscience publique (la clause de Martens)

Conscients de l'imprédictibilité des avancées de la science et de la technologie, des spécialistes en droit international humanitaire ont élaboré une clause permettant d'anticiper ces développements tout en conservant un minimum de protection pour ces victimes. En effet, en 1899, le Professeur Frédéric DE MARTENS, délégué russe à la conférence de la paix à La Haye, a proposé une clause aujourd'hui connue sous le nom de « clause de Martens » qui stipule qu'« e*n attendant qu'un code plus complet des lois de la guerre puisse être édicté, les Hautes Parties contractantes jugent opportun de constater que, dans les cas non compris dans les dispositions réglementaires adoptées par elles, les populations et les belligérants restent sous la sauvegarde et sous l'empire des principes du droit des gens tels qu'ils résultent des usages établis entre nations civilisées, des lois de l'humanité et des exigences de la conscience publique* ». Cette clause est aujourd'hui reprise à l'article 1 (2) du 1er Protocole additionnel, puis par le préambule du second Protocole aux Conventions de Genève. La Cour internationale de Justice a d'ailleurs insisté sur l'importance de cette clause dans le cadre de son avis consultatif sur la *licéité de la menace ou de l'emploi d'armes nucléaires*. Elle a estimé que la "clause de Martens" s'était « *révélée être un moyen efficace*

[30] PILLOUD C., DE PREUX J., SANDOZ Y., ZIMMERMANN B. et autres, *Commentaire des Protocoles additionnels du 8 juin 1977 aux Conventions de Genève du 12 aout 1949*, op.cit, paras. 1979-1980, pp. 625-626.

pour faire face à l'évolution rapide des techniques militaires »[31], et représente « *l'expression du droit coutumier préexistant* »[32].

B. L'affaiblissement du DIH par les nouvelles technologies

La transposition des règles et principes du DIH aux nouvelles technologies se heurte à certaines difficultés pratiques. En effet, l'utilisation des nouvelles technologies de guerre brouille certaines catégories juridiques en DIH (1), effrite la distinction entre biens civils et objectifs militaires (2) et rend moins aisée la prévisibilité des effets des attaques (3).

1. Le brouillage des catégories juridiques en DIH

La planète est devenue un véritable champ de bataille à ciel ouvert dans lequel les frontières[33] n'existent plus. Dans les conflits armés contemporains, les États tendent à se démilitariser dans le sens où le champ militaire a de plus en plus recours à l'industrie et l'intelligence civiles[34]. Les Nouvelles technologies permettent aux combattants d'être physiquement absents du « *champ de bataille* ». L'article 43 du premier Protocole additionnel I dispose que « *les forces armées d'une partie à un conflit se composent de toutes les forces, tous les groupes et toutes les unités armés et organisés qui sont placés sous un commandement responsable de la conduite de ses subordonnés devant cette partie, même si celle-ci est représentée par un gouvernement ou une autorité non reconnue par une partie adverse (...)* ». Pourtant, dans le domaine des cyber-technologies qui requiert des capacités hautement spécialisées, les diverses actions qui devraient être effectuées par les forces armées peuvent être réalisées par des personnes plus qualifiées soit des personnels civils (ingénieurs) soit des personnes appartenant à des sous-traitants civils auxquels les États belligérants peuvent faire appel. Ces personnes amenées à participer directement aux hostilités par une autorisation expresse et non secrète deviennent des acteurs armés des cyber-technologies, organisés donc implicitement des membres des forces armées[35]. Elles perdent alors leur statut de personnes civiles et prétendent aux avantages reconnus aux combattants et

---

[31]Voir CIJ, *Licéité de la menace ou de l'emploi d'armes nucléaires*, Avis consultatif, 8 juillet 1996, para. 78.

[32] Ibid., para. 84.

[33]Les armes télécommandées et les cyber-attaques favorisent l'emploi extraterritorial de la force.

[34]RUIZ (G), *Un droit insaisissable ? Le bombardement aérien, le principe de distinction et la proportionnalité dans l'attaque : difficultés conceptuelles et enjeux contemporains*, Genève, Académie de droit international humanitaire et de droits humains de Genève, 2008, p. 10.

[35]MOREAU (C), « Le droit international humanitaire a-t-il un avenir avec les cyber-conflits ? », op.cit, p. 7.

en particulier, au statut de prisonnier de guerre à condition de remplir les conditions stipulées à l'article 4 commun aux quatre conventions de Genève[36].

La cyber-guerre pose un défi au respect de quelques-uns des postulats essentiels du DIH. Premièrement, cette branche du droit est fondée sur l'hypothèse que les parties au conflit sont connues et identifiables, ce qui ne peut pas toujours être considéré comme acquis même dans les conflits armés classiques, en particulier dans les conflits armés non internationaux. Or, dans les cyber-opérations qui se produisent au quotidien, l'anonymat est la règle plutôt que l'exception[37]. Il paraît impossible, dans certains cas, de remonter jusqu'à leur auteur, et même lorsque cela s'avère possible, cela prend généralement beaucoup de temps. Comme tout système de droit est fondé sur l'attribution de responsabilité[38], cela engendre des difficultés majeures. C'est ainsi, notamment, que si l'auteur d'une opération et, par conséquent, le lien entre cette opération et un conflit armé ne peut pas être identifié, il devient extrêmement difficile de déterminer si le DIH est ou non applicable à l'opération[39]. Par exemple, si l'infrastructure d'un gouvernement est attaquée sans que l'on sache clairement qui est derrière l'attaque, il est difficile de définir qui sont les parties au conflit armé potentiel, et donc d'établir s'il y a ou non conflit armé. En outre, même si les parties au conflit étaient connues, il pourrait être difficile d'attribuer l'acte précisément à l'une ou l'autre. Un autre problème est celui de la dimension extraterritoriale des attaques, elles ont généralement lieu très loin des États procédant à l'attaque, sans l'aval du pays sur le territoire duquel elles se produisent. Plus encore, les nouvelles technologies sont utilisées par des acteurs hétérogènes qui ne sont pas toujours les forces armées nationales.

2. L'effritement de la distinction entre objectifs militaires et objectifs civils

Il est désormais très difficile dans certains pays de tracer une ligne stricte et imperméable entre les objets civils et les objets militaires, lesquels sont des objectifs à part entière. Ceci explique la multiplication dans les récents conflits d'attaques sur des objets à double usage, utilisés à la fois par des civils et des militaires[40]. Certes, un robot ne connaît ni la fatigue ni le stress, ni les préjugés

---

[36]Ils doivent avoir à leur tête une personne responsable de ses subordonnés, porter un signe distinctif fixe et reconnaissable à distance, porter ouvertement les armes (cyber-technologiques en l'occurrence) et se conformer, dans leur opération aux lois et aux coutumes de la guerre.
[37]DROEGE (C), « Sortez de mon « Cloud » : la cyber guerre, le droit international humanitaire et la protection des civils », Op.cit, p. 410.
[38]En DIH, c'est à une partie à un conflit ou à un individu que cela pourrait revenir.
[39]DROEGE ©, « Sortez de mon « Cloud » : la cyber guerre, le droit international humanitaire et la protection des civils », Op.cit, p. 410.
[40] RUIZ (G), *Un droit insaisissable ? Le bombardement aérien, le principe de distinction et la proportionnalité dans l'attaque : difficultés conceptuelles et enjeux contemporains*, op. cit, p.10.

ou la haine, autant de causes de crimes en temps de conflit[41]. Toutefois, pour l'heure, il semble extrêmement difficile d'un point de vue technique de doter ces armes d'une capacité de distinction. Les cyber-opérations pourraient gravement toucher les infrastructures civiles dans la mesure où elles sont menacées par l'interconnectivité propre à l'internet. La plupart des réseaux militaires reposent en effet sur une infrastructure informatique civile, essentiellement commerciale. Comme exemple, citons les câbles sous-marins à fibre optique, les satellites, les routeurs ou les nœuds[42]. Il existe certaines controverses aujourd'hui concernant le dispositif aérien automatisé de combat aérien au regard des obligations que les articles 36, 51, 57 du Protocole additionnel I imposent aux parties dans un conflit. Ces obligations portent entre autres sur l'évaluation des risques d'une attaque pour les biens et personnes civils et l'avantage militaire attendu, et[43] sont de moins en moins respectées au regard des dégâts collatéraux causés par les nouvelles technologies de guerre.

3. L'imprévisibilité des effets des attaques menées par les nouvelles technologies

La relativité de l'impact positif des améliorations techniques est liée au fait que la précision ne détermine pas à elle seule l'exactitude de l'attaque. Il n'y a donc pas de lien causal entre précision de l'arme et exactitude de la frappe, la première étant l'un des facteurs concourant à la seconde. Pour preuve, les armes qui ont touché par deux fois l'un des bureaux du CICR à Kaboul étaient des armes intelligentes[44]. Les armes de précision ne sont donc pas une solution toute faite aux problèmes de distinction des cibles, pas plus qu'elles ne permettent d'éviter les pertes incidentes et les dommages collatéraux[45]. Il existe, par exemple, une controverse sur les effets des drones : personne ne semble connaître avec certitude les pertes de vies parmi la population civile, les blessures aux civils et les dommages aux infrastructures civiles qui peuvent être provoqués par des attaques de drones.

En outre, la préoccupation humanitaire que la cyber guerre suscite pour le CICR tient essentiellement à l'impact que ce type de guerre pourrait avoir sur la population civile – notamment parce que les cyber-opérations pourraient gravement toucher les infrastructures civiles en raison de plusieurs

---

[41]BERNARD (V), « Éditorial : la science ne peut pas être placée au-dessus de ses conséquences » in *Guerre et Nouvelles technologies*, *RICR*, Sélection française, Vol 94, 2012/2, p. 339.

[42]DROEGE (C), « Sortez de mon « Cloud » : la cyber guerre, le droit international humanitaire et la protection des civils », *op.cit, p. 407.*

[43]BOUCHET-SAULNIER (F), *Dictionnaire pratique du droit humanitaire*, op cit., p. 54.

[44] ROBERTS A., « Air Power, Accuracy and the Law of Targeting: Why No Brave New World » *ILS/USNWC*, 2006, vol. 80, p. 141.

[45] RUIZ G., *Un droit insaisissable ? Le bombardement aérien, le principe de distinction et la proportionnalité dans l'attaque : difficultés conceptuelles et enjeux contemporains*, op. cit, p. 71.

caractéristiques propres à la cyber-sphère. Tout d'abord, du fait qu'elles dépendent de plus en plus de systèmes informatiques, les infrastructures civiles sont très vulnérables aux attaques de réseaux informatiques. Un certain nombre d'installations d'une importance cruciale telles que les centrales électriques, centrales nucléaires, barrages, systèmes de traitement et de distribution de l'eau, chemins de fer et infrastructures de contrôle aérien, en particulier, dépendent de « systèmes d'acquisition et de contrôle des données »[46].

Ainsi, à partir de quel degré d'incertitude scientifique peut-on considérer qu'une utilisation de ces matériaux serait contraire au principe de précaution ? Peut-on mesurer l'impact qu'une attaque lancée dans le monde virtuel peut avoir sur le monde réel ? En effet, compte tenu de toutes ces inconnues, les incidences auxquelles on ne pouvait pas s'attendre deviennent de plus en plus nombreuses. Fort heureusement, la responsabilité internationale des États ou la responsabilité pénale des utilisateurs individuels pourraient permettre de réduire les risques liés à l'utilisation des nouvelles technologies en tant que moyens ou méthodes de guerre.

II. LA SANCTION ENVISAGEABLE EN CAS DE VIOLATION DU DIH DU FAIT DE L'UTILISATION DES NOUVELLES TECHNOLOGIES

La sanction constitue la réaction spécifique de l'ordre juridique international à une violation de la règle de droit[47]. La connotation essentiellement répressive qu'on lui donne en droit interne ne correspond pas à l'état des rapports internationaux[48]. Toutefois, elle n'est pas totalement étrangère à l'idée de punition. Mais, ne peut en être assimilée dans la mesure où on y conçoit mal l'idée de punition d'un État par un autre eu égard au

---

[46]DROEGE C., « Sortez de mon « Cloud » : la cyber guerre, le droit international humanitaire et la protection des civils », Op.cit, p. 407.

[47] VIRALLY (M) « Panorama du droit international contemporain : cours général de droit international public », *RCADI* 183, 1983, p. 221. Mais, la théorie de la sanction juridique est beaucoup moins développée en droit international que dans la plupart des systèmes étatiques. Dans ces systèmes, la sanction désigne une punition, une peine infligée par une autorité compétente à l'auteur d'une infraction. Dans le sens large, elle peut englober toute mesure, même réparatrice justifiée par la violation d'une obligation. V. CORNU G., *Vocabulaire juridique*, PUF, 12e éd., 2018, pp. 812-813.

[48] CHARPENTIER (J), « Les comités des sanctions du Conseil de sécurité » in RUIZ-FABRI (H), SICILIANOS (L-A) et SOREL (J-M) *(Dir.), L'effectivité des organisations internationales: mécanismes de suivi et de contrôle*, Paris-Athènes, A. Pedone, 2000, p. 9.
En effet, en droit international, le défaut d'un tiers impartial et désintéressé ou de tout organe central supra étatique pour décider de la sanction de nature coercitive donne à son application un caractère extrêmement aléatoire; VIRALLY (M), « Panorama du droit international contemporain : cours général de droit international public », op.cit, p. 222

principe de l'égalité souveraine[49]. La responsabilité apparaît donc comme la véritable sanction des sujets de droit dans l'ordre juridique international, même si elle est inhérente à l'existence de l'État de droit que ce soit sur le plan interne ou international[50]. Aussi, l'utilisation illicite des nouvelles technologies de guerre peut entrainer la responsabilité internationale de l'État territorial ou de nationalité des groupes industriels fournisseurs (A), ou la responsabilité pénale internationale des individus utilisateurs lorsqu'elle entraine la commission des crimes internationaux (B).

A. La responsabilité internationale des États utilisateurs/fournisseurs des nouvelles technologies

Le recours croissant à la technologie dans la conduite des hostilités pose des questions complexes en matière de responsabilité, compte tenu du nombre d'États et de personnes (civiles et militaires) impliquées dans le processus allant de la conception à l'utilisation de l'arme en question. Mais, en dépit des difficultés liées à l'imputation (1), la responsabilité internationale des États utilisateurs et/ou fournisseurs peut être engagée (2).

1. Les difficultés liées à l'imputation à un sujet de droit international

L'utilisation de nouvelles technologies dans la conduite de la guerre peut rendre plus complexe l'attribution de la responsabilité en cas de violations du droit international humanitaire. Par exemple, une des caractéristiques des attaques dans le cyber espace est en effet leur caractère anonyme et la difficulté d'en localiser l'origine. De même, l'automatisation de certaines séquences de tirs de missiles dirigées par des ordinateurs affaiblit la notion de responsabilité[51]. L'attribution d'une opération à un État pourrait donc s'avérer particulièrement problématique dans le cyberespace, où l'anonymat est la règle plutôt que l'exception. De surcroît, aussi longtemps que les parties ne peuvent pas être identifiées comme étant deux ou plusieurs États, il est impossible de qualifier la situation de conflit armé international[52].

---

[49] V. dans ce sens les développements de KELSEN (H), *Théorie pure du droit*, Paris, Dalloz, 1962, p.50 ; COMBACAU (J), *Le pouvoir de sanction de l'ONU*, Paris, A. Pedone, 1974, p.14 ss. ; LEBEN (C)., *Les sanctions privatives de droits ou de la qualité dans les organisations internationales spécialisées*, Bruxelles, Bruyant, 1979, 402 p.
Contrairement à cette position dominante, le juge Roberto AGO pense que les deux notions sont assimilables. V. notamment son cours intitulé « Délit international », in *RCADI*, 1939/II, vol.68, pp. 527 ss. ; v. aussi son troisième rapport sur responsabilité des États, in *ACDI*, 1971, vol II, Ière partie ; pp. 218-219.

[50] CARREAU (D), *Droit international*, Paris, A. Pedone, 1989, p. 398.

[51] BERNARD (V), « Éditorial : la science ne peut pas être placée au-dessus de ses conséquences » in *Guerre et Nouvelles technologies*, *RICR*, Sélection française, Vol 94, 2012/2, p. 341.

[52] DROEGE (C), « Sortez de mon « Cloud » : la cyber guerre, le droit international humanitaire et la protection des civils », Op.cit, p. 413.

Une autre question, plus fréquemment examinée, est celle de l'attribution de cyber-attaques lancées par des entités privées, par exemple des groupes de pirates informatiques (ou hackers), contre un État. À part les questions factuelles qui se posent en raison de l'anonymat des cyber-opérations, les règles juridiques concernant l'attribution d'actes d'entités privées à un État sont néanmoins énoncées dans les Articles sur la responsabilité de l'État pour fait internationalement illicite[53]. En particulier, un État est responsable du comportement d'une personne ou d'un groupe de personnes « si cette personne ou ce groupe de personnes, en adoptant ce comportement, agit en fait sur les instructions ou les directives ou sous le contrôle de cet État »[54]. La CIJ considère que pour que la responsabilité d'un acte commis par une entité privée (qu'il s'agisse d'un individu ou des membres d'un groupe organisé) soit attribuée à l'État, il est nécessaire de démontrer que la direction ou le contrôle effectif de l'État s'exerçait à l'occasion de l'opération au cours de laquelle les violations alléguées se seraient produites, et non pas seulement en général, à l'égard de l'ensemble des actions menées par les personnes ou groupes de personnes ayant commis lesdites violations[55]. En l'absence d'un tel contrôle sur l'opération en cause, celle-ci ne peut être imputée à l'État même lorsqu'elle a été commise par un groupe extrêmement dépendant des autorités de l'État[56]. De même, le commentaire des articles sur la responsabilité de l'État précise qu'un comportement ne peut être attribué à l'État que si ce dernier a dirigé ou contrôlé l'opération lui-même, et que le comportement objet de la plainte fait partie intégrante de cette opération[57]. Le TPIY a adopté une position moins rigoureuse en relevant que si un groupe, tel qu'un groupe d'opposition armé est organisé et structuré hiérarchiquement, il suffit que l'État exerce un « *contrôle global* »[58] sur ce groupe, sans nécessité d'un contrôle ou de directives spécifiques de sa part sur le comportement précis en cause. Mais c'est la position de la CIJ qui demeure celle partagée par l'essentiel des États.

---

[53]Commission du droit international, *projet d'articles sur la responsabilité de l'État pour fait internationalement illicite, Annuaire de la Commission du droit international,* 2001, Volume II (Deuxième partie). Texte repris de l'annexe de la résolution de l'Assemblée générale, Doc. ONU A/RES/56/83, 12 décembre 2001, corrigée par le Doc. ONU A/56/49 (Vol. I)/Corr.

[54]Cf. Article 8 du projet d'articles sur la responsabilité de l'État.

[55]CIJ, *Activités militaires et paramilitaires au Nicaragua et contre celui-ci* (*Nicaragua* c. *États-Unis d'Amérique*), Arrêt du 27 juin 1986, CIJ Recueil 1986, paras 115-116 (ci-après « affaire du *Nicaragua* ») ; CIJ, *Affaire relative à l'application de la Convention pour la prévention et la répression du crime de génocide (Bosnie-Herzégovine c. Serbie-et-Monténégro)*, Arrêt du 26 février 2007, CIJ Recueil 2007, paras 400-406.

[56]CIJ, *Activités militaires et paramilitaires au Nicaragua et contre celui-ci* (*Nicaragua* c. *États-Unis d'Amérique*), op.cit., para. 115.

[57]Doc. ONU A/56/10, commentaire de l'article 8 du projet d'articles sur la responsabilité de l'État, para. 3.

[58]TPIY, *Le Procureur c/ Duško Tadić*, Affaire N° IT-94-1, Chambre d'appel, Arrêt du 15 juillet 1999, para. 120.

2. Les conditions de mise en œuvre

La mise en œuvre de la responsabilité internationale d'un État suppose qu'il ait violé par action ou par omission une obligation internationale en vertu de l'article 2 du projet d'articles de la CDI sur la responsabilité internationale des États. Ainsi, l'utilisation des nouvelles technologies de guerre pourrait entrainer la responsabilité internationale d'un État pour défaut de diligence (a) ou pour utilisation dommageable de son territoire (b).

a. La responsabilité pour défaut de diligence due

Le concept de diligence due fut défini pour la première fois en 1872 dans l'affaire de *l'Alabama* qui opposait les États-Unis et la Grande-Bretagne sur la question des dommages causés aux Américains en raison des activités belligérantes de certains navires sudistes soutenus par la Grande-Bretagne[59]. Il permet d'évaluer l'écart qui s'est établi entre le comportement passif ou insuffisamment actif d'un État dans une situation quelconque et l'obligation qui lui est faite, par les règles coutumières ou conventionnelles du droit international, de poser tel geste dans cette même circonstance[60]. Ce devoir de vigilance doit faire en sorte que tout État exerce ses compétences de manière à assurer aux États et aux ressortissants étrangers une protection suffisante de leurs droits. Les États ne sont cependant pas tenus de leur garantir l'absence de tout préjudice, mais seulement de prendre toutes les précautions qui devraient normalement assurer cet effet[61]. La notion de devoir général de vigilance est ainsi étroitement rattachée à celle de la souveraineté territoriale, car comme le posait l'arbitre Max HUBER dans l'affaire de *l'Ile de Palmas* : « *La souveraineté territoriale implique le droit exclusif d'exercer les activités étatiques, ce droit a pour corollaire un devoir : l'obligation de protéger à l'intérieur du territoire, les droits des autres États* »[62]. L'une des caractéristiques fondamentales de ce devoir est que l'État est responsable de façon directe des faits des particuliers qui, sur son territoire, ont porté atteinte aux droits d'autres États, tels les groupes industriels fabricants des armes automatisées.

Les États ont donc le devoir de garantir la sûreté des personnes et des biens soumis à leur juridiction et d'assurer en temps de conflit armé international ou

---

[59]DE LA PRADELLE (A) et POLITIS (N), *Recueil des arbitrages internationaux*, t. 2, 2e éd., Paris, 1957, p. 713, cité par MERCURE (P), in « Principes de droit international applicables au phénomène des pluies acides », *RDUS*, 1991-21, p. 377.

[60]DUPUY (P-M), « La diligence due dans le droit international de la responsabilité », *Aspects juridiques de la pollution transfrontière*, Paris, O.C.D.E., 1977, p. 396.

[61] REUTER (P), *Droit international public*, Paris, *P.U.F.*, 5e éd., 1976, p. 223.

[62]*Affaire de l'Ile de Palmas (États-Unis c. Pays-Bas)*, II N.U., *Recueil des sentences arbitrales*, p. 839 ; cité par MERCURE (P.), « Principes de droit international applicables au phénomène des pluies acides », op.cit., p. 379 ; v. aussi REUTER (P), *Le développement de l'ordre juridique international, écrits de droit international*, Paris, Economica, coll. Droit international, 1995, p. 449.

interne, le respect des droits et de l'intégrité territoriale des autres États. Pour ce faire, le DIH leur impose dans la mise en œuvre de cette obligation de respecter et faire respecter le DIH en toutes circonstances, d'adopter des mesures préventives à l'égard des comportements susceptibles de porter atteinte au DIH, ou des mesures de répression afin de punir de tels comportements. Ils ont donc l'obligation générale de prendre des dispositions législatives pour parer à certaines violations du DIH et surtout, de réprimer ou de faire cesser les infractions qui résultent d'une omission[63]. Il s'agit d'une obligation qu'ils assurent en vertu de leur souveraineté territoriale et qui leur impose le devoir de prévention et de répression d'actes illicites dommageables commis à l'égard des personnes et des biens se trouvant sur leur territoire[64], et de veiller à ce que ce territoire ne serve pas de siège aux activités dommageables pour les autres États.

b. La violation de l'obligation de l'utilisation non dommageable du territoire

Dans l'affaire du *Fonderie du Trail (États-Unis - Canada)*, du 11 mars 1941, le Tribunal arbitral a dégagé un nouveau principe : celui de l'utilisation non dommageable du territoire. En l'espèce, des fumées de plomb émanant d'une usine située au Canada avaient causé des dommages à des agriculteurs américains et rendu des terres impropres à toute culture. Pour le tribunal, « *aucun État n'a le droit de faire usage, ou de permettre qu'il soit fait usage de son territoire, de manière à causer des dommages, par des émanations de fumées sur le territoire d'un État voisin à ce territoire ou aux biens se trouvant sur ce territoire* ». Trouvant son fondement dans la maxime latine *sic utere tuo ut alienum non laedas* (utilise ton bien de façon à ne pas nuire à autrui), le principe dit « de bon voisinage » interdit à tout État de laisser faire usage de son territoire de façon préjudiciable aux droits d'autres États[65]. Au regard du droit international, tout État a l'obligation de ne pas laisser sciemment utiliser son territoire aux fins d'actes contraires aux droits d'autres États[66].

La CIJ prend par ailleurs acte des risques d'irréversibilité liés aux essais nucléaires ; elle a dans ce sens ordonné des mesures conservatoires en intimant en particulier au « *Gouvernement français qu'il s'abstienne de procéder à des essais nucléaires provoquant des retombées radioactives sur le territoire*

---

[63]PILLOUD (C), DE PREUX (J), SANDOZ (Y), ZIMMERMANN (B). et autres, *Commentaire des Protocoles additionnels du 8 juin 1977 aux Conventions de Genève du 12 août 1949*, op.cit, pp. 1031-1035.

[64] STERN (B), « La responsabilité internationale, aujourd'hui.... Demain .... » in *Recueil d'études à la mémoire de Gilbert Apollis*, Paris, Pedone, 1992, pp. 8-89.

[65]MERCURE (P), « Principes de droit international applicables au phénomène des pluies acides », op. cit, p. 384.

[66] Cour internationale de Justice (CIJ), *Affaire du détroit de Corfou* (*Royaume-Uni c/ Albanie*), Arrêt du 9 avril 1949, CIJ Recueil 1949, p. 22.

australien et néo-zélandais »[67]. Dans le même sillage, elle rappelle que : « *un État est tenu de mettre en œuvre tous les moyens à sa disposition pour éviter que les activités qui se déroulent sur son territoire, ou sur tout espace relevant de sa juridiction, ne causent un préjudice sensible à l'environnement d'un autre État* »[68]. Les États (la Turquie, le Liban, le Pakistan l'Arabie Saoudite entre autres) qui laissent ou consentent que leurs territoires servent de bases arrières pour les frappes à distance violent donc le principe de l'utilisation non dommageable du territoire et pourraient voir leur responsabilité internationale être engagée.

3. Les réparations envisageables

La réparation est le corollaire de la violation des obligations résultant d'un engagement entre États. En principe, l'engagement de la responsabilité a pour conséquence l'obligation de réparer (restitution en nature ou indemnisation)[69]. Dans l'affaire *Usine de Chorzow* de1928, la Cour permanente de Justice internationale a en effet consacré le principe essentiel, qui découle de la notion même d'acte illicite et qui semble se dégager de la pratique internationale, notamment de la jurisprudence des tribunaux arbitraux : « *que la réparation doit, autant que possible, effacer toutes les conséquences de l'acte illicite et rétablir l'état qui aurait vraisemblablement existé si ledit acte n'avait pas été commis* ».

B. La responsabilité pénale internationale des personnes privées utilisateurs/concepteurs des nouvelles technologies

L'une des difficultés majeures de l'automatisation des armes de guerre est celle de l'établissement de la responsabilité. Les êtres humains sont responsables devant la loi, pas les robots[70]. Cela signifie que des soldats ou des commandants devraient être responsables pour le déploiement de ces machines.

1. Les difficultés d'identification des auteurs des actes incriminés (les cyber-combattants, les personnes morales)

À qui doit être attribuée la responsabilité d'une attaque illégale faite par un robot ? Comment adapter les processus d'établissement des faits à la nature de plus en plus technique de la guerre ? Un dysfonctionnement technique

---

[67]CIJ, Affaire *Essais nucléaires, Australie, Nouvelle-Zélande c. France*, 22 juin 1973

[68]CIJ, Affaire relative à *des usines de pâte à papier sur le fleuve Uruguay, Argentine c. Uruguay*, 20 avril 2010.

[69] L'obligation de réparation est une règle coutumière en vertu de la décision ancienne de Cour permanente, Cf. *Usine de Chorzow* du 13 septembre 1928 ; v. également l'article 31 du projet d'articles (supra) de la CDI qui affirme que l'État responsable est tenu de réparer intégralement le préjudice causé par le fait internationalement illicite.

[70]ARKIN (R), « Robots in the Battlefield: Armed Autonomous Systems and Ethical Behaviour », op. cit. p. 62.

avéré peut-il absoudre l'opérateur de sa « faute » ? Dans ce cas, le concepteur de la machine doit-il être tenu pour responsable ? En outre, la délégation de certaines tâches militaires à des machines « intelligentes » a pour effet d'augmenter le nombre de personnes potentiellement impliquées dans le processus de réalisation, acquisition et utilisation de la machine, complexifiant ainsi la chaîne de responsabilité[71].

Mais, le fait par exemple de posséder des armes de précision, et de les utiliser dans une attaque qui aura causé des pertes incidentes et des dommages collatéraux excessifs par rapport à l'avantage militaire attendu, pourrait faciliter l'établissement de l'intention de lancer une attaque disproportionnée. En effet, il sera beaucoup plus difficile pour l'État concerné de nier cette intention. Bien entendu, la détermination se fera au cas par cas, et les juges devront considérer l'ensemble des facteurs ayant conduit aux circonstances prévalant au moment de l'attaque[72]. Le commandant a la responsabilité juridique de « *veiller à ce que toutes les précautions utiles soient prises dans l'attaque* »[73]. Quel que soit l'éloignement dans le temps ou dans l'espace, du moment de lancement d'une attaque, la responsabilité individuelle et la responsabilité de l'État incombent aux personnes qui autorisent l'emploi d'un système d'armement autonome[74]. Ces mêmes nouvelles technologies peuvent effectivement être aussi des outils qui contribuent à une plus grande transparence, favorisant la mise en évidence et l'enregistrement des violations ainsi que les enquêtes y afférentes[75]. La responsabilité ne serait donc pas seulement à chercher du côté de la chaîne de commandement militaire ou des combattants qui utilisent ou utiliseront ces armes sur le champ de bataille. Elle pourra aussi être celle des scientifiques et des constructeurs qui développent ces nouvelles technologies, ainsi que des autorités politiques et des entreprises qui les commanditent.

---

[71]BERNARD (V), « Éditorial : la science ne peut pas être placée au-dessus de ses conséquences », op. cit. p. 341.

[72]RUIZ (G), *Un droit insaisissable ? Le bombardement aérien, le principe de distinction et la proportionnalité dans l'attaque : difficultés conceptuelles et enjeux contemporains*, op. cit, p. 74.

[73] DROEGE (C), CICR, cité par Pierre Alonso, « Dans cyber guerre il y a guerre », *OWNI*, 29 novembre 2012, disponible sur : http://owni.fr/2012/11/29/dans-cyberguerre-il-y-a-guerre/ (dernière consultation novembre 2012.

[74]SPOERRI (P), « Table ronde sur les nouvelles technologies de l'armement et le DIH – conclusions », dans *XXXIVe table ronde sur les sujets actuels du droit international humanitaire*, San Remo, 8-10 septembre 2011, p. 12 ; disponible sur : http://www.icrc.org/fre/resources/documents/statement/newweapon- technologies-statement-2011-09-13.htm.

[75] SPOERRI (P), « Conclusions », *Le droit international humanitaire et les nouvelles technologies de l'armement*, XXXIVe table ronde sur les sujets actuels du droit international humanitaire, San Remo, 8-10 septembre 2011, Rapports et documents, *Revue internationale de la Croix-Rouge*, Sélection française, volume 94, 2012/2, p. 580.

2. La mise en œuvre de la responsabilité pénale des personnes privées utilisateurs de nouvelles technologies de guerre

On envisagera tour à tour la responsabilité civile (a) des groupes industriels fournisseurs de nouvelles technologies et la responsabilité pénale individuelle des supérieurs ou agents utilisateurs (b).

a. La responsabilité civile des entreprises transnationales concepteurs des nouvelles technologies

On suppose alors que des personnes morales telles que des groupes industriels concepteurs d'armes automatisés ne peuvent pas avoir des obligations internationales et, par conséquent, ne peuvent pas voir leur responsabilité engagée pour une violation de ceux-ci. Cependant, des formes de responsabilité civile des personnes morales pour des violations du droit international sont en voie de développement au niveau national. Déjà au lendemain de la Deuxième Guerre mondiale, certaines sociétés commerciales ont été condamnées devant le TMIN[76]. L'affaire I.G. Farben est sans doute le précédent le plus révélateur quant à l'application des règles de DIH aux entreprises et à leurs dirigeants et à la responsabilité pénale qui peut découler de leur violation. Ce jugement est aussi une illustration intéressante de l'importance que peuvent avoir les activités économiques d'une entreprise dans la poursuite d'un conflit et dans la perpétration de crimes de guerre. Ainsi, un certain parallèle pourrait être fait entre l'importance qu'a eue l'implication d'I.G. Farben dans la mise en œuvre d'une partie des politiques de l'Allemagne nazie et celle que peuvent avoir lesdits groupes.

La Commission du droit international dans le commentaire de son projet d'articles sur la responsabilité des États a retenu que même s'il ne concernait pas la responsabilité des autres sujets du droit international à part celle des États, « il est par ailleurs possible que le mouvement insurrectionnel lui-même soit tenu pour responsable de son propre comportement en vertu du droit international, par exemple dans le cas où ses forces violeraient le droit international humanitaire »[77].

b. La responsabilité pénale des individus utilisateurs

Les cyber-attaques ou des dégâts collatéraux causés par les armes automatisées ou télécommandées sont l'œuvre des individus qui décident en dernier ressort, soit par respect à un ordre reçu, soit de leur propre chef. D'un autre côté, un programmeur qui programme intentionnellement un armement autonome pour commettre des crimes de guerre serait certainement responsable sur le plan pénal, comme un commandant serait responsable de la décision d'employer des

---

[76] Tribunal militaire international.

[77]SASSOLI (M), « Taking Armed Groups Seriously: Ways to Improve their Compliance with International Humanitarian Law », *op. cit.*, p. 47.

systèmes d'armement autonomes de manière illégale, par exemple en déployant dans une zone peuplée un armement autonome antipersonnel incapable de distinguer entre civils et combattants. En outre, un commandant qui décide sciemment de déployer une arme autonome dont il ne peut prévoir les performances et les effets pourrait être jugé pénalement responsable des violations graves du DIH qui s'ensuivent, dans la mesure où sa décision de déployer l'arme est jugée imprudente au vu des circonstances. Ces systèmes d'armes, bien que situés à des distances souvent très importantes de la cible, restent sous le contrôle des opérateurs humains qui sélectionnent les cibles et activent, dirigent et déclenchent les munitions se trouvant à bord du drone[78]. D'aucuns se sont inquiétés que la perte de contrôle humain sur les systèmes d'armement autonomes puisse entraîner un « vide de responsabilité » en cas de violation du DIH. Il n'en est rien, car, il y aura toujours un humain intervenant dans la décision de déploiement de l'arme auquel la responsabilité pourrait être imputée[79]. Quoi qu'il en soit, il est difficile de déterminer comment la responsabilité des « actes » imprévisibles d'armes autonomes pourrait être imputée.

3. Les réparations dues aux victimes

Le droit international permet, et, dans certains cas, oblige les États à prévoir une indemnisation civile pour des crimes internationaux commis à l'étranger, par un étranger, contre un autre étranger. Le droit des victimes et de leurs familles à percevoir des réparations pour des crimes internationaux est confirmé dans plusieurs instruments internationaux. Nous ne nous contentons plus seulement de traduire les criminels de guerre en justice, mais nous tournons notre attention aussi vers les victimes, en prenant en compte leur souffrance et leur besoin de participer au processus. Si nous voulons que la sanction produise un effet préventif, il faut porter une attention nécessaire à la réparation des victimes. En effet, il ne peut y avoir de justice sans justice sociale et il ne peut y avoir non plus de justice sociale ou de retour à une coexistence pacifique lorsqu'une large part de la population est laissée dans la souffrance.

CONCLUSION

Le monde des nouvelles technologies n'est pas un monde virtuel et ne relève pas non plus de la science-fiction. Dans les conflits armés contemporains, les nouvelles technologies tuent et causent des dommages réels[80]. La transformation des conflits armés appelle donc une adaptation

---

[78]BERNARD V., « Éditorial : la science ne peut pas être placée au-dessus de ses conséquences », op.cit., p. 341.

[79]CICR, *Le droit international humanitaire et les défis posés par les conflits armés contemporains,* rapport sur la XXXIIe Conférence de la Croix-Rouge et du Croissant-Rouge, op cit.

[80]KELLENBERGER (J), « Le droit international humanitaire et les nouvelles technologies de l'armement », op.cit.

constante du DIH, car la règle de droit est l'expression d'un besoin social. Aussi, ce corps de règles devrait-il refléter la réalité des polémologies contemporaines afin de répondre en permanence à la préoccupation de limiter[81] la souffrance humaine en de telles situations. Le professeur Prosper WEIL écrit à cet effet que *« tout système juridique doit surmonter le temps, car, le propre de la norme juridique est de donner effet à la volonté humaine en lui permettant de défier le temps (...), l'art du droit consiste non pas à démissionner devant les faits et leur constante évolution, mais à chercher à les dépasser par un projet humain qui, sans décoller de la réalité, cherche néanmoins à la transcender »*[82]. Certes, ces nouvelles technologies peuvent aussi être des outils qui contribuent à une plus grande transparence, favorisant la mise en évidence et l'enregistrement des violations ainsi que les enquêtes y afférentes[83]. Mais, une constante demeure : leur utilisation suscite de nombreuses interrogations et inquiétudes tant sur les plans juridique, éthique que sociétal. Aussi, est-il urgent qu'elles soient intégrées dans les enceintes traitant du désarmement au sein des Nations unies, afin de progresser sur les voies de leur contrôle, de la limitation de leur usage, voire de leur interdiction dans certaines circonstances.

ÉLÉMENTS BIBLIOGRAPHIQUES

- ARKIN (R), « Robots in the Battlefield: Armed Autonomous Systems and Ethical Behaviour », in *Les défis technologiques posés au cadre juridique humanitaire*, Actes du colloque de Bruges des 21-22 octobre 2010, Collège d'Europe/CICR, Bruges, 2011.
- ASARO (P), « Droits de l'homme, automatisation et déshumanisation des prises de décisions létales : les systèmes d'armement autonomes doivent-ils être interdits ? » » in *Guerre et nouvelles technologies, Revue internationale de la Croix-Rouge*, Sélection française, volume 94, 2012/2, pp. 489-517.
- BACKSTROM (A) et HENDERSON (I), *in* « Émergence de nouvelles capacités de combat : les avancées technologiques contemporaines et les enjeux juridiques et techniques de l'examen prévu à l'article 36 du Protocole I », *Guerre et Nouvelles technologies*, *RICR*, Sélection française, Vol 94, 2012/2, pp. 363-400.

---

[81] BEN MAHFOUDH (H), « Acteurs non étatiques et conflits armés non internationaux » *in* RAFAA BEN ACHOUR et SLIM LAGHMANI (Dir.), *Acteurs non étatiques et droit international*, VIIe rencontre internationale de la faculté des sciences juridiques, politiques et sociales de Tunis : 6, 7 et 8 avril 2004, Paris, A. Pedone, 2007, p. 235.

[82] WEIL (P), « Le droit international en quête de son identité. Cours général de droit international public », *RCADI de la Haye*, Leiden : M. Nijhoff, 1996, p. 92.

[83] SPOERRI (P), « Conclusions », *Le droit international humanitaire et les nouvelles technologies de l'armement*, op. cit. p. 580.

- BEARD (J), « Remote -Controlled Weapons Systems and the Application of IHL » *in Les défis technologiques posés au cadre juridique humanitaire, Actes du Colloque de Bruges*, 21-22 octobre 2010, Collège d'Europe/CICR, 2011.
- BOUTRUCHE (T), « Current Challenges in the Legal Regulation of the Methods of Warfare » *Les défis technologiques posés au cadre juridique humanitaire, Actes du Colloque de Bruges*, 21-22 octobre 2010, Collège d'Europe/CICR, 2011, pp. 21-29.
- CASEY-MASLEN (S), « Une boîte de Pandore ? Les frappes de drones au regard du droit : *jus ad bellum, jus in bello* et droit international des droits de l'homme » in *Guerre et Nouvelles technologies, RICR*, Sélection française, Vol 94, 2012/2, pp. 455-487.
- DROEGE (C), « Sortez de mon « Cloud » : la cyber guerre, le droit international humanitaire et la protection des civils » in *Guerre et Nouvelles technologies, RICR*, Sélection française, Vol 94, 2012/2, pp. 401-454.
- FABRE (H), « La guerre des drones : aspects stratégiques et juridiques de la « robotique sécuritaire », *IERI Working Paper*, n° 18, décembre 2013, 89 p.
- GEIß (R), « The legal regulation of cyber attacks in times of armed conflict »*in Les défis technologiques posés au cadre juridique humanitaire, Actes du Colloque de Bruges*, 21-22 octobre 2010, Collège d'Europe/CICR, 2011.
- KLEFFNER (J. K.), « Current Challenges to the Legal Regulation of Means of Warfare »*in* Les défis technologiques posés au cadre juridique humanitaire, *Actes du Colloque de Bruges*, 21-22 octobre 2010, Collège d'Europe/CICR, 2011, p. 14.
- Les défis technologiques posés au cadre juridique humanitaire, *Actes du Colloque de Bruges*, 21-22 octobre 2010, Collège d'Europe/CICR, 2011.
- LIN (H), « The Technology of Offensive Cyber Operations »in *Les défis technologiques posés au cadre juridique humanitaire, Actes du Colloque de Bruges*, 21-22 octobre 2010, Collège d'Europe/CICR, 2011.
- OWONA (J), *Droit international humanitaire*, Paris, L'harmattan, 2012, 216 p.
- PELLET (A), *L'adaptation du droit international, aux besoins changeants de la société internationale*, Conférence inaugurale, session

de droit international public de l'académie de droit international de La Haye, 2007, Tiré à part, *RCADI*, tome 329, 2008.

- SASSOLI (M), « Le principe de précaution dans la guerre aérienne », in MILLET-DEVALLE A-S (Dir.), *Guerre aérienne et droit international humanitaire*. Paris, Éditions A. Pedone, 2015. p. 75-130.
- SCHMOLL (P), « L'empreinte des nouvelles technologies sur les formes de la guerre » *in* MARTINP. & SIMIZ S. (Dir.), *L'empreinte de la guerre. De la Grèce classique à la Tchétchénie*, Panazol, Lavauzelle, 2006, pp. 541-549.
- VINCENT (B), « Éditorial : la science ne peut pas être placée au-dessus de ses conséquences » in *Guerre et nouvelles technologies, Revue internationale de la Croix-Rouge*, Sélection française, volume 94, 2012/2.

TABLE DES MATIÈRES

Structures éditoriales du groupe L'Harmattan

L'Harmattan Italie
Via degli Artisti, 15
10124 Torino
harmattan.italia@gmail.com

L'Harmattan Hongrie
Kossuth l. u. 14-16.
1053 Budapest
harmattan@harmattan.hu

L'Harmattan Sénégal
10 VDN en face Mermoz
BP 45034 Dakar-Fann
senharmattan@gmail.com

L'Harmattan Cameroun
TSINGA/FECAFOOT
BP 11486 Yaoundé
inkoukam@gmail.com

L'Harmattan Burkina Faso
Achille Somé – tengnule@hotmail.fr

L'Harmattan Guinée
Almamya, rue KA 028 OKB Agency
BP 3470 Conakry
harmattanguinee@yahoo.fr

L'Harmattan RDC
185, avenue Nyangwe
Commune de Lingwala – Kinshasa
matangilamusadila@yahoo.fr

L'Harmattan Congo
67, boulevard Denis-Sassou-N'Guesso
BP 2874 Brazzaville
harmattan.congo@yahoo.fr

L'Harmattan Mali
ACI 2000 - Immeuble Mgr Jean Marie Cisse
Bureau 10
BP 145 Bamako-Mali
mali@harmattan.fr

L'Harmattan Togo
Djidjole – Lomé
Maison Amela
face EPP BATOME
ddamela@aol.com

L'Harmattan Côte d'Ivoire
Résidence Karl – Cité des Arts
Abidjan-Cocody
03 BP 1588 Abidjan
espace_harmattan.ci@hotmail.fr

Nos librairies en France

Librairie internationale
16, rue des Écoles
75005 Paris
librairie.internationale@harmattan.fr
01 40 46 79 11
www.librairieharmattan.com

Librairie des savoirs
21, rue des Écoles
75005 Paris
librairie.sh@harmattan.fr
01 46 34 13 71
www.librairieharmattansh.com

Librairie Le Lucernaire
53, rue Notre-Dame-des-Champs
75006 Paris
librairie@lucernaire.fr
01 42 22 67 13

www.ingramcontent.com/pod-product-compliance
Lightning Source LLC
LaVergne TN
LVHW011213061026
849535LV00001BA/12
* 9 7 8 2 3 4 3 2 3 3 2 9 1 *